KB143723

조선연행사와
조선통신사

朝鮮燕行使と朝鮮通信使

조선연행사와
조선통신사

朝鮮燕行使と朝鮮通信使

후마 스스무(夫馬 進) 지음 · 신로사 외 옮김

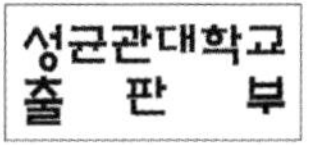

| 차례 |

제3부

서장

조선연행사란 무엇인가

조선연행사(朝鮮燕行使)는 일찍이 조선국왕이 중국 북경(北京)에 파견한 사대(事大) 사절이고 조선통신사(朝鮮通信使)는 조선국왕이 일본의 에도(江戸)에 파견한 교린(交隣) 사절이다. 이 중 조선통신사에 대해서는 일본과 한국에서 일찍부터 많은 연구가 이루어져 왔고, 현재는 그것이 대개 어떠한 것인지 양국의 일반 시민에게까지 널리 알려져 있다.[1] 그런데 연행사에 대해서는 세계 학계에서 그 개요조차 소개되어 있지 않다. 그래서 서장에서는 연행사란 도대체 무엇인지 통신사와 비교하면서 대강을 기술하여 본론에 대한 안내로 삼고자 한다. 그리고 마지막에 조선연행사와 조선통신사의 무엇을 문제로 삼을 것인지 제시하고자 한다.

1 비교적 초기의 대표적인 연구로는, 中村榮孝, 『日鮮關係史の研究 上 · 中 · 下』(東京, 吉川弘文館, 1965~1969), 三宅英利, 『近世日朝關係史の研究』(東京, 文獻出版, 1986). 통신사의 개요로는, 中村榮孝 著書 하권, 三 「江戸時代の日朝關係」(245면 이하).

1. 조선연행사의 호칭과 그 횟수

본서에서는 중국의 명조(明朝)와 청조(淸朝) 시대에, 조선에서 보낸 외교사절을 연행사라고 부른다. 다만 '연행사'는 사료(史料)에 나오는 말이지만, 오히려 학술용어라고 하는 게 적절할 것 같다. 여기에는 조선과 중국의 관계사(關係史)라는 약간 복잡한 문제가 얽혀 있기 때문이다. 조선조(朝鮮朝) 때 일본으로 파견한 사절을 통신사라고 부르는 것은 당시 사료적 측면이나 현재 학술용어의 관점에서도 타당하다. 그런데 서울-북경을 왕복한 사절을 어떻게 부를 것인지는 지금까지 통일된 일정한 호칭이 없다.[2]

여기에는 두 가지 원인이 있었다고 생각된다. 첫째, 조선에서 북경으로 보낸 사절의 경우, 사료상에서는 그 사절의 목적에 따라 부르는 것이 가장 보편적이었기 때문이다. 예를 들면 북경에서 동지(冬至)를 축하하기 위한 것이라면 동지사(冬至使), 정월원단(正月元旦)을 축하하기 위한 것이라면 정조사(正朝使) 또는 정단사(正旦使), 황제(皇帝) 탄생을 축하하기 위

2 생각나는 대로만 열거해도 全海宗, 『韓中關係史硏究』(서울, 一潮閣, 1970), 藤塚鄰, 『淸朝文化東傳の研究－嘉慶 · 道光學壇と李朝の金阮堂－』(東京, 國書刊行會, 1975), 張存武, 『淸韓宗藩貿易(1637~1894)』(中央研究院近代史研究所專刊三九, 臺北, 中央研究院近代史研究所, 1978), 同 『淸代中韓關係論文集』(臺北, 臺灣商務印書館, 1987), 陳尚勝, 『中韓關係史論』(濟南, 齊魯書社, 1997), 全海宗, 『中韓關係史論集』(全善姬譯, 北京, 中國社會科學出版社, 1997, 이 책은 全海宗 전게서 외에 몇 편의 관련 논문을 수록한다), 陳尚勝等, 『朝鮮王朝(1392~1910)對華觀的演變 : 《朝天録》和《燕行録》初探』(濟南, 山東大學出版社, 1999), 劉勇, 『淸代中朝使者往來研究』(哈爾濱, 黑龍江敎育出版社, 2002), 임기중, 『연행록연구』(서울, 일지사, 2002), 松浦章編著, 『明淸時代中國與朝鮮的交流 : 朝鮮使節與漂着船』(臺北, 樂學書局, 2002), 최소자 등, 『18세기 연행록과 중국사회』(서울, 혜안, 2007), 徐東日, 『朝鮮朝使臣眼中的中國形象—以『燕行録』『朝天録』爲中心－』(北京, 中華書局, 2010), 邱瑞中, 『燕行録研究』(桂林, 廣西師範大學出版社, 2010), 楊雨蕾, 『燕行與中朝文化關係』(上海, 上海辭書出版社, 2011), 松浦章, 『近世中國朝鮮交涉史の研究』(京都, 思文閣出版, 2013) 등, 이 조선 사절에 대한 호칭은 일정하지 않다. 이에 대해 金泰俊, 『虛學から實學へ－一八世紀朝鮮知識人洪大容の北京旅行－』(東京, 東京大學出版會, 1988), 鄭光等編, 『燕行使와 通信使－燕行 · 通信使行에 관한 韓中日 三國의 國際워크숍』(서울, 박문사, 2014)은 연행사라는 말을 쓰고 있지만 왜 이 말을 쓰는지에 대한 설명은 없다.

한 것이라면 성절사(聖節使), 그 외의 축하라면 진하사(進賀使), 조선 측이 감사의 뜻을 표할 때라면 사은사(謝恩使), 진정(陳情) 또는 요청(要請)할 때라면 진주사(陳奏使) 또는 주청사(奏請使), 황제나 황후(皇后)가 죽었을 때라면 진향사(進香使), 황제의 친속이 죽었을 때 조문하기 위해 가는 것이라면 부행사(訃行使) 등등, 그 목적에 따라 일일이 다르게 불렀다. 그 외에 황제가 심양(瀋陽)에 왔을 때 안부를 묻는 문안사(問安使)가 있는데, 이것은 북경이 아니라 심양까지 가는 것이다. 한편 일본으로 간 사절이 통신사라고 불린 것은 통신(通信)하는 것, 국서(國書)를 가져오는 것 그 자체가 주된 목적이었기 때문이다. 즉 통신사는 '통신한다'라고 하는 사절의 주된 목적이 그대로 범칭이 된 것인데 북경으로 가는 사절은 동지사, 정조사, 성절사, 사은사 등 목적을 갖고 일일이 대응한 명칭이 따로 있었기 때문에 이런 문제가 남아 있는 것이다. 일본으로 보내는 사절을 '통신사'라고 부르는 보다 원리적인 문제는 제1장에서 알게 될 것이다.

둘째, 조선 · 중국 관계사 또는 중국 · 조선 관계사가 복잡하기 때문이다. 동지사, 정조사, 성절사, 사은사 등을 모두 포함한 명칭으로 아마 가장 적당한 것은 '부경사(赴京使)'일 것이다. 왜냐하면 조선조의 중요한 외교사(外交史) 사료인 『통문관지(通文館志)』 권3, 사대(事大)에는, 「부경사행(赴京使行)」이라는 제목을 달았고, 이것은 동서(同書) 권6, 교린(交隣)에 「통신사행(通信使行)」이라는 제목을 달아서 기술하는 것과 대응한다. 따라서 '통신사'에 대응하는 것은 '부경사'이다. 조선의 근본법전인 『경국대전(經國大典)』에도 '부경사'라는 명칭이 사용되었고 『조선왕조실록』 등에도 '부경사신(赴京使臣)'이라는 표현으로 가장 많이 사용되었다. 그렇다면 중국에서 명청(明淸) 교체가 있었음에도 불구하고 이 말이 사용된 것이기 때문에 '조선부경사(朝鮮赴京使)'가 당시의 용어를 쓴 것으로 가장 적당한 것처럼 보인다.

그런데 중국이 만주족(滿州族)이 통치하는 청조 때는 조선 지식인은 중국을 경멸해서 '천조(天朝)'라 부르는 것을 피하고 여기에 가는 것을 '부경

(赴京)'이라고 부르는 것을 애써 피하게 되었다. 이에 따라 북경 여행기도 이전에 '조천록(朝天録)' '조천일기(朝天日記)' 등으로 불리던 것을 '연행록(燕行録)' '연행일기(燕行日記)' 등으로 부르는 것이 일반화되었다. 또 이전에 '부경사'라고 불린 것이 '부연사(赴燕使)'로 개칭되었다. 가령 1809(嘉慶 14, 純祖 9)년에 편찬된 『만기요람(萬機要覽)』 재용편(財用編)5, 연사(燕使) · 연행팔포(燕行八包)에서 명대(明代)에 관해 서술할 때는 부경이라고 기술하고 실질적으로 같은 것이라도 청대(清代)의 것은 부연(赴燕)이라고 기술하고 있다. 조중관계사(朝中關係史)가 복잡하다는 것은 바로 이러한 것을 말한다. 이러한 역사적 사실 때문에 명청시대에 북경에 파견된 사절을 일방적으로 '부경사'라 부르는 것은 당연하지만 주저하지 않을 수 없다.

중국 청대에 북경으로 가는 외교사절단을 일괄하여 '부경사'라고 간단히 부를 수 없는 것은, 현대에 사는 우리의 입장에서도 그러하다. 확실히 '부경사'는 당시에 존재한 중국과 조선의 외교관계를 적확하게 보여준다. 처음 조선연행사를 설명할 때 사대 사절 즉 소국(小國)이 대국(大國)을 섬기는 사절이라고 했다. 중국 명대에 조선조에서 그 사절을 '부경사'라고 아무런 주저 없이 부른 것을 우리는 매우 주의해야 한다. 그러나 우리가 당시 사람들의 가치관을 농후하게 보여주는 '부경사'를 그대로 학술용어로 사용하는 것이 적당한지는 의문이다. 일본의 유구사 연구(琉球史研究)에서는, 책봉사(冊封使)라는 실태를 그대로 포함하는 말이 극히 자연스럽게 학술용어로 사용되고 있다. 이와 비교할 때 조선 · 중국 관계사 또는 중국 · 조선 관계사 속에서 나아가 동아시아 국제관계사 속에서 '부경사'라는 사료용어를 그대로 학술용어로 자연스럽게 쓸 수 있게 되려면 아직 긴 미래의 '역사'가 필요하다. 따라서 본서에서는 '조선부경사'라는 말을 통칭으로 하지 않고 가치관이 비교적 내포되지 않은 '조선연행사'라는 말을 우선 쓰기로 한다. 그것은 북경에 가는 사절들이 쓴 여행기가 '연행록'이라는 학술용어로 이미 정착되었기 때문이기도 하다.

조선연행사는 세계외교사 측면에서 보면 극히 특이한 경우이다. 왜냐하면 약 5백 년간에 걸쳐 서울에서 북경까지 거의 같은 길을 통해, 거의 같은 목적으로 파견되었기 때문이다. 고려시대 이전을 포함한다면 더욱 기간이 길다. 조선조－명조 사이에 정기적으로 매년 거의 세 차례 사절이 파견되었다. 『만력대명회전(萬曆大明會典)』 권105, 예부(禮部), 조공(朝貢), 조선국(朝鮮國)의 규정에 의하면 영락(永樂) 초년부터 매년 3회, 성절(聖節), 정단절(正旦節), 여기에 황태자(皇太子)의 탄생일을 축하하는 천추절(千秋節)에 조공사절을 접수하게 되어 있었다. 정단사는 1531(嘉靖 10, 中宗 26)년부터는 동지절(冬至節)을 축하하기 위한 동지사로 대체되었다. 이들은 정기적인 것이고, 이 외에 진하사, 사은사, 진주사 등이 부정기적으로 수없이 파견되었다.

실은 지금도 중국이 명대에 몇 회 사절이 파견되었는지 정확한 수치를 내지 못하고 있지만, 불완전한 통계에 의하면 명 일대(一代)에 사절은 1,252회 파견되고 연 평균 4.6회였다는 수치가 제시되었다.[3]

한편 조선조－청조 사이에도 1637년(崇德 2, 仁祖 15)부터 청일전쟁이 발발한 1894년(光緒 20, 高宗 31)까지 258년 동안, 『청선고(淸選考)』라는 사료를 근거로 조사해보면 합계 494회, 연 평균 거의 2회의 사절이 파견되었다. 그러나 이것은 조선국왕의 대리인으로서 파견된 횟수만이고, 재자행(齎咨行)이라고 부르는 사무 차원에서 파견된 것은 포함되지 않는다. 왜 명대에 비해 이렇게 감소했는가 하면, 1645년(順治 2, 仁祖 23) 청조의 명령에 의해 그때까지 있었던 동지절, 원조절(元朝節, 正旦節), 성절의 사절이 일체화되어 이후로는 삼절년공사(三節年貢使) 혹은 이를 줄여서 동지사라 불렸기 때문이다.[4] 이후 매년 정기적으로 국왕의 대리인으로 파견

---

3 앞의 주석 2, 徐東日 저서, 8면.

4 『朝鮮王朝實錄』, 인조 23년 2월 辛未. 『通文館志』 권3(京城, 朝鮮總督府, 1944, 후에 民昌文化社, 1991 影印, 23면상).

되는 연행사로서는 정월 원단의 축하식(祝賀式)에 출석하는 것만 남았다. 그때까지 황제의 탄생, 원단의 축하, 동지의 축하와는 별개로 공물(貢物)을 보낸 것은 공물을 기록한 서류상으로는 구분되지만 실제로는 같은 사절이 운반했다.

앞서 든 합계 494회란 조선국왕으로부터 청조황제에게 파견된 정식 사절의 횟수이다. 여기에는 청조가 북경으로 천도(遷都)하기 이전에 성절사 등으로 심양에 갔던 것이나 북경천도 후에도 황제가 선조(先祖)의 성묘 등을 위해 심양에 찾아왔을 때에, 문안사로 파견된 심행사(瀋行使)도 포함된다. 여기에 재자행(齎咨行)을 포함한 통계로 694회 사절이 파견되었다.[5] 다만 494회라는 수치는 임시 재자행과 매년 정기적으로 익년의 역(曆)을 가지러 갔던 황력재자행(皇曆齎咨行)을 모두 포함하지 않고, 694회라는 수치도 황력재자행을 포함하지 않는다. 그렇다면 『청선고』에 제시된 494회의 통상의 재자행과 매년의 황력재자행을 더한 950회 정도가 이 시대에 파견된 대강의 수치라고 보아 좋을 것이다. 연간 약 3.7회이다.

행로는 명대에는 대개 서울－요동(遼東, 요양)－북경, 청대에는 대개 서울－심양－북경이었다. 물론 중국 명조가 수도를 남경(南京)에 두고 있었던 시대에 사절은 남경까지 갔었고, 혹은 현재의 중국 요령성(遼寧省)이 청조에 점령된 이후에는 명대에도 해로(海路)로 북경을 향했다. 5백 년간 확실히 약간의 행로의 변경은 있었다. 그러나 만일 세계사 지

5 앞의 주석 2, 全海宗 저서, 『韓中關係史硏究』 71면, 同 『中韓關係史論集』 194면. 全海宗은 1637년부터 1874년까지 겸사(兼使)를 하나로 계산하면 계 396회, 여기에 1875년부터 1894년까지 계 33회이다. 청대에 합계 429회이다. 『同文彙考補編』「使行録」(본서 제15장, 582면 참조)에서는, 조선 측에서 청조 예부(禮部)로의 사절, 즉 현대로 말하면 외무부 수준의 문서를 갖고 가는 재자행도 포함해서 열기한다. 이것은 光緒7년(1881)까지만 기재되어 있다. 1882년부터 1894년까지는 조선총독부(朝鮮總督府)가 편찬한 『朝鮮史』로 보충하고 있다. 전해종은 1874년까지는 이 재자행을 더하여, 1637년부터 1874년 합계 661회의 사행이 있었다고 통계하고 있다. 여기에 1875년 이후의 연행사를 더하여 청대에 694회라고 한다. 그러나 1875년 이후는 재자행이 더해지지 않는다.

도책 위에, 전근대(前近代)에 국제외교사절이 파견된 횟수만큼 행로를 칠한다면, 서울－북경 간의 육로가 압도적으로 굵은 선이 될 것이다. 앞서 조선연행사가 세계외교사 측면에서 극히 특이한 경우라고 말한 것은 이 때문이다.

이 점 『통문관지』에는 연행사와 통신사가 동렬(同列)에 기록되어 있지만, 둘의 성격은 전혀 다르다. 중국의 명조는 대략 일본의 무로마치 막부(室町幕府)와 쇼쿠호 정권(織豊政權)의 시대다. 그러나 조선에서 무로마치 막부에 통신사가 파견되고 실제로 교토(京都)까지 온 것은 겨우 3회, 도요토미 히데요시(豊臣秀吉)에 대해서는 2회였다. 중국의 청조 시대에 대략 해당하는 도쿠가와(德川) 시대에 막부에 파견된 것은 쇄환사(刷還使) 등으로 불린 것까지 포함해도 겨우 12회였다.[6] 연행사와는 비교가 되지 않는 숫자이다. 차이가 너무 많이 나서 함께 비교할 수가 없다. 이 수치의 차이는 조선에 있어서 연행사가 정치적, 경제적, 또 문화적으로 압도적으로 중요했다는 것을 시사한다. 정치적인 의의에서만 말해도 조선연행사가 청일전쟁이 발발한 해에 파견되면서 도중에 중지된 것에 비해, 통신사의 경우는 1811년으로 일찍이 중지되었는데 그것조차 에도까지 가는 것이 아니라 쓰시마(對馬)에서 멈추었던 것에서 그 중요성의 차이를 여실히 알 수 있다. 그렇다면 조선연행사가 왕래한 행로는 간선(幹線)이라고 해야 할 것이고, 조선통신사는 이보다 현격하게 운행 횟수가 적은 지선(支線)이었다고 해도 좋을 것이다.

2. 조선연행사단의 인원수와 조공무역

다음으로 한 차례의 연행사단(燕行使團)에 몇 명이 참여했는가라는 문

---

6 앞의 주석 1, 三宅英利 저서, 643면.

제이다. 조선통신사의 경우 매회 인원이 4백 수십 명에서 5백 명 정도였다고 하고, 이 중 백수십 명은 오사카(大坂)에서 멈추었다고 한다.[7] 그렇다면 조선연행사의 경우는 몇 명 정도가 갔던 것일까. 이하는 연행록을 중심으로 한 일부 사료 중에서 눈에 띈 것이다.

[연행사단 인원수의 추이]

연대	총인원수	사행목적	전거(典據)	비고
1443년 (正統8, 世宗25)	30인	성절사 · 정단사	『요동지(遼東志)』 권4, 전례지(典禮志), 이인입공(夷人入貢)	
1469년 (成化5, 睿宗1)	12~15인		『조선왕조실록(朝鮮王朝實録)』 예종1년 6월 신사(辛巳)	
1533년 (嘉靖12, 中宗28)	22인	황태자탄생 진하사	소순(蘇巡) 『보진당연행일기(葆眞堂燕行日記)』(전집 제3책, 448면)	
1574년 (萬曆2, 宣祖7)	36인	성절사	본서(本書) 207면=허봉일기(許篈日記) 9월 3일	
1604년 (萬曆32, 宣祖37)	33인	성절사 겸 천추사	찬자미상 『조천일록(朝天日録)』(전집 제20책, 27면)	성절사 17인과 천추사 16인
1605년 (萬曆33, 宣祖38)	16인	천추사	이형욱(李馨郁) 『연행일기(燕行日記)』(전집 제20책, 113면)	
1610년 (萬曆38, 光海君2)	33인	동지사	정사신(鄭士信) 『매창선생조천록(梅窓先生朝天録)』(전집 제9책, 385면)	
1619년 (萬曆47, 光海君11)	57인	사은 겸 천추사	이홍주(李弘冑) 『이천상공사행일기(梨川相公使行日記)』(전집 제10책, 120면)	
1629년 (崇禎2, 仁祖7)	29인	경하사	『숭정장편(崇禎長編)』 숭정3년 3월 무신(戊申)	해로(海路)

7 앞의 주석 1, 中村榮孝 저서, 하권, 302면. 李進熙, 『江戸時代の朝鮮通信使』(東京, 講談社, 1992)32면, 朴春日, 『朝鮮通信使史話』(東京, 雄山閣出版, 1992) 46면, 李元植, 『朝鮮通信使の研究』(京都, 思文閣出版, 1997) 56면, 辛基秀, 『朝鮮通信使－人の往來, 文化の交流』(東京, 明石書店, 1999) 250면, 仲尾宏, 『朝鮮通信使－江戸日本の誠信外交』(東景, 岩波書店, 2007), 朝鮮通信使一覽表. 1624년 통신사의 일행 인원에 대해서는, 300인설과 460인설이 있는데 전주1, 三宅英利 저서, 222면에서 460인설을 타당하다고 한다. 그밖에 이 저서에서는 389면에서 1711년 통신사의 인원수를 고증하는 등 각 연도에 대해 상세한 고증이 보인다.

연대	총인원수	사행목적	전거(典據)	비고
1641년 (崇德6, 仁祖19)	23인	성절동지 겸 연공사	이경엄(李景嚴) 『신사부심록(辛巳赴瀋錄)』(전집 제15책, 385면)	임기중(林基中)은 이경직(李景稷) 『부심일기(赴瀋日記)』라고 한다.
1677년 (康熙16, 肅宗3)	719인	삼절년공사	손만웅(孫萬雄) 『야촌선생문집(野村先生文集)』(접집 28책, 321면)	입책시(入柵時) 중 311인 북경행(328면)
1682년 (康熙21, 肅宗8)	248인	진하 · 사은 겸 진주사	한태동(韓泰東) 『양세연행록(兩世燕行錄)』 7월 26일	입책시 7월 1일 서울발(發)
1690년 (康熙29, 肅宗16)	670인	삼절년공사	서문중(徐文重) 『연행일기(燕行日記)』 선집(選集) 하책, 263면	입책시 중 301인 북경행
1694년 (康熙33, 肅宗20)	418인	진주 겸 주청사	양득일(兪得一) 『연행일기초(燕行日記草)』(전집 제30책, 527면)	입책시 8월 2일 서울발, 임기중은 강희(康熙) 45년 연행이라고 한다.
1712년 (康熙51, 肅宗38)	225인	사은사	민진원(閔鎭遠) 『연행일기(燕行日記)』(선집 하책, 319면)	2월 22일 서울발, 임기중은 강희50년 연행이라고 한다. 별제(別題) 『열하일기초(熱河日記鈔)』
1712년 (康熙51, 肅宗38)	537인	삼절년공사	김창업(金昌業) 『노가재연행일기(老稼齋燕行日記)』(국역(國譯) 제4집, 22면)	도강시(渡江時), 11월 3일 서울발
1712년 (康熙51, 肅宗38)	687인	삼절년공사	죄덕중(崔德中) 『연행록(燕行錄)』(국역 제3집, 74 · 89면)	입책시, 중 324인 북경행, 중 옥하관에 들어간 자는 321인
1713년 (康熙52, 肅宗39)	283인	삼절년공사	한지(韓祉) 『양세연행록(兩世燕行錄)』 3월 18일	
1714년 (康熙53, 肅宗40)	825인	삼절년공사	본서 602면 = 이택일기(李澤日記)11월 28일	입책시
1720년 (康熙59, 肅宗46)	36인	고부(告訃) 겸 주청사	이기지(李器之) 『일암연행일기(一菴燕行日記)』(보유(補遺) 상, 233면)	7월 27일 서울발
1723년 (雍正1, 景宗3)	314인	진위(陳慰) 겸 진향사	황정(黃晸) 『계묘연행혹(癸卯燕行錄)』(전집 제37책, 263면)	입책시 8월 8일 서울발
1746년 (乾隆11, 英祖22)	335인	삼절년공사	본서 611면 = 윤급일기(尹汲日記) 11월 30일	입책시
1755년 (乾隆20, 英祖31)	335인	삼절년공사	정광충(鄭光忠) 『연행일록(燕行日錄)』(전집 제9책, 45면)	북경옥하관 입관시(入館時), 임기중은 찬자미상, 강희34년 연행이라고 한다.

연대	총인원수	사행목적	전거(典據)	비고
1760년 (乾隆25, 英祖36)	301인	삼절년공사	이상봉(李商鳳) 『북원록(北轅録)』 (보유 상책, 711면)	입책시
1777년 (乾隆42, 正祖1)	338인	삼절년공사	『봉성쇄록(鳳城瑣録)』 12면	입책시
1787년 (乾隆52, 正祖11)	324인	삼절년공사	유언호(兪彦鎬) 『연행록(燕行録)』 (선집 하책, 1158면)	입책시
1801년 (嘉慶6, 純祖1)	296인	삼절년공사	이기헌(李基憲) 『연행일기(燕行日記)』(선집 하책, 738면)	입책시
1803년 (嘉慶8, 純祖3)	253인	삼절년공사	이해응(李海應) 『계산기정(薊山紀程)』(전집6 6책, 479면)	입책시, 임기중은 서장보(徐長輔) 찬(撰)이라고 한다.
1809년경 (嘉慶14, 純祖9)	310~320인	삼절년공사	『만기요람(萬機要覽)』 699면	입책시?
1831년 (道光11, 純祖31)	205인	사은사	한필교(韓弼敎) 『수사록(隨槎録)』 (보유 중책, 243면)	7월 22일 서울발
1837년 (道光17, 憲宗3)	208인	주청 겸 사은사	본서 663면=김현근일기(金賢根日記) 7월 2일(일본편(日本編) 제2책, 95면)	북경에서의 하사품 급여자 인수, 4월 20일 서울발
1842년 (道光22, 憲宗8)	267인	삼절년공사	본서 666면=조봉하기략(趙鳳夏記略) (일본편 제2책, 195면)	입책시
1846년 (道光26, 憲宗12)	206인	진하 겸 사은사	본서 669면=박영원연행록(朴永元燕行録) (일본편 제2책, 247면)	입책시, 3월 12일 서울발
1849년 (道光29, 憲宗15)	305인	삼절년공사	본서 674면=이계조일기(李啓朝日記) (일본편 제2책, 461면)	북경입성시(入城時)
1858년 (咸豐8, 哲宗9)	310인	삼절년공사	본서 679면=김직연일록(金直淵日錄) (일본편 제3책, 104면)	입책시
1879년 (光緖5, 高宗16)	440인	삼절년공사	본서 702면=남일우연기(南一祐燕記) (일본편 제3책, 346 · 348 · 484면)	입책시, 도강시에는 310인, 중 심양에서 돌아오는 자 141인, 북경에서 보고한 자 299인.

* 삼절년공사는 통상 사은사나 진하사를 겸하지만 여기서는 표기하지 않는다.
* 연행록에 기재된 사료 중에서 '노(奴)'에 대한 기재가 없는 등 명확하게 불완전한 것으로 판단할 수 있는 것에 대해서는 통계로서 채택하지 않는다.
* 選集=『燕行録選集』, 국역=『國譯燕行録選集』, 全集=『燕行録全集』, 日本編=『燕行録全集日本所藏編』, 補遺=『燕行録選集補遺』(이상은 본서 584면 범례 참조) 『崇禎長編』=中央研究院歷史語言研究所校印『明實録附録』, 『鳳城瑣録』=博明撰(『遼海叢書』 所收), 『萬機要覽』=沈象圭編(財用篇, 서울, 景仁文化社, 1971).

이상의 통계는 물론 불완전하지만 연행사 인원의 증감을 대강 파악하기 위해서는 충분하다. 이에 의하면 명대와 청대는 인원수가 전혀 다르다. 1469년 무렵에는 아직 부사(副使)가 더해지는 사절이라면 15인, 부사가 더해지지 않는 사절이라면 12인으로 평가되었다.[8] 명청 교체가 있었던 때는 1644년인데 명대에는 가장 많은 경우라도 1619년의 57인이었는데 1677년에 갑자기 719인으로 증가했다. 이것은 1645년까지 지속된 동지절, 원조절, 성절을 위한 3회 파견을 일체화했기 때문인데 더 중요한 원인은 명대와 청대에는 이른바 '조공무역(朝貢貿易)'의 형태가 전혀 달랐기 때문이었다. 조선조의 경우 연행사가 압록강 연변에 위치한 국경도시 의주(義州)를 나와서 북경(北京)까지 행한 이른바 '조공무역' 즉 물자의 운반은 대개 다음과 같이 이루어졌다. 우선 명대의 경우이다.

우선 의주에서 일행의 소지물 검사가 행해진다. 여기에는 감찰관으로 일행 중의 서장관(書狀官)이 입회한다. 이것을 수검(搜檢)이라 하는데 16세기 중엽 이후가 되면 법령을 위반해서 주로 가지고 가는 것이 은(銀)이었기 때문에 수은(搜銀)이라고도 하고 수검(搜檢)의 총책임자를 수은어사(搜銀御史)라고 했다.

일행이 압록강을 건너고 나서 요동 지방의 중심도시 요동에 도착할 때까지 조선에서 단련사(團練使)가 파견되어 일행을 호위했다. 그동안 일행이 소지한 식량, 조공물품, 무역물품은 모두 조선 측이 운반했다.[9] 물론 중국인의 짐차(荷車)를 고용하기도 했지만 경비는 조선 측이 부담했다. 그런데 요동 이후 북경까지는 조공물품도 무역물품도 운송은 모두 명조

---

8 『朝鮮王朝實録』, 예종 원년 6월 辛巳. "工曹判書梁誠之上書曰, ……且聖節 · 千秋 · 正朝使外, 謝恩 · 奏聞等使, 皆順帶而行. 東八站之路果有所虞, 則一行三節之人, 使副之行不過十五人, 單使之行十二人, 因定軍士五十名……." 여기에서 군사(軍士) 50명이라는 것은, 연행사 일행을 호위하기 위해 요동까지 가서 돌아오는 병사이다.

9 상게서, 중종 21년 3월 乙巳. "且東八站之閒, 輸轉卜駄, 皆用我國人馬. ……且中原一路, 責出車三四十兩, 故殘弊之驛未能備數, 至以妻子爲典當而出焉. ……, 一路殘弊, 必曰朝鮮之故也."

측이 부담했다. 요동에서 릴레이식으로 물자운반을 하기 위해 짐차가 급부되었는데 이 차량은 연로(沿路) 인민(人民)이 요역을 부담했기 때문에 당연히 그 수는 제한되지 않을 수 없었고, 그 짐차를 몇 대 급부하느냐는 요동지방의 최고장관인 요동도지휘사(遼東都指揮使)와 사절 일행 중 서장관과 교섭해서 결정했다. 이때 교부된 지급허가증을 거마표첩(車馬票帖) 또는 거표(車票)라고 불렀다. 1574년 서장관으로 동행한 허봉(許篈)은 6월 24일 조선 측의 상통사(上通事) 즉 상급통역관을 파견해 이 교섭을 진행시켜서, 도지휘사 진언(陳言)이 처음에 18량을 허가한다고 한 것을 25량을 얻어내었다. 그런데 허봉의 말에 의하면 무역물품을 탑재하는 것을 제외하고 일행의 식량이나 소지품과 조공물품을 운반하기 위해서는 6~7대면 충분하다고 한다.[10] 즉 나머지 18대는 무역물품을 운반하기 위한 것으로 무역물품이 약 3배 정도 되는 셈이었다. 이 차량은 인민의 요역 부과로 조달되었기 때문에 당연히 한도가 있었다. 허봉에 의하면 이 요역을 견디지 못해 자살하는 사람까지 나올 정도로 연도에는 사람들의 원성이 끊이지 않았고 연행사 보기를 원수 보듯 했다고 한다. 그는 이 문제를 해결하는 근본적인 개혁 방법은 '국가가 무역을 폐지하는 것이다'라고 단언했다.

연행사 일행이 다량의 은을 게다가 비밀리에 가지고 간다고 하는 기사는 『조선왕조실록』에 의거하는 한 16세기 초부터 갑자기 많이 등장한다. 중국 연호로는 정덕(正德)이 시작되는 그 무렵이다. 당시 조선의 궁정에

---

10 許篈, 『荷谷先生朝天記』 10월 5일(『韓國文集叢刊』 제58집, 487면하). "及到遼東, 則下至鹽醋微物, 亦皆齎去, 加以各司貿易 · 一行并卜, 必用二十五六輛車, 然後方可以行. ……是以出車極艱, 我國人告於衙所等官, 欲速發行, 則衙所官執車夫, 䞍指夾棍, 備諸惡刑, 然後車夫等賣子女脫衣裙, 以具車輛, 慘不可忍視. 以近事驗之, 則隆慶初賀節, 陪臣入歸時, 其年適凶歉, 至十三山驛, 人家盡空, 只有車夫數三在. 通事告于守驛官催車, 車夫即賣其十五歲男兒買三輛, 其餘則計無所出, 自縊而死云. ……用是我國人所經之地, 人皆怨苦, 疾視若仇讎焉. 今之計, 必也國家廢貿易, 使臣省路費, 則雖有一行并卜, 亦不過用車六七輛而已. 如此則百年之弊, 一朝可去矣."

서 가장 많이 논의되었던 것은 은은 본래 공물에 들어가는 것을 면제받았는데 연행사 일행이 북경에 다량의 은을 가지고 가면 조선에서도 많이 산출된다고 생각해 공물에 추가될지도 모른다는 의구심이었다.[11] 이 때문에 조선정부는 애써 개광한 단천은산(端川銀山)을 폐광했다고 국왕 스스로 말하고 있기 때문에 연행사 일행의 동향은 국내 산업의 성쇠와 깊이 관련되어 있다고 할 수 있다. 그러나 은을 몰래 북경으로 가지고 와서 돈을 벌려고 한 것은 상인뿐만이 아니라 관료들도 그러했다. 이 때문에 국가에서 수은어사(搜銀御史)를 설치하는 등 여러 가지 방법으로 은의 반출을 금했지만 효과는 없었다.

곧 북경의 관료들 사이에서 조선은 조공을 위해서가 아니라 무역을 위해 사절을 보내고 있다는 험담이 들리는 지경에 이르렀다. 그리고 결국 1523년(가정 2, 중종 18)의 과거(科擧) 순천향시(順天鄕試)의 책제(策題)에 "조선은 예의지방(禮義之邦)이라고 거짓 칭하면서 빈번히 북경을 왕래하고 있고, 실질은 상거래로 이(利)를 얻고 있다. 조공왕래를 거절하면 필시 원망할 것이고 이적(夷狄)을 처우하는 도(道)에도 어긋나지만, 거절하지 않으면 연로의 역이 점점 곤란해져버린다", 이것을 어떻게 해결하면 좋은가라는 문제까지 나왔다고 한다.[12] 조선의 위정자들은 중국인으로부터 연행사가 중국에 오는 것은 지성사대(至誠事大)를 위해서가 아니라 무역을 위해서 오는 것이라는 말을 듣고 크게 수치스러워했다.[13] 또 연로의 중국 인민이 굶어죽는 것을 눈으로 보면서도 돈벌기에 열중하는 것은 변

---

11 『朝鮮王朝實録』, 중종 8년 5월 壬午. "(司諫柳)雲啓曰, 赴京之人多齎銀兩, 萬一中國知我國産銀而責令入貢, 則其弊不小. 上曰, 銀兩之事, 至爲可慮. 前者遣侍臣摘奸而亦不得搜探矣. 端川採銀處, 堅封不採者, 恐有此弊耳."

12 상게서, 중종 18년 8월 戊申. "臺諫合司啓前事, 不允. 又啓曰, 且聞中朝厭苦我國使臣頻數往來, 順天府發問策題云, 朝鮮假稱禮義, 頻頻往來, 其實則以興販爲利也. 拒之則彼必缺望, 有乖於待夷之道, 不拒則驛路益甚困弊. 臣等始聞此言, 不勝愧赧."

13 상게서, 중종 34년 4월 戊午. "(尹)殷輔曰, ……中朝見我國使臣數往, 不以至誠事大爲言, 而以交市爲言, 可羞之甚也. ……侍講官韓淑曰, 臣頃以問禮官親見一路村舍空虛, 餓莩相望."

명의 여지가 없다고 생각했다. 북경에서 일행이 숙박하는 옥하관(玉河館)의 문금(門禁)이 엄중해지자, 이래서는 야만적인 몽골인에 대한 처우와 같다고 분노하면서 이것은 은이 불러온 재난이라고 생각했다. 이를 '국가의 수치'라고 칭하고, 이 수치를 씻기 위해서는 국가를 위한 공무역조차 금지해야 할 것이라는 의론도 나왔다.[14] 허봉이 "국가가 무역을 폐지해야 할 것이다"라고 주장한 것도 이 때문이다.

그러나 조선의 상인과 관료의 끝없는 이익 추구 앞에서 무역금지를 외치는 소리는 지워졌다. 조선 측의 자기 규제에도 불구하고 연행사 일행의 인원은 허봉의 때에도 이미 36인으로, 1619년에는 57인으로 늘어났다. 중국 명조에는 조선을 특별한 조공국으로 간주하고 우대하는 의도에서 조공 인원수나 운반물자를 제한하는 규정은 없었던 것 같다. 그러나 앞서 서술한 것처럼 요동에서 북경까지 조공물품과 교역물품까지 그 운반을 전부 중국 인민의 요역에 의했기 때문에 자연히 한계가 생겼다.

청대가 되면 이 조공의 양식, 조공무역의 형태가 완전히 바뀌었다. 간단히 말하면 심양과 북경 간의 무역물품의 운송도 조선 측의 경비로 수레를 빌려 행하게 된 것이다. 다시 한번 국경도시 의주에서 북경까지의 여행 과정을 살펴보자. 우선 도강 전에 의주에서 소지물 검사가 시행된 것은 같으나 극히 형식적이었던 것은 전대와 변함없다.

명대에는 일행이 요동에 이르기까지 특별한 입국검사가 행해졌던 것 같지 않다. 그런데 청대가 되면 청조 측에서 봉성(鳳城)이라고 부르는 국경의 마을의 남쪽에 책문(柵門)을 설치하여 여기에서 입국검사를 했다. 이 책(柵)에 들어와 입국하는 것을 입책(入柵)이라 한다. 여기에서 연행사 측은 청조의 담당관에게 입책 인원을 기록한 보단(報單)을 제출했다. 많

14 상게서, 인종 원년 2월 丁巳. "臺諫啓曰, 中朝以我國爲禮義之邦, 優待異於他國. 近來門禁太甚, 待之無異㺚子. 謀利之徒, 以買賣爲事, 不計羞辱, 此實依憑公貿易恣行私貿, 而辱及朝廷. 若無公貿, 則私貿之禁亦易. 請自今書册藥材外一切勿貿, 以雪國家之恥."

은 연행록에 입책 인원의 수가 기록된 것은 이때의 기록이 있었기 때문이다.

예를 들어 1712년(강희 51, 숙종 38)에 서울을 출발한 연행사의 경우를 보면, 우선 의주에서 도강했을 때는 537인이었는데, 입책 단계에서 687인으로 크게 늘어난다. 책문에서 남쪽 압록강까지는 양국의 완충지대로서 어느 쪽도 관리하지 않았기 때문이다. 예를 들면 전회의 연행사가 돌아와 책문을 나왔을 때 모습을 감춘 자가 여기에 몰래 몸을 숨기고 있다가 다음 연행사가 압록강을 건너 책문에 들어갈 때만 일행에 합류했다. 이렇게 해서 백수십 인이 증가한 것으로 보인다.

책문에서 입국검사를 함과 동시에 연행사 측은 조공물품, 무역 그리고 식량 등을 운반하기 위해 차량을 고용했다. 우선은 청조의 부도(副都) 심양까지이다. 따라서 경비는 조선 측이 모두 부담한다. 이것은 명조 때도 도강 후 요동까지는 조선 측이 모두 운반한 것이기 때문에 아무 변함이 없다. 심양까지는 호위를 위해 단련사가 따라간 것도 전과 같았다. 1712년의 경우 687인이 입책하여 그 중 324인이 북경에 갔다. 남은 363인은 일행과 함께 심양까지는 가지만 여기에서 교역한 후 단련사가 심양에서 귀국할 때 동반해서 돌아갔다.

청대와 명대의 가장 큰 차이점은 심양에서 북경까지이다. 청대에서는 연행사 일행이 심양까지 운반해온 조공물품은 여기에서 모두 청조 측에 인도되어 이후로는 청조 측이 북경까지 운반했다. 따라서 조선 측은 차량을 몇 대 준비해야 하는지, 몇 월 며칠까지 북경에 도착시켜야 하는지, 일체 걱정할 필요가 없었다. 건륭(乾隆) 연간이 되자 이 간편한 방식은 연장되어 입책 단계부터 조공물품은 청조 측에 인도되어 북경까지 운반해 주었다고 한다.[15] 무역물품은 심양까지 조선 측의 경비로 차부(車夫)를 고

15 찬자 미상, 『隨槎日録』 道光 9년 11월 27일(林基中 · 夫馬進編, 『燕行録全集日本所藏編』 서울, 東國大學校韓國文學研究所, 2001, 제2책, 24면). "而歲幣及方物, 照數交付於鳳城押車

용한 것과 마찬가지로, 심양에서 북경까지 운반하는 것도 조선 측의 경비로 그들에게 운반하게 했다. 이 때문에 북경에 가지고 가려는 물품 또는 은은 조선 측의 필요에 따라 무제한 가능했던 것이다.

청조가 아직 심양에 수도를 두고 있던 시대, 조선에서 심행(瀋行)한 기록으로 『신사부심록(辛巳赴瀋録)』이 있다.[16] 이것은 1641년(숭덕 6, 인조 19)에 성절 겸 동지사로서 갔을 때의 기록인데, 이미 책문에서 입국검사를 받고 있다. 그 이후 심양에서 공물을 예부에 납입하기까지 운반 방법에 대해서는 전혀 말하지 않지만, 아마도 명대 또는 북경 천도 이후의 청대와 마찬가지로 조공물품과 무역물품을 모두 조선 측의 경비로 운반했을 것이다. 북경으로 수도를 옮기고 나서의 기록 즉 1649년(순치 6, 인조 27), 1660년(순치 17, 현종 1), 1664년(강희 3, 현종 5), 1669년(강희 8, 현종 10), 1677년(강희 16, 현종 3), 1712년(강희 51, 현종 38) 등의 연행록에 의거하는 한, 이 동안 심양이 아니라 우장(牛庄)에서 조공물품을 청조 측에 인도하는 일이 있었다든가, 독점적으로 운반을 청부하는 남두(攬頭)라는 업자가 출현하는 등 다소의 차이는 있지만 큰 틀은 변함이 없었다.[17] 남두 문제는 너무 크고 복잡하기 때문에 여기서는 설명을 생략한다.[18] 청대 전체를 볼 때 조선의 조공무역 형태의 가장 큰 변화는 1729년(옹정 7, 영조 5)에 공물에 대해서도 조선 측이 자유롭게 고거(雇車)할 수 있게 되어 심양까지 대송(代送)하게 되고, 이에 따라 명대부터 있었던 단련사의 수행이 중지

章京處, 蓋自柵門縣次替運, 爲我國省弊, 而自乾隆有勅爲始云." 이와 같은 기사는 南一祐, 『燕記』 12월 4일(日本編 제3책, 353면).

16 李景嚴, 『辛巳赴瀋録』(林基中編 『燕行録全集』 서울, 東國大學校出版部, 2001, 제15책, 林基中은 李景稷撰, 『赴瀋日記』라고 하는데, 찬자는 李景嚴이 옳고 서명도 『辛巳赴瀋録』이 보다 적절하다).

17 1649년은 鄭太和, 『己丑飮氷録』(『燕行録全集』 제19책), 1664년은 洪命夏, 『甲辰燕行録』(同 제20책, 林基中은 『癸丑燕行録』이라고 한다), 1669년은 閔鼎重, 『燕行日記』(同 제22책, 林基中은 『老峰燕行記』라고 題한다), 1712년은 金昌業, 『老稼齋燕行日記』(同 제32책) 및 崔德中, 『燕行録』(同 제39책).

18 앞의 주석 2, 張存武, 1978, 97면 참조.

된 점과,[19] 이미 말한 바대로 건륭 연간에는 또 입책 때에 이를 청조 측에 인도하게 된 점일 것이다.

앞서 제시한 일람표 중 명칭 교체와 함께 대폭 인원이 증가한 것은 이처럼 조공 형태 혹은 조공무역의 형태가 달랐기 때문이다. 그렇다면 청대에 같은 삼절년공사로 보아도 최고 1714년의 825인에서 최저 1842년의 267인까지, 수치에 큰 변화가 있는 것은 무엇 때문일까? 이 문제를 연행 인원의 추이를 가장 보편적이고 기록에 남기기 쉬운 삼절년공사의 경우에 비추어 살펴보자. 삼절년공사는 익년 정월 원단에 청조 궁정에서 열리는 의식에 참석하기 위해 편성되어 매년 대개 10월 하순에서 11월 초순 사이에 서울을 출발한다. 일람표에 의하면 1677년에는 719인이 입책하고 그 후 약간 감소해 1714년에는 825인이 입책하여 절정을 맞는다. 일람표가 표시하는 한도에서 본다면, 1746년부터 1858년까지는 대개 300인 안팎이었다고 할 수 있다. 이러한 추이가 어떻게 발생했는가 하면 그것은 일본에서 쓰시마－부산(釜山)의 왜관(倭館)을 경유해서 조선으로 유입된 은의 수량과 밀접히 관련된 것 같다.

17세기 말인 1684년(강희 23, 숙종 10, 탁향 1)부터 18세기 중엽의 1752년(건륭 17, 영조 28, 보력 2) 사이에 쓰시마에서 어느 정도의 은이 조선에 수출되었는지에 대해서는 다시로 가즈이(田代和生)가 통계로 분석하고 있다.[20] 이에 따르면 1684년부터 1710년 무렵까지 일본은(日本銀)의 수출량은 보합 상태에서 감소해가고 있었는데, 1710년 무렵을 바닥으로 그 후 증가세로 바뀌어 1714년에 절정에 이르고 있다. 마침 이때 연행사 인원수도 절정에 달했다. 그 후 조선으로 유입되는 은이 감소한 것은 연행사 일행

---

19 『通文館志』 권10, 기년속편(紀年續編), 영조 5년. “上年雖罷商賈, 而方物歲幣, 團練使押運瀋陽之際, 商賈輩代刷驅冒入如前. 故別遣行司直金慶門於謝行, 累次呈文, 論辨於鳳城將及稅官, 貢物亦令自柵雇車輸傳于盛京禮部, 事永爲定式, 仍革團練使.”

20 田代和生, 『近世日朝通交貿易史の研究』(東京, 創文社, 1981) 328면, 同 『新・倭館－鎖國時代の日本人町』(東京, ゆまに書房, 2011) 142면, 특히 전자.

의 인원이 1746년 이후 대략 300인 안팎으로 줄어든 것과 거의 대응하는 것이라고 볼 수 있다. 즉 적어도 17세기 말부터는 조선, 중국, 일본의 은의 증감은 연행사와 연동해서 움직였다고 생각된다.

이상 이 연행사의 인원 및 조공 형태의 변화에서 말할 수 있는 것은 연행사에 동반하는 무역이 중국 및 일본으로부터 너무나 큰 영향을 받았다는 사실이다.

첫째로 중국의 영향이다. 조선연행사가 대상(隊商)의 변형이라는 것은 일찍이 이야기되어 온 것인데 명청 양대를 통해 보면 결코 일관해서 그렇지는 않았다. 명대의 15세기 말까지는 비록 무역을 동반했다고 해도 명조 측도 그것은 당연하다고 보고 있었기 때문에 에누리 없는 사대사절단이고 조공사절단이었다고 해도 좋을 것이다. 그런데 16세기에 들어오면 조선에서 은이 반출되면서 이에 따라 연행사는 대상(隊商)의 색채를 띠었다. 그래도 첫째로는 은이 공물에 들어가게 되는 것이 아닌가라는 우려에서, 둘째로는 요동에서 북경까지 연행사 일행의 물자운반이 공사(公私) 모두 인민의 요역 부담에 의했기 때문에 무역물자를 증가시키는데 한계가 있었고, 셋째로는 조선 스스로가 '예의(禮義)의 나라'임을 자부하고 "사대가 아니라 무역을 위해서 북경에 온다."고 비판받는 것을 '나라의 수치'라고 생각했기에, 무역액의 증가에는 자기 규제가 작용했다. 이것은 그것이 조공무역인 이상, 종주국의 영향을 크게 받는 것은 당연하다고도 말할 수 있지만, 그러나 여기서 제시한 세 번째 원인 즉 '예의의 나라'라고 하는 자부심에 의해 무역의 증가를 자기 규제하려는 움직임은 아마 일본의 대명(對明) 조공무역에는 보이지 않는 조선만의 독자적인 것이다.

둘째로 일본의 영향도 크게 받았다. 그것은 에도 막부의 정책에 의해서 조선으로 유입되는 은의 수량에 대폭 변동이 생겼기 때문이다. 다시로 가즈이에 의하면 17세기 말기에 조선무역의 은 수출액이 나가사키(長崎) 무역을 상회하는 것은 조선무역의 수출이 증가한 것보다도 오히려 나가사키에서 수출하는 수량이 극감(極減)한다고 하는, 막부의 정책 전환이 원인이었다. 또 아라이 하쿠세키(新井白石)가 대량의 은이 국외로 유출되는 데 대하여 방책을 냈던 것이다. 이른바 쇼토쿠 신령(正德新令)이다. 하쿠세키에 의한 조선으로의 은수출 억제책은 충분한 효과는 없었지만 막부는 1737년 다시 조선으로의 은수출을 제한하는 방책을 내어 이것이 성공을 거두었다고 한다.[21] 연행사 일행의 인원이 전에 825인이었던 것이 300인 전후로 감소한 것은 이러한 일본 막부에 의한 정책 변동의 영향이 컸다고 생각된다.

연행사 일행의 수가 이처럼 시대에 따라 큰 변동이 있었던 것과 대조적으로 통신사 일행의 수는 최후의 1811년 통신사, 즉 쓰시마에 머물렀던 것을 제외하고 4백 수십 인에서 5백 인 정도까지 2백 년간에 걸쳐서 안정적이었다. 이것은 쓰시마는 무역을 동반하지 않았기 때문이다. 물론 통신사에 참가한 사람도 교역하는 것이 허락되어 있었지만, 이 시대에 조선·일본의 무역의 거의 전부 매년 쓰시마 번(對馬藩)이 막부에서 특권을 부여받아 부산의 왜관을 통해 독점하고 있었기 때문이었다.

3. 조선연행사단의 편성

다음으로 일행의 편성에 대해서 살펴보자. 우선 연행사의 경우 일행의 중심은 정사(正使), 부사, 서장관 3인이고 이를 삼사(三使) 또는 삼대인(三大人)이라고도 했다. 통신사의 경우 삼사 또는 삼대인이라 불린 것은 정사, 부사, 종사관(從事官)인데 『통문관지』 권6, 통신사행(通信使行)의 설명에 의하면 종사관은 본래 서장관이었다고 하니 양자는 전적으로 같다고 볼 수 있다. 다만 이들 3인에게 어느 정도 신분이 배당되는 것인지, 관료

21 앞의 주석 20, 田代和生 저서 후자, 323~340면.

체계 중에서 어느 정도 지위에 있는 자가 선발되느냐 하는 문제는 양자가 전혀 달랐다. 연행사의 삼사에 누가 어떤 직함을 갖고 선발되었는가는 『동문휘고보편(同文彙考補編)』 권7, 사행록(使行録)과 『청선고』 사개(使价)에 일람표가 있기 때문에 일목요연하다. 다만 전자는 사행에 임하여 더해진 임시 직함으로 관직명이 기록된 것이고, 후자는 본래의 관직명으로 기록되어 있기 때문에 주의할 필요가 있다.

이 자료들에 의하면 연행사의 경우 정사는 종실관계자가 매우 많았다. 이것은 기록이 시작되는 청초 입관전(淸初入關前)부터 아편전쟁이 일어난 1840년 무렵까지 일관되었다. 이는 아마도 조선조가 청조와 책봉관계에 있었던 사실에 근거할 것이다. 예를 들면 황제가 즉위하는 등 중요한 축하식에 종실관계자가 참석하는 것이 당연한 예였을 것이다. 진하사나 사은사 등 특별한 사절을 보낼 때 혹은 이들을 삼절년공사가 겸할 때는 자주 그들이 정사가 되었다.

일반 문인관료가 정사가 된 경우 판중추(判中樞)라는 직함이 더해지는 것이 가장 많다. 판중추는 종일품관이다. 『통문관지』 권3, 부경사행(赴京使行)에서 정사는 "정이품(正二品)의 관직에 있는 자가 종일품을 결함(結銜)한다."고 한 것은 이것을 말한다. 결함이란 결함(結銜)이라고 쓰는데 중국에서는 보통 가함(加銜)이라고 한다. 임시로 특별한 관직을 주어 관록을 붙이는 것이다. 예를 들면 1846년(도광 26, 헌종 12)에 진하 겸 사은사의 정사가 된 박영원(朴永元)은 본래 정이품 예조판서(禮曹判書)의 관직에 있었지만, 종일품(從一品)인 판중추(判中樞)라는 직함을 더하여 북경에 갔다. 같은 『통문관지』에 의하면 부사에는 정삼품(正三品)의 관료에 종이품(從二品)의 관직을 더하여 파견하게 되어 있었다. 그러나 이것은 원칙이고, 예를 들면 1746년(건륭 11, 영조 22)에는 사은 겸 삼절년공사였던 윤급(尹汲)은 호조참판(종이품)이었지만, 이조판서(정이품)를 가함하여 사절로 내보내고 있다. 육조참판(六曹參判)이 육조판서(六曹判書)의 직함을 갖는 것은 극히 많다. 육조참판이란 중국 식으로 말하면 육부시랑(六部侍郎),

육조판서(六曹判書)란 육부상서(六部尙書)이다.

통신사의 경우는 대부분 정사들은 쇼군(將軍)이 이 직(職)에 부임한 것을 축하하기 위해 국서를 갖고 파견되었다. 그러나 특별히 종실(宗室)관계자를 파견한 것 같지는 않다. 『통문관지』 권6, 통신사행(通信使行)에 의하면 그 정사는 문관(文官)으로 당상관(堂上官; 정삼품의 상급 이상)에 이조참의(정삼품)를 가함했다. 실제 1748년(건륭 13, 영조 24, 연향 5)에 통신사 정사로 일본에 간 홍계희(洪啓禧)는 일본 측의 사료 『한관증답(韓館贈答)』에 의하면 현재 통정대부 이조참의 국자감대사성 지제교(通政大夫吏曹參議國子監大司成知製教)였다고 한다.

통정대부(通政大夫)와 이조참의(吏曹參議)는 모두 정삼품이다. 부사는 당하관 정삼품(堂下官正三品)이 홍문관전한(弘文館典翰: 종삼품)의 직함을 갖게 되어 있었다. 그렇게 본다면 조선의 관료체계로 연행사 정사와 통신사의 정사를 비교한다면 3등의 격차가 있었던 셈이다.

정사, 부사, 서장관(종사관)이라는 삼사의 구성은 같다고 하나, 그들의 관품(官品)과 종실관계자의 유무로 양자는 달랐다. 더 큰 차이는 통신사에는 있는 제술관(製述官)과 서기(書記)가 연행사에는 없었던 점이다. 아니 보다 정확히 말하면 통신사에는 연행사에 없는 제술관과 서기가 특별히 추가되었다. 제술관과 서기가 일본의 문인들과 시문(詩文)의 증답(贈答)을 하고 유학자들과 유학(儒學)에 대해 의론을 나누는 주역이었던 것은 본서 제9장에서 제11장까지에서 보는 대로이다.

제술관은 문장을 전문으로 작성하는 임무를 맡았다. 본래 조선 국내에서는 국제교류의 경우 제술관은 중국에서 온 사절, 즉 천사를 영접할 때 임명된 자들이었다. 『청선고』 화사(華槎)에 의하면 유명한 예로 1602년(만력 30, 선조 35)에 천사를 영접할 때 차천로(車天輅)와 권필(權韠)이 제술관에 임명된 경우를 든다. 제술관이 아니라도 천사를 영접할 때의 책임자가 된 원접사(遠接使)는 신숙주(申叔舟), 서거정(徐居正), 정사룡(鄭士龍), 소세양(蘇世讓), 이이(李珥), 이정귀(李廷龜) 등 당시 제일가는 문인이었다. 중국 측도 이 때문에 본서 제16장에 보듯이 예겸(倪謙), 장녕(張寧), 동월(董越), 공용경(龔用卿), 황홍헌(黃洪憲), 주지번(朱之蕃) 등 일류 중의 일류 문인을 파견했다. 공용경은 귀국해, "조선의 문물예제(文物禮制)는 중화(中華)와 다르지 않다.", "조선의 문화는 훌륭하다."라고 칭찬했고, 이 말을 들은 예부상서(禮部尙書)가 연행 사신(燕行使臣)에게 조선의 문물예제가 중화와 다르지 않다고 들어서 매우 기쁘다고 전하고, 또 숙사(宿舍) 옥하관에서의 대우를 소홀히 해서는 안 된다고 명했다고 한다.[22] 한편 중국의 문인 심덕부(沈德符)의 『만력야획편(萬曆野獲編)』에 의하면 "천사로 파견된 자의 재능이 때로 조선 문인에 미치지 못해 선배 한두 사람은 모욕당하고 웃음거리가 되었다."고 한다. 심덕부는 이것을 '황화(皇華)의 큰 굴욕이다'라고 하면서 금후에는 더욱 사람을 가려뽑아야 할 것이라고 했다.[23] 조선 측은 천사로 명조의 관료가 올 때마다 창화집(唱和集)으로 『황화집(皇華集)』을 자랑스레 편찬하고 발행했다.[24] 이처럼 제술관은 조선에서도 중화 문화의 수준이 높다는 것을 보여주기 위한 역할을 맡았다.

제술관이 연행사에는 없고 통신사에만 추가되고 또 이것만으로는 부족하다고 하여 3명의 서기를 추가한 것은 일본에 '황화'를 빛내기 위해서였다. 황화란 본래 『시경(詩經)』 소아(小雅)의 '황황자화(皇皇者華)'에서 연유한 말이고 고대의 주(周) 왕조가 빛나는 사절을 제후국들에 보내는 것을

---

22 『朝鮮王朝實録』, 중종 32년 11월 戊寅. "領議政尹殷輔 · 左議政柳溥啓曰, ……龔用卿還中朝, 言我國之事於於稠中曰, 朝鮮文物禮制, 無異於中華, 極口贊美. 此無他, 以我國文章之無愧也. 禮部尚書亦聞龔天使之言, 而嘉嘆不已, 見我國使臣, 而褒美之曰, 聞爾國文物禮制, 無異中朝, 心甚嘉之. 又戒玉河館主事及序班等, 以朝鮮之人愼勿忽待云. 此特以文雅之力也. 今不可不爲之課製錬習也. 答曰, 皆如啓."

23 『萬曆野獲編』 권30, 朝鮮國詩文(北京, 中華書局, 1959) 786면. "彼國濡毫以待唱和, 我之銜命者, 才或反遜之, 前輩一二北扉, 遭其姗侮非一, 大爲皇華之辱. 此後似宜遴擇而使, 勿爲元菟四郡人所笑可也."

24 『皇華集』(中韓關係史料輯要3, 臺北, 珪庭出版社, 1978). 杜慧月, 『明代文臣出使朝鮮與皇華集』(北京, 人民出版社, 2010).

의미했다. '황화'라는 말은 조선 측의 통신사 사료에서 자주 사용된다. 같은 중국이라도 청조는 조선 지식인에게 경멸해야 할 대상이었기 때문에 연행사의 경우에 기묘하게도 이 말이 사용된 것은 본서 제15장에서 보게 될 것이다.[25] 바로 중국 명조의 사절이 우월한 중화의 문화, 사람으로서 갖추어야 할 예를 전하러 조선에 왔던 것처럼, 통신사를 보내는 것을 좋은 기회로 삼아 조선에서도 일본으로 이것을 전하지 않으면 안 된다는 생각이 있었다.

통신사의 경우 제술관이나 서기들이 일본 문인과 교류하기 위해, 연로 각지의 숙박시설 등에서 공적인 교류의 장이 마련되었다. 제술관이나 서기가 사적으로 일본 지식인의 사저를 방문해 교류하는 것은 그 사례를 알지 못한다. 1764년 통신사가 오사카에서 기무라 겐카도(木村蒹葭堂)의 사저를 방문했던 것처럼 기술하는 논고가 종종 있다.[26] 그러나 성대중(成大中)의 『일본록(日本録)』, 남옥(南玉)의 『일관기(日觀記)』, 원중거(元重擧)의 『승사록(乘槎録)』 등의 일기(日記)에 의거하는 한, 방문했다는 기술을 찾을 수가 없다. 말하자면 그들은 공무원으로서 조선의 문화, 중화의 문화를 빛나게 하는 임무를 띠고 있었던 것이다.

에도 시대에 일본에 갔던 통신사는 조선국왕의 국서를 가져오고 대신에 일본 쇼군의 국서를 갖고 돌아오는 것이 주된 임무였다. 이로써 양국이 적대관계가 아니라는 것을 확인하는 것이 그 주된 목적이었다. 일본의 에도 시대쯤 되면 연행사에게 누차 부과되었던 중요한 외교적 현안을 해결하는 임무는 기본적으로 부과되지 않았다. 또 기본적으로 무역도 수반하지 않았다. 따라서 창화(唱和)를 중심으로 한 문화교류가 조선 측에서 통신사를 파견하는 중요한 목적의 하나였다고 볼 수 있다. 또 일본 측

25 본서 제15장 625면.

26 中村眞一郞, 『木村蒹葭堂のサロン』(東京, 新潮社, 2000) 269면, 高橋博巳, 『東アジアの文藝共和國－通信使・北學派・蒹葭堂』(東京, 新典社, 2009) 43면.

에서 에도 시대에는 문화교류가 중요한 목적의 하나였다. 따라서 통신사의 실정을 볼 때 1920년대에 시작한 마쓰다 고(松田甲)의 연구 이래 이에 관한 연구의 대부분이 양국 문화의 교류나 지식인의 상호인식에 집중된 것은 당연했다고 할 수 있다.[27] 그들의 교류는 거의 공적인 장에서 행해진 것이고 여기에는 감시의 눈이 있었다고 봐야 한다. 한편 연행사에게는 중국 문인과 서로 시문을 증답(贈答)하고, 겨루는 역할을 맡은 자는 처음부터 끝까지 추가되지 않았다. 따라서 공적인 교류의 장도 일관되게 마련되지 않았다. 물론 서로 대면한 양국 지식인이 시의 창화를 하는 것은 극히 자연스러운 일이었고, 그 시 작품은 각종 연행록에 많이 남아 있다.

후지쓰카 치카시(藤塚鄰)가 1809년(嘉慶 14, 純祖 9)에 연행한 완당(阮堂) 김정희(金正喜)에 초점을 맞춰 청조의 옹방강(翁方綱)이나 완원(阮元) 등과의 교류를 묘사한 저작은 19세기에 조선과 중국 간에 어떠한 학술문화 교류가 이루어졌는가를 밝힌 금자탑이라고 해야 할 작품이다.[28] 그런데 그 무대는 청조 지식인들의 사저였다. 본서에서 주로 다루게 되는 홍대용(洪大容)은 그 반세기 전인 1765년(乾隆 30, 英祖 41)에 연행했다. 그가 항주(杭州)의 지식인 엄성(嚴誠) 등과 교류한 것은 그들이 마침 북경에서 시행되는 회시(會試)를 보기 위해 숙박하고 있던 여관이었다. 이것은 완전히 사적인 교류이고 감시의 눈은 전혀 없었다. 그러나 북경에서는 공적

27 松田甲, 『日鮮史話』 제1~6편(京城, 朝鮮總督府, 1926~1930), 同 『續日鮮史話』(同, 1931). 앞의 주석 7, 李進熙 저서, 朴春日 저서, 李元植 저서, 辛基秀 저서, 仲尾宏 저서 외에 姜在彦, 『玄界灘に架けた橋－歷史的接點からの日本と朝鮮』(東京, 朝日新聞社, 1993), 辛基秀 等編, 『大系朝鮮通信使－善隣と友好の記録』 제1~8권, 東京, 明石書店, 1993~1996), 河宇鳳, 『朝鮮後期 實學者의 日本觀研究』(서울, 一志社, 1989, 日本語譯 『朝鮮實學者の見た近世日本』 井上厚史譯, 東京, ぺりかん社, 2001), 同 『조선시대 한국인의 일본인식』(서울, 慧眼出版社, 2006, 日本語譯 『朝鮮王朝時代の世界觀と日本認識』小幡倫裕譯, 東京, 明石書店, 2008, 한국어판은 미견), 鄭章植, 『使行録に見る朝鮮通信使の日本觀－江戸時代の日朝關係』(東京, 明石書店, 2006), 앞의 주석 26, 高橋博巳 저서 등.

28 앞의 주석 2, 藤塚鄰 저서.

인 교류의 장은 처음부터 끝까지 마련되지 않았다. 따라서 홍대용이나 김정희가 이러한 사저나 여관을 찾아 자유로운 교류를 하기 이전, 특히 명대까지의 지식인 교류는 극히 제한되었고 결코 친밀한 것이 아니었던 사실도 주의할 필요가 있다.

그런데 연행사단에 누가 어떠한 직명을 갖고 참가했는지에 대한 기록 중 비교적 이른 시기의 것으로 찬자 미상의 『조천일기(朝天日記)』가 있다. 이것은 1604년(萬曆 32, 宣祖 37)에 성절사와 천추사를 겸해서 연행사단을 편성했을 때의 것으로 이에 따르면 성절사의 경우는 정사와 서장관이 합계 2인, 통사(通事; 통역) 4인, 군관(軍官) 4인(子弟軍官1인), 의원(醫員) 1인, 여기에 양마(養馬) · 노(奴) · 주자(厨子; 요리사) 6인, 총계 17인으로 구성되었다. 한편 천추사의 경우는 정사와 서장관이 합계 2인, 통사 5인, 군관 3인(자제군관1인), 의원 1인, 양마 · 노 계 5인, 총계 16인이고 양사(兩使) 합쳐서 33인으로 구성되었다. 이 인원수는 조선 측의 자기 규제에 의한 것인지, 일람표에 제시한 1469년 무렵과 같이 극히 간소하다. 제술관이나 서기가 보이지 않을 뿐만이 아니라 상인도 관광 유람하는 수행자도 한 명 보이지 않는다. 이것은 이 사절단이 바로 사대사절단이고 조공사절단 그 자체였던 것을 나타낸다. 사절단에 참가한 자는 사대하고 조공한다는 명확한 목적을 위한 무언가의 역할을 맡았던 것이다.

그러나 이 33인 중에 상인이나 관광객이 섞여 있지 않았다는 확증은 전혀 없다. 왜냐하면 앞서 서술한 바와 같이 청대가 되면 연행사 일행의 수는 많이 늘어났지만 여기에도 상인이나 관광객이라는 '직명' 내지는 연행 목적을 나타내는 이름은 전혀 없었기 때문이다. 이 시대의 단원 일람표로 1712년(康熙 51, 肅宗 38)의 기록, 김창업(金昌業)의 『노가재연행일기(老稼齋燕行日記)』가 있다. 여기에는 압록강을 건넜을 때의 일행 537인의 이름과 그 직명(職名)이 열거되어 있는데 상인이나 관광객이라는 '직명' 또는 연행 목적은 한 명도 기록되어 있지 않다. 그것은 상인이나 관광객이 사절단에서 무언가의 역할을 담당하는 '직명'을 갖고 섞여 있었기 때문이다.

1803년(嘉慶 8, 純祖 3)의 기록에 의하면 사상(私商)은 역관(譯官), 운반인(運搬人), 마부(馬夫) 등 다양한 직함을 전납하여 샀다고 한다.[29] 또 김창업의 다음해에 연행한 한지(韓祉)의 기록에도 통역과 함께 "상고(商賈) 1인을 두었다."고 나오고, 2년 후인 1714년에 연행한 이택(李澤)의 기록에도 통역과 "상고 3인이 산해관(山海關)에서 따라붙었다."라고 기록되어 있다. 이들 기록에서 통역과 상인이 한 몸으로 물품을 운반하고 있는 것이 흥미롭다.[30] 통역관들은 확실히 '통사' '역관'이라는 직명을 띠고 있었지만 그들이 상인인지 통역관인지 그 자체로 구분이 되지 않았던 것이다. 그런데 김창업 본인은 어떠한 직명을 띠고 있었는가 하면, 스스로를 '타각(打角), 진사(進士) 김창업'이라고 기록하고 있다. 타각이란 타각부(打角夫)를 말하는 것으로 연행사 일행의 기물(器物)을 감수(監守)하는 임무를 맡은 자이다. 김창업은 이때 정사였던 형 김창집의 수행원으로 북경에 갔는데 그 주된 목적은 바로 관광이었다. 물론 그는 안동 김씨라는 명문 출신이기 때문에 기물을 감수하는 일 등은 전혀 없었는데, 이런 '직명' 없이는 연행사단에 낄 수가 없었다. 홍대용도 마찬가지다. 그의 경우는 '자제군관(子弟軍官)'이라는 직함을 띠고 연행했다. 즉 일행을 호위하는 군인이다. 당시 관광 목적으로 북경에 가려는 자는 이처럼 자제군관 등의 '직명'을 띠고 여행했던 것이고, 그들이야말로 중국 지식인과 문화교류를 하는 주역이었다. 이 점 통신사에 끼어서 일본 지식인과 교류한 자가 모두 제술관이나 서기라는 공무원으로서의 직명을 띠고 있었던 것과는 전혀 다

29 李海應, 『薊山紀程』(『燕行録全集』 제66책, 478면). "私商輩則各充員譯卜刷馬私持馬名號. 故例必納錢并驅人名求買."

30 韓祉, 『兩世燕行録』(『燕行録全集』 제29책, 322면). "甲午(1714)二月二十三日……依入去時例, 權停爲待車卜, 首譯崔奎 · 通事李碩材 · 呉萬昌等及商賈一人落後. ……二十六日, ……落後譯官及商賈追到." 李澤, 『燕行日記』(『燕行録全集日本所藏編』제1책, 146면). "三月十六日, ……首譯金弘祉及韓譯壽山與商賈三人, 自山海關追到. 以天雨泥濘, 卜物不得運來, 捨之而來, "商賈三人則決棍, 首譯拿致數罪."

르다.

실은 자제군관이라는 직함은 앞서 소개한 찬자 미상의 1604년의 『조천일록』에 이미 성절사 수행으로 1인, 천추사 수행으로 1인이 기재되어 있다. 더 거슬러 올라가 보면 1533년(가정 12, 중종 28)에 연행한 소순(蘇巡)도 정사였던 숙부 소세양의 수행인 '자제'로서 갔다. 숙부의 수행원인 것은 홍대용과 마찬가지이기 때문에 이 '자제'라는 것은 자제군관이었다고 생각된다.[31] 이러한 특권을 가진 자는 1604년의 단계에서는 겨우 1인 또는 2인이었던 것 같은데, 1619년(만력 47, 광해군 11)의 기록에 의하면 정사 자제군관 아래에 타각보인(打角保人) 5인 등, 부사 자제군관 아래에 6인 등의 이름이 열거되어 있기 때문에 명말(明末)에는 이미 증가했던 것 같다.[32] 정사, 부사, 서장관이라는 관료로서 사행을 떠나든, 김창업이나 홍대용처럼 관광 목적으로 북경에 가든, 반드시 필요했던 것은 사적인 안내원 내지는 통역이었다. 뒤에 보듯이 홍대용은 관광보다 중국에서 우인(友人)을 찾는다는 아주 기묘한 일을 제일의 목적으로 연행했기 때문에 당연 중국어를 배웠고, 김창업도 어느 정도는 듣고 말할 수가 있었다. 그러나 삼사 등의 관료는 말할 필요도 없고, 통역관조차도 중국어를 충분히 알아들을 수 없었기 때문에 사적인 안내원과 통역을 필요로 했다.

1875년(광서 1, 고종 12)에 정사로 연행한 이유원(李裕元)의 증언에 의하면 그들은 국경도시 의주 사람을 의지하여 데리고 갔다. 여기에 나오는 한세량(韓世良)이라는 자는 매년 연행사단에 끼어 중국에 갔고, 1875년은 30회째였다고 한다. 따라서 북경의 사정은 무엇이든 알고 있고, 무언가

31 『葆眞堂燕行日記』(『燕行録全集』 제3책, 269 · 449면). "皇明嘉靖十二年癸巳冬, 叔父陽谷先生以皇太子誕生進賀使入中國. 余以帶率子弟陪行."

32 『梨川相公使行日記』(『燕行録全集』 제10책, 121면).

문제가 생기면 그를 불러서 물었다고 한다.[33] 1799년(가경 4, 정조 23)의 연행록에도 운태(雲泰)라는 마두(馬頭; 마부)가 28회 북경에 왔다고 하고, 북경 서산(西山)의 관광에서도 그를 안내원으로 부리고 있다.[34] 1807년(가경 12, 순조 7)의 『중주우록(中州偶録)』에 의하면 의주 사람은 농업보다 상업을 중시하고 중국어에 능숙했다. 이번의 연행사단에 참가한 의주인 중 6할이나 7할인가는 이미 수십 회 연행한 사람들이었다고 한다.[35] 또 이 연행록의 저자는 백윤청(白允靑)이라는 마두(馬頭) 즉 마부에게 선도를 시켜 도자기 상점에 가서 마두와 도자기 상인과의 중국어 회화에 의한 교섭을 들으며 즐기고 있다.[36]

연행록에는 북경의 모습이 이상할 정도로 상세히 기록된 것이 있다. 이것은 청대의 경우 적어도 매년 삼절년공사와 황력재자행의 2회, 정기적으로 여행단이 파견되었기 때문에 20회, 30회 왕복한 마두들이 의주에는 많이 있고 그들의 도움이 있었기 때문이다. 통신사의 경우 여행기를 남긴 삼사, 종사관, 제술관, 서기 또는 의관 등은 통역관 이외에 이러한 사적인 통역을 가질 수 있었을까? 통신사는 몇 십 년에 한 번이기 때문에 에도나 오사카의 사정에 통한 자, 일본어에 능통한 자를 국내에서는 좀처럼 구할 수 없었을 것이다. 이에 비해 연행사는 책으로 단련한 것이 아

33 『薊槎日録』, 9월 5일 (『燕行録全集日本所藏編』 제3책, 296면상). "韓世良義州人, 今行爲三房屬入燕, 顔甚熟. 故問之則余乙巳赴燕時, 伴倘權馩率去. 自後每年入北, 今爲三十次云. 其年與余同庚, 能步行又爲隨來, 顔髮稍白於余也. 三十年來彼地事無所不知, 有事則輒招問, 此勝於余也." 또 9월 1일, 267면 上. "路上轎軍輩私相語, 皆以漢語, 或有問之事, 往往以漢語對之, 北方人之習於燕俗可知. 近日年少名官不習漢語, 勅使接見時, 御前通事只備員而已, 良可歎也."

34 『戊午燕録』 己未(가경 4년) 2월 3일(『燕行録全集』 제62책, 219면). "馬頭雲泰二十八次出入於北京者也. 今行共之以備應對."

35 『中州偶録』 丁卯(1807) 11월 17일(『燕行録全集日本所藏編』 제1책, 449면상). "(義州)人民重商而輕農, 好爲漢語." 또 11월 20일(同頁).(義州)赴燕人馬多在南北, 每以今月離發, 至明年四月還去. 程途爲萬餘里, 而曾經數十餘行役者, 十之六七.

36 본서 제15장, 636면.

닌 실천으로 단련된 중국통이나 중국어에 능통한 자가 많이 따라 갔다. 이 점 또한 연행사란 무엇인가를 아는 데 중요하고, 통신사와 차별되는 점으로 반드시 지적해두어야 하는 것이다.

4. 문제제기

지금까지 조선연행사란 무엇인지, 가능한 한 통신사와 비교하면서 그 개략적인 내용을 기술했다. 끝으로 주제를 옮겨 몇 가지 문제를 제기하고 싶다. 본서에서 문제로 삼는 논점은 대략 다음 세 가지이다.

첫째, 조선연행사와 조선통신사가 교류한 시대에 동아시아 국제관계와 국제구조는 어떠한 것이었는가라는 문제이다. 본서에서는 조선 문헌을 많이 이용하여 조선을 중심으로 이 문제를 서술할 것이다. 그리고 이 반세기에 걸쳐서 동아시아 국제구조를 논하는 경우에 자주 사용된 틀, 즉 조공 시스템론과 책봉체제론(冊封體制論)을 가지고서는 결코 이들을 설명도 이해도 할 수 없다는 점을 밝힐 것이다(제1부).

둘째, 조선연행사를 통한 조선과 중국의 학술교류는 어떠한 것이었으며, 여기에는 어떠한 변천이 보이는가라는 문제이다. 조선연행사의 파견 횟수는 조선조 약 500년간을 통해 당시 세계 외교사상 유례가 없을 정도로 빈번한 것이었기 때문에, 일견하면 학술교류도 일관되게 왕성했던 것처럼 보인다. 그런데 그렇지가 않다. 중국에서 청조가 탄생하자 그곳은 이적(夷狄)의 민족인 만주족이 통치하는 곳이라고 하여 조선 지식인은 경멸하고 중국 지식인과 교류하는 것을 끊었다. 그러나 본서에서 학술교류가 빈약했다고 한 것은 특별히 이 시대에 대해 말한 것은 아니다. 의외이지만 중국 명조와의 학술교류의 기회는 매우 적었다. 이것에 관해서는 1574년 즉 명대의 만력(萬曆) 2년에 연행한 조선 지식인의 경우를 중심으로 논할 것이다. 그리고 1766년 즉 청대 건륭 31년에 홍대용이 북경에서

했던 학술교류를 주로 다루어, 양자가 얼마나 다른 것이었는지 밝힐 것이다. 이것은 조선연행사에 의한 학술교류사 중에서 홍대용이 했던 것의 의의를 다시 묻는 작업이기도 하다(제2부 · 제4부).

셋째, 조선연행사와 조선통신사를 따로따로가 아니라 통합해서 같은 시점에서 봄으로써, 같이 서울을 출발한 사절이 북쪽의 중국과 남쪽의 일본에서 어떠한 학술과 만나게 되는가, 또 여기에 어떠한 변천이 보이는가 하는 문제이다. 서울을 기점으로 한편은 북으로 또 한편은 남으로 향한 조선 지식인들은 모두 비슷한 문화적 배경을 가진 자들이었다. 이 때문에 연행사와 통신사를 연계함으로써 또 그들의 관찰을 통해 삼국의 학술을 거의 동일한 시점에서 바라볼 수 있다. 물론 그들의 관찰에는 주관적인 부분이 많아서, 양국 학술에 대한 그들의 평가는 당연히 그대로 중국이나 일본에서 수용되지는 않았고, 오히려 대립이 눈에 띄는 경우가 종종 있었다. 그러나 그들의 관찰이 주관적인 것이고 여기에 중국이나 일본의 학술계와의 대립이 선명하게 부상됨으로써, 또 그들의 경악과 곤혹 또는 분노와 선망이 표명됨으로써 역으로 우리는 당시의 삼국 학술의 특징이나 각각이 처한 시대적 위치를 계측할 수가 있다. 물론 조선 지식인이 가장 관심을 가진 학술은 유학이었기 때문에 그들이 서〈北〉와 동〈南〉에서 만난 학술도 유학, 그 중에서도 주자학(朱子學)에 관한 것에 국한된다. 이 문제는 본서에서 가장 중요하게 다룰 문제이기 때문에 좀 더 설명해보기로 하자.

주자학은 송학(宋學)이라고도 불리듯이 중국 송 일대에 걸쳐 발전한 후, 남송(南宋) 시대인 12세기 말에 일단 완성되고 다음 원대(元代) 13세기에는 이미 국가의 정통학문이 된다. 명대가 되어도 기본적으로 이 정세는 변하지 않는다. 그런데 16세기에 양명학(陽明學)이 일세를 풍미하자 중국의 유학은 일변한다. 더욱이 청대 18세기가 되어 한학(漢學) 즉 고증학(考證學)이 등장하자 유학은 여기서 다시 일변한다.

한편 한국에서 주자학은 고려조(高麗朝)인 13세기에 전해졌는데 중국에서 주자학이 정통학문으로 인정된 시대와 거의 같았다. 이 이후 한국에서 주자학은 빠르게 정착되었고 곧 독자적으로 발전했다. 조선조에서는 국초부터 일관해서 주자학이 유학의 왕좌에 자리 잡고 계속 정통학문의 지위에 있었다. 명대와 청대에 북경에 간 사절은 북경에서 자신들이 가치라고 생각하는 주자학과 분명히 다른 유학, 즉 16세기에는 양명학과 만나고 또 18세기에는 한학 즉 고증학과 만나게 된다. 따라서 본서에서 문제삼는 것은 그 차이가 드러나게 되는 16세기 이후의 만남과 변천에 한한다.

일본의 주자학은 가마쿠라 시대(鎌倉時代)에 이미 들어왔다고 하는데 그것이 왕성해진 것은 16세기 말에서 17세기 초 후지와라 세이카(藤原惺窩)와 하야시 라잔(林羅山)이 등장하고부터였다. 일본의 유자(儒者)들은 한편으로는 나가사키를 경유해 들어오는 중국 문헌을 토대로, 또 한편으로 도요토미 히데요시 시대에 약탈해온 조선 문헌을 토대로 부지런히 그것을 소화하려고 노력했고, 또 자신들 독자적인 사회에 적합하도록 고쳐갔다. 그들은 조선통신사가 올 때마다 사절들로부터 주자학을 배웠다. 여기에 대해서는 하야시 라잔의 경우 등에서 이미 명확하게 입증되었다.[37] 17세기에서 18세기에 걸쳐 일본에 온 통신사에 관한 기록 즉 조선 측의 것이든 일본 측의 것이든 이들을 읽는 한, 일본의 유자는 참으로 학생이 선생에게 가르침을 청하듯이 조선 지식인을 접하고 있다. 그들 사이에서 주자학이란 무엇인지 논의될 때, 양국 사회의 독자성과 주자학이 결부되어 논의되는 일은 거의 없었다. 주자학이란 무엇인지를 논하는 한, 또 이에 부수되는 한문 시문(漢文詩文)의 작성 능력을 비교하는 한, 조선 지식인의 눈에도 당시 일본의 학술 정황, 적어도 유학의 정황은 상대도 되지 않는 것으로 비쳐졌던 것 같고 그들의 태도도 점잖고 온화하다. 때로 일본의 유자로부터 의문이 제기되는 일이 있었다고는 하나, 유학 중에서도

37 阿部吉雄,「林羅山と朝鮮儒學」(同『日本朱子學と朝鮮』, 東京, 東京大學出版會, 1995).

당시의 일본이 습득하려고 노력한 주자학 이해의 수준을 가지고 말하자면, 분명히 조선 쪽이 앞서 있었다. 이 같은 문화적인 질서는 17세기 초부터 18세기 초에 걸쳐 약 1세기를 통해 거의 지속되었다.

이것이 일변해서 질서가 무너지고 불협화음이 나타난 것은 1719년 통신사의 기록부터이다. 불협화음이 나타나는 것은 일본에서 이토 진사이(伊藤仁齋)의 학문이 유행하고 있고, 그것이 주자학을 엄중하게 비판하고 있다는 것을 통신사 일행이 알게 되었기 때문이었다. 따라서 통신사를 통해 동쪽의 나라 일본에서 어떤 학술과 만나고, 스스로의 가치와 다른 이국의 학술을 어떻게 평가하고, 또 그 평가를 어떻게 바꾸어가는가를 문제로 삼는 본서에서는 이 1719년의 정보를 받아 일본에 간 다음의 1748년의 통신사부터 검토한다. 조선연행사와 조선통신사를 통합해 같은 시점에서 중국, 조선, 일본의 학술이 처한 위치를 계측하는 작업도 이 18세기를 중심으로 이루어진다(제2부 · 제3부 · 제4부).

본서에서는 연행사와 통신사를 통합해 중국, 조선, 일본이라는 동아시아 삼국의 학술 상황을 보기로 하는데, 물론 그것은 삼국의 학술 전체일 수는 없다. 왜냐하면 가령 일본에 온 통신사의 경우를 보면, 조선인 숙사로 가서 시문(詩文) 교환을 하고 학술 문답을 한 자는 거의 한시문(漢詩文)에 관심을 가진 자나 유학에 관심을 가진 자에 국한되어 있었기 때문이다. 이른바 '국학자(國學者)' 등은 거의 이쪽으로 발길을 옮기지 않았다. 또 국학 또는 이와 관련된 학술이 일본인의 정신을 형태 짓고 이를 드러내는 것으로서 중요한 것이었다고 해도, 가령 이 문제를 놓고 조선 지식인과 문답을 나누었다고 해도 의논이 되지 않았을 것이다. 마찬가지로 일본사(日本史)뿐 아니라 동아시아사 전체에서 보아도 중요한 일본난학(日本蘭學) 즉 양학(洋學)에 대해서도 본서에서는 당연히 문제시하지 않았다. 에도까지 간 통신사는 1764년이 마지막이고 난학이 출발하는 데 있어 기념비적 저작인 『해체신서(解體新書)』가 출판된 것은 그로부터 10년 후의 일이기 때문이다. 이 점에서도 본서는 문제를 한정시킨다.

마지막 종장에서는 연행사와 통신사의 결절점에 있고 양자의 정보가 통합되는 서울(漢陽)의 학술계를 볼 것이다. 여기에서는 조선의 독자적인 학술 정황과 대비해서 중국, 일본 각각의 학술이 어떻게 생각되고 있었는가, 이것을 홍대용이 북경에서 중국인과 필담(筆談)하고부터 사망하기까지 18세기 후반을 중심으로 서술하여 결론으로 한다.

(번역: 박영철)

제1부

제1장

조선의 외교 원리, '사대'와 '교린'

1. 머리말

조선시대의 외교 원리로 일관되었던 것은 '사대(事大)'와 '교린(交隣)'이었다. 이것은 조선사에 대한 개설서를 살펴보면 거의 틀림없다고 해도 좋을 정도로 빠짐없이 서술되어 있다. 그러나 위의 두 개념이 한 쌍을 이루고 있었다는 사실의 의미, 그리고 그 가운데에서 '교린'이 가졌던 의미가 과연 무엇이었는가에 대해서는 지금까지 거의 고찰된 바가 없었다. 더욱이 '사대'와 화이(華夷)사상이 서로 어떤 연관을 맺고 있는가라는 조선 대외관계사의 근본 문제에 대해서도 거의 검토되지 않았다. 연행사가 무엇이며 또 통신사는 무엇인지 이해하기 위해서는 먼저 여기서 말한 '사대'와 '교린'이 무엇인가를 이해할 필요가 있다.

사대는 『춘추좌씨전(春秋左氏傳)』에서 종종 볼 수 있으며, 문자 그대로 '대국(大國)을 섬기다'이므로 그 의미는 명료하다. 조선왕조의 경우, 중국의 명조 또는 청조를 섬기는 것이다. 『맹자(孟子)』의 「양혜왕 하(梁惠王 下)」에서 '이를 섬김에 있어 피폐(皮幣, 모피 및 견포)로써 하는 것도 피할 수 없다'고 했듯이, 소국이 어쩔 수 없이 대국을 섬긴다면 이런저런 공물을 바치는 것을 면하기 어려웠다. 서장에서 이미 조선연행사를 사대(事大)사절로 칭했지만, 이것을 중국이라는 대국으로 보냈던 조공(朝貢)사절이라고 말할 수도 있다. 조공이란 공물을 운반하는 동시에 그 조정에 예궐하여 신하의 예(禮)를 취하는 것이다. 조선은 중국을 '천조(天朝)', '상국(上國)', '대국(大國)', '중주(中州)' 등으로 불렀다. 조선 측은 조공을 거르지 않고 또 중국 측은 이를 수용함으로써 양국의 상하관계를 늘 명확히 하는 동시에 무의미한 전쟁을 피할 수 있었다.

사대가 이상과 같이 그 의미가 명료한 데 비해서 교린은 문자 그대로는 '이웃과 교류한다'는 것을 의미할 뿐, 어떤 식의 교류를 한다는 것인지 알 수가 없다. 사대가 상하관계를 의미하는 데서 유추해서 사대와 대비되는 교린이 평등관계를 의미하는 것인가 하면 결코 그렇지는 않다.

그러면 교린이란 무슨 의미일까. 그리고 조선을 건국했던 인물들은 외교 원리의 하나로 왜 '교린'이라는 단어를 선택했던 것일까. 거의 자명한 것으로 여겨지는 '사대'로 다시 돌아가서 생각해보더라도 조선을 건국했던 위정자들에게 사대는 과연 무엇을 뜻했던 것일까. 본 장에서는 우선 조선연행사와 조선통신사를 지탱해온 이상의 두 가지 외교 원리에 대해서 명확히 밝혀보고자 한다.

2. '교린'의 본래 의미와 외교 원리로의 채용

'교린'이라는 말은 '사대'와 함께 다음과 같이 『맹자(孟子)』에 나와 있다.

제(齊)나라 선왕(宣王)이 "이웃나라와 어울리기 위해서는 어떻게 해야 합니까?" 하고 맹자에게 물었다. 이 질문에 맹자는 "인자(仁者)만이 대(大)로써 소(小)를 섬길 수 있다(以小事大). 지자(智者)만이 소(小)로써 대(大)를 섬기는 것이 가능하다(以大事小)"라고 대답했다.[1] 여기서 후자가 곧 소국이 대국과 교류하는 '사대(事大)'라는 국제관계를 서술한 것이지만, 전자도 또한 '대국이 소국과 교류한다'는 상하의 국제관계를 서술한 것이다. 따라서 여기에는 애당초 대등한 국가관계가 어떻게 되어야 하는지 등의 구상은 아예 고려되지도 않았다. 『맹자』에서는 '교린의 방법'으로 이와 같이 아래에서 위로, 혹은 위에서 아래로의 두 가지 국제관계밖에는 보여주지 않았다. 중국 문헌에서 사용된 '교린'이라는 용어는, 현재 우리가 사용하는 외교라는 말처럼 넓게 외교를 뜻하는 경우 이외에도, '이소사대(以小事大)'를 의미하는가 하면 다른 한편 '이대사소(以大事小)'를 뜻하기도 한다. 그러나 조선외교에서는 사대와 교린이 한 쌍을 이루고 있기 때문에, 이때의 교린이란 자연히 위의 두 종류 중에서 사대관계를 배제한 것, 즉 단적으로 말해서 위에서 아래를 내려다보는 상하관계를 시사하고 있음이 분명하다.

'사대'와 '교린'은 조선 건국 초기부터 하나의 조합으로 이루어진 외교원리로 보인다. 그 근거로 『조선왕조실록(朝鮮王朝實錄)』의 1406년(영락 4, 태종 6), "본조가 사대와 교린에 의해 사신을 파견하는 것은 매년 한두 번이 아니다."라는 기사에서 볼 수 있듯이, 조선에서는 이때 이미 사대와 교린이 한 쌍을 이루어 외교 그 자체를 의미하고 있었기 때문이다.[2] 이성계(李成桂)가 왕위에 오른 것이 1392년(홍무 25, 공양왕 4), 국호를 조선으로 칭하게 된 것은 그 이듬해의 일이었으므로 늦어도 그로부터 약 10년 뒤에는 분명히 교린이 국가 외교 원리의 하나로 간주되고 있었던 셈이다. 또 『경국대전(經國大典)』 권1에는 외교문서를 주관하는 승문원(承文院)의 직무가 '사대 · 교린의 문서를 관장한다'로 규정되었다. 『경국대전』은 1469년

---

1 『孟子』, 양혜왕(梁惠王) 하. "齊宣王問曰, 交隣國有道乎. 孟子對曰, 有. 惟仁者爲能以大事小, 是故湯事葛, 文王事昆夷. 惟智者爲能以小事大, 故大王事獯鬻, 句踐事吳."

2 『조선왕조실록』 태종 6년 2월 戊子. "本朝事大交隣, 差遣使臣, 歲非一二."

(성화 5, 예종 1)에 완성하여 배포된 조선의 기본 법전이다. 『경국대전』에서 외교에 대해 규정한 것은 권3의 '사대(事大)'와 '대사객(待使客)'의 2개 항목이다. 전자에서는 명(明)과의 외교를 규정했고 후자에서 상정한 외교 상대는 명 이외에 일본국왕 · 류큐(琉球)국왕 · 거추(巨酋), 대마도주(對馬島主) 등으로, 말하자면 왜인(倭人)과 야인(野人), 즉 여진(女眞)이었다.

덧붙이자면, 교린이라는 용어는 고려시대인 982년(성종 1), 외교 상대를 명확히 하지는 않았지만, '사대에 있어서 예(禮)로써 하고, 교린에 있어서는 도(道)로써 한다'고 한 데서 이미 사용되고 있었다. 또 고려 말기에 활약했던 이색(李穡, 1328~96)도 이미 조선시대와 똑같은 의미로 교린이란 말을 사용했다. 즉 여진 및 일본과의 외교에 관한 용어로 사용하였던 것이다.[3] 조선의 문헌에서는 그 후에도 누차 '교린유도(交隣有道)', '교린이도(交隣以道)'라는 표현에서 교린이라는 용어가 나타나므로 이것이 『맹자』, 「양혜왕 하」에 나오는 '교린국유도호(交隣國有道乎)'와 관련된 것임에 틀림없고, 또 이제현(李齊賢, 1287~1367)이나 이색(李穡)처럼 유교경전을 갈고닦은 지식인들이 사서(四書)의 하나인 『맹자』의 문맥에서 동떨어진 의미로 교린이라는 용어를 사용했다고는 도저히 생각하기 어렵다.

그렇다면 사대와 함께 조선 외교를 널리 규정한 '교린' 또한 애초부터 국가와 민족 간 상하관계를 전제로 한 외교 원리였음이 분명해진다. 사대가 중국에 대해서 '소로써 대를 섬긴다'는 외교 원리였음에 반해, 교린은 외교 내용에서 볼 때 사대를 제외한 그 나머지, 즉 조선이 주변 소국이나 작은 민족에 대해서 '대로써 소를 섬긴다'는 것이었다. 사대와 한 쌍이 되었을 때의 교린은 『춘추좌씨전(春秋左氏傳)』, 「소공(昭公)」 30년 항목에 나오는 '예란 소(小)가 대(大)를 섬기고 대(大)는 소(小)에 자애를 베푸는

3 『고려사절요』 권2, 성종문의대왕(成宗文懿大王), 임오 원년(壬午元年) 4월에 상주국(上柱國) 최승로(崔承老)의 말로서 "事大以禮, 交隣以道"가 있고, 이색(李穡) 『목은고(牧隱稿)』 권20, 女眞千戶差來官進獻土物, 上出御花園八角殿受其禮(『한국문집총간(韓國文集叢刊)』 제3집, 261면)에서 "國史聯書東女眞, 歲輸方物遠來賓, ……交隣有道時無事"가 있다.

것이다(禮者小事大, 大字小之謂)'라는 맥락의 의미로 보아도 무방할 것이다. 주희(朱熹, 1130~1200)도 그의 『사서집주(四書集注)』 중 「맹자집주(孟子集注)」의 해당 부분에서 '대로써 소를 섬긴다'를 '대가 소에 자애를 베푼다'로 바꾸어 말하였다. 대국은 큰 도량을 가지고 소국을 자애롭게 돕지 않으면 안 된다는 것이다. 『맹자』에서는 '인(仁)의 마음을 가진 자만이 대로써 소를 섬길 수 있다'고 하였으니, 대국인 중국은 바로 이것을 조선과 같은 소국에 대해서 실천해야 마땅했다. 조선으로부터의 조공에 대해서는 충분히 회사(回賜)하여 귀국시키고 조선이 괴로워할 때는 자애롭게 대하며 침략받을 때는 구원하는 것이 마땅한 일이었다. 이와 마찬가지로 대국인 조선은 인(仁)의 마음으로 그 아래의 소국에게 당연히 자애를 베풀어야 한다는 것이 다름 아닌 '교린'의 이념이었다.

조선국이 주변 민족, 즉 여진(만주)과 일본의 수장들에게 관직을 내렸다는 것, 또 그들에게 특별한 인감인 도서(圖書)를 발급해서 외교문서에 사용하도록 했던 것은 잘 알려져 있다.[4] 여진 사람에 대한 관직 수여는 이미 1393년(홍무 26, 태조 2)부터 시작된 것으로 나와 있지만, 그 중에도 세종과 세조 시대인 15세기 중엽에 빈번히 이루어졌다. 세조는 조선과 여진의 관계를 명과 조선의 관계에 비추어 단정짓고는, "야인(野人)이 '사대의 예'를 저버리지 않는 한, 나는 '소에 자애를 베푸는 의리(字小之義)'로 그들을 어루만져 돌보지 않으면 안 된다."는 말을 신하에게 했다고 한다.[5] 이러한 조선의 관직 수여는 명이 한 단계 더 높은 곳에서 시행하는 똑같은 자소(字小) 정책과 충돌하는 것을 피할 수 없었다. 그런 까닭에 명은 세조의 일에 대해 엄중하게 간섭했고, 그 결과 세조는 여진에 대한 관직 수여를 중지할 수밖에 없었다. 교린의 이념은 한 발짝만 더 나가면 사

4 木村拓, 「一五世紀朝鮮王朝の對日本外交における圖書使用の意味－册封關係との接點の探求－」(『朝鮮學報』, 191집, 2004).

5 河内良弘, 「朝鮮世祖の字小主義とその挫折」(明代女眞史の硏究』, 京都:同朋舍出版, 1992), 438~442면.

대의 이념과 충돌할 위험을 내포하고 있었던 것이다.

이와 같이 중국과의 상하관계에 기초해서 조선이 받는 은혜와 관리의 관계를 연장해서 이번에는 그대로 주변 민족에게 자신이 위에서 내려주는 식의 관계는 이러한 교린이라는 이념 없이는 생각할 수 없다. 무로마치(室町) 시대, 아시카가(足利) 쇼군(將軍)을 필두로 일본 측이 뻔뻔스럽게도 몇 차례나 조선에 『고려대장경(高麗大藏經)』을 보내달라고 요구했을 때 그들의 진의가 무엇이든 간에, 조선이 인심 좋게 사십여 종을 잇달아 하사했던 것은 이러한 이념이 그 배경에 작용했다고 생각해야 할 것이다. 역으로 교린의 상대로 생각했던 여진족이 반항했을 때 조선에서는 '문죄지사(問罪之師, 죄를 묻는 정벌군)'를 일으키자는 여론이 비등했다.[6] '문죄의 군대'란 본서 다음 장과 〈보론 1〉에서 보듯이 명조가 조공국인 조선과 베트남을 정벌하고자 할 때 사용했던 용어이다. 중국의 명조와 청조 두 왕조에서는 어딘가에 사대한다는, 즉 자신들이 조공을 한다는 외교 원리가 없었기 때문에 이것과 한 쌍을 이루는 교린이라는 원리도 존재할 수 없었다. 따라서 교린은 조선만이 가졌던 독자적 외교 원리로 이해해야 할 것이다.[7]

---

6 『조선왕조실록』, 중종 23년 4월 己巳 등. 이 논의가 발생했던 것은 압록강 상류로 이주해 왔던 여진족이 이를 토벌하려고 나갔던 조선의 문관 한 명을 살해했기 때문이다. 앞의 주 5, 河內良弘의 책, 692면 참조.

7 『歷代寶案』 譯注本, 제2책(沖繩縣南風原, 沖繩縣敎育委員會, 1997), 400~419면에 의하면 1464년에 류큐국왕이 섬라(暹羅, 타이)국왕과 말라카국왕에게 보낸 각각의 자문에서 교린이라는 문자가 사용된 이래, 류큐국왕이 조선국왕에게 보냈던 자문에도 종종 교린의 문자가 사용되었다. 그러나 류큐국이 교린이라는 말을 사용하기 시작했던 것은 이보다 앞서서 1461년에 조선국왕이 류큐국왕에게 보낸 서간에서 교린을 쓴 것을 모방한 것이 아닌가 생각된다(341면). 1480년에 말라카국왕이 류큐국왕에게 보냈던 자문에 '交憐之道(交隣之道)'라는 용어를 사용했는데, 이것 또한 1472년 류큐국왕이 말라카국왕에게 보냈던 자문에서 사용된 '交隣之道'를 그대로 흉내 낸 것으로 생각된다. 류큐국왕과 말라카국왕이 교린이라는 말이 사대와 한 쌍으로 사용되었을 때 어떤 의미를 띠는지 어디까지 이해하고 있었을지는 의문스럽다.
한편, 아메노모리 호우슈우(雨森芳洲, 1668~1755, 에도 시대 유학자)가 작성한 조선어 교육 텍스트인 『교린수지(交隣須知)』와 대조선 외교지침서 『교린제성(交隣提醒)』이 있다는 것은 잘 알려져 있지만, 두 책에는 단 한번도 '交隣'이란 말이 사용되지 않았다. 특히 후자에서는 자신

'사대'라는 외교 원리는 고려 말기, 중국 원조(元朝)의 강압과 명조를 의식한 북벌계획의 좌절 등 조선이 겪었던 가혹한 경험에서 나온 피치 못할 선택으로, 말하자면 '지자(智者)'의 당연한 선택이었다고 생각할 수 있다. 이것과 한 쌍으로 '교린'이라는 외교 원리를 세운 것 또한 나름의 깊은 사정이 있었던 것으로 보인다. 다시 말해서 조선이라는 국가의 존망 차원에서 필요했던 외교 원리는 '사대'만으로도 충분하다. 이것과 한 쌍을 맞추어 '교린'이라는, 국가 존망에는 그다지 긴요하지 않은 것으로 보이는 원리까지 추가해서 들고 나올 필요는 없었을 터이다. 또 일본이나 여진과의 관계를 표현하는 데 굳이 『맹자』에서 유래한 교린이라는 말을 사용할 필요도 없었을 것이다. '선린(善隣)'이라든가, '인교(隣交)' 또는 '인호(隣好)', '수호(修好)', 아니면 '통만(通蠻)'으로도 괜찮지 않았을까. 고려 말기를 살았던 지식인들과 조선이라는 나라를 탄생시킨 사람들에게는 '사대'만으로는 충분치 못한 무엇인가가, 또 그것을 '선린'·'인교'·'인호'·'수호'·'통만' 등으로 표현하기엔 부족한 무엇인가가 있었을 것으로 생각된다.

추측건대 그것은 자신이 소국으로서 대국 중국한테서 자애를 받는 것만으로는 성에 차지 않는다, 또는 그것만으로는 만족할 수 없다는 자존감일 것이다. 즉 고려 자신이 또는 조선이 스스로 대국으로서 넓은 도량을 발휘해서 소국에 자애를 베풀지 않으면 안 된다, 그리고 소국에 인의 마음과 예의 정신을 전하지 않으면 안 된다는 내면으로부터의 요청이 그들에게 있었을 것이다. 그것은 『맹자』에서 말하는 '지자(智者)'의 행동과 '인자(仁者)'의 행동을 겸행해야 한다는, 즉 이들을 포괄해서 실행하지 않

이 책이름으로 사용했던 '교린'이란 말을 써도 좋을 만한 부분에 '朝鮮交接之儀', '隣交之義', 御隣好', '隣好', '隣交之誠信', '隣交諸事', '隣交斷絶' 등등의 용어를 사용하고 있다. 또 '인호(隣好)'는 판본에 따라서는 '인교(隣交)'로 기술되었다(『교린제성(交隣提醒)』, 田代和生 번역, 東京, 平凡社, 2014, 20, 42, 104, 111, 130, 180, 181, 255면 등). 이것은 아메노모리 호우슈우가 교린의 원리를 잘 이해했고, 이것이 조선의 독자적 외교 원리라는 점을 알고 있었기 때문에 일부러 회피한 것으로 생각된다.

으면 안 된다는 요청이었다. '교린'은 지금까지 일반적으로 생각해왔듯이, 일본이나 여진 등 주변 나라 또는 민족과 우호협력 관계를 유지하는 정도의 어정쩡한 내용이 결코 아니었다. 거기에는 훨씬 더 적극적인 의미와 의도가 포함되어 있었다고 생각된다. '사대'와 '교린'을 일부러 짝을 이루도록 한 것에서 이색(李穡) 등의 뜨거운 마음과 기우장대(氣宇壯大)한 기개를 읽어내야만 할 것이다.

이렇게 교린을 하나의 외교 원리로서 사대와 쌍으로 묶은 것은 이를 통해 사대외교를 상대화하려는 전략과 민족적 자존감에서 나왔다고 생각되는데, 그렇다면 이러한 전략과 자존감은 언제 어디서 배태되었던 것일까. 그것은 고려 말기, 특히 몽골제국의 강압이 고려를 무겁게 짓누르고 있던 원간섭기 또는 사원기(事元期)로 불리는 시기에[8] 장기간에 걸쳐 몽골제국의 수도 대도(大都)로 발걸음을 옮겼던 수많은 고려 지식인들 마음속에서 비롯된 것으로 생각된다.

고려와 원 사이에 반복 확산되었던 기나긴 전쟁이 끝난 뒤 쿠빌라이(忽必烈) 황제와 강화가 이루어진 1260년(中統 1, 원종 1)부터 약 100년간이 원간섭기 또는 사원기에 해당된다. 이 시기에 원으로부터 일시적으로 다루가치(達魯花赤)라는 감시관이 파견되었고, 1287년부터는 원의 해외 파견 기관인 정동행성(征東行省)이 설치되어 국왕이 그 장관인 승상(丞相)을 겸하는 등, 고려는 원으로부터 극심한 간섭을 받았다. 또 관례적으로 역대 고려국왕은 원의 왕녀를 비로 맞아들였고, 나아가 국왕의 세자는 북경에 머무른 뒤에야 왕위에 올랐다. 그렇지만 이와 결부되어 고려의 수도 개경(開京)과 원의 수도 대도, 즉 북경과의 왕래가 대단히 빈번해졌던 것도 사실이었다. 나중에 명대에 이르면 조선의 수도 서울에서 중국 북

8 한국 학계에서는 많은 학자가 이 시대를 원간섭기로 부르고 있으나 원조로부터 일방적으로 간섭을 받았던 것은 아니며, 종속적 · 수동적이 아닌 측면을 강조해서 이 시대를 사원기(事元期)라고 부르는 연구자도 있다.(矢木毅, 『高麗官僚制度研究』, 京都, 京都大學學術出版會, 2008, xi면; 森平雅彦, 『モンゴル覇權下の高麗』, 名古屋:名古屋大學出版會, 2013, 4면)

경에 가기 위해서는 국왕이 파견하는 연행사 일행에 참여하는 것 이외에는 달리 방법이 없었다. 그러나 한 시대 이전인 고려 말기에는 지식인들이 원의 과거를 보러 자주 북경으로 갔고, 진사 합격 뒤에는 한림학사(翰林學士)나 지방관으로서 중국 관료가 되는 사람도 있었다. 이색과 그의 부친 이곡(李穀)이 그런 사례이다. 그리고 고려의 세자, 즉 황태자는 투르가크(禿魯花)로서 반은 인질로, 또 절반은 원조 황제의 직속 친위대인 케시크(宿衞)의 일원으로 북경에 주재했다. 이로 인해서 수많은 고려 지식인들이 세자를 따라 북경으로 향했고, 이들 역시 투르가크가 되어 장기간 그곳에 머물렀다. 고려국왕이 북경에 장기간 체재하면 지식인들도 역시 그를 쫓아가 오랫동안 북경에서 살았다. 예컨대 조선에 처음 주자학을 전했다고 하는 안향(安珦, 1243~1306)이 북경에서 투르가크로 있었던 것은 1279년부터 1288년까지로 추측되며, 또 이제현(李齊賢)이 고려 충선왕(忠宣王)의 종신(從臣)으로 북경에 체재한 것은 1314년부터 1319년경까지로 추정된다.[9]

이렇게 많은 고려 지식인들이 북경과 개경 사이를 몇 번이나 왕래하고 장기간 중국에 체류함으로써 그들 사이에 어떤 새로운 기풍이 생겨났는가에 대해서 이색을 중심으로 고찰한 임형택(林熒澤)의 연구가 있다. 그에 의하면 당시는 몽골제국이 탄생함으로써 실로 '사해(四海)가 혼연히 하나가 되었던' 상황이었다. 북경에 간 고려 지식인들은 거기서 개방적이고 진취적인 기질로 풍성해진 정신을 배양한 다음 귀국했다. 그래서 그들은 '동인(東人)', 즉 고려인으로서 또는 세계인으로서 신문명 건설에 참여할 수 있으리라 생각했다고 한다. 이 시대는 또 지식인들이 단군을 민족 시조로 하는 신화의 창출에 그치지 않고, 다른 한편으로는 중국과의 근친

9 森平雅彦, 「朱子學の高麗傳來と對元關係(その二)−初期段階における禿魯花・ケシク制度との接點」(『史淵』 제148집, 2011), 45・57면. 이 중에 이제현(李齊賢)의 원조 중국에서의 족적에 대해서는 金文京, 「高麗の文人官僚・李齊賢の元朝における活動−その峨眉山行を中心に」(夫馬進 編, 『中國東アジア外交交流史の研究』, 京都, 京都大學學術出版會, 2007).

성을 강하게 표현하는 동시에 문명 창시자로서 기자(箕子)를 필요로 했던 시대이기도 했다. 이색 등은 단군과 기자를 아우르며 양자를 고려가 중국과 다르다는 독립의 증거로 간주했다고 한다.[10] '사대'만으로 만족할 수는 없다고 생각하고 '교린'이라는 별도 원리를 한 쌍으로 추가하면서까지 스스로 신문명을 추진하고자 했던 기개는 고려 말, 바로 이러한 그들의 가슴속에서 싹텄다고 보아야 할 것이다.

교린은 『맹자』에 근거한 용어이며 원래 상하관계를 근간으로 한 외교 방침을 시사한다는 사실을 이해하면 여태껏 한국과 일본의 많은 연구자들을 고민스럽게 만들었던 문제의 해답을 간단하게 찾을 수 있다. 즉 조선이 교린이라고 하는 일견 평등원리로 보이는 외교 원리에 기초해서 일본과 교섭하면서도 종종 일본을 소국으로 부르며 '공순(恭順)하다'고 표현하는 식으로 자국보다 낮은 지위에 두려고 한 것은 무엇 때문인가, 또는 똑같이 중국의 책봉을 받았기 때문에 대등해야 함에도 불구하고 조선은 왜 일본을 위에서 굽어보면서 낮은 위치에 두었는가를 이해할 수 있을 것이다. 그리고 교린이 그러한 이념으로 관철되었음을 이해함으로써 『통문관지(通文館志)』 권6, 「교린」의 '통신사행(通信使行)'의 기술 내용, 즉 조선에 있어서 통신사라는 것이 과연 무엇이었던가라는 문제도 비로소 제대로 이해할 수 있을 것이다.

3. '교린' 원리와 통신사 파견

『통문관지(通文館志)』는 1708년(강희 47, 숙종 34)부터 1888년(광서 14, 고종

10 林熒澤, 「高麗末期文人知識層的東人意識和文明意識－關于牧隱文學的邏輯和性質」(같은 책, 『韓國學－理論和方法』, 李學堂 역, 濟南, 山東大學出版社, 2010). 단군신화와 기자(箕子)神話에 대해서는 각각 今西龍, 「檀君考」, 「箕子朝鮮傳說考」(同, 『朝鮮古史の研究』, 京城[서울], 近澤書店, 1937, 나중에 東京, 國書刊行會, 1970).

25)에 걸쳐서 수차례나 편찬, 증정(增訂), 중간(重刊)이 되풀이되었던 중요한 외교 사료집이다.[11] 그 중에 권6, 「교린」의 '통신사행'에는 일본 무로마치 시대로까지 거슬러 올라가는 통신사에 대한 설명이 들어 있다. 그리고 에도(江戶) 시대인 1606년(선조 39, 慶長 11)에 도요토미 히데요시(豊臣秀吉)의 조선침략에 따른 전후 처리가 종료된 시점까지 기술한 다음, '그 이후 기미(羈縻)하기를 그치지 않았다'라고 적혀 있다. 『통문관지』는 더 나아가 1719년(숙종 45, 쿄오호우(享保) 4)의 통신사까지도 언급하고 있으므로 조선의 입장에서는 적어도 쿄오호우 시기까지는 '기미를 목적으로' 일본에 통신사를 보냈던 것이다. 그뿐만 아니라, 1888년 증보판에서도 이상의 서술이 그대로 답습되었으므로, 마지막 통신사가 파견되었던 1811년까지 조선은 줄곧 교린 원리에 입각해서 '기미를 목적으로' 일본에 통신사를 파견했던 것으로 생각해도 무방할 것이다.

조선의 입장에서 통신사가 일본과의 대등관계를 표시하는 것이라면 '그 이후 기미하기를 그치지 않았다'라는 식으로 기술할 리가 없을 것이다. '기미'는 날뛰는 말을 굴레로 붙들어 매놓고 어느 정도 자유로이 움직이게 하면서도 사람이 원하는 범위 안에 있도록 규제하는 것이다. 이미 서장에서 통신사와 연행사를 대비해 설명할 때 서술했듯이, 연행사와는 달리 통신사에는 제술관(製述官)과 서기(書記) 직명을 가진 사람이 특별히 포함되었다. 이것 또한 황화(皇華)를 빛내는 동시에 문화적으로 뒤처진 일본을 교화하고, 심하게 날뛰지 않도록 기미하기 위해서 통신사를 파견한다는 조선의 인식이나 의도가 없이는 생각하기 힘든 특이한 점이다.

1711년(숙종 37, 正德 1), 통신사가 일본에 가져간 국서에 도쿠가와 이에

11 田川孝三, 「通文館志の編纂とその重刊について」(『朝鮮學報』, 제4집, 1953). 여기에 의하면 『通文館志』의 원간본은 1708년(강희 47, 숙종 34)에 완성되어 1720년에 간행되었다. 그 이후 몇 번이나 수정 또는 증보되어 최종적으로는 1888년(광서 14, 고종 25)에 증보 간행되었다. 본서에서 참조한 것도 이 최종간본이다.(『通文館志』, 京城, 朝鮮總督府, 1944, 나중에 서울, 민창문화사, 1991 影印).

미츠(德川家光)의 휘자(諱字)가 쓰이고, 또 반대로 일본에서 답장으로 보낸 국서에 조선국왕 중종(中宗)의 휘자가 사용된 사건이 양국 정부에서 커다란 문제가 되었던 것은 잘 알려져 있다.[12] 이때 일본에 체류 중이던 조선 사절이 일본 측 제안에 응하여 서울의 조정에 국서를 개서해달라고 요청했기 때문에 조선에서는 대단한 모욕을 당했다고 해서 이들 사절을 처벌하라는 여론이 일었다. 그 선봉에 섰던 행판중추부사(行判中樞府事) 김창집(金昌集)은 사절에 대한 처벌을 청하는 상주문에서 "우리나라가 왜인과 교류하는 이유는 기미를 꾀함이다."라고 분명하게 기술하였다.[13] 이것이 단순히 분노 때문에 나온 말일 수도 있다. 그러나 일본에서 오삼계(呉三桂)에 대한 정보가 들어왔다고 청조 예부(禮部)에 알린 문서에도 "우리나라가 저 왜(倭)와 친교를 통하며 기미한 것이 지금까지 70년이다."라고 기술되어 있다.[14] 이것은 청조에서 조선이 일본에 통신사를 보내고 있음을 알고 있다는 전제하에 적은 글이다. 여기서는 노여움 비슷한 것은 전혀 찾아볼 수 없다. 이와 같이 조선의 일본과의 교류는 친교를 통한 기미를 목적으로 했던 것이다.

통신사는 신사(信使)라고도 부른다. 중국에서는 예로부터 국가와 국가 사이에 통신이 이루어져 황제나 국왕이 서로 국서를 주고받거나 신사, 즉 서신을 맡은 사절을 파견해 왔다. 예컨대 남북조(南北朝) 시대나 송(宋)·요(遼) 시대에도 각 나라마다 몇 차례나 '신사(信使)를 소통'하였다. 그 중에서도 송과 요 사이에는 주로 정월 원단(元旦) 의식과 함께 황제 탄생일 축하 의식에 참석하는 국신사(國信使)라는 사절이 매년 서로 빈번히

---

12 三宅英利, 『近世日朝關係史の硏究』(東京, 文獻出版, 1986), 416면.

13 金昌集, 『夢窩集』 권6, 「請罪通信使劄」, 『한국문집총간』, 제158집, 122면. "我國之於倭人, 計在羈縻."

14 『同文彙考原編』, 서울, 국사편찬위원회, 제2책, 1978, 1461면 下; 권78, 「倭情」, "報島倭來稱呉三桂擧兵咨. 本國與彼倭通好羈縻, 今已七十年."

왕래했다.[15] 국신사는 그야말로 황제가 다른 황제한테 보내는 서신, 바꿔 말해서 국가가 다른 국가에 국서를 전달하는 사절이었다. 양국 관계는 단연지맹(澶淵之盟) 이래 대등했다고 보는 것이 일반적이다.

한편 1078년(원풍 원년, 문종 32)에는 북송에서 고려로도 국신사가 파견되었다.[16] 당시 송은 요의 위협을 받고 있어서 고려를 자기편으로 삼고 싶었던 것이다. 그러나 『고려사(高麗史)』 권9의 '문종세가(文宗世家)'에 의하면, 이때 중국 신종(神宗) 황제가 보낸 조서(詔)에는 고려국왕을 경(卿)으로 부르면서 '(고려는) 송에 입공하였으며 공순하다'고 적혀 있었다는 것으로 보아, 이 사절도 상하관계를 바탕으로 파견되었음에 분명하다. 남송(南宋)에서도 1128년(建炎 2, 인종 6)에 고려 국신사가 파견되었다. 그리고 북송 말기인 1112년(政和 2, 예종 7)에는 고려에서 파견한 사절을 승격시켜 국신사로 바꿔 부르면서 우대를 표하는 동시에 예제상으로 서하국(西夏國)보다 윗자리에 두었다고 한다.[17]

이와 같이 상위에 있는 나라가 상대국에서 온 사절을 국신사라고 부른 것은 상대국에 일정 지위를 부여한 것이고, 이것은 상하관계가 표면적으로 희박해지거나 수면 아래로 은폐된 것이라고 볼 수 있다. 1078년에 북송에서, 또한 1128년에 남송에서 고려로 파견되었던 사절을 모두 국신사로 부른 것도 요나 금(金)에 대항하기 위해 고려를 자기편으로 삼으려고 스스로 몸을 낮췄던 것임에 틀림없다. 그러나 위의 사례에서 신사 또는 국신사라고는 하지만 실질적으로 명백한 상하관계에 있는 국가 간에도 파견이 이루어졌음을 분명히 알 수 있다. 이때 파견의 목적은 두 나라가 상호 우호관계에 있다는 것, 즉 적대관계가 아님을 확인하는 것이었다.

---

15 聶崇岐, 「宋遼交聘考」, 『宋史叢考』 下册, 北京, 中華書局, 1980. 古松崇志, 「契丹・宋間の國信使と儀禮」, 京都: 『東洋史硏究』, 제73권 2호, 2014.

16 姜吉仲, 『高麗與宋金外交經貿關係史論』(臺北, 文津出版, 2004) 116면. 앞의 주 8), 矢木毅의 저서, 10면. 장동익, 『高麗時代對外關係史綜合年表』(서울, 동북아역사재단, 2009), 88면.

17 앞의 주 10, 姜吉仲의 저서, 125면. 장동익의 저서, 115면.

미야케 히데토시(三宅英利)에 의하면 통신사로 불리는 사절이 일본에 처음 다다른 것은 사료상으로는 적어도 고려시대 1375년(辛禑 원년)에 왜구 금지를 요청할 목적으로 파견된 시기까지 거슬러 올라간다고 한다.[18] 아마 고려 측은 이 목적을 달성하기 위해 스스로 몸을 낮추었다고 느꼈을 것이다. 고려와 조선의 통신사가 그 이전부터 존재했던 중국의 신사 또는 국신사 및 송조 스스로의 경험을 통해 만들어졌다는 데는 거의 의심의 여지가 없을 것이다.

일본 측이 조선의 통신사가 조공 또는 복속을 표하기 위해 파견된 것으로 인식했던 것은 여태까지 누차 지적된 대로였다.[19] 상대 쪽 조선에서 볼 때 일본에 통신사를 파견한 것은 크게 보자면 위의 교린이라는 외교원리에 입각해 이루어진 기미정책의 일환이었다. 이것은 마치 '단연지맹(澶淵之盟)'의 결과로 상호 파견된 국신사가 일견 대등관계를 나타내는 사절인 듯 보이지만 기실 양국이 제각기 상대국을 낮춰보고 있었던 것과 마찬가지 일이다.

또 여태까지 동아시아에서는 조선과 일본이 같이 명조의 책봉을 받고 있었기 때문에 양국 간에는 적국항례(敵國抗禮, 敵禮)에 바탕을 둔 대등한 교린관계가 성립되었다는 주장이 자주 언급되었다.[20] 중국에 의한 책봉

---

18 앞의 주 12, 三宅英利의 저서, 73면.

19 예를 들어 荒野泰典, 『近世日本と東アジア』(東京:, 東京大學出版會, 1988), 173면, 217면.

20 中村榮孝, 『日鮮關係史の硏究 上』(東京, 吉川弘文館, 1965), 4면에서 교린에 대해 "책봉체제를 바탕으로 이를 전제로 해서 적국항례(敵國抗禮), 즉 대등관계에 의한 교린관계도 성립했다"고 서술하고, 이와 같은 시스템을 교린체제라고 이름 붙였다. 적국항례란 줄여서 적례(敵禮)라고도 부르는데, 두 나라가 서로 상대방이 자국에 대적하는 것으로 간주하고 대등한 예를 교환하는 것이다. 일본이나 류큐가 명조에 조공하고 더불어 그 책봉을 받게 되면 조선에서는 중국 아래에서 표면적으로는 동격인 것으로 간주해 이들을 적국(敵國)으로 생각했다. 나카무라 히데타카(中村榮孝)에 의한 이러한 교린체제 개념은 그 후 학계에서 커다란 영향을 끼쳐 이와 유사한 서술을 자주 볼 수 있다.

그러나 나카무라가 더 나아가 도쿠가와 막부의 토대 위에서 '교린체제의 갱신'이 이루어졌다(下卷, 1969, 282면)고 주장하는 것은 이해하기 어렵다. 조선 측 의도는 어쨌든 간에, 도대체에도 막부가 어떻게 사대와 짝을 이룬, 또는 이것을 전제로 했던 교린을 외교의 기본이념으로

을 전제로 할 때 조선과 일본, 나아가 류큐까지도 대등관계에 있기는 했다. 그러나 조선의 입장에서 이것은 어디까지나 사대원리에 기초해서 중국을 앞에 두었을 때에 국한된 대등관계였다. 사대원리는 다른 한쪽에 위치한 교린원리에 바탕을 둔 관계로 대체되지 않으며 또 그것을 포함하는 것도 아니었다. 『맹자』에서 말하는 원래 의미의 교린을 '대교린(大交隣)', 그리고 조선이 자신의 외교 원리로서 사대와 한 쌍으로 구성한 것을 '소교린(小交隣)'이라고 부른다면, 대교린은 사대와 소교린을 포괄할 수 있겠지만 사대는 소교린을 포괄하지 않는다. 사대와 교린, 즉 여기서 언급한 소교린이 한 쌍이 된 외교 원리의 경우에도, 조선에서는 사대 쪽이 시종 압도적으로 중요했음은 물론 말할 필요도 없다. 그러나 사대가 조선 · 일본이 각각 독자적으로 지녔던 외교 원리 전체를 망라하는 일은 있을 수 없었다. 사대원리가 교린원리까지도 포괄한다는 생각이나 또 교린에는 적례(대등)교린과 기미교린의 두 종류가 존재했다는 식의 생각은 사실과 크게 다르다는 점을 먼저 숙지해둘 필요가 있다.

4. '사대' 원리와 종족적 화이사상

연행사가 사대원리에 기초해서 파견되었다는 것은 『통문관지』 권3 「사

삼았겠는가. 위정자들의 머릿속에 교린체제와 같은 사고방식이 있기나 했던가. 또 에도 막부는 중국과 사이에 책봉관계를 맺지 않았으므로 이를 전제로 한 '교린체제의 갱신(복구)' 같은 것은 도저히 있을 수 없는 일이다.

최근에는 孫承喆, 『近世の朝鮮と日本 : 交隣關係の虛と實』(鈴木信昭 監譯, 東京:明石書店, 1998, 원본은 『조선시대 한일관계사 연구』, 지성의 샘, 1994, 未見) 69면, 또는 河宇鳳 『朝鮮王朝時代の世界觀と日本認識』(木幡倫裕 역, 東京, 明石書店, 2008), 원본은 『조선시대 한국인의 일본인식』(혜안, 2006, 未見) 107면에서 보듯이, 교린에는 적례(대등)교린과 기미교린이라는 두 종류가 존재했던 것으로 간주된다. 그러나 교린을 원래부터 상하관계를 바탕으로 한 외교 원리로 본다면 이러한 이분법은 부적절할 터이고, 또 이미 서술했듯이 『통문관지』에서 에도 시대에 걸쳐 일본을 "기미하기를 그치지 않았다"고 한 기술과도 모순된다.

대」의 '부경사행(赴京使行)'에 기록되어 있는 그대로이므로 새삼스레 설명할 필요는 없다. 다만 사대의 원리가 처음 조선이 출범할 당시에는 어떤 모습이었던가에 대해서는 명확히 해둘 필요가 있다. 왜냐하면 이것은 사대가 과연 종족적 화이사상과 뗄 수 없는 불가분의 관계였던가라는 그 이후 조선사에서 지극히 중요하게 간주되는 문제와 관련되기 때문이다. 간단히 한마디로 화이사상이라고는 하지만 중국 고대, 특히 전국(戰國) 후기에 이르면 '화(華)'와 '이(夷)'는 종종 교체되곤 했다. 진(秦), 초(楚), 오(吳) 등 중원(中原)에서 보자면 주변에 해당되는 나라들이 '화'에서 '이'로 또는 '이'에서 '화'로 바뀌었을 뿐 아니라, 중원의 진(晉), 등(滕), 채(蔡)나 노(魯)와 같은 주변 소국도 '이'로 간주되는 일이 있었다고 한다.[21] 조선의 경우에는 이와는 확연히 달라서, 한족(漢族)이 '화'였고 한족이 아닌 경우는 '이'였다.

중국에서 명과 청이 교체되고 만주족이 정권을 장악하자, 조선에서는 이를 '이적(夷狄)'이 세운 국가라고 해서 멸시, 배격하는 강렬한 양이사상(攘夷思想)이 발생했다. 중국의 통치는 한족이라야 하고 만주족이어서는 안 된다는 종족적 화이사상이 이러한 양이사상을 뒷받침했다. 그래서 벌써 망해버린 명조를 언제까지나 받들고 따르는 동시에 스스로를 명의 후계자로 자처해 '소중화'로 부르며 자부심을 가졌다. 이 점은 이 책의 제7장이나 제15장 등에서도 간간이 살펴볼 것이며, 또 여기에 대해서는 손위국(孫衛國)의 상세한 연구가 있다.[22] 즉 명조에 대한 사대의 관념은 화

---

21 吉本道雅, 「中國古代における華夷思想の成立」(夫馬進 편, 『中國東アジア外交交流史の研究』 京都, 京都大學學術出版會, 2007, 10면).

22 孫衛國, 「大明旗號與小中華意識－朝鮮王朝尊周思明問題研究, 1637~1800」(北京, 商務印書館, 2007). 여기에 따르면, 1704년(강희 43년, 숙종 30년), 조선궁정 내에서 대보단(大報壇)이라고 부르는 명조 만력(萬曆)황제를 사모하는 시설이 청조에 대해서는 비밀리에 만들어졌고, 이를 확장시켜 명조의 창시자 홍무(洪武)황제와 최후의 숭정(崇禎)황제의 제사도 지냈다. 만력황제의 제사를 맨 먼저 지낸 것은 왜군에 의한 침략으로 멸망 직전에 있던 조선을 구해주었기 때문이다. 이것을 '재조번방의 은혜(再造藩邦之恩)'로 부른다. 대보단은 1908년 일본의 압력으로 중지되기까지 제사가 행해졌다. 또 민간에서도 조선 사대부에 의해 유사한 시설인

이사상과 연결되었고, 더 나아가 종족주의로까지 연결되었던 것이다. 문제는 조선에서의 사대원리가 이런 종족적 화이사상과 불가분의 관계에 있는 것인가라는 점이다. 조선 건국 전후, 즉 사대가 교린과 함께 외교원리로 성립될 무렵에도 과연 화이사상이 여기에 결부되어 고려되었던 것일까.

이 물음에 대해서는 분명하게 아니라고 대답할 수 있다. 첫 번째 이유는 조선의 건국자들이 살던 시대에는 사대가 국가 존망이 달린 중차대한 문제로 언제나 그들의 의식을 짓눌렀지만, 그럼에도 불구하고 원 또는 북송을 따라야 하는가 아니면 명을 따라야 하는가의 선택이 화이사상과 결부되어 논의되었던 흔적은 거의 찾아볼 수 없기 때문이다. 명의 주원장(朱元璋)은 황제에 즉위하자 바로 조선에 사자를 보내서 이를 알렸다. 거기에 원조를 멸망시킨 대의명분으로 내세운 내용들은 '원은 우리와 동류가 아니다', '화이(華夷)가 흐트러졌다', '(자신은)북쪽으로는 호군(胡君, 원의 황제)을 쫓아내어 화하(華夏)를 숙정하고 우리 중국의 옛 영토를 회복했다' 등등의 종족적 화이사상으로 가득 차 있었다.[23] 이 무렵부터 이성계(李成桂)가 국왕에 즉위하는 1392년(홍무 25, 태조 1)을 전후하여 걸쳐 고려에서는 원을 따를 것인가 아니면 명을 따를 것인가로 친원파 및 친명파로 갈라져 극심한 대립이 벌어졌다. 그렇지만 이 대립 과정에서 친명파가 화이사상이나 종족주의에 의거하여 친원파를 공격하는 일은 거의 없었다. 그나마 사료에서 찾아볼 수 있는 근접한 예는 대부분 친명파가 명에 대해 취한 태도를 서술하는 경우에만 한정된다.

두 번째 이유는 정도전(鄭道傳, 1342~98)의 사례가 있기 때문이다. 정도

만동묘(萬東廟)가 만들어졌는데, 이것은 19세기 후반 대원군(大院君) 시대에 철거가 모색되었지만 1908년까지 여전히 제사가 이루어졌다. 게다가 조선에 '향화(向化)'했던 명조 유민들이 명의 황제의 제사를 지내기 위해 세웠던 사당인 조종암대통묘(朝宗巖大統廟)는 일본 식민지 시대에 철거되었지만 1948년 복구되어 지금도 계속 제사가 행해지고 있다고 한다(12면 등).

23 『明實錄』, 洪武 원년 12월 壬辰. 『高麗史』 권41, 恭愍王世家, 18년 4월 壬辰.

전은 친명파의 중심인물이었고, 조선의 개국공신이자 조선이라는 국가를 설계한 인물로 간주된다.[24] 특히 그를 조선의 설계자로 보는 까닭은, 그가 자신의 저술 『불씨잡변(佛氏雜辨)』과 『심기리편(心氣理篇)』에서 확고하게 주자학에 입각해 불노(佛老, 불교와 도교), 그 중에서도 특히 불교를 이단시하고 격렬히 공격했던 사실, 그리고 『조선경국전(朝鮮經國典)』에 내포된 그의 정치사상이 『경국대전(經國大典)』에 그대로 도입되어 국가이념으로까지 발전했다는 점 등에서 볼 때, 그의 구상이 모두 조선이라는 국가의 근간을 이루었기 때문이다. 그런데 그의 저작들에서는 화이사상이 전혀 나타나지 않는다. 배불(排佛)을 주창한 『불씨잡변』에 '부처는 원래 이적, 곧 오랑캐 사람이다'라는 문구가 있기는 하지만, 이것은 그가 저술할 때 본보기로 삼았던 한유(韓愈)의 「불골논표(佛骨論表, 불사리를 논하는 표문)」에 나왔던 언사를 그대로 사용한 데 지나지 않는다. 또 '부처는 원래 오랑캐 사람이다'라는 주장은 그의 배불론에서 큰 비중을 차지하지 않는다.[25]

그의 역사론에서도 화이사상은 중요한 위치를 갖지 않는다. 그는 오히려 몽골족 칭기즈칸(成吉思汗)이나 쿠빌라이를 찬미할 정도였다. 『경제문감별집(經濟文鑑別集)』은 요 · 순 · 우(堯舜禹) 임금부터 원말 순제(順帝)까지 중국 역대 황제에 대해서 논평한 뒤 고려태조 왕건(王建)부터 최후인 공양왕(恭讓王)까지 같은 방식으로 제왕의 사적을 평가한 저작이다. 그 중에 태조 칭기즈칸에 대해서는 '황제위에 오르자 공덕이 날로 융성하여 제 부족이 모두 의리를 사모해 항복하여 왔다'라고 논평했다. 세조 쿠빌라이에 이르러서는 '어질고 명철하며 영특하고 슬기로웠고, 태후를 지극 효성으로 섬겼으며, ……유술(儒術)의 선비를 믿고 기용했으며 백성을 사랑하고 그들의 힘을 길렀다. 재해가 닥치면 그때마다 조세(租稅)를 면제하고 구

---

24 韓永愚, 『韓國社會の歷史』(吉田光男 역, 東京, 明石書店, 2003), 227면. 李成茂, 『朝鮮王朝史(上)』(金容權 역, 東京, 日本評論社, 2006), 119면.

25 鄭道傳, 『三峰集』 권9, 「佛氏雜辨, 事佛甚謹年代尤促」(『한국문집총간』, 제5집, 459면상단).

제활동을 개시했는데, 그래도 충분치 않을까 걱정했다. 능력이 있는 자를 등용하고, 하(夏)로써 이(夷)를 변화시키고 천하를 혼연히 하나로 만들어 국가의 기초를 세웠다'라고 논평했다. 여기서는 '이적'인 쿠빌라이가 마치 성인(聖人)이나 되는 것처럼 묘사되어 있다.[26] 쿠빌라이라고 하면 세상이 다 알다시피 일본 원정 계획으로 인해 고려에 막대한 피해를 초래한 인물임에도 불구하고, 비난은 고사하고 오히려 성인처럼 취급되었다.

그리고 '하(夏)로써 이(夷)를 변화시킨다'는 말은 원래 『맹자』, 「등문공(滕文公)」 상(上)에 나오는 구절이다. 이것은 중화의 높은 문화로 야만스런 이적을 변화시킨다는 뜻이다. 이 문구가 들어가 있는, '하(夏)로써 이(夷)를 변화시켰다는 말은 들었으되 여태껏 이(夷)로 인해 변화되었다는 말은 듣지 못했다'라는 맹자의 말은 그 후 청조에 복속된 조선에서 명조를 사모해 '이적' 만주족을 배격하자고 했을 때의 논거로써 활발하게 사용되었다. 그러나 정도전은 '이적' 쿠빌라이가 오히려 '하(夏)로써 이(夷)를 변화시켰다', 즉 스스로가 원래 '이적'인데도 중화의 문명을 가지고 스스로를 감화시키고 진화시켰다고 하면서 높은 평가를 내렸다. 여기서는 조선이 훗날 주장했던 종족주의는 그 어떤 흔적조차 찾을 수 없다. 오히려 나중에 '이적'인 청 옹정제(雍正帝)가 『대의각미록(大義覺迷錄)』에서 보여준 논리, 즉 국가를 통치하고 백성의 안녕을 살피는 데 필요한 것은 그 통치자가 한족인가 아닌가는 관계없다, 그가 원래 '이적'인지 아닌지와도 무관하다, 중화문명을 따라서 스스로 진화하는 것이야말로 반드시 필요한 일이다라는 논리와 전적으로 일치한다.[27] 양자 모두 종족적 화이사상과는

---

26 앞의 주 25 같은 책, 권12; 『經濟文鑑別集』 下, (元)太祖 및 世祖, 503 하단~504면상단. "太祖(鐵木眞)帝既立, 功德日盛, 諸部皆慕義來降, ……帝深沈有大略, 用兵如神, 故能滅國四十, 등. "世祖(忽必烈) 仁明英睿, 事太后至孝, 尤善撫下, 度量弘廣, 知人善任使. 信用儒" 術, 愛養民力, 每遇災傷, 免租賑飢, 惟恐不及. 用能以夏變夷, 混一區宇, 立經陳紀, 所以爲一代之制者, 規模宏遠矣."

27 『大義覺迷錄』(『淸史資料』, 제4집, 北京, 中華書局, 1983), 4면, 21면.

전혀 인연이 없다. 더구나 주의해야 할 것은 정도전이 이러한 주장을 한 것은 고려 시대가 아니라 이미 조선이 발족된 시대였다는 것이다. 『경제문감별집(經濟文鑑別集)』은 1397년(홍무 30, 태조 6)에 만들어진 것이다.[28] 따라서 이 시대라면 명의 주원장이 화이사상에 입각해서 원조 타도를 정당화한 것과 마찬가지로 정도전 역시 종족주의를 바탕으로 원조 황제들을 모조리 싸잡아서 비난할 수도 있었을 것이다. 이 대목에서 이백수십 년 뒤 17세기에 살았던 송시열(宋時烈) 등 많은 배만(排滿) 종족론자들이 조선 개국공신인 정도전의 이러한 저술을 읽으며 대체 무슨 생각을 했을까, 상상해보는 것도 흥미로운 일이다.

더욱 흥미로운 것은 그의 정치사상이 담긴 『조선경국전』이 원의 「경세대전서록(經世大典序錄)」을 본보기로 편찬되었다는 점이다. 1394년(洪武 27, 태조 3)에 만들어진 『조선경국전』의 치전(治典)·부전(賦典)·예전(禮典)·정전(政典)·헌전(憲典)·공전(工典)의 편성이 원의 『경세대전』에 의거했다는 것, 단 그 중에서 헌전만은 『대명률(大明律)』에 의거했다는 사실이 이미 스에마츠 야스카즈(末松保和)에 의해 지적된 바 있다.[29] 원의 「경세대전서록」은 『국조문류(國朝文類)』(『원문류(元文類)』)에 수록되어 있다. 『경세대전』 자체는 1331년(至順 2)에 완성되었지만 그 후에 흩어져 유실되고 말았고 현재는 『영락대전(永樂大典)』에 수록된 「참적(站赤)」 항목 정도만 남아 있다. 「경세대전서록」은 각 항목의 서문으로 각각의 내용을 간략히 소개한 것이다. 『국조문류』는 원의 1334년(元統 2, 충숙왕 3)과 1342년(至正 2, 충혜왕 복위 3)에 공간되었다고 한다. 당시 원과 밀접한 관계였던 고려에는

28 앞의 주 26, 권14, 附錄, 事實, 535면상~536면하.

29 末松保和, 「朝鮮經國典再考」(『末松保和朝鮮史著作集6』 東京, 吉川弘文館, 1997). 단 수에마츠는 『삼봉집』에 수록된 『조선경국전』은 그 자체가 아니라 그 중 大序·小序만을 채록하였고 원본 또는 완본이 따로 있었다고 보았다(174면). 그러나 아마 그렇지는 않을 것이다. 『조선경국전』은 따로 완본이나 원본이 존재했던 것이 아니고, 정도전이 신생 조선의 건설을 지향하며 표현했던 구상에 지나지 않았던 것으로 생각된다.

틀림없이 미리 들어와 있었을 터이므로 정도전은 이것을 쉽게 볼 수 있었을 것이다.

한편 『대명률』은 몇 차례 다시 편찬되면서 1389년(홍무 22)에도 편찬되었다. 조선에 『대명률』이 들어온 것은 1392년(홍무 25, 공양왕 4)의 일이었다고 한다.[30] 따라서 정도전은 이것 또한 용이하게 찾아볼 수 있었을 것이다. 아마도 정도전은 『국조문류』에 수록된 「경세대전서록」을 곁에 둔 채, 원에서 이미 실시되고 있던 내용에 기초해서 신생 조선의 실정에 맞춰 자신의 이상과 기획을 적어나갔을 것이다.

그렇다면 결국 정도전의 『조선경국전』은 '이(夷)'인 원조의 『경세대전』을 바탕으로 '화(華)'인 명의 『대명률』을 일부 추가하여 잘 합체시킨 것이라고 말할 수 있는데, 여기에는 이적을 기피하고 배척하려는 자세는 티끌만큼도 찾아볼 수 없다. 여기서도 17세기 송시열 등이 조선제도의 설계자가 저술한 이 기획안을 읽고 어떤 생각을 했을까, 그들이 읽었다면 『조선경국전』이 원의 「경세대전서록」을 바탕으로 저술되었던 사정을 알았을까, 읽으면서 과연 무슨 생각을 했을까 등등을 상상해보는 것도 나름 의미가 있을 것이다.[31]

정도전은 자신을 향한 명의 거대한 압력 속에서도 조선을 멸망으로 이끌지 않도록 노심초사했던 인물이다. 곧 제2장에서 보겠지만, 주원장은 보통 표전문제(表箋問題)라고 부르는 예(禮)에 관한 문제를 구실로 조선에 꾸준한 압력을 가했는데, 이것은 정도전이 은밀하게 주창했던 북벌계획,

---

30 中樞院調査課編, 『李朝法典考』(京城[서울], 朝鮮總督府中樞院, 1936), 109면.

31 『한국문집총간』, 제5집에 수록된 『삼봉집』, 범례에 의하면 『삼봉집』은 정도전 생전에 간행되었으나 여기에 『조선경국전』을 포함했던 텍스트는 1464년 목판으로 중간되었고, 여기에 『경제문감별집』이 1476년에 추가로 새겨졌다고 한다. 『한국문집총간』에 수록된 것은 1791년 정조의 명으로 간행되었던 판본이다. 그리고 이 서지정보는 末松保和, 「三峰集編刊考」(『末松保和朝鮮史著作集 6』, 東京, 吉川弘文館, 1997), 藤本幸夫, 『日本現存朝鮮本研究 集部』(京都, 京都大學學術出版會, 2006), 493면. 이하에 실린 『삼봉집』에 관한 내용과는 약간의 차이가 난다. 그러나 이 중 어느 것을 따르더라도 17세기에 살았던 중앙정계의 조선 지식인들이 『경제문감별집』과 『조선경국전』을 읽을 수 있었을 가능성은 대단히 높다.

즉 명에 대한 전쟁계획이 새나간 탓에 주원장이 그를 남경(南京)으로 강제로 끌어내려는 목적이었다고 한다. 그는 내심 부글부글 끓는 반명감정으로 격양되어 있던 인물이었지만, 그의 문집인 『삼봉집(三峰集)』에는 몇 차례 '사대'라는 낱말이 등장한다. 또 예컨대 『조선경국전』, 견사(遣使) 항목은 「경세대전서록」의 '견사'를 바탕으로 삼았음에 틀림없는데, 여기서도 마찬가지로 사대를 주장하고 있다. 원의 「경세대전서록」은 당연히 종주국으로부터 조공국 또는 책봉국으로 보내는 사자에 관해서만 기술되어 있을 터이므로 이것을 자국 실정에 맞춰서 '본조 조선은 사대함에 있어 예로써 한다'라고 바꿔 적었다. 그러나 여기서 그가 말한 사대는 명의 압력으로 조선이 망할지도 모르는 위기상황에서 상대국에 대해 불가피하게 취해야 했던 형식으로 사용된 것으로 보인다. 그러므로 이것은 후대에 화이사상이나 종족주의를 바탕으로 명은 한족에 의해 세워진 국가이므로 당연히 명에 사대해야 한다는 식의 주장에서 보이는 사대와는 아무런 연결점이 없다.

조선의 사대, 즉 한족이 세운 명조에 대한 사대가 주자학과 불가분의 관계에 있다고 주장하는 경우가 종종 있다.[32] 그러나 정도전의 사례에서 본다면 이러한 생각 또한 부정되어야 마땅하다. 정도전은 『불씨잡변(佛氏雜辨)』 및 『심기리편(心氣理篇)』 등의 저작이 보여주듯이 전형적인 주자학자였다. 그럼에도 불구하고 위에서 설명했듯이 그는 종족적 화이사상과는 아무런 관련이 없었다. 이것은 주자학이 조선의 사대 또는 종족적 화이사상과 본질적으로 불가분의 관계가 아니라는 사실을 여실히 보여준다. 그도 그럴 것이 애당초 중국에서 주자학이 국가의 정통 학문이라 규정된 것은 '이적'이 세웠던 원조 때의 일이었다. 즉 조선의 사대원리는 원래 종족적 화이사상이나 주자학과 연결된 개념이 아니었다.

---

32 앞의 주 22, 孫衛國, 같은 책, 11, 33면 등.

5. 맺음말

이상과 같이 통신사 파견의 원리 '교린'이 일본 등 주변 나라들과 우호 협력 관계를 유지한다는 어정쩡한 내용이 아니라 조선 스스로가 대국이 되어 '대(大)로써 소(小)를 섬긴다'고 하는 적극적 의도를 갖고 있었음을 분명히 알 수 있었다. 조선의 문헌에서도 중국과 마찬가지로 교린을 널리 이웃나라와 어울린다는 의미로 사용하는 경우가 있다. 그렇지만 조선이 외교 주체로서 이 용어를 사용하는 한은 이는 어디까지나 대국으로서 소국에 자애를 베푸는 것을 의미했다. 한(韓)민족으로서의 자부심이 그 속에 내포되어 있었음에 틀림없다고 생각된다.

그러나 주의해야 할 것은 사대가 중화의 가치인 것과 마찬가지로 교린 또한 중화의 가치였다는 점이다. 중국의 입장에서 보자면 중국은 야만스런 이적 조선이 주자학의 가르침대로 '날로 새롭게' 중화의 가치를 배워 나가듯이 상대적으로 더 열등한 만이(蠻夷)도 똑같이 '날로 새롭게' 중화의 가치로 나아가 예의 세계로 나아가기를 바랐다. 조선은 자발적으로 중국에서 중화의 가치를 배우는 한편, 한 발짝 더 나아가 이것을 다른 나라와 민족에게 파급시키고자 했다. 사대와 교린을 한 쌍의 외교 원리로 구성한 것은 조선의 독창적인 구상이었지만, 그 뿌리를 파헤쳐보면 이는 스스로 창출한 가치라기보다는 중화의 가치였던 것이다. 이런 의미에서 이 두 가지 외교 원리가 화이사상을 바탕으로 수립된 것임에는 틀림없다. 다만 정도전이 부정했던 것은 화이사상 중에서도 종족주의적인 면이었다.

조선 건국 당초에는 종족적 화이사상이 주자학과 직결된 것이 아니었다는 사실은 앞에서 살펴본 그대로이다. 실제로 종족적 화이사상이 아닌 화이사상 그 자체도 주자학과 불가분의 밀접한 관계라고 보기는 어려울 것 같다. 이를테면 일본의 주자학자 아사미 케이사이(淺見絅齋, 1652~1712)의 다음과 같은 언사를 예로 들 수 있다. 그는 중국과 이적의 구분은 원래 존재하지 않는다고 주장했고, '처음부터 당(唐)을 중국이라고 부르며 이적에 대해서 혹독하게 낮추고 경멸하는 것은 대단히 편파적이다'라며, 지리적으로 중국과 이적을 구별하는 것은 편향된 생각으로 보았다. 또 어떤 사람이 『춘추(春秋)』에 나오는 중국과 이적의 구별을 논급한 것에 대해서, 가령 화이의 구별이 있다손 치더라도 '덕(德)으로써 이적을 논한다면 구주(九州, 옛 중국) 역시 덕이 손상되면 이적이 된다'고 하면서, 화(華)에서 이(夷)로 전락하는 일도 당연히 가능하다고 보았다. 또한 "공자도 일본에서 태어났다면 일본 나름의 『춘추』의 뜻이 성립되었을 것이다."라고 하면서, 공자가 일본에서 태어났더라면 일본이 『춘추』에서 말하는 중국, 즉 화(華)가 되지 않았겠는가라고 반문했다. 더 나아가 일본을 '중국'이라고 부르자는 주장에 대해, "그것도 마찬가지로 당을 흉내 내는 것이다."라고 하며 배척했고, 이것 역시 중국의 악영향으로 간주하여 화이사상 자체를 부정했다.[33] 일본에서 이렇게 화이사상에 대한 배척현상이 발생한 것은 일본 황통(皇統)을 단일 혈통(一系)이라고 주장함으로써 중화사상을 상대화시켰던 탓이다. 그러나 아사미 케이사이는 '일본의 주자(朱子)'로 불렸던 야마자키 안사이(山崎闇齋, 1619~1682)의 문하생으로 자신을 주자학자로 생각했을 뿐 아니라 누가 보더라도 그는 명백한 주자학자였다.

이런 측면에서 말하자면 조선 건국자들, 그 중에서 적어도 정도전은 종족적 화이사상은 아니더라도 분명히 화이사상을 갖고 있었고 또 중화사상도 가지고 있었다. 조선에서 화이사상이 종족적 화이사상으로 특화된 것은 역사적 변화 과정 속에서 이루어졌다. 명조가 무너질 때까지 조선 지식인들은 열심히 주자학을 익혔고, 주자학이 설파하는 '춘추지의(春秋之義)'와 '예의 정신'을 마음속에 내면화해서 정착시켰다. 그런 마당에

33 淺見絅齋 「中國辨」(日本思想大系31, 西順藏 等編, 『山崎闇齋學派』, 東京, 岩波書店, 1980, 147~149면).

과거에 교린과 기미의 상대였던 여진족이 생각지도 않게 이제 와서 사대의 상대로 바뀐 것이다. 조선에서 종족적 화이사상이 강화된 것은 이러한 역사적 전환 속에서 발생한 현상으로 보인다.

(번역: 차혜원)

제2장

명청 중국 대조선 외교에서의 '예'와 '문죄'

1. 머리말

과거의 중국 외교를 놓고 이를 '예(禮)'의 문제로 논하려는 시도는 일견 기묘하게 보일 수도 있고 비현실적으로 에두르는 듯 느껴질지도 모르겠다. 그러나 근대를 맞이하기 이전의 중국 외교를 논할 때, 그 중에서도 대조선 외교를 논할 때, '예'의 문제를 빼놓고 말하는 것은 불가능하다. 조선연행사란 말할 것도 없이 문화교류가 아니라 외교를 제일 목적으로 했다. 연행사는 '예'를 둘러싼 문제가 발생했을 때 외교사절로서 대체 어떤 일을 했던 것일까.

중국을 중심으로 과거에 성립되었던 동아시아 국제질서를 놓고 '조공(朝貢) 시스템'이라는 개념을 기초로 이를 '중국적 세계질서'로 불렀던 학자는 페어뱅크(John K. Fairbank, 1907~91)였다. 그리고 이것을 '책봉체제(册封體制)'라는 개념에 기초해서 논했던 것이 니시지마 사다오(西嶋定生, 1919~98)였다. 사실은 페어뱅크도 니시지마도 자신들이 말하는 조공 시스템 또는 책봉체제를 성립시킨 하나의 요인으로서 이미 '예'를 거론하였다.[1] 다만 중국 외교에서 '예'의 문제가 너무나 크고 어려운 문제였기 때문인지, 그들은 더 이상 여기에 천착하지 않았다. 그리고 그 영향을 받은 연구자들도 그들이 제창했던 개념을 조합해서 이를 수정, 보완하거나 정교하게 다듬었으며 혹은 자신들의 연구 분야인 동아시아 관계사나 무역사에서 이 개념을 이용했을 뿐, 그들이 간략하게나마 지적했던 '예'의 문제에 진지하게 뛰어든 학자는 없었다.

이러한 연구 정황 속에서 거의 예외적이라고 해도 좋을 것이 황지련(黃枝連)이다. 그는 페어뱅크로부터 영향을 크게 받으면서 중국과 동아시아 제 국가의 관계 형태에 관한 연구를 진행시켰고, 이를 '천조예치체계(天朝禮治體系)'라고 이름 붙였다.[2] '예치체계'란 '예치(禮治) 시스템'을 뜻한다. 그는 주로 명청 중국과 조선의 국제관계에 입각해서 연구를 진행했다. 그의 방대한 삼부작에서는 '예의 언설(言說)'이 양국 간에 구체적으로 어떤 문맥 속에서 출현했는가를 소개했다. 페어뱅크에 의해 지적되었던 '조공 시스템'을 성립시킨 하나의 요인이 여기서 처음으로 상세하게 논의되었다.

황지련은 이렇게 중국과 관련 동아시아 제 국가와의 국제질서를 논함에 있어 처음으로 '예' 문제에 본격적으로 뛰어든 것이다. 그러나 유감스럽게도 이 연구는 '예의 언설'에 대한 것으로 끝나고 말았다. 게다가 그가 제시했던 '예의 언설'은 거의 대부분 예를 보급하고 실행하는 측면에 관한 것뿐이고, 역으로 예가 실행될 수 없었던 측면, 즉 중국 측에서 규정한 예를 외국이 지키지 않았을 때 어떻게 구체적으로 '예의 언설'이 나타

---

1 John King Fairbank, ed., *The Chinese World Order: Traditional China's Foreign Relations*, Harvard University Press, Cambridge, 1968, 6면. 西嶋定生, 「東アジア世界の形成と展開」(西嶋定生東アジア史論集 제3권 『東アジア世界と册封體制』, 東京, 岩波書店, 2002), 78면. 원래는 1973년 출간.

2 黃枝連, 『亞洲的華夏秩序－中國與亞洲國家關係形態論－』(『天朝禮治體系硏究』 상권, 北京, 中國人民大學出版社, 1992), 『東亞的禮義世界—中國封建王朝與朝鮮半島關係形態論—』(같은 책 중권, 1994), 『朝鮮的儒化情境構造—朝鮮王朝與滿淸王朝的關係形態論—』(같은 책 하권, 1995). 그는 「천조예치체계」를 영어로는 Pax Sinica라고 이름 붙였다(중권, 序, 1면).

났는지에 대해서는 거의 다루지 않았다. 간단히 말하자면, 그의 연구에서는 국제관계상의 '예치(禮治)' 이념만이 규명되었을 뿐, '예치'의 실태, 즉 '예'와 불가분의 관계에 있었던 '문죄(問罪)'의 문제는 전혀 논급되지 않았다. '문죄'란 상대국이 '예'를 따르지 않는다고 판단했을 때 중국 측이 여기에 제재를 가하는 것이다.

예전부터 중국에서는 예와 형(刑)이 상호 대비, 혹은 상호 보완되는 것으로 생각해 왔다. 예는 사회질서를 도모하기 위한 규정이다.[3] 여기서 사회질서란 단적으로는 말하자면 명분과 위계(位階)의 질서였다. 『논어』에 나오는, "백성을 이끌기를 정치(政)로써 하고, 다스림을 형(刑)으로써 한다면, 백성은 이를 면하려고만 할 뿐 염치가 없어진다. 백성을 이끄는 데 덕(德)으로써 하고, 다스림을 예로써 한다면, 백성은 염치를 알고 마음을 바로잡는다"라는 말은, 예전부터 이러한 예와 형의 관계에 대한 가르침으로 유명하다. 다시 말해서 예와 형은 양쪽 다 사회질서, 특히 계층질서를 유지하기 위한 것이지만, 형이 질서를 어지럽히는 자에 대해 외부에서 벌을 부과하는 반면, 예는 사람들 각자의 명분과 위계에 어울리는 의례와 의복, 용어 등 다양한 규정을 미리 정해두고 각자가 저절로 여기 익숙해지고 이를 내면화시켜 사회질서에서 일탈되지 않도록 내부에서 규제하는 것이다. '예'가 때로는 'ceremony(의식)'로 영역되기도 하고 경우에 따라서는 규범이라는 의미의 'norm'으로도 번역되는 것은 이런 이유에서이다.

그러나 현실사회에서는 '예'를 따르지 않는 사람이 나타나는 것을 피할 수 없다. 적어도 옛적에 있었다는 왕도(王道)가 실행되지 않은 이후부터는 더욱 그러했다. 그런 까닭에 '예'의 세계를 이상으로 삼으면서도 '예'가 지켜지지 않을 때는 '형'을 병용하거나 또는 '예'를 주로 하되 '형'으로써

3 溝口雄三等 編, 『中國思想文化事典』(東京, 東京大學出版會, 2001), 230면, 戸川芳郎 · 小島毅, 「禮」.

이를 보완한다는 생각이 일반화되었다. 중국 정치사상사에서 이러한 관념이 설파되기 시작한 것은 한대(漢代)부터라고 한다. 전한(前漢)시대의 가의(賈誼, 전200~전168)는 양자의 관계에 대해, "예란 (질서를 어기기) 전에 금지하는 것이고, 법이란 (질서를 어긴) 후에 금하는 것이다."라고 설명했다.[4] 또 후한(後漢)의 진총(陳寵, ?~107)은 "예를 잃으면 형으로 나아가니, 양자는 서로 표리를 이룬다."라고 말했다. 나중에 『당률소의(唐律疏議)』 권1, 명례율(名例律)의 소의서(疏議序)에서 "덕례(德禮)는 정교(政敎)의 근본이고 형벌은 정교의 활용(用)이다"라는 설명이 나온다. 즉 정치와 교육에서 예가 본체가 되고 형은 실효를 거두게 할 수단으로 간주되었는데 이 사고방식은 이후 명청시대에 이르기까지 답습되었다.[5]

이와 같이 한대 이래 중국 정치사상에 있어서 예와 형은 불가분의 관계였다. 외교사상에 있어서도 그 실질은 이와 완전히 동일하다. 중국과 주변 나라들이 제아무리 '예'의 이념 또는 여기에 바탕을 둔 의례(儀禮)의 실천으로 상호 결속되어 있더라도 단지 그것만으로는 유지될 수는 없다. 여기에는 반드시 '형'이 수반되었다. 다만 중국 외교에서는 이것을 '형'으로 부르지 않고 보통 '문죄(問罪)' 또는 '책문(責問)' 등으로 불렀다. 이것은 예, 즉 규범을 일탈한 외국에 대해 '그러한 일탈 행위는 예의 정신에 비추어볼 때 죄이다'라고 깨우치게 하는 것이다. 소위 '문죄지사(問罪之師)'란 죄를 깨우치게 하기 위한 토벌군을 파견한다는 뜻으로 가장 무거운 형벌인 사형에 해당한다고 말할 수 있다. 단 '문죄의 군대'는 반항할 수 없도록 포박된 죄수를 사형에 처하는 것과는 달리 보통 반항이 수반되었기 때문에, 명청 중국의 '문죄'가 실제로 효과가 있었는지 아닌지는 별개의

4 高明士, 「律令與禮刑的關係」(黃源盛 編, 『法史學的傳承 · 方法與趨向－戴炎輝先生九五冥誕紀念論文集－』, 臺北, 中國法制史學會, 2004), 136면.

5 앞의 주 4, 148면. 또는 법과 형, 법과 예, 형과 예, 예와 의(儀)의 관계에 대해서는 范忠信等 편교(編校), 『中國文化與中國法系—陳顧遠法律史論集』(北京, 中國政法大學出版社), 2006, 380~402면 참조.

문제였다. '문죄의 군대'를 일으켰다고 해도 영토 점령을 관철할 수 없을 뿐만 아니라 가끔은 중국 측이 원하는 대로 상대국을 예의 세계로 되돌리는 것조차 불가능했던 사실은 중국의 대베트남 외교에 관해서 본서 보론(補論)에서 서술하고 있는 내용 그대로이다.[6]

앞에서 필자는 황지련의 연구를 평하면서 '예치'의 이념만을 분명히 했을 뿐, '예치'의 실태, 즉 '예'와 불가분의 관계에 있는 '문죄'라는 문제를 빠뜨렸다고 지적했다. '문죄'를 누락시킨 채 외교 사료로부터 '예'의 언설만 걸러낸다면 그 결과물은 미사여구의 집적에 지나지 않는다. 이것은 마치 현대 초강대국의 외교 자료에서 '인권'이나 '민주' 같은 낱말만 집어낸 것과 같아서, 이런 용어가 제아무리 외교를 움직이는 커다란 힘이라고 할지라도 그것만으로는 미사여구의 집합밖에는 될 수 없는 것과 같은 이치이다. 이렇게 해서는 명청 중국의 외교를 전혀 이해할 수 없다.

나는 여기서 명청 중국과 조선 사이에 벌어졌던 네 건의 구체적인 외교사건을 거론하고자 한다. 이 사건들에서 '예'와 '문죄'가 서로 어떻게 연관되어 있었는지를 고찰하기로 한다. 그리고 여기서 조선연행사가 실제 무엇을 했는지 살펴보겠다. 두 사건은 책봉과 관련된 것이고, 나머지 두 사건은 외교문서의 비례(非禮)와 관련된 것이다. 양국 관계는 약 오백 년간이나 지속된 만큼, 예와 문죄가 함께 뒤얽힌 사건을 들추어낸다면 이것 외에도 수없이 많을 것이다. 그러나 이 네 건만으로도 과거 명청 중국이 조선에 대해 취했던 일종의 외교 전략이라고 할 만한 것, 그리고 여기 대한 조선의 대응을 함께 이해하기에 충분하다고 본다. 더 나아가면 명청 중국과 조선 간 외교의 특색도 이해할 수 있을 것으로 생각된다.

6 본서 보론 1.

2. 명초 홍무기 대고려 외교와 조선 외교문서 비례(非禮) 사건

먼저 다룰 것은 명초 대고려 외교로, 조선개국 후 얼마 지나지 않아 발생했던 외교문서 비례(非禮) 사건을 들고자 한다.

홍무제는 명조를 건국하고 곧바로 이 사실을 주변 각국에 통지함과 동시에 조공을 재촉했다. 고려에서는 즉각 조공사절이 파견되었다. 홍무제는 이전에 원조가 국왕으로 봉했던 공민왕(恭愍王) 왕전(王顓)을 1369년(홍무 2, 공민왕 18)에 고려국왕으로 다시 책봉했다. 책봉사절이 고려에 도착한 것은 그 이듬해였다. 홍무제는 1369년에 귀국하는 사자에게 거듭 칙유를 내려 고려국왕에게 불교를 버리고 '인의예악(仁義禮樂)'으로써 나라를 다스리도록 훈유(訓諭)했다. 아울러 명조의 관복, 악기, 『홍무삼년대통력(洪武三年大統曆)』, 『육경(六經)』, 『사서(四書)』, 『통감(通鑑)』, 『한서(漢書)』와 함께 명조에 조하(朝賀)하는 의식 순서를 기록한 『조하의주(朝賀儀注)』도 하사했다. 이로써 명과 고려는 책봉관계에 들어갔고 명조의 예에 의한 통제가 시작되었다고 해도 좋을 것이다.

이처럼 공민왕 시대의 고려와 명의 관계는 다음 대인 우왕 신우(辛禑) 시대에 비해 훨씬 양호했다고 할 수 있다.[7] 그런데 공민왕이 환관에 의해 시해되기 직전 시점에 발생한, 조공과 관련하여 『명실록(明實錄)』에 기록된 두 사건이 주목을 끈다.

그 중 하나는 전년도, 즉 1373년(홍무 6, 공민왕 22) 10월에 고려왕의 조공사절이 공마(貢馬) 50필을 남경(南京)까지 운반하는 도중에 두 필이 죽어버리자 사마(私馬) 두 필을 보태 공마 50필로 채워 납공했다는 것이다. 이렇게 숫자를 맞춘 일에 대해 홍무제는 '불성실하다'고 하며 공마 전부

---

7 池内宏, 「高麗末に於ける明及び北元との關係」『滿鮮史硏究』中世 제3책 東京, 吉川弘文館, 1963), 305면. 末松保和, 「麗末鮮初に於ける對明關係」(末松保和朝鮮史著作集 제5책 『高麗朝史と朝鮮朝史』, 東京, 吉川弘文館, 1996), 168면.

를 물리치고서 받아들이지 않았다. 그는 "이것이 과연 소(小)로써 대(大)를 섬긴다(『맹자』)는 예인가"라고 예의 문제로 국왕을 질책했고, 나아가 '토벌의 군대', 즉 '문죄지사(問罪之師)'까지 언급하였다.[8] 기껏해야 사마 두 필을 보태 공물로 올린 일을 '불성실하다'고 문책하는 것만으로 모자라 '토벌의 군대'까지 언급한 것은 중국 황제가 조공국을 대하는 태도로서는 너무나 상궤를 벗어난 것이다.

다른 하나는 공민왕이 시해되기 4개월쯤 전인 1374년 5월, 명 측이 공물이 지나치게 많다고 해서 포(布) 6대(對)만 받고 나머지는 돌려보낸 일이다. 이것은 그 얼마 전에 공물이란 것은 '성의를 표한다'는 목적이므로 고려는 삼년일공(三年一貢)만으로 충분하며 또 고려산 포(布)만으로 해도 좋다는 성지를 전했음에도 불구하고 너무 많은 공물을 헌상했기 때문이라고 한다. 이때 홍무제는 "나를 속이고 깔보지 않는다면 무엇 때문에 군대를 움직여 고려와 같이 먼 곳의 사람들에게 고생을 끼치겠는가. 만일 자기 본분에 만족치 못하고 멋대로 사건을 일으키면 반드시 재앙이 닥칠 것이다."라고 고려국왕에게 경고했다.[9] 공물이 지나치게 많아서 '불성실하다', '나를 속이고 깔보았다'라고 하면서 군대를 동원해 원정에 나서겠다고 암시하는 것은 분명히 정상이라고는 말할 수 없다.

전자의 사건에 대해서는 홍무제 스스로 '소사(小事)'라고 인식하고 있었다. 이와 같은 '소사'인 조공문제를 들고 나와 '문죄지사'까지 언급한 것은 이것을 빌려 '성실하라'는 메시지를 전해야만 했던 사정이 있었다고 생각할 수밖에 없다. 이것은 바로 막북(漠北)으로 도주했던 북원(北元) 세력이 바로 이 무렵에 고려에 적극적으로 접근했고 이로 인해 고려국왕이 행여

---

8 『明實錄』, 洪武 6년 10월 辛巳.(王其榘 編, 『明實錄隣國朝鮮篇』, 北京, 中國社會科學院中國邊疆史地研究中心, 1983 序, 12면, 이하 王其榘 編書).

9 앞의 주 8, 같은 책, 홍무 7년 5월 壬申, 13면. "苟非詐侮於我, 安肯動師旅以勞遠人, 若不守己安分, 妄起事端, 禍必至矣." 또 『高麗史』, 恭愍王世家, 23년 6월 壬子(吳晗 編, 『朝鮮李朝實錄中的中國史料』, 北京, 中華書局, 1980, 38면, 이하, 吳晗 輯書).

'두 마음을 품는' 일을 걱정했기 때문이다. 요컨대 명조에 대한 '성실성'을 거듭 요구할 필요가 있었다.

『고려사(高麗史)』에 의하면 1373년 2월, 북원 사신이 고려 도성인 개경에 나타났을 때 고려국왕은 처음에는 그를 죽이려고 했지만 군신들의 설득으로 죽이지 않고 그를 만났다. 사자는 고려와 함께 원을 부흥시키자는 북원 황제의 조서를 전했다. 공민왕은 명조에 알려질까 두려워 밤중에 북원의 사자를 만났다고 한다.[10] 이것은 앞의 첫 번째 조공 관련 사건이 발생하기 8개월쯤 전의 일이므로 공마 50필이 남경에 도착했을 때와 시간적 개연성을 따지면 명이 '소사'를 빌미로 고려를 견책한 것과 타이밍이 맞아떨어진다. 원과 고려가 밀접한 관계를 맺은 이후 양국 간 왕래가 활발했기 때문에 명조 건국 초기에도 많은 첩자들이 고려 내에 숨어 있었다. 고려의 군신들이 북원의 사자를 구류할 것인가, 놓아줄 것인가, 아니면 붙잡아서 남경으로 호송할 것인지를 논의한 것으로 봐서 적어도 북원 사자가 개경까지 온 뒤에 돌아갔다는 정보가 남경으로 전해졌다고 보는 편이 오히려 자연스럽다.

그러면 홍무제는 어째서 북원 사절에 대해서는 일체 언급하지 않은 채, 조공에 관한 그야말로 하찮은 일을 꼬투리로 군대를 움직일지도 모른다고 고려를 협박했던 것일까. 그 이유는 바로 양국 관계가 '예'를 기초로 수립되었기 때문이다. 예란 앞서 서술한 대로 '형'과는 다르다. '형'은 명확한 죄에 대한 사후 처벌이다. 여기에 비해 '예'의 실행을 요구받는 자는 무엇이 부당하고 무엇이 일탈 행위인지 스스로 판단해서 내면적 요청에 의해 스스로 '염치를 알게' 되어야 한다. '형'을 받을 만한 행위까지 가지 않도록 스스로가 규제하지 않으면 안 된다. 북원과 내통한다는 명확한 '죄'의 증거를 제시하지 않은 채 북원과 손잡지 말라고 직접 경고해버리면 거꾸로 금세 고려의 항변에 부딪쳐 명조황제의 말이 대단히 경솔한

10 『高麗史』, 恭愍王世家, 22년 2월 乙亥(吳晗 輯書, 27면).

것이 되고 말 것이다.

이렇게 생각할 수밖에 없는 것은 이후 명조가 북원과 요동(遼東)에서 할거했던 몽고인 나하추(納哈出, ?~1388)를 상대로 전투를 거듭할 때, 고려가 일찍부터 이들과 친밀한 관계에 있었음에도 고려를 힐문하고 위협하는 언사는 전혀 없었고 홍무제 자신 여기에 대해 명확한 언급을 하지 않았기 때문이다. 공민왕이 암살되고 신우가 왕위에 오른 것은 1374년 9월의 일이다. 같은 해 11월에 당시 고려에 파견되었던 명조 사자가 귀국길에 호송 담당관인 고려인에게 살해당한 일이 발생했다. 『고려사』에 의하면, 이 고려인은 북원 혹은 나하추에게로 도망쳤다고 한다. 명조가 책봉했던 공민왕이 암살되고 게다가 황제의 사자가 살해되었으므로 명조의 대고려 외교가 경색된 것은 당연지사였다. 여기에 고려에 대한 북원의 교섭은 한층 그 강도를 더하는 중이었다. 1377년 2월, 결국 신우는 북원의 책봉을 받아 '정동성좌승상고려국왕(征東省左丞相高麗國王)'이 되었고 이와 동시에 '선광(宣光)'이라는 북원의 연호를 사용했다.

명조는 당연히 고려가 북원 및 나하추와 통교하고 있다는 사실을 파악하고 있었다. 1379년 8월, 요동도지휘사(遼東都指揮使)는 고려에 사자를 보내서 북원과 나하추의 사자를 붙잡아 명조로 호송하라고 명했다. 한편 1381년에 제주도의 고려인이 표류 끝에 명에 도착했는데, 명조는 그때까지도 고려가 북원을 따르고 있다고 생각했다가 표류자가 소지한 문서에 홍무 연호가 적혀 있음을 보고 기뻐한 나머지 후한 대우를 해서 돌려보냈다고 한다.[11] 이러한 사료로 볼 때, 홍무제는 고려와 북원 또는 나하추 사이에 밀접한 교섭이 있다는 것을 보고를 통해 당연히 알고 있었다.

공민왕이 암살당한 뒤 즉위한 신우(辛禑)는 자신이 고려 왕가의 사람이라고 해서 왕우(王禑)란 이름을 쓰고 공민왕의 친자가 아니라는 사실을 숨긴 채, 명에 사자를 보내서 죽은 왕에게 시호(諡號)를 내려주도록 청하

---

11 앞의 주 10, 辛禑列傳, 5년 8월, 52면, 7년 7월, 56면.

는 동시에 자신의 승습(承襲)을 청했다. 여기서 시호란 신하인 고려국왕이 생전에 이뤘던 공적을 감안해서 황제가 부여하는 명호(名號)이다. 그러나 홍무제는 곧바로 이것이 왕위 찬탈에 따른 즉위라고 의심했다. 그는 "전왕(前王)의 시호를 청하러 온 것은 찬탈의 흔적을 숨기려는 것이다"라고 했고, 또 불성실하다고 하면서 시호를 내리지 않았다.[12] 신우가 책봉을 청했던 때부터 실제로 책봉된 1385년(홍무 18, 신우 11)까지는 약 10년의 시간이 흘렀다. 그 사이 홍무제는 고려사절이 귀국할 때 조서를 주어서 돌려보내는 등 이런저런 방법으로 고려권지국사(高麗權知國事) 왕우(신우)한테 몇 차례나 자신의 말을 전했다. 『고려사』, 「신우열전(辛禑列傳)」에 기초하여 세어보면 적어도 일곱 차례에 이른다. 그런데 거기 서술된 왕우(신우)에 대한 견책 내용은 먼저 공민왕을 시해한 것, 두 번째는 명의 사자를 살해한 것이고, 세 번째는 조공이 약속과 달리 불성실하다는 것 등이며, 그가 북원의 책봉을 받은 것이나 북원 및 나하추와 관계를 맺고 있음을 문제시한 내용은 전혀 없었다. 신우는 한편으로 북원의 책봉을 받고 나하추와 통교하면서 다른 한편에서는 명에 조공하며 책봉을 청했으므로, '두 마음을 품고 있는' 것이 명백함에도 이 사실은 전혀 언급되지 않았다. 이런 일은 대단히 부자연스럽다고 말할 수밖에 없다. 공민왕 시대에 사마(私馬) 두필을 보탠 일과 공물이 너무 많았다고 불성실하다며 견책한 것도 이를 통해 암암리에 북원과의 관계 유지를 견제하려는 목적이었을 거라고 추정하는 것은 바로 이 때문이다.

1377년(홍무 10) 12월, 홍무제는 귀국하는 고려사절에게 한 통의 칙유를 내렸다. 이것은 왕위 찬탈과 사절 살해를 비난하고 한당(漢唐) 이래의 고사를 인용해 '문죄의 군대'를 보내겠다고 위협하면서, "이제 왕전이 죽임을 당하고 간신이 대권을 훔쳤는데, 이렇게 그쪽에서 일을 벌여놓고 우리 중국에 원한을 돌리려고 하니 공물을 받는다고 무슨 득이 있겠는

12 『明實錄』 洪武 10년 정월(王其榘 編書, 15면).

가. 『춘추』로 논하자면 난신적자인 셈이니 누가 주살하더라도 좋을 터에 새삼 무슨 말을 하겠는가"라고 했다. 나아가 금년은 전왕 공민왕이 승낙했던 대로 세공마(歲貢馬) 일천 필, 다음 해부터는 매년 금 일백 근(斤), 은 일만 냥, 양마(良馬) 백 필, 세포(細布) 일만 필을 헌상하도록 명하면서, "이를 이행해야만 비로소 왕위는 (가짜가 아닌) 진짜가 되고 (고려에서는 공민왕 때와 마찬가지로) 정령(政令)이 이루어진다고 말할 수 있어 짐의 의혹도 없어질 것이다."라고 전했다.[13] 물론 여기서도 북원이나 나하추에 대한 언급은 일체 없었다.

이 소식이 고려에 전해진 것은 1379년 3월이었다. 『명실록(明實錄)』에 의하면 1379년 12월에 고려가 금 백 근과 은 일만 냥을 헌상했지만 '약속과 다르다'고 해서 공물을 받아들이지 않았다고 한다. 그리고 이듬해 1380년 7월, 요동도지휘사가 고려 사자를 남경으로 보내자 홍무제는 그를 체포하여 유폐시켰다. 그런 다음 사자가 끌려나와 문답을 주고받을 때, 사자는 "공물이 약속과 달랐던 것은 충성심이 없기 때문이 아니라 고려 백성이 가난하기 때문이다"라고 항변했다. 여기에 대해 홍무제는 "상공(常貢)의 예(例)를 정해서 성실성을 시험한 결과, 역시 따르지 않았다." 고 말하고 규정대로 납공하라고 엄하게 명령했다.[14] 여기에 응해서 고려는 곧바로 금 삼백 냥, 은 일천 냥, 말 사백오십 필, 포(布) 사천오백 필을 공납하면서, 아울러 공민왕한테 시호를 사여하고 왕 자신을 책봉해 주도록 청했다. 고려로서는 부분적이지만 '성의'를 보였던 것이다. 그러나 이것만으로는 허용되지 않았다. 홍무제는 요동도지휘사에게 단 한 가지라도 약속대로가 아니면 국경에서 돌려보내라고 명했다. 실제로 1381년

---

13 『高麗史』, 辛禑列傳, 5년 3월(吳晗 輯書, 51면). "今王顓被弑, 奸臣竊命, 將欲爲之首構讎怨於我, 納之何益. 以春秋論之, 亂臣賊子, 人人得而誅之, 又何言哉. ……方乃王位眞而政令行, 朕無惑也." 『明實錄』, 홍무 10년 12월(王其榘編書, 16면).

14 앞의 주, 辛禑列傳, 6년 8월, 55면. "其貢不如約者, 非忠誠不至, 實民貧而物不備也. ……姑定常貢之例以爲驗, 却乃不從."

11월에는 말 933필을 헌상하려고 했지만 받지 않았고, 이듬해 4월에 이번에는 금 100근, 은 일만 냥, 포 일만 필, 말 일천 필을 보냈지만 역시 거절당했다.

이와 같이 고려 측에서는 몇 번이나 거듭 조공을 시도했지만 미납분을 납입하지 않았다는 이유로 '불성실하다'고 해서 모조리 거부당했다. 1382년 10월에 홍무제가 고려에 칙유했듯이 '성의가 부족하다'고 판정된 것이다. 결국 이렇게 '성의를 시험하기 위한 공물' 문제는 1384년, 즉 약속이 정해진 때부터 5년 이상 지나서 고려 측이 부족분을 보충하여 전부 완납함으로써 겨우 해소될 수 있었다. 신우가 왕우라는 이름으로 고려국왕에 봉해진 것은 그 이듬해 1384년(홍무 18, 신우 11)의 일이었다.

여기서 한 가지 의문이 생긴다. 이런 식으로 신우가 왕우의 이름으로 국왕으로 봉해질 수 있다면, 여태껏 명조가 책봉한 공민왕 왕전이 시해되었다고 해서 논란을 거듭하고 예를 저버린 행위 때문에 문죄의 군대를 보내겠다고 몇 번이나 위협했던 것은 도대체 무엇이었는가라는 의문이다. 또 난신적자는 죄를 물어 죽여야 마땅하다고 한 것도 무엇이었는가라는 의문이기도 하다. 『명실록』과 『고려사』에 의거하는 한 명조는 왕전 피살의 실상이 무엇이었는지, 또는 신우(왕우)가 어떤 출신 배경의 인물인지 거의 확인도 하지 않은 채 책봉했다고 생각하지 않을 수 없다. 그리고 『명실록』에 의하면, 홍무제는 1381년(홍무 14)의 시점에는 고려의 간신 이인임(李仁任)이 왕전을 시해했다고 생각하고 있었다.[15] 그러나 이인임은 신우가 책봉을 받은 1385년 이후에도 이전과 다름없이 권세를 휘둘렀다. 홍무제의 인식으로는 이인임이야말로 문자 그대로 '간신', '난신적자'이므로 명조가 그를 주살해야 마땅할 텐데 비슷한 조치라도 취해진 모양새는 전혀 찾을 수 없다.

이 의문에 대해서는 쉽게 대답을 찾을 수 있다. 다름 아니라 앞에서 제

---

15 『明實錄』, 洪武 14년 12월 乙丑(王其榘 編書, 20면).

시된 1377년(홍무 10) 12월에 발포된 칙유를 보면 된다. 해당 칙유에서 난신적자는 죄를 물어 죽여야 마땅하다고 주장하면서, 금년에는 말 천 필, 내년부터는 매년 금 일백 근, 은 일만 냥 등을 공납하도록 명한 다음, "이를 이행해야만 비로소 왕위는 (가짜가 아닌) 진짜가 되고 (고려에서는 공민왕 때와 마찬가지로) 정령(政令)이 이루어진다고 말할 수 있어 짐의 의혹도 없어질 것이다."라는 언급을 찾아볼 수 있다. 즉 말 일천 필 등을 명령대로 공납해서 성의를 보인다면 찬탈 의혹이 해소된 것으로 봐주겠다고 선언했던 것이다.

우리는 여기서 책봉에 기초한 국제관계 아래에서는 책봉을 받는 국가가 그 관계를 유지하고자 하는 한, 종주국과의 역학관계에 따라 극도로 강한 압력을 받을 수밖에 없었다는 사실을 알게 되었다. 통설에 의하면 책봉국은 국내문제에 있어서는 자주(自主)가 허용되었다고 한다. 그러나 왕위계승 등은 본래 국내문제임에도 불구하고 종주국에서 책봉을 받아야만 정식 국왕이 되는 것인 만큼 이와 같이 강한 간섭을 피할 수가 없었다. 한편 종주국 입장에서는 책봉이야말로 예가 엄수되는지 아닌지를 점검하고 혹시 예의 세계에서 일탈했다고 판단되면 다시금 예의 세계로 되돌리는 방식으로 그 나라를 통제할 수 있는 절호의 기회였다. 그러나 주의해야 될 점은 책봉이라는 외교 방식이 실제로는 종주국 형편에 따라 현실 사정에 입각하여 참으로 유연하게 운용되었다는 것이다. 위 사례가 이러한 외교 방식의 실상을 여실히 보여준다. 찬탈과 같이 예를 저버린 중대 범죄가 자행되었음에도 불구하고 왕위를 계승할 신왕의 구왕에 대한 '성의'와 중국 황제에 대한 '성의'는, 여기서는 정해진 대로 공물을 납입했다고 하는 다른 성격의 '성의'로 바뀌어버린 것이다.

또 한 가지, 고려가 북원과의 관계를 유지하는 문제는 본래 국왕 책봉과는 완전히 별도의 사안이었다. 그럼에도 명조는 왕위 찬탈 여부와 책봉 시비를 빌려서 거액의 공물을 헌납하라고 명령하여 고려의 '성의'를 저울질하고 북원에 대해 '두 마음이 있는지 없는지'를 시험했던 것이다.

홍무제는 고려에서 벌어진 찬탈극을 북원 쪽으로 기우려고 하는 고려를 견제할 목적으로 이용한 것으로 보인다. 찬탈극이 벌어진 뒤 신우(왕우)가 고려국왕에 봉해지기까지 10년이 걸렸기 때문에, 얼핏 보기에는 명조가 책봉과 예를 중시하는 원칙을 고집한 것처럼 보이지만 그 속사정은 완전히 달랐다. 명조는 예를 중시한다는 모양새를 견지했지만 내용적으로는 책봉을 외교 카드로 활용했던 데 지나지 않았다.

그런데 조선 건국자인 태조 이성계가 고려 마지막 왕인 공양왕을 폐하고 스스로 왕위에 오른 것은 1392년(홍무 25)의 일이었다. 그는 곧바로 공양왕에게서 선양을 받았다는 소식을 명조에 전하고, 국호를 변경하면서 '조선' 또는 '화녕(和寧)' 중에 어느 쪽을 택할지 홍무제에게 결정해달라고 요청했다. 이 요청은 여전히 '고려권지국사(高麗權知國事) 이성계'라는 이름으로 이루어졌다. 권지국사란 책봉을 받아 정식 국왕으로 되기 전에 임시로 국사를 관장하는 것을 의미한다. 홍무제가 국호를 조선으로 변경하라고 명한 것은 1392년 윤12월의 일이었다. 오백 년 가까이 유지되었던 고려는 여기서 소멸되었다.

이렇게 조선이라는 새로운 국가가 성립되는 데 있어서는 명과의 사이에서 예제상의 문제로는 큰 갈등이나 대립은 없었던 것으로 보인다. 『조선왕조실록』에 의하면, 왕씨에서 이씨로 국왕이 바뀐다는 보고를 들은 홍무제가 이것은 '제명(帝命)'이라고 말하며 승인했다고 전해진다.[16] '제명'이란 이 경우, '천제(天帝)의 명(命)'을 뜻한다. 또 『명실록』에 의하면 황제는 "고려는 산과 바다로 가로막혀 동이(東夷)가 외따로 떨어져 사는 곳이므로 우리 중국이 다스릴 곳은 아니다."라고 말했다고 한다.[17] '중국이 다스릴 곳은 아니다'란 『춘추공양전(春秋公羊傳)』, 은공(隱公) 2년 주(注)에서 나온, "왕이 된 자는 이적을 다스리지 않는다."를 의식한 말임에 틀림없

16 『朝鮮王朝實錄』, 태조 원년 10월 庚午(吳晗 輯書, 111면).

17 『明實錄』, 洪武 25년 9월 庚寅(王其榘 편서, 35면).

다. 이것은 이성계가 주도한 위화도(威化島) 회군, 즉 명군과 싸우기 전에 요동 침공 군대를 압록강에서 되돌렸던 일이 홍무제에게 좋은 평가를 받았기 때문일 것이다.

이렇게 책봉국이 국호를 바꾸고 성씨가 다른 사람이 왕위에 오르는 예제상의 큰 사건이 발생했음에도 그 자체만으로는 별 문제가 발생하지 않았지만, 얼마 지나지 않아서 결국은 예제상의 문제로 또 다른 사건이 발생했다. 그것은 국호 변경을 사은(謝恩)하는 상주문에서 명조를 가벼이 보고 모욕하는 문자가 사용된 것이 비례(非禮)라고 명이 조선을 문책한 사건이다. 이것은 표전문제(表箋問題)로 불리면서 이미 학계에서 상세하게 논의되었으므로, 여기서는 간단한 소개로 그치기로 한다.[18]

국호 변경 사은의 상주문이 사신에 의해 명조 궁정에 도착한 것은 1393년(홍무 26, 태조 2) 6월의 일이었다. 그해 12월 8일, 명의 사절은 국도(國都) 개경(開京)에 당도하여 총 10개조 문책 안건 중 하나로 표전문(表箋文)에 문제가 있다는 사실을 조선국왕에게 전했다. 그것은 사은 상주문에 "침해하고 업신여기는 언사(侵侮之辭)를 섞어놓았으니, '소로써 대를 섬긴다'는 성실성이 이런 식이어도 괜찮다는 말인가."라고 문책하는 내용이었다.[19] 여기서 보듯이 명조 역시 외교문서의 문구를 예와 관련된 문제로 삼았다.

이듬해 1395년(홍무 28) 12월, 다음해의 정월 원단(元旦) 축하를 위해 파견된 고려 사자가 남경에 구류되었다. 이것 또한 그가 지참한 원단축하 표전문서에 명조를 '가볍게 여기고 모욕하는(輕薄戱侮)' 문자가 있었다는 이유에서였다. 남경 예부에서 조선국왕에게 발송한 자문에는 '문죄의 군대'까지 언급하였다. 그리고 "여태까지 조선국왕이 누차 분쟁의 발단을

---

18 앞의 주 7, 末松保和 논문, 220면, 또 박원호, 「명초 조선의 요동정벌계획과 표전문제」(『명초조선관계사연구』, 서울, 일조각, 2002), 33면.

19 『朝鮮王朝實錄』, 태조 3년 2월 己丑(吳晗 輯書, 124면). "國號謝恩表箋內, 雜以侵侮之辭. 以小事大之誠, 果如是乎."

제공했기 때문에 '하늘과 땅, 바다와 강, 산천(嶽鎭海瀆山川)'의 여러 신들한테 고하여 상제에게 전하도록 했다."고 하면서, 신벌(神罰)까지 차용하여 위협하는 문구도 들어 있었다.[20] 여기 나오는 '하늘과 땅, 바다와 강, 산천의 여러 신들'은 좁은 의미로는 1370년(홍무 3, 공민왕 19)에 남경의 도사(道士)가 직접 고려에 가서 제사 지냈던 조선 현지의 신들을 말한다. 홍무제의 머릿속에는 남경에 설치된 악독단(嶽瀆壇)에 합사(合祀)되었던 조선의 신들에게 우선 조선국왕의 '죄상'을 일러바쳐서 상제에게까지 전달되도록 하겠다는 생각이 있었다.[21] 이렇게 신벌을 차용한 강한 위협은 그 후에도 집요하게 이어졌다. 조선국왕은 즉시 변명을 위해 사자를 보내는 한편, 문서 작성자를 압송하라는 명의 요구에 응해서 김약항(金若恆)을 남경에 호송했다.

그러나 명조는 이것만으로 조선을 용서하지 않았다. "지금, 조선은 시절을 맞을 때마다 사람을 파견해 축하 표전을 올리면서 마치 예를 다한 듯이 하지만, 문장에서는 명조를 업신여기며 마음대로 모욕하고 있다. 최근 이단(李旦, 이성계)이 고명(誥命, 임명서)과 국왕인(國王印)을 하사해달라고 청해온 상주문에는 고대의 폭군 주왕(紂王)의 말이 인용되어 있어 매우 무례하다."라는 말에서 보듯이, 여전히 외교문서가 비례(非禮)라는 이유로 질책하기를 그치지 않았다.[22] 나아가 명조는 문서 작성자로 정도전(鄭道傳)과 정탁(鄭擢, 1363~1423)을 지명하며 이들을 조속히 남경으로 호송하라고 명했다. 이에 조선은 문서 작성자로 권근(權近, 1352~1409)과 정탁을 호송했지만 끝끝내 정도전은 보내지 않았다. 결국 이 외교문서

20 『朝鮮王朝實錄』, 태조 5년 2월 丁酉(吳晗 輯書, 134면). "前者爲朝鮮國王數生釁端, 以告嶽鎭海瀆山川神祇, 轉達上帝" 로 나온 부분, 吳晗의 輯本에서는 '以告' 이하를 "故告於神, 轉達上帝"로 작성했다. 또 외국의 嶽鎭海瀆을 명조가 제사지냈다는 문제에 대해서는 본서 보론 791면 이하를 참조.

21 본서 보론 1.

22 『朝鮮王朝實錄』, 태조 5년 3월 丙戌(吳晗 輯書, 135면). "今朝鮮每遇時節, 遣人進賀表箋, 似乎有禮, 然文辭之間, 輕薄肆侮, 近日奏請印信誥命狀內引用紂事, 尤爲無禮."

비례사건, 즉 표전문제는 홍무제가 죽은 1398년(홍무 31)까지 계속되었다. 그 사이에 수많은 조선의 사신들이 남경에 억류되었다.

명조가 문서에서 비례의 문구가 보인다는 이유로 거듭 집요하게 압력을 가했던 것은 정도전을 반명(反明)의 주모자로 보고 그를 강제로 끌어내려는 목적이었다고 하는 선행 연구에 필자는 동의한다. 박원호는 명확하게 이와 같은 표전문제가 정도전 개인의 문제라기보다 조선 내에서 외교문제 발생 이전부터 이미 정도전을 중심으로 당시 명조 영토였던 요동을 정벌하려는 계획이 배태되고 있었으며, 이 정벌계획의 풍문이 명조로 흘러들어간 결과, 표전문제가 발생했다고 주장했다.[23] 그의 의견에 따르는 것이 옳다고 생각한다.

여기서도 우리는 본래 완전히 다른 별개의 문제를 예라는 원칙의 문제로 치환하는 외교전술을 발견할 수 있다. 명조는 예를 중시하지 않으면 안 된다는 원칙을 차용하여 외교문서가 비례라고 하는 틀을 짜고는, 이를 빌미로 신흥국 조선을 견제하고 영토문제에 야심을 가지지 못하도록 통제했던 것이다. 이와 같은 홍무제의 외교전술은 크게 보자면 성공을 거둔 것으로 생각된다. 그 이유는 이런 과정을 거친 뒤 요동 침공 계획은 아득히 250년이라는 긴 세월이 지나 소위 '북벌론(北伐論)'이 제기되었던 효종(孝宗) 시대에 이르기까지, 근본적으로 좌절되었던 것이다. 그 사이에 중국 측으로부터 조선이 "여러 나라에 비해 가장 공순하다.", 또 "예의의 나라다."라고까지 평가받기에 이르렀다.

여기서 한 가지 더 주의할 점이 있다. 고려왕 책봉문제이든 조선 외교문서 문제이든 간에 이것이 공히 예의 문제로 간주되었지만, 이 시기에는 이것을 거의 홍무제 혼자서만 이를 주장했을 뿐이라는 것이다. 다시 말해서 조선 국내에서나 혹은 중국 내부에서 외교와 관련하여 예와 현실의 문제가 시끄러운 격론의 주제가 되었던 일은 찾아볼 수 없었다. 이와

23 앞의 주 18, 박원호 논문, 61면.

관련해서 다음에는 조선에서 발생했던 '인조반정(仁祖反正)'을 예로 들어 똑같은 문제에 대해 얼마만큼 그 반응이 달랐던가를 살펴보기로 한다.

3. '인조반정'과 책봉문제

이른바 '인조반정'이 일어난 것은 1623년(天啓 3, 인조 1)의 일이었다. 이보다 15년 전인 1608년(만력 36, 선조 41), 광해군(光海君)은 선조의 서거로 즉위했고, 그 이듬해인 1609년에 명의 책봉을 받고 정식 조선국왕이 되었다. 그런데 인조가 그를 폐하고 왕위에 올랐기 때문에 이것은 명백한 찬탈이었다. '반정'이란 정도(正道)로 되돌린다는 의미로 『춘추공양전』에서 유래한 "난리를 평정하고 질서를 바로잡는다(撥亂反正)"의 반정을 가리킨다. 인조반정이 '반정'이라고 불리는 것은 당연히 인조 측이 승자였기 때문이다. 승자인 인조는 다음 왕위를 계승했다. 또 광해군이 선왕인 선조 또는 다음 왕인 인조처럼 사후에 주어지는 묘호로 불리지 않는 것은 승자인 인조가 그를 정당한 국왕으로 인정하지 않으면서 묘호를 내리지 않았기 때문이다. 명조가 책봉했던 국왕이 제멋대로 폐위된 것인 만큼, 명조에서는 인조를 새로운 국왕으로 책봉해야 할지 말아야 할지 일대 논란이 일어났다. 조선으로서도 적절한 대책을 강구할 필요가 있었다.

그런데 조선조 역사에서 왕위에 올랐음에도 사후에 묘호로 불리지 못했던 사람이 한 명 더 있는데, 바로 연산군(燕山君, 이융李㦕 재위 1494~1506)이다. 연산군은 조선 역사상 희대의 폭군으로 잘 알려져 있으며 현재 우리가 보더라도 폐위당한 것이 당연하다고 생각되지만, 이것이 어디까지나 쿠데타였다는 사실에는 틀림이 없다. 그래서 새로 왕위에 오른 중종(中宗, 이역李懌)은 명에 책봉을 청하면서 연산군을 폐하고 자신이 왕위에 오를 수밖에 없었던 사정을 설명할 필요가 있었고, 명조 또한 그 사정을 수긍할 필요가 있었다. 광해군 폐위와 인조 책봉건을 잠시 미루고, 먼저 발생했던 연산군 폐위와 중종 책봉에 대해서 먼저 살펴보기로 한다.

조선 국내에서 연산군이 폐위되고 나중에 중종이 된 진성대군(晉城大君)이 왕위에 오른 것은 1506년(정덕 1, 중종 1) 9월의 일이었다. 보통은 명조에 책봉을 청하는 청승습사(請承襲使)와 함께 선왕의 죽음을 보고하고 시호를 청하는 고부사(告訃使), 청시호사(請諡號使)가 파견되는 것이 관례였지만, 이때는 특별히 청승습사와 함께 청사위사(請辭位使)가 파견되었다. 청사위사란 명목상으로는 연산군이 스스로 왕위에서 물러나고 싶다고 청원한 것이다. 여기서 무력을 사용한 쿠데타라는 사실은 일체 은폐되었는데 해당 상주문은 연산군, 즉 조선국왕 이융의 이름으로 작성되었다. 그 내용은 '자신은 어릴 적부터 자주 발작을 일으켰는데 다음 국왕이 될 예정인 아들이 요절하자 슬픔이 지나쳐 오래된 병이 재발했다, 정신적으로 문제가 있기 때문에 정무를 전혀 수행할 수 없다, 사정이 이러하니 진성군 이역에게 양위하고 싶다'라는 것이었다. 아무리 광포했던 연산군이라고는 해도 새로운 왕이 쿠데타로 즉위했다는 것을 명조가 순순히 승인해주리라고 기대할 수 없었기 때문에 명조를 속이기로 한 것이다.[24]

이 보고를 받은 명조 관료들이 이를 의심했던 것은 피할 수 없는 일이었다. 주된 의혹은 찬탈이 있었던 게 아닌가라는 것이었다. 여기에 대해 연행사신은 '조선은 예의의 나라'이므로 그런 일은 있을 수 없다고 대답했다. 또 명의 관료는 국정을 못 볼 정도로 중병인 사람이 이렇게 퇴위를 청하는 상주문을 쓸 수 있을까라는 의문도 제기했다. 조선국왕이 병석에 있다면 의원을 보내 치료하고 또 병의 정도를 조사하는 게 마땅하다고 주장하는 사람도 있었다. 여기에 대해서는 조선은 '예의의 나라'이고 외국이기도 하므로 의원을 파견할 수는 없다고 결정되었다. 연행사 일행은 명조 예부에서 조선 왕가와 일반 신민들이 한결같이 이역(중종)을 새 국왕으로 모시기를 원한다는 추천문서가 필요하다는 주장이 제기되었다는 정

24 『朝鮮王朝實錄』, 중종 원년 9월 癸卯(吳晗 輯書, 826면).

보를 입수했다. 이에 재빨리 조선은 진성군 이역에게 중망(衆望)이 있고 그를 새로운 왕으로 삼는 것이 '일국(一國)의 공의(公議)'라는 내용의 문서를 새로 작성해서 북경에 보냈다. 그러나 『명실록』 정덕(正德) 2년(1507) 5월 기유(己酉)조에 의하면, 예부는 이역에게 잠시 국왕사무를 대리하게 했다가 국왕 이융(연산군)의 사망을 기다려서 정식으로 책봉하는 것이 어떨지 논의하기로 방침을 정했고 황제의 칙유 또한 이 방침을 따랐다. 비록 절충안이기는 했지만 예를 중시한다는 원칙은 어느 정도 관철한 것이었다.

그러나 그해 12월이 되면 방침이 크게 바뀌어서 이역을 조선국왕에 봉한다는 칙유가 내려졌다. 이렇게 되기까지는 조선으로부터 몇 차례나 사절이 파견되어 집요하게 책봉을 청원했던 것이 주효했을 것이다. 그러나 이렇게 정책 전환이 이루어지는 과정에서 결정적 '공적'을 세운 것은 북경의 조선족 환관 이진(李珍)이었던 것으로 보인다. 조선은 그에게 막대한 뇌물을 쏟아부었던 것 같다. 그의 노고에 보답하기 위해 어떤 '선물'을 해야 할지가 조선 궁정에서 문제가 되기도 했다. 나아가 이진이 직접 책봉사절로 직접 당도할 것으로 예상하고, 그가 지나가는 연도에 혹시나 '미진한 마음'을 품게 되는 일이 없도록 하며, 여기에 지장을 주는 관료는 가차 없이 엄벌에 처하라는 명령이 내려진 사실까지 사료에 남아 있다.[25]

일단 내려졌던 조칙은 보통의 경우 간단히 뒤집을 수 없다. 명분상 책봉은 예에 준해 이루어지는 것이므로 국왕 찬탈이라는 질서파괴 행위가 그리 간단히 용서받을 리는 없었다. 그럼에도 실제로 중종 등은 명조를 속이는 데 성공했고 명조 관료들은 실정을 조사하지도 않고 '일국의 공의'가 전해진 것, 그리고 모비(母妃)로 부터 청원이 있었다는 등의 형식만을 갖추고는 '속고 있다'는 의식을 불식시켰던 것이다. 이러한 결과가 나온 것은 마침 이때가 정덕제의 치세여서 환관 유근(劉瑾)이 중용되면서

---

25 상게서, 중종 2년 8월 癸巳, 3년 정월 癸卯, 832면.

정치가 극도의 난맥상을 연출했던 것이 가장 큰 원인이었다.

이 사건에 대해서는 『조선왕조실록』에 사신(史臣), 즉 실록 편찬자의 의견이 다음과 같이 기록되어 있다. 연산군은 실제로 그 죄상이 '하늘까지 이를 만큼 크다'(『맹자』)라고 할 정도의 폭군이었기 때문에 중종을 추대하지 않을 수 없었다. 즉 실정을 천자에게 보고하여 조치를 청해야 마땅했다. "그럼에도 거짓말로 상국(上國) 명조를 속이고 또 스스로를 속였다. 명분과 실상이 일치하지 않으면 안 된다는 '정명(正名)'(『논어』, 자로편)은 도대체 어디로 사라졌단 말인가. 유감스럽게도 당시의 대신들한테는 견식이 없었다."[26]

이 사신의 말에서는 당연히 무오사화(戊午士禍)와 갑자사화(甲子士禍)라는 두 차례의 재화를 당한 조선의 신흥 유생층, 즉 사림의 정의감과 그들의 연산군에 대한 분노를 쉽사리 읽어낼 수 있다. 중국을 속이고 또 스스로를 속인 것이 잘못이라고 했으므로 "실정을 천자에게 보고한다"는 것은 연산군을 쿠데타로 폐했던 실정을 명 황제에게 보고해서 조처를 청했어야 마땅했다는 말일 것이다. 그러나 폭군이라고 해서 왕위 찬탈이 용서될 수 있는 것일까. 중국의 왕조 교체를 보자면 맹자의 설에 따라서 혁명이 허용된다. 그러나 그것은 '천자'의 경우에만 해당될 뿐, 제후, 즉 책봉국 국왕에 해당되는 일은 아니었다. 사관이 적었듯이 실정은 하늘에 보고하면 될 일이 아니고 천자에게 보고하고 조처를 기다려야만 했다. 천자라고 하더라도 같은 왕조 내에서의 찬탈은 허용되지 않는다. 사실 영락제(永樂帝)조차 건문제(建文帝)의 제위를 찬탈했을 때 황제를 둘러싼 간신들을 물리친다는 명분으로 이를 '정난(靖難)'이라고 부르지 않을 수 없었던 것이다. 또한 정덕제는 당시 중국 사람들이 '미친 황제'라고 부를

26 상게서, 중종 3년 8월 壬午, (837면). "燕山罪惡滔天, 得罪宗社, 神人共憤, 其推戴主上, 不得不爾, 當以實告天子, 以請命焉, 而顧以虛誣之辭欺上國, 且自欺, 安在其正名乎. 惜乎, 當時大臣無見也."

만큼 상궤를 벗어난 황제였지만 그래도 그의 치세는 16년이나 이어졌다. 위의 사신의 기록은 일개 서생의 생각 수준에 머물고 있다.

이 점에서 '인조반정'이야말로 찬탈 사실을 종주국에 전달했을 때, 종주국 명조가 어떤 대응을 보였는가, 나아가 책봉이라는 예가 실제로 무엇이었는지 적나라하게 보여주는 사건이었다. 군사 쿠데타가 일어난 것은 1623년 3월의 일이었다. 당시 조선반도와 요동반도 사이에 있는 작은 섬 단도(椴島, 일명 가도(椵島))에는 명의 도독(都督) 모문룡(毛文龍)이 이곳을 근거지로 해서 만주족 후금(後金)에 대항하여 게릴라전을 전개하고 있었다. 마침 모문룡이 파견한 무장이 서울에 왔기 때문에 인조는 즉위한 지 열흘이 지났을 때 그를 접견했다. 인조는 광해군이 저지른 수많은 '죄상'을 들면서 그 중에서도 명이 만주의 누르하치(努爾哈赤) 군대와 대전할 때 '사대의 성의(事大之誠)'를 저버리고 명과의 공동작전에서 고의로 후금 군대와 싸우지 않았던 사실을 강조했다. 한양에서 벌어진 쿠데타는 이렇게 해서 모문룡을 통해 즉각 북경에 보고되었다.

인조 자신도 북경으로 사자를 보내서 전왕을 폐하고 자신이 왕위에 오른 사실을 보고하면서 동시에 책봉을 청했다. 예전에 중종이 연산군을 폐했던 경우처럼 선양에 의한 것으로 거짓말을 하지 않았던 이유는 앞에 언급한 모문룡의 부장 등 많은 한인(漢人)들이 주변에 있었던 탓에 군사 쿠데타를 숨길 수 없다는 판단이 내려졌다고 생각된다. 이때의 사절 일행 중에는 서장관(書狀官) 이민성(李民宬)이 있었는데, 여행기 『조천록(朝天錄)』을 남겼다. 우리는 이 사료를 바탕으로 명조의 외교태세를 상세하게 파악할 수 있다.

일행은 4월 27일에 서울을 떠나 모문룡의 근거지 단도를 경유하여 산동성(山東省) 등주(登州)에 상륙했고 북경에는 7월 26일에 도착했다. 이러한 여행 경로를 택한 것은 당시 이미 요동지방 전역이 후금, 즉 누르하치의 수중에 있었던 탓에 통행이 불가능했기 때문이다.

북경에 도착한 일행을 맞아준 것은 북경 관료들의 비난의 목소리였다.

대조선 외교와 밀접히 관계되어 있는 등래순무(登萊巡撫) 원가립(袁可立)이 이미 4월 단계에 상주문을 올려 이종(李倧, 인조)의 쿠데타는 국왕 폐치의 권한을 가진 중국에 아무런 상의 없이 벌어진 일로서 '중국을 무시'한 것이다, 원래는 중국 측에서 바로 문죄의 군대를 보내 토벌해야 마땅하지만 누르하치와의 전쟁에 처한 상황을 감안하여 즉시 사절을 파견하여 그 죄를 바로잡고 조선 신민 스스로의 힘으로 '찬역의 적(簒逆之賊)'인 이종의 무리, 즉 현지에서 쿠데타로 왕위에 오른 자 등을 토벌하게 하여 이혼(광해군)을 복벽(復辟)시키자는 내용이었다.[27] 예과도급사중(禮科都給事中) 성명추(成明樞)도 거의 같은 의견을 내어 직접 예부에서 조선을 문책하는 격문(檄文)을 보내야 하며 아울러 문죄의 군대에 대해서 토의하자고 했다.

8월 3일 이른 아침, 일행은 자금성(紫禁城) 서장안문(西長安門)까지 나아가 궁정으로 출근하는 대신들이 나타나기를 기다렸다가 신왕 책봉을 탄원하는 문서를 여기저기에 제출했다. 이때 그들은 정부 최고책임자인 수보대학사(首輔大學士) 섭향고(葉向高)를 만났는데, 그는 "본래의 임금을 폐하고 마음대로 즉위했으면서 무엇을 주청하러 왔는가?", "왜 조정에 보고하지 않고 성급하게 멋대로 왕을 폐했는가?" 하고 힐문했다고 한다. 저녁 무렵이 다되어 다시 퇴청하는 대신들을 기다렸다가 재차 탄원하자 섭향고는, "너희 나라는 천조의 나라 안과 같으니 신중하게 조사한 연후에 비로소 책봉을 인정할 수 있다."고 말했다. 이튿날인 8월 4일에 어사(御史) 호사기(胡士奇)의 상주문을 입수해서 읽어보니, "조정의 명령을 기다리지 않고 제멋대로 폐위했다. 대누르하치 전쟁에 원병을 보내 충성을 보였다고는 하지만 두 마음을 품고 있을지는 모르는 일이다."라고 하면서, "대죄토적(戴罪討賊)을 시킨 뒤에 그 공과를 저울질하여야만 조선을 계속 기미(羈縻)할 수 있다."고 결론내린 상태였다. '대죄토적'이란 중국

27 『明實錄』 天啓 3년 4월 戊子(王其榘 편서, 557면).

국내에서 반란이 일어났을 때 종종 사용된 대응 방법이다. 해당 반란자에게 반란을 일으킨 죄를 그대로 부과한 채로 다른 도적과 싸워서 격파하는 것을 기다렸다가 공과를 상쇄시켜 말소하는 것이다. 여기서는 구체적으로 언제 명조를 배반할지도 모르는 조선을 강제로 누르하치 군대와 싸우도록 하고 그 전과를 감안해 찬탈이라는 '죄'와 상쇄시켜주겠다는 것이었다.

어사 유사임(游士任)도 거의 같은 의견이었다. 그는 "조선이 누르하치와 내통하고 있는지 아닌지는 마땅히 힐문해야 할 중요한 문제이므로, 만일 이혼(광해군)이 누르하치와 내통했다고 한다면 이종의 즉위는 찬탈이 아니다."라고 하면서, 그러나 "멋대로 왕위에 오른 것은 죄이기 때문에 누르하치를 토벌하게 해서 죄를 씻도록 하자."고 주장했다.[28] 이것 또한 국왕책봉과 대외전쟁이라는 본질적으로 전혀 다른 별개 문제를 조합해서 조선을 '기미'하고 조종하겠다는 뛰어난 외교 전략이라고 말할 수 있을 것이다. 나중에 8월 28일 날짜로 이민성 등이 조선국왕에게 보낸 비밀문서에는 중국 관료들 각각의 언동을 그대로 전하면서 "이들의 논의는 지극히 준엄하다."고 기록되어 있다.

조선 사절도 명조 측에서 실정 조사가 필요하다고 하는 논리와 주장은 이해할 수 있었다. 이제 그들은 이 방향을 좇아서 북경 관료들에게 새롭게 접근하기 시작했다. 무엇보다 실정 조사의 방법이 조선에 유리해지도록 만들 필요가 있었다. 그래서 명조가 직접 조선에 조사단을 파견한다

---

28 李民宬, 『朝天錄』(임기중 편, 『연행록 전집』 제14책, 동국대학교출판부, 2001, 384~388면). "(8월 초3일) 最後葉閣老進, 使臣以下跪于路左. 閣老立語曰, 爲甚麽事來. ……壞舊君自立, 事不明白, 何以來請邪. ……何故不報朝廷而徑自廢置邪. ……閣老曰, 若他外國之事, 則第循其請. 爾國與天朝一般, 須加愼重行査後, 方可准也." "(8월 초4일) 見御史胡士奇題, ……臣更有疑于朝鮮焉. 不奉朝命而擅自廢立, 雖助兵效順, 安知其不二心於我. ……宜勅毛帥, 偵其虛實, 果眞委身歸命, 戴罪討賊, 功過相準, 然後羈縻勿絶" 등.
또 『明實錄』 天啓 3년 8월 丁丑, (王其榘 편서, 559면). "謂當詰此事只以通奴(努爾哈赤)不通奴爲主, 琿誠通奴, 則倧之立非簒也. 但擅立爲罪耳, 而責以討奴自洗者, 御史游士任也."

는 것은 새 조선국왕의 체면을 손상하는 일이므로 모문룡이 이를 대신 조사하도록 하는 방향을 추진했다. 북경에서 파견된 조사단이 조사하면 어떤 사실이 발각될지 몰라서 불안하지만, 모문룡이라면 지금까지의 관계로 봐서 처리가 쉬울 것이라는 계산이었다.

처음에 예부에서는 북경에서 서울로 직접 조사단을 파견해야 한다고 주장한 반면, 병부는 모문룡에게 대리로 조사시켜도 된다고 주장하면서 양쪽 의견이 대립했다. 예부가 이와 같이 주장한 것은 오로지 예에 입각해서 책봉이 이루어져야 하며, 속국 국왕의 책봉에 대해서 최종 권한을 가진 것은 어디까지나 중국이라는 원칙론에서였다.[29]

그러나 명조가 직접 파견했던 조사관은 바다에서 조난당하고 말았다. 이 정보를 조선 사신이 알게 된 것은 11월 24일이었다. 이때 명조에서는 조선의 종실에서 팔도의 신민에 이르기까지 모두가 이혼(광해군)을 반역자로 인정하고 이종을 국왕으로 추대하기를 원한다는 보증서 원본이 북경에 도착한다면 그를 새 국왕으로 책봉해도 좋다는 쪽으로 상황이 변해가고 있었다. 이 무렵 관료 사회에서는 대충 책봉을 인정하자고 하는 조류가 형성되었던 것이다. 그런 와중에도 최후까지 반대의견을 제시한 쪽은 역시 언관(言官)인 급사중(給事中)들이었던 것 같다. 그 중에도 특히 새로 예과(禮科) 급사중이 된 위대중(魏大中)의 주장이 강경했는데, 조사관을 파견한 뒤에 책봉하자는 의견마저도 반대하면서 조선으로부터의 책봉 신청을 단호히 거절해야 된다고 주장한 것으로 보인다. 유감스럽게도 이 주장은 그의 문집 『장밀재집(藏密齋集)』에 수록되지 않아 상세한 내용을 알 수 없다. 위대중은 12월 1일 조선 사신들이 서장안문 밖에서 무릎을 꿇은 채 제출한 탄원서를 두 번 세 번 읽은 뒤에, "하나하나가 말이 되질 않는다."는 혹독한 말을 던졌다고 한다.[30] 위대중은 동림당(東林黨) 내에

29 상게서, 396면.

30 상게서, 549, 553면. "(11월 14일) 至於禮科, 給事中魏大中新自戶科移拜, 持論甚峻, 大攻

서도 쟁쟁한 인물이었다. 12월 1일이라면 책봉이 옳은지 그른지에 대한 논의가 시작된 지 벌써 8개월이 지났음에도 여전히 이러한 격론이 계속되었던 것이다. 이것은 당시 위충현(魏忠賢)을 중심으로 한 환관파와 치열한 정쟁을 벌이던 동림당의 존재, 그리고 그들의 영향이 강했던 정계에서 언론이 활발하게 이루어졌던 상황이 아니라면 있을 수 없는 일이었다.

찬탈에도 어느 정도 일리가 있다고 인정하고 이종을 조선국왕에 봉하도록 허락한 칙유가 내린 것은 12월 18일의 일이었다.[31] 여기에 앞서 제출된 예부상서(禮部尚書) 임요유(林堯兪)의 상주문에는 "강상(綱常, 사람이 지켜야 할 도리)과 대의명분으로 말하자면 이종(인조)을 토벌하여 멸망시켜야 하며, 천조인 명을 돕고 있다는 것으로 보자면 이혼(광해군)은 두 마음을 품고 누르하치와 내통했으므로 이종 쪽을 취해야 마땅하다."라는 양자택일 논리에서 출발한 뒤, 결국 이혼이 누르하치와 내통한 데다가 이종은 명조에 공순하다고 조선의 전체 신민이 보증하므로 이종을 책봉하는 편이 낫다고 주장했다. 성지(聖旨)는 바로 이 주장을 그대로 인정한 것이었다.

다만, 이 성지에서는 이종을 "조선국왕에 봉함을 허락한다."고 선언했을 뿐, 칙사를 조선에 파견하여 실제로 책봉을 행하는 관행은 '상황이 편안해질 때를 기다려서', 다시 말해 당시 초미의 관심사였던 누르하치와의 전쟁에서 승리하고 난 뒤로 미룬다는 조건이 붙어 있었다. 이것은 말할

行查之議, 峻絶請封之事." "(12월 초1일) 臣等詣西長安門外, 禮科魏大中·熊奮渭一時出來, 臣等跪前呈文, 則魏大中再三讀過, 仍問廢立之由, 多發未安之語, 不敢一一形諸文字. ……熊科立傍, 語魏科曰, 許令權署, 以觀後效云."

31 이민성의 『조천록』에서는 이것을 12월 계묘(癸卯)(18일)의 일로 적었다. 그러나 『명실록』에서는 이를 12월 계사(癸巳, 8일)의 일로 기술하였다. 『조천록』 기사의 상세함과 여기서 보이는 책봉안건의 진행 정황으로 볼 때, 『조천록』 쪽이 옳다고 생각된다. 『명실록』 기사는 원래 12월 계묘(癸卯)로 적어야 할 곳을 12월 계사(癸巳)로 오기함으로써 편찬 과정에서 착오가 발생했던 것으로 보인다.

필요도 없이 앞에서 언급한 어사 호사기 등의 의견, 즉 '대죄토적'시켜 조선으로 하여금 누르하치 군대와 싸우게 하려는 의견과 궤를 같이하고 있다. 간단히 말해 조선이 명군과 협력해서 누르하치를 타도하지 않는 한, 정식 책봉은 불가능하다는 것이었다. 사실 말 많고 시끄러웠던 명 조정의 논의가 간신히 책봉 인정으로 수렴된 것은 바로 이러한 속셈이 있었기 때문이었다. 앞에서 12월 1일에 위대중이 서장안문에서 조선 사신을 면전에 두고 꾸짖었던 혹독한 발언을 소개했는데, 이때 동행했던 또 다른 급사중 웅분위(熊奮渭)는 이종에게 "임시로 조선 국사를 맡겨서 나중에 어떻게 하는지 두고볼 일이다."라고 그를 설득했다고 한다.

이종의 조선국왕 책봉의 길이 열렸다고는 하지만 조선은 여기서 새로운 두 가지 과제를 안게 되었다. 하나는 말할 필요도 없이 한층 더 친명반만(親明反滿)의 자세를 선명히 하여 누르하치 군대와 대치해야 하는 일이었다. 다른 한 가지는 명에 거듭 주청해서 관례대로 사절을 파견하여 책봉 의식을 치르게 하여 정식 국왕이 되는 일이었다. 두 번째 목적을 이루기 위해 사절이 즉각 다시 파견되었다. 이때의 기록으로는 홍익한(洪翼漢)의 『화포선생조천항해록(花浦先生朝天航海錄)』이 있는데, 조선과 명의 외교교섭을 여기서 상세하게 더듬어볼 수 있다.

사절 일행이 북경으로 들어간 것은 1624년(天啓 4, 인조 2) 10월 12일이었다. 이민성 등 지난번 주청사가 북경을 떠난 것이 같은 해 3월 3일이므로 불과 7개월밖에 지나지 않았지만 이 몇 달 사이에 북경의 권력구조는 급변하였다. 동림당과 반(反)동림당인 엄당(閹黨) 사이에 치열한 정쟁이 벌어져 동림당계 관료들은 10월 12일경에는 북경 정계에서 거의 배제되었던 것이다. 엄당이란 환관 위충현(魏忠賢)을 위시한 집단이다. 그 해 7월에 섭향고, 11월에 한광(韓爌)이 내각을 떠난 뒤 엄당의 고병겸(顧秉謙)이 수보대학사(首輔大學士), 즉 재상이 된 상태였다. 앞에서 등장한 위대중이 탄핵을 당해 사직으로 내몰렸던 것은 마침 홍익한이 북경에 도착했던 그 다음날이었고 고향인 절강성(浙江省) 가선현(嘉善縣)을 향해 북경을 떠난 것은 10월 15일이었다.[32] 조선 측도 외교전술을 바꾸지 않으면 안 되었다. 일행이 새로 채택한 전술은 더욱 적극적인 뇌물 공세였다.

"요동지방이 안정되고 나서 다시 정식으로 책봉한다."는 것이 이전의 성지였다. 이미 공포된 성지를 다시 변경한다는 것은 이 상황에서도 쉬운 일이 아니었다. 사실 그때까지 예부상서로 남아 있던 임요유는, "지난해, 요동평정 뒤에 따로 칙사를 파견해 책봉 의식을 행하도록 허용한다고 결정했는데 어째서 또 와서 번거롭게 하는가"라고 힐문했다.[33] 예과좌급사중(禮科左給事中)인 유무력(劉懋力)도 책봉을 바로 허용해서는 안 되며 누르하치를 토벌, 멸망시킨 뒤에 허락해야 한다고 주장했다. 이렇게 예부나 예과는 정식 책봉에 소극적이거나 반대했지만, 반대로 내각은 적극적이었다. 왜냐하면 당시 내각은 거의 엄당, 다시 말해 환관파가 장악했기 때문이었다. 지금까지 조선국왕의 책봉에는 환관을 파견하는 것이 통례였기 때문에 이들은 이번에도 책봉을 실현시킴으로써 조선에 편승하여 크게 한몫 잡으려는 심산이었다. 내각의 적극론은 이러한 그들의 속마음이 밖으로 나타난 것에 불과했다. 예부를 통한 교섭만으로는 결말이 나지 않겠다고 생각한 조선 사신은 내각을 향한 직접 교섭에 힘을 기울였다. 조속히 사신을 파견해 책봉을 거행하며, 이때 파견할 사신으로 환관을 임명한다고 결정한 것은 그 해 12월 24일의 일이었다.

성지를 번복한다는 곤란한 일이 불과 2개월로 마무리된 것은 조선 사신의 집요한 탄원 공세가 주효했음은 말할 필요도 없다. 그러나 이때가 마침 환관파의 천하였던 까닭에 명분과 예를 완전히 도외시한 채 책봉을 행하려고 하는 세력이 도움을 준 점도 크게 작용했다. 실제로 나중에 조선으로 파견된 환관은 북경에서 위충현에게 은 수만 냥을 뇌물로 주고

---

32 『明實錄』, 天啓 4년 10월 甲午, 魏大中, 『藏密齋集』 권1, 34면, 自譜.

33 洪翼漢, 『花浦先生朝天航海錄』(『연행록 전집』 제17책, 216면). "尙書林堯兪覽訖曰, 已於上年, 當待遼路平定, 然後另遣詔使, 以准封典, 乃上國之本意, 而朝議已完了. 爾等奚來更煩."

이런 좋은 기회를 잡았다고 한다.[34] 게다가 당시 북경 정계는 부패가 극에 달해서 뇌물이라면 거의 무엇이든 해결할 수 있었다는 점도 크게 작용했다. 홍익한은 12월 28일자 일기에서 정사(正使)와 부사(副使)가 뇌물로 가져온 은과 인삼을 다 써버려서 추가로 은 이천여 냥과 인삼 삼십여 근을 본국에서 전송받아 각 부서에 대한 공작비로 충당할 필요가 있다고 상의하는 것을 듣고, '심히 괴롭고 답답한 마음이 들었다'라고 적었다. 또 그는 일기의 2월 1일 부분에서 동림당 인물들을 '정인(正人)'으로 부르는 한편, 그들을 탄핵한 인물에 대해서는 '사악한 우두머리의 응견(鷹犬)', 즉 '위충현의 개'라고 매도하였다. 그가 동림당에 공감하고 있었던 것은 틀림없다. 그렇다면 그가 중국이 이토록 부패한 정황을 "아아, 중국 사대부의 탐욕과 뻔뻔함이 이 지경에 이르렀구나."라고 탄식하고, "태연한 채 아무런 부끄러움도 없다."고 비난했던 것은 당연하다고 하겠다.[35] 그러나 곰곰이 생각해보면 이것은 대단히 기묘한 언설이다. 중국 정계가 위충현의 천하가 아니었던들 그들은 사명을 다하지 못했을 것이고, 이것은 조선국왕의 신하로서의 자격상실이다. 유교윤리를 받아들인 그들은 책봉, 즉 예의 문제에 대해서 이와 같이 커다란 모순을 감내하는 지경에 이르렀던 것이다.

명조가 '인조반정' 이후의 책봉 문제를 재차 외교 카드로 사용했던 것은 명초 홍무제 시절과 마찬가지였다. 그러나 이제는 명대 초기와 비교해서 내용상 커다란 변화가 있었다. 과거에는 외국 국왕의 책봉이라는 예의 문제가 홍무제 한 사람에 의해서, 그것도 그저 전략으로서 논의된 데 비해서 이번에는 다수의 중국 관료들에 의해 예의 본질과 관련된 문제로 커다란 논쟁거리가 된 점이다.

---

34 『朝鮮王朝實錄』, 인조 3년 2월 辛卯(吳晗 輯書, 3232면).

35 洪翼漢, 앞의 주 33, 214, 240면 "(12월 28일)上副使相議以爲人情用下銀參已竭, 當送譯官于本國, 取銀二千餘兩人參三十餘斤還來, 充給各部人情. 然後發行. 深自悶鬱而已. ……(11월 15일) 大概中朝貪風大振, 公卿輔相大官小吏無不以利欲相濟, 政以賄成, 恬不知恥."

예를 들면 위대중은 "예에 있어서는 명(名)보다 큰 것은 없고, 명에 있어서는 분(分)보다 큰 것은 없고, 분에 있어서는 군신(君臣)보다 큰 것은 없다. 그런데 성(姓)이 아무개고 휘(諱)가 아무개라는 자가 중국 동쪽 시골에서 전쟁이 일어난 데 편승해서 군주를 폐하고 제멋대로 국왕이 된다면 명분은 어디에 있겠는가. ……당당한 천조가 혹시라도 외이(外夷)한테 속임을 당하기라도 한다면 만세의 웃음거리가 되지 않겠는가."라고 주장했다고 한다.[36] '인조반정'의 경우도 결과적으로는 분명히 책봉과 예가 모두 외교 카드로 사용되었다. 그러나 찬탈 소식이 북경에 도달한 뒤 8개월 이상이나 뜨거운 논쟁이 전개되었던 것을 보면, 예라는 개념 또는 예라는 원칙이 이제는 중국 외교에서 큰 위치를 차지하게 되었다는 사실도 간과할 수 없다.

또 한 가지 변화는 바로 조선 지식인들이었다. 조선 개국 이래 유교 도입에 노력한 결과, 그들 스스로도 이제 책봉을 예의 문제로 간주하고 이 문제를 내면화시킨 것이다. 이는 이미 연산군을 폐하고 중종을 세웠던 찬탈과 뒤이은 책봉에 대해 실록을 편찬한 사신이 했던 말을 통해서 우리가 이미 확인했던 그대로이다. 조선에서는 유교화가 한층 더 진전된 결과, 1574년(만력 2, 선조 7)에 중국을 방문했던 지식인들은 그들이 배웠던 유교윤리, 즉 '중화'의 논리에 입각해 거꾸로 중국의 현실을 준엄히 비판하기에 이르렀다.[37] 홍익한이 중국 관료의 부패를 비판했던 것도 바로 이러한 연장선상에 있었다. 그의 일기에는 환관 일파에 대한 비난의 어구가 보이지만 다른 한편, 책봉 시비에 대해서는 아무런 의견도 서술되지 않았다. 오직 국왕 인조(이종)의 기대에 부응하려는 성실성이 보일 뿐

---

36 洪翼漢, 앞의 주 33, 214면. "(11월 20일) 職於到京日, 聞得吏科給事中魏大中於上年奏聞使辭朝後, 參擧我國事陳疏云. ……其略云, 禮莫大于名, 名莫大于分, 分又莫大于君臣. 而姓某諱某乘東鄙不靖之日, 廢君自立, 名分安在. ……堂堂天朝倘爲外夷所欺, 不將爲萬世歎陋耶."

37 본서 제5장.

이었다. 그러나 그의 마음에는 찬탈은 과연 어떤 이유가 있으면 허용되는가, 그 결과로서 책봉을 받는 것은 과연 예의 정신에 비추어 인정받을 수 있는가, 나아가 뇌물수수로써 이것을 획득하는 것이 예에 부합한 것인가 등등의 중대한 질문이 해결되지 않은 채 그대로 남아 있었을 것으로 추측된다. 그는 약 10년이 지난 1637년(인조 15)에 이미 청조의 통제하에 있던 조선에서 반청(反淸)활동을 벌이다가 국왕의 명으로 체포된 뒤 심양(瀋陽)으로 호송되어 죽음을 당했다.[38] 환관파에 의해 학살당했던 중국의 위대중처럼 조선의 홍익한 또한 원리를 위해 목숨을 버린 강골의 사나이였다.

'인조반정'과 그 이후 명조로부터 책봉을 획득한 결과, 조선은 광해군 시대 이상으로 친명반만(親明反滿)의 기치를 보다 선명히 내세우지 않을 수 없었다. 책봉이라는 외교제도는 명 측에 실로 유리하게 작용했다. 그 결과 조선은 1627년과 1636년, 두 차례에 걸쳐서 만주족으로부터 침략을 당했다. 이것이 바로 '정묘호란(丁卯胡亂)'과 '병자호란(丙子胡亂)'이다. 병자호란 이후 조선은 명과의 관계를 표면상 단절했고 새로 청의 책봉을 받게 되었다. 그러나 마찬가지로 예에 관한 문제를 통해서 이번에는 청조로부터 또다시 커다란 압력을 받게 되었다.

우리는 마지막으로 청초 강희(康熙) 연간에 발생했던 외교문서 사건을 살펴보면서 여기서 드러난 예의 문제를 검토하기로 한다.

4. 청초, 조선 외교문서의 격식 위반 사건

청조에서도 조선국왕이 제출한 문서가 격식에 맞지 않아서 비례라고 간주된 사건이 몇 차례나 발생했다. 이러한 사건들은 대부분 1679년(강

38 『韓國歷代人物傳集成』(서울, 민창문화사, 1990), 제5책, 4,662면.

희 18)부터 1689년(강희 28) 사이에 집중적으로 발생하였다.

『동문휘고(同文彙考)』는 조선시대에 주로 대청 및 대일 외교에 관련된 문서를 정리해 편집한 책으로 아주 세세한 부분까지 서술되어 있어 사료적 가치가 매우 높다. 이 사료에 따르면 1679년 이전에 이러한 문제가 발생한 것은 1661년(순치 18, 현종 2)의 단 한 건밖에 없었다. 이 사건은 조선국왕이 청조 황제에게 보낸 상주문과 조선국왕과 청조 관제상 대등한 위치에 있는 북경 예부에 보냈던 자문에서 본래 '성지(聖旨)', 즉 황제의 유지(諭旨)를 받았다고 적어야 할 곳에 '왕지(王旨)'라고 적었던 데서 비롯되었다.

'성지'라면 청조 황제와 조선국왕은 상하관계에 있다는 것이 명확하다. 그러나 '왕지'라고 하면 청 국왕의 지(旨)라는 의미가 되어 조선국왕의 명령과 대등한 것이 되어버린다. 당시 조선에서 청조로 보내졌던 상주문은 몇 차례나 검토를 거친 끝에 제출되는 것이 관례였다. '성지'라고 해야 할 곳에 '왕지'라고 적은 것은 당시 조선을 뒤덮고 있던 강한 반만 감정을 감안하면 의도적인 것일 가능성이 있다. 혹은 적어도 그러한 잠재의식이 원인이 되었을 것으로 생각된다. 청조 예부가 여기 대해, "외국이 상국(上國)을 공경하며 섬기는 격식(體)을 갖추지 않고 심하게 도리를 짓밟았다." 라고 비난했던 것도 당시 양국이 명백히 상하관계에 있었음을 감안하면 당연한 일이었다. 조선국왕도 이 지적에 대해서 "[황제가 이 죄를 용서해주지 않았다면]불경(不敬)의 죄를 범할 뻔했습니다."라고 사죄하였다. 이와 같이 '불경'한 사건이었음에도 불구하고 청조는 "당분간은 관대하게 보아 처벌을 면제한다."는 엄중한 주의를 주는 데 그쳤다.[39]

그러나 1679년(강희 18, 숙종 5)의 사건에서는 이보다 훨씬 더 엄중한 조치가 취해졌다. 일의 발단은 전년도 1678년 11월 8일부로 조선국왕이 청조 황제에게 보냈던 동지표문(冬至表文)에 '회피(回避)'가 지켜지지 않았던

---

39 『동문휘고』 권41, 21면(한국사료총서 제24, 서울, 국사편찬위원회, 1978, 784면하).

데서 비롯되었다. 동지표문이란 동지절(冬至節)을 축하하기 위한 상주문인데, 『동문휘고』 권18, 절사(節使)1에 수록된 예문을 통해 보면 대단히 형식적인 문서이다. 회피란 예를 들어 청조 황제의 본명, 즉 휘자(諱字)를 적어서는 안 된다는 등, 문서를 작성할 때 피해야만 할 금기들을 말한다. 1678년에 제출된 동지표문에 '정해진 격식에 어긋난 자구(字句)가 있었다', '회피되어야 할 글자가 있었다'라고 지적되었지만, 구체적으로 어떤 자구를 회피했어야 하는지는 명확하지 않다. 『통문관지(通文館志)』 권9 숙종대왕 5년(강희 18)에 의하면 예부는 이때 "특히 공경하고 삼가는 태도가 결여되었다"라는 죄상으로 조선국왕에게 5천 냥의 벌은(罰銀)을 부과해야 한다고 강희제에게 보고했지만 강희제는 여기에 '관대하게 보아 처벌을 면제한다'라는 조치를 취했다.[40] 조선국왕은 이에 대해서 '중죄를 받아 마땅한 일'을 용서해주었다면서, 특별히 종실의 일원인 이간(李偘)을 북경에 파견해서 사은(謝恩)하였다. 청조는 징벌의 의미로 이간이 가져온 공물을 수취하지 않았다.[41]

그런데 그 해에는 이것만으로 끝나지 않았다. '벌은 5천 냥을 면제받았다'는 사은의 문서는 「사관면표(謝寬免表)」라는 제목으로 강희제에게 제출할 뿐 아니라 「사관면전(謝寬免箋)」이라는 이름으로 황태자에게도 제출하지 않으면 안 되었다. 그런데 이 문서에서 하필이면 '사(謝)'라고 적혀야 할 글자 하나가 '하(賀)'로 틀리게 적혀 있었다. 북경의 예부는 이 사실을 즉시 조선국왕에게 통보했다.

예부로부터 통지를 받은 조선국왕은 이듬해 1680년(강희 19) 정월, 강희제가 엄중한 처벌을 내리지 않은 것에 감사하는 동시에 전문(箋文)을 적었던 조선 관리를 조사해서 처벌하겠다고 예부에 응답했다. 여기에 대

---

40 앞의 주 39, 권41, 23~24면(785 하~786면상).

41 『淸實錄』, 康熙 18년 10월 辛卯, (王其榘 편, 『淸實錄隣國朝鮮篇』 北京, 中國社會科學院中國邊疆史地硏究中心, 1987, 234면, 이하, 王其榘 편서).

해서 청조 측은 "전문을 적은 관리의 처벌을 면제한다."는 강희제의 뜻을 전했다.[42]

그러나 그 이듬해 또다시 유사한 사건이 발생했다. 이번에는 결국 벌은 5천 냥이 부과되어 조선 측은 이를 지불했다. 일의 발단은 1680년(강희 19), 조선인 세 명이 국경을 침범해 나무껍질과 산나물(자작나무껍질 10단과 고사리 나물 2단)을 훔쳤다가 청조 영고탑(寧古塔, 현재의 흑룡강성 牡丹江市 寧安에 해당)의 좌령(佐領)에게 체포된 데서 시작되었다. 이들을 인도받은 조선 측은 곧바로 이들을 심문하고 전원을 참형(斬刑)에 처해야 마땅하다는 원안을 정했고, 또 국경경비를 게을리 한 지방관을 3천리의 유형(流刑)에 처해야 한다고 보고하며 청조의 결정을 기다리고 있겠다고 하였다.

다음해 1681년, 청조 법무 관련 관청은 조선국왕의 감독이 불충분했다고 해서 벌은 1만 냥을 부과하고 범인에 대한 처벌은 원안대로 하는 것이 좋겠다고 판정했다. 예부가 위와 같이 조치를 취해야 한다고 상소하여 최종 결정을 청하자 강희제는 "이돈(李焞)에 대해서는 관대히 처리해서 처벌을 면하고, 세 사람은 사형에서 급을 낮추어 처리하라."라는 결정을 내렸다. 이돈은 조선국왕 숙종(肅宗)의 휘(諱)인데 이렇게 본명을 그대로 부를 수 있는 것은 부모나 황제 이외에는 있을 수 없는 일이다. 이것은 명확하게 상하관계를 표현한 칙유였다.

예부로부터 강희제의 성지를 통지받은 조선국왕은 곧바로 처벌이 면제된 데 대한 사은의 상소를 적어서 역시 종실의 일원인 이필(李佖)에게 지참시켜 북경으로 파견했다. 그러나 강희제의 성지에는 "이돈(李焞)에 대해서는 관대히 처리해서 처벌을 면한다(李焞着從寬免罰)."라고 되어 있었지만 사은 상표문에는 "조선국왕에게 벌금 1만 냥을 감해준다(朝鮮國王着減罰銀一萬兩)."라고 적혀 있었다. 일부라고는 하지만 성지를 바꿔서 적어버렸던 것이다. 예부는 "황제로부터 원래 받았던 성지와 부합하지 않

42 『동문휘고』 권41, 25~28면(786 하~788면상).

는다."는 것을 문제삼아 왜 이렇게 기술했는지를 조선국왕에게 캐묻기로 했다. 1681년 12월 9일부로 예부는 조선국왕을 힐문하는 문서를 작성하여 사은사 정사 이필이 이를 지참하여 귀국하도록 했다.

여기에 대한 변명의 상소문은 이듬해 7월 1일부로 작성되어 역시 종실 출신 연행사 정사 이침(李沉)편에 전달되었다. 조선 측은 황제의 본래의 성지와 다르다는 예부의 견책에 대해서, 원래 '면벌(免罰)'이라고 되어 있었던 것을 '감벌(减罰)'로 바꿔 적었다, 즉 면(免)과 감(減)이라는 한 글자의 잘못이 있었다고 하면서, '작은 나라가 변방에 있어 조야하며 문학은 불모'라서 이런 잘못을 저질렀다고 변명하며 사죄했다.

그러나 이 사죄문을 받아든 북경의 예부는 또 문제되는 부분을 찾아냈다. 그것은 강희제의 원래 성지에서는 '이돈(李焞)에 대해서는 관대히 처리해서 처벌을 면한다'이었음에도 불구하고 새로 보내온 사죄문에서도 여전히 이돈이라는 이름을 적지 않았고 '조선국왕 운운'으로 바꿔 적었을 뿐이라는 점이었다. 9월 24일, 예부는 벌은 5천 냥을 부과해야 마땅하다고 상소했고 강희제는 이를 승낙하는 최종 판결을 내렸다.

이 결정이 조선에 전해지자 조선국왕은 이번에는 바로 '사은'의 상표문을 보냈다. 대체 무엇을 사은했는가 하면, 조선이 이처럼 '규정을 어겼고, 왕법(王法)이 엄연히 구비되어 법에 의한 처벌을 피할 수 없는'데도 불구하고 강희 황제가 관대하게도 벌은 5천 냥이라고 하는 금전대납에 의한 '속죄(贖罪)에 그치도록 해주었다'라는 것이었다. 이렇게 해서 벌은 5천 냥은 실제로 북경으로 운반되어 지불되었다.[43]

3년이 지난 1685년(강희 24) 또다시 조선국왕이 제출한 문서에 문제가 발견되었다. 이번에는 강희제의 황태자에게 제출되었던 「사사제전(謝賜祭箋)」에 부적절한 문자가 사용되었다는 지적이었다. 청조는 몇몇 책봉국 중에서도 특별히 조선에 대해서는 국왕 자신만이 아니라 그의 모친이 타

43 상게서, 권41, 28~32면(788 상~790면상), 권50, 19~31면(957 상~963면상).

계했을 때도 조문 특사를 보냈다. 황제의 대리인이 조문하는 것이므로 이를 유제(諭祭) 또는 사제(賜祭)라고 부른다. 숙종의 모친으로 전 국왕 현종(顯宗)의 왕비였던 김씨(명성왕후)가 세상을 떠나자 특사가 파견되어 사제를 거행했다.

이런 경우, 황제에게 감사의 뜻을 적은 「사사제표(謝賜祭表)」와 황태자에게 감사의 뜻을 적은 「사사제전(謝賜祭箋)」을 사후 조치로 북경에 보내지 않으면 안 된다. 그러나 「사사제전」에서 청조가 조선국왕의 문서에는 사용하면 안 된다고 정했던 '애조(哀詔)'라는 문자가 사용되었기 때문에 예부는 황제의 명에 따라 국왕에게 엄중한 주의를 주었다. 이렇게 엄중한 주의가 주어진 경우에도 이것을 '감사(感謝)'하는 표(表)와 전(箋)을 북경에 보내야 했음은 말할 필요도 없다. 실제로 「사자구불합표(謝字句不合表)」라는 제목을 붙인 문서에서 황제가 조선국왕의 잘못을 '개시(開示)'해 준 데 감사했으며, 「사자구불합전(謝字句不合箋)」이라는 문서에는 청조가 우매한 조선국왕을 특별히 용서해주었을 뿐 아니라 올바르게 이끌어주었다고 감사를 표했다.[44]

이어서 4년 후인 1689년(강희 28)에 또다시 조선국왕이 제출한 상주문에서 문제가 발견되었다. 때마침 이 해에 숙종은 그때까지의 왕비 민씨(閔氏, 인현왕후)를 폐하고 그 대신 희빈 장씨(張氏)를 왕비로 삼기로 하고 장씨를 책봉해주기를 청하는 상주문을 보냈다. 그러나 이 문서에는 황태자의 본명, 즉 휘자가 회피되지 않았고, 여기에 더해서 "후궁 중에서 덕이 가장 뛰어나다."라는 표현을 썼다. '후궁'이란 천자만이 사용하는 단어이므로 '외번(外藩)'인 조선국왕이 이 말을 사용하는 것은 비례라는 것이 청조 예부의 주장이었다. 예부는 이 두 사항에 대해, '정해진 관례를 어겼고 공경하고 삼가함이 부족하다.'고 해서 조선국왕에게 벌은 5천 냥을 부과해야 한다고 상주했다. 강희제는 왜 이처럼 정례에 어긋난 문서를 제

44 상게서, 권5, 31~32면(92 상~92면하, 권41, 34~36면(791 상~792면상).

출했는지 조선국왕의 답변을 듣도록 명령했고 벌은은 면제했다.[45]

조선 왕궁에서는 어떤 식으로 회답해야 할지 협의했다. 국왕의 물음에 영의정(領議政), 즉 실질적 재상인 권대운(權大運)은 "천자와 제후의 빈어(嬪御, 첩)는 함께 '후궁'으로 칭하는 것이므로 예에 저촉되는지 몰랐다고 대답하면 될 것이다."라고 말했지만, 결국은 이렇게 항변으로 받아들일 수 있는 언사는 일체 사용하지 말고 잘못을 지적받고, "처음에는 놀라고 두려웠으며 그 뒤에는 감격했다."는 감사의 말과 함께 엄벌을 내려주시도록 기다린다는 내용의 상주문을 보냈을 뿐이었다.[46]

이상이 조선 외교문서 격식 위반 사건의 줄거리이다. 이미 서술한 대로 순치(順治) 연간에 발생한 한 건은 '성지'를 '왕지'로 잘못 적은 중대한 사건이었음에도 불구하고 청조는 벌은 조치조차 취하지 않았다. 그러나 1679년 이후가 되면 거의 매해마다 문서 격식 위반 사건이 발생해서 벌은이 의제로 등장했고, 나아가 실제로 부과되는 일까지 벌어졌다. 여기서 청조 측에 무언가 명백한 의도가 있었다고 생각하지 않을 수 없다.

1682년(강희 21)에 이돈(李焞)이라는 두 글자를 쓰지 않았다고 해서 벌은 5천 냥을 부과할 당시, 강희제는 어전회의에서 여러 대신에게 의견을 물었다. 이에 대해 만주인인 밍주(明珠, Mingchu)는 "조선은 예의 본체를 모르는 나라가 아니다. 한 글자가 관계하는 바는 대단히 크다"고 말하면서 벌은이 당연하다고 주장했다고 한다. 왕희(王熙) 등도 "상표문에서 본명을 적지 않은 것은 특히 격식을 잃은 것이다."라고 말하면서 밍주의 의견에 찬동했다.[47] 외교문서도 예에 따라 적지 않으면 안 되었던 것이다.

---

45 상게서, 권1, 31면(26면하), 권41, 36~37면(492면 상하). 『康熙起居注』 강희 28년 10월 30일(中國第一歷史档案館整理, 北京, 中華書局, 1984, 1910면).

46 『朝鮮王朝實錄』, 숙종 15년 12월 辛巳(吳晗 집서, 4137면).

47 『康熙起居注』 康熙 21년 9월 28일(901면). "又禮部議, 朝鮮國王因具表不行寫名, 應罰銀伍千兩事. ……明珠奏曰, 臣等之意, 朝鮮非不識禮體之國. 一字甚有關繫, 議罰似當. 李霨·王熙奏曰, 具表不行寫名, 殊爲失體, 罰之極是."

그들은 조선에 벌은을 부과하는 제재를 가함으로써 예의 세계, 즉 정해진 상하질서 속에 억지로 집어넣고 두 번 다시 이 세계에서 발을 뺄 수 없도록 옭아맸던 것이다.

이들 문서 격식 위반 사건이 연속해서 일어난 것이 오삼계(吳三桂)의 반란이 거의 마무리되던 시점과 일치된 것은 주목할 만하다. 일련의 사건이 시작된 1679년은 오삼계가 사망한 이듬해였다. 오삼계가 반란을 일으켰다는 소식이 1674년(강희 13, 현종 15)에 전해지자 조선에서는 청조의 붕괴가 현실성을 띤 것으로 느꼈다. 청조에 대한 적개심에 불타던 그들에게 이 소식은 청조가 전복될지도 모르는 천재일우의 기회로 비추어졌다. 연행 사절은 청조가 위태로우며 오삼계가 우세하다는 정보를 계속 전해왔고 조선은 양자 간의 전투 결과에 일희일비하고 있었다. 그러나 오삼계는 싸움에 패했고 1678년(강희 17) 8월에 사망했다. 이제는 청조 쪽이 '교만'해져서 이따금씩 '예'를 벗어났던 조선을 문죄할 차례가 되었다. 그 방법은 원래 전혀 별개 문제였음에도 불구하고 외교문서가 비례라고 해서 문제의 본질을 전도하는 것이었다.

문서 격식 위반건이 오삼계의 난이 끝나갈 무렵에 조선에 제재를 가하기 위해 발동된 것임은 청조 측의 당안(檔案)이나 『실록(實錄)』, 또 조선 측의 『실록』이나 『동문휘고(同文彙考)』 그 어디에도 나오지 않는다. 그러나 다행히 이들 사건이 발생했을 때 마침 연행사의 일원으로 북경에 당도해 외교 교섭에 임했던 인물이 있었고, 그가 당시 기록했던 일기가 있어 이러한 추측을 확인할 수 있다. 바로 한태동(韓泰東)의 『연행일록(燕行日錄)』이 그 증거이다.[48]

---

48 韓泰東, 『燕行日錄』(『연행록전집』 제29책, 『兩世燕行錄』 수록, 234면). "(9월 24일) 而其稱皇帝原旨曰朝鮮國王姓諱着免罰云々, 而今番陳奏節該, 祇曰朝鮮國王而不書姓諱. 淸左侍郞額星格又以爲舛錯違奏. 先使大通官金巨昆來言將欲題本之意. 其志蓋在於索賂, 而必千金可了, 使臣約與五百. 而又因序班曹姓人, 購得禮部所搆題草, 則果有舛違原旨大干法紀等語, 而至請遣官查問矣. ……星格約賂之後, 稱以此事朝議既激, 難於中止, 而以罰銀一萬兩改題, 蓋以罰銀爲輕於查使也. 吾等聞之, 愈益驚惶. 又使巨昆力圖之, 則星格終不肯全沒,

한태동은 1682년, 정사 이침이 이끄는 연행사에 서장관으로 참가했다. 청조에서 지적한 부분이 면(免)과 감(減)의 한 글자만의 오류라고 생각해서 '조선국왕 운운'으로 잘못 적은 사죄문을 제출했기 때문에, 다시 견책을 받았을 뿐 아니라 실제로 벌은 5천 냥을 부과받았을 때의 사절이었다.

그의 일기에 의하면, 이돈이라는 본명이 적혀 있지 않았다고 지적하며 조선국왕에게 벌은 5천 냥을 부과해야 한다는 원안이 상주되었던 9월 24일 이전에, 예부 만좌시랑(滿左侍郞)인 에셍코(額星格, Esengko)로부터 청조 측 통역을 통해 뇌물 일천 냥을 주면 선처해주겠다는 제안이 들어왔다고 한다. 조선 측은 5백 냥이라면 뇌물을 상납하겠다고 약속했다. 조선 측은 나아가 예부가 제출하려던 상주문 초안도 뇌물을 주고 손에 넣었다. 이 원안에는 조선국왕이 "법률을 대단히 무시한다."고 적혀 있었고, 또 조선으로 관료를 파견해 사문(査問)해야 한다는 요청도 포함되어 있었다. 결과적으로 최종적으로 상주된 예부 원안에는 "법률을 대단히 무시한다."라는 심한 표현은 빠졌고, 청조 관료를 조선으로 파견해서 사문하자는 문안도 삭제되었다. 즉 초안에 따라 실제 파견되었다면 조선국왕의 체면이 크게 손상되는 대혼란이 벌어질 최악의 사태는 피할 수 있었다. 에셍코는 조선 측에 대해 사문을 목적으로 관료를 파견하는 것보다는 벌은을 부과하는 쪽이 훨씬 가벼운 벌이라고 하면서 처음에는 벌은을 1만 냥으로 하려고 했다고 전했다. 그러나 결과적으로 이것도 5천 냥으로 감액되었다. 이것은 에셍코에게 준 뇌물 5백 냥의 덕을 본 것으로 간주되었다.

10월 1일, 벌은을 5천 냥으로 정한다는 강희제의 최종 결정이 떨어졌다. 그래도 조선 측은 이 결정을 어떻게든 뒤집어볼 수 없을까 해서 이런저런 교섭을 시도했다. 10월 4일, 숙사 옥하관(玉河館)에서 송별연이 열렸을 때 에셍코도 그 자리에 참석했다. 한태동 등은 준비해둔 탄원서를 그

祗題本中大干法紀四字, 改以殊俗不合, 且以五千兩減題."

에게 내놓았다. 그 탄원서에는 죄는 문서를 작성했던 조선 관료와 이것을 점검하면서도 잘못을 발견하지 못한 자신들에게 있으므로 국왕에 대한 벌은 면제해달라는 내용이 적혀 있었다.

한문 문서를 읽지 못하는 에셍코는 그 의미를 부하에게 물어본 다음, 청조 통역관을 통해 한태동 등에게 이렇게 전했다고 한다. “이 일 이전에 너희 나라는 그다지 긴급하지도 않은데도 여행 채비를 해서 (양국 사이를) 오고갔는데, 청조는 이것을 알아채지 못한 것처럼 대했다. 내가 무슨 일인지 일일이 말하지 않아도 너희들은 당연히 무슨 일인지 알 것이다. 갑인(甲寅, 1674, 강희 13) 이후, 오삼계 무리가 반란을 일으키자 만주인의 기세가 위축되었다. 그때 조선 중추부에 있는 자들은 기만적인 망령된 수단을 써서 청조를 염탐했다. 또한 적절한 때가 아닌데도 예부에 신청해서 조선 국내에서 동전을 발행하겠다고 했다. 혹은 [일본에]침략당할 우려가 있다는 핑계를 대면서 성과 해자를 수리하고 전차를 만들려고도 했다. ……만주인이 조선에 의심을 더하고 원한을 품은 것은 오늘 하루의 일이 아니다. 다만 남쪽에서 오삼계 무리와의 전쟁이 격렬했기 때문에 분노하면서도 태연한 얼굴로 조선을 대해왔던 것이다. 이제 오삼계의 난이 평정되었으니 만주인은 조선 보기를 어린아이 보듯이 하고 있다.”[49]

여기서 말하는 동전 발행 요청은 1678년(숙종 4)에 발행된 상평통보(常平通寶)를 말함에 틀림없다.[50] 또 성과 해자를 수리했다는 것은 예컨대 1676년(숙종 2), 전란으로 청조의 감시가 구석구석까지 미치지 못하는 틈

---

49 상계서, 239면. “(10월 4일, 額星格) 使大通官金巨昆金大獻等傳言曰, ……且曩日本國以無甚關緊事, 行李往來, 若大國不知然. 俺雖不歷言某事, 使臣得無自知之乎. 蓋甲寅以後, 吳三桂輩起, 曹據群擾, 淸人之勢方蹙. 其時我國操柄人以淺詐妄晝, 屢探試之, 或非時遣咨, 請行錢幣, 或託言有虞, 欲修城池, 創戰車, 設體府, 示以無實之名, 被固兇狡, 悉得我情. 其畜疑懷恨非一日也. 祇以南方方殷, 恚中坦貌以待之. 今者外難已定, 君臣驕肆, 稱揚功烈, 以自侈大. 其視我纔如嬰兒, 而前憾着肚必吐後已. 故星格公對我人發其端, 而露其意耳.

50 『朝鮮王朝實錄』, 숙종 4년 정월 乙未(吳晗 집서, 4044면).

을 타서 대흥성(大興城) 등을 보수한 것을 가리키며,[51] 전차를 제작했다는 것도 '화차(火車)'를 만들려고 한 것을 말하는 것이 틀림없을 것이다.[52] 전쟁의 판세가 어떻게 될까, 이런저런 방법으로 청조를 염탐했던 것도 사실이었다. 확실히 에셍코의 말대로 오삼계의 난이 발생하고부터 조선이 보인 행동은 만주인이 보기에는 괘씸하게 느껴졌음이 분명했다. 따라서 당시의 문서 격식위반 사건은 '교만'해진 조선을 제재할 목적으로 발동되었다고 보아야 한다.

에셍코는 1675년부터 1687년(강희 14~26) 사이에 계속 예부 만시랑으로 재직했다.[53] 1681년에 이필(李佖)이 '조선국왕 운운'으로 적힌 상주문을 북경 예부에 제출한 것이 원래 성지 그대로가 아니라고 해서 문제시되었던 당시에도 역시 예부 만좌시랑(滿左侍郎)이었다. 이필이 숙종에게 보낸 보고에서는 이 문제가 발생했을 때에도 뇌물 5천 냥을 요구받았다고 한다.[54] 여기서도 역시 에셍코가 뇌물 요구에 관여했다고 보는 것이 자연스러울 것이다. 양자 사이에 이런저런 막후교섭이 이루어졌음에 틀림없지만, 이상한 것은 조선 측에 '이돈'이란 두 글자가 들어가지 않았던 것이 문제라는 사실을 명확히 전달하지 않았다는 점이다. 만약 이때 충분한 뇌물을 주고서 막후교섭에서 이 문제가 제대로 전달되었더라면 이를 무시한 채 굳이 '조선국왕 운운'으로 고쳐 적기만 해서 재차 사죄문을 보냈을 리가 없다. 이것은 에셍코 등이 의도적으로 면(免) · 감(減) 한 글자만이 잘못되었다는 방향으로 조선국왕의 거듭된 실수를 유도했거나, 아니면 아직 1681년의 시점에서는 '이돈'으로 적어야 할 곳에 조선국왕이라고 써서 제출한 것이 청조 측에서 문제시되지 않았다고밖에는 생각할 수

51 상게서, 숙종 2년 4월 丁丑(4,033면).

52 상게서, 숙종 5년 9월 癸卯(4,051면).

53 錢實甫 편, 『淸代職官年表』 제1책 (北京, 中華書局, 1990) 356면 이하.

54 『朝鮮王朝實錄』, 숙종 8년 정월 乙卯(吳晗 집서), 4,077면).

없다. 그렇다면 어느 쪽이든 간에, 이들 일련의 문서 격식 위반 사건은 에셍코 등 만주족 예부 관료가 오삼계의 난이 끝나가는 시기를 이용해서 조선 측에 앙갚음을 하고 아울러 뇌물까지 취하려고 만들어낸 것이며, 다시 말해 강희제의 의지에 의한 것은 아닌 것처럼 보이는데, 과연 그랬을까.

그러나 결코 그렇지는 않았다. 강희제 자신이 바로 이 무렵 조선에 제재를 가할 필요가 있다고 생각하고 있었기 때문이다. 『강희기거주(康熙起居注)』 강희 24년(1685) 기사를 보면 다음과 같이 강희제 본인의 육성을 들을 수 있다.

중국 · 조선 간의 무역은 매년 서울과 북경을 왕복하는 조공사절에 의해 이루어지는 것 이외에, 양국 국경에 있던 중강(中江, 義州), 회령(會寧), 경원(慶源)의 세 곳을 교역장으로 지정하여 여기서도 무역이 행해지고 있었다.[55] 양국 상인들이 제한된 교역기한 내에 여기에 모였고, 조선 측은 소, 소금, 솥, 쟁기 등을 내놓고 팔았다. 그런데 1683년(강희 22, 숙종 9), 조선에서 소 역병이 유행해서 교역에 내놓을 만큼의 마릿수를 마련할 수 있을지 우려되자 조선국왕은 북경 예부에 자문을 보내 소를 번식시키기까지 수년간 소 교역을 중지해줄 것을 요청했다. 예부는 이를 허가하지 않았고 예전 관례대로 교역해야 한다고 답했다. 기록에 의하면, 이 해에도 조선 측은 회령 · 경원 양 시장에서 합계 130두의 종우(種牛)를 팔았다고 한다.

그런데 그로부터 2년 후 1685년(강희 24, 숙종 11), 또다시 역병으로 소가 거의 남아나지 않게 되자 조선국왕은 재차 소 교역을 중지해달라고 요청했다. 이번에는 강희제에게 직접 호소하는 상주문 형식을 빌렸다. 이 문제를 검토한 예부는 "소들이 역병으로 많이 죽은 것을 구실로 삼아

---

55 張存武, 『淸韓宗藩貿易 : 1637~1894』(中央硏究院近代史硏究所專刊39, 臺北, 中央硏究院近代史硏究所, 1978) 169~222면.

조선이 모독하며 상주(上奏)해 온 것은 괘씸한 일이다."라는 내용으로 조선국왕에게 답변한 뒤, 다시 이를 검토해야 마땅하다고 강희제에게 상주했다. 이를 받아본 강희제는 대신들과 협의하는 자리에서 다음과 같이 말했다. "외국을 길들이는 방법은 너무 엄격해서도 안 되고 너무 관대해서도 안 된다. 조선 사람은 천성이 교활하고 거짓말을 잘하므로 만일 신청한 대로 허락한다면 이 다음에 또 (우리를) 마음대로 농락하면서 소홀히 대하지 않으라는 법이 없다." 이러한 상유를 받은 예부는 다시 검토한 뒤, "구실을 만들어서 상주하다니 심히 괘씸하다."고 해서 벌은 1만 냥을 부과해야 마땅하다고 강희제에게 답신을 올렸다. 황제는 이번만큼은 벌은은 관대하게 면제해주기로 결정했고, 이것이 조선국왕에게 전달되었다. 조선 측이 '사관면표(謝寬免表)'를 작성해서 황제한테 보낸 것은 다시 말할 필요도 없다.[56]

이렇게 보면 1679년 이래 몇 차례나 발생한 조선국왕 문서 격식 위반 사건은 결코 만주족 예부 관료들에 의해서만 야기된 것이라고는 생각할 수 없다. 예부 만시랑 에셍코가 한태동 등에게 밝혔던 내용은 강희제를 포함한 만주인이라면 거의 누구나 품었을 생각이었을 것이다.

외교문서가 정해진 격식에 부합하지 않는다, 또는 거기에 비례의 문구가 보인다는 등의 문제는 어느 시대에나 있을 수 있는 일이다. 그러나 중국 측이 이것을 문제삼았던 것은 예를 중시하라는 원칙을 이용해서 반드시 무엇인가 중요한 메시지를 전하고자 했을 때였다. 이런 의미에서 문서 문제는 지나치게 자의적이었다.

사실 명대 융경(隆慶) 연간인 1567년, 전대 황제인 가정제(嘉靖帝)의 사후에 숙황제(肅皇帝)라는 시호와 세종(世宗)이라는 묘호(廟號)가 부여된 일

56 『동문휘고』 권45, 30~34면(366 하~368면하). 『康熙起居注』 강희 24년 6월 25일(1,341면), 강희 24년 7월 8일(1,343면). "上曰, 撫馭外國之道固不可太嚴, 亦不可太寬. 朝鮮之人賦性狡詐, 若竟依所請, 此後又或玩忽, 亦未可定."

에 대해서 조선국왕이 '축하' 상주문을 보낸 일이 있었다. 그러나 예부는 전대 황제에게 시호와 폐호가 부여되는 일은 '하례(賀禮)'라고 말하지 않는다고 지적하면서도 "일률적으로 원이(遠夷)를 다스릴 만한 일은 아니다."라고 주장했고 융경제도 이를 받아들였다.[57] 또『동문휘고』에 의하면, 청대 건륭(乾隆) 연간에도 문서 격식 위반은 있었지만 원만하게 처리되었다. 양국 관계가 안정된 시기라면 이러한 위반 사건이 연속해서 발생할 일은 없었다. 거기에 청조 측의 자의성이 작용하고 있었다는 점은 "후궁 중에서 덕이 가장 뛰어나다."라는 문구에서 무엇이 비례인지에 대해 조선 측이 도저히 이해할 수 없었던 사실에서도 잘 드러난다.

청과 조선의 관계는 조선 측에 여전히 만주족에 대한 적개심이 남아 있었다고는 해도 얼마 지나지 않아서는 안정기로 접어들었다. 그것은 분명히 오삼계의 난이 종식되고 일련의 외교문서 사건이 마무리된 무렵이었다.

5. 맺음말

첫 부분에서 우리는 과거 중국 외교에서 '예'와 '문죄'의 관계를 '예'와 '형'의 관계에 비견해 언급했다. 명청 중국의 대조선 외교가 예의 이념만으로 이해되는 것이 아니라 이와 불가분의 관계에 있던 '문죄'의 실태를 보고 나서야 비로소 이해할 수 있다는 사실은 앞에서 살펴본 몇 가지 사례에서 명확해졌을 것이다. '예'를 보다 이념적인 것으로 간주하는 논자들은 약소국이 취해야 할 중국에 대한 '사대의 예'에서, '사대'란 '종속'을 의미하는 것이 아니라고 주장한다. '사대'를 단순히 종속으로 보는 것은 강대국에 의한 약소국의 종속을 생존경쟁의 원리로 보는 서양 식의 패도(覇道)사상을 따른 것이며, 유교가 말하는 왕도(王道)사상이란 이것과는

57 『明實錄』, 隆慶 원년 7월 壬申(王其榘 편서, 287면). "然不當概以律遠夷, 宜特受之. 制可."

별개의 사상이라는 논리이다.[58] 그러나 앞에서 보았듯이 실제 중국 사회에서 '예'는 형과 일체를 이룬 것으로 간주되었고, 이것이 대외정책으로 적용되었을 때에도 마찬가지로 '문죄지사(問罪之師)' 등의 징벌을 동반했다. 대조선 외교에서 '형'에 해당하는 것은 '문죄의 군대'를 보내겠다는 위협, 문책사절 파견, 과중한 공물과징, 조공에 대한 거절, 책봉 불허, 벌금징수 등이었고, 여기서 더 나아가면 '형'을 대신하는 '대죄토적(戴罪討賊)'도 등장한다.

그러나 '예'와 '형' 그리고 '예'와 '문죄', 두 가지 개념조합 사이에는 커다란 차이가 있었음을 지적해둘 필요가 있다. 그것은 '예'와 '형'과의 관계에는 '율(律)', 즉 예를 벗어나 이러이러한 죄를 범했을 때 이러이러한 형을 부과한다고 미리 규정한 명확한 벌칙 규정이 존재했던 것과는 달리, '예'와 '문죄' 사이에는 그런 '율'과 비슷한 규정이 결여되어 있었던 것이다. 물론 『대명회전』이나 『대청회전(大淸會典)』에서 보이는 규정이 일부 이 율령의 역할을 했겠지만, 구체적으로 어떤 행위가 외교상의 예로부터 일탈한 것인지를 정리해놓은 그럴듯한 규정은 전혀 존재하지 않는다. 따라서 무엇이 예로부터 일탈한 것인지는 상대국 쪽에서 '염치를 아는' 마음으로 스스로 깨닫지 않으면 안 되는 한편, 그 판정 여부는 명청 중국 측의 대단히 광범위한 자의적 판단에 맡겨졌다. 책봉을 하나의 외교 수단으로 유연하게 활용함으로써 본래 전혀 별개 문제임에도 불구하고 이들을 통틀어 '예'와 관련된 문제로 슬쩍 바꿔치기한 다음, 그 별개 사안을 '문죄' 대상으로 치환시킨 것도 바로 이러한 배경에서였다.

명청 중국의 대동아시아 외교에서 대조선 외교야말로 이러한 예에 의한 통제가 가장 성공한 사례일 것이다. 뒤에서 서술하듯이 종종 조선과 흡사한 조공국 · 책봉국으로 간주되었던 베트남에 대해서조차 예에 의한 통제는 거의 성공을 거두지 못했던 것으로 보인다. 물론 명청 양조(兩朝)

58 姜在彦, 『朝鮮儒教の二千年』(東京, 講談社, 2012) 217면.

에 걸쳐 군사적 통제 또한 조선에 대한 통제가 베트남보다 훨씬 강했다. 그런 원인 중에 하나는 주원장의 시대를 제외하고는 북경과 조선과의 지리적 거리가 지나치게 가까웠던 데서 찾을 수 있다. 두 번째 원인은 조선이 몽골족 또는 만주족과 같은 거대한 세력과 결탁하지는 않을까 하는 우려 때문이었다. 명청 중국은 예에 의한 통제라는 외교적 수단을 사용함에 있어서도 조선에 대해서만큼은 보다 강력하게 강요할 필요성이 있었던 것이다.

이와 같은 중국의 전략이 성공을 거두었던 것은 조선에서 스스로 예의 내면화가 급속히 진전되고 있었던 탓도 크다. 그 일례는 앞에서의 중종 책봉 사건에서 『실록』을 편찬했던 사신(史臣)의 말을 통해서 살펴보았던 그대로이다. 바로 그 무렵부터 조선 사회에서는 '사림(士林)'이 커다란 힘을 가지게 되었고, 그들이 남긴 언동(言動)이나 문집(文集)에는 예에 관한 언설이 넘쳐난다. 더 나아가서 시대를 거치면서 예제(禮制)에 관한 문제는 당파투쟁과 결합되었다. 구체적으로 예를 들자면 예송(禮訟)이 그렇다. 17세기 후반이 되자 표면적으로는 예제 논쟁임에도 불구하고 사실상은 당파투쟁에 다름 아닌 숙청사건이 몇 차례나 발생했다.[59] 본래는 전혀 다른 별개의 문제인데도 불구하고 이것을 예에 관한 문제로 슬그머니 치환시켜버리는 방식은 어쩌면 조선이 중국한테서 몇 번이나 당했던 '문죄'를 통해 보고 배운 것인지도 모른다.

여기서 예의 내면화에 관한 에피소드를 한 가지 소개하겠다. 1574년(만력 2, 선조 7) 8월 9일, 조선 사절은 북경 자금성 황극문(皇極門) 앞에 있는 드넓은 마당에서 만력제(萬曆帝)가 참석한 조견(朝見) 의식 대열에 참가했다. 그 중 한 사람이 조헌(趙憲)이었는데 그는 그로부터 10년 후에 도요토미 히데요시(豊臣秀吉)의 침략군에 맞서 최전선에서 항전하다가 전사한

59 瀨野馬熊, 『朝鮮史大系 近世史』(京城[서울], 朝鮮史學會, 1927), 203~218면. 이은순 『조선후기당쟁사연구』(서울, 일조각, 1988), 48~55면).

인물이었다. 그런 그가 황제 앞에서 고두하면서 눈물을 흘렸다. 이것은 청조 치하에서 조선 사절이 이따금씩 흘렸던 눈물, 정확히는 그들이 오랑캐로 경멸했던 만주족한테 억지로 고두를 강요당하자 분격해서 흘린 눈물과는 달랐다. 그것은 감격의 눈물이었다. 자기 자신 '세계'의 중심인 이곳 북경 궁정에 와서 세계의 질서를 형성하는 일원이 된 것을 실감한 감격에서 나온 눈물이었다. 조헌은 이날 일기에서 만력황제가 "조선 사신한테 식사를 들게 하라."고 말한 대목에서 "감격의 눈물이 방울방울 떨어졌다. 태평만세의 바램이 이로써 더더욱 절실해졌다"라고 기록했다.[60]

1574년이라고 하면, 홍무제가 여러 차례 '문죄의 군대'로 조선을 위협하고 공물 수취를 거부한다든지 또는 외교문서 표현이 명조를 모욕한다고 해서 몇 번이나 견책한 뒤 이미 180여 년이 지난 시점이었다. 명조에 의한 '예'와 '문죄'에 기초한 대조선 외교는 그동안 조선 스스로 적극적으로 예의 내면화를 진전시킴으로써 이미 멋진 성공을 거둔 상태였다고 말해도 좋을 듯하다. 조헌은 종종 명조의 접대 관리로부터 '예의의 나라' 사람인데도 예의가 부족하다고 질책당했지만, 여기에 대해 "우리들은 '예의의 나라'에 살고 있기 때문에."라고 똑같은 문구로 되받아치며 역으로 해당 관리의 비례를 은근히 비난하기까지 했다.[61]

예전에 마루야마 마사오(丸山眞男)는 '통치를 피통치자의 마음속에 내면화시킴으로써 복종의 자발성을 불러일으키는 정신적 장치'에 대해서 논한 적이 있다.[62] 이 논리는 국제관계에서도 적용될 수 있다. 조헌은 자신의 조국이 명조의 책봉하에서 명조가 주도하는 예에 의한 세계질서 형성에 스스로 참가하고 있다는 희열을 맛볼 수 있었다. 명조가 주변 책봉국, 특히 대조선 외교에서 사용했던 '예'는 '문죄'와 불가분의 관계로 기능

---

60 趙憲, 『朝天日記』(『燕行錄全集』 제5책, 頁223면).

61 본서 제5장, 218면.

62 丸山眞男 「支配と服從」(同 『增補版現代政治の思想と行動』 東京, 未來社, 1964, 417면).

함으로써 '복종'의 자발성을 제대로 환기시킬 수 있었다. 이것은 세계의 국제관계사에서 마루야마가 말한 정신적 장치로서 가장 성공한 사례의 하나일 수도 있겠다.

그러나 예라는 이념은 여기서도 양날의 칼이었다. 즉 예를 내면화했던 조선은 그 뒤를 이은 청조에 대해서는 이 이념을 갖고 역으로 계속 적개심을 불태워갔다. 조선 지식인들이 명조에서 학습한 '예'는 종족적 화이관념과 불가분의 밀접한 관계에 있었다. 조선이 반청 논리로 내세웠던 양이(攘夷)나 '소중화' 논리는 이것 또한 전부가 조선이 자기의 것으로 내면화했던 '예'의 이념으로부터 도출되었던 논리였음에 틀림없다. 이런 의미에서 보면, 청조의 대조선 외교에서는 '예'가 아무리 '문죄'를 수반하는 것이라고 한들 조선 측의 화이관념을 불식시키지 못하는 한은 정신적 장치로서 명조가 거두었던 만큼의 효과를 기대하기는 어려웠다고 말할 수 있다.

(번역: 차혜원)

제3장

1609년 일본의 류큐(琉球) 합병 이후의 중국 · 조선의 대류큐 외교

– 동아시아 4개국에 있어서 책봉(冊封), 통신(通信) 그리고 두절(杜絶)

1. 머리말

동아시아 혹은 동아시아 세계라는 개념이 역사적인 개념으로 이렇게까지 사용되기까지는 페어뱅크(John King Fairbank)가 제창한 조공 시스템론과 니시지마 사다오(西嶋定生)가 제창한 책봉체제론이 중요한 역할을 했다. 양자 모두 과거 동아시아에서 중국이 압도적인 영향력을 갖고 있었다는 전제하에 이러한 개념들이 구상되었다. 일본에서는 종종 조공 시스템론과 책봉체제론을 결합하여 언급해 왔다. 개별국끼리 맺은 조공관계나 책봉관계를 넘어선 조공-책봉관계라는 추상적인 개념은 일찍부터 존재해 왔으며,[1] 현재는 조공-책봉관계라는 개념으로도 자주 사용되고 있다.

그러나 이런 조공-책봉관계 혹은 조공-책봉체제라는 추상적인 개념을 사용하여 국제구조를 이해하려고 하는 논자들을 포함해 대부분의 연

1 坂野正高, 『근대 중국 정치외교사』(東京, 東京大學出版会, 1973), 76면; 濱下武志, 『조공시스템과 근대아시아』(東京, 岩波書店, 1997), 22면.

구자들이 공통적으로 범하는 문제점이 있다. 예를 들어, 청대에는 과연 몇 개국 정도의 외국을 책봉국으로 보고 있는가, 혹은 중국과 각각 개별적으로 맺어진 조공관계와 책봉관계는 구체적으로 어떻게 형성되고 유지되었는가 등으로, 이과 같은 인식의 근본이 되어야 하는 역사적 사실에는 매우 무관심하다는 점이다.

본장의 목적 가운데 하나는 적어도 1609년 일본이 류큐를 합병한 이후부터 동아시아에서 중국이 각각의 외국과 맺은 책봉관계를 넘어선 책봉체제라고 할 만한 것이 존재하지 않았음을 말하는 데 있다. 혹은 당시의 국제구조를 이해하기 위해 책봉체제 등의 개념을 사용하는 것이 유효하지 않을 뿐만 아니라 종종 잘못된 인식을 이끌었다는 점을 말하는 데 있다. 그러나 어떠한 개념이 실제 역사를 파악하는 데 부적절하다고 이야기하는 것에서 그쳐서는 안 된다. 문제는 당시의 국제구조를 어떻게 보는 것이 가장 적당한가라는 것이다. 여기에서 거론하려는 것은 중국 · 조선 · 류큐 · 일본이라는 동아시아 4개국의 국제구조이다. 이 구조가 당시 세계 전체의 국제구조에 어떻게 편입되어 있었는지와 책봉체제라는 개념이 1609년 이전에도 유효한 것이었는지에 대해서도 이후의 과제로 남겨두어야 할 것이다.

본장의 또 하나의 중요한 목적은 전근대에 정식 외교가 두절된 상황이라는 것이 당시의 국제구조를 성립시키는 데 얼마나 중요했는지를 이야기하고자 한다. 명말(明末) 이후, 중국과 조공관계나 책봉관계를 맺지 않은 나라들이 있었던 것이야말로 당시의 국제구조를 생성하고 유지하는 데 중요한 요인이었다. 이는 지금 유럽 각국이 동아시아라고 하는 장에 들어와 국제구조를 형성하는 데 중요한 요인이 되었음을 말하는 것이 아니다. 바로 당시 일본의 위치와 의미를 말하려는 것이다. 지금까지 조공시스템론이나 책봉체제론을 원용하거나 정확히 언급하지는 않지만 그 영향을 받은 것이 분명한 역사 서술에서 일본은 동아시아의 국제질서에서 이탈해 있었기 때문이라는 등의 표현을 자주 볼 수 있다. 그러나 일본이 중국과 정식 국교를 맺고 있지 않았다는 사실이야말로, 그들이 설명한 '동아시아 국제질서에서 이탈했다'는 사실이야말로, 오히려 중국이 개별 책봉국과의 관계를 유지하고 책봉국 간의 관계를 만들어내는 데 중요한 계기가 되었다는 점을 말하고 싶다.

본론에 들어가기에 앞서, 여기에서 사용하는 용어에 대해 간단히 설명하겠다. 우선 여기서 '일본의 류큐 합병'이라는 것은 보통 일본에서는 사쓰마(薩摩)의 류큐 침공 등으로 부르고 있다. 이것을 일본의 류큐 합병이라고 부르는 것은 당시 중국인이나 조선인의 대부분이 이 사건을 '일본이 류큐를 합병했다.' 혹은 '류큐는 왜에게 합병되었다.'라고 기록하고 있지, 사쓰마가 침공했다는 점을 반드시 큰 문제로 기록하고 있지 않기 때문이다. 또한 그들은 이런 인식을 기반으로 류큐와 일본을 바라보고 외교정책을 세웠다. 나아가 이 사건을 일본사로서가 아닌 세계사 혹은 동아시아사의 한 사건으로 볼 경우 우리들도 그렇게 부르는 것이 적당하다고 여겨지기 때문이다.

다음으로 부제목을 '책봉, 통신 그리고 두절'이라 한 것은 당시 동아시아 4개국의 국제구조를 생각하는 데 있어, 본장에서는 무역과 문화의 구조를 논하지 않고 외교구조만을 논하기 때문이다. 이 중 '통신'이란 조선통신사 등을 말할 때의 의미로, 국서를 통해 양국의 국교가 정식으로 성립되어 있는 것을 의미한다. 그에 반해 '두절'은 책봉관계도 통신관계도 없는 것으로, 간단히 말해 양국의 국교가 없는 것을 의미한다. 이와 비슷한 단어로 '단절'이 있지만 이것은 일반적으로 관계가 끊어져 있는 순간을 표현하는 데 적당한 것이다. 그러므로 일본과 중국이 16세기부터 19세기에 이르는 수백 년간 일관되게 정식 외교가 없었던 상태를 표현하는 데는 적당하지 않다. 따라서 본고에서는 단절 상태가 지속된 것, 혹은 국교가 수립되지 않는 상태가 이어진 것을 '두절'이라고 표현하겠다.

2. 청조의 '책봉국'은 몇 개국이었을까

동아시아 4개국의 국제구조를 보기에 앞서, 우선 분명히 해야 할 것이 있다. 그것은 청조의 '책봉국'이 몇 개국이며, 여기서 문제가 되는 동아시아 4국의 국제구조라는 것이 동아시아 전체에서 보았을 때 어떤 특색을 지닌 것으로 규정할 수 있을까 하는 것이다.

이 문제와 관련하여 니시지마 사다오는 다음과 같이 말했다. "청(淸) 왕조가 들어서자 조선국을 시작으로 동아시아와 남아시아의 여러 나라들이 대부분 책봉국이 되면서 전례 없는 책봉체제가 출현하였다." 그리고 이 책봉체제에 참여하지 않았던 것은 "일본과 무굴제국뿐이었다."고 한다.[2] 동아시아와 남아시아 대부분의 나라가 책봉국이었는지 아닌지는 차치하고, 우리들조차도 책봉체제라는 말을 들으면 중국 왕조가 그 주변의 적어도 10개국 정도는 책봉국으로 거느리고 있었으리라 상상하고 있지는 않은가?

이 문제를 검토하기 위한 가장 간편한 방법은 각 시대에 편찬된 『대청회전(大淸會典)』을 보는 것이다. 그 중 『가경대청회전(嘉慶大淸會典)』(가경 23=1818년 편찬) 권31, 예부, 장사예직공(掌四裔職貢)에는 '무릇 외국을 책봉하는데, 운운(云云)'이라는 주제의 항목이 있고, 조선 · 월남(越南, 安南) · 류큐 3개국이 기재되어 있다. 그리고 이 3개국에 대해 '봉사(封使)', 즉 책봉사를 파견한다고 기록되어 있다. '봉사'를 파견하여 책봉하는 것을 '반봉(頒封)'이라 부르기도 한다.

『가경대청회전』에는 이 반봉한 3개국을 기록한 후, 상대국의 사절(使節)이 중국(북경)에 파견되었을 때 그들에게 칙(勅)과 인(印)을 가지고 돌아가게 해서 책봉한다는 방법을 서술하고 있다. 이것을 '영봉(領封)'이라고

2 西嶋定生, 「책봉체제와 동아시아 세계」(『동아시아 세계와 책봉체제(西嶋定生 동아시아사論集 제3권)』, 東京, 岩波書店, 2002, 101면). 이 논문은 원래 1989년에 공간(公刊)되었다.

도 부른다. 사절에게 칙과 인을 수령(受領)하게 하여 책봉하기 때문이다. 여기서는 섬라(暹羅), 즉 타이가 1673년(강희 12)과 1786년(건륭 51)에, 면전(緬甸, 미얀마)이 1790년(건륭 55)에, 남장(南掌), 즉 라오스가 1795년(건륭 60)에 각각 '영봉'되었다고 기록하고 있다. 즉, 『가경대청회전』이 편찬된 19세기 초 청조는 다만 6개국에만 책봉한 적이 있으므로, 동아시아와 남아시아 대부분의 나라가 청의 책봉국이었다는 점은 완전히 틀린 말이다. 게다가 그 나라들을 동등한 책봉국으로 보는 것이 아니라, 적어도 2개의 층으로 나누어 보았다. 더욱이 문제는 영봉에 의해 책봉을 받았다고 여겨지는 동남아시아 3국이 실제로 어떻게 책봉을 받았는가 하는 것이다.

우선 미얀마이다. 『청실록(清實錄)』에 따르면, 1789년(건륭 54)에 처음 미얀마 국왕이 책봉을 원했다는 기록이 보인다. 이에 앞서 1760년대에 청과 미얀마는 두 나라의 국경 부근에서 전쟁을 하여 청의 승리로 끝났다. 오랫동안 중단되었던 미얀마로부터의 조공이 재개된 것은 1788년(건륭 53)의 일이다. 1789년(건륭 54) 5월 건륭제(乾隆帝)는 돌연 미얀마와의 국경 근처 운남성(雲南省)의 영창부지부(永昌府知府)가 어떤 정보를 자신에게 전해주었다고 언급했다. 바로 조공사절 중 한 명이 귀국하면서, 미얀마가 책봉을 청원하기 위해 내년에 사절을 보내고 싶다고 했다는 것이다. 건륭제는 이 미얀마인이 영창부지부와 면식이 있는 사이이므로 책봉을 받고 싶다는 미얀마 왕국의 말은 "당연히 근거가 있다."고 여겼다. 그래서 이제껏 그 보고를 하지 않았던 지방관을 나무라는 한편, "책봉을 청원하는 것은 당연히 좋은 일"이라며 미얀마 사신을 북경에 보내도록 명하였다.[3]

건륭제는 이 해 윤5월에도 미얀마가 책봉을 청원한다는 소식이 있을 경우를 대비하라고 명했으며, 다음해 2월에는 미얀마 국왕이 책봉을 요구한다는 내용의 상주(上奏)를 각 지방관으로부터 받아 그를 책봉하기로

3 『清實錄』, 乾隆 54년 5월 丁丑.

결정했다.[4] 실은 이 해 8월 13일은 건륭제의 팔순(八旬)으로, 수도 북경과 별궁인 열하(熱河)에서 성대한 축하행사를 벌이기로 했다. 미얀마에서도 이 해에 북경과 열하에 축하사절을 보냈다. 이 해 6월 13일 건륭제는 미얀마 국장(國長)을 미얀마 국왕으로 봉한다는 칙서를 내렸지만, 사실 이 때 미얀마 사신은 북경에 도착하지 못한 상황이었다. 그들이 '책봉국'의 대표로 입근(入覲)한 것은 7월 9일이 되어서였다.[5]

이렇게 보았을 때, 1790년의 미얀마 국왕 책봉은 건륭제 개인 사정인 팔순 축하행사를 한층 성대하게 하기 위해서 이루어진 것이라고 단정해도 틀린 말이 아닐 것이다. 생일 바로 2달 전에 미리 책봉국을 하나 더 늘린 것이다. 영창부지부에서 비롯된 '미얀마국은 책봉받고 싶어한다.'는 불확실한 정보가 갑자기 받아들여져, 중국 관료뿐 아니라 미얀마 사람들까지 동원되어 새로운 '책봉국'의 실현을 위해 움직인 것이다.

이러한 움직임은 건륭제가 안남(베트남)에서 찬탈이 있었다는 정보를 듣고 '문죄(問罪)의 사(師)'라는 대군을 파견하였으나 그들이 하노이에서 대패했다는 소식을 듣자마자 찬탈자를 거꾸로 안남 국왕으로 책봉, 그를 북경 · 열하의 축하행사에 참가시키려 한 것과 완전히 일맥상통한다.[6] 청대에 미얀마 국왕이 책봉을 받은 것은 이때 한 번뿐이었다. 그렇다면 이 시기의 책봉이라는 것은 건륭제 팔순의 만수식전(萬壽式典)을 성대하게 치르기 위해 미얀마를 '임시 책봉국'으로 만들기 위함이었다고 생각해야 한다. 그렇다면 우리들은 이 같은 '임시 책봉국'까지도 청조의 책봉국 가운데 하나로 생각해야 하는 것일까. 청조 자신은 이러한 '책봉국'을 조선,

---

4 『淸實錄』, 乾隆 54년 閏5월 辛亥, 55년 2월 癸丑.

5 『淸實錄』, 乾隆 55년 6월 壬戌, 7월 丁亥.

6 본서 보론 1, 811면. FUMA Susumu, "Ming-Qing China's Policy towards Vietnam as a Mirror of Its Policy towards Korea: With a Focus on the Question of Investiture and 'Punitive Expeditions'," *Memoirs of the Research Department of The Toyo Bunko*, No.65, 2007, 24~26면.

안남, 류큐와 동등하게 보고 있었다고는 생각할 수 없다.

다음으로 라오스다. 이미 언급한 것처럼 『가경대청회전』에는 1795년(건륭 60)에 라오스 국왕을 책봉했다고 기록하였는데, 이는 다음의 『광서대청회전(光緖大淸會典)』에도 그대로 답습되고 있다. 『청실록』에 의하면, 이 해 7월 26일 라오스의 사절이 입관(入覲)하여 건륭제가 회견하였고, 8월 5일에 라오스 국왕 소온맹(召溫猛)에게 칙유를 내리고 있다. 그 칙유에는 건륭연호가 시작된 지 꼭 60년째이고, 자신이 85세의 생일을 맞이했다고 서술하였다. 그리고 그 후에 "용장(龍章)을 하사하며, 남복(南服)을 진입하고 왕봉(王封)을 받게 한다."고 하고, 또 "청하는 바를 허가한다."라고도 말하고 있다.[7] 여기서 말하는 '청하는 바'야말로 라오스 국왕에 의한 청봉(請封)이 있었음을 나타내며, '왕봉을 받게 한다.'는 것이 국왕으로 책봉했다는 것을 나타내는 것인 듯하다. 다만 이것이 건륭 60주년이라는 기념할 만한 해라는 것과 심지어 8월 13일 그의 85세 만수절 직전에 이루어졌다는 것에 주목해야 한다. 즉, 미얀마 국왕과 마찬가지로 라오스 국왕의 책봉 역시 만수식전의 흥을 고조시키기 위한 작위적인 것으로, 지극히 임시성이 강한 것일 가능성이 있는 것이다.

라오스 국왕에 대한 이 시기의 책봉이 얼마나 임시적이고 자의적으로 이루어진 것인지는 그로부터 십수 년이 지난 1809년(가경 14)에 일어난 기묘한 사건을 계기로 만천하에 드러나게 된다. 이 해에 월남 국왕 원복영(阮福映)이 라오스 국왕 소온맹을 청조 지방관에게 호송하면서, 그가 건륭 60년에 하사받은 칙과 인을 함께 보내왔다. 그런데 1795년(건륭 60)부터 1805년(가경10)에 이르기까지 십수 년간 라오스 국왕 소온맹의 이름으로 청조에 올린 포엽(蒲葉)의 표문에는 이 인장이 한 번도 사용되지 않았으며, 1794년에 청봉(請封)되었던 때에 그는 이미 도피 생활 중으로, 칙인을 받은 뒤에도 수도로 돌아가지 못하고 월남 국경에서 유랑하였다는 사실

7 『淸實錄』, 乾隆 60년 8월 癸未.

이 조사를 통해 판명된 것이다.[8] 실제로 베트남 사료『대남정편열전초집(大南正編列傳初集)』에 의하면 소온맹은 1794년경 운남성으로 도망 중이었다.[9] 아마도 청조는 1794년 혹은 1795년의 단계에서 '임시 책봉국'을 하나 더 만들기 위해, '라오스 국왕'을 칭하는 인물이 도망와 있으며 그 사절이라는 자가 북경에 온 것을 기회로 책봉을 요청하게끔 하여 책봉한 것이다. 이렇게 책봉을 받은 라오스를 청조 사람들이 제대로 된 '책봉국'의 하나로 꼽고 있었다고는 생각할 수 없다.

마지막으로 타이는『청실록』에 1673년(강희 12) 국왕이 책봉을 받았고, 그 후 미얀마에 의해 나라가 멸망한 후 1786년(건륭 51)에 다시 책봉을 받았다고 나와 있다.

이상, 청조가 책봉국으로 보고 있었던 것은『가경대청회전』이 편찬된 무렵에 반봉(頒封)한 조선, 월남(안남), 류큐 세 나라에 가까스로 타이를 첨가하여 총 4개국이라 할 수 있다. 게다가 타이는 다른 3개 책봉국과는 위상이 다른 나라로 보고 있었다. 그렇다면 조선, 월남(안남), 류큐의 3개국만이 명실상부한 책봉국이라고 생각할 수 있다.

일본의 연구자, 혹은 조선사나 류큐사를 연구하는 사람들은 걸핏하면 중국, 조선, 류큐, 일본으로 이루어진 국제구조를 가지고 동아시아 전체가 그러했을 것이라고 생각해버리는 경향이 있다. 그러나 앞서 밝혀진 것처럼 이 동아시아 4개국의 국제관계는 전체 책봉국 3개국(조선, 월남, 류큐) 혹은 기껏해야 4개국(조선, 월남, 류큐, 타이) 중 2개국(조선, 류큐)을 포함하고 있는 것으로, 동아시아에서는 극히 이례적이었던 것이다.

---

8 『清實錄』, 嘉慶 14년 8월 乙卯, 15년 正월 庚午.

9 木村宗吉, 「라오스 왕자, 召温猛에 대하여」(『史學』 제33권 제2호, 1961), 111면.

3. 1609년 일본의 류큐 합병 직후 명조의 대류큐 외교

다음으로 중국과 류큐와의 국교로 이야기를 넘겨보겠다.

사쓰마의 군세가 류큐국 수리성(首里城)을 함락한 것은 1609년(만력 37, 경장 14) 4월 1일의 일이었다. 국왕 쇼네이(尙寧)는 포로가 되어 시마즈 이에히사(島津家久)와 함께 순푸(駿府), 에도(江戶)로 향했다. 1610년 8월 8일, 쇼네이는 이에히사와 함께 순푸성에서 도쿠가와 이에야스(德川家康)를, 8월 28일에는 에도성에서 쇼군(將軍) 도쿠가와 히데타다(德川秀忠)를 알현했다. 9월 20일 쇼네이는 이에히사와 함께 에도를 출발해 귀국길에 올랐다. 쇼네이가 나하(那覇)로 돌아간 것은 그 이듬해인 1611년 10월 19일의 일이었다.

류큐가 사쓰마의 침략을 받았다는 소식은 늦어도 그 이듬해인 1610년(만력 38) 정월 20일 예부에 보내진 문서 및 정월 30일의 복건 포정사(福建布政司)에게 보내진 문서에 기록되어 류큐 사절 모봉의(毛鳳儀) 등을 통해 명(明)에 통보되었다.[10] 양자 모두 류큐 국왕이 사쓰마의 포로가 되어 일본으로 연행되었다고 직접적으로 기록되어 있지는 않지만, 후자에는 패전에 의해 "책봉된 국왕이 타국으로 출분(出奔)했다." 혹은 "국왕이 일본에서 아직 돌아오지 않았다." 등의 표현이 있었던 것으로 보아 류큐 국왕이 포로가 되어 당시 일본에 있다는 것은 누구라도 충분히 알 수 있었다. 또 후자에는 "아직 왜군(倭君, 도쿠가와 이에야스 · 히데타다)과 만나 강화를 요청하지 않았다." "내년(1610) 2, 3월에 나는 관동(關東)으로 간다."고 말하고 있어, 이후 에도에 가서 강화를 할 것이라고 암암리에 전하고 있다.

이 문서들은 늦어도 1610년(만력 38) 2월 초에는 복건 복주(福州)의 포정

---

10 『歷代寶案』(那覇, 沖繩縣敎育委員會, 1994 · 1997) 역주본, 1-18-04(제1책, 543면), 1-18-05(제1책, 545면), 1-32-17(제2책, 216면). 또 『역대보안』에는 이보다 앞선 만력 37년 5월부로 복건 포정사에게 보낸 자문이 남아 있지만(1-18-03), 이것은 복건 포정사에게 건네지지는 않은 것 같다.

사에게 전달된 것으로 보이나, 이에 대응하는 중국 측 사료는 『명실록(明實錄)』 38년 7월 18일(辛酉)에야 겨우 등장한다. 게다가 그것은 복건순무(福建巡撫) 진자정(陳子貞)으로부터 상주를 받아 관계 관청에서 의논한 결과 "계속해서 공직(貢職)을 이어갈 것을 허락한다."는 것으로, 공물을 종래처럼 받겠다는 것밖에 되지 않는다. 다시 말하면, 책봉국의 국왕이 포로가 되어 일본에 연행된 것 같은데 이에 대해 어떻게 대처할 것인가에 관한 제언(提言)은 전혀 보이지 않는다는 것이다.

『명실록』에 이런 대응책이 전혀 보이지 않는 것뿐만 아니다. 당시 북경의 내각대학사(內閣大學士)는 이정기(李廷機)와 섭향고(葉向高)였는데, 이정기는 몇 번이고 퇴직하기를 원해 정치에는 거의 관여하지 않았으니, 섭향고가 실질적 수보대학사(首輔大學士)인 재상의 위치에 있었다. 그는 복건성 연안의 복청현(福淸縣) 출신으로, 『창하속초(蒼霞續草)』라는 문집을 남겼다. 그리고 그 중 지인 혹은 복건 주재 관료에게 보낸 편지에는 복건에서 횡행하고 있던 '통왜(通倭)', 즉 일본과의 밀무역에 대한 내용이 많이 수록되어 있다. 하지만 이런 편지 가운데 류큐와 직접 연관이 있는 것은 1612년(만력 40)이 되어 처음 등장하니, 류큐에 대한 처우를 어떻게 하면 좋을까 진지하게 고민해야 하는 상황이 되어서이다. 1610년(만력 38)과 그 다음 해에 쓰인 것으로 보이는 편지에는 류큐에 대해 일체 언급하고 있지 않다. 류큐는 그때까지 역대 국왕이 명조에게서 책봉받고 있었다. 그것도 영봉(領封)이 아니라, 북경에서 특별히 관료를 현지에 파견하는 방식을 취했다. 그런데 이 충순(忠順)한 류큐가 일본에 침략당했고 국왕이 포로가 되어 끌려간 것 같다는 사실이 전해져도, 그 종주국의 실질적인 재상이자 복건성 연안지방 출신자로서 어떤 대책도 세우지 않고 있었던 것이다.

류큐 사료인 『역대보안(歷代寶案)』에 의하면, 1610년 12월 16일부로 만력제가 류큐국 중산왕 쇼네이에게 보낸 칙유가 남아 있다. 그러나 이것도 류큐 국왕이 왜란을 겪어 입공의 시기를 놓쳐 죄송하다고 했던 것에 대해 "슬픈 일이다."라고 쓰고 있을 뿐이다.[11] 이처럼 명조 정부의 냉담하다고도 할 수 있는 대응을 볼 때, 혹시 류큐 국왕이 일본의 포로가 되어 연행되었다는 중대한 사실조차도 복건순무 진자정이 명확하게는 전달하지 않았던 것은 아닌가 하는 의문이 생긴다.

하지만 그렇지는 않았다. 이와 관련된 사료가 조선연행록에 몇 군데나 남겨져 있기 때문이다. 그 중 하나는 1610년(만력 38)에 천추사(千秋使) 정사로 연행했던 황시(黃是)의 기록이다.[12] 이에 따르면 그가 7월 29일에 명조의 관보(官報)인 통보(通報)를 읽어보니, 류큐가 왜노(倭奴, 일본인)의 공격을 받아 류큐 국왕이 포로가 되어 일본에 연행되었다는 복건순무 진자정의 상주문이 실려 있었다고 한다. 여기서 우리의 의심은 완전히 풀린다. 즉, 진자정은 류큐 국왕이 포로가 되어 일본에 끌려간 것을 틀림없이 중앙에 보고했을 뿐 아니라, 그 뉴스가 관보에 실려 공개되었기 때문에 누구라도 그 사실을 알 수 있었던 것이다. 더구나 9월 18일 일기에는 그 날 류큐 사신 모봉의 등 11명이 조선 사신의 숙소에 일부러 찾아와, 일본의 침략을 받았다고 말했다고 한다. 지푸라기라도 잡는 심정으로, 같은 책봉국에게 어떻게든 도와줄 수는 없는가라고 호소했을 것이다.

게다가 그 한 달여 뒤, 이번에는 동지사 부사로 북경을 방문한 정사신(鄭士信)도 모봉의와 회견을 가졌다. 10월 30일 회견은 조선 측의 일본어 통역을 중간에 세워, 서로의 의사가 잘 전달되었다고 한다. 회견은 다음과 같다.

---

11 『歷代寶案』, 1-01-31(제1책, 33면).

12 黃是, 『朝天錄』(林基中 編, 『燕行録全集』, 서울, 동국대학교출판부, 2001, 제2책, 515면). 임기중이 이 연행록을 黃士祐 撰이라고 한 것은 잘못이다. "(萬曆三十八年)七月二十九日, 見通報, 福建巡撫陳子貞一本曰, 上年四月, 倭奴入寇琉球國, 大肆攻殺, 虜中山王尚寧及國戚三法司等官, 一併隨往日本. 王弟及(法)司馬良弼等, 今守其國云."; "(九月十八日)是日, 琉球國使臣毛鳳儀等十一人來舍, 於副使廳奔告其國倭寇之變也."

더욱이 류큐 국왕이 왜(일본)의 포로가 되었던 대사건에 대해 물어보니, "작년(1609) 4월, 왜인이 명목 없이 군사를 일으켰기 때문에 국왕이 출분(出奔)했다. 올해 9월에 강화를 맺어 귀국하였으니 무사합니다. 운운"이라고 대답했습니다.

세간에 떠도는 풍문을 대략 들어보니, 류큐는 왜와 강화를 맺어 매년 1회 사절을 파견하기로 했다고 한다. 과거 무신년(1608)에 이에야스가 류큐에 봄과 가을 두 차례 공물을 바치게 하였으나, 류큐왕이 이를 따르지 않았다. 이에야스가 사쓰마에 명하여 군대를 일으켜 이를 정벌했다. 류큐왕은 "죄는 나에게 있다. 우리 죄 없는 인민을 곤혹하게 만들면 안 된다."고 말하며 군대 앞으로 나아가니, 사쓰마가 그를 잡아 데려갔다. 이에야스는 "자기 스스로 그 어려움을 감당하고 인민을 생각했다. 천하의 의로운 군주이다."라고 말하고, 결국에는 귀환시키기로 했다고 한다.[13]

정사신 쪽에서 류큐 국왕이 왜(일본)의 포로가 된 사건을 화제로 삼았던 것은 앞서 모봉의 일행과 회견했던 황시가 귀국하는 도중에 북경에 가려는 정사신 일행을 만나서 이 이야기를 전달했을 수도 있다. 혹은 그가 서울을 출발하기 전에 이 사건에 대해 들었을 수도 있다. 『조선왕조실록』 광해군 2년(만력 38) 4월 20일조에 의하면, 정유왜란 때 포로가 된 조선인이 일본·조선 간의 화의가 이루어져 귀국하였다. 그 가운데 한 명이 사쓰마주(州)에 끌려갔다가 "작년(1609) 5월, 사쓰마 도주(島主)가 류큐

13 鄭士信, 『梅窓先生朝天錄』(林基中 編, 『燕行録全集』 제9책, 336면), 鄭士信, 『庚戌朝天日錄』(林基中 編, 『燕行録全集』 제20책, 565면). "(萬曆三十八年十月)三十日辛丑, 晴. 與琉球國使臣相會, 傳授國咨及禮單. 琉球亦有正副使. 語用倭語, 譯官不解倭語, 故招管押使之倭譯官金孝舜傳語, 然後始得歡然相接. 仍問其國王爲倭所擄之變, 答曰, 去年四月, 倭人興無名之師, 國王越在草莽. 以今年九月講和, 還國無事, 云々. 略聞流傳之言, 琉球與倭講好, 歲一遣使. 往在戊申(萬曆三十六年), 家康使之春秋修貢, 琉球王不從. 家康命薩摩島興師伐之. 琉球王曰, 咎在予身, 不可以累我無辜之民. 遂詣軍前, 薩摩執之以去. 家康曰, 身當其難, 而志在愛民, 天下之義主也. 遂遣還云々. 相與啜茶而罷."

를 침략하여 그 왕을 포로로 삼고 데려왔다. 또 수천 명을 파견하여 류큐의 전 국토를 측량시켰다."라는 정보를 가져왔다. 정사신이 서울을 출발하여 북경으로 향한 것이 8월 6일이므로, 이 단계에서 류큐 국왕이 사쓰마 군대의 포로가 되어 가고시마(鹿兒島)까지 연행되었다는 것을 알았을 가능성이 크다.

모봉의가 이 회견에서 "올해 9월에 강화가 있었다."고 특별히 9월을 지목해 말한 것은, 이 회담이 10월 30일에 이루어졌다는 것을 생각하면 에도의 정보가 놀라울 정도로 빠르게 북경까지 전달되었음을 나타낸다. 이것은 9월 3일 쇼군 히데타다가 중산왕 쇼네이와 함께 에도성에 온 시마즈 이에히사에게 류큐는 이후로도 쇼네이가 국왕을 잇도록 명령했다는 사실을 말하는 것일지도 모르고, 혹은 9월 16일 히데타다가 이에히사와 쇼네이를 불러 귀국을 허가한 사실을 가리키는 것일지도 모른다.[14]

정사신이 기록한 류큐 사신과의 회담에 대한 기사에서 가장 흥미로운 것은, 그가 '유전(流傳)의 말' 즉 소문이라고 기록한 부분이다. 이에 의하면 류큐는 왜(일본)와 강화를 맺고 매년 1회 사절을 파견하기로 했다고 한다. 이것이 그 2년 전, 이에야스가 봄과 가을에 2번 입공해야 한다고 요구한 것에 대해 류큐 국왕이 이를 따르지 않은 결과라는 것, 즉 바로 '조공'이라는 것을 정사신을 포함해 소문을 들은 사람들 누구든지 인정했음에 틀림없다.

이 '소문'이 중국의 어느 정도 범위까지 퍼져 있었는지는 확실하지 않지만, 북경의 관청가가 그 중심이었다고 보는 것이 가장 자연스럽다. 이러한 사실들을 종합해볼 때 10월 말 단계에서 류큐가 일본의 침략을 받은 뒤 이미 강화를 맺었으며 '조공'하게 된 것 같다는 소문 그 이상의 정확도 높고 풍부한 정보를 섭향고 등 북경 주재 당국자들이 손에 넣었을

14 『通航一覽』 권3, 30~31면. 紙屋敦之, 『幕藩制 국가의 琉球 지배』(東京, 校倉書房, 1990), 25면.

것이라는 점은 틀림없다. 그러나 그들은 '책봉국' 류큐를 어떻게 처우해야 할까, 혹은 일본에 대해 어떤 태도를 취해야 할까에 대해서는 언급하고 있지 않다.

이일화(李日華)의 『미수헌일기(味水軒日記)』 1611년(만력 39) 정월 4일에 실린 절강성(浙江省) 해염현(海鹽縣) 지현(知縣)의 교공벽(喬拱璧)이 남긴 말은 당시의 중국 관료로서 류큐 문제에 대해 언급하고 있는 얼마 없는 기록 중 하나이다.[15] 이날, 교공벽은 이일화에게 "일본이 류큐를 합병했다."고 말했다. 그에 따르면, 명조는 역대에 걸쳐 류큐의 조공을 받아왔기 때문에 군대를 움직일 여유가 없다 하더라도 이를 두고 보기만 하는 것은 좋지 않다. 류큐 국왕을 해도(海島) 근처에 옮겨와 안치시키고 그 선조의 제사를 계속하게 해야 한다고 말하고 있다. 또 그는 복건순무와 광동순무(廣東巡撫)가 입을 다물고 아무 말도 않는 것은 좋지 않은데, 이러면 원이(遠夷)들이 중국을 업신여기게 될 것이라고 말했다고 하니, 북경의 관료들뿐 아니라 현장을 담당했던 복건순무 진자정 등도 역시 아무 말도 하지 않았던 것 같다.

게다가 이일화 자신이 저보(邸報, 官報)를 읽었다는 것이 일기에 자주 등장한 것으로 보아 그도 류큐가 일본에 합병된 것을 일찍이 알았을 것이다. 그런데 이날 교공벽과 대화하기 전까지 그는 류큐에 대해 아무 말도 하지 않았다. 이일화는 이렇게 직언하는 교공벽을 의연한 장부라고 평가했지만, 그가 "일본이 류큐를 합병했다."는 것을 전제로 말하고 있는 이상, 류큐 국왕을 해도 부근에 옮겨와 안치해야 한다는 주장은 역시 탁

15 中砂明德, 『江南-중국 文雅의 원류-』(東京, 講談社, 2002), 178면. 『味水軒日記』(上海, 上海遠東出版社, 1996), 157면. "海鹽喬令君來顧. 談日本倂琉球事, 言中朝既累世受其朝貢, 不宜置之不理. 即力不暇勤兵, 亦宜于海島附近處稍安插之, 令奉宗廟血食, 以俟琉球臣民之忠義興復者, 而爲之策應. 是在督責閩廣二撫臣, 不宜噤不發聲, 使遠夷謂中國不足倚也." 단 간자체로 된 출판물로, 「談日本并琉球事」로 기록된 것이 목판본에는 「談日本倂琉球事」라고 기록되어 있다(『北京圖書館 古籍珍本叢刊』 제20책, 北京, 書目文獻出版社 수록). 喬拱璧에 대해서는 『天啓海鹽縣圖經』 권9, 官師편.

상공론에 지나지 않았다.

사조제(謝肇淛)의 『오잡조(五雜組)』에는 다음과 같은 글이 있다. "류큐는 나라가 작고 가난하고 약하여 자립이 불가능하다. 중국의 책봉을 받고 있다고는 하나, 왜(일본)에 신복(臣服)하며 왜(일본)의 사절로서 이르는 자가 끊이지 않고, 중국으로부터 오는 사절과 뒤섞여 있다. 생각건대 왜는 류큐와 영토가 연결되어 있어 굉장히 간단히 공격할 수 있다. 중국은 대해를 건너 류큐를 구해낼 수 있을까."[16]

사조제에 의한 이 류큐 기사가 정확히 언제 쓰였는지는 확실하지 않다. 이 글에는 1614년(만력 42)의 일도 기록되어 있기 때문에, 그로부터 수년 뒤의 기사일지도 모른다. 반대로 일본의 사신과 중국의 사신이 류큐에 뒤섞여 있다고 한 것으로 보아, 1606년에 쇼네이를 책봉하러 갔던 하자양(夏子陽) 일행이 가져온 정보에 의한 것일지도 모른다. 하자양은 귀국 후 "류큐는 장래에 일본에게 당할 것이다."라고 몰래 지인들에게 이야기했다고도 한다[17] 그렇다면 이 기사가 1609년 사쓰마의 공격 이전에 쓰였을 가능성도 부정할 수 없다.

그러나 일본이 류큐를 공격하기는 쉽지만 중국은 먼 바다를 건너 구조하러 갈 수 없다고 기록한 점에서 역시 공격을 받은 이후에 쓰였다고 생각하는 것이 타당할 것이다. 사조제도 복건성 연안 장악현(長樂縣)의 사람으로, 1579년(만력 7)에 류큐 국왕 책봉부사였던 사걸(謝杰)과 비교적 가까운 친척이었다. 사걸은 류큐에 관해 대단히 상세한 사료를 남겼는데,[18] 사조제는 류큐에 대해 비상한 관심을 가지고 있었던 것으로 보인다. 그

16 『五雜組』 권4(瀋陽, 遼寧教育出版社, 2001), 86면. "琉球國小而貧弱, 不能自立, 雖受中國冊封而亦臣服于倭, 倭使至者不絶, 與中國使者相錯也. 蓋倭與接壤, 攻之甚易, 中國豈能越大海而援之哉."

17 夫馬進, 「夏子陽 撰『使琉球録』 해제」(夫馬進 編, 『增訂 使琉球録 해제 및 연구』, 宜野灣, 榕樹書林, 1999), 57면.

18 岩井茂樹, 「蕭崇業 · 謝杰 撰『使琉球録』 해제」(夫馬進 編, 『增訂 使琉球録 해제 및 연구』, 宜野灣, 榕樹書林, 1999), 43면.

가 언급한 것처럼, 류큐가 일본의 공격을 받는다 해도 중국이 대해를 건너 구원하러 가는 것이 불가능하다는 것은, 당시 조금이라도 류큐의 실정을 알고 도리를 분별할 줄 아는 지식인들의 공통 인식이었을 것이다. 그렇기 때문에 섭향고 이하 복건순무에서 향신(鄕紳)인 이일화에 이르기까지 아무런 발언도 하지 못했던 것이다.

이상으로 이해할 수 있는 것은 첫째, 당시의 중국인과 조선인의 인식에는 류큐가 사쓰마의 공격을 받았다는 것보다 일본에 합병되었다는 쪽이 훨씬 더 중요했던 것이었다. 이러한 인식은 그 후에도 계속되며, 그 후 사태의 진전에 따라 더욱 강화된다는 점은 아래에서 설명하겠다.

둘째, 명조의 류큐에 대한 외교정책은 같은 책봉관계에 있던 조선과는 확연히 다르게 냉담했다는 것이다. 류큐가 일본에게 침략당할 위험성이 있다는 것은 명조 사람들도 사전에 알고 있었다. 책봉국이 위기존망의 기로에 서 있음에도 불구하고 명조는 아무런 대책이 없었다. 류큐 문제를 심각하게 다룰 수밖에 없게 된 것은 다음 장에서 보이는 것처럼 명확히 일본과의 문제로 부각되기 시작하면서부터이다.

4. 1612년 류큐 입공 이후 명조의 대류큐 외교

앞서 말한 바와 같이, 명조(明朝)는 1609년부터 1611년 단계에서 류큐에 대해 어떠한 조치도 취할 수 없었으나 1612년(만력 40)이 되면 상황이 크게 달라진다. 1612년에 류큐가 진공해 왔을 때, 이것이 일본의 조종에 의한 것이라는 점을 누구나 알 수 있었기 때문이었다. 류큐의 조공사절은 중국 측의 입국검사도 거치지 않고 사전에 입공(入貢)한다는 연락도 없이 돌연 복주(福州)에 나타났으며, 공물에는 일본의 생산물이 섞여 있었다. 또 그 조공사절 중에는 다수의 일본인이 포함되어 있었다고 한다. 일본이 류큐를 배후에서 조종해 이번 조공이 이루어졌다는 사실은 누가 보아도 명백했다.

1612년 정월, 류큐 국왕은 입공을 위해 사절을 파견하여, '이추(夷酋)' '왜군(倭君)'이 명조의 '천위(天威)'를 두려워해 자신이 무사히 귀국할 수 있었고, 이전과 마찬가지로 영토를 평정하고 있다고 보고했다. 이 보고에 대한 명조 측의 대응은 이 해 7월이 되어서야 『명실록』에 보인다.[19] 『명실록』에 의하면, 류큐가 다시금 입공해 왔고, 국왕은 무사 귀환했다고 통보해 왔다는 정보가 복건순무 정계사(丁繼嗣)에 의하여 북경에 전달되었다. 그는 여기에서 국왕은 귀국했다고 말하고 있지만, 류큐가 일본의 지배하에 있는 것은 의심할 여지가 없고, 이를 "(독립)국가로는 보기 힘들다는 것은 분명하다."라고 말하며, 이번 입공도 류큐가 "왜이(倭夷)에 떠밀려서 왔다."고 서술하고 있다. 그가 얻었을 전후의 정보로 보아 당연한 것인데, 이번 류큐의 입공이 실질적으로는 일본에 의한 '입공'이라는 점과 위장하고 있는 만큼 오히려 류큐의 '평상시 공순한 뜻'을 의심하게끔 하는 일이라고 말하고 있다. 류큐 문제는 여기에서 명확히 일본 문제가 될 수밖에 없었으며, 비로소 명조 당국에 큰 문제가 된 것이다.

같은 달 상주된 병과급사중(兵科給事中) 이근(李瑾) 등의 인식도 이와 거의 동일했다. 류큐가 살육당한 직후에 국왕이 석방되었다고 해서 갑자기 일본의 위력을 잊고 머나먼 중국의 의(義)를 우러러 입공해 왔을 가능성은 없다고 보고, 역시 "왜(일본)가 지시를 내려 시킨 것이 명백하다."는 것이었다. 이근 등은 "류큐가 약한 것은 걱정스러운 일이 아니다."라고 말했다. 걱정스러운 것은 이러한 류큐의 입공을 허락하면 일본인이 국내의 간사한 무리와 결탁해 중국의 내정을 염탐하고, '왜(일본)에 가까운 경역(境域)이 류큐에 이어 그들의 영역이 되어버리는 것'이었다.[20]

병부의 인식도 이와 완전히 일치한다. 수십 년 동안, 왜(일본)가 탐내온

19 『明實録』, 萬曆 40년 7월 己亥.

20 『明實録』, 萬曆 40년 7월 己酉.

것은 중국에의 '조공'이다. 그래서 류큐를 획득한 이상, 중산왕(中山王, 류큐 국왕)을 석방 귀국시켜 통공(通貢)의 길로 삼고자 하는 것이라고 병부는 인식하고 있었다.[21]

앞서 서술했던 복건순무 정계사는 일본이 배후에서 류큐를 조정해 이루어진 이번 입공에 대해 사절단 중 정사 등 몇 명을 억류해 처분을 검토하고, 다른 사람은 모두 귀국시키자고 했다. 아울러 통상적인 공물만 받아들이고 통상적이지 않은 공물, 즉 일본인이 공물로 들여보낸 일본의 산물은 모두 돌려보내자는 대응책을 제언했다. 황제는 이 제언이 옳은가 그른가를 검토하라고 명을 내렸고, 예부는 이렇게 하는 것이 좋겠다고 상주했다. 이것이 7월 7일의 일이다. 그러나 예부에서 황제에게 올린 이 상주는 궁중에 방치된 채, 황제에 의한 최후 결정은 내려지지 않았다. 이것을 유중(留中)이라고 한다. 섭향고는 당시 실질적인 재상의 지위에 있었고, 복건성 출신자였기 때문에 류큐 문제, 단적으로 말하면 일본 문제에 지대한 관심을 가지고 있었다. 그는 복건 현지에서 이번 류큐 문제에 대응하고 있는 정계사에게 북경의 정황을 편지로 전하고 있다.

> 류큐가 입공해 온 것에 대해, 지금까지 예부가 회답한 상주문 안에 이렇게 하심이 어떻겠습니까라는 원안(原案)을 황제에게 올렸지만, 황제는 판단을 내리시지 않았다. 그 후 다시 병부가 왜(일본)에 대해 조목별로 쓴 상주문 속에도 이렇게 하심이 어떻겠냐는 원안을 올렸지만, 역시 황제는 판단을 내리시지 않았다.
>
> 황제께서 무슨 생각을 하시는지 알 수는 없지만, 두 가지 이유가 있을 것이다. 그 하나는 2백여 년에 걸쳐 공순했던 류큐인데 하루아침에 공물을 거절하는 것(一旦絶之)은 복원(服遠)의 화(化)를 밝히는 방법이 아니기 때문이다. 다른 하나는 왜(일본)가 가져온 공물(倭中貢物)이 먼 나라에서 온 이상 되돌려보내는

21 『明實録』, 萬暦 40년 8월 丁卯.

것이 반드시 좋지 않다고 생각하시기 때문이다. 그렇지 않으면, 왜 몇 번이나 원안이 제출되었음에도 불구하고 몇 번이나 그대로 방기되어버렸겠는가.[22]

당시 만력제는 정무를 게을리하여 자신에게 전달된 대량의 상주문을 유중해둔 채 지시를 내리지 않았다. 류큐 입공 문제에 대한 상주문이 유중되었던 것 역시 그러한 맥락 위에 있었다. 그렇지만 위의 섭향고의 말을 살펴보면, 이 문제는 다른 문제들과 달리 황제나 그 측근들이 좀처럼 결단을 내릴 수 없는 중요 안건이었을 것이다. 이것은 책봉국이자 조공국이면서 갑자기 공순한 태도를 버린 류큐의 공물에 대해, 책봉이나 조공의 이념에 따라 이 행위를 비례(非禮)로 보고 이를 거절하고 돌려보내는 것이 마땅하다는 사고가 그들의 대전제로 깔려 있었기 때문이다. 그러나 이 경우 당연히 국교가 단절되어버릴 것이라는 점도 함께 고려해야 했다.

결단이 지연된 원인으로 섭향고가 들고 있는 다른 한 가지 요인은 그 표현이 매우 흥미롭다. 그는 본래 '류큐공물'이라 해야 할 부분을 '왜중공물(倭中貢物)'이라고 주저하지 않고 정확하게 표현하고 있다. 더구나 본래대로라면 절대 받아들이면 안 될 '왜중공물'을 '반드시 되돌려보내야 하는 것은 아니다.'라고 생각하고 있다. 그 이유는 무엇일까.

류큐 입공 문제가 유중으로 결론이 내려지지 않자, 이를 우려한 섭향고는 11월 12일 게첩(揭帖)이라는 형식으로 상주해 이 사태를 타개해보고자 했다. 게첩이란 군사기밀과 관련된 중요 안건이나 조정에 있어서 큰 문제가 생겼을 때, 이념과 현실의 간극이나 관료들 간의 치열한 논의 때문에 황제가 좀처럼 결단을 내리기 힘들 경우, 내각대학사가 문연각(文淵閣)의 인감을 사용해 봉인하고 상주해서 황제의 좌우 근신이라도 그 내용

---

22 葉向高, 『蒼霞續草』 권20, 「答丁撫臺」(『蒼霞草全集』 제7책, 福建叢書 제1집의 2, 揚州, 江蘇廣陵古籍刻印社, 1994, 1707면). "琉球貢事曾于禮部覆疏中, 擬上而不下. 後又于兵部條陳倭事疏中擬上而又不下. 聖意不可知, 度之殆有二端. 其一則以二百餘年恭順之邦, 一旦絶之, 非所以昭服遠之化. 一則以倭中貢物既自遠來, 不必却還. 不然何以屢擬而屢寢也."

을 엿볼 수 없도록 한 형식이다.[23] 섭향고의 이 게첩은 그의 주의집(奏議集)뿐 아니라 『명실록』 만력 40년 11월 임인(壬寅)에도 대략 전문이 실려 있다.

그가 여기에서 보이고 있는 인식은 정계사 등과 마찬가지로, "류큐는 이미 왜노(일본인)에게 합병되어버렸다. 이번에 입공 온 자들도 반수는 왜인(일본인)이었다."고 말하고, "왜는 류큐에 격문(檄文)을 보내, 강제로 교역해달라는 청원을 하게 하였다."라고 보고 있다. 그리고 그는 빨리 결단을 내리지 않으면, 복주에 체재하고 있는 일본인들이 스파이 활동을 할지도 모르고, 나아가 과거 가정(嘉靖) 대왜구(大倭寇)와 같은 대사건이 발생할 것이라고 경고했다.

이 문제에 대한 결론이 내려진 것은 그 3일 후인 11월 15일이었다. 『명실록』 만력 40년 11월 을사(乙巳)에는 예부로부터의 회답을 황제가 승인했다고 이 일을 기록하고 있다. 예부는 "류큐가 어떻게 되었는지 그 실정을 헤아리기 어렵다. 공물은 거절하는 것이 적당하다(宜絶之便). 그러나 진공(進貢)을 명목으로 내세우고 있는데, 이쪽이 갑자기 돌려보내면 저쪽에 구실을 주게 되니 먼 곳의 야만인을 회유(懷柔)하여 다스릴 수 없게 될 것이다."고 하고, 류큐가 일본의 침략을 받아 국력이 쇠퇴해져 있기 때문에 "10년 후를 기다려 국력이 어느 정도 충실해지면" 다시 입공시켜도 늦지 않다고 말하고 있다. 명초 측은 10년간은 입공시키지 않으나, 10년 후에는 입공하는 것을 인정한다는 결론을 겨우 내리고, 일본이 가져온 산물을 받아들이지 않고 가지고 돌아가게끔 하였다.

그런데 이 '10년 후를 기다려 국력이 어느 정도 충실해지면' 다시 입공을 허락한다는 결정에 대해 학계에서는 대체로 그때까지의 2년 1공이 10년 1공으로 개정되었다고 생각하고 있다.[24]

---

23 徐復祚, 『花當閣叢談』 권1, 「密揭」.

24 앞의 주 14 紙屋敦之, 『막번제 국가의 류큐 지배』, 32면, 上原兼善, 『막부제 형성기의 류큐 지

그러나 이 예부의 결정 및 이것이 류큐에 통지되었음을 전하는 『역대보안(歷代寶案)』에 수록된 문서에는 어디에서도 2년 1공에서 10년 1공으로 개정되었다는 등의 내용은 기록되어 있지 않다.[25] 예부의 결정은 간단히 말하면 십 년간은 입공하러 오지 말라는 것이다. 이 명조 측의 의도를 더욱이 명확히 보여주는 것이 섭향고가 복건포정사였던 원일기(袁一驥)에게 보낸 편지이다.

> 류큐의 공물에 대해서는 이미 예부가 회답한 상주문처럼 상공(常貢)은 받겠지만 왜의 산물은 거절하기로 했으며, 류큐 사절들에게 앞으로 오지 않도록 훈유하고 류큐가 평온해질 때까지 계속 기다렸다가 그 후 다시 처치하면 어떻겠습니까라고 황제에게 원안을 제출했다. 이는 복건순무 · 순안의 의도이기도 하다.[26]

명조 측의 본심은 '앞으로 오지 말라'는 것으로, 입공 문제를 포함해 류큐와의 관계는 나중에 안정이 되면 다시 검토하고 싶다는 것이었다. 즉,

---

배』(東京, 吉川弘文館, 2001)109면, 眞榮平房昭, 「류큐 무역의 구조와 유통 네트워크」(豐見山和行 編, 『류큐 · 오키나와史의 세계-일본의 시대사 18』, 東京, 吉川弘文館, 2003), 121면; 豐見山和行, 『류큐 국왕의 외교와 왕권』(東京, 吉川弘文館, 2004), 273면. 개설서로는 『新류큐사 · 근세편(상)』, (那覇, 琉球新報社, 1990), 70 · 124면. 이런 인식이 정착된 하나의 원인으로 『明史』 권323, 「琉球傳」에 '禮官은 여기에서 10年 1貢의 例를 정했다.'라고 기록된 것을 들 수 있다.

25 『歷代寶案』 1-07-6(제1책, 270면), 1-07-18(제1책, 272면), 1-18-08(제1책, 552면), 1-39-22(제2책, 367면).

26 『蒼霞續草』 권20, 「答袁希我」, 1709면. "琉球貢事, 已于部覆疏中, 擬受其常貢而郤其倭物, 諭其來使, 以後勿來, 直俟彼國平定, 然後再處. 蓋亦即兩臺疏中之意也." 袁希我란 당시 복건 포정사였던 袁一驥이다(『閩書』 권45, 「文莅傳」 [福州, 福建人民出版社, 1994], 1129면). 袁一驥는 그 후, 복건순무로 승진한다. 그리고 『明實録』 萬曆 43년 3월 乙卯에 의하면, 10년 뒤를 기다려 입공하라고 명했음에도 불구하고 류큐는 41년에도 42년에도 입공했던 것을 거론하며, "琉球違四十年題准十年一貢之限, 云云."이라고 서술하고 있다. 그러나 여기서 말하는 '十年一貢'은 '萬曆 40년에는 10년 후 입공하는 것을 허락한다.'는 것에 지나지 않으며, 10년에 1회 입공하는 제도를 정한 것은 아니다.

10년간이란 이를 위한 시간 끌기에 지나지 않았던 것이다.

이처럼 1610년의 경우와 달리 1612년이 되자 명조 당국자들은 류큐 문제를 정면으로 마주 대하지 않을 수 없었다. 그러나 그것은 류큐가 2백 년에 걸친 공순한 조공국이자 책봉국이어서가 아니다. 오히려 이들 당국자들은 역설적으로 류큐가 '평상시의 공순한 뜻이 아닌 면'을 보였기 때문에, 즉 일본에 조정당해 거짓 입공한 사실을 알았기 때문에 류큐와 정면으로 마주 대하지 않을 수 없었던 것이다. 그들은 하루아침에 공물을 거절(一旦絶之)할 가능성도 생각하고, 공물을 거절하는 것이 적당하다(宜絶之便)고도 생각했다. 표면상으로는 조공이란 것이 예(禮)의 표현이기 때문에 거짓 입공에 대한 이러한 사고는 당연한 것이었다. 실제로 명초에 주원장이 비례(非禮)라는 명목으로 고려의 입공을 몇 번이나 거절한 사례도 있었다.[27]

그렇다면 왜 명이 류큐의 공물을 거절하지 못했는가라고 한다면, 말할 필요도 없이 그 배후에 있는 일본이 두려웠기 때문이었다. 예부의 제안 가운데, 공물을 거절하면 '저쪽에 구실을 주게 된다.'는 말은 이를 암묵적으로 표현한 것이다.

이에 대한 섭향고의 생각을 다시 들어보자. 그는 문집에 「답동리부(答董吏部)」라는 제목의 편지를 남겼다. 동리부란 당시 이부(吏部) 문선사원외랑(文選司員外郞)이었던 동응거(董應擧)를 가리킨다. 동응거 역시 복건성 민현(閩縣), 즉 복주 출신으로, 일본 문제에 지대한 관심을 가지고 있었다. 류큐 입공 문제가 북경에서 일어나 마침 예부의 상주문이 유중되고 있던 1612년 10월, 그는 「엄해금소(嚴海禁疏)」를 상주했다.[28] 그것은 가정연간(嘉靖年間)에 왜구에게 큰 탄압을 가하고 자살한 주환(朱紈)을 현창하

27 본서 제2장, 77 · 83면.

28 董應擧, 『崇相集』 疏1, 「嚴海禁疏」(四庫禁燬書叢刊集部 102, 北京, 北京出版社, 17면). 그는 뒤에 「答項聽所年兄」(萬曆 45년), 「答黃撫臺」(同年)에서 이 「嚴海禁疏」가 일본에 전해져 왜인들이 저자인 자신을 벼르고 있다며 자랑스럽게 기록하고 있다.

면서, 통왜(通倭) 즉 일본과 밀무역을 하는 자를 엄벌에 처하고 해금을 엄격히 해야 한다고 주장했다. 그 역시 이 상주문에서 "류큐는 이미 왜(일본)의 속국이 되었다."고 적고 있다. 이러한 그에게 섭향고는 해금 문제에 관해 다음과 같은 내용의 편지를 적어 보냈다.

> 복건 사람 가운데 사대부로서 먼 앞날의 일까지 생각하는 사람만이 해금을 해야 한다고 말하며, 그 외의 자들은 모두 금지해서는 안 된다고 말한다. …… 또 하루아침에 관계를 끊어버리면(一與之絶) 왜는 반드시 신속히 쳐들어와서 오히려 피해를 주게 될 것이다. 그러므로 정부 당국자도 이 설에 현혹되어 해금하고자 굳게 결심하지 못하게 되는 것이다.[29]

이처럼 통왜 문제에 대한 대책과 류큐 입공 문제에 대한 대책에서 완전히 동일한 사고방식을 찾아볼 수 있다. 그들의 이념에 따라, 실제로 일본으로부터의 '공물'인 류큐의 공물을 '하루아침에 거절'해버린다면, 외이(外夷)에게 '구실을 주어서' 이후 또 어떤 강경한 수단을 가지고 '통공'을 강요해올지도 모른다고 생각했다. 그리고 이와 마찬가지로, 해금을 엄중히 해 '하루아침에 그들과의 관계를 끊어버리면' 오히려 피해를 입을지도 모른다고 생각하고 있는 것이다. 섭향고는 복건순무 정계사에게 보낸 다른 편지에서 "류큐는 이미 당해서 왜(일본)에 병합되어버렸다. 왜가 침략을 빌미로 통공하자고 하는 것도 필연적인 정세이다."라고 언급하고 있다.[30] 류큐로부터의 통공을 완전히 차단하는 것은 해금을 엄중히 하는 것과 마찬가지로 지극히 위험한 일이었다.

그들이 가장 두려워한 것은 류큐가 이미 일본에 병합된 이상, 다음으

29 『蒼霞續草』 권20, 「答董吏部」, 1713면. "閩人惟士大夫之有遠慮者, 言其當禁, 其餘則皆以禁爲非. 是其說之所以易惑人者, 謂我以繒絮雜物, 而得倭之金錢, 利莫大焉. 且一與之絶, 倭必速來, 反以致害. 故當道亦狐疑于此, 難以堅決, 此乃吾閩人之自誤耳."

30 『蒼霞續草』 권20, 「答丁撫臺」, 1689면. "琉球既折而入于倭. 倭之借寇以通貢, 亦必然之勢."

로 대만의 계롱(鷄籠) · 담수(淡水)가 점거당하는 일이었다. 류큐가 완전히 일본의 것이 되게 해서는 안 되었다. 역시 정계사에게 보낸 다른 편지에서 다음과 같이 말했다.

> 많은 복건인들은 왜(일본)의 목적이 통시(通市)인 자유무역에 있지, 입구(入寇)인 침략에 있지 않다고 말한다. 그 정황과 도리로 본다면 그 말대로일 것이다. 그러나 통시는 결코 이루어져서는 안 된다. 누가 이 책임을 질 수 있겠는가. 지금 걱정되는 것은 일본이 이미 류큐를 병탄하고 점차 계롱(鷄籠) · 담수(淡水)를 점거해 우리나라와 점점 가까워지는 것이니, 이를 구축(驅逐)하려 해도 할 수 없고, 막으려 해도 방비하기 어려운 것이다.[31]

류큐가 병합된 다음은 대만의 계롱 · 담수라는 생각이 당시 명의 당국자 혹은 복건 사람 대부분의 공통된 인식이었던 것 같다. 앞서 류큐 국왕 쇼네이가 사쓰마 군세(軍勢)의 포로가 되어 사쓰마까지 연행되었다고 완곡하게 통보한 문서 속에서, 자신은 왜(일본)와 함께 계롱을 점거하러 가도록 강압을 받았으나 이에 따르지 않았을 뿐 아니라 사쓰마에게 이를 중지하도록 설득해 받아들여졌다고 적고 있다.[32] 그로부터 수년 후인 1616년(만력 44) 쇼네이는 한 사절단을 중국에 파견했다. 그는 일본의 정황을 보고하고, 지금 일본은 전선 500여 척을 만들어 계롱산을 차지하려 한다고 보고하였다.[33]

앞서 언급한 동응거도 일본에 의한 계롱 점거를 두려워한 사람 중 하나였다. 무라야마 토안(村山等安) 등이 대만에 출병한 1616년, 그는 「주왜

---

31 『蒼霞續草』 권20, 「答丁撫臺」, 1725면. "閩人多言, 倭之志在于通市, 不在入寇, 據其情理, 似亦近之. 然通市是決不可行之說, 誰敢任此. 今所慮者彼既吞琉球, 漸而據鷄籠淡水, 去我愈近, 驅之則不能, 防之則難備."

32 『歷代寶案』 1-18-03(제1책, 540면), 1-18-04(544면), 1-18-05(546면).

33 『明實錄』, 萬曆 44년 6월 乙卯; 11월 癸酉.

관견(籌倭管見)」에서 "왜(일본)가 계롱을 눈독들인 지 오래되었다."고 말하고, "계롱은 복건에서 3일 거리에 있으며", 계롱을 빼앗기면 복건은 과거 왜가 조공문제를 둘러싸고 살육사건을 일으킨 영파(寧波)처럼 되거나, 조선의 평양처럼 아수라장이 될 것이라고 논하고 있다.[34] 역대의 사유구록(使琉球錄, 류큐 冊封使 기록)에 의하면, 류큐에서 복건까지는 당시 약 10일에서 2주일 정도 걸렸으므로, 겨우 3일 만에 도착한다는 것은 확실히 위협적이었음에 틀림없다. 동응거는 1616년이 되면 과거 해금론을 버린 것처럼 보인다. 그리고 이러한 정세 판단을 근거로, 계롱을 일본과의 무역의 장으로 만들면 이곳을 점거당할지 모르니, 그보다는 류큐의 조공 무역을 확대해 '외채(外寨)'를 시장으로 삼아 여기에서 무역하도록 하는 편이 좋다고 주장했다. 그에게 있어서도 류큐 문제는 일본 문제였던 것이다.

명조 측은 일본이 통공(通貢)을 위해 류큐를 이용하고 있다는 사실을 명확히 알고 있었다. 예를 들어, 류큐 입공 문제가 한창 일어났을 때 병부(兵部)는 "수십 년 동안 왜(일본)가 탐낸 것은 '공(貢)'뿐이다. 따라서 이미 류큐를 그 지배하에 두고, 또 중산왕을 귀국하도록 놓아주고 통공의 길로 삼으려 하고 있다. 일본은 중국이 일본의 공(貢)은 결코 받아들이지 않겠지만, 류큐의 공(貢)은 절대 거절하지 않는다고 생각하고 있다."[35]고 말하였다. 지금 여기에서 류큐의 공물을 절대 받아들이지 않고 이후에도 이러한 방침을 견지한다면 어떻게 될까. 일본은 류큐가 더 이상 이용 가치가 없다고 판단해 류큐 국왕도 폐위시키고 그 땅을 완전히 자국의 영토로 삼을 것이다. 그렇게 되면 다음은 계롱 · 담수 차례가 될 것임은 누

34 『崇相集』 議2, 「籌倭管見」(集部 102, 190면); 권2, 「中丞黃公倭功始末」(集部 102, 204면). "倭垂涎鷄籠久矣. ……鷄籠去閩僅三日, 倭得鷄籠則閩患不可測, 不爲明州, 必爲平壤. ……今開琉球之市于外寨交易, 則外貨流通, 奸人牟利者, 近亦得售, 不得生心于鯨鯢之窟, 而勾引可潛消. ……且與其以鷄籠市也, 孰若以琉球市, 與闌出而釀勾引也, 孰若開一路于琉球."

35 『明實錄』, 萬曆 40년 8월 丁卯.

가 보더라도 명확했다.

이렇게 생각하면, 국력이 회복될 때까지 10년 동안 입공하지 말라는 예부의 최종 판단은 실로 훌륭한 외교적 판단이었다고 할 수 있다. 당시 이러한 결정을 내린 예부의 중심인물은 옹정춘(翁正春)이었다. 『명사(明史)』 권216 「옹정춘전(翁正春傳)」에 의하면, 그는 당시 예부좌시랑(禮部左侍郎)으로서 예부상서(禮部尙書)의 대리를 맡고 있었으며, "공물을 거절하는 것이 적당하다(絶之便)."고 주장했다고 전한다. 옹정춘도 역시 복건성 후관(侯官) 사람, 즉 복주인이었다. 섭향고, 동응거, 그리고 옹정춘 등 복건인으로서 일본, 류큐의 실정에 통달해 있는 인물들이 연계해 류큐와 조공관계를 단절하지 않으면서 그리고 일본에의 밀무역을 완전히 끊어내지 않음으로써, 일본의 침략을 미연에 방지한다고 하는 실로 훌륭한 외교정책을 입안했다고 할 수 있다.

류큐는 10년 후를 기다리지 못하고 이듬해인 1613년, 그 이듬해인 1614년에 명의 명령을 무시하고 입공을 반복했다. 그러나 이러한 비례에도 불구하고, 공물을 받았으며 조공관계를 단절하는 일은 없었다.[36] 나아가 1614년, 류큐 측은 10년간의 입공 정지는 견디기 힘들다고 하면서 예부 앞으로 상공(常貢) 회복을 요청하는 문서를 제출하였다. 이 문서는 조선의 구원을 위해서는 대군을 파견했으면서 우리 류큐에 대해서는 '국왕이 포로가 되도록 놓아둔 채' 아무런 구원 조치도 없었다며 명조에 대한 원망의 말을 나열하는 동시에, 이렇게 입공을 허락하지 않고 '만약 일본의 교활함을 끊어내기 위해 류큐의 충순도 일괄적으로 끊으려는 것이라면', '유순한 것을 반역자에게 돌리게 된다.'는 협박성 문구를 늘어놓은 것이었다.[37] 이는 아마도 시마즈(島津), 나아가 그 배후에 존재하는 막부의 압력을 받아 쓴 글일 것이다. 입공을 종래같이 회복하지 않으면 자신

36 『明實錄』, 萬曆 43년 3월 乙卯.

37 『歷代寶案』 1-18-08(제1책, 552면).

은 명조를 더 이상 상대하지 않고 일본에 완전히 붙겠다고 협박하는 것은 공순한 조공국 · 책봉국으로서는 있을 수 없는 비례이며, 명조 측으로부터 국교를 단절당해도 할 말이 없는 일이었다. 그러나 앞서 살펴본 바와 같이, 명조는 이때에도 이를 꾸짖는 일도, 사신을 돌려보내는 일도 없었고, 공물조차도 돌려보내지 않고 받아들였다. 명조는 조공관계를 끊고 단교하고 싶어도 그렇게 할 수 없었던 것이다. 말할 것도 없이, 국교조차 성립되어 있지 않은 일본의 움직임에 규제를 받았기 때문이었다.

명조가 류큐의 압력을 일부 받아들여 '10년간 기다리라'는 명령을 철회하고 5년 1공으로 바꾼 것은 1623년(천계 3)의 일이었다. 나아가 1634년(숭정 7)에는 3년 2공이 되었다.[38] 형식적으로는 중국에 대한 류큐의 조공이 1609년 이전과 같은 형태로 회복된 것처럼 보인다. 그러나 여기에 중대한 변화가 있었다는 점은 말할 필요도 없다. 5년 1공 단계에서 일본이 류큐를 합병하고 있다는 정보에 어떤 변화가 없는 한, 실질적으로 류큐의 입공은 일본의 입공과 다름없다는 점을 명조 당사자들은 모두 이해하고 있었을 것이다. 3년 2공 단계에서도 마찬가지이다. 실제로는 일본의 입공임에도 류큐의 입공이라고 바꾸어 적고, 이를 거절할 수 없는 조공, 우리는 이를 '허구의 조공'이라 불러도 될 것이다.

류큐가 새로이 책봉을 요청한 것은 1622년(천계 2), 그리고 실제로 쇼호우(尙豊)가 책봉을 받는 것은 1633년(숭정 6)의 일이었다. 이즈음 행해진 류큐의 조공을 허구의 조공이라 부르지 않을 수 없다면, 이렇게 행해진 책봉도 '허구의 책봉'이라고 부르지 않을 수 없다. 이미 우리는 명조에 의한 안남(베트남) 국왕 책봉이 허구의 산물이라고 보았다.[39] 명 조정은 건국 당시부터 현지 베트남에서 대월황제(大越皇帝)라 불리는 별도의 황제가 존재했다는 것을 알고 있었기 때문이었다. 그것을 알면서도 모르는 척하

38 『歷代寶案』 1-04-09(제1책, 169면).

39 본서 보론 1, 799 · 813면(영역본, 15 · 27면).

며 대월황제를 '안남국왕'이라고 바꾸어 적고 조공을 받고 책봉을 해왔기 때문이었다.

1609년을 경계로, 중국은 또 하나의 '허구의 조공국', '허구의 책봉국'을 만들었다. 물론 이것은 중국 측이 바란 것이 아니라 강요당한 것이었다. 언뜻 보기에는 이전과 같은 국제구조가 지속되고 있는 것처럼 보인다. 그러나 여기에 새로이 생겨난 국제구조에는 중국과 국교가 두절되어 있는 국가, 즉 일본이 결정적 계기 제공자로서 엮여 있었다. 류큐를 종래와 마찬가지로 조공국, 책봉국으로 거느릴 수 있었던 것은 중국과 일본의 국교가 두절되어 있었던 점이 전제로 작용해 비로소 가능했던 것이다. 또 배후에 일본이 있기 때문이야말로 류큐와 조공관계 · 책봉관계를 지속할 수밖에 없었다. 역설적으로 말해 지금까지의 표현을 빌리자면, '일본이 동아시아의 국제질서에서 이탈해 있었기' 때문에야말로 이들 논자들이 말하는 '동아시아 국제질서'가 존속된 것이다. 이러한 국제구조가 유지되기 위해서 중국 측은 사실을 계속 모르는 척하든지, 그 사실을 잊어버릴 필요가 있었다.

이러한 사실, 즉 일본이 중국과의 국교관계를 두절하고 있으면서 류큐를 매개로 사실은 전체로서 하나의 국제구조를 형성한 점은 다음에 언급할 조선, 류큐의 관계를 살펴보면 한층 더 명확해진다.

5. 조선 · 류큐의 외교 두절

일본과 중국이 외교적으로 두절관계에 있으면서 류큐를 매개로 구조상 밀접한 관계에 있었던 것은 조선-류큐 관계에도 결정적인 변화를 가져왔다. 양국의 외교가 두절되었기 때문이다.

류큐가 1609년 일본에 합병되기 이전, 조선과 류큐는 명조로부터 함께 책봉을 받는 나라로서 서로 자문(咨文)을 교환하는 관계였다. 서로 자문을 교환하는 관계라는 것은, 예를 들면 북경으로 파견된 사절이 의식에 참가했을 때 조선 측이 상석에 앉는 등의 차이가 있지만, 기본적으로 대등한 관계였다는 것을 의미한다. 양국은 서로를 우방이라고 부르며 형제라고 불렀다. 양국의 사절은 여러 차례 북경 옥하관(玉河館)에서 만나 국왕의 대리로서 자문과 선물을 교환하였다. 일찍이 조선과 류큐는 바다 건너 통신사(신사)가 왕래했으며 국서를 교환했었다. 그러한 관계는 16세기 초까지 계속된 것 같은데, 예를 들어 1500년(홍치 13, 연산군 6)에 조선을 방문했던 류큐 사신은 국왕을 대신하여 자문을 전달하였다.[40] 이러한 의미에서, 북경에서의 자문 교환은 통신관계의 연장이었다.

한편, 류큐가 일본에 합병되었고, 심지어 국왕이 포로가 되었다가 강화가 성립해 귀국이 허용되었다는 뉴스는 조선에 매우 빨리 전해졌다. 이에 조선 측은 류큐가 일본의 지배하에 놓인 것을 알았지만, 류큐와는 이전과 전혀 변함없는 관계를 유지했다. 명조가 류큐와 절교했던 것이 아니었으므로, 조선 측도 류큐가 일본에 합병되었다는 사실을 모르는 척하면 되었던 것이다. 양국의 자문 교환이 적어도 1634년(숭정 7)까지 계속되었다는 사실은 『역대보안』에 남아 있는 문서를 보아도 명백하다.[41]

조선이 홍타이지가 이끄는 만주족의 침략(병자호란)을 당한 것은 그로부터 2년 후인 1636년이고, 청의 책봉을 받은 것은 그 다음해인 1637년(숭덕 2, 인조 15)의 일이었다.

그 후 청이 북경으로 천도하고 이윽고 류큐도 책봉을 받자, 양국 사절은 다시금 북경에서 만날 수 있게 되었다. 그러나 양국 사절은 만나기는 했지만, 서로 숙사를 방문한다거나 국왕의 대리로서 국서를 교환하는 일은 결코 없었다. 양국의 국교 두절은 일본이 '정식으로' 류큐를 합병하기

---

40 『朝鮮王朝實錄』, 燕山君 6년 11월 丁卯.

41 『歷代寶案』 1-39-23(제2책, 368면).

까지 전 즉, 이른바 류큐 처분(琉球處分)에 의해 나라가 소멸하기까지 일관되게 계속되었다.

『조선왕조실록』, 『승정원일기』, 『비변사등록』 등의 국가 기록 혹은 연행록에는 류큐인을 보았다거나 그들과 만났다는 기록이 다수 남아 있다. 그러나 이 모든 기록이 기묘할 정도로 서먹서먹했다. 특히 연행록에는 류큐 사람을 본 사실이 신기한 체험인 것처럼 그들이 입었던 의복 등에 대해서 상세히 기록되어 있다.

생각해보면 기묘한 광경이 아닐 수 없다. 왜냐하면 양국 사절이 함께 북경에 체재하고 있을 때에는 예부의 명령으로 자주 홍려시(鴻臚寺)로 불려가서, 함께 의식 예행연습을 했기 때문이다. 예부는 양국 사절을 같은 조공국이자 책봉국으로 간주하고 의식이나 연석(宴席)에서도 함께 열석(列席)시켰다. 혹은 황제가 자금성(紫禁城)에서 나올 때나 돌아갈 때, 예부는 양국 사절에게 명하여 그 문 밖에서 무릎을 꿇고 황제가 오는 것을 기다리도록 하였다. 이렇게 함께 무릎을 꿇고 열석해 있었음에도 불구하고, 양국 사절은 거의 대화를 나누지 않았던 것 같다. 국교가 없었기 때문이다. 정사와 부사는 국왕의 대리로 북경에 와 있었기 때문에 환담(歡談)이 불가능했다. 19세기가 되면, 조선연행사의 수행원으로 북경에 왔던 자들 가운데에는 류큐인과 조우하여 '우방' 사람이라고 기술한 이도 있었다. 1826년(도광 6, 순조 26)에 북경에 갔던 홍석모(洪錫謨)도 그런 사람 중 한 명이니,[42] 그들은 필담을 나누기도 하였다. 그런데 어떤 연행록에는 그러한 필담에서 류큐 측 사람이 다음과 같이 썼다고 전하고 있다.

귀국 조선은 일찍이 우리나라와 통교했었다. 자문이 지금에 이르기까지 존

---

42 洪錫謨, 『游燕藁』(林基中 · 夫馬進 編, 『燕行録全集日本所藏篇』, 서울, 東國大學校韓國文學研究所, 2001, 제1책), 608면. "琉球來遠使, 萍水遇奇縁, 航梯重三譯, 衣冠共一天, 聲音雖未曉, 文字喜同傳, 各處東南海, 那知會日邊."

재한다.[43]

여기에 보이는 것과 같이, 19세기에 들어서도 양국 간의 자문 교환은 이루어지지 않았다. 조선 측에서 필담했던 이는 산천(山泉) 김명희(金命喜), 즉 김정희(金正喜)의 동생이다. 1823년(도광 3, 순조 23) 정월 초하루, 자금성에서 행해졌던 정조(正朝) 의식에 참석했던 때의 일이었다. 의식 사이에 이루어진 필담이었기에 당연히 어수선했다. 이 연행록 작자는 이 필담을 기록한 후 “일찍이 류큐가 입공(入貢)했었으니, 그 일을 말하는 것이다.”라는 감상을 기록했다. 그러나 류큐가 ‘입공’해 왔던 것은 해로를 통한 통신이 이루어졌던 16세기 초반까지의 일이다. 이 기록자는 17세기 중엽까지 양국이 북경에서 자문 교환을 했다는 사실을 전혀 모르는 것 같다.

이와 같은 상태가 발생한 원인으로, 필자의 좁은 식견으로 말하자면 명의 멸망 이후 양국의 ‘사교(私交)의 예(禮)’가 없어졌기 때문이라든지, 이 시기 조선은 청과의 책봉관계에 그다지 의미를 두지 않고 새로운 탈중화(脫中華)의 독립적인 교린체제(交隣體制)를 수립했기 때문이라는 등의 해석이 이루어졌으나, 모두 설득력이 떨어지고 구체성이 결여된 설명이라고 생각한다.[44]

이와 관련하여 1717년(강희 56, 숙종 43)에 단 한 번, 조선정부에서 류큐와 국서를 교환해야 한다고 논의한 사실은 시사하는 바가 매우 크다. 『비

43 撰者 미상, 『燕行雜錄』, 癸未 정월 초 1일(林基中 編, 『燕行録全集』 제81책, 2001, 118면). 임기중은 徐有素 撰 『燕行録』이라고 보았다. “山泉方與琉球使臣筆談, 其應對頗不窘. ……貴國曾與我國通好, 咨文至今尚在云. 我朝, 琉球嘗入貢, 想其事也.”

44 李薰, 「朝鮮王朝時代 후기 漂民의 송환을 통해 본 朝鮮 · 琉球 관계」(『歷代寶案硏究』 제8호, 1997), 26면; 孫承喆, 「조선 · 류큐 交隣體制의 구조와 특징」(『近世朝鮮의 韓日關係硏究』, 서울, 國學資料院, 1999, 191면). 이 글은 하우봉(河宇鳳) 等, 『朝鮮과 琉球』, (서울, 아르케, 1999), 74면. 日本語 역본은 『朝鮮と琉球』(宜野灣, 榕樹書林, 2011), 45면.

변사등록』 숙종 43년 정월 2일에 대략 다음과 같은 기록이 있다.[45]

이날 제조(提調) 민진후(閔鎭厚)가 국왕에게 다음과 같이 말했다. 명대 만력 병신년(1596)에 조선 측이 류큐 표착민을 송환했을 때, 류큐는 감사의 뜻을 표하는 자문을 우리나라에 보내왔다. 작년(1716)은 마침 병신년이었으니, 이 해에 류큐 측이 조선 표착민을 송환해준 것은 우연이 아닐 것이다. 이번에는 조선 쪽에서 감사의 자문을 류큐에 보내야 하지 않을까.

도제조(都提調) 김창집(金昌集)도 이에 동조하며 다음과 같이 말하였다. 류큐에 표착해 구조된 조선인의 말에 의하면, "옛날 조선인이 표착했을 때, 이쪽에서 북경에 전송한 일이 있었는데, 그들이 조선 본토까지 귀환했는가?"라고 류큐 사람들이 물었는데 전혀 모르는 일이었기 때문에 마음이 굉장히 불편했다고 한다. 류큐가 힘써 송환해준 이상, 비록 명조와는 시대가 다르다고는 해도 자문을 보내서 보고하는 것이 도리가 아닌가. 민진후는 더 나아가, 명대에 전례가 있는 이상, 북경의 예부도 트집을 잡아 반대하는 일은 없을 것이라고 의견을 개진했다. 그런데 예조판서인 송상기(宋相琦)가 반대의견을 상주(上奏)했고, 결국 류큐로 자문을 보내는 것은 취소되었다.

한편, 1596년(만력 24, 선조 29)에 류큐 표류민을 조선 측이 송환했다는 것은, 사실 1589년(만력 17, 선조 23)에 표착했던 류큐인을 조선 측이 명조의 요동도지휘사(遼東都指揮使)에게 데려다준 일을 말하는 것일 것이다. 『명실록』에 의하면 그들은 요동도지휘사에게 건네진 후, 명조 측에 의해 북경까지 전송되고 그 뒤에 복건으로 보내졌다. 류큐 측은 이에 대해 감사의 뜻을 표하는 자문을 북경에서 조선 측에 건네고, 마찬가지로 조선 측도 이 감사의 자문에 대한 회답을 써서 북경에서 류큐 측에 전달했다.

---

45 『備邊司謄錄』 제70책, 숙종 43년 정월 2일. 『承政院日記』 同日條도 거의 동일하다. "(提調閔鎭厚曰), 萬曆丙申, 琉球國以漂人還送事, 順付謝咨於我國云. ……謝咨古事, 既甚明白, 則今番亦宜有送咨申謝之道. ……既有前例, 禮部亦似無持難不從之事矣."

이것은 1597년 8월 6일부 자문으로, 『역대보안』에 수록되어 있다.[46]

요동에서 복건 복주까지는 명조가 일관되게 호송했기 때문에 당연히 류큐는 명에게도 상주문 혹은 자문을 통해 감사의 뜻을 표했을 것으로 생각된다. 이와 같이 명대에는 종주국인 명을 매개로 조선과 류큐가 표착민을 송환했었다. 『동문휘고(同文彙考)』에 의하면, 청조가 들어서고 1698년(강희 37, 숙종 24) 류큐가 조선 표류민을 복주까지 보내고 중국 측이 이들을 북경까지 보내, 마침 당시 북경에 와 있던 조선 관원에게 인도하였다. 이때 조선 측은 청조에 「사표인출송표(謝漂人出送表)」라는 제목의 상주문 외에, 감사를 표하는 다수의 문서를 써 보냈다. 그러나 표착지점에서 복건까지 호송해준 류큐에 감사 자문을 쓰는 일은 전혀 없었다. 이를 명조 시대처럼 북경에서 전달하는 일 역시 전혀 없었다. 자국 백성을 송환해준 상대국에 감사의 뜻을 표하는 것은 당연한 예의이다. 더구나 양국은 동일한 종주국을 함께 받드는 조공국이며 책봉국이었다. 도대체 무엇을 꺼려 자문을 교환하지 않았던 것일까. 예조판서 송상기의 반대의견을 들어보자.

송상기에 의하면, 황조(皇朝, 명조) 시대에는 국가 간의 교제에 관해 구속이 적었다. 지금 조선과 류큐가 같은 '번복국(藩服國)'이라고 상호간에 문서를 교환한다면, '외교의 계(戒)'를 범하는 것이니, 바로 종주국을 통하지 않고 사적으로 교제하는 것이다. 반드시 청조를 통해 자문을 보낼 필요가 있는데, "명조 때에는 류큐와 자문을 교환하였다."는 변명만으로 북경의 예부를 설득할 수 있을까. 원래 명조 때에는 예부를 가운데에 두고 류큐에 자문을 건네는 일 등은 없었다. 게다가 1698년(강희 37)에 류큐가 조선 표류민을 송환해주었을 때에도 이와 같은 감사의 자문은 이쪽(조선)

---

46 『歷代寶案』 1-39-18(제2책, 360면). 이 자문과 일부 내용이 같은 자문이 『조선왕조실록』 선조 29년(萬曆 24년) 8월 甲寅에 기록되어 있다. 閔鎭厚가 萬曆 24년의 일이라고 한 것은 이 때문일 것이다. 또 『明實錄』 萬曆 17년 11월 庚戌.

에서 보내지 않았다.

또한 청조 중국은 조선이 일본과 통신사를 보내 교제하는 것을 알면서 문제삼지 않았다. 그러나 류큐와는 통신관계가 아니다. 만력 이래, 백년 가까이 양국 간의 서신 교환이 없었는데, 지금 갑자기 류큐와 통신하려고 한다면 청조의 의혹을 불러일으킬 것이다. 따라서 자문을 교환하지 말고, 북경에 재자관(齎咨官) 등 사무 단계의 조선 관료가 갔을 때에 류큐 측에 감사의 뜻을 전하면 된다. 이상이 개략적인 송상기의 반대의견이다.[47]

그러나 이러한 논의를 자세히 검토해보면, 반대의견으로서 설득력이 극히 부족하다는 것을 알 수 있다. 우선, 송상기는 "'명조 때에는 류큐와 자문을 교환했다'는 변명만으로 과연 북경의 예부를 설득할 수 있을까.", "지금 갑자기 류큐와 통신하려고 한다면 청조의 의혹을 불러일으킬 것이다."라고 말했으나, 당시는 조선과 류큐가 공모해서 반청(反淸)을 도모할지 모른다는 것을 전혀 생각할 수 없는 시대였다. 그렇기 때문에 이 '청조의 의혹'이란 과연 무엇인지에 관해 정확한 설명이 전혀 없다. 다음으로 송상기는 같은 '번복국'인 조선과 류큐 사이에 문서를 왕래하면 사적인 교제를 하는 것인데, 이를 예부에 설득할 수 있을지 등 난점을 들고 있다. 그러나 자문을 보내자는 제안을 했던 민진후가 "예부도 트집을 잡아 반대하는 일은 없을 것이다."라고 예측한 것처럼, 반대하지 않았을 가능성이 충분하다.[48] 하지만 숙종은 이러한 반대의견을 지지하는 판단을 내

47 宋相琦, 『玉吾齋集』 권10, 「請勿送琉球國咨文疏」(『韓國文集叢刊』 제171집, 418면). "但念皇朝時則視我國猶一家, 凡於朝聘交際之間, 不甚拘禁. ……若以藩服之國, 自相通書, 以犯外交之戒, 而又要我以傳云爾而或有嘖嘖之言, 則其將以皇朝時亦有此事爲解, 而可以杜彼之說耶. ……頃於戊寅年, 琉球亦有解送漂人之事, 而其時未聞有謝咨, 豈亦拘於事勢難便而然耶. ……蓋我國之於日本, 則壤地相接, 信使往來, 即彼人之所知, 無可諱者. 而琉球則不然, 隔以重溟萬餘里, 萬曆以後近數百年, 曾無通問之事. 今忽修書齎幣, 以示相好之意, 則彼之不致怪持難, 臣不敢必也.", "答曰, ……玆事不無意外之慮, 予意則不如不爲之爲愈也."

48 원래는 이 아래에, "실제로 예부의 허가를 얻거나 예부를 통해 자문을 교환한다면, 청조로서는 '번복국'이 사이 좋게 교제하고 있다는 사실이 드러나, 왕조의 위덕(威德)을 한층 빛낼 수 있는

렸고, 그 결과 상호간의 국서 교환은 끝내 이루어지지 않았다. 송상기의 상주문을 읽은 숙종은 “이 문제에는 뜻밖의 걱정거리가 있을지도 모른다.”고 말하며 그의 의견을 채용했다고 한다.

그러면 도대체 어떠한 원인 때문에 양국이 다시 통신의 나라가 되지 못했던 것일까. 송상기가 언급했던 다른 반대 이유를 들어보자. 그것은 강희 50년대에 이르기까지의 약 80년간 이미 양국은 통신이 끊어져 있었다는 사실이다. 그리고 이전 류큐가 조선 표류민을 송환했던 1698년(강희 37)에는 감사 자문을 쓰지 않았다는 선례가 있다. 송상기가 만력 이후 백년 가까이라고 말한 것은 명백한 과장으로 사실은 숭정 이래 약 80년이지만, 이때 이미 80년간 국교가 두절된 상태였던 것은 사실이다.

결론부터 말하면, 이 시기 조선이 류큐에 자문을 보낼 수 없었던 이유는 배후에 일본이 있었기 때문이다. 더욱 명확히 말하자면 첫 번째, 1698년(강희 37)에 류큐가 조선 표류민을 복주–북경을 경유해 송환해주기 전까지, 류큐–사쓰마–나가사키(長崎)–쓰시마(對島)–조선 동래부라는 일본 경로를 통해 송환하고 있었기 때문이다. 그리고 두 번째, 조선은 류큐가 일본에 합병된 상태였다는 것을 알고 있었기 때문이다.

먼저 첫 번째 문제이다. 외교사료집 『동문휘고』 부편 권29 이하에는 조선인이 일본에 표착한 후 송환되었을 때에 교환한 문서가 다수 실려 있다. 대부분은 쵸슈(長州)와 쓰시마 등 일본 제번(諸藩)에 표착했을 경우의 기록인데, 그 중 류큐에 표착했던 것은 3건으로, 1662년(寬文 관문 2), 1663년(관문 3), 1669년(관문 9)의 연호가 들어간 문서들이다. 송환에 관해 쓰시마가 조선에 보낸 문서에는 모두 ‘류큐’ 혹은 ‘류큐국’→삿슈(薩州)→

절호의 기회라고 판단했을 가능성이 컸다.”라고 하였다. 그러나 다음 제4장에서 언급한 것처럼 류큐가 실질적으로 일본의 지배하에 있는 것을 감추고 있는 것이 유구 · 일본 · 중국 · 조선 4개국의 암묵적인 합의라고 한다면, 이때 조선이 류큐에 국서를 보내는 것을 청조가 허락했는지의 여부를 간단히 판단할 수 없다. 다시 말해, 청조 측은 이것을 계기로 조선과 류큐가 국교를 회복한다면 암묵적인 합의에 틈이 생겨서 안정되어 있던 동아시아의 질서가 동요하는 것을 우려해 허가하지 않았을 가능성도 부정할 수 없다. 따라서 개정판에서는 이 문장을 삭제했다.

나가사키 그리고 쓰시마까지 전송되어왔던 사실이 기재되어 있다. 이는 예컨대, 쵸슈에 표착했을 때, 쵸슈→나가사키 그리고 쓰시마로 송환되었다는 기록과 같은 형식이다. 이에 대한 감사의 글은 조선 예조에서 발행되었는데, 모두 「예조참의답서(禮曹參議答書)」라는 제목이 붙여졌다. 이런 감사장 가운데 1669년(관문 9)의 경우, 쓰시마 도주로부터의 문서 가운데 '류큐국'인 것을 굳이 '류큐'라고 고쳐 쓴 것을 포함하여 모두 '류큐'→삿슈→나가사키로 전송했다고 기록되어 있다. 여기서 주의해야 할 것은 이 모두가 류큐는 삿슈와 나가사키라는 하나의 번과 동격으로 기재되어 있지, '류큐국'이라는 하나의 국가로 기록되어 있지 않다는 점이다.

한편, 『동문휘고』 원편, 권66 이하에는 조선인이 중국에서 송환되었을 때 교환했던 문서가 수록되어 있다. 역시 대부분은 중국에 표착해 송환되었던 때의 것이지만, 그 가운데에는 류큐에서 중국의 복주–북경을 경유해 송환되어 왔던 때의 것이 포함되어 있다. 이미 밝혀진 대로, 청조가 해금령(遷海令)을 해제한 1684년(강희 23) 이후가 되면, 류큐는 중국인 표류민을 일본 사쓰마가 아니라 복주로 직접 보냈다.[49] 이와 함께 조선 표류민에 대해서도 일본을 경유하지 않고 중국을 경유해 송환했다. 『동문휘고』에 의거하면, 처음으로 복주를 경유해 조선 표류민의 송환이 이루어진 것은 1698년(강희 37)의 일이다. 이 경우 예부가 조선 표류민의 송환에 관한 통지 문서에 '류큐국'→복주→북경이라고 기재했던 것을 따라서, 조선은 감사의 뜻을 표하며 황제에게 제출했던 상주문과 예부에 보낸 자문에도 '류큐국'이라고 썼다.

류큐에서 복주까지 송환 담당은 류큐국이었는데도 조선에서 '류큐국'으로 감사의 뜻을 표하는 자문이 보내진 적은 한 번도 없었다. '예의의 나라'를 자인하는 조선으로서는 심히 예의에 어긋나는 일이라고 국정 담당

49 荒野泰典, 『근세 일본과 동아시아』(東京, 東京大學出版會, 1988), 136면, 앞의 주 24 豊見山和行, 『류큐 국왕의 외교와 왕권』, 81면.

자도 생각했을 것이다. 그렇기 때문에 민진후와 김창업과 같은 주장이 나왔던 것이다.

1698년에 감사 자문을 쓰지 않았던 이유는, 아마도 바로 30년 전까지 조선 표류민이 일본을 경유해 귀환했기 때문일 것이다. 그때까지 예조는 쓰시마에 보냈던 예장(禮狀, 감사장)에 류큐를 마치 일본의 번(藩)인 쵸수 등과 같이 하나의 지방명(地方名)으로 기록할 뿐, '류큐국'이라고는 기록하지 않았다. '류큐'에 감사 문서를 보낸다고 한다면, 쵸슈와 삿슈에도 보내지 않으면 안 되었을 것이다. 게다가 일본을 경유해 보내지 않으면 안 되었다. 1698년 북경의 예부가 발송한 자문에는 '류큐국'에서 복주까지 표류민이 송환되어 왔다고 기록되어 있다. 서울의 예조는 약간의 당황스러움 혹은 어긋남을 느꼈겠지만, 약 30년 전에 '류큐'에 사례의 편지를 보내지 않았기 때문에 사실상 같은 '류큐국'으로 자문을 보내기 어려웠을 것이다. 송상기의 반대의견 중 하나가, 지난 1698년(강희 37) 류큐→복주→북경의 경로로 송환되었을 때에도 감사 자문을 류큐에 보내지 않았다는 것인데, 그 선례가 이러한 역사적 경유에서 발생한 것이었다.

송상기는 또 다른 반대 이유로, 류큐에 백년 가까이 자문을 보낸 일이 없다는 것을 들었다. 이것이 두 번째 문제이다. 양국은 왜 자문 교환을 하지 않게 되었던 것일까. 그 역시 일본과 관계를 맺게 된 것이 원인이 되었다고 생각된다. 1636년(숭정 9, 인조 14) 이후, 일본에 통신사를 보내기 시작한 것이 아마 그 이유일 것이다.

도요토미 히데요시에 의한 조선 침략 이후, 조선과 일본은 오랜 시간 국교가 단절된 상태였다. 국교 회복에 적극적이었던 것은 일본이었다. 도쿠가와(德川) 막부(幕府)는 국교 회복을 바라며 여러 차례 조선에 통신사 파견을 요청했다. 그러나 이러한 요청에 응해 1607년, 1617년, 그리고 1624년 3차례에 걸쳐 조선이 보낸 사절은 모두 통신사라는 명칭을 일부러 피하고, 회답겸쇄환사(回答兼刷還使)라고 칭했다. 이는 조선 측이 일본과 통신관계에 들어가는 것, 즉 정식 국교를 회복하는 것에 극히 신중한 태도를 보였음을 의미한다. 1636년에 통신사가 파견되었다고 하는 것은 조선 측의 시각에서 비로소 전쟁 이전과 비슷한 정식 국교를 맺었다는 것을 의미한다.

현재 확인할 수 있는 한도 내에서, 조선과 류큐가 1634년까지 자문을 교환했다는 것은 이미 언급하였다. 『역대보안』에 수록된 조선국왕으로부터 류큐 국왕에게로의 자문 및 류큐 국왕으로부터 조선국왕에게 보낸 자문에는 공통되게 '교린(交隣)'이라는 글자가 보이는 것으로 보아, 양국이 '교린관계'였다는 인식을 공유했음은 확실하다. 게다가 '교린'이란 다시 말할 필요도 없이, 조선이 대외관계로 설정했던 '사대(事大)'와 '교린'의 그것으로, 그 대표가 일본이었다.[50] 일본과 류큐가 같은 명조의 책봉국이었을 때에는 양국을 함께 교린국이라 규정하고 통신관계를 맺는 데 아무런 문제가 없었다. 그러나 1609년 이후, 류큐는 일본에 합병되어버렸다. 더욱이 1636년까지는 일본과 정식 국교가 없었기 때문에, 조선도 명과 마찬가지로 류큐의 실정을 모르는 척하고 있으면 되었다. 그러나 1636년에 일본과 통신관계가 수립되었다. 이처럼 국제구조가 변해버렸을 때, 류큐가 일본에 합병된 상황을 모르는 척하면서 류큐와도 통신관계를 유지하는 것이 가능했을까. 게다가 조선에는 중국과 달리 류큐가 일본에 복속되어 있다는 소식이 빈번하게 그리고 끊임없이 전해져 왔다.

일본과 국교 회복 후, 처음으로 파견된 통신사 정사는 임광(任絖)이었다. 1638년 어느 날, 임광은 국왕 인조를 모시고 있었다. 임광이 그 전해에 일본에 갔다온 것을 아는 인조가 "그대 생각에는 왜정(倭情), 즉 일본의 정황을 어떻게 생각하는가?"라고 물었고, 이어 "류큐국이 일본에 신복해 입공(入貢)하고 있다고 하는데 정말인가?"라고 물었다. 이에 대해 임광은 "제가 일본에 머무르던 때에 들은 이야기로는 정말이라고 합니

50 『通文館志』 권5, 「交隣上」, 권6, 「交隣下」. '交隣'의 개념에 대해서는 본서 제1장.

다."라고 답했다고 한다.[51]

남용익(南龍翼)은 1655년(효종 6) 통신사 종사관으로 일본을 방문했다. 그의 여행기 『부상록(扶桑錄)』에는 에도에서 들은 이야기로, 류큐국의 사신이 사쓰마 번주를 따라왔다고 하는 내용을 기록하고 있다. 나아가 류큐국 사신이 이미 에도에 도착해 있었는데, 쇼군은 직접 만나지 않고 집정(執政)들에게 접대시킨 후에 돌려보냈다고 기록하고 있다.[52] 또한 1711년(숙종 37) 통신사 종사관이었던 이방언(李邦彦)은 아라이 하쿠세키(新井白石)와의 필담 자리에서 "류큐의 사절이 귀국에 내빙(來聘)해 있다고 들었습니다만……"이라고 묻자, 아라이는 긍정도 부정도 하지 않고, 어느 쪽으로든 해석할 수 있는 대답을 했다.[53]

이와 같은 정보는 매회 통신사 일행에 의해 다수 전해졌을 것이다. 1719년(숙종 45) 통신사 제술관으로 일본을 방문했던 신유한(申維翰)은 류큐가 3년에 한 번 일본에 조공하고 있고 사쓰마에 상륙한 후 에도까지 가서 행례(行禮)를 한 후 돌아간다고 기술하고 있다. 아메노모리 호슈(雨森芳州)와의 대화에서도 류큐가 일본에 합병되어 있다는 생각을 확신하게끔 하는 것이 있었다. 또한 그가 과거 류큐에 표류했다가 귀환한 자를 만났을 때, "류큐는 일본에 조공하고 있기 때문에, 국왕은 (우리를) 일본으로 보내주었고, 겨우 조선 동래부까지 송환되었다."고 말했다.[54] 이와 같이

---

51 『朝鮮王朝實錄』, 仁祖 16년 正월 癸巳.

52 南龍翼, 『扶桑録』(『海行摠載』 제3책, 京城, 朝鮮古書刊行會, 1914), 350면. "且聞琉球國使臣, 薩摩守親領而來矣. 已到此, 關白不爲親接, 令執政等接待以送."

53 任守幹, 『江關筆談』(天理圖書館藏今西文庫本). 한편 『新井白石全集』 제4권(1906)에서 趙泰億 輯이라고 한 것은 잘못이다. "南崗(李邦彦)曰, 似聞琉球使臣亦有來聘貴國之事云. ……白石曰, 文字皆與本邦之俗同. ……雖然三歲一聘唐山. ……今中山十八世祖舜天王者, 本邦源將軍爲朝之遺胤. 故中山王自稱源姓."

54 申維翰, 『海游錄』(『海行摠載』 제1책, 京城, 朝鮮古書刊行會, 1914), 356면. "琉球國有大小二種, 皆在日本西南海中. 其小者曰中山主. 自古朝貢於日本. ……三年一朝貢, 自薩摩州登陸至江戸, 行禮而去. ……記余在國時, 見京中一褐夫自云, 曾於濟州海上, 漂風至琉球, 見百工所居各有部落, 而渠在皮工之區, 留得一歲, 男女衣服飲食言語, 一如日本. 聞其國朝貢

류큐에 표착했던 자들이 일본을 경유해 송환되고 있던 시대, 혹은 그들이 살아 있던 시대에는 그들의 입을 통해 류큐의 실정이 조선으로 전해졌다. 통신사 파견이 부활한 후에는 이러한 종류의 정보가 더욱 많이 들어왔음에 틀림없다.

1719년 통신사 다음으로 파견된 1748년의 통신사에서도 수행원이었던 홍경해(洪景海)는 류큐가 일본에 복속해 있다는 사실을 이미 국내에서 들어 알고 있었던 것 같다. 그는 쓰시마에서 하카다(博多) 앞바다에 있는 아이노시마(藍島)로 향할 때, "류큐국은 쇼군에게 조공하고 있고, 사쓰마주가 그 접대를 맡고 있다고 들었는데 정말인가?"라고 일본인에게 물었다.[55] 에도에서 서기인 이명계(李命啓) 등과 필담을 나누었던 야마노미야이신(山宮維深)은 류큐의 토속이 일본과 매우 같으며 이것은 "생각건대 우리 사쓰마주의 부용(附庸)이기 때문이다."라고 말하고, 또한 "경장 연간(慶長年間)에 사쓰마의 시마즈 이에히사(島津家久)가 군대를 보내 중산국을 멸망시키고 쇼네이 국왕을 포로로 잡아오니, 쇼군께서 만나보셨다. 중산왕은 오래도록 부용국이 되기를 요청했다."고 기술하였다. 이에 대해 이명계는 "이미 들어 알고 있다."고 대답하였다고 한다.[56] 마찬가지로 에도에서 스가 도우하쿠(菅道伯)는 통신사 의관(醫官)으로 수행해 왔던 조숭수(趙崇壽) 등과 필담을 나누며 "탐라국은 이미 귀국 조선에 복속해 있으니, 우리나라에 류큐 · 에조(蝦夷)가 있는 것과 마찬가지이다."라고 말한 것에 대해 조숭수는 전혀 의문을 나타내지 않았다. 나아가 조승수가 일본의 술에 대해 물었을 때, "또한 소주라는 것이 있는데 사쓰마주의 산물(産物)이다. 소주는 원래 류큐에서 왔는데, 류큐가 사쓰마에 예속되어 있기 때

於日本, 故國君送至日本, 乃得傳到於東萊云. 今與雨森東所言相符."

55 洪景海, 『隨槎日錄』, 3년 17일. "聞琉璃(球)國朝貢於關白, 薩摩州主其接待云, 未知然否."

56 山宮維深, 『和韓筆談薰風編』 권中, 8면. "其土俗與日本太同. 蓋以爲我薩摩州附庸也. ……慶長中, 薩摩侯家久遣兵滅中山, 擒王尙寧而歸, 見之于大君. 中山請永爲附庸. ……(海皐復)已聞之."

문에 사람들은 사쓰마의 산물이라고 한다."라고까지 기술되어 있다.[57]

1764년(영조 40) 통신사도 마찬가지였다. 이때 역관으로 일행에 참여했던 오대령(吳大齡)의 기록에 따르면, 류큐국은 "일본국이 사쓰마주 번주로 하여금 류큐국을 공격해 투항시키도록 하였고, 인하여 사쓰마주에 소속시키고 부용국(附庸國)으로 삼았다."라고 하였다. 번주가 에도에 조회할 때에는 반드시 류큐 국왕을 데리고 갔다. 류큐국의 관직 자리가 공석이 되면 모두 사쓰마에서 파견되었다. 사쓰마에서 부임해온 관리들은 이 지역에서 아내를 맞이해 아들을 낳았으니, 그 유래가 이미 오래되었다. 그래서 "류큐국 거주인의 반은 왜인의 자손이다."라고 단정하고, "머지않아 반드시 사쓰마주에 합병될 것이니, 아! 매우 교활하도다. 그 모략이여."라고 한탄하였다.[58] 일행의 서기로서 참가한 원중거(元重擧)와 성대중(成大中)이 일본의 국제적 정황을 어떻게 인식하고 있었는지는 다음 장인 제4장에서 살펴본 바와 같다.

통신사 일행은 일본으로 출발하기 전, 일본에 다녀온 적이 있는 선배의 경험담을 듣거나 관련 문헌을 읽고 갔다. 여기에서 보는 바와 같이 류큐가 일본에 복속되어 있다는 사실은 역대 통신사의 지속적인 일본 방문에 의해 계속 전승되고 끊임없이 확인되었던 것이다.

1636년 이후 양국 사절이 북경에서 만났어도, 사실을 모르는 척하며 그대로 자문을 교환했을 가능성도 물론 있다. 그러나 우연하게도 1636년을 경계로 조선은 당분간 북경에 사절을 보내지 않았으며, 류큐도 명청 교체 전후에는 북경에 사절을 보내지 않았다. 이것이 냉각기간이 되

---

57 菅道伯, 『對麗筆語』, 7~9면. "其國(耽羅國)既服屬貴國, 想如我有琉球 · 蝦夷也. ……又有燒酒, 出自薩摩州傳之. 燒酒本自琉球來, 琉球隷薩摩, 故人爲薩州所出."

58 吳大齡, 『使行日記』 追錄. "琉球國在薩摩州之海外. 日本國使薩摩州太守討降之, 因屬於薩摩州, 作一附庸國. 太守朝江戸時, 必率琉球王同去. 且其國中官職有闕, 皆自薩摩州差遣, 因留宦娶妻生子, 其來已久. 國中人居半爲倭人子孫. 未久必爲薩摩州所併矣. 吁其用謀之狡且深哉."

었다.

1636년 이후 다시 조선이 일본에 통신사를 보내기 시작하면서 조선 당국의 요인(要人)을 통해 류큐가 실제로는 일본에 복속되어 있다는 사실이 계속해서 전해지고 전승되어, 류큐의 국제구조 속에서의 허구성이 폭로되어버릴 위험성이 커졌다. 일본의 막부가 조선에 대해 이러한 허구성을 숨기는 데 급급했던 것은 전혀 아니다. 1669년까지 류큐에 표착했던 조선 표류민을 일본 경유를 통해 송환했던 것처럼, 이즈음까지 막부는 류큐와의 관계를 은폐할 필요가 있다고 생각하지 않았던 것 같다. 18세기가 되어서도 아라이 하쿠세키처럼 막부의 중추에 있는 자조차 "류큐의 문자는 일본의 문자와 같고, 중산왕의 선조는 미나모토노 타메토모(源爲朝)이다."라고 태연하게 조선 측에 말하고 있다. 노련한 외교관이었던 아메노모리 호슈조차도 신유한의 물음에 류큐는 일본과 관계없다는 등의 대답을 하지 않고, 오히려 류큐가 일본의 복속하에 있다는 사실을 확신케 하는 응답을 하고 있었던 것이다.

청대에 들어 조선과 류큐가 북경에서 자문 교환을 할 수 없게 된 것은 청조의 문제, 즉 만주족이 통치하는 국가였기 때문은 아니다. 일본이 당시 동아시아 4국의 국제구조에서, 그것을 성립시키는 데 불가결한 요인이 되었기 때문이었다. 중국이 일본과 국교를 계속 두절했던 데 반해, 조선은 일본과 통신관계라고 하는 국교를 회복했다. 이에 양국의 대류큐 외교도 근본적으로 다를 수밖에 없었고, 조선과 류큐와의 국교도 두절될 수밖에 없었던 것이다.

6. 맺음말

1609년 이후 동아시아의 국제구조를 이해하려 할 때, 책봉체제라는 추상적 개념이 유효하지 않을 뿐 아니라, 그러한 개념이 있기 때문에 오히려 현저한 사실 오인을 불러일으킨다는 것이 이상의 논의로 명백해졌을 것이다. 니시지마 자신이 청조에는 공전(空前)의 책봉체제가 출현했다고 인식했던 사실들이 가장 좋은 예라 할 수 있다. 명조가 시간을 벌기 위해 류큐에게 10년간 입공을 금지했던 외교정책이 10년 1공 제도로의 개정으로 해석되어 반복적으로 주장되어 왔던 이유도, 그 근저에 책봉체제 혹은 조공 시스템 개념이 있고, 이러한 시스템은 영속적인 것이라는 뿌리 깊은 사고가 존재했기 때문은 아닐까.

중국, 조선, 류큐, 일본의 4개국 관계는 청대에 실질적으로는 3개밖에 없었던 책봉국 중 2개가 포함된다고 하는, 당시의 동아시아에서는 예외적인 것이었다. 이렇게 드문 2개국의 책봉국이 서로 자문 교환조차 할 수 없었다는 사실은 이른바 책봉체제론과 어떻게 양립될 수 있는 것일까. 국교가 두절되어 있는 것, 특히 일본과 중국의 국교가 계속 두절 상태에 있었다는 것이 동아시아 4국의 국제구조를 형성하는 데 결정적인 계기가 된 것으로, 지금까지의 주장처럼 일본이 동아시아의 국제질서에서 이탈해 있었던 것은 결코 아니었다. 그리고 일본이 중국과 국교를 맺지 않고 조선과는 통신관계를 가졌던 사실이 조선과 류큐와의 국교도 차단하게끔 만들었던 것이다.

외교라는 것은 기계 시스템처럼 한 번 설정하면 영속되는 것이 결코 아니다. 그것은 인간이라는 사실을 모른 척할 수도 있고 잊어버릴 수도 있는 유연한 '기계'가 만들어내는 것이다. 따라서 반대로, 어떤 계기로 사실이 눈앞에 나타나 갑자기 생각이 나버리거나 하는 일도 있기 때문에 안정된 국제구조는 여기에서 위기에 처하게 된다. 이 때문에 황제, 국왕, 쇼군을 비롯해 외교에 관련된 사람들은 사실이 눈앞에 나타나지 않도록 때때로 주의를 기울이지 않으면 안 되었다. 조선국왕 숙종이 류큐와의 자문 교환을 부활시키지 말아야 한다는 송상기의 의견을 채택했을 때, 그는 그 이유로 "뜻밖의 걱정거리가 있을지도 모른다."라고 말했다고 한다. 그의 막연한 불안감 속에는 장래에 류큐가 일본에 '정식으로' 합병되어버릴 가능성도 포함되어 있었을지 모른다. 은폐되어 있는 사실이 무엇인가를 계기로 스스로의 의도에 반해 갑자기 폭로되어버리는 것을 걱정했을지도 모른다.

또한 외교라는 것은 그때그때의 국력에 따라 변한다. 지금까지 이야기한 동아시아 4국의 국제구조라는 것은 이러한 변경도 포함한 구조이다. 예를 들어 우리들은 1612년부터 1633년까지 행해졌던 류큐의 조공 혹은 류큐에 대한 책봉을 허구의 조공, 허구의 책봉이라고 불렀다. 그러나 정세가 변하면 당연히 허구가 사실로 변한다. 중국-류큐 관계를 입각해서 말하자면, 이러한 허구에서 사실로의 전환은 대체로 청조가 국력을 완전히 회복해 필적할 대항 상대가 없어지게 된 천계령(遷界令) 해제 무렵인 1680년대의 일이라고 생각해도 좋을 것이다. 강희 20년대에 중국이 스스로 국력을 회복했기 때문만은 아니다. 과거 적대국이었던 일본도 쇄국에 들어선 지 오래고, 이미 계롱, 담수를 점령할 수 있는 군사력을 완전히 잃었기 때문이다.

강희 20년대 이후 대부분의 중국 사람들은 류큐가 실질적으로 일본에 신속(臣屬)된 상태라는 사실을 이미 망각한 듯하다. 그러나 외교 실무의 최전선에 있는 외교관이나 사실 인식을 중시하는 일부 고증학자(考證學者)들은 위의 사실을 남모르게 계속 이야기해오거나 어렴풋이 알고 있었다. 그러나 이 경우에도 그들은 이것을 공언하거나 이러니저러니 드러내놓고 사람들에게 묻지 않았던 것 같다.

그 하나의 예로 생각할 수 있는 것이 1800년(가경 5)에 류큐 책봉사 부사로 이 지역에 갔던 이정원(李鼎元)의 경우이다.

강희 20년대 이후 편집된 각종 류큐 책봉사록에는 류큐에서 사용되고 있는 글자가 일본의 문자와 문장임에 의심의 여지가 없으며, 또한 이 지역에서 사용되고 있는 화폐가 일본의 관영통보(寛永通寶)이고, 이 나라의 승려는 대부분 일본에서 유학하고 귀국한다고 기록되어 있다.

그러나 그 이상 일본과 류큐가 현재 어떤 관계에 있는지에 대해서는 일체 언급하지 않았다. 몸소 류큐에 갔던 이정원은 나하(那覇)의 파상사 명문(波上寺銘文)을 고증하고서 "류큐는 옛날에 일본에 신속(臣屬)되었다." 고 결론을 지었다. 신속되었다고 하는 것은 그의 고증에 의하면 명말 천계연간(天啓年間)이다. 또한 19세기 중엽의 고증학자 유정섭(兪正燮)도 비슷한 고증을 한 결과로 역시 명말 만력만년(萬曆末年)에서 천계연간에 걸쳐 "류큐도 일본에 속해 있었다."라는 결론을 내렸다. 그러나 두 사람 모두 이 나라가 언제부터 어떻게 해서 일본의 신속으로부터 벗어났는지에 대해서는 일체 고증하지 않았다. 일찍이 1609년에 일본에 포로가 되었던 류큐 국왕이 석방되어 류큐국에 돌아갔을 때, 그는 귀국할 수 있었던 이유로 '이추(夷酋)'인 '왜군(倭君)'이 명조의 '천위(天威)'를 두려워했기 때문이라고 명조 측에 해명하였다. 그러나 복건순무 정계사 이하 그 누구도 이런 뻔한 거짓말을 믿지 않았고, 이 나라를 "독립국으로 보기 어려운 것은 확실하다."고 생각했다. 그로부터 약 200년 후 이정원도 유정섭도 "명말에는 류큐가 일본에 속해 있었다."고 명백히 알면서도, 류큐가 일본의 신속을 벗어난 이유로 국왕 쇼네이가 해명했던 것처럼 뻔한 거짓말을 받아들였다고는 도저히 생각할 수 없다. 그렇다면 그들은 판단을 정지하고 그 이상은 따지지 않았다고밖에 말할 수 없다.[59]

이정원은 류큐에 갈 즈음에 『구아(球雅)』라는 한류자전(漢琉字典)을 편집할 계획을 갖고 있었고, 실제로 현지에서 류큐인의 협력 아래 류큐어를 수집한 사실이 그의 『사유구기(使琉球記)』에 자주 보인다. 그런데 귀국 후 그는 『구아』를 『유구역(琉球譯)』이라는 서명으로 변경하지 않을 수 없었다. 그는 귀국 직후 마침 조선연행사의 수행원으로 북경에 와 있던 유득공(柳得恭)에게 "이 서명의 변경을 어떻게 생각하는가?"라고 물었는데, 그 이유로 어떤 친구가 "류큐국의 문자는 일본 문자이다."라고 말했기 때문이

59 夫馬進, 「改訂版을 빌려서」(夫馬進編, 『增訂 使琉球録 解題 및 研究』, 宜野灣, 榕樹書林, 1999), ⅵ~ⅷ면.

라고 했던 것이다.

단지 류큐의 문자가 일본의 문자라고 해서 서명까지 변경하지 않을 수 없었던 것일까. 어째서 『구아』인 채로는 안 되는 것일까. 류큐의 문자가 일본의 문자라는 것 등은 그가 류큐에 가기 전까지 편찬되었던 『사유구록(使琉球録)』에 이미 기록되어 있었으므로, 이정원은 그것을 알고 있었던 것은 아닐까.

『구아』는 유교경전의 하나인 『이아(爾雅)』를 모델로 해서 명명한 것이다. 저작에 매우 의욕적이었던 이정원이 서명을 변경해야 하기까지 몰린 것은 『이아』가 당시 중국 학계에서 어떻게 인식되었는지 모른다면 잘 이해되지 않을 것이다. 당시 학계에서 『이아』라는 것은 단순히 중국 고대의 자전(字典) 정도가 아니었다. 고증학자인 완원(阮元)에 따르면, 『이아』의 아(雅)는 '바른 것에 다가서다'이다. 우(虞), 하(夏), 은(殷), 주(周)라는 고대 왕조들의 수도에서 사용되었던 말은 '정언(正言)'으로, 이른바 표준어였다. 그는 "바른 말[正言]은 바로 지금의 표준어[官話]와 같은 것이다. 바른 것에 다가선다는 것은 각 성(省)의 지방언어를 표준어에 가깝게 하는 것"이라고 말했다. 다시 말해 완원에게 있어서 『이아』라는 것은 주(周) 왕조 시대에 봉건된 각국의 지방언어를 바른 언어인 표준어에 가깝게 바꾸는 것이었다.[60]

이정원이 『구아』를 편찬하려고 했던 것은 이처럼 '가치'를 품은 행위였음에 틀림없다. 이정원보다 전회에 류큐 책봉사로 갔던 주황(周煌)은 건륭제의 명에 따라 『유구국지략(琉球國志略)』을 편찬했다. 이것은 류큐국을 청조의 한 성(省)과 동일하게 취급해서 편찬한 것이었다. 주황의 인식에서는 서명이 『구아』여도 문제는 없었다. 오히려 매우 어울리는 것이었다. 그러나 이정원은 주황에 비해서 그 지위가 보다 자유로웠으며, 필시 보

60 吉川幸次郎, 『論語』(中國古典選3, 東京, 朝日新聞社, 1978(上)), 230면. 阮元, 『揅經堂一集』 권5, 「與郝蘭皐戶部論爾雅書」.

다 학자 타입의 인물이었다. "류큐국의 문자는 일본의 문자이다."라는 친구의 말만으로 서명을 변경하려고 했던 것은 지나치게 단순하다. 그러나 거기에 감춰져 있는 진정한 원인은 다음과 같은 것을 생각할 수 있다. 즉, 그는 류큐에 감으로써 그곳에서 사용되고 있는 언어가 일본어에 가깝다는 것뿐만 아니라, 그 나라 자체가 청조의 성(省)이나 책봉을 받은 제후국과 비슷한 것으로 간주할 수 없는 상황, 다시 말해서 외관상으로는 일본에 신속된 정황이 지금까지 이어지고 있다는 것을 명확하게 의식했음에 틀림없다. 그것은 파상사명문(波上寺銘文)에 관한 고증이 보여주고 있다. 그렇지 않다면 어째서 『구아』라는 가치를 품은 훌륭한 서명을 포기하고 『유구역』이라는 중성적(中性的) 서명으로 굳이 변경할 필요가 있었을까.[61]

그러나 보다 자유롭고 학자 타입이었던 이정원으로서는 역시 유득공에게는 서명을 변경해야 하는 상황까지 몰린 진짜 원인을 언급하지 않았고, 이 조선 지식인에게 '류큐는 현재도 일본에 신속되어 있는 것인가.'라고 솔직히 묻지 않았다. 이런 질문을 받았다면 유득공도 대답이 막혔을 것이고, 이 대화 자체가 사료에 남지 않았을 가능성조차 있다. 이것을 솔직히 말하지 않았기 때문에 그와 유득공의 문답은 잘 이뤄지지 않았으니, 실로 갈피를 잡지 못하고 끝나게 되었다.

또한 다음 장에서 언급할 것으로, 조공사절의 숙사를 관리하는 외교관인 회동관 제독(會同館提督)의 경우도 하나의 예로 들 수 있다. 조선의 '통역관'이 표류한 조선인을 구해주어서 고맙다는 감사 인사를 전하기 위해 류큐 사절의 숙사에 이르렀다. 이를 들은 회동관 제독은 이 통역관에게 "그대들이 스스로 굽혀서 들어가봐야 하는가? (류큐 정사를) 여기로 불러서 만나면 충분하다."라고 완전히 예의를 무시하는 주의를 주었다고 한

61 村尾進, 「『球雅』의 行方－李鼎元의 『琉球譯』과 淸朝考證學」(『東洋史硏究』 제59권 제1호, 2000).

다. 이 역시 필시 선배로부터의 은밀한 전승을 통해, 그가 류큐의 상황을 알고 있었다고밖에 생각할 수 없다. 그도 또한 이런 대응을 해야 하는 이유에 대해서 조선 통역관에게 구체적으로 설명하지 않았다. 아마도 암묵적인 양해가 있었기 때문이었다.

중국의 외교관이나 고증학자들이 류큐가 처해 있는 상황을 알고 있었다고 해도 이것을 공언하거나 그 이상 물을 수 없었다. 왜냐하면 첫째, 중국 청조 황제는 순치제 이후 지금까지 류큐는 일본에 신속해 있지 않은 것으로 조공을 받아왔고 책봉해왔으며, 건륭제는 류큐를 중국의 하나의 성(省)으로 동일하게 간주하며 지방지까지 만들었다. 그렇기 때문에 이것을 공언하는 것은 황제의 얼굴에 욕을 보이는 것이었다. 둘째, 중국 · 일본 · 류큐 · 조선의 4개국은 각각 외교적으로 책봉, 통신, 그리고 두절이라는 다른 관계를 맺음으로써 동아시아에서는 이미 안정된 국제질서가 성립되었기 때문이다. 이것의 공언은 조금의 이익도 없을 뿐 아니라 자칫하면 불경심을 드러내고 질서 파괴를 초래하기 때문이었다.

(번역: 김우진)

제4장

류큐의 국제적 지위에 대한 조선 지식인의 인식

– 북학파(北學派)를 중심으로

1. 머리말

제3장에서 필자는 일본사에서 사쓰마(薩摩)의 침공 등으로 기록된 사건이 당시의 중국과 조선의 사서(史書)에서는 대부분 '일본(왜)의 류큐 합병'으로 기록되었다는 점을 언급했다. 그리고 적어도 1609년에 일어난 이 사건 이후 동아시아에는 중국과 개개의 나라들 사이에 맺어진 책봉관계를 초월하여, 시스템으로서의 책봉체제는 존재하지 않았음을 언급했다.[1]

그 논거의 하나로 조선과 류큐 양국 간에는 국서의 교환조차 일관되게 이루어지지 않았다는 것을 들었다. 바로 일관된 정식 외교관계를 맺지 않았다는 사실이다. 1717년(강희 56, 숙종 43) 조선정부는 자국의 표류민을 구조해 중국을 통해서 송환해준 류큐왕에게 일찍이 명대에 해왔던 것처럼 국서를 보내 감사의 뜻을 표해야 한다는 논의가 한 차례 있었다. 그러나 숙종은 "이 문제가 의외의 근심거리를 만들지도 모른다."고 판단하고

1 본 책 제3장.

국서를 보내지 않았다. 결국 국교를 재개하지 않았던 것이다. 실질적으로 3개국 내지 4개국뿐이었던 책봉국 가운데 2개국인 양국은 어떤 원망이나 적대관계도 없었다. 그리고 청조 세력은 반석(盤石) 위에 올라 있었고, 양국이 공모해 반항할지도 모른다는 우려가 결코 없는 18세기 전반이었다. 만약 동아시아에 시스템으로서의 책봉체제라는 것이 실제로 의미가 있는 것이었다면, 어째서 조선은 북경에서 자국의 백성을 구조해준 감사의 국서조차 류큐 측에 건네지 못했을까? 이것이 설명되지 않는다. 필자는 제2의 논고에서 조선과 류큐의 조공사절이 북경에서 얼마나 기묘한 접촉을 해왔는지 2개의 사례를 소개하면서 이 주장을 보강했다.[2]

그럼 실제로 당시의 조선 지식인은 류큐의 국제적 지위에 대해 어디까지 알고 있었을까. 어떻게 보고 있었을까. 혹은 양국에 국교가 없어지게 된 이유를 어떻게 생각하고 있었을까. 연행사나 통신사가 남긴 기록에서는 이에 대해 어떻게 기록되어 있을까. 본장(本章)에서는 이상의 문제를 거론하고자 한다.

현존하는 조선 사서 가운데 국교가 두절된 류큐에 관한 기록은 매우 드물다. 방대한 『조선왕조실록』에서도 원래부터 류큐에 대한 기록이 적지만, 17세기 후반 이후가 되면 극단적으로 적어진다. 이는 국교도 없을 뿐더러 무역관계도 없기 때문에 당연한 일이다. 이 때문인지 17세기 후반 이후 조선 지식인이 류큐를 어떻게 인식하고 있었는지에 관해 분석한 연구가 거의 없다. 그러나 이 시기 동아시아의 독특한 구조를 이해하기 위해서는 국교가 없는 사람들끼리 서로 국제적 정황을 어떻게 보고 있었는지 분석하는 것이야말로 필수 불가결한 요소이다.

여기에서 주로 거론할 북학파 지식인들은 아편전쟁 이전의 조선에서 가장 풍부한 국제적 감각과 외국에 대한 지식을 갖고 있었던 지식인 그

---

2 夫馬進, 「국교 두절 하, 朝鮮 · 琉球 양국 사절단의 北京 접촉」(『大東文化研究』 제68집, 2009).

룹이었다. 그러므로 그들의 류큐 인식은 17세기 후반에서 19세기 전반에 걸쳐 조선 지식인 가운데 가장 수준이 높다고 생각해도 좋을 것이다. 북학파라는 이름의 유래는 다음과 같다. 1765년(건륭 30, 영조 41) 홍대용(洪大容)은 북경을 방문하고 지금까지와는 전혀 다른 중국의 정보를 가져왔다. 그러자 이에 자극을 받은 박제가(朴齊家)가 1778년에 북경을 방문하고, 귀국 후 곧장 『북학의(北學議)』를 저술하여 '북쪽 중국을 배우자'라고 주장한 데에서 탄생한 것이다. 따라서 그들 대부분은 연행사의 일원으로 북경을 방문했었다. 그들은 이른바 실학파의 일파로 간주되었는데, 그 가운데에서도 가장 외국에 대해 문명 개화적이었다.

일반적으로 북학파라고 하면 홍대용, 박지원(朴趾源), 이덕무(李德懋), 박제가, 이서구(李書九), 유득공(柳得恭) 6명이 거론된다. 그 가운데 유득공의 류큐 인식은 『연대재유록(燕臺再游錄)』을 통해 살펴볼 수 있는데, 이것은 1801년(가경 6, 순조 원년) 그가 북경을 방문했을 때 마침 류큐 국왕을 책봉하고 돌아온 이정원(李鼎元)과 면담하고 기록한 것이다. 이에 관해서는 무라오 스스무(村尾進)가 요점을 간추려 잘 소개하였고, 전장(前章)에서도 간단히 다뤘기 때문에 여기에서는 생략하겠다.[3] 오히려 이번 장에서는 일반적으로 북학파 인사에는 포함되지 않지만 성대중(成大中)과 원중거(元重擧)의 류큐관에 대해서 거론하겠다. 왜냐하면 이 두 사람은 1764년(영조 40, 明和 원년)에 통신사로 일본을 방문하였고, 귀국 후 북학파 지식인들과 친하게 교류하면서 북학파의 일본 인식에 큰 영향을 끼쳤기 때문이다. 실제로 그들이 드러낸 일본관은 연행사의 일원으로서 북경에 갔던 홍대용이나 박제가의 중국관과 매우 비슷하다.[4] 따라서 여기에서 그들도 '북학파' 지식인으로 보고 그들의 류큐 인식을 소개

3 村尾進, 「『球雅』의 행방 – 李鼎元의 『琉球譯』과 清朝考證學」(『東洋史研究』 59권 1호, 2000).

4 그 가운데서도 원중거의 일본관과 홍대용의 중국관이 얼마나 흡사한지는 본 책 제12장인 「1765년 洪大容의 燕行과 1764년 朝鮮通信使 양자가 체험했던 중국 · 일본의 "情"을 중심으로」를 참고하시오.

하겠다.

앞서 거론했던 제2의 논고는 한글로 공표되었기 때문에 대부분의 일본 독자들은 접근하기 어려울 것이다. 그러나 거기에 소개된 조선 사절의 북경 견문 2개는 북학파 지식인들에 의한 류큐 인식의 전제(前提)를 이해하는 데 있어 필수 불가결한 것이기 때문에 본장에서는 우선 이것을 간단히 소개하는 것부터 시작하겠다.

2. 18세기 조선연행사의 3개의 류큐인 견문록

우선 첫 번째 견문록은 1724년(옹정 2, 경종 4) 12월 7일 북경에서 견문한 것으로, 서장관 김상규(金尙奎)가 귀국 후 공식 문서로 국왕에게 보고한 것이다. 귀국 후 여행 도중 견문한 사항들 가운데 중요한 것을 보고하는 것이 서장관의 임무 가운데 하나이다. 그 내용은 대략 다음과 같다.

> 이른 아침, 류큐국의 정사와 부사가 방문한다는 예고도 없이 갑자기 숙사(宿舍)인 옥하관(玉河館)의 마당까지 들어왔기에 응접하지 않을 수 없었다. 의복은 청인과 그다지 다르지 않았지만, 머리는 밀지 않고 자황색(紫黃色) 끈으로 하나로 묶었으니 마치 우리나라 여성과 매우 닮았다. 언어는 만주족의 것도 한족의 것도 아닌 일본어에 비슷하다고 하나 분명하지 않다.
>
> (조선 측) 부사인 이진유(李眞儒)는 우선 "귀국 류큐국과 우리 조선은 교린 관계도 아니며 사신도 왕래하지 않습니다. 오늘 뜻밖에도 중국에 사신으로 와서 해후(邂逅)하게 되었으니 매우 반갑습니다."라는 의미의 말을 적어 보였다. 그러자 류큐 정사는 "저는 류큐 국왕의 외삼촌입니다."라고 하고, 또 "존안(尊顔)을 뵙게 되어 매우 기쁩니다. 운운"이라고 썼다. 필적은 매우 훌륭했다. 그 후 잠시 동안 아무런 대화 없이 갑자기 떠났다. 상식을 벗어난 행동과 경솔한 예의에 매우 많이 놀랐다. 통역관의 말에 의하면 일본인의 풍속과 매우 닮았

다고 한다.[5]

여기에서 류큐 정사로 등장한 이는 옹국주(翁國柱)였다. 류큐 측 사료인 『역대보안(歷代寶案)』의 해당 부분과 『청대중류관계당안(淸代中琉關係檔案) 5편』에 수록된 청 측 사료에 따르면, 그는 류큐 국왕의 외숙부였다고 한다.[6]

한편 여기서 보이는 것처럼 조선 측은 류큐와 '교린관계도 아니고 사신도 왕래하지 않는다.' 즉, 국교가 없음을 명확하게 인식하고 있었다. 수행원 가운데 정사 · 부사 · 서장관은 조선국왕의 대리로 북경에 왔기 때문에 국교가 없는 국가의 사절과 격의 없이 대화할 수 없었다. 오히려 여기에서는 류큐 사절이 아무런 예고도 없이 갑자기 찾아온 것 자체에 대해 놀라울 뿐만 아니라 얼굴을 마주하고 응대하지 않으면 안 되는 당혹감과 노여움을 드러내고 있다. 이때 조선 측에서 정사가 아닌 부사 이진유가 응접하러 나온 것도 아마도 의도적인 행위였을 것이다.

이 사료로부터 또 하나 확인할 수 있는 점은 청조 측이 양국 사절의 접촉에 대해 특별히 기피하지 않았다는 점이다. 양국 사절이 접촉함으로써 반청의 모의를 주고받을지도 모른다는 위구심(危懼心)은 먼 옛날의 일이었다. 조선 측 숙소인 옥하관에서는 회동관(會同館) 제독이나 문지기 격인 청조 측의 군인이 엄중하게 관리하고 있었다. 그렇기 때문에 류큐의 의복을 입고 한눈에 외국인임을 알 수 있는 사람들을 허가증도 없이 들여

5 金尚奎, 『啓下』(서울대학교 奎章閣 韓國學研究院 소장). "(雍正二年十二月)初七日丙子, 晴, 留玉河館. 琉球國兩使臣, 無來見之聲息, 而朝後忽直到庭內, 不得不出接. 其衣服制度, 與淸人無甚相遠, 而斂髮不剃頭, 以紫黃色錦段結之, 恰似我國女人裹巾貌樣, 語音則非淸非漢, 如倭語云, 而亦不了了. 副使臣李眞儒, 先以貴國與我國無交隣之事, 冠蓋不相通, 今日忽與使華邂逅, 幸甚之意書示. 則所謂上使者, 稱以其國王外三寸, 又手寫今日得見芝宇, 甚慰鄙懷等語. 筆法頗麗. 少頃無他酬酢, 而忽然起去. 擧止之顚倒, 禮貌之輕率, 極甚可駭. 譯輩以爲與倭風相同云."

6 『歷代寶案』(那覇, 沖繩縣敎育委員會, 1993) 校定本 4책, 26면, 『淸代中琉關係檔案五編』(北京, 中國檔案出版社, 2002) 34면.

보냈을 리가 없다. 또한 류큐관에서 류큐인이 출입하는 것이 조선관인 옥하관에서 조선인이 출입하는 것보다 훨씬 속박이 심했다고 한다.[7] 그렇다면 옹국주가 류큐관을 나서는 단계에서 이미 청조 측으로부터 조선관을 방문하겠다는 외출 허가를 받았으며, 나아가 청조 측의 사람이 동행했을 것이라고 생각해야 한다. 이것은 후술할 홍대용의 류큐 인식을 볼 때에 다시 거론하겠다.

다음에 소개할 것은 4년 후인 1728년(옹정 6, 영조 4)의 기록이다. 이 기록은 그 전년에 파견된 연행사 수행원 강호부(姜浩溥)의 『상봉록(桑蓬録)』으로, 그는 국왕의 대리로서가 아닌 사적으로 여행단에 참가했다.

1728년 정월, 마침 북경에 체류하고 있던 그들에게 류큐에서 구조된 제주도의 표류민 9명이 류큐인 숙소였던 삼관묘(三官廟)에 이르렀다는 소식이 도착했다. 이때 조선 측은 사절단의 정사 등을 보내 사의(謝意)를 표했던 것이 아니라 통역관인 홍만운(洪萬運)을 류큐관에 보내 류큐 사신에게 사의를 전달했다. 이것은 앞서 1717년 숙종대 당시 결정된 논의를 실행한 것으로, 바로 정사나 부사를 통해 사의를 전하는 것은 국왕의 대리이기 때문에 할 수 없으니 국왕의 대리가 아닌 통역관에게 사의를 전달하게 한다는 논의에 입각한 조치였다.

한편 정월 17일, 청조를 대표하는 예부상서의 입회(立會)하에 조선 측 통역관을 통해 제주도의 표류민 9명에 대한 청취조사가 이뤄졌다. 그리고 2월 12일, 표류민 9명이 조선 측의 숙사에 도착하자 조선 측에 의한 신문(訊問)이 재차 이뤄졌다. 표류민의 답변은 중국 측이 신문했을 때와 거의 동일했다. 그러나 단 하나가 달랐으니, 그들이 표류했을 때 류큐인들과 대응이 있었다고 공술한 점으로, 이 부분이 주목된다. 류큐인은 그

7 예를 들어, 1777년(乾隆 42)의 정황을 기록한 이갑(李坤)의 『燕行記事』(林基中編, 『燕行錄全集』, 서울, 東國大學校出版部, 2001, 제52책, 456면)와 1848년(道光 28)의 정황을 기록한 이우준(李遇駿)의 『夢遊燕行錄』(上同, 76책, 486면).

들 표류민에게 몇 번이고 다음과 같이 말했다고 한다.

> 아국(류큐)인이 너희 나라(조선)에 표착할 때마다 너희 나라에서는 항상 이들을 죽이고 송환하지 않았다. 옛날부터 지금까지 죽이고 돌려보내지 않는 자가 몇 명이나 되는지 모르겠다. 그러나 우리들은 차마 너희 나라가 하는 것처럼 하지 않고 이렇게 보호하고 구조해서 송환하는 것이다.

이를 들은 조선 표류민들은 "창피해서 어떤 말도 할 수가 없었다."라고 하였다.[8]

1728년 조선 한양으로 귀환한 이 표류민 사건은 『승정원일기』 영조 4년 4월 6일, 『비변사등록』 영조 4년 4월 5일, 『동문휘고』 권66, 옹정 6년 2월 19일, 『통문관지』 권10, 영조 4년에도 간단하게 기록되어 있으며, 지금까지의 연구에서도 잘 알려져 있다.[9] 다만 국가의 공식 기록이라고 할 수 있는 이런 사료 어디에도 류큐인이 제주도인에게 비난하며 언급했다는 말은 기록되어 있지 않다. 그러나 강호부가 일부러 황당무계한 이야

---

8 姜浩溥, 『桑蓬錄』 권9(『燕行錄選集補遺』 상, 서울, 성균관대학교 大東文化硏究院, 2008, 622하~640하면). "戊申(雍正六年＝英祖四年)正月初十日辛酉, 晴. 留義州時, 譯官卞仲華入燕, 還言濟州人漂到于琉球國, 琉球國付送於北京貢使, 我使行到北京, 則當逢着云矣. 今日始聞濟州漂海人與琉球使臣, 昨日同入北京, 留在於三官廟云. 行中使洪萬運 · 韓守岳往見漂海人, 又入見琉球使臣, 謝其救濟人命辛勤率來之意. 余初欲同往, 見琉球人之狀矣. 更思之, 則有若薄其身者然, 迺止不往焉. 洪萬運往見而還, 言漂海人之居住人名及數, 呈文禮部, 禮部奏聞于皇帝, 受皇旨, 而後當送于我使行所在處云. 又言往三官廟琉球使所在處, 則彼亦有提督守之. 以入見琉球使而致謝之意, 請于提督. 提督曰, 汝輩豈可自屈而入見之乎. 於此召見之可也. 蓋其意重朝鮮人, 而輕琉球也. 即通于琉球使. 琉球使具冠服出見, 云云.", "正月十七日戊辰. 禮部招所任譯官去, 又招濟州漂人九名於琉球國使館. 尙書以下皆會. 使譯官傳語, 詳問其姓名居住漂海始終, 一一記之, 然後將以奏聞也.", "二月十二日癸巳, 禮部移文于館所, 移送濟州漂海人孫應星等九名. ……(漂海人孫應星等)又言, 琉球人每語渠輩曰, 我國每漂到汝國, 則汝國輒殺之不送. 前後死而不還者, 不知爲幾人, 而我等則不忍效汝國, 若是撫恤以送云. 聞之令人愧不得出言矣. 又言, 今論天下之強大, 則朝鮮當爲中原之亞, 而若論禮義, 則朝鮮當爲首云."

9 『淸代中琉關係檔案四編』(北京, 中華書局, 2000), 58 · 66면.

기를 기록했다고는 도저히 생각할 수 없다. 이런 조작된 이야기를 적지 않으면 안 될 이유가 전혀 없기 때문이다. 또한 제주도 사람들이 일부러 거짓된 공술을 했다고도 생각할 수 없다.

지금까지의 연구에 따르면, 조선 측이 류큐 표류민을 송환한 사례가 1613년부터 1789년까지 약 180년 동안 실제로 확인되지 않는다. 일찍이 류큐인의 조선 표착에 관하여 연표를 작성했던 연구자들은 이렇게까지 오랫동안 류큐인의 표착기록이 나타나지 않는다는 사실에 큰 의문을 가졌고, 이처럼 장기간 동안 표착이 없었다고는 생각하지 않았다.[10] 1728년은 1613년과 1789년 한 가운데로 이 사실과 그들의 언급은 굉장히 부합한다. 이상 2개의 견문은 이미 소개한 적이 있기 때문에 여기에서는 간단히 소개하는 것으로 그치지만, 다음에 소개할 1773년(건륭 38, 영조 49)의 견문은 좀 더 자세하게 소개하겠다. 이것은 엄숙(嚴璹)의 『연행록』에 보인다.[11]

엄숙은 1773년 연행사 부사로, 12월 30일 전례대로 홍려시(鴻臚寺)에 방문하여 정월 초하루에 자금성에서 거행될 신년 축하식을 위해서 예의

---

10 小林茂 · 松原孝俊編, 「朝鮮에서 琉球로, 琉球에서 朝鮮으로의 漂流年表」(小林茂編, 『漂流 · 漂着으로 본 東支那海의 국제교류』 科學研究費補助金研究成果報告書, 福岡, 九州大學大學院比較社會文化研究科, 1997) 70면. 대략 이 글은 그 후 증보되어 小林茂 · 松原孝俊 · 六反田豐編으로 『歷代寶案硏究』 제9호, 1998, 77면에 수록되었다.

11 嚴璹, 『燕行錄』(『燕行錄全集』 제40책, 217~ 231면). “(十二月三十日), 琉球使頭戴黃冠, 高僅二寸, 頂平, 裹黃錦, 以蠟膏塗髮如倭人. ……罷時, 就近欲相見, 則不顧而去. 使譯者請少駐, 亦不答. 曾聞琉球以濟州事怨我, 而難知虛實, 今日事亦似故避. 欲一探測, 與書狀相議, 作書通訊.
(正月初五日), ……所謂手巾, 即苧布尺餘, 印靑作斑文, 紙與茶碗扇竝匣, 皆如日本物矣. 謂之球紙球扇者, 似因吾輩別單有湖西嶺南之稱, 故效而爲之. 足一捧腹.
(正月十二日晴), 琉球使從人五人持書來, 竝召入饋食. 見衣服及頭着, 盡從淸制. 聞之則渡海後自淸造給云. 再昨年入濟州時, 見濟民漂到浙江省, 自淸製給毛兜羊裘, 濟民着裘, 不着兜. 淸人謂皇帝之賜, 不可不着. 濟民等言服色各有邦制, 不敢着云, 則淸人戲以其兜掩, 不意而加之髻, 相與嬉笑云. 今琉球則不但其從人, 聞其使臣亦着淸服, 步往市中, 手自買賣云, 不及濟民遠矣. 脫其兜見之, 芟剃頂髮, 只存四際之髮, 合而作髻於頂上, 髻樣則與我國無異矣. ……問爾國距日本幾何, 則來人掉頭, 言不知日本之爲何國. 又以倭國爲問, 亦揔言不知. 蓋聞琉球服事日本, 而諱之中國, 故如此云.”

작법(禮儀作法)을 배웠다. 류큐 사절이 이 조하(朝賀) 의식에 열석(列席)하기 위해 북경에 와 있었다면 예행연습 자리를 함께 하는 것이 관례였다. 이때도 양국 사절은 함께 예의를 익혔지만, 양국 국왕의 대리로 온 그들이 친하게 필담을 나누지 않는 것도 관례였다. 그러나 엄숙은 류큐 사절과 만나는 것이 얻기 어려운 기회라고 여겼는지 평소 품고 있던 의문을 물어보려고 하였다. 그는 다음과 같이 말했다.

> 나는 일찍이 류큐가 제주도에서의 일로 인해 조선을 원망하고 있다고 들었는데 진짜인지 모르겠다. [좀 더 가까이 다가가 류큐 사절을 만나보려고 했으나 모르는 척 가버린데다, 통역관을 통해 잠시 이 장소에 머물러주지 않겠느냐고 말했지만 역시 대답이 없었다.] 오늘 류큐 사절이 이런 행동을 하는 것은 역시 우리들을 일부러 피하려고 하는 듯하다. 한번 헤아려보고자 서장관과 상의하여 편지를 써서 물어보았다.

엄숙은 편지와 함께 선물로 조선의 호서지(湖西紙)와 영남선(嶺南扇)을 더해서 하인을 류큐관에 보내 전하게 했다. 하인은 돌아와서 류큐 사절 세 사람이 매우 기뻐했다고 전하였고, 답서에는 류큐국 이목관(耳目官) 향선모(向宣謨), 정의대부(正議大夫) 모경성(毛景成), 조경도통사(朝京都通事) 채이(蔡頤)라는 이름이 첨부되어 있었다고 한다.

문제는 정월 5일이 되어 류큐 사절로부터 정식 답례가 왔을 때의 기록이다. 반신에는 3인의 이름이 쓰인 별지 3장이 붙어 있었고, 각기 '수건 2장, 찻잔 2상자', '류큐선(琉球扇) 2상자, 찻잔 2상자', '류큐지(琉球紙) 2권, 류큐선 2상자'라고 쓰여 있었다. 이 선물을 열어보았을 때의 감상을 엄숙은 다음과 같이 기록하였다.

> 이른바 수건은 모시로 만든 천으로 1척(尺) 정도이며 청색 무늬가 찍혀 있었다. 종이와 찻잔, 그리고 부채와 상자 모두 일본 물건인 듯하다. 이것을 '류

큐지', '류큐선'이라고 말한 것은 우리가 보낸 선물 품목 가운데 '호서지', '영남선'이라고 불렀기 때문에 이를 따라서 쓴 듯하니, 한번 배를 잡고 웃을 만하다.

가장 신랄한 말이 보이는 것은 1월 12일 기사이다.

이날, 류큐 사절의 하인 다섯 사람이 편지를 가지고 왔기에 모두 불러들여 식사를 하게 했다. 그들이 입은 의복이나 모자는 모두 청조의 제도였기에 이에 관해 물어보니, 복주(福州)에 도착했을 때 받았던 것이라고 한다. 작년 내가 제주도에 갔을 때 제주도민 가운데 중국 절강성(浙江省)에 표류했던 자를 만난 적이 있다. 그들은 청으로부터 의복이나 모자를 지급받았으나 옷은 입었어도 모자는 쓰지 않았다. 청인들은 황제가 하사한 것이므로 반드시 쓰라고 말했으나, 제주도민은 복장에도 각국마다의 제도가 있기 때문이라고 말하면서 무슨 일이 있어도 쓰지 않았다고 한다.

그런데 지금 류큐 사람들은 하인들뿐만 아니라 사신들도 모자를 쓰고, 청복을 입고 저잣거리를 거닐며 직접 매매한다고 한다. 이들에 비하면 제주도민들이 훨씬 훌륭하다.

제주도는 일찍이 조선에서는 벽지(僻地)였지만, 그곳의 백성들조차 만주족의 모자를 쓰려고 하지 않았다. 그런데 류큐 사람들은 사절인 정사들조차 조금도 부끄러움 없이 이 만주족의 의복을 받아서 입고 즐겁게 도시를 거닌다고 설명하고 있다. 나아가 엄숙은 이 다섯 명의 하인들과 다음과 같은 문답을 했다고 기록하고 있다.

"너희 나라는 일본과 어느 정도 떨어져 있는가?"라고 물으니, 그들은 고개를 저으면서 "일본이 어떤 나라인지 모르겠습니다."라고 답했다. 또 왜국에 대해 물었으나 역시 동요하면서 "모릅니다."라고 말했다. 류큐는 일본에 복종하고 섬기고 있지만, 이것을 중국에 꺼리고 말하지 않는다고 들은 적이 있다. 그래서 이처럼 답하는 것이리라.

그런데 이상에서 본 엄숙의 견문에서 그가 보인 류큐에 대한 신랄함과 멸시 이외에 다음의 두 가지 사항이 매우 흥미롭다. 하나는 홍려시에서의 예행연습 자리에서 류큐 사절이 엄숙 일행을 무시한 것처럼 보인 것에 대해 그는 '제주도에서의 일 때문에 조선을 원망하고 있는 것은 아닐까.'라고 생각했던 점이다. 제주도에서 일어난 일이란, 전술한 것처럼 류큐에서 이 섬에 표착한 자들을 모두 죽여왔다는 공술이 사실이며, 엄숙은 작년에 제주도에 갔다고 했으니, 당시 이것을 들었던 것일까. 아니면 류큐인의 원망이라는 것이 후술할 『춘관지(春官志)』의 기록과 홍대용의 류큐 인식인 이른바 류큐 왕자 살해사건의 전설일까. 엄숙의 일기에서는 이 이상 확인되지 않는다.

다른 하나는 류큐가 일본에 복속되어 있기 때문에 이를 중국에 숨기지 않으면 안 된다고 언급한 것과 "일본은 어떤 나라인지 알지 못합니다."라는 류큐인의 대답도 이 때문이라고 그가 명확하게 기술하고 있다는 점이다. 조선연행사들은 북경에서 류큐인과 종종 조우했고 그들에 관한 기록을 남겼다.[12] 그런데 이런 기록에서는 "일본까지 어느 정도 떨어져 있는가?" 등 조선 측이 자주 묻는 것에 대해 류큐인들은 잘 모른다고 대답했고, 조선인은 이런 불명확한 대답에도 그 이상 추궁하거나 질문하지 않고 끝내는 것이 일반적이었다. 엄숙은 류큐가 일본에 복속되어 있다는 사실을 사전에 거의 확신하고 질문했기 때문에, 류큐 측이 명확하게 대답하지 않을 것임을 알고 있는 상태에서 상대의 반응만을 보기 위해 짓궂은 질문을 한 것이라고 생각해도 좋을 것이다.

그럼 북학파 지식인들의 경우를 살펴보자.

---

12 沈玉慧, 「淸代朝鮮使節在北京的琉球情報收集」(『漢學硏究』 제29권 3호, 2011).

3. 원중거와 성대중의 류큐 인식

원중거와 성대중은 1764년(영조 40, 명화 원년) 서기관으로 함께 일본을 방문했다. 원중거에게는 이 여행기인 『승사록(乘槎錄)』과 일본 연구서인 『화국지(和國志)』가 있으며, 성대중 역시 이 여행기인 『사상기(槎上記)』와 일본 연구서인 『일본록(日本錄)』이 있다. 그러나 이 저서들에는 류큐에 관해 기록된 것이 거의 없다. 우리는 주로 그들이 이런 저작에 인용했던 선행 저서들을 통해 그들이 어느 정도 류큐에 관해 알고 있었는지 유추하는 수밖에 없다.

원중거가 그의 저서 『화국지』에서 류큐의 상황을 언급한 것은 나가사키와 사쓰마에 관해 논한 부분이 유일하다. 이 가운데 사쓰마에 관한 기술에서, 시마즈씨(島津氏)는 사쓰마 · 휴우가(日向) · 오오스미(大隅)의 3개 주(州)를 거느리고 있으며, "또한 류큐 국사(國事)를 다스리고 있다."고 논하고 있다.[13] 원중거가 자신의 언어로 류큐가 사쓰마, 나아가서 일본의 실질적인 지배하에 있다고 기록한 것은 이 한 부분뿐이다. 그렇지만 그가 『화국지』의 다른 부분에서 인용한 선행 저서들의 서명을 통해 어느 정도 류큐에 관해 알고 있었는지를 추측할 수 있다. 그 선행 저서들은 『왜국삼재도회(倭國三才圖會)』(혹은 『日本三才圖會』, 이맹휴(李孟休)의 『춘관지』, 신숙주(申叔舟)의 『해동제국기(海東諸國紀)』가 있는데, 이 가운데 『해동제국기』는 15세기 이전의 류큐 정보를 전하고 있기 때문에 여기에서 문제가 되는 것은 『왜국삼재도회』와 『춘관지』이다.

『왜국삼재도회』 혹은 『일본삼재도회』는 데라지마 료안(寺島良安)이 1712년(정덕 2)에 편찬한 『화한삼재도회(和漢三才圖會)』이다. 이 책은 늦어도 1748년 통신사의 일원이었던 조명채(曺命采)가 이미 그의 저서 『봉사

---

13 『和國志』 권2, 西海道, 薩摩州(栖碧外史海外蒐佚本30, 李佑成編, 서울, 아세아문화사, 1990, 205면). "(薩摩州)兼領薩摩 · 日向 · 大隈三州, 又領琉球國事."

일본시견문록(奉使日本時聞見錄)』에서 인용하고 있으며, 이후 조선 지식인이 일본을 논할 경우 자주 사용되었다.[14] 『화한삼재도회』에서 류큐에 관한 기록은 권13, 이국인물(異國人物), 류큐의 항목과 권64, 지리, 류큐국의 항목인데, 이 가운데 권13에 담긴 정보가 보다 중요하다.

여기에서 '류큐'는 진단(震旦, 중국), 조선, 탐라, 올량합(兀良哈) 다음으로 기록되어 있는데, '류큐국'이라고도 불리며, 일본에 있어서는 분명히 '이국(異國)'의 하나로 취급되고 있다. 그런데 여기에서는 1609년에 류큐 국왕 쇼네이(尙寧)가 사쓰마의 포로가 되었다는 사실을 기록하고 있을 뿐만 아니라 "최근에는 사쓰마의 부용국(附庸國)이 되었다."라고 분명히 기술하였다. 게다가 쇼네이가 죄를 용서받은 후 "매년 공물을 게을리하지 않으며, 장군가(將軍家)에서 세습이 있을 때에는 왕자가 와서 방물(方物, 공물)을 헌상한다."고 기록하고 있다. 나아가 헤이안(平安) 시대 말기에 진제이 하치로(鎭西八郞), 즉 미나모토노 타메토모(源爲朝)가 류큐로 건너가 이곳의 백성들을 평정한 후 도민(島民)들은 모두 일본의 풍속을 따랐고, 타메토모는 순천태신궁(舜天太神宮)으로써 이 지역에서 숭배되고 있다는 전설도 기록하고 있다.[15]

원중거를 비롯한 『화한삼재도회』를 읽은 18세기 조선 지식인은 류큐가 '이국'으로 불리고 있지만, 현재 사쓰마의 부용국으로 영유지가 되었으며, 사실은 번국(藩國)들보다도 한 단계 낮은 지위에 있다는 점과 조선이 중국 황제가 즉위할 때마다 축하사절을 북경에 보내는 것처럼 류큐도 일본 장군이 즉위할 때마다 똑같이 축하를 위해 왕자를 보낸다는 사실 등

---

14 『奉使日本時聞見錄』 총론에는 「倭之三才圖書」가 있는데, 여기에서는 이 책을 사용해 姜沆과 藤原惺窩의 관계에 대해서 언급했다.

15 『和漢三才圖會』 권13, 「異國人物-琉球」, "近年爲薩摩附庸之國, 而有不從命. 慶長十四年, 島津家立言于關東, 遣數千兵, 以討之, 那覇都陷, 捕尚寧王以歸. 尚寧王在薩摩三年, 而赦還本國. 自是愈每年貢物不怠, 而將軍家嗣立時, 王子來獻方物."
"相傳, 鎭西八郞源爲朝, 勇力無雙士也. 流于豆州, 從大島渡琉球, 驅魑魅安百姓. 於是島民皆爲日本風俗, 爲朝逝後立祠, 神號曰舜天太神宮."

을 알고 있었다. 성대중도 그의 저서 『일본록』의 서두에 『왜삼재도회』의 서문을 인용하고 있는 점으로 보아 이 책을 읽었다는 점을 알 수 있다.

한편 이맹휴의 『춘관지』는 조선의 예조(禮曹)와 관계된 여러 가지 정보를 담은 것으로, 춘관은 예조를 말한다. 여기에는 1745년(건륭 10, 영조 21) 이맹휴의 서문이 있으며, 그 전년인 1744년까지의 기사가 있는 것으로 보아 대략 그 시기까지의 외교관계 사료가 담겨 있다. 외교관계 사료라고 해도 청과 관련된 것은 거의 없고 대부분 일본과 관계된 것만 있는데, 마지막 부분에 류큐에 관해서도 얼마 안 되지만 기록되어 있으니, 다음과 같은 글로 마치고 있다.

> 삼가 생각하건대, 류큐국은 비록 아주 먼 곳에 있지만 국초 이래 내빙(來聘)하거나 통문(通問)하면서 인국(隣國)으로서의 후의(厚誼)를 서로 표하였다. 혹자들은 인조(仁祖, 1623~1649) 말년에 류큐의 세자(황태자)가 탐라(제주도)에 표착했는데 그 지방의 관료에게 살해된 이후 결국 관계가 끊어졌다고 한다.[16]

여기서 류큐의 황태자를 살해했다는 것은 류큐의 황태자가 일본인의 포로가 된 부친인 국왕을 구하기 위해 배에 재물을 산처럼 싣고 일본에 가려다가 제주도에 표착했는데 재물에 눈이 먼 지방관에게 살해되었다는 전설을 말한다.

물론 이 이야기는 픽션이다. 왜냐하면 이 시대에 포로가 되어 일본에 간 것은 쇼네이왕(尙寧王)인데, 류큐 측의 사료인 『중산세보(中山世譜)』에 따르면 쇼네이왕에게는 세자가 없었고, 쇼큐왕(尙久王)의 네 번째 아들인

---

16 『春官志』 권8, 「典客司所掌-琉球」(『近畿實學淵源諸賢集』 제2책, 서울, 大東文化研究院, 2002, 420면). "謹按, 琉球國雖絶遠, 自國初以來, 或來聘或通問, 交修隣誼. 或謂仁祖末年琉球太子漂到耽羅, 爲守官所害, 是後遂相絶云."

쇼호우왕(尚豐王)에게 양위했다고 전하고 있기 때문이다.[17] 또한 쇼호우왕은 물론 왕족의 어느 누구도 쇼네이왕을 구하기 위해 출항했다가 조선에 표착했다고 전해지지 않는다. 류큐 역사가들도 옛날부터 이 전설에 관해 류큐의 사실과 맞지 않는 착오라고 여기고 있다.[18] 일설에 의하면, 이 설화는 광해군 3년인 1611년 제주도에서 일어난 어떤 외국인 표착민 살해 사건을 바탕으로 이루어진 것이 아닌가 여겨지고 있다.[19] 이 전설이 문학으로서 문헌에 남겨진 것은 1749년부터 1751년에 걸쳐 이중환(李重煥)에 의해 편찬된 『택리지(擇里志)』가 최초라고 여겨지는데, 『춘관지』는 내용이 간단하지만 이보다 조금 빠르다. 이와 함께 주의해야 할 것은 거의 예조의 공인(公人)으로서 『춘관지』를 편찬했던 이맹휴가 조선과 류큐 사이의 국교가 단절된 원인으로, 이 사건을 거론했다는 점이다. 이맹휴는 신중하게 "혹자는 말한다."라며 제3자의 일설로 기록하고 있지만, 이 일설에 대한 논박을 더하거나 국교가 끊어진 것에 관해 별다른 원인을 거론하지 않고 있다. 다시 말해, 그처럼 예조와 깊은 관계를 갖고 있으면서 류큐와 조선과의 관계를 알 수 있는 위치에 있었던 당시의 최고 지식인들도 일찍이 우호관계였던 양국의 국교가 끊어진 이유에 대해 이 일설 이외는 설명할 수 없었다.

원중거뿐만 아니라 성대중 역시 『춘관지』를 읽었다. 왜냐하면 성대중은 『일본록』에서 다케시마(죽도, 竹島, 獨島) 문제로 유명한 안용복(安龍福)이라는 인물전을 기록하면서 이맹휴의 『춘관지』가 얼마나 훌륭한 작품인지 논하고 있기 때문이다.[20] 원중거와 성대중 두 사람은 조선과 류큐 사

17 原田禹雄譯, 『蔡鐸本中山世譜』(宜野灣, 榕樹書林, 1998), 143면.

18 島倉龍治 · 眞境名安興, 『沖繩一千年史』(那覇, 小澤書店, 1923), 136면.

19 松原孝俊, 「朝鮮에서의 傳說生成의 메카니즘에 관하여—주로 琉球王子漂着譚을 중심으로—」(『朝鮮學報』 제137집, 1990, 124면).

20 『日本錄』의 「付安龍福事」. 成大中은 『春官志』 권8, 「典客司所掌—日本—鬱陵島爭界」에 기록되어 있는 '安龍福傳'을 거의 그대로 초록하였고, 金用謙으로부터 『春官志』가 우수한 서적

이의 국교가 단절된 이유로 조선 측이 류큐 왕자를 살해했다는 설이 유력하다는 것을 확실하게 알고 있었다. 왜냐하면 일찍이 이런 설이 있었던 데다『춘관지』처럼 거의 공식적인 편찬물에도 실려 있기 때문이다.

원중거와 성대중 두 사람은 또 그들이 에도(江戶)에서 입수한 오규 소라이(荻生徂徠)의『조래집(徂徠集)』을 통해서 류큐의 상황을 알고 있었던 것도 거의 확실하다. 그들은 일본에서『조래집』을 숙독하였고 그 가운데 일부분은 암기할 정도였다.[21] 예를 들어『조래집』에는 다음과 같이 기록되어 있다. 소라이에 따르면 일본은 4면으로 둘러싸여 있는데, 그 가운데 동쪽은 에미시(毛人, 蝦夷)가 이웃하고 있으며, 이곳은 마쓰마에씨(松前氏)가 다스리고 있다. 남쪽은 중산(中山, 류큐)과 통하고 있으며, 이곳은 사쓰마번이 통괄하고 있다. "이 두 곳은 이미 우리나라에 신하가 되어 접해 있다. ……양쪽 모두 영국(影國, 그림자와 같은 부용국)으로 문제가 일어나도 번거롭게 군대를 일으킬 필요가 없다. ……막부(幕府)가 정령(政令)을 널리 알리려고 할 때에도 이미 국내와 마찬가지로 특별한 문서가 필요 없다."[22]

소라이의 이 문장은 쓰시마번(對馬藩)의 서기(書記)로 종사하며 대(對)조선 외교의 최전선에 있었던 아메노모리 호슈(雨森芳洲)를 격려하기 위해 썼던 것이다. 원중거도 성대중도 소라이가 조선을 논하는 부분에는

임을 추천받아서 이 책을 예조에서 읽었다고 기록하였다. 원중거의『화국지』권2,「安龍福傳」523면도 이『춘관지』의 초록이라고 생각된다. 또한 류큐 왕자 살해사건은 元重擧 · 成大中과 동시대 인물인 黃胤錫도 그의『頤齋亂藁』(서울, 韓國精神文化硏究院, 1995, 제2책, 180면) 권11의 戊子(1768)년 7월 18일에 기록되어 있는데, 이것도『춘관지』를 필사한 것으로 보아, 그도 이를 통해 알고 있었다. 이 외에도 류큐 왕자 살해사건과 후술할 홍대용의 류큐 인식으로 제주도인이 류큐인의 보복을 두려워해 제주도민이라는 것을 숨기려 한다는 전설은 이 전후의 조선 문헌에 매우 많이 등장한다.

21 본서 제10장.

22『徂徠集』권10,「贈對書記雨伯陽敍.」, "夫我之稱邊者四, 東隣毛人, 松前氏治焉, 南通中山, 薩藩之所轄, 之二者業已爲臣妾於我焉. 迺其地寒暑弗交, 其俗獷馴或殊, 均之蕞爾影國, 有事則不足煩一旅."

특별히 민감하였으니 이 문장에도 주의를 기울여 읽었을 것이다. 더구나 아메노모리 호슈에 관한 것은 신유한(申維翰)의 『해유록(海游錄)』을 통해서 알고 있었기 때문에 이것을 흥미 깊게 읽었을 것이다. 그렇다면 일본 측에서 류큐의 상황을 '그림자와 같은 부용국'으로 평가하고 있었음을 당연히 알고 있었다고 생각해야 한다.

원중거와 성대중은 기존의 통신사 기록 가운데 특히 신유한의 『해유록』을 통해서 류큐의 정황을 알고 있었다. 원중거는 그의 일본 여행기인 『승사록』 계미년(1763) 11월 3일 부분에서 신유한의 『청천일기(靑泉日記)』의 기사를 거론하고 있다. 또한 성대중의 『일본록』은 과반이 신유한의 『해유록』을 초록한 것이다. 여기에는 신유한이 전하고 있는 류큐 정보의 대부분이 담겨 있다. 바로 류큐는 3년에 1번 일본에 조공하는데, 사쓰마 주에서 상륙해 에도에 이르러 행례를 마친 후 귀국한다는 내용이다. 또한 신유한이 기록한 표해록(漂海錄)까지 담고 있으니, 이것은 제주도 부근 류큐에서 표류하여 류큐-일본을 경유해 동래부(東萊府)로 송환되었던 어떤 이의 체험담 내용이다.[23] 성대중이 생존했던 시대에는 이미 예전부터 류큐에 표착한 조선인은 복주-북경 경로로 귀환했지만, 백 년 전에는 사쓰마-나가사키-쓰시마 경로로 귀환되었다는 사실도 알고 있었을 것이다.

요컨대 원중거와 성대중은 당시 류큐의 국제적 지위에 대해서 거의 정확하게 대부분 알고 있었다고 봐야 한다. 류큐가 일본과는 다른 일국(一國)이면서도 실제로 사쓰마의 부용국, 나아가 일본의 속국으로 독자적인 행동이 거의 불가능했으며, 중국에 조공하는 것처럼 일본에도 조공하고 있었고, 옛날에는 조선과 통신하는 관계였으나 현재는 국교가 단절되었다는 것도 알고 있었다. 게다가 국교가 단절된 원인으로 제주도에 표착했던 류큐 왕자를 살해했었다는 일설과 한 시대 전에는 류큐에 표착한

23 『日本錄』「靑泉海游錄鈔-外俗」; 申維翰의 『海游錄』은 『海行摠載』 제1책, (서울[京城], 朝鮮古書刊行會, 1914, 356면); 본서 제3장, 158면, 주 54.

조선인이 중국 경유가 아닌 일본 경유로 송환되었다는 것 등 거의 대부분의 사실을 알고 있었다고 할 수 있다.

4. 홍대용과 박지원, 이덕무의 류큐 인식

홍대용이 연행을 다녀온 것은 1765년(건륭 30, 영조 41)부터 그 이듬해에 걸쳐서이고, 그 자극을 받아 이덕무와 박제가가 연행을 다녀온 것은 1778년의 일이다. 박지원의 연행은 그 2년 후의 일이다.

홍대용의 북경 여행 기록은 한문본 『담헌연기(湛軒燕記)』와 한글본 『을병연행록(乙丙燕行錄)』이 있는데, 한문본에서의 류큐에 관한 기록은 권2 「번이수속(藩夷殊俗)」에 있는 것이 거의 대부분이다. 1766년 정월 22일, 그는 류큐 사절이 머무르는 북경의 류큐관을 방문했지만 마침 회동관(會同館) 제독이 있었기 때문에 입관을 허락받지 못했다. 그 후 그는 회동관 대사로부터 입관 허가증을 얻어 다시 방문하려 했으나 사절들이 이미 북경을 출발해버렸다는 등의 이야기를 간단히 기록하고 있을 뿐이다. 그러나 한글본의 일기에는 정월 6일과 정월 22일 두 부분에서 그의 류큐 인식을 자세히 언급하고 있다.

우선 『을병연행록』 건륭 31년 정월 6일에 따르면, 이날 회동관의 서반(序班)인 부가(傅哥)가 그의 방에 와서 류큐에 관해 문답했다.[24] 서반은 홍려시 서반으로도 부르며, 『대청회전(大淸會典)』 권3의 규정으로는 종9품관인데, 홍대용은 서리(胥吏)라고 설명하고 있다. 조공사절의 숙사를 관리

24 소재영, 『주해(注解) 을병연행록(乙丙燕行錄)』(서울, 太學社, 1997), 250~252면, 김태준 · 박성순 역, 『산해관 잠긴 문을 한 손으로 밀치도다—홍대용의 북경 여행기<을병연행록>』, (서울, 돌베개, 2001), 135~136면. 두 책 모두 셔반(서반)을 西班 혹은 書班으로, 부개(부가)를 夫哥로 漢字化했으나, 『湛軒燕記』 권1, 「衙門諸官」(성균관대학교 大東文化硏究院編, 『燕行錄選集』 상책, 서울, 1960, 250면하)을 대조해보면, 전자는 序班, 후자는 傅哥가 정확하다.

하고 외국인의 행동을 단속하는 것이 그들의 임무였다.

한편 이날, 홍대용은 서반 부가에게 "지금 중국에 조공하고 있는 나라는 몇 개국인가?"라고 질문했다. 그러자 그는 "조선, 류큐, 안남(安南), 남장(南掌, 라오스), 홍모(紅毛, 네덜란드) 5개국이다."라고 답변하고, 역으로 홍대용에게 "류큐국은 조선과 가까우니 서로 통교하며 왕래하고 있는가?"라고 되물었다. 이에 대해 홍대용은 "옛날에는 통교했지만 근래에는 통교하지 않는다."라고 답했고, 부가는 그 이유를 추궁했다. 이후의 대답을 그는 다음과 같이 기록하였다.

> 그 곡절은 우리나라의 부끄러운 일이라 말하지 못하고 "모른다."라고 하니, 부가가 고개를 끄덕이고 나갔다.

나아가 홍대용은 '조선의 부끄러운 일'이라는 것이 무엇인지 대략 다음과 같이 독백처럼 기록했다.

류큐는 섬나라 가운데 보물이 많고 조선의 전라도로부터 멀지 않으며 옛날에는 서로 통신사를 보냈었다. 이후 류큐 국왕이 표류해 왜국(일본)에 생포되자, 세자(황태자)는 큰 배에 보물을 산처럼 쌓아 왜국으로 가져가서 아버지를 구하고자 하였으나 그 역시 표류해서 제주도에 표착하고 만다. 그런데 제주를 통치하던 목사는 탐욕스럽고 무자비한 인물로, 세자가 사정을 말하며 목숨을 구걸했지만 들어주지 않고 죽이고 말았다. 이로 말미암아 류큐는 조선에 통신사를 보내지 않았고, 또 제주도민을 만나면 그들을 죽여 원한을 풀고자 했다. 이런 이유로 제주도민들은 표류를 걱정하며 배를 탈 때마다 자신이 제주도가 아닌 강진(康津)이나 해남(海南) 출신이라는 신분증명서를 가지고 바다에 나갔다.

이것은 앞서 언급한 류큐 왕자 살해사건이라는 전설이다. 회동관을 관리하며 외국의 일을 다소 이해하고 있는 서반들도 양국이 같은 조공국이면서 이웃 국가임에도 불구하고 국교가 없는 이유를 이해하지 못했다.

홍대용은 그 이유로 일찍이 제주도에 표착했던 류큐 왕자를 살해했기 때문이라고 여겼다. 그가 이 전설이 진실이라고 생각했는지의 여부는 알지 못하지만, '우리나라의 수치스런 일이기에 말하지 못했다.'라고 기록한 것으로 보아, 적어도 뭔가 신빙성이 있다고 느꼈을 것이다. 적어도 그는 어째서 류큐와 국교가 없어졌는지 충분히 설명할 수 있을 만한 이유를 들지 못했다.

박지원도 『택리지』를 읽고 이 류큐 왕자 살해사건이라는 전설을 알고 있었다. 그러나 그는 이 전설에 대해 "증거가 될 만한 옛 기록이 있는 것이 아니다. 세속의 속설에 지나지 않는다."라고 선을 그었다.[25] 또한 그의 연행록인 『열하일기(熱河日記)』의 피서록(避暑錄)에서도 이 설화를 소개하면서, 중산왕 쇼네이가 북경을 경유해서 조선국왕에게 서간을 보낸 것으로 보아 그 세자가 살해되었다는 등의 사건은 있을 수 없는 일이라고 여겼다.[26]

이처럼 박지원은 홍대용에 비해서 이 전설에 대해 보다 부정적인 의견을 갖고 있었다는 점은 확실하지만, 그 역시도 어째서 조선과 류큐 사이의 국교가 단절되게 되었는지에 관한 해답을 발견하지 못한 듯하다. 왜냐하면 『열하일기』에서 "명 · 청의 교체가 있었던 갑신년(1644) 이후 양국은 두 번 다시 소식을 전하지 않게 되었다."라고 언급하였으니, 국교가 단절된 것을 알고 있었던 것은 분명하지만, 그 이유에 대해서는 어떤 기록도 하지 않았기 때문이다.

---

25 朴趾源, 『燕巖集』 권6, 「書李邦翼事」(서울, 景仁文化社, 1966, 李佑成序, 99면). "又耽羅人之漂到異國者, 諱稱本籍, 托以靈光 · 康津 · 南海 · 全州等地方者, 俗傳琉球商舶被耽羅所害故云耳. 或言非琉球, 乃安南. 李重煥擇里志俱載其詩. 然非有古記可證, 只是世俗流傳, 不必多辨其眞僞."

26 朴趾源, 『熱河日記』「避暑錄」(『燕巖集』 권14, 熱河日記, 276면, 『熱河日記』 上海, 上海書店版社, 1997, 262면). "世傳皇明天啓中, 倭攻琉球, 虜其王. 琉球太子載其國中世寶, 將以贖父. 舟漂到濟州. ……牧使盡籍船中所載, 遂殺太子. ……此載李重煥擇里志. 牧使遭臺參, 減死長流云. 余嘗疑此近齊東. 使此果眞也, 牧使之罪, 雖肆市難贖, 其子孫如何長享富貴. 琉球中山王尚寧, 屢以書幣遞付, 年至使, 甲申以後不復通問."

다음은 홍대용이 『을병연행록』 정월 22일에 기록한 것이다. 한문본 『담헌연기』에도 간단히 기재되어 있는 이야기이니, 바로 그가 류큐관에 가려 하였으나 마침 회동관 제독이 와 있었기 때문에 안으로 들어가지 못했다는 것이다.[27] 우리들은 한글본 『을병연행록』에 기록된 그의 언동에서 그와 같이 자유로운 수행원들은 류큐관을 방문하는 것이 결코 어렵지 않았음을 확인할 수 있다. 앞에서 언급했던 것처럼 1724년 류큐의 정사 옹국주가 조선 측 숙사를 방문하려고 했을 때조차 청조의 관헌은 그들을 저지하지 않았다. 더구나 조선 측 수행원은 보다 쉽게 허가했을 것이다. 『을병연행록』에서는 조선 측 숙사인 옥하관의 관리자로 포수월(包水月)이라는 인물이 나온다.[28] 홍대용이 포수월에게 "류큐관에 가고 싶은데 어렵지 않은가?"라고 묻자, 그는 "무슨 어려운 일이 있겠습니까. 다만 회동관의 대사(大使)에게 알린 후에 간다면 문제가 없을 것 같습니다."라고 대답했다 한다. 『대청회전』 권3의 규정에 따르면, 대사는 장관인 제독 아래의 정9품으로, 앞에서 언급한 서반의 한 단계 위이며, 옥하관이나 류큐관을 관리하는 것이 그의 업무였다.

북학파 지식인 가운데 한 명인 이덕무의 류큐 인식에 관해서도 간단히 소개하겠다. 『청령국지(蜻蛉國志)』는 그의 일본 연구서이지만, 그 기록의 대부분은 원중거의 『화국지』와 데라지마 료안의 『화한삼재도회』를 바탕으로 한 것이다. 류큐에 관해서는 「병전(兵戰)」에서 사쓰마가 류큐를 공격하여 쇼네이를 포로로 삼은 사실들을 기록하였고, 「이국(異國)」에서는 미나모토노 타메토모의 전설 등을 기록했다. 양자의 내용을 대조해보니 상호 일치하는 것으로 보아 이상의 기사가 모두 『화한삼재도회』를 근거로

27 앞의 주 24, 『주해(注解) 을병영행록(乙丙燕行錄)』, 388~392면.

28 포수월은 정훈식譯, 『을병연행록』(1책, 서울, 도서출판 경진, 2012, 480면)에서는 포슈월(包水月)이라고 해석하며 『湛軒燕記』 권2, 「京城記略」을 인용했다. 包水月이라면 그는 會同館의 隸卒이다.

했다는 것을 확인할 수 있었다.[29] 이덕무는 박학다식한 사람이며, 또한 원중거와는 인척관계였다. 따라서 원중거가 류큐에 관해 알고 있는 대부분을 그 역시 알고 있었다고 봐야 한다.

5. 1794년 류큐 표류민의 육로송환과 박제가의 『북학의』

1794년(건륭 59, 정조 18) 8월 17일, 제주도에 한 척의 류큐선이 표착했다. 생존자 4명은 육로로의 송환, 즉 중국 경유로 복건성 복주에서 귀국하는 것을 원했다. 이후 한 사람은 사망했지만 조선정부는 그들의 부탁을 들어주었다. 이보다 앞서 류큐 표류민을 북경-복주 경유로 송환했던 전례는 1612년(만력 40, 광해군 4)의 것이 가장 빠르니, 이번의 육로송환은 실로 거의 200년 만의 재개였다. 다시 말해 1794년에 조선의 류큐 표류민 송환 정책이 일대 전환을 맞았다.

표착한 류큐인과의 문답을 비교적 자세하게 기록한 것은 『비변사등록』 10월 22일조이지만, 우리에게 중요한 것은 『조선왕조실록』 정조 18년 9월 을미(11일)조에 실려 있다. 이것은 표착한 장소인 제주도에서 조사가 이뤄졌을 때의 문답으로, 제주목사였던 심낙수(沈樂洙)가 정조에게 보낸 문서이다.[30]

심낙수는 대정현감(大靜縣監)으로부터 통보를 받고 부하를 통역관과 함께 현장에 파견했다. 보고에 따르면 류큐인은 육로로 북경을 경유해 복

29 李德懋, 『蜻蛉國志』(『青莊館全書』Ⅲ, 『韓國文集叢刊』 259집, 2001, 190 · 192면). "慶長十四年, 島津家立言于關東, 遣數千兵, 擊琉球, 禽尚寧王以歸. 在薩摩三年, 而赦還琉球."

30 『朝鮮王朝實錄』, 정조 19년 9월 乙未. "濟州牧使沈樂洙狀啓言, 琉球國漂人問情, 必欲從陸路, 願往福州, 仍歸其國者, 事極駭異. 所當反復詰問, 而譯學通事, 俱不能曉解其言. 漂人不通文字, 無以得其情實, 而語及水路, 輒皆揮手掉頭. 諭以國法所不許, 而抵死力拒. …… 異國之人移咨入送, 必無前例, 決不可爲. 改裝船隻, 多載糧米, 強令乘船, 任其死生之外, 似無他道, 請令廟堂稟處."

건성 복주에서 귀국시켜주길 간절히 원했다. 심낙수에게 있어 이것은 '매우 놀라운 일'이었다. 문답에서 수로로 돌려보내는 이야기에 이르자, 류큐인은 손사래를 치고 머리를 조아리며 싫다고 애원했다. 이 때문에 조선 측은 "육로로 송환하는 것은 국법에서 허락하지 않는다."고 설득했으나 류큐인들은 사력을 다해 거부했다고 한다.

심낙수는 류큐 표류민을 소선(小船)에 태워 류큐로 돌아가도록 하는 것은 사지(死地)로 보내는 것과 동일하다고 여겼다. 그렇다고 그들을 북경 예부에 알려서 중국을 경유해 송환시키고 싶어도 "반드시 전례가 없기 때문에 불가능하다"고 생각했다. 이에 심낙수는 국왕 정조에게 "이 일을 어떻게 처리해야 할지 중앙에서 결정하고 지시해주길 요청"했다.

이에 따르면, 조선 연안, 적어도 제주도에 표착한 류큐인에게 "육로 송환은 국법이 허락하지 않는다."고 설득해 수로로 귀국하도록 유도한 듯하다. 그러나 이 수로에 따른 송환조차 『조선왕조실록』에는 1790년이 되어서야 처음 나타나기 때문에[31] 이전에는 어떻게 처리했는지 알 수 없다. 1790년은 1794년보다 불과 4년 전이고, 게다가 정조 치세이기 때문에 류큐 표착민을 송환하는 정책의 대전환은 우선 이즈음에 시작했을지도 모른다.

이 보고를 받은 정조는 육로로 송환시키도록 결정했다. 그리고 조만간 출발 예정인 연행사에게 가탁해서 이들을 중국에 보내는 방향으로 대신들에게 지시해 토론시켰다. 대신들의 합의를 바탕으로 류큐인이 서울을 출발해 귀국길에 오른 것은 그 해 10월 29일의 일이었다. 이와 관련하여 조선국왕으로부터 예부에 보내는 문서가 작성되었고, 건륭황제도 어렵지 않게 허가함으로써 200년을 거쳐서 재개된 류큐인의 육로송환은 무사히 끝

31 앞의 주 10, 89면(121면). 孫承喆, 「朝 · 琉 交隣體制의 구조와 특징」(『朝鮮과 琉球』, 서울, 아르케, 1999), 38면; 日本語譯은 『朝鮮と琉球』, (宜野灣, 榕樹書林, 2011), 25면.

마쳤다.[32]

1794년 류큐 표류민을 육로로 송환하도록 시종 적극적으로 선도한 것은 국왕 정조였다. 10월 29일, 서울 출발을 앞둔 연행사[동지사] 삼사신(三使臣)들이 정조에게 하직인사를 올렸다. 이때 정사 홍양호(洪良浩)는 200년간 선례가 없기 때문에 "류큐 표류민이 만약 북경에서 저지당하는 일이라도 생긴다면 매우 난처할 것입니다."라고 우려했으나, 정조는 "황제는 만민을 자식처럼 여기시니 저지하고 받아들이지 않을 리가 없다."라고 답하며 용기를 주었다고 한다.[33] 또한 제주도에서 류큐 표류민과의 통역을 담당했던 자가 충분히 그 역할을 다하지 못했음을 알게 된 정조는 류큐 사절이 북경을 방문하는 시기를 가늠하여 국경에 있는 의주(義州)의 역관을 북경에 파견해 류큐어를 배우도록 지시하였다.[34] 게다가 당시 표류민의 처지에 대해 여러 가지로 마음 쓰며 그들의 모습을 묻고, 접대와 처우를 잘 갖추도록 몇 번이고 지시했다.[35]

그렇다면 어째서 정조는 이토록 류큐 표류민에게 마음을 쓰며 송환정책의 대전환을 이룬 것일까? 당시 제주도를 관리한 전라도 관찰사는 북학파의 한 명인 이서구(李書九)로, 그 역시 이 사건에 관한 보고서를 정조에게 보냈다. 또한 2년 후 정조와 이와 관련하여 문답을 교환했을 때, 그는 청 주황(周煌)의 류큐 책봉사록(琉球册封使録)인 『유구국지략(琉球國志略)』을 소장하고 있다고 언급한 것으로 보아[36] 류큐에 관한 관심을 갖고 있었던

---

32 이외에 『通文館志』 권10, 正宗大王 18년 甲寅; 『同文彙考』 原編續, 「漂民上國人−報濟州漂泊琉球國人轉解咨」 4책(서울, 國史編纂委員會, 1978, 3599~3600면); 洪良浩, 『耳溪集』 권7, 「入境三日記所見聞」; 蔡濟恭, 『樊巖集』 권29, 「琉球國漂人從旱路解送便否議」.

33 『朝鮮王朝實錄』, 정조 18년 10월 癸未; 『承政院日記』 正祖 18년 10월 29일. 이하는 『承政院日記』의 내용이다. "(洪)良浩曰, 琉球國漂人, 若見阻於皇城, 則此甚難處矣. 上曰, 以皇帝字萬民之意, 豈有防塞不納之理."

34 『承政院日記』, 정조 18년 10월 21일; 11월 5일.

35 『承政院日記』, 정조 18년 10월 22일; 23일; 24일; 11월 5일.

36 『承政院日記』, 정조 20년 6월 19일. "上敎書九曰, 琉球國志略, 聞有所謄置者. 年前琉球漂

것으로 추측할 수 있다. 하지만 그가 정조의 정책 변경에 어느 정도 관여했는지는 확실하지 않다. 필자는 류큐 표류민 송환정책의 변경에 박제가의『북학의』가 크게 관계되어 있다고 생각한다.

박제가는 1778년(건륭 43, 정조 2)에 중국에서 귀국한 후 곧장『북학의』를 저술하고 조선의 기술 혁신과 제도 개혁을 주장했다. 이 책에는 1778년의 서문이 첨부되어 있다. 1793년 그는 이것을 다시 정리해서 국왕 정조에게 바쳤다. 귀국 후 곧장 기술한 것과 국왕에게 상주한 것 모두「통강남절강상박의(通江南浙江商舶議)」가 수록되어 있다. 여기에 보이는 주요 논의는 조선이 400년 가까이 해외 무역을 단절해 왔지만, 나라를 부유하게 만들기 위해서는 해외무역을 재개하지 않으면 안 된다는 것이다.[37] 여기에서 그는 1764년 통신사의 견문을 잘 섞어서 일본이 해외무역을 통해 얼마나 부유해졌는지 등에 대해 언급하고, 그러나 현실적으로 통상할 수 있는 상대는 중국밖에 없다고 기술했다. 즉, 일본인은 교활하고 항상 이웃 나라인 조선을 눈독들이고 있기 때문에 통상할 수 없으며, "안남[베트남] · 류큐 · 대만 등은 위험하고 또 멀기 때문에 통상할 수 없으며, 통상할 수 있는 나라는 오직 중국뿐이다."라고 주장했다.

여기에서 그는 조선의 상선을 중국 남방에 보내야 한다고 명확히 주장

人出來時, 有所徵信乎. 書九曰, 漂人皆愚蠢, 無足徵信, 而志略, 果藏在臣家矣. 上曰, 志略, 以爲一番登覽之地, 可也."
周煌의『琉球國志略』에 관해서는 村尾進,「周煌撰『琉球國志略』解題」(夫馬進編,『使琉球錄解題와 硏究』, 宜野灣市, 榕樹書林, 1999).

37 『北學議 · 進疏本』,「通江南浙江商舶議」(『楚亭全書』하책, 栖碧外史海外蒐佚本, 이우성 編, 서울, 아세아문화사, 1992, 398면). "宋船之通於高麗也, 自明州七日而泊禮成江. 可謂近矣. 然而國朝四百年, 不通異國之一船. ……向者倭之未通中國也, 款我而貿絲于燕. 我人得以媒其利. 倭知其不甚利也, 直通中國而後已, 異國之交市者, 至三十餘國. ……癸未信使之入日本也, 書記偶索華墨, 俄致歙墨一擔. 又終日行, 盡舖紅氍毹於道, 明日復如之. 其誇矜如此. ……今欲通商船也, 倭奴黠而常欲窺覦隣國, 安南琉球臺灣之屬, 又險又遠, 皆不可通. 其惟中國而已乎. 中國昇平百餘年, 以我爲恭順, 無他也. 善辭而請之曰, 日本琉球安南西洋之屬, 亦皆交市於閩浙交廣之間. 願得與諸國齒. 彼必許之而不疑. ……又必招募曾經漂人, 及大靑小靑黑島之民, 以導水路, 往招中國之海商."

하는 것이 꺼려졌는지 주로 중국의 상선을 조선으로 오게 해야 한다고 주장하는 것에 그치고 있다. 그러나 규제를 무시하고 현재 조선 연안에 이르는 중국선을 기반으로 중국 식의 견고한 배를 만들 수 있도록 조선기술을 배워야 하며, 또한 일찍이 표류 경험을 갖고 있는 자들에게 수로를 안내하게 해서 중국으로 가 그곳의 해상(海商)을 초래(招來)하게 해야 한다고 말했다. 뿐만 아니라 박제가는 조선인이 강소(江蘇)나 절강(浙江) 등 강남 지방으로 배를 출항시키는 것도 상정하고 있었음이 틀림없다.

박제가는 해상교역의 상대국으로 우선 중국만을 상정하고 류큐에 대해서는 안남, 대만과 똑같이 위험하고 멀기 때문에 통상할 수 없다고 여겼다. 그러나 그는 강소나 절강뿐만 아니라 후술하는 것처럼 복건에도 배를 보내야 한다고 생각했다. 과연 류큐로 출항시키는 것이 강남에 비해 '위험하고 멀다'라고 정말로 생각했는지의 여부에 대해서는 의심스럽다. 박제가는 중국과의 해상무역을 재개하는 것만으로도 곤란이 예상되는 상황에서 지금은 이 정도만으로도 충분한 성과라고 생각했을 것이다. 나아가 실제로 그는 "단지 중국과만 통상하고 해외 여러 나라와는 통상하지 않는 것은 일시의 임시적인 책략이다." 즉, 당분간의 일시적인 정책에 불과할 뿐 "정론은 아니다."라고 기록하고 있다.

정조는 박제가의 「통강남절강상박의」를 읽고, 앞으로 조선에서 우선 중국의 강소, 절강, 복건에 상선을 보내는 일이 있을지도 모른다거나 혹은 보내고 싶다고 생각하며, 조선의 백성들이 지금 이상으로 류큐에 표착할 가능성을 생각했던 것은 아닐까? 조선에서는 오랫동안 류큐 표류민을 송환한 일이 없었던 것에 반해, 류큐 측은 그곳에 표류한 조선인을 몇 번이고 중국을 경유해서 송환해 왔다. 류큐 측의 조선 표류민에 대한 구제와 송환은 현대의 한국인 연구자가 보기에도 적극적이었으며, 표류민에 대해 이례적으로 우호적이었다.[38] 그들이 류큐에서 받았던 호의는 귀국 후에도

38 河宇鳳, 「近世朝鮮人의 琉球認識」(村井章介 編, 『8~17世紀 동아시아 지역의 人 · 物 · 情報

몇 번이나 언급되었다.

박제가가 북경에서 귀국해 『북학의』를 쓴 것이 1778년이고, 다음해 1779년에는 정조에 의해 이덕무 · 유득공 · 서이수(徐理修)와 함께 규장각(奎章閣) 초대 검서관(檢書官)으로 임명되었다.[39] 규장각이 단순히 문화기관으로서 정조 시대를 리드한 것뿐만 아니라 검서관들이 정조의 실질적인 자문 역할을 했던 것은 주지의 사실이다. 류큐 표류민에 대한 송환 정책을 전환하기 시작한 1790년대까지 정조가 『북학의』 가운데 「통강남절강상박의」를 읽었다는 것은 충분히 생각할 수 있다. 그리고 이른바 박제가의 「병오소회(丙午所懷)」 맨 앞부분에는 「통강남절강상박의」의 요점이 기록되어 있으니, 적어도 정조가 이것을 관심을 갖고 읽었다는 것은 그의 감상이 뒤에 간단하게나마 기록된 점에서 확인할 수 있다.[40] 여기에서 박제가는 '강절천장(江浙泉漳)의 화물(貨物)' 즉 강소, 절강, 복건의 물자를 실은 상선을 조선에 내항하게 해야 한다고 주장했다.

정조는 국교가 없는 류큐에 대해서도 관심을 갖고 있었다. 『유구국지략』은 1756년(건륭 21)부터 다음해에 걸쳐서 류큐 국왕을 책봉하러 갔던 주황의 여행 기록으로, 이서구가 이것을 소장하고 있다는 점은 앞에서도 언급했지만, 이와 관련한 문답을 꺼낸 것은 정조였다. 다시 말해 육로송환이 재개된 2년 후, 서울 궁정에서 정조는 이서구 등과 문답했는데, 그는 "지난번 류큐 표류민이 왔을 때, 『유구국지략』의 내용이 정확한지 확인할 수

의 交流－海域과 港市의 形成, 民族 · 地域間의 相互認識을 중심으로－』, 東京, 東京大學大學院人文社會系硏究科, 2004, 상책, 278면), 孫承喆, 「朝 · 琉交隣關係와 史料硏究」(上同, 하책, 160면).

39 안대회 校勘譯注, 『北學議』(서울, 돌베개, 2013)朴齊家年譜, 511~512면.

40 朴齊家, 『貞蕤閣集』 권3, 「丙午正月二十二日朝參時, 典設署別提朴齊家所懷」(『韓國文集叢刊』 제261책, 2001, 654상~656하면). "日本琉球安南西洋之屬, 皆得交市於閩浙交廣之間, 願得以水路通商賈, 比諸外國焉. …… 江浙泉漳之貨, 皆集于恩津礪山之間, 云々. ……天下之圖書可致, 而拘儒俗士偏塞固滯纖瑣之見, 可不攻而自破矣." 丙午년은 1786년(乾隆 51, 正祖 10)이다.

있는 부분이 있었는가?"라고 물었다. 정조가 박제가의 『북학의』로 인해 류큐 표류민의 송환 정책을 전환한 것이 아니었다고 하더라도, 이 정책이 북학파의 영향을 받아 이루어진 것이라는 점은 거의 확실할 것이다.

6. 맺음말

이상에서 확인한 것처럼 조선 북학파 지식인들은 류큐의 국제적 지위에 관한 기본적인 사항을 모두 알고 있었다. 류큐는 1609년 일본에 의한 '합병' 이후 일본의 지배하에 놓여 있었고, 그럼에도 이를 중국과 조선에 숨겨오면서 공순한 조공국인 것처럼 행동하며 북경에 사절을 계속 보낸 것을 알고 있었다. 엄숙이 보인 류큐에 대한 철저한 멸시는 결코 그만의 예외적인 것이 아니었다. 『상봉록』을 쓴 강호부는 호기심이 많은 인물이었다. 그는 처음에 류큐로부터 송환된 조선인이 류큐인 숙사에 도착했다는 소식을 듣고 통역관들과 함께 그곳에 가려고 했었다. 하지만 그는 이를 취소했으니, 이런 자신의 판단에 대해 "내 자신의 격이 낮아지는 듯한 기분이 들어서 가지 않았다."라고 기록하고 있다.[41] 류큐관에 들어가 그곳에서 류큐로부터 송환된 자국민과 대면하는 것은 일반적으로 말하면 다시 없을 감격스런 일인데도 '내 자신의 격이 낮아지는' 일이 된다고 느낀 듯하다. 게다가 북학파 지식인인 유득공은 북경 체류 중에 류큐에서 막 귀국한 이정원(李鼎元)과 만났을 때 "우리 조선을 류큐와 동급으로 취급하게 하고 싶지 않다."라는 의미의 말을 언급하며 이정원을 박장대소하게 했다. 유득공도 이정원도 류큐에 대해 매우 싸늘하고 심지어 신랄한 태도를 취했다.[42]

---

41 앞의 주 8.

42 앞의 주 3, 174면. 柳得恭, 『燕臺再游錄』, 『遼海叢書』, 4면. "使錄一書外, 有琉球譯一書上下

심지어 1728년 표류민을 보내준 류큐 측에 사의를 표하기 위해 조선 통역관이 류큐관을 방문했을 때, 그가 이런 뜻을 회동관 제독에게 고하니, 제독은 "그대들이 스스로 굽혀서 들어가 봐야 하는가? 여기로 [류큐의 정사를] 불러서 만나면 충분하다."라고 주의했다고 한다.[43] 조선의 '통역관'이 류큐의 정사에게 감사의 뜻을 표하는 데에 류큐의 '정사'를 불러오게 하면 된다고 하는 것이다. 회동관 제독은 예부의 관료이다. 예로써 천하를 다스리는 것을 외교의 기본으로 삼는 국가의 예부 관료가 제도적으로 '동급'의 조공국들이 감사인사를 해야 하는 상황에서, 심지어 '통역관'에게 역으로 '정사'를 불러오게 하면 충분하다고 일부러 주의를 주는 것은 과연 예에 위배되는 것이 아닌가? 회동관 제독은 조공사절을 관리하는 부서의 장관이므로, 그 역시 류큐의 국제적 지위에 관해 충분히 이해하고 있었을 것이다.

조공국이면서 책봉국이라는 것으로 말하면 류큐는 조선과 똑같았다. 또한 류큐가 단지 조선보다 소국이며 가난하다는 것만으로 조선 지식인이나 회동관 제독이 이처럼 철저하게 멸시의 시선을 보냈던 것일까. 그들의 멸시나 신랄함은 류큐가 일본의 속국이면서 이를 속이고 계속해서 뻔히 보이는 거짓말을 하고 있다는 것을 그들이 명료하게 알고 있었기 때문에 생겨난 것은 아닐까. 조공이나 책봉이라는 예와 관련된 근본적인 문제에 관하여, 거짓말을 하며 북경까지 공순한 척 오는 류큐 사절에게 아무리 멸시해도 예에 어긋나는 일은 아닐 것이다. 조선 측 사료에 나타나는 류큐 사절의 지나치게 절절매는 비굴한 태도도 이것에 말미암는 것은 아닐까.

그런데『춘관지』를 편찬한 이맹휴나 홍대용처럼 최고 수준의 조선 지식인들도 현재 조선과 류큐 사이에 국교가 없는 이유를 해석하지 못했다. 또

二卷, 已脫藁, 詩錄尚未淸出. 墨莊曰, 吾新渡海, 欲得貴國文獻, 勒成一書, 爲外藩冠冕. 余曰, 老子羞與韓非同傳. 墨莊大笑."

43 앞의 주 8.

는 일찍이 류큐 왕자를 제주도에서 살해했다는 전설을 유일한 해답으로 대신할 수밖에 없었다. 박지원뿐만 아니라 홍대용, 이맹휴도 이 전설을 의심했을 가능성은 충분하지만 그들 모두 이것을 대신할 답변을 제시하지 못했다. 유득공도 이정원으로부터 "그대 나라는 일찍이 류큐와 통상하였으나 이후 사이가 소원해졌다. 지금은 어떠한가?"라는 당연한 질문을 받고서 "달리 서로 싫어하거나 소원해진 것은 아니다."라고 답변할 뿐 그 역시 이 원인을 명료하게 표현하지 못했다.[44]

그러나 전설 · 설화에는 이것을 만든 자도 충분히 인식하지 못하고, 이것을 말하고 읽는 자도 명확하게 인식하지 못하는 숨겨진 것이 있다고 한다. 류큐 왕자 살해사건은 류큐 국왕이 일본인의 포로가 되어 그 땅에 억류된 것이 발단이 되었으니, 이 전설 · 설화에 감춰진 것이 어떤 것이라도 지극히 시사하는 바가 있는 것은 아닐까. 이 전설은 조선과 류큐 사이에 국교가 없어진 원인이 일본이라는 존재에 있다는 것을 넌지시 말하고 있는 것은 아닐까. 그렇다면 류큐 왕자 살해사건이라는 전설은 어떤 원한도 없는 양국이 어째서 국교를 단절해야 하는 상황이 되었는지 설명하기 위해 만들어졌고 부풀려진 것은 아닐까.[45] 적어도 양국이 최소한 북경에서 국서를 교환하는 정도라도 국교가 있었더라면, 이 전설은 이처럼 장기간에 걸쳐서, 심지어 자주 공포심을 동반하며 몇 번이고 언급되는 일은 없었을 것이다.

일찍이 표류민을 송환해준 류큐 국왕에게 감사의 문서를 보내야 한다는 논의가 조선 조정에서 일어났을 때, 숙종은 이를 실행한다면 "의외의

---

44 앞의 주 42, 『燕臺再游錄』. "墨莊(李鼎元)曰, 貴邦曾與琉球通商, 後成隙. 今究如何. 余曰, 國初伊來貢, 今不來. 別無嫌隙. 墨莊曰, 僻小可笑. 余曰, 萬曆中平秀吉挐他國王去." 여기서 平(豊臣)秀吉이 琉球國王을 데리고 갔다고 한 것은 물론 유득공의 착오이다.

45 이 전설이 처음 등장했다고 여겨지는 것은 『朝鮮王朝實録』, 인조 원년 4월 癸酉와 인조 3년 정월 丁巳이지만, 仁祖實録은 1653년(孝宗 4, 順治 10)인 양국의 국교가 단절된 이후 편찬이 완료되었다. 또한 이상의 두 기사에서는 류큐 왕세자가 보물을 배에 신고서 출항했으나, 역시 일본에 붙잡힌 아버지를 구하기 위해서였다는 전설은 등장하지 않는다.

걱정거리가 생길지도 모른다."라고 말하며 취소했다고 한다. 앞 장에서는 숙종이 이처럼 결단한 원인을 "그 뒤에 일본이 있기 때문이다."라고 언급했다. 또한 그의 막연한 불안 속에는 조선이 중국과 다르게 일본과 국교를 맺고 있기 때문에 류큐가 일본의 속국임을 '모르는 일'이라고 말할 수 없는 날이 오는 것을 걱정하고 있었다. 즉, 숨겨왔던 사실이 어떤 계기로 스스로의 의지에 반하여 갑자기 폭로되는 것을 걱정하고 있었을지 모른다고 여겼다. 다만 조선 지식인이 갖고 있는 류큐에 관한 지식 그 이상의 것을 알고 있는 우리들은 숙종이 생각한 '의외의 걱정거리'가 무엇인지 하나 더 추가할 수 있다.

당시의 일본, 류큐, 조선, 중국의 4개국은 류큐가 표면적으로는 공순한 조공국으로서 행동하는 반면, 사실은 일본의 속국임을 숨김으로써 동아시아의 안정을 도모하려고 했다는 점에서 공동 모의를 했다고 말해도 좋을 것이다. 이것은 중국과 일본의 국교가 없었던 점을 전제로 하고, 암묵적인 상황 아래서 이루어진 공동 모의였다. 숙종은 조선이 류큐에 국서를 보내고 싶다는 자신의 행동을 계기로 청조가 그 암묵 속에 형성시킨 공동 모의가 무너지는 것을 걱정하였고, 조선에 대해 강경한 자세를 취하는 상황이 올지도 모른다는 불안을 품고 있었던 것은 아닐까. 조선과 류큐가 국교를 갖게 된다면 어느 순간에 감춰져 있던 사실이 갑자기 드러날지도 모른다고 청조 측에서도 판단할 가능성을 두려워했던 것은 아닐까.

정조가 류큐 표류민을 중국 경유로 송환하려고 판단했을 때 이를 담당해야 했던 홍양호는 청조가 저지할지도 모른다고 우려했다. 이것은 말할 것도 없이, 조선과 류큐의 양국이 반청(反淸)을 위해 손을 잡는 상황에 이를 것을 우려해서 청조가 저지하려고 하는 것이 아니다. 이것은 조선이 움직이는 것으로 인해, 혹시라도 공동 모의에 균열이 생기는 것을 청조가 걱정할지도 모른다고 하는 것임을 생각해볼 수 있다. 지금까지의 은폐공작이라고 하면, 류큐만이 하고 있다고 언급되어져 왔지만 결코 그렇지 않다. 류큐는 중국과 조선에 대해, 조선은 중국과 류큐에 대해, 중국은 류큐와 조선 그리고 일본에 대해, 일본은 중국에 대해 4개국이 각각 '모르는 일'이라고 암묵적으로 은폐함으로써 동아시아 4개국 사이의 국제질서는 성립할 수 있었던 것이다.

이 공동 모의에 일본이 참여하고 그 속국인 류큐가 '주역'인 이상, 여기서 성립된 국제질서를 책봉체제 등으로 부를 수는 없다. 일반적으로 청조는 명조와는 달리 책봉을 기반으로 국제질서를 구축하는 일에는 매우 열의가 없었다. 반면 청조는 조공을 기반으로 국제관계를 맺는 것을 여전히 기본 이념으로 삼았다. 중국에 입각해서 본다면, 확실히 거기에는 이른바 조공 시스템이라는 것이 이어지고 있었고, 당시의 국제관계에 통달해 있었던 중국 지식인이나 북경의 외교 담당자뿐만 아니라, 북학파를 중심으로 하는 조선 지식인들조차 이것을 제외하고는 동아시아의 국제질서를 해석할 수 없었다. 중국과 국교를 맺지 않은 일본이라는 존재를 포함한 새로운 국제질서를 생각할 수 없었기 때문에 그들은 모두 조선과 류큐와의 사이에 국교가 없는 이유를 해석할 수 없었던 것이다.

혹자는 필자의 논의를 듣고서 그렇다면 이것은 어떤 체제인가라고 물어본 적이 있다. 중국 1개국만의 이념이라면 몰라도, 동아시아의 국제구조를 설명하는 개념으로써 이것을 어떤 체제라고 불러야 할지 필자는 알지 못한다. 또한 현대의 국제구조를 포함해서 항상 무슨 체제라고 부를 수 있는 것이 있는지 없는지 필자는 알지 못한다. 필자는 이 무슨 체제를 대신해 우선 당시의 국제구조를 모자이크 구조라고 이해하고 있다. 당시 일본 · 류큐 · 조선 · 중국의 4개국은 마치 모자이크 그림을 구성하는 하나하나의 조각처럼, 어떤 2개의 조각은 서로 연관이 없어도 각자가 별도의 조각과 연결되는 것으로 인해 어느 정도 전체적으로 안정된 구도를 그리고 있는 것이다. 심지어 하나하나의 조각은 종이나 가벼운 플라스틱으로 이루어진 것이 아니라 흡사 살아 있는 세포처럼 변형할 수 있었다. 이런 비유에서 본다면, 17세기부터 19세기에 걸쳐 동아시아 4개국의 국제질서는 이런 모자이크 구성으로 성립되어 있었다고 말할 수 있다.

메이지(明治)시대가 되면서 일본은 1872년 류큐 국왕을 류큐 번왕(藩王)으로 바꾸는 등 일련의 '류큐처분'을 시작으로 류큐를 '정식으로' 일본에 편입시켰다. 이것은 그 전년인 1871년 일본과 중국 사이에 일청수호소규(日淸修好條規)가 체결되고, 양국이 국교를 재개하면서 2개의 조각이 직접 접촉한 결과 이뤄진 당연한 귀결이었다.

(번역: 김우진)

제2부

제5장

1574년 조선연행사의 '중화'국 비판

1. 머리말

연행사는 본래 조선의 정치 · 외교를 위한 사절이다. 그러나 이 시기의 문화와 사상의 전개에 있어서도 헤아릴 수 없는 영향을 끼쳤다. 예를 들어 조선유학의 전개, 그 중에서도 주자학의 개화와 성장, 혹은 '북쪽의 중국을 배우자'라는 슬로건을 내세운 북학파의 출현, 또한 유럽의 학술 즉 서학의 도입과 기독교의 수용과 박해 등 어느 것을 보더라도 연행사를 빼놓고는 말할 수 없다. 이 때문에 이제까지 조선유학사, 조선기독교사, 조선서학사 등 각 연구 분야에서 연행사와의 관계는 다양하게 논의되어 왔다.[1]

1 조선유학사와 관계있는 주요한 연구로는 이병도의 『한국유학사략』(서울, 아세아문화사, 1986), 藤塚鄰, 『清朝文化東傳の研究－嘉慶 · 道光學壇と李朝の金阮堂』(東京, 國書刊行會, 1975) 등이 있다. 북학파에 관한 것으로는 鄭聖哲, 『朝鮮實學思想の系譜』(崔允珍等 譯, 東京: 雄山閣出版, 1982), 김태준, 『홍대용평전』(서울, 민음사, 1987), 『虛學から實學へ－18世紀朝鮮知識人洪大容の北京旅行』(東京: 東京大學出版會, 1988), 박희병, 『범애와 평등－홍대용의 사회사상』(서울, 돌베개, 2013) 등이 있다. 조선기독교사와 관계있는 것으로는 李能和, 『朝鮮基督教及外交史』(京城, 朝鮮基督教彰文社, 1928); 山口正之, 「清朝に於ける在支歐人と朝鮮

그러나 연행사를 통해 중국의 학술과 문화가 어느 정도 전해졌는지에 대해서는 각 시대를 구분하여 상세하게 살필 필요가 있다. 특히 중국의 명대에 해당하는 시기에 어느 정도로 학술문화 교류가 있었으며, 어느 정도 조선에 전해졌는지 근본에서부터 새롭게 살펴볼 필요가 있다. 이러한 사정은 조선유학의 전개를 하나의 예로 들 수 있다. 이 책의 뒤에서 살필 홍대용과 중국 지식인 엄성(嚴誠) 등과의 교류, 또한 후지쓰카 치카시(藤塚隣)를 통해 소개된 김정희와 중국 학자 옹방강(翁方綱)·완원(阮元) 간의 교류 등은 18세기 후반 이후의 일어난 일이다. 명대에도 연행사가 셀 수 없이 파견되었으며 중국을 방문한 조선 지식인이 다수였지만, 홍대용이나 김정희만큼 교류했다는 이야기는 전혀 들리지 않기 때문이다.

이는 서장에서 서술한 것처럼 무엇보다 18세기의 홍대용 등이 '자제군관(子弟軍官)'이라는 '정원 외(定員外)'의 신분으로 연행했던 것에 비해, 명대에는 연행사에 속한 지식인의 대부분이 정사와 부사, 서장관 등 정규 '정원(定員)'뿐이기 때문이다. 그들이 파견된 목적은 조공과 외교 자체를 위한 것이었다. 더구나 북경 등 중국의 여러 도시에는 양국 문인들이 교류할 수 있는 공간이 제공되지 않아, 일본에서 조선의 제술관·서기와 일본 지식인 간에 학술문화 교류를 위한 공식적인 장소를 마련해준 것과 비교할 때 전혀 사정이 달랐다. 18세기 후반 이후 북경에서 이루어진 사적인 교류의 현장을 미리 머릿속으로 상상하고 이것을 명대에도 똑같이 투영한다면 큰 오해를 불러올 것이다.

문제를 조선유학의 전개 중에서도 주자학이 활짝 피고 성장한 시기에 맞추어 살피기로 한다. 조선에 주자학이 전래되고 개화된 것은 알려진 대로 고려 시대의 일이다. 고려 시대의 지식인들은 주자학이 세계와 인

使臣－西歐キリスト教文化の半島流傳について」(『史學雜誌』 제44편 제7호, 1933), 『朝鮮西教史－朝鮮キリスト教の文化史的研究』(東京, 雄山閣, 『朝鮮キリスト教の文化史的研究』, 東京, 御茶の水書房, 1985) 등이 있다. 조선서학사와 관계있는 연구로는 姜在彦, 『朝鮮の西學史』(鈴木信昭 譯, 『姜在彦著作集』 제Ⅳ권, 東京, 明石書店, 1996) 등이 있다.

간을 이어주는 최신의 보편 원리라고 확신하면서 적극적으로 수용하였다. 서장에서 서술한 것처럼 이 시대에는 고려의 지식인들 다수가 북경을 방문하였고, 중국인들과의 학술문화 교류 또한 매우 활발하게 이루어졌나. 가장 유명한 일로는 고려의 충선왕(忠宣王)이 북경에 만권당(萬卷堂)을 세운 뒤 중국 서적을 대량 구입하고, 이 사적인 장소에 중국의 저명한 학자였던 요수(姚燧) · 염복(閻復) · 원명선(元明善) · 조맹부(趙孟頫) 등을 초대하고는 본국에서 이제현을 불러 교류하게 한 일을 들 수 있다.[2] 사원기(事元期) 혹은 원간섭기로 불린 고려 말기의 북경에서는 양국 간의 학술교류가 그야말로 자유롭고 개방적으로 이루어졌다.

그런데 조선시대에 이르러 사태가 일변한다. 조선 지식인이 북경에 가기 위해서는 연행사의 일원에 속하는 일 이외로는 방법이 없었으며, 그 숫자도 극히 제한되었다. 이 시대에 작성된 연행록, 곧 '조천록(朝天錄)' 또한 많이 남아 있다. 그러나 그 중 어느 것을 살펴도, 예전 원나라 치하의 만권당에서 이루어진 교류 혹은 청조 치하의 중국인 사저에서 이루어진 교류의 모습은 전혀 보이지 않는다.

이 시기에 중국을 방문한 연행사는 『사서대전(四書大全)』 · 『오경대전(五經大全)』 · 『성리대전(性理大全)』 등 주자학과 관련된 서적을 다수 명나라 조정으로부터 하사받거나 구입하여 조선에 들어왔다. 명대를 대표하는 유학 양명학도 왕양명(王陽明)의 『전습록(傳習錄)』과 함께 전파되었다. 그러나 연행사가 1,000회 이상이나 파견되었다고 하지만 중국인과의 학술교류가 적었기 때문에, 조선주자학의 성장은 조선이라는 한 국가 안에서만 순수하게 배양되고 진전되었던 것 같다. 이러한 경향은 16세기 말까지 특히 두드러지며 대체적으로 홍대용 등의 북학파가 나타나는 18세기 말까지 지속되었던 것 같다.

그렇다면 16세기 말 이전까지 중국을 방문한 조선연행사는 실제로 어

---

2 주석 1), 이병도의 책, 70면.

떻게 학술교류를 할 수 있었을까. 중국에서 무엇을 보고 무슨 생각을 했을까. 이 문제와 관련하여 다행히도 우리에게는 비교적 상세한 체험담으로서 1574년(만력 2, 선조 7) 연행을 다녀온 허봉(許篈)의 『하곡선생조천기(荷谷先生朝天記)』와 조헌(趙憲)의 『조천일기(朝天日記)』가 있다. 우리는 이 두 가지 연행록을 통해 고려시대에 개화한 주자학이 '1574년'이라는 시점에 어떠한 성장을 이루었는지, 주자학을 배운 이들이 주자학을 낳은 중국이라는 땅에 가서 무엇을 생각하였는지, 더 나아가 당시 조선과 중국의 학술문화 교류는 어떻게 이루어졌는지에 대해 그 실상의 일면을 살필 수 있다.

만력 2년이라고 한다면 명나라에는 문제가 산더미처럼 쌓여 있었고, 장거정(張居正)이 등장하여 대개혁을 시작한 때였다. 다만 아직까지 정치와 사회는 제대로 굴러가고 있었다. 이 해는 조선의 선조 7년에 해당한다. 조선주자학의 태두인 이황은 수년 전에 서거하였지만 이이는 생존해 있었으며 조선주자학은 새로운 방향으로 전개되고 있었다. 허봉은 주로 이황에게, 조헌은 주로 이이에게 배웠다. 이들은 물론 주자학이 갖고 있는 화이(華夷)사상도 함께 배웠다. 그들에게 중국 여행은 그들이 받아들인 사상이 발원한 고향을 방문하는 것이기도 하고, 자기의 사상을 시험할 절호의 기회이기도 하였다.

그들이 거기에서 실제로 무엇을 보고 무엇을 생각하였는가를 말하기 전에, 개략적인 일행의 여정과 허봉과 조헌 두 젊은 지식인의 면면을 서술하기로 한다.

2. 허봉과 조헌

1574년 이 해의 사절은 만력황제의 12세 탄생일을 축하하기 위해 파견된 것이다. 조선에서는 명나라 천자의 탄생을 축하하기 위한 성절사를 파견하는 것이 관례였기에 이 사절이 다른 사절에 비해 특별한 것은 아니다.[3] 일행은 모두 36인이었는데, 이것도 예년의 수준과 거의 같다.

일행은 5월 11일 한양(서울)을 떠나 6월 10일 국경에 접한 의주에 도착하였고, 6월 16일 압록강을 건너 명나라 영토에 발을 내딛었다. 요동지방의 중심지인 요동에 도착한 것이 6월 23일, 여기서 조공을 위한 사무수속을 마치고 곧장 북경으로 향했다. 광녕(廣寧)에서 산해관(山海關)에 걸쳐 있는 몽골족의 발호가 두려워 빠른 걸음으로 통과하여 산해관에 도착한 것이 7월 18일의 일이다. 그 후 풍윤현(豐潤縣)·계주(薊州)·통주(通州)를 거쳐 8월 4일에 북경에 입성하였다.

북경에서는 8월 17일 입궐하여 만력황제의 성절(聖節)을 축하한다는 주요한 목적을 완수한 것 외에 예부가 주최하는 연회에 참석하여, 그 기회에 명조의 기본 법전인『대명회전(大明會典)』에서 조선의 개국자인 이성계의 가계를 잘못 기록한 기사를 개정하는 교섭도 행하였다.[4] 또한 북경

3 이 점은 청대의 연행사가 때로 800명을 헤아리기도 했던 점과 다르다. 인원수의 변화에 대해서는 본서의 서장 참조.

4 이 외교 교섭을 '종계변무(宗系辨誣)'라고 부른다. 조선연행사가 본서 제2장에서 서술한 기록 이외로 얼마나 중요한 외교 교섭을 행했는지를 보여주는 예가 있어 다음에 그 개략을 적는다.『正德大明會典』에는 주원장의 祖訓에 따라 이성계의 아버지가 '李仁人'이라고 잘못 기록되었고, 이에 더해 李仁人과 이성계가 홍무 6년부터 홍무 28년 사이에 4명의 고려국왕을 시해하였다고 적혀 있다. 이는 조선의 건국자에 대한 더할 나위 없는 무고 즉 누명인데다, 또 이 국가적 법전에 보이는 역사 인식이 잘못된 것이라 하며 조선에서는 이를 변무하는 사절단을 몇 번이나 명으로 보냈다. 또한『會典』을 중수한다는 소문이 들리자 이 기사를 다시 고치고자 명 정덕 연간부터 만력 연간에 걸쳐 이를 위한 연행사를 수차례 보냈다. 이와 같은 사절을 주청사(奏請使)라고 부른다. 그에 대한 기록의 하나로 1539(가정 18, 중종 34)년에 연행한 권발(權撥)의『조천록』(『연행록전집』 제2책)이 있다. 그 외에 이 1574년의 성절사와 같은 통상의 연행 사신이 몇 번이고 개정에 대한 교섭을 담당하였다. 본 장에서의 중심 사료 중 하나로 사용된『荷谷先生朝天記』 8월 18일의 기록에는 이 날 종계변무를 요청하는 문서를 예부에 제출한 일, 그 내용, 예부상서와의 교섭 등을 자세히 적고 있다. 1577년(만력 5, 선조 10)에 연행한 김성일(金誠一)의『조천일기』(『연행록전집』 제4책)에도 자세한 교섭 기사가 보인다. 또한『연려실기술(燃藜室記述)』(제3책,『朝鮮群書大系』續 제13집, 朝鮮古書刊行會, 刊行年不明, 권18, 394면)「宗系辨誣」도 참조할 수 있다. 만력 15년 중수된『萬曆大明會典』 권105는 祖訓을 기반으로 한 기사이기 때문에 결국 이 잘못을 완전히는 개정할 수는 없지만 조선 측의 주장도 거기에 함께 기록하는 것으로 일단의 결론을 보았다. 이 종계변무는 1403년(영락 원년, 태종 3)에 영락제에

의 숙소인 옥하관에서 3일에 걸쳐 중국 상인과 교역을 하였으니, 이른 바 '조공무역'이었다. 이렇게 북경에서의 체류는 약 1개월 동안 이루어졌다. 그리고 9월 6일에 북경을 떠나 원래 왔던 길을 따라 귀국하였다. 국경의 압록강을 다시 건넌 것이 10월 10일, 이날은 이미 눈이 올 것 같은 날씨였다. 여름인 6월 16일에 압록강을 건너 입경한 뒤로부터 중국 체류는 거의 4개월 동안이었다. 그 여정이나 그들이 처리한 일을 볼 때 이 사절에 여타의 사절과 다른 특징은 보이지 않는다. 다만 이 일행이 여타의 수많은 연행사와 다른 점이 있다면 허봉과 조헌이라는 어딘가 남다른 지식

게 上奏한 일부터 시작한 것으로 이때에 이르러 일단락 짓기까지 실로 180년 이상 지속된 일이었다.

그런데 『正德大明會典』이나 『萬曆大明會典』를 바탕으로 중국의 민간인이 편찬한 여러 종류의 역사서에도 이 잘못이 그대로 답습되거나 혹은 조선 측이 주장했던 기술과 다르게 적혀 있었다. 이러한 私撰 역사서에 보이는 역사 인식이 잘못되었다며 이를 변무하기 위한 연행사가 다시 몇 번이나 보내졌다.

그런데 이렇게 해도 끝나지 않았다. 종계변무는 이씨 왕조의 종계에 대해 변무하는 일이었지만, 1623년(천계 3, 인조 元)에 조선에서 '인조반정(仁祖反正)'이라는 쿠데타가 일어나자, 당시 민간에도 유포되었던 명조정의 관보와 같은 종류에 실린 사료, 곧 인조의 쿠데타가 예에 어긋나는 부정한 행위라며 이를 비난하는 명조 관료들의 의견이 실린 사료를 바탕으로 사찬 역사서가 편찬되었다. 조선 측은 이들 기사에는 '사실(事實)'과 다른 서술, 즉 인조가 부당한 반역자라고 기록된 부분이 포함되었다고 하며 이에 대한 변무를 위한 연행사가 명조와 청조 당국에 몇 번이나 보내졌다. 이 변무를 위해 인조에게 부정함이 없다는 것을 보여주는 증거 중 하나로 명조가 1625년(천계 5)에 인조(李倧)를 정식으로 인정하고 조선국왕으로 책봉했다는 사실도 인용하였다. 인조반정과 명나라 조정의 이종책봉(李倧冊封)의 사실에 대해서는 본서 제2장을 참조할 수 있다.

이러한 사실은 청조의 『명사』 편찬에도 영향을 끼쳤다. 『명사』의 편찬이 조만간 종료된다는 소식을 들은 조선국왕은 '인조반정'에 대한 '曲筆'이 없는지 확인하기 위해 『명사』 간행 전에 「조선열전」 부분을 하사해줄 것을 요청하였고, 이에 대한 옹정제의 허락을 받았다. 조선 측의 사료에 따르면, 이러한 활동에 따라 실제로 '인조반정' 부분이 개정되었다고 한다(『淸實錄』 雍正十年 三月 戊辰 / 『朝鮮王朝實錄』 英祖7年 4月 癸巳). 이 '辨誣外交'와 역사서, 그리고 조선 국내 정치와의 관계에 대해서는 李成珪, 「明・清史書の朝鮮"曲筆"と朝鮮による"辨誣"」(朴永哲 譯, 『人文知の新たな總合に向けて』, 21世紀COEプログラム グローバル化時代の多元的人文學の據點形成 第2回報告書 I (歷史篇), 京都大學大學院文學研究科, 2004, 原載 : 「明・淸史書의 朝鮮 "曲筆"과 "辨誣"」『五松李公範教授停年退任紀念東洋史論叢』, 서울, 知識産業社, 1993), 桑野英治, 「朝鮮中宗時代における宗系辨誣問題の再燃」(『久留米大學文學部紀要』, 國際文化學科編 제25호, 2008), 「朝鮮中宗30年代における對明外交交渉－宗系辨誣をめぐって」(『同』 제26호, 2009) 참조.

인들이 참여했다는 사실이다.

허봉은 서장관의 자격으로 이 사절단에 참가하였다. 서장관은 일행을 감독하는 동시에 도중에 일어난 사건이나 견문한 바를 기록하여 귀국 후에 보고하는 것이 본연의 임무이다. 이때 그는 24세였는데 성절사에 참가하고 싶다고 자원하여 허락을 받고 다녀온 여행이었다. 그는 '양천 허씨(陽川許氏)'라는 명문가 출신이었고, 부친 허엽(許曄)도 저명한 인물이다.[5]

허봉은 허엽의 세 아들 가운데 차남으로 태어났으며, 그의 아우가 그 유명한 허균(許筠)이다. 허봉과 허균은 모두 자기의 재주를 믿고 상궤를 벗어난 언동이 많았던 듯하다. 허봉은 상언(上言)이 문제가 되어 유배를 갔고, 허균 또한 모반을 꾀했다는 죄로 처형되었다. 허봉이 스스로의 재주를 믿었던 것도 무리는 아니었다. 그는 명문가 출신인데다가, 1569년(선조 2)에는 18세라는 젊은 나이에 조선에서는 명예롭기 그지없는 생원(生員)을 장원으로 급제하고, 1573년에는 문과에 급제하였으며, 그 후 2년 남짓한 기간 중에 권지승문원부정자(權知承文院副正字)·예문관검열(藝文館檢閱)·예조좌랑(禮曹佐郎) 등 청요(淸要)의 직책을 두루 거쳤기 때문이다.[6]

그는 이황에게 배워 이황을 높이고 숭상하였다. 북경으로 가는 도중에도 꿈에서 이황을 뵙고『태극도설(太極圖說)』에 대한 의문점을 질정할 정도였다(『日記』, 7월 14일).[7] 귀국 후 홍문관수찬(弘文館修撰) 등에 제수되었는데, 후에 이이(율곡)를 서인파에 가담한 자라고 비난하는 데 최선봉에 섰고, 이이가 타계한 해 즉 선조 17년(1584)에 당쟁으로 인해 좌천되고 유배

5 허봉의 가문과 약력에 대해서는『연행록선집』권1(고전국역총서 95, 서울, 민족문화추진회, 1976) 수록 허봉의『荷谷先生朝天記』에 붙은 尹南漢의「해제」참조.

6 許篈,『荷谷集』(『韓國文集叢刊』제58집, 485면상),「하곡선생연보」(485면상). 또한 유희춘,『眉巖日記草』에는 이 시기 허봉의 소식을 간간히 전하고 있어 그가 이황이나 유희춘으로부터 상당히 촉망받았던 사실을 알 수 있다.

7 이황의『퇴계집』권33(『한국문집총간』제33집)에는「答許美叔」라는 제명의 글이 있다. 미숙(美叔)은 허봉의 자이며, 이 편지는 1571년(선조 4)에 쓴 것이다.

되었다.

당시 사람들은 허봉을 평하여 “사람됨이 시와 술로 스스로 즐기고 입신출세의 계책을 꾀하지 않았으며 남을 모함하려는 마음이 없다. 다만 문인의 기질은 경박하기 마련인데, 허봉도 이러한 기질을 갖고 있다.”라고 하였으며, 『하곡선생연보(荷谷先生年譜)』에도 “비분강개하여 일을 논하고, 국왕의 앞이라고 해서 굽히는 바가 없다. 때로는 역정을 사는 것도 대수롭지 않게 생각하며 강하게 간언하여, 국왕도 당황하고 곁에 있는 자는 식은땀이 날 정도였지만, 선생은 전혀 신경 쓰지 않았다.”고 평하고 있다.[8] 그가 죽은 것은 1588년(선조 21)이었는데, 아직 38세의 젊은 나이였다.

한편 조헌은 1544년(가정 23, 중종 39)에 태어났으니, 허봉보다 7세 연상이었다.[9] 1567년(명종 22)에 명경과(明經科)에 급제하고, 그 후 정주교수(定州敎授) 등 주로 교육 방면에 종사하였다. 허봉과 같은 명문가 출신은 전혀 아니고, 그 『연보』에 ‘집안이 낮고 보잘 것 없다(門地卑微)’라고 적혀 있듯이 오히려 이름 없는 가문의 빈곤한 가정에서 자라 스스로 경작하고 땔감을 마련하며 소를 길렀다고 한다.[10] 그는 학문도 이황이 아니라 주로 성혼(成渾)과 이이로부터 전수받았다.

중국 여행은 그가 31세가 되던 해의 일로서 그의 직함은 질정관(質正官)이었다. 질정관이란 중국의 문물과 풍속, 그 중에서도 관청문서에서 사용하는 용어의 의미에 대하여 잘 모르는 것들을 질정하여 오는 관리를

---

8 『朝鮮王朝實錄』, 선조 18년 4월 丁巳. “僉曰, 爲人詩酒自娛, 旣無謀身之策, 抑無陷人之意. 但文人氣質必輕, 故篈亦有之.”
앞의 주 6 「하곡선생연보」(485면하), “公剛方爽達, 自守甚確. 於事見得是則執而不撓, 雖千萬人麾之, 不可易. 好善嫉惡, 出其天性, 忼慨論事, 雖在上前無所屈, 有時犯顏強諫, 天威或震, 傍人汗出, 而公不爲動.”

9 趙憲, 『重峰集』(영조 24년(1748) 간본, 『한국문집총간』 제54집, 서울, 경인문화사, 1990), 「부록」, 「年譜」. 본서에서 사용한 조헌의 『조천일기』는 본 문집 권10~12에 수록.

10 『海東名臣錄』 권7, 「趙憲」.

말한다. 귀국 후 4개월의 이국체험을 바탕으로 장문의 의견서를 국왕에게 제출하였으니 즉『동환봉사(東還封事)』가 그것이다.[11]

귀국 후 허봉과 조헌은 곧 당쟁의 화마에 휩쓸렸는데, 이이를 비난하는 허봉에 대하여 조헌은 어디까지나 이이를 지지한다. 조헌은 허봉에 대하여 "본성이 흉악함으로 바뀐 자"라든가, "온 나라를 동란에 빠뜨려, 도에 어긋나고 명현을 속인다."는 말을 쏘아붙일 뿐만 아니라 함께 중국을 여행하던 때를 돌아보며 "현인을 미워하고 출세를 원하는 마음이 이미 이때부터 쌓여 있었다."라는 등의 혹평을 가하고, 그때 그의 정체를 꿰뚫어보지 못했다고 부끄러워하기도 했지만,[12] 1574년의 연행 당시에는 이후 두 사람의 관계가 훗날 그와 같은 식으로 흘러가리라고는 아마 짐작조차 못했을 것이다.

더욱이 허봉이 불우하게도 젊어서 세상을 떠나고, 조헌 또한 임진왜란 시기 의병을 이끌다가 비명횡사하게 될 줄은 몰랐을 것이다. 허봉이 명문가 출신이었던데 반해 조헌은 '보잘 것 없는 한미한 집안' 출신이었기 때문에, 동행한 두 사람의 기풍이 달랐으리라는 점은 충분히 짐작할 수 있다. 그러나 분명한 것은 두 사람 모두 주자학을 신봉하고, 스스로의 재주를 믿고 장래를 기약하여, '중화'의 실태를 조금이라도 상세하게 알고자 했던 의욕을 가지고 있었다는 점이다. 허봉의『하곡선생조천기』와 조헌의『조천일기』를 읽고 비교해보면, 역시 허봉 쪽이 보다 재기가 넘치고 평론도 준엄하다. 그러나 양자가 관찰한 대상 혹은 그 관점에 대해서 말하자면, 그들의 출생과 경력의 차이에도 불구하고 의외로 꽤 유사하다는 사실을 쉽게 알아차릴 수 있다. 이 글에서 이 두 자료를 서로 보완하는 것으로 사용하고, 당시 조선 지식인의 전형적인 중국 관찰과 체험으로

---

11 본서 제6장.

12 앞의 주 9, 권5(240면하),「辨師誣兼論學政疏」(선조 19년 10월). "甲戌之歲, 篈爲禮郎, 與臣朝天之際, ……蓋其忌賢躁進之心, 藏畜已久, 而爲有尊尚李滉之言, 誤信其有志, 歸譽于同志. 及有投疏去珥之計, 乃覺其包藏禍心之已久, 不明之罪, 臣實有之."

간주할 수 있는 것도 바로 이러한 사실 때문이다.

한편 두 자료는 모두 일기의 형식을 취하고 있지만, 스스로의 행동이나 마음의 움직임을 조리 있게 설명하기 위해 귀국한 뒤 정리하거나 혹은 문헌자료를 덧붙여 썼을 가능성을 고려하지 않을 수 없다. 특히 『하곡선생조천기』는 처음부터 남에게 보여주기 위해 쓴 작품이었기에 그의 수중에 있던 다른 사료를 더해 썼을 가능성이 높다. 그러나 두 사료는 기본적인 부분에서 서로 반대되는 기술이 없으며, 두 사람의 관찰과 사고, 체험을 보는 것이 이 글의 첫번째 목적이라는 점에서 그러한 정리나 보완과 정정이 있다 해도 그것이 큰 문제가 되지는 않을 것이다.

3. '예의지방(禮義之邦)'의 사람들에 대한 처우

명대에 조선은 수많은 조공국 가운데 모범생으로 간주되었다. 1537년(가정 16) 중수(重修)된 『요동지(遼東志)』 권9, 「외지(外志)」의 조선 부분에는 "우리 왕조에 이르기까지 입공(入貢)하여 조심성이 많은 점은 여러 나라 가운데 일등이다."고 기록되었고, 또 1587년(만력 15)에 간행된 『만력대명회전(萬曆大明會典)』 권105, 「조공」의 조선 부분에도 "여러 나라에 비하여 가장 공손하고 신중하다."고 기록되어 있다.[13] 1547년(가정 26, 명종 2)부터는 이러한 가장 마음에 드는 조공국 사절에게 천단(天壇)과 국자감(國子監)에 대한 특별참관을 허용한다는 우대 조치가 이루어질 정도였다. 명나라 조정이 조선을 마음에 들어했던 이유는, 일본 · 타타르 · 오이라트 · 안남 등처럼 걸핏하면 반항적인 태도를 취하고 명조가 정한 조공 규정을 위반

13 『嘉靖重修遼東志』 권9, 「外志」, 朝鮮. "迨至我朝, 入貢尤謹恪, 爲諸國最."
『萬曆大明會典』 권105, 「朝貢」, 朝鮮. "其歲時朝貢, 視諸國最爲恭愼. 嘉靖二十六年, 特許其使臣同書狀官及從人二三名, 於郊壇及國子監游觀, 禮部箚委通事一員伴行, 撥館夫防護, 以示優異云."

하거나, 심지어 무력을 동원하는 등의 행동을 하지 않기 때문만은 아니었다. 적어도 겉으로만 공순(恭順)한 정치적 · 외교적 자세를 취할 뿐만이 아니라, 명조를 '중화'의 나라로 생각하고 '중화'문화의 정수를 배우려 거국적으로 달려들고 있는 자세가 마음에 들었던 것이다.

'중화'의 정수란 사람과 사람 혹은 나라와 나라 사이의 교제에서 겉으로 드러나는 예이며, 동시에 보다 내면으로부터 그를 떠받치는 인(仁)과 의(義) 등의 덕목이다. 명나라 사람들은 조선이 '중화'의 덕을 흠모하고, 그 가치 체계를 거국적으로 배우려 하는 점을 들어 조선을 종종 '예의의 나라(禮儀之邦)'라고 불렀다. 조선 사절에 천단 참관을 허용한 것은 그곳이 천명을 받아 명조가 '화(華)'의 지역을 다스리고, 또 '이(夷)'의 지역을 포함한 천하를 통솔하는 정당성을 갖는 증거의 땅이었기 때문이고, 국자감의 참관을 허용한 것은 그곳이 '중화'의 정수가 머무는 곳이었기 때문임은 말할 나위도 없다.

그렇다면 실제로 '중화'의 나라는 '이적'의 나라에서 온 사절을 어떻게 접대하고, 이들 사절들은 이를 어떻게 평가했을까?

우선 6월 18일, 그 전날 숙박한 곳의 한 군관이 부하를 보내어 송별 물품을 주었다. 조선사절단 일행이 이 부하들에게 조선에서 가져온 부채와 모자를 답례로 보내자, 부하들은 그것이 너무 적다면서 성을 내고는 이를 내던져버리고 돌아갔다. 그런데 얼마 후 부하 가운데 한 사람이 되돌아와 내던진 부채와 모자를 줍더니 이를 가지고 돌아갔다. 이를 본 허봉은,

> 염치가 무엇인가 돌아보지 않는구나. 이름은 중국이지만, 실제로는 달자(達子:매우 저급한 야만인)와 다름이 없다.

라고 평하였다.[14] '달자'란 몽골족 등을 가리키는 것으로, 당시로서는 상

---

14 앞의 주 6, 『荷谷先生朝天記』 6월 18일(415면상). "此人唯知貪得, 不顧廉恥之如何, 名爲中

대를 가장 업신여기는 말이었다.

다음으로 요동도지휘사에 관한 일이다. 요동도지휘사는 연행사가 북경으로 향하기에 앞서 황제에게 그 취지를 보고할 의무와 함께 공물을 싣는 수레를 조달하는 등 접대와 관계된 중요한 사명을 지녔다. 당시 요동 지방은 아직 하나의 성(省)이 되지 못하고 산동성(山東省)의 일부에 속해 있었다. 다만, 이 광대한 지역은 특수한 군사 지역으로 여겨졌으며, 이 땅을 통치하는 최고책임자는 '요동도지휘사'라는 군관이었다. 이 임무를 맡은 진언(陳言)이라는 인물은 일행과 만나자마자, 조선에서 출판된 『황화집(皇華集)』· 경면지(鏡面紙) · 사립(絲笠)을 가져오라고 일러두었는데 왜 가져오지 않았냐며 힐문하였다. 통역이 이에 대한 변명을 하자, 거기에 더하여 '해달피(海獺皮) · 만화석(滿花席) · 백포(白布) · 화연(花硯) · 잡색주(雜色紬) · 정삼(整參)'이라고 종이에 쓰고, 또한 '모단 이필(帽段二疋) · 나 일필(羅一疋) · 대단 이십필(大段二十疋)'이라고 덧붙이면서 이를 가져오라고 강요하였다(『허봉일기』, 6월 23일). 조헌은 도지휘사 진언의 언동을 평하여,

> 염치가 없음이 이와 같았다.

라고 기록하였으며(『일기』, 6월 23일), 허봉 또한 똑같이 표현하였다(『일기』, 6월 24일).

이 요동도지휘사 진언은 중국인 사이에서도 매우 평판이 나빴다. 허봉의 일기에 따르면, 어떤 중국인은 "진언이 이렇게 탐욕스러운데 조선 사절은 왜 예부에 호소하지 않는가."라고 말했다고 한다. 조선 측에서 "우리들은 외국인이기 때문에 예부에 함부로 호소할 수 없습니다. 당신들이야말로 왜 진언의 행위를 순안(巡按)의 관아에 호소하지 않습니까."라고

國, 而其實無異於達子焉."

되받아치자, 이 중국인은 웃으면서, "순안어사도 돈을 매우 밝힙니다. 도지휘사님과는 이미 좋은 사이입니다."라고 답했다고 한다.[15]

조헌은 요동으로 입성하기 전부터 숙소의 주인이 순안어사에 대해 "요동으로 왔을 때는 말라깽이(瘦蠻子)였는데, 지금은 뚱뚱이(胖蠻子)가 되어 버렸다."라고 혹평하는 것을 들었는데, 정말이지 '오랑캐(蠻子)'라고 욕해도 지당한 일이라고 적고 있다(『일기』, 6월 25일).[16]

지방의 도시에서 이러한 체험을 한 그들은 '중화'의 중심지인 북경에서도 동일한 일을 겪었다. 이번에는 그들을 접대하고 수행하는 직책을 가진 홍려시(鴻臚寺) 서반(序班) 고운정(高雲程)이었다. 일행이 북경에 입성하고 숙소인 회동관에 자리 잡은 다음날 고운정이 찾아와 자기는 좋은 방을 안내받지 못했다 성을 내고는 "누가 조선을 '예의의 나라'라고 말하는가."라는 말을 던지고 나가버렸다고 한다(『조헌일기』, 8월 5일).

그 후에도 이 홍려시 서반은 계속해서 그럴 듯한 말을 걸어와 금품을 우려내든가, 꾐이 통하지 않으면 심술궂은 말로 바꾸었다. 조선 사절에게 걱정되는 것은 새로 편찬되는 『대명회전』에 조선이 요구한 종계변무, 즉 이씨 조선의 성립 과정이 어떻게 고쳐지는가 하는 문제였는데, 이 사실을 알아차린 홍려시 서반은 "이 문제는 나의 한마디 여하에 달려 있다. 은 30냥을 나에게 보내는 것이 어떠한가."라며 뇌물을 요구하였다(『허봉일

15 상게서, 6월 24일(420면상). "洪純彥答曰, 吾等安敢以外國人輒行告訴於禮部乎. 爾等抑何不告於巡按衙門耶. 唐人等笑答曰, 御史亦愛錢, 大人曾已相熟矣. 純彥曰, 御史亦如是乎. 答曰, 孰不要錢."

16 앞의 주 9, 『朝天日記』 6월 20일(355면하). "這地方御史爲誰. 曰, 姓郭名不知(後聞則思極也). 曰, 那裏人耶. 曰, 南人也. 初來只是瘦蠻子, 今作胖蠻子(胖肥也. 蠻子者, 北人辱南人之辭). 郭是山西人. 而謂之蠻子者, 以其受天子命爲御史, 不能彈罷貪殘守令, 以貽民害, 故辱以蠻子."
같은 책, 6월 25일(357면상). "遼人見言之所爲, 謂純彥曰, 都司不獨侵剝我輩, 而侵索遠人如此. 汝等何不往告禮部, 以杜其弊乎. 純彥曰, 我等居于禮義之邦, 安敢爲此等事乎. 遼人曰, 此方之人, 將不可支矣. 純彥曰, 這地亦有巡按, 何不往愬乎. 遼人曰, 名爲御史, 而實則愛錢, 公然受賂, 略無所忌. 同是一條籐, 往愬何益. 蠻子之譏, 可謂驗矣."

기』, 8월 18일).[17]

더욱이 귀국 당시 황제로부터 조칙이 내려질지의 여부를 통역이 물어보자, 조칙에 대한 정보를 얻기 위해 내각에 가려면 반드시 문지기에게 뇌물을 주어야 한다며, 자기에게 5백 냥을 내면 알아보겠다고 말을 걸어왔다. 허봉은,

> 고운정이 탐욕스러워 거리낌이 없는 것이 이 정도에 이르렀다.[18]

라고 일기에 남기고 있다(『일기』, 8월 30일).

한편 황제로부터 사절 일행에게 하사되는 물품에 대하여 "나에게 뇌물을 주면, 조칙으로 내리는 하사품을 좋은 물건으로 내리도록 조처하겠다."라고 수작을 걸어왔다. 조헌도 이에 대하여,

> 그 도리도 없이 금품을 우려내는 것이 이와 같았다.[19]

라고 기록에 남겼다(『일기』, 9월 2일).

자기의 요구가 모두 받아들여지지 않자 다음은 심술궂은 태도로 나왔다. 사절단은 귀국할 때 궁성에 가 궁정 내에 정렬하여 만력황제의 옥안을 뵈었는데, 고운정은 그 정렬이 가지런하지 않다고 비난하고는 조헌에 대하여,

---

17 앞의 주 14, 8월 18일(456면상). "今日將呈文, 該吏及高雲程幸其有事, 睹爲奇貨, 邀索賄賂, 恐嚇萬端. 雲程謂洪純彦曰, 玆事係吾一言之重輕. 倆可將三十兩銀以贈我云. 可見此輩之無狀, 至此極也."

18 상게서, 8월 30일(462면하). "高雲程來. 通事等問其受勅與否, 雲程曰, 凡往內閣時, 必賂門子而後方入. 汝可與吾五兩銀, 則當依汝言聞見而來. 洪純彦折之, 雲程大怒而起去. 大抵雲程之貪黷無忌, 至於如此."

19 앞의 주 9, 9월 2일(384면하). "雲程謂通事曰, 爾餽我賂, 則勅賜賞物, 我當勉力擇出好品云. 其以無理之事侵索也如此."

예의의 나라(禮義之邦)' 사람이라고 할 수는 없다.

고 말했다고 한다(『일기』, 9월 5일). 이것을 허봉에게 말하자 허봉은 바로 송대의 고사를 들었다.

송나라 때 홍려시의 관리가 견책을 받는 경우가 셋이 있었다. 사대부와 오랑캐, 그리고 낙타 이렇게 셋이 가장 정렬시키기 어려웠던 것이다. 사람을 낙타와 함께 취급하는 일 따위는 참으로 괴로운 일이 아닌가![20]

물론 조선 사절에 대한 접대가 극도로 정중한 부분도 있었다. 예를 들면 북경에서 다른 외국 사절의 경우 환영연을 베풀 뿐이었는데 조선 사절에게는 이 외로 송별연도 열어주었다. 이에 대해서는 조헌도 "정중하게 대하는 것이 이와 같았다."고 솔직하게 기쁨을 감추지 않았다(『일기』, 8월 26일). 또 귀국 당시에는 '험포의 예(驗包之禮)'라고 하여, 외국 사절들이 금수품을 가져가는지 확인하기 위해 예부에서 일행의 짐을 점검하는 일이 관례였지만, 조선 사절에 대해서는 예의의 나라의 사신이라면서 특별히 이를 면제해주었다. 허봉도 이에 대해서는 "우리나라를 정중히 대접해주는 것이 극진하다."라며 솔직한 감사의 마음을 일기에 적고 있다(『일기』, 8월 30일).

그러나 한편으로는 조선 사절과 이들을 접대하는 중국 관료 사이에 치열한 전투가 전개되었다. 홍려시 서반 등 접대 담당은 대개 조선을 '예의의 나라'라고 불렀다. 물론 그것은 "예의가 철저하지 못하고 어중간하다."라고 말하는, 오히려 멸시에 가까운 말이었다. 이에 대하여 조선 사절 또

20 상게서, 9월 5일(386면상). "高雲程謂余曰, 昨見受賞之時, 貴國下人行列不整, 甚不美於朝廷之瞻視. 豈可謂禮義儀邦人乎. 余曰, 爾知如此久矣. 而何不屢教習禮, 俾其無愆乎. 雲程曰, 宰相不好吾, 不敢言, 深有愧汗之心. 余以是言, 言于美叔. 美叔曰, 在宋之時, 鴻臚官之被譴者有三, 士人 · 夷人 · 橐駝, 最難整列故也. 人而比於橐駝, 豈不痛心哉."

한 마찬가지로 '중화'의 가치인 '예의'라든가 '염치'라든가 '화이(華夷)'라든가 하는 등의 용어를 사용하며 응전하였다. '중화'의 접대 담당에 대하여 "저희들은 예의의 나라에 살고 있기 때문에……"(『조헌일기』, 8월 30일)라고 되받아치고, 명나라 관료들을 '염치없음'이라든가 '달자(達子)'라든가 '만자(蠻子)'라든가 하는 등으로 불러 역습하였다. 그들은 이미 배워온 '중화'의 가치 체계를 그대로 사용하면서 '중화'의 현실에 맞서 응전하였던 것이다.

그들 사절에 대한 접대와 관련하여 여기서 한 가지 일화를 소개하기로 한다. 그것은 8월 25일 조선 사절에게 특별히 참관이 허락된 천단에 갔을 때의 일이다. 허봉은 일찍이 알고 지내던 등계달(滕季達)이라는 중국인과 천단에서 만나기로 약속했던 듯하다. 조선 사절이 머무는 회동관은 관리가 엄중하고, 예부의 관계자 등 특별한 자를 제외하고는 출입이나 면회가 금지되었기 때문이다.

등계달은 그로부터 1년 전에 명나라 사절을 따라 조선에 온 적이 있었는데, 허봉과는 이때 알게 되었을 것이다. 그래서 등계달이 친구와 함께 찾아와 허봉과 인사를 주고받으려던 참이었다. 그런데 예부 회동관 제독이 보낸 자가 허봉 일행의 뒤를 몰래 밟고는 어떠한 대화를 하는지 귀기울여 들었다. 조선에서 따라온 통역은 두 사람의 대화가 누설될 것을 걱정하여 대화를 중지시켰다. 등계달은 이 사태를 보고 자기도 모르게 혀를 내밀고, "그러면 후일 출발할 때 숭문문(崇文門) 바깥에서 얘기합시다."라고 말하며 떠나갔다고 한다. 이렇게 현실은 결코 만만하지 않았다. 이때의 일에 대해 허봉은,

> 중국의 법이 중하다는 것이 여기에서 그 극에 달했다고 할 수 있다. 이것은 완전히, "일시동인(一視同仁)하여 내외의 차별이 없다."라는 이념에 어긋나는 바이다. 통탄스러울 뿐이다.[21]

---

21 앞의 주 14, 8월 25일(460면상). "是日往賞天壇……. 滕季達與其友一人來, 將與余敍話. 未

라고 기록하고 있다. 등계달은 이때 약속을 지키려 했던 것 같다. 허봉 등이 숙사로 돌아오는 도중 기다리며 맞이하였다. 그러나 그는 조선으로 갔던 당시의 대접에 감사를 표하고, 조선국왕에게 안부를 전해달라고 말하고, 『대명회전』을 개정하게 되면 조선 측을 위해 종계변무에 대해 노력하겠다고 말하고는 바로 떠나갔다. 허봉에 따르면 다른 사람의 이목을 두려워했기 때문이라고 한다.

이때의 경험은 허봉에게 마음속 깊이 각인되었다. 귀국 후 『조천기』를 지을 때 후기에 특별히 다음과 같이 적기도 하였다.

> 대저 화이 · 내외의 구별은 본디 분명히 나누어져 있으니 흐트러져서는 안 된다. 원래 어떤 사람이 구습을 완전히 씻어내고 날마다 새롭게 변화하여, 예의의 영역으로 나아간다면, 성제명왕(聖帝明王)은 당연히 일시동인(一視同仁)으로 자기의 자식을 보는 것처럼 해야 하고, 의심하거나 경멸하는 마음이 있어서는 안 된다. 그런데 지금의 황조(皇朝)는 우리나라를 대우하는 것이 이와 다르다. 몇 겹으로 문을 닫고 견고하게 자물쇠를 채워 출입을 막는 것이 마치 도적으로 보는 듯하고, 조금이라도 제멋대로의 행동거지가 없는지 벌벌 떨며 두려워한다. 그렇기 때문에 학문적 소양과 신분을 갖춘 자들 가운데 예의에 맞게 회동관 안에 들어와 고전에 대하여 논하고 조선의 풍속을 물으려는 자가 없지 않은데, 천조에 금령이라는 아무 쓸 데 없는 것이 있으니, 할 수 없는도다. 참으로 옹색하지 않은가? 이 때문에 조선 사람으로 천조에 가는 자는 귀가 들리지 않고 눈이 보이지 않는 자와 마찬가지여서, 일찍이 자루를 가지고 나아가 수확물을 가득 담아서 돌아온 자를 본 적이 없다. 이것은 황조의 제도에 일대 결함이 있는 것이며, 우리 동방의 수치이자 한스러운 바가 아니겠는

及相揖, 有提督所差吏尾余等行, 洪純彦恐其漏洩止余. 季達聞其然, 不覺吐舌曰, 然則當於後日發程時共話於崇文門外. ……可見中朝之法嚴重, 至於如是, 殊有缺於一視同仁罔間内外之意, 可歎也夫.”

가?[22]

숙소인 옥하관에는 몇 겹이나 자물쇠가 채워져 있어 중국 지식인과의 자유로운 교류가 일체 금지되고, 옥하관 밖에서 만나려 하면 미행자가 따라 붙었다. '일시동인(一視同仁) · 내외일가(內外一家)'라는 말은 여기서 완전히 겉으로 보이는 것에 불과하여, '천조'라고 생각하며 '중화'의 덕을 흠모하여 오는 자들에게조차도 의심을 품어 중국 지식인과 자유롭게 접촉할 수 없게 하였다. '중화'의 모범생은 이상과 같은 현실을 관찰하고 직접 체험하며 이와 같이 비판했다.

4. 양명학, 옳은가 그른가

이른바 '문(文)'과 '중화'의 총본산인 국자감을 방문했을 때 조선 지식인들은 거기서 무엇을 보았을까? 국자감 참관은 천단 참관과 함께 조선 사절단에게만 특별히 허용된 것으로 그것의 의미에 대해서는 이미 서술하였다. 국자감은 울창한 숲속의 나무 사이에 매우 고요한 모습으로 그들 앞에 나타났다. 그러나 자세히 관찰하면 "학생은 없고 담은 대부분 무너져" 있으며, 오경관(五經館)은 본래 장서를 보관하는 공간이었음에도 불구하고 "안에는 먼지가 쌓여 있을 뿐이었다."(허봉, 8월 20일)라고 한다. 허봉은 또 "선생은 의자에 걸터앉아 있을 뿐 강의하지 않고, 제자들은 향리로 뿔뿔이 흩어졌다. 국자감의 우두머리인 좨주(祭酒)와 차석인 사업(司業)은

22 상게서, 「後敍」(481면하). "夫華夷內外之分, 固截然而不容紊. 若其人蕩滌舊習, 變化日新, 以自進於禮義之域, 則聖帝明王, 固將一視同仁, 如吾赤子, 罔有猜嫌略忽之心. 而今也皇朝之待我國, 則異乎是矣. 重門嚴鐍, 以防其出入, 若視寇盜, 惴惴然唯恐一毫之肆. 故學士大夫搢紳先生或欲揖而進之, 討論典墳, 詢訪風俗者不無其人, 而朝有禁令, 末由也已. 噫, 其可謂隘乎哉. 用是國人之朝覲者, 就與聾瞽同類. 未見有垂橐而往, 稇載而歸者. 斯豈不爲皇朝之一大闕典, 而我東方之羞恨也耶."

하루빨리 대관(大官)으로 출세할 것만을 생각하고, 학생인 감생(監生)과 세공생(歲貢生)은 오로지 관료가 되어 임명장을 받는 것만을 기뻐할 뿐 태만하고 예의와 염치가 무엇인지 모른다. 학교가 이렇게까지 몰락하였으니 인재가 옛날만 못한 것도 당연한 일이다."라고 탄식하였다.[23]

조헌은 선현이 남긴 훈계가 전혀 눈에 띄지 않는 곳에 방치되어 있음을 목격하고는, "이래서 어떻게 학문을 가르치고 마음과 눈을 경계할 수 있을까? 과연 중국인이 공자께서 말씀하신 학문의 마땅한 바를 숭상하지 않고 있음을 알았다."라고까지 일기에 적고 있다(조헌, 「8월 20일」).[24]

이에 더해 국자감 학생들을 붙잡고 실제로 대화를 나누면 그 무례를 더욱 느끼게 된다. 자신들의 질문에 답해준 것에 대한 답례로 가져간 붓과 먹을 끄집어내어 선물로 주려는 순간 학생들이 앞다투어 서로 빼앗고 싸웠던 것이다. 이를 목격한 조헌은 "도대체 매일 무엇을 배우고 있는 것일까!"라고 기막혀했으며, 허봉은 "사풍(士風)을 겨루지 않음이 이러한 지경에 이르렀다."라고 크게 경멸하였다.[25] 어쩌면 진귀한 외국 물건을 눈앞에 보게 되면 달려드는 것이 인지상정이라 말하는 자가 있을지도 모르겠다. 그러나 '중화'의 가치를 신봉하는 조선에서 온 사절로서는 문(文)의 정수라는 국자감에서 이러한 사태를 목격하고는 달리 기술할 방법이 없었을 것이다.

다음으로 그들이 이국의 땅에서 학문의 조류와 문화의 동향을 들었을

---

23 상게서, 8월 20일(458면하). "但學徒不處, 墻壁多頹塌. ……扁曰五經館, 意是藏書之室, 而其中塵土堆積而已. ……抑大學本爲首善之地, 非徒文具爲也. ……而爲師者倚席不講, 爲弟子者散處閭閻, 祭酒司業以驟陞大官爲念, 監生歲貢以得添一命爲榮, 慢不知禮義廉恥之爲何事. 學校之廢墜至於斯, 宜乎人才之不古若也. 嗟呼嗟呼."

24 앞의 주 9, 8월 20일(379면하). "問諸生曰, 堂之四壁, 怎麽沒有先賢訓戒乎. 曰, 在後頭. ……惟置屛處, 而不在師生觀瞻之地, 將何敎學, 以警心目乎. 果知中朝之人不尙斯學也."

25 상게서, 8월 20일(380면상). "而與以筆墨, 則群聚而角之, 如恐不及. 所謂日日勸講, 而所敎者何事."
앞의 주 14, 8월 20일(459면상). "餘等將出, 贄禮筆墨等物以贈之, 諸人雜起, 相爭捽奪, 無復倫次. 余等甚鄙之, 俄聞使先去, 余等即與監生輩辭揖而出. 士風之不競如此."

때 어떻게 반응하고 기록하였는지에 대해 살펴보고자 한다. 구체적으로 왕수인(王守仁, 陽明)을 어떻게 평가해야 하는지에 대한 문제이다.

그들이 여행한 1574년(만력 2) 즈음 중국에서는 양명학이 그야말로 일세를 풍미하고 있었다. 이러한 학문과 문화의 새로운 조류는 매년 몇 번이나 서울과 북경을 왕복하는 연행사의 보고를 통해 주자학을 배우는 조선 지식인에게 커다란 반향을 불러일으켰다.[26] 이황에게 배운 허봉은 바로 중국의 새로운 정세 즉 양명학의 융성에 가장 관심을 기울인 사람 중 하나였다. 앞서 언급한 대로 그는 자원하여 연행사에 참가하였는데, 그 목적은 중국 지식인들이 정말로 양명학을 받아들이고 있는가, 어느 정도 신봉하고 있는가를 스스로 확인해보는 데 있었던 것 같다. 심지어 왕양명이 성학(聖學)의 전당인 공자묘에서 공자의 제자로 배향되고 있다는 정보가 있는데, 과연 이것이 사실인지 확인하고 직접 북경에 가서 그 귀추를 알아보는 것이 그의 첫 번째 관심이자 연행의 목적이었으리라 추정된다.

양명을 공자묘에 배향해야 한다는 논의는 이미 융경제(隆慶帝)가 즉위한 직후부터 나왔지만, 고공(高拱) 등의 반대로 그 시비의 결정이 일단 보류되었다.[27] 양명 배향 시비가 다시 떠들썩하게 논의된 것은 허봉 등의 연행보다 1년여 전부터이다. 여기서 『명실록』에 기재된 기사를 중심으로

26 양명학이 조선에 전해지고 얼마 지나지 않아 조선 지식인이 이를 어떻게 수용하고 비판하였는지, 혹은 중국 지식인과 어떠한 논쟁을 벌였는지에 대해서는, 본 장 이외로 이능화(李能和) 「朝鮮儒界之陽明學派」(『靑丘學叢』 제25호, 1936), 高橋亨의 「朝鮮の陽明學派」(『朝鮮學報』 제4집, 1953), 尹南漢 「李朝陽明學の傳來と受容の問題」(『韓』 제1권 제12호, 1972), 『朝鮮時代의 陽明學 硏究』(集文堂, 1982), 李明輝 「李退溪與陽明學」(『四端與七情 : 關於道德情感的比較哲學探討』, 臺北, 臺灣大學出版中心, 2005), 中純夫 「尹根壽と陸光祖－中朝間の朱陸問答」(『東洋史硏究』 제67권 제3호, 2008), 周振鶴 「朱子學與王學在晩明和朝鮮的交錯影響」(『從周邊看中國』, 北京, 中華書局, 2009) 참조.

27 沈德符의 『萬曆野獲編』 권14, 「四賢從祀」 그리고 耿定向의 『耿天臺先生文集』 권2, 「應明詔乞褒殊勳以光聖治疏」 혹은 『王文成公全書』 권38, 「請從祀疏」 참조. 또한 中純夫의 「王守仁の文廟從祀問題をめぐって－中國と朝鮮における異學觀の比較」(『朝鮮の陽明學－初期江華學派の硏究』, 東京, 汲古書院, 2013) 참조.

논의의 경과를 따라가보자. 우선 예과급사중(禮科給事中) 종홍섬(宗弘暹)이 왕양명을 배향해야 하는지를 회의에 붙이라는 상주문을 올렸다(『明實錄』 隆慶6年 12月 辛未). 다음으로 순안절강감찰어사(巡按浙江監察御史) 사정걸(謝廷傑)이 "공(孔)·맹(孟)·주(周)·정(程) 이후의 이른바 대유(大儒) 가운데 양명보다 나은 자가 없다."고 말하면서 설선(薛瑄)과 함께 공자묘에 반드시 모셔야 한다고 주장하는 상주를 올렸다(『萬曆疏鈔』 권35, 謝廷傑 「崇祀大儒以明正學疏」 萬曆元年正月. 『明實錄』 萬曆元年 5月 戊戌). 또 섬서감찰어사(陝西監察御史) 이이(李頤)가 호거인(胡居仁)을 설선·왕수인과 같이 배향하자는 주장을 하자, 그 상주문이 예부에 내려졌다(『萬曆疏鈔』 권35, 李頤 「崇祀眞儒以培道脈疏」, 『明實錄』 萬曆원년 정월 丙戌). 강서순무(江西巡撫) 서식(徐栻)도 왕양명을 설선과 함께 배향해야 한다는 상주를 하였다(同, 萬曆원년 2월 乙丑).

이상은 배향 찬성파의 의론인데, 이에 대하여 병과급사중(兵科給事中) 조사성(趙思誠)이 반대론을 상주한 것도 마찬가지로 예부에 내려졌다(同, 만력원년 3월 乙酉). 예부에서는 찬성파와 반대파의 생각이 다르기 때문에 한림원에서 토의하라고 상주하였다(同, 만력원년 5월 庚子).

한편 남경복건도어사(南京福建道御史) 석가(石檟)가 상주한 배향반대론이 예부에 내려지고(同, 만력원년 5월 戊戌 / 7月 戊子), 호과급사중(戶科給事中) 조참로(趙參魯)가 상주한 찬성론 또한 예부에 내려졌다(同, 萬曆元年 7月 壬寅). 공부판사(工部辦事) 진사 추덕함(鄒德涵)은 왕양명을 모셔야 한다고 논하였다(同, 만력원년 11월 甲申). 다음해 2년에는 순안절강어사(巡按浙江御史) 소름(蕭廩)이 왕양명을 모셔야 한다고 논한 것이 예부에 내려졌다(同, 만력2년 6월 辛未). 이 기간 동안 이 문제에 가장 큰 책임을 지고 있던 예부상서 만사화(萬士和) 역시 왕양명을 모셔야 한다고 상주했다(萬士和, 『萬文恭公摘集』 권12, 「覆新建伯從祀疏」, 만력2년 6월부터 3년 9월에 걸친 상소). 만사화는 허봉이 북경을 방문했을 당시 마침 예부상서였다.

이상과 같이 허봉 일행이 중국에 발을 내딘은 시기는 바로 왕양명을 배향해야 하는가에 관하여 격렬한 논전이 전개되던 시기로, 『명실록』의 기록에 따르면 찬성파가 우세한 정황이었다. 허봉은 입국 후 겨우 10일째였던 6월 26일에 요동의 한 서원을 찾아가 4인의 생원과 알게 되자마자 곧장 이 문제가 어떻게 되었는지 글로 써서 물어보았다. 허봉의 질문은 "왕수인(王守仁)의 사설(邪說)이 성행하고 있으며 공맹과 정주의 도가 닫히는 것이 확실치 않은가. 이는 그야말로 도가 무너지려 하는 것이 아닌가?"라는 것으로 처음부터 명백한 가치판단을 동반하고 있었다. 왕수인이란 왕양명의 본명으로 이름을 부르는 것은 예의에 어긋나는 일인데도 허봉은 일부러 이렇게 불렀다.

그런데 4인의 생원은 '당신이 들은 것은 아마도 예전 위학(僞學)의 설에 현혹된 것입니다.'라고 답하였다. 여기서 말하는 '위학'이란 남송 시대에 주자와 그 일파가 이렇게 불리며 탄압받았던 것을 말하는 것임에 틀림없다. 즉 그들은 주자학을 '위학'이라 불렀던 것이다. 이렇게 한편에서는 양명학을 '사설(邪說)'이라 부르고 다른 한편에서는 주자학을 '위학(僞學)'이라 부른 것처럼 조선과 중국의 지식인 사이에는 큰 균열이 있었다. 생원 4인이 양명학은 결코 사설이 아니며 양명은 이미 공자묘에 배향되었다고 답하자, 허봉은 양명학은 매우 잘못된 것으로 그를 배향하는 일은 왕안석(王安石)을 함께 배향하는 것과 마찬가지의 잘못된 일이라고 길게 적었다. 이와 같이 평행선을 달리는 논쟁이 계속되면서 양명학을 옳다고 하는 4인이 뜻을 굽히지 않음을 깨닫게 된 허봉은,

> 나는 그들이 완고하고 천박한 자(固滯鄙賤)로서 아무리 말해도 이해하지 못함을 알고……

라고 일기에 기록하고, 상대를 경멸하고는 그 자리를 떠났다. 숙소로 돌아와서는,

> 사설(邪說)이 제멋대로 유행하고, 금수(禽獸)가 사람을 위협하며, 사람으로서의 윤리가 절멸하기에 이르러 국가는 참으로 혼란과 멸망으로 나아가고 있다.

라고 적었다.[28] 여기에서 보이는 '사설이 제멋대로 유행하고, 금수가 사

28 앞의 주 14, 6월 26일(424면상). 장문이지만 허봉에 의한 양명학 비판의 내용 및 어투와 함께 생원 정도인 중국 지식인의 양명학 지식을 알 수 있는데다 중국 사료에서도 거의 볼 수 없는 귀중한 자료이기 때문에 관련 부분을 그대로 인용한다.
"生員四人來見. ……僕竊聞近日王守仁之邪說盛行, 孔孟程朱之道, 鬱而不明云. 豈道之將亡而然耶. 願核其同異, 明示可否. 四人者答曰, 生輩居南, 諸公居東. 今日之遇, 皆夙緣也. 本朝陽明老先生, 學宗孔孟, 非邪說害道者比. 且文章功業, 俱有可觀, 爲近世所宗. 已從祀孔廟矣. 公之所聞, 意昔者僞學之說惑之也. 余又書曰, 恭惟朱考亭先生纂孔孟周程之緖, 集聖賢之大成. 自是厥後, 有如眞西山 · 許魯齋 · 薛文淸 · 賀醫閭諸公, 莫不敬之如神明, 信之如父母, 未嘗有異議. 獨王守仁者, 掇拾陸氏之餘, 公肆謗詆, 更定大學章句, 其言至曰苟不合於吾, 則雖其言之出於孔子, 吾不敢以爲信然也. 推得此心, 何所不至. 守仁若生於三代之前, 則必服造言亂民之誅矣. 孔子曰, 小人者, 侮大人之言, 其守仁之謂歟. 夫守仁之學, 本出於釋, 改頭換面, 以文其詐. 明者見之, 當自敗露. 諸君子特未深考之耳. 守仁之所論著, 僕皆一一精察而細核, 非泛然傳聞之比也. 公所謂文章事業, 僕亦未之聞也. 其事業, 指破滅宸濠一事乎. 此戰之捷, 亦守仁仗皇靈而能勝耳. 原守仁之弟子劉養正者, 爲宸濠腹心, 宸濠就擒, 人於舟中得養正手簡, 其中有曰, 贛老之事, 漸不如前. 贛老, 指守仁而言也. 此果純臣乎. 是以嘉靖聖天子革其爵祿, 明其僞學, 以榜天下. 大哉帝之卓見也. 豈意從祀之典, 乃起於末流, 若使夫子有靈, 必羞與之同食矣. 且呂先生乃東萊賢孫, 東萊平日, 與朱子共排子靜無遺力. 而爲子孫者, 乃不能仰體祖先之意, 其可謂無忝乎哉. 噫, 守仁之從祀, 與王安石 · 王雱之配享, 何以異乎. 行當毁撤, 必不能久於天地間也. 語直傷交, 切望亮之. 四人又答曰, 從祀孔廟, 乃在朝諸君子輿議, 非山林僻見也. 且學以良知良能爲說, 非有心得者, 其孰能知之. 所聞不若所見之爲眞, 諸君特未之察耳. 余因與往復甚苦, 彼終不服. 余又曰, 頃於赴京友朋之還, 得見御史石君檟 · 給事中趙公思誠等題本, 可謂正論. 四人曰, 此人皆僞學者之後, 故其言如是其乖戾也. 余曰, 僞學者指何人乎. 答曰. 如王安石是也. 此蓋指朱子爲僞學, 而不敢誦言, 姑托之於他人也. 余度其固滯鄙賤, 不可與辨, 乃書曰, 承敎不勝缺然. 古云, 道不同, 不相爲謀. 我宗朱門, 君耽王學, 爾月斯邁, 吾日斯征, 終無可望於必同也, 奈何柰何. 今日已昏暮, 不得穩討. 明若臨陋, 則可以從容. 將還, 贈筆墨扇等物. 四人書示曰, 君遠來, 乃以扇筆墨相資, 禮不敢受, 請辭. 余答曰, 士相見, 贈遺以物, 禮也. 薄物不足以充君下价之用, 特表中心而已, 望領情勿却. 千萬之祝, 四人皆受之, 相與揖別. 四人送至中門, 期以明日相話, 還由安定門以歸. 由此觀之, 則今之天下, 不復知有朱子矣. 邪說橫流, 禽獸逼人, 彝倫將至於滅絶, 國家將至於淪亡, 此非細故也. 而爲儒者轉相眩惑, 萬口一談, 雖有闢邪崇正之論如石 · 趙兩公者, 皆不獲施行, 至以躋於從祀之列, 其汚衊聖廟大矣. 嗚呼, 此道已衰, 無復可支吾者. 爲今之計, 將如何哉. 其亦尊所聞行所知, 而白直加功, 不容少懈, 期以沒身, 則庶不爲他說之所搖, 而可以不大得罪於聖賢矣. 若但與此輩呶呶終日, 則恐其無補於事, 而徒起紛擾之端也."

람을 위협하며(邪說橫流 禽獸逼人)'라는 말은 말할 것도 없이 『맹자』에 나오는 말로 요순이 나타나기 전이나 주(紂)의 시대, 혹은 공자가 『춘추』를 편찬하고 맹자가 묵자나 양주(楊朱)와 같은 이단자를 바로잡은 때와 같이, 시대의 혼란을 탄식하면서 타인을 이단자로 배격할 때 반드시 사용되는 말이다. 예를 들어 불교 · 육상산(陸象山) · 왕양명을 공격하는 진건(陳建)의 『학부통변(學蔀通辨)』에 이러한 종류의 말투가 자주 보인다. 그런데 통상 이것은 '중화'에 속한 자가 그 시대와 사람들을 탄식하며 배격할 때 사용된다. 즉 허봉은 여기에서 '중화'인이 되어, '중화'인을 공격하고, '중화'의 문화와 정치의 현상을 우려한 것이다.

또 산해관을 넘어 계주(薊州)와 통주(通州)로 이르는 도중에 섭본(葉本)이라 하는 국자감생과 서로 알게 되었을 때에도 허봉은 양명의 배향 문제를 물었다. 그렇지만 이 국자감생도 마찬가지로 왕양명을 '양지(良知)'의 성학(聖學)을 밝힌 인물로 평가하는, 양명학을 찬미하는 자였다. 배향에 대해서 최종적인 결론은 나지 않았으며 그 내용을 자세히 알고자 하면 『양명문록(陽明文錄)』과 『양명연보(陽明年譜)』를 구입해서 읽어보라고 간절하게 대답해준 이 인물에 대하여 허봉이 취한 반론은 거의 상대를 설복시키려는 것이었다(『허봉일기』, 「8월 2일」).[29]

29 상게서, 8월 2일(444면하). 이 또한 주석 28과 마찬가지로 당시 중국과 조선의 문화적 온도차와 논쟁의 내실, 허봉의 양명학 이해를 보여주는 동시에 감생 정도의 중국 지식인이 어느 정도 양명학에 대해서 알고 그 신학설에 심취하고 있는지를 보여주는 사료로서 귀중하기에 가능한 그대로 인용한다.
"余等遇國子監生葉本子立于道……余又書紙以問曰……今聞王陽明從祀文廟, 而命其裔襲爵云. 未審此事定於何年, 而出於誰人之建明乎, 乞詳示. 本答曰, 陽明公浙江紹興府餘姚縣人也. 天賦挺秀, 學識深純, 闡明良知聖學, 又有攘外安內之功. 穆宗皇帝嘉其績, 封其裔爲新建伯. 今年, 浙江巡按御史論其學眞足以得往古不傳之祕, 宜從祀孔子廟廷. 聖旨諭禮部, 尙未覆. 此其大較也. 若欲備知, 有陽明文錄, 又有年譜, 可買査之. 謹覆. 余曰, 敬承誨語, 良自慰幸. 但於鄙意有不能無疑者, 敢布之. 陽明之所論著, 篈嘗略窺其一二矣. 千言萬語, 無非玄妙奇怪之談張皇震耀之辨, 自以爲獨得焉. 至曰如其不合於吾意, 則雖其言之出於孔子, 吾不敢以爲信然. 此其猝迫強戾之態極矣. 是果古昔聖賢虛心平氣中正和樂之氣象乎. 且世之所推陽明者, 以其良知一說也, 而愚竊惑焉. 夫所謂良知云者, 乃天理本然之妙也. 有不待強作, 而人皆知愛其親敬其長, 則凡爲學捨良知, 別無尋討處矣. 但人之生也, 氣質物

허봉은 여기서도 왕양명이 했다고 하는 말, '내 뜻에 맞지 않는다면 그 말이 공자의 입에서 나온 것이라 해도 나는 결코 그것이 맞다고 생각하지 않는다.'라는, 정확히는 『전습록(傳習錄)』에서 '마음에 구해서 맞지 않는다면 그 말이 공자의 입에서 나온 것이라 해도 결코 맞는다고 생각하지 않는다.'는 말을 반복해서 언급한다. 그리고 이에 대해 너무나 오만한 태도라면서, 옛 성인현자와 같은 공정하고 온화한 태도가 아니라고 비난한다. 심지어 허봉은 양명학의 근간인 양지설(良知說)을 언급한다. 그에 따르면, '양지'라는 것은 천리본연(天理本然)의 묘이다. 그런데 사람이 살아가면서 기질이나 물욕에 마음이 가로막혀 이 천리라는 태어날 때부터 가지고 있던 본성이 분명치 않게 된다. 이에 주자가 말한 '거경(居敬)'이라는 정신수양을 하고, 주자가 말한 것처럼 '사물을 궁구하여 지에 도달하지' 않으면 안 된다. 이렇게 한 사람이라야 비로소 인륜(人倫)을 밝힐 수 있으며 성인의 학문을 완성시킬 수 있는 것이다.

欲, 迭蔽交攻, 而天理之本然者晦. 故聖賢敎人, 必也居敬以立其本, 格物以致其知, 然後可以明人倫而成聖學也. 今如陽明之說, 則是棄事物, 廢書册, 兀然獨坐, 蘄其有得於萬一也, 烏有是理哉. 此陽明之學所以爲釋氏之流, 而不可以爲訓者也. 吾子其思之. 本曰, 承敎諭陽明之學爲近於禪者, 以其獨言良知而未及於良能故也. 良知即體, 良能即用, 豈不以體立而用自行乎. 若禪則外身心事物, 而流於空寂矣. 陽明亦建有許多事功可見. 要識陽明, 須於其似禪而非禪者求之. 若中庸所謂誠則明矣, 此言何謂也. 惟其高出於人一步, 就以禪擬之耳. 至若謂不合吾意者, 雖以孔子之言不信, 此亦自信以理之意而極言之. 非自外於孔子也. 若孟子所謂聖人復起, 必從吾言, 則孟子之心亦未始平矣. 故當以意逆志, 不可以文害辭也. 本亦淺陋, 習於章句 之末, 聖學淵源, 毫未之有得也. 敬以管見陳覆, 幸老先生折衷以敎之, 幸幸. 本不敢不虛心受敎也. 余曰, 篈竊聞孔子曰, 博學於文, 約之以禮, 孟子曰, 博學而詳說之, 將以反說約也. 然則居敬觀理二者, 其不可偏廢也明矣. 夫陽明倡良知之說, 凡日用應接之事, 古今聖賢之書, 一切放置, 不入思慮. 只要想像一介良知, 使之忽然有覺於霎爾之頃. 此非釋氏之遠事絶物而何. 揆之孔孟之訓, 同耶異耶. 昔者, 江西陸子靜曾有頓悟徑約之說, 朱子深排之, 不遺餘力. 若陽明之論, 則本諸江西而文之以經書, 又加奇險者也. 恭惟我朱子擴前聖未發之道, 其所論著, 盛水不漏, 無毫髮之遺恨. 而大學章句, 尤其所喫緊着力者也. 陽明則乃敢輒以私意, 改定章句, 妄肆詆訶, 無所不至. 且刻朱子像, 置諸左右, 讀朱子書, 一有不合, 則起而杖之云. 此何等氣象, 而何等擧措乎. 此其爲學, 固不必深辨, 而可見其心術也. 吾子乃引孟子之言以飾陽明之謬, 不亦誤乎. 篈平生所願, 欲學朱子, 而未之有得, 獨於背朱子而妄出他意者, 則言之及此, 不覺痛心. 此所以斥陽明爲異端, 而不容有小避. 伏望珍砭可否."

허봉의 양명학 비난에 대하여 양명학을 신봉하는 섭본(葉本)의 반론은 다음과 같다.

당신은 양명학의 '양지'만을 끄집어내기 때문에 불교의 선에 가깝다고 하는 것이오. '양지'는 '양능(良能)'과 짝을 이루는데 '양능'을 빠뜨리고 말하기 때문에 잘못 생각하게 되는 것이오. 양지는 체(體)이며, 양능은 용(用)이오. 또한 '내 뜻에 맞지 않는다면 그 말이 공자의 입에서 나온 것이라 해도 나는 결코 그것이 맞는다고 생각하지 않는다.'라는 것도 도리에 근본하여 자신을 믿는다는 생각을 극단적으로 말한 것에 지나지 않소. 『맹자』에서도 '성인이 다시 태어난다고 해도 반드시 자신의 말에 따를 것이다'(『맹자』「公孫丑上」)라고 말하고 있지 않소.

허봉은 이에 대해 더욱 논박한다.

왕양명이 주장한 양지설에 따르면 일상적인 행동거지도 고금의 성현의 책도 하나도 남김없이 모두 치워두고 생각할 필요가 없습니다. 오로지 양지를 생각하는 것만으로도 찰나의 순간에 깨달음을 얻게 된다고 하는데 이것은 선(禪)이 아닙니까. 맹자의 가르침과는 다르지 않습니까. 주자는 선성미발(先聖未發)의 도를 확충한 분입니다. 그런데 왕양명은 자신의 뜻대로 『대학』의 장구(章句)를 맘대로 개정하고, 철저히 주자를 비난하고 있습니다. 또한 주자의 목조상을 깎아 이를 좌우에 두고 자신의 생각과 조금이라도 다른 부분이 있으면 일어나 목조상을 몽둥이로 때렸다고 하지 않습니까. 이는 도대체 어떠한 성격이자 어떠한 행동입니까. 나는 주자를 배우고자 하지만 아직 배우지 못하고 있습니다. 주자를 배신하고 자기 멋대로 생각하는 사람의 일을 말하고 있으면 마음이 아픕니다. 왕양명을 이단이라고 배척하는 데 조금의 거리낌도 없는 것은 이 때문입니다.

이 당시 중국과 조선의 주자학에 대한 사고방식은 너무도 달랐다. 그러나 허봉이 4인의 생원과 1인의 감생에게 했던 양명학 비판에 한정해 본다면, 왕양명의 가장 큰 잘못은 주자에 반대하고 등을 돌린 일이었던 것으로 보인다. 섭본을 공격하는 말의 마지막에 나타나는 것처럼 그가 왕양명을 이단이라고 강력하게 주장한 이유는 공자에게 등을 돌린 일부터 주자에게 등을 돌렸다고 하는 점에 있다.

이상의 대화를 나눈 다음날에는 왕지부(王之符)라는 거인(擧人)을 만나 문답을 주고받았는데, 이때서야 간신히 왕양명을 '위학(僞學)의 무리'라고 배격하는 사람을 만났다. 여기에 이르기까지 약 1개월 반 동안 '중화'의 땅은 허봉에게 한 가지 색깔로 덧칠해진 곳으로 보였던 것 같다. 허봉에게 이 거인은 대단히 좋게 보였던 듯 "몹시 거친 흐름 속에서 상대를 바로잡고, 우뚝 선 기둥이라고 해야 한다. 나는 길을 떠난 지 수천 리만에 겨우 이 사람을 얻었다."라고 일기에 적고 있다(8월 3일).

한편 조헌은 양명학이 성행하던 중국을 어떻게 바라보고 있었을까. 이상에서 살핀 바와 같이 허봉이 양명학을 이단이라며 엄격하게 비판한 일에 반해 조헌의 태도는 그의 『조천일기』에서는 충분히 살펴볼 수가 없다. 그러나 『중봉집(重峰集)』에 수록된 예부제독회동관(禮部提督會同館) 전공진(錢拱辰)에게 보낸 질문서, 곧 「논성묘종사서(論聖廟從祀書)」를 통해 그의 태도를 확실히 살필 수가 있다. 또한 이를 통해 그의 태도만이 아니라 당시의 학술교류와 관련된 실태까지 함께 살필 수 있다.

8월 20일 조헌 또한 허봉 등과 함께 국자감을 방문했는데 그가 거기서 주목한 것은 그 황폐함이나 학생들의 무례함만이 아니었다. 그보다는 공자묘에 공자의 제자로서 누가 배향되었는지에 관심을 가졌다. 숙소인 옥하관으로 돌아온 이후 조헌은 숙소를 관리하는 총책임자였던 예부 관료에게 공자묘에 배향된 역대 유학자에 대한 장대한 질문서를 제출하였다. 『조천일기』에 따르면 8월 30일에 제출했다고 한다. 이는 주돈이(周敦頤)·정호(程顥)·정이(程頤)·주자에게 부여된 지위가 너무 낮은 것은 아닌가

하는 문제제기부터 시작하는 것으로 총 10개조에 이르고 있다.

조헌은 명나라의 문교 정책을 비판하는 것은 꺼렸는지 왕양명 배향의 시비(是非)에 대해서는 전혀 언급하지 않았다. 그러나 이미 배향된 육상산(陸象山)에 대해 주자의 논적이라고 비판한 점을 볼 때 왕양명에 대한 평가 또한 분명하다. 조헌은 먼저 고대의 양주(楊朱)와 묵적(墨翟, 墨子)을 끄집어내면서 육상산에게 좋은 점도 있지만 결국은 '이학(異學)'일 뿐이라고 한다.

"(육상산은) 강학을 완전히 폐하고 사람의 선을 취하지 않고 너무나도 자신을 믿는다.", "양지의 견해만을 고집스럽게 지키고 갑작스럽게 깨닫는 돈오가 찾아오기만을 앉아서 기다린다.", "스스로는 이단이라고 생각하지 않지만, 사실은 화하(華夏, 中華)를 이끌고 총령(葱嶺, 佛教, 서방의 가르침)에 귀착하고자 한다."라고 비판하는 점에서 주자의 말을 인용하여 그대로 육상산을 비판하였다. 조헌은 이상과 같이 육상산을 이단이라고 비판한 후에 "사람의 눈을 현혹시키고 바른 도를 막은 죄는 맹자의 적대자였던 순황(荀況, 荀子)보다도 지독하지 않은가. 그런데 공자묘에서 순황을 물리치면서도 육상산을 배향하는 자리를 마련하고 있는 것은 도대체 생각이 있는 일인가."라며 힐문하고 있다.[30] 그의 육상산에 대한 비판은 그 자체로 왕양명에 대한 논쟁이라고 생각해도 좋을 것이다.

이에 대한 회동관제독주사의 답도 실려 있다. 그것은 10개조 중 8개조에 대해 간단히 답한 것이다. 무엇보다 흥미로운 것은 조헌이 육상산을 넘어서 왕양명까지 '이학'이라고 주장하고 있는 질문에 대한 대답이다.

---

30 앞의 주 9, 권9, 「與皇明禮部提督會同館主事錢拱辰論聖廟從祀書」(329면하). "楊朱學爲義者也, 而偏於爲我. 墨翟學爲仁者也, 而流於兼愛……其盡廢講學, 不取人善, 自信太過, 拍頭胡喚之病, 則不惟一時英才爲其所誤, 而流弊益遠, 世惑日滋, 偏守良知之見, 坐竢頓悟之機……彼雖不自以爲異學, 而其實則率華夏而歸於葱嶺也. 究其眩人塞道之罪, 疑過於荀況, 而乃黜彼而陞此, 抑有何說乎."

궁리(窮理)와 주정(主靜)이라는 수행 방법 중에서 무언가 하나를 버리지 않으면 안 된다. 육상산의 학문은 문자에만 의지하고자 하는 잘못으로부터 (사람을) 구하고자 하는 것이기에 당연히 사람을 각성시키는 데 그 공적이 작지 않다. 양주(楊朱)의 도와는 크게 다른 것으로 똑같이 취급해서는 안 된다.[31]

이에 따르면 어찌 되었건 전공진이란 사람도 양명학을 신봉하는 이였던 것 같다. 여기서 말하는 궁리와 주정이라는 것은 『중용』에 보이는 도문학(道問學)과 존덕성(尊德性)에 상응하는 것이다. 전자는 바깥 세계에도 이치가 있다며 이를 궁구하고자 하는 입장으로 주자가 중시했던 것이다. 후자는 바깥 세계에 이치가 있다고 볼 필요가 없다는 입장으로 육상산과 왕양명이 이를 중시했다고 한다. 전공진은 두 가지 모두 바른 것이라고는 하지만, 육상산의 학문을 높게 평가하고 이를 양주의 도와 같은 '이학'·'이단'으로 생각해서는 안 된다고 말하는 점에서는 분명히 양명학 쪽에 가담하고 있는 인물이라 할 것이다.

그런데 『조천일기』 8월 30일조, 즉 조헌이 배향 문제로 회동관제독에게 질문서를 제출했다고 기록한 곳에는 계속해서 다음과 같이 적고 있다.

(통역인) 백원개(白元凱)에게 이 질문서를 올려달라고 하자 제독은 이를 받아들고 나갔다. 저녁이 되어 정사에게 회답을 보내왔다. 정사는 조헌에게 '(질정관이라고 하는데) 이러한 일까지 조선의 조정이 너에게 질문하라고 시켰는가.'라고 하였다. 나의 행동을 무척 싫어하는 말이었다.[32]

질정관은 외교문서를 작성하는 데 필요한 어휘에 대해 질문하는 것이

31 상게서(330면하). "窮理主靜, 功不可偏廢. 陸象山之學, 蓋救專事文字之失, 自足提醒人, 功亦不小. 與楊朱之道大不同, 不得引比."

32 『朝天日記』, 8월 30일(384면상). "記文廟從祀可疑處, 質于提督, 令白元凱呈之, 提督受去, 昏以告使. 使曰, 此事朝廷令爾竝質乎. 蓋深惡之之辭也."

그 역할로, 유학에 대한 문제나 명나라 조정의 문교정책에 대해서 질문하는 일은 일체 허락되지 않았다. 이것은 사대와 조공을 행하는 쪽의 자체적인 규제였다. 조헌은 이 질문서의 전반부에 다음과 같이 적고 있다.

> (국자감에서) 돌아와 당신들의 땅을 여기저기 돌면서 생각하였는데, 평생의 숙원은 지금을 놓치면 이룰 수 없지 않을까, 그러니 의문이 떠오른 것을 물어보기로 했습니다. 당신께서 부디 가르쳐주시기 바랍니다. 저 조헌은 이즈음 당신께 전국시대 초나라 진량(陳良)의 (북쪽의 중국을 배우고자 하는 것과 같은) 뜻을 지니고 있음을 살펴주시기를 바랍니다. 저희를 불쌍히 여기셔서 주대 중화의 제도를 살펴볼 수 있었는데, 종사(從祀) 제도에는 의문이 있습니다. 확실히 흑백을 구분해주시어 시골뜨기의 견해를 바로잡아 주십시오.[33]

예문에 나온 진량은, 전국시대 시골 출신으로 '북쪽의 중국을 배우려 한다.'라며 스스로를 '오랑캐(夷)'에서 '중화(華)'로 바꾸었던 인걸(人傑)이라며 『맹자』에서 칭송받은 인물이다. 이 말이 18세기 후반에 박제가에 의해 사용되고 그와 같은 부류의 지식인을 '조선 북학파'라고 부른 것은 주지의 사실이다.

조헌은 의문으로 떠오른 것을 솔직히 물어 배우고자 하였다. 그런데 '1574년'이라는 시점의 북경에는 박제가가 겪은 사적인 교류의 장이 없었다. 또한 공식적으로 중국 관료에게 물어보고 그것을 배우는 일도 기피하는 자기 규제를 하고 있었다.[34] 앞서 필자는 14세기 말부터 조선에서는

---

33 앞의 주 30, "退而周旋于執事之庭, 平生夙願, 失今奚遂, 請質所疑, 而執事敎之焉. 憲頃蒙執事矜察陳良之志, 俾瞻周雝之制, 從祀之典或有可疑者, 願承明辨以正僻見焉."

34 앞의 주 26의 中純夫의 논문에서는 조선의 윤근수(尹根壽)가 연행할 당시인 1566년(가정 45, 명종 21)에 國子監學正이었던 陸光祖와 양명학이 옳은지 그른지를 살피는 문답서간을 교환하였던 일을 소개하고 있다. 그러나 여기서 상세히 고증된 것처럼 陸光祖는 편지를 교환하던 그 전년도부터 이후 수년 동안 계속 관직도 없이 한가하게 지내는 중에 있었다. 그러한 그가 '國子監學正'으로서 윤근수와 학술적 교류를 한 것은 도저히 이해가 가지 않는다. 여기서는 매우

유학이 순수 배양되어 성장했던 것으로 보인다고 서술한 바 있는데, 이상의 조헌의 사례가 이를 뒷받침한다. 조금 무모한 경향이 있는 허봉조차도 양명학이 옳은가 그른가를 논쟁했던 것은 겨우 북경에 도착하기 전까지의 여정 중 우연히 만났던 하급지식인들과 했던 것뿐으로, 북경에 도착한 이후로는 공적으로건 사적으로건 중국 관료에게 이 문제를 끄집어내는 행동이 전혀 없었다. 이 시대에 두 지식인이 직접 나서서 중국인의 입을 통해 '북쪽의 중국에서 배우고자 했던' 것은 매우 곤란한 일이었던 것이다.

이상, 허봉과 조헌이 '중화' 땅의 문화와 학술 현상을 어떠한 시점에서 관찰하고 어떻게 평가를 내리고 있는지, 왕양명의 배향을 둘러싼 문제와 관련하여 어떠한 경험을 하였는지를 살폈다. 그것은 앞서 살핀바, 그들에게 베푼 처우에 대한 평가와 마찬가지로 매우 부정적이었다. '오랑캐(夷)' 지역 사람이 중국 사람을 역으로 '완고하고 저급한 시골뜨기'라고 평가하며, 그 시대를 '사설(邪說)이 멋대로 유행하고 금수가 사람을 위협하는' 시대라고 평한 것이다.

5. '중화'국의 현실과 비판

4개월의 중국 체류 기간에 중국을 긍정적이라 평가한 점도 매우 많았다. 여기서 허봉의 일기에 한정하여 '중화'의 현상을 긍정적으로 평가한 점을 몇 가지 예로 들면, 후대에 박제가 등이 평가한 것처럼 중국의 성은 매우 견고한 구조로 만들어져 있다고 칭찬한 것을 들 수 있다(『허봉일기』, 6월 18일). 또 『시언문집(詩言文集)』이라는 아동 교육서가 시골에까지 보급되어 있는 점(6월 21일), 12세에 불과한 어린이가 『대학』과 『중용』을 읽고

드물게 이러한 사례가 있긴 하지만 이해가 가지 않는 사례라는 점을 적는 데 그치기로 한다.

조선에서는 어른조차도 제대로 모르는 예의를 알고 있는 점(7월 2일), 도적이 출몰하지 않기 때문에 상인이나 여행자가 밤에도 거리를 지나갈 수 있는 점(7월 3일), 일개 서민이 지방관을 자유롭게 심지어 신랄하게도 비판할 수 있는 점(7월 29일), 더 나아가 공생(貢生)이나 거인(擧人) 등이 중앙의 정치 상황을 잘 알고 장거정(張居正)·풍보(馮保)·서계(徐階)·고공(高拱) 등 당시 요직의 인물들을 자유롭고 준엄하게 비판할 수 있는 점(8월 3일, 9월 18일) 등이 그가 긍정적으로 평가한 사례들이다. 또한 만력제가 학문과 정무에 힘쓰고 있는 점(8월 7일, 8월 9일, 9월 3일, 9월 7일), 북경의 궁정에는 서번(西蕃)·달자(達子) 등도 조공하러 오니 대일통(大一統)의 아름다움이 보인다(8월 17일)고 평가하고 있는 것도 빠뜨릴 수 없다.

그러나 부정적으로 평가한 점 역시 앞서 살핀 것 외에 실로 다양하게 있다. 몇 가지 예를 들어보면, 관제묘(關帝廟)나 옥황묘(玉皇廟) 등의 '음사(淫祀)'가 도처에 있어서 '어리석은 백성(愚民)'이 참배하고, 북경에도 도처에 불사(佛寺)가 세워져 있어 관료들조차 전혀 이상하게 생각지 않고 참배하는 점(6월 24일, 6월 26일, 6월 28일, 7월 5일, 8월 13일), 재판관이 판결을 내리지 못할 때 원고와 피고를 영험이 있는 돌에서 떨어뜨려 그 부상의 정도로 판결하는 점(7월 7일), 여관의 주인이 손님의 물건을 훔치는 등 요동에서 북경에 걸친 지역은 "도둑질을 잘하고 싸움을 즐기는" 북방 야만족의 비천한 풍습이 지금까지 남아 있는 점(7월 18일, 8월 4일) 등을 들 수 있다. 또한 이국 땅에서 보인 그들 사절 일행의 행동에 대해서도 비판적 시각으로 관찰하였으니, 북경에서 3일 동안 열린 교역회(交易會, 開市)에서 나타난 탐욕스러운 경제활동을 비판한 것이 그것이다(8월 23일, 9월 5일).

만력제의 문제, 대일통의 문제, 이른바 조공무역의 문제 등 그들이 관찰하고 평가한 것 가운데 상세히 소개해야 할 내용이 많지만, 여기서는 마지막으로 중국의 세금과 요역(徭役)에 대한 문제를 어떻게 평가하고 있었는지만 소개하기로 한다.

7월 29일 산해관에서 북경에 이르는 여정 중 거의 중간 지점인 계주(薊

州) 어양역(漁陽驛)에 숙소를 잡고 머무를 때 보고 들은 일이다. 이날 저녁 무렵 허봉은 숙소 주인인 막위충(莫違忠)이라는 인물에게 중국의 세금의 많고 적음에 대하여 물었다. 막위충은 대략 다음과 같이 대답하였다.

> 1경(頃)은 100무(畝)입니다. 1경의 땅을 경작하는 자는 가장 풍작의 시기에은 7~8냥을 세금으로 바칩니다. 흉작 시에는 2~3냥입니다. 이 외에 또 잡역이 있습니다. 소나 나귀를 공출하거나 관주(官酒)를 양조하거나 태복시(太僕寺)의 말을 기르는 등 이것저것 명목이 많아 가난한 자는 아들을 저당 잡히고 딸을 팔아 이를 충당합니다.
>
> 대개 1경을 경작하는 자는 풍년에 수확이 200석, 평년에 100여 석, 흉년이라도 들면 60여 석입니다. 중간층으로 10인 가족의 경우 겨우 자급할 수 있었는데, 이제 세(稅)도 역(役)도 매우 무거워져 1경의 땅에서는 관부의 요구에 응할 수 없습니다. 때문에 백성들이 모두 원망하고 있습니다.

숙소 주인 막위충은 일개 서민인 듯하지만, "집이 매우 넓고 윤택하다"(조헌, 7월 28일)라고 되어 있듯이 여유 있는 생활을 하고 있는 것 같다. 이렇게 훌륭한 집에 사는 막위충이 과연 그의 말처럼 세역에 고통받고 있었을까, 허봉은 이러한 의문에 휩싸였던 듯하다. 이에 "당신도 이 역(役)에 괴로워하고 있습니까?" 하고 캐물어 보았다. 그러자 막위충이 대답하기를,

> 내 친척 중에는 관료가 있기 때문에, 이와 같은 차역(差役)이 없습니다.

라고 말했다.

허봉에게 막위충이 전해준 정보는 이중적인 의미에서 충격이었다. 하나는 말할 것도 없이 세와 역 그 자체가 무겁다는 사실을 통해 '중화'국의 현상이 자국 조선과 그다지 다르지 않다는 점이다. 그는 다음과 같이 말

한다.

> 나는 지금까지 우리나라의 공액(貢額)이 매우 무거워 사람들이 관부의 명을 감내할 수 없음을 우려하고 있었다. 지금 듣자하니 중국도 그렇다고 한다. 그렇다면 근심과 원한의 소리는 천하 모두 그러한 것이다. 대저 화이가 내외로 구별이 있다 하더라도, 그 근심을 피하고 은혜를 바라는 본성은 사해(四海)를 통하여 마찬가지일 것이다.

중세(重稅)라는 점, 사람들이 괴로워하고 있다는 점에서 '화(華=중국)'와 '이(夷=조선)' 사이에는 전혀 구별이 없었다. 또 다른 충격은, '중화'의 땅도 조선과 전혀 다름없이 중세중역(重稅重役)인데다가 이곳에도 특권을 가진 자와 갖지 못한 자의 차별이 엄연하게 존재하고 있다는 사실이다.

> 중국에서 관계(官界)에 있는 자는 그 힘으로 자기의 친척을 비호할 수 있다. 이 때문에 부유한 자는 점점 부유해지고, 가난한 자는 점점 가난해진다. 진실로 통탄스러운 일이다.[35]

이상에서 기술한 바대로 허봉은 조세나 부역을 면제하고 우대하는 특권이 커다란 사회적 불평등을 낳고 있는 원인이라는 점을 간파하였다. 관료와 향신(鄕紳)의 요역 면제 특권과 이로 인한 요역 부담의 불평등이 가정(嘉靖)부터 만력 연간에 걸친 중대한 문제였음은 전후 일본의 중국

---

35 앞의 주 14, 7월 29일(443면하). "問中朝稅斂多寡之數. 違忠答曰, 一頃爲百畝, 凡耕一頃田者, 歲中最豐則納銀七八兩, 不稔則二三兩. 此外又有雜役, 如出牛驢, 釀官酒, 養苑馬之類, 色目繁多. 貧者則至典賣女以償之. 大率耕一頃者, 有年則收二百斛, 次則百餘斛, 其在飢歲則得六十餘斛, 中人十口之家, 纔可以自給. 而今者賦役極重, 一頃之出, 不足應縣官之所需, 故民胥怨咨焉. 余曰, 你亦苦此役乎. 違忠曰, 余則在族人官下, 故不爲此等差役云. 蓋中朝凡在官者, 力足以庇其族. 此所以富益富而貧益貧也. 誠可痛憫. 余嘗患我國之貢額煩重, 民不堪命. 今聞中朝亦如此, 則愁怨之聲, 擧普天下皆然矣. 夫華夷雖有內外, 而其違憂懷惠之性, 則環4海如一. 此仁人君子之所宜動念也."

사회경제사 연구에서 상세히 밝힌 바 있다.[36] 허봉은 바로 이 시기에 여행을 하면서 이러한 문제를 깨달을 수 있었다. 더 나아가 이를 통해 자국 조선의 농민 또한 세금과 요역의 과중함에 고통받고 있음을 떠올리고, 제도적으로 갖춰지지 않은 것은 조선만이 아닌 중국도 마찬가지라는 사실, 백성이 그 제도를 이용해 조금이라도 안락한 생활을 구한 점은 양국 모두 마찬가지라는 깨달음에 이르렀다. 또한 과거라는 표면적인 평등함의 이면에 요역의 부담이라는 실질적 문제와 관련하여 어떠한 장치가 숨겨져 있는지 확실히 그의 귀로 들었던 것이다.

6. 맺음말

이상에서 살핀 바로부터 허봉과 조헌이 4개월 동안 관찰하고 평가한 것에는 어떠한 제한된 방향성이 있음을 눈치 챌 수 있다. 접대 담당자들과 응전할 때에 그들은 화이 · 염치 · 예의 · 일시동인(一視同仁)이라는 단어를 사용하였다. 국자감에서 양명의 배향 문제에 대해 중국인과 이야기할 때에도, 예의 · 염치 · 사설횡류(邪說橫流) · 금수핍인(禽獸逼人)이라는 말을 사용하였다. 더 나아가 중국의 세금과 요역을 자국의 그것과 비교하는 데에도 화이를 구별하였다. 말할 것도 없이 그것들은 모두 '중화'의 가치 체계를 구성하는 용어들이다.

1574년에 중국을 여행한 두 조선 지식인은 거의 '중화'인이었다. 현실의 중화 관리를 '염치없는 자'라고 평하고 그들을 달자(達子) · 만자(蠻子)라고 부르고 있는 이 두 사람은 분명히 '중화'인이다. '일시동인', '내외일

36 예를 들어 松本善海『中國村落制度の史的硏究』(東京, 岩波書店, 1977), 濱島敦俊『明代江南農村社會の硏究』(東京, 東京大學出版會, 1982), 岩見宏『明代徭役制度の硏究』(京都, 同朋舍, 1986), 小山正明『明淸社會經濟史硏究』(東京, 東京大學出版會, 1992) 등이 있다.

가'의 이념에 따라 현실의 중국을 비판하는 사람은 이미 '중화'인이다. 북경에서 그들은 자신들과 마찬가지로 '이적(夷狄)'의 땅으로부터 조공을 하러 온 몽골족이나 티베트족과 만난다. 성절(聖節) 의식의 연습을 위하여 변발을 한 머리에 유관(儒冠)을 쓰고 몸에 남색의 윗도리를 입은 '달자'·'서번(西蕃)'을 보고 조헌은 "우스꽝스럽다(可笑也)"고 평하였다. '서번'이 바지를 벗고서도 '태연하게 부끄럽다고 여기지 않기' 때문에 '개 같은 서번(狗西蕃)'이라고 불린다고 허봉은 말한다.[37] 국자감에 들렀을 때에는 "중국인은 사학(斯學)을 숭상하지 않는다", "사풍(士風)을 겨루지 않는다."라고 평했다. 양명학을 신봉하는 현실의 '중화'인들을 "완고하고 천박한 자로서 아무리 말해도 이해하지 못한다."라고 평하고, 현실의 중국 사회를 "금수가 사람을 위협하는" 사회로 평하는 데 이르러서는 이미 '중화'인 이상의 '중화'인이라 할 수 있다.

아마도 그것은 조선 건국으로부터 16세기 후반에 이르는 200년 가까운 시간 동안 제도·문화·사상 등 전 분야에 걸쳐 중국화가 급속히 진전되어 일부에서는 이미 중국을 넘어섰다고 하는 자부심이 조선의 지식인들 사이에 생겨나고 있었기 때문일 것이다. 허봉의 스승이었던 이황이 양명학을 엄격하게 비판했던 것이 그 한 사례이다.[38] 또한 1537년(가정 16, 중종 32)에 서장관으로 연행사에 들어갔던 정환(丁煥)은 중국의 상제(喪制)가 어지러운 것을 지적하면서 이미 다음과 같이 말하고 있다.

정환이 예부의 관청에 이르렀을 때 국자감생이 옆에 앉았는데, 그는 하얀 두건을 쓰고 그 위에 유관(儒冠)을 착용하고 있었다. 이상하다고 생

37 앞의 주 9, 8월 14일(376면하). "是日達子·西蕃俱至習禮. 有一儒生引十餘歲小童以見, 頭戴儒冠於剃髮之上, 身着小藍衫, 可笑也."
앞의 주 14, 8월 17일(454면상). "是時, 西蕃·達子·剌麻國亦入于西庭……西蕃即西戎, 如達子而脱袴露陰, 恬不爲恥, 故人謂之狗西蕃."

38 앞의 주 26 李明輝의 논문. 또한 이황에 의한 명대 주자학자 羅欽順(羅整菴)의 이기론에 대한 비판에 대해서는 林月惠「羅整菴與李退溪的理氣論－從『困知記』的東傳談起」(『異曲同調－朱子學與朝鮮性理學』, 臺北, 臺灣大學出版中心, 2010) 참조.

각하며 물어보니 아버지가 돌아가셨다는 소식을 들어서 지금부터 예부에 문서를 제출하고 서둘러 고향에 돌아가려고 했으나 관청에 멋대로 출입하는 것이 금지되어 있기 때문에 여기에 앉아 있는 것이라고 대답했다. 이에 정환은 다음과 같이 적었다.

> 본디 사람이 부친을 위해 3년상을 치르는 것이라고 한다면 그 아들 된 자로서 슬픔으로 몸도 망가질 정도에 이르러야 하는 것이나, 두건과 옷깃을 제대로 정돈하고 사람들을 대하며 말과 행동거지는 여유 있고 느긋한 풍모에 슬픔이라고는 조금도 없어 보인다. 이는 그 본성을 잃고 있는 것으로 참으로 심한 일이다.
>
> 대개 중국에서는 상례의 절차가 크게 망가져 있어 법도에 맞는 바른 행동이 보이지 않는다. 상복을 입고서 고기를 먹고 술을 마시며 담소하는 일이 평소와 다름이 없다. 스스로 이를 이상한 일이라 의심하지도 않고, 남들도 당연한 일이라고 생각하고 있다. 도가 행해지지 않고 백성의 인정이 경박해진 지 오래인지라 조금도 이상하다고 생각하는 일이 없다.[39]

조선의 사대부는 상제를 가족윤리를 지탱하는 근본으로 무엇보다 중시하였다. 그들이 행동규범으로 삼은 『주자가례』는 그 반 이상을 상례에 관한 규정이 차지하고 있다.[40] 중국의 상제를 모범으로 삼아 배운 그들은 16세기 전반에 이르러 이러한 면에서는 이미 중국을 넘어섰다고 생각했던 것 같다. 적어도 서장관으로 연행사에 참여한 정환은 그러하였다. 그

---

39 丁煥, 『朝天錄』(『燕行錄全集』 3책, 105면). "坐傍有一生, 於素巾上着儒冠. 怪問之, 乃南方士人, 遊學國子者. 聞父喪, 呈部出文字, 欲奔云. 詰之即曰, 典故大小員出入者, 率意經行, 永廢不復列士類云. 夫, 人始聞斬衰喪, 當分崩之際, 整冠襟對衆人, 言貌擧止, 暇無哀戚. 甚矣, 其失性也. 大抵中朝喪紀大壞, 經行不覩, 被衰戴絰, 啗魚肉啜酒醴, 談笑自若, 己肆不疑, 人亦爲常, 道之不行, 民散久矣. 何足怪哉."

40 『국역사례편람』(서울, 明文堂, 1992).

는 중국에서 상제가 크게 무너진 현상을 직접 자기 눈으로 보고, 이에 근거하여 '도가 이뤄지지 않고 백성의 인정이 경박해진 지 오래인지라 조금도 이상하다고 생각하는 일이 없다.'라고 비판하였다.

허봉과 조헌의 연행 13년 이후인 1587년(만력 15, 선조 21)에 연행한 배삼익(裵三益) 또한 정환과 매우 비슷한 태도로 중국을 비판하고 있다. 어느 날 그는 자금성 오문(午門) 앞에서 전국에서 몰려온 약 250명의 감생(監生)을 만났다. 복건에서 왔다고 하는 이에게 먼저 양명학이 유행하고 있는지에 대해, 이어서 중국에서는 상제가 간소화되고 있는지에 대해 물어보았다. 이 국자감생이 그것은 지금 시대의 제도라고 답을 하자 이에 대해 불만을 느낀 그는 '아, 오늘날의 제도에서는 상복을 입는 기간이 단축되고 있어 유자로서 배움에 뜻을 둔 사람까지도 이러한 세속의 풍습을 면하기 어렵다. 이렇게 (3년상을 치르지 않고) 맛있는 음식을 먹고 화려한 옷을 입는 자들은 3년간 그 부모를 사모하는 마음이 없는 것이 아닌가.' 라며 탄식했다.[41]

또한 배삼익이 분개했던 것은 허봉 일행과 마찬가지로 국자감의 황폐한 광경이었다. 그가 방문했을 때 공자묘의 단상 위에 쭈그리고 앉아 있는 사람들도 있었다며, "이른바 유관(儒冠)을 쓰고 있는 이들은 모두 바보 같고 무식한 자들로, (조선의) 필묵을 갖고 싶어하는 이는 이쪽에서 주머니를 여는 순간 '갖고 싶다, 갖고 싶다'고 쉬지 않고 말하였다. 이미 받아들고서도 끝끝내 계속 갖고 싶어한다. 중화의 예의가 가장 먼저 지켜져야 할 곳이지만 바람직한 모습이 전혀 없다."라고 비판한다.

이와 같이 허봉과 조헌이 연행한 시기 전후에는 사상면으로도 예제(禮

41 裵三益, 『朝天錄』(『朝天錄(2)』, 中韓關係史料輯要2, 臺北, 珪庭出版社, 1978, 543 · 545면). "(六月甲戌)問其所學, 曰四書而且未深知. 問朱陸兩學, 曰只用朱學而不用陸氏. 問近代理學何人得名, 曰一閣老申時行. 問醫無閭王陽明, 答以不知. 又問, 若用朱學, 喪紀如何廢壞至此. 曰時制如此云. 噫, 時制短喪而儒者之志學者, 亦不能免俗. 彼食稻衣錦者, 獨無三年之愛於其父母乎. (六月丁亥) 聖廟卓上, 或有超乘踞坐者. 所謂冠儒冠者, 皆貿貿無知, 有欲得筆墨者, 行囊纔解而爭乞不已, 既或得之, 而猶求無厭. 殊非所望於中華禮義相先之地也."

制)면으로도 그들과 비슷한 '중화'국에 대한 비판이 종종 나타났다. 고려 말기에 최신 학술로 배우기 시작한 주자학은 중국과 교류 기회가 적은 채로 성장하면서 조선만의 독자적인 전개를 이뤘다고 말할 수 있다.

조선이 '소중화'가 된 것은 '이적'인 만주족에 의하여 조선이 파괴되고, 명조를 멸망시킨 후부터 시작된 것이라고 종종 사료에 적혀 있다. 그러나 이는 결코 그렇지 않다. 허봉과 조헌, 그리고 그 전후로 중국을 방문한 이들은 이미 소중화인이었다. 그들은 그 이후 명조가 결국 '중화'국에 어울리지 않게 되자 결국 현실에 없는 '중화'국을 찾기 시작하면서 자국에 그것이 실현되기를 바란 것은 아닐까. 이 문제에 대해 다음 장에서는 조헌의 『동환봉사(東還封事)』를 바탕으로 서술하고자 한다. 조헌은 이미 '본래 있어야 할 유교가 존중되지 않는' 중국에서가 아니라, 조선에서 참된 '중화'가 실현될 것을 기대한 것이리라.

그렇게 되지 않을 수 없던 요인 중 하나는 아마도 문제가 많은 연행사의 존재 방식이다. 조선 왕조와 명왕조가 들어선 이래로 연행사가 수없이 파견되었지만 정작 북경에는 양국의 지식인들이 진심으로 서로의 의견을 교환할 수 있는 장소가 거의 없었다. 이에 조선 국내에서는 나름의 방식으로 독특한 전개를 이룰 수밖에 없었다.

조선주자학을 대표하는 이황과 이이가 세상을 떠난 것은, 허봉과 조헌이 연행한 시기부터 헤아리면, 각각 40년과 10년 전후의 일이었다. 그들의 사상적인 전개는 허봉이나 조헌이 체험한 것과 같은 국제 환경 속에서 진전된 것으로 생각해야 할 것이다. 즉 중국에서의 양명학 성행을 예로 든다면, 조선유학계에서는 양명학에 대한 소문을 종종 듣고 또 그와 관련된 문헌을 입수하면서도 학술 교류의 장에서는 중국 지식인과 이에 대해 충분히 논의할 기회가 없었다. 이와 같은 정황에 있던 조선유학계에서 처음으로, 예를 들어 '사단칠정논쟁(四端七情論爭)'과 같은 동아시아 유학사 중에서도 특이한 논쟁이 태어나 이후로도 오랫동안 지속되었다는 것은 중국에 없는 독자적인 현상이다.

'중화'의 가치 체계를 존중하지 않는, 즉 허봉 · 조헌과 거의 같은 시기에 중국을 방문했던 마테오 리치 등이었다면, 또는 초원의 민족, 사막의 민족 등이었다면 같은 처우를 받았을 때 조선 지식인들과는 전혀 다른 평가를 내렸을 수 있다. 그러나 16세기 말 조선연행사는 그렇지 않았다. 그들은 '화(華)' 그 자체 '내(內)' 그 자체는 될 수 없었지만 매일매일 새롭게 변화해 '예의의 영역'에 무한히 접근하고자 했기 때문에 더더욱 겉모습만 그럴듯한 '중화'의 나라를 비판하지 않을 수 없었던 것이다.

(번역: 노경희)

제6장

개혁방안『동환봉사』에 나타난 조헌의 중국 보고

1. 머리말

조헌은 1574년, 조선의 연호로 보면 선조 7년, 중국의 연호로는 만력 2년에 연행사의 일원으로 4개월간 중국을 방문하였다. 조헌이 거기에서 무엇을 관찰하고 어떤 생각을 하였는가에 대해서는 그의 일기인『조천일기(朝天日記)』를 바탕으로 앞서 제5장에서 살펴보았다.[1] 본 장에서 살피고자 하는 것은 그가 중국 사회를 어떻게 관찰하였는가 하는 것이 아니라, 귀국한 이후 그 관찰한 것을 조정에 어떻게 보고하였는가에 대한 문제이다.

조선의 지식인은 중국을 여행하고 그들이 견문한 것을 바탕으로 종종 개혁방안을 제시하였다. 중국 명대에 가장 대표적인 사례는『동환봉사(東還封事)』라는 개혁 플랜을 만든 조헌일 것이며, 청대에 가장 유명한 것은『북학의(北學議)』를 저술한 박제가일 것이다. 여기서는 먼저 조헌의『동환봉사』를 바탕으로 사적인 일기와 다른 공적인 문서에는 중국을 어떤 모

1 본서 제5장.

습으로 보고하고 있는지 검토하고자 한다.

조헌은 중국을 방문한 4개월에 걸쳐 그가 체험하고 견문한 것을 상세하게 일기에 적었으나, 이 일기를 외부에 공개할 계획은 없었던 듯하다. 실제로 그의 일기는 그가 임진왜란 당시 의병을 통솔하다가 비운의 죽음을 맞을 때까지 공개되지 않았다. 그것이 세상에 드러난 것은 그의 중국 여행 이후 160년이 지난 영조 10년(1734)의 일이며, 중국의 명 · 청 왕조 교체기로부터도 이미 90년이 경과한 뒤의 일이었다. 그의 일기는 그의 증손이 발견하기까지 책상자 속에 오랫동안 잠들어 있었다. 마침 조헌이 의병을 이끌다 장렬한 죽음을 맞은 '충의의 선비'였기 때문에 국왕 영조의 명에 따라 간행된 것이다.[2]

한편 『동환봉사』는 그가 선조 7년 10월 10일에 조선 쪽 국경 마을인 의주에 도착한 뒤 불과 1개월밖에 지나지 않은 11월, 중국에서 보고 들은 것을 보고하는 글을 바탕으로 작성한 국왕에게 제출한 의견서이다. 게다가 『선조수정실록』에 따르면 그때 헌정된 것은 시세에 절실한 8개 조목뿐이고, 나머지 근본에 관계된 16개 조목은 헌정조차 되지 못했다. 앞서의 8개 조목이 선조에게 "중국과 조선은 천 리, 백 리나 떨어져 있어 풍속이 다르다. 두 나라의 풍기 습속(風氣習俗)의 차이를 생각하지 않고 저쪽을 모방하려는 것은 그저 소란을 일으킬 뿐으로 적합한 일이 아니다."라며 배격되었으므로, 더 이상 진헌하는 것은 무의미하다고 생각한 조헌이 그 후반부를 제출하지 않았기 때문이다.[3]

---

2 趙憲, 『重峰集』(『韓國文集叢刊』 제54집, 원책은 『重峰先生文集』 1748년(乾隆 13, 영조 24) 간행, 권12, 「朝天日記」에 붙은 1734년(영조 10), 閔鎭遠의 발문(417면상) 그리고 「부록」 권1, 「연보」(466면하).

3 『宣祖修正實錄』, 선조 7년(萬曆 2) 11월 辛未. "質正官趙憲, 還自京師. 憲諦視中朝文物之盛, 意欲施措於東方. 及其還也, 草疏兩章, 切於時務者九條 · 關於根本者十六條, 皆先引中朝制度, 次及我朝時行之制, 備論得失之故, 而折衷於古義, 以明當今之可行. 先上九條疏, 上答曰, 千百里風俗不同, 若不揆風氣習俗之殊, 而強欲效行之, 則徒爲驚駭之歸, 而事有所不諧矣. 由是, 憲不復擧十六條."

'동환봉사'라는 서명은 '동방의 조선에 귀국하여 올리는 봉사(封事, 奏議)'라는 뜻인데, 처음부터 이러한 서명이었던 것은 아니다. 1622년(천계 2, 광해군 14)에 쓴 안방준(安邦俊)의 발문에 따르면, 안방준이 「선상팔조소(先上八条疏)」와 「의상십육조소(擬上十六条疏)」를 한 권으로 묶어 출판하면서 그 이름을 붙였다.[4] 이 책의 간행은 여행으로부터 50년 정도 지난 뒤의 일이었다. 모두 24개조의 상정문(上程文)은 그대로 조헌의 생생한 귀국 보고라 할 만하며, 처음부터 공개하기 위해 작성한 것이라 간주할 수 있다.

사적으로 기록해서 오랫동안 책 상자에 보관한 일기와 공표하기 위해 귀국한 뒤 곧바로 적은 상정문, 이 두 가지를 비교하여 읽어보면, 동일한 인물이 동일한 사실을 기록한 것임에도 불구하고, 실제로 그 눈으로 보고 그 귀로 들어 일기를 적은 것과 귀국한 뒤 "이것이 중국의 실태입니다"라고 보고한 것 사이에 차이가 있음을 알아차릴 수 있다. 도대체 이러한 차이와 엇갈림은 어떻게 발생한 것일까. 처음 이 글에서 사적인 일기에 기록한 중국을 어떻게 관찰하였는가의 문제가 아니라, 공식적으로 어떻게 보고하였는가 하는 점을 살피겠다고 한 것은 바로 이러한 이유에서이다.

사람들은 종종 자신이 실제로 체험한 것과 다른 것을 이야기한다. 그것은 때로 심리학의 문제가 될 수도 있고, 때로 정치학의 문제가 될 수도 있다. 16세기의 동아시아는 중국을 중심으로 하나의 문화권을 형성하고 있었지만, 각각의 국가와 사회는 서로 이질적이었다. 어떤 나라에서는

---

4 『국역연행록선집』 2집(민족문화추진회, 1976) 수록 『重峰先生東還封事』 발문. 같은 글이 『重峰集』(224면상)에도 수록. 또한 『중봉집』(1748) 권3 · 4에는 조헌의 手稿를 바탕으로 한 「質正官回還後先上八條疏」와 「擬上十六條疏」가 수록되었는데, 이는 1626년(天啓 6)에 간행된 『重峰先生東還封事』와 상세히 교감한 것이다. 양자를 대비하면 1626년에 간행된 것에는 중대한 결락 부분이 보이므로 반드시 『중봉집』 판본을 참조하지 않으면 안 된다. 또한 같은 책 권4, 「擬上十六條疏」의 뒤에 붙은 趙匡漢의 발문(1702년(崇禎 甲申後 59, 康熙 41, 숙종 28)을 참조할 것.

중국의 사회와 문화를 선망하고, 어떤 국가와 사회에서는 반대로 중국의 사회와 문화에 반발했다. 16세기의 조선은 앞 장에서 서술한 바와 같이 고유한 문화와 사회 속에서 주자학을 배웠으며, 어떤 면에서는 중국을 이미 초월했다고 생각하여 멸시하면서도, 한편에서는 중국의 문화와 사회를 선망하여 그것을 배우고자 하였다.

1574년 연행사의 일원으로 참여한 조헌의 직함은 질정관(質正官)이었다. '질정관'이란 중국의 문물 · 풍속 특히 관청문서에 사용되는 단어의 내용에 대하여 조선에서는 잘 알지 못하는 부분을 직접 중국에 나아가 질정하는 것이 그 직무였다. 이러한 직책을 맡은 관리가 있었다는 사실 자체가, 조선의 중국 문화에 대한 접근 방식을 잘 보여준다. 다만, 조헌이 파견된 시기에는 그들에게 부과된 임무가 당초의 것과 크게 달라졌다. 질정관이라는 명칭은 『조선왕조실록』에 한해서는 1477년(성화 13, 성종 8)에 '한훈질정관(漢訓質正官)'이라 하여 나온 바 있다. 이에 따르면 원래 중국 어휘의 의미, 그 중에서도 관청문서에 사용되는 단어의 의미를 물어 밝히는 것이 주요한 임무였다.

그러나 1557년에 이르러 큰 기근을 겪으면서 그 임무만으로 질정관을 파견하는 것은 경비의 낭비라고 하여 서장관이 이 일을 겸하도록 했다. 질정관이 폐지된 것은 단지 기근에 따른 영향만이 아니라, 사실은 보통의 중국 어휘일 경우 조선 쪽에서 거의 습득이 끝났기 때문이기도 하다. 당시 질정관이 파견된 것은 외교문서 작성을 맡은 승문원이 질문할 어휘를 미리 준비해두고 이것을 대신 부탁하는 정도로 그 임무가 거의 유명무실해졌다.

조헌이 질정관으로 파견되었을 당시의 질문 항목과 중국에서 얻은 답은 『중봉집(重峰集)』 권12에 「질정록(質正錄)」이라 하여 23조를 들고 있는데, 오늘날의 우리들에게는 '석유(石油)' 이외로 매우 희귀하고 난해한 단어들뿐이다. 조헌은 8월 3일, 북경으로 향하는 도중에 거인(擧人) 왕지부(王之符)와 해후하면서 승문원으로부터 부탁받은 질문들을 물어보았는데,

거인과 같은 지식인에게서조차 겨우 세 단어에 대한 답을 얻었을 뿐이다. 왕지부는 이와 같이 기묘한 단어에 대한 질문을 받고는 "이런 단어를 아는 사람은 세상에 많지 않소. 안다고 해도 분명 방술(方術)을 하는 사람일 것이오. 그런 무용한 것을 전부 이해하고자 하는 일을 성현의 문하(聖門)에서는 '완물상지(玩物喪志)'라고 하며, 유교의 무리들은 '박학의 소인'이라고 부른다오."라며 야유했다고 한다.[5]

조헌이 파견된 것은 이상과 같이 질정관이 이미 무용하다고 하여 폐지되었다가 부활시킨 1570년 이후였다. 이것을 부활시킨 이유는 "질정관은 문자를 질정하고 오기 위한 것만이 아니다. 조선은 변방의 비루한 구석에 있기에 대개 중국의 예악문물은 몇 번이고 중국의 조정에 다녀오는 일을 통해 간신히 익히고 보고 느낄 수 있다."라는 점 때문이었다.[6] 질정관 부활의 경위를 보면 조선에서의 중국 문화 섭취가 어느 정도까지 진전되어 왔는가를 여실히 알 수 있다. 16세기 말의 질정관은 더 이상 언어의 천착에 그칠 수 없었다. 중국의 예악문물 전반을 견문하는 일이 요구되었다. 조헌은 실제 체험과 견문을 바탕으로 하여 무엇을 보고했던 것일까. 이하 잠시 그의 공적인 보고를 소개하면서 앞서 제5장에서 살핀 실제의 견문과 대조하기로 한다.

---

5 『重峰集』 권10~13, 「朝天日記」, 8월 3일(371면하). "質正數語, 王只解三物之名. 書于末端曰, 能解此名者, 世不多有. 必是方術之士也. 若欲盡解無用之物, 則在聖門爲玩物喪志, 於吾儒爲博學小人以示戒."

6 『朝鮮王朝實錄』, 선조 3년 4월 壬戌, "質正官非獨爲質正文字也. 我國邈處荒外, 凡中國禮樂文物, 必須頻數朝赴, 然後可以學習觀感, 爲他日事大之用."
그러나 질정관이 유명무실화되는 추세는 보이지 않는데, 『선조수정실록』이 편찬된 1657년(효종 8) 즈음에 이르러 다시 질정관을 보내지 않게 된 일에 대해 주석 3의 割註에 적어놓았다.

2. 중국 보고와 실제 견문(1)

조헌은 공자묘(孔子廟)의 존재, 중국인의 복장 · 군대의 규율 등 여러 가지 항목을 보고하였는데, 그 중에서 그가 가장 강조한 것은 중국의 정치체제가 뛰어나며, 특히 관료의 선임과 파면이 실로 공평하고 실익을 수반하는 형태로 이루어진다는 점이었다. 이에 대해 그는 다음과 같이 서술하였다.

> 중국에서는 매일 육과급사중(六科給事中)이나 순무(巡撫) · 순안(巡按)의 상주(上奏)가 있다. 일반적으로 이것들은 육부에 내려보내 상세하게 논의되어, 육부의 회답과 대학사의 자문을 거쳐 실시된다. 즉 "천하의 일은 모두 조정의 공론에 부치고 황제는 조금이라도 사적인 뜻을 개입시키지 않는다." 또한 "지부(知府) · 지주현(知州縣) 가운데 뇌물을 받는 자가 있다면 곧장 가차없이 일반 백성의 지위로 떨어진다. 군인으로 죄를 범한 자가 있으면 곧바로 순무(巡撫) · 순안(巡按)의 취조를 받게 되며 그 사문(査問)을 의심하지 않는다." 이로 인해 백성들은 안심하고 살아가며, 군인들은 명령에 따른다. 황제는 겸허하게 무엇이든 받아들이기 때문에 아래의 사정(下情)이 위로 전달된다(上達).(「聽言之道」).[7]

관료의 선임 또한 그야말로 이상적으로 이루어지고 있다. 중국에서는 재능만 있다면 그 문벌이나 출신과 상관없이 등용된다. 장의사 집안의 아이가 실제로 한림원수찬(翰林院修撰)이 되기도 하며, 비첩(婢妾)의 아이가 한림원편수

---

7 『重峰集』 권4, 『東還封事』「擬上十六條疏」, 聽言之道(206면하). "臣於皇上納諫之事, 雖未詳聞, 而伏見通報, 六科給事中及十三道撫按御史, 日有奏疏, 例下該部, 使之詳議, 該部覆奏, 則詢于閣老, 無不施行. 是則天下之事一付于朝廷之公論, 而帝不敢以一毫私意容於其閒, 且不爲近習之言所遷惑也……守令多有犯贓者, 則即廢爲民而不惜, 將士或有犯罪者, 則即令撫按提問而無疑, 民得其所, 而軍從其令."

(翰林院編修)가 된다. 또한 진사 출신이 아니라 거인(擧人) 출신이라도 순안어사(巡按御史)가 되기도 한다. 부호의 집에서 태어난 자식은 방자하게 성장하므로 관료로서는 쓸모가 없는 데 반해 가난한 집에서 태어난 자식은 인내심이 강하여 쓸모가 있다. 거인(擧人)·공사(貢士)로 입신하면서 직무를 다하고 관계(官界)에서 훌륭한 지위에 오른 자가 많다(取人之法).[8]

다음으로 실제 어떤 지위에 누구를 임용할까를 결정하는 것도 매우 공평하다. 우선 육부(六部)와 도찰원(都察院)이 신중하게 협의하여 후보자 서너 명을 정하고, 이를 받은 이부(吏部)에서 두 명만을 추천하다. 다음으로 그 추천을 받은 황제가 후보자 가운데서 보통은 첫 번째로 적힌 인물 부분에 표시하여 결정한다. 거기에는 황제의 사사로운 정이 일절 개입할 수가 없다. 이부에서 세 사람을 후보자로 추천하지 않는 것은 적당하지 않은 사람을 지방관으로 임명하여 백성들에게 해가 되는 일을 염려했기 때문이다. 이렇게 하여 일단 결정되고 지위에 오르면, 오랫동안 그 직임에 머무르며 쉽사리 교체되는 일이 없다. 그 때문에 "대부분의 관리들은 그 직임을 다하고, 백성들도 안정을 얻게 된다." 부임지를 선정하는 데에도, 북쪽 지역에는 이를테면 섬서(陝西)·산동(山東)의 사람들을 많이 등용하고, 남쪽 지역에는 절강(浙江)·강서(江西)의 사람들을 많이 등용하는 식으로 궁리하므로, 관료의 부임이나 전근에 따른 여행도 그리 문제가 되지 않는다. 전근 비용 또한 관료가 직 접 부담하여 백성들에게 피해를 주지 않는다(「內外庶官」).[9]

---

8 상게서, 「取人之方」(207면하). "臣竊見皇朝作人之路甚廣, 惟其有才者, 則不論其人之門地而用之, 如孫繼皐葬師之子而今爲修撰, 成憲丫頭(丫頭婢妾之名) 之子而今爲編修, 許三省擧人而今爲山西道御史. 其他國子監博士助教學正學錄等官, 俱以擧人貢士充補者, 不可勝數. 蓋豪富之家, 專習驕淫, 鮮克由義, 而子弟無賴, 則反不如寒賤之士動心忍性, 而增益其所不能……故雖擧人貢士, 多出於顯途."

9 상게서, 「內外庶官之制」(188면상). "或有缺官, 則六部·都察院會議擬望之人, 僉論皆定, 然後吏部只擬二望以進, 而皇上所點, 例於首薦. 夫以中夏人物之盛, 而豈無三望之可擬者哉. 誠以人才難得, 而庶官之中, 一或非人閒之, 則害流於生民, 而禍及於國家, 故下不敢以非才苟充, 而上不敢以私意苟任. 一被選授, 永無劾駁之議. 既到其任, 又皆久於其職……故庶官

조헌의 보고는 대략 이와 같은 식이다.

조헌의 중국 보고는 결코 보고를 위한 보고가 아니라, 모두 그것에 가탁하여 조선의 현실을 비판하기 위해서 작성된 것이었다. 즉 위에서 서술한 중국의 실정을 뒤집으면 그대로 조선의 현실이 되는 식이다. 중국에서는 관료의 선임이 공평하게 행해지고 중앙관료만이 아니라 황제도 사사로운 정을 개입하지 않는다. 그러나 우리 조선에서는 관료와 국왕이 사사로운 정을 개입시킨다. 중국에서는 재능이 있는 자라면 누구라도 등용된다. 그렇지만 우리 조선에서는 출신이 문제가 된다고 하는 식이다. 특히 「취인지법」에서 주장하고 있는 의론은 조선왕조의 과거제도에서 차별대우를 받고 있던 서얼의 차별철폐, 즉 첩의 자식이면 후대까지 관계에서 차별되는 현실을 비판한 것으로 유명하다. 이와 같이 조선의 현상을 비판하기 위해 이루어진 중국에 대한 보고이기는 하지만, 앞서 살핀 정치제도에 한해 말한다면, 당시 즉 명말 만력 연간의 실태를 거의 정확하게 소개하였다고도 평할 수 있다.

그것은 조헌이 중국을 여행한 것과 거의 같은 시기, 곧 8년 뒤 1582년(만력 10)에 중국에 들어간 마테오 리치도 "이 나라의 정치체제는 군주정체제라고 하지만……(중략)……공화정 체제와 상당히 유사하다"라고 말하며, "국왕이 총애하는 자에게 금품을 갖다바쳐서 어떤 관직에 발탁되거나 승진하고자 하여도, 관리 가운데 누군가가 국왕에게 제안을 하지 않으면 그렇게 할 수 없다는 것은 분명하다."[10]라고 관찰하는 점에서, 두 사

多盡其職, 而百姓多得其所……(中原爲官員者, 雖遠赴于萬里之外者, 只以私馬私人運其家小, 一馬一人不煩官力, 所以弊不及民, 而人全恆産也.)……(如北地則多用陝西山東人, 南方則多用浙江江西人)又多推移隣境官員, 以補其缺. (如遼東地方官有缺, 則多以廣寧地方官員升補, 順天地方官有缺, 則多以北直隷官員升補)所以雖用私馬以轉其家屬, 而不至於甚苦也."

또한 부임지 · 전근지의 선정에 대해 논한 부분이 『重峰先生東還封事』 판본에서는 원고본 보다 크게 삭제되어 있다. 조헌은 어떠한 사정 때문에 이 부분을 상정하지 않았다.

10 마테오 리치, 『中國キリスト教布教史一』(川名公平他 譯, 大航海時代叢書 제Ⅱ기 8, 東京, 岩波書店, 1982), 54면.

람의 의견이 거의 일치하기 때문이다. 또한 과거시험이 매우 개방적으로 이루어져 재능과 그것을 발휘할 만한 재력(財力)이 있는 자는 모두 시험을 치를 수 있었다는 것도, 우리들이 아는 상식이다.

다음의 문제는, 그렇다면 이와 같은 보고는 어떠한 체험과 견문에 근거한 것이었는가 하는 점이다.

이 보고의 바탕이 된 체험 중 중요한 것은 조헌 일행이 중국 여행 도중에 숙박한 여관 주인 막위충(莫違忠)과 주고받은 대화였다. 부호의 자식들은 방자하게 길러지므로 관료로서 쓸모가 없다고 주장할 때, 조헌은 머릿속으로 막위충이 '도련님(公子)'이라고 부르며 조소하였던 계주판관(薊州判官)이자 상서(尙書)의 아들, 곧 형부상서(刑部尙書)의 아들 황교동(黃喬棟)을 떠올렸을 것이 틀림없다. 마찬가지로 빈한한 집에서 태어난 자식을 운운하였을 때에도 막위충이 이야기한 계주동지(薊州同知) 위모(衛某, 사실은 衛重輝)를 연상하였을 것이 틀림없다.[11]

11 앞의 주 5, 7월 29일(368면상). "惟曩日遞往的同知, 淸勤愛民之實, 孚于天聽. 蒙擢還朝之時, 民咸思慕, 相聚而號哭于馬首, 或有扶老携病而遠送于百里之外者. 仍請留靴, 初則讓而不許, 攀追不已, 不能前行, 乃脫一隻以與之, 歸懸于城門樓棟, 共與瞻想云. 他是承差人(若我國書吏然)而賢若是也. 曰, 前來亦有如此官員乎. 曰, 曾來知府王名桂, 河南懷慶府人, 而性甚勁直, 不爲非義. 汪洪, 徽州人, 而深曉民事, 決斷如流. 馬貌, 大同府人, 生近胡地, 而性甚聰敏, 勤於莅事, 夜分不寐. 三倅之去, 皆如同知之蒙擢, 而民不能忘也. 曰, 今通判是甚麼人. 曰, 是公子. 曰, 有善政乎. 曰, 公子那裏有善政乎. 曰, 何謂公子. 曰, 吾地人謂卿相之子不曉民事者曰公子. 曰, 既是公子, 自爲孩兒, 慣見其父臨民處事之規, 以長知識矣. 何謂不曉民事. 曰, 貴家子弟, 生長豪侈, 不事問學, 習成愚騃. 幸以父兄之蔭, 便得臨民之官, 則唯知自奉之當厚, 不念民窮之可哀. 故民咸怨之, 謂之公子. 今玆通判之父, 位至尙書. 沒有家法, 不率以勤儉之業, 而但事乎禽犢之養, 所以其子一向頑懶, 長無知識. 乍到官守, 便貽民笑者也. 嗚呼, 世祿之家, 不可無養, 而愚無知者則反貽民害如此. 民牧之選, 可不謹哉."『荷谷先生朝天記』 권중, 「7月 29日」 기록에 따르면, 이 시기 동지(同知)의 성은 위(衛), 주판(州判)의 성은 黃이었다. 『光緖薊州志』 권6, 「官秩志」에 따르면 이 계주동지는 衛重輝이며, 계주판관은 黃喬棟이라고 추측된다. 가정 원년부터 이 대화가 이루어진 만력 2년까지의 53년 동안 황씨 성 중에서 육부상서였던 사람을 찾으면, 황교동의 부친으로 가정 41년부터 隆慶 원년에 걸쳐 형부상서였던 黃光昇 이외는 없다. 형부상서의 품계는 정2품이다. 또한 『明會要』 권48, 「選擧」 2, 〈任子〉에 따르면 정2품관의 아들은 恩蔭 특권에 따라 과거 없이 정6품 관직에 임용되었다.

조헌은 일기에서 막위충의 말이라면서 이때 동지(同知)는 승차(承差) 출신이라 하고, '우리나라의 서리(書吏)와 같은 존재'라고 주를 붙이고 있다. 심지어 거인(擧人) · 공사(貢士)가 활약하고 있다고 주장한 것도, 일찍이 계주지주(薊州知州)였던 이들 가운데 막위충이 '좋은 관리(良官)'라고 첨지를 붙였던 세 사람 모두가 거인 출신자였다는 점에 따라 증명되었다. 시험 삼아 『광서계주지(光緖薊州志)』 권6, 「관질지(官秩志)」를 보면, 가정(嘉靖)부터 만력(萬曆) 연간에 걸친 계주지주의 출신이 대부분 거인이라는 점에서 조헌의 보고가 틀리지 않음을 확인할 수 있다.

그러나 이렇게 중국인으로부터 직접 들은 사실을 근거로 삼아 정확하게 보고하는 부분이 있다고 하여 전체가 모두 그렇다고 생각한다면 그것은 절대 그렇지 않다. 오히려 자신의 체험과 견문을 완전히 무시하고 그와 반대되는 사실을 주장한 측면도 많다. 이를테면 관료 가운데 뇌물을 받는 자가 있으면 곧장 순무(巡撫)와 순안(巡按)에게 조사를 시키므로 백성들이 안심하고 생활하고 있다고 주장한 부분 등은 그의 체험과 견문으로부터 완전히 동떨어진 것이다.

앞 장에서 살핀 바, 조헌 일행은 요동지휘사(遼東指揮使)의 거듭되는 뇌물 요구에 응하지 않아 그 보복으로 심한 대우를 받고 있었다. 더욱이 이러한 탐관을 취체(取締)하여야 할 순안어사(巡按御史)도 요동지휘사와 긴밀하게 내통하여 전혀 탄핵하려 들지 않았다. 그 치하의 민중들은 순안들조차 이런 식으로 조치가 없으니, 그저 "부임하여 올 때는 수만자(瘦蠻子, 말라깽이)였거늘, 지금은 반만자(胖蠻子, 뚱뚱보)가 되었다."라는 식으로 뒤에서 혹평하는 것 외에 달리 방도가 없었다.

이 이야기를 들은 조헌 또한 "천자의 명을 받아 어사가 되었으면서도 탐욕한 지부(知府) · 지주현(知州縣)을 탄핵해서 파면하지 못하며 백성들에게 해를 끼치고 있다."라고 일기에 적고 있으니(6월 20일) 감찰제도가 충분히 기능하지 않는 점을 분명히 알고 있었다. 또 북경에서 순천부(順天府) 지부의 탐욕스런 작태를 듣고는, 숙소인 옥하관의 관부(館夫)에게 "이

지부는 금을 바라는가."라고 물으니 "지금의 관료 가운데 돈을 바라지 않는 자가 어디 있겠소!"[12]라는 냉담한 대답이 돌아오기도 했다(8월 5일). 그런데도 조헌은 이러한 체험이나 견문을 정식 보고 속에는 전혀 포함시키지 않았다.

또한 중국에서는 일단 관료로 지방에 부임하면 오랫동안 그 직책에 머문다고 하였으나, 이것도 사실을 잘못 알았거나 아니면 사실을 제대로 알고 있으면서도 보고하지 않은 것이다. 『만력가정현지(萬曆嘉定縣志)』 권8, 「관사고(官師考)」를 예로 삼아 정덕(正德) 원년부터 융경(隆慶) 6년까지 지현의 재임기간을 조사하면 평균 약 2.9년에 불과하며, 『만력항주부지(萬曆杭州府志)』 권14, 「고금수령표(古今守令表)」의 정덕 원년부터 융경 6년까지의 재임기간을 조사하면 역시 3년 정도에 불과하다.

이때 더욱 문제가 되는 것은 조헌 일행이 북경을 방문한 시기는 마침 장초성(張楚城)이 제안한 「구임(久任)의 법」의 실시여부가 빈번하게 논의되고 있던 시절이라는 점이다. 1574년(만력 2) 4월 장초성의 제안을 받은 이부(吏部)는 내외의 관원은 모두 양고(兩考), 즉 6년의 재임 기간을 거쳐서 승진 혹은 전근시킨다는 계획을 세워 이에 회답하였고, 이는 성지(聖旨)에서도 "구임의 법은 양법(良法)이다"라고 인정되어 막 실시되려는 참이었다.[13] 그러나 이 문제에 대하여 너무나도 의론이 분분하였고, 같은 해 7월 학유교(郝維喬)의 반대론이 나온 것을 계기로 하여 결국 본격적으로 실시하지는 못한 것 같다. 결국 만력 2년 이후로도 지방관의 재임 기간은 3년 정도로 극히 짧았다. 만력 2년 7월은, 마침 조헌 일행이 북경에 입성하여 체재하고 있던 시기였다.

---

12 莫違忠이 衞重輝과 같은 好官으로 지명한 3인의 薊州知州(趙憲이 知府라고 적은 것은 잘못)였던 王名桂(許篈은 王明桂이라 기록)·汪洪·馬貌(許篈은 馬豸라 기록)은 『光緖薊州志』 권6, 「官秩志」에 따르면 모두 거인 출신이다.

13 『明實錄』, 萬曆 2년 4월 丙寅, 7월 乙亥. 또한 『萬曆疏鈔』 권24, 郝維喬(吏科給事中, 萬曆 2년 7월), 「酌議久任事宜以一法守疏」.

더구나 그가 이때 수집하여 가지고 온 「조보(朝報, 官報)」의 「만력 2년 7월 4일」 기사 속에는 이상의 학유교의 반대론과 성지(聖旨)가 게재되어 있었다.[14] 결국 「구임의 법」의 자세한 내용까지는 알 수 없었다고 하더라도, 조헌 또한 중국에서도 재임 기간이 너무 짧다는 의론이 있었다는 정도는 확실하게 알고 있었음이 틀림없다.

이상 공식적인 중국 보고로는 큰 틀에서 정확하였던 정치제도에 대해서도, 그 자신의 체험 및 견문과 반대되는 내용이 어느 정도의 작위를 가지고 덧입혀졌던 것이다. 그 외 정치제도라며 보고한 것 중에 확실한 사실 오인이 몇 가지 있으나 여기서는 다루지 않는다. 다만, 명백한 작위가 발견된 곳만 아래에 제시하고자 한다.

3. 중국 보고와 실제 견문(2)

체험 및 견문과 상이한 보고로 다음 향약의 실태에 관한 것을 들 수 있다. 향약이란 일정한 지역의 사람들이 모여서 선을 권면하고 악을 징계하는 활동과 함께 상호부조를 맹세하는 것이다. 조선왕조에서도 민중통치와 민중교화를 위한 한 가지 시책으로 이를 크게 취급하였다. 더욱이 조헌의 중국 여행 전후한 시기로 향약에 대한 격렬한 논쟁이 이루어지고 있었다.

조선에서는 유교, 단적으로 말해 주자학이 보급됨에 따라 중국에서 송대의 여대균(呂大鈞)이 향리 남전(藍田) 지역에서 실시했던 '여씨향약(呂氏鄕約)', 또는 이를 주희가 보정(補訂)한 '주자증손여씨향약(朱子增損呂氏鄕約)'을 배워 이를 조선에서도 실시해야 한다는 주장이 16세기 들어와서 나타났다. 동시에 이를 실시한다면 효과가 나타나기 전에 오히려 민중을

14 『重峰集』 권12, 「朝天日記」下, 中朝通報, 萬曆 2년 7월 4일(396면하).

소요시키게 된다는, 시기상조, 혹은 실시해서는 안 된다는 반대론도 나오는 등 논쟁이 크게 벌어지고 있었다. 이황이 안동에서 독자적인 향약을 세운 것은 1556년(가정 35, 명종 11)의 일이었다. 조헌이 연행을 떠난 것은 이보다 18년 전의 일이다. 선조가 즉위한 1567년(건륭 원년, 명종 22) 즈음이 되자 향약 실시를 둘러싸고 조정에서 떠들썩하게 논의되었다. 허봉의 부친인 허엽(許曄)이 향약을 실시해야 한다고 주장한 것에 대해 국왕 선조가 '우활하며 풍속을 어지럽힌다.'라면서 이를 보류한 것이 1572년(융경 6, 선조 5)의 일이다. 그러다가 다음해 1573년 8월 22일이 되자 향약서를 국가의 명으로 인쇄하고 발행해야 한다는 명이 내려졌다. 9월이 되자 예조, 즉 중국의 예부에 해당하는 문교 담당 부서가 향약실시안을 제출하였다. 그러나 다음해 1574년 2월, 곧 조헌 일행이 연행을 떠나기 3개월 전에는 이이가 향약의 실시는 시기상조라고 주장하였고, 선조도 이를 받아들이면서 결국 그 실행이 보류되었다.[15]

조헌은 이와 같은 논의의 귀추에 큰 관심을 보이고 있었음에 틀림없다. 조헌의 보고에 따르면, 중국에서는 향약이 잘 실시되어 마을에서 예의가 중시되고 좋은 풍속이 생겨났다고 한다. 산해관 서쪽에서는 어느 마을이건 향약(鄕約)이 설치되어 삭일(朔日)과 망일(望日)마다 약정(約正)·부정(副正)·직월(直月)들이 지현(知縣) 및 지부(知府)와 회견하고, 이때 지현 및 지부에게 가르침받은 것을 토대로 자신들의 마을에 돌아가 사람들에게 향약을 가르쳤다고 한다. 가르침의 기본이 된 것은 주원장(朱元璋)이 정한 '부모에게 효순하라' 이하의 6조, 곧 '여섯 가지 깨우침(六諭)'이다. 이 교화가 성과가 있어 각 가정에서는 부모형제가 살림을 내었다고 해서 차마 따로따로 살 수 없고, 시어머니와 며느리 등 부녀자 간에 다툼이 없으며, 천한 무리들도 길가에서 만나면 반드시 인사한다. 조선은 그렇지

15 田花爲雄, 『朝鮮鄕約敎化史の硏究-歷史篇』(東京, 鳴風社, 1972), 199~238면. 또한 이 책의 238~249면에서는 조헌의 『동환봉사』에 보이는 향약 의론에 대해 논하고 있다.

못하다고 비판하며 우리나라에서도 그렇게 해야 한다고 주장하고 있음은 두말할 나위 없다(「鄕閭習俗」).[16]

확실히 그의 일기에 따르면, 조헌은 산해관을 넘은 뒤 그 부근에서 실제로 향약소를 목격하였다(7월 20일). 약정(約正)이나 부정(副正) 등이 삭일과 망일에 여기 모이고, 좋은 일을 한 사람들을 적은 기선부(記善簿)와 악행을 한 사람을 적은 기악부(記惡簿)를 두었다고 한다. 또 이날 여씨향약이 작년 가을부터 순안어사의 명으로 실시되고 있다고 들었다. 그런데 그 이틀 후의 일기에는 "쌍망포(雙望鋪)의 성 안에서 휴식하였다. 주문상(朱文尙)이라는 자의 집이다. 주씨는 어리석은 사람이거늘 향약의 부정(副正)을 맡고 있다고 한다. 매월 삭일과 망일에 모여 사람들에게 악행을 저지르지 말라고 경계한다고 한다."라고 기록하고 있다.[17] 그는 확실히 어리석은 사내가 사람들 앞에 서서 연설하고 있는 모습을 추측하였다. 심지어 눈앞의 이 사내가 부정이 된 것이 과연 효과가 있을 것인가 하고 의심하며, 이이가 주장한 것처럼 향약이 효과를 보이기 전에 향약 때문에 백성들이 피폐해질 가능성까지도 생각하고 있지 않았을까. 그러나 보고에서는 향약의 효과가 나타난 마을이 아름답게 묘사되어 있을 뿐이었다.

---

16 『重峰集』 권3, 「質正官回還後先上九條疏」, 鄕閭習俗之美(194면하). "臣竊見, 山海以西每村立鄕約所(遼陽以西, 多有關羽廟, 廟前閑敞可以會衆, 故作門懸牌曰鄕約所). 問于撫寧等縣人則曰, 每月朔望, 約正 · 副正 · 直月會見于知縣, 只一拜三叩頭而聽命. 問于永平人則曰, 約正 · 副正 · 直月等以朔望會見于知府, 四拜于月臺上, 則知府降椅立受(其禮不同者, 臣之愚意, 竊恐爲約正者是士人, 則責以成禮, 而官亦立受. 爲約正者是庶人, 則不責其成禮, 而官或坐受也). 約正等進立于知府椅前, 同聽其敎. 聽訖一揖而退, 各於其所會其約中之人相與爲禮, 而講其所聽之敎. 所敎者是孝順父母 · 尊敬長上 · 和睦隣里 · 敎訓子孫 · 勤作農桑 · 不爲非義等事, 而高皇帝所定之敎也. 其目詳備, 雖不及于呂氏鄕約, 而其綱簡切, 易以牖民, 故民咸信之. 村巷之間, 多有列書于墻壁, 而相與誦習, 是以父子兄弟雖多異爨, 而不忍分門割戶, 婦姑娣姒不相勃磎, 如遇正至及生日, 則雖一間小屋之人, 必以四拜禮賀于家長. ……雖賤男賤女, 相遇於道, 亦必作揖."

17 앞의 주5, 「朝天日記」 중 (365면상~면하). "(7월 20일), 歷鄕約所. 所有約正 · 副正 · 公直每以月朔與望相會. 置二籍記人善惡. 行自前年云. 去年秋, 巡按令行呂氏鄕約, 每以朔朝, 詣所隷撫寧縣, 共會讀法. (7월 22일), 憩于雙望鋪城中, 朱文尚者家也. 朱是蠢貿人, 而云爲鄕約副正, 每以朔望相會, 戒人惡行云."

그가 보고한 국자감의 모습도, 조헌이 실제로 목격한 것과는 완전히 동떨어진 것이었다. 국자감이란 두말할 것도 없이 중국 최고의 학부이며, 어떤 의미에서는 '중화'를 상징하는 것이다. 「사생접례(師生接禮)」라는 제목을 붙인 보고에서는, 국자감의 좨주(祭酒, 學長) · 교수(敎授) · 학생이 얼마나 그 신분에 걸맞고 예의 바르게 행동하고 있는지, 매월 삭망에 얼마나 정숙하게 강의가 이루어지는지 등의 훌륭한 모습이 묘사되어 있다. "휴일을 빼고는 매일 강의가 이루어진다."라고도 보고하여, 국가의 중심인 국자감이 그토록 훌륭하므로 여항에서도 책 읽는 소리가 낭랑하게 멀리까지 들리는 것이라고 주장하였다.[18]

하지만 그가 실제로 목격한 국자감은 벽이 무너진 채로, 장서실은 먼지가 가득했으며, 선생은 의자에 허리를 걸치고 있을 뿐 강의하지 않았다. 조헌은 이 실태를 보고 "생각한 대로 중국 사람들이 공자의 가르침을 존중하지 않는다는 사실을 알았다."라고 일기에 기록하였다. 또한 예의 없는 학생의 태도를 보고 "대체 매일 무엇을 가르치고 있는 것일까?"라며 넌더리치고 있다(『일기』, 8월 20일).[19] 이처럼 일기와 보고는 너무나도 그 차이가 크다.

또한 『동환봉사』에서는 「경연지구(經筵之規)」 · 「시조지의(視朝之儀)」 · 「청언지도(聽言之道)」 등 여러 곳에서 만력황제가 얼마나 학문에 열심이었는지, 얼마나 솔직하게 신하들의 의견을 경청하고 있는지, 얼마나 정치에 열심이었는지에 대해 극구 칭찬하고 있다. 거기에 묘사된 만력황제는 고작 12살이라 하기에는 거의 이상적인 황제의 모습이었다. 이것은 조헌 일행이 각지에서 중국인들로부터 들었던 그대로였다. 또 8월 9일, 8월

---

18 『重峰集』 권3, 「師生相接之禮」(193면하). "臣聞國子祭酒, 初赴任日及正朝冬至, 諸生四拜于庭中, 朔望祭酒率其僚屬與諸生拜聖之後. ……常時則生徒齊立一揖, 而教授 · 廩膳坐自如, 除休日外, 無有不講之朝. 是以山海以西, 垂髫而挾册者甚多有之. 閭巷之間, 誦聲洋洋, 雖至貧至賤之人, 力辦銀錢(童蒙之輩, 月以一錢銀, 行束修之禮于廩膳), 必欲送子于學."

19 본서 제5장, 221면.

17일, 9월 3일 등 세 번에 걸쳐 궁정을 참내(參內)하여, 때로는 옥안을 우러러보고, 때로는 조선 사절에 "식사를 하거라."라고 명하는 옥음(玉音)을 듣고는 "감격하여 눈물이 먼저 흐르니 태평만세의 바람이 이로써 드디어 간절하게 되었다."(8월 9일)라고 말하는 식의 체험을 하였다. 즉 이는 자신의 견문과 체험을 바탕으로 한 것으로 이러한 의미에서는 정확한 보고라고 할 수 있다.

그러나 뒤집어 생각해보면, 조헌이 직접 본 만력황제는 실은 완전히 허상에 불과한 존재였다. 주지하다시피 이 무렵의 만력황제는 대학사 장거정(張居正)으로부터 제왕의 교육을 위해 삽화가 들어간 교과서 『제감도설(帝鑑圖說)』을 헌정받고 맹렬하게 공부하는 중이었다. 그렇지만 그것은 필사적으로 이상적인 황제를 연기하는 피에로일 뿐, 실제로는 장거정에게 내몰리고 조정당하는 그림자에 불과했다. 조헌이 이 시대에 북경을 방문하여 '이상적인 황제상'을 본 것은 그야말로 우연한 일일 뿐이었다.

선선대인 가정황제가 오랫동안 금단술(金丹術)에 몰두하여 전혀 조정을 돌보지 않았다는 정보가 거듭 반복해서 연행사를 통해 조선에 전해졌다.[20] 마찬가지로 가정황제가 처음에는 하언(夏言)을 총애하여 수보대학사(首輔大學士) 즉 재상의 자리까지 올렸다가 뒤에는 '간신' 엄숭(嚴嵩)을 총애하게 되면서 하언에게 고문을 가하고 처형한 일 또한 적어도 허봉이 여행하는 도중에 들어서 알고 있었다(『허봉일기』, 6월 7일).

다음의 융경황제도 정사를 살피는 일에서는 머리를 들고 여기저기 둘러볼 뿐 말소리도 작아 환관을 통해서만 신하에게 말을 전할 뿐이었다고, 조헌이 직접 만력황제와 비교하면서 서술하고 있다(『일기』, 8월 9일).[21] 그렇다면 조금 억측하자면, 당시 자신은 '이상적인 황제'를 배알하고 있

20 예를 들어 吳晗編의 『朝鮮李朝實錄中的中國史料』(北京, 中華書局, 1980) 1273, 1276, 1291, 1317, 1320 , 1321, 1338, 1339, 1344, 1351, 1355, 1395, 1468, 1477면 등이 있다.

21 앞의 주 5, 「朝天日記」(374면하). "隆慶之視朝也, 引領四顧, 且發言甚微, 使內官傳呼而已."

지만, 이것은 그야말로 우연한 일이 아닐까라는 생각이 그의 뇌리를 스쳐가지 않았을까. 만력황제가 연기를 그만두고 자기 본연의 모습을 찾아 가정황제와 마찬가지로 정사를 보지 않게 된 것은, 이로부터 십수 년 뒤의 일이므로 조헌으로서는 그 변화를 알 길이 없었다.

4. 맺음말

16세기 말의 질정관은 더 이상 중국어의 의미를 천착한다든가 견문한 것을 그대로 보고하는 것으로 소임을 다할 수는 없게 되었다. 왜냐하면 이성계로부터 조선왕조가 시작된 뒤 이미 200년이 경과하면서, 중국에서 배운 결과로 충분히 풍요해졌기 때문이다. 16세기 후반은 이황과 이이가 나와 조선에서 주자학이 융성기를 맞이한 시기였다. 조선의 지식인은 보편성을 지녔다고 생각한 가치 체계를 스스로 몸에 익히고, 이 가치 체계를 바탕으로 그것을 산출한 본국까지 관찰하며 비판할 정도에 이르렀다. 중국에서 양명학이 성행하면서 그 무리들이 주자학을 비판하자 그들 중국인의 사고방식까지도 비판하기에 이르렀으며, 중국에서는 예가 지켜지지 않는다고 비판까지 했다. 이러한 시기에 조헌은 중국을 여행하고 그 보고 들은 것을 보고했던 것이다.

조헌 등이 현실의 중국에서 본 것은, 한편으로는 정비된 도로망, 견고한 성벽, 체계적인 관료기구, 장엄한 궁정 내부, 학문과 정무(政務)에 열심인 만력황제 등 스스로 배우고자 하는 것이 이상에 가까운 형태로 실현되어 있는 모습이기도 하였지만, 다른 한편으로는 그것과는 완전히 반대의 모습, 즉 앞 장에서 살핀 바처럼 뇌물의 횡행, 학생의 무례함, '일시동인(一視同仁)'의 표방하에 우호국 조선 사람들에 대한 의심과 시기, 조선과 별 차이 없는 세역(稅役)의 과중함 등이었다. 조헌 및 그와 동행한 허봉은 둘 다 중국인을 "야만인과 차이가 없다."라든가, "염치라는 것이 전혀 없다."라든가, "꽉 막히고 비천하여 도저히 말을 해도 알아듣지 못한다."라는 등으로 비판하였다.[22]

하지만 조헌은 중국에 대해 공식적으로 보고할 때는 본문에서 살핀 것처럼 작위를 더해 직접 겪은 체험과 견문을 있는 그대로 말하지 않았다. 그것은 조선의 개혁을 위해서는 현실의 중국의 모습을 보이는 것이 더욱 효과적이었기 때문이다. 즉 조선의 현상을 비판하기 위해서는 중국을 완전한 유토피아로 제시하는 것이 효과적이었던 것이다. 예를 들어 조선에서도 중국의 이상적인 모습을 따라 향약을 실시할 것을 요구할 때는 "실은 중국에서는 바보 같은 놈이 약정(約正)이나 부정(副正)이 되어 선행을 말하고 있습니다."라는 식으로 말해서는 의론의 실현을 이루지 못한다.

중국에서는 조선과 달리, 한 왕조의 창시자가 정했다는 조법(祖法)을 넘어선 현상을 비판하고자 하면, 항상 그 유토피아를 고대에서 빌려왔다. 문화의 중심인 '중화'의 땅에 태어난 사실을 자부하고 언급할 만한 가치는 자국의 문화와 역사밖에 없다고 생각하는 사람들은 늘 고대를 가지고 현대를 비판하였다. 이 때문에 경서(經書)라는 텍스트는 다양한 형태로 읽혀지고, 다시 해석되지 않으면 안 된다. 주자 · 왕양명 · 황종희(黃宗羲) · 강유위(康有爲) 등 모두가 그러하다. 고대에서 유토피아를 찾아내고자 하는 이들은, 자신들의 이상과 어긋나는 기술이 경서에 나타날 때에는 감히 텍스트를 고칠 정도였다. 중국의 유토피아가 기존의 경서라는 어떤 틀 속에서 조립되고 변조되었다는 것은 중국 문화의 전개를 협소하게 만드는 결과를 가져왔으나 거꾸로 말하면, 어느 누구도 실제로 볼 수 없는 세계에 유토피아가 만들어졌으므로 자유롭게 텍스트를 다시 읽고, 또 모순 없이 텍스트를 정리하면 그만이다라는 강점이 있다.

그러나 16세기 말의 조선에서는 사정이 완전히 달랐다. 즉 조선 지식인이 읽어야 할 텍스트에는 두 가지가 있었다. 하나는, 말할 것도 없이

---

22 본서 제5장, 214 · 224면.

중국의 경서 그 자체이다. 조선주자학의 융성과 더불어, 그들은 우선 주자의 해석에 따라서 그것을 의심하지 않고 읽으며 거기에 포함된 가치 체계를 자신의 것으로 삼았다. 또 다른 텍스트는 현재 존재하는 살아 있는 중국이었다. 그들이 배우고자, 그 제도와 문물을 이식하고자 달려갔던 현실의 중국이었다. 두 가지의 텍스트를 동시에 읽은 그들은, 그 둘 사이에 모순이 있을 때, 때로 현실의 중국이라는 텍스트를 개변하였던 것이다. 조헌에게 나타나는 체험과 보고의 어긋남은 실은 이 두 가지 텍스트의 모순이자 어긋남이었다. 다만 중국의 지식인이 했던 텍스트의 개변과는 달리, 조선의 지식인이 행한 개변은 현재 존재하고 있고 또 많은 사람들이 눈으로 볼 수 있는 실제의 세계였으므로 그 작위와 개변이 쉽게 간파되어버리고 만다. 한양과 북경은 너무도 가까웠던 것이다.

이러한 사정 즉 조헌의 보고에 작위가 있다는 사실은, 『동환봉사』를 간행한 안방준(安邦俊)도 아마 이미 간파하고 있었을 것이다. 그는 그 발문에서 다음과 같이 말하였다.

> 조헌 선생의 뜻은 명조의 제도를 모방하는 것에 그치지 않고, 그것을 소급시켜 하은주(夏殷周) 삼대의 다스림으로 회복하는 것에 있었다.[23]

『동환봉사』의 발문을 쓴 안방준은 명조가 결코 조선이 서술한 대로 완전한 텍스트가 아니었음을, 다시 말하면 그조차도 조헌의 보고에 작위가 있다는 사실을 이미 간파하고 있었던 것으로 보인다. 아니 더 나아가 말하면, 현실의 중국이 결코 보고한 그대로의 유토피아가 아니라는 사실을 누구보다 먼저 암시한 사람은 바로 보고자인 조헌 자신이었다. 그는 보

23 앞의 주 7. 「安邦俊跋文」(224면상) "(先生)以爲我國當一遵明制. ……竊觀先生之志不止於效行明制, 將欲因此推而上之, 挽回三代之治."

고의 마지막 부분에서 『주자어류』의 간행을 요구하며[24] 다음과 같이 말하였다.

> 신 조헌이 본 바에 따르면, 『주자어류』 한 책은 권수가 많다고 하지만 분류가 매우 정밀하며 군주로서, 신하로서, 한 성의 포정사 · 안찰사 · 도지휘사로서, 순무로서, 지부 · 지현으로서, 부모와 형제, 스승과 제자로서 각각 어떻게 해야 할 것인가가 쓰여 있고, 천하 만사에 대해 적혀 있지 않은 것이 없습니다. 동주(東周)의 세상을 현실에 가져온다고 한다면 이것을 버리고서는 실현하기 어렵다고 생각합니다. (중략) 곧 주자가 개탄하면서 실행하지 못했던 것이 동방에 있는 우리 조선에서 분명히 이루어질 날이 올 것입니다.[25]

조헌이 추구한 있어야 할 국가와 사회는 주자조차 실현하지 못한 국가와 사회였던 것이다. 그가 목표로 한 것은 현실의 중국을 저 멀리 넘어서서 이 조선에서 실현해야만 하는 것이었다. 그야말로 장대하게도 그의 목표는 현실의 명조를 크게 넘어서고 있는 것이었다.

이때에 그가 진정한 텍스트로서 사용했던 것은 『서경(書經)』이나 『예기』 등 '육경'이라 부르는 본래의 경전이 아니었다. 그것은 중국에서 13세기에 태어난 『주자어류』라고 하는 새로운 경전이었다. 그가 목표했던 것 중에는 후대의 조선 학술계를 암시하는 것이 이미 존재했다고도 말할 수 있다.

그가 견문한 중국에는 그가 체득한 가치 체계로 볼 때 너무나도 많은

---

24 조헌이 실제로 『주자어류』의 간행에 관계한 일에 대해서는 藤本幸夫의 「朝鮮版 『朱子語類』攷」(『富山大學人文學部紀要』 제5호, 1981) 참조. 조헌이 관계한 『주자어류』는 그의 중국 여행 다음다음 해, 곧 1576년(萬曆 4, 선조 9)에 간행되었다.

25 앞의 주 7, 『東還封事』(223면상) "臣竊見朱子語類一書, 卷帙雖多, 分類甚精, 君有君用, 臣有臣用, 監司有監司之用, 節鎭有節鎭之用, 守令有守令之用, 爲父兄師弟者有父兄師弟之用, 天下萬事無物不具, 欲爲東周, 捨此難做矣. ……則朱子之所慨嘆而未行者, 庶有明於東方之日矣."

결함이 있었다. 그가 보고하여 그 제도 문물을 이식하고자 했던 대상은 주자와 자신이 경서라는 텍스트에서 읽어냈던 이상적인 모습에 다름 아니었다. 따라서 그것이 실현 가능한지를 보이기 위해서는 현실의 명조를 개변할 수밖에 없었던 것이다.

(번역: 노경희)

제7장

조선연행사에 의한 반청(反淸) 정보의 수집과 보고

– 1669년 민정중의 「왕수재문답」을 중심으로

1. 머리말

조선이 일본군의 침략을 받은 것은 1592년(만력 20, 선조 25, 문록 원)과 1597년(만력 25, 선조 30, 경장 2)이었다. 한국에서는 전자를 임진왜란(壬辰倭亂)이라 부르고 후자를 정유왜란(丁酉倭亂)이라고 부른다. 멸망 직전의 위기를 구한 것은 명조가 파견한 원군이었다. 조선은 이에 은의(恩義)를 느껴 '재조지은(再造之恩)'이라 부르고 명조가 멸망한 뒤에도 오랫동안 사모하였다.

한편 조선이 금군(金軍) 혹은 청군(淸軍)의 침략을 받은 것은 1627년(천총 원, 인조 5)과 1636년(숭덕 원, 인조 14)이었다. 한국에서는 통상적으로 전자를 정묘호란(丁卯胡亂), 후자를 병자호란(丙子胡亂)이라 부른다. 그 후 조선에서는 청조 중국을 이적(夷狄)인 만주족이 통치하는 국가로 낮추어 보고 자신을 '소중화(小中華)'라고 여기는 그때까지 지니고 있던 의식을 한층 강화하였다.

일본군에 의한 두 차례의 침략을 받은 뒤 두 나라의 국교는 단절되었고 통신사가 일본으로 다시 파견되는 것은 1607년(선조 40, 경장 12)인데,

더구나 조선 측에서는 이를 통신사라고 부르지 않고 회답겸쇄환사(回答兼刷還使)라고 불렀다. 한편 청조에 대해서는 두 차례의 침략을 받은 다음 해부터 조공사절을 보내지 않으면 안 되었으며 국교를 단절할 수도 없었다. 1637년 처음으로 심양(瀋陽)으로 파견된 조공사절의 사명은 청조가 침략군을 철수하였기 때문에 멸망 직전의 상황에서 벗어났다고 하는 이른바 '감사'를 표시하는 굴욕적인 것이었다.

조선 지식인이 일본인과 교류하는 것을 꺼리고 또 한편으로 심행사(瀋行使)나 연행사(燕行使)에 참가하는 것을 기피하는 것은 당연하였다. 『조선왕조실록』에는 1698년(강희 37, 숙종 24, 원록 11)의 일로 다음과 같은 이야기가 실려 있다.

부산첨사(釜山僉使) 이석(李錫)은 부산으로 부임한 뒤 일본인(왜인)을 접대하지 않고 직무태만의 죄로 처분되기를 스스로 바랐다. 이것은 이석의 조부가 임진왜란 때 전사하였음에도 불구하고 비변사(備邊司)가 강제로 그를 부산첨사에 임명하였기 때문이다. 한편 김시걸(金時傑)도 그 선조가 병자호란 다음해에 순절하였기 때문에 그는 청조로 가는 사은사(謝恩使) 서장관에 임명되었으나 연행을 계속 거부하여 4번이나 파견 명령을 위반하였다고 한다.[1] 당시 조선에서는 청조인을 '이적금수(夷狄禽獸)' '노인(虜人)'이라고 누구도 거리낌 없이 부르고 있었기 때문에 이를 직무태만으로 처벌해야 할지 여부는 조선 조정에서도 논란이 있었다. 1698년이라고 하면 일본의 침략으로부터 이미 100년이 지났고, 청의 침략으로부터 보아도 60년이 흘렀지만, 그들은 통신사와 연행사에 참가하려고 하지 않았던 것이다.

1 『朝鮮王朝實録』, 숙종 24년 5월 甲戌(吳晗編, 『朝鮮李朝實録中的中國史料』, 北京, 中華書局, 1980, 4179면). "參贊官金構曰, 釜山僉使李錫赴任後, 亦不接待倭人, 以被罪爲期云, 事體未安, 而情理則甚切矣. …… 蓋錫之祖戰亡於壬辰倭亂, 故錫屢呈備局, 而備局強令赴任, 錫以此不肯接見倭人云. (金)時傑高祖故相臣金尚容, 丁丑亦殉節江都, 時傑拜謝恩使書狀官, 亦不承命, 四違召牌. 蓋士大夫立殣丙子者甚多, 其子孫皆不欲與虜人相接".

여기서 당시 스스로는 바라지 않았으나 연행사의 일원이 된 자가 중국을 어떻게 관찰하였는가를 보여주는 사례 하나를 소개해보겠다. 민정중(閔鼎重)의 『연행일기(燕行日記)』이다. 1669년(강희 8, 현종 10)에 삼절연공사(三節年貢使) 혹은 동지사(冬至使)로 부른 가장 평범한 사절에 참가한 때의 기록이다. 그 중에서도 주로 「왕수재문답(王秀才問答)」을 소개하겠다. 그것은 17세기를 살았던 한 조선 지식인이 하북성(河北省)의 한 생원(生員)과 주고받은 필담 기록이다. 이것을 다른 중국 사료와 비교함으로써 당시 중국의 한 지방에 살았던 하급 사인(士人)이 국내정세와 국제정세에 대해 어느 정도의 정보를 지니고 있었는지, 또 어느 정도의 사실을 외국인에게 전하였는지를 알 수 있다. 나아가 이것을 조선 측의 사료인 『조선왕조실록』이나 『승정원일기(承政院日記)』 등의 관련 기사와 비교함으로써 연행사에 참가한 한 지식인에 의해 어떠한 정보가 전해지고 역으로 어떠한 정보가 전해지지 않았는지를 보기로 하겠다.

2. 민정중의 중국 여행

「왕수재문답」은 민정중의 『노봉선생문집(老峯先生文集)』(영조 10, 옹정 12[1734] 序刊) 권10의 『연행일기』에 「견문별록(見聞別錄)」, 「안지현문답(顔知縣問答)」, 「성전위차(聖殿位次)」와 함께 수록되어 있다. 민정중은 자(字)가 대수(大受)이며, 1649년(인조 27)에 22세로 진사(進士)가 된 뒤 호남어사(湖南御史) · 성균관대사성(成均館大司成) 등을 역임하였고 1669년(강희 8, 현종 10) 북경에 사신으로 갈 때는 공조판서(工曹判書)였다.[2] 그는 반청(反淸) · 반만(反滿)의 최선봉이었던 송시열(宋時烈)과 관계가 깊었으므로 그 자신

2 閔鼎重에 대해서는 『國朝人物考』(서울, 서울대학교 도서관, 1978) 人物續考 권5, 閔鼎重碑銘.

도 사상적으로 비슷했다고 보아도 틀림없다. 만동묘(萬東廟)라고 부르는 만력제와 숭정제(崇禎帝)를 제사지내는 사묘(祀廟)가 만들어진 것은 1704년(강희 43, 숙종 30)인데, 그 계기가 된 것은 민정중이 연행하였을 때 얻은 숭정제의 어필(御筆)인 "예가 아니면 행동하지 않는다(非禮勿動)"라고 하는 네 글자를 송시열이 보고 이를 그의 은거지인 화양동(華陽洞)에 모각(摹刻)한 것이었다.[3]

민정중은 입연(入燕) 전부터 여러 가지로 청조와 관계하였는데, 아무래도 여기서 언급해야 할 것은 1652년(순치 9, 효종 3) 중국인을 태운 배가 조선 연안에 표착하였을 때 그가 관계한 방식이다. 중국 연호로 말하면 순치로부터 강희 20년대에 걸쳐 1652년, 1667년(강희 6, 현종 8), 1670년(강희 9, 현종 11), 1681년(강희 20, 숙종 7) 등 수차례 중국인이 조선에 표착하였고 그때마다 조선 측은 대응에 곤란을 겪었다. 왜냐하면 당시 청조는 정성공(鄭成功)과 정경(鄭經) 등에 의한 반청(反淸) 활동을 극도로 경계하고 중국 연안의 주민이 그들과 통모(通謀)하는 것을 우려하였기 때문이다. 또 조선에 표착한 중국인은 때때로 체발(剃髮)하지 않은 상태여서 그들을 청조 측에 송환하면 반청의 죄로 처형되든가 아니면 중대한 혐의를 받게 될 것이 틀림없었고, 또한 그렇다고 하여 그들을 동정하여 그 사실을 청조에 통보하지 않고 숨긴다든가 그들의 희망대로 일본으로 보낸다면 이번에는 청조로부터 조선이 반청의 혐의를 받아 국가의 멸망까지도 각오하지 않으면 안 되었기 때문이다. 주자학자였던 당시의 정치가들은 도리와 현실 사이의 너무도 큰 괴리에 고뇌하였던 것이다. 1652년(순치 9, 효종 3)에 표착한 중국인은 28인 전원이 체발·착모(着帽)하였는데, 그들의 진술에 의하면 일본으로 건너는 도중 명과 청이 교체되었고, 지금 청으로 돌아가는 항행(航行) 중에 난파하였는데, 만약 북경에 송환된다면 길이

3 孫衛國, 『大明旗號與小中華意識 -朝鮮王朝尊周思明問題硏究, 1637~1800』(北京, 商務印書館, 2007), 158~160면.

멀어 도저히 살아서는 돌아갈 수 없을 것이므로 자비심으로 일본으로 보내주길 청하였다.[4] 이때 민정중은 상주(上奏)하여 그들을 북경으로 송환하는 것에 반대하여 "아아, 표해(漂海)의 중국인은 우리의 옛 천조(天朝)인 명의 적자(赤子)가 아닌가. 그들을 포박하여 구적(仇敵)에게 보내는 일을 어찌 차마 할 수 있겠는가?"라고 말하고, 그러한 조선 측의 행위는 "불의(不義)를 행하고 무고(無實)한 사람을 죽이는 일이다."라고 단언하면서 그들을 송환하는 대신 절해(絶海)의 고도(孤島)인 제주도에 그들을 숨긴다면 비밀은 누설되지 않고 도의(道義)도 지킬 것이라고 주장하였다.[5] 국왕 효종은 이념보다도 현실을 중시하여 결국 중국인을 송환하기로 결정하였다. 하지만 민정중의 호소는 그의 마음을 크게 동요시켰던 듯 특별히 그를 인견(引見)하여 그렇게 결정하지 않으면 안 되었던 사정을 설명하였다.[6] 여기서 볼 수 있듯이 민정중은 당시 일반적 조선 지식인과 마찬가지였거나 그 이상으로 반청복명(反淸復明)의 입장에 서 있었던 것이다.

1669년(현종 10년, 강희 8) 조선에서 북경으로 동지사가 파견될 때 민정중은 정사, 권상구(權尙矩)는 부사, 신경윤(愼景尹)은 서장관이 되었다. 민정중이 이때도 반청복명이라는 생각을 가슴에 숨겼던 것은 두말할 나위도 없다. 이를테면 북경의 숙소인 옥하관에서는 중국인이 모두 체발하여 변발을 하고 있음을 탄식하며 "중원(中原)은 본래 황왕(皇王; 明朝)의 땅이었다.", 누군가 반란자가 나타나지 않을 것인가라는 시(詩)를 지었다.[7] 그

---

4 『朝鮮王朝實録』, 효종 3년 3월 辛丑(3821~3826면).

5 閔鼎重, 『老峰集』 권2, 應旨疏(『韓國文集叢刊』 제129집, 35면하). "嗚呼, 漂海漢人, 豈非我昔日天朝之赤子乎. 設令國家不幸至此, 尚何忍一切縛繫遺黎, 驅送仇敵, 略無疑難哉. 此誠人情之所怫鬱, 聖心之所怛然者也. 況前日所送, 皆被屠殺, 而今又知其不免而迫就死地, 豈我國之所可忍爲也. …… 人情之所不忍, 天意亦必有不平者矣. 行不義殺不辜, 豈不足感傷天和以致凶災乎. 濟州本是海中絶島, 彼此消息可祕勿泄. 今若具舡以送, 任其所之, 則意外之患, 不可不念. 如其接置島中, 略給料食, 待以不死, 以終其年, 則恩義既伸, 擧措亦便. 雖復奸賊陰通, 虜人致責, 既難往驗, 空言肆嚇, 逆料事勢, 必無大患".

6 상게서 권11, 筵中說話, 255면상.

7 상게서 권1, 玉河館口占, 15면하.

에게 북경 사행은 한 정치가로서의 외교 임무였을 뿐만 아니라 청조 체제가 어느 정도까지 확립되어 있는지, 복명(復明)의 움직임은 없는지, 친정(親政)을 시작하였다고 하는 강희제는 어떠한 인물인지를 스스로 탐색하는 일이었다. 중국 사료인 『청실록(淸實錄)』에서는 이때의 사절에 대해 "조선국왕 이연(李棩)이 배신(陪臣) 민정중 등을 파견하여 동지 · 원단(元旦) · 만수절(萬壽節)을 표하(表賀)하고 세공(歲貢)의 예물을 헌상하였다. 연회를 베풀고 선물 주기를 통례(通例)대로 하였다"[8]라고 불과 세 행(行)으로 기록하였을 뿐이지만, 민정중 측에서는 태화전(太和殿)에서 알현할 때도 강희제가 중원 땅을 계속하여 지배할 수 있는 인물인지를 확인하려고 주시하고 있었던 것이다. 그는 강희제에 대해 "신장은 보통사람에 지나지 않고 두 눈에 부포(浮胞)가 생겼으며 깊숙한 눈동자는 가늘고 작아 정채[彩]가 없다."고 관찰하고 "용모를 보건대 특별히 영기(英氣)라고 할 만한 것은 없다."고 보았으며 나아가 "성격이 조급하여 자주 돌연히 화를 낸다. ……사람을 기용할 때는 먼저 그 현부(賢否)를 대신에게 묻고 대신이 그를 추천하면 그 당파임이 틀림없다고 의심하여 기용하지 않고, 도리어 자신의 의지로 선택한다."[9]고 하였다. 강희제를 다소 성질이 사나우며 의심 많은 인물이라고 보았던 것이다. 다만 지금까지 관료는 뇌물이 없으면 아무것도 하지 않았지만, 형벌이 엄해졌기 때문에 옛날처럼 마음대로

---

8 『淸實錄』, 강희 9년 정월 己丑. "誰識漢儀歸剃辮, 可憐殷庶盡箝銜, 中原自是皇王地, 會待漁翁起釣嚴."

9 앞의 주 5, 閔鼎重, 『老峰集』 권10, 聞見別錄, 238면상. "淸主身長不過中人, 兩眼浮胞深睛, 細小無彩, 顴骨微露, 頰瘦頤尖. 其出入, 輒於黃屋中俯身, 回望我國使臣之列. 性躁急多暴怒, 以察爲明. 懲輔政諸臣專權植黨之患, 誅殺旣多, 猜疑積中. 無論事之大小, 必欲親摠. 用人之際, 先問賢否於宰執, 宰執有薦引則疑其黨私, 皆不用, 旋以己意自選. 故宰執嫌懼, 不敢發口. 黜貪陟廉, 用刑極嚴, 而其所視聽, 多出於夤緣 · 姻戚之輩. 有獻貂者, 問所從得, 對以適買於人, 毛甚好故來獻, 遂索其賣貂者, 責之曰, 得好貂, 不獻而賣之何也. 殺之. 幼時玩具, 付之掌庫, 一日還索, 多有遺失, 卽殺之. 以此人人畏誅, 頗憂蕭墻之禍. 但漢民久苦權臣之肆虐, 頗以威暴攝下爲快, 謂賢於順治矣. 在職者, 無尊卑內外, 貪婪無厭, 公牒民狀, 非賂不達. 近因淸主用法之嚴, 不敢公肆".

나쁜 짓을 할 수 없게 되었다고도 말하고 있다.

왕수재와의 문답도 그 목적은 중국 정세를 탐색하기 위한 것이었다. 왕수재란 하북성 옥전현(玉田縣)의 왕공탁(王公濯)을 말하는데, 일행이 가는 길에는 강희 8년(1669) 12월 18일, 또 귀환길에는 강희 9년 2월 1일 두 번에 걸쳐 민정중 등 조선 사절 숙소를 제공하였다. 민정중은 왕공탁에게 상당한 호의를 느낀 듯 "대개 숙소를 빌려주는 주인은 반드시 성찬을 제공하지만, 막상 비용을 요구해서 충분하지 않으면 화를 내며 욕을 한다. 이것은 연로(沿路)의 악습인데, 왕공탁은 깔끔한 사람으로 진심으로 예(禮)에 합당하게 행동하였다."[10]라고 적었다.

민정중의 일기에는 왕공탁에 대해 "일사(逸士)를 자처하였다."라고만 적혀 있지만, 『광서옥전현지(光緒玉田縣志)』 권27, 문학(文學)조에는 다행히 그의 전기(傳記)가 있다. 이에 의하면 그는 명말(明末) 생원(生員)으로 과거 응시를 위해 열심히 공부하며 한편으로 시와 고문사(古文辭)를 짓고 자주 각지를 유람하였다고 한다. 또 청대에 들어 과거 공부를 그만두었지만, 저서가 많았으며 『몽여초(夢餘草)』가 있다고도 한다. 이로 볼 때 왕공탁은 현(縣)급 지방지(地方志)에 수십 인 혹은 수백 인이나 나오는 전형적인 지방 사인(士人)의 한 명이라고 보아도 좋을 것이다.

민정중의 기록에 의하면 강희 8년(1669) 12월 18일과 다음해 2월 1일의 문답은 모두 심야까지 계속되었다. 아래에서 먼저 「왕수재문답」의 원문을 적은 후 이어 각 조목별로 다른 사료와 대조하면서 검토해보겠다.

3. 「왕수재문답」 분석

王秀才問答

---

10 상게서, 권10, 「燕行日記」, 己酉 12월 丁丑, 235면하.

(1) 嘗因金尚書飽聞聲華. 今覿淸儀, 令人欣瀉.

燕山逸士, 過承金先生説項. 慙愧慙愧.

(2) 聞主人多讀古書. 在今不廢擧業耶.

予之生, 即値金戈鐵馬之時, 更遭失業之苦. 不但無志功名, 抑且靑緗散失, 欲嗜古而不能, 復何問擧子業耶.

(3) 關内士民流離乞丐於關外者, 相續於道. 皆云世業盡沒於公家.

既有天下, 當愼擧措, 何以白奪民田.

此非草野人所敢妄對也.

(4) 禹貢山川, 盡入版籍否.

且奉朔者甚廣. 如安南諸國, 昨始歸去也.

(5) 昨歲漂船來泊我國之境, 詳傳永曆尙保南徼. 此言的否.

當日所恃者, 孫可望 · 李定國二人耳. 降者降, 而死者死. 永曆遂爲緬國所獻, 今已五年矣. 漂泊人言不足信地.

(6) 降者是誰, 緬國在何地.

降者孫可望, 緬國者在交趾之南, 乃海外一國也.

(7) 如宋故事耶, 抑遇害耶.

爲兵所追, 不得已而投緬國. 蓋避害而反遇害也.

(8) 詩云, 商之孫子, 其麗不億. 今天下獨無一介朱氏子孫耶.

更名易姓者滿天下, 尙不止億萬. 其如無能爲何.

(9) 孫降者做何官, 尙得偸生耶.

封爲義王, 今已亡矣. 其子見在承襲伊職.

(10) 當今用何道駕御天下, 而天下晏然乎.

古今治道不一, 今日所謂無爲而治者乎. 呵呵.

(11) 親政之後, 政令比前何如云耶.

覺勝于前.

(12) 天下大勢必有可聞者, 略示之.

所可訝者, 爾來公令甚嚴, 而賄賂愈行, 四海甚貧, 而奢靡愈尙.

(13) 所恃者兵馬, 而兵馬已衰, 奢侈又甚. 以天下之大, 豈無崛強奮起者乎. 道聞山東有盜, 的否. 流賊無遺類耶.

山東自于七變後, 迄今無事, 流賊遺類, 二十年前早已殲滅也.

(14) 今世有學問之士如許魯齋者耶.

如謝疊山者則有. 如薊州進士李孔昭者是. 如許魯齋者自不乏人. 但不必屈指耳.

(15) 明朝士人冠服帶履之制, 可得一一見示耶. 欲遵用於東方耳.

秀才頭巾藍衫青領, 袖青綠四邊, 藍衫皂靴. 擧人頭巾青圓領, 藍絛皂靴. 太學生亦如之.

(16) 願聞李孔昭本末.

以薊州人登癸未進士, 甲申遭亂, 淸人聞其賢, 三召不起, 杜門老死.

回時問答

(17) 入燕京, 買得舊時儒巾以來. 其制是否元無纓脚否.

龍眉鳳目俱在. 其制是無差也. 元無纓脚.

(18) 北京書肆, 絶無濂洛諸書, 豈世亂抛學而然耶.

幾經兵火, 典籍更甚於秦阬之烈焰. 是以諸書不但不存于市肆, 即故家亦寥寥矣. 可歎可歎.

(19) 貴鄕素稱多儒士, 豈有周張邵全書耶.

敝邑自崇禎己巳迄今四次殘破, 順治癸巳七年大水. 邑人不能當荒年穀矣. 周張諸全書, 今亦少也.

(20) 屏上文筆, 有出仕宦人手中者乎.

如成克鞏, 世祖朝宰相, 何采先朝兵部侍郎. 此二人俱見在, 一致仕, 一爲僧.

(21) 致仕者爲誰, 爲僧者爲誰.

致仕者成克鞏, 林下十有餘年. 爲僧者何采. 蓋因先朝之沒, 即變名曰衲采, 爲僧幾三十年.

(22) 采上人居在何處寺.

杭州西湖上.

(23) 太學啓聖廟, 從享某某耶.

敝邑啓聖廟, 無配享者. 太學不曾身到, 不敢妄對.

(24) 北京有正朝行禮鄧將軍廟之擧, 鄧是何人, 而能使尊奉至此.

鄧將軍乃明朝副總兵, 爲淸所執, 不屈而死, 英靈大著, 遂本朝奉以祈福之神, 相傳如此. 然不能詳其名與鄕貫也.

(25) 到北京, 淸人在職者相對皆接話款款. 漢人在職者相對不出一言. 豈習性然耶, 抑無興致而自簡於言語耶.

淸人則無可無不可. 漢人乃避嫌疑, 不敢多談, 非習性也.

(26) 民間頗稱朝政之善, 而京裏多以宮室石役遊獵, 國儲漸竭爲憂. 猜疑積中, 以察爲明, 用法太酷, 人人畏誅, 朝紳亦有分裂之漸云. 此言信否.

此俱切時弊. 然宮室之役, 在旗下, 不在民間, 雖有畋獵之苦, 而廉貪屢有黜陟. 獨是逃人條例甚嚴, 且弊竇百端, 乃民不聊生之大者. 朝紳黨附從來有之, 況今日乎, 非妄言也.

(27) 或云鄭經尙爾崛強, 沿海三百里, 淸野無人居, 海道不通舟船. 主人亦有所聞否.

無所聞. 然此人言亦不謬.

(28) 或傳遣周姓官招撫, 則拒而不納. 且云割一省以封則當降. 然否.

差兵部尙書明珠 · 浙閩總督劉士猉前往撫, 至今尙未成議. 大抵本朝欲誘之登岸, 在彼又不肯受誘, 看來終不能議撫也.

(29) 鄭經尙用永曆年號云. 尊奉前朝而然耶. 抑或假托而然耶. 無乃挾朱氏以張其勢耶.

此則不能洞悉其隱.

(30) 南京殷盛如前朝否.

誰能更上新亭飮, 大不如先太息時.

(31) 中國有便把杭州作滿州之句云. 可聞其全篇耶.

此乃時人戲改古詩云, 山外靑山樓外樓, 西湖歌舞此時休, 腥膻薰得遊人醉, 只把杭州作滿州.

(32) 以筆代舌, 終不能盡所欲言, 令人鬱鬱.

紙筆代喉舌, 古人已言之矣. 雖不能暢談, 然勝於肆口者多多也. 呵呵.

이하에서 왕공탁의 '상식(常識)'과 그가 지니고 있었던 정보 중 문제가 된 점만을 검토해보겠다.

(3) 이른바 권지(圈地)에 대한 문답이다. 청조는 입관(入關) 이후에도 주로 하북성에서 대규모 권지를 실시하여 중국인의 토지를 몰수해 이를 팔기관병(八旗官兵)에게 지급하였다.[11] 이것은 만주인에 의한 중국인 지배가 가장 노골적으로 표출된 문제이고, 토지를 빼앗긴 중국인은 만주인 아래 노예가 되어 경작하든가 아니면 도망하였다. 민정중이 본 것은 1666년(강희 5)에서 이듬해에 걸쳐 대규모로 행해진 권지의 여파일 것이다. 민정중은 이 한만(漢滿) 대립을 가장 현저한 문제로 거론하여 중국인의 반응을 보려고 하였지만, 왕공탁은 역시 신중하게 회답을 피하였던 것이다.

(4) 중국 정세를 물은 것에 대해 왕공탁은 옛 명조의 영토가 모두 청국 영토가 되었을 뿐만 아니라 조공국도 많다고 답하였다. 회전(會典)이나 실록에 의하면 1654년(순치 11) 류큐, 1656년(순치 13) 네덜란드와 안남,

11 周藤吉之, 「淸初に於ける畿輔旗地の成立過程」『淸代東アシア史硏究』, 東京, 日本學術振興會, 1972).

1665년(강희 4) 섬라(暹羅)가 진공(進貢)하였다. 안남은 1660년(순치 17), 1664년(강희 3) 등에도 입공하였으므로 왕공탁이 "지난번에 처음으로"라고 말한 것은 반드시 정확한 것은 아니다.

(5) 민정중에게 가장 걱정되었던 것 중 하나는 영력제(永曆帝)가 다른 여러 정보가 말하듯이 정말로 잡혔는지, 또 남명(南明) 정권은 이미 붕괴하였는가의 문제였다. 『청실록』 강희 원년(1662) 2월 경오조와 『남강일사(南疆逸史)』 권3, 영력제조 등에 의하면 영력제는 이미 1661년(순치 18) 12월 면전(緬甸; 미얀마) 사람들에게 잡혀 청군(淸軍)에게 인도된 후 이듬해인 강희 원년 3월 운남부(雲南府)에서 살해되었다고 한다. 영력제 포획과 남명 평정은 곧바로 청조 사절에 의해 조선에 전해졌고 조선국왕은 특별히 정태화(鄭太和)를 북경으로 보내 영력제 포획을 축하하였다.[12] 그러나 조선 측은 이러한 사절을 보내는 것과는 반대로 그것을 결코 그대로 믿지 않았으며 당시 조선을 출발하기 직전의 정태화조차도 "그들이 과장하여 말하는 것인데, 어찌 믿을 수 있겠는가."[13]라고 하였고, 1663년(강희 2, 현종 4) 3월 귀국한 연행사는 하북성 풍윤현(豐潤縣)에서 만난 한 중국인이 "영력제는 죽지 않았다. ……청인(淸人; 滿洲人)의 과장된 말은 믿을 수 없다."고 말한 것을 전하였다.[14]

민정중이 여기서 거론한 중국인의 표류선이란 1667년(현종 8, 강희 6) 때의 것이며 표착 중국인 95인은 전원이 체발하지 않았고 대명(大明) 복건성(福建省) 사람들이었다고 하며 동시에 "영력제는 여전히 뇌주(雷州)에 살아 있고 복건 · 광동서(廣東西) · 사천(四川) 3성을 영유하고 있다"고 말하였다.[15]

---

12 『淸實錄』, 강희 원년 9월 辛卯.

13 『朝鮮王朝(顯宗)實録』, 현종 3년 7월 乙未(3896면).

14 『朝鮮王朝(顯宗改修)實録』, 현종 4년 3월 己巳(3901면).

15 『朝鮮王朝(顯宗)實録』, 현종 8년 6월 乙未 등(3944~3952면).

왕공탁은 영력제가 면전국(緬甸國)에 의해 잡혀 헌상되었다는 것과 영력제의 부하 중에 손가망(孫可望)과 이정국(李定國)이 있었던 사실을 알고 있었다. 더욱이 표착 중국인의 말은 믿을 수 없다고 단호하게 잘라 말하였는데, 모두 정확한 인식이다. 하지만 문답이 있었던 시점은 영력제가 잡힌 시점으로부터 8년이 경과하였으므로 여기서 5년 전의 일이라고 한 것은 조금 부정확하다.

(6) 투항한 자가 손가망이라고 한 것은 정확하다.[16] 면국(緬國; 미얀마)이 교지(交趾; 베트남) 남쪽에 있고 '해외의 한 나라'라고 한 것은 당시의 '상식'이었던 듯하다.

(8) 민정중은 『시경』 대아(大雅) 문왕(文王)조를 인용하여 반청복명의 움직임을 탐색하려고 하였다. 왕공탁의 답변은 『청실록』에 "최근 주씨(朱氏)의 무치(無恥)한 무리가 있는데, 성명을 바꾸고 몸을 숨겨 도망쳤다. 만약 주씨 종족 가운데 성명을 바꾸고 몸을 숨겨 도망간 자가 있으면 모두 향리로 돌려보내 본업[正業]에 종사하게 하라."(강희 4년 12월 기미)고 하는 것 등이 보이므로 정확한 것이라 하겠다.

(9) 『청사고(淸史稿)』 권248, 손가망전(傳) 등에 의하면 그는 의왕(義王)에 봉해졌고 1660년(순치 17)에 죽자 그의 자손 손징기(孫徵淇)가 습봉(襲封)하였다. 왕공탁의 회답대로이다.

(11) 강희제의 친정(親征)은 1667년(강희 6) 7월 시작되었으며 1669년(강희 8) 5월에는 그때까지 그를 보좌하였던 권신 오보이를 단죄하였다. 또 그는 그때까지 현안의 하나였던 권지(圈地)를 금지하는 상유(上諭)도 반포

16 『南疆逸史』, 列傳 권48, 李定國傳.

하였다(『청실록』 강희 8년 6월 무인). 왕수재가 민정중과 문답을 주고받은 시점은 형식상 친정 개시로부터 보면 2년 남짓 지난 때였고, 오보이의 실각으로부터 계산하면 불과 수개월 후의 일이다. 청조에 대해 유쾌하지 않은 감정을 품은 한 명의 사인(士人)이었음에도 불구하고, 친정을 평가하여 "이전보다 좋아진 듯하다."고 답한 것은 매우 흥미롭다. 또한 천하 대세에 대한 질문을 받자 그는 "최근에 법령이 아주 엄하고 뇌물이 차츰 행해지며 온 나라가 가난하고 사치가 점점 심해진다."고 솔직하게 정치 비판을 한 점도 흥미롭다. 당시의 사치에 대해서는 예컨대 『청실록』 강희 원년 6월 정미조에 광동어사(廣東御史) 주배(朱裴)가 "북경에서는 화려함과 호화로움을 서로 다투고 각지에서는 사치를 숭상하고 있다. 안장 하나와 말 한 필에 100냥을 아까워하지 않으며 하나의 의복과 하나의 모자를 위해 중산계급 사람이 파산하고 있다, 운운"이라고 말하는 대로이다.

(13) 민정중은 또다시 반청복명의 움직임에 대해 물었다. 하지만 왕공탁의 대답은 솔직하였고 민정중이 기대하였을 법한 대로는 답하지 않았다. 그가 여기서 말하는 우칠(于七)의 변(變)이란 1661년(순치 18)의 사건이다. 우칠은 산동성(山東省) 서하현(棲霞縣) 백성으로 1648년(순치 5)부터 "망명자를 불러모아 약탈을 멋대로 행하기" 시작하였지만, 뒤에 초무(招撫)에 응하여 청군(淸軍)의 비장(裨將)이 되었다. 그런데 1661년(순치 18)아우 우구(于九)가 향신(鄕紳)을 구타해 사이가 벌어져서 "[형이] 청조에 모반을 꾀하고 있다."고 병부에 통보했다. 이로써 우칠은 반청 운동을 하는 자로 지목되어 그때까지 그와 명함을 주고받은 향신 수십 가(家)가 연좌되는 대의옥(大疑獄) 사건이 되었던 것이다.[17] 반란 그 자체는 대규모가 아니고 산동성 전체를 덮을 정도가 아니었음에도 불구하고, 왕공탁이 이 사건을 거론한 것은 그것이 같은 1661년(순치 18)부터 1663년(강희 2)에 걸

17 『乾隆原刊光緖續刊棲霞縣志』 권8, 兵事.

쳐 강남 지방에서 발생한 소주곡묘(蘇州哭廟) 사건이나 남도진장씨명사(南潯鎭莊氏明史) 사건과 마찬가지로 반청운동에 대한 혹은 향신층에 대한 청조의 대탄압이었기 때문이다. 당시 다른 사람을 무고하려고 하면 남방에서는 대만 정씨(鄭氏) 일파와 통하고 있다[通海]고 말하거나 '역서(逆書)'에 관련 있다고 통고하였고, 북방에서는 우칠의 적당(賊黨)이라고 하거나 '도인(逃人)'이라고 통보하였는데, 이들을 언급한 것이 아니면 '사건'으로 취급되지 않았다고 한다.[18] 우칠의 난은 남도진장씨명사 대옥(大獄) 등이 널리 알려진 것과는 달리 현재는 거의 알려져 있지 않지만, 당시 북방의 지식인들에게는 큰 관심사였던 듯하다. 왕공탁이 사는 하북성 옥전현과 우칠의 난이 발생한 산동성 서하현은 서로 멀리 떨어져 있었음에도 불구하고, 그가 특히 이를 언급한 것은 이상과 같은 이유에서 그 역시 관심이 있었기 때문일 것이다.

(14) 허노재(許魯齋), 즉 허형(許衡)은 송대에 주자학을 배웠으면서도 원조(元朝)에 벼슬한 자로 고래로 자주 곡학아세(曲學阿世)의 부류로 지목된 인물이다. 민정중은 예의를 벗어나 "파렴치한 곡학의 무리에는 지금 어떤 인물이 있는가?"라고 물었던 것이다. 이에 대해 왕공탁은 정면으로는 답하지 않고 역으로 "사첩산(謝疊山) 즉 사방득(謝枋得)과 같은 자는 있다"라고 답하였다. 사방득은 남송시대 인물로, 남송이 망한 뒤 원에 벼슬하지 않자 강제로 벼슬시키려고 한 자에 의해 북경으로 끌려갔지만, 그곳에서 식사를 끊고 죽은 인물이다.[19] 사방득과 같은 인물이라고 거론된 이공소(李孔昭)는 1643년(숭정 16) 진사(進士)로 청조가 들어선 뒤 세 번이나 부름을 받았으나 "살아나면 순(順)이요, 죽으면 영(寧)이다"라고 말하고

18 『清實録』, 강희 6년 4월 庚午.

19 『宋史』 권425, 謝枋得傳.

끝내 청에 벼슬하지 않았다.[20]

「회시문답」에 대해서는 네 가지 점을 지적하는 데 그치겠다.

먼저 (24)에 보이는 등장군묘(鄧將軍廟)의 문제이다. 민정중은 『연행일기』 강희 9년 정월 기축(1일)조에서도 "天明, 淸主先往鄧廟. 問之則明朝猛將以鄧爲姓者, 戰敗見執, 不屈而死, 仍成厲鬼, 遇之者皆斃. 胡人大駭懼, 立祠祈禱. 入燕之後, 亦不敢廢, 設廟尊奉云"이라고 하여 만주인을 두렵게 하는 등장군묘에 큰 관심을 가졌다. 그가 등장군묘라고 말한 것은 『청실록』 강희 9년 정월 원단(元旦)조에서 "황상이 당자(堂子)로 가서 예(禮)를 행하고 궁으로 돌아왔다"라고 하는 당자를 가리킨다. 정월 원단의 궁중행사로 황제가 제일 먼저 당자에 참배하는 것은 오랜 동안의 관습이어서 『청실록』도 한 해 기사의 첫 부분을 당자 행차부터 시작하는 것이 상례였다.

당자(등장군묘)는 이렇게 중요한 것이었음에도 불구하고 그 내력은 분명하지 않다. 북경의 각 건물 내력을 상세히 서술한 『흠정일하구문고(欽定日下舊聞考)』 권49에서도 "당자는 장안좌문(長安左門) 밖의 옥하교(玉河橋) 동쪽에 있다. 매년 원년(元年)에는 천자가 친히 제사지냈다. 무릇 국가에 정토(征討)라는 대사(大事)가 있으면 반드시 천자가 친히 제사지내어 보고한다."고 『대청일통지(大淸一統志)』를 인용하여 서술하였을 뿐이다. 서가(徐珂)의 『청패류초(淸稗類鈔)』 시령류(時令類)의 제당자(祭堂子)조에 의하면 당자의 제전(祭典)은 북경의 '삼불문(三不問)', 즉 북경에서 물어봐서는 안 되는 세 가지 일의 하나였다고 한다. 이 당자의 문제를 본격적으로 고증한 이는 맹삼(孟森)이다. 그는 「청대당자소사등장군고(淸代堂子所祀鄧將軍

---

20 『皇明遺民傳』 권3 및 『道光薊州志』 권9, 鄕賢의 李孔昭傳. 실은 李孔昭의 일은 이미 강희 2년 7월에 조선연행사에 의하여 조선 측에 전해졌다. 이에 의하면 周를 섬기려고 하지 않고 아사한 伯夷와 叔齊를 제사지내는 夷齊廟에 있는 "苦節跡難踐, 救仁心可同"이라는 題詞를 지은 사람은 이공소라고 하고, 明淸 교체 후에는 학문을 가르쳤을 뿐이며 淸에 벼슬하지 않았다고 한다(『朝鮮王朝(顯宗改修)實錄』 현종 4년 7월 辛卯, 3903면).

考)」[21]라는 논문에서 당자에서 제향되는 것은 등자룡(鄧子龍) 장군이라고 기록한 사료로 비교적 연대가 늦은 것을 제외하고 사신행(査愼行)의 『인해기(人海記)』와 소석(蕭奭)의 『영헌록(永憲録)』 두 가지를 인용하였다. 하지만 『인해기』의 서문은 1713년(강희 52), 『영헌록』의 것은 1752년(건륭 17)으로 되어 있으므로, 민정중의 보고가 훨씬 빨랐다. 왕공탁의 대답에서 볼 수 있듯이, 당자에서 배향되는 등장군이란 청에 붙잡혀 죽은 명의 부총병(副總兵)이었다는 것이 강희 초년에는 널리 알려진 '상식'이었던 듯하다.[22]

다음으로 (26)은 역시 민정중이 가장 관심을 가진 청조 붕괴의 가능성에 대한 질문이다. 그는 "민간에서는 조정의 정치가 좋다고 말한다."고 들었지만, 청조에게 나쁜 이야기를 더 듣고 싶었던 것이다. 당시 태화전의 수리나 효릉(孝陵) 등 묘릉석실(墓陵石室)의 조영이 행해지고 있었던 사실은 『청실록』 강희 4년 3월 갑오 및 8년 정월 병진, 8년 3월 을묘조 등에 보인다. 석재(石材) 운반에 대해서는 민정중 자신이 목격하였고, 강희제가 자주 북경 근교로 사냥을 나갔던 사실도 기록에 전한다.[23] 하지만 왕공탁은 민정중의 질문이 확실히 시폐(時弊)에 해당한다고는 인정하면서도 궁실 공사는 팔기(八旗) 내부의 문제이지 그 자체로 민간의 문제는 아니라고 말하였다. 또 도인(逃人) 문제는 중대하나 강희제는 확실히 사냥을 좋아해서 인민이 괴로움을 겪고 있지만, 자주 염관(廉官)이 승진하고 탐관은 배제되고 있다고도 답하였다. 이는 민정중이 강희제를 평하여 "가혹한 감찰을 명민(明敏)한 것으로 여겨 법률로 처벌하는 일이 매우 엄혹하여" 대신(大臣)들도 의심하고 있다며 부정적인 평가만을 한 것과는 반대되는 대답이었다.

21 孟森, 『明淸史論著集刊』(北京, 中華書局, 1959) 수록.

22 또 岡田尚友 編, 『唐土名勝圖會』 권3에는 北京의 堂子圖와 이에 대한 해설이 있다.

23 석재 운반에 대해서는 「見聞別録」에 보인다. 出獵에 대해서는 「見聞別録」에 자주 나오는 외에도 「燕行日記」의 강희 9년 정월 갑신조에 "淸主出獵城外十餘里地云"이라고 보인다.

(28)에 대해서는 정경(鄭經) 토벌에 관한 사실만을 언급하겠다. 왕공탁이 병부상서 명주(明珠)와 절민총독(浙閩總督) 유사기(劉士祺)를 파견하였다고 말한 부분인데, 명주는 1669년(강희 8)에 형부상서였고, 병부상서가 된 것은 1671년(강희 10)이므로 형부상서가 옳다. 또한 강희 8년 3월부터 12월까지의 절민총독은 유조기(劉兆麒)였다. 이 오류가 왕공탁의 오류에 기인하는지, 『노봉선생문집(老峰先生文集)』 간행 때의 오류인지는 알 수 없지만, 설령 왕공탁 자신의 오류라고 해도 흥미롭다. 그 이유는 유조기가 절민총독에 임명된 것은 1669년(강희 8) 3월 병진이고(『청실록』), 문답한 시점은 그로부터 1년도 채 지나지 않았기 때문이다. 또 명주가 복건성 방면으로 파견된 것은 1670년 정월까지라고 하는 실록에조차 실리지 않은 정보이기 때문이다. 하지만 명주는 확실히 복건으로 파견되어 있었으며, 1669년 7월에는 정경 문제에 대해 강희제에게 상소하였다.[24] 왕공탁은 어떠한 정보 경로에 의한 것인지 명주가 특별한 명을 띠고서 복건으로 파견된 사실까지 알고 있었던 것이다.

(31) 민정중은 계속해서 반청의 움직임과 반만(反滿) 감정에 관한 정보를 얻기 위해 "중국에는 '즉 항주(杭州)를 쥐고서 만주(滿洲)로 만든다'라는 구절이 있다고 하는데, 그 전편(全篇)을 들려줄 수 있는가"라고 물었다. 이에 대해 왕공탁은 "지금 사람이 헛되이 고시(古詩)를 개작한 것이다"라고 대답하였다.

이 시의 원래 가사는 "山外靑山樓外樓, 西湖歌舞幾時休, 暖風薰得遊人醉, 便把杭州作汴州."이고, 명대 사료인 『서호유람지여(西湖遊覽志餘)』 권2에 나온다. 이에 의하면 남송의 소흥(紹興) · 순희(淳熙) 시기가 되면 여진족(만주족)을 몰아내고 금조(金朝)를 쓰러뜨리겠다는 민족적 기개는 사라지고 사람들은 일시적인 풍족함에 만족하여 유람을 즐길 뿐 또다

24 中國人民大學淸史研究所 編, 『淸史編年』 제2권(北京, 中國人民大學出版社, 1988), 강희 8년 7월 9월.

시 신정(新亭)의 눈물을 흘리려고 하는 자가 없게 되었다. 그리고 이 항주를 변경(汴京) 즉 북송시대의 수도와 다름없는 것으로 여기고 있었다고 한다. 여기서 말하는 '신정의 눈물'이란 육조(六朝) 시기 동진(東晉)의 명사들이 강소성(江蘇省) 강녕현(江寧縣) 즉 훗날의 남경(南京)에 있는 신정에 모여 국가의 쇠퇴를 탄식하면서 다시 국토의 회복을 서약한 것을 의미한다. 즉 (30)에 보이는 것이 그것이다.

왕공탁은 바꾼 가사 전체를 다음과 같이 소개하였다.

> 청산(青山)과 청산 안에는 누각이 나란히 세워져 있지만, 서호(西湖)의 가무(歌舞)는 지금에야 그치고 말았다. 만주족이 풍기는 비린내 나는 냄새가 자욱하여 노는 자들이 술에 취해 이 항주를 그저 만주라고 여기고 있다.

이것은 전형적인 반만 감정을 나타낸 노래이므로 예를 들면 건륭 연간에 편집된『사고전서(四庫全書)』에는 실려 있지 않다. 이것을 태연하게 왕공탁이 썼다는 것은 놀라운 일이라 할 수 있다.

그럼 민정중이 이 반만 감정을 드러낸 가사만 바꾼 노래를 어디서 알았는가라고 하면 아마도 조선에 표착한 중국인으로부터 들었을 것으로 생각된다. 이 노래를 조선 지식인에게 가르친 것은 중국 남명 정권의 사람이었다. 이태연(李泰淵)의 「남경사신황걸등문답(南京使臣黃傑等問答)」에 의하면 1647년(순치 4)에 중국인이 조선에 표착하였다. 남명 정권은 청조를 협격하고자 하여 몇 번이고 일본에 사신을 보내 출병을 요청하였다. 이를 통상 '일본걸사(日本乞師)'라고 부른다. 그런데 이번의 사신은 조선에 표착되고 말았다. 그 배에는 소주(蘇州) 사람 황걸(黃傑)과 절강(浙江) 사람 염구계(閻九堦)가 타고 있었고, 바로 그들이 이 노래를 가르쳤던 것이다.[25] 민정중은 강한 반만 감정을 가졌기 때문에 아마도 이 사실을 알고

---

25 成海應,『研經齋全集』外集 권34, 附公山倅李泰淵南京使臣黃傑等問答(『韓國文集叢刊』제

있었고, 또 이 노래도 전부 알고 있었음에 틀림없다. 정경 이야기로부터 일찍이 명의 수도였던 남경으로 이야기가 옮겨갔고, 거기서 왕공탁이 '신정음(新亭飮)'을 언급하자 민정중은 놓치지 않고 이 시에 대해 물었을 것이다.

4. 맺음말

이상으로 「왕수재문답」에 대한 검토를 마친다. 종합하여 말하면 하북성 소도시에 사는 한 사인(士人)은 안남제국(安南諸國)의 내공(來貢), 영력제 · 이정국(李定國) · 손가망(孫可望)의 귀추(歸趨), 우칠(于七)의 변, 정경(鄭經)이나 대만 토벌 상황 등을 거의 정확하게 알고 있었다. 형부상서를 병부상서로 잘못 안다든가 하는 것은 병사(兵事)에 관계된 문제이므로 누구도 잘못 알 수 있는 것이다. 안남의 조공 시기, 면전(미얀마)의 위치, 등장군(鄧將軍)의 전승 등 약간의 잘못 혹은 불명확함이 있기는 하지만, 이러한 것도 당시의 상식이었을 것이다. 또 청 초의 여러 정세에 대해 "최근에 법령이 아주 엄하고 뇌물이 차츰 행해지고 있다"고 비판하고, 대만에 관한 군사 정세에 대해서도 일단은 "듣지 못했다"라고 대답하면서도 더욱 깊숙한 질문을 받으면 명주 · 유사기(실은 유조기)가 파견되어 있다고 답하고 "결국 화의(和議)로 귀결되지는 않을 것으로 생각한다"고 덧붙이는 등 일반적 '상식'으로 보면 붓으로 적는 것을 꺼리지 않을까 하는 사안까지도 의외라고 할 만큼 쉽게 적고 있다. 한편으로는 또 강희제의 친정(親政)을 어느 정도 좋게 평가하여 민정중의 기대와는 달리 친정 이후로는 "이전보다 좋아진 듯하다"고 답하고 또 "염관(廉官)이 승진하고 탐

277집, 60면상). 다만 黃傑이 소개한 시는 왕공탁이 소개한 것과 약간 차이가 있다. 즉 "樓外青山不見樓, 西湖歌舞一時休, 暖風薰得馬糞臭, 直把杭州作滿州"라고 하였다.

관은 배제되고 있다."고 말하였다.

마지막으로 남은 문제는 그렇다면 민정중은 이 정보들을 귀국한 뒤 어떻게 전했는가 하는 점이다. 이에 대해서는 『승정원일기』·『현종실록』·『현종개수실록(顯宗改修實錄)』의 1670년(현종 11, 강희 9) 윤2월 을미(8일)조에 민정중의 보고가 보인다. 세 사료에 의하면 현종이 귀국한 직후의 민정중을 인견하여 청국의 상황을 묻자 그는 먼저 강희황제는 "아주 미세한 일까지 사람들의 잘못을 조사한다. 그래서 그 나라 사람들은 공공연하게 원망하고 욕하는 것을 꺼리지 않는다. (중략) 그 용모를 보면 특별히 영기(英氣)라고 할 만한 것은 없으며 사나운 기운을 많이 지닌 인물이다"라고 대답하였다. 더욱이 그리하여 청조의 궁정에서는 극심한 의심의 분위기로 인해 내부에서 모반이 일어날지도 모른다고 하고, 수해 · 한해(旱害)라도 일어나면 외부로부터의 반란이 일어날 수도 있다고 진술하였다(『승정원일기』). 두말할 나위도 없이 그것들은 민정중이 수집한 정보 가운데 강희제 및 그 시대에 대한 부정적인 측면뿐이다. 동행한 서장관 신경윤도 옥전현의 왕공탁으로부터 얻은 정보로 영력제가 이미 체포되었다고 국왕에게 전했지만, 강희 친정 이후로는 "염관이 승진하고 탐관이 배제되고 있다."고 하는 정보에 대해서는 역시 말하지 않았던 듯하다. 요컨대 민정중과 그 동행자는 모처럼 왕공탁으로부터 더욱 정확한 정보를 얻었음에도 그들이 얻은 정보 안에서 청조가 안정되어 가는 데 나쁜 측면, 바꾸어 말하면 반청복명의 희망으로 연결되는 측면을 특히 강조하며 꺼내 전달하였던 것이다.

이것이 어디까지 의도적인 것이었는지에 대해서는 여기서 논하지 않겠다. 지금 흥미를 끄는 것은 이렇게 하여 조선에 전해진 강희제상(像)의 '상식'이 지금 통상적으로 알고 있는 강희제상 즉 총명하고 질박하며 정무에 매진하였다는 것과 크게 차이가 있다는 사실이다. 민정중만이 아니라 이미 1668년(강희 7, 현종 9) 귀국한 연행사도 강희제에 관해 국왕의 질문을 받자 "놀고 연회하기를 좋아할 뿐만 아니라 매우 사치스러워 말안

장이나 술잔과 그릇류를 모두 황금으로 만들고 뇌물이 많이 행해지고 있다"고 답하였다.[26] 그 후에도 1676년(강희 15, 숙종 2)에는 "국사(國事)를 근심하지 않고 음탕한 오락에 빠져 있는 날이 많다"라고 하였고,[27] 이듬해인 1677년(강희 16, 숙종 3)에도 "황제는 만주어만을 이해하고 문자(즉 漢字)를 알지 못한다. 그러므로 대개 문서에 대해서는 막연해하며 관심을 두지 않는다"[28]라고 전했던 것이다. 마찬가지의 강희제상은 그 후에도 이어져 삼번(三藩)의 난이 진압된 뒤에도 "교만하고 음탕함이 날마다 심하다. 매일 유희를 일로 삼는다"라든가 "황제는 황음(荒淫)하여 그칠 줄을 모르고 뇌물이 공공연히 횡행하고 있다"[29]라고 전해졌다. 요컨대 민정중이 전한 강희제상은 적어도 당시 조선인에게는 '상식'적인 수준으로 그 한 사람만의 상(像)이 아니었던 것이다. 이 사이에 몇 번이나 연행사가 파견되었을까? 정사, 부사, 서장관 모두 관료로서 출장 갔다가 공무(公務)로 '중국 보고'를 행했기 때문에 그들은 자신이 수집한 강희제에 관한 정보 중에서 조선이라는 국가 그 자체가 희망하는 것을 선택하여 보고하였던 것은 아닐까? 그들의 강희제상은 너무나 상투적이었다.

연행록 가운데 지금의 일반적 강희제상에 가까운 것은 민정중의 연행으로부터 반세기 가까운 시간이 지난 1712년(강희 51, 숙종 38)에 한 사람의 개인으로서 관광 목적으로 북경에 갔던 김창업(金昌業)이 쓴『노가재연행일기(老稼齋燕行日記)』의 출현을 기다리지 않으면 안 되었다.

(번역: 정병준)

---

26 『朝鮮王朝(顯宗改修)實録』, 현종 9년 3월 壬寅(3953면).

27 『朝鮮王朝實録』, 숙종 2년 12월 辛未(4036면).

28 상게서, 숙종 3년 9월 庚寅(4042면).

29 상게서, 숙종 9년 3월 己酉(4089면). 숙종 9년=강희 22년(1683). 숙종 11년 8월 甲辰(4104면). 숙종 11년=강희 24년(1685).

제3부

제8장

조선연행사에 의한 한학(漢學)·송학(宋學) 논의와 그 주변

– 신재식(申在植)의 『필담(筆譚)』과 중조(中朝) 문화질서

1. 머리말

동아시아의 국제질서라고 말하는 경우, 이는 일반적으로 정치적 질서 또는 무역적 질서를 가리킬 것이다. 그러나 보다 넓은 시야에서 국제질서를 생각한다면 국제 간의 문화질서라고 하는 것도 중요한 과제이다. 명청시대의 중국과 조선의 국제관계에서 이 문화질서의 문제가 무엇인지에 대해 간단하게 설명하면 다음과 같다.

조선은 건국에서 멸망에 이르기까지 전반기는 명나라, 후반기는 청나라와 일관하여 조공(朝貢)·책봉(冊封) 관계에 있었다. 조공·책봉 관계라는 것은 말할 것도 없이 무엇보다 먼저 국제적인 정치질서를 유지하기 위해 맺는 관계이다. 그리고 이와 관련하여 이때의 무역을 조공무역(朝貢貿易) 혹은 종번무역(宗藩貿易)이라고 부르는 것처럼 양국 간의 무역질서를 유지하기 위한 관계이기도 하다. 명청시대의 중국과 조선 사이에 맺어진 이 책봉·조공 관계는 명백한 상하 관계로 종주국인 명청은 무력을 직접적으로 사용하지 않고 장기간에 걸쳐 조선을 통제하에 둘 수 있었다. 한편 조선 측에서 보자면 이로 인해 직접적인 무력 침략이나 직접적인 통치를 면할 수 있었다. 게다가 그것은 양국의 정치질서와 무역질서를 대국적으로 유지하려는 것이었기 때문에 양국의 외교 교섭에 있어서는 청조가 당면의 이익을 추구하여 일방적인 요구를 강요했다고는 단정할 수 없다. 오히려 구체적인 문제에 있어서는 종종 조선 측에 유리한 주장으로 기우는 쪽으로 결말이 나는 경우가 있었다. 그러나 그것이 상위국이었던 중국의 입장에 더 좋은 것은 말할 것도 없으며, 양국의 근간과 관련되는 문제에서는 궁극적으로 조선은 상위국이 바라는 질서를 따르지 않으면 안 되었다.

그런데 중국 · 조선 간의 질서를 문화적인 것으로 보았을 때, 그것은 정치적인 것과도 무역적인 것과도 크게 달라진다. 첫째로 양국 간에 있어서 문화적인 질서는 상하관계에서 오는 '강요'라고 말할 만한 것으로 형성된 것도 변동하는 것도 아니다. 예를 들면 명청 중국에서는 주자학이 체제교학(體制教學)이라고 해서, 조선에 대해 일방적으로 이를 강요했던 것 같지는 않다. 또 명이 청에 의해 멸망되고, 만주 민족이 '중화의 땅'을 통치하게 되면서 '중화'의 인민에게 복종의 표시로 변발을 강요했지만 조선에는 강요하지 않았다. 이 때문에 조선에서는 '중화'의 가치는 '소중화'인 조선에만 남아 있다고 하여, 그 표상으로서의 의관(衣冠), 즉 변발(辮髮) · 호복(胡服)이 아닌 명조의 의관을 계속 사용하였던바 조선의 연행사는 그러한 모습으로 북경거리에 나타나서, 변발 · 호복을 받아들이지 않으면 안 되었던 한족(漢族)에게 그 모습을 뽐냈던 것은 이미 널리 알려진 사실이다.[1]

그런데 역으로 이 명조의 의관제도를 조선이 어떻게 받아들였는가 하면, 그것은 결코 종주국에서 일방적으로 강요했던 것이 아니었고, 오히려 조선 측이 명조에 몇 번이고 사용하겠다고 신청하여 겨우 허가받은

1 예를 들면 朴趾源, 『熱河日記』 권4, 審勢編(上海, 上海書店出版社, 1997, 217면. 또 본서 제15장, 625면.

것이었다. 이는 이성계(李成桂)가 조선을 건국하기 직전인 1387년(홍무 20, 고려 신우 13), 말하자면 명조가 고려의 집요한 요구에 명조가 그 끈질김에 졌다는 듯 허가한 것으로, 주원장(朱元璋)은 오히려 소극적인 태도를 취하였다.[2] 즉 명조=중화의 의관은 이렇게 하여 '소중화'의 땅에 쓰이게 된 것이다. 이런 점에서는 양국에 있어서 동질의 문화질서가 형성된 것이지, 정치적 질서나 무역질서처럼 강요된 것은 결코 아니었다. 적어도 이 점에서는 명청 중국에서는 기본적으로 크리스트교 국가나 이슬람교국에서 종종 보이는 주변국에 대한 종교, 문화 강요가 기본적으로는 보이지 않는다. 아마도 이것은 조공·책봉 관계의 중요한 본질 중 하나일 것이다.

물론 정치적인 상하관계가 엄연히 있는 이상, 문화면의 강요가 때때로 행해졌음은 말할 필요도 없다. 예를 들면 명나라에서 조선으로 파견한 사절이 조선 측이 제공하는 접대, 여악(女樂)을 받아들이지 않고, 중국식의 의식(儀式)을 강요한 일이 있다.[3] 그러나 이 사례조차도 정치적 질서의 연장이었다고 생각해야 할지는 모르겠다.

조선은 정치·경제만이 아니라 문화면에서도 명청시대 중국의 영향을 강하게 받았다. 그러나 중국 문화의 수용은 정치적 질서처럼 중국 측의 강압적인 힘 아래에서 어쩔 수 없이 받아들인 것이 아니라, 조선 측의 보다 주체적인 선택이 가능하였다. 오히려 조선은 청나라에 정치적으로는 굴복할 수밖에 없었기 때문에 오히려 문화적으로는 청조의 질서를 따르지 않는다는 방침이 생겨났다고 말해도 좋을 것이다.

덧붙이자면 이전의 명조의 문화에 대해서조차, 적어도 만력(萬曆) 초년에는 이미 조선 지식인들은 매우 비판적이었다. 1574년(만력 2, 선조 7) 연행사였던 허봉(許篈) 등은 이미 토착화된 주자학(朱子學)을 바탕으로, 당시

---

2 『高麗史』 권 136, 辛禑 13년 5월(亞細亞文化社影印本, 1972, 하권, 942면. 吳晗輯 『朝鮮李朝實錄中的中國史料』 北京, 中華書局, 1980, 제1책, 75면).

3 본서 제 16장, 757면.

중국에서 일세를 풍미하던 양명학을 '사설횡류(邪說橫流)'라고 비판하고, 양명학을 신봉하는 명조인을 '완고하며 천한 촌놈(固滯鄙賤)'이라고 매도한 것도 이미 보았던 그대로이다.[4] 그 뒤로도 조선에서는 양명학에 대해서는 매우 냉담하였을 뿐 아니라, 오히려 이단으로 배척하였다. 이처럼 명조 혹은 청조의 문화적 질서에 참여할지의 여부는 선택적으로 행해졌던 것이다.

본 장에서는 신재식(申在植)의 『필담(筆譚)』이라는 사료를 소개하면서, 구체적인 문제를 통해 양국 간의 커다란 문화적 질서라고 하는 것을 생각하고자 한다.

신재식은 1826년(도광 6, 순조 26) 연행사 부사로 북경에 가서, 그곳에서 몇 명의 청조 지식인과 교유하였다. 그때의 필담 기록이 바로 『필담』이다. 그들 청조 지식인 전원은 당시 성행하였던 '한학(漢學)'의 무리였다. 최소한 '한학'이 유학의 진수를 파악하는 데 불가결한 것이라고 생각하는 사람들이었다. 한학이라는 것은 한나라 때의 학술을 떠받드는 학문이라는 점에서 당시 그렇게 불렸던 것인데, 현재 일본에서는 통상 그것을 고증학, 중국에서는 일명 고거학(考據學)이라고 부른다.

한편 신재식은 전형적일 만큼 '송학(宋學)'의 무리였다. 송학이라는 것은 송나라 때에 생겨난 학술로, 정주학 혹은 주자학이라고도 불린다. 그들은 북경의 연회석에서 '한학'이 옳은가 그른가로 대논쟁을 펼쳤다. 1826년 전후라고 하면 이 또한 연행사의 일원이었던 김정희(金正喜) 등에 의해 청조의 한학이 바야흐로 조선에 도입되기 시작한 때였다. 이 경위에 대해서는 후지쓰카 치카시(藤塚鄰)의 대저(大著)에 이미 밝혀진 대로이다.[5] 우리들의 문맥에 맞추어 단순화하여 말하자면, 김정희는 청조의 새

---

4 본서 제5장, 224면.

5 藤塚鄰, 『淸朝文化東傳の硏究－嘉慶・道光學壇と李朝の金阮堂－』(東京, 國書刊行會, 1975).

로운 문화 운동에 스스로 몸을 던져 그것의 도입에 동참함으로써 새로운 중조 문화질서를 만들고자 했다. 한편 신재식은 조선에서의 새로운 움직임, 즉 청조 한학의 도입을 눈앞에 두고서도 굳이 '송학' 옹호의 논진(論陣)을 펼쳐서 중조 문화질서의 단절을 꾀한 것이다.

신재식의 『필담』과 거기에 묘사된 한학 · 송학 논의는 수많은 연행록 중에서도 드문 것이다. 이는 중조 문화질서의 문제를 생각하는 데 귀중한 소재임에도 불구하고 이제까지 소개되거나 논해진 적이 없었다. 이에 대해서는 후지쓰카 치카시의 대저에서도 전혀 다루지 않았다. 후지쓰카의 저서는 김정희를 둘러싼 당시 중조(中朝) 간의 지식인 사이에서 오고 갔던 서간을 중심 사료로 사용하고 있는 경탄할 만한 작품이며, 또 당시의 양국 간의 문화 교류를 매우 사실적으로 추적한 것이다. 그러나 김정희 등이 청조 한학을 도입하는 데 있어서 어떤 것을 부수적인 문제로 수반하지 않으면 안 되었는가를 명확하게 하지 않고 있다. 즉, 청조 한학을 조선연행사라고 하는 특수한 조건을 갖는 경로를 통해서 도입할 수밖에 없을 때, 어떠한 '제약'을 수반하였는가와 같은 문제에 대해서 후지쓰카의 저서는 오히려 냉담하다고 말할 수 있다. 우리들은 이 문제를 한학 · 송학 논의의 주변 문제로 간주하기로 하자.

원래 후지쓰카의 저서에는 조선에 대한 '청조 문화의 전파는 지금 유당(酉堂) 김노경(金魯敬)의 아들 완당(阮堂) 김정희가 새롭게 조선으로 돌아감에 따라 드디어 도천(滔天)의 형세를 보이'며(144면) 혹은 김정희가 청조에서 귀국한 이후에 '반도(半島)에 실사구시(實事求是)의 신학(新學)을 수립하였다'(481면)고 했는데 과연 그러했을까. 과연 그 뒤로 청조 한학은 조선에 순조롭게 보급되었는가. 청조 한학이 조선에 어떻게 수용되고, 어떤 문제를 일으켰는가, 그것은 어느 정도 보급되었는가에 관한 연구는 관견하는 한 매우 적은 것 같다.[6] 이 점에서는 주자학이 이미 조선 사상

6 朝鮮儒學史의 개설서, 裵宗鎬, 『韓國儒學史』(서울, 延世大學校出版部, 1974, 일본어역,

계의 바탕이 된 이후, 양명학의 도입과 보급 문제에 대해 많은 연구가 있는 것과는 대조적이다.[7] 중국 명나라를 대표하는 학술은 양명학이며, 청나라를 대표하는 학술은 한학, 즉 고증학인 것은 이미 정론(定論)이라고 해도 좋다. 조선에 있어서 양명학의 수용과 한학 수용의 비교, 이는 실로 흥미 진진한 주제이다. 또 종래 수많은 조선 실학의 연구에서는 실학이라는 것에 대한 정의가 애매한 점도 더하여, 한학(고증학)과 실학을 혼동하는 것을 볼 수 있다. 양자는 반드시 일치하는 것이 아니며 때로는 상반된다. 본 장은 이러한 점들을 염두에 두고 고찰하고자 한다.

2. 신재식과 편서(編書)『필담』

본론에 들어가기에 앞서 신재식이라는 인물이 어떠한 인물인지, 그의 책『필담』이 어떤 경위로 편찬되었는지를 밝혀두지 않으면 안 된다.

신재식은 1826년(도광 6, 순조 26) 동지겸사은사의 부사로 북경에 갔다. 동지사라는 것은 옛날에 동지절, 성절(황제 생탄절), 정조절(원단절)에 각기 조공사를 보냈던 것을 1645년(순치 2, 인조 23)에 하나로 하여, 정조절에 참석하는 것만으로 했는데 이후에 줄여서 '동지사'라는 이름으로 불렸다. 이것은 매년 빠짐없이 보내는 가장 일반적인 연행사이다. 이 사은사는

『朝鮮儒學史』 川原秀城監譯, 東京, 知泉書館, 2007), 玄相允,『朝鮮儒學史』(서울, 玄音社, 1982), 李丙燾,『韓國儒學史略』(서울, 亞細亞文化社, 1986). 현상윤의 저서에 '경제학파(經濟學派)' 설명에서 청나라 고증학의 영향을 지적하고, 간단한 김정희에 대한 소개가 되어 있다. 이병도의 저서에는 한학의 영향을 받았던 이로 신작, 성해응, 정약용, 여기에 김정희가 거론되어 있고, 한학 도입에 대해서는 간단하게 언급하는 데 그치고 있다. 그 보급의 문제에 대해서는 어디에서도 언급되어 있지 않다. 지금 이 문제에 관련한 연구로는 김문식『朝鮮後期經學思想硏究－正祖와 京畿學人을 중심으로－』(서울, 일조각, 1996)이 가장 상세하지만 이 역시 그 보급과 제약의 문제에 대해서는 논하지 않았다.

7 대표적인 연구로 윤남한,『朝鮮時代의 陽明學硏究』(집문당, 1982), 中純夫,『朝鮮の陽明學－初期江華學派の硏究』(東京, 汲古書院, 2013)가 있다.

조선의 표류민을 청조 정부가 구조하여 귀국시켰던 것에 대해 사은하는 목적으로 파견한 사절이다. 신재식이 갔던 이때의 연행은 사은이라고 하는 특별한 임무를 겸한 것이며, 매우 일반적인 것이었다. 기록에 따르면 정사는 홍희준(洪羲俊), 서장관은 정예용(鄭禮容)으로, 그들은 이 해 10월 27일에 서울을 출발하여, 이듬해 3월 21일에 복명(復命)하였다.[8] 후술하듯이 『필담』은 신재식이 청조 지식인과 북경에서 필담했을 때의 기록으로 연행 노정을 기록한 일기는 아니다. 그러나 다행히 일행이었던 홍석모의 『유연고(游燕藁)』가 있어서, 이때의 연행 노정을 상세하게 알 수 있다.[9] 이에 따르면 일행은 12월 26일에 북경에 입성하여 숙사인 옥하관에 도착, 그리고 이듬해인 2월 4일에 옥하관을 떠나 귀국 길에 올랐다.

신재식의 자(字)는 중립(仲立), 호는 취미(翠微)로 황해도 평산 사람이며 1770년(건륭 35, 영조 46)에 태어났다. 1805년(가경 10, 순조 5) 문과 출신으로, 연행을 위해 서울을 출발했을 때에는 호조참판이었다. 중국 식으로 말하면 호부시랑(戶部侍郎)이다. 연행을 앞두고 예조판서 즉 예부상서에 상당한 직함이 더해졌다. 신재식의 저작으로는 『필담』 외에는, 서목에 의한 것으로는 『상간편(相看編)』이 있는 것 외에는 알지 못한다. 『상간편』은 1836년(도광 16, 헌종 2)에 정사로서 연행했을 때의 시집이다. 시집이라고는 하지만 이때에 도행했던 신재식 이하 모두 8명이 서울을 출발하여 북경에 도착하기 직전까지 창화한 것을 편찬한 것으로, 도광 17년 정월 7일 날짜에 쓴 청조의 황작자(黃爵滋)의 서문이 있다. 황작자는 당시 홍려시경(鴻臚寺卿) 즉 외국 사절을 접대하는 임무로, 많은 조선 사신 등과 교유하였다.[10] 즉 『상간편』은 창화시집이면서 북경 도착 후에 곧 청나라 사

8 『同文彙考補編』 권7 使行錄(『同文彙考』[韓國史料叢書제24, 國史編纂委員會, 1978), 『清選考』(藏書閣貴重本叢書 제2집, 文化財管理局藏書閣, 1972).

9 이 책에 대해서는 본서 제15장, 649면, 임기중 · 夫馬進 編, 『燕行錄全集日本所藏編』(동국대학교한국문학연구소, 2001), 제1책에 수록.

10 黃爵滋, 『仙屏書屋初集文錄』 권8에 「相看編序」, 「朝鮮使者飮餞聯句帖序」가 수록되어 있고

람이 볼 것을 예상하여 편찬한 것으로 당시 저촉될 법한 말, 혹은 진정을 토로한 것으로 생각되는 말은 일절 보이지 않는다.

이처럼 『필담』 외에, 다른 측면에서 그의 사상이나 인물됨을 알 만한 자료는 적지만 없는 것도 아니다. 그것은 그의 조부 신소(申韶)를 보면 알 수 있다. 신소는 어렸을 때부터 항상 강개하여,“나는 맹세하기를 '오랑캐 조정(虜庭)의 배신(陪臣)' 따위는 되지 않겠다.”고 말했다고 한다. 오랑캐 조정이라는 것은 '야만민족'의 조정, 측 청나라를 말한 것으로, 배신이라는 것은 황제의 신하인 조선국왕의 신하를 말한다. 즉, 신소는 청조에 조공을 계속하는 조선국왕의 신하가 되지 않겠다고, “조선에서 관료가 되는 일은 하지 않겠다.”고 맹세한 것이다. 그는 학우(學友)와 춘추 대의를 강구하고, 그 맹세대로 과거시험을 봐서 관료가 되는 길을 버리고 일생을 마쳤다. 어떤 사람은 그의 묘지문을 쓰기를 '명나라의 유사(遺士)'라고 칭했다고 한다.[11] 또 신소는 이이(李珥)의 『격몽요결(擊蒙要訣)』을 얻고 감격하여 그 학문은 모두가 주자의 가르침에 의한 것이었다고 말한 것으로 보아[12] 그는 당시 조선 지식인 가운데 전형적인 주자 신봉자이며 또 배만존왕양이론자(排滿尊王攘夷論者)였다. 이는 조부에 관한 일화로, 신재식 본인의 사람됨이나 사상과 직접 관련된 것은 아니다. 그러나 당시 조선 사회에서 아버지와 아들, 혹은 조부와 손자의 관계가 얼마나 긴밀했나를 생각하면, 신재식은 당연히 그의 조부의 영향 혹은 조부와 관련된 전승

권11에는 「申翠微飮餞帖跋」, 「慈仁寺古松圖詩跋」가 수록되어 있어 연행사와의 교제를 보여준다. 이 가운데 「申翠微飮餞帖跋」은 신재식이 귀국할 즈음에 전별연을 했을 때 쓰인 것이다.

11 『朝鮮王朝實錄』 순조 21년 3월壬子. “右議政南公轍曰, 故學生申韶即東伯在植之祖也.自其幼少之時常慷慨自誦曰, 吾誓不爲虜庭陪臣.及長, 與諸士友講磨春秋大義, 遂廢擧不仕, 以終其身.其卒也, 如故儒賢宋明欽金元行, 使其家題祠版曰處士, 故大提學黃景源撰其墓誌, 謂以明之遺士.”

12 任聖周, 『鹿門集』 권24, 處士申公墓誌銘(『韓國文集叢刊』 제228책, 民族文化推進會, 1999, 513면). “既而得栗谷李先生擊蒙要訣讀之, 至革舊習章, 即惕然感憤.……其爲學, 一遵考亭成法, 謂聖學宗旨專在四書, 而義理之精, 蹊徑之明, 無如近思錄.” 또 같은 책 권8에는 신재식의 부친 신광온에게 보낸 『太極圖說』을 논한 편지(答申元發)가 보인다.

의 영향을 크게 받았을 것이다. 이렇게 말하는 것은 조부 신소가 '나는 맹세하기를 오랑캐 조정의 배신 따위는 되지 않겠다'고 말하고, 그 말대로 과거시험을 보지 않았던 것은 당시에도 유명했던 것 같다. 우의정 남공철(南公轍)이 국왕 앞에서 이를 말하여 국왕까지 알게 된 일이기 때문이다. 또 북경의 연석에서 조선의 학술을 소개할 때, 오직 이이의 학문만을 언급하고 있다. 그렇다면 신재식 본인도 이이 계열의 주자학을 따르며, 또 배만존왕양이론자였다고 생각하는 것이 매우 자연스럽다.

『필담』은 산동성도서관(山東省圖書館)에 소장되어 있는 초본(鈔本)이다.[13] 합해서 겨우 37면의 소책자로 봉면(封面), 즉 표지의 왼쪽 위에 '筆譚'이라고 제목이 적혀 있고, 오른쪽 끝으로는 '海東申翠微手書贈菉友' '菉友裝背 屬月汀署檢'이라고 두 줄로 적혀 있다. 녹우(菉友)는 뒤에서 서술하겠지만 왕균(王筠)으로 산동성 안구현(安邱縣) 사람이며, 월정(月汀)은 이장욱(李璋煜)으로 산동성 제성현(諸城縣) 사람이다. 즉, 오른쪽의 두 줄은 '조선의 신재식이 써서 왕균에게 주었다. 왕균이 장정(裝幀)하고 이장욱(李璋煜)이 제첨을 부탁했다'는 내용이다. 이것이 산동성도서관에 현존하게 된 것은 왕균과 이장욱 모두 산동 사람이었기 때문임이 확실하다.[14]

---

13 『筆譚』은 大坂 經濟法科大學의 伍躍 교수가 우리들이 하고 있던 국제학술연구(科學研究費補助金研究) 「中國明淸地方檔案の研究」에 관한 자료조사 때 수집한 것이다. 여기에 기록하여 감사의 말을 전한다. 『筆譚』에는 몇 군데 문자에 대해서, 우횡(右横)에 정확한 문자를 덧붙였다. 예를 들면 회합에 참가한 인물이 필담한 것으로 아마 원본에도 쓰여 있던 곳을 그대로 두고 다른 사람의 인명을 오른편에 추가하여 정정한 곳이 있다. 또 잘못 쓴 전서(篆書) 글자 오른편에 올바른 문자를 부기하였다. 이는 산동성도서관 소장본이 신재식의 원본이 아니라는 것을 말해주는 것일 뿐만 아니라, 이것이 신재식과 모임을 함께 한 현장에 있던 인물, 그것도 상당한 학식이 있는 누군가가 정정하였다는 것을 말해준다. 또 본장에서는 『筆譚』에 한해서 원문에서 중요하다고 생각하는 부분을 본문에서 인용하였다.

14 왕균은 후술하듯이 당시부터 유명한 문자 학자였다. 그의 저서로 『王鄂宰遺書』, 『王菉友十種』, 『清詒堂集』 등이 있으며 최근에 『清詒堂文集』(濟南, 齊魯書社, 1987)이 출판되었다. 집교자인 정시(鄭時)는 이 책을 편집하면서, 그가 소장하고 있던 신재식의 『담초(談草)』라고 하는 초본(鈔本)을 사용하고 있다(106면). 본서의 「贈申翠微先生序」(105면)과 「王菉友先生年譜」道

이 책이 편찬된 계기는 이 '필담' 가운데 쓰여 있다. 신재식과 왕균, 이장욱 등은 4회에 걸쳐 회합을 가졌는데, 첫 번째 모임이 끝나갈 무렵 신재식은 다음과 같은 말을 꺼냈다.

여러분에게 한 가지 부탁이 있습니다. 중화의 문인, 풍아(風雅)의 선비의 필묵(筆墨)을 얻어 항상 바라보며 애완(愛翫)하고 싶습니다. 조선에서 가져온 부채는 너무 조악하지만, 상자에서 꺼내 오늘 자리에 함께 하신 여러 선생들에게 건네드리니 각자 필적을 써주시기를 부탁드립니다. 조선에 돌아간 뒤에 보물처럼 간직하여 존안 대신으로 삼고 싶습니다.

이날 모임을 주최한 섭지선(葉志詵)이 승낙하고, "각자 악필(惡筆)이라는 것은 잊고 보여드리지 않겠습니까."라고 하니, 왕희손이 이 말을 이어받아 다음과 같이 말했다고 한다.

모이고 흩어지는 것은 무상하고, 시간은 흘러가기 쉽습니다. 감히 함께 천추를 위해 사람들에게 전해야만 벗으로서 절차탁마하고, 타산지석으로 삼아 자신을 연마하는 수단이 되는 것이겠습니다. 자 이것을 오늘부터 시작해야지 이 모임이 무의미한 잔치로 끝나지 않지 않겠습니까(聚散無常, 光陰易過. 共勉爲千秋傳人, 乃爲友朋切磨他山攻玉之道. 今日伊始, 始非虛會).

신재식은 이 제안에 대해 다음과 같이 말했다.

오늘의 담초(談草)는 모두 제가 가지고 돌아가서 조선에 귀국한 뒤에 대략적인 것을 편집해서 하나의 기록으로 만들어 오늘의 사귐을 후세에 전하겠습

光七年(241~242면)에 인용된 『담초』의 문장과 『필담』의 문장을 비교해보면, 약간의 문자 이동이 보이지만 거의 일치하고 있다. 다만 양자가 어떤 관계에 있는지는 미상이다.

니다(今日筆談草紙, 僕將盡爲持去, 東歸後, 撮其大概, 裒成一錄, 以傳今日證交於後世也).

이에 대해 참가자 모두 입을 모아 '좋소'라고 하니, 이장욱이 '책이 완성되면 보내주시지요(若成一編, 因便寄示也).'라고 확인을 하였다.

홍대용의 손자인 홍양후(洪良厚)는 이때 신재식과 동행한 인물이다. 그의 『관거문(寬居文)』에는 이듬해 1828년(도광 8, 순조 28) 10월 무렵에 쓴 이장욱의 편지가 수록되어 있다. 이 편지는 같은 해 정월에 홍양후에게 편지를 받은 것을 전제로 하여 쓴 것으로, 이때는 이미 신재식이 편찬을 끝냈다는 것을 알고 있었다.[15] 홍양후의 편지는 전년, 즉 1827년 10월 말에 서울을 출발한 연행사에게 맡겨졌을 것이라고 생각되므로 『필담』은 이 무렵에는 이미 편찬이 끝났다고 보아도 좋을 것이다. 그렇다면 『필담』은 신재식이 귀국한 뒤, 수개월 사이에 편찬한 것이다.

신재식은 애초에는 이 같은 책을 편찬할 의도가 전혀 없었다. 당시 중국과 조선의 지식인은 의사소통을 할 때 필담을 하는 것이 일상적이었다. 이때 필담을 위해 사용한 용지를 담초라고 부른다. 필담에 임한 두 사람 모두에게 담초가 둘도 없이 귀중할 경우에는 복제를 하기도 하였다. 예를 들면 1879년(광서 5, 고종 16)의 연행사 일원이었던 남일우(南一祐)는 어떤 인물과 필담했을 때 '동행한 벗이 보고 싶어하므로 빌리고 싶습니다. 내일 돌려드리겠습니다'라고 말하며 소매 속에 넣고 돌아가 숙사인 옥하관에서 이것을 베꼈다.[16]

이 담초 그 자체는 그대로 후세에 남기가 어렵다. 주지하듯이 홍대용의 『간정필담』이나 박지원의 『열하일기(熱河日記)』에서 보이는 필담 기록

---

15 洪良厚, 『寬居文』, 李璋煜答書. "聞……筆談錄, 翠翁已編爲書."

16 南一祐, 『燕記』, 玉河隨筆, 庚辰 정월 12일 · 정월 18일. 『燕記』에 대해서는 본서 제15장, 702면.

도 담초 그대로가 아니라, 이를 바탕으로 자신이 편찬한 것이다. 이 점에서 신재식의 『필담』은 홍대용의 『간정필담』이나 박지원의 『열하일기』의 필담 부분과 아무런 차이가 없다. 다른 점은 홍대용과 박지원이 청조 지식인과의 필담을 자신과 주변 지식인에게 매우 중요한 것으로 생각했기 때문에 자신의 의지로 담초를 정리하여 편찬한 것에 반하여, 신재식의 경우는 본인에게는 애초 그러한 의도는 없었고 오히려 청조 측의 왕희손이 이날의 필담을 기록으로 남기자고 제안했기 때문에 그가 대신 편찬했다는 점이다. 『필담』이 편찬되게 된 결정적인 요인은 왕희손의 한마디, 아니 정확하게는 일필(一筆)이었다.

이렇게 보면 그들 사이에 있었던 한학 · 송학 논쟁이 기록으로 남은 것은 실로 우연처럼 보인다. 확실히 왕희손이 여기서 일필을 더하지 않았다면 『필담』이라는 책은 이 세상에 나오지 않았을 가능성이 높다. 그러나 왕희손의 말을 지금 다시 한번 보도록 하자.

그가 쓴 '천추를 위해 사람들에게 전합시다'라는 말투에서, 우리들은 그가 그날의 필담을 얼마나 중요하게 생각하고 있었는지 읽어낼 수 있으며 그날의 필담 기록을 가지고 자신과 벗들이 '절차탁마하기 위한 타산지석으로 삼자'는 말에서는 거의 구도자(求道者)적인 느낌까지 갖게 된다. 그는 '허회(虛會)' 즉 무의미한 모임으로 그쳐서는 안 된다고 말하고 있다. 우리들은 이 말에서, 이것이 한학이 유행한 19세기 초두의 것이라기보다는 오히려 양명학이 유행하고 강학회(講會)가 유행한 16세기에서 17세기 초두에 걸친 말이 아닌가라는 착각을 하게 된다. 더구나 흥미로운 것은 그가 여기에서 말하는 '우붕(友朋)', 즉 벗이라는 단어이다. 왕희손이 말하는 벗이란 그의 옛 친구들, 즉 그 자리에 참여한 청조 지식인들도 물론 포함된다. 그러나 당시 필담의 정황을 고려해보면, 이 '벗'이란 이국 조선에서 온 신재식과 신재식을 통해 이국 조선과 연결된 수많은 조선 지식인을 가리키는 것이라고 생각된다. 이 자리에 참여한 청조 지식인은 모두가 그들 사이에 한정해서 말하자면, 새삼스럽게 '한학(漢學)'이 옳은지 그른지를 토의할 필요가 전혀 없고, 이것을 가지고 서로 절차탁마할 필요도 없었다. 왕희손은 국경을 넘은 '벗' 즉, 문화적인 차이를 갖고 있는 벗 사이에서 절차탁마할 것을 주장한 것이다. 한학, 송학 논쟁이 국경을 넘어서 행해진 것은 실로 여기에 기인한다.

왕희손이 어떤 인물이었는가는 나중에 살펴보기로 하자. 또 그가 김선신(金善臣)이라는 조선 지식인으로부터 한학 비판의 편지를 받은 다음에 어떻게 행동했는가에 관해서도 나중에 보기로 하자. 또 본서의 보론에 수록한 베트남 여청사(如清使) 범지향(范芝香)이 기록한 그의 모습도 참고가 된다. 후술하듯이 같은 사상과 신념을 가진 그의 입장에서 보자면 필담 기록을 남기자고 제안한 것은 극히 자연스러운 일이었다. 얼핏 보면 『필담』은 우연의 산물인 것처럼 보이지만 사실은 그렇지 않다.

왕희손 외에 이장욱도 그와 아주 유사한 사상과 신념의 소유자였다. 간단히 말하면 스스로의 학술을 이국에 전할 만한 것이라고 생각하는 인물이었다. 신재식은 이러한 인물을 상대로 필담을 나눈 것이며 게다가 필담의 중심 주제가 '한학, 옳은가 그른가'라고 하는, 그들 입장에서는 쉽게 양보할 수 없는 것인 이상, 그것은 오히려 남을 만해서 남은 것이었다고 봐야 한다.

『필담』에 따르면 신재식은 네 번에 걸쳐 청조 지식인과 모임을 가졌다. 그는 매번 모임을 가질 때마다 그때 그때의 출석자를 아래와 같이 기록하였다.

『필담』에서는 청인의 이름을 호 또는 자를 먼저 기록하는데 여기서는 본명을 먼저 적고, 뒤에 면담 장소를 기록하였다. 또 『필담』에서는 두 번째 이후의 모임에 대해서는 참석자의 이름만 기록했지만, 여기서는 자호, 연령, 관적을 알 수 있는 사람에 대해서는 함께 병기하였다.

1회 정월 9일 섭지선(葉志詵)의 자택인 선무문(宣武門) 밖 호방교(虎坊橋)의 평안관(平安館)

섭지선(葉志詵) 자(字)는 동경(東卿) 48세 호북성(湖北省) 한양인(漢陽人)

이장욱(李璋煜) 자는 방적(方赤) 호는 월정(月汀) 36세 산동성 제성인(諸城人)

왕균(王筠) 자는 백견(伯堅) 호는 녹우(菉友) 44세 산동성 안구인(安邱人)

왕희손(汪喜孫) 자는 맹자(孟慈) 호는 감천(甘泉) 42세 강소성 양주인(揚州人)

안회주(顔懷珠) 자는 단천(丹泉) 56세 산동성 곡부인(曲阜人)

제2회 정월 21일 이장욱의 자택인 소석정사(小石精舍)

이장욱

왕희손

섭지선

호위생(胡衞生) 호는 추당(秋堂)

장내집(張迺輯) 호는 동화(冬華) 74세 산동성 제남에 거주

궁개(宮塏) 호는 상재(爽齋)

제3회 정월 24일 조선연행사의 숙소 옥하관

왕균

장내집

제4회 정월 26일 선무문 밖 장춘사(長春寺)

왕희손

이장욱

왕균

삼명선사(三明禪師)

청조 지식인은 대개 김정희와도 관계 있는 인물들로, 따라서 후지쓰카

치카시가 소개하였다.[17] 여기서는 『필담』이 생겨난 주요한 계기이기도 하며, 신재식이 토론의 상대로 삼았던 왕희손 한 사람에 대해서만 간략히 소개하고자 한다.

왕희손은 한학자, 고증학자로 유명한 왕중(汪中)의 아들이다. 왕희손에게는 『왕순숙자찬연보(汪荀叔自撰年譜)』가 있는데 유감스럽게도 1821년(도광 원년)에서 끝나기 때문에 도광 7년 전후의 소식을 전하지 않는다.[18] 1807년(가경 12) 22세로 거인이 되었지만 결국 진사가 되지는 못했다. 진사가 되지 못하고 1814년(가경 19) 지인이 그를 위해 연납(捐納)하여 주었기 때문에 내각중서(內閣中書)라는 직책을 얻었다. 이 이후 회시(會試)에 응시하면서 거의 일관되게 북경에 있었는데 조선연행사와의 교제에 대해서는 연보에는 나오지 않는다. 왕희손은 왕중의 외아들로, 그의 기대를 한몸에 받으며 자랐다. 자찬 연보에 따르면 6세 무렵 가숙(家塾)에 들어가 아버지로부터 책 읽기를 배웠다고 한다. 자찬연보의 마지막에는 다음과 같이 말하고 있다.

> 본조 이학(理學) 명신(名臣)의 글로는 탕빈(湯斌)의 『탕문정집(湯文正集)』, 육롱기(陸隴其)의 『육청헌집(陸清獻集)』이 있다. 경사 명유(名儒)의 글로는 고염무(顧炎武)의 『정림문집(亭林文集)』과 대진(戴震)의 『대동원집(戴東原集)』, 장혜언(張惠言)의 『명가문(茗柯文)』 및 부친 왕중(汪中)의 『술학(述學)』이 있다. 모두 해와 달처럼 빛나는 불후의 책이다.

이는 왕희손이 한학 · 송학을 겸한 절충학파에 속하는 사람이었다는 점, 그리고 이상할 정도로 부친 왕중의 현창에 애썼던 인물이라는 사실

17 섭지선은 주5, 藤塚鄰 저서, 281면, 이장욱은 314면, 왕균은 331면, 왕희손은 403면.

18 汪喜孫, 『汪荀叔自撰年譜』(『北京圖書館珍藏年譜叢刊』 제139책, 北京圖書館出版社, 1998). 또 楊晉龍主編, 『汪喜孫著作集』(臺北, 中央研究院中國文哲研究所, 2003) 하(下)에 수록.

을 유감없이 보여주며, 신재식에게도 거의 같은 말을 하고 있다.

왕희손의 생애에 대해서는 그의 아들이 쓴 「맹자부군행술(孟慈府君行述)」이 가장 상세하다.[19] 이에 따르면 신재식과 만났을 무렵에는 호부 하남사주고 겸 귀주사주고(戶部 河南司主稿兼貴州司主稿)라는 직책에 있었다. 호부 귀주사(戶部 貴州司)는 관세를 총괄하는 관청이었기 때문에 그는 매일 바쁘게 일하였다. '별을 보며 날이 밝기 전에 관청에 들어가며', '혼자서 문서를 썼기' 때문에 서리는 나쁜 일을 할 수 없고, 나는 듯이 붓을 휘두르는 그의 모습을 곁에 서서 볼 수밖에 없었다고 한다.

물론 이는 부친을 위해 아들이 쓴 글이기 때문에 어느 정도를 감안하고 보지 않으면 안 된다고 하더라도 그가 직무에 매진하였던 것은 그가 남긴 『종정록(從政錄)』에서도 거의 단언할 수 있다. 이를 보다 확실히 해주는 것은 이하의 일화이다. 그는 1839년(도광 19) 하동하도총독(河東河道總督)의 아래에서 황하의 치수를 위해 지방에 나가, 1845년(도광 25) 하남성 회경부지부(河南省 懷慶府知府)에 제수되었다. 임지에서는 계속해서 하도의 정비에 힘썼다.

이 무렵 청조는 이미 쇠망해가고 있어서 하천 정비가 제대로 이루어지지 않아, 이 지역에서는 수해(水害)와 가뭄이 빈발하였기 때문이다. 그런데 그는 제방공사를 진두지휘하던 중에 열풍우설(烈風雨雪) 속에서 임시 오두막에서 짚을 깔고 기거하였다. 이 때문에 습기로 인해 각기병을 앓았다. 1847년(도광 27) 봄에 하남성성(河南省城)에서 돌아가는 길에 감기에 걸려 입에서는 침을 흘리고 왼손은 마비되기에 이르렀다. 그러나 이 해 여름, 회경부(懷慶府)에서는 또다시 가뭄으로 고통당하였기 때문에, 왕희손은 사직에 제사드려 백성의 복을 기원하고자 자식의 만류를 듣지 않고 나갔다가 그 다음날에 별세하였다. 그는 생원 때부터 세상에 유용한 학

19 汪保和 · 汪延熙, 「孟慈府君行述」(『汪孟慈文集稿本』 수록). 또 앞의 주 18, 『汪喜孫著作集』(下), 1290면. "嘗與友書曰, 吾以身許國, 鞠躬盡瘁, 死而後已.嗚呼孰意, 斯言竟成讖邪."

문을 강구하였다. 어떤 친구에게 보낸 편지에서 '나는 이 몸을 나라에 바쳐 몸과 마음을 다하여 죽은 뒤에야 그만두려고 하네'라고 쓴 것이 있다. 「행술(行述)」은 이 예언이 결국 현실이 되었다고 기록하고 있다. 왕희손이 하천 정비를 위해 분신쇄골하고 결국은 목숨을 다한 것은 「행술」에 씌어 있을 뿐만 아니라 당시에도 유명한 일이었던 것 같다.[20]

한학(漢學)이라고 하면 '강학(講學)을 하지 않는 것'으로 여겨지며, 또 일명 박학(樸學)이라고도 불려 '간단히 말하면 자기 방에 틀어박혀서 책과 씨름하며 죽기살기로 조사하는' 학문으로 여겨졌다.[21] 고염무 등 청초를 살았던 사람은 한학의 선구자로 특별히 대우받지만, 건가(乾嘉) 이후의 한학자는 경세(經世), 즉 현실 정치나 사회문제 등을 해결하는 것과는 무관한 것처럼 일컬어지는 것이 일반적이다.

왕희손의 경우, 그 학문이 '경세의 학문'으로 부를 수 있는 정도였는지 어떤지는 모른다. 그러나 「맹자부군행술」에서 말하는 것처럼 그는 생원 때부터 이미 '유용한 학문'을 지향했다. 이 같은 사실은, 왜 그와 조선의 신재식과의 사이에서, 또 같은 조선의 김선신과의 사이에서 한학과 송학을 둘러싼 논쟁이 벌어질 수밖에 없었는지와 밀접한 관련이 있다고 생각된다. 또는 그는 건륭, 가경 시대를 이미 지나서 '골동품 가게와 같은' 고증학,[22] 즉 한학에 대한 반동이 일어나고 있던 시대의 공기를 마시고 있었는지도 모른다. 그런 의미에서 한학 · 송학 논의가 양국의 지식인 사이에서 다투어지고, 『필담』을 쓰게 된 것도 한학 전성시대가 아니라 오히려 한학에 반동이 일어나고 있던 시대였기 때문에 비로소 가능했던 것인지도 모른다.

---

20 陳奐, 『師友淵源記』, "汪喜荀, 原名喜孫.……河南大旱, 孟慈爲民請命, 日行百里, 感暑病卒."

21 內藤湖南, 『淸朝史通論』(『內藤湖南全集』 제8권, 東京, 筑摩書房, 1969, 358면).

22 狩野直喜, 『中國哲學史』(東京, 岩波書店, 1953), 611면.

왕희손은 고증학자로서 생존 당시에도 유명한 인물인데『필담』에 등장하는 것은 42세가 되었을 무렵이다. 이장욱이 신재식에게 왕희손은 "경학에 조예가 깊다."고 소개할 정도이다. 그러나 그는 윤택한 환경에서 풍부한 서적에 둘러싸여 연구를 계속한 것 같지는 않다. 1841년(도광 21) 정월에『종정록』을 자비출판 하려고 했을 때 "책을 팔아 쌀을 사면서도(易米賣書)" 이 책을 편찬했다고 자술하고 있다.[23]

허한(許瀚)의 일기 1844년(도광 24) 8월 23일자에는 왕희손이 "책을 팔아 밥을 먹고 있다(賣書吃飯)."고 기록하고 있다.[24] 이보다 앞서 1837년(도광 17, 헌종 3) 그는 어떤 조선 지식인에게 보낸 편지에도 '근래 서적을 팔아서 쌀로 바꿨기 때문에 모두 유리창(琉璃廠)의 서점에 들어가버렸다'라고 썼다. 따라서 김정희가 구했던 서적은 보낼 수 없다고 말하고 있다.[25] 하천 공사 때문에 병을 얻어 죽었을 때도 유족은 가난해서 시신을 입관하지도 못하고, 회경부의 동료와 향신(鄕紳), 서민이 낸 부조금으로 겨우 장례를 지냈다고 한다.

어딘가 기묘한 느낌이 드는 왕희손에 대해서 마지막으로 일화 한 가지를 더 얘기하고 싶다. 이는 후술하게 될 한학 · 송학 논쟁이 끝나고, 곧 귀국하려고 하는 신재식에게 재회를 기약하기 어렵다고 하며 다음과 같은 말을 보냈다.

> 오직 바라는 것은, 언제나 편지로 서로의 소식을 전하여 도의로써 서로 절

23 汪喜孫,『從政錄』從政錄序. 또 주18『汪喜孫著作集』중(中), 373면. "服官三十年, 不復孰何生計, 久居京師, 易米賣書, 謹撰是編, 以貽後人."

24 許瀚.『許瀚日記』(石家莊, 河北教育出版社, 2001), 227면. 지금 이 일기의 교정 정리를 한 崔巍은 청조 고증학자의 생태로 이것이 얼마나 있을 수 없는 일이라고 생각했는지, '서적을 팔아서 밥을 먹는 것은 정리(情理)에 맞지 않는 것은 아닌가'라고 하였다. 그리고 이 일기에는 섭지선, 이장욱, 왕균 등『筆譚』의 등장 인물 외에 59면 등에는 김명희(山泉)의 이름이 종종 등장하여 흥미롭다. 교정자는 김산천(金山泉)이 조선의 김명희라는 것은 몰랐던 것 같다.

25 앞의 주 5, 藤塚鄰, 420면.

차탁마하고 싶다는 것입니다. 저는 근래 학문에 대해서 이러저러한 일에 무리하지 않고 도리가 통하는 '회통(會通)'을 얻고자 마음을 두어, 경전을 읽고는 그 대의(大義)를 알고자 하여, 이로써 스스로를 다스리고 다른 사람을 다스리려고 합니다. 순조로운 때는 다른 사람과 선을 함께 한다는 '겸선(兼善)'에 힘쓰고, 궁할 때에는 저 혼자서 선을 행하는 '독선(獨善)'에 힘쓰며, 천리(天理)를 어기지 않고 인정(人情)에 어그러지지 않고 어떻게든 이 한 몸으로 천하에 도움이 되고자 마음먹었습니다. 오늘날 세도(世道)와 인심(人心)은 독서하여 진실에 밝은 유자가 자신을 바로잡고 백관(百官)을 바로잡지 않으면 선(善)의 길에 나갈 수 없게 되어 있습니다. 엎드려 원컨대 그대는 더욱 학식을 넓혀 의연히 명신(名臣)이 되셔서 훗날 천추까지 전해지시기를. 우리 두 사람 사이에 타산지석이 되고, 절차탁마하며 서로 돕는 마음이 있다면 오늘 만나든 헤어지든 말할 필요가 없습니다.

저는 일찍이 관제묘(關帝廟)나 성황묘(城隍廟)에서 묵수한 일이 있습니다. 그것은 관료가 되어 행함에 있어 혹시라도 뇌물을 탐한다든지 엉터리로 형벌을 준다든지 농간을 부려 자신에게 이익이 되는 것 같은 일이 있다면, 벼락이 내 몸에 떨어지고, 불이 우리 집을 불태워버리게 하소서라는 것이었습니다. 이 같은 한 조각 진심은 그대처럼 예전부터 바람직한 사귐이라고 했던 것을 얻는 것이 아닐지도 모릅니다. 함께 권면해 나갑시다(惟望常通書問, 以道義相切磨也.僕於年來, 學問欲觀其會通, 讀經要知其大義, 以之治己, 以之治人, 達則兼善, 窮則獨善, 期于不背天理, 不拂人情, 使此身不可無益於天下.今日世道人心, 非有讀書明道之儒, 正己以正百官, 不能驅而之善.伏願執事益廣學識, 蔚爲名臣, 將來傳之千秋.吾二人有攻玉他山之助, 今日離合之故, 不足言也.僕曾默禱關帝城隍, 居官行事, 如有貪贓枉罰弄弊營私之事, 雷擊其身, 火焚其宅.一片血誠, 難得古道如執事, 願共勉之).

왕희손이 이 같은 말을 토로한 것은 이제 더 이상 만날 수 없게 된다는, 누구라도 이별할 때에 품는 감상 때문일지도 모른다. 또는 술에 취했기 때문일 것이다. 그러나 왕희손의 고지식함은 그가 신재식과 대화했던 세 번 모두 일치하며, 절대 감상이나 술 때문으로는 이해할 수 없다. 그의 이 말은 그가 죽음을 취한 모습과도 완전히 일치하는 것으로 생각된다.

또 참가자 가운데 왕희손과 매우 흡사한 분위기를 풍기던 이가 이장욱이다. 그는 섭지선이나 왕희손과 달리 1820년(가경 25)에 이미 진사에 합격하였고, 1827년 무렵에는 형부주사(刑部主事)였다. 신재식이 그에게 어떤 일을 하고 있는지 묻자, '강서성(江西省)의 크고 작은 사법행정뿐만 아니라 북경의 재판도 겸하여 담당하고 있습니다. 휴가는 일 년 내내 낼 수가 없습니다. 형부 관청의 일을 끝낸 뒤에도 장부를 집에 가지고 가서 결재합니다(掌江西一省大小刑政, 故忙迫異常. 又兼京中獄訟屢屢不絶. 休沐之期, 終歲不得. 散直後, 猶携簿書, 在家決之).'라고 대답하였다. 이장욱이 당시 형부에서 바쁜 나날을 보냈던 것은 유명했던 것 같다. 이듬해에 연행사의 일원이었던 박사호(朴思浩)도, 이장욱의 형이 말한 것이라면서 이를 기록하고 있기도 하다.[26] 게다가 이장욱이 왕균에게 보낸 편지에도 종종 형부 관청에서 밤늦게까지 일했던 것을 쓰고 있다.[27] 신재식은 이 연행에 앞서 이미 이장욱과 세 번의 편지 왕래를 하였다고 한다. 저서로는 『애오정재장기목(愛吾鼎齋藏器目)』 1권이 있다.

그러면 이제 본장의 주제인 한학·송학 논쟁에 대해 서술하기로 한다.

---

26 朴思浩, 『心田稿』(『燕行錄選集』 상권, 成均館大學校大東文化硏究院, 1960, 923면하). "篤學好詩, 近在刑部事繁."

27 『淸詒堂文集』, 243면에 이장욱이 왕균에게 준 편지가 소개되어 있는데, '十六日晩, 弟在署値宿, 去碩甫寓數武, 擬公事畢即到其家, 作竟夕談(道光七年六月)'이라고 되어 있다. 253면에 소개된 편지에서도 '今日直宿在署, 明日方歸(道光九年)'이라고 되어 있으며 종종 형부 관청에서 밤새 일하였던 것 같다.

3. 한학, 옳은가 그른가

한학 · 송학 논의는 첫 번째 모임인 도광(道光) 7년 정월 9일과 네 번째 모임인 정월 26일에 걸쳐 이루어졌다. 이 두 번 가운데서도 정월 26일의 논의가 매우 격렬하여 논쟁이라고 불러도 무방할 정도였다. 정월 26일의 모임은 신재식이 곧 북경을 떠나게 되어, 이제까지 대접받았던 것에 대한 감사를 겸하여 신재식 쪽에서 식사와 술을 준비했다. 모임 장소는 선무문 밖의 장춘사(長春寺)로, 이 절의 주지인 삼명선사(三明禪師)도 당시 조선연행사와 널리 교유했던 인물이다.

이 송별 잔치를 겸한 모임은 역시 온화한 분위기에서 시작하여 각기 조선의 술을 마시며 환담을 나누었다. 그런데 이장욱이 갑자기 "왕희손은 소매 속에 김선신에게 보낼 편지를 가지고 왔습니다. 이것은 한유(漢儒) 즉, 한학(漢學)을 결코 내버려서는 안 된다는 것을 판명한 것으로, 관계된 것이 실로 큽니다. 문장가의 초고(草稿)와 동일시해서는 안 됩니다(孟慈袖有一函書, 與清山辨漢儒之必不可廢.所關甚大, 不可視同詞章家草也)."라고 말을 꺼냈다. 여기에서 분위기가 일변하였다. 왕희손과 이장욱은 아마 이 편지를 이 자리에서 보여주려고 둘이서 미리 짜고, 신재식과 논쟁할 각오로 이 자리에 임한 것이었다. 덧붙여 말하면 왕균도 이보다 앞서 이 논쟁과 관련이 있는 편지를 김선신에게 쓴 적이 있다. 후지쓰카 치카시가 이와 관련된 것이 분명한 한 통의 편지를 소개하였다. 이는 이장욱이 정월 25일, 즉 이날의 모임이 있기 바로 전날, 서울의 김명희(金命喜)에게 보낸 편지로, 편지 가운데 왕균(王筠)이 김선신에게 쓴 수천 마디에 달하는 편지를 김선신에게 전해달라고 부탁하였기 때문이다.[28] 즉, 이날의 한학 · 송학 논의는 이 세 사람이 짜낸 '공동모의'로 일어났다고 해도 좋다.

---

28 앞의 주 5, 藤塚鄰, 330면.

그렇다면 왕균은 왜 수천 마디에 달하는 편지를 썼고, 왕희손은 한학을 버려서는 안 된다고 편지를 썼으며, 게다가 이날 논쟁이라고 할 만한 격론이 벌어졌을까? 그것은 이보다 앞서 김선신이 1822년(도광 2, 순조 20)에 연행사의 일원으로 북경에 왔다가 이듬해 돌아간 다음부터 신재식의 연행 사이에 '한학을 버려야 한다'고 주장하는 편지를 왕희손에게 썼기 때문이다. 한학을 공격한 편지를 받지도 않고, 왕균이 위에서 말한 수천 마디에 달하는 편지를 썼을 리가 없다. 어쩌면 왕균도 똑같은 편지를 받았을지도 모른다. 또 이 편지들이 몇 년 몇 월에 쓰인 것인지는 분명하지 않다. 그러나 1824년 정월 날짜에 이장욱이 김노경에게 보낸 편지에서는 김선신의 재주와 학문을 칭찬하고 있을 뿐, 뒤에서 보이는 것처럼 그에 대한 비판, 비난은 보이지 않는 것으로 보아[29] 그 전년인 1823년 10월에 서울을 출발한 연행사, 혹은 그 전인 동년 7월에 서울을 출발한 연행사에게 이 문제의 편지를 부탁한 것 같지는 않다. 김선신 일행이 연행 일정을 마치고 서울에 도착한 것이 1823년 3월 17일이다. 그렇다고 한다면 김선신은 귀국 후 바로 한학을 비판하는 편지를 쓴 것이 아니라, 숙고한 다음에 편지를 썼다고 생각하는 것이 타당하다.

김선신이 한학 비판에 대해 쓴 편지가 구체적으로 어떤 것인지는 지금으로서는 알 수 없다. 왕희손, 이장욱과 신재식의 논의로는 다만 '김선신은 동중서(董仲舒)와 정현(鄭玄)을 틀렸다고 하였다(淸山以董仲舒 · 鄭康成爲非)', '한유(漢儒)를 통렬하게 비방하여 사설(邪說)이라 하고 동중서를 포함하여 여지없이 비방하였다((痛詆漢儒, 指爲邪說, 并董仲舒而亦爲謗訕, 不留餘地)'라고 하였을 뿐이다. 다만 국경을 넘어선 한학과 송학 논의는 김선신의 편지에 대해 왕희손, 왕균이 각각 쓴 답장으로 끝나지 않았다. 김선신은 또다시 재비판의 편지를 왕균에게 보냈는데 이것이 남아 있어 그의

29 앞의 주 5, 藤塚鄰, 319면.

사상과 주장의 일부나마 상세하게 알 수 있다.[30]

이 편지는 1827년(도광 7, 순조 27) 9월 20일자에 쓴 것으로 같은 해인 동지사, 즉 신재식이 귀국하고 나서 약 8개월 후에 파견된 연행사가 서울을 출발하기 앞서 쓴 것이 틀림없다. 편지 첫머리에 '제가 한학을 좋아하지 않기 때문에 가르침을 받게 되었습니다'라고 되어 있는 것처럼, 이 편지는 왕균이 김선신에게 보낸 편지에 대한 답장이며, 재비판문이다. 그것은 족히 3천 마디를 넘는 대논문(大論文)으로, 요점은 이하의 몇 가지로 정리될 수 있다.

첫 번째로, 왕균이 한학 · 송학이라는 문호(門戶)를 세워서는 안 된다고 한 것에 대해, 학문의 길에 들어서기 위해서는 어떤 문으로 들어가는가가 중요한 갈림길이라고 주장하였다. 물론 그는 주자학을 입문의 길이라고 주장하고, 주자학이야말로 공자, 맹자 이후의 정맥(正脈)으로 백세의 공론(公論)이라고 하였다.

두번 째로 훈고와 의리 두 가지 다 필요하다고 왕균은 말하지만, 의리를 밝히는 것이야말로 중요하며, 의리는 이미 주자에 의해 밝혀진 이상 훈고는 필요 없다. '주공(周孔)의 학문은 훈고를 필요로 하지 않는다'는 것이다. 구양수(歐陽修)조차도 '경(經) 가운데 전(傳)이 없어도 분명한 것은 열에 일곱, 여덟, 전이 있어서 분명하지 않은 것은 열에 다섯, 여섯이다'라고 말하고 있듯이, 유교경전은 훈고(訓詁)가 없어도 기본적으로 이해 가능할 뿐만 아니라 오히려 훈고가 경전의 이해를 방해하는 경우도 있을

---

30 앞의 주 14, 『清詒堂文集』 244면, 鄭時, 「王菉友先生年譜」 道光 7년 9월. 또 鄭時는 여기서 김선신의 편지를 인용하기에 앞서, 그가 소장하고 있는 신재식의 『談草』에 의거하여 논쟁의 경위를 기록하고, '이보다 앞서 왕희손이 김선신에게 한학을 중시해야 한다는 것을 주장한 편지를 썼고, 이에 대해 김선신이 논박하는 편지를 썼고, 이에 대해 선생(王筠)도 다시 논박하는 편지를 썼고 또다시 김선신도 논박하는 편지를 왕균에게 썼다'고 되어 있다. 그러나 그렇지 않다. 『筆譚』에 따르면 왕희손이 한유를 일방적으로 옹호하는 주장을 했기 때문에 김선신이 격렬하게 한학을 비판했을 것이라고 신재식이 말한 것에 대해 왕희손이 '김선신의 설이 먼저이고, 본인이 변명하는 것은 오늘 처음(淸山說在前, 僕辨之始於今日)'이라고 서술하고 있다. 즉 논쟁은 김선신의 한학 비판에서 시작된 것이다.

수 있다.

세 번째로 왕균의 주장대로라면 주자의 경전 해석에서는 정현의 설조차 채용하고 있는 부분이 있다고 말하는데, 이를 가지고 정주(程朱)의 학은 한유(漢儒)의 설에 기반한다는 등의 말은 할 수 없다. 만일 그렇게 말한다면, 이는 한 줄기의 시냇물이 큰 바다로 흘러들어 간다고 해서 이 시내를 큰 바다의 근원지라고 말할 수 없는 것과 마찬가지로 잘못된 것이다. 정현의 학문과 정주의 학문은 완전히 다른 것이다.

네 번째로, 왕균의 편지에 '경 가운데 민멸되어버린 것은 모두 정현의 힘에 의해서이고, 현존하고 있는 것은 모두 정현의 힘에 의해서이다'라고 하는데, 경이 진나라의 분서에도 불구하고 존속할 수 있었던 것은 훈고의 유무(有無)와는 관계없다.

다섯 번째로, 정현의 학문에 미흡한 점이 있는 것은 정주에 앞서 왕통(王通)이나 구양수조차도 이미 지적하고 있다.

여섯 번째로, 정현이 전주(箋注)에서 '명물(名物)을 밝힌 것을 가지고 왕균은 그의 커다란 공적으로 삼지만, 학문에 있어 긴요한 것은 '명리(明理)이다. '명물'을 밝힌 것으로 스스로 우쭐해하더라도 아무런 공적도 될 수 없다.

일곱 번째로, 왕균이 '명나라 말기 여러 유자들의 잘못'으로 언급하고 있는 것에 대해서도, '이는 오히려 정주와 관련이 없는 것이다. "명(名)은 유(儒)이지만, 행(行)은 석(釋;佛敎)인" 것과 정주의 학을 동일시해서는 안 된다'라고 반론하고 있다. 여기에서 '명나라 말기 유자들의 잘못'이라고 말하는 것은 김선신의 말처럼 '명(名)은 유(儒)인데 행(行)은 석(釋)이다'라는 것을 의미한다면, '명나라 말기 여러 유자'들이라고 하는 것은 양명학자를 가리키는 것은 말할 필요도 없다. 적어도 김선신은 한편으로는 한학에 반대하면서, 또 한편으로는 양명학에 반대하는 사람이라는 것이 분명하기 때문이다.

김선신이 왕균을 비판했던 것은 대략 이상과 같다. 편지의 말미에서 왕희손이 자신을 비난하는 편지를 보내왔는데, 이에 대해서도 한두 가지 변박을 더하여 보냈으니 함께 보아달라고 끝맺고 있다. 그렇다면 김선신은 이들 편지가 공개되는 것을 스스로 바랐으며, 또 공개될 것을 예상하고 쓴 것이라고 생각하는 것이 이치에 맞을 것이다. 당시 서울과 북경 사이에서는 이와 같은 편지를 통한 공개 논쟁이 가능하였다. 사실 이장욱은 논의의 발단이 된 김선신이 왕희손에게 보내는 편지의 내용을 알고 있을 것이며, 그렇기 때문에 '한학을 절대로 버려서는 안 된다는 것을 분명히 하는 것으로, 매우 중대하다'고 말한 것이다. 한편 서울에 있던 김정희도 김선신이 『고문상서(古文尙書)』의 진위를 둘러싸고 청조 지식인과 몇 번이나 편지를 주고 받으며, 그 가운데서 무엇을 주장했는지를 알고 있었다.[31] 이는 실로 국경을 넘어선 논쟁이며, 공개 논쟁이기도 하였다. 조선 측에서는 단지 김선신 한 사람뿐이며, 중국 측에서는 왕희손, 이장욱, 왕균 세 사람이었다. 1827년(도광 7, 순조 27)에 이 세 사람 앞에 나타난 신재식은 국경을 초월한 대논쟁에서 대리 전쟁을 치르기 위하여 우연히 자리를 함께 하게 된 것이라고 해야 한다. 세 사람은 신재식이 김선신과 친한 지인이라는 것을 신재식을 만나기전부터 잘 알고 있었다. 정월 26일에 논쟁이라고 할 만한 상황이 벌어졌지만 이미 정월 9일에 그 전초전이 벌어진다. 이날은 김선신의 편지는 전혀 언급하지 않고 갑자기 '한학이 옳은가 그른가'라는 논의를 왕희손이 시작하였지만, 김선신의 편지 내용을 포함하고 있는 것은 말할 필요도 없다. 김노경, 김정희, 김명희 등의 근황을 물은 뒤, 이장욱이 특히 김선신의 소식을 묻고 있는 것은 이를 잘 보여주는 것이리라.

그렇다면 김선신이라는 사람은 어떤 인물인가.

김선신(金善臣)의 자는 계량(季良), 호는 청산(淸山)으로 경상도 선산(善

---

31 金正喜, 『阮堂先生全集』 권5, 與李月汀(『韓國歷代文集叢書』 제3283책, 景仁文化社, 1994, 386면).

山; 숭양崇陽) 사람이다. 형 김선민(金善民)은 1801년(순조 7)에 진사가 되었지만, 김선신은 소과의 수험 자격을 가진 유학이었을 뿐이다. 그는 일본의 문화(文化) 8년(1811, 가경 16, 순조 11)에 일본에 갔던 통신사의 일원으로 유명하며, 그 당시의 기록 『통신행등록(通信行謄錄)』에 따르면 1775년(건륭 40, 영조 51)생으로 당시 37세였다. 쓰시마에서는 코가 세이리(古賀精里)나 마츠자키 코도(松崎慊堂) 등과 필담하여 문명을 떨쳤다는 것은 조선통신사의 연구로 이미 알려진 사실이다.[32]

통신사의 일원으로서 김선신이 쓰시마에 체재했을 때의 기록에서 그의 인물됨이나 사상을 엿볼 수 있는 말과 일화를 몇 가지 볼 수 있다. 여기서는 창평판학문소(昌平坂學問所)의 코가 세이리 등과 나눈 필담집 『대례여조(對禮餘藻)』를 보기로 하자. 그 가운데 그가 코가 세이리와 필담 중 "도요토미는 정말 원숭이의 자손인가"라고 물은 것이 있다.[33] 히데요시(秀吉)가 '목하인(木下人)', '원(猿)의 정(精)'이라고 하는 것은 그의 용모뿐만 아니라 키노시타 토키치로(木下藤吉郎)라는 이름탓도 있으며, 분록(文祿)의 역(役), 경장(慶長)의 역(役-임진 정유왜란) 전후에 쓰인 명대의 사서(史書)에서 종종 그렇게 불렸던 것이다. 김선신은 평소에 이 문제를 꼭 물어보고 싶었던 것이리라. 이는 그가 솔직하게 말하는 사람이라는 것을 보여주는 일화이다. 또 그가 분록의 역(役) 때에 포로가 되어 일본에 끌려간 조선인의 소식에 대해 코가 세이리에게 질문하자, 다른 일본인이었다면 꺼려서 대답하지 않았을 텐데 코가가 솔직하게 대답하니 "당신은 성실한 사람이다."라고 말하였다. 이 또한 그의 솔직함을 보여주는 것이다.

더더욱 흥미로운 것은 일본 체재 중에 보여준 그의 청조 학술에 대한 비판이다. 그것은 쿠사바 칸(草場韡) 등이 『일동주학도(日東州學圖)』를 김

---

32 앞의 주 5 藤塚鄰, 145면, 藤塚鄰, 『日鮮清の文化交流』(東京, 中文館書店, 1947), 93면, 이원식, 『朝鮮通信使の研究』(京都, 思文閣出版, 1997), 426면 등.

33 草場韡, 『對禮餘藻』 권 상, 6월 21일 客館筆語.

선신에게 보여주었을 때 쓴 「서일본주학도후(書日本州學圖後)」에 보인다.[34] 이에 따르면 김선신은 예전에 『연도벽옹도(燕都辟雍圖)』를 본 적이 있었다. 연도는 북경을, 벽옹은 국자감을 말한다. 북경 국자감은 조선연행사가 반드시라고 할 정도로 꼭 방문하는 장소이다. 그는 이 『연도벽옹도』의 제문(題文)을 붙여서, 중국에서는 학교가 존숭되지 않고 유명무실해졌다고 비판하였다. '천자는 학생의 학력을 체크하지 않고, 군유는 예를 강하지 않고……학교라는 것은 이름뿐으로 그 실상을 잃고, 제례 도구는 갖추고 있지만 사용되지 않고 있다'라며 북경 국자감의 현황을 지적하였다. 이에 더하여 '그러나 우리 동방 조선에만 학교로써는 서(序)가 있고, 상(庠)이 있으며, 사류(士類)를 양성하고 행의를 두텁게 존숭하고 있다'며 자랑하며 말하고 있다. 그리고 『일동주학도』를 보고 나서, 이를 보여준 쿠사바 등의 태도와 학식을 알게 되어 일본에서도 조선과 마찬가지로 학교가 존숭되고 있는 것이 기쁘기 짝이 없다고 끝을 맺고 있다. 김선신은 스스로 아직 북경에 가지는 않았지만, 중국의 학술 정세에 대해서 이미 비판적이었으며, 조선의 현상을 오히려 자랑스럽게 생각하고 있다. 그는 주자학을 신봉하는 코가 세이리와 의기투합하였는데, 그 자신이 송학 신봉자임은 말할 필요도 없다.

김선신이 일본통신사로 쓰시마에 간 것은 1811년이다. 그로부터 11년 뒤인 1822년(도광 2, 순조 22)에는 갑자기 연행사의 일원으로 북경에 가게 된 것이다. 김선신처럼 일본통신사와 중국연행사를 함께 갔다온 것은 드문 일이다. 그는 1805년(가경 10, 순조 5)에 이미 심양까지는 갔다 온 적이

34 金善臣, 『淸山島遊錄』, 書日本州學圖後. "余嘗書燕都辟雍圖曰, 天子不攷文, 群儒不講禮.……假其名而遺其實, 有其具而無其用.……乃惟我東國, 學有序有庠, 培埴士類, 敦尚行義."
또 『對禮餘藻』 권 중, 二十三日客館筆語에도 거의 같은 문장이 보이는데, 후반을 '乃唯扶植綱常, 敦尚學校, 唯我東最盛'라고 되어 있다.

있지만[35] 북경은 처음이었다. 이번에는 정사 김노경을 수행하는 '군관'이라는 직함이었다. 이는 서장(序章)에서 서술한 것처럼 연행사의 일원인 이상 어떤 직함을 갖지 않으면 안 되었기 때문으로, 김노경의 차남 김명희도 똑같이 정사 군관이라는 직함으로 동행하였다.[36] 다만 이는 어디까지나 직함으로, 통신사의 일원으로 일본에 갔을 때 정사를 수행한 서기(書記)라는 실무를 동반했던 것과는 다르다. 군관이라고는 하지만 어떤 일을 할 필요는 없다. 김선신은 『청산유고(淸山遺藁)』(서울대학교 규장각 소장)라는 적은 분량의 문집이 남아 있고, 그 책의 권두(卷頭)에 '정사 김노경의 요청에 응해 연행했다(酉堂金公以上使赴燕, 辟餘從事)'라고 씌어 있듯이 개인적인 비서의 일을 했는지는 모르겠지만, 기본적으로는 자유로웠다. 그가 연행사의 일원으로 참가한 것은 일본에 갔을 때와 마찬가지로 단순히 미지의 세계를 보고 싶었기 때문이었을 것이다. 그는 김명희와 사이가 좋아서, 『청산유고』에 실린 시문의 절반은 둘 사이에 증답한 것이다. 또 북경의 숙사인 옥하관에서도 두 사람은 같은 방을 사용하였다. 두 사람이 매일같이 북경을 관광하고 김정희 등의 소개에 의지해 청조 지식인을 방문했을 것이 틀림없다. 김선신이 48세 때의 일이다.

『청산유고』에는 이 연행 때에 지은 시가 실려 있기는 하나, 유감스럽게도 북경에서의 활동에 대해서 구체적인 것은 거의 적혀 있지 않다.[37] 그

---

35 三宅邦, 『雞林情盟』 筆語, 6월 20일에 김선신은 심양에는 갔다왔다고 서술하고 있다. 김선신, 淸山遺藁, 會寧嶺次使相韵에서도 '乙丑(嘉慶10)秋曾步踰比嶺'이라고 적고 있다.

36 撰者未詳, 『燕行雜錄』 内篇, 渡江人員. 또 内篇, 日記, 道光 2년 10월 23일에는 아래와 같이 말한다. "金善臣號淸山, 官今濟用監判官, 亦善詩. 曾隨通信使往日本國. 今以上房幕府赴燕也."
또 이 『燕行雜錄』에 대해서 이전에는 서유소찬(徐有素撰)이라고 하였으나, 재차 확인해보면 지금으로서는 찬자 미상으로 하는 편이 보다 적절하다고 판단하였다. 본서 15장, 643면, 주18.

37 金鑢, 『藫庭遺藁』 권10, 題淸山小集卷後(『韓國文集叢刊』 제289책, 民族文化推進會, 2002, 537면)에 따르면 김선신은 시문이 뛰어났지만 스스로의 작품을 모으는 것에 무관심했다고 한다. 김려의 수중에 있던 시문집으로 『淸山小集』이 있다고 한다. 성균관대학교 강사 신로사 씨에 따르면, 이 문집은 한국에 현존하고 있다고 한다. 『淸山遺藁』도, 아마도 김명희의 주변에 우연히 남아 있던 시문을 모았던 것으로 생각된다. 또 『奎章閣圖書韓國本綜合目錄』(서울大學

러나 때마침 이때 연행사의 한 사람이 『연행잡록(燕行雜錄)』이라는 상세한 기록을 남기고 있다. 거기에는 김선신이 섭지선과 만나 좋은 인상을 받지 못한 것 같다는 내용이 있는데 이는 나중에 서술하기로 한다. 여기서 또 하나는 그가 북경에서 도교의 총본산인 백운관에 갔을 때의 일화도 기록되어 있어 흥미롭다. 그는 도사가 눈을 감고 안좌하여 전혀 움직임 없이 선인이 속계로 내려온 것처럼 하며 자기 앞에 그릇을 두고 돈을 받으려는 모습을 보고 '세상에 돈을 구하는 신선이 있었던가'라고 말하고 있다.[38] 괴력난신을 말하지 않는다는 점에서 전형적인 주자학자이며, 이전에 일본에서 보여준 솔직함을 북경에서도 보여준 그다운 일화이다.

『청산유고』로는 그의 연행 때의 언동은 거의 알 수 없다. 그러나 그의 연행록이 약간이기는 하지만 남아 있어서 그의 사상 경향을 엿보기에 충분하다. 그 중 하나가 1845년(도광 25, 헌종 11) 말에 쓴 것으로, 친구인 김명희에게 보낸 절구 8수이다. 여기에서는 염약거(閻若璩)의 『고문상서소증(古文尚書疏證)』이나 방이지(方以智)의 『물리소지(物理小識)』를 포폄한 뒤에, 나아가 옹방강(翁方綱)을 '속유(俗儒)'라고 매도하며 "얼마나 비뚤어진 학문(枉工夫)을 사람들에게 시키는 것인가"라고 비난하고 있다.[39] 옹방강은 섭지선의 스승으로, 특히 금석학(金石學)의 지도적 인물이다. 김정희도 옹방강을 스승으로 모시고 숭배하였다. 게다가 『고문상서』의 진위에 대해서는 김명희도 7, 8회 장문의 편지를 주고받으며 논쟁하였다. 김명희

校出版部, 1983), 1709면에는 『淸山遺藁』를 저자 미상으로 하였는데, 이것이 김선신의 문집이라는 점은 의심의 여지가 없다.

38 앞의 주 36 內篇, 日記, 道光 7년 정월 19일. "觀内四五處, 道士輩聚坐着弊袍, 瞑目安坐, 寂然不動, 作仙人下降樣, 前置器受錢.……淸山曰, 世豈有覔錢神仙."

39 『淸山遺藁』, 乙巳除日, 醉後戲題八絶, 呈山泉. 아래에 4절만을 기록한다. "塵合千年可結山, 梅書今已鐵重關.愚公枉費推移力, 誰遣夸娥二子還(古文疏證)", "梯雲無計地天通, 萬古悠悠一太空.不是西方偏有眼, 如何曾見碧翁翁(斥異考)", "多少奇文舊積逋, 都成今日晩嗚呼.細推物理非無意, 爭奈胸中一物無(物理小識)", "從來馬鄭是程朱, 敢謂方綱是俗儒.直爲傍門憂一啓, 敎人多少枉工夫(經學)."

가 『고문상서』를 가짜라고 보는 견해를 바꾸지 않았기 때문에 두 수의 시를 지어 말미에 덧붙였다. 거기서는 염약거나 혜동(惠棟)의 노력은 쓸데없는 것이며 이 같은 것으로 주자의 청명함을 흐리게 할 수는 없다고 주장하고 있다.[40]

이렇게 볼 때 그가 통신사행에서 연행사를 거쳐, 1827년 전후에 몇 번이고 왕희손 등과 한학 · 송학 논쟁에 관한 편지를 주고 받았으며, 1845년에 이를 때까지 30년 이상 걸쳐 청조 학술을 비판적으로 본 것은 변하지 않았던 것 같다. 김선신의 경우, 청조 학술에 대한 비판은 이미 본 대로 조선 자존의 정신을 동반하고 있었다고 생각된다. 게다가 『청산유고』에 실린 「지천김공행장(芝川金公行狀)」에서는 김호천(金浩天)이라는 인물을 강렬한 반만 반청주의자로 묘사하고 있다. 이를 통해 보면 김선신은 당시 조선 지식인의 대부분이 그렇듯이, 청조를 멸시하고 주자학을 신봉하는 사람이었다고 생각된다.

그럼 신재식이 어떻게 논쟁을 하였는가는 김선신이 왕균에게 보낸 편지에서 어떻게 논쟁했는지를 이미 알고 있는 우리로서는 대략 예상할 수 있다. 왕희손과 이장욱 여기에 왕균을 더한 세 사람의 주장은 송유의 높은 인품을 존중함과 동시에 한대(漢代)의 동중서(董仲舒), 정현(鄭玄)의 폭넓은 학문과 고증의 정확함을 중시해야 한다는 것으로 한학 · 송학의 절충을 주장한다. 이에 반해 신재식의 주장은 '조선의 학자는 모두 주자를 학문의 올바른 방향을 정해주는 것으로 여기고 있으며, 공자 이후에는 오로지 주자 한 사람이 있을 뿐이다(東邦之學者皆以朱子爲南車. 竊以爲孔夫子以後, 有朱子一人而已矣)'라고 하였다. 즉 신재식은 자국에서 주자 예찬을 대표하기라도 하듯 정현 등 한학자를 무시할 뿐 아니라 맹자조차도 무시

40 상게서, 與山泉論古文尚書眞僞, 長牘七八反.山泉堅持己見, 又以二詩題牘尾寄之. "一自梅書五百年, 無人不道是眞詮.閻因好事張千語, 惠又多能出二篇.…….傳疑何捐紫陽明, 誰遣浮雲翳太淸.漢孔家嫌唐孔氏, 濟南經絶汝南生.……."

하고 오로지 주자를 거의 공자와 동등한 위치에 놓고 있다. 여기에는 조선의 유자 김인후(金麟厚)의 시 '이 세상에 두 사람이 있으며, 중니(仲尼)의 원기(元氣), 자양(紫陽)의 진(眞)'(天地中間有二人, 仲尼元氣紫陽眞)을 인용하면서 공자와 주자를 동렬에 놓을 것을 주장한다.

왕희손은 한의 정현은 인품도 훌륭하며, 주자도 그의 인품을 칭찬하고 그의 훈고를 참고하였다고 하면서 한학을 존숭해야 한다고 주장하였다. '훈고 가운데 의리가 있는 것을 알지 못하고, 훈고를 버리고 의리를 말한다면 그것은 거의 선학(禪學)에 가깝다(不知訓詁內有義理, 舍訓詁而談義理, 恐近禪學耳)'라고 설득한다. 그는 또 '실사구시(實事求是)의 학문에서는 같은 무리와 당파를 맺고, 다른 무리를 치는 등의 짓은 하지 않는다(實事求是之學, 不在黨同而伐異)'고 말한다. 이장욱이 '후인의 책을 읽는 것은 고인의 책을 읽는 것만 못하다. 공자와의 시간 거리가 가까우면 가까울수록 진(眞)이며 리(理)이다(與其讀後人書, 不如讀古人書.去孔子愈近, 而愈眞且理)'라고 하며 송유(宋儒)보다 한유 쪽이 공자와의 시간 거리가 훨씬 가깝다고 말하는 데도 신재식은 공자의 진(眞)과 리(理)를 계승하는 것은 주자뿐이라며 물러서지 않는다. 또 '자신은 한유(漢儒)를 비난하여 배척하려는 것이 아니다. 다만 주자만 고귀할 뿐이다. 그렇기 때문의 한유의 말에 주자와 합치되지 않는 점이 있으면, 자신도 이를 취하지 않을 뿐이다(僕非黜漢儒者 惟考亭是尊也. 故漢儒之論, 若有與朱子不合者 則僕亦不取之耳)'라고 말한다. "한유(漢儒) 등의 주소(注疏)에는 정자(程子) · 주자(朱子)의 훈고와 어떠해도 일치하지 않는 곳이 많다. 지금 박학하고자 하면서 공자의 도에도 어긋나지 않게 하려고 하더라도, 이는 아마도 주자가 말씀하신 '아무짝에도 쓸모없는 많은 골동품을 이해하려는 것'과 가까워 난점(難点)이 있는 것은 아닌가(注疏多與程朱訓詁相反者. 今欲博綜而無畔, 恐近汨董, 得無難處乎)"라고 응전하며 한치도 양보하지 않았다. 그의 주장은 당시 조선조 혹은 일반적인 조선 지식인의 공식 견해에 가까운 것이었다고 생각된다. 양자의 논의가 이처럼 평행선을 그리며 결말이 나지 않는 의론이라면 여기에서 자세히 살펴보는 것은 큰 의미가 없다. 그런 이유로 아래에서는 4번째의 회합에서 청조 측의 두 사람이 어떤 논법을 펴서 완고하게 물러서지 않는 신재식을 설득했는가에 대해 설명하고자 한다.

우선, 한학 · 송학 겸용을 위해 끌어온 것은 탕빈(湯斌)의 설이다. 이장욱은 탕빈이 「십삼경주소론서(十三經注疏論序)」를 지어 '한유는 성인의 박학함을 얻고, 송유는 성인의 집약됨(約)을 얻었다. 만일 문호를 나눈다면 그것은 한유, 송유의 경(經)이지, 성인의 경(經)은 아니다'라고 서술하면서[41] '이학 대유(大儒)의 탕빈조차도 이처럼 말하고 있으므로 한학, 송학 겸용론은 한 사람의 사언(私言)이 아니다(潛庵理學大儒而所言如此. 可知非一人之私言也)'라고 설득한다. 탕빈은 강희시대에 주자학자로 저명하였으며, 왕희손도 '주자학은 탕빈이 가장 두텁게 믿었다'고 말하였다. 신재식은 이광지(李光地)의 책은 읽었지만, 탕빈의 책은 읽지 않았다. 하지만 확실히 주자학자로 이름이 높았던 탕빈의 설을 꺼내어 한학, 송학 겸용을 설파한 것은 유효하다고 생각된다.

다음으로 왕희손이 원용했던 것은 이공(李塨)이다. 그는 이공에게 수십종의 저서가 있는데 모두 사고전서, 국사관유림전에 수록되어 있다고 하며 우선 그의 권위를 인지시켰다.[42] 이를 이장욱이 이어받아 다음과 같이 이야기한다.

> 이공(李塨)은 『대학』에서 말하는 격물치지(格物致知)의 물(物)이라는 것은 『주례(周禮)』 사도(司徒)에서 말하는 향삼물(鄕三物)의 물(物)로, 효(부모에 대한 효), 우(友 ; 형제간의 우애), 목(睦; 부계 친척과의 사귐), 인(婣; 모계 친척과의

41 湯斌, 『湯子遺書』 권6, 十三經注疏論에 "若偏主一家, 是漢儒宋儒之經, 而非聖人之經也"으로 되어 있다. 또 「十三經注疏論序」는 이장욱의 착각일 것이다.

42 李塨의 著書로 사고전서에 수록된 것은 『李氏學樂錄』 1종뿐으로, 『論語傳注』, 『大學傳注』, 『中庸傳注』, 『傳注問』, 『大學辨業, 聖經學規纂, 論學』, 『小學稽業』, 『恕谷後集, 續刻』은 사고전서 존목에 수록된 것에 불과하다.

사귐), 임(任; 벗에 대한 신의), 휼(恤; 가난한 자에 대한 베풂)이라는 여섯 가지를 말했는데 도리(道理)가 매우 잘 통한다. 옛 사람에게 이와 같은 구체적인 것을 제외하고, 달리 소위 '이학(理學)' 따위는 없었다(李剛主謂, 大學格物即周官司徒之鄉三物, 孝友睦婣任恤也. 甚通, 甚通. 古人除此, 別無所謂理學也).

이공은 안원(顔元)의 제자로 그의 학문은 실용을 중시하며 송학(宋學)을 엄격하게 비판한 사람이었다는 점은 지금은 개설서에도 쓰여 있는 내용이다.[43] 이는 실은 당시부터 널리 알려진 것으로, 『사고전서총목제요(四庫全書總目提要)』에서도 이공의 『논어전주(論語傳注)』, 『대학전주(大學傳注)』, 『중용전주(中庸傳注)』, 『전주문(傳注問)』을 해설하여 "그의 경의(經義)의 해석의 많은 부분이 송유와 상반된다. 그의 학문은 안원에서 나와 실용을 위주로 하고 있기에 정자(程子), 주자의 '강습(講習)'이나 육상산(陸象山), 왕양명(王陽明)의 '증오(證悟)' 등 입신경세(立身經世)에 긴요하지 않은 것은 모두 하나같이 공담(空談)이라고 하며 가장 격렬하게 심성(心性)의 학을 배격하였다."고 비평하였다. 격물치지의 '물(物)'을 구체적인 인간관계 혹은 구체적인 예의(禮儀)인 '향삼물(鄉三物)'이라고 하는 견해는 확실히 주자의 견해와 동떨어져 있다. 이장욱 본인도 이공의 학설이 한학, 송학 겸용이라는 것이 아니라, 오히려 명확한 반주자학이라는 것을 충분히 알고 있었을 것이다. 이 같은 학문을 평하여 그는 "매우 도리가 잘 통한다."라고 하고, "옛사람에게 이 같은 구체적인 것을 제외하고, 달리 '이학(理學)'이라는 것은 없다"고 말한 것이다. 만약에 이를 이공의 학문에 대해서 어느 정도 이해하고 있는 사람에게 말했다면 이는 오히려 스스로를 반주자학의 무리라고 표명한 것과 같다. 그러나 그는 신재식에 대해서는 한학

---

43 梁啓超, 『清代學術概論』(『飮氷室專集』 제 6책, 臺北, 1978, 臺二版, 16면. 小野和子譯, 平凡社, 東洋文庫 245, 1974, 57면). 梁啓超, 『中國近三百年學術史』(臺北, 臺灣中華書局, 1975, 臺八版, 107면). 錢穆, 『中國近三百年學術史』(臺北, 臺灣商務印書館, 1937년 초판, 199면). 梁啓超는 李塨을 실천실용주의자의 한 사람으로 꼽는다.

이 필요하다는 일례로 이공의 설을 가져온 것이다.

세 번째로 이장욱이 원용하고 있는 것은 능정감(凌廷堪)이다. 이는 화제(話題)가 이전의 향삼물에 미친 것을 이어받아, 왕희손이 '『주례周禮』에서 말하는 삼물(三物)도, 공문(孔門)의 육예(六藝)도 모두 주공(周公)이 가르친 것이다(周禮三物 · 孔門六藝, 皆周公所敎也)'라고 말한 것에 대해 신재식이 '주자학에서 말하는 격물치지(格物致知)의 물(物)은 만물(萬物)에 해당하는데 단지 삼물(三物)에 미친다고만 하면 너무 적지 않겠습니까?(格物之義足以該萬物.但以三物言者, 不亦少乎.)'라고 반론하였다. 이에 대해서 이장욱은 다음과 같이 답하였다.

> 능중자(凌仲子)의 이름은 정감(廷堪)입니다. 『논어』에서 말하는 극기복례(克己復禮)의 예라는 것은 오례(五禮)로, 즉 부자(父子)의 도(道)에 대응하는 사관(士冠)의 예, 군신(君臣)의 도에 대응하는 빙근(聘覲)의 예, 부부의 도에 대응하는 사혼(士昏)의 예, 장유(長幼)의 도에 대응하는 향음주(鄕飮酒)의 예, 붕우(朋友)의 도에 대응하는 사상견(士相見)의 예라고 말하고 있습니다. 이 설도 도리가 잘 통합니다(凌仲子名廷堪, 有以克己復禮, 謂是五禮. 其說亦通).

이 능정감의 설은 그의 『예경식례(禮經釋例)』 권수(卷首)의 「복례(復禮)」에 보인다. 능정감은 안휘성 휘주(徽州) 사람으로, 동향 사람인 강영(江永), 대진(戴震)의 학문을 흠모하였다. 그는 예학에 밝고, '예는 시세나 인정에 따라 간략하게 하거나 수식하기도 하며, 딱 적당하다고 할 만한 것으로, 공허하게 리(理)를 말하는 자에게 의탁할 것이 아니다'라고 하였다.[44] 여기서 '공허하게 리(理)를 말하는 자'는 송유(宋儒)를 가리키고 있음은 물론이다. 전목(錢穆)에 따르면 스승 대진이 '리(理)를 말한다'는 점에서 송유를 깊이 배척한 것에 대해, 능정감은 더 나아가 '예를 말한다'는 점에

44 『清史稿』 권481, 凌廷堪傳.

서 송유를 배척했다고 한다.[45] 격물치지의 해석에 대해서도 송유가 격물을 각각의 물(物)에 내재하는 리(理)를 궁구하는 것이라고 한 것에 대해, 능정감은 예의 기수의절(器數儀節)을 생각하는 것으로 보았다. 즉, 능정감은 결단코 한학 · 송학 겸용의 학자로는 볼 수 없으며, 오히려 송학을 배척한 학자였다. 물론 이장욱이 능정감이 송유를 격렬하게 공격하고 배척한 인물이라는 것을 알고 있었는지 확증은 없다. 그러나 이장욱의 옆에서 이장욱과 신재식이 나누는 필담을 보면서 종종 자신의 의견을 덧붙여 써넣었던 왕희손은, 능정감이 송유를 맹렬히 매도한 인물이라는 사실을 알고 있었던 것은 틀림없다. 능정감은 왕희손의 아버지 왕중(汪中)을 위하여 「왕용보묘지명(汪容甫墓誌銘)」을 쓴 일이 있다. 그런데 거기에 '왕중은 누구보다 송유를 미워하였고, 다른 사람이 송유의 이름을 거론하면 꾸짖기를 멈추지 않았다'고 쓰여 있다. 왕중에 대한 효행(孝行)으로 이름이 높았던 왕희손은 부친을 위해 이는 무고(誣告)라고 변명하는 글을 짓고, 부친은 오히려 송유를 매도하는 인물과는 절교하였다고 하면서, "능정감은 부친이 송유를 매도했다는 사실에 의탁하여 자기 자신이 송유를 매도했던 것은 아닐까."라고 서술하였기 때문이다.[46]

왕희손과 이장욱은 한학과 송학 어느 쪽도 배격해서는 안 된다고 설득하기 위하여 탕빈, 이공, 능정감 세 사람의 학설을 들었는데, 이 가운데 탕빈을 제외한 두 사람의 학설은 본질적으로 송유를 배척하는 것이었다. 한학이 필요하다고 설득하는 재료로써, 두 사람의 이름을 거론한 것은 좋다 하더라도 송학도 필요하다고 주장하는 이가 이것을 원용한 것은 너무도 부적절했다고 말할 수밖에 없다. 더 말하자면, 왕희손은 이보다 앞선 두 번째 모임 자리에서 능정감의 스승인 대진을 크게 칭찬하였다. 인

45 앞의 주 43 錢穆, 495면.

46 상게서, 506면. 汪喜孫, 『孤兒編』 권3, 校禮堂集凌仲子撰先君墓銘正誤. 앞의 주 18, 『汪喜孫著作集』 중(中), 700면.

품, 학술 모두가 뛰어난 인물로, 청나라 초기의 고염무(顧炎武)와 건륭 시대의 대진 두 사람을 칭찬하였다. "그 학문은 천인(天人)에 통하고, 성정(性情)은 고결하여 절속(絶俗)하며, 유자(儒者)의 업에서도 통하지 않는 것이 없다(乾隆時, 戴東原名震, 學通天人, 性情孤介絶俗, 於儒者之業, 無所不通)." 라고 최대한 찬사를 보냈던 것이다. 대진도 그의 대표작 『맹자자의소증(孟子字義疏證)』을 한번 읽어보면 누구라도 이해할 수 있을 만큼 송유가 말하는 리(理)를 철저히 부정해버린 사람이었다.

신재식은 이공이나 능정감은커녕 대진의 저작조차도 읽지 않았던 것 같다. 왕희손 등이 "고염무와 대진의 책을 선물하고 싶다."고 하니 감사해하였다. 만일 신재식이 이공, 대진, 능정감의 책을 읽었더라면 이 같은 인물들의 학술을 원용했을 때 어떤 반응을 보였을까, 어쩌면 논쟁은 더욱 격렬해지지는 않았을지 흥미진진해진다. 그러나 신재식의 반격은 '삼물이든 오례든 간에, 힘써 성인의 뜻에 어긋나지 않게 하면 되는 것이다. 경의에 대한 상세한 해석으로 송유만큼 완전한 것은 없다. 송유도 한유(漢儒)의 책을 읽었다. 공자 때부터 멀리 떨어진 지금, 단지 공자 시대와 가까운가 먼가로 우열을 정하고, 한학을 추켜세우고 송유를 억누르는 것은 안 된다(無論三物與五禮, 務從不悖於聖人之旨爲可. 解釋經旨之詳, 莫備於宋儒. 宋儒亦非不看漢儒之書者, 今坐數百載之下, 但以年代之高下, 把作彼此之優劣, 以爲扶抑之論, 則不可矣).'라고 하는 것으로, 공격 대상이 분명치 않고, 또는 논점에서 벗어난 일반론에 지나지 않았다.

물론 왕희손과 이장욱 모두 신재식이 대진이나 이공 등에 대해 잘 알지 못하고, 그의 저서를 읽지 않았다는 것을 간파한 상태에서, 그들의 이름을 거론했을 가능성을 완전히는 부정할 수 없다. 그러나 그 가능성은 매우 낮다고 생각된다. 그 이유는 이미 서술한 것처럼 왕희손은 신재식이 부탁하지 않았는데도 고염무와 대진의 책을 선물하고 싶다는 호의를 담아 말하고 있기 때문이다. 또 예를 들면 왕희손이 신재식이 귀국을 앞두고 한 말에서 보이듯이, 그들이 신재식과 나눈 대화와 김선신과의 편지 왕래를 통해 보여준 언동(言動)에서 스스로 학문에 대한 자부심과 이를 아직 알지 못하는 이국땅에 전하고 싶은 열의(熱意)를 느낄 수 있기 때문이다. 그들이 대진이나 이공의 이름을 꺼낸 것은 우리들이 그들을 간단히 한학 송학 절충론자라고 단정하기에는 그들은 너무도 다양한 요소를 가진 사람들이라는 것을 보여주는 것에 지나지 않는다.

여기서 문제가 되는 것은 오히려 신재식이다. 분명 신재식에게는 이번의 한학 · 송학 논의는 기습적이라고 할 만큼, 아무런 준비 없이 반론할 수 밖에 없었다. 또 그는 조선에서 특히 이름 있는 송학자도 아니었다. 확실히 우리가 주의해야 할 것은 그가 송학 옹호를 위해 끌어들인 학자 가운데에는 이장욱 등이 끌어들였던 근래의 학자는 한 사람도 없고, 주자를 제외하면 16세기 전반의 김인후(金麟厚)라는 대다수의 청조 지식인들이 알지 못하는 조선 학자뿐이었다는 것이다. 한편 김선신은 숙고하여 왕균에게 장문의 편지를 보냈을 텐데, 거기에서도 근래 학자의 설은 전혀 보이지 않는다. 앞서 보았던 수(隋)의 왕통(王通), 송(宋)의 구양수, 거기에 마찬가지로 송의 주자, 이정(二程), 진순(陳淳)의 말을 인용할 뿐이었다. 신재식은 고염무의 저작조차도 몰랐으며 나아가, 염약거나 대진의 저작은 전혀 알지 못했다. 이에 반해 왕균은 단옥재(段玉裁)의 『설문해자주(說文解字注)』를 신재식에게 추천하며 '문자를 알고자 하는 사람은 이 책에 의지할 수밖에 없다(近有段茂堂先生, 名玉裁, 字若膺, 說文解字注法共四函, 京錢十二千可得. 其書誠說文至好之本, 其中有武斷處, 然不掩其瑜. 欲識字者, 非此莫由).'고까지 말하고 있다. 그 정도로 당시 양국의 문화에는 깊은 단절이 있었다. 조선 실학 혹은 북학(北學)이라고 불리는 학문이 시작되면서 이미 반세기가 경과했지만, 고염무, 염약거, 대진, 나아가 단옥재의 저작 등을 읽은 적이 없는 지식인이라는 것은 당시 조선의 일반적인 상황이었다고 생각된다. 신재식 정도의 지식인이라면 양명학에 대항할 반격의 논법은 어지간히 배웠을 것이라고 생각해도 무리가 없을 것이다. 그런데 여기서 새롭게 그의 앞을 가로막고 있었던 한학(漢學)이라는 것은, 구체적인 텍스트에 입각하여 '누구누구는 이렇게 말하고 있다'라고 하는, 실로 실사구시(實事求是)의 논법, 증거주의의 논법을 취하는 것이었다.

한학에 대항하기 위해서는 한학의 수법을 알아야 한다. 한학의 수법을 알기 위해서는 스스로 한학의 저작을 읽는 것밖에는 없다. '한학의 저작을 읽고, 그 옳고 그름을 판단하기 위해서는 그 자신이 '자신의 방에 틀어박혀 서물(書物)을 손에서 놓지 않고 목숨걸고 조사하는 것' 외에는 없는 것이다. 양국의 문화적인 차이는 뚜렷하였다. 이러한 학문을 한 적이 없는 신재식은 이장욱이 향삼물이나 오례의 해석에 대해 말해도, 너무도 초점이 없는 일반론으로 되받아칠 수밖에 없었으며, 다른 방법은 없었던 것이다.

4. 한학 · 송학 논의의 주변

지금 청조에서 '한학'이라는 새로운 학풍이 유행하고 있는데 그것은 '송학'과 대합하는 학술이라는 사실이 조선연행사에게 명확하게 인식된 것은, 중국 연호로 말하면 겨우 가경(嘉慶) 연간에 들어서는 전후의 일이었던 것 같다. 조선의 연호로 말하면 정조(正祖) 20년대에 들어가기 전후였다. 그 일례가 1801년(가경 6, 순조 원년)에 두 번째 북경을 방문한 유득공(柳得恭)이었다. 그는 그때 청조 학술의 변화를 명료하게 파악했다. 유득공의 이 연행은 주자서 선본(善本)을 구입하기 위한 것이었지만, 북경의 서점에서는 찾을 수가 없었다. 그뿐 아니라 기윤(紀昀)도 옛날에 강남에서 그것을 구했지만 역시 찾을 수가 없었다고 기록하였다. 기윤은 또 "최근 학자의 풍기(風氣)는 『이아(爾雅)』, 『설문(說文)』의 일파에만 쏠려 있다"고 말했다고 한다.

또 유득공은 '한학(漢學)' '송학(宋學)' '고고가(考古家)' '강학가(講學家)' 등의 분류가 있다는 것을 알았고, 이것들은 기윤이 제언한 분류라고 말하고 있다. 또 그는 그러한 현황을 "정주(程朱)의 서(書)를 강의하지 않는 것은 이미 오래된 일인 것 같다. 중국의 학술이 그렇게 된 것은 참으로 탄식할 만하다."고 평하였다. 또 진전(陳鱣)과 대화했을 때에 "조선에서는 학관(學官)으로서 송유를 쓰고 있는가, 그렇지 않으면 한유를 쓰고 있는가"라는 송유·한유를 대조시키는 질문을 받았으며, 또 "문자학에 통하고서야 비로소 경서를 읽을 수 있다"는 그야말로 한학의 진수에 육박하는 지적을 받았다. 대진·왕념손(王念孫)·단옥재 등이 당대의 인기 있는 학자라는 사실도 그때 처음 알았던 것 같다.[47]

이보다 11년 전인 1790년(건륭 55, 정조 14)에 처음 북경을 방문했을 때에는 기윤이나 완원(阮元) 등 수많은 청조 학자와 교제하면서도 이런 종류의 정보를 얻지 못했던 것 같다.『난양록(灤陽錄)』에는 그가 자각한 것으로는 일절 기록되어 있지 않다. 그는 당시 조선을 대표하는 중국 학술통이라고 해도 좋을 인물이었기 때문에 그의 이번 연행을 전후하여 조선에서 한학의 유행이 겨우 명확하게 인식되고, 자각되었다고 할 수 있다.

한학이 중국에서 유행하고 있다는 정보는 그 후 재빨리 조선에 전달되었다. 그리하여 김정희의 연행에 이르러 비로소 한학을 본격적으로 도입하게 되었던 것이다. 그의 연행은 1809년(가경 14, 순조 9)의 일이었다. 그는 귀국 후에도 청조의 옹방강(翁方綱)과 그의 아들 옹수곤(翁樹崑), 그의 제자이며 또한 신재식과의 회합에서 자택을 제공했던 섭지선 등과 몇 번이고 편지를 왕복하여 한학의 도입을 꾀했던 사실에 대해서는 후지쓰카의 저서에 상세하게 나와 있다.

김정희의 연행을 전후하여 중국에서는 한학과 송학 간에 논쟁이 벌어

47 柳得恭,『燕臺再游錄』,『遼海叢書』4, 9면. "此行爲購朱子書, 書肆中既未見善本.紀公曾求諸江南云, 而亦無所得.『紀公所云』, 邇來風氣趨爾雅·說文一派者, 似指時流, 而其實漢學·宋學·考古家·講學家等標目, 未必非自曉嵐倡之也.見簡明書目, 論斷可知也.……程朱之書不講, 似已久矣.中國學術之如此, 良可歎也. (陳鱣)問余曰, 尊處列學官者, 用宋儒, 抑用漢儒.余曰, 尊奉朱夫子傳注章句研經者, 又不可不參看古注疏.問, 有爲六書之學否.答, 或有之.仲魚曰, 通此學, 方可讀經."

지고 있다는 정보도 조선에 들어왔다. 예를 들면 남공철(南公轍)은 1812년에 심상규(沈象奎)와 이광문(李光文)이 연경에 갈 때에 그들에게 보낸 송서(送序)에서 "지금 중국에서는 대체로 정주(程朱)의 학을 중심으로 하고 있지만 때때로 한유(漢儒)를 받아들이는 자가 출현하고 있는데 그 학문은 점차 왕성해지고 있다. 송학이 옳다고 주장하는 자는 고주(古注)를 천착하는 데에 불과하다고 하여 한학을 물리치고, 한학을 옳다고 하는 자는 송유를 부유(腐儒)라고 단정하니, 서로 자기의 견해를 주장하여 일치하지 못하고 있다"고 말하고 있다.[48]

남공철 자신도 1807년(가경 12, 순조 7)에 연행하여 많은 중국 지식인과 교유하였다. 그의 『일기(日記)』에 따르면 예를 들면 제유인(諸裕仁) 등과 한학 · 송학에 대해 필담했을 때는 이미 '의리(義理)는 주자를 위주로 해야 하고, 훈고(訓詁)에 대해서는 한유를 완전히 버려서는 안 된다'라고 하는 일종의 절충론을 이야기하였다.[49]

또 조인영(趙寅永)도 1813년(가경 18, 순조 13)에 연행한 홍기섭(洪起燮)을 위하여 쓴 송서에서, 중국에서는 근래에 허식을 존숭하게 되었다고 탄식하면서 "그 경술(經術)에서는 주소(註疏)를 풀과 가위로 발라내어 '고정(考訂)'이라는 등으로 칭하지만, 리(理)와 의(義)가 도리어 알지 못하게 되었다."고 비판한다.[50] 그 또한 한학의 일면을 확실히 파악하고 있었다고 해도 좋을 것이다.

---

48 南公轍, 『金陵集』 권11, 送沈大學士象奎李侍讀光文赴燕序(『韓國文集叢刊』 272책, 民族文化推進會, 2002, 199면). "顧今中州之學, 大抵皆宗程朱, 而間有主漢儒者出, 其學漸盛. 主宋者斥古注爲穿鑿而棄之, 主漢者指宋儒爲腐, 各主己見, 又不能合而一之. ……士之生於今世者, 當以程朱之義理, 漢儒之訓詁, 合而讀之, 以求其旨之所安而已. 奚必斥爲漢儒之辨析精義微辭, 不能盡合於孔子之舊."

49 南公轍 『日記(燕行日記)』 嘉慶 13(純祖 8)년 정월 6일. "義理當主朱子, 而訓注(詁)則漢儒亦不可全棄."
南公轍의 『日記(燕行日記)』에 대해서는 본서 제 15장 630면.

50 趙寅永, 『雲石遺稿』 권9, 送內兄洪癡叟學士起燮行臺之燕序(『韓國文集叢刊』 제299책, 172면).

또 조인영이 1815(가경 20, 순조 15)년에 연행할 즈음, 이번에는 성해응(成海應)이 송서를 써서 '자신은 청의 학자가 고증으로 일삼고 있다고 들었다'고 하고, '한학은 명물도수(名物度數)에 상세한데, 이(理)도 당연히 여기에 포섭되어 있을 것이다. 송학은 천인성명(天人性命)에 밝지만, 명물도수도 여기에 혼재해 있을 것이다. 그런데 그 문호가 나뉘고, 서로 공격해 마지않는다'고 비판하였다.[51]

권복인(權復仁)은 신재식보다 4년 앞서, 김선신보다는 겨우 3개월 전인 1822년 7월에 연행을 떠난 인물이다. 중국 학술계의 현황에 대한 그의 관심 또한 주로 한학과 주자학 어느 쪽이 유행하고 있었는가라는 것이었다. 그는 장원이 되어 한림수찬(翰林修撰)이었던 진항(陳沆)의 북경 사저(私邸)를 방문하여 필담을 나누었다. 권복인이 '중국의 경술은 한유의 주소(注疏)를 주로 합니까, 정주의 훈고를 주로 합니까'라고 묻자, 진항은 '전적으로 흠정(欽定)의 경의(經義)를 사용하고 있습니다'라고 답하였다. 이에 '흠정의 것은 어떤 경의를 사용합니까'라고 물으니, '고주(古注)와 정주를 참조하여 사용합니다'라고 대답하였다. 또 그가 철림(鐵林)이라는 만주 사람, 1813(가경 18)년에 진사로 형부주사가 되어 국사편수도 겸하고 있던 인물과 만났을 때도 '중국의 경의는 모두 정주의 훈고를 숭상하고 있다고 하는데 사실입니까'라고 묻고, 그렇다라는 대답을 듣자, '고주(古注)도 참조하여 사용합니까?'라고 거듭 물었다. 이어 '육왕(陸王)의 학문은 지금도 계속합니까'라고도 묻고 있다. 그는 중국 학술의 동향에 대해, 한학이 지금 성행하고 있는지 아닌지를 알고 싶어했다. 동시에 양명학은 한학이 유행하는 가운데서 어떻게 되었는지에 대해서도 신경이 쓰였던

---

51 成海應, 『研經齋全集』 권13, 送趙義卿遊燕序(『韓國文集叢刊』 제273책, 293면). "吾聞北方之學者, 以考證爲事.……彼皆根據鑿鑿而無竅言, 東人固不能及此, 況敢輕之哉.……是雖東人之所不能及, 亦不急之務也.蓋漢學深於名物度數, 而理固包括焉.宋學明於天人性命, 而數亦錯綜焉.顧其門戶既分, 相攻擊不已.苟能合漢學宋學, 而俱操其要, 以及乎博文約禮之訓, 則學於是乎優如矣.考證之學, 固不足論, 況又聲律書畫哉."

것이다.[52]

권복인이 진항과 함께 공자진(龔自珍)의 자택을 방문했을 때의 필담은, 신재식의 것과 중첩되어 꽤 흥미롭다. 여기에서는 위원(魏源)도 동석하였다. 권복인이 공자진에게 '젊었을 때에는 어떤 경전을 공부하였는가'라고 물으니, 공자진은 과거 공부를 했기 때문에 대부분의 경사(經史)는 공부했다라고 하고, '선천적으로 금석 고문을 좋아했다'고 대답했다. 또 공자진이 조선의 역사에 관심을 표한 뒤, '일본에는 진시황에 의한 분서 이전의 고경(古經)이 있다. 당신 나라에서는 이를 볼 수 있는가'라고 물었다. 이에 대해 권복인은 '우리 나라는 왜(日本)와 바다를 사이에 두고 있으며, 때때로 통신사를 보내기는 하지만, 그 나라의 풍속은 경박하고 사나우며, 거짓말을 잘한다. 자신들은 서복(徐福)의 자손이라고 말하지만, 옛날의 문자를 봤다는 것은 매우 얄팍한 것으로 촌스럽다. 고경(古經)이 있는지 없는지는 짐작할 수 있다'고 대답하였다.[53] 중국에서는 한학이 유행하는 가운데 일본에 잔존하는 고경에 대한 관심이 높아져, 이를 조선 지식인에게 물었고, 이에 대해 조선 지식인이 일본의 학술은 열등한 것이라고 인식하고 있다고 전한 것으로 신재식의 경우와 매우 흡사하다.

또 1822년(도광 2, 순조 22)에 김선신과 김명희가 북경에 연행 갔을 때, 이명오(李明五)는 다음과 같은 글을 두 사람에게 보냈다.

---

52 權復仁, 『天游稿燕行詩』 塵史(壬午)(林基中編, 『燕行錄全集』, 서울, 東國大學校出版部, 2001, 94책, 93 · 100면) 林基中은 이 사료를 1882년의 연행 때의 것으로 하였으니 이것이 1822년 연행 때의 것이라는 것은 내용을 읽어보면 의심의 여지가 없다. 또 그 내용은 시문으로 이루어져 있는데, 임기중에 의한 서제(書題)는 부적절하다. 權復仁의 『天游稿』는 『天游先生文集』으로 『韓國歷代文集叢書』 제590 · 591(서울, 경인문화사, 1993)책에도 수록. "問, 上邦經術, 主漢儒注疏乎, 主程朱訓詁乎. 答, 專用欽定經義. 問, 何朝欽定. 答, 康熙時. 問, 欽定主何義. 答, 古注程朱參用. ……. 問, 上國經義竝遵程朱訓詁, 信否. 林答然. 問, 古注參用耶. 林答, 康熙乾隆時, 欽定經義, 專尙程朱, 參以古注."

53 상게서, 95면. "余問龔, 早年治何經. 龔答, 爲科業, 故略治經史. 性好金石古文耳. ……龔問, 日本有秦火前古經, 貴國得見否. 答, 弊邦與倭隔海, 或通使命, 而其國俗輕剽虛詐, 自稱徐福之後, 曾見其文字, 膚淺鄙俚. 古經之有無, 推而可知."

> 서건학(徐乾學)과 이광지(李光地) 다음에는 명망이 높은 유자는 적고 북경의 문운(文運)은 아마도 번성하지 않을 것이다.[54]

서건학과 이광지는 모두 강희 연간의 주자학자로 유명하다. 이명오는 스스로 연행한 체험은 없지만 중국 학술의 현황을 이같이 파악하고 있었다. 이명오의 이름은 통신사와 관련이 있어서, 본서에서도 한 번 등장하므로 기억해둘 필요가 있다. 그것은 1748년 통신사의 일원으로 일본에 가서, 일본의 고학자(古學者)와 고학이 바른가, 주자학이 바른가라는 논쟁을 한 이봉환(李鳳煥)의 아들로, 『화한창화집(和韓唱和集)』을 통해 오사카의 미나모토 토카구(源東郭, 菅東郭)를 알았던 인물이다. 또 자신이 1811년 통신사의 일원으로 일본에 가서 코가 세이리와 필담하며 '일본의 학술은 바르지 않다'라고 주장한 인물이다.[55]

적어도 이처럼 북경의 학술정보가 가장 빠르게 들어가는 서울에서는 김정희가 연행하고 귀국한 전후로 청나라에서는 한학(漢學)이 유행하고 있고, 그것도 송학과 대립하고 있다는 정보는 거의 정확하게 전달되었다.

김선신의 연행은 1822년(도광 2, 순조 22)의 일이다. 이는 김정희의 연행에서부터 헤아리면 13년 후의 일이며, 신재식의 연행은 그로부터 다시 4년 후의 일이다. 김선신도 신재식도 김정희의 주변에서 가장 가까운 인물이다. 그들은 당연히 청의 새로운 학술의 움직임 즉 한학과 송학의 대립에 대해서 그들이 연행하기 전부터 어렴풋이나마 알고 있었다고 생각해야 한다. 새로운 학술이 유행하는 가운데 주자학이 존숭되지 않고 있음을 걱정했던 것은 결코 김선신이나 신재식만은 아니었다. 신재식과 같은 연행사의 일원으로 참가한 홍석모(洪錫謨)도 "학술이 여러 갈래로 갈라

---

54 李明五,『泊翁集』 권7, 金西堂尚書充上价赴燕, 云云. "徐李以後宿儒少, 燕京文運恐不昌(徐乾學 · 李光地).

55 본서 제9장, 384면.

져 청탁이 섞여 있어서 자양(紫陽; 주자학) 일파는 아마도 진(眞)을 상실할 것이다."라며 중국 학술의 위기적 상황을 시로 읊고, 여기에 스스로 주를 붙여 다음과 같이 말했다.

> 학술에는 문장가, 고증가, 한묵가(翰墨家), 금석가가 있는데, 오직 고증가만이 도학에 가깝다고 한다. 그러나 그 숭신하는 것은 각각 나뉘어, 고증가 모두가 주자학을 위주로 하고 있는 것은 아니다. 이것은 참으로 세도(世道)의 걱정거리이다.[56]

그는 새로운 학술의 동향을 '세도(世道)의 걱정거리'라고 표현했다. 그가 "고증가만이 도학(道學)에 가깝다."고 말한 것은, 대진의 『맹자자의소증(孟子字義疏證)』 등을 상기시킨다. 혹은 지금까지 서술해온 왕희손 등 절충학파를 염두에 둔다면 이해할 수 있는 것인데, 기묘하다면 기묘한 표현이다. 이렇게 말하는 것은 "진짜 도학은 송학이다"라고 한다면 "고증가만이 송학에 가깝다"고 말하는 것과 같기 때문이다. 홍석모의 눈에는 그 정도로 북경에서 그전까지의 송학을 하는 사람의 숫자는 극히 적고, 대다수의 사람들이 고증학의 영향을 받고 있는 것으로 비쳤던 것이리라. 사실, 청조에서 주자학이 존숭되지 않게 된 것은 이보다 훨씬 전부터 시작된 일이며, 학술이 여러 갈래로 갈라진 것도 훨씬 전부터였다. 한편 당시 조선에서 학술은 거의 송학 하나였기에, 그런 의미에서 대체로 국내의 문화질서는 안정되어 있었다고 말해도 좋다.

또 아무리 이웃 나라인 청조가 그들이 경멸하는 '이적(夷狄)'의 나라였다고 하더라도, 이 해석을 뒷받침하는 『춘추(春秋)』의 이념에서 본다면,

---

56 洪錫謨, 『游燕藁』 권하, 皇城雜詠一百首(『燕行錄全集日本所藏編』 1책, 632면하). "操觚吮墨捷如神, 才氣沾□思出倫, 學術多岐涇渭混, 紫陽一脈恐喪眞(……學術則有文章家, 有考證家, 有翰墨家, 有金石家.惟考證之家謂近於道學, 而崇信趣向各自分岐, 未必皆以朱學爲主.是誠世道之憂也)."

중국땅은 어쩌다가 '이적'이 부당하게 점거하고 있는 것에 불과하다. 또 어디까지나 본래는 '중화(中華)'의 세계이며, 자국 조선은 '외이(外夷)'의 세계였다. 신재식조차도 논의 자리에서 "저는 외이(外夷)이고, 왕희손 씨는 화인(華人)입니다(僕則外夷也, 孟慈華人也.)"라고 말했다.

신재식의 이 말에 아무리 굴절이 있다고 하더라도 당시의 조선 지식인이 일반적으로 갖고 있던 '소중화(小中華)' 사상으로 보자면, 그가 논쟁 상대로 삼고 있는 인물은 틀림없는 '중화(中華)' 사람이어서, 그 같은 말은 거짓 없는 마음이었음에 틀림없다. 그 '중화'의 세계에서 송학이 쇠퇴하고 대신 한학이 유행하고 있는 것은, 정신세계에서의 질서, 문화적 질서를 혼란케 하는 것에 다름아니고, 북학 또는 실학이라고 불리는 학술이 시작된 이래, 언제나 '중화'의 학술 동향에 관심을 갖고 그 영향을 받지 않을 수 없었던 조선 지식인에게는 "참으로 탄식할 만한"사태이며 "참으로 세도의 걱정거리"였다.

그러나 관견하는 한 김선신만큼 이 문제에 관해서 과감하게, 또 집요하게 청조의 학자에게 도전한 사람은 없으며, 『필담』만큼 그 논쟁에 관해서 상세하게 기록한 것을 달리 알지 못한다. 여기서 새삼 밝혀야 할 문제는 왜 김선신이 그토록 집요하고도 철저하게 청조 지식인을 상대로 한학을 비판했는가이다. 그의 한학 공격은 왕희손이나 왕균 등 곧 당시의 학술을 대표하는 청조의 학자를 논쟁으로 끌어냈으며, 그들로 하여금 반격의 편지를 쓰게 했고, 그들로 하여금 신재식을 상대로 논쟁하도록 자극할 만한 것이었다. 그리고 이미 말한 것처럼 국내에서도 친구인 김명희와 『고문상서』의 진위를 둘러싸고 7, 8회 서신을 주고받으며 논쟁했다.

그러나 여기에서 뒤집어 생각해보면, 아무리 오로지 송학만을 중시하는 사회라고 하더라도, 그처럼 한학을 전면 부정하지 않고 송학과 함께 한학의 좋은 점은 취한다는 절충적인 입장을 취할 수도 있었을 것이다. 사실 예를 들면 홍석주(洪奭周), 신작(申綽), 정약용(丁若鏞), 성해응 등은 제각기 정도의 차이는 있지만, 거의 같은 시기에 한학과 송학을 절충하

는 입장에 서 있었던 것이다.[57]

앞에서 든 남공철도 마찬가지로 절충론자이며 "선비로서 지금 세상을 살아가는 자는 정주의 의리와 한유의 훈고를 함께 읽고, 그 의미가 귀결되는 곳을 찾아야 한다."고 주장하였다. 무엇보다 한학 도입을 본격적으로 시작한 김정희 자신이 전형적인 한학·송학 절충론자였다. 그는 「실사구시설(實事求是說)」을 지어 한유(漢儒)는 훈고에 뛰어나고 송유(宋儒)는 도학(道學)을 처음으로 밝혔다고 말한다. 그리고 양자 모두를 높이 평가하면서 한학을 문[門逕]으로 비유하고 송학을 당실[堂室]에 비유하였다. 결론적으로 문 없이는 방으로 들어갈 수가 없다고 하여, 훈고를 상세하게 연구하지 않고 성현의 도에 들어갈 수 없다고 하는 것이다.[58] 게다가 왕희손 등 청조 지식인은 송학을 배척하려던 것이 전혀 아니고 송학과 한학 양쪽을 다 존숭해야 한다고 말한 것에 지나지 않는다. 굳이 김선신이 한학을 비판하지 않고도 송학을 지킬 수 있었던 것이다.

무엇이 김선신을 한학을 철저하게 비판하도록 몰아세웠는가는 문헌에서 밝힐 만한 것이 없어서 정확한 것은 알 수 없다. 어쩌면 단순히 그의 됨됨이가 그렇게 시킨 것일 뿐인지도 모른다. 혹은 자국에 대한 긍지, 청조 멸시와 조선자존의 마음이 남보다 강해서 자국의 정체성을 지키려 했던 것인지도 모른다. 또 어쩌면 당시로서는 드물게 일본의 학술 정황도 알고 있는 국제인이었다는 사실이 거꾸로 그를 한학 비판으로 몰아세운 것인지도 모른다. 이러한 점들은 모두 나름대로 충분한 가능성이 있다고 생각한다.

그러나 여기서는 굳이 그가 한학을 순수한 학술이론으로서 그가 어떻게 생각했는가가 아니라, 그 자신이 현장에 있었던 한학·송학 논의의

57 앞의 주 6, 金文植 著書.

58 앞의 주 31, 金正喜著書 권1, 實事求是說(81면). "漢儒于經傳訓詁, 皆有師承, 備極精實. ……兩宋儒者闡明道學, 于性理等事精而言之, 實發古人所未發.……訓詁者門徑也.一生奔走于門徑之閒, 不求升堂入室, 是廝僕矣."

주변을 살펴보고 싶다. 즉 북경에서 한학이라고 하는 학술이론을 연구하는 학자를 인간으로서 어떻게 보고 있었는가, 또 구체적으로 조선에 한학이 도입되어 가고 있는 가운데 무엇을 듣고 무엇을 보았는가, 혹은 그렇게까지 확신할 수 없다면 무엇을 듣고 무엇을 보았을 가능성이 있는가라는 관점에서 이 문제를 따져보고 싶다. 이처럼 한학 · 송학 논의의 주변을 본다고 하는 것은 그 논의가 어떠한 상황에서 이루어졌는가를 분명히 하는 것일 뿐만 아니라, 실제로 한학이 조선에 도입될 때 구체적으로 어떠한 문제가 수반될 수밖에 없었는지를 밝히는 것이 될 것이다.

여기서 다루는 것은 김선신이 실제로 만났거나, 혹은 매우 빈번하게 그 소문을 듣고 있었음에 틀림없는 세 사람, 즉 한 사람은 김정희가 스스로 문을 두드려 스승으로 모시게 된 옹방강(翁方綱)이며, 또 한 사람은 그 아들 옹수곤(翁樹崑)이며 마지막 한 사람은 그의 애제자 섭지선(葉志詵)이다.

우선 옹방강을 살펴보자. 그는 금석학이나 문자학 또는 중국 고대(古代)의 명물(名物)에 관해서 당시를 대표하는 학자였는데, 학술 방법으로 한학과 송학의 겸용을 주장했다. 예를 들면 당시 조선 지식인과도 교유했던 진용광(陳用光)에 보낸 편지 등에 분명하다.[59] 그 편지는 "의리(義理)를 말한다는 것을 빙자하여 고정(考訂)을 배척하고 마침내는 고정하는 일을 사설(邪說)과 같다고 말하는" 자에게 반론을 가한 것으로, "그 같은 생각은 고정(考訂)이라는 것을 모르는 것일 뿐만 아니라, 의리(義理)라고 하는 것조차도 모르는 것이다. 애당초 고정의 학문에서 왜 꼭 고정하고자 하는가, 그것은 의리를 밝히기 위해서일 뿐이다."라고 논박하고 있다.

의리를 밝힌다고 하는 것은 간단하게 말하면 천지 인간을 관통하는 도리와 사람으로서 어떻게 살아야 하는지를 밝히는 것이다. 그는 고증(考

59 『翁方綱題跋手札集錄』, 致陳用光(桂林, 廣西師範大學出版社, 2002, 557면). "昨見尊集有王君芑孫紅字識語, 因言義理而斥考訂, 遂比之於邪說, 此不特不知考訂, 抑且不知義理也.夫考訂之學何爲而必欲考訂乎.欲以明義理而已矣."

證)이 고증을 위해 있는 것이 아니며, 어디까지나 의리를 밝히는 더 높은 목적을 위해 있는 것이라고 주장하였다. 김정희에게 보낸 편지에서도 "의리의 학문이 있고 고정의 학문이 있다. 고정의 학문은 한학(漢學)이고, 의리의 학문은 송학(宋學)이다. 그 두 가지는 대도(大道)에 있어서는 한 가지다."라며 정주의 가르침을 충실히 지켜야 함을 설파하고 있다.[60] 이 또한 전형적인 절충론이며, 사리에 맞는 말이기는 하지만, 거꾸로 말하면 독도 안 되고 약도 안 되는 견해라고 해도 좋을 것이다.

그런데 그는 그의 말대로 정주의 가르침을 충실히 지키고 있었는가. 또 그는 정주학에서 중시하는 실천에 성공하였던가. 아니 그것은 본인의 마음가짐에 불과하다고 한다면, 적어도 남들은 그가 정주의 학을 지키고 실천하고 있다고 보았을까. 이런 말을 하는 것은 조선연행사의 한 사람이 옹방강에 관해 다음과 같은 기록을 남겼기 때문이다.

> 옹방강, 호는 담계(覃溪)이다. ……재물을 탐내 부를 이루었는데, 중국의 사대부는 이것을 경멸하고 있다. 그의 아들과 손자는 영락(零落)하여 무명인사가 되고 말았다.[61]

이는 1828년(도광 8, 순조 28) 연행사의 기록으로 신재식의 연행 그리고 김선신과 청조 지식인 간의 논쟁이 벌어진 지 2년 후의 일이다. 옹방강이 사거한 것은 1818년(가경 23)의 일이므로, 그의 죽음으로부터 10년 후의 일이다. 그런데 10년이 지나서도 북경에서는 옹방강은 '탐재치부(貪財致富)'로 알려져 있으며, 중국인 사이에서 경멸당하고 있었는데, 이것이 조선에도 전해진 것이다. 고정(考訂)에 힘씀과 동시에 정주(程朱)의 가르침

60 상게서, 致金正喜(542면). "有義理之學, 有考訂之學. 考訂之學, 漢學也. 義理之學, 宋學也. 其實適於大路則一而已矣."

61 앞의 주 26, 朴思浩 著書(885면상). "翁方剛(綱)號覃溪, 文章筆法, 頗有盛名, 與東人酬唱亦多, 而專尚蘇學, 又崇佛法. 貪財致富, 中國士大夫鄙之, 其子若孫, 零替不顯."

을 충실하게 지킨다는 주장은 '탐재치부'와는 어떻게 연결되는 것일까. 우리들은 여기서 김선신이 옹방강을 '속유(俗儒)'라고 평한 것을 상기해야 한다.

다음에는 그의 아들 옹수곤이다. 김정희는 조선에 귀국한 다음에도 옹방강과 편지를 교환하여 그의 지도를 받음과 동시에, 세대가 보다 가까운 옹수곤과 빈번하게 편지 교환을 계속했다. 북경에 있는 사료(史料), 정확히 말하면 북경에만 있는 사료 배달을 부탁하기에 옹방강은 너무나 높은 존재였다. 그러한 점에서 자기보다 한 살 많은 옹수곤이 김정희로서는 부담 없이 부탁할 수 있는 편한 존재였던 것 같다. 한편 옹수곤에게도 김정희나 김정희의 소개로 차례 차례 그 앞에 나타나는 조선 지식인들은 또한 조선에 있는 문헌 정확히는 조선에만 있는 문헌을 입수하기에 더할 나위 없이 귀중한 존재였다.

한학(漢學)은 독창성을 가장 중요시하는 학문이다. 독창성을 드러내기 위해서는 다른 사람이 아직 도달하지 못한 견해를 내놓든가 다른 사람이 아직 내놓지 못한 자료를 내놓지 않으면 안 된다. 어떤 방향만이라도 누군가가 이미 제시하였다면, 후자가 보다 용이하다. 옹수곤은 하나밖에 없는 옹방강의 자식으로 부친의 기대와 총애를 한 몸에 받으면서 이 독창성을 어떻게든 드러내려고 하였다. 그래서 그는 부친이 귀하게 소장하고 있는 자료와 부친이 개척한 인맥을 최대한 이용함으로써 아직 미개척인 '조선금석학'이라고 해야 할 분야를 개척하여 독창성을 드러내 이름을 날리려고 생각했던 것 같다.

그 증거 중 하나가 중국국가도서관(中國國家圖書館; 북경도서관北京圖書館)에 현존하는 옹수곤이 소장했던 『해동문헌(海東文獻)』이다. 해동은 조선을 말한다. 그것은 명백하게 그가 조선금석학에 관련된 어떤 저작을 이루려고 했음을 말해주고 있다.[62]

---

62 村尾進, 「李鼎元撰『使琉球記』解題」(夫馬進編, 『增訂使琉球錄解題及び研究』 宜野灣, 榕樹

그리고 또 다른 증거는 후지쓰카 치카시가 수집하여 소개한 바 있는 옹수곤이 김정희 등 복수의 조선 지식인에게 쓴 편지이다. 그것은 옹수곤이 조선금석학에 뜻을 두고 있었음을 보여줄 뿐만 아니라, 그의 한학 즉 연구 방법이 어떠한 것이었나를 전하는 것으로 흥미롭다. 예를 들어 조선의 이광문(李光文)에게 보낸 편지가 있다. 이광문은 1812년(가경 17, 순조 12)에 연행할 때 김정희의 소개로 옹수곤과 안면을 텄는데, 귀국 후에도 그와 편지 교환을 계속하였다. 똑같이 한학 즉 고증학을 지향하는 그들에게 있어서는 무엇보다도 자료가 중요하며, 그 독창적인 원본 자료를 보내주는 지인(知人)이 필요했다.

옹수곤이 이광문에게 보낸 편지 중에는 그가 필요로 했던 조선 비각(碑刻)의 탁본을 자기에게 보내달라고 하면서, 비문 목록 한 권을 첨부하도록 강요하였다. "당신은 내가 어떤 사람인지 잘 아시고 나를 좋아하시기도 합니다. 결코 만 리 먼 곳에 있는 우인의 부탁을 거절하지 않으실 것입니다."라는 말까지 하며 압력을 넣었다.[63] 후지쓰카는 이에 대하여 "그 유명한 금석적벽(金石積癖)이 어떠한 것이었는지를 잘 보여주는 것"이라고 평하며 적당히 넘어갔지만, 우리들은 좀더 솔직하게 '후안무치(厚顔無恥)'라고 생각한다.

마찬가지로 김정희를 통하여 친교를 맺은 홍현주(洪顯周)한테도 조선의 비각 · 서적을 찾아서 정리해달라고 의뢰하면서, 그 대신 "김정희조차 아직 갖고 있지 못한 탁본을 보낼 테니 감사하는 마음으로 받을 것, 또 부친이 누구에게도 보여주지 않는 비장(秘藏) 중의 비장, 원나라 사람의 발문(跋文)도 기회를 봐서 전부 필사하여 보내줄 것이다."라고도 말하였다.[64] 부친 옹방강이 아직 생존해 있었기 때문에, 간단히 말하자면 부친

書林, 1999, 127면)에 『海東文獻』에 대한 간략한 설명이 있다.

63 앞의 주 5, 藤塚鄰著書, 165면.

64 상게서, 173~174면.

몰래 필사해 주겠다는 것이다. 게다가 조선의 옛 탁본을 북경에 보내는 것에 대해서는 "부탁한 고비(古碑) 탁본은 오로지 나 옹수곤에게만 보내준다면 그 탁본도 임자를 제대로 만나는 것이다. 결코 경솔하게 다른 우인(友人)에게 보내서 이 옹수곤의 즐거움을 빼앗지 않도록 주의할 것"이라고 한마디 덧붙였다. 이것도 역시 우리들은 솔직하게 '완물상지(玩物喪志)'라고 평한다. 이 편지들은 그의 나이 30세 전후에 써서 보낸 것이다.

당시 중국의 금석학계는 꽤나 경쟁이 심했던 것 같다. 그 격렬한 경쟁 속에서, 게다가 부친의 압박을 받으며 독창성을 발휘하지 않으면 안 되었다. 그렇다면 가장 손쉬운 방법은 부친이 개척해준 이국(異國) 조선의 사람들과의 관계를 최대한 이용하여 미공개의 조선 비각 탁본을 남보다 하루라도 빨리 한 점이라도 더 많이 손에 넣어, 이것을 교감(校勘)한 다음에 공개하여 '연구업적'으로 삼는 것이다. 이런 종류의 '독창성'은 한학이 갖는 일종의 숙명이다. 특히 한학 제2세대 이후의 학자로서, 시간과 자금의 여유가 있으며 혜택받은 지위에 있는 자라면 누구라도 만들어낼 수 있는 '독창성'이었다.

원칙적으로 한학 즉 고증학은 '의리(義理)'를 밝히기 위한 것이다. 그것은 한학을 주장하는 사람이라면 누구라도 주장하는 것이다. 옹방강이 제자들에게 그렇게 가르쳤던 사실에 대해서는 이미 서술했다. 그러나 한학에 몰두하는 일부는 옹수곤처럼 '의리'와는 전혀 무관하게 오로지 '완물상지(玩物喪志)'의 길을 걸어갔던 것이다. 우리들은 여기서도 김선신이 옹방강을 '잘못된 방향으로 사람들을 학문에 힘쓰게 한다'고 평하였던 사실을 상기해야 할지도 모르겠다.

그런데 김정희는 이 같은 인물과 지속적으로 교제했을 뿐만 아니라, 많은 우인을 차례차례 소개하고, 그 답례로 조선에만 있는 문헌을 보냄으로써 한학 도입에 부지런히 매진했다. 김정희와 가장 가까운 곳에 있던 김선신은 한학의 조선 도입을 과연 어떻게 보고 있었을까.

마지막으로 섭지선이다. 섭지선은 이미 말한 대로 금석학의 대가인 옹방강의 애제자이다. 그 자신도 금석학에 관한 저서를 갖고 있는데, 『평안관장기목(平安館藏器目)』, 『평안관금석문자칠종(平安館金石文字七種)』 등은 현재 남아 있다. 거인(擧人)에 그치고 말아 끝내 진사가 되지 못했는데, 1827년 신재식과 만날 당시에는 국자감전적(國子監典籍)이라는 벼슬에 있었다. 신재식이 국자감에서의 교수법에 대해서 질문하였을 때 "매일 과제를 내주고 매월 시험을 보아 게으름 피우지 못하게 할 따름이다."라고 대답하였다(정월 21일). 그는 조선연행사로 갔던 사람들과 널리 교제하여, 그들 사이에서 아주 유명한 인물이었기 때문에 각종 연행록에 그의 프로필을 다양하게 전하고 있다.

김선신도 1822년(도광 2, 순조 22)에 연행했을 때 만난 일이 있다. 그 면담 중에 "작년 귀국의 권씨 성을 쓰는 사람이 여기에 왔었는데, 그와 필담을 하던 중에 본조(本朝)의 문제에 관해 이야기를 하게 되었습니다. 그 자리에 모인 모든 사람들이 불쾌해져서 담화를 멈추었습니다. 그 후 나는 귀국 사람과 만나기 싫어졌습니다."라고 말했다 한다.[65] 본조의 문제, 즉 청조의 문제는 말할 것도 없이 만주족에 의한 중국 통치에 관한 것이다. 김선신으로부터 이 이야기를 들은 『연행잡록(燕行雜錄)』의 저자는 섭지선을 '범용(凡庸)하고 비천한 인간이다'라고 평하고, 우리나라 사람들에게 이런 말을 하는 것은, 마음속으로부터 미워하고 있는 것이며, 마음 깊이 싫어하는 기분이 있기 때문이라고 하기도 하고, 또 "일찍이 섭지선을 본 적이 있는데, 얼굴 생김새도 괜찮고 머리도 좋아 보이는데, 경박하기 짝이 없고 결코 중후한 군자는 아니었다."라고 평하였다. 또 "국자감의 정원외 조교[額外助敎]가 된 지 10년이 되어도 승진하지 못하고 있다."고

65 앞의 주 36, 内篇, 日記, 道光 7년 정월 25일. "葉志詵嘗謂淸山曰, 年前, 貴國有權姓人來此, 與之筆談, 語及本朝, 滿座皆不樂而罷. 自其後, 不欲見貴國人. 葉之此說, 若謹慤而實未免庸卑. 渠以漢人當其時, 設聞忌諱之說, 外麾之而内許之可也. 今對我人輒說其事, 顯有深惡眞諱之意, 足爲一慨. 嘗見葉志詵, 面貌雖端皙, 輕佻殊甚, 決非重厚君子. 爲國子監額外助敎, 十年不遷."

부기하고 있는데, 마치 이렇게 비천하고 쓸모없는 인간이기 때문에 승진도 못했다라고 말하는 것 같다. 김선신 스스로도 상당히 불쾌한 생각을 가졌을 것이라는 것은 상상하기 어렵지 않다.

물론 또 다른 관찰도 있다. 신재식이 섭지선과 만나기 꼭 일 년 전에 『수사일록(隨槎日錄)』이라는 연행록을 쓴 작자는 섭지선을 본 적이 있다. '저 사람이 섭지선이다'라고 통역관이 가리키는 것을 보고 '사람 됨됨이가 보통사람들과 달리 빛이 나고, 넉넉함과 기품은 사람의 마음을 움직인다'라고 긍적적인 평가를 하고 있다.[66] 원래 이것은 자금성의 의식 자리에서 멀리서 본 것이긴 하다.

그런데 신재식이 섭지선을 만난 지 꼭 3년 후에, 마찬가지로 연행사였던 강시영(姜時永)이 섭지선의 자택 평안관(平安館)을 방문한 일이 있다. 그때의 인상을 "섭지선은 현재 52세이며, 수염도 머리도 희지 않고, 용모는 둥글고 편안해 보이지만 별로 문아(文雅)의 기품은 없다."고 평하였다. 강시영에 따르면 그가 사는 평안관은 옛날 기윤의 저택이라고도 하고 주이존(朱彛尊)의 저택이라고도 하는데, 그의 처는 학문의 스승인 옹방강의 딸이라고 한다. 그렇지만 강시영은 "문아(文雅)의 기품이 없다."고 평하였다. 게다가 그가 "유봉고(劉鳳誥)라는 인물은 어디 사람입니까? 그의 문장과 서한의 유명함은 천둥과 같이 울려 퍼지고 있습니다."라고 묻자, "확실히 유명하긴 하지만 술 탓에 오만하게 행동했기 때문에 죄를 입고 면직(免職)되어 고향으로 돌아갔소."라고 대답하였다. 대신 오로지 완원(阮元)의 학술을 칭찬해 마지않았던 점을 들어 "자기가 좋아하는 사람에게는 아부하고 자기와 다른 사람은 물리치는 인물"이라고 평하고 있다.[67] 얼핏

66 撰者未詳, 『隨槎日錄』, 道光 6년 정월 1일(『燕行錄全集日本所藏編』 제1책, 559면). "有葉舍人志詵, 善八分, 能詩詞, 我國亦知名.即日譯官指一朝士曰, 此葉舍人也.衆中尤見俊異, 豐度逸韵, 令人動魄.' 이 『隨槎日錄』에 대해서는 본서 15장 645면.

67 姜時永, 『輶軒續錄』, 道光 10년 정월 9일(『燕行錄全集』 권73, 191면). '東卿年今五十二, 鬚髮不白, 面貌圓暢, 而別無文雅之氣.……劉鳳誥何許人乎.文章筆翰盛名如雷, 在路已聞知

보면 이목구비가 뚜렷하고 온화한 인상이며 사람을 대하는 태도도 당당하지만 가까이서 잘 보면 왠지 약아빠지고 경박하며 품위가 느껴지지 않는다는 것이, 연행사들이 관찰한 섭지선이라는 인물에 대한 평인 것 같다. 부연하자면 『필담』에 보이는 섭지선의 모습도 매우 인상적이다. 『필담』에 기록되어 있는 가장 중요한 한학 · 송학 논의의 장면에서 그는 일절 침묵하고 아무 말도 하지 않고 있기 때문이다.

'탐재치부(貪財致富)'라는 평판이 있었던 옹방강, '완물상지(玩物喪志)'라고 평할 수밖에 없는 옹수곤, 그리고 '중후(重厚)한 군자는 아니다', '조선인을 마음에서 증오하고 있다', '자기가 좋아하는 사람에게는 아부한다'고 평가받은 섭지선. 이 가운데 우리들에게 분명한 것은 김선신 스스로가 섭지선을 만난 다음에 상당히 불쾌한 인상을 가졌던 것 같다는 정도이다. 다만 우리들은 당시 김선신이 서울에서 처한 정황을 생각할 필요가 있다. 그것은 김선신이 북경의 각 인물에 대해서 어떻게 지속적으로 소문을 들었고, 또 얼마나 상세하게 지인(知人)이 어떠한 편지를 받았는지를, 듣고 볼 수 있는 정황이었는가에 관한 것이다. 당시 서울과 북경 사이에는 적어도 1년에 두 번은 편지 교환이 가능했다.[68] 그리고 많은 조선 지식인이 북경을 방문하여 북경에서의 견문을 서울에 가져왔다.

사실 신재식이 북경에서 청조 지식인과 회합을 가진 일, 그리고 그때의 기록인 『필담』을 귀국 후에 편찬한 일은 틀림없이 김정희도 알고 있었다. 어쩌면 김정희 자신이 그 편찬에 참여했을 가능성조차 있다. 그리고 그 편찬이 끝났을 때 틀림없이 그도 그 기록을 읽었다. 그것은 신재식은 농담의 명수로, 그의 농담에 북경 평안관에 모인 그 자리의 모든 사람들이 웃음보를 터뜨렸으며, 왕균이 그를 '선학(善謔)'으로 칭찬한 일, 이것은

矣.葉曰, 此人果有此名.但使酒亢傲, 已爲被罪革職還籍, 亦有年矣.余見其氣色, 全無顧藉之意.曾聞中朝朝士, 亦有偏黨互相訾毁.此必劉非所好, 故雖對遠人, 如是非斥.……此皆所好者阿之, 而異己者斥之之意也."

68 『筆譚』, 정월 26일. "月汀曰, 頒朔亦可通信, 一年可兩至也."

『필담』의 내용을 읽지 않으면 절대로 알 수 없는 것인데, 김정희도 이 부분을 읽고는 웃음보를 터뜨렸기 때문이다.[69] 이는 북경의 정황에 관심을 기울이면서 서울에 있는 조선 지식인들이 얼마나 빈번히, 책을 통해서가 아니라 생생한 북경 정보를 접하고 있는가를 말해준다. 또 이미 말한 대로 양국 간의 한학 · 송학 논의가 공개되어 있다는 것을 말해준다.

신재식만 김정희와 가까이 있었던 것은 아니다. 다름 아닌 김선신 또한 옹방강 · 옹수곤 · 섭지선 등과 조선 지식인을 연결하는 가장 중요한 채널을 가졌던 김정희, 김명희 형제와 가장 가까이 있던 인물 중 하나이다. 19세기 서울의 지식인들은 16세기의 허균이나 조헌 등과 달랐다. 또 일본 에도 시대의 지식인들이 거의 무기(無機)적인 서적으로만 중국의 학술 동향을 알 수밖에 없었던 것과 달랐다. 그들은 북경의 살아 있는 학자와 접하고, 그들과 관련된 이야기를 빈번하게 들으며, 북경의 학자들에게서 받은 많은 편지를 읽으며 그 동향을 탐색하고 있었다. 우리들은 이 점을 생각해야 한다. 김선신이 몇 명의 중국 지인에게 몇 번이고 논쟁과 관련한 편지를 보낸 일, 옹방강을 '속유(俗儒)'라고 평하며 욕한 일, 그의 학술을 '잘못된 방향으로 사람들을 학문에 힘쓰게 한다'고 표현한 일이다. 여기에서 단순히 학술의 시비를 넘어서 상당히 감정적인 멸시를 느끼는 것은 필자만일까. 그는 스스로의 체험과 가까운 우인(友人)들에게 들은 체험에서, 새롭게 만나게 된 한학이라는 것에 대해서, 그 표면적인

69 앞의 주 31, 金正喜 著書 권9, 湊砌翠丈與燕中諸名士贈酬詩語談藪而成好覺噴飯(제284책, 178면에 「嘆酒東方添雅謔(王業友)」라고 되어 있듯이 이는 『筆譚』에 보이는 신재식이 『神仙傳』, 『蒙求』에서 보이는 난파(欒巴)의 고사를 바탕으로 '以酒東向噀之'이라고 말하는 것에 대해 이장욱이 '則雨澤及遠矣'라고 농담조로 받아들인 것을 읽었음이 틀림없다. 王筠이 '善謔'으로 신재식을 평한 것도, 『筆譚』에 수록되어 있는 王筠, 「王菉友噀酒歌」에 보이는 것이다. 김정희가 '噀酒東方添雅謔(王業友)'로 표현한 것은 이 필담 기록을 읽지 않고서는 있을 수 없는 일이다. 오히려 이 시에서 추측할 수 있는 것은 김정희가 신재식을 대신하여 『筆譚』을 편찬했다고 생각하는 것이 자연스럽다. 또 '王業友'라고 한 것은 王菉友의 명백한 오자이다. 본장 299면, '若成一編, 因便寄示也'는 다음과 같이 계속된다. "余曰, 謹領.東卿曰, 如不成, 當罰用金谷.余曰, 以酒東向噀之.月汀笑曰, 則雨澤及遠矣.菉友大笑曰, 雅人深致."

슬로건과는 반대로 매우 수상쩍은 냄새를 맡은 것은 아닐까.

이 같은 해석은 앞에서 열거한 몇 가지의 가능성과 같은 정도의 것에 불과하며, 그 이상의 것은 결코 아니다. 그러나 한학 · 송학 논의의 주변을 이와 같이 추적함으로써 그간의 연구에서는 지적되지 않았던 한학 도입의 실정(實情), 더 말하자면 조선의 한학 도입과 관련된 '제약(制約)'이라는 점을 분명히 할 수 있었다고 생각한다.

5. 맺음말

송학(宋學)의 쇠퇴와 한학(漢學)의 융성을 '세도(世道)의 근심거리'로 받아들이는 사람은 조선의 지식인만이 아니라 물론 '중화(中華)'의 내부에도 많았다. 가장 유명한 사람은 방동수(方東樹)로 1772년(건륭 27)생이다. 신재식이 1770년(건륭 35, 영조 46)생, 김선신은 1775년(건륭 40, 영조 51)생이므로 그들은 모두 같은 세대이다. 방동수의 주저(主著)인 『한학상태(漢學商兌)』의 자서(自序)는 1826년(도광 6)에 쓴 것인데, 이는 우연히도 신재식이 연행한 해에 해당한다. 방동수도 송학을 신봉하였기에, 그는 이 책에서 한학을 엄하게 비판하였다.[70] 김선신 그리고 신재식 등은 그들의 말을 빌리자면 '외이(外夷)'의 세계에서 '중화(中華)'의 세계에서 시작된 학술의 변동에 반응한 것에 대하여, 방동수는 '중화'의 세계 속에서 똑같이 질서의 변동에 대응한 것이었다고 할 수 있다.

그러나 '중화'에 몸을 둔 채, 이 세계의 학술 동향을 숙지하고 있는 사람의 눈으로 보자면, 1826년은 너무도 늦은 것이다. 한학(漢學)을 '건가(乾嘉)의 학(學)'이라고도 하는 것처럼, 그 최전성기는 이미 지나갔고 오히려 청나라 말기가 되면서 공양학(公羊學) 등 새로운 학술이 시작된 시대였다.

---

70 앞의 주 43, 錢穆著書, 517면.

방동수 스스로 그 서문에서 “한학을 행하는 학자가 유명해지기도 하며 또한 박학함으로써 사람들에게 존중될 뿐만 아니라, 필봉도 날카롭게 모든 학파를 꿰뚫어왔기 때문에 수십 년간 학문에 뜻을 두는 사람에게 커다란 장애가 되었다”고 말하고 있다.[71]

또 한학의 기념비적인 저작인 염약거의 『고문상서소증(古文尚書疏證)』이 완성된 무렵에서 따지자면 1826년은 이미 백수십 년이 경과하였다. 이와 같은 정세 속에서 방동수는 때를 기다리고 기다려서 반격에 나선 것이다. 이제 겨우 조선에 한학이 도입되기 시작한 때에, 한학에 반격을 가한 김선신이나 신재식과는 반격의 의미가 전혀 달랐다.

또 『한학상태(漢學商兌)』를 한번 읽어보면 거기에는 아주 심한 고증벽이라고 할 만한 것이 있는 것을 알아채게 된다. 거기에서는 우선 ‘범례(凡例)’를 설정함으로써 객관적인 원칙을 세우고, 본론에서 한학을 공격할 때는 염약거와 혜동(惠棟), 대진 등 한학자의 이름을 한 사람씩 들고 그들의 문장을 인용하면서 반론해 나간다. 김선신이 염약거의 『고문상서소증』이 틀렸다고 7, 8회에 걸쳐서 벗 김명희에게 논쟁을 도발했던 일은 이미 말했는데, 『고문상서』가 위서라고 하는 데에 대해서 방동수는 염약거 · 혜동의 저서가 나온 다음에는 ‘온 세상이 정론이 있음을 안다’고 완전하게 인정하였다.[72] 또 신재식처럼, ‘공자 이후에는 주자 한 사람만이 있을 뿐이다’와 같이 주자를 공자와 거의 동등한 지위에 올리는 것 같은 경솔한 말은 일체 하지 않았다.

여기서 우리들은 한학 비판을 철저하게 해나가기 위해서는 그 연구 수법을 차용하지 않으면 안 된다는 것을 알게 된다. 즉 한학의 목표는 ‘실사구시’이다. 김선신이나 신재식 등이 주장한 주자에 의해 이미 의리가 밝

71 方東樹, 『漢學商兌』 序例. “而其人皆以鴻名博學爲士林所重.馳騁筆舌, 串穿百家, 遂使數十年間, 承學之士耳目心思, 爲之大障.”

72 상게서, 권하. “按僞孔古文書, 至閻惠諸家書出, 擧世皆知已有定論.”

혀져 있는 것이기 때문에, 훈고는 이미 필요없게 되었다든가, 훈고를 밝히려면 역으로 의리를 밝히지 않으면 안 된다 등의 주장만으로는 전혀 논증이 되지 않고, 거의 반론도 되지 않는다. '누군가 이렇게 말하고 있다. 그러나 사실에 입각해서 보자면 그 주장은 옳지 않다', 또는 '누구누구의 설은 어디까지는 옳지만 어디서부터는 틀렸다'는 논법을 취할 뿐이다. 이 논법을 위해서는 '박인방증(博引旁證)'이 요구된다.

왕희손이나 이장욱이 신재식을 설득하기 위해 이공, 능정감과 같은 오히려 송학을 비판한 이들의 설까지 이용한 점은 이미 살펴본 바이며, 역으로 신재식이 고염무 이후의 저작은 거의 본 것이 없어서 초점이 빗나간 일반론으로 반론할 수밖에 없었던 점도 이미 살펴보았다.

확실히 '중화' 세계에서의 한학 유행은 조선 지식인에게는 '세도의 근심거리'였다. 그러나 한학 비판을 근저로부터 행하는 것은 보통 일이 아니었다. 아마도 이 때문에 청조 지식인을 상대로 한 한학 비판이 매우 적고, 『필담』처럼 이를 기록한 연행록이 적은 원인 중 하나일 것이다. 그런 점에서 이보다 200년 이상 전에, 중국에서 양명학이 유행하는 것을 알고는 그것을 비판했던 것과는 전혀 사정이 달랐다. 그것은 송학의 입장에서 양명학을 비판하는 것이라면 대량의 서적은 전혀 필요 없기 때문이다. 그에 반해 '실사구시'를 비판하기 위해서는 대량의 사료(史料)가 필요한데, 그 대량의 서적을 어떻게 입수하는가? '실사구시'를 조선에서 주장하고, 게다가 청조의 학자와 같은 문제를 추구하려고 했을 때, 구체적인 연구대상인 대량의 사료를 어떻게 손에 넣는다는 말인가? 한학은 이미 서술한 대로 독창성을 중시하는 학문이다. 조선금석학과 같은 분야라면 확실히 독창성을 보여주는 것이 가능하다. 그러나 청조의 학자와 같은 문제를 다투는 것이라면 중국의 대량의 사료, 즉 '서물을 손에서 놓지 않고 목숨 걸고' 해야 할 대량의 서책을 어떻게 손에 넣을 수 있다는 말인가?

연행사와 이를 통한 무역으로는 일부에서 말하는 것처럼 많은 중국의 서적을 가져올 수는 없었다. 여기에도 커다란 '제약'이 있었다. 조선은 중국처럼 서책이 넘치는 곳도 아니며, 게다가 그 시대는 건가 시대처럼 '태평'을 구가할 수 있는 시대는 이미 아니었다. 귀중한 사료를 손에 넣기 위해 조선의 지식인이 어떠한 수단을 쓰지 않으면 안 되었는지, '후안무치'라고밖에 할 수 없는 사람을 상대하지 않을 수 없었던 사정은 이미 살펴본 바이다.

한학의 융성이라는 중국 땅에서 비롯된 문화질서의 변동은 확실히 조선에도 파급되었다. 그러나 그 수용 방식은 중국 국내와는 아주 다른 것일 수밖에 없었다. 사실 이는 당시의 일부 조선 지식인도 자각하고 있었다. 성해응은 조인영이 1815년에 연행하게 되었을 때, 청조에서 한학이 융성하는 것을 소개하면서 다음과 같이 주의를 환시기켰다.

> [청나라 사람들이 하고 있는 한학에서는] 근거가 분명하여 믿을 수 없는 말은 없다. 본래 조선 사람이 좇아갈 수도 없는 것인데 하물며 이를 가볍게 여길 수 있겠는가.

그는 청조에서 하고 있는 연구는 조선에서는 불가능하다고 솔직하게 인정한다. 성해응처럼 박식하며 많은 서책을 읽은 사람도 이처럼 인정하지 않을 수 없었던 것이다. 그러나 그는 그렇게 평가하면서도 다음과 같은 주의도 한다.

> 그것은 조선 사람으로서는 좇아갈 수도 없는 것이기는 하지만 급하지 않은 일[不急之務]이다.[73]

'그것을 가볍게 여길 수 있겠는가'라고 말하며, 한학이라는 학술 방법

73 앞의 주 51.

을 의미 있는 것이라고 평가한 이상, 그 말은 고뇌에 찬 결단에 의해 이루어진 말이라고 해야 할 것이다. 그 자신이 한편으로는 고증학적 수법으로 많은 논문을 쓰고 있다는 사실이 이를 증명한다. 성해응의 말은 한학이라는 새로운 학술과 직면한 충격을 말해줄 뿐만이 아니다. 조선을 포함한 동아시아 각국은 이윽고 '근대'로 향하지 않을 수 없게 된다. 확실히 '골동품 가게와 같은' 고증학은 당시로서는 '급하지 않은 일'이었을 것이다.

그러나 텍스트와 언어를 중시하며, 사실을 하나하나 굳혀가는 한학=고증학의 수법 그 자체를 채택하는 것, 즉 실사구시라는 정신적 지주 위에 구축되는 학술을 행하는 것이 과연 '급하지 않은 일'이었을까. 과연 '완물상지', '업적주의'라고 하는 폐풍(弊風)을 하편으로 동반하지 않으면서 실사구시의 정신과 텍스트 · 언어를 중시하는 수법만을 도입한다고 하는 '입에 맞는 것만 고르기'가 가능했었을까. 그의 이 말은 그 후 조선 학술의 모습과 역사, 그리고 현재 우리들이 안고 있는 학술의 바람직한 모습을 포함한 동아시아 각국에 관한 문제를 생각한다면, 보기보다 훨씬 깊고 무거운 의미를 포함하고 있는 것이다.

(번역: 신로사)

제9장

조선통신사의 일본고학 인식

–조선연행사의 청조(淸朝) 한학(漢學)에 대한 파악을 고려하여

1. 머리말

일본 및 한국에서는 조선통신사에 대한 연구가 왕성하다. 그러나 문화학술 방면의 교류에 관한 연구에 국한해 볼 때 커다란 문제 두 가지가 있다.

하나는 대다수의 연구에서 통신사(通信使)가 통신사로서만 따로 떨어져 있는 점이다. 조선 수도인 서울에서 일본으로 통신사가 파견됨과 동시에, 종주국인 중국의 청조(淸朝)에도 연행사(燕行使)로 불리는 외교사절이 파견되었다. 지금까지의 통신사 연구에서는 통신사만을 따로 떼어내어, 연행사와 관련된 점을 언급하는 경우가 거의 없었다. 예를 들면 두 사절이 문화학술 면에서 수행한 역할에 대하여 같은 시각에서 파악하려는 시도, 즉 이 두 사절이 외국에서 행한 교류를 바탕으로 조선 · 일본 · 중국 등 각국의 문화학술의 위상과 그 변화를 헤아려보려는 시도나 두 사절이 획득한 이국(異國)의 학술 정보가 서울에서 어떻게 교차하였는가를 밝히는 시도는 지금까지 거의 없었다.

조선 사료 『청선고(淸選考)』를 바탕으로 헤아려보면, 연행사는 청조가 북경으로 천도한 1644년부터 청일전쟁이 발발하여 조공(朝貢)이 폐지되는 1894년까지, 국왕의 대리로 파견된 것만도 총 451번이다. 한편 에도(江戶) 시대에 일본으로 보낸 통신사는 쇄환사(刷還使) 등으로 불린 것을 포함해도 총 12회밖에 없다. 즉 통신사가 가는 길은 지선(支線)이라고 하는 편이 실정에 부합된다. 따라서 지금까지의 통신사 연구는 말하자면 이 지선만을 떼어낸 연구였다고 해도 과언이 아니다.

나머지 다른 문제는, 예를 들면 송학(宋學) 즉 주자학의 일본 전파 혹은 일본과 조선의 주자학자의 교류에 관한 연구에서 보이듯, 통신사라고 하면 조선의 문화를 일본에 전파한 역할만 강조되어 온 것처럼 보이는 점이다. 거기에는 일본에서 조선에는 없는 이질적인 것이 생겼을 때, 일본에 온 통신사 일행이 이에 대하여 어떻게 반응하였는가 하는 관점은 거의 없다. 통신사 일행이 이 이질적인 것에 접촉하면서 어떻게 이에 대치(對峙)하고, 혹은 어떻게 지적인 자극을 받았는가, 나아가서 그들은 이것을 조선에 어떻게 전했는가 하는 점을 언급한 연구는 지금까지 거의 없었다.

본장에서는 이제까지 서술한 두 가지 문제를 전제로 하여, 일본의 유학계(儒學界)에서 생겨난 '고학(古學)'을 다루고자 한다. 일본의 고학은 당시 조선의 학술과는 전혀 다른 것이었다. 이 고학이 일본에서 생겨 유행하게 되었을 때 통신사들은 어떻게 이에 맞섰고, 또 어떻게 인식하였는가를 밝히고자 한다. 일본고학의 문제를 조선통신사의 문제로서만이 아니라 조선연행사의 문제와 관련시켜 다루는 것은 바로 일본에서 고학이 유행하고 있을 무렵 이 고학과 매우 유사한 '한학(漢學)'이 중국의 청조에서 생겨나 일세를 풍미하였기 때문이다. 청조 한학은 고증학이라고도 한다. 즉, 에도에 간 통신사가 일본에서 고학을 접한 직후 북경에 간 연행사들은 중국에서 이와 매우 흡사한 한학을 접하게 되었던 것이다. 우리는 여기에서 같은 시각에서, 두 경로의 행선지에서 각각의 사절이 어떠한 반응을 보였는가에 관한 문제를 설정할 수 있다.

에도 시대 일본에서 생긴 고학과 청조 중국에서 생긴 한학이 얼마나 매우 흡사한 것인지에 대해서는 지금까지 자주 지적되어 왔다. 예를 들면, 요시카와 코지로(吉川幸次郞)는 이토 진사이(伊藤仁齋, 1627~1705)·오규 소라이(荻生徂徠, 1666~1728)·이토 토가이(伊藤東涯, 1670~1736)를 낳은 일본의 겐로쿠(元祿)·쿄호(享保) 시기의 유학과 대진(戴震, 1723~1777)·단옥재(段玉裁, 1735~1815)·왕념손(王念孫, 1744~1832)을 낳은 청조의 건륭(乾隆)·가경(嘉慶) 시기 유학은 그 동기와 방법에서 극히 유사하다고 하였고, 나아가 '국학(國學)'파의 모토오리 노리나가(本居宣長, 1730~1801)까지를 포함하여 "학술사의 단계로서 같은 곳에 위치하는 평행성인 것 같다"고 하였다.[1]

요시카와가 여기에서 동기(動機)로서 비슷한 점이 있다고 한 것은 고학과 한학 양쪽 모두 그때까지의 송명(宋明) 유자(儒者)에 의한 경서 해석이 자의(恣意)에 흐른 점을 반성하고, 이를 바로잡는 것을 동기로 삼은 데 있음을 말한다. 보다 단적으로 말하자면 양자 모두 송대(宋代)의 주자학이나 명대(明代)의 양명학 특히 주자학(宋學)을 비판한다는 동기를 갖고 있다는 것이다. 또 방법에서도 비슷한 점이 있다는 것은 양자 모두 고대 언어의 사용(使用) 일례를 귀납, 종합하고, 경서 본래의 의미로 돌아가서 읽는 방법을 취한 것을 가리킨다.

필자는 이전 장에서 연행사의 일원으로 1826년에 중국 북경을 방문한 신재식의 『필담』을 들어 조선 지식인과 몇 명의 청조 지식인 사이에서 전개된 학술논쟁을 소개하였다. 그리고 이 논쟁에 불을 지핀 것이 1822년에 연행사의 일원으로 중국을 방문한 김선신이었음을 지적하였다. 당시 청조에서는 '한학', 즉 고증학이 한창이었지만, 조선에서는 일관되게 송

1 吉川幸次郞, 「學問のかたち」(『吉川幸次郞全集』 제17권, 東京, 筑摩書房, 1969, 207면). 일본의 이토 진사이와 중국의 대진이 흡사하다는 것은 이전부터 지적되어 왔다. 이 점과 양자가 흡사하게 된 사상적 배경에 대해서는 余英時, 「戴東原與伊藤仁齋」(『論戴震與章學誠』, 北京, 三聯書店, 2000) 참조.

학 즉 주자학을 국시로 하였다.

김선신은 송학의 사도이고 신재식도 송학 옹호의 입장에서 자기의 의견을 개진하였다. 신재식과 동행한 다른 지식인도 한학이 유행하고 송학은 거의 아무런 관심의 대상이 되지 않는 북경의 학술 정황을 목도하고는 이를 '세도(世道)의 근심거리'라고 표현하며 탄식하였다. 그들은 송학이야말로 '세계'를 관통하는 보편 원리라고 생각하고 있었기 때문에, 주자의 가르침이 존숭되지 않는 중국의 현상을 문화적 질서의 혼란 속에 있다고 파악하여 인간 사회와 세계에 있을 수 없는 사태라고 두려워했던 것이다.

또한 필자는 김선신이 집요하면서도 과감하게 '한학' 비판을 행한 하나의 원인으로 그가 연행(燕行)에 앞서 1811년에 통신사로 일본에 간 적이 있어서, 일본의 학술 정황을 인식할 수 있었던 점을 거론하였다. 즉 김선신은 일본의 고학과 청조의 한학이라는 매우 흡사한 것이 조선을 사이에 두고 거의 동시에 양쪽에서 생겨나 유행한 점, 바꿔보면 조선만이 송학이라는 고립된 보루를 지키고 있음을 알았다. 그래서 그가 상상하는 '당연히 그래야 할' 동아시아의 문화질서의 위기로 느꼈기 때문이 아닐까 하는 가정을 해보았다. 그러나 과연 김선신은 일본고학을 어디까지 인식하고 있었던 것일까, 혹은 그와 관련한 명료한 사료가 없다고 한다면, 그에 앞서 일본에 갔던 통신사 일행을 포함하여 그 주위에는 어느 정도로 고학의 유행을 인식할 수 있었던 것일까, 과연 그들에게도 '세도의 근심거리' 같은 위기감이 있었던 것일까 등의 여부에 대해서는 앞으로의 문제로 남겨두었다. 본장은 이 문제에 대해 대답하고자 한다.

일본고학에 대하여 조선통신사가 어떻게 맞섰는가를 문제시한 연구는 관견(管見)하는 한 거의 없다.[2] 정확히 말하면 조선통신사가 일본고학에

2 관견하는 한 河宇鳳, 「朝鮮後期實學과 日本近世古學의 比較硏究試論–교류사적 측면을 중심으로–(『韓日關係史硏究』 제8집, 1998)이 있을 뿐이다. 또 거의 같은 논문이 일본어로도 발

대해 어떻게 맞섰는지조차도 지금까지 거의 알려지지도 않았다. 그러나 다행히 이 문제에 관한 관련 사료로 몇 가지의 조선 측 사료 외에 일본인이 남긴 필담 기록이 다수 남아 있다.[3] 우리는 이들 사료를 통하여 고학을 둘러싸고 양국의 유자들이 어떻게 격투를 벌이고, 어떻게 불꽃을 튀겼는지를 알 수 있다. 우리는 거기에서 '우호' 혹은 '멸시' 등의 단순한 평가를 훨씬 뛰어넘는 학술교류를 볼 것이다.

조선통신사의 일본고학 접촉 내지 그 인식은 늦어도 1719년(숙종 45, 享保 4)부터 시작하여 마지막이 되어버린 1811년(순조 11, 文化 8), 즉 김선신이 참가한 통신사까지 계속된다. 그러나 여기에서는 일본고학의 파악에 있어 중요한 전기의 하나가 된 1748년(영조 24, 寬延)의 통신사, 즉 인본에서 말하는 칸엔통신사(寬延通信使)에 대해서만 고찰하려 한다. 이하 우리는 가급적 이때의 통신사들이 보낸 시간의 흐름을 중시하여 그들의 인식이 진전(進展)하는 과정을 좇아, 가능한 한 구체적인 필담의 내용에 의거하여 이 문제에 접근하려 한다.

2. 왕로, 오사카 이서(以西)에서의 고학 정보

1748년 즉 일본 연호로 칸엔(寬延) 원년에 일본에 온 조선통신사는 그 전의 1719년 통신사로부터 29년 뒤에 해당한다. 이 29년 동안 일본 유학계에는 커다란 변동이 있었다. 한마디로 말하면 진사이(仁齋)학파를 대신하여 소라이(徂徠)학파가 일세를 풍미하고 있었던 것이다.

이토 진사이의 『동자문(童子問)』이 1719년 통신사의 요청에 따라 그의

표되었다. 「朝鮮實學と日本古學との比較研究試論—交流史的側面を中心として—」(『季刊日本思想史』 제56호, 2000).

3 李元植, 『朝鮮通信使の研究』(京都, 思文閣出版, 1997), 제5장 「筆談唱和集總目錄」. 高橋昌彦 「朝鮮通信使唱和集目錄稿(一)(二)」(『福岡大學研究部論集』A 6[8], 2007, A 9[1], 2009).

아들 바이우(梅宇)가 선물로 주어 조선으로 전해진 일은 이미 주지하는 바이다.[4] 1748년의 통신사 가운데 몇 명은 이미 이 책을 읽고 일본에 왔나. 서기 이봉환(李鳳煥)은 후쿠야마번(福山藩) 히로시마(廣島)의 토모노우라(鞆の浦)에서 『동자문』을 읽은 적이 있다고 말하고 있다. 뒤에서 보겠지만 정사의 수행원 홍경해(洪景海)도 이미 조선에서 읽었다. 서기 이명계(李命啓)도 에도에서 나눈 필담에서 "『동자문』을 한 번 본 적이 있다."고 답하였다.[5] 제술관(製述官) 박경행(朴敬行)도 출발 전에 특별히 신유한(申維翰)을 만나러 갔기 때문에, 이토 진사이에 대해서는 대강 알고 있었을 것이다. 신유한은 저서 『해유록(海游錄)』 속에서 진사이의 학설에 대하여 이미 논했기 때문이다.

일행이 부산을 출발한 뒤 쓰시마번(對馬藩)의 후츄(府中)에 도착한 것은 2월 24일이다. 쓰시마에 체재하는 동안 거기서부터 에도까지 수행하여 줄 쓰시마번의 유자(儒者) 키노코쿠즈이(紀國瑞)와 당시 일본의 학술 상황에 대한 필담이 이루어졌다. 이때 서기 이봉환이 "이토 코레사다(伊藤維楨)[仁齋]에는 후계자가 있는가? 『동자문』 외에 저술이 있는가" 하고 물어보았다.[6] 키노코쿠즈이와의 필담 때 통신사 측에서 화제(話題)로 내놓은 일본인의 저작은 이 『동자문』 한 책뿐이었기 때문에 그들에게 이 책이 얼마나 문제시되었는지는 분명하다. 이후 그들의 언동을 보면 그들은 진사이 학설을 가상의 적으로 간주하고 있는 것 같다.

키노코쿠즈이는 이에 대하여 자기는 주자학을 배우고 있다며 진사이의 후계자에 대해서는 일절 언급하지 않았고, 또 그 밖에 저술에 대해서

4 姜在彦, 「朝鮮通信使と鞆の浦」『玄界灘に架けた歴史－歴史的接點からの日本と朝鮮』, 東京, 朝日新聞社, 1993, 137면).

5 山宮維深, 『和韓筆談薰風編』 권상, 9면. "(海皐復)童子問嘗一見, 而多悖於經旨, 不足觀耳."

6 洪景海, 『隨槎日錄』, 3월 11일. "章曰, 伊藤維楨有後承, 而其著述童子問外, 又有他件文字否. 瑞曰, 維禎其人則一君子, 而然與程朱異岐, 所以不知其書有幾. 章曰, 公所尊尚在程朱, 甚盛甚盛. 貴國尊慕濂洛, 勅行立言者爲何人耶, 願聞之. 瑞曰, 木順菴 · 山闇齋. 今承其後者亦多."

도 모른다고 하여 대답하지 않았다.

남아 있는 사료에 의거하면 통신사 일행에 대하여 일본의 새로운 학술 상황이 먼저 전해진 것은 야마구치현(山口縣)의 아카마가세키(赤間關)에서였던 듯하다. 아카마가세키는 통신사 일행이 바야흐로 세토(瀨戶) 내해(內海)를 배로 지날 때 우선 들르는 항구인데, 여기서는 하기번(萩藩)의 유자들이 나와서 맞이하는 것이 관례이다.

그때의 일본 측 기록으로는 『장문무진문사(長門戊辰問槎)』가 있다. 이에 의하면 제술관 박경행은 조선을 출발함에 즈음하여 일찍이 교호 통신사(享保通信使)의 제술관을 역임했던 신유한과 만나 일본 소식에 대하여 이야기를 나누었다고 일본 측에 전했다. 그리고 그는 일본의 학술에 관하여 "최근 30년 동안 누가 장악하고 있소? 하쿠세키(白石)의 문하에 후계자는 있는지, 또 시문(詩文) 외에 성리학을 연구하고 있는 자는 있는지, 자세히 알려주시오."라고 말했다. 이에 대해서 하기번의 기실(記室)인 오다무라 모치유키(小田村望之)는 다음과 같이 대답하였다.

> 40년 전에는 소라이(徂徠) 선생이 복고(復古)의 학문으로 홀로 나아갔소. 그를 따라 배우는 자가 구름과 같았고, 그 중에서 효시를 이룬 자로서 에도에 난가쿠(南郭)[服部南郭]와 슌다이(春台)[太宰春台], 우리 번(藩)에 슈난(周南)[山縣周南]이 있었는데, 모두 경학(經學)과 문장에 조예가 깊소. 하쿠세키(白石) 같은 사람은 시문으로 유명할 뿐이오.[7]

이를 보면 하쿠세키 같은 사람은 이미 문제도 아니었고, 명료하게 오

7 『長門戊辰問槎』 권상, 11면. "(矩軒答問)貴國文華固已聞靑泉, 而其間又三十年, 未知近來鳴國之盛者誰當主牛耳耶. 白石門人亦有傳其衣鉢, 而詩藻之外, 亦有留意于性學上耶. 幸爲細細示敎, 如何. (鄜山答)此邦文學之盛, 四十年前有徂徠先生者, 以復古之學獨步海內, 從遊如雲, 嚆矢其間者, 東都有南郭 · 春臺, 我藩有周南, 皆經學文章窺其蘊奧, 白石唯以詩藻鳴耳."

규 소라이와 그 후계자야말로 일본 유학계의 지도자라고 말했다. 역시 30년의 세월은 길었다.

그런데 우연하게도 그후 이토 진사이의 책에 대하여 이야기를 하게 되었다. 어떤 자가 조선에서는 『주역(周易)』의 무슨 주석서(注釋書)를 이용하고 있는지 물어본 데 대하여 박경행이 그렇다면 일본에서는 무슨 주석서가 유포되고 있는지 되물었다. 이 인물은 "일본에서는 이토씨(伊藤氏)의 『고의(古義)』·『사설(私說)』도 있다."고 답하였다(卷中, 23). 『고의』란 진사이의 『역건곤고의부대상해(易乾坤古義附大象解)』를, 『사설』은 토가이(東涯)의 『독역사설(讀易私說)』을 가리킬 것이다. 박경행은 즉각 『고의』와 『사설』을 한번 보고 싶다고 요청하여, 돌아가는 길에 보여주겠다는 약속을 받아냈다.

진사이와 관련해서는 이후 일행이 후쿠야마번의 토모노우라(鞆の浦)에 도착했을 때에도 보인다. 이곳에서 진사이의 손자 이토 키소(伊藤輝祖)[霞台]와 만나 진사이의 저작을 역시 귀로에 토모노우라에 왔을 때 주겠다는 약속을 받아냈다.[8] 실로 진사이 학설에 대한 정보 수집에 열심이었던 것이다.

홍경해의 일기에서는 계속해서 4월 17일에 오카야마번(岡山藩)의 우시마도(牛窓)에 이르렀을 때, 콘도 아쓰시(近藤篤)[호는 西厓 또는 西涯]와 필담한 사실을 전하고 있다. 콘도에게는 이때의 기록으로 『우창록(牛窓錄)』이 있지만, 이토 진사이 혹은 오규 소라이를 언급한 적은 전혀 없었던 듯하다. 그는 주자학자였기 때문이다. 홍경해와 조명채(曹命采)의 일기에서도 이질적인 것과 접하는 긴장감은 전혀 보이지 않는다.

일행이 진사이에 대하여 새로운 정보를 획득한 것은 오사카에 도착한 뒤부터였다. 홍경해는 서울을 출발하기 전에 이미 『동자문』을 읽었다고

---

8 앞의 주 6, 4월 15일. "本土伊藤輝祖(字必大, 號霞臺, 維楨之孫)來, 話於製述書記之館. ……其祖所著述諸册, 當待回槎袖來云."

했다. 오사카에 도착하자 통역을 통하여 진사이의 저작을 구하도록 하고, 『논어고의(論語古義)』와 『어맹자의(語孟字義)』를 구득하였다. 이를 읽은 감상을 다음과 같이 기록하였다.

> 이른바 『고의(古義)』란 자기의 견해를 밝혀 한 장(章)마다 주석을 가한 것이다. 『자의(字義)』란 심(心) · 성(性) · 정(情) · 사단(四端) · 칠정(七情) · 성(誠) · 경(敬) 등의 글자에 대하여 한 자 한 자 논변(論辯)을 덧붙인 것이다. 절해(絶海)의 야만인이 우매함에 빠져 선현을 업신여김이 이 지경에 이르렀다. 참으로 가련하다고 해야 할 것이다.[9]

심(心) · 성(性) · 정(情) · 사단(四端) 등의 순서는 『어맹자의(語孟字義)』의 순서 그대로이기 때문에 홍경해의 진사이에 대한 평은 이 책을 실제로 접한 뒤 내린 것이라고 하는 것이 맞을 것이다.

그러나 홍경해 등의 앞에서 유학에 대하여 필담을 나눈 것은 주자학자뿐이었던 것 같다. 주자학자의 한 사람인 미야케 쇼카(三宅紹華)와의 필담에 대해서는 조명채의 일기에도 보이지만, 주로 서기인 유후(柳逅)와 필담한 것으로 기록되어 있다. 유후가 오로지 신경 쓴 것도 역시 진사이였던 듯 "이토의 학문은 어떠합니까? 코레사다(惟貞)[維楨]라는 자는 『논어』에 주석을 고쳐 달고 학문을 멋대로 자임(自任)하고 있습니다."라고 비판하였다. 이는 막 손에 넣은 진사이의 『논어고의(論語古義)』에 대한 비판일 것이다. 이에 대하여 미야케(三宅)는 "우리나라의 호걸지사(豪傑之士)이지만, 우리와는 학문을 달리하기 때문에 자세히 알고 싶지 않습니다."라고 대답하자, "그자야말로 정주(程朱)의 죄인입니다. 그대가 그를 배척할 수

9 상게서, 4월 22일. "所謂古義即自立己見, 逐章釋注者也. 字義即以心性情四端七情誠敬等字逐論卞者也. 絶海蠻兒坐於愚昧, 侮毁前賢至此. 良足良憐."

있으니 경하할 일입니다."라고 응대하였다.[10] 미야케는 역시 진사이에 대해서 아무 말도 하지 않았다.

이토 진사이가 문제가 되었던 것은 일본 측 자료인 『화한창화록(和韓唱和錄)』에 보이는 코즈키 신케이(上月信敬)와의 필담에 의해서도 알 수 있다. 코즈키(上月)도 역시 주자학도인데, "귀국의 유자 가운데에는 이퇴계(李退溪) · 이율곡(李栗谷) · 이회재(李晦齋)[李彦迪] · 권양촌(權陽村)[權近]은 모두 정주(程朱) 유학자의 백미로서 명(明)의 설경헌(薛敬軒)[薛瑄] · 호경재(胡敬齋)[胡居仁]와 어깨를 나란히 하고, 구경산(丘瓊山)[丘濬]과 채허재(蔡虛齋)[蔡淸]의 위에 있습니다."라고 상찬(賞讚)하였다. 이에 대하여 박경행은 "조선의 4현(四賢)이 중국의 설(薛) · 호(胡) · 구(丘) · 채(蔡)보다도 뛰어나다는 것은 참으로 말씀 그대로요. 적확한 의견입니다."라고 대답하고, "정주학설(程朱學說)의 해설서는 이미 많아서 요즘의 신설(新說)을 구할 필요는 없습니다."라고 대답하였다. 이 부분에서는 조선 측의 자부심이 분명하게 드러나고 있는데, 코즈키와의 응답도 의기투합하여 화기애애하다(卷上, 19쪽).

그런데 필담은 조선에서는 이단의 학문이라고 할 수 있는 송(宋)의 육상산(陸象山)과 명(明)의 왕양명(王陽明) 학문을 거론하게 된다. 코즈키는 일본에서 주류는 조선과 마찬가지로 주자학이라고 하면서도, "다만 최근에 이반룡(李攀龍)과 왕세정(王世貞)을 배우고 정주(程朱)를 배척하며 쓸데없이 명청의 선박이 싣고 온 책만을 읽는 자가 있습니다."라고 덧붙여 말했다. 당시 일본의 유자라면 따로 명시하지 않아도 이반룡과 왕세정을 배우는 것이 소라이 학파임은 누구라도 알 수 있었다. 그러나 서기 이봉환은 이에 대하여 다음과 같이 응대했다.

10 曹命采, 『奉使日本時聞見錄』, 4월 24일. "逅曰, 伊藤之學何如, 名惟貞改注論語, 妄以學問自任者也. 華曰, 即弊邦豪傑之士, 而學非吾徒, 故不欲詳之. 逅曰, 此乃程朱之罪人, 而尊能斥之, 當爲一賀."

귀국의 이토씨(氏)의 『동자문』이나 『논맹자의(論孟字義)』(정확하게는 『어맹자의語孟字義』) 등의 책은 한결같이 정주의 도(道)에 반하고, 유학에 대한 그 천박한 해석이 얼마나 공정함을 결여한 편견인가는 육상산과 왕양명의 무리보다도 심한 바가 있습니다. 귀국의 학자 가운데는 양묵(楊墨)과 같은 이 진사이(仁齋)를 거부하려고 생각하는 자는 없습니까?[11]

이봉환은 이 시점에서 소라이학파라는 것에 대하여 거의 아무것도 알지 못했던 것이다. 코즈키는 다음과 같이 대답하였다.

이토 진사이가 정주(程朱)를 논박하고 있는 것은 다만 『동자문』과 『어맹자의』에서뿐만은 아닙니다. 그러나 야마자키 안사이(山崎闇齋)는 진사이보다 먼저 타계했지만, 문인(門人) 아사미 케이사이(淺見絅齋)가 전부 진사이의 잘못을 변별하고 바로잡아 일시(一是)로 통일되었습니다. 명조(明朝)의 풍가(馮柯)[貞白]와 진건(陳建)[淸瀾]은 양명학을 철저하게 변별하여 바로잡았다고 말할 수 있겠지만, 진사이의 책을 배척한 책은 하나 둘이 있을 뿐입니다.

코즈키 신케이(上月信敬)는 여기서도 소라이와 그 문하에 대한 언급을 피하고 있다. 상대가 일본의 유학의 정황에 무지한 점을 이용하여 오해하는 대로 내버려두고 이에 말을 맞추어 필담을 계속하였다. 그 당시 "진사이의 잘못을 변별하여 바로잡는 것"으로서는 주자학파와 고학파 내의 소라이학파 두 파가 있었다. 소라이 스스로가 그의 『훤원수필(蘐園隨筆)』과 『변도(辯道)』 등 수많은 책 속에서 진사이의 학설을 비판하였다. 게다가 코즈키가 진사이를 논박한 자로 거론한 것이 아사미 케이사이(淺見絅

11 『和韓唱和錄』 권상, 21면. "濟菴稟, 貴國伊藤氏之童子問 · 論孟字義等書, 一反程朱之道, 則淺解之頗僻殆有甚于象山 · 陽明之徒. 未知貴國學者, 獨無拒楊墨之意耶. 鶴洲答, 伊藤仁齋之駁程朱, 不只童子問 · 語孟字義而已. 而闇齋子先於仁齋沒, 門人絅齋盡辨之, 歸於一是也. 辨王氏者馮貞白 · 陳淸瀾辨之可謂至矣. 但斥之書有一二耳."

齋)였지만, 아사미는 이미 1711년에 사망하였다. 즉 이는 1748년보다 30년도 더 앞의 일로, 시대에 뒤떨어진 정보에 불과하다. 그는 그 당시의 학술계의 동향에 대해서는 정확한 정보를 굳이 전하지 않았던 셈이다.

루스 토모노부(留守友信)도 이때 통신사 일행과 필담을 나눈 사람 중 하나였다. 다행히 그에게는 본인의 필담 창화집(唱和集)인 『화한문회(和韓文會)』가 있어 이때의 학술 정보 교환을 상세히 알 수 있다. 그가 통신사 일행과 회견한 것은 역시 4월 23일이었지만, 다음날인 24일 제술관 박경행과 서기 이봉환 및 이명계(李命啓)에게 각기 장문의 편지를 보냈다.

루스 토모노부는 이 편지 속에서 자신이 미야케 쇼사이(三宅尙齋)의 제자임을 밝힌 대로 교토(京都)의 미야케 쇼사이에게 배운 주자학자였다. 쇼사이의 스승은 말할 것도 없이 야마자키 안사이(山崎闇齋)이다. 박경행에게 준 편지에서 루스가 주장한 것은 대략 두 가지로, 하나는 야마자키에 대한 선전이고, 다른 하나는 주자학자의 입장에서 보아 이단과 사설(邪說)이 횡행하는 속에서 어떻게 학문을 할 것인가 하는 문제였다. 그는 일본의 학술 상황에 대하여 언급하여 "쓸데없이 글월의 교묘한 것을 숭상할 뿐이지 그 의리(義理)에 어긋남을 살피지 않고, ……바로 '하은주(夏殷周) 삼대의 문장으로 거슬러 올라가 배운다'는 등의 말을 하고 민락(閩洛)의 송유(宋儒)의 학설은 논하지 않는다. 세상을 들어 한쪽으로 쏠리는 것이 마치 불나방이 불 속으로 뛰어 들어가는 듯하다."고 탄식하였다.[12] 다만 이러한 우려할 만한 상황 속에서도 도학(道學)을 제창하는 자는 없지 않아서 대표적인 자가 야마자키 안사이 선생으로서 '일본의 주자(朱子)'라고 불리고 있다고 소개하였다.

여기서 소개되고 있는 것은 주자학자뿐이다. 게다가 여기서 루스도

12 留守友信, 『和韓文會』 권상, 11면, 與製述官朴學士書. "然徒愛其文辭之工, 而不察其義理之悖, 各自是其所是. 甚者拾明儒誇高詖辭之餘唾, 矜誕衒沽, 飾其虛妄, 以眩惑後生, 直謂上學三代之文, 閩洛不論也. 擧世傾動, 若夜蟲之就火然. ……而獨推闇齋山崎先生爲儒宗, 識者號稱日本朱子."

소라이나 소라이학파의 이름에 대해서는 조금도 거명하지 않았다. “쓸데없이 글월의 교묘한 것을 숭상한다.”고 말하고, “바로 하은주 삼대의 문장으로 거슬러 올라가 배운다고 하고 민락의 송유를 논하지 않는다.”는 것이 소라이학파라는 사실은 조금이라도 당시 일본의 유학 상황을 안다면 이해할 수 있었을 것이다. 또 그가 우려하는 학술의 혼미가, 진사이 그리고 소라이로부터 시작된 것도 말할 필요도 없다. 그런데 주자학자인 그는 조선의 주자학자들에게 실명(實名)을 들어 일본의 반(反) 주자학자들을 소개하는 일은 피하였다. 이러한 태도는 이미 살펴본 미야케 쇼카나 코즈키 신케이도 똑같아서 진사이의 이름마저도 조선통신사 쪽에서 제기되어 비로소 거론되었던 것이다. 주자학자들은 당대 유학계의 새로운 동향에 대하여 자기 쪽에서 정직하게 말하려고 하지 않았던 셈이다.

그런데 통신사는 뜻하지 않게 일본고학 특히 소라이의 학문과 접촉하게 된다. 서기 이봉환이 기회를 잡아 일본의 유학계에 도발적인 언사를 던졌기 때문이다.

일행이 오사카의 숙소인 니시혼간지(西本願寺)에 도착하자 급사인 노구치 모씨(野口某氏)가 자기의 조상들이 역대 통신사들로부터 선물을 받아 소중히 보관하여 온 필묵(筆墨)을 서기 이봉환에게 보여주었다. 아마 선대까지의 통신사 필묵의 뒤를 이어 이봉환에게 뭔가라도 써줄 것을 원했던 것 같다. 이봉환은 노구치에게 이러한 경우에 써주는 것으로는 이례적인 문장을 남겼다.

이봉환은 일본의 산천이 아름답고, 또 인물이 번성함에도 불구하고 ‘논의의 대상이 되는 바가 조선과 일본이 다른 것은 유감이다’라고 하고, 그 다음에는 차례차례 숙소에 찾아오는 일본의 유자들이 ‘대개가 글을 화려하게 짓는 습속에 따라’, 시문(詩文)의 아름다움과 작품의 수를 가지고 우리 통신사와 대항하려 한다며 문장 속에서 비판하였다. 이에 비하여 우리 조선에서는 요순 · 문무 · 공맹 · 정주(堯舜文武孔孟程朱)가 존숭되고,

시(詩) · 서(書) · 사자(四子) · 소학(小學) · 근사록(近思錄)이 강론되며, 관혼상제(冠婚喪祭)를 엄히 하고, 충신독경(忠信篤敬)에 힘쓰고 있다. 군자는 도의(道義)를 즐기고 염치(廉恥)를 중히 여기며, 소인은 예(禮)에 의한 질서를 범하는 것을 부끄러워하고, 가령 해괴한 가르침을 좇아 말기(末技)를 좇는 자가 있으면, 모두 배척하고 가까이하지 않는다고 썼다.

이것이 단순한 자국에 대한 자만으로 끝나지 않는 것은 일본은 이와 완전히 반대라는 것을 누구라도 알 수 있을 정도로 암시하고 있기 때문이다. 그는 일본에는 진정한 유학은 아직 뿌리내리지 않았다고 말한다. 다만 다행히 선왕의 도(道)는 어디에도 보편적으로 전해질 수 있고, 현재 이웃 나라인 우리 조선에서는 선왕의 도가 행해지고 있다. '예악의문(禮樂儀文) 가운데 찬연히 밝게 빛나는 것 모두를 우리 조선만이 독점해서는 안 된다. 천하와 이웃 나라에 전하기 충분하다'는 것이다. 일본은 산천이 아름다우니 분명 개명(開明)할 기운을 갖고 있고, 일본의 인물은 많다는 점에서 본다면, 지금은 '부유해지고 사람이 많아진 후에는 가르쳐야 할 『논어』 子路篇] 시기'라고 그는 말한다.[13]

이봉환은 마치 타국으로 전도하기 위해 온 것과 같은 기개를 말하였다. 일본은 이미 인구가 많은데다가 부유하다. 그 다음에 빠진 것은 가르침, 즉 진정한 유교인 주자학이다. 이것을 우선 신분이 낮은 주방장 즉 조선의 문화를 흠모하여 글월을 구하러 온 일개 급사에게 전수하는 것에서부터 시작하자고 말한 셈이다.

13 『和韓唱和錄』 권하, 16면, 與坂城膳宰野口氏文(李濟菴). "自余隨信行, 渡馬島以來, 見其山川之明媚人物之殷盛, 所在皆然, 而獨恨其所講者異耳. 閒有詩文之士挾所業爲贄, 來見於賓館, 而率倣綺麗彫篆之習, 欲爲誇多鬪靡而止, 則未嘗不厭然而倦. ……先王文物之盛具在方册, 我朝鮮講而行之, 所尊者堯舜文武孔孟程朱, 所講者詩書四子小學近思, 所致謹者冠昏喪祭, 所服膺者忠信篤敬. 爲文在羽翼斯道, 爲詩務昌明風雅. 君子樂道義而重廉恥, 小人恥貪冒而厭機巧, 苟有執左道而務末技者, 皆斥而遠之. ……凡其禮樂儀文燦然明白者, 既非自私自諱之物, 足以使聞於天下隣國也. 夫以日本山川之明媚, 必有風氣一闢之運, 人物之殷盛, 豈無富庶可敎之機耶."

그런데 이 문장에는 기묘한 점이 몇 개 있다. 가장 기묘한 것은 코즈키 신케이의 말 그대로라면 '야마자키 안사이의 문인 아사미 케이사이가 진사이의 잘못을 모조리 변별하고 바로잡아 일시(一是)로 돌아간' 것으로, 이미 이봉환이 일부러 노구치와 같은 인물에게 문장을 써서까지 가르칠 필요가 없었던 점이다. 간단하게 말하자면 이봉환은 오사카 주자학자들의 말을 완전히 신용하지 않아 굳이 기회를 잡아 도발적인 문장을 썼던 것이다. 이것은 오사카를 떠나기 이틀 전인 4월 29일에 작성되었다. 이봉환의 나이 39세 때의 일이다.

이봉환의 노림은 멋지게 들어맞았다. 다만 위에서 서술한 것으로 추측할 수 있는 바는 그가 '괴이한 가르침을 펼치는 자'로서 주시하여 그 반응을 기대한 것은 진사이 학설을 신봉하는 자였을 것이라는 점이다. 그런데 이 도발적인 비판문에 반응을 보인 것은 소라이 학설을 신봉하던 스가누마 토카쿠(菅沼東郭)였다. 이에 대해서는 다시 오사카로 돌아가는 부분에서 서술할 것이다.

일행이 오사카를 출발한 것은 5월 1일, 그들이 쓰시마의 후츄(府中)에서 키노코쿠즈이와 필담을 나눈 뒤로 이미 2개월 정도가 지났다. 그런데 이 시점에서 통신사 일행은 소라이 학설은 말할 것도 없이, 그들이 알고 싶어한 진사이 학설의 현황조차도 거의 알 수 없었다.

3. 에도에서의 고학 인식의 심화

오사카를 떠난 일행이 에도에 도착하기까지의 연로(沿路)에서 고학에 대하여 어떠한 정보를 접했는가, 이에 대해서는 충분히 알지 못한다. 다만 이번 통신사에 대해서 말하자면 삼도(三都) 가운데 하나인 교토에서는 일본인이 조선통신사와 접촉하는 것은 엄금되어 있었던 것 같다 (조명채 일기(曹命采日記), 6월 27일). 그곳은 가는 길에 1박(泊), 오는 길에

1박 한 곳에 불과하여, 통신사와의 문화 교류 측면에서 보면 단순한 일개 숙박 장소와 다름없어 이곳에서 새로운 정보를 입수하는 것은 불가능했다.

일행이 에도에 도착한 것은 5월 21일이다. 3일 후인 24일 대학두(大學頭)인 하야시 노부미쓰(林信充)가 린케(林家) 일문(一門)을 데리고 숙소인 혼간지(本願寺)를 찾아왔다. 린케 일문에는 이때의 기록으로 『임가한관증답(林家韓館贈答)』이 있는데, 역시 고학에 대하여 필담을 나눈 기사는 보이지 않는다. 문제는 이때 방문한 사람 가운데 나카무라 란린(中村蘭林)이 끼어 있는 점이다.

나카무라 란린은 일명 후지와라 아키토(藤原明遠)로 알려져 있으며, 무로 큐소(室鳩巢)의 제자이다. 그의 수필 『우의록(寓意錄)』(1760년 自序) 등을 읽어보면, 그가 주자학을 위주로 했다는 점은 분명하지만, 뒤에 볼 조선통신사와의 필담 기록 등에 의하면, 이토 진사이와 오규 소라이의 영향을 강하게 받았던 점도 분명하다. 이런 의미에서 그는 절충학파에 가깝다고 할 수 있다. 이 당시 그는 52세였다.

첫 대면의 통신사 일행에게 나카무라는 우선 깊은 학식을 갖춘 인물이라는 인상을 주었다. 홍경해는 그의 풍모를 "궁유(窮儒)의 태도가 있으니 필시 독서인이다."라고 기록했고, 조명채는 "생김새가 마르고 험상궂지만 평온한 듯이 보인다."라고 기록하고 있다. 또 조명채는 나카무라가 필담 중 특히 조선의 정몽주[圃隱]·이언적[晦齋]·이황[退溪]을 거론하며 "정대순아(正大純雅)의 군자 가운데 가장 걸출한 인물이다."고 칭송하고, "그 책을 읽을 때마다 경복(敬服)하고 있다."고 했다라고 적었다. 언뜻 보기에 나카무라는 박학하며 조선의 문화를 흠모하는 주자학자로, 오히려 바람직한 인물처럼 보였다.

그런데 나카무라는 조명채에게 작별을 고한 뒤 다시 제술관 박경행과 서기 등에게 만날 것을 요청하였다. 여기서 그에 대한 평가는 뒤집어진다. 홍경해는 "명원(明遠)[中村蘭林]은 정주(程朱)를 기롱(譏弄)하니, 이토

진사이와 동류(同類)라고 하는 것이다."라고 기록하였다.[14]

그렇다면 어떤 발언이 문제가 되었던가? 이에 대해서는 홍경해의 일기에도, 조명채의 일기에도 아무런 언급이 없다. 나카무라 쪽에도 이때의 기록 『한객필어(韓客筆語)』 2권 2책이 있어 최근까지 존재하였던 것 같지만, 유감스럽게도 지금은 그 소장처가 불분명하다.[15] 하지만 다행히 『선철총담(先哲叢談)』에서 나카무라를 기록한 내용 중 이때의 필담 일부라고 보이는 것이 간략하게나마 수록되어 있다.[16]

이에 따르면 나카무라는 통신사 측에 대하여 "주자의 경전주석은 가장 정밀해서 빠뜨린 바가 없다고는 하더라도, 그 말이 때로는 고훈(古訓)에 어긋나고, 그 해석에는 때로 고의(古意)에서 벗어나는 바가 있다"고 말하였다. 한 걸음 더 나아가 주자의 성명도덕론(性命道德論)에 대해서도 "고원함에 지나친 바가 있다."고 비판하였다. 이것은 분명히 고학에 근거한 주자학 비판이다. 우선 나카무라는 경전의 해석은 고대의 언어를 가지고 행해야 한다고 말한다. "무릇 고서를 읽는 데에는 모름지기 그 당시의 언어에 통달해야 한다."고 말한다. 또 "송유(宋儒)는 항상 근언(近言)으로 고언(古言)을 풀고, 금의(今意)에 근거하여 고의(古意)를 해석하고 있다."고 하고, 주자를 대표로 하는 송유를 비판하였다.

이 경전 해석 방법은 이토 진사이가 시작하여, 오규 소라이가 연구 방

---

14 앞의 주 6, 5월 24일. "又有藤原明遠字深藏號蘭林, 方爲侍講直學士者. ……明遠則有窮儒態, 必是讀書之人也. ……請見製述 · 書記, 多有酬唱筆談. 明遠則譏詆程朱, 與維楨一套云."

15 『國書總目錄』(東京, 岩波書店, 1963)에 의하면, 소장처로 아사노(舊淺野) · 나카야마 히사시로우(中山久四郞)이라고 쓰여 있다. 아사노(舊淺野)라는 것은 히로시마번(廣島藩) 아사노 집안(淺野家)의 옛 소장서적으로 현존하지는 않는다. 나카야마 히사시로우(中山久四郞)는 동경문리대학 교수(東京文理大學敎授)였던 나카야마씨(中山氏)의 소장과 관련된 것을 의미하나 현재 나카야마 문고(中山文庫)로 동경도립중앙도서관(東京都立中央圖書館)에 소장한 것 가운데 『韓客筆語』는 없다. 나카야마 씨 소장본에 대해서는 츠쿠바대학(筑波大學) 명예교수였던 고(故) 사카이 타다오(酒井忠夫) 씨에게 문의하였으나 현재 행방처 불명이라고 할 수밖에 없다. 병석에 계시면서도 자상하게 지도해주신 사카이 씨에게 마음속 깊이 감사드린다.

16 『先哲叢談』(源了圓 · 前田勉校注, 東京, 平凡社, 東洋文庫574, 1994) 377면.

법론으로까지 높인 것으로서, 나카무라는 이에 의거하여 주자학을 비판한 데 불과하다. 여기에는 그의 특별한 독창성은 아무것도 보이지 않는다. 예를 들면 나카무라는 『대학』에서 말하는 '명명덕(明明德)'의 명(明)이라는 글자의 해석으로서 주자의 집주(集注) 가운데에는 이를 '허령불매(虛靈不昧)'한 것이라고 해석하고 있지만, 이 용어는 '이를 고서에서 찾아보면 이러한 예는 없는 듯하다', 즉 고대의 문헌에서 찾아내는 것은 불가능하다고 하였다. 그러나 이 허령불매라는 말이 그 밖에 주자학에서 사용하는 명경지수(明鏡止水)·곽연대공(廓然大公) 등의 용어와 함께 모두 노장(老莊)의 책이나 후세의 선서(禪書)로부터 나온 것임은 이미 진사이가 『동자문』(189면)에서 지적하였다.[17]

또 송유의 성명도덕(性命道德)에 대한 의론(議論)에는 고원(高遠)함에 지나친 바가 있다고 하는 비판도, 진사이는 '알기 어렵고 행하기 어려우며 고원해서 도달하기 불가능한 이야기이다'라고 하여 송유를 비판한 적이 있다(『동자문』, 57면). 진사이는 『동자문』 속에서 이미 여러 차례에 걸쳐 이러한 송유의 학설은 잘못이며, 본래 『논어』나 『맹자』에서 가르치고 있는 것은 역으로 알기 쉽고 행하기 쉬운 '인륜(人倫) 일용(日用)으로 평소 행할 수 있는 도(道)'(『동자문』, 192면)라고 서술하였다. 나카무라의 주장은 이러한 면에서도 『동자문』에서 말하는 주장을 넘은 것은 전혀 아니다.

이에 대하여 통신사 측은 '그대의 견해는 진사이에게 오도된 것이 아니오? 진사이는 귀국 일본에서 호걸지사(豪傑之士), 즉 누구도 하지 않은 일을 시작한 독창적인 지식인이라고 할 수 있겠지만, 성학(聖學)을 실천하는 점에서는 크게 잘못되어 있소. 당신은 이를 알고 있소?'라고 말했다고 한다. 또 그 후 나카무라는 제술관 박경행 등에게 서신을 보내 『중용』은 공자의 손자인 자사(子思)의 작품이 아니라고 주장하였다. 이를 본 조명채는 "비로소 이 나카무라가 이토 진사이의 괴도(怪徒)임을 알겠다."고 기

17 家永三郎等校注, 『近世思想家文集』(日本古典文學大系97, 東京, 岩波書店, 1966).

록하였다.[18] 진사이는 『중용발휘(中庸發揮)』가 있는데 여기에는 주자 이래 정설이 되었던 『중용』이 자사가 작성했다는 설을 독창적인 문헌학을 근거로 이미 부정하였다. 유아사 죠잔(湯淺常山)의 『문회잡기(文會雜記)』에 의하면, 나카무라는 통신사 측에 다섯 개의 견해를 제출했다고 하는데, 『중용』에 관한 의논도 그 가운데 하나였다. 그는 『중용』은 수미(首尾)가 일관한 책이 아니라고 주장했는데, 진사이도 이것이 옛 악경(樂經)의 탈간(脫簡) 가능성이 있다고 지적하였음을 언급하였다(권1 上). 진사이의 이름은 자설(自說) 이전에 이와 매우 비슷한 것을 말한 인물로 나카무라 스스로가 제기하기도 하였다.

이처럼 나카무라가 진사이의 영향을 강하게 받고, 스스로 진사이와의 관계를 말한 것은 틀림없지만, 다른 한편 그가 제시했다고 하는 "무릇 고서를 읽는 데에는 모름지기 그 당시의 언어에 통달해야 한다"는 등의 이론화된 경전 연구 방법은 분명 소라이의 것이다. 그것은 소라이가 고문사학을 경전 해석에 응용함으로써 수립한 연구방법이다. 나카무라가 진사이와 마찬가지로 소라이의 영향을 받았음은 의심의 여지가 없다. 그런데 홍경해와 조명채는 모두 소라이의 이름을 기록하지 않았다. 이는 아마 이 시점까지 그들이 소라이의 학설에는 아직 접하지 않았다는 점, 문제가 되는 것은 진사이라는 의식을 여전히 벗어던지지 못하고 있었던 사실을 보여준다.

그러나 분명 일행은 이때 에도에서 그것이 소라이 학설이라는 점, 그리고 소라이 학설이 일세를 풍미하고 있다는 사실을 알게 된다. 그 예가 마쓰자키 칸카이(松崎觀海)의 『내정집(來庭集)』에 남아 있다.

마쓰자키 칸카이, 본명 코래토끼(惟時)에 관한 대략은 『선철총담속편(先

18 앞의 주 10, 5월 29일. "藤原明遠貽書于製述 · 書記, 而以中庸一書謂非子思之書, 張皇爲辭, 文理未成. 始知此人即伊藤惟貞之怪徒也. 是日明遠來見製述 · 書記. 製述等責其誣聖, 而各爲說擘破之. 明遠自以爲以中庸爲非子思之書者, 千載後惟明遠一人云. 此輩之稍欲自異, 必主乖悖之論, 多如此, 亦不足深責."

哲叢談續編)』 권7에 실려 있다. 그는 13세 때에 에도에 가서 다자이 슌다이(太宰春台)의 문하에 들어갔다. 통신사와 만난 것은 24세 때이다. 『내정집』에 의하면, 그는 두 번에 걸쳐 제술관 박경행, 서기 이봉환 등과 필담을 나누었다. 우선 첫 번째 자리에서 마쓰자키가 "일본의 유자(儒者)로서 조선에까지 이름이 알려져 있는 자가 있소?" 하고 물어보니, 이봉환은 "야마자키와 아사미의 문집은 조선에 전해져 있소. 진사이의 책도 전해져 있지만 삼척동자라도 배척해야 되는 것을 알고 있소." 하고 답하였다. 이에 대하여 마쓰자키는 다음과 같이 응대했다고 한다.

> 진사이의 사후에 소라이 부쓰 모케이(物茂卿)가 있소. 실로 천하의 제일인자이오. 나의 선사(先師)인 슌다이는 그 고제(高弟)요.…… 소라이와 슌다이 두 분은 야마자키와 아사미에 비하면 두 분 다 만만 배요. 만약 두 분의 저술이 조선에 알려지지 않았다면 훗날 란안(蘭庵)[紀國瑞]을 통하여 보시기 바라오. 당신은 이미 이를 보시지 않았는지요?[19]

이에 대하여 이봉환은 "모두 보았소"라고 답했다고 한다.

여기서 말하는 야마자키와 아사미는 야마자키 안사이와 아사미 케이사이이다. 통신사 일행이 오사카에서 주자학자인 루스 토모노부로부터 얻은 정보에 의하면, 야마자키는 '일본의 주자'로 불리며 이단사설(異端邪說)을 배격했다. 또 코즈키 신케이(上月信敬)로부터 얻은 정보에도 아사미의 노력으로 진사이의 학설이 배척되고 있었다. 그런데 소라이와 슌다이 두 사람은 야마자키와 아사미에 비하면 만만 배라는 것이다.

---

19 松崎觀海, 『來庭集』, 初見筆語.
"(觀海)我邦儒先, 亦有名傳於大國者歟.
(濟菴)山崎 · 淺見文集傳于鄙邦. 仁齋則雖有其書, 五尺童子亦知斥絶耳.
(觀海)仁齋沒後有徂來物茂卿, 實海內一人. 僕先師春臺乃其高足. ……二家比諸山崎 · 淺見, 皆萬萬倍. 若二家著述未行於大國, 則願他日因蘭菴呈覽. 不知公等已一覽之耶.
(濟菴)盡得見之."

두 번째 회견 석상에서 마쓰자키가 필담을 나눈 상대도 역시 박경행과 이봉환 등이었다. 마쓰자키는 여기서 다시 소라이와 슌다이의 저서를 화제로 삼았다. 이하에서 간단하게 이때의 필담을 재현해보고자 한다.

마쓰자키: 당신은 '모두 소라이와 슌다이의 책을 보았다'고 대답했소. 이것은 아마 너무 바쁜 나머지 야마자키 및 아사미와 혼동한 것 같소. 땅은 동서로 격리되어 있기 때문에 소라이와 슌다이의 책은 아마도 조선에서는 아직 크게 유행되지 않은 것 같소. 혹은 쓰시마에서 이 책을 얻었는지요?

이봉환: 슌다이의 작품은 아직 보지 못했소.

마쓰자키: 소라이는 어떠한지요?

이봉환: 매우 질박하기는 하지만 적확함이 부족한 듯하오.

마쓰자키: 당신은 소라이의 『변도(辯道)』와 『변명(辯名)』을 읽었소?

이봉환: 읽지 않았소.

마쓰자키: 오늘은 내가 가지고 와서 선사하고 싶지만, 국금(國禁) 때문에 함부로 일본인의 저술을 인접국에 전하는 것은 금지되어 있소. 때문에 견사(堅師)에게 맡겨두겠소. 훗날 만약 이를 받아서 읽어보신다면, 당신도 소라이가 천 년에 한 번 나올 만한 호걸임을 인정할 것이오.[20]

---

20 상게서, 再見筆語.
"(觀海)前日謁見殊忙, ……僕言徂來物茂卿 · 春臺太宰純學術, 公答以已盡見其書, 此恐忙中與山崎 · 淺見事混耳. 春臺輩皆近時大家, 地隔東西, 恐未盛行於大國, 或亦自對州得之耶.
(濟菴)春臺作未見之.
(觀海)徂來如何.
(濟菴)頗醇而似缺的確.
(觀海)公讀辨道 · 辨名耶否.
(濟菴)否.
(觀海)今日携來, 將奉案下. 國禁不聽輒傳國人著述於隣國, 故託堅師. 他日若賜領收電覽, 則公亦恐許徂來千載一豪傑."

이봉환은 이때까지 소라이의 저서를 읽지 않았다. 마쓰자키는 이를 넘겨보고 굳이 캐묻고는 『변도』와 『변명』을 모쪼록 읽기 바란다, 이를 조선에 전하고 싶다고 말한 것이다. 여기에서 마쓰자키가 말한 견사(堅師)란 쓰시마의 이테이안(以酊庵) 장로(長老)로서 교토 텐류지(天龍寺)의 승려 쇼켄(承堅)[호 翠巖]을 가리킨다. 그는 접반승(接伴僧)으로서 에도까지 동행해와 있었다. 후에 마쓰자키가 이봉환에게 준 편지에 의하면, 그는 거듭해서 소라이와 슌다이를 상찬(賞讚)하고 "나는 하잘것없는 자이기는 하지만, 동방의 일본에서 교화를 입은 자이오. 의리상 본조(本朝)의 우수함을 다른 나라에 전하지 않는 것이 유감이다."라고 하고, 『변도』·『변명』 3부를 이미 스이간(翠巖)에게 맡겼다고 말하였다(與李濟庵書).

이제 앞서의 필담을 계속해서 조금 더 보겠다.

마쓰자키: 송(宋)의 여러 노선생(老先生)의 가르침을 훌륭하지 않다고는 할 수 없소. 그러나 고언(古言)을 알지 못하고 자기의 생각으로 고인(古人)의 말을 풀고 있으니, 성인(聖人)의 본뜻을 얻을 수 없는 것은 당연하지 않겠소? '명경(明鏡)'이라는 용어는 불교에서 나오고, '지수(止水)'라는 용어는 『장자』에서 나왔소. '허령불매(虛靈不昧)'는 불경의 용어를 쪼개 나눈 것이오. 성인의 가르침에 이러한 것은 없었소. 일찍이 성인의 가르침과 수행에 볼 만한 것이 있다 해도, 치평(治平)의 술(術)이 매우 부족한 것이오. 어떻게 가(家)·국(國)·천하(天下)의 쓰임에 보탬이 될 수 있겠소? 송유(宋儒)에게 의구심을 품지 않을 수 없는 것은 이 때문이오.

이봉환: 귀국의 학문은 넓은 것은 넓지만, 대개 모두 털을 불어 정자(程子)와 주자(朱子)의 업적에서 하자를 발견하려는 것과 같은 흠집 찾기요. 이토씨(伊藤氏) 이래로 돌고 다시 돌아 그 폐단은 육상산 및 왕양명과 마찬가지요. 논하는 바는 각각 다르지만, [송유를] 기롱(譏弄)하는 점에서는 동일하오. 한당(漢唐)의 전주(箋注)는 기문(記問)의 학문, 즉 타인의 문난(問難)에 대비하여 외워두는 학문에 불과하오. 정자나 주자 없이 어떻게 계몽할 것인지? 후학은 정

해진 도(道)를 준수해야 하며, 옥에 티를 기롱해서는 안 되오. '명경(明鏡)'과 '지수(止水)'라는 말이 장자(莊子)나 달마(達磨)에서 나왔다고는 하지만, 이 용어는 비유하는 데 적합하니, 어찌 말을 한 사람이 문제라고 해서 그 말 자체를 사용하지 못한다는 논리가 성립할 수 있겠소?[21]

송유의 학설 가운데 그 가르침과 수행(修行)에 대해서는 볼 만한 것이 있지만, 치평(治平)의 술(術)이 너무 부족하다, 선왕(先王)의 도(道)는 치국평천하(治國平天下)의 술(術)이라고 말하는 것이다. 소라이 학설의 주요한 점 중 하나는 도덕과 정치의 분리이다. 여기에서 소략하게나마 소라이 학설의 또 다른 일면이 소개되고 있다. 그러나 마쓰자키는 이 윤리와 도덕이 아닌 제도, 정치를 중시해야 한다는 의논에 대해서는 더 이상 깊이 들어가지 않았다. 여기서 그가 송유의 잘못이라고 든 것은 오히려 경전 해석의 방법론이었다. 후에 이봉환에게 준 편지에서는 이를 '후세의 선비는 고문(古文)을 습득하여 비로소 고언(古言)에 통하게 된다'고 표현하고, 이 방법을 따르지 않은 야마자키와 아사미는 경전 해석에서 오류를 면치 못하였다고 서술하였다(與李濟庵書). 이는 나카무라와 똑같은 견해로, 원래는 소라이의 말이다(『辨道』 11, 34면; 『辨名』 41면). 마쓰자키는 여기서 자신이 슌다이의 제자이고, 소라이의 손제자(孫弟子)라고 칭하고 있다. 즉 이상과 같은 경전 해석 방법은 소라이와 슌다이 두 사람의 것이라고 명확하게 말한 것이다.

---

21 상게서, 再見筆語.
"(觀海)宋諸老先生立敎, 豈不美耶. 然不知古言, 以己意解古人之言, 宜乎不得聖人之旨. 明鏡出佛書, 止水出莊子, 虛靈不昧皆剖折佛書之字, 聖人之敎豈有此耶. 且其立敎持行可觀, 而治平之術甚疎, 何以供家國天下之用, 所以不免致疑.
(濟菴)貴國之學, 非不贍博, 而率皆吹毛覔疵於程朱之緖業. 自伊藤氏以來, 一轉再轉, 其弊將與陸王同歸. 蓋以所論雖異, 而所譏者同耳. 漢唐箋注, 只是記問而已, 不有程朱, 何以啓明. 後學當遵守規轍, 不當譏訕瑕纇. 明鏡止水雖出於莊磨, 其言善於譬喩, 則豈可以人廢言耶."

이봉환은 '이토씨 이래로 그 폐단은 돌고 다시 돌아 육상산 및 왕양명과 마찬가지이다'라며 일본의 유학계를 비판하였다. 육상산과 왕양명의 학문은 조선에서는 주자학에 반대되는 전형적인 학설, 간단히 말하면 이단을 의미한다. 돌고 다시 돈다는 말은 이때 이봉환은 진사이에서 소라이로, 소라이에서 슌다이로, 다시 나카무라 란린과 눈앞의 마쓰자키로 비슷비슷한 자가 계속 생겨나고 있다는 인식을 갖게 되었음을 보여주는 말일 것이다. 1748년의 통신사 일행은 여기에서 진사이만이 문제인 것은 아니고, 소라이 학설이라는 또 다른 이단으로 보이는 학설이 크게 유행하고 있는 일본 유학계에 낙관할 수 없는 사태가 생겨났음을 명확하게 인식했던 것이다.

6월 4일 이봉환은 주자학자인 야마미야 코레미(山宮維深)와 필담하였다. 야마미야에 대해서는 오사카의 주자학자인 루스 토모노부로부터 미리 들어 알고 있었다. 이봉환은 야마미야가 루스의 제자라서 안심한 듯, 대면하자마자 곧 '귀국의 문헌은 훌륭하지만 유독 경전 해석의 방법[談經之道]에서는 주자에 위배되는 것이 많고, 털을 불어 흠을 찾는 흠집찾기에 이르렀다'고 불만을 털어놓았다.[22] 또 6월 10일에 큐이칸(宮維翰)[宮瀨龍門, 劉維翰] 등과 필담을 나눈 때에는 '소라이 선생 부쓰 모케이(物茂卿)가 두각을 나타낸 뒤 비로소 복고(復古)의 학문이 제창되었다'는 이야기를 알게 되었을 뿐만 아니라, 나아가 조선과 같이 인재가 많은 곳에서 '송유(宋儒)의 고루함을 버리고 복고의 문을 열 자는 없는가?'라고까지 공격받았다.[23] 이래서는 입장이 바뀐 셈이다. 1748년의 통신사는 이토 진사이를 가상의 적으로 간주하였지만, 일본 유학계의 전변(轉變)은 그들이 상상할 수 없을 만큼 격렬했다.

---

22 앞의 주 5, 권상, 2면. "(濟菴復)貴國文獻非不美矣. 獨於談經之道, 實多背馳朱子, 甚至於吹毛覔疵."

23 宮維翰, 『龍門先生鴻臚傾蓋集』 8면. "(維翰稟)自徂徠先生物茂卿者勃起, 始倡復古之學.……徒以貴國人才之盛, 鴻儒故老亦何限. 其中有捨宋儒之固而別闢復古之門者乎."

그들은 에도에서 진사이 학설보다 더 이단이라고 할 학설인 소라이 학설과 만났다. '예악의문(禮樂儀文) 가운데 찬란하고 분명하게 빛나는 것 모두를 우리 조선만이 독점해서는 안 된다'고 하며 이미 풍요로워진 일본에 그들이 가르침을 더해주려 왔던 것이다. 그런데 역으로 마쓰자키는 '의리상 본조의 우수함을 다른 나라에 전하지 않는 것이 유감이다'라고 하며, 소라이의 『변도』와 『변명』을 꼭 가지고 돌아가길 원하다고 하며 조선에 전하고 싶다고 말했다. 또 큐리칸은 조선처럼 인재가 많은 곳에서 '송유의 고루함을 버리고 복고의 문을 열 자는 없는가?' 하고 전향을 촉구했다.

마쓰자키와의 필담에서 또 하나 주목할 점은 이봉환이 일본고학에 대하여 이를 '한당(漢唐)의 전주(箋注)'를 중시하는 학문으로 파악한 것이다. 그것은 고학의 경전 해석 방법을 무리하게 훈고학과 연결시킨 부정확한 이해라고 말할 수 있다. 또 이 이해는 소라이가 서한(西漢) 이전의 고문사(古文辭)를 중시했던 점에서 보더라도 정확하지 않다. 그렇지만 다른 한편으로는 확실히 일본고학의 본질에 다가선 이해이기도 하다. 이렇게 말하는 것은, 청조 한학이 바로 '한학(漢學)'이라고 칭해지듯이 후한(後漢)의 정현(鄭玄) 등의 훈고(訓詁)를 다시 배우는 것에서 시작하듯 일본고학도 분명 훈고를 중시하는 학문이었기 때문이다. 이는 양명학과 매우 다른 방법으로 주자학을 비판하는 것이다. 이봉환은 이토 진사이 · 오규 소라이 등과 육상산 · 왕양명을 동급에 놓고 '송유를 기롱(譏弄)하는 점에서는 동일하다'고 하면서, 한편으로는 그들의 주자학 비판이 육상산 · 왕양명과는 달리 훈고학과 유사한 방법으로 이루어지고 있다는 것을 이해한 것이다. 이봉환 등은 몇 번이나 그들의 방법이 '고언(古言)'을 중시한다는 것을 들었다.

통신사 일행은 에도에서 결국 소라이 학설을 접함과 동시에 불충분하고 부정확하기는 하지만 일본고학의 개요를 인식할 수 있었던 것이다.

4. 귀로, 다시 오사카에서

일행이 에도를 떠난 것은 6월 13일이다. 박경행은 귀로에 나고야(名古屋)에서 스가 쿄쿠칸(須賀玉澗)과 필담을 나누었다. 그는 필담 중 '에도에서 문사(文士)와 만났는데, 정주(程朱)를 비방하는 자가 많았다'고 적었다(『善隣風雅後編』 권下, 13면). 오사카로 돌아온 것은 6월 28일이다.

6월 28일 카나자와(金澤) 사람으로 본초학자(本草學者)인 류겐슈(龍元周)[直海]가 박경행과 필담을 하였다. 여기서 류(龍)는 20년 전에 소라이라는 자가 있어 '고언(古言)과 금언(今言)은 다르다. 송유(宋儒)는 금언을 가지고 고언을 해석한다'며 비판했다고 말하고, 게다가 지금 일본의 학자는 소라이를 존중하며, '비로소 송유가 고루함을 알았다. 지금 귀국에서는 오로지 송학(宋學)을 주장하기 때문에 아무도 묻지 않는다'고까지 말했다.[24] 소라이에 대하여 말한 것뿐만 아니다. 류겐슈는 여기서 더 나아가 우테이(宇鼎), 즉 자(字)가 사신선생(士新先生)이라는 자를 소개하고 '이 사람도 고문(古文)을 제창했지만, 송유에서도 거의 취하는 바가 있고, 고문이라도 취하지 않는 부분이 있다'고 해설하였다. 우테이는 절충학파에 속하는 우노 메이카(宇野明霞)를 말한다. 우노는 3년 전에 사망했기 때문에, 실로 실시간으로 일본 유학계의 새로운 정황이 전해졌던 것이다. 박경행은 이에 대하여 '소라이의 이름은 들었다. 사람됨은 호걸이지만, 그 학문은 의(義)와 이(理)에 크게 벗어나 있다. 귀국에서 정자(程子)와 주자(朱子)를 배척하는 것은 모두 이 사람의 죄이다."고 응답하였다.

---

24 龍元周, 『班荊閒譚』 권하, 5면.
"(直淵稟)我國二十年前, 有物茂卿號徂徠先生者, 以唱古文鳴. 其言曰, 古言與今言不同, 宋儒唯以今言解古言, 宜哉胥陷理窟也. ……於是乎東方學者慕風歸德, 始知宋儒之固陋. 今貴國專主張宋學, 故無有問者耳. 又有宇鼎字士新先生者, 亦倡古文, 然於宋儒粗有所采, 雖古文亦有所不取焉.
(矩軒復)徂徠之名, 吾聞之矣. 人則豪傑云, 學則大違義理. 貴邦排斥程朱者, 皆此人之罪也. 如士新執其中, 則溫厚之士, 一時奇才."

7월 3일 주자학자 루스 토모노부는 숙소인 니시혼간지를 방문하여 박경행 · 이봉환과 다시 만났다. 그 당시의 필담 기록 또한 『화한문회(和韓文會)』에 수록되어 있다. 이때의 필담은 정오부터 4시까지 이어졌다. 익일인 4일에는 오사카의 숙소를 떠나 귀국하기 위해 승선하기로 되어 있었다. 출발을 앞두고 이 어수선한 4시간 동안 그들은 무슨 대화를 나누었던가?

간단히 의례적인 시문(詩文)을 주고받은 뒤 문제를 꺼낸 것은 박경행이었다.

> 저는 일본의 학자가 오로지 정자(程子)와 주자(朱子)를 배척하는 것을 가장 득의(得意)로 하고 있는 것을 보았습니다. 진사이(仁齋) 이하가 모두 그렇더군요. 지금은 이미 고황증(膏肓症), 즉 불치의 병이 되어, 복용하면 현기증을 일으킬 정도의 강력한 약이 내게 있다 해도 아무 소용이 없을 것입니다.[25]

오사카로 돌아온 박경행은 일본의 유학계가 이제는 구제하기 힘든 정

---

25 앞의 주 12, 권하, 5면. (矩軒上括囊足下)僕見日本學者專以排斥程朱爲第一能事. 蓋自□□仁齋以下皆然耳. 今則已成膏盲之症, 僕雖有瞑眩, 焉得以用之. (括囊復)近世此方有伊藤仁齋者, 其所著論孟古義 · 大學定本 · 中庸發揮等書行于世, 其說浸充溢矣. 先輩網齋淺見先生搗其巢窟, 砭其病根, 於是乎漸次衰廢, 今也百存一二. 又有倡陽明之學者, 僕先師不得已辨詰剖折, 竭力鬪之, 其黨亦幾亡矣. 又近有姓物字茂卿號徂徠者, 博覽高才, 善文章. 初學古文辭, 以于鱗元美爲標的, 及溯而治經, 刱立新見, 著學則 · 辨道 · 辨名三書, 命之曰古學. 然其所教不過模倣春秋戰國秦漢之文也, 而以此爲修辭之道, 斥居敬窮理存養省察之功夫爲邪說, 觀思孟周程張朱如蟊賊, 以欺世盜名. 而海內黃口飄生之小有才者靡然從之. 其徒太宰德夫張皇其說, 以倡古學, 譏議山崎闇齋, 目之曰道學先生. 以道學二字爲綽號也, 猶宋朝稱僞學, 其罪過於徂徠也.
(矩軒再復)蒙賜回敎, 快若披霧見天. 不意扶桑以東有此長夜之燭. ……非足下無以救得, 他日聞日東有正路之學云, 則僕尙再拜賀足下之力耳. 在東武與中村深藏論辨甚苦, 而扞格不入, 無一分之效, 可歎也已.
(濟菴稟)而僕於五千里往返之役, 閱歷數百文士, 而詞章記誦之藝, 都不關繫於爲人樣子. 間有以經術爲問, 而皆以濂洛關閩之正路爲老生常談, 睨而不顧, 眞所謂蚍蜉撼樹者也. 江戶藤原明遠頗有才識, 而亦於朱學陽尊而陰擠, 究其所就, 亦不過伊藤維楨之餘派也. 未知草野山林之閒, 窮經而講學, 不悖程朱之旨者, 有幾人哉."

황에 있다고 인식하였다. 이미 그가 성학(聖學)으로 삼는 송학(宋學)을 가르쳐, 일본인의 미혹됨을 깨우치는 것은 불가능해 보였다. 이러한 인식에서 박경행은 마찬가지로 송학을 신봉하는 루스에 대하여 이 같은 상황을 어떻게 생각하고, 어떻게 만회할 것인지 물어보았던 것이다. 루스의 대답은 다음과 같았다.

근자에 일본에는 이토 진사이가 나와서 그의 저서 『논맹고의(論孟古義)』[정확하게는 『논어고의(論語古義)』·『맹자고의(孟子古義)』]·『대학정본(大學定本)』·『중용발휘(中庸發揮)』 등이 세상에 행해졌고, 그 설이 점차 유행하기에 이르렀습니다. 선배인 아사미 케이사이 선생이 그 소굴을 쳐서 그 병의 뿌리에 침을 놓아 점차 쇠퇴하여 지금은 100에 한둘이 남아 있을 뿐입니다. 또 양명학을 제창하는 자가 있었지만, 우리 선사(先師) 미야케 쇼사이가 어쩔 수 없이 흑백(黑白)을 정하시고, 힘을 다해 그 몽매함을 깨우쳤기 때문에 그 무리도 거의 없어졌습니다.

또 근래에 성은 부쓰(物), 자는 모쿄(茂卿), 호는 소라이라는 자가 있는데 박람고재(博覽高才)로 문장이 좋습니다. 그는 처음에 고문사(古文辭)를 배워 이반룡(李攀龍)과 왕세정(王世貞)을 목표로 삼았는데, 다시 거슬러 올라가 경전을 연구하여 새로운 견해를 만들어 세우고는 『학칙(學則)』·『변도』·『변명』의 세 책을 써서 이를 '고학'이라고 이름하였습니다. 그러나 그 가르치는 바는 춘추전국 진한(春秋戰國秦漢)의 글을 모방하는 것에 불과하며, 이로써 문장을 짓는 도(道)로 삼고 있습니다. 거경궁리(居敬窮理)·존양성찰(存養省察)의 실천을 배척하여 사설(邪說)이라고 하고, 자사(子思)·맹자(孟子)·주돈이(周敦頤)·정자(程子)·장재(張載)·주자(朱子)를 해충처럼 간주합니다. 이처럼 세상을 속이고 이름을 도적질하는데, 천하의 햇병아리나 잔챙이같이 새파란 젊은이도 조금 재주가 있으면 우르르 소라이를 따르고 있습니다.

그 도당인 다자이 토쿠후(太宰德夫)[春台]는 그 학설을 과장하여 고학을 제창하고, 야마자키 안사이를 비방하여 '도학선생(道學先生)'이라 하고 있습니다. '도학'이란 두 글자를 별명으로 한 것은 중국 송조(宋朝)에서 성학(聖學)인 주자학을 '위학(僞學)'이라고 칭한 것과 같은 것이니, 그 죄는 소라이를 능가하는 것입니다.

통신사가 가는 길에 오사카에 머물렀을 때 루스는 박경행과 필담을 하면서 '고학'에 대해서는 전혀 말하지 않았다. 박경행에게 준 장문의 편지에서도 "'곧바로 하은주(夏殷周) 삼대의 문장으로 거슬러 올라가 배운다." 고 하며 민락(閩洛)[宋學]은 논하지 않는다'고 말할 뿐 소라이 혹은 슌다이라는 이름은 꺼내지도 않았다. 귀로에 박경행이 일본 유학계의 정황에 대하여 꽤 상세하게 파악하고 있음을 알고, 한편으로는 위기감을 머금은 그의 질문을 받고서야 루스는 굳게 닫은 입을 열고 실제 상황을 말하며, 자기의 우려를 밝힌 것이다.

여기서 말한 내용도 생생한 당시의 상황이라고 말할 수 있다. 소라이는 이미 20몇 년 전에 타계했지만, 다자이는 1년 전에 세상을 떠난 참이었다. 그 다자이의 죄는 소라이보다 더 무겁고, 야마자키 안사이를 '도학 선생'이라고 불러 야유하고 있다고 말했다. 또 소라이와 슌다이 등은 스스로의 학문을 '고학'이라고 명명하고 있다고 명확하게 전했다.

박경행은 루스의 이러한 답변을 듣고, 한편으로는 답변을 들으니 안개가 걷히며 하늘이 보이는 것 같다고 말하면서, "동쪽의 에도에서는 매우 힘들게 나카무라 신조(中村深藏)[蘭林]와 논쟁을 하였지만, 바로잡혀지지 않아 조금의 효과도 없었습니다. 통탄스러울 뿐이오."라고 거듭 절망감을 토로하였다.

이봉환은 루스와 박경행의 필담을 보고 나서, 다음과 같이 말했다.

나는 5천 리를 왕복하는 동안 수백 인의 문사와 차례차례 만났는데, 사장기송(詞章記誦)의 재주뿐으로, 사람은 어떠해야 하는가 하는 근본 문제에는 전혀 관심을 두지 않았습니다. 어쩌다가 경전학술에 대하여 질문을 던졌지만 모두 염낙관민(濂洛關閩), 즉 송학이라는 바른 길(正道)을 늙은 서생(書生)의 상투어라고 여겨 흘겨볼 뿐 돌아보지 않았습니다.

이봉환은 박경행과 전적으로 동감이었다. 게다가 그는 '후지와라 아키토(藤原明遠)[中村蘭林]는 크게 재주와 견식이 있지만, 주자학에 대해서는 겉으로 높이고 속으로 배척하고 있습니다. 요컨대 이토 코레사다(伊藤惟貞)[仁齋]의 일당에 지나지 않습니다'라고 말했다. 이처럼 나카무라 란린이 자주 언급된 것은 박학한 주자학자라고만 생각하던 그마저도 진사이와 소라이에게 강한 영향을 받고 있음을 알았을 때의 엄청난 놀라움과 어찌할 수 없는 불안감을 나타내는 것일 것이다. 한편으로 조선 문화를 흠모하는 독실한 주자학자가 다른 한편에서는 주자 비판의 학설에 침식당하고 있는 것은, 당시 조선 지식인으로서는 상식을 훨씬 뛰어넘는 믿기 어려운 사태였다. 그리고 이봉환은 '초야산림(草野山林) 사이에 경전의 깊은 뜻을 궁구하고, 학문을 강설하며 정자(程子)와 주자(朱子)의 가르침에 어긋나지 않는 자가 몇 명이나 있단 말인가?'라며 초조감에 가득 찬 표현으로 글을 맺었다.

한편 이봉환이 에도로 가는 도중 오사카에서 숙소의 급사 노구치(野口)에게 도발적인 문장을 써준 것, 스가누마 토카쿠(菅沼東郭)가 이를 보고 바로 반응한 것은 이미 언급하였다. 여기서 스가누마가 어떤 반응을 보였고, 그 반응은 어떤 파문을 불러일으켰던가 보도록 하자.

스가누마 토카쿠(1690~1763)는 성은 미나모토(源), 이름은 다이칸(大簡), 자(字)는 시코(子行), 통칭은 문암(門庵) 혹은 문성(文誠)이며, 토카쿠(東郭)는 그의 호이다. 에도 사람이지만 오사카에 거주하였다. 오규 소라이에게 사숙(私淑)하였고, 소라이의 『논어징(論語徵)』에 소(疏)를 붙인 『논어징소의(論語徵疏義)』 등의 저서가 있다. 노구치는 이봉환의 글을 곧바로 스가누마에게 보였다. 스가누마는 이를 읽고 이 글이 곧 일본의 문사가 시문만을 짓고, 실학(實學)이 없다고 기롱(譏弄)하는 것임을 알았다. 실은 그도 이 이전에 숙소인 니시혼간지까지 가서 통신사와 시문을 주고받은 사람 중 하나였다. 스가누마가 이봉환의 비판에 반응을 보인 문제의 문장은 박경행이나 당사자인 이봉환에게 보낸 시와 함께 『화한창화록(和韓唱和錄)』 권하에 실려 있다.

그의 주장에 따르면, 시의 증답(贈答)만에 그쳤던 것은 '선왕(先王)의 도(道)를 논하는 데 넉넉한 시간이 없었기 때문이다. 또 조선의 학자는 자사·맹자·정자·주자를 깊이 신봉하는 것이 공자를 신봉하는 것 이상이다. 우리나라의 학자는 자사와 맹자에게 폐해가 있고, 정자와 주자에 잘못된 것이 많다는 것을 알기 때문에 조선의 학자와 눈을 부라리며 우열을 다투어, 옛날 송대에 주자와 육상산이 아호사(鵝湖寺)에서 논쟁한 전철을 밟고 싶지 않았기 때문이다. 대저 군자는 다투지 않는다. 다툰다면 이미 자사·맹자·정자·주자와 다르지 않다. 그래서 그들과는 진심으로 도(道)를 논하지 않았던 것이다'라고 반론하였다.[26]

그런데 여기서 스가누마가 말하는 '군자는 다투지 않는다'고 하여 자사·맹자·정자·주자와 동급의 위치에 스스로를 두지 않는다는 주장은 소라이의 『변도』의 권두(卷頭)의 말과 그대로이다. 스가누마는 논쟁의 수사를 완전히 소라이로부터 차용해왔다. 따라서 스가누마의 반론은 조선통신사를 상대로 한 논쟁의 형식을 취하지 않고, '동지(同志)'에게 보내는 메시지라는 형식을 취하였다.

스가누마가 동지에게 보내는 메시지는 대개가 모두 『변도』에 보이는 소라이의 설을 압축한 것이다. 거기서는 일본에서는 소라이가 고학(古學)을 제창한 뒤로 유학은 진한(秦韓) 이래로 최고점에 도달한 점, '선왕의 도'란 송유가 말하는 '물리당연(物理當然)의 이(理)'가 아닌 점, 맹자가 심

26 앞의 주 13, 권하, 18면. 앞의 주 13에 대한 源東郭(菅沼東郭)의 논평. "而未嘗遑談先王之道也. 且彼邦之學者深信思孟程朱勝於孔子也. 我邦學者知思孟之有弊程朱之多差, 則何與彼邦人怒目抗衡, 以追朱陸鵝湖之爭乎. 夫君子無所爭, 爭則何以異於思孟程朱哉. 故無與論道者也."

(心)이나 성(性)을 논한 것은 고자(告子)나 양묵(楊墨)과 대항하기 위해 채택한 수단이며, 후세의 송유는 자사(子思)나 이 맹자에게 오도된 점 등을 주장한다. 만일 통신사들이 이를 읽었다면, 에도에서 마쓰자키 칸카이(松崎觀海)에게 들은 소라이 학설보다 훨씬 '과격'한 것으로 생각했을 것이다. 왜냐하면 맹자조차도 폄하하고, 더욱이 송유는 이에 오도되었다 등의 말은 그들이 '이단'으로 간주하던 육상산과 왕양명의 설에서도, 심지어는 진사이의 『동자문』에서도 보이지 않는 설이기 때문이다.

그렇다면 통신사들은 이 스가누마가 동지에게 보낸 메시지를 읽었던 것일까? 이에 답하기 위해서는 우선 박경행이 썼던 기괴한 편지를 소개하지 않으면 안 된다.

창화시문집(唱和詩文集)인 『선린풍아후편(善隣風雅後編)』에 의하면, 박경행은 접반승으로서 에도까지 동행하고 함께 돌아온 텐류지의 승려 쇼켄에 대하여 7월 4일자로 다음과 같은 편지를 보냈다.

> 오사카 인사(人士)가 출판한 우리들의 창화집(唱和集)을 보니, 내 시의 태반은 일본인의 위작입니다. 창화(唱和)한 상대방도 당일 좌중(座中)에서 본 적도 없는 자였습니다. 극히 기괴한 일입니다. 다만 이 책을 볼 수 있었던 것은 누군가가 보내주었기 때문이 아니라 다른 자가 대신 구득하여 볼 수 있었을 뿐이니 잘못된 것을 바로잡을 길이 없습니다.[27]

그리고 박경행은 이 책에 이름이 실린 자 가운데 오사카의 루스 토모노부만이 훌륭한 인물이고, 그에게 이를 알리고 싶지만, 역시 방법이 없으므로 이러한 뜻을 그에게 전하고 싶다고 부탁하고, 이하에 자기의 작

27 『善隣風雅後編』 권상, 33면, (朴仁則)奉呈芝林道案下(7월 4일). "得見大坂人士刊出僕輩唱和之卷, 則僕詩大半皆是日本人贋作, 其唱和之人亦是當日座中所未見之人, 事極怪訝. 第此卷之得見, 非由諸人之送寄, 因他人中間買見, 故無路辨正."

품이 아닌 '위작'이라는 오사카 인사 8명에게 준 창화시(唱和詩)를 나열하였다.

그런데 여기에 나열되어 있는 '위작' 창화시 8수(首)를 조사해 보면, 그것들은 모두 『화한창화록(和韓唱和錄)』에 실려 있는 것이다. 당시 일본에서는 통신사 일행에 관한 책의 출판이 매우 유행하여 재빨리 출판되고 있었다. 이 편지를 수록한 『선린풍아후편』도, 루스의 『화한문회(和韓文會)』도, 모두 이 해에 출판된 것이다. 문제의 『화한창화록』(京都大學부속도서관 소장)은 통신사가 아직 일본에 체재하던 중에 출판된 것이었다. 이는 상하 2권 2책으로 되어 있고, 상권은 「연향창화(延享唱和)」이란 제목으로 무라카미 슈한(村上秀範)의 편집이고, 하권은 「이방연벽(二邦連璧)」이란 제목으로 미나모토 시토(源子登)의 편집이다. 그리고 첫 번째 책에는 「조선필담화한창화집(朝鮮筆談和韓唱和集) 상」, 두 번째 책에는 「조선필담화한창화집 하」라고 기재된 제전(題箋)이 붙어 있다. 판권장(版權張)에는 "延享戊辰年五月 大坂書林柏原屋與市, 村上屋淸三郎刊行"이라고 기재되어 있듯이, 연향(延享) 무진(戊辰) 즉 1748년(연향 5년, 寬延 원년) 5월에 오사카에서 출판되었다.

1748년 5월이라면 통신사 일행이 마침 5월 1일에 오사카를 떠나 교토로 가서 에도에서 체재하고 있던 동안의 일이다. 즉, 만일 이 판권장을 신뢰한다면, 『화한창화록』은 통신사 일행이 오사카를 떠나자마자 바로 출판되었던 것이다. 게다가 이 책의 서문인 「이방연벽소인(二邦連璧小引)」이라는 제목으로 첫 번째 책의 권두에 실려 있고, 미나모토 시토(源子登)가 4월에 쓴 것이다. 미나모토 시토는 스가누마 토카쿠의 아들이다. 상권에는 주자학자인 루스 토모노부나 코즈키 신케이의 시문이, 하권에는 스가누마 토카쿠나 시토 등의 시문이 수록되어 있다.

그런데 박경행이 자기 시의 위작이라고 열거한 것을 하나하나 조사해 보면, 그것들은 모두 『화한창화록』에 수록되어 있다. 게다가 8수 가운데 첫 번째 인물인 이누이 토큐(乾桃丘)에게 준 시부터 일곱 번째 인물인 코다이리쿠(高大陸)에게 준 시까지 모두 하권에 수록된 것으로 그 순서도 박경행이 열거한 것과 같은 순서이다. 스가누마 토카쿠의 시도, 문제의 주자학 비판의 문장도 사실은 모두 '미나모토 토카쿠(源東郭)'의 이름으로 이 하권에 수록되어 있다. 거기다가 네 번째 인물로 거명되고 있는 미나모토 시메이(源四明)야말로 서문 「이방연벽인(二邦連璧引)」을 쓴 미나모토 시토 즉 스가누마 토카쿠의 아들이었다. 그리고 여덟 번째 인물인 칸에이(管榮)만이 상권, 즉 이미 언급한 대로 주자학자인 코즈키 신케이, 루스 토모노부 등과의 창화(唱和)를 수록한 곳에 보인다.

즉 박경행이 본 책은 이 『화한창화록』 상하 2책본이었다는 점은 거의 의심의 여지가 없다. 박경행은 접반승 쇼켄에게 편지를 쓸 때 이 책을 눈앞에 두고, 우선 위작이 집중되어 있는 이 책의 하권부터 순차적으로 열기(列記)한 뒤 다시 상권으로 되돌아간 것이다. 오사카의 인사가 박경행의 말처럼 위작이 섞인 창화록을 출판했다고 하면, 이는 그가 말한 대로 기괴하기 짝이 없는 일이고, 그들의 명백한 조작을 알아냈을 것이다.

그러나 박경행이 이 쇼켄에게 보낸 편지도 실로 기묘하다. 첫째로 이 문제의 책이 무엇인지 서명이 명기되어 있지 않다. 자신의 위작이 실려 있는 중요한 증거임에도 불구하고, 서명이 명기되어 있지 않다. 누군가로부터 받은 것이 아니라고 하여, 보낸 자나 서명을 더 이상 찾아볼 여지를 스스로 끊고 있다.

둘째, 루스 토모노부에는 이를 알릴 길이 없다고 말하지만, 실은 이미 본 것처럼 박경행은 이 편지를 쓴 7월 4일의 전날, 즉 7월 3일에 오사카의 숙소 니시혼간지에서 그와 만나 일본의 학술 상황에 대하여 장시간에 걸쳐 필담을 나누었던 것이다. 루스 토모노부에게 이를 알리고 싶었다면, 당연히 7월 3일에 가능했다. 7월 4일은 일행이 숙소를 떠나 귀국길에 오른 날이다. 이날 우연히 이 책을 입수했을 가능성도 물론 부정할 수 없다. 그러나 이 정신없는 날에 우연하게도 다른 사람이 이 책을 구득해서 가져 왔는데, 곧바로 이를 읽어보니 위작이 섞여 있음을 알아, 즉각 그날

안으로 쇼켄에게 변별하여 바로잡아야 된다는 편지를 쓴 것이라고 한다면, 너무나도 우연이 겹친다. 오히려 전날의 루스 토모노부와의 필담, 즉 오사카에서도 소라이 학설이 크게 유행하고 있고, 루스가 이를 힘겹게 막아서고 있음을 알게 된 필담이야말로, 다음날 이 같은 편지를 쓰게 된 원인이었다고 생각하는 것이 타당할 것이다.

셋째, 가장 기묘한 것은 '미나모토 토카쿠(源東郭)' 즉 스가누마 토카쿠의 이름이 전혀 보이지 않는다. 『화한창화록』의 하권, 즉 「이방연벽(二邦連璧)」에서 가장 많은 창화시가 수록되어 있는 것은 그의 작품이다. 여기에는 앞에서 소개한 것처럼, 이봉환이 노구치 모씨(野口某氏)에게 써준 일본 문사를 비판한 글도, 스가누마 토카쿠가 쓴 이에 대한 반-비판문도 동시에 수록되어 있다. 그런데 이에 대해서는 완전히 침묵하고 언급하지 않는다.

'미나모토 토카쿠'라는 이름이 쇼켄에게 준 편지에서 전혀 언급되지 않은 것은 박경행이 의도한 것이다. 원래 이봉환은 일본 유학계를 비판하는 문장을 일개 급사에게 준 데 불과하고, 스가누마 토타쿠 즉 미나모토 토카쿠에게 준 것은 아니었다. 스가누마도 반비판의 문장을 이봉환에게 쓴 것이 아니었다. 그것은 동지에게 보내는 메시지라는 형식으로 작성된 것에 불과하다. 그렇다면 미나모토 토카쿠라는 실명을 내보일 필요는 전혀 없다. 『화한창화록』이라는 서명을 그대로 드러내면, 당연히 그들이 '미나모토 토카쿠'의 격렬한 통신사 비판과 주자학을 비판하는 주장을 읽은 셈이 되어버린다. 그렇게 되면 정면에서 반론하지 않을 수 없게 되어버린다. 박경행은 이렇게 하는 대신 일부러 그의 이름을 묵살하고 서명도 명기하지 않고, 거기에 자기 시의 위작이 실려 있다, 자기와 창화했다고 되어 있는 인물은 회견석상에 있지도 않았다는 식의 다소 어른답지 못한 내용을 접반승에게 전하는 방식으로 반격을 했다고 생각된다.

박경행이 보인 이러한 작위는 도리어 그들이 이때 스가누마의 비판문을 알았다는 것을 말해준다. 거기에 전개된 고학의 주장과 주자학 비판이 '육상산이나 왕양명과 같은 부류이다' 혹은 '진사이와 동류이다'라는 간단한 재비판을 더하는 것으로 끝낼 수 없을 만큼 무거운 내용이었다는 것을 말해주는 것이다.

분명 이 『화한창화록』은 조선으로 건너갔다. 게다가 그 이름이 알려져 있었다. 조선과 일본의 문화교류사 연구의 개척자 중 한 사람인 마쓰다 코(松田甲)는 이 『화한창화록』을 『이방연벽록(二邦連璧錄)』이라고 칭하고 이것이 조선에서 이름이 알려져 있었다고 전하였다.[28] 『이방연벽록』이 『이방연벽』임은 틀림없다. 『화한창화록』은 스가누마와 이봉환의 문장을 제외하면, 다른 창화집에 비하여 특별한 점은 아무것도 없다. 역시 스가누마의 문장이 문제였다고 생각할 수밖에 없다.

더더욱 흥미로운 것은 이로부터 60년 이상 지난 뒤인 1811년의 이른바 문화연간의 통신사(文化通信使)에 의하여 '미나모토 토카쿠'가 다시 문제시된 점이다. 문화연간의 통신사에는 이명오(李明五)라는 인물이 서기로 참가하고 있었다. 그는 코가 세이리와 필담 중에 다음과 같이 말했다.

> 전에 들은 바로는 귀국의 부쓰 모쿄(物茂卿)[荻生徂徠]와 이토 코레사다는 주자학과 힘껏 싸웠고, 무진(戊辰) 즉 1748년의 통신사행에 나의 부친이 서기(書記)로 일본에 왔을 때 미나모토 토카쿠가 대담하게도 크게 성학(聖學)을 공격하였다는 것입니다. 이 때문에 나는 항상 귀국의 학문이 올바르지 않음을 의아하게 생각했소.[29]

---

28 松田甲, 「李朝英祖時代戊辰信使の一行」(『日鮮史話』 二, 東京, 原書房, 1976, 原本第四編, 1927) 68면. 이하에 기록되어 있는 이명오(李明五)의 『박옹시초(泊翁詩鈔)』 권5, 신미해행록(辛未海行錄)에는 沈象奎, 「奉贐泊翁詞伯日本之行」가 수록되어 있고, '戊辰有二邦連璧錄. 錄中源東郭與濟庵(李鳳煥)最多酬唱. 其子四明年十七, 亦能屬和. 今如在者, 年當八旬矣. 泊翁必訪之也'라고 되어 있다. 松田甲의 발언은 이에 근거한 것이 틀림없다. 또 앞의 주 3 李元植著書, 658면에 의거하면 이 책이 한국국립중앙도서관에 일부 현존한다고 되어 있어 이를 직접 보았으나 菅沼東郭이나 이봉환, 박경행에 관한 상기 이상의 특별한 기재는 없다.

29 草場韡, 『對禮餘藻』 권상, 6월 21일 客館筆語. "(泊翁)攻朱子者, 自明至淸不可勝言. 薛文淸 · 胡敬軒諸公之外, 陽明之學 · 陳白沙之道皆是禪學, 更熾於象山之時. 至毛奇齡西河者

이명오의 부친이 바로 이봉환이다. 이명오는 코가 세이리와의 필담 자리에서 미나모토 토카쿠라는 일본에서는 일류(一流)도 아니고, 유명하지도 않은 인물의 이름을 조금의 착오도 없이, 더구나 스가누마 토카쿠가 아닌 미나모토 토카쿠라는 이름으로 거론했다. 이는 부친 이봉환으로부터 미나모토 토카쿠라는 이름을 몇 번이나 들었든지, 『화한창화록』에 실려 있는 문장을 본인이 읽었든지라고밖에 생각되지 않는다.

이상을 통하여 1748년의 조선통신사는 그 여정에 동반하여 일본고학에 관한 인식을 심화시켜간 점, 그들의 인식은 정확하지는 않았다고는 해도, 그 개요는 확실히 알았던 점을 확인하였다.

어떤 연구에 의하면 통신사가 일본에 왔을 때 일본의 유자(儒者)가 조선의 이퇴계를 높이 평가하고, 일본의 야마자키 안사이 등을 소개한 일례를 들며 1748년의 통신사가 거론되고 있다.[30] 확실히 그때 조선과 일본 양국 주자학자들의 교류가 있었던 것도 사실이다. 그러나 그 통신사 일행에게 야마자키 안사이 등은 뭐라도 상관없는 문제였다. 그들의 입장에서 보면 어차피 야마자키 등은 조선주자학의 재탕으로밖에 비쳐지지 않았을 것이다. 그들이 쓰시마에 도착해서 처음 문제삼은 것은 『동자문』이었다. 또 귀로에 오사카까지 오면서 주자학 측이 거의 수세에 처하고 있음을 알고 거의 절망감이라 해야 할 감정을 가졌다. 일본의 주자학자가 취했던 태도도 문제이다. 그들은 일본 유학의 현황을 정직하게 이야기하려 하지 않았다. 그들 자신이 수세에 몰리고 있었기 때문이다. 오히려 코즈키 신케이와 같이 허위로 평하는 것이 걸맞았다. 허위라는 말이 지나치다면 자기의 주관적인 바람을 전했던 것에 불과했다.

晩出力攻, 無可言. 昔聞貴邦物茂卿 · 伊藤維楨力戰朱學. 至於戊辰信行先大人以書記入來之時, 源東郭斐贍博大攻聖學. 故僕常以貴邦學術之不正爲訝."

30 阿部吉雄, 『日本朱子學と朝鮮』(東京, 東京大學出版會, 1965), 469면.

5. 맺음말

이상 1748년 통신사가 도달한 일본고학에 대한 인식을 살펴보았다.

당시 조선 지식인에게 주자학이란 조선이라는 국가의 존재 이유일 뿐 아니라 마땅히 그래야 할 '세계'를 관통하는 보편적인 원리이기도 하였다. 이적(夷狄)이 지배하는 청조에서조차 강희제가 주자학을 칭찬하고 있는 듯이 보이며, 드디어 양명학의 잘못을 깨닫고 정도(正道)로 돌아가려는 듯이 보였다.[31] '절해(絶海)의 야만인'의 땅인 일본에서도 앞서 갔던 역대의 통신사들이 전한 바에 따르자면, 주자학의 보급에 힘쓰고 있는 듯이 보였다. 그런데 1748년의 통신사 때에 일본에서는 주자학이 이미 존중되지 않고 있음을 명확하게 알게 되었다.

조선통신사가 일본의 학술계에 대하여 이만큼 위기 의식과 절망감을 갖지 않으면 안 되었다는 사실, 이를 그들의 주관을 벗어나 동아시아 학술계에서 각국의 위상이라는 한 차원 높은 관점에 서서 바라본다면, 거기에는 커다란 변동이 생기고 있었음을 의미한다. 그때까지 동아시아의 동쪽 끝에는 학술이라 하면 대개 조선에서 일본으로 흘러가는 것으로 정해져 있었다. 그런데 진사이의 『동자문』이 일단 조선에 전해지자 이를 무시해버리는 것이 불가능하여 다음 번 통신사는 이를 가상의 적으로 간주하였다.

한국과 일본의 오랜 학술관계로부터 본다면 이는 획기적인 변화이며, 학술 흐름의 방향이 전환되었음을 시사하는 것이다. 앞서 우리는 조선의 박경행이나 이봉환과 일본의 마쓰자키 칸카이나 큐이칸과의 필담에 대하여 '이래서는 입장이 바뀐 셈이다'고 말했다. 우리는 거기에서 단순한 양국의 민족주의가 서로 대립하는 모습만을 읽어내서는 안 된다. '입장이 바뀐 셈이다'는 것은 그들 개인이나 민족의 입장을 넘어, 학술이 놓여 있던 위치가 바로 그 무렵에 크게 역전되어 변이(變移)하고 있었던 것

31 본서 제15장, 606면.

을 의미한다.

나아가 이를 조선연행사의 청조 한학에 대한 파악을 시야에 넣고서 다시 본다면, 아래와 같은 결론을 얻을 수 있다.

첫째, 이 1748년의 시점에서 일본고학이 단순히 반(反)주자학이라는 입장에 서 있었을 뿐 아니라 그 뒷받침으로서 '고서를 읽는 데에는 모름지기 그때의 언어에 통달해야 한다'는 경전 해석의 방법론, 청조 한학에도 똑같이 적용되는 방법론을 갖고 있다는 것이 통신사 일행에게 몇 번이나 명확하게 전해졌다. 통신사는 이 고학이 크게 유행함을 알고, 이를 '고황증(膏肓症)' 즉 불치의 병이 되었다고 개탄하였다. 거기에는 조선연행사가 보인 '세도(世道)의 근심거리'라는 개탄과 상통하는 것이 있다.

처음에 필자는 김선신이 연행 뒤에 집요하게 한학(漢學)을 반대하는 언사를 청조의 지식인에게 던졌던 한 요인으로서, 그가 연행하기에 앞서 일본고학에 대한 인식이 생겼던 점을 거론했는데, 위의 논의를 통해 그 가능성은 더욱 높아졌다고 생각한다. 이 문제에 대해서는 다시 1764년과 1811년의 통신사를 통해 보다 풍부한 사료를 제시하는 것이 가능하다.

둘째, 1748년의 통신사행에서는 일본고학을 중심으로 한 학술 정보가 거의 실시간으로 전해졌다. 이는 다음과 같이 말할 수 있다.

처음에 말한 것처럼 조선연행사의 경로가 간선(幹線)이라면 통신사는 지선(支線)이었다. 다만 흥미 깊은 것은 이 간선이 일시적으로 정상적인 기능이 정지되어 있었다는 점이다. 통상적으로는 조선연행사의 경로는 정치적 내지 경제적인 대동맥일 뿐 아니라 문화적인 대동맥이기도 하였다. 연행사에 의해 제한적인 형식으로 다양한 사상과 서적 혹은 문물이 북경에서 서울로 전해졌다, 그런데 1636년에 청(淸)이 조선을 침략했기 때문에 명조(明朝)로 보내는 사절은 폐지되었다, 1644년에 청조가 북경으로 천도한 뒤 연행 경로는 재개되었지만, 조선 지식인은 청조가 이적인 만주족의 국가라고 하여 이를 경멸하고, 나아가 그 지배하에 있던 한족(漢族)까지지도 경멸하여 그들과 교류하는 것을 떳떳하지 않게 여겼다. 여기에 매년 대량의 인원이 서울에서 북경을 왕복하고, 정치적 내지 경제적으로 중요한 간선이 부활했음에도 불구하고, 문화면에서의 유통이 그 이전보다도 훨씬 결핍되어 있는 변칙적인 경로가 출현하였다.

이는 1765년 홍대용의 연행까지 계속되었다고 해도 좋을 것이다. 1644년부터 헤아리면, 실로 100년 이상에 달한다. 이 사이 사람들의 빈번한 왕래와 물자의 대량 이동이 있었음에도 불구하고, 청조의 학술 정보는 정치에 깊이 관련된 것, 예를 들면 천문학 등을 제외하면, 극히 제한적인 것밖에 들어오지 않았다. 그만큼 많은 조선 지식인이 북경을 방문했지만, 김창업 등 몇 사람을 제외하면, 그들은 청조인과 교제하는 것을 기피하였다. 1748년 통신사의 바로 앞 사행인 1719년 통신사로서 일본에 온 신유한(申維翰)은 교토의 서점주인인 세오 겐베이(瀨尾源兵衛)로부터 '귀국은 중국 청조와 왕래하고 있으므로 현재의 중국 지식인 중에서 누가 걸출한 인물인지 알고 있겠지요?'라는 질문을 받자,

> 사절(使節)은 왕래하고 있지만 청조인(淸朝人)과는 교류하지 않습니다.…… 청조에 벼슬하고 있는 자나 유자(儒者)의 문학과 학문에 대해서는 듣거나 물어보지 않았기 때문에 그곳 사람들의 정황은 알지 못합니다.[32]

라고 솔직하게 답하였다. 김선신이나 신재식이 청조 지식인의 자택을 방문하고, 그들과 자유롭게 학술논쟁을 행한 것은 그로부터 약 백 년 뒤의 일이다.

한편 일본에 간 통신사들은 그들이 원하지 않아도 일본인 다수가 숙소로 찾아와 다양한 학술 정보를 제공하여 주었다. 숙소에는 차례 차례로 일본인이 찾아와 통신사들의 시문(詩文)을 요구하고, 그들과 필담하기를

---

32 『桑韓塤篪集』 권10, 韓客筆語, 22면. "雖有使价往來, 不與其人相接. ……其朝士儒生文辭學問非所聞問."

원했다. 이는 통신사 측의 일기에 자주 보이듯이, 응접하느라 겨를이 없어 피로가 쌓일 정도였다. 때로는 고의로 진실이 은폐되고, 때로는 의도적으로 허위도 전해졌지만, 통신사 일행이 알고자 하는 열의에 따라, 혹은 일본 유자들이 전해주고자 하는 의욕을 통하여 학술 정보는 거의 실시간으로 전달되었다. 이런 의미에서 이 1748년과 다음 차례의 1764년의 경우는 원래 연행사가 담당해야 할 역할을 일부 대행한 것이었다.

셋째, 이와 관련하여 이 통신사는 청조의 한학이 무엇인지 전혀 모른 채 일본고학과 접촉했다. 1748년은 중국 청조의 건륭 13년에 해당한다. 여기에서도 거의 비슷한 무렵 일본의 고학보다 다소 늦게 시작하여 고학과 매우 흡사한 '한학'이 시작되고 있었다. 청조 고증학을 대표하는 혜동(惠棟)은 이 해에 이미 52세였고, 대진(戴震)은 26세였다. 그러나 조선연행사는 그간의 사정 즉 청조의 학술 정보를 충분히 파악할 수 없었다. 연행사와 통신사 가운데 새로운 학술 동향을 먼저 파악한 것은 통신사 쪽이었다. 이 때문에 서울에서 두 경로가 교차하였지만, 1748년의 통신사는 청조의 학술 정보를 알지 못한 채 일본에 갔던 것이며, 거기서 느낀 위구심과 위기감에 '고학'에 대한 정보를 열심히 수집할 수밖에 없었다. 외국에서 가져온 학술이라면 우선 중국에서 들어오는 것이었던 그때까지의 조선의 역사에서 본다면, 이때의 통신사가 일본고학을 파악하는 것이 얼마나 곤란했던가, 그리고 그들이 획득한 정보를 조선 국내에 정확하게 전달하는 것이 얼마나 곤란했던가는 짐작하고도 남음이 있다.

1748년의 통신사가 획득한 일본고학에 대한 인식은 과연 조선 국내에 어떻게 전달되고, 그 이후의 통신사 일행에게 어떠한 영향을 미쳤을까? 또 이에 대한 인식은 그 이후 어떻게 변화하게 되었을까? 우리는 조선연행사를 통한 중국 학술에 대한 인식을 시야에 두고, 다음 장에서 진행시키고자 한다.

(번역: 신로사)

제10장

1764년 조선통신사와 일본의 소라이학

1. 머리말

조선통신사에 관해 통설처럼 말하는 것 중 하나가 조선통신사가 조선의 선진 학문 내지 선진 문화를 일본에 전했다고 하는 것이다. 이는 조선통신사의 역할 가운데 하나로 열거되기도 한다.[1] 분명 17세기에는 그랬는지도 모른다. 그러나 일본에서 고학(古學)이 일세를 풍미하게 되고, 이를 이어받은 18세기 중엽 이후가 되면 이 통설은 성립되지 않는다. 일본의 유학계(儒學界)에서는 이미 조선의 학술문화를 선진적인 것으로 여기지 않았을 뿐 아니라, 심지어는 역으로 일본에서 생겨난 고학을 통신사를 통해 조선에 전하려고 생각한 자도 나타났다.

한편 통신사 일행에 포함되어 일본에 온 조선 지식인은 일본에서 고학이 유행하고 주자학을 더 이상 존숭하지 않는 모습을 목격하고는, 일본

1 『韓國の高等歴史教科書－高等學校國定國史』(世界の教科書시리즈 15, 明石書店, 2006), 274면. 또 『고등학교 국사[高等學校國史]』(서울, 국사 편찬 위원회 · 국정 도서 편찬 위원회[國定圖書編纂委員會], 2002 초판, 2011 제2판 6쇄 발행) 104면에서도 이 부분은 변함이 없다. 이 국정교과서는 최근까지 사용되었는데 현재는 검정교과서제도로 여러 종이 발행된다.

의 유학계는 결국 불치병에 걸리고 말았다는 뚜렷한 위기감이 더 심해졌다. 우리는 이미 앞에서 1748년의 통신사를 통해 이 점을 살펴보았다. 이번 장에서는 그 속편으로, 1764년의 통신사를 통해 양국의 학술관계를 밝히려는 것이다.

본 장에서는 소라이(徂徠) 본인의 학술만이 아니라 그의 학설에 입각하여 이를 구체화한 제자들의 업적까지 포함하여 '소라이학(徂徠學)'이라 지칭하기로 한다. '소라이학'에 초점을 맞춘 것은 이것이 1764년의 통신사 일행에게 가장 문제시되었던 학술이기 때문이다.

조선에서 일본에 통신사를 파견할 때 일급 문인을 사절단 속에 포함시켰다는 점 또한 통설처럼 되어 왔다. 분명 제술관과 서기를 통신사 일행에 넣은 목적이 훌륭한 중화(中華)의 문화를 일본에 보여주기 위한 것이었다는 것은 이 책의 서장에서도 서술하였다. 제술관과 서기는 우수한 문인이어야 했다. 그런데 그들이 조선에 없는 이질적인 학문을 접했을 때 어떻게 대응하였고, 귀국 후 그것을 어떻게 소개하였는가라는 문제는 지금까지 문제시되지 않았다.

1764년의 통신사 일행 중에는 원중거(元重擧)라는 인물이 있다. 그는 귀국 후 『화국지(和國志)』를 저술하였는데, 이는 역대 통신사가 남긴 것으로서는 가장 상세한 일본 연구서이다. 이 때문에 그의 일본 인식에 대해서는 이미 몇몇 연구가 있으며, 그 가운데 소라이학에 대한 인식에 관해서도 간단하게 다루어졌다.[2] 다만 원중거의 인식에만 문제를 한정해버리

---

2 河宇鳳, 「元重擧의 『和國志』에 대하여」(『全北史學』 제11 · 12 합집, 1989), 同 「元重擧의 日本認識」(『李基白先生古稀記念韓國史學論叢』下, 서울, 一潮閣, 1994). 이 두 논문은 河宇鳳 『朝鮮王朝時代の世界觀と日本認識』(金兩基監譯, 小幡倫裕譯, 東京, 明石書店, 2008), 원본은 『조선시대 한국인의 일본 인식, 서울, 慧眼出版社, 2006) 제2부 제2장 「조선시대후기 통신사사행원의 일본인식—1764년 甲申通信使의 元重擧를 中心으로」와 거의 겹친다. 또 신로사, 「元重擧의 『和國志』에 關한 研究—그의 日本認識을 中心으로—」(成均館大學校大學院碩士論文, 2004).
본서에서 1764년 통신사라고 부르는 것은 조선에서는 서울을 출발한 시점을 취하여 계미(1763년) 통신사라고 부르는 것으로, 현재의 한국에서도 그렇게 부른다. 그러나 일본에서 학

면 당시 양국의 학술이 서로 어떠한 위치에 있었는가라는 중요한 문제가 사라져버리고 만다. 그래서는 1764년 단계에서 조선통신사들이 소라이학을 어디까지 알고자 했는지, 그리고 어디까지 알게 되었는가 하는 점은 전혀 해명되지 않는다. 게다가 그들이 이를 안 것이 무엇을 의미하는지도 문제시되지 않는다. 일본에는 일본인 측에서 남긴 필담 기록이 상당수 남아 있다.[3] 우리는 이를 조선 측의 기록과 맞춰봄으로써 그들이 당시 일본 학술계에서 가장 영향력이 컸던 소라이학에 대하여 어떠한 과정을 통해 어느 정도까지 알게 되었는가를 밝힐 수 있을 뿐 아니라, 그들이 이국(異國)에서 이를 알게 된 것의 의미까지도 찾아볼 수 있을 것이다.

본론으로 들어가기 전에 일본인 유학자들과 필담을 나눈 주요 인사, 즉 남옥(南玉)・성대중(成大中)・원중거(元重擧)・이언진(李彦瑱) 네 사람에 대해 간단히 소개하고자 한다. 우선 제술관(製述官) 남옥(1722~1770)은 자가 시온(時韞), 호는 추월(秋月)로 의령(宜寧) 사람이다. 1753년(영조 29, 건륭 18) 문과 출신이다. 1764년에 일본에서 귀국하고 다음해인 1765년(영조 41년)에는 서얼통청(庶孼淸通) 운동으로 이봉환(李鳳煥)・성대중과 함께 특별히 청직(淸職)으로 임용하라는 국왕의 명을 받았다. 이봉환도 1748년의 통신사 일원이었다. 즉 그들은 조선시대 관료 사회에서 차별대우를 받은 서얼 출신이면서 수재(秀才)였다. 남옥은 1770년(영조 46)에 이봉환과 함께 같은 사건에 연루되어 옥사하였다.[4] 남옥이 일본에서 체재한 것은 그의 나이42세에서 43세 때의 일이며 그때의 일기로 『일관기(日觀

술 교류는 계미 12월 3일(1764년 1월 5일) 이후의 것이며, 옛날 일본에서는 이를 명화(明和, 1764) 통신사라고 부른 것이 보통이었으므로 본서에서도 이를 1764년 통신사라 칭한다.

3 李元植, 『朝鮮通信使の硏究』(京都, 思文閣出版, 1997), 제5장 「筆談唱和集總目録」. 高橋昌彦 「朝鮮通信使唱和集目録稿(一)(二)」(『福岡大學硏究部論集』A 6[8], 2007, A 9[1], 2009).

4 金聲振, 「南玉의 生涯와 日本에서의 筆談唱和」(『韓國漢文學硏究』 제19집, 1996). 그의 청직화(淸職化)와 투옥 사거(死去)는 『朝鮮王朝實録』 영조 41년 6월 임술, 46년 11월 임신.

記)』가 있다.

다음으로 정사(正使) 서기 성대중(1732~1809)은 자가 사집(士執), 호가 용연(龍淵) 혹은 청성(靑城)이며 창녕(昌寧) 사람이다. 1756년(영조 32)의 정시(庭試)에 합격하였다. 일본에서 귀국한 다음해 남옥 · 이봉환과 함께 청직으로 임용되었던 사실은 앞에서 이미 언급하였다. 즉 그 또한 서얼 출신이었다. 정옥자(鄭玉子)에 의하면, 그는 노론(老論) 계열 성리학파 가운데서 낙론계(洛論系)에 속한다고 한다.[5] 북학(北學) 사상이 대두되자 이에 경도되어, 그 자신이 북학 사상의 형성에 일익을 담당하였다. 문학으로 유명하며 문집으로 『청성집(靑城集)』이 있다. 일본의 유학자들과 필담을 나눈 때는 32세부터 33세에 걸친 시기였다. 그때의 일기로 『사상기(槎上記)』, 일본론으로 『일본록(日本錄)』이 있다.

다음으로 부사(副使) 서기 원중거(1719~1790)는 자가 자재(子才), 호가 현천(玄川)으로 원성(原城) 사람이다. 1750년(영조 26) 생원(生員)에 합격하였다. 그가 일본에 체재한 것은 45세에서 46세 때이다. 그때의 일기인 『승사록(乘槎錄)』과 일본론인 『화국지(和國志)』가 전한다. 하우봉(河宇鳳)에 의하면 원중거도 노론 가운데 낙론계에 속하며, 김용겸(金用謙)의 학문에 영향을 받았다고 한다.[6] 마찬가지로 하우봉에 따르면, 족보에 의거해서는 확인할 수 없지만 많은 정황 증거로 보건대 원중거가 서얼 출신임은 확실하다고 하였다. 덧붙여 마에마 쿄사쿠(前間恭作)는 통신사의 제술관과 서기는 서얼의 독무대였다고 하였다.[7] 만일 그렇다고 한다면 남옥 · 성대중 · 원중거뿐 아니라 또 다른 서기 김인겸도 서얼이 된다.

마지막으로 이언진(1740~1766)을 소개한다. 그의 자는 우상(虞裳), 호는

5 鄭玉子, 「성대중」(『한국민족문화대백과사전』, 서울, 한국정신문화연구원, 1995).

6 앞의 주 2, 河宇鳳, 1994년 논문. 일본어 역서 211면.

7 前間恭作, 「庶孽考(二)」(『朝鮮學報』 제6집, 1954) 79면.

담환(曇寰) 혹은 운아(雲我)로 강양(江陽) 사람이다.[8] 그는 대대로 역관 집안에서 태어났으며, 그 자신도 1759년(영조 35) 역과(譯科)에 합격하여 사역원 주부(司譯院主簿)가 되었다. 일본에 왔을 때의 직함이 한학통사(漢學通事)였던 점으로 알 수 있듯이, 그는 일본어 통역으로 온 것은 아니었다.

역관은 양반 출신이 아닌 중인(中人) 신분이 맡는다. 따라서 위에 언급한 세 사람이 서얼이기는 해도 양반 출신이었던 것과는 전혀 다르다. 일본서 우치야마 리츠사이(内山栗齋)와 필담하며, 스스로 두 차례 북경에 갔다고 말하였다.[9] 일본 체재는 그의 나이 24세부터 25세 때였고 귀국하고 나서 2년 후, 즉 1766년(영조 42)에 27세의 나이로 요절하였다.

저작으로는 후인이 편집한 『송목관신여고(松穆館燼餘稿)』가 있다. 거기에 수록되어 있는 6언 절구 가운데 다음과 같은 것이 있어 주목된다. '길거리 가득 모두가 성현, 배고파 시달리고 있어도. 양지(良知)와 양능(良能) 있음을 맹씨가 취하였고, 나도 취하네.'[10] 여기에서 「길 거리 가득 모두가 성현」은 왕양명(王陽明)의 『전습록傳習録』 권하(卷下), 113의 유명한 말 '길거리 사람들 모두가 성인인 것을 보았다(見滿街人都是聖人)'를 답습한 것은 의심의 여지가 없다. '양지(良知)와 양능(良能) 있'다고 운운한 것은 『맹자』 진심(盡心)의 상(上)에 보이는 양지양능설(良知良能說)에 바탕한 것이라는 것 또한 명료하다. 주지하듯이, 양명학의 근본 테제의 하나가 이 양지양능설로, 만인(萬人)이 외부에서 지식을 섭취하지 않아도 태어나면서 양지양능이라고 하는 인지 능력을 가졌다고 하는 것이다. 이언진은 왕양명의 이름을 전혀 거론하지 않고, '맹자가 양지양능설을 취하고 있기

---

8 韓泰文, 「李彦瑱의 文學觀과 通信使行에서의 세계인식」(『國語國文學』 제34집, 1997). 鄭珉 「『東槎餘談』에 실린 李彦瑱의 필담 자료와 그 의미」(『韓國漢文學研究』 제32집, 2004. 평전으로 박희병, 『나는 골목길 부처다－이언진 평전』(서울, 돌베개, 2010)가 있다.

9 内山栗齋, 『栗齋探勝草』 附錄 韓客唱和.

10 『松穆館燼餘稿』(『韓國文集叢刊』 제252집, 502면하). "滿衢路皆聖賢, 但驅使饑寒苦, 有良知與良能, 孟氏取吾亦取."

에 나도 이 설을 취한다'고 말하고 있다. 그가 양명학의 무리였던지, 아니면 적어도 양명학에 강한 공감을 가진 인물이었든가는 의심의 여지가 없을 것이다.

2. 소라이학에 대한 인식의 진전-특히 그 저작의 획득

1764년의 조선통신사 일행이 일본에서 어떻게 소라이학에 대한 인식을 심화시켜 갔는가를 밝히는 데 우선 문제가 되는 것은 그들이 일본에 오기 전, 이전의 통신사로부터 이에 대해 어느 정도로 전달받아 알고 있었던가 하는 점이다.

그 직전 사절(使節)과 이번 사절 사이에 어떤 접촉이 있었던 것을 전해주는 사료로서는, 우선 남옥의 『일관기』 계미 7월 24일의 기사를 보아야만 한다. 이에 의하면 이날 서울을 출발하기 전 삼사(三使)·제술관·서기 등이 조정에 모여 영조(英祖)를 만났다. 그때 시문(詩文)으로 전별한 자 가운데 유후(柳逅)·이봉환(李鳳煥)·박경행(朴景行) 등 세 사람의 이름이 보인다. 세 사람 모두 1748년의 통신사 일행으로 그 중에서도 이봉환과 박경행 두 사람이 고학파를 중심으로 하는 일본 유학자들의 공세를 집중적으로 받았다는 점은 이미 서술하였다.

다만 일본의 유학 정세에 대하여 양자 간에 무슨 내용이 얼마나 전해졌는지는 조선 측의 기록과 일본 측의 기록 모두에 명확하게 기재되어 있지 않다. 이러한 사료에서 중요한 시사를 주는 것이 원중거가 일기 『승사록』에 남긴 일화이다. 그가 막 일본으로 떠나기 직전, 부산에서 '두 벗'과 주고받은 대화이다. 그가 '두 벗'이라고 부르는 것이 제술관 남옥과 서기 성대중이라는 것은 『승사록』에 몇 번이고 보이는 두 벗이라는 용례의 대부분이 '온집양우(韞執兩友)' 즉 남옥[자는 時韞]과 성대중[자는 士執] 두 벗으로 기록되어 있는 것을 볼 때 확실하다. 대화는 아래와 같다.

원중거: 일본인은 정자(程子)와 주자(朱子)의 학설을 무시하고 있소. 나는 정자와 주자의 설에 의거하여 일본인에 대응하려고 하는데, 어떻게 생각하오?

남옥 · 성대중: [난색을 표하며] 그것은 좋은 일입니다. 그러나 그들이 무시하고 있는데, 여기서 일방적으로 말하면, 반드시 서로 어긋나 맞지 않게 될 것입니다. 『좌전(左傳)』이나 『세설신어(世說新語)』를 근거로 하여 우스갯소리를 섞어 익살꾼처럼 하는 것이 가장 간단할 것 같습니다.

원중거: 정주(程朱)의 도(道)에 대하여 내가 이해하고 있다고는 생각하지 않소. 그러나 나는 이것 없이는 이야기를 할 실마리조차 찾을 수 없구료. 내 아둔하고 용렬한 재주로는 설령 실컷 농담을 하며 마음껏 담소하려 해도 평소에 할 수 없는 것을 무리하게 해서 될 리가 없소. ……예(禮)와 의(義)가 있는 우리 조선(朝鮮)으로써 장중하고 공경하게 거동하는 동시에 관복(冠服)을 정돈하고, 동작과 위의(威儀)의 규범을 잃지 않으며, 정주에 없는 것은 말하지 않고, 경서(經書)에 없는 것은 끌어들이지 않는 것이 오히려 좋지 않겠소? 시문(詩文)이라면 재능이 미치지 못하므로 이를 짓지 않으려 하오.

남옥 · 성대중: [웃으면서] 말씀하신 것은 모두 지당하십니다. 저희들도 명심하겠습니다. 다만 시문을 주고받는 자리는 본래 강학(講學)을 하지는 않습니다. 만일 이쪽에서 정주를 끌어들여 말하더라도 저들이 멋대로 비난하고 배척한다면, 흑백을 분명히 나누어 설복시키는 것이 가능하겠습니까. 체면을 구겨 그치는 것보다는 처음부터 문제를 일으키지 않는 편이 좋을 것 같습니다.

원중거: 좌중에 만약 정주를 비난하고 배척하는 무리가 있다면, 정색하여 이를 물리치고 시문을 주고받지 않는다면 무슨 체면을 구길 일이 있겠소? 그러나 결코 이런 지경에까지 이르지는 않을 것이오. 가서 일단 살펴봅시다.

이에 두 벗은 '예' '예' 하고 답하였다.[11]

11 元重擧, 『乘槎錄』, 甲申 3월 10일. "初到釜山. 余謂兩友曰, 日本之人, 不知有程朱. 吾欲動引

이 대화에서 엿볼 수 있는 첫 번째는 출발 전에 이미 세 사람이 '일본인은 정자와 주자를 무시하고 있다'는 인식을 공통적으로 갖고 있었다는 점이다. 그들은 일본의 유학계에서는 이미 어느 누구 한 사람도 송학(宋學), 즉 정주(程朱)의 학을 진지하게 하는 자가 없는 것 같다, 일본의 유학자에 대하여 그것의 정당함을 설교하는 것은 거의 불가능할 뿐 아니라, 일단 송학이 옳은가 일본에서 유행하고 있는 학술이 옳은가에 대한 논쟁이 벌어지면, 조선통신사 쪽이 논쟁하여 질 위험성이 있다고까지 그들은 생각하고 있었다.

이러한 상황은 이전의 시행이었던 1748년의 통신사가 뭔가를 전달해 주지 않고서는 있을 수 없다. 그것은 1748년 통신사의 한 회 앞, 즉 1719년의 통신사였던 신유한의 『해유록(海游錄)』을 읽고 일본에 왔는데, 거기에는 '일본에서의 성리학은 뭐 하나 들을 만한 점이 없다'고 되어 있듯이, 일본의 유학은 경멸의 대상에 불과했기 때문이다. 또 이황의 『퇴계집(退溪集)』이 모든 집에서 독송(讀誦)된다고 기록되어 있다.[12] 거기에는 일본의 유학은 매우 뒤떨어진 것으로서, 일본의 유학계는 조선의 주자학에 대하여 공경과 흠모의 마음을 품고 있다고 적혀 있다. 따라서 '멋대로 비난하고 배척하여' '체면을 구길' 걱정을 할 필요는 없었다. 세 사람의 대화 속에 보이는 긴박감은 바로 1748년의 통신사였던 박경행과 이봉환이 일본 유학계의 실상을 목격하고 전해준 바와 서로 통하는 점이 있다.

程朱以接之, 兄意如何. 兩友難之曰, 豈不好耶. 但彼所不知, 己獨言之, 必有齟齬不相合之弊矣. 不若依左傳 · 世說, 雜詼諧, 以俳優蓄之之爲簡便矣. 余曰, 程朱之道, 吾安能知之耶. 但非此則吾無藉手藉口之語. 以吾鈍劣, 縱欲謔浪笑傲, 淋漓談讌, 平生所不能者, 顧何可強而能之耶. ……以吾禮義朝鮮, 莊敬自持, 修飭冠服, 不失動作威儀之則, 非程朱不語, 非經書不引, 顧不好耶. 至於詩文, 則才既不逮, 必欲略之. 兩友笑曰, 立言甚正大, 吾亦服膺. 第唱酬之席, 本非講學之時. 己若語引程朱, 而彼或妄加非斥, 則其可盡與辨難耶. 若至不好顏面而罷, 則不如初無事之爲愈矣. 余曰, 座中若有非斥程朱之類, 則正色斥之, 勿與唱酬, 亦何傷耶. 然必不至於此境矣. 行且觀之. 兩友唯唯矣."

12 申維翰, 『海游録』(『海行摠載』 1, 『朝鮮群書大系』 續續제3집, 京城[서울], 朝鮮古書刊行會, 1914), 352 · 299면.

또 원중거가 자기를 '아둔하고 용렬하다'고 인정하지 않을 수 없었던 것도, 이 또한 1748년의 통신사가 가져 온 필담 기록이나 창화(唱和)한 시문을 스스로 보았거나, 혹은 박경행이나 이봉환에게서 일본 문인의 시작(詩作) 능력이 급속하게 향상되었다는 이야기를 직접 들었기 때문이라고 생각할 수밖에 없다. 이는 신유한의 기록에서 여전히 일본인의 시문이 얼마나 형편없는지가 강조되고 있기 때문이다.[13] 그가 1748년의 통신사에 의한 정보가 없이 이처럼 심각한 열등감이나 공포감을 느낄 이유는 없는 것이다.

이처럼 그들이 조선을 출발하기 이전에 일본의 유학계가 거의 반(反)주자학으로 기울고 있다는 인식을 갖고 있었던 것은 분명하지만, 그 핵심이 되는 오규 소라이(荻生徂徠)의 저작을 읽었는가의 여부는 그들의 기록에서 전혀 보이지 않는다.

그렇지만 이 문제에 대해서는 몇몇 일본 측 사료가 유력한 정보를 제공해준다. 우선 오사카의 오쿠다 모토쓰구(奧田元繼)가 남긴 필담집 『양호여화(兩好餘話)』이다. 이에 따르면 남옥 등 일행이 왕로(往路)에 오사카에 들렀을 때, 오쿠다는 "『동자문(童子問)』·『변도(辯道)』·『변명(辯名)』·『논어징(論語徵)』 등은 이미 조선에 전해져 그 설의 타당성 여부를 논의하여 판정하고 있습니까?" 하고 물었다. 이에 대하여 남옥은 "그 저서들은 지난번 통신사가 이미 가져왔습니다. 그것들을 보기는 했지만 대단히 혐오스러운 내용이었습니다."라고 대답하였다.[14] 이에 의하면 그들은 일본에 오기 전부터 소라이의 주요 저작을 읽은 것이 된다. 확실히 진사이의 『동자문』은 실제로 1719년의 통신사가 조선으로 가져갔기 때문에, 그가 이 책을 보았을 가능성은 있다. 그러나 과연 소라이의 『변도』·『변명』·『논어

13 상게서, 343면.

14 奧田元繼, 『兩好餘話』 권상, 3면. "彼所謂童子問 · 二辨 · 論語徵等既有傳貴邦, 議定其道可否. ……諸著則前使已齎去. 一觸鄙眼, 可惡可惡."

징』을 정말로 읽었는지 여부는 의심스럽다.

남옥 · 성대중 · 원중거의 일기와 현존하는 일본인이 쓴 수많은 필담 기록 속에서 소라이의 이름이 처음 보이는 것은 계미년(1763) 12월 10일이다. 이는 하카다(博多)의 먼 바다 쪽에 있는 아이지마(藍島)에서 일행이 가메이 난메이(龜井南冥)와 필담을 나눴을 때이다. 카메이는 소라이 학파에 속한다.[15] 그의 『앙앙여향(泱泱餘響)』을 보면, 남옥이 "일본에서는 누구의 문집이 높이 평가되고 있소?"라고 물어본 데 대하여 "켄엔(蘐園) 옹의 작품일 것이오."라고 답하고 있다.[16] 한편 남옥의 일기에서는, 소라이의 제자 나가토미 호(永富鳳; 獨嘯庵)의 『낭어(囊語)』를 읽고 거기에 나오는 켄엔이란 "부쓰 소하쿠(物雙柏)의 호다."라고 하였다. 또 원중거의 일기에서도 카메이와의 필담에서 나오는 켄엔은 부쓰 소하쿠를 말한다고 적혀 있다. 최소한 이들의 기록만 보아서는 아마 이 단계에서는 남옥이나 원중거는 켄엔이 소라이의 호라는 것조차 몰랐던 것 같다. 또 여기에서 소라이의 이름이 나오고 있지만, 남옥은 "켄엔의 문집은 몇 권이오? 오사카에 가면 구매하여 읽을 수 있소?"라고 물어보았을 뿐으로 이미 『변도』 등을 읽었는지에 대해서는 아무런 언급이 없다. 1748년의 통신사가 일본에 왔을 때에 쓰시마번의 유자(儒者)와 만나자마자 바로 『동자문』의 서명(書名)을 거론했던 것과 크게 다르다.

『변도』·『변명』·『논어징』이 소라이의 주요 저작이라는 사실은, 남옥 등이 에도로 가는 길에 아카마가세키(赤間關)[下關]에 이르렀을 때 다키 카쿠다이(瀧鶴臺)로부터 알게 되었다.[17] 다키도 소라이 학파의 인물이다.[18]

---

15 『龜井南冥 · 昭陽全集』 제1권(福岡, 葦書房, 1978), 9면.

16 龜井南冥, 『泱泱餘響』(전게서) 513면하. "秋月曰, 貴國百餘年來, 文集以誰爲宗. 道哉曰, ……予所見知者, 且蘐園翁乎. 秋月曰, 蘐園集幾卷, 到大坂, 可求見否."

17 瀧鶴臺, 『長門癸甲問槎』 권1, 7면. "近歲東都有徂徠先生者. 大唱復古之學, 風靡海内. 所著有辨道 · 辨名 · 論語徵等, 其詳非一席話所能盡也."

18 『先哲叢談』(源了圓, 前田勉校注, 平凡社, 東洋文庫574, 1994), 425면.

이 자리에서도 남옥 등은 이들 저작을 이미 읽었다는 등의 말은 한 마디도 하지 않는다.

남옥의 일기를 비롯하여 남아 있는 자료에 의거하는 한, 그가 분명하게 소라이 본인의 저작을 읽은 시기는 일행이 에도에 체재하고 있던 때, 즉 1764년 3월 2일이 되어서다. 게다가 그것도 『변도』·『변명』 혹은 『논어징』이 아니라 『조래집(徂徠集)』이었다. 그때의 일을 그는 대체로 다음과 같이 기록하고 있다.

> 나바 로도(那波魯堂)가 하쿠세키(白石)의 『정운집(停雲集)』과 소라이의 『조래집』을 가지고 왔다. ……소라이[문집]란 부쓰 소하쿠의 문집으로서 이른바 켄엔을 말한다 『사서징(四書徵)』을 지었고, 온 힘을 다하여 주자를 공격했으며, 멋대로 편파적이고 도리에 어긋난 말을 하여 온 나라 사람들을 선동하여 따르게 하였는데, 그만큼 명성이 있는 자는 없다. ……이반룡(李攀龍)을 알게 된 후에 비로소 고학[古經]·수사(修辭)·입언(立言)이 무엇인가를 알았다고 하는데, 적절한 설명이 없고 도리에서도 크게 벗어난다. 그 시(詩)는 문장에 미치지 못하며, 우리 조선인을 업신여기는 말이 많아 보인다.[19]

어쨌든 간에 그의 일기에서 소라이의 저작을 읽었다고 기록된 것은 이것이 처음이다. 하카타의 먼 바닷쪽에서 카메이로부터 소라이의 이름을 들은 이래 소라이의 문집을 손에 넣는 것이 그의 염원이었다. 그는 이 책을 오사카에서도 입수할 수 없었다. 그는 오사카에서부터 일행을 수행하여 온 나바 로도에게 대신 구입해달라고 부탁했는데, 결국 이날 선물로

19 南玉, 『日觀記』 권8, 3월 2일. "師曾携示停雲集 · 徂徠集. 停雲源嶼所選日東詩, 徂徠乃物雙栢之文, 所謂蘐園也. 作四書徵, 攻朱子無餘力, 肆爲詖淫之辭, 鼓一國而從之, 其聲望莫之先焉. 觀其文, 非不爲自中之雄, 光燄燁然, 辨說宏放, 而以得李滄溟而後, 始得古經修辭立言之義云者, 求說不得, 於理不近. 詩又不及文, 多譏貶我人之語."

받은 것이다.[20] 다만 여기서는 『논어징(論語徵)』이라고 해야 할 것을 『사서징(四書徵)』이라고 잘못 기록하였다.

남옥이 3월 2일에 『조래집』을 입수한 것은, 본인만이 아니라 성대중과 원중거에게도 큰 수확이었다. 3일 뒤인 3월 5일, 에도의 관의(官醫) 야마다 마사요시(山田正珍)[호는 종준宗俊]가 숙소를 방문했을 때, 성대중이 한창 『조래문집(徂徠文集)』과 『춘대문집(春台文集)』을 읽고 있는 것을 목격하였다. 야마다가 "소라이 문장이 어떻습니까?"라고 묻자, 성대중은 "소라이의 언어 구사는 '일동(日東)의 거장'이라고 해야겠지만 학술은 크게 잘못되었습니다."라고 답했다고 한다.[21] 이는 남옥이 『조래집』을 입수했기 때문에 그도 재빨리 돌려 읽은 것으로 생각된다.

원중거의 일기에서 『조래집』을 읽었다는 기사가 3월 10일에 보이는 것으로 보아, 그 역시 남옥이 구한 것을 읽었음이 분명하다. 실은 원중거도 이전부터 나바 로도에게 『조래집』을 읽고 싶다고 말을 흘렸었다. 평소 정자와 주자밖에 말하지 않는 원중거가 왜 『조래집』을 읽고 싶다고 하는지 나바는 의아스러웠다. 원중거가 『조래집』을 읽고 난 뒤 나바가 그 감상을 묻자, 그는 "기이한 재주에 기이한 기실이오. 아쉽고 가련할 뿐이오."라고 대답했다고 한다.[22] 이 말투를 보면, 원중거 또한 에도에 와서야 비로소 소라이의 저작을 읽었고, 그것도 『조래집』이었던 것으로 보인다.

그런데 성대중이 귀국길에 아카마가세키에서 하기번(萩藩)의 다키 카쿠다이와 다시 만났을 때, 소라이의 전집(全集)과 『변도』·『변명』은 이미

---

20 顯常大典, 『萍遇集』 권상, 5월 5일 필담 기록에서 '秋月曰, 魯堂贈我以徂徠集, 不言價'이라는 곳이 있다. 나바(那波)가 남옥에게 『조래집』의 가격을 말하지 않았는데도, 남옥은 대금을 지불하고 싶다고 말하였다. 이는 그가 대신 사다 주길 바라는 것을 표현하는 것일 것이다.

21 山田正珍, 『桑韓筆語』. "時龍淵讀徂徠文集 · 春臺文集. 故問之. (龍淵曰)徂徠文辭可謂日東巨匠, 而學術大誤."

22 앞의 주 11, 3월 10일. "求見徂徠集於師曾.曾驚曰, 先生何為有此言耶. …… 及見其集後, 曾復問余曰. 如何. 余聯書奇才奇氣, 可惜可哀".

읽었지만, 그의 수필과 『논어징』 및 『학칙(學則)』은 아직 보지 못했다, 어떻게 읽을 수 없겠는가 하고 물어보았다.[23] 이것은 귀국 때의 일이다. 그는 『조래집』 외에 『변도』·『변명』은 이미 입수했던 것 같지만, 수필 즉 『훤원수필(蘐園隨筆)』과 『논어징』·『학칙』은 이 단계에서 아직 손에 넣지 못했던 것이다. 이상을 통해 보면 그들은 소라이의 저작 가운데 『조래집』을 가장 먼저 읽었음을 알 수 있다. 남옥은 왕로에 오사카에서 오쿠다 모토쓰구의 질문에 대하여 『변도』·『변명』·『논어징』을 이미 읽고 온 것 같은 모습을 보였지만, 이 가운데 『논어징』은 귀국 때가 되어서도 읽지 못했던 것 같다.

한편 이언진은 역관, 게다가 중국어 통역관이었기 때문에, 양반 출신인 남옥 등과는 필담 자리를 같이하지 않았다. 사실 그는 성대중이 귀국 때까지도 입수할 수 없었던 『학칙』을 그보다 훨씬 전인 에도에서 이미 입수했던 듯하다. 큐이칸(宮維翰)[宮瀨龍門·劉維翰]은 3월 10일 그의 벗인 미야타 아키라(宮田明)[金峰]가 이언진에게 선물하기 위해 이 책을 가져왔다고 기록하고 있기 때문이다.[24] 3월 10일은 남옥이 『조래집』을 입수한 직후지만, 그의 일기에서도 원중거의 일기에서도 『학칙』에 대해서는 전혀 언급되어 있지 않다. 덧붙여 말하자면 그는 『조래집』도 남옥보다 먼저 입수했던 것 같다. 이보다 앞선 2월 18일, 이요(伊予) 오오즈번(大洲藩)의 유학자로서 숙소에서의 접대를 맡았던 토 시테쓰(滕資哲)와 필담을 할 때 『조래집』을 읽었다고 말하였으며, 이를 읽고 소라이를 '기이한 선비(奇士)'라고 평가하고 있기 때문이다.[25] 이언진은 남옥 등과는

---

23 앞의 주 17, 권2, 9면. "徂徠隨筆·論語徵未見. 其全集已見, 辨道辨名亦已見, 未見學則. 足下有帶來者否."

24 宮維翰, 『東槎餘談』 권하, 3면. "龍門曰, 金峰持徂徠學則來, 爲贈足下也. 知否. 雲我曰, 既知之."

25 滕資哲, 『鴻臚館文稿』, 2월 18일 筆語. "(雲我曰,)先生知物茂卿乎. 頃閒見彼集, 此子亦奇士哉. 文章博雅可敬. 然學問一段必非眞法門. 惜其才之美, 不入正道而爲賢人爲君子也."

신분이 전혀 달랐으므로, 각자가 얻은 학술 정보를 교환하지는 않았던 것 같다.

이상에 의하여 그들이 조선을 출발할 때 소라이의 저작을 아무것도 읽지 않았다는 점은 거의 단언할 수 있다. 또 왕로의 오사카에서 오쿠다 모토쓰구에게 남옥이 한 대답도, 실은 허세에서 나온 것임도 거의 단언할 수 있다. 반대로, 이를 통해 볼 때 1764년의 통신사 일행이 일본에 온 이래 소라이의 저작을 입수하려고 얼마나 열성적이었는지는 분명해졌다. 『조래집』·『변도』·『변명』의 세 가지 저서를 획득한 것이 소라이학에 대한 그들의 인식을 비약적으로 높였다는 점도 단언할 수 있다.

남옥은 귀로(歸路)에 아카마가세키에서 다키 카쿠타이에게 "저는 『조래집』 및 『변도』·『변명』을 숙독하였습니다"라고 말했다.[26] 그가 세 책 가운데 적어도 『조래집』을 숙독한 것은 귀국 후에 쓰시마에 대해 논한 다음의 한 문장에서 확실해진다. 그것은 "소라이의 문장에 의하면, 조선에는 9세대가 지난 후에도 [일본에게] 반드시 복수하려는 의지가 있다. 인삼(人蔘)은 천하 사람들의 목숨이 달려 있는 것이므로 우호관계를 끊어서는 안 된다. 쓰시마는 양국에 끼어 있기 때문에 잘 대우해줄 수밖에 없다고 쓰여 있었소."라는 내용이다.[27] 사실 이는 『조래집』 권10, 「증대서기우백양서(贈對書記雨伯陽叙)」의 관련 부분을 요약한 것으로, 결코 원문 그대로 쓰지는 않았지만, 용어 대부분은 소라이가 사용한 것이다.[28] 이 같은 문장은 『조래집』을 옆에 두고 적은 것이 아니라면 어지간히 숙독한 자가 아니라면 쓸 수 없다.

성대중이나 원중거는 적어도 『조래집』을 숙독하였다. 성대중은 다키에

26 앞의 주 17, 권2, 15면. "僕熟閱徂徠集及辨道辨名."

27 앞의 주 19, 권10, 總紀, 源系. "物雙栢之文有策國之論曰, 朝鮮有九世必報之志, 人參繫海內生靈之命, 不可絶和. 馬州守介於兩國, 亦不可不善遇."

28 『徂徠集』 권10, 贈對書記雨伯陽敍. "其介乎二大國. ……萬一釁啓, 毋乃弗有齊襄九世之志乎. 若或貢聘一絶, 則人參繫乎海內生靈之命矣. ……夫對府之重爲最於諸邊."

게 그 스승인 야마가타 슈난(山縣周南)의 이름을 듣자 바로 "그 이름은 『조래집』 속에서 본 적이 있소."라고 응대했다. 확실히 그 이름은 『조래집』에 여러 번 나온다. 더욱이 다키에게 이토 진사이와 토가이(東涯)의 이름을 듣자 곧바로 "토가이란 소라이가 말하는 '서경(西京)에 이 겐조(伊原藏)가 있고, 세키가하라(關原) 서쪽에 우 하쿠요(雨伯陽)[雨森芳洲]가 있다'고 한 그 자인가요?"라고 물었다.[29] 이는 『조래집』 권27, 「답굴경산(答屈景山)」에 나오는 "낙(洛)에 이 겐조(伊原藏)가 있고, 해서(海西)에 우 하쿠요(雨伯陽)가 있으며 관(關) 동쪽에는 곧 시쓰 시레이(室師禮)[室鳩巢]가 있다"는 말에 근거하고 있음이 분명하다. 필담 자리에서 즉각적으로 나온 답변이었음에도 불구하고, 이처럼 거의 같은 문장을 구사하는 것은 『조래집』을 상당히 숙독하고 있는 자가 아니고서는 불가능하다.

원중거도 마찬가지이다. 일기 『승사록(乘槎錄)』에는 에도를 떠날 때 썼다고 생각되는 그의 일본론이 실려 있다. 그는 거기서 의학론(醫學論)을 전개하면서, 『조래집』에서 소라이는 "인삼은 천하 사람들의 목숨이 달려 있다고 말했다."라고 기록하였다. 이것도 이미 언급한 대로 『조래집』, 「증대서기우백양서(贈對書記雨伯陽敍)」에서 "인삼은 천하 사람들의 목숨이 달려 있다"고 한 그대로이기 때문에, 그가 이 책을 곁에 두고 썼거나 아니면, 정확하게 읽었음을 알 수 있다.

또 원중거가 귀로에서 하카타번(博多藩)의 주자학자 이노우에 슈도(井上周道)[魯坰]와 필담을 나눌 때, 그의 스승인 타케다 슌안(竹田春庵)에 대한 이야기가 나왔다. 그는 거기에서 "『조래집』 속에 있는 「여춘암논학서(與春庵論學書)」를 읽고, 슌안(春庵)이 가는 길이 올바르고, 명성에서도 실력에서도 우뚝하여 소라이라는 외부의 적을 지켜낼 수 있는 견고한 성(城)임을 알았다"고 말하고 있다.[30] 『소라이집』 권27에는 확실히 「여죽춘

29 앞의 주 17, 권2, 18면. "東涯者茂卿所謂西京有伊原藏, 關以西有雨伯陽者邪."

30 『和韓雙鳴集』 권5, 25면. "且見徂徠集中與春庵論學書, 知春庵門路克正, 望實蔚然, 屹爲徂

암(與竹春庵)」 2통이 수록되어 있다. 그 편지들은 타케다(竹田)가 송유(宋儒)를 옹호하고, 명조(明朝)의 왕세정(王世貞) · 이반룡(李攀龍)을 공격한 것에 대하여 소라이가 반대 주장을 편 서간이다. 원중거도 『조래집』을 숙독하고 그 내용을 파악하고 있었던 것이다.

이상을 통하여 이들 세 사람은 소라이의 저작을 입수하는 데 매우 열성적이었고, 또 세 사람 모두 일본을 떠날 때까지 『조래집』을 숙독하고 있었던 사실은 거의 증명되었다고 생각한다.

3. 소라이 학파의 교감학과 옛 전적(典籍)의 복각에 관한 지식의 진전

다음으로 문제가 되는 것은 야마노이 카나에(山井鼎)나 다자이 슌다이(太宰春台) 등 소라이의 제자들이 시작한 교감학의 업적 그리고 일본에 전해진 옛 전적(典籍)을 이용한 중국 고전(古典)의 복각(復刻)에 대하여 그들이 어떠한 관심을 보이고 어디까지 알고 있었는가 하는 문제이다.

야마노이 카나에는 아시카가(足利) 학교 소장(所藏)의 송판(宋版) 『오경정의(五經正義)』 등을 저본으로 하여 3년에 걸쳐 『칠경맹자고문(七經孟子考文)』을 편찬하였다. 소라이의 동생인 부쓰 칸(物觀)이 여기에 보유(補遺)를 더하고, 소라이의 서문(序文)을 덧붙여 출판한 것은 1731년(享保 16)이었다. 다자이 슌다이가 공안국(孔安國) 전(傳)의 『고문효경(古文孝經)』을 교감한 뒤 음주(音注)를 붙여 출판한 것은 그 다음해인 1732년의 일이었다. 덧붙여 역시 소라이의 제자인 네모토 손시(根本遜志)가 아시카가학교의 저본을 토대로 황간(皇侃)의 『논어의소(論語義疏)』를 간행한 것은 1750년(寬延 3)이었다. 이 책들이 나가사키를 경유하여 중국으로 건너가 청조 고증

徠堅城. ……大抵東方學問, 九分被徂徠輩壞了."

학에 영향을 주었을 뿐 아니라, 그 후 『사고전서(四庫全書)』에 수록되었던 점은 주지하는 바이다.[31] 이 소라이의 제자들이 시작한 일본에 남아 있던 옛 전적의 복각과 관련한 내용이 조선통신사에게 처음으로 전해진 것은 1748년의 일이었다.[32]

1764년 통신사 때에는 이와 관련한 정보가 더욱 상세해지고, 더욱이 각지에서 몇 번이나 듣게 되었다. 이에 관한 필담 기록으로는 우선 다음의 것을 들 수 있다.

> 이시가네 노부아키(石金宣明): 저 중국에도 없는 책이 (우리나라에는) 종종 있소. 경전으로는 송판(宋版)의 『칠경(七經)』·『맹자(孟子)』·『고문효경(古文孝經)』 등이 있고, 전주(傳注)로는 황간(皇侃)의 『의소(義疏)』와 『맹자직해(孟子直解)』 등이 있습니다. 이러한 책들은 현재 중국에서는 남아 있지 않다고 합니다. 그 밖에 자(子) · 사(史) · 전기(傳奇)도 다 있습니다. 『통전(通典)』·『문헌통고(文獻通考)』, 통사(通史), 통기(通記) 등은 공부하는 자들이 아침저녁으로 암송하며 익히고 있는데, 집집마다 가지고 있지요.
>
> 남옥(南玉): 지금 예시한 서목(書目)은 [중국에서] 배로 보내온 것입니까? 최근 보내온 것이오?
>
> 이시가네 노부아키: 그렇지 않습니다. 배로 중국에서 온 책은 거의 만력(萬曆), 가정(嘉靖) 연간의 각본(刻本)이지요. 그 가운데 [급고각(汲古閣)]의 모진(毛晋) 소장의 『십삼경(十三經)』·『십칠사(十七史)』·『한위총서(漢魏叢書)』·『진체비서(津逮秘書)』 등은 일본 에도 시대 초기 케이쵸(慶長) 연간 이래 유입된 것입니다. 제가 말한 송판은 중고(中古) 이래 저희나라 천조(天朝)의 비고(秘庫)에 보관해온 것입니다. 지방의 학교에 보관된 것도 있으나, 글자체가 한

---

31 狩野直喜, 「山井鼎と七經孟子考文補遺」(同, 『支那學文藪』, 東京, みすず書房, 1973).

32 본서 제11장, 432면.

자 한자 뚜렷하여 명판(明版)과는 크게 다릅니다.[33]

이시가네 노부아키의 이름은 남옥의 『일관기(日觀記)』에서는 2월 25일의 기사에 세키 노부아키(石宣明)로 등장한다. 무쓰(陸奧) 출신이지만 에도에서 사숙(私塾)을 열었다. 필담에 참가한 자는 남옥 · 성대중 · 원중거 세 사람이다. 이 필담은 남옥이 "여행 도중에 우연히 『통전』을 보게 되었습니다. 일본에는 참으로 책이 많군요. 기서(奇書) 일체의 도서목록을 알려주시지 않겠습니까"라고 적으니, 그 대답으로 이시가네가 몇 권의 서명(書名)을 거론했던 것이다. 남옥이 이시가네가 보여준 서목(書目)에 대하여, "배로 보내온 것입니까? 최근 보내온 것이오?"라고 초점에서 벗어난 내용을 묻고 있는데, 이로보면 이 필담이 행해진 시점에서는 그가 아직 『조래집』을 읽지 않았다고 생각된다. 왜냐하면 『조래집』에는 「칠경맹자고문서(七經孟子考文叙)」가 수록되어 있기 때문에, 만약 이를 읽었다면 이시가네에게서 송판 '칠경맹자(七經孟子)'라는 말만 들어도, 바로 이와 관련이 있는 얘기라는 것을 이해할 수 있었을 테니, 이처럼 초점에서 벗어난 질

---

33 石金宣明, 『韓館應酬録』, 2월 25일.
"石金 彼中國所無閒有焉. 經則宋板七經 · 孟子及古文孝經類, 傳注則皇侃義疏 · 孟子直解等, 若此彼邦今則靡有云. 其他子史傳奇悉存矣. 通典 · 通考 · 通史等, 學士所朝習夕誦, 家藏之.
南玉 今所示目, 海舶所送乎. 近送之乎.
石金 不然. 海舶來書, 率萬暦嘉靖刻也. 其中毛晉所藏十三經 · 十七史 · 韓(漢)魏叢書 · 津逮祕書如此等, 慶長以來送之. 僕所答宋板者, 中古以來藏天朝祕庫, 亦有藏郡國學校者, 字樣明楷, 大異明本."
또 이 응답 뒤에 石金은 다음과 같은 코멘트를 남기고 있다. "宋板經子多出足利鄕學校, 而其書朝鮮本云. 往征朝鮮之時, 長門毛利氏齎來, 藏之學校文庫也. 余以此不答者, 避征韓之事也." 즉, 이시가네는 아시카가 학교 소장의 송판 대부분이 조선에서 약탈해 온 것으로 이해하고 있다. 그런데 카와세 카즈마(川瀨一馬)의 『足利學校의 연구』(동경, 講談社, 1948),148면에 따르면 아시카가 학교에는 조선판 15부가 있었는데, 아마도 이들은 도쿠가와 이에야스와 관계가 깊었던 산요 겐키츠(三要元佶)가 기증한 것이라고 하였다. 게다가 야마노이나 네모토가 저본으로 삼았던 송판 『오경정의』나 鈔本 『논어의소』 등은 이미 15세기 이전에 아시카가 학교에 들어온 것으로 이들 조선본과는 관계가 없다. 산요가 아시카가 학교의 경영과 활자판의 출판에 크게 관여하였기 때문에, 당시 이처럼 생각하는 이들이 있었다.

문을 하지는 않았을 것이기 때문이다. 또 야마노이 카나에와 부쓰 칸의 『칠경맹자고문보유(七經孟子考文補遺)』, 다자이 슌다이의 『고문효경』, 네모토 손시(根本遜志)의 『논어의소(論語義疏)』가 이미 출판된 것도, 또 그러한 저작이 일본에 전하던 옛 전적을 저본으로 했던 것도 이 무렵 그는 아직 몰랐던 것 같다.

또 에도에서는 3월 10일, 다음과 같은 필담이 이루어졌다.

> 큐이칸: 황간의 『논어의소』, 공안국(孔安國)이 주(注)를 한 『고문효경』, 왕숙(王肅)의 『공자가어주(孔子家語注)』 등 책은 이미 간행되었지요. 이 책들은 중국에서는 사라지고, 온전하게 일본에만 남아 있는데, 옛것을 좋아하는 학자들이 높이 받들고 있습니다. ……그대는 송학에 심취하였으므로, 이 책들을 귀한 것으로는 생각하지 않으실 것 같습니다.
>
> 원중거: 그렇습니다. 이들 주해(注解)가 있다 해도, 『대학(大學)』에서 가르치는 정심(正心) · 성의(誠意)를 실천하는 데 무익하기 때문에 저희나라에는 별 필요가 없지요.[34]

큐이칸 또한 소라이학파의 인물이다.[35] 조선 측에서 동석한 이는 원중거 · 남옥 · 성대중과 김인겸이었다.

여기서는 명확하게 황간의 『논어의소』 이하의 여러 책이 일본에서 간행되고 있다는 것이 전해졌다. 큐이칸의 말이 다소 도발적이었기 때문이었는지 원중거는 주자의 가르침에 도움이 되지 않는다면 필요없다고 답

---

34 宮維翰, 『東槎餘談』 권하, 8면, 3월 10일.
"龍門(宮維翰) 若皇侃論語義疏 · 孔安國註古文孝經 · 王肅孔子家語注, 是等既刊行. 此逸於中土, 全然存吾日東, 好古學士崇尙之. 寧樂(即南都)吾先王舊都, 有三大庫. 庫中多唐來珍籍, 若杜預左傳釋例, 中土不聞傳之, 蓋存庫中云. 公等想心醉濂洛之學, 不貴此等之書. 玄川(元重擧) 然. 縱有此等注解, 無益正心誠意術, 弊邦所不取也."

35 『先哲叢談後編』 권6, 劉龍門(東京, 國史研究會, 1916), 193면.

하였다. 그 후에 그들은 귀로에 오사카에서 황간의 『논어의소』가 어떠한 책이고, 거기에는 어떠한 내용이 실려 있는지를 알게 되었다. 필담의 상대는 나바 로도의 동생 오쿠다 모토쓰구이다.

오쿠다 모토쓰구: 황간이 의소(義疏)를 더한 『논어』에는, 전편에 걸쳐 야(也)·의(矣)·언(焉) 등의 글자가 주자의 집주본(集註本)보다도 많이 쓰였습니다. 그 밖에 문자가 다소 다른 것으로는, 집주본에는 '빈이락(貧而樂)'(「學而」편)이라는 부분이 '빈이락도(貧而樂道)'라고 되어 있고, '구이경지(久而敬之)'(「公冶長」편)가 '구이인경지(久而人敬之)'라고 되어 있습니다. 또 공야장(公冶長)이 새의 말을 이해할 수 있었다고 황간의 『논어의소』에는 상세하게 실려 있습니다. 그런데 주자의 『논어집주(論語集註)』에서는 '공야장이란 어떤 인물이었는지 불분명하다'라고 되어 있습니다. 주자처럼 박람(博覽)하신 분도 황간의 책은 보지 못했던 것 같습니다.

원중거: 주자는 공자 이후 성맥(聖脈)을 전한 오직 한 분으로, 모르는 것이 있을 리 없습니다. 이를테면 『사서(四書)』는, 도(道)는 크나큰 천지를 관통하고, 이(理)는 깊은 산해(山海)를 꿰뚫고 있습니다. 우리들이 이러쿵저러쿵 말할 수 있겠습니까? 그대의 말은 터무니없습니다.[36]

황간은 양(梁)나라 사람으로, 『논어의소』는 하안(何晏)의 『논어집해(論語集解)』에 소(疏)를 붙인 것이다. 나중에 쓰인 『사고전서제요(四庫全書提要)』에서 이 책은 남송(南宋)시대에 이미 산일(散佚)되었다고 되어 있다. 따라서 원중거 등이 이 책의 이름을 알고 있었는가 여부는 불분명하다. 그러

---

36 奥田元繼, 『兩好餘話』 권상, 26면.
"仙樓(奥田元繼) 皇侃義疏論語, 通篇用也矣焉等字, 多於朱子之本, 其他文字較異, 如貧而樂, 作貧而樂道, 久而敬之, 作久而人敬之之類. 又公冶長解鳥語, 詳皇疏. 然朱子以爲長之爲人無所考. 如朱子博覽, 亦不見皇本然.
玄川(元重擧) 朱子, 孔子之後一人聖脈, 豈有所不識乎. 如四書則道貫天地之大, 理極山海之深. 僕輩焉得奉議. 公之言妄矣."

나 여기에서, 이 책에 의하면 『논어』의 텍스트에 이동(異同)이 있다는 것을 듣게 된다. 심지어는 주자조차도 『논어집주』를 지을 때, 이 책을 보지 않았던 것 같다고 구체적인 사례가 제시되었다. 분명히 황간의 『논어의소』가 어떠한 책인지 전해진 것이다.

물론 원중거는 '주자가 몰랐을 리 없다'고 반박하였다. 여기에서만 보자면 원중거의 태도, 간단히 말해 그의 고루함은 에도에서도 귀로의 오사카에서도 일관되어 있는 것처럼 보인다. 그러나 실상은 그렇지 않다. 원중거는 오쿠다의 제자에게 『고문효경』을 보여달라고 간청하고 있기 때문이다.

오쿠다의 제자인 쿠테이켄(衢貞謙)은 한(漢)나라 공안국이 『고문상서』의 서문에서 서술했다는 말, 즉 한대(漢代)에 공가(孔家)의 벽에서 『고문상서』 외에 전(傳)인 『논어』와 『효경』이 나왔다는 유명한 이야기를 끄집어내며 여기서 말하는 전(傳) 『논어전』, 『효경전』이란 어떠한 책인지 물어보았다. 원중거와의 문답은 다음과 같다.

> 원중거: 본전(本傳)[『論語傳』]은 본 적이 없습니다. 『효경전(孝經傳)』은 지금 일본에 전해지고 있다고 하는데 정말입니까?
>
> 쿠테이켄: 다자이 슌다이가 이미 그 가숙(家塾)에서 출판하여 음주(音注)를 붙였습니다. 저희나라의 지식인, 적어도 학문에 뜻을 둔 자는 모두 먼저 이를 읽습니다.
>
> 원중거: 한번 보고 싶었는데 아직 보지 못했습니다. 만약 가지고 계시면 잠시 보여주지 않겠습니까?[37]

---

37 撰者不詳, 『朝鮮人草書日本人眞書筆話』(大坂府立中之島圖書館藏).
"元重擧 本傳未及見聞. 孝經傳傳到貴邦云. 未知信然否.
某(衢貞謙) 春臺太宰氏者既刻其家塾, 且附音注. 弊邦人士, 苟志學者皆先讀之.
元重擧 欲得一看而不得. 尊若有之, 幸暫示之."
이 책에는 찬자 이름이 쓰여 있지 않다. 여기에 쓰여 있는 문답을 奧田元繼 『兩好餘話』附錄, 즉, 茅山(姓은 衢, 名은 貞謙, 字는 士鳴, 號는 茅山, 浪華人)과 남옥, 성대중, 원중거 등과의 원중거는 에도에서 이시가네 노부아키나 큐이칸 등과 나눈 필담을 통해 공안국전『고문효경』이라는 것이 일본에 전해져 남아 있음을 알게 되었다. 오사카에 가서는 다자이 슌다이가 음주를 붙여 이미 공간(公刊)한 사실도 알게 되었다. 에도에서는 주자의 가르침을 실천하는 데 무용하다면 필요없다고 말한 원중거였지만, 그 스스로가『고문효경』을 한번 보고 싶다고 했다.

성대중이 귀로에 아카마가세키에서 다키 카쿠다이와 재회하여『조래집』·『변도』·『변명』은 이미 읽었다고 말하고,『논어징』·『학칙』 등을 읽고 싶다고 자청한 점은 이미 말한 바 있다. 이때의 필담 기록을 보면, 이보다 먼저 성대중은 다키와 다음과 같은 문답을 나누었다.

> 성대중: 아시카가 학교의 고경(古經)과 키슈(紀州)의 산군(山君)의 저술 같은 것은 해외의 이본(異本)인데, 내가 한번 볼 수조차 없는 것은 유감입니다. 귀국 준비로 바빠 구입하여 돌아갈 수 없는 것이 가장 안타깝소. 당신이 가지고 온 물건 가운데 없습니까? 일람(一覽)하고 싶습니다.
>
> 다키: 고경은 아직 간행되지 않았고,『고문(考文)』도 책 수가 많습니다. 저는 가져오지 않았기 때문에 보여드릴 수 없으니 유감입니다.[38]

이 무렵 성대중은 아시카가 학교에 고경(古經)이 남아 있는 점, 그리고 '키슈(紀州)의 산군(山君)' 즉 키슈의 야마노이 카나에가 이를 근거로『칠경맹자고문』을 지은 사실을 이미 알고 있었다.『조래집』에 수록되어 있는

필담과 대조해보면 절반이 일치한다. 따라서 이 책은 衢貞謙撰의 것임이 거의 확실하다. 그는 奧田의 門人으로,『兩好餘話』의 서문을 쓰고, 그 교정을 한 인물이다. 남옥의『日觀記』에 따르면 4월 5일에 만났다.

38 瀧鶴臺,『長門癸甲問槎』권2, 9면.
"龍淵(成大中) 足利學校之古經, 紀州山君之著述, 如是海外異本, 而僕未得一玩, 深可恨也. 歸裝甚忙, 無由購去, 尤可歎. 行橐其或帶來耶. 願得一覽.
鶴臺(瀧) 古經未刊行, 考文亦多卷帙, 僕不携來, 不得供覽, 可憾也."

「칠경맹자고문서」에서는 송학이 융성을 구가한 뒤 중국에서는 사라졌음에도 불구하고, 일본에 남아 전하는 고경을 지금 왜 중시하지 않으면 안 되는가에 대해 이야기하였다.

『조래집』은 남옥 이하 세 사람 모두 관심이 커서 숙독한 책이었다. 그들이 소라이의 이 서문을 읽었고, 내용도 이해했다고 보는 것이 자연스럽다. 적어도 성대중은 이해하고 있었다고 생각하는 것은 무리가 없다. 오사카에서 오쿠다 모토쓰구와의 필담에 그도 참여하였기 때문에, 그는 황간의 『논어의소』에는 『논어』 본문에 이동(異同)이 있는 듯하다는 점, 아마도 주자가 이 책을 읽지 못했던 것 같다는 점을 알고 있었다. 이들 옛 전적이 일본에서는 일부 복각되어, 일본인이라면 쉽게 구입하여 읽을 수 있다는 점도 알고 있었다.

또 소라이가 쓴 이 서문에서는 '카나에(鼎)'라는 이름의 인물이 3년에 걸쳐 고경과 고주(古注)의 교정 작업을 행한 일, 그 때문에 정력을 소진하여 중병을 얻어 거의 죽을 지경에 이른 사실이 기록되어 있다. 성대중은 한 남자가 목숨을 건 일의 의미를 어느 정도는 이해하고 있었을 것이다. 이것들을 이해하고 있었기에, 그는 귀국길에 오르기까지 소라이 본인의 저작뿐 아니라 '고경(古經)'과 야마노이(山井)의 저작도 손에 넣으려고 했던 것이다.

이상의 내용을 통해, 1764년의 통신사 일행은 소라이학이 무엇인지를 충분히 이해할 수 있는 소라이의 주요 저작을 입수할 수 있었을 뿐 아니라, 일본인 유학자와 필담을 나누는 과정에서 소라이의 제자들이 행한 교감학의 업적과 옛 전적의 복각에 대해서도 알게 되었던 사실이 분명해졌다. 그리고 그 사실을 안 뒤 서적들을 얻으려 얼마나 열의를 가졌는지도 분명해졌다.

여기서 우리는 조선 학술과는 이질적인 것에 대한 그들의 강한 호기심과 매우 왕성한 지식욕을 간취할 수 있다. 이 점에서 그들이 일본의 새로운 학술에 대하여 취한 태도는 앞선 1748년의 통신사가 이를 배척하는 데에만 열심이었던 것과는 완전히 달랐다고 평가할 수 있다.

4. 귀국 후 소라이학에 대한 소개

그러면 이처럼 애써 획득한 소라이의 여러 저작이나 일본 유자(儒者)와의 필담에서 얻은 여러 정보를 가지고, 귀국 후 그들은 소라이학에 대하여 어떻게 소개하였을까.

우선 남옥의『일관기』에는 다음과 같이 기록되어 있다.

> [소라이는] 주자가 경전을 잘못 해석하고 있다 하고, 이반룡의 문집을 얻은 뒤 성인(聖人)이 지은 경전의 핵심 뜻은 여기에 있고, 경전의 해석은 이를 버려서는 안 된다고 했다.
>
> [그는] 화음(華音) 즉 중국의 음으로 독서(讀書)하는 것을 가르치고 있다.[39]

다음으로 성대중은『일본록』에서 대략 다음과 같은 평가를 내렸다.

> 교토(京都)의 이토 진사이는『동자문』을 지었는데, 그의 도(道)는 육학(陸學) 즉 양명학에 가깝다. 에도의 오규 소라이는 문장이 뛰어나기로는 거의 일본 제일이지만 학술은 왜곡되어 바르지 않고, 맹자 이하 모두에게 모멸을 가하며 스스로 왕세정과 이반룡 덕택에 도를 깨쳤다고 말한다. 문사(文辭)에서도 왕(王)과 이(李)를 좋아하고, 그들을 스승으로 삼고 있다. 그 견식의 비루함이 이와 같다. 진사이가『논어주(論語註)』를 짓자, 소라이는『논어징』을 지어 진사이와 아울러 주자까지 논박하니, 재능이 있는 자는 모두 그를 추종하고 있다. 간

39 南玉,『日觀記』권10, 總紀, 學術 · 稱號. "以朱子爲誤經, 得李攀龍文集, 以爲聖經之旨在是, 解經舍是不得. 物雙栢以爲倭讀書有釋無音, ……教以華音讀書."

혹 정주(程朱)를 존숭하는 자가 있기는 하지만 모두 나이 든 학자뿐이어서, 힘이 약하여 자립하지 못한다.[40]

마지막으로 원중거는『화국지』에서 소라이를 다음과 같이 평했다.

[소라이는] 후에 왕세정 · 이반룡의 문집을 나가사키의 중국 배를 통해 얻고는 그 시문(詩文)을 흠모할 뿐만 아니라 이를 정학(正學)이라 하여 배워서 스스로 왕이(王李)의 학(學)이라 이름 하였다. 스스로『논어징』을 지어 맹자 이하 모두를 모욕했는데 정주(程朱)에 대하여 가장 심하다. ……온 나라 사람들은 파도처럼 소라이에게 경도되어 '해동부자(海東夫子)'라고 칭할 정도이다.

그러나 부처와 노자가 성(性)과 덕(德)이 무엇인지 논하는 것과 같은 기발함은 없고, 육상산(陸象山)과 왕양명이 논한 양지양능(良知良能)이란 무엇인가 같은 것을 거의 다루지 않는다. 그런데 그가 존숭하는 왕세정과 이반룡은 천하가 모두 조소하는 인물이다.

또 화음(華音)[중국음]으로 책 읽는 법을 학생에 가르치고, 화음(華音)을 이해한 뒤에 작문을 가르친다.[41]

그런데 세 사람이 소라이학을 소개하면서 공통적으로 보이는 것은 다음과 같다. 첫째로 소라이가 주자학을 맹렬하게 공격했다는 점, 둘째로 그는 명나라의 왕세정과 이반룡의 영향을 강하게 받았다는 점 두 가지이

---

40 成大中,『日本錄』. "西京有伊藤惟貞字原藏(제대로는 源助, 源佐), 號仁齋, 著童子問, 門路近陸學. 江戶物茂卿, 名雙栢, 號徂徠, ……文章俊麗, 殆日東第一, 而學術詖僻. 自孟子以下, 皆加侵侮. 然自言因王李而悟道, 文辭亦尊尚王李, 以王李爲宗師. 其見識之卑如此. 惟貞作論語注, 茂卿作論語徵, 駁惟貞竝及朱子, 材俊者靡然從之. 雖或有尊崇程朱者, 皆老學究, 力弱不能自立."

41 元重擧,『和國志』권2, 異端之說. "後得王世貞 · 李于麟文集於長崎唐船, 不但慕其詩文, 謂之正學而學之, 遂自名王李之學. 自著論語徵, 自孟子以下, 一皆詆侮, 至程朱尤甚. ……一國之人波奔湍赴, 至稱爲海東夫子. ……而無佛老論性論德之奇, 乏陸王良知良能之辨. 而所宗祖王李者, 又是天下所共笑之人."

다. 또 화음(華音)으로 독서와 작문을 하도록 가르쳤다고 소개하는 점에서 남옥과 원중거가 일치하고, 맹자도 비난한다는 점에서 성대중과 원중거가 일치하고 있다. 물론 소라이의 학술을 그릇되고 바르지 않다고 소개하는 점에서는 전원이 일치하고 있다.

이상에서 본 바와 같은 소라이학에 대한 소개는 조선에서 처음 이루어진 것이다. 그 의의는 소라이학이 처음으로 조선에서 상세하게 소개되었다는 점뿐만이 아니다. 이미 1719년의 통신사가 진사이의 『동자문』을 들여간 후, 한정된 범위에서는 여기저기서 읽혀지고 있었다. 또 이는 소라이의 설과 마찬가지로 주자에 위배되는 이단의 설로 소개되고는 있었다. 그러나 소라이라는 일본의 한 유학자의 설이 이처럼 여러 각도에서 상세하게 소개된 것은 아마 조선 개국 이래 초유의 일이다. 우리는 이 점에 각별히 주의할 필요가 있다.

그러나 세 사람이 적어도 『조래집』을 숙독했던 점, 남옥 한 사람을 가지고 말하자면 심지어는 『변도』와 『변명』까지도 숙독하고 있었던 점들로 본다면 이상과 같은 소라이학에 대한 소개는 너무나도 빈약한 것이 아닐까? 적어도 이것으로 소라이학의 핵심 부분을 소개했다고 말할 수 있을까? 이 점을 검증하기 위하여 우리는 이상의 세 저작에 담긴 소라이학의 핵심이라 해야 할 몇 가지 점을 들어보고자 한다. 그리고 이와 대조하는 방식으로, 그들 세 사람은 무엇을 소개하고 무엇을 소개하지 않았던가를 밝혀보고자 한다. 내가 생각하는 소라이 학설의 핵심은 이하의 몇 가지이다.[42]

(1) 소라이에 의하면 주자 등 송유(宋儒)에 의한 경전 해석의 잘못은 그

42 이하의 면수는 『荻生徂徠』(日本思想大系 36, 東京, 岩波書店, 1973)을 따른 것이다. 동서(同書)에 수록되지 않은 문장에 대해서는 『徂徠集』의 권수, 면수를 표시한다. 徂徠學의 주지(主旨)에 대해서는 주로 吉川幸次郎, 「徂徠學案」(同書收録), 丸山眞男 『日本政治思想史研究』(東京, 東京大學出版會, 1952)을 참조하였다.

들이 '모두 금언(今言)을 가지고 고언(古言)을 해석'하는 연구 방법을 취한 점에 있다(34면, 512상, 537하). 즉 고대 선왕(先王)의 도를 파악하기 위해서는, 예를 들면 송대의 언어인 '금언'을 통해서는 불가능하고, 그 대신 서한(西漢) 이전에 사용된 고문사(古文辭)의 용례를 파악하여 '고언', 즉 고대 언어를 통해서야 비로소 해석할 수 있다고 한다(35면).

(2) 소라이는 정치와 도덕을 분리하고, 정치가 도덕보다 우위에 있다고 주장한다. "선왕의 도는 천하를 안정시키는 길이다.", "백성을 편안하게 하는 길이다."라는 것이다(12, 498하). 선왕의 도는 성인(聖人)이 만든 것이라고 한다. 여기에서 도는 사물이 응당 그래야 하는 리(理)라고 하는 송유(宋儒)도, 효제(孝悌) 등의 도덕을 도라고 하는 진사이도 모두 부정된다. 인(仁)이란 마음의 문제 즉 개인 도덕이 아니라 백성을 편안하게 하기 위한 정치를 행하는 것이라고 한다.

(3) 양명학이나 진사이학도 주자학과 같은 차원에서 비판된다. 육상산 · 왕양명 · 이토 진사이는 모두 마음의 문제를 주자와 마찬가지로 마음으로 해석하려 했기 때문이다. 그것들은 "다만 그 마음으로 마음을 말함"에 불과하다. 선왕의 도를 구하면서 그것을 보여주는 확실한 근거를 "사(辭)[古文辭]와 사(事)[구체적 사실]에서 구하지 않는다"(530면 상). 소라이는 마음이라는 애매하고, 만인에게 각각 다른 것을 탐구하기보다는 육경(六經)에 기록된 구체적인 사실 즉 성인(聖人)이 정한 시서예악(詩書禮樂)이라는 파악 가능한 사실을 탐구해야 한다고 주장한다. 그리고 이를 익히는 것이야말로 학문이라는 것이다(30, 542면 하).

(4) 공자와 맹자를 단절한다. 맹자는 양자(楊子)나 묵자(墨子)와 같은 차원까지 끌어내려져 자주 비난받는다. 그의 성선설도 제자(諸子)와의 논쟁에서 이기기 위하여 일면만을 강조한 설이라고 하여 배척한다(139, 517면 하). 또 "기질을 변화시켜", "배워서 성인(聖人)이 되는 것"은 불가능하다고 한다(10, 16, 24, 538면 상).

(5) 명대(明代)의 이반룡과 왕세정이 제창한 고문사학(古文辭學)에 찬동

한다. 이 문학이론으로서의 고문사학을 문학 세계에 한정하지 않고 경학 연구에 응용한다. '고언'을 알기 위하여 고문사(古文辭)를 배워야 한다고 한다. 송대의 문학, 구양수(歐陽脩)와 소식(蘇軾)을 대표로 하는 문장에 심한 혐오감을 보인다. 고문사학의 주장을 따르고, 의논을 위한 문장을 피하고, 또 서사(敍事)를 위해서는 수사(修辭)가 필요하다고 한다(503면 상, 529면 상, 537면 하).

(6) 한문(漢文)을 읽고 쓰기 위해서는 왜훈(倭訓) 즉 일본 식의 훈독(訓讀)을 버릴 것을 주장한다. 화음(華音)[중국음]을 배워, 화음으로 읽고 써야 한다고 주장한다『徂徠集』 권19, 1~9면].

(7) 송(宋)의 학자가 붙인 주석을 배척하고, 송학이 융성하기 이전의 텍스트나 주석에 주목해야 한다고 주장한다[490면 하, 530면 상].

소라이학은 매우 광범위하다. 물론 위에서 열거한 일곱 개의 항목으로만 요약할 수 있지도 않으며, 이 일곱 개의 항목도 상호 밀접한 관계를 갖는다. 그러나 남옥 등이 소라이학을 어떠한 것으로 소개했는가를 고찰하기 위해서는 위의 사항만으로도 충분한 비교 대상이 될 것이다. 먼저 세 사람이 소라이를 소개한 것의 공통점으로, 첫째 소라이가 주자학을 맹렬하게 공격하고 있는 점을 들었다. 그러나 여기에서 다시 보게 되면, 그들은 소라이가 송학의 어떤 부분이 잘못되었다고 하고 있는지 대해서는 거의 아무 말도 하지 않았다. 경전 연구의 마땅한 방법을 주장하고, 동시에 주자학을 공격한 것(1)에 대하여 세 사람은 모두 아무 말도 하지 않았다. '고언'과 '금언'이라는 키워드에 대하여 한 사람도 소개하지 않았다. 또 도덕과 정치를 분리하고, 후자가 우위에 있다고 하는(2) 점에 대해서도 세 사람은 전혀 말하지 않았다. 주자학뿐만 아니라 양명학까지 공격했다(3)는 점에 대해서도, 세 사람은 아무 말도 하지 않았다. 세 사람이 공통적으로 소라이의 잘못으로 구체적으로 열거하고 있는 것은 겨우(5), 즉 소라이는 명 나라의 왕세정과 이반룡의 영향을 크게 받았다는 점만이라고 해도 무방하다. 우리는 그 소개한 내용으로는 그들이 소라이학의 어디가 잘못되어 있다고 생각하고 있는지를 거의 알 수 없다. 그들의 소라이학 소개는 모두 핵심을 벗어나고 있다.

그렇다면 이는 세 사람이 소라이의 저작을 입수하는 데에 매우 열성적이었고, 『조래집』을 숙독했던 것 같다는 것과는 크게 모순되는 것은 아닐까. 어쩌면 그들이 이를 숙독했다고 한 우리의 고증이 잘못된 것이었을까. 소라이의 세 저작을 숙독했다고 남옥이 말한 것은 이 또한 빈말이었던 것일까.

그러나 이제 다시 한번 그들의 소라이학 소개를 보자. 여기서 몇 가지 점을 주의해야 한다. 첫째로 남옥의 소개에서 소라이는 "이반룡의 문집을 얻고는 성인이 지은 경전의 핵심 뜻은 여기에 있고, 경전의 해석은 이를 버려서는 안 된다."고 주장하였다고 서술하였다. 덧붙여 말하면 에도에서 『조래집』을 읽고 나서 곧바로 쓴 일기에서도, "이반룡을 안 뒤 비로소 고경(古經)·수사(修辭)·입언(立言)이란 무엇인가를 알았다."고 했다는 것은 이미 서술하였다. 성대중 또한 "소라이는 왕세정과 이반룡의 덕분에 도를 깨쳤다고 말한다."라고 소개하였다.

이들의 소개는 소라이가 왕세정과 이반룡 두 사람의 영향을 결코 문학이론 면에서만 받았을 뿐만 아니라, 소라이가 이를 넘어 고경(古經)의 해석에 응용했다는 것을 이해하고 있었음을 보여준다. 예를 들면 소라이는 '이반룡과 왕세정의 마음은 훌륭한 역사 서술가가 되려고 했을 뿐 그 생각이 육경(六經)까지 미치지는 않았다. 나야말로 고문사(古文辭)를 육경에 적용했으니, 이것이 두 사람과 다른 점이다'[537면 하]라고 자부하고, '이반룡과 왕세정은 문장가에 불과하다. 나야말로 하늘의 은혜를 입어 육경의 도를 밝힐 수 있었다'[권22, 5면, 與富春山人 第7簡]고 하면서 왕세정과 이반룡을 능가했음을 자랑하였다. 남옥도 성대중도, 소라이가 왕세정과 이반룡의 고문사학에 대해 단순한 조술자(祖述者)가 아니었다는 것을 충분히 알고 있었던 것이다.

둘째로 원중거는 '소라이는 '육상산과 왕양명이 논한 양지양능(良知良能)이란 무엇인가와 같은 것을 거의 논하지 않는다'고 소개하였다. 이것은 그가 소라이학이 육왕(陸王)의 학(學)과는 다른 이단이라는 것을 정확하게 이해하고 있었음을 보여준다.

셋째로 성대중은 『조래집』 권27, 「답굴경산(答屈景山)」에 보이는 이 겐조(伊原歲[伊藤東涯])와 우 하쿠요(雨伯陽[雨森芳洲])의 이름을 거의 원문의 구문(構文)을 그대로 이용하여 필담 석상에서 인용한 사실은 이미 확인하였다. 이 「답굴경산」에는 '고언' '금언'이라는 그의 방법론의 키워드가 쓰여 있다. 그의 방법론이 왕세정과 이반룡의 고문사학을 경전 해석에 응용한 것이라는 점도 쓰여 있었다. 송유(宋儒)들은 한 사람 한 사람이 서로 다른 마음에서 이(理)를 구할 뿐, 이를 고대 성인(聖人)의 작위(作爲)가 구현되어 있는 '사(事)'와 '사(辭)'에서 구하지 않는다고 비난하는 내용도 있었다. 이 '마음으로 마음을 말한다'는 점에서는 양명(陽明)도 진사이도 송유와 마찬가지로 규탄된다. 이 글 속에는 소라이학의 진수라고 해야 할 것이 가득 들어가 있는 셈이다. 이는 중요한 내용이었던 만큼 『조래집』뿐만이 아니라, 그의 생전에 간행된 『학칙』에도 수록되어 있다.

성대중이 이 글 속에서 '고언'과 '금언'에 집중하지 않고, 송유의 어디가 잘못되어 있다고 명확하게 지적하고 있는 부분도 주의하지 않고, 심지어는 양명과 진사이까지도 비판하고 있는 부분을 건너뛰고는, 다만 이 겐조와 우 하쿠요에 대하여 쓴 부분만을 읽고 기억했다는 것은 전혀 있을 수 없는 일일 것이다. 만약 그렇다고 생각한다면 그의 독서능력을 완전히 과소평가하는 것이 된다. 이 서간은 전혀 난해하지도 않다.

마찬가지로 원중거도 분명 『조래집』에 수록되어 있는 「여춘암(與春庵)」을 분명히 읽었다. 그런데 이글에서도 역시 '정주(程朱)는 고언(古言)을 모른다'고 비난하면서, 고언을 이해하지 못하는 정주(程朱)가 지은 주석에 의거하여 고전을 해석하려고 하는 것은 '화어(華語)를 조선에서 구하려는 것과 같다'는 멋진 비유를 하였다. 원중거가 '정주'의 어디가 잘못되었는지 기록된 부분을 건너뛰어 읽고, '조선'이라는 글자에 대해서도 무신경했다고는 도저히 생각할 수 없는 일이다.

이와 같이 본다면 남옥 등은 역시 『조래집』을 상세하게 읽었다고 생각할 수밖에 없고, 그들이 일본에서 그것을 숙독하여 이해한 것과 귀국 후에 소개한 것 사이에는 너무나도 커다란 차이가 있음을 인정하지 않을 수 없다. 귀국 후 그들이 소개한 소라이학은 모두 수박 겉 핥기였다고 말할 수밖에 없다. 그게 아니라면 그들이 소라이학을 소개할 때 말해도 좋은 것과 좋지 않은 것을 무의식적이든 의식적으로 신중하게든 선택한 것은 아닐까?

도대체 그들은 정말로 소라이학을 어떻게 생각하고 있었던 것일까? 이 점을 밝히기 위해 우리는 이제 다시 일본으로 돌아가, 그곳에서 그들이 교환한 필담 기록에 의거하면서 소라이학에 대한 그들의 대응을 다시 한 번 되짚어보지 않으면 안 된다.

5. 필담 기록에 보이는 소라이학에 대한 대응과 평가

이제 소라이학에 대한 그들의 본심을 알아보기 위해 일본인과의 필담 기록을 되짚어보겠다고 하였다. 그런데 그 본심을 필담 기록에서 명료한 형태로 끄집어낼 수 있는가? 이는 그렇게 간단하지 않다. 그들은 일본에서도 이르는 곳마다 이구동성으로 '주자가 옳다. 주자에 위배되는 것은 이단이다'라고 말하고 있기 때문이다. 그 발언의 일부는 이미 보았기 때문에 여기서는 모두 생략한다. 그런데 우리는 이러한 공식 견해와 같은 발언 속에서, 왜 그들이 소라이학에 대하여 정말로 생각하는 바를 솔직하고 명료하게 말하지 않았는가에 대한 대답을 찾아낼 수 있다. 그 답변을 통하여 앞에서 제시한 의문, 즉 그들이 귀국 후 소라이학에 대하여 말해도 좋은 것과 좋지 않은 것을 변별한 것이 아닐까라는 것에 답할 수 있다.

3월 10일 에도의 큐이칸은 원중거 등과 필담을 하였다. 역시 이구동성으로 '주자학을 하고 격물궁리(格物窮理)를 하라'는 말을 하자, 이에 입을 다문 큐이칸은 자리를 바꾸어 이언진과 필담하며 '진심으로 당신은 어떻게 생각하고 있는가'라고 물었다. 이에 대하여 이언진은 다음과 같이 대답했다고 한다.

> 조선의 국법에서는 송유(宋儒)에 의거하지 않고 경전을 말하는 자는 엄중하게 처벌되지요. 이 문제에 대해서는 더 이상 말하고 싶지 않습니다. 문장에 대하여 논하는 것이 좋지 않겠습니까?[43]

이언진은 직설적이고 명료하게 대답하였다. 그는 '이단아'라고 말해도 무방한 인물이다. 그가 양명학의 신봉자였거나, 적어도 이에 강한 공감을 지닌 인물이었다는 것은 이미 앞서 보았다. 일본에서는 역관이라는 신분상의 홀가분함도 있었고, 남옥 등과는 필담의 자리를 달리 하고 있었다. 그렇기 때문에 직설적으로 말할 수 있었을 것이다. 그가 다른 일행과 같이 하였다면, 우리는 결코 이 같은 명쾌한 대답을 듣지 못했을 것이다. 그러한 그조차도 유학에 대하여 솔직하게 말하려 하지 않았다. 보다 정확하게 말하자면 자유롭게 말할 수 없었다. 그리고 화제를 문학 쪽으로 바꾸자고 말했다.

이보다 앞선 3월 4일 토 시테쓰(滕資哲)는 남옥 등에 대하여 일본에서는 최근에 송유를 비판하는 기풍이 강하다고 소개하면서 '귀국에서는 정주의 가르침을 받들고 이설을 받들지 않는다고 들은 적이 있습니다. 귀국에서도 근년에 또한 탁견을 갖춘 인물이 있어, 송유를 비판한 자가 있

43 宮維翰, 『東槎餘談』 권하, 16면. "雲我曰, 國法外宋儒而説經者重縄之, 不敢言説此等事. 請論文章."

습니까?' 하고 솔직하게 물어보았다. 이에 대하여 남옥은 한 번 읽어보기만 했을 뿐 한 마디도 답하지 않았다고 한다.[44]

마찬가지로 에도의 유자 시부이 타이시쓰(澁井太室)도 진심을 들어보고 싶어한 사람 가운데 한 명이었다. 그는 숙소인 혼간지에서 통신사 일행과 면회를 한 뒤 이별을 아쉬워하며 사와다 토고(澤田東江) 등과 함께 그들을 시나가와(品川)까지 전송하고 밤늦게까지 필담과 시문을 교환하였다. 그는 이별에 즈음하여 일본의 유학(儒學) 상황을 소개한 장문의 편지를 가져와 이에 대한 대답을 구하였다. 이에 대하여 남옥은 역시 '소라이학은 틀렸다. 주자학이 올바르다'는 공식적인 견해로 답하였다. 시부이는 불만스러웠던지 여정에 오르는 일행에게 다음과 같은 편지를 보냈다.

> 다만 들은 바에 의하면, 선생들은 에도에서 소라이의 『논어징』과 문집[『조래집』]을 구해 읽었다 하였습니다. 그래서 어떠한 의견을 갖고 있는지 물어본 것이지 결코 시험하려는 생각은 없었습니다.

그런데 남옥은 이번에는 김인겸 · 원중거 · 성대중과의 4인 연명으로 다음과 같은 답장을 보냈다.

> 『조래집』은 대강 보았습니다. ……당신이 '결코 시험하려는 생각은 없었다'라는 말로 소라이에 대한 생각을 우리에게 구하였다는 것은, 잘 생각해보면 그 속에 깊은 의도가 담겨 있음을 알 수 있습니다. 이 말은 과연 당신의 본심에 맞는 것입니까?[45]

---

44 滕資哲, 『鴻臚館文稿』, 3월 4일 筆語. "嘗聞貴國宗程朱之訓, 不貴異說. 近世又有卓識之人, 而有見于此乎. 聊吐所蘊. (秋月)展閱一過, 而無復一語矣."

45 澁井太室, 『品川一燈』. "但聞諸公在江都之日, 覓雙松論語徵與其集讀之, 故問貴見如何, 非敢嘗試也. ……徂徠集略略看了. ……足下既以非敢嘗試發之, 而求其說於僕輩者, 極知有深意於其閒. 未知此言果有契於足下之本意否耶."

시부이로서는 친해졌다고 생각했기 때문에 이렇게까지 솔직하게 쓴 것이었겠지만, 남옥은 차갑게 답변을 거절하였다. 소라이 학설에 대하여 생각하는 바를 솔직하게 대답하려 하지 않았다. 시부이에 대한 대답 속에는 그들이 가장 문제 삼고 싶어 하지 않는 것을 문제시한 데 대한 곤혹과 노여움을 읽을 수 있다.

우리는 여기서 남옥 등이 귀국 후에 소라이 학설을 소개하면서 무슨 이유로 그렇게 겉돌 수밖에 없었던가에 대한 답변을 비로소 얻었다고 생각한다. 간단하게 말하면 그들은 생각한 바를 정직하게 말할 수 없었던 것이다. '조선의 국법에서는, 송유(宋儒)에 의거하지 않고 경전을 말하는 자는 엄중하게 처벌'되므로 그들도 가능하면 '이 문제에 대해서는 말하고 싶지 않았던 것'이다. 애초에 '고언' · '금언'이라는 소라이학의 방법론은 분명히 주자와 저촉하는 것이기 때문에 이러한 '이단' 학설을 상세하게 소개하는 것 자체가 큰 문제였다. 나아가서는 이를 말하는 것은 주자의 방법론에 대해 스스로 의문을 표명하는 셈이 될지도 몰랐다. 스스로가 '이단'이라고 잘못 규정되지 않기 위해서는 소라이의 논법을 깨뜨릴 수 있는 논법을 스스로 제시해야만 하였다.

게다가 만약 소라이가 주자학뿐만 아니라 양명학까지 비판하고 있다고 소개하는 것이라면, 소라이가 무엇을 근거로 양명학까지도 비판하는지 설명해야만 하였다. 그런데 당시 조선 지식인의 상식에서는 주자학을 비판한다고 하면 그것은 양명학을 가리키는 것처럼 되어 있었다. 그렇기 때문에 진사이나 소라이의 학설을 비난할 때, 그들은 "그것은 육왕(陸王)의 학설과 비슷하다."고 표현했던 것이다. 그것이 가장 간단한 설명이고 '이단'에 대한 비판이었다. 그런데 소라이는 주자학과 함께 양명학까지도 비판하였기 때문에, 이것을 어떻게 소개하고 어떻게 설명하면 좋을까? 주자를 옹호하면서 그것을 설명하는 것이 얼마나 어려운 일인지는 우리들도 쉽게 상상할 수 있다.

그들이 공통적으로 소라이학이 잘못되었다고 든 논거를 생각해보자.

그것은 소라이가 주자에 어긋난다는 말처럼 동어반복과 같은 논거를 제외하면, 겨우 명나라의 왕세정과 이반룡에 의한 고문사학의 영향을 받았다는 점뿐이었다. 그러나 원중거가 교묘하게 말한 대로 당시 조선에서는 '왕세정과 이반룡은 모두 천하가 조롱하는 인물'로 간주되었다. 따라서 그들은 소라이학의 잘못을 그 이상 논증할 필요가 없었다. 왕세정과 이반룡의 이름을 끄집어내면 가장 안전하고 확실하게 '그 견식의 비루함'을 '논증'할 수 있었던 것이다.

소라이학에 대한 솔직하고 명료한 논평을 피하려 한 점은 일본에 체재할 때나 조선으로 귀국한 후에도 일관된다. 게다가 남옥 · 성대중 · 원중거 세 사람이 조선을 떠나 일본으로 향하기 전 일본인과 정면으로 부딪혀 유학에 관한 논쟁을 하는 것은 피하고 정주(程朱) 일변도로 가자고 했던 합의는 시종일관 유지되었다. 따라서 세 사람이 『조래집』을 얻은 이후까지 포함하여, 그들이 일본에서 소라이학에 대하여 어떻게 말했는지를 살펴보는 것은 전혀 무의미한 작업이다. 예를 들어, 원중거는 귀로에 스루가(駿河)의 요시와라(吉原)에서조차 "귀국 일본의 문인은 그 학문에서 명유(明儒)가 육상산을 조술(祖述)하는 설을 존숭하고 있다."고 비난하였다.[46] 또 나고야(名古屋)에서도 변함없이 "우주 속에 두 분이 계신다. 중니(仲尼)[孔子]의 원기(元氣)와 자양(紫陽)[朱子]의 진(眞)이 그것이다."고 했다.[47] 그는 에도에서 손에 넣은 『조래집』에서 얻은 지식을 전혀 활용하지 않는다. 이처럼 그는 일본인을 비난하면서, 그가 신봉하는 바를 말하고 있다.

다만 한 가지, 소라이학에 대한 그들의 견해를 엿볼 수 있는 필담을 소개하고자 한다. 이것은 일행이 귀로에 들른 아카마가세키에서 다키 카쿠

---

46 秋山章, 『青丘傾蓋集』 권하. "玄川曰, 觀貴邦文士, 學則尚明儒祖陸之說."

47 磯谷正卿, 『河梁雅契』, 11면. 이 말은 조선의 유자 김인후(金麟厚, 1560)의 시로 유명하다. 그 후 한학을 배울 필요가 있다고 주장하는 중국 청조의 학자를 논란할 때에 이 말이 사용되었다. 본서 제 8장, 316면.

다이와 나눈 필담이다. 다키는 버젓한 소라이 학파의 인물이었지만 원중거가 자신의 일기에서 '해외의 중화인(中華人)이다'라고 평한 것처럼, 그의 인품과 학식에는 높은 평가를 내렸다. 여기서 원중거는 다키 카쿠다이가 소라이 학도임을 유감스러워하고 '주자의 도는 태양이 중천에 있는 것처럼 바르고 명백하여 공자의 뒤로 오직 한 사람뿐이다'고 논하며 설복시키려고 하였다. 다키는 원중거의 비판이 너무나 추상적이라고 하면서 이에 대하여 다음과 같이 대답하였다.

> 소라이의 학설은 고언(古言)을 가지고 고경(古經)을 해석하는 것이고, 그 명확함은 불을 보는 것과 같습니다. 주자의 '명덕(明德)'에 대한 해석은 『시경(詩經)』·『좌전(左傳)』과 합치되지 않고, 인(仁)을 마음의 덕(德)으로 간주하고 있습니다. ……고대에서는 시(詩)·서(書)·예(禮)·악(樂)을 사교(四敎)·사술(四術)이라 하고 사군자(士君子)가 배우는 것은 이것뿐이었습니다. '본연기질(本然氣質)'·존양성찰(存養省察)·'주일무적(主一無適)' 등 정주(程朱)가 말하는 것과 같은 개념이 어디 있겠습니까?[48]

다키는 여기에서 소라이학의 진수로 앞에서 열거한 요점의 (1)(2)(3)을 거론한 것이다. '고언을 가지고 고경을 해석한다'를 '고언을 가지고 고경을 증명한다'고 가는 길에서도 말했기 때문에 소라이의 방법론을 말한 것으로는 이것이 두 번째이다. 그런데 원중거도 다른 두 사람도 이에 대응하는 답을 내놓지 않았다. 대신 원중거는 다만 당신은 소라이의 좋은 부분[明處]은 알고 있지만, 잘못된 부분[暗處]은 취사선택해야 한다고 추상적인 비판을 반복할 뿐이었다. 『조래집』에 몇 번이나 나오는 이 '고언'에

48 瀧鶴臺, 『長門癸甲問槎』 권2, 13면. "徂徠之學, 以古言解古經, 明如觀火. 如朱子明德解, 與詩·左傳不合, 仁爲心德. ……古者詩書禮樂, 謂之四敎四術. 士君子之所學是已. 豈有本然氣質·存養省察·主一無適等種種之目乎. ……唯懸空詆呵徂徠已, 而未蒙明學似其敎與先王孔子之道相齟齬處."

근거한 주자학 비판 가운데 어디가 잘못된 부분인지, 또 고대 성인의 시대에는 '본연기질' 등의 개념은 없었다는 지적이 어디가 잘못되어 있는가는 전혀 설명하지 않았다. 다키는 당신들은 '다만 공허하게 소라이를 비방할 뿐, 그 가르침이 선왕이나 공자의 도(道)와 어떻게 다른지 분명하게 말하지 않았다'고 논평하였다. 이 다키의 논평은, 그들이 귀국 후에 행한 소라이학에 대한 비판이 전혀 핵심을 찌른 것이 아니라는 우리의 견해와 완전히 일치하고 있다. 그런데 성대중은 이 자리에서 주목할 만한 다음과 같은 발언을 하였다.

> 소라이의 잘못은 그 재능이 지나치게 높고, 변론이 지나치게 통쾌하고, 식견이 지나치게 기발하고, 학문이 지나치게 넓은 바에 있어서, 그 화려한 문필의 힘은 실로 간단하게는 배척할 수 없는 부분이 있습니다. 후학들이 그 본받을 만한 점을 본받고, 그 버려야 할 점을 버린다면, 그 자체로 소라이를 잘 배운다고 할 수 있고, 소라이도 또한 후세에 도움을 줄 바가 있을 것입니다.[49]

이는 소라이에 대한 폄하일까, 칭찬일까. '소라이의 잘못은'이라고 시작한 말이기 때문에 형식적으로는 비난하는 것으로 되어 있기는 하다. 그러나 이는 실질적으로는 소라이에 대한 찬사이다.

남옥도 귀국 후 이와 매우 비슷한 평가를 내렸다. 그것은 소라이를 도요토미 히데요시에 비길 수 있다는 것이다.[50] 히데요시라고 한다면 조선에서는 대악당으로 규정되어 있었다. 그런데 그는 일본에게 누구보다도 대공(大功)과 대죄(大罪)를 가져다준 인물로 소라이를 히데요시의 동렬에

---

49 상게서, 同卷, 14면. "茂卿之誤入, 正坐才太高, 辨太快, 識太奇, 學太博, 而其文華力量實有不可遽斥絶者. 後學若能師其可師者, 而捨其可捨者, 則可謂善學茂卿, 而茂卿亦將有補於後人也."

50 南玉, 『日觀記』 권10, 總說, 學術. "然攻朱者多才俊, 主朱者多庸下. 近世物雙栢眩惑一世, ……功罪俱魁, 如秀吉之於其國. ……留守友信之學稍正而陋, 南宮喬之學博而詖."

두었다. 한편 주자학자인 루스 토모노부에 대해서는 '다소 올바르기는 하지만 고루하다'고 긍정적인 평가를 하는 듯하지만 실은 부정적인 평가를 하였다. 남옥은 루스로부터 그의 저서인 『주역연의(朱易衍義)』 3책을 선물받아 읽고 그를 '자못 학문에 뜻하는 바가 있다'고 평가하였다.[51] 그러나 이 평가 또한 60세나 되는 이 오사카의 주자학자를 마치 어린아이처럼 취급했다고 말할 수 있다. 절충학파인 난구 카쿠(南宮 嶽)에 대해서도 '박학하지만 비뚤어져 있다'고 하여 거의 안중에도 두지 않았다. 난구가 박식하게도 명대 유학자의 말을 많이 인용하면서, 한유(漢儒)도 송유(宋儒)와 함께 존중해야 한다고 주장하고, 남옥과 서간을 주고받은 사실은 그의 『강여독람(講餘獨覽)』에 상세하게 기록되어 있으며 『일관기』에도 간단한 언급이 보인다. 남옥은 또 '주자를 공격하는 자는 준재(俊才)인 자가 많고, 주자를 지키는 자는 용렬(庸劣)한 자가 많다'고도 평하였다. 이러한 점에서 본다면, 남옥의 소라이에 대한 평은 결코 폄하하는 말이 아니라, 오히려 그 대담함이 마음에 들었다는 최대의 찬사였다고 보아야 할 것이다.

일본 사상계에 대해 말하자면, 당시는 이미 소라이학의 시대가 끝나고, 절충학 등의 시대였다. 그러나 1764년 통신사에 참여했던 조선 지식인에게는 좋든 싫든 문제가 된 것은 소라이였다. 그래서 그들은 소라이에 대한 폄하와 찬사를 뒤섞은 평가를 내렸다. 그들은 일본에 체재했을 때부터 귀국 후까지 소라이를 평가한 문장을 쓰는 내내 소라이에 대한 결정적인 반격의 논리를 구축하지 못했던 것이다.

6. 맺음말

이상에 의하여 1764년의 통신사가 일본 학술의 무엇을 문제로 삼았는

---

51 상게서, 권7, 정월 23일.

지 밝혀졌다고 생각된다. 소라이학에 대한 인식은 이전의 통신사에 비하여 비약적으로 진전되었다. 그러나 진전되었기 때문에 도리어 조선에는 정확하게 전달되지 못했다. 외국으로 나간 자가 그곳의 학술문화에 커다란 관심을 기울이면서도 국내 사정 때문에 그것을 그대로 전하지 못하는 일은 현재 우리가 사는 세계에서도 자주 볼 수 있다.

원중거가 당시 조선의 학계에서 가장 뛰어난 인물 가운데 한 사람이었는지 어떤지는 알 수 없다. 그러나 남옥과 성대중은 분명 일류의 학식을 갖춘 인물이었다. 이언진이 이 일행에 함께한 것은 완전한 우연이었지만, 그도 또한 일류의 학식을 갖춘 인물이었다. 그들은 각각 일본에서 생겨나 조선의 그것과는 이질적인 학술에 흥미를 느끼고, 왕성한 지식욕으로 그것이 무엇인지 알려고 하였다. 학식이 높았기 때문에 지식욕도 왕성했다.

1748년의 통신사에서 조선 지식인들은 일본의 고학(古學)에 강하게 반발하였고, 일본인과의 필담에는 그 유행을 걱정하는 말만 드러난다. 그러나 1764년의 통신사에서는 소라이학에 이상할 정도로 관심을 보이고 이에 관한 정보수집에 열성적이었다. 그들의 관심은 소라이의 제자들이 이룬 업적에까지 미쳤다. 우리는 여기에서 양국의 학술관계가 이미 크게 전환하고 있는 것을 간취해야 한다.

그러나 1764년의 통신사 일행은 일본의 학술을 그대로 받아들이지 못했고 귀국 후에도 이를 그대로 전하지 않았다. 그 원인 가운데 첫째가 '송유(宋儒)에 의하지 않고 경전을 말하는 자는 엄중하게 처벌되기' 때문이라는 점은 이미 언급하였다. 두 가지 원인을 더 들으면 다음과 같다.

하나는 그 학술이 다름아닌 일본, 즉 그들이 '절해(絶海)의 야만인'의 땅이라고 생각한 곳에서 생겼기 때문이다. 이 말은 앞에서 본 것처럼 1748년 통신사의 일원으로 일본에 갔던 홍경해가 한 말이다. 일본이 교린, 즉 은혜를 베풀어야 할 대상이라는 생각은 1764년이 되어서도 기본적으로는 변하지 않았다. 실제로 이 나라에서는 유사 이래로 일본의 학술을 받아들인 경험은 한 번도 없었다. 원중거가 갖고 있던 문명 사관은 이와 관련하여 매우 흥미롭다. 그에 의하면 '천지의 기(氣)는 북에서 남으로' 흐르는 것으로 정해져 있었다. 일본이 이 정도까지 문명이 개화한 것도 북쪽에 있는 조선에서부터 빼어난 기가 남으로 흘러들어갔기 때문으로, 이와 거꾸로 남에서 북으로 기가 흐르는 것은 조선의 문화와 사회가 혼란하고 파멸됨을 의미하였다.[52] 이러한 문명사관을 가진 사람이 남쪽에서 생겨난 학술을 스스로 수용하는 것은 있을 수 없으며, 그것을 북쪽으로 적극적으로 전하는 것도 있을 수 없는 일이다.

또 다른 하나는 당시 조선은 스스로 소중화(小中華)라 칭하면서 이적 민족이 지배하는 청조 중국도 멸시하고 있었기 때문이다. 유사 이래, 중국에서 학술문화를 받아들여 왔지만, 당시는 마침 조선적인 화이관념이 가장 강하게 지배하고 있던 때였으므로 중국의 학술문화조차 받아들이기를 거부했다. 조선에게 당시의 중국은 정치적으로는 어쩔 수 없이 사대를 하지 않을 수 없더라도, 문화적으로는 사대할 대상은 아니었던 것이다. 이 같은 시대에 일본의 학술문화를 받아들일 리는 없다. 조래학을 중심으로 한 일본의 학술이 이때 전해지지 않은 것은, 조선국 내의 여러 사정 때문이지 학술문화의 우열과는 전혀 관계가 없다.

일본의 학술이 눈에 보이는 형태로 영향을 주게 된 것은, 이 조선적인 화이 관념이 일부 타파되어 청조의 한학(漢學)이 도입된 이후 즉 1764년부터 약 반세기나 지난 뒤의 일이었다. 청조 한학 도입에 열심이었던 김정희는 최후의 통신사인 1811년의 통신사가 가져온 일본의 학술 성과에도 크게 공감했다.[53] 또 어느 연구에 따르면 정약용은 그의 『논어고금주(論語古今註)』(1813년, 순조 13년)에서 이토 진사이의 설을 3회, 오규 소라이

---

52 瀧鶴臺, 『長門癸甲問槎』 권하, 12면. "日東文運日闢, 古人所稱天氣自北而南者, 斯有驗矣. 但恨目今波奔而水趣者, 大抵是明儒王李之餘弊, 而唱而起之者, 物徂徠實執其咎."

53 藤塚隣, 『淸朝文化東傳の研究－嘉慶 · 道光學壇と李朝の金阮堂－』(東京, 國書刊行會, 1975), 140면.

의 설을 50회, 다자이 슌다이의 설을 148회 인용하였다고 한다.[54]

그러나 문화적인 쇄국 상태에 커다란 구멍을 뚫은 결정적인 계기가 홍대용의 연행이고, 그것이 1764년 통신사가 귀국한 다음해에 이루어진 것은 과연 우연이었을까? 확실히 소라이학은 그 시점에서 명료한 형태로 영향을 주지 않았는지도 모른다. 그러나 통신사 일행이 포착한 일본의 새로운 학술 정황이나 풍부한 문화 현상은 때로는 긍정적인 평가인지 부정적인 평가인지 애매한 표현을 취하면서, 또 때로는 분명한 위기의식과 선망의 말이 되어 어쨌든 통신사의 귀국 후에 전파되었던 것이다.

우리는 1764년 통신사 일행이 남쪽의 일본에서 새로 생겨난 학술을 열심히 알려고 한 정신과 문화적인 쇄국 상태를 타파하려고 연행사의 일원으로 북으로 향한 홍대용의 정신에는 남북의 차이는 있다 해도 어딘가 일치하고 있음을 볼 수 있다.

(번역: 신로사)

54 河宇鳳, 『朝鮮後期 實學者의 日本觀研究』(서울, 一志社, 1989), 230면, 日本語譯 『朝鮮實學者の見た近世日本』(井上厚史譯, 東京, ぺりかん社, 2001), 273면.

제11장

조선통신사와 일본의 서적

–고학파의 교감학 저작과 고전적을 중심으로

1. 머리말

조선후기는 대략 일본의 에도 시대에 해당한다. 에도 막부가 지속된 1603년부터 1867년까지 쇄환사(刷還使) 등으로 불린 것까지 포함하여 모두 12번의 통신사가 조선에서 일본으로 파견되었다. 이들 통신사 측에서 남긴 기록 또는 일본인 유학자들이 그 일행과 주고받은 필담 기록에는, 그들이 일본에서 보고 들은 서적에 대한 이야기가 여러 차례 나온다. 그 책들 중에는 중국에서 수입된 지 얼마 되지 않은 서적이나 조선의 서적도 포함된다. 그 중에서 여기서 소개하려는 것은, 고학파(古學派) 유학자의 저작, 특히 소라이 학파가 쓴 교감학(校勘學)과 관련된 저작과 그들이 새롭게 주목하던 당시 일본에 전해온 중국의 고전적에 대해, 그들이 어떤 내용의 필담을 나누었는가 하는 것이다. 또한 여기에 나타나는 학술 정보의 교환과, 조선 지식인이 청조의 고증학을 받아들이고 내린 평가를 바탕으로 일본 · 한국 · 중국의 학술이 각각 당시에 어떠한 문제를 안고 있었는지를 살피기로 한다.

2. 1748년 통신사의 일본 고전적에 대한 태도

일본고학파 유학자의 주요한 주장은 주자학이 틀렸다는 것이다. 그들은 주자학 즉 송학(宋學)을 부정하면서, 중국 고대의 언어 용례에 근거하여 경전을 해석해야 한다고 주장하였다. 한편으로는 유교경전의 텍스트 그 자체에 대해서도 관심을 기울였다. 이는 송학이 유행함에 따라 고전의 텍스트나 주석 가운데 상당수가 사라져버렸기 때문에, 사라진 텍스트에는 도대체 무엇이 어떻게 쓰여 있었는지가 새로운 관심사가 된 것이다.

앞 장에서 살핀 바, 야마노이 카나에(山井鼎)가 『칠경맹자고문』을 짓고, 여기에 부쓰 칸(物觀) 등이 거기에서 빠진 것을 보충하여 『칠경맹자고문보유』라는 제명의 저서를 출판한 것은 1731년(享保 16)의 일이다. 그 후 이 책은 나가사키를 경유하여 중국으로 건너가 청조의 고증학자들에게 커다란 영향을 주는 등 높은 평가를 받았다.[1] 야마노이 카나에는 소라이의 제자이며, 부쓰 칸은 소라이의 동생이다. 소라이는 이 책의 출판에 앞서 「칠경맹자고문서」를 쓴 바 있는데, 여기에 다음과 같이 말했다.

> 송대 이후로 사람들이 새로운 학설을 좋아하면서 오래된 주소(注疏)는 더 이상 쓸모없다고 여기며 창고에 방치하여, 이를 읽을 수 있는 자들이 거의 없게 되었다.[2]

주자 이전에 작성된 유교 경전의 텍스트나 주석을 찾을 때, 다행히 일

1 狩野直喜, 「山井鼎と七經孟子考文補遺」(『支那學文藪』, 東京, みすず書房, 1973).

2 荻生徂徠, 『徂徠集』 권9, 七經孟子考文敍. 또는 『七經孟子考文補遺』 서문. "故千載之後, 欲求聖人之道者, 終不能廢漢儒而它援, 爲是故也. 宋而後, 人喜新說, 而古注疏束之高閣, 鮮有能讀焉者. 是阿其所好, 沿流忘源. 況人非聖人, 何必盡善, 而乃執一以廢百, 亦弗思之甚也. 今閱世所行古注疏板刓文滅, 不可得而讀之. 夫以諸夏聖人之邦, 世奉敎之弗衰, 學士之衆何限, 而乃致斯泯泯者, 豈非人不體仲尼之心, 信而好古之義熄焉邪."

본에는 중국으로부터 전래된 수많은 송판(宋版)이 헤이안 · 가마쿠라 시대부터 일본에서 필사되어 전해온 책들이 다수 남아 있다. 야마노이 가나에가 교감할 때 저본으로 삼았던 것은, 무로마치 시대 즉 15세기 전반에 재건된 아시카가(足利) 학교의 장서였다.

조선통신사에게 그들의 업적과 당시 일본에 전해오던 고전적에 대한 내용이 처음으로 알려진 것은 1748년(寬延 원년, 영조 24)의 일이다. 이때의 통신사와 일본고학파의 유학자들이 나눈 논의는 18세기 양국 간의 학술관계의 전환을 시사하는 것으로서 중요한 의미를 갖는다. 고학파가 주목하면서부터 각광을 받게 된 당시 일본에 전하던 중국의 고전적과 그 복각판에 대하여, 에도의 한 유학자는 통신사의 일원이었던 이봉환(李鳳煥)과 다음과 같은 필담을 나눈 적이 있다.

> 안 시하쿠(安子帛)[東海]: 우리나라는 보잘것없는 나라이지만, 볼 만한 것도 있으니 이를 말해보고자 하오. 『십삼경주소(十三經注疏)』 선본(善本), 『공자가어(孔子家語)』 선본, 『고문효경공안국주(古文孝經孔安國注)』, 황간(皇侃)의 『논어의소(論語義疏)』와 『동관한기(東觀漢記)』 · 『효경구명결(孝經鉤命訣)』 등은 모두 송대 이전에 일본에 들어온 것들로 중국에는 현재 전하지 않는다고 하오. 나와 같이 재능이 없는 자도 아침저녁으로 이 서적들을 배우며 낭송할 수 있는 것은 행복한 일이라 하겠소.
>
> 이봉환: 우리나라의 제도나 예제(禮制)는 모두 『대명집례(大明集禮)』를 따라서 만든 것이오. 세상에서 선왕의 제도와 도덕규범을 실제로 지키고 있는 곳은 겨우 한 구석에 있는 조선이라는 나라뿐이오. 『십삼경주소』 이하의 여러 책들은 우리나라에도 전부 있는 서적들이오. 다만 이 책들은 정자(程子)와 주자의 취사선택을 이미 거쳤기 때문에 창고에 넣어두고 가끔 참고로 할 뿐이오.[3]

---

3 淵好凱, 『樣餘』(東北大學狩野文庫藏本, 寬政 6년, 1794 간본) 16면. "安子帛(東海)我邦雖蕞爾, 尚有可觀者, 請試言之. 如十三經注疏善本 · 孔子家語善本 · 古文孝經孔安國注 · 皇侃

이 필담을 옆에서 보고 있던 엔 고가이(淵好凱)는 다음과 같은 감상을 기록에 남겼다.

> 안 시하쿠가 중국에는 없는 서적을 소개했을 때, 이봉환은 조선에도 그 책들이 전부 있다고 대답했다. 터무니없는 말이라 하겠다. 정자나 주자가 『동관한기』를 읽고 취사선택한다는 따위의 일이 가당키나 한 말인가. 이봉환이 본 것도 송대 이후의 책에 불과하니, 그가 고주(古注)를 모르는 것은 이를 통해서도 알 수 있다. 황당할 따름이다.

이때 필담을 주고받은 이들을 보면, 일본 측은 안 시하쿠와 엔 코가이 외 3명, 조선 측은 이봉환(李鳳煥; 濟庵)과 이명계(李命啓; 海皐) 그리고 박경행(朴敬行; 矩軒)이 있었다. 호가 도가이(東海)인 안 시하쿠와 엔 고가이 모두 어떤 인물인지는 불분명하다.

필담의 내용을 살피면, 안 시하쿠가 당시 일본에 전하던 중국의 고전적이 풍부한 것을 자랑한 데 대하여, 이봉환이 "『심삽경주소』 이하는 전부 모두 조선에도 있는 책들이다. 그러나 정자와 주자가 이 책들을 취사선택하여 『사서집주』 등을 편찬했기 때문에, 지금은 쓸모없는 책들이 되어 이를 창고에다 치워두었다."라고 대답하였다. 이에 대하여 엔 고가이가, "이봉환은 터무니없는 말을 하고 있다. 『동관한기』는 송대에 이미 사라져버렸기 때문에, 정자와 주자가 취사선택할 수 없었다."라며 비웃었다는 것이다.

이 자리에 동석했던 규이칸(宮維翰; 宮瀨龍門)도 이때의 필담에 대해 다

論語義疏 · 東觀漢記 · 孝經鉤命訣等書, 皆趙宋以前海舶所載來者也. 聞中華今則亡矣. 雖不才如僕者, 亦朝習夕誦, 所從事于斯, 以此爲幸耳. 李鳳煥…… "我國制度儀章一倣大明集禮. 世界中獨守先王章德之具者, 一隅三韓耳. 十三經注疏以下諸書, 鄙邦亦皆有之. 而此等書既經程朱去取, 則不過充束東閣, 以時參考而已.(好凱[淵好凱]按, 東海告中華所無之書, 而濟菴答爲彼邦悉有之, 可謂誣以虛妄矣. 程朱豈讀東觀漢記爲去取乎. 彼所見亦唯宋以後書, 故不知古注, 足爲證也. 可笑.)"

음과 같이 언급한 바 있다.

> 안 시하쿠가 우리나라의 서적은 중화에도 없다며 자랑스러워하자, 이봉환이 『십삼경주소』는 창고에 치워두었고 모두 정주(程朱)의 취사선택에 따르고 있다고 답했다. 그는 정주에 심취해 있어 콩과 보리도 구별하지 못할 정도이니, 그 이상의 말은 듣고 싶지 않았다.[4]

규이칸은 류이칸(劉維翰)이라고도 칭하는데, 소라이 학파에 속한다.

여기에서 안 시하쿠가 말하는 『십삼경주소』 선본이란 정확히는 송판 『주역주소(周易注疏)』·『상서정의(尙書正義)』·『모시주소(毛詩注疏)』·『예기정의(禮記正義)』·『춘추좌전주소(春秋左傳注疏)』를 가리킨다. 통상 이들을 총칭하여 송판 『오경주소(五經注疏)』 혹은 송판 『오경정의(五經正義)』라고 부른다. 모두 아시카가 학교의 소장본으로 야마노이 가나에가 『칠경맹자고문』을 편찬할 때 이용한 서적이다. 송판 『상서정의』·『모시주소』·『예기정의』·『춘추좌전주소』 이 네 종류의 책은 모두 1439년(永享 11)에 아시카가 학교에 들어온 것이며, 송판 『주역주소』 또한 1454년(享德 3) 이전에 들어왔다고 한다.[5]

『공자가어』 선본이란 곧 『군서치요(群書治要)』 권10에 수록된 것으로, 이는 가마쿠라 시대의 필사본으로 알려져 있다. 원래 가나자와(金澤) 문고 소장본이었는데, 현재는 궁내청(宮內廳) 서릉부(書陵部)에 보관되어 있다.[6] 또한 중국 원나라 왕광모(王廣謀)의 『공자가어구해(孔子家語句解)』 조선고간본(朝鮮古刊本)이 무로마치 시대에 일본으로 유입되었는데, 그 필

4 宮維翰, 『龍門先生鴻臚傾蓋集』. "子帛誇述本邦典籍中華之所無, 則濟庵答以十三經注疏架閣樓上, 一從程朱之取舍也. 彼心醉程朱, 而至不辨菽麥, 掩耳而避耳."

5 川瀨一馬, 『足利學校の研究』(東京, 講談社, 1948), 202면.

6 『圖書寮漢籍善本書目』(東京, 宮內省圖書寮, 1930), 45면.

사본이 1515년(永正 12)에 아시카가 학교(足利學校)로 들어왔다. 그러나 『공자가어』가 에도 시대에 유명해진 것은 무엇보다 1741년(寬保 원년)에 교토의 오카학쿠(岡白駒)가 여러 책들을 교감한 뒤 출판하고, 또 다음해인 1742년(寬保 2)에 소라이의 제자 다자이 슌다이(大宰春臺)가 다시 여러 책들을 교감한 뒤 주석을 더해 에도에서 출판했기 때문이다. 이 책들은 모두 1638년(寬永 15)에 교토에서 출판된 목활자본을 저본으로 삼았다고 한다. 또한 이때의 칸에이(寬永) 간본은 송판을 저본으로 하여 출판된 겐와(元和: 1615~1624) 고활자본을 복각한 것이라 한다.[7]

『고문효경공안국주』란 공안국전의 『고문효경』을 말한다. 이 책의 필사본은 일본에 옛날부터 다수 전해져 왔다. 예를 들어 교토대학 부속도서관에 소장된 것은 1241년(仁治 2)의 발문이 붙은 필사본이다. 그 밖에 가마쿠라 시대와 무로마치 시대의 필사본이 열 몇 점 남아 있으며, 아시카가 학교에 소장된 것은 무로마치 시대 중기 이후의 필사본이라 한다.[8] 1593년(文祿 2)에 『고문효경』이 동활자로 출판되었고, 1599년(慶長 4)에는 목활자로도 출판되었다고 한다. 심지어 1602년(경장 7)에도 목활자판이 나왔다. 또한 1732년(享保 17)에는 다자이 슌다이가 이 책들을 교감하고 음주(音注)를 붙여 공안국전 『고문효경』을 출판한 바 있다.[9]

황간의 『논어의소』도 일본에 다수의 필사본이 남아 있다. 일례로 1477년(文明 9)에 필사된 것이 현재 류코쿠(龍谷)대학 도서관에 소장되어 있다.[10] 야마노이 가나에가 『칠경맹자고문』을 편찬할 때 이용한 책은 아시

---

7 山城喜憲, 「知見孔子家語諸本提要(1)」, 『斯道文庫論集』 제21집, 1984, 191면, 「知見孔子家語諸本提要(2)」, 같은 책 제22집, 1987, 1 · 23면.

8 阿部隆一, 「古文孝經舊鈔本の研究(資料篇)」(『斯道文庫論集』 제6집, 1964), 4124면, 長澤規矩也, 『足利學校貴重特別書目解題』(『長澤規矩也著作集』 제4권, 東京, 汲古書院, 1983, 311면).

9 阿部隆一 · 大沼晴暉, 「江戸時代刊行成立孝經類簡明目錄」(『斯道文庫論集』 제14집, 1977).

10 『論語義疏』(大坂, 懷德堂記念會, 1924), 武内義雄, 「論語義疏校勘記」 條例.

카가 학교의 소장본으로, 대략 16세기 전반에 필사된 것이라 한다. 소라이의 제자인 네모토 손시(根本遜志; 根遜志)가 1750년(寬延 3)에 황간의『논어집해의소(論語集解義疏)』를 간행했을 때 저본으로 쓴 것 또한 이 책이다.[11]

안 시하쿠의 말에 비록 과장과 자랑이 있었다고 해도, 송판『오경주소』는 당시 중국에서도 매우 구하기 힘든 책으로 오래된 필사본조차도 좀처럼 구하기 어려웠다. 다만『동관한기』와『효경구명결』이 에도 시대에 전하고 있었다는 이야기는 과문한 탓인지, 아직 들어보지 못했다.

3. 1764년의 일본 고전적 구득에 대한 열의

앞서 살핀바, 1764년(明和 원년, 영조 40) 조선통신사가 일본에 온 것은 1748년 이래로 16년 만의 일이었다. 일행에는 제술관 남옥(南玉), 서기 성대중(成大中)과 원중거(元重擧), 그리고 역관으로 이언진(李彦瑱)이 포함된다. 그들은 모두 열성적으로 일본에 대한 각종 지식을 얻으려 하였다.[12]

학술적인 면에서 특히 관심을 보인 것은 오규 소라이의 학술이었다. 남옥이 처음으로 읽었던 소라이의 저작은, 필자가 조사한 바로는『조래집』으로 에도에서 구한 것이다. 3월 2일, 이들을 수행하던 나바 로도(那波魯堂)가 대신 구입하여 남옥에게 선물로 주었다.[13] 성대중과 원중거도 즉시 이 책을 돌려가며 읽었다. 한편 이언진은 이보다 앞서『조래집』을 입수했다. 이 책에는 소라이가 쓴「칠경맹자고문서」가 수록되어 있다. 여기

11 『論語集解義疏』, 服部南郭(服元喬),「皇侃論語義疏新刻序」.

12 본서 제10장, 428면.

13 앞의 주 12, 400면.

에서는 주자학을 비판하고 고주소(古注疏)나 이를 기록한 고전적을 왜 지금 여기서 다시 존중해야 하는지에 대해 주장하고 있다.

또한 일본의 시모쓰케노쿠니(下野國, 현재의 栃木縣)에는 산기 오노노 다카무라(參議小野篁)가 수백 년 전에 세운 학교가 남아 있는데, 키이국(紀伊國) 출신으로 이름은 '가나에(鼎)', 자는 '군이(君彝)'라고 하는 소라이의 학생이 곧 손시(根遜志)라는 인물과 함께, 여기에 보관되어 있는 송판『오경정의』및 황간의『논어의소』등의 가치를 발견하여 교감한 일, 3년 동안 이 작업에 몰두하면서 정력을 다 쏟아부어 병이 나 거의 죽을 지경에 이르게 된 사실 등이 기록되어 있다.[14]

소라이의 서문은 격조 있는 한문으로 적혀 있기 때문에, 저자인 야마노이 가나에 혹은 산 주테이(山重鼎)라는 이름이 오직 '테이', '군이'라고만 기록되어 있었다. 또한 '야산기(野參議)의 유적'이라고 하면, 당시 일본 유학자라면 누구나 아시카가 학교임을 알았지만, 이 또한 확실하게 적혀 있지 않았다. 그러나 조선통신사들이 이때 소라이가 행한 반주자학의 주장뿐 아니라, 나아가 그 주장 속에 담겨 있는 중국 고전에 대한 생각에까지 관심을 넓힐 수 있었다면, 일본의 학술계에서 고전적에 대하여 어떠한 태도를 취하고, 그 서적들을 이용하여 어떠한 연구를 하려고 했는지를 소라이의 이 서문을 통해 대강 알 수 있었음이 분명하다.

남옥 · 성대중 · 원중거 등은 에도 및 오사카에서 일본의 유학자로부터 고학파 학자들의 교감학 업적과 그와 관련한 현존 고전적에 대한 정보를 종종 전달받았다. 이에 대한 자세한 내용은 생략하고, 다만 여기서는 그

---

14 앞의 주 2, "上毛之野有野參議遺址, 乃數百年弦誦之地焉. 紀人神生夙有好古癖, 偕州人根遜志者往探之, 獲宋本五經正義, 文具如弇州之言, 而較之明諸本, 其所缺失皆有之, 紕繆悉得. 又獲七經 · 孟子古文及論語皇疏校之, 其經注註頗有異同, 而古時跋署可徵, 亦唐以前王段吉備諸氏所齎來, 存于此而亡于彼也. 生喜如拱璧, 遂留三年, 罄其藏以歸, 因積勩得疾……生名鼎, 字君彝."
또한 '上毛之野'를 말한 부분,『七經孟子考文補遺』에 붙은 서문에서는 '下毛之野'라 기록하였다.

들이 귀국하기 직전 아카마가세키(赤間關: 山口縣下關)에서 하기번(萩藩)의 다키 가쿠다이(瀧鶴臺)와 성대중이 주고받은 필담 및 한시만을 소개하기로 한다.

다키는 소라이의 제자인 야마가타 슈난(山縣周南)에게 배웠고, 에도로 가서는 핫토리 난카쿠(服部南郭)에게 배웠다. 확실히 소라이 학파에 속하는 인물이다.[15] 이 필담과 한시는 일행이 돌아가는 도중 아카마가세키에 들렀을 때, 즉 5월 21일에 주고받은 것이다. 「증성용연(贈成龍淵)」이라고 제목을 붙인 시에서 다키는 다음과 같이 읊었다.

> 그 밖에 동모(東毛)의 고경(古經)이 있는데,
> 당신을 통해 이역(異域)으로 전하고 싶소.[16]

이 시에 대하여 그는 주석까지 붙이고 있지만 이를 그대로 성대중에게 전했는지는 분명치 않다. 성대중에게 준 시 속에 나오는 '동모(東毛)의 고경(古經)'이란 것이 주석에 기록된 바와 같이 시모쓰케노쿠니에 있는 아시카가 학교를 가리키는 것임은 말할 나위도 없다. 여기서 가장 주목해야 할 것은, 다키가 "당신을 통해 이역으로 전하고 싶다(憑君欲使異方傳)"라고 한 부분이다. 즉 『칠경맹자고문』·『고문효경』, 황간의 『논어의소』 등이 이미 수십 년 전에 중국의 청조로 전해진 것처럼, 이번에 통신사가 귀국할 때 조선에도 전하기를 바란다고 말한 것이다. 성대중은 '동모고경'이 아시카가 학교의 소장본이라는 점, 저술한 자가 기슈(紀州)의 산모(山某)라는 점과 소라이의 「칠경맹자고문서」를 함께 맞추어 보면 분명히 그 작자

15 『先哲叢談』(源了圓, 前田勉 校注, 東京, 平凡社, 東洋文庫 574, 1994), 425면.

16 瀧鶴臺, 『長門癸甲問槎』 권2, 1면. "乘槎星使自朝鮮, 遊遍歸來日出邊, 海上十洲逢大藥, 洞天幾處會群仙, 國風難和王仁詠, 秦火獨餘徐福篇, 更有東毛古經在, 憑君欲使異方傳. [原注]毛野州足利鄉有學校, 參議野篁所創. 有謄寫古經宋板十三經等, 比明板大爲善本. 近徂徠先生塾生紀人山重鼎校讎異同, 官刻七經孟子考文, 行於海內, 好古之士以爲奇寶焉."

가 야마노이 가나에라는 점을 알 수 있었을 것이다. 이는 앞서 살핀 대로 당시에 다음과 같은 필담이 오갔기 때문이다.

성대중: 아시카가 학교의 고경(古經)과 기슈(紀州)의 산군(山君)의 저술 등은 해외의 이본인데, 내가 한번 볼 수조차 없는 것이 크게 유감이오. 귀국 준비로 바빠 사갈 수 없는 것이 가장 안타깝소. 당신은 여행의 휴대품으로 가져오지는 않았소? 한번 보고 싶소.

다키: 고경은 현재 간행되지 않았고, 『고문(考文)』도 책 수가 많소. 내가 가져오지 않았기 때문에 보여줄 수 없어 유감이오.[17]

즉 성대중은 야마노이의 저작이나 아시카가 학교의 고경이 '해외의 이본'임을 잘 알고 있었으며, 이 책들을 한번 보고 싶어 했다. 소라이의 「칠경맹자고문서」와 에도 및 오사카에서의 필담으로부터 얻은 정보 등을 종합해보면, 일본의 유학자가 이루어낸 교감학의 업적과 전존(傳存) 고전적의 의의에 대하여, 그들은 아직 막연하였지만 귀국하기 전까지 어느 정도까지는 이해하고 있었음에 틀림없다.

4. 일본 고전적의 조선 전파

결과적으로 1764년의 통신사는 『칠경맹자고문』, 황간의 『논어의소』, 공안국전의 『고문효경』 등을 가지고 귀국할 수 없었던 것 같다. 일본의 교감학이나 고전적에 대해서도 조선의 학계에 거의 전달한 바가 없었다. 그들의 일기에 이에 관한 뚜렷한 언급이 보이지 않을 뿐만 아니라, 통신사가 쓴 일본 기록 중 가장 상세한 원중거의 『화국지(和國志)』에서조차도

17 본서 제10장, 주 38.

야마노이 가나에의 이름이나 『칠경맹자고문』, 황간의 『논어의소』·『고문효경』 등이 전혀 나오지 않는다. 이에 관한 정보 가운데는 남옥이 귀국 후, '우리나라에서는 볼 수 없는 서적'이라면서 예를 든 공안국의 『효경전(孝經傳)』, 양(梁)나라 황간의 『논어소(論語疏)』, 당나라 위징(魏徵)의 『군서치요(群書治要)』, 송나라 강소우(江少虞)의 『황조류원(皇朝類苑)』이 얼마 안 되기는 하지만 가장 제대로 된 것이라 할 수 있는데, 이조차도 1748년에 전해진 정보를 기반으로 한 것으로 보인다.[18]

남옥이 예로 든 책 가운데 공안국의 『효경전』, 양나라 황간의 『논어소』에 대해서는 이미 언급하였다. 당나라 위징의 『군서치요』도 가마쿠라 시대 중기의 필사본이 원래 가나자와 문고에 소장되었다가, 지금은 궁내청 서릉부에 소장되어 있다는 사실도 언급했다. 『군서치요』는 이 필사본을 바탕으로 1616년(元和 2)에 동활자로 출판되었으며, 그 후 목판본으로까지도 출판되었다.[19] 『황조류원』은 『황조사실류원(皇朝事實類苑)』 혹은 『황송사보류원(皇宋事寶類苑)』이라고도 불리는데, 1621년(元和 7)에 역시 동활자로 출판되었다.[20]

이처럼 일본의 교감학 저작과 고전적에 관한 정보는 극히 한정된 내용밖에 조선에 전달되지 않았다. 원중거와 인척이며 18세기 후반 조선 지식인 가운데 가장 박식한 사람 중에 한 사람이었던 이덕무(李德懋)조차 그의 저술에서 거의 아무것도 적고 있지 않다. 『청장관전서(靑莊館全書)』 권

---

18 南玉, 『日觀記』 권10, 「書畫」. "書册之無全經, 歐陽公既已辨之矣……我國所未見者, 孔安國孝經傳 · 梁皇侃論語疏 · 唐魏徵群書治要 · 宋江少虞皇朝類苑."
그러나 1748년에 일본을 방문한 曹命采의 『奉使日本時聞見錄』 5월 24일에 따르면 中村蘭林은 그들에게 '漢唐以來, 典籍浩瀚, 中華之既亡者, 我邦多存之. 若孔安國孝經傳梁王侃論語疏唐魏徵群書治要宋江少虞皇朝類苑不一而足. 貴邦亦傳此等之典籍乎'라고 묻고 있다. 남옥이 열거한 것은 아마도 조명채에게 들은 정보에 따른 것으로 보인다.

19 尾崎康, 「群書治要とその現存本」(『斯道文庫論集』 제25집, 1990), 川瀨一馬의 『古活字版の研究』(東京, 安田文庫, 1937) 388면.

20 앞의 주 19, 川瀨著書, 192 · 388면.

58에 보이는 「일본문헌」에도 대부분이 이전 행차였던 1748년의 통신사가 전한 정보밖에 없다. 또한 그의 저작으로 알려진 『청령국지(蜻蛉國志)』에는 분명히 1764년의 통신사가 전한 정보가 많이 기록되어 있지만, 「일본서적을 모두 다 기재할 수 없음(日本書籍不可殫記)」 이하에 나열한 다수의 서적을 보더라도, 당시 일본에 전하던 고전적이나 교감학 저작은 들고 있지 않다. 진나라 시황제가 일본에 파견했다는 서복(徐福)에 대해 서술한 곳에, 원중거가 하카타의 유의(儒醫)인 가메이 난메이(龜井南冥)에게 "고문 육경은 서복이 일본으로 가져온 것인가."라고 물은 것과 이에 대한 대답이 기록되어 있지만, 이는 옛날부터 조선통신사가 품고 있던 관심사였을 뿐, 당시 유행하던 교감학이나 이와 관련된 고전적과는 전혀 관계가 없다.[21]

『칠경맹자고문보유』·『고문효경』·『논어집해의소』가 나가사키를 경유하여 중국으로 건너가, 뒤의 두 책은 『지부족재총서(知不足齋叢書)』에 수록되었고, 또 세 책 모두가 『사고전서』에 수록되었다. 조선학자 가운데 『칠경맹자고문보유』를 처음으로 본 사람은 김정희이다. 이는 1810년(가경 15, 순조 10, 文化 7) 북경에서 완원(阮元)이 보여준 것이라고 한다.[22] 김정희가 북경에 다녀온 이후, 중국을 방문한 조선 지식인과 청조 지식인 사이에 이 일본 서적들에 대한 이야기가 종종 화제에 올랐던 것 같다. 그 한 예를 들자면 신재식(申在植)이 1827년(道光 7, 순조 27) 북경에서 왕희손(汪喜孫; 甘泉)·이장욱(李璋煜; 月汀)과 주고받은 필담이 있다.

왕희손: 일본에는 황간의 『논어의소』가 있는데, 중국에는 없습니다. 귀국 조선에는 이 책이 있습니까?

21 『青莊館全書』Ⅲ(『韓國文集叢刊』 제259집, 민족문화추진회, 2000), 163면하·167면상.

22 藤塚鄰, 『清朝文化東傳の研究―嘉慶·道光學壇と李朝の金阮堂』(東京: 國書刊行會, 1975), 108·142면.

이장욱: 일본은 근자에 부쩍 학문을 좋아하는 경향이 있어 출판되는 책이 매우 많이 출판된다고 들었습니다.

신재식: 일본은 바다로 격리되어 있고 통신사도 좀처럼 가지 않기 때문에 자세한 것은 모릅니다. 그러나 몇 년 전 마침 사절단의 왕래가 있었는데 그렇게 대단하지는 않다고 들었습니다.[23]

신재식이 여기서 몇 년 전에 통신사가 왕래하였다고 한 것은, 1811년(가경 16, 순조 11, 문화 8)의 일이다. 이 필담에서 볼 수 있듯이 청조 지식인은 황간의 『논어의소』에 대하여 보다 상세한 정보를 얻을 수 없는지 연행사에게 물었다. 신재식이 왕희손의 질문에 답하지 못한 것은 조선에는 황간의 『논어의소』가 아직 들어오지 않았든가, 아니면 그가 이러한 책에 관심이 없었음을 보여주는 것이다. 사상가로 유명한 공자진(龔自珍) 또한 이보다 5년 전에 마찬가지로 일본에 전존하고 있는 고경(古經)에 대해서 조선연행사 중 한 사람에게 물어본 일이 있다.[24]

그러나 확실히 이 당시에 이 책은 쓰시마 경유가 아니라 북경 경유로 조선에 들어와 있었다. 그리고 이 황간의 『논어의소』를 읽고 이 책을 가짜라고 단정한 인물이 있었으니, 바로 성대중의 아들 성해응(成海應)이다. 그는 「제왜본황간논어의소후(題倭本皇侃論語義疏後)」를 썼는데, 여기서 다음과 같이 논했다.

왜인은 원래 위작(僞作)을 좋아한다. 또한 최근에 서적이 점점 많아짐에 따라 거짓도 심해졌다. 황간의 『논어의소』가 해외의 중국으로 전해진 일도 전혀 이상할 것이 없다. 『논어의소』 가운데 하안(何晏)의 문장과 다른 부분은 모두

23 申在植, 『筆譚』, 道光 7년 정월 9일. "甘泉曰, 日本有皇侃論語疏, 中國所無. 貴邦有此書否. 月汀曰, 聞日本近甚好學, 刊書頗多云矣. 余(申在植)曰, 日本隔海, 通信亦罕, 不可詳知. 而年前適有使介之往來, 蓋聞其不甚高明矣." 『筆譚』에 대해서는 본서 제8장.

24 본서 제8장, 329면.

가짜로 지은 것이다.[25]

사고제요(四庫提要)에서 청조의 고증학자는 『논어의소』에 대하여 "이는 분명히 고본(古本)으로서 가짜가 아님을 알 수 있다."는 판단을 내렸다.[26] 즉 이 책은 근자에 만든 위서(僞書)가 아니라고 판단한 것이다. 성해응은 이에 대하여 조목조목 논박을 가하고 있으니, 그가 이 책을 입수했음은 분명하다. 그의 연구 방법은 실증주의로, 청조고증학이 논거로 든 증거는 충분한 증거가 아니라고 보았다. 그것은 청조고증학의 방법을 응용한 것이고, 또한 야마노이 가나에가 취한 방법과도 매우 흡사하다. 그런데 그는 당시 일본에서 서적이 대량으로 나돌고 있는 상황을 배경으로 『논어의소』가 일본인이 최근에 만든 위서라고 단정했다. 한 걸음 더 나아가 "그 헤아릴 수 없을 정도의 교활함과 거짓이 이와 같음에도 불구하고, 이 책을 진본으로 보고 있다."라고 하며 『사고제요』의 설을 비난하였다. 즉 청조고증학의 고증도 틀렸다고 단정한 것이다.

5. 맺음말

조선통신사가 일본인과 주고받은 고전적에 관한 '서적정보'는 우리에게 몇 가지 중요한 사실을 알려준다. 조선 지식인이 그 후 중국의 청조로부터 도입하게 되는 '서적정보'를 포함해 생각한다면, 당시 일본 · 한국 ·

25 成海應, 『研經齋全集』 續集, 12책, 「題倭本皇侃論語義疏跋後」(『韓國文集叢刊』 제279집, 250면상). "倭人素好贋作, 近又書籍寖盛, 益滋其詐. 皇侃疏流傳海外者, 誠亦無怪. 彼與今何晏本異者, 皆僞撰也……其狡詐不測乃如此, 乃謂之眞本乎."
또한 成海應의 孔安國傳 『古文孝經』에 대한 견해는 같은 책 「外集」(276집, 199면) 「日本本古文孝經孔氏傳」에 보인다.

26 『四庫全書總目提要』(臺北: 臺灣商務印書館, 1971), 713면. "知其確爲古本, 不出依託."

중국 등 각국이 각각 점하고 있는 학술 상황과 그 위상을 잘 이해할 수 있다. 각각의 정보가 의미하는 바에 대하여 이하로 몇 가지 고찰을 하기로 한다.

우선 처음 1748년에 안 시하쿠와 이봉환 사이에 오간 문답을 떠올리고 싶다. 이미 서술한 바와 같이, 『십삼경주소』 선본, 『공자가어』 선본, 『고문효경공안국주』, 황간의 『논어의소』에 대하여 안 시하쿠가 소개한 것은 당시 일본에 전존하던 있던 고전적과 최근 30년 동안 일본의 유학계가 달성한 업적 중 그 일부를 거의 정확하게 전했다고 해도 과언이 아니다. 그가 자랑스럽게 말한 것도 이해할 만한 일이다. 그러나 그 책들과 함께 예로 든 『동관한기』와 『효경구명결』이 당시 전존하고 있던 것 같지는 않다. 적어도 그가 전한 내용은 정확하지 않다. 『논어의소』는 이 필담이 있던 2년 후에 간신히 복각 출판되었으며, 또 『동관한기』와 『효경구명결』은 복각본이 나온 적이 없는 듯하다. 따라서 그가 말한 바와 같이 "아침저녁으로 이 책들을 배우며 낭송"할 수 있는 상황은 아니었다. 그렇다면 왜 여기서 『동관한기』라는 서명이 거론되었을까? 그것은 아마 『일본국견재서목록(日本國見在書目錄)』에 『동관한기』 148권이, 나라시대의 견당사(遣唐使)였던 기비노 마키비(吉備眞備)가 가지고 온 이래 현존하는 책으로 기록되어 있었기 때문일 것이다. 『일본국견재서목록』은 헤이안 시대에 작성된 목록으로 알려져 있다.[27] 그러나 만약 이러한 귀중한 서적이 18세기 일본에 현존했다면, 중국에서 건륭 연간 『영락대전』 등에서 빠진 글들을 모아 『동관한기』를 복원하기 전에 누군가가 그 책을 출판했을 것이다. 『효경구명결』도 『일본국견재서목록』에 "『효경구명결』 6권, 송균(宋均)이 주를 달다"라고 기록되어 있다. 현재 일본에 전존해온 서적 중에서 이 책들을 복

27 『日本書目大成』 제1권에 수록된 『日本國見在書目錄』(東京, 汲古書院, 1979, 15면). 또한 太田晶二郎, 「吉備眞備の漢籍將來」(『太田晶二郎著作集』 제1책, 東京, 吉川弘文館, 1991), 大庭脩, 『漢籍輸入の文化史』(東京, 研文出版, 1997), 28면.

원하는 것은 거의 불가능하며, 그 당시에도 전존하고 있었을 가능성은 매우 낮다.[28]

당시 일본의 유학자는 일본고학이 주자학을 능가했다고 생각하여 이를 자랑했을 뿐 아니라, '고전적의 현존과 복각에서도 중국을 뛰어넘었거나, 적어도 일부는 능가했다.'고 여기며 자랑스러워했다. 당시 중국에 이미 사라졌다고 여겨 나가사키에서 중국으로 자랑스럽게 보냈거나 혹은 보내고자 했던 고전적의 복각본은 다자이 슌다이의『고문효경』과 네모토 손시의『논어의소』뿐만이 아니었다. 이보다 앞서 다자이가『공자가어』를 교정·출판했을 때에도, 그는 저본으로 삼은 간에이 연간의 옛 활자본과 당시 중국에서 출판된 급고각본(汲古閣本)『공자가어』를 비교해본 결과, 그 본문이 거의 동일했기 때문이 "일본의 서적이 혹시 중국으로 흘러 들어가, 급고각 모진(毛晉)이 이를 중각(重刻)한 것은 아닐까 하고 생각했다."고 기술한 바 있다.[29] 이러한 의식이 곧『동관한기』가 지금까지도 남아 있다고 하는 '전설'과 결부된 것 같다. 학술의 급속한 진전 속에서 어느덧 '전설'을 '사실'로 여기게 된 것이다. 안 시하쿠는 이러한 학술 상황 속에서 과장해 말한 것이니, 결과적으로 보자면 부분적으로는 허위 정보를 전달한 셈이다.

그런데 이봉환은 안 시하쿠가 전한 서적 정보의 일부가 거짓임을 전혀 모른 채 이에 대하여 역시 허세에서 나온 거짓 정보로 맞섰다. 엔 고가이가『동관한기』를 예로 들어 그 허세와 무지를 조롱했던 사실은 이미 살펴보았다. 일본에 다수의 고전적이 현존했다는 것, 당시 일본의 학술이 급속도로 진전한 것은 사실이다. 그러나 안 시하쿠도 그랬지만 엔 고가이 역시『고문효경』등이 당시 일본에 전존하던 필사본을 저본으로 하면서

28『本邦殘存典籍による輯佚資料集成』(京都, 京都大學人文科學研究所, 1968),「孝經鉤命訣」, 114면, 같은 책『續編』,「東觀漢記」, 19면.

29 太宰春臺,『標箋孔子家語』발문. "後得汲古閣板一本則王子雍注全本也. 因以我東方所有舊本校之, 其文全同……余怪以爲我本或流傳於彼, 而汲古閣氏得重刻之邪."

도, 조선에서 약탈해 온 동활자를 이용하여 인쇄되었으리라는 점, 이 동활자에 의한 인쇄가 목활자에 의한 인쇄를 촉진하여 일본의 학술 발전에 일정한 역할을 한 점에 대해서는 전혀 무지했든지, 혹은 고의로 그런 것인지 이봉환에게 말하지 않았다.

규이칸은 이봉환이 정주학에 심취해 있기 때문에 귀를 막고 그 이상의 문답을 피했다고 해석하였다. 확실히 주자학 일변도였던 조선의 학풍이 이러한 대응을 낳았다고 해석할 수도 있다. 그러나 아마 그 이상으로, 조선은 문화적으로 일본보다 훨씬 높은 수준에 있으리라는 자신 즉 '과신'이 있었고, 보다 객관적인 조건으로 당시 조선에는 '서적정보'가 너무나 적었다는 사실이 이러한 대응을 불러일으킨 근본 원인이었다고 생각해야 할 것이다.

1764년의 통신사를 보면, 성대중과 다키 가쿠다이와의 필담에서 볼 수 있듯이, 조선 지식인이 야마노이 가나에의 저작에 관심을 보이고 고전적에도 관심을 갖기에 이르렀다. 그러나 그는 『칠경맹자고문』을 입수하여 귀국할 수 없었을 뿐 아니라, 귀국 후 일본의 고전적에 대한 정보를 조선 학계에 거의 전달하지 않았다. 이는 그들의 일기에서 드러나는바, 오규 소라이의 학술에 보이는 반주자학과 고문사학(古文辭學)의 핵심에 대해서는 상세하게 기술하고 이를 귀국 후에도 전한 것과는 크게 다르다.

성대중의 아들인 성해응이 일본고학파의 업적, 특히 『칠경맹자고문』·『논어의소』·『고문효경』에 관심을 가진 것은 중국의 청조로부터 고증학의 영향을 받은 이후의 일이었다. 그는 "왜인은 원래 가짜를 좋아한다."는 선입관과 일본에서는 "최근에 서적이 점점 많아지고 있다."는 통신사의 전언, 혹은 북경을 다녀온 연행사가 전한 정보를 근거로 『논어의소』를 근자에 일본인이 교묘하게 날조한 위서라고 단정하였다.

그러나 그는 『논어의소』가 일본에서 늦어도 1477년에 필사된 사실을 포함하여 15~16세기에 필사된 것이 대량으로 현존하고 있었던 사실을 아마도 몰랐던 듯하다. 만약 그것을 알았다면 그 단계에서 그의 '고증'은 너무나 쉽게 무너져버리고 말았을 것이다. 왜냐하면 그의 실증주의를 일관되게 적용하려면, 중국에서조차 서적이 대량으로 유통되지 않던 15세기라는 시대에 일본에 대량의 중국 서적이 유입되었다는 점, 심지어 이러한 종류의 가짜를 만들 정도로 높은 학식을 갖춘 일본인이 당시 이미 존재했다는 점을 증명할 필요가 있었기 때문이다. 이 점에서 그는 분명히 오류를 범했다.

사실 이 점에서는 청조의 고증학자도 같은 잘못을 범하고 있다. 공안국전의 『고문효경』이 위서라는 것은 현재 정설이 되었다고 해도 과언이 아니다.[30] 이는 그 당시부터 이미 의심받던 사실로, 일본의 야마노이 가나에도 "그 진위를 확실히 밝힐 수 없다"고 기술하며 그것의 진본 여부를 의심하였다. 청조의 고증학자들도 『사고제요』에서 이를 위서로 단정하다시피 하였다. 문제는 왜 청대에 들어와서야 간신히 이 책이 일본에서 중국으로 전해졌는가에 대해 그들이 내린 해석이다. 그들은 이것을, "아마도 해외 무역이 이루어져 (일본인이) 중국의 서적을 자못 많이 획득하여, 교활하고 문장의 의미를 알 만한 자가 여러 책에 실려 있는 공안국의 전을 모아 제멋대로 글을 지어, 스스로 책의 내용이 풍부함을 자랑한 것이 아닐까."라고 해석하였다.[31] 그는 또한 이 책에 사용된 용어가 "당 · 송 · 원 등 옛날 사람이 사용하던 용어와 다르다."고 하며, 중국에서는 명조에 해당하는 시대 이후에 만든 가짜라고 보았다. 즉 그들 역시 공안국전의 『고문효경』이 일본에서는 늦어도 가마쿠라 시대인 1241년 이전까지 소급할 수 있음을 몰랐던 듯하다. 그들도 성해응과 마찬가지로 "교활하고 문장의 의미를 알 만한 자"가 최근에 교묘하게 지은 위서라고 생각하였다. 일본에 대한 선입관, 거기에 더해 틀에 박힌 중화의식이 오류로 이

---

30 張心澂, 『僞書通考』(上海, 商務印書館, 1954 重印), 433면.

31 앞의 주 26, 『四庫全書總目提要』, 648면. "殆市舶流通, 頗得中國書籍, 有桀黠知文義者, 摭諸書所引孔傳, 影附爲之, 以自誇圖籍之富歟."

끌었던 것이다. 성해응이 『논어의소』에 대해 내린 판단에는 청조의 고증학자 등이 공안국전의 『고문효경』에 대해 내린 판단과 얼마간의 유사점이 있다.

그 무렵 자국에 대한 자부심, 민족의 일원으로서의 자존심이 동아시아 3국의 학술을 각각 크게 발전시켰다. 그러나 한편으로는 바로 이 점으로 인해 과장과 허위를 자아냈으며 나아가 오해를 낳기도 했다.

(번역: 노경희)

제4부

제12장

1765년 홍대용의 연행과 1764년 조선통신사
–양자가 체험했던 중국 · 일본의 '情'을 중심으로

1. 머리말

조선연행사는 수도 서울에서 북쪽으로 중국 북경(北京)에 이르고, 조선통신사는 남쪽으로 일본의 에도(江戶)에 이르렀다. 두 사신단이 향한 나라가 다르기 때문에 여기에 참가한 여행단의 이국(異國) 체험 또는 이국 관찰도 당연히 다를 수밖에 없다. 사실, 같은 무렵 한쪽은 연행사의 일원으로, 또 다른 한쪽은 통신사의 일원으로 외국으로 갔던 사람들의 여행기를 동시에 읽어보아도 주목할 만큼 서로 유사한 체험이나 관찰을 접하게 되는 경우는 거의 없다.

그런데 유일한 예외라고 해도 좋은 사례가 있다. 즉 1765(건륭 30, 영조 11)년 연행한 홍대용(洪大容)의 체험 및 관찰과 1764년에 일본에서 귀국한 통신사 일행의 그것이다. 그 중에서도 홍대용이 중국인들과 필담한 기록인 『간정필담(乾淨筆譚)』 혹은 『간정동필담(乾淨衕筆談)』과 1764년 통신사의 일원이었던 원중거(元重擧)의 일본 여행기인 『승사록(乘槎錄)』을 함께 읽어본 사람은 서로 매우 유사한 것이 있어서 놀라게 될 것이다.

뛰어난 외국 여행기는 여행자가 갔던 그 나라의 당시 정황을 남김 없이 생생하게 묘사함과 동시에 그 이면에 자신이 살았던 자국의 당시 정황도 함께 생생히 묘사한다. 따라서 여행기에 기술된 그들의 체험과 관찰을 바탕으로 해당 두 나라가 당시에 처해 있던 정황에 대해 정치 · 사회 · 문화 등 다양한 측면에서 두 나라의 위치를 헤아리는 것이 가능하다. 나아가 연행사 중 한 명이 남긴 기술과 통신사 중 한 명이 남긴 것을 동시에 대조함으로써 조선을 기축으로 한 중국, 일본이라는 동아시아의 세 나라가 당시 처해 있던 상황을 살펴볼 수 있다.

앞서 이미 이러한 연구 방법을 채택하여 1748년과 1764년 조선통신사가 일본에서 새롭게 생겨난 '고학(古學)' 특히 '소라이학'에 대해 어떠한 인식을 보였는가를 살펴보았다.[1] 이 장에서는 1765년 북경으로 여행한 홍대용에 의한 중국 관찰과 그 전년인 1764년에 귀국한 통신사 일행에 의한 일본 관찰과의 유사성을 살펴보고 당시 세 나라의 문화, 그 중에서도 실생활에서 정신의 위치라고 할 만한 것을 찾아보려고 한다. 여기서 특히 문제로 삼으려는 것은 각각 북쪽과 남쪽으로 향한 여행자가 별개의 땅에서 같은 체험을 하게 되는 '정(情)'이다.

홍대용에 대해서는 지금까지 조선 북학파의 선구자로, 또 자연과학에 조예가 깊은 실학자로 많이 거론되어 왔다.[2] 그런데 관견(管見)하는 한 홍대용에 의한 중국 체험 · 관찰을 통신사에 의한 그것과 대비시켜 논한 것은 전혀 없는 듯하며, 또 그가 중국에서 체험한 '정'에 대해 논한 것도 전혀 없는 것 같다. 홍대용의 연행이 조선(한국) 역사에서 '획기적'이라고 할 만하다는 것은 이미 자주 언급하였고 또 뒤에 상세히 기술할 것이다. 하

1 본서 제3부.

2 지금까지의 홍대용 연구 가운데 그 연행에 대한 것으로는 金泰俊, 『洪大容評傳』(서울, 민음사, 1987), 同, 『虛學から實學へ －一八世紀朝鮮知識人洪大容の北京旅行－』(東京, 東京大學出版會, 1988)가 훌륭하다. 근년에 간행된 『연행록연구총서』(서울, 학고방, 2006) 全10册에서도 홍대용이 많이 주제로 다루어지고 있다. 또 정훈식(鄭勳植), 『홍대용 연행록의 글쓰기와 중국 인식』(부산, 세종출판사, 2007) 및 여기에 게재된 참고문헌 참조.

지만 한편으로 그의 체험을 그 전 해에 일본에서 귀국한 사람이 체험한 것과 대조해보면, 그의 개인적인 경험을 조선사 안에서 보다 넓게 일반화시켜 위치시키는 것이 가능해진다. 나아가 그의 연행이 당시의 동아시아 전체에서 점하는 의미까지 밝힐 수 있을 것으로 생각한다.

이 장에서 주로 이용할 기록은 홍대용의 『담헌서(湛軒書)』에 수록된 『간정동필담(乾淨衕筆談)』 2권이다. 『담헌서』는 홍대용의 5대손인 홍영선(洪榮善)이 원래 15책(冊)이었던 고본(稿本)을 다시 편집하여 1939년에 출판하였다고 한다.[3] 이 밖에 이것과 내용이 조금 다른 초본(鈔本) 『담헌연기(湛軒燕記)』 6권본에 수록된 『간정필담(乾淨筆譚)』 2권본 등이 있다.[4] 홍대용은 북경에서 돌아와서 바로 필담 기록을 정리하여 『간정동회우록(乾淨衕會友録)』 3책이라 명명하였다. 이 『간정동회우록』이 원래 어떤 책이며 또 그것이 『간정필담』·『간정동필담』과는 어떤 관계에 있는가에 대해서는 다음 장에서 상세히 검토할 것이다. 다음 장에서 언급하듯이 『간정동필담』은 문제가 많은 텍스트임에도 불구하고, 『간정동회우록』이 3책 가운데 1책밖에 현전(現傳)하지 않는 상황에서 『간정필담』과 비교하면 그 내용이 풍부하다. 따라서 이 장에서는 잠시 텍스트로서는 『담헌서』에 수록된 『간정동필담』에 의거하기로 하고 이 세 가지 서명(書名)에 대해서는 상황에 따라 적절히 구별하여 사용하도록 하겠다.

2. 홍대용 연행의 목적과 국내에서의 충격

홍대용이 중국에서 체험하고 관찰한 것과 1764년 통신사 일행이 체

3 洪大容, 『湛軒書』(『韓國文集叢刊』 제248집, 서울, 경인문화사, 2000).

4 『燕行録選集』(서울, 성균관대학교 대동문화연구원, 1960) 상책 수록본과 林基中 編, 『燕行録全集』(서울, 동국대학교출판부, 2001) 제42·43책 수록본 모두 奎章閣藏本이다.

험 · 관찰한 것의 유사성을 살펴보기 전에 먼저 확인해두어야 할 것이 있다. 즉 홍대용은 무엇을 주된 목적으로 연행 여행에 나섰는가라는 문제이다. 또 그는 귀국 후 조선의 지식인에게 어떤 점에서 가장 충격을 주었는가라는 문제이다. 이를 문제로 삼는 것은 그의 저작 전체에서 점하는 『간정동회우록』의 의의를 확정하기 위해서이다. 홍대용이 한국에서는 매우 유명함에도 불구하고 지금까지 이러한 중요한 문제들이 정면으로 논해진 적이 없다. 또한 지금까지는 홍대용을 실학자로 위치시키는 데 많은 노력을 기울였기 때문에 그가 북경의 천주당(天主堂)을 방문한 것과 유럽의 학문, 그 중에서도 자연과학에 대한 관심을 심화시킨 것이 특히 강조되었을 뿐이었다.

홍대용이 연행을 마치고 고향으로 돌아간 것은 1755년(건륭 31, 영조 42) 5월 2일이었다. 그리고 벌써 6월 15일에는 엄성(嚴誠) · 반정균(潘庭筠) · 육비(陸飛)와 만난 전말, 그들과의 필담 및 그들과의 왕복 서신을 정리하여 3책으로 만들고 이를 『간정동회우록』이라고 명하였다.[5] 박지원(朴趾源)이 홍대용의 부탁에 응해 이 서책을 위해 「회우록서(會友録序)」를 쓴 것은 이 서책의 정리 · 수찬(修纂)이 끝난 때로부터 얼마 지나지 않은 시점의 일로 생각된다.[6] 박지원은 거기에서 홍대용의 연행이야말로 만주족이 중국을 정복한 이래 한민족(韓民族)이 스스로 설정해 온 정신적인 쇄국 상태를 타파한 것이라고 높이 평가하였다. 그는 말하기를

홍대용 군(君)은 일찍이 어느 날 아침에 필마를 달려 연행 사절을 따라 중국으로 갔다. 길거리와 시장을 헤매고 뒷골목의 집들을 돌아다닌 끝에 마침내

---

5 『湛軒書』 外集 권1, 與潘秋庫庭筠書(『韓國文集叢刊』 제248집, 102면하).

6 상게서, 會友録序, 101면상, "洪君德保嘗一朝踔一騎, 從使者而至中國, 彷徨乎街市之閒, 屏營於側陋之中, 乃得杭州之遊士三人焉. 於是閒步旅邸, 歡然如舊, 極論天人性命之源 · 朱陸道術之辨 · 進退消長之機 · 出處榮辱之分, 考據證定, 靡不契合. 而其相與規告箴導之言, 皆出於至誠惻怛. 始許以知己, 終結爲兄弟".

항주(杭州)에서 온 유사(遊士) 3인을 만났다. 이에 이르러 몰래 여관을 나가서 기뻐했던 것이 옛 지인과 같았다. ……처음에는 서로 '지기(知己)'로서 어울렸고 마지막에는 형제의 표식을 주고받았다.

라고 하였다. 여기서 '지기'라고 하는 것은 『간정동필담』에 몇 차례나 나오는 말로 그것이 국제적인 우인(友人)관계라는 것에서 "천애지기(天涯知己)"라고 표현되는 것이 더 많다. 홍대용과 중국 지식인의 교유를 나타내는 키워드라고 할 수 있다.

『간정동회우록』은 홍대용으로부터 서울을 중심으로 하는 지식인 사이에 전해져 남몰래 읽혀졌다. 그가 중국인과 흉금을 터놓고 사귀는 "천애지기"라고 칭하는 우인(友人)을 만들고 귀국하였다는 소식은 박지원처럼 "획기적인 일을 하였다"고 하며 높이 평가한 사람이 있는 한편, "믿어지지 않는 일을 하였다", "부끄러워해야 할 일을 하였다"고 하여 격렬하게 비난한 사람도 있었다. 그 한 사람이 십몇 년 동안 형으로 대우하였던 선배인 김종후(金鍾厚)였다. 그는 중국을 "성예(腥穢)의 수역(讎域)", 즉 조선으로서는 복수해야 할 야만족이 통치하는 땅이라 부르고 엄성 · 반정균 등과 같이 만주족 통치자를 섬기려고 과거(科擧)를 위해 북경에 와 있는 한족 지식인을 '체두거자(剃頭擧子)' 즉 변발(辮髮)을 위해 머리를 깎은 거인(擧人)이라고 불렀다. 그는 말하길

그대가 체두거자들과 형제와 같은 관계를 맺었고 서로 무엇이든지 이야기하는 사이가 되었다는 것을 듣고 나도 모르게 놀라서 탄식할 겨를조차 없었다.[7]

라고 하였다. 이 김종후의 편지는 홍대용이 귀국한 해 가을에 쓴 것이다.

---

7 金鍾厚, 『本庵集』 권3, 答洪德保(『韓國文集叢刊』 제237집, 380면 상하). "及聞其與剃頭擧子結交如兄弟, 至無所不與語, 則不覺驚歎失圖".

홍대용이 『간정동회우록』 편찬을 마친 것이 6월 15일, 즉 여름 막바지의 일이었으므로 김종후의 편지를 통해 홍대용이 중국에서 우인을 만들고 친교하였다는 것이 얼마나 빨리 서울의 지식인 사회에 전해지고 충격을 주었는가를 알 수 있다. 더구나 홍대용의 편지에 의하면 『간정동회우록』을 굳이 김종후에게는 보내지 않았다고 한다.[8] 이에 대해 김종후의 편지에서는 이 서책은 이미 널리 전파되어 있으며 자신에게도 읽을 수 있게 해달라고 요구하고 있다.[9] 이상은 『간정동회우록』의 출현에서 계산하면 겨우 두세 달 사이의 일이었다.

그런데 홍대용은 그 『간정동필담』의 서두에서 그의 연행 목적을 다음과 같이 말하였다.

> 을유(1765, 건륭 30, 영조 41)년 겨울 나는 숙부를 따라 북경으로 갔다. 압록강을 건넌 뒤 본 것 중에는 처음으로 본 것이 없지는 않지만, 크게 원하였던 바는 한 사람의 뛰어난 수재(秀才)이면서 서로를 이해할 수 있는 사람을 얻어 그와 극담(劇談)하려고 하는 것이므로 연로(沿路)에서 찾아 방문하는 일에 많은 노력을 기울였다.[10]

즉 그가 말한 바에 의하면 그의 연행 목적은 서로를 이해할 수 있는 중국인과 마음껏 극담하는 것이었다. 이듬해 2월 4일 엄성과 반정균 두 사람이 처음으로 숙소인 옥하관을 찾아왔을 때에는 "이번 중국 방문에 별도의 의도는 없다. 다만 천하의 기사(奇士)를 만나 한번만이라도 좋으니

8 『湛軒書』 内集 권3, 與金直齋鍾厚書, 64면하. "頃因内兄承聞, 座下以容之入燕時與杭州輩交歡, 大加非責. ……其問答書牘, 略有記出而過半遺忘, 無甚可觀. 且座下既以其交際爲非, 則固不敢益露其醜而重得罪於尚論之下".

9 『本庵集』 권3, 答洪德保, 382면상. 또 『湛軒書』 内集 권3, 直齋答書, 66면상.

10 『湛軒書』 外集 권2, 129면상. "乙酉(1765=乾隆30, 英祖41년)冬, 余隨季父赴燕. 自渡江後所見未嘗無覢覩, 而乃其所大願則欲得一佳秀才會心人, 與之劇談, 沿路訪問甚勤".

가슴을 열고 서로 말해보고 싶은 것뿐이다."라고 말하였다. 또 2월 5일자로 엄성과 반정균에게 보낸 편지에서도 지금까지 자신은 중국의 책을 읽고 또 중국의 성인(聖人)을 경앙(敬仰)해 왔으므로 "한번 중국을 방문하여 중국 사람을 사귀고 중국의 일을 논해보고 싶었다."고 하였다.[11] 반정균이 쓴 「담헌기(湛軒記)」에서도 홍대용은 중국 성인의 교화를 흠모하여 한번이라도 중국의 기사(奇士)를 사귀고 싶은 마음으로 북경으로 온 것이라고 적고 있다.[12]

과연 홍대용이 중국인에게 말하고 그 필담 기록에 적어둔 대로 그의 연행 목적이 중국에서 벗을 찾아 그와 극담하는 것이었을까. 그 발상이 너무나도 돌출된 것인 만큼 먼저 이를 의심해보지 않을 수 없다. 그런데 홍대용 자신이 취한 행동과 그가 기록한 것 및 그의 선배 김종후가 기록한 것으로 보면 역시 이를 승인하지 않을 수 없을 듯하다.

그 이유는 첫째로 그가 엄성과 반정균과 만날 때까지 취한 행동이 기묘하기 때문이다. 예컨대 오상(吳湘)과 팽관(彭冠)이라는 두 사람의 한림관(翰林官)과 의도적으로 면식을 얻으려 한 것이 그것이다. 정월 원단 자금성에서 거행된 정조(正朝) 의례에 출석한 그는 거기서 오상과 팽관이라는 두 사람의 한림관이 조선의 의관에 주목하고 이를 화두로 삼고 있다는 것을 듣고 의도적으로 그들에게 말을 걸어 면식을 얻을 구실을 찾았다. 그는 그들이 한림관이라는 것을 알자마자 바로 서길사관(庶吉士館)으로 사람을 보내 두 사람에 대해 알아보게 하고 또 『진신안(縉紳案)』『진신편람(縉紳便覽)』을 일부러 구입하여 두 사람을 조사하였다. 그리고 마침내 팽관의 집을 찾아내고 그 집을 방문하여 필담하기에 이르렀다.[13] 기괴하면서도 집요한 행동이라고 해야 할 것이다. 이는 엄성 · 반정균과 '극담'

11 상게서, 132면하, 133면하.

12 상게서, 153면상. 『湛軒書』 附録, 湛軒記, 324면상.

13 상게서, 外集 권7, 燕記, 吳彭問答, 243면상.

하기 약 1개월 전의 일이다.

둘째로는 홍대용이 북경으로 여행을 떠나기 전에 김종후가 그에게 한 통의 편지를 보냈는데, 이 역시 기묘하기 때문이다. 그것은 송별의 편지이면서도 사실은 중국에는 가지 말라고 제지하는 것이다. 거기에는 다음과 같은 것이 보인다.

> 그대가 지금 중국으로 여행을 떠나는 것은 무엇을 위함인가? 국왕에 관한 일이 있는 것도 아닌데 맹렬한 바람과 모래를 맞으면서 만리(萬里)의 고생을 겪고, 만주족이라는 냄새 나며 야만스러운 원수가 사는 땅(성예의 수역)을 밟으려고 하는 것은 조선에 있어서는 시야의 한계(目之局)가 있고 이를 활연히 넓히고 싶다고 생각한 때문일 것이다. 시야에 한계가 있다고 여겨 이를 넓히려고 생각하면서 마음의 한계(心之局)에 대해서는 이를 넓히려고 생각하지 않아도 좋은 것일까. 하물며 이 마음을 넓히려고 생각한다면 바람과 모래를 맞는 고생과 냄새 나며 야만스러운 것을 접하는 고생을 하지 않아도 될 것이며, 원수가 사는 땅을 밟는 굴욕을 맛보지 않아도 좋지 않을까?

그리고 김종후는 홍대용의 '마음의 한계(心之局)'란 그가 시골에 혼자 처박혀 있고 자신들과 만나지 않은 때문에 생겨난 것이라고 지적하였다. 편지는 다음과 같은 문장으로 마치고 있다.

> 지금 그대가 그 시야의 좁음을 걱정하여 멀리 여행을 떠나려는 것이라면, 그대의 시야는 좁은 채로 그대로는 둘 수 없을 것이다. 어떻게 하여 자신[의 마음]은 여전히 좁다고 하는 점에는 주의하지 않는가. 서로 더할 나위 없이 걱정해주는 관계이므로 미친 듯이 마음놓고 멋대로 말하였소. 넓은 아량으로 살펴주길 바라오.[14]

---

14 『本庵集』 권3, 答洪德保, 379면상. "足下今日之行, 何爲也哉. 匪有王事而蒙犯風沙萬里之

이처럼 송별의 편지이면서도 실제로는 연행을 제지하는 내용이다. 김종후의 주장은 요컨대 시야의 한계보다 마음의 한계를 타파하는 쪽이 중요하다, 하지만 이 마음의 한계를 타파하기 위해서는 고생만 많고 가치가 전혀 없는 '성예의 수역'으로 갈 필요는 없다, 지금 그대가 사는 시골을 떠나 서울로 올라와 자신들과 어울리면 충분하다고 하는 것이다. 그런데 그의 편지에는 가장 중요한 것이 명기되어 있지 않으므로 제삼자의 입장에서는 그 진의가 어떤 것인지 매우 알기 어렵게 되어 있다.

그 가장 중요한 것이란 무엇일까라고 하면 "중국인과 친하게 사귀지 말라"는 것이다. 이는 홍대용이 실제로 "중국 사람을 사귀고" "극담하여" 귀국한 후 김종후가 이를 비난하면서 앞서 북경으로 출발하기 전에 보낸 편지에서는 "다만 성예의 수역 등을 여차저차 말할 뿐 [북경에서의] 행동규범과 외부 세계를 접하는 방식에 대해 언급하지 않은 것은 자신의 잘못이다."라고 솔직하게 기술하였으므로 겨우 명확해졌다.[15] 북경에서의 행동 규범과 외부 세계를 접하는 방식이란 그의 해당 편지가 '체두거자' 즉 변발을 한 한족(漢族) 거인(擧人)과 홍대용이 친하게 교유한 것을 강하게 비난한 것이므로 무엇을 의미하는지가 명료하다. 요컨대 "중국인과 친하게 사귀지 말라."는 것이다. 김종후가 걱정했던 것은 홍대용이 천주당 등을 방문하여 자연과학에 관한 신지식을 접하거나 유리창(琉璃廠)으로 가서 중국 서적을 구입하는 것 등, 즉 시야의 한계를 넓히는 것이 전혀 아니고 중국인과 친하게 사귀는 것에 의해 자신들과는 관계없는 곳에서 '마음의 한계'를 활연히 넓히는 것이었다. 그럼으로써 백수십 년에 걸

苦, 以踏腥穢之讎域者, 豈非以目之局而思欲豁而大之耶. 目之局也則思大之, 而心之局也則不思有以大之可乎. 況欲大此心者, 又無風沙腥穢之苦與讎域之辱者乎. …… 是則農圃琴射豈非足以局足下之心者乎. 是蓋有創於徒勞無成如某者耳. 某誠益慙, 然足下亦過矣. 今足下病其目之局而有遠遊, 則足下之目, 將不局矣. 盍於其猶有局者而加意焉. 荷相愛之深, 狂肆至此, 倘蒙恕而察之否耶".

15 앞의 주 7.

쳐 그들이 지녀온 정신적인 갑옷을 간단하게 부셔버리는 것이었다. 이를 명기하지 않기 위해 그는 굳이 '성예의 수역' 등이라는 자극적인 말을 사용하였던 것이다. 아마도 홍대용은 그때까지도 "그 사람이라면 힘든 여행을 해서라도 중국으로 벗을 찾으러 떠나 친하게 사귀는 것이 어렵지 않다."라고 주위 사람들이 알아차릴 정도로 말과 행동을 하였을 것이며 김종후 쪽에서는 이를 살피면서 그것이 너무나 금기를 어기고 황당한 것이기 때문에 직접 명기하는 것을 피했을 것이다.

홍대용의 연행 목적이 그러한 것이었음은 세 번째로 그가 북경에서 엄성과 반정균에게 준 편지를 통해 확실히 알 수 있다. 이 편지는 엄성 사후에 편찬된 『철교전집(鐵橋全集)』에 수록되어 있다. 또 그것은 일부가 『간정동필담』에도 2월 9일자 발신 편지로 게재되어 있다. 그런데 두 가지를 비교하면 『간정동필담』에 게재된 것은 실제로 그들에게 보낸 편지에서 중요한 부분, 즉 지금 문제 삼고 있는 그의 연행 동기를 말하는 부분을 대폭 삭제한 것임을 알 수 있다. 『간정동필담』에 게재된 편지에는 북경에서 우연하게도 두 사람을 만나 친하게 이야기할 수 있었던 기쁨을 말하여 "아아, 회심(會心)의 사람을 만나 회심의 일을 말하는 것은 말할 것도 없는 인생의 지극한 즐거움이다"라고 적고, 이에 이어서 "지금 우리는 만리나 떨어진 땅에서부터 함께 만나 마음을 털어놓고 며칠 동안 교류한 것이야말로 멋진 일이라고 해야 할 것이다"라고 하였다. 그런데 실제로 보낸 편지에는 "인생의 지극한 즐거움이다"라고 한 뒤에 다음과 같은 문장이 이어진다. 장문이기 때문에 여기서는 그 일부를 인용하겠다.

> 이 때문에 여행용 도시락을 싸 말을 채찍질하여 저의 발자국은 거의 나라 안에 미쳤습니다. 회심의 사람을 만나 회심의 일을 말하려고 하는 것은 대충의 일이 아니었고 이를 구하려는 노력을 게을리 한 적도 없습니다. 그런데 나의 마음을 호소할 때마다 상대방의 노여움을 불러일으켰고, 말로 형용할 수 없을 정도로 초조해진 나머지 이를 나라 밖에서 찾아보려는 데 이르렀습니

다.[16]

홍대용은 연행에 앞서 그 마음을 피력할 수 있는 벗을 찾아 조선 국내를 편력했다고 말하는 것이다. 그런데 국내에서는 누구도 그의 말을 들어주는 사람이 없었고 말을 하면 오히려 노여움을 사서 그의 마음이 초조해졌기 때문에 중국에서 회심의 사람을 찾게 되었다고 명확하게 밝히고 있다. 이 말은 『간정필담』과 『간정동필담』에서는 모두 깨끗하게 지워져 있는데, 원래의 『간정동회우록』에 적혀 있었는지 여부는 지금 알 수 없다. 하지만 이것을 귀국 직후에 공표하였다고 한다면 조선 전국의 거의 모든 지식인을 적으로 만들 수 있었기 때문에 너무나 위험했다고 생각된다. 역시 처음부터 의도적으로 지운 것으로 보아야 할 것이다.[17] 우리는 그의 말을 의심하기에 충분한 어떠한 자료를 가지고 있지 않다. 오히려 이 말은 김종후가 그의 연행 직전에 보낸 편지와 대응된다. 왜냐하면 그는 홍대용이 시골에 칩거하며 자신들과는 접촉하지 않기 때문에 그의 '마음의 한계'는 열리지 않는다고 비난하였지만. 그것은 기실 홍대용의 입장에서 보면 전혀 반대였다. 그들에게 그 마음을 호소해도 더욱 초

---

16 嚴誠, 『鐵橋全集』(서울大學校 中央圖書館藏本) 제5책, 3면, 與鐵橋秋庫. "是以贏糧策馬, 足跡殆遍于國中, 其好之非不切也, 求之非不勤也. 每不免薄言往愬, 逢彼之怒, 惟憤悱之極, 乃欲求之于疆域之外, 此其計亦迂矣". 李德懋, 『天涯知己書』에 인용된 「尺牘」, 「筆談」은 아마도 『乾淨衕會友録』이라는 명칭으로 유포되고 있던 무렵의 原型을 남기고 있다고 생각된다. 홍대용이 대폭적으로 삭제한 문장 가운데 후반 부분("佛家輪回, 운운")은 이 『간정동회우록』에도 적혀 있는데, 전반 부분은 역시 삭제된 듯하다(李德懋, 『青莊館全書』 Ⅲ, 『韓國文集叢刊』 제259집, 134면상). 『乾淨衕會友録』과 『天涯知己書』의 관계에 대해서는 제13장 참조.

17 『간정동회우록』은 김종후에게 보여주지 않은 것과 같이 전면 공개하지는 않았다고 해도, 사람들이 읽을 것을 예상하고 쓴 것이다. 홍대용에게는 이외에도 그가 여행하면서 쓴 日記와 漢文本 『간정동회우록』 등을 바탕으로 스스로 썼다고 생각되는 한글본 일기 『을병연행록(乙丙燕行録)』이 있다. 이는 一說에 모친이 읽을 수 있게 쓴 것이라고 하는데, 비공개용으로 쓴 듯하다. 그 현대어역인 김태준(金泰俊) · 박성순 역, 『산해관 잠긴 문을 한 손으로 밀치도다 —홍대용의 북경 여행기<을병연행록>』(서울, 돌베개, 2001), 284면 및 정훈식(鄭勳植) 역, 『을병연행록(乙丙燕行録)』(제2책, 서울, 도서출판 경진, 2012, 131면에서는 "양식을 싸고 말을 채찍질하여 족적이 國中에 깔렸다"라고 하였다.

조해질 뿐이었던 것이야말로 시골에 칩거하지 않을 수 없었기 때문이다. 그리하여 김종후가 걱정한 대로 그는 중국으로 나가서라도 회심의 사람을 만나려고 하였던 것이다. 우리는 홍대용이 연행한 목적에 대해 미리 그를 실학자로 위치시킨 것에서 추측하는 것이 아니라 보다 솔직하게 당시의 사회 정황과 그 마음의 궤적을 파악하는 것에서부터 생각해야 할 것이다.

물론 그는 중국에 대한 강한 동경을 일찍부터 가지고 있었음에 틀림없다. 또 천주당에도 가고 싶었던 것에 틀림없다. 하지만 중국에 대한 강한 동경을 가지고 있고 혹은 중국의 다양한 사물을 보고 싶다고 하는 동기에서 연행한 조선 지식인은 당시에 이미 많았다. 사실 홍대용 자신이 그의 연행 이전에 '사행자제종자(使行子弟從者)' '대인자제(大人子弟)' '공자(公子)' 즉 연행사정사(燕行使正使), 부사(副使), 서장관(書狀官)의 자식 등이 자주 '유람 관광'을 목적으로 북경에 와 있다는 것을 적고 있다.[18] 또 천주당을 방문하는 것은 당시 관광 코스의 하나였다.

그리고 북경으로 가서 중국인과 친하게 필담을 나누거나 혹은 중국인과 친한 관계를 가진 것만이라면 홍대용이 연행하기 직전에 이미 몇 개의 사례가 있다. 1764년 통신사의 일원이었던 성대중(成大中)은 에도에서 돌아오는 길에 시나가와(品川)에서 사와다 토고(澤田東江) 등과 필담을 나누고, 그 안에서 조선인 유숙운(柳宿雲)이라는 인물에 대해 언급하고 있다. 성대중은 유숙운이 새겼다는 인장(印章)을 사와다 등에게 보여주면서 "유숙운은 중국 항주(杭州) 사람인 본유(本裕)와 국가를 초월한 교류[神交]를 하였다. 본유는 '천애상린(天涯相隣), 해외지기(海外知己)'라고 새긴 인장을 유숙운에게 주었다"고 말했다고 한다.[19] 본유란 임본유(林本裕)를 말

---

18 『湛軒書』, 外集 권7, 燕記, 衙門諸官, 250면 상하.

19 澤田東江, 『傾蓋集』 3월 11일. "龍淵示圖章云, 吾邦柳宿雲所刻. 宿雲與中州武林之本裕爲域外神交, 本裕刻印曰天涯相隣 · 海外知己, 以寄宿雲. 東郊云, 君與僕交誼亦如此".

하며 오삼계(吳三桂)의 서기(書記)를 하고 있었다고 한다. 그의 이름은 전각(篆刻)의 명수로 일찍이 조선 지식인과 교제[交遊]한 인물로서 알려져 있었던 듯하며 홍대용도 알고 있었다.[20] 또 '천애' '지기'라는 말이 여기서도 이미 나타나고 있다.

또 1760년(건륭 25, 영조 36)에 연행한 이상봉(李商鳳)의 사례도 있다. 그의 『북원록(北轅録)』에 의하면 그도 홍대용과 마찬가지로 서장관이 된 부친을 따라 연행하였다. 그리고 이 또한 홍대용이 만나게 되는 엄성 등과 마찬가지로 역시 회시(會試)에 응시하기 위해 북경에 와 있던 거인(擧人) 호소일(胡少逸)과 친하게 교류하였다. 호소일은 강서성(江西省) 무주부(撫州府) 금계현(金谿縣) 사람이며 그의 종형(從兄)이 연행사절의 숙소를 관리하는 서리(胥吏)였기 때문에 이상봉 등과 관계가 생겼고 몇 번이나 숙소까지 찾아와서 필담을 나누었다. 이상봉은 호소일과 편지를 주고받았을 뿐 아니라 1761년(건륭 26) 2월 5일에는 그의 집을 방문하기까지 하였다.[21] 그의 행동은 홍대용의 그것과 매우 가깝다고 해도 좋다.

하지만 명말청초에 살았던 임본유에 관한 일이 그로부터 100년이 지난 홍대용과 성대중 시대에도 유명했던 것은 역으로 두 나라 지식인의 친밀한 교류가 당시에 극히 드물었다는 것을 말해준다. 또 이상봉의 경우조차 호소일 쪽이 그 연고에 의해 우연히 일행의 숙소로 와 있었던 것에서 교류가 시작된 것이어서 홍대용의 경우와 전혀 다르다. 홍대용이 이들과 결정적으로 달랐던 점은 그가 국내에서 벗을 얻지 못한 결과로 "중국 사람을 벗으로 하려고" 하기에 이르렀다는 것이다. 이를 주된 목적

20 『湛軒燕記』 권1, 王擧人(『燕行録選集』 상책, 서울, 성균관대학교 대동문화연구원, 1960, 256면상). 필자는 원래 게재 논문에서 "이것은 몇 년도의 일인지 모르겠으나 성대중이 일본으로 간 시점에서 그다지 멀지 않은 시기로 보아도 좋을 것이다"라고 하였지만, 오히려 100년 전인 명말청초의 일이었다. 여기서 삼가 訂正한다.

21 李商鳳, 『北轅録』(『燕行録選集補遺』, 서울, 성균관대학교 대동문화연구원, 2008, 상권, 842면하~902면상).

으로 연행하여 그 실현을 위해 많은 노력을 기울였던 것이다. 그것을 달성하기 위해 그는 중국으로 들어가자마자 가능한 한 중국어를 익히려고 노력하여 12월 8일 심양(瀋陽)에서 납조교(拉助教, 즉 拉永壽)와 대화할 무렵에는 이미 필담을 이용하지 않는 단계까지 이르렀다고 한다.[22]

홍대용이 중국에서 귀국하자 이것이 조선 국내에서 일대 센세이션을 불러일으켰다는 것은 이미 언급한 대로이다. 김이안(金履安)이 쓴 「화이변(華夷辨)」이라는 논문도 아마도 그의 귀국에서 촉발되어 쓴 것으로 생각된다. 그는 이 논문의 모두에서 "내객(來客) 가운데 홍자(洪子)가 이런 것을 말하고 있다고 말하는 사람이 있다. 운운"이라고 적고 있고, 여기서 말하는 홍자란 아마도 홍대용이다.[23] 이 김이안의 부친은 김원행이고 그야말로 홍대용이 존경하는 스승이었다. 김이안은 또 홍대용이 혼천의(渾天儀)를 안치(安置)하기 위해 세운 농수각(籠水閣)을 위해 「농수각기(籠水閣記)」를 쓴 인물이다.

한편, 홍대용의 연행은 박지원에게 큰 영향을 주어 그의 연행을 촉진시키게 되지만, 더욱 큰 영향을 미친 것은 더 젊고 감정이 많은 박제가(朴齊家)와 이덕무(李德懋)였다. 박제가의 해석에 의하면 홍대용은 "지기를 만나 죽게 되길 원한다(願逢知己死)"고 하여 연행 여행에 나섰던 것이라고 한다.[24] 박제가는 홍대용과 '천애지기'가 된 반정균에게 뒤에 편지를 보내 "자신은 홍대용 님과 원래 만남이 없었습니다. 당신과 엄성 선생, 육비 선생과 천애지기의 약속을 맺고 돌아왔다는 것을 듣고 제가 홍대용 님을 찾아가서 교제를 하고 그 필담과 창수(唱酬)의 시문(詩文)을 전부 받아서 읽고 이들을 너무나 애무(愛撫)하여 매일 매일 이것과 함께 자고 함

22 『湛軒書』 外集 권8, 燕記, 沿路記略, 278면하. "余宿有一遊之志, 略見譯語諸書, 習其語有年矣. …… 至瀋陽, 與助教父子語無不到, 而不用筆舌".

23 金履安, 『三山齋集』 권10, 雜著, 華夷辨上, 華夷辨下(『韓國文集叢刊』 제238집, 502면하~503면하).

24 朴齊家, 『貞蕤閣集』 初集, 洪湛軒(大容)茅亭次原韻(『韓國文集叢刊』 제261집, 450면하).

께 일어나고 있습니다. 아아 저는 당신의 '정인(情人)'입니다. 눈 안에 있는 것은 모두 당신의 얼굴이고 꿈에 보는 것은 당신 고향에서 노니는 모습이며, 지금까지도 당신에게 편지를 써서 자신의 일을 알리려고 했다가 그만두었던 것은 이 편지를 보시면 알게 될 것입니다"[25]라고 적었다. 또 그는 어떤 우인(友人)에게 홍대용의 『간정동회우록』(회우기)를 보내며 다음과 같이 말하였다.

> 『회우기(會友記)』를 보냅니다. 저는 항상 중국의 것을 사모하고 있습니다. 이 책을 읽고서 기가 넘쳐 미칠 듯하여 밥을 먹으려는 데 숟가락 드는 것을 잊고 얼굴을 씻으려다가 씻는 것을 잊을 정도입니다.[26]

확실히 『간정동회우록』을 읽은 박제가는 미칠 듯하였고 그 충격으로 망연자실한 상태였다. 또 이덕무도 그 후 일부러 『천애지기서(天涯知己書)』라고 칭한 노트를 만들기까지 하여 홍대용의 체험을 추체험하려고 하였다.

이상으로 홍대용이 연행한 주된 목적이 '성예의 수역'으로 가서까지 '기사(奇士)'를 찾아서 그들과 극담하는 것이라는 황당하고 돌출된 것이었음이 명확해졌다. 그 결정적인 동기는 그것을 조선 국내에서는 찾을 수 없다는 것이다. 당시 조선이 처한 정신적인 쇄국 상태에 이러한 개인적 체험을 가진 한 사람의 기사(奇士)에 의해 바람구멍이 열린 것이다. 홍대용 자신도 자신의 연행의 가장 핵심적인 부분이 여기에 있다고 생각하였

25 상게서, 권4, 與潘秋庫(庭筠), 664면하. "僕與洪湛軒初不相識. 聞與足下及鐵橋嚴公(嚴誠)·篠飮陸公(陸飛)結天涯知己而歸, 遂先往納交, 盡得其筆談唱酬詩文讀之, 摩挲不去, 寢息其下者累日. 嗟乎, 僕情人也. 闔眼則見足下之眉宇, 夢寐則遊足下之里閈, 至作擬書欲自達而止, 可覽而知也".

26 상게서, 권4, 與徐觀軒(常修), 661면하. "會友記送去耳. 僕常時非不甚慕中原也. 及見此書, 乃復忽忽如狂, 飯而忘匙, 盥而忘洗".

기 때문에 귀국 후 무엇보다도『간정동회우록』을 편찬하였던 것이다.

다음에서 이『간정동필담』에 보이는 그의 중국 체험 · 관찰과 1764년 통신사 일행이 일본에서 체험하고 관찰한 것과의 유사성을 살펴보기로 하자.

3. 홍대용과 통신사 원중거의 중국인 · 일본인 관찰의 유사성

원중거는 1764년 통신사의 일원이었다. 그가 일본에서 조선으로 돌아와서 서울에 도착한 것은 1764년(건륭 29, 영조 40) 7월 8일이다. 홍대용이 연행 길에 나선 것은 그로부터 약 1년 후의 일이다. 그에게는 상세한 일본 여행기인『승사록(乘槎録)』과 역대 통신사 멤버들이 저술한 것 중 가장 상세한 일본 연구서인『화국지(和國志)』가 있다.[27]

원중거가 홍대용의『간정동필담』과 같은 부류를 읽은 것은 1772년(건륭 37, 영조 48)이다. 다만 그것은『간정동회우록』이 아니라『간정필담』이었다. 그는 이 2책본을 홍대용 본인으로부터 빌렸다가 반환 즈음에 이 해 5월 13일자로 다음과 같은 발문, 즉 독서 후 감상문을 썼다. 그것은『담헌연기』6권의 권말에 붙어 있다.

> 계미년(1763, 건륭 28, 영조 39)에 나는 서기(書記)에 임명되어 통신사를 따라 일본으로 갔다. ……[일본에서는 많은 문사(文士)들과 교류하였다] 그 중에는 반드시 걸물도 있었을 것이지만, 나의 감식안으로 보건대『좌전(左傳)』에 보이는 진(晉)의 숙향(叔向)이 정(鄭)에 사신으로 갔을 때 한눈에 보아도 겸손한 듯한 인물은 그다지 없었다. 안중에 맴도는 풍채가 가슴속에 생생하게 비치는 사람을 말한다면 숫자가 아주 적어 지쿠죠 다이텐(竺常大典), 다키 가쿠다

27 본서 제10장, 393면.

> 이(瀧鶴臺), 곤도 아쓰시(近藤篤), 호소아이 도난(細合斗南) 등 겨우 몇 명이었다. 하늘 끝, 구름의 끝을 생각할 때마다 더 교제할 수 있기를 바라는 마음에 안타까움이 느껴졌고, 이어서 그리운 마음에 슬픈 생각이 들었다.
>
> 이 『간정필담』 2책은 홍대용 선생이 북경에서 쓴 것이다. ……제가 이 책을 읽고 있으니 구름을 머금은 배의 돛을 내리고 수레를 달리고 있는 모습이 황홀하게 떠올랐다. 지쿠죠 다이텐과 다키 가쿠다이를 등에 두고 반정균 · 육비와 대좌하여 방긋 웃으면서 서재와 다실에서 붓을 놀리고 있는 듯한 착각에 빠졌다. 생각건대 반정균과 육비의 기성(氣性)이 거짓말로 속이지 않은 것과 지쿠죠 다이텐과 다키 가쿠다이가 침착하고 장중한 것은 각각 그 궤를 같이하는 것이며 그 속마음을 토로하고 진심의 사랑이 넘치는 온화함은 거의 같다. 그리고 이별에 이르러서는 눈물을 훔치고 암담한 마음으로 정을 붙들었으며 각각 자연스럽게 사랑으로 맺어진 것은 하늘 남쪽과 하늘 북쪽에서 이 또한 꼭 닮았다.[28]

이처럼 원중거는 홍대용이 북경에서 체험한 것과 자신이 일본에서 체험한 것 가운데 극히 유사한 것이 있다는 사실을 『간정필담』에서 알게 되었다. 그리고 자신의 체험을 홍대용의 그것과 대조하면서 이 책을 읽었다. 나아가 그는 일본 지식인과의 만남, 그리고 필담을 감미로운 추억으로 생각하고 귀국 후 10년 가까이에 걸쳐 계속 간직하고 있었던 것이다.

홍대용과 원중거가 쓴 글에서 가장 많이 닮은 것은 첫째로 중국인과

---

28 元重擧, 「乾淨筆譚」 跋文(앞의 주 4의 『燕行録選集』 所收 『湛軒燕記』, 429면하). "歲癸未, 余充書記, 從通信使適日本. …… 是必有豪儁特拔之人厠足於其間, 而我之鑑賞識別, 實乏叔向之下堂. 獨其眼中風儀炯照襟懷者, 寥寥若竺常(竺常大典) · 瀧長凱(瀧鶴臺) · 近藤篤 · 合離(細合斗南)等若而人而已. 每想天外雲端, 未嘗不瞿然歉愧, 繼之以惆悵也. 此乾淨筆談兩册者, 湛軒洪公德保氏記之燕京者也. …… 其必毛擧縷載用代小說者, 欲令觀者各輸心眼, 宛如一番經來於唱酬之席, 而藉以爲異日同文之用也. …… 以余閱此書, 恍若落雲驅而馳星軺, 背竺瀧而對潘(庭筠) · 陸(飛), 莞爾揮毫於筆床茶爐之間矣. 蓋潘陸之氣義然諾, 竺瀧之沈實莊重, 各一其規, 而若其吐露肝膽, 誠愛藹然, 則大抵略同. 其分手揮涕, 黯然牽情, 各自結戀, 於天南天北者, 又與之彷彿矣".

일본인의 품성과 학문을 모두 매우 높게 평가한 것이고, 둘째로 중국문화와 일본 문화를 모두 매우 높게 평가한 것이다. 이하에서 이 중 첫 번째 유사점에 초점을 맞추어 원중거의 추억을 10년 가까운 이전으로 소급하여 검증하면서 다시 홍대용의 유사한 기술을 살펴보도록 하겠다.

원중거가 『간정필담』 발문에서 특별히 거론한 것은 교토의 승려 지쿠죠 다이텐과 하기번의 유학자 다키 가쿠다이라는 두 사람이다. 지쿠죠 다이텐은 겐죠 다이텐(顯常大典)이라고도 하며, 승려이면서도 유학에 관한 지식을 포함하여 학식이 매우 높았다. 그는 통신사 일행이 귀국길에 오사카에 이르러 숙소에 도착한 4월 5일 상인인 기무라 겐카도(木村蒹葭堂, 모쿠세이슈쿠[木世肅])와 함께 처음으로 방문하여 필담을 주고받았다. 그는 모두 6회에 걸쳐 통신사 일행과 만났다고 하며 그때의 필담 기록으로 『평우록(萍遇録)』 2책을 남겼다. 이 『평우록』에는 주자학이 옳은가 어떤가 혹은 소라이학이 옳은가 어떤가라고 하는 논의는 일절 보이지 않는다. 역으로 많은 조선통신사와의 필담 기록 가운데 두 나라 지식인이 나눈 정감[交情]의 세심함과 서로에 대한 경애를 느끼게 하는 대표적인 것이라고 해도 좋다. 원중거는 그의 『승사록』 4월 6일의 일을 다음과 같이 기록하였다.

> 승려 지쿠죠(竺常)라고 하고 그 호(號)를 쇼츄 도진(蕉中道人)이라고 하는 자가 있는데, 나이는 45세이고 스스로 말하길 산중에서 몇 년을 살았다고 한다. 통신사 일행의 선생들이 지금까지 일본인에게 성실하게 응대했다는 말을 듣고 이 때문에 찾아와 필담을 나누게 되었다고 한다. 문사에 뛰어났을 뿐 아니라 위인이라고 해야 할 사람이다(不但老於文辭, 蓋偉人也).

그 다음날인 7일 일본인이 통신사의 일원인 최천종(崔天淙 또는 崔天宗)을 살해하는 사건이 일어났다. 범인은 스즈키 덴조(鈴木傳藏)였다고 한다. 바쿠후(幕府)까지 요동치게 한 이 대사건의 와중에 지쿠죠가 침착하고 성실하게 일행에게 대응했던 것이 그에 대한 원중거의 평가를 보다 높게 만들었다고 생각된다. 지쿠죠는 사건의 전말을 「서령목전장사(書鈴木傳藏事)」라는 제목으로 기록하여 일행에게 주었다.[29] 원중거의 『승사록』 4월 29일의 기록에서는 "그 나라의 승려들은 대체로 문장을 쓸 수 있고 영리[巧黠]하며, 신분은 높지 않으나 권력을 가지고 있다. ……훗날 통신사에 임명된 자는 잘 유의해야 할 것이다. 지쿠죠는 마음가짐이 매우 순수하고 바르며 애초 명리를 추구하는 속승(俗僧)이 아니다(竺常持心極純正, 本非名利俗僧)"라고 평가하였다.

다른 한 명인 다키 가쿠다이는 일행이 사신 갈 때는 12월 28일에서 30일까지 3일 동안 아카마가세키에서, 또 귀환할 때는 5월 21일에 같은 아카마가세키에서 일행과 필담을 나누었다. 그는 확실한 소라이 학파의 한 명이며, 일행과 주자학 혹은 고학 나아가 일본에서 당시 출판된 다양한 서적을 둘러싸고 여러 가지 의논을 하였다는 것은 이미 소개한 바이다.[30] 그에게는 이때의 필담을 모은 『장문계갑문사(長門癸甲問槎)』가 있다. 확실히 소라이학자와 주자학자의 필담이기는 하지만, 두 사람 모두 자유롭고 활달하였는데. 이 또한 수많은 통신사 관련 필담 기록 중 백미의 하나이다. 원중거는 다키 가쿠다이를 '해외의 화인(華人)'이라고 평하고 또 같은 『승사록』 5월 22일에서 "야하치(彌八, 鶴臺)의 훌륭한 행동거지는 여유 있고 중후하다. 해외의 땅에서 태어난 사람 같지 않다. 그 문학 지식도 해박하다(不似海外人. 其文識又贍博)"라고 적고 있다.

『간정필담』 발문을 쓸 때 생각난 사람은 그 외에 곤도 아쓰시(近藤篤)와 호소아이 도난(細合斗南)이 있었다. 곤도 아쓰시는 오카야마번(岡山藩)의 유학자로 1784년 통신사와도 시문을 교환하였으며, 『서애관시집(西涯館詩集)』이 있다. 호소아이 도난은 고리(合離)라고도 고레이오(合麗王)라고도

29 竺常大典, 『萍遇録』 권하, 書鈴木傳藏事, 元重擧, 『乘槎録』 4월 29일.

30 본서 제10장, 424면.

칭한다. 오사카의 유학자이다.

원중거는 일본에서 귀국하기 직전인 6월 18일 쓰시마에 정박하는 배 안에서 다음 네 사람을 뛰어난 일본인으로 들고 있다.

> 쇼츄(蕉中; 竺常大典)는 선문계(禪門界)의 백낙천(白樂天)이다. 나바 고케이(那波孝卿, 那波魯堂)는 속세의 일에서 몸을 뺀 자산(子産)이다. 다키 야하치(瀧彌八, 瀧鶴臺)는 해외의 화인(華人)이다. 오카다 기세이(岡田宜生)는 일본의 당시(唐詩)이다. 나는 해중(海中)에서 네 사람을 얻었을 뿐이다.

이 중 나바 로도란 동행한 성대중에 의해 하카타(博多)의 가메이 난메이(龜井南冥)와 함께 '일본 2재자(才子)'의 한 명으로 꼽히는 인물이다.[31] 그는 처음에 오사카의 고학파 학자인 오카핫쿠(岡白駒)에게 배웠는데, 뒤에 주자학으로 바꾸었다. 교토 쇼고인(聖護院)에서 학숙(學塾)을 열었는데, 조선통신사가 곧 온다는 말을 듣고 교토에서 오사카로 가서 본대(本隊)보다 한 발 앞서 오사카에 도착한 선발대로부터 조선어를 배우고 일행을 기다렸다고 한다. 당시 쓰시마번의 유학자들과 접반승(接伴僧)이라 부르는 접대 계통의 승려 외에는 통신사 일행과 며칠이 지나서도 만날 수 없었다. 그래서 나바는 접반승을 호위한다는 명목을 얻어 "승려 무리와 잡역부와 섞여", "비바람 치는 산하(山河)를 넘는 고생을 마다하지 않고" 오사카–에도를 왕복하였다고 한다.[32] 통신사와의 창화집(唱和集)으로 『동유편(東遊篇)』이 있다. 오카다 기세이는 호가 신센(新川)이라고 하고 나고야번(名古屋藩)의 유학자이다. 통신사와의 창화집으로 『표해영화(表海英華)』가 전한다.

다음으로 그가 "이별의 시간이 되어서는 눈물을 훔치고 운운"이라고

---

31 成大中, 『槎上記』, 書日本二才子事(乙酉=乾隆30년).

32 那波魯堂, 『東遊篇』에 수록된 成大中, 「東遊酬唱錄序」.

적었는데, 아마도 그의 뇌리에는 에도의 지식인들과 시나가와(品川) 및 후지사와(藤澤)에서 헤어질 때의 일 및 오사카에서 귀국하기 위해 배에 오르면서 이곳의 지식인들과 헤어질 때의 풍경이 그려진 것에 틀림없다.

원중거는 일본에서 귀국한 직후 상륙한 부산(釜山)에서 다음과 같이 기술하였다.

> 에도의 명사(名士)들이 시나가와에서 눈물을 훔치고 오사카의 재사(才士)들이 찻집에서 소리를 삼키는 것 등 지금 생각해보아도 마음이 아프다. 나바 로도가 그때그때 보여준 진심[赤心], 지쿠죠 다이텐이 한마디 한마디 일러준 도리(道理), 다키 가쿠다이이가 근엄 · 진실하며 가식 없었던 것, 가메이 난메이가 남김 없이 진심을 보여준 것 등, 그 사람됨은 옛사람이 미치지 못한다고 해도 이상의 사실을 바탕으로 그들을 말한다면 춘추시대 제(齊)의 안영(晏嬰)과 진(晉)의 숙향(叔向)이 국외에서 만난 사람과 같은 유풍(遺風)이 있다고 할 수 있는데, 내가 어떻게 무정(無情)할 수 있겠는가.[33]

먼저 시나가와에서의 이별은 다음과 같았다. 에도의 지식인인 이마이 겐키(今井兼規), 야마기시 조(山岸藏), 기무라 데이칸(木村貞貫, 木貞貫[모쿠테이칸]), 시부이 고토쿠(澁井孝德, 太室[다이시츠], 井平[헤이세이]), 사와다 토고(澤田東江, 東郊[도코], 平麟[헤이린]), 나카가와 텐쥬(中川天壽, 칸텐쥬[韓天壽]) 등 10인가량은 에도의 숙소인 혼세이지에서 일행과 헤어지는 것을 차마 견디지 못하고 일부러 다음 숙소인 시나가와까지 와서 다시 밤늦도록 필담을 나누었다. 3월 11일의 일이다.[34] 그런데 나카가와 텐쥬와 헤이

33 元重擧, 『乘槎錄』 6월 22일. "至若江戸名流徒之揮涙於品川, 浪華才士輩之呑聲於茶肆, 尚令人念之悄悵. 若夫師曾(那波魯堂)之片片赤心, 竺常(竺常大典)之言言理致, 瀧長凱(瀧鶴臺)之謹厚無外飾, 龜井魯之整竭輸中情, 雖其作人不及古人, 以言其事, 則殆晏嬰 · 叔向之遺風, 吾安得無情乎哉".

34 이때의 필담 기록으로는 澤田東江, 『傾蓋集』과 澁井孝德, 『品川一燈』이 있다.

에이 두 사람은 여기서도 헤어지기 어려워서 다음 숙소인 후지사와까지 따라왔다고 한다. 『승사록』 3월 12일조에서 원중거는 "나카가와 텐쥬와 헤이에이는 비를 맞고 진흙을 밟으며 따라왔다. 그의 말에 의하면 원래는 일행과 헤어지고 에도로 돌아가려고 생각하였으나, 서쪽을 멀리 바라보니 마음이 찢어지는 듯하여 그래서 또 따라왔다고 한다"고 적었고, 다음날인 13일조에는 "아침에 나카가와 텐쥬는 헤어짐에 임해 눈물이 입으로 들어가 소리를 내지 못했다. 일행이 가마에 오르는 것을 보자 또 오열하여 거의 큰소리를 내기 직전이었다. 정(情)에 끌리는 것이 이미 정도가 지나치니 괴이하다"라고 하였다.[35]

다음은 오사카이다. 5월 6일 일행은 귀국을 위해 오사카 숙소를 나와 강 입구에서 기다리는 배에 오르려고 하였다. 최천종 살해 사건의 직후였으므로, 경비가 매우 엄중하였고 그들은 이별 인사를 친하게 나눌 수 없었다. 그때 전송하러 온 지쿠죠 등의 모습을 『승사록』에서는 다음과 같이 적었다.

> 기무라 겐카도는 크게 놀라 어찌할 바를 몰랐다. 호소아이 도난은 하늘과 땅을 손가락으로 가리키고 마음을 달래며 한탄하길 "이 천지 간에 이 마음을 둘 길이 없다"고 말하는 듯하며 오열로 인해 눈물이 얼굴을 덮었다. 지쿠죠는 묵묵히 바라볼 뿐 소리를 내지 않고 눈물을 줄줄 흘려 옷깃을 적셨고 몸의 움직임은 한층 훌륭했다.[36]

35 元重擧, 『乘槎録』 3월 12일, 13일. "韓天壽 · 平瑛冒雨衝泥而踵來. 自言初雖告別回路, 西望寸腸欲裂, 遂有此更來云. …… 朝, 天壽欲別, 飮泣不成聲. 見乘轎, 又嗚咽幾欲放聲. 可怪着情之已甚矣".

36 상게서, 5월 6일. "世肅(木世肅, 木村蒹葭堂)惶駭, 莫知所爲. 合離(細合斗南)指天指地而拊心, 似道此天地之間, 此心不可化也. 因嗚咽淚被面. 竺常脈脈無聲, 泫然涕下沾襟, 容止益可觀".

그는 다시 귀국길에 쓰시마에서 그가 본 일본인을 다음과 같이 평하였다.

문사(文士)는 어떤가 하면 매일 그 나라의 문인운사(文人韻士)와 호걸 류의 사람들과 필담을 나누거나 시문(詩文)을 주고받았는데, 물욕(物欲)이나 인욕(人欲)이 느껴지는 경우는 전혀 없었다. 또 쓰시마 이외의 그 나라 사람은 대체로 대부분 부드럽고 착하며 자비심이 많고 성실하여 '부인(婦人) · 자녀의 인(仁)'이 있다. 이쪽이 그들에게 성심으로 마음을 털어놓고 결코 가식적인 행동을 하지 않으면, 일본인은 모두 끝까지 적심(赤心)을 보이고 성실(誠實)을 토로한다.[37]

원중거와 동행한 성대중도 이와 매우 유사한 관찰을 하였다. 김재행(金在行)은 북경에서 자주 홍대용과 함께 엄성 · 반정균 등 중국 지식인과 필담을 나눈 인물이다. 김재행이 중국 지식인으로부터 받은 문장을 읽으면서 성대중은 다음과 같은 감상을 적었다.

중국 사람은 의기(意氣)를 중시한다. 의기가 느껴지는 사람을 만나면 자신과의 관계가 깊은지 어떤지, 또 신분이 높은지 어떤지를 고려하지 않고 진심으로 교제하여 평생 잊지 않는다. 이것이 중국이 대국(大國)인 이유이다.

나는 일찍이 일본을 경험한 적이 있는데, 그 나라 사람도 교유를 중시하고 신의와 맹서를 존중한다. 이별에 임해서는 눈물을 뚝뚝 흘리고 숙소를 지나와도 돌아가려고 하지 않았다. 일본인은 교활하다거나 하는 것은 대체 누가 한 말인가? 우리 조선인이 일본인에게 미치지 못하는 것이 부끄럽다. 대국인 중

37 상게서, 6월 14일. "至於文士, 則日與彼中文人韻士國中豪傑之流談讌唱酬, 初無物累人慾之兩相感發者. 又彼國內地之人, 大抵多柔善慈諒, 有婦人女子之仁. 我若與之誠心欵洽, 絶不示矯飾之意, 則彼皆輸盡赤心, 吐出誠愨".

국 사람이라면 더욱 그렇지 않겠는가.[38]

성대중의 일본 관찰과 중국 관찰이 원중거의 그것과 혹사(酷似)할 뿐만 이 아니다. 조선인 · 일본인 · 중국인 삼자의 심성과 감정 표현의 비교에 대해서도 그들은 거의 같았다고 해도 좋다. 게다가 그들의 관찰은 뒤에서 살펴볼 당시 세 나라 사람들에 있어서 '정(情)'의 표현에 대한 우리의 관찰과도 또한 같다. 이것은 또 현대에서 본 우리의 관찰이 결코 자의적이거나 일방적인 것이 아님을 말할 것이다.

왜냐하면 그로부터 2년 후 홍대용이 원중거나 성대중도 본 것과 매우 유사한 정경(情景)을 북경에서 목격하기 때문이다. 그 첫 번째는 2월 4일 홍대용으로서는 엄성 · 반정균과 두 번째로 필담한 날의 일이다. 두 사람이 연행사 일행의 숙소인 옥하관을 방문하고 막 돌아가려고 할 때였다. 반정균은 이미 눈물을 흘리고 있었는데, 홍대용이 "다만 천하의 기사(奇士)를 만나 한번만이라도 좋으니 마음의 모든 것을 말하고 싶다고 생각하고 중국으로 왔다. 하지만 귀국할 때가 되어도 어떤 목적도 달성하지 못하고 돌아갈 수밖에 없다고 생각하던 터에 우연히 두 사람을 만나 대원(大願)을 이룰 수 있었다. 참으로 뜻이 있는 자는 그것을 성취한다고 여겨진다. 다만 원망스러운 것은 강역이 떨어져 있다는 점, 두 번 다시 만날 수 없다는 점이다"라고 기술하였다. 그리고 "반정균은 글을 읽고서 얼굴을 가리고 흐느끼며 눈물을 흘렸다. 엄성도 아프게 생각할 따름이었다"고 하였다.[39]

---

38 成大中, 『青城集』 권8, 書金養子虛杭士帖(『韓國文集叢刊』 248집, 504면하). "中州之人重意氣, 遇可意者, 不擇疎戚高下, 輒輸心結交, 終身不忘. 此其所以爲大國也. 吾嘗觀日本, 其人亦重交遊尚信誓, 臨當送別, 涕泣汍瀾, 經宿不能去. 孰謂日本人狡哉. 慙我不如也, 況大國乎".

39 『湛軒書』 外集 권2, 132면하. "鄙等初無官差, 此來無他意, 只願見天下奇士, 一討襟抱. 歸期已迫, 將未免虛來虛歸, 忽得兩位, 一面如舊, 幸愜大願, 眞有志者事[竟]成也. 只恨疆域有限, 後會無期. …… 蘭公(潘庭筠)看畢, 不禁凄傷. 力闇亦傷感不已". 지금 『湛軒燕記』 所

그 다음날인 5일 홍대용은 엄성과 반정균에게 편지를 보냈다. 편지를 부탁한 사람이 숙소인 옥하관으로 돌아와 엄성과 반정균이 그 편지를 읽을 때의 모습을 보고한 것에 대해 홍대용은 다음과 같이 서술하였다.

(심부름 보낸 자가 말하길) 반정균 선생은 편지를 아직 반도 읽지 않은 터에 또 눈물을 뚝뚝 흘렸고, 엄성 선생도 아프게 생각할 따름이었다고 하였다. 나의 편지에는 이별이 처참할 정도로 고통스럽고 아쉽다는 말을 한마디도 하지 않았기 때문에 두 사람이 이러한 것은 진실로 불가사의하였다.[40]

또 이별이 가까워진 2월 26일 엄성과 반정균에 더해 육비가 같이 한 자리에서 필담할 때의 일이다. 필담을 마치고 홍대용이 돌아가려고 할 때 엄성은 감정이 고조되어 다음과 같은 상황이었다.

엄성은 '참극(慘極; 이 이상 고통스러울 수 없음)'이라는 두 글자를 크게 쓰고 또 그 아래에 무수한 점을 찍었다. 이때 엄성은 오열하며 처연해져 안색이 없었고 우리도 얼굴을 맞대고 슬픔을 가눌 수 없었다. ……엄성은 천만 마디 말도 결국 "끝내 한 번의 이별로 돌아간다(終歸一別)"라는 네 글자 외에는 없다, 하지만 이 정(情)을 어떻게 하면 좋을까라고 말하였다. ……자신은 반정균과 대화를 마치고 문 안쪽까지 와서 헤어졌다. 엄성은 눈물을 보이며 얼굴을 찡그리면서 손으로 심장을 가리킬 뿐이었다.[41]

收本에서는 "蘭公看畢, 掩泣汍瀾"라고 적혀 있다. 반정균이 이날 눈물을 흘린 것이 그 후에도 몇 차례 더 문제시된 것으로 생각하면, 『湛軒燕記』所收本 쪽이 모순이 없고 사실에 보다 가까운 묘사임이 분명하다. 또 이 부분은 李德懋, 『天涯知己書』에 인용된 문장을 참조하라(『青莊館全書』 Ⅲ, 131면상).

40 상게서, 外集 권2, 134면하. "蘭公看書未半, 又涕泗汍瀾, 力闇亦傷感不已云. 余書中未嘗爲一句凄苦恨別之語, 兩人之如此, 誠可異也".

41 상게서, 外集 권2, 170면하. "(力闇=嚴誠)大書慘極二字, 又無數打點於其下. 此時力闇嗚咽慘黯無人色, 吾輩亦相顧愴然不自勝. …… 力闇曰, 千言萬語, 終歸一別四字, 然奈此情何.

여기서 1764년 원중거가 일본에서 체험한 것과 1766년 홍대용이 북경에서 체험한 것 중에서 완전히 같은 것을 발견할 수 있다. 그것은 일본인과 중국인이 모두 경애(誠愛)에 넘치고 솔직하며 그칠 수 없을 정도로 눈물을 흘렸던 것, 바로 원중거가 뒤에 『간정필담』 발문에서 적은 것처럼 "속마음을 토로하고 진심의 사랑이 넘치는 온화함은 거의 같다."라는 것이다. 게다가 일본인인 호소아이 도난이 통신사 일행과 헤어질 때 "하늘과 땅을 손가락으로 가리키고 마음을 달랬다."고 하는 것은 중국의 엄성이 홍대용과 헤어질 때 "손으로 심장을 가리켰다"고 하는 것과 같은데, 양자의 동작까지도 혹사하였다.

일본 지식인의 인품과 학문에 대한 높은 평가가 원중거만이 아니라 함께 통신사에 참가하였던 남옥과 성대중에게도 보이는 점, 그뿐 아니라 그들의 일본 문화에 대한 높은 평가와 홍대용의 중국 문화에 대한 높은 평가 역시 일치하는 것 등에 대해 여기서 상세히 서술할 여유는 없다. 다만 여기서는 통신사의 제술관이었던 남옥이 오사카에서 귀국을 위해 배에 오르려던 때, 나바 로도가 전송하러 와서 자신들의 모습이 돛 그림자에 가려 보이지 않을 때까지 계속 바라보았던 것에 대해 "그 마음은 투명하고 혼탁하지 않다(其心無所染也)"고 적은 것, 성대중이 "일본의 문학은 옛날과는 다르다"라고 지적하면서 자기들만이 자국을 '화국(華國)'으로 생각하는 조선 지식인을 경계한 것, 원중거가 일본을 '해중(海中) 문명의 땅(鄕)'이라고 높게 평가하면서 일본인이 "총명하면서도 순박하고 의(義)를 사모하며 선(善)을 좋아하고, 근면하며 일에 정성을 다하는 점에서는 나의 생각에 우리나라 사람이 역으로 그들에게 미치지 못하는 것이 아닐까라고 걱정한다."라고까지 한 것, 그리고 나아가 홍대용이 엄성 등이 얼마나 인품이 높은가를 서술하면서 "은연(隱然) 속에 스스로 '중화(中華)'에 살고 있다."고 존대(尊大)하는 조선 지식인을 강하게 비판한 점에서 서로 전

…… 言畢而出, 至門内而別. 力闇含淚颦蹙, 以手指心而示之而已".

적으로 동일하다는 것을 지적하는 데 그치겠다.[42]

4. 홍대용과 원중거가 체험한 중국 · 일본의 '정'

이상으로 원중거 등 통신사 일행의 일본인에 대한 관찰과 홍대용의 중국인에 대한 그것이 너무나도 혹사하다는 것을 지적하였다. 이하에서는 더욱 문제를 좁혀서 한편에서 홍대용이 중국에서 관찰하고 체험하게 되는 '정(情)'과 다른 한편에서 그 2년 가까운 이전에 원중거 등이 일본에서 관찰하고 체험한 '정'의 유사성에 초점을 맞추어보겠다.

이미 언급하였듯이 양자는 한편으로 일본에서, 다른 한편으로 중국에서 그 땅의 지식인들이 깊은 정(情)을 가지고 자주 정이 극에 달하도록 눈물을 흘린 것에 주의하였다. 그리고 양자 모두 그것이 '적심(赤心)' '성애(誠愛)' '성심(誠心)'에서 나온 것이라고 해석하였다.

하지만 다음과 같은 기술이 있는 것은 주목할 필요가 있다. 그것은 2월 4일의 일로 이미 소개한 홍대용이 엄성 · 반정균과 숙소인 옥하관에서 필담하고 그들이 막 돌아가려고 할 때의 일이다. 이때 반정균은 눈물을 흘리며 그치지 않았다. 이것을 목격한 조선인 측의 대응을 홍대용은 다음과 같이 묘사하였다.

> 이때 신분이 높은 사람도 낮은 사람도 방관하면서 놀라 안색이 바뀌지 않은 이가 없었다. 이에 대해 어떤 자는 마음이 약한 때문이라고 하고 어떤 자는 정이 많기 때문이라고 하고, 어떤 자는 [반(反)만주족의] 강개의 마음을 가진 선비이기 때문이라고 하는 것 등 각각의 의견은 달랐지만, 요컨대 이들 전부가

---

42 南玉, 『日觀記』 권9, 5월 6일, 成大中, 『槎上記』, 書東槎軸後, 元重擧, 『乘槎録』, 6월 14일, 洪大容, 『湛軒書』 内集 권3, 又答直齋書, 67면상.

함께 하여 이렇게 되었던 것이다.[43]

반정균이 울어 망가지고 엄성도 처연해진 모습을 보고 조선인 모두는 놀라움을 가지고 지켜보았던 것이다. 이 서술에 앞서 『담헌연기』 수록본에 의하면 홍대용은 울기 시작한 반정균을 바로 달래며 "이별에 임해 우는 것은 옛날부터 있었던 일이다. 하지만 슬픔으로 상처를 입어서는 안 된다(哀而不傷)"라고 한 『논어』 팔일(八佾)에 보이는 공자의 말을 인용하여 과도하게 슬퍼해서는 안 된다고 타일렀다고 한다. 나아가 홍대용은 두 사람에게 경계를 주어 다음과 같이 말하였다.

> 옛말에 "울고 싶어지는 것은 여자와 닮은 것이다"라고 한다. 반정균님이 그렇게 감읍하는 것은 정도가 지나친 것은 아닐까요.[44]

홍대용은 『사기(史記)』 송미자세가(宋微子世家)에 보이는 고사(故事)를 인용하면서 반정균의 감정 표현에 대해 절도를 넘어 "너무 지나치다(太過)"고 주의를 주어 우는 것은 대장부가 아니라 아녀자나 하는 것이라고 하였던 것이다.

나아가 홍대용은 반정균이 이별에 대해 고통스럽다고 말하였기 때문에 "장부는 처절할 정도로 힘들다고 해서는 안 됩니다(丈夫不須作凄苦語)"라고 말하였다. 또 2월 6일 자로 엄성 · 반정균 두 사람에게 편지를 보내 다음과 같이 말하였다.

> 교제하여 도를 닦고 결점을 보완하여 유익함을 얻는다고 하는 바른 방식을

---

43 『湛軒書』 外集 권2, 133면상. "是時, 上下傍觀, 莫不驚感動色, 或以爲心弱, 或以爲多情, 或以爲慷慨有心之士, 諸言不一, 而要之兼此而致然".

44 상게서, 外集 권2, 133면상. "古語云, 欲泣則近於婦人. 雖其情不能自已, 蘭公此擧, 無乃太過耶".

모르고 일시의 애정[情愛]만으로 만난다면, 이는 부인의 인(婦之仁)이며 상인의 사귐입니다.[45]

여기서 말하는 '부인의 인'이란 역시 『사기』 한신전(韓信傳)에 보이는 말이다.

이 2월 4일부터 다음 다음날에 걸친 홍대용과 엄성 · 반정균의 교류에서 조선 및 중국에서 '정' '정애' '인정'에 대한 견해와 이에 대한 대처 방식에 큰 차이가 있는 것에 유의할 필요가 있다. 홍대용이 '정' '정애'의 표현을 제어할 수 있는 '장부' '대장부'라는 것을 지식인의 이상으로 삼고 있었던 것에 대해 엄성 · 반정균은 그것을 제어하는 것에는 매우 서툴렀다. 아니, 이 두 사람의 중국인은 '정' '정애'가 그대로 드러나는 것을 오히려 중시하는 세계에 살고 있었다고 보아야 할 것은 아닌가. 왜냐하면 엄성은 이러한 정황에서 눈물을 흘리는 것은 당연하였고 '정 있는 사람'이라면 당연히 이것을 알 것이라고 주장하였기 때문이다. 2월 6일자로 홍대용이 엄성에게 편지를 보내 천애지기(天涯知己)의 교제는 "부인의 인에 의한 것이어서는 안 된다."고 설득하였던 것은 이미 언급하였다. 이에 대해 엄성은 같은 날짜의 답신에서 대장부가 천애지기의 교제를 하는 것은 여자아이들과 같은 것이어서는 안 된다, 그리고 나아가 반정균은 확실히 마음이 부드럽고 기가 약했던 것은 말씀하시는 대로라고 하면서 그가 울었던 것은 "그 마음이 격발되어 참을 수 없었기 때문이다."고 하고, 또 "아아, 천하의 정 있는 사람이라면 조용히 있더라도 이 기분을 당연히 알 것입니다(天下有情人, 固當默諭此意耳)."라고 반론하였기 때문이다. 엄성은 홍대용에게 오히려 '정 있는 사람'이어야 한다고 말하고 있다. 양자는 서로 다른 정신세계에서 살고 있었다.

---

45 상게서, 外集 권2, 135면상. "但不知交修補益之義, 而出於一時情愛之感, 則是婦之仁而豕之交也"

양자의 단순한 개성을 넘어 이러한 정신세계의 차이를 느끼게 하는 것은 그 2년 전의 통신사도 매우 유사한 체험을 하였기 때문이다. 원중거 등이 에도를 떠난 때 나카가와 텐쥬 등이 이별을 참을 수 없어 다음 숙소인 시나가와까지 함께 왔던 것, 그와 헤이에이는 그래도 이별하기 어려워서 다음 숙소인 후지사와까지 함께 왔던 것은 이미 서술하였다. 나카가와 텐쥬가 계속 이별을 힘들어하며 큰 소리로 울부짖는 것을 보고 원중거는 "정에 끌리는 것이 이미 정도가 지나치니, 이상하다."라고 기록하였다. 원중거도 역시 일본인이 너무나 '정' 그대로 우는 것에 대해 이미 절도를 벗어난 것, 기괴한 것으로 보았던 것이다. 여기서 우리는 2년 후 북경에서 2월 4일 반정균이 눈물을 흘린 것에 대해 "신분이 높은 사람도 낮은 사람도 방관하면서 놀라 안색이 바뀌지 않은 이가 없었던" 것, 말하자면 중국인이 '정' 그대로 우는 모양을 보고 조선인 일동이 모두 놀라 대체 왜 이 중국인은 이렇게 우는 것인가라고 이렇게 저렇게 그 원인을 추측하면서 의아해하였던 것을 상기해야 할 것이다. 게다가 홍대용도 반정균과 같은 감정 표현을 "울고 싶어지는 것은 여자와 닮은 것이다." 혹은 '부인의 인(仁)'이라고 평가하였다. 그 2년 전에 원중거도 일본인을 평가하여 "부인 · 여자의 인(仁)이 있다."고 적었다. 이 또한 너무나 유사한 표현이라 하지 않을 수 없다. 원중거도 또 '정' '정애'는 노력하여 제어해야 할 것으로 보는 세계에 살고 있었던 듯하다.

그렇다면 이 '정' '정애'는 노력하여 제어해야 할 것으로 보는 정신이란 어떤 것일까? 그것은 주자학적 정신이라고 생각된다.

주자학 혹은 송학(宋學)이라고 불리는 세계에서 정에는 『맹자(孟子)』에서 말하는 인(仁) · 의(義) · 예(禮) · 지(智)에 대응하는 측은(惻隱) · 수오(羞惡) · 사양(辭讓) · 시비(是非)라고 하는 사단(四端)의 정(情) 외에 희로애구애오욕(喜怒哀懼愛惡欲)이라는 칠정(七情)이 있다고 생각한다. 이덕무는 뒤에 『천애지기서(天涯知己書)』를 지었을 때 홍대용과 반정균에게 문제되었던 이별의 '정'이란 사단 중 측은의 정과 칠정 중의 애가 그것이라고 해석하였다.[46] 물론 주자학에서도 '정'은 그 자체로 반드시 나쁜 것은 아니다. 문제가 되는 것 즉 제어해야 할 것으로 간주되는 것은 칠정이다. 그것은 본원(本源)인 '이(理)'도 아니고 '성(性)'도 아니기 때문에 이들 정이 발현되기 전이나 발현될 때 그것이 적절한 것이 되도록 충분히 훈련해두어 그것이 발현될 때에는 저절로 넘치거나 부족하지 않는 중정(中正)의 것이 되도록 하지 않으면 안 된다. 『중용』 첫 번째 장에는 "희로애락이 아직 드러나지 않은 것을 중(中)이라고 하고, 드러나서 모두 절도에 맞는 것을 화(和)라고 한다"고 한다. 즉 희로애락이라고 해도 지나치거나 부족하지 않는 절도가 있는 바에 꼭 적중하는 것이라면 '화'라고 긍정할 수 있다.

주자학에서는 특히 정이 '미발(未發)'의 단계, 즉 아직 희로애락으로 나타나지 않은 단계에서 수련을 쌓아둘 필요가 있다고 강조한다. 이를 '함양(涵養)' '존양(存養)'이라고 한다. 『근사록(近思錄)』 존양편(存養篇)에서 이정(程頤; 伊川)은 "오랫동안 함양을 쌓아두면 희로애락이 드러날 때 저절로 절도에 꼭 맞는다"라고 말하였다. 그리고 이 함양을 행하기 위해서는 '경(敬)'이라는 정신집중이 필요하다고 하고, 이를 실천하는 것을 '거경(居敬)' '주경(主敬)' 등이라고 불렀다. 같은 『근사록』에서 정이는 또 "함양에는 경(敬)을 견지[用]할 필요가 있다"고 말하였다.

홍대용과 원중거 모두 중국 혹은 일본으로 여행을 떠나기 전에는 이 함양에 힘쓰고 거경이라는 수련을 상당히 쌓은 사람인 듯하다. 왜냐하면 반정균이 눈물을 흘렸을 때 "반정균님이 그렇게 감읍하는 것은 너무 지나치다."라고 바로 비판하였기 때문이다. 그는 그 후 이덕무에 의해 '측은' 혹은 '애'라는 감정 표현이라고 긍정적으로 해석되기에 이르렀던 것은 "절도에 맞는 것이 아니다."라고 보았다. 원중거는 에도의 나카가와 텐쥬가 눈물로 목이 막히고 큰 소리로 울부짖으려는 모양을 보고 "정에 끌리

46 李德懋, 『靑莊館全書』 Ⅲ, 134면상. "余以爲臨別作極悽苦, 可也. 四端之惻隱, 七情之哀, 政爲此時準備耳".

는 것이 이미 너무 지나치다."고 적었다. 이 또한 "절도에 맞지 않는" 것으로 보았던 것이다.

그런데 그들이 일단 모국을 떠나 이국(異國)에 이르자 필담하는 상대가 같이 유교를 신봉하는 사람이었음에도 불구하고 거기는 이 '경(敬)'과 '함양'에 대한 사고방식이 전혀 다른 세계였다. 몇 개의 에피소드를 소개해 보자.

원중거가 일본에서 이르는 곳마다 '궁리거경(窮理居敬)'을 말하였던 것은 그의 『승사록』 및 일본인이 남긴 수많은 기록에 남아 있다. 사신 길의 규슈(九州) 하카타오키아이(博多沖合)의 아이노시마(藍島, 相の島)에서 가메이 난메이와 필담을 나누었을 때가 그 일례이다. 그는 가메이가 재능이 뛰어나고 분방하기는 해도 침착하고 단정한 것이 적다고 생각하고 이를 충고하려고 생각하여 "이것을 고치려면 어떤 약이 필요할까."라고 물었다. 가메이는 이 물음을 얼버무리며 '수심탕(修心湯)'이라는 약이 필요하다고 답하였다. 이에 대해 원중거는 "수심이라는 두 글자로 충분하다"라고 타이르면서 나아가 "성문(聖門)에서의 천언만어(千言萬語)도 모두 '경(敬)'자에서 생겨난 것이다"라고 설파하였다.[47] 이는 『주자어류(朱子語類)』 권12에서 말하는 "성현(聖賢)의 천언만어는 대사(大事)도 소사(小事)도 '경'을 바탕으로 하지 않은 것이 없다"라는 구절에 의거한 발언일 것이다. 그런데 가메이는 더욱 얼버무려 자신의 약통에 있는 치료약을 열고서 가르쳐드리려고 한다고 하며 '경'과는 전혀 관계없는 자신의 수업 방법을 도도하게 말하였다.

한편 홍대용은 다음과 같은 기술을 남기고 있다. 2월 8일 그는 엄성·반정균이 묵는 여관으로 가서 종일 필담하였다. 필담의 주된 상대는 엄성이었다. 엄성은 결코 주자학 일변도의 인물이 아니었지만, 『근사록』 읽는 것을 좋아한다고 말하였다. 그런 그가 당시 중국에서의 지적 분위기

47 龜井南冥, 『泱泱餘響』 권상, 12월 10일. "聖門千言萬語, 皆從敬字上演出".

를 소개하면서 "세상에서는 총명한 사람이라고 해도『근사록』을 졸음 부르는 책으로 간주한다."[48]고 말했다고 한다.

나아가 화제는 '경'의 문제로 옮겨갔다. 이때 홍대용이 "'경'자는 유학자[儒者]의 진부한 화제가 되어 있다."라고 말한 것에 대해 엄성은 한층 더 나아가 "만약 우리가 사람들에게 '주경(主敬)' 두 글자를 말하면 그들은 모두 이를 듣는 것만으로도 싫어한다고 말했다."고 한다.[49] 홍대용이 말했듯이 확실히 조선에서조차 '경'을 말하는 것은 유학자의 진부한 화제가 되어 있었다. 하지만 거기에서는 결코 이를 듣는 것이 싫다고 해서는 안 되었다. 거기에서 '경'은 주자학의 근본으로서 권위가 지속되었으며, 사실 당시 조선 지식인이 남긴 문집에는 이 '경'이라는 글자가 넘쳐난다. 이에 반해 중국에서는 '주경(主敬)' 두 글자를 화제로 삼는 것조차 꺼렸다.

엄성은『근사록』이 수면제로 간주되고 '주경' '거경' 등을 말하는 것도 부끄러움을 느끼는 듯한 세계에 살고 있었다. 그러한 그에게 있어서 홍대용은 주자학자로서 엄숙하게 '함양' '주경'을 수양하고 있는 것으로 보인 점에서 경외의 대상이었던 듯하다. 홍대용이 북경을 떠나기 2일 전인 2월 28일 엄성으로부터 장문의 편지가 도착하였다. 그것은 엄성 스스로 "평소부터 인정에 매여 우유부단했다"고 반성한 것이었는데, 다시 홍대용을 평하여

> 당신은 항상 저 엄성이 정이 지나친[過情] 것을 상찬[賞讚]하고 허용하고 있다고 불만스럽게 생각하십니다. 저 엄성은 행동이 경솔하고, 당신은 방정(方正)·엄숙한 것에 대해 참으로 존경할 만한 것으로 생각합니다.[50]

48 『湛軒書』外集 권2, 137면하. "世間儘有聰明之人, 以近思録爲引睡之書, 哀哉".

49 상게서, 外集 권2, 138면상. "力闇曰, 如吾輩若開口向人説出主敬二字, 則人皆厭聞之".

50 상게서, 外集 권3, 173면상. "又生平過徇人情, 優柔寡斷, 此心受病處不少. …… 足下每嫌誠稱許過情, …… 誠威儀輕率, 而足下之方嚴, 實堪矜式也".

라고 하였다. 엄성에게 있어서 홍대용은 자신을 '과정(過情)'하다고 충고하는 경탄할 만한 실천적 주자학자였던 듯하다. 그는 이 편지에서 홍대용을 평하여 "고풍(古風)·고의(高義)를 다시 지금에 보게 한다(古風高義, 更見今日)"라고 표현하고, 또 2월 12일의 필담에서도 이와 비슷한 평가로 "고의(古義)가 있고 매우 근면한 사람(古義敦勉之人)"이라고 표현하고 있다. 이들은 단순히 사교적인 말로 상대방을 '고풍'이나 '고의'가 있다고 칭찬한 것이 아니라 바로 600년에서 700년이나 이전의 송대인, 즉 송대에나 있을 '장부(丈夫)'가 시대를 초월하여 홀연히 지금 눈앞에 있다고 느낀 때문일 것이다.

홍대용에게 엄성과 반정균은 자국인 조선의 지식인 사회에서는 결코 허용하지 않는 '과정'의 사람들, 즉 "절도에 맞지 않는" 정을 표출하는 사람들이었다. 한편 엄성과 반정균에게 홍대용이란 우는 것이 "스스로 능히 금할 수 없다"는 것을 알지 못하는 사람, 곧 인정이라는 것을 알지 못하는 사람으로 보였다. 양자는 서로 다른 환경에서 자랐으며, '정'을 둘러싼 그들의 필담과 체험은 문화와 문화의 충돌이라고 해도 좋다.

여기서 또 한 가지 필담 중에 있었던 '정'에 관한 에피소드를 소개하겠다. 그것은 운다고 하는 것 같은 개인적인 문제를 넘어 멀리 사회적인 문제이다. 2월 12일 화제는 가족 문제로 이어졌고 나아가 과부의 재혼 문제로 나아갔다. 한 사람의 남자에게 끝까지 정절을 지키고 남편이 죽은 후에도 재혼하지 않는 것이 '부인(婦人)의 의(義)'일 것이라고 주장한 것이 홍대용이고, 이에 대해 엄성과 반정균은 과부의 재혼에 매우 관용적이었다. 미혼으로 수절하는 '정녀(貞女)' 즉 정식 결혼식을 올리지 않은 사이에 약혼자인 남자가 죽은 경우에도 지금은 없는 약혼자에 대한 정절을 지켜 '재혼'하지 않는 '과부'에 대해 홍대용은 "납폐(納幣) 즉 여성 쪽 집안이 결혼 요청에 동의하였다면 결혼한 것이다. 그러므로 '재혼'하지 않는 것이다."라고 주장하였다. 이에 대해 반정균은 "그것은 도리어 정(情)에서 보아도 의(義)로 보아도 옳지 않다"라고 강하게 반론하였다. 그는 『예기』 중

자문(曾子問)에 보이는 공자의 말을 들면서 '묘현(廟見)' 즉 남편의 종묘(宗廟)에 참배하는 의식을 마쳐야 비로소 '부(婦)'가 되는 것이므로 납폐를 마쳤으나 아직 시집간 것이 아닌 단계에서 약혼자가 죽었다고 하여 재혼하지 않는 것에 대해 강하게 반대하였다.

나아가 과부가 재혼하지 않은 경우 혹시라도 젊은 나이에 과부가 된 자가 몰래 남자를 만나는 폐해가 있지 않겠는가라는 것이 토론되었다. 이에 대해 홍대용은 그러한 것은 만에 하나도 없다, 발각되면 과부는 반드시 자살한다고 하는 조선의 실정을 소개하였다. 그리고 그러한 것이 있으면 부형이나 근친에게 폐해를 주고 관계(官界)에서의 출세에도 방해된다고도 하였다. 이에 대해 반정균은 "너무 지나치다. 부형에게 무슨 죄가 있는가"라고 놀라고 있다.[51] 엄성도 반정균의 의견에 거의 동의한 듯하다. "너무 지나치다"라고 하는 것이 일찍이 반정균이 울었을 때 홍대용이 꾸짖은 말이었던 것을 상기하기 바란다. 무엇이 '지나친(過)' 것인지, 양자 간에는 전혀 그 기준이 달랐던 것이다.

그들이 필담한 1766년은 정자(程子)와 주자(朱子) 등 송대의 '장부(丈夫)' '대장부'들이 살던 시대로부터 이미 600~700년이 지났다. 명(明) 말기에 양명학이 나타나자 특히 그 좌파에서는 경(敬)이 이미 거의 언급되지 않게 되었다고 한다.[52] 이는 청조 중엽에 이르러서도 변하지 않았다. 예컨대 대표적인 고증학자 대진(戴震)의 주요 저작인 『맹자자의소증(孟子字義疏證)』 하나를 들어보아도 거의 '경'을 말하지 않는다.

---

51 상계서, 外集 권2, 143면하. "余曰, 改嫁不以爲非耶. 蘭公曰, 士大夫家不改嫁, 然貧而無子, 改嫁亦宜. 宋儒如程子, 即家有再室之女. …… 余曰, 此以衆人望人之義, 其實事一而終, 豈非婦人之義. 蘭公曰, 貧無所歸, 而其人非能堅忍之人, 則再適亦無害. …… 又曰, 東方亦有未婚守節者否. 余曰, 納幣則已成婚, 故不敢改嫁. 蘭公曰, 此却非情義之正. 已嫁未廟見而亡, 則歸葬於母家, 謂其未成婦道也. 未嫁夫死而守節者, 古人比之爲奔, 雖其人實非尋常婦女可比, 然亦賢者之過也. 力闇曰, 此亡於禮之禮也. …… 蘭公曰, 早寡守節者, 能無失行之弊耶. 余曰, 雖或有之, 千百中一, 見覺則必死, 其父兄近族, 皆見枳仕路. 蘭公曰, 父兄之見枳何也. 力闇曰, 爲淸議所不容. 余曰, 然. 蘭公曰, 太過, 父兄奚罪焉".

52 島田虔次, 『中國思想史の研究』(京都, 京都大學學術出版會, 2002), 85면.

대진에게 있어서는 '경'이 거의 언급되지 않은 데 비해 '정'의 위치가 비약적으로 높아졌다. 그에게는 "성인(聖人)이란 천하의 정을 통해 천하의 욕(欲)을 이루는" 자를 말한다. 이에 대해 송유(宋儒)는 "인륜일용(人倫日用)을 버리고 무욕(無欲)이 되는 것을 독실한 실행(篤行)이라고 잘못 이해하는" 자들이었다. 나아가 그는 주자의 '이(理)'에 대한 해석에 정면으로 반대하면서 정이야말로 인간 존재의 중심이라고 하고 "'이'는 정에 거스르지 않고 정을 잃지 않아야 하는 것이며, 정을 얻지 않았는데 '이'를 얻었다는 것은 있을 수 없다."고 하고 또한 "나의 정을 가지고 다른 사람의 정을 가름하는" 것 즉 정이라고 하는 사회를 사는 사람들이 거의 공통적으로 가진 기준으로 자신과 타인의 정을 계측해야만 정은 그 표준을 얻을 수 있다고 하였다. 이러한 표준적인 정을 그는 특히 '상정(常情)'이라고 불렀다. 즉 대진에게 있어서는 사회가 성립하기 위해 필수적 여건에까지 '정'의 지위가 높아진 것이다.[53]

이상은 중국의 상황이지만, 실은 일본에서도 마찬가지였다. 이토 진사이는 『동자문』에서 "예(禮)와 의(義)를 가지고 절제한다면 정은 그 자체로 도(道)이고, 욕(欲)은 그 자체로 의(義)이다. 무엇을 미워할 필요가 있겠는가"라고 주장하였다. 나아가 이에 이어서 주자학자들이 "굽어 있는 것을 바로잡아 지나치게 곧게" 한다면 "무성하던 지정(至情)은 일제히 절멸된다"고까지 말하였다. 과도하게 정을 억제한다면 본래 그 자체로 도(道)인 정을 말살하게 된다고 하는 것이다. 그리고 주자학자들은 노력에 노력을 거듭하여 "반드시 정을 절멸시키고 무욕에까지 이르지 않으면 멈추지 않는" 자들이라고 비난하였다.[54] '경'에 대해서도 송유들의 생각에 정면으로

53 『戴震集』(上海, 上海古籍出版社, 1980), 323면 · 265면. "理也者, 情之不爽失也, 未有情不得而理得者也. ……以我的情絜人之情. …… 曰所不欲, 曰所惡, 不過人之常情, 不言理而理盡於此".

54 家永三郎 等 校注, 『近世思想家文集』(『日本古典文學大系』 97, 東京, 岩波書店, 1966), 104~106면.

반대하였다. 그의 『어맹자의(語孟字義)』에서 그는 '경'을 해석하여 이것을 빌려 송유들과 같이 해석한다면 "성인의 천언만어는 모두 무용지물이 된다."라고 하였다. 주자나 원중거와 같이 경에 관한 말로 '천언만어'라는 단어를 사용하면서도 그 주장이 전혀 다른 것이 흥미롭다.

정의 중시라는 점에서는 소라이 학파도 마찬가지였다. 다자이 슌다이는 그의 「독주씨시전(讀朱氏詩傳)」에서 주자의 『시경』 해석을 비판하여 "심하구나! 주자가 시(詩)를 알지 못하는 것이여. 시란 무엇일까. 그것은 인정(人情)이 말의 형태로 나타난 것이다"라고 말하고, 나아가 『장자(莊子)』에 보이는 혜자(惠子)의 말을 인용하여 "사람이면서 정이 없으면 어찌 사람이라 하겠는가? 정이라는 것은 성실[実]이다. 또 거짓이 없는 것이다"라고 주장하였다.[55]

국학자 모토오리 노리나가(本居宣長)는 에도의 나카가와 텐쥬와 오사카의 호소아이 도난 등과 같은 세대에 속하는 인물이다. 그가 "모노노아와레(사물의 정취)" 논(論)이라는 주정주의(主情主義)를 주창한 것은 유명하지만, 나아가 "여동(女童)의 말과 모두 덧없다는 것"이야말로 그 『시경』 300편의 본질이라고 하고 '남자다운' 시를 오히려 시의 본질에서 벗어난 것으로 보았다고 한다.[56] 통신사는 국학자들과 거의 필담을 나누지 않았지만, 노리나가의 문예론(文藝論)과 나카가와 혹은 호소아이 등이 흘린 눈물과는 근본에서 통하는 것이 있음은 거의 누구도 인정할 바일 것이다.

반정균이 처음으로 눈물을 흘린 것은 2월 4일이고, 『근사록』이 중국에서는 수면제로 생각된다고 하는 이야기가 나온 것은 2월 8일이었다. 그런데 다음날인 2월 9일이 되면 이 '정'에 대한 생각에서 홍대용 자신에게

55 太宰春臺, 『春臺先生紫芝園後稿』 권10, 1면, 讀朱氏詩傳. "甚矣, 仲晦之昧于詩也. 夫詩者何也. 人情之形於言者也. …… 惠子曰, 人而無情, 何以謂之人 情也者實也, 無僞之謂也. 君子不知人情, 不可以莅民, 爲政而不知人情, 必有不行. …… 仲晦必以勸懲言之. 夫懲惡勸善者, 春秋之旨也".

56 丸山眞男, 『日本政治思想史硏究』(東京, 東京大學出版會, 1952), 172면.

변화가 일어난다. 그는 이날 엄성 · 반정균에게 준 편지에서 전날 숙소로 돌아와 베개를 베고 두 사람과 담소하던 것을 떠올리며 "거의 아침이 될 때까지 잠들지 못했다."고 고백하였다. 뭔가 생각을 떨쳐버리려고 하여 일단 이별하면 서울과 북경은 칠천 리나 떨어져 있기 때문에 그리움 등을 생각하지 않아도 되지만, 이것은 과연 좋은 생각인가라고 혼잣말을 하며 웃었지만, 곧바로 '정마(情魔)'가 몰려와 이 좋은 생각은 바로 무산되었다고 말하였다.[57] 며칠 전에는 반정균이 '정'을 표현한 것에 대해 "너무 지나치다"고 비판한 그 자신이 '함양' '거경'의 보람도 없이 스스로 내면에서 자연적으로 솟아오르는 '정'을 도무지 통제할 수 없었던 것이다.

2월 12일에도 홍대용 등은 종일 필담을 나누었다. 여기서 홍대용은 "들은 바로는 군자의 사귐은 의(義)가 정보다 우선하고 소인의 사귐은 정이 의보다 우선한다고 합니다. 저는 근래에 이별의 일이 마음에 걸려 거의 침식도 거르고 있습니다. 의가 정보다 우선하는 것은 아마도 이런 것은 아니겠지요. 혹은 인정(人情)이라는 것은 이런 것일 수밖에 없겠지요?"라고 역으로 엄성 등에게 묻고, 혹은 스스로에게 묻고 있다. 이에 대해 엄성은 "이것도 정이 그 바름을 얻은 것이며, 성현께서 말한 이(理)와 의에 반한 것은 아닐 것입니다"라고 답하였다.[58] 이덕무가 문제의 '정'이란 사단 중의 측은과 칠정 중의 애라고 적은 것은 이 대목에서였다. 우리는 이에 이르러 홍대용에게 있어서 자국 조선에서 수행해 온 수련의 성과가 크게 동요하였을 뿐 아니라 '정' 그 자체에 대한 생각에서도 그때까지 지녔던 자신의 생각에 의문을 가지게 된 모습을 명료하게 볼

---

57 『湛軒書』 外集 권2, 139면하, "但於歸後就枕, 孤館黯黯之中, 忽若二兄在坐談笑, 乃蘧然驚覺, 殆達朝不成睡, 不得已強自排遣, 以爲我與彼各在七千里外, 風馬牛不相及, 雖可懷也, 亦於我何有哉. 自言自笑, 以爲得計. 獨怪其倏然之頃, 情魔依舊來襲, 盤據心府. 所謂得計者已渙散無迹, 想此境界, 乃非狂則癡也".

58 상게서, 外集 권2, 144면상, "余曰, 嘗聞君子之交, 義勝情, 小人之交, 情勝義. 弟近日以來, 別緖關心, 殆寢食不便. 義勝情者, 恐不如是, 抑人情之不得不爾耶. 力闇曰, 此亦尚是情之得其正者, 未至大背聖賢理義".

수 있다.

그리고 이어서 이별의 시간이 도래하였다. 2월 26일 홍대용은 엄성 등이 사는 여관을 방문하였다. 만난 이들은 엄성과 반정균, 여기에 육비를 더한 3인이었다. 이별에 즈음하여 엄성이 오열하고 '참극(慘極)'이라는 두 글자를 크게 썼다는 것, 그리고 마침내는 비처럼 눈물을 흘리고 손으로 심장을 가리킨 것은 앞에서 기술하였다. 27일과 28일은 엄성 · 반정균 그리고 육비와 몇 번이고 편지를 주고받았다. 29일 출발 하루 전을 맞이한 홍대용은 엄성에게 한 통의 편지를 썼다. 엄성의 『철교전집』에 수록된 그것에 의하면 거기에는 다음과 같은 것이 적혀 있다.

> 이제 이별입니다. 편지는 이제 통하지 않습니다. 이를 슬퍼하지 않을 수 있겠습니까. 오늘은 시간을 보아 찾아뵈어 이별을 알리려고 합니다만, 어제 육비 선생의 편지를 받고 "처음으로 당신들의 생각을 알고서 오장육부가 놀라 찢어질 듯하였습니다. 당신들은 정말 정 없는[薄情] 사람들이라고 생각하였지만, 얼마 후 가까스로" 그 정의(情誼)가 깊은 것, 그 슬픔의 절실함이 더 이상이 없을 정도임에도 불구하고 저와는 맞지 않는다고 결단하였던 것을 알게 되었습니다. "그리하여 주렴을 내리고 혼자 앉으니 눈물이 고여[汪汪] 흘러내렸습니다. 이전에는 반정균님이 과정(過情)하다고 책망하였습니다만, 지금 저도 또한 금할 수 없습니다" 어떻게 생각하시는지요.[59]

홍대용은 혼자 주렴을 내리고 약간 어두운 방에서 '고인' 눈물을 흘렸던 것이다.

실은 이 부분에 있어서도 『간정필담』과 『간정동필담』에 실린 그 자신의

---

59 『鐵橋全集』 제5책, 18면, 又. "從此別矣. 書信亦不可復通矣. 如之何弗悲. 今日始擬抽暇趨別, 昨承陸老兄書, 意始見之, 五内驚隕, 以爲我兄之薄情, 何乃至此也. 少閒方頓覺其厚之至悲之切, 而斷于處事也. 于是乎, 下簾獨坐, 淚汪汪下. 前則責蘭兄以過矣, 今我亦不自禁焉. 奈何".

편지는 대폭 바뀌어 있다. 즉 "처음으로 당신들의 생각을 알고…… 얼마 후 가까스로", 또 "그리하여 주렴을 내리고 혼자 앉으니…… 지금 저도 또한 금할 수 없습니다"라고 하는 두 군데가 몽땅 삭제되고 교묘하게 전후가 접합되어 있다. 자기 자신도 울고 말았다는 것은 한마디도 하지 않는다. 하지만 또 그가 이 '정'의 문제에 마지막의 마지막까지 구애되었던 것은 이를 통해 알 수 있다.

전후의 사정을 감안하면 『간정필담』을 집필하면서 그 자신이 교묘하게 바꾸어 썼다고 보는 것이 가장 자연스러울 것이다. 그가 이상으로 여긴 '장부' '대장부'로서 그런 감정 표현은 역시 경박하게 생각되었던 것인지 모르겠다. 혹은 다만 자신도 울었다는 것을 조선 사람들에게 말하는 것이 부끄러웠던 것일 뿐이었는지도 모르겠다.[60] 일찍이 반정균이 울었을 때에는 그 감정 표현을 "너무 지나치다" "아녀자 같다"라고 하여 질책했지만, 겨우 1개월도 되지 않아 이번에는 홍대용 자신이 '과정(過情)의 사람'인 것을 금할 수 없게 된 것이다.

5. 맺음말

이상에 의해 홍대용이 연행한 의의의 핵심 부분이 『간정동회우록』과 『간정동필담』에 담겨 있다는 것, 나아가 거기에 담긴 체험과 필담에서 가장 중요한 문제의 하나는 '정'의 문제였다는 것이 대략 밝혀졌다고 생각한다. '정'의 문제야말로 이 책을 관통하는 주된 선율의 하나이다. 이하, 그 외에 밝혀진 몇 가지 사항을 정리하면 다음과 같다.

60 지금에 있어서 한글본의 일기인 『을병연행록(乙丙燕行錄)』에서는 김태준(金泰俊) 외 현대어역, 438면 및 정훈식 현대어역, 제2책, 374면에서 "두어 줄 눈물이 옷깃을 적셨다"라고 하였다.

그 첫째는 18세기 후반의 중국 및 일본 모두 지식인의 실생활에서는 서로 닮은 '정의 세계'가 있었고, 이에 대해 조선에서는 그렇지 않았다는 사실이다. 주자학적 세계에 있으면서 송대의 '장부(丈夫)' '대장부'를 이상으로 삼았던 원중거 혹은 홍대용의 입장에서는 "괴이하다(可怪)" "참으로 불가사이하다(誠可異)" "부인(婦人)의 인(仁)" "너무 지나치다"라고 느껴진 반면, 중국인과 일본인은 반드시 그렇게 생각하지 않았던 듯하다. 그들은 오히려 사람은 '유정인(有情人)'이어야 한다고 생각하였다.

반(反)주자학으로서의 일본고학(古學) 나아가서는 일본국학(國學)이 정욕(情欲)에 대한 관용 내지는 긍정에서부터 그 적극적인 주장에 이르기까지 주자학적인 엄격함을 배제하는 점에 있어서 일관되었던 것은 지금까지 이미 밝혀진 바이다.[61] 또 예컨대 일본의 이토 진사이와 중국의 대진이 그 사상에 있어서 얼마나 혹사하였는가 등도 지금까지 지적되어 왔다.[62] 나아가 이번에 홍대용과 원중거 등이라는 거의 같은 시기에 외국으로 나간 조선 지식인의 여행기를 대비시키고 외국인의 눈을 통해 그 학술보다도 더욱 안쪽에 있는 정신, 혹은 그들의 실생활에서의 심정에 있어서도 혹사한 것이 있다는 것이 밝혀졌다고 생각한다. 물론 일본에서는 유교, 그 중에서도 주자학이 지식인의 정신세계에 파고들었던 시기는 중국과 조선에 비해 훨씬 짧았고, 또 삼국 간 '정'의 표현에 대해서도 동등한 것으로 논할 수 없다. 그러나 적어도 여기서 틀림없는 사실은 18세기 후반이라는 한 시점을 취한다면 '정'의 표출에 있어서 중국과 일본은 매우 유사하였고, 조선은 이와 큰 차이가 있었던 것이다.

두 번째는 첫 번째와 관련하여 엄성 등 중국 지식인의 '정'에 대한 의미

61 앞의 주 56, 丸山眞男著書, 46 · 57 · 111면. 吉川幸次郎, 「仁齋東涯學案」(吉川幸次郎等, 『伊藤仁齋 伊藤東涯』(『日本思想大系』 33, 東京, 岩波書店, 1971), 584 · 602면.

62 吉川幸次郎, 「學問のかたち」(『吉川幸次郎全集』 제17권, 東京, 筑摩書房, 1969), 207면, 앞의 주 61의 吉川 논문, 589면. 余英時, 「戴東原與伊藤仁齋」(『論戴震與章學誠』, 北京, 三聯書店, 2000).

부여가 청조를 대표하는 고증학자 대진의 그것과 바탕에서 통하였다는 점이다. 대진의 『맹자자의소증』이 저술된 것은 홍대용 등이 필담을 나눈 때로부터 10년 후의 일이다.[63] 이 의미에서 『맹자자의소증』은 『근사록』이 수면제 대용처럼 되어 있던 시대를 반영하는 것이며, 엄성과 반정균 등이 가진 심정을 사상으로 결정(結晶)시킨 것에 다름 아니었다고 말할 수 있다.

또한 마찬가지 고증학자였던 왕중(汪中)이 약혼자가 죽어도 재혼하지 않는 '정녀(貞女)'를 강하게 비난한 것은 일종의 여성해방론을 주창한 것으로 잘 알려져 있다.[64] 왕중의 이 논의는 그의 아들 왕희손(汪喜孫)에 의하면 1776년(건륭 41)의 일이라고 한다.[65] 그것은 홍대용과 반정균 등이 토의한 때로부터 역시 10년 후의 일이다. 왕중이 그 논거로 든 것, 예컨대 『예기』 등에 보이는 전거는 반정균이 홍대용과의 논의 때 들었던 것과 거의 같다. 그렇다면 이 역시 반정균이 살았던 시대에는 일부 지식인 사이에서는 이미 상식이 되었던 생각을 왕중이 더욱 엄밀한 고증학이라는 수법을 이용하여 논하였던 것에 지나지 않은 것이 된다. 물론 주자학은 이후에도 오랫동안 유지되었고, 과부 재혼에 대한 논의에서도 왕중 등의 그것에 대한 반대도 오랫동안 계속되었다. 애초 왕중의 논의를 여성해방론으로 부르는 것도 문제이다. 또 원래는 왕중에 의해 그 모친이 과부로 살았던 고생을 해소할 수 있기를 바라는 마음에서 구상된 정고당(貞苦堂)이 '절부(節婦)' '정녀'를 찬양하면서 그녀들을 봉쇄해두기 위한 시설로 변모한 형태로 세워지기 시작한 것도 이보다 훗날의 일이었다.[66] 이와 같이

---

63 錢穆, 『中國近三百年學術史(上)』(上海, 商務印書館, 1937), 327~331면.

64 湯淺幸孫, 「支那における貞節觀念の變遷」『中國倫理思想の研究』, 京都, 同朋舍, 1981, 164면), 「清代における婦人解放論」(同, 293면).

65 楊晉龍編, 『汪喜孫著作集(下)』(臺北, 中央研究院中國文哲研究所, 2003), 1166면.

66 夫馬進, 『中國善會善堂史研究』(京都, 同朋舍出版, 1998), 387면(中國語版, 北京, 商務印書館, 2005, 327면).

과부의 재혼 문제에 대한 논의는 간단하게는 결착되지 않았지만, 반정균이 홍대용에게 말한 것과 같은 생각이 일부이기는 해도 지식인의 실생활에서 상식이 되어 있었던 것은 이상을 통해 알 수 있다.

세 번째는 이 '정'은 당시 국제사회에서 현저한 감염력을 가졌다는 것이다. 처음에 중국인의 '과정(過情)'을 질책하였던 홍대용 자신이 1개월도 되지 않아 '과정'의 사람이 되어버렸다. 그가 귀국 후 바로 자신의 체험을 『간정동회우록』으로 정리하자, 이를 읽은 사람 중에 곧바로 이에 공감하는 자가 나타났다. 그 대표가 박제가와 이덕무이다. 이덕무는 그의 『천애지기서』를 지었을 때 반정균이 눈물을 흘린 것에 대해 조선인 측의 누군가가 놀라 지켜보았다고 하는 장면에 대해 다음과 같은 코멘트를 달았다.

> 박지원 선생은 "영웅과 미인은 눈물이 많다"고 말씀하였다. 나는 영웅도 미인도 아니다. 하지만 『간정동회우록』을 일독하니 눈물이 고여[汪汪] 넘쳤다. 만약 정말로 이 사람을 만난다면 다만 서로 마주하여 오열할 뿐 필담할 시간조차 없을 것이다. 이를 읽고 책을 덮고서 상심하지 않는 것은 인정(人情)이 아니며, 벗이 될 수 없다.[67]

이덕무도 또 엄성과 반정균이 눈물 흘리는 정경을 상상하고 그도 눈물을 흘린 것이다. 그에 의하면 측은의 정과 애(哀)의 정은 "바로 이때를 위해 준비해둔" 것이었다. 또 엄성이 "천하의 정 있는 사람[有情人]이라면 조용히 있더라도 이 기분을 당연히 알 것입니다."라고 반론하였다는 것에 대해서는 "나 역시 지금 조용히 있다고 해도 이 기분을 알 수 있다. 홍

67 『靑莊館全書』 Ⅲ, 131면상. "朴美仲先生曰, 英雄與美人多淚. 余非英雄, 非美人. 但一讀會友錄則閣淚汪汪. 若眞逢此人, 只相對嗚咽, 不暇爲筆談也. 讀此而不掩卷傷心者, 匪人情也, 不可與友也".

대용만이 아니다."라는 감상을 적었다.[68] 이덕무도 엄성이 추구한 것과 같이 '유정인'이 된 것이다.

그뿐만이 아니다. 이덕무는 홍대용 등이 과부의 재혼 문제를 논한 것에 대해 논평하여 "우리나라의 사대부 집안에서는 과부의 재혼이 없다"라고 하여 현상(現狀)에 대해서는 홍대용과 같은 인식을 나타내면서도 오히려 그의 주장에서는 반정균을 완전히 지지하고, 조선의 이러한 습속은 "바른 경전(經典)에 보이는 도리가 아니다"라고 말하기에 이르렀다.[69] 홍대용을 이미 간단하게 넘고 있는 것이다.

박제가도 마찬가지이다. 그는 어떤 친구를 '인인(忍人)' 즉 인정을 이해할 수 없는 잔인한 자라고 비난하면서 자신에 대해 "다정하고 기질이 약한 학생(多情弱質之友生)"이라고 묘사하였다.[70] 반정균에게 준 편지에서도 "아아, 나는 '정인(情人)'입니다"라고 적었다. 중국에서 긍정되고 적극적으로 주장되고 있던 '정'은 현저하게 국제적인 감염력을 가졌다고 말해야 할 것이다.

지금까지 홍대용을 선구로 하는 북학파는 '실학파'의 한 그룹이라고 간주되고 그들이 가진 자연과학과 실용에 대한 관심만이 강조되어 왔다. 하지만 동아시아에서의 학술교류라고 하는 차원에서 이를 보면 다른 해석이 가능해진다. 이상으로 이해할 수 있는 것은 홍대용 · 박지원 · 박제가 · 이덕무 모두 '유정인'이거나 아니면 유정인으로 변모한 자들이었다는 것이다. 원중거도 귀국하여 부산에 상륙하였을 때에는 시나가와와 오사카에서의 이별을 회상하면서 "무정할 수 있겠는가"라고 말하였다. 원중거는 그 후 북학파라고 할 그룹이 생겨나자 이에 적극 동조하여 그 사상 형성의 일익을 담당하였다. 그렇다면 북학파란 우선 무엇보다도 국제

68 상게서, 132면상. "不佞今亦默諭(喩)此意, 不獨湛軒然也".

69 상게서, 137면상. "死固烈矣, 亦非正經道理, 猶滅性之孝子也".

70 『貞蕤閣集』 권4, 與金石坡(龍行), 661면상.

적 접촉에 의해 먼저 '정'에 눈을 뜬 사람들이고, 그 실생활의 기반으로 인간으로서 당연한 '정'을 중시한 그룹이었다고 할 수 있다.

(번역: 정병준)

제13장

홍대용의 『간정동회우록』과 개변

–18세기 동아시아의 기서

1. 머리말

조선의 홍대용이 지은 『간정동회우록(乾淨衕會友錄)』과 『간정필담(乾淨筆譚)』은 18세기 동아시아가 낳은 기서(奇書)이다. 분명 이는 홍대용이라는 조선의 지식인이 한 달 남짓 북경에서 체류하는 동안 세 명의 중국 지식인과 나눈 교유 기록이며 필담 기록에 지나지 않는다. 여기에는 언뜻 보고 사실일까 아닐까 하는 의심스럽거나, 과장스러운 견문담도 없고, 파란만장한 모험담도 전혀 없다. 또 가슴을 두근거리게 하는 여성은 한 사람도 등장하지 않으니, 그 같은 종류의 기담(奇譚)도 전혀 없다. 필담 자리에 이따금 등장하는 사람은 49세가 되었는데도 여전히 조선에서 일개 관직도 얻지 못하고 매일매일 술로 시름을 달래는 김재행(金在行)이라는 남자뿐이다.

현재 우리는 세계에 남아 있는 수많은 외국 여행기를 읽어볼 수 있다. 조선시대에만도 수백 종류에 달하는 연행록, 즉 북경 여행기가 남아 있다. 그러나 외국인들끼리의 기이한 만남을 이렇게까지 기록한 것, 중국 지식인의 생태와 심정을 이 정도로 생생하게 기록한 여행기는 달리 없을 것이다. 이렇게 눈물겨운 이야기가 몇 번이고 나오는 기록은 없을 것이며, 농담을 주고받으며 크게 웃다가도 홍대용이 중간중간 심술궂은 질문을 던져 이를 둘러싸고 논의를 펼치는 기록은 없을 것이다. 홍대용이 중국으로 향하기 전까지, 약 100년 동안 아니 보다 멀리 보면 고려시대부터 약 400년간, 양국 지식인 사이에 얼굴과 얼굴을 마주한 학술 교류는 매우 드물었다. 이런 의미에서 이들의 접촉은 일종의 이문화(異文化) 접촉이었다고 말해도 무방하다. 그런데 이들은 모두 유교도(儒教徒)로, 옛날 중국 고전을 매개로 한 필담이 이루어졌기 때문에 매우 심도 깊은 토론이 이루어졌다. 그것도 각각의 논의가 발언자의 각기 다른 개성과 그들이 가진 문화의 차이로 인해 다채롭고 흥미롭게 되었으니 이러한 것은 연행록 중에서도 전무후무하다 할 것이다. 그 범위를 전근대(前近代) 한문 문헌으로 넓히더라도 이 같은 특색을 가진 필담 기록은 전무후무하다.

홍대용은 중국에서 귀국하는 즉시 북경에서의 교유와 필담의 시말(始末)을 정리해서 책으로 엮어 『간정동회우록』이라고 이름을 붙였다. 이미 앞장에서 서술한 것처럼 이 책은 서울을 중심으로 지식인들 사이에서 은밀하게 읽혀졌고 그들에게 큰 충격을 주었다. 이덕무는 그 중 한 사람이다. 이덕무는 이 책에서 중국인이 눈물 흘리는 장면이 나오면 잠시 책을 덮고 함께 울었다. 그래서 이 책에서 가장 감동적인 부분 혹은 문제가 되는 부분을 발췌해서 자신의 의견을 덧붙이고, 이를 『천애지기서(天涯知己書)』라고 하였다. 이덕무는 독서 노트인 이 책의 마지막 부분에서 『간정동회우록』에 대해 '진정한 기서(奇書)이며 보통에서는 있을 수 없는 일'이라고 적고 있다.[1]

---

1 李德懋, 『天涯知己書』(『靑莊館全書』 Ⅲ, 『한국문집총간』 제259집, 서울, 민족문화추진회, 2000, 123면상~137면하). "往往感激有可涕者, 錄其尺牘及詩文, 抄刪筆談, 名曰天涯知己書. 今撮會友錄祕本, 并載不佞評語爲此. 篇莊語諧, 層見疊出, 眞奇書也, 異事也."

이때 이덕무의 나이 20대 후반이었던 것으로 보인다. 『간정동회우록』은 당시 한창 예민한 청년에게는 기서였으며 이 같은 책이 나온 것은 보통에서는 있을 수 없는 일이었다.

마찬가지로 그 자리에 함께 있으면서 강렬한 충격을 받은 사람은 박제가이다. 이에 대해서도 이미 서술한 것처럼, 그는 『간정동회우록』을 읽었을 때를 '실성해서 미친 것처럼 밥을 먹으려다가 수저를 잊고, 세수하려다가 씻는 것을 잊을' 정도였다고 기록하고 있다.[2] 박제가는 이덕무보다 9살 아래였으므로 그가 10대 후반이나 20대 초반에 있었던 일로 생각된다. 이 책에 격렬하게 마음을 흔들린 이들 두 사람이 홍대용과 같은 체험을 하고 싶다고 생각하며 북경으로 떠난 것은 『간정동회우록』이 세상이 나온 지 12년이 지났을 때이다. 박지원이 북경에 다녀와서 『열하일기(熱河日記)』를 저술한 것은 여기에서 또 2년 뒤의 일이다. 그들은 나중에 북학파라 불리는 하나의 그룹을 형성하고 새로운 바람을 일으켜 조선의 역사를 크게 움직였다.

『간정동회우록』이 나온 것은 조선에서 역사적인 큰 사건이었다. 박지원의 『열하일기』에도 그 영향이 농후하게 투영되어 있다. 이 책에 등장하는 것이라고는 겨우 남자 다섯 명뿐이며 묘사된 기간도 1개월 남짓임에도 불구하고, 이 책은 현재 우리가 18세기 동아시아 사람들의 정신세계를 이해하기에 둘도 없는 기서일 뿐만 아니라, 그 당시 이 책을 읽은 청년이 '진정한 기서'라고 외치게 하고, 혹은 먹는 것도 잊게 할 만큼 마음 떨리는 것이었다.

그러나 안타깝게도 『간정동회우록』의 텍스트 연구는 거의 이루어지지 않았다. 이 책의 텍스트 연구가 필요한 이유는 첫째, 지금까지는 이 책이 현존하지 않는 것으로 간주되어 이 책 대신 이용한 자료가 이 책의 후신인 『간정필담』과 『간정동필담』뿐이었기 때문이다. 그런데 양자의 내용

---

2 본서 제 12장, 467면.

은 크게 다르다. 세 자료가 어떤 관계에 있는지도 전혀 알지 못한다. 『간정필담』은 사본 2책으로 한국과 일본 그리고 미국의 몇 군데 도서관에 현전하는 것으로 조선시대 지식인들은 대개 이 자료만 읽었다.[3] 한편 후자는 1939년이 되어서야, 홍대용의 5대손인 홍영선(洪榮善)이 가장(家藏)하던 고본(稿本)을 토대로 편찬하여 활자판으로 출판한 것이다. 이는 홍대용의 『담헌서(湛軒書)』의 일부이다.[4] 현재 가장 널리 유포되어 이용되는 것이 『간정동필담』으로, 2010년에는 중국 상해에서 표점본(標點本)이 출판되었다.[5] 한편 『간정필담』은 『간정동필담』이 출판된 후에는 이용하는 사람이 거의 없어졌다. 홍대용의 한글본 일기 『을병연행록(乙丙燕行録)』[6]은 일찍부터 알려졌는데 이것이 주목받게 되었을 때는 『간정필담』은 거의 아무도 보지 않게 되었다. 따라서 학계에서는 한문본 『간정동회우록』, 『간정필담』, 『간정동필담』 세 자료가 어떤 관계에 있는지조차에 대해 지금껏 정설이 없다. 이 세 자료를 동일한 자료로 간주해서인지, 자료명을 『간정필담』이라고 표기해야 할 경우에 이따끔 『간정동회우록』이나 『간정동필담』이라고 한다.[7] 또 『간정동필담』에 실려 있는 기사를 가지고 『간정동회우록』에는 이렇게 쓰여 있다고 서술하는 논고(論考)마저도 있다. 아마도 『간정동필담』이 홍대용 자손이 가장본을 바탕으로 편찬했다는 것으로, 『간정동회우록』일 것이라고 판단하는 것이 일반적인 상황이라고 말해도 좋을 것 같다.

3 관견하는 한 한국 서울대학교 규장각 한국학연구원에 2종, 숭실대학교 기독교박물관, 연세대학교중앙도서관, 한국은행도서실, 일본 동양문고(東洋文庫)에 한 종씩 현존한다. 이외에 김영진, 「燕行錄의체계적 정리 및 연구방법에 대한 試論」(『大東漢文學』 제34집, 2011), 79면 참조.

4 洪大容, 『湛軒書』(『한국문집총간』 제248집, 서울, 민족문화추진회 2000).

5 『乾淨衕筆談 淸脾錄』(上海, 上海古籍出版社, 2010).

6 주해가 붙은 활자본은 소재영, 『주해 을병연행록』(서울, 태학사, 1997).

7 김태준, 『洪大容評傳』(서울, 民音社, 1987, 322면, 소재영, 「解題 : 洪大容의 『乙丙燕行錄』에 대하여(전 주석 6, 수록, 829면), 鄺健行, 「朝鮮洪大容 『乾淨衕筆談』編輯過程與全書內容述析」(앞의 주석 5, 378면).

『간정동회우록』의 텍스트 연구가 필요한 두 번째 이유는, 비록 일부이긴 하지만 이 책의 원본이 발견되었기 때문이다. 나는 지금까지 『간정필담』과 『간정동필담』 두 자료 사이에 커다란 출입(出入), 그리고 후자에는 명백한 오류가 있다는 것에 주의를 하기는 하였지만, 이 같은 문제가 왜 생겼는지 확인하고 싶어도 이 두 자료의 토대가 되는 『간정동회우록』이 현존하여 전해지지 않는 것을 유감스러워했다. 그런데 다행히도 필자가 2012년 3월 14일과 15일 이틀간 숭실대학교 기독교박물관에서 사료 조사를 한 결과 『간정동회우록』 1책을 발견했다. 이는 원래 전 3책으로 이루어졌을 것으로 생각되는 것 중 한 책에 불과하지만, 이는 추측건대 홍대용 본인이 손질한 사가본(私家本)이다. 게다가 이를 바탕으로 개정판 『간정필담』이 편찬되었고, 또 20세기에 들어와서 『간정동필담』이 편찬되었을 때도 후세인이 주로 이 책에 근거하여 편찬했을 것임은 거의 의심할 여지가 없다. 이 책의 발견으로 인해 필자가 지금까지 추측해왔던 『간정동필담』이 잘못된 편찬물이며 『간정동회우록』과는 다른 것이라는 점이 확인되었다.

본 논문은 『간정동회우록』, 『간정필담』, 『간정동필담』 세 자료의 텍스트 연구를 중심으로 한다. 서술을 위해 미리 결론을 일부 말하자면 『간정동회우록』은 비공개를 전제로 한 비본(秘本)으로 세상에 나왔다. 『간정필담』은 『간정동회우록』의 개정판으로, 홍대용이 의식적으로 정본으로 공개할 것을 전제로 편찬한 것이었다. 한편 『간정동필담』은 겨우 1939년에 출현한 자료에 불과하며 홍대용 자신이 이 서명을 붙였다는 논거도 찾을 수 없다. 확실히 『간정동필담』은 『간정필담』에 비하면 내용은 많지만 너무도 엉성한 편찬물이다. 그러나 이번에 발견한 『간정동회우록』은 홍대용의 사가본이며, 『간정동필담』은 주로 이 『간정동회우록』을 기초로 편찬되었지만 홍대용의 의도와 전혀 다른 것이 되었음이 분명해졌다.

본장에서는 이상과 같은 내용을 텍스트에 의거해서 서술할 것이다. 그리고 『간정동회우록』과 『간정필담』, 『간정동필담』에서 내용상 개변된 것을 일부 소개하고, 마지막으로 홍대용이 『간정동회우록』이라는 서명을 왜 『간정필담』으로 바꾸었는가라는 문제도 고찰하고자 한다.

2. 개변 작업의 시작과 반정균의 대응

홍대용이 중국 지식인과 필담을 나눈 것은 1766년(건륭 31, 영조 42) 2월 한 달 남짓한 기간이다. 필담 장소는 대부분 홍대용이 간정호동(乾浄衚衕)이라고 부르는 골목에 있는 여관이었다. 홍대용은 당시 36세로 연행사 수행원의 한 사람으로 북경에 와 있었다. 그와 함께 이따금 필담 자리에 참석한 김재행에 대해서는 이미 서술하였다. 필담의 상대는 바로 전년에 향시에 합격하여 북경 예부(禮部)의 회시(會試)를 보기 위해 절강성 항주에서 온 세 사람의 거인(擧人)이었다. 이 중 엄성(嚴誠)은 홍대용과 마찬가지로 구도자적인 풍모를 지닌 남자로 35세이고, 반정균(潘庭筠)은 조금 경박한 데가 있는 25세 청년인데 미남이라고도 하고 호색한(好色漢)이라고도 한다. 도중에 필담에 가담한 육비(陸飛)는 예술가 기질의 인물로 48세이며, 전년에 항주에서 열린 향시에서 1등을 했다.

홍대용이 서울 남쪽의 천안군(天安郡) 수촌(壽村)에 있는 집으로 돌아간 것은 5월 2일이다. 귀국해서 처음으로 반정균에게 보낸 편지에 따르면 5월 15일에 북경에서 세 사람에게 받은 편지를 4첩으로 표장(表裝)해서 이를 『고항문헌(古杭文獻)』이라고 이름했다고 한다. 또 6월 15일에는 필담과 교유의 시말(始末), 그리고 왕복 서간을 3책으로 묶어서 『간정동회우록』이라는 제목을 붙였다고 한다.[8]

이덕무가 『천애지기서』에서 이 『간정동회우록』이 '비본(秘本)'이었다고 말했다는 것은 이미 서술했다. 비본이라는 것은 당연히 공개를 전제로

8 앞의 주 4, 『湛軒書』 外集 권1, 與潘秋庫庭筠書(『韓國文集叢刊』 제248집, 103면하).

하지는 않지만, 사가본으로 저자 혼자만 간직하여 이용한 것도 아니다. 홍대용이 귀향한 후 겨우 두 달 안에 이만한 책을 완성했다는 사실은 이 책에 대한 홍대용의 각별한 자부심과 열정을 말해준다. 그는 한시라도 빨리 북경에서 자신이 체험한 교유와 필담을 지인들에게 전하고 싶었을 것이 틀림없다.

이와 같이 『간정동회우록』은 잠정적으로 비본으로 이 세상에 출현했지만 홍대용이 볼 때 이 책에는 두 가지 큰 문제가 있었다. 보다 많은 사람들에게 공개해 읽히기 위해서는 삭제해야 할 부분이 많았기 때문이다. 보다 광범위한 독자를 상대로 공개하려면 북경에서 교환한 편지나 필담 중에는 공개하기에 꺼림칙한 내용이 있었다. 무엇을 어디까지 삭제할 것인가 이것이 큰 문제였다. 또 지나치게 잡다하다고 생각되는 부분이 많아 이것도 삭제할 필요가 있었다.

두 번째 문제는 삭제하는 것과 반대로 증보할 필요가 있었기 때문이다. 『간정동회우록』은 중국인과 교환한 편지와 필담할 때 테이블 위에 두고 직접 썼던 용지, 즉 담초(談草)를 기초자료로 편찬되었다. 그런데 이 중 핵심이 되는 담초는 대부분 반정균이 가져가버려서 홍대용 수중에 있는 것이 많지 않았다. 홍대용에 의하면 2월 26일에만 필담을 끝내고 돌아갈 때 마침 반정균이 손님을 맞으러 밖으로 나가느라 챙기지 못하고 홍대용이 가지고 돌아온 담초가 어지간히 많았다. 그러나 그렇다고 해도 3분의 1은 수중에 없었다고 한다.[9] 홍대용의 입장에서는 반드시 반정균에게 담초의 부본을 받아서 책을 증보할 필요가 있었다.

여기에서는 우선 증보를 위한 개정 과정을 서술하고자 한다.

홍대용은 귀국 후 반정균에게 보낸 첫 번째 편지에서 『간정동회우록』을 이미 완성했다고 알렸는데, 수개월 후에 두 번째 보낸 편지에서도 '이

9 앞의 주석 4, 권3, 174면. 앞의 주석 5, 134면. "秋庫應客在外, 故收來者頗多, 猶逸其三之一焉."

전에 알려드린 『회우록(會友錄)』에서 형의 농담을 완전히 삭제할 수가 없었습니다. 운운'하며 전하고 있다.[10] 이것은 같은 해 9월 내지 10월 무렵에 쓴 편지로 추측된다.

마침내 반정균에게 담초를 복사해 보내달라고 솔직하게 요구한 것이 그 다음해 1767년(건륭 32, 영조 43)의 일이다. 이는 함께 보낸 『해동시선(海東詩選)』을 그 해 조공사절의 출발에 맞추어 편찬했다고 한 것을 보면, 이 또한 9월 내지 10월 중순까지 썼다고 추측된다. 문면은 다음과 같다.

> 전에 알려드린 『회우록』 3책(3本)을 한가한 때 펼쳐 읽으면 마치 간정호동에서 마주앉아 의론(議論)하던 때처럼 느껴지니 귀형(貴兄)과 만 리에 떨어져 있는 괴로움을 충분히 위로받습니다. 다만 그때의 담초(談草)는 귀형이 대부분 가지고 가서 기억해내기가 힘들고, 이 중 편찬한 순서는 제가 가져온 담초만을 따른 것입니다. 이 때문에 기억하고 있어야 할 부분이 많이 누락되었으며, 문장의 문맥도 시작 부분과 끝 부분이 없어서 어찌어찌 기억해내 보충하기는 했지만 아무래도 본래 모습을 잃어버렸으니 정말 안타깝습니다.
>
> 지금 그 담초를 가지고 계시다면, 그 중에서 기재할 만한 것을 뽑으셔서 서로 교환한 문답을 복사해 보여주실 수는 없겠습니까. 제 책 3책을 보시고자 한다면 곧 보내드리겠습니다.[11]

이에 대한 반정균의 회신은 이듬해, 즉 1768년(건륭 33, 영조 44) 정월에서 2월에 걸쳐 쓴 것으로 『연항시독(燕杭詩牘)』에 수록되어 있다.[12] 회신

---

10 앞의 주 4, 107면상, 與秋庫書. "前告會友錄中, 吾兄信口諧謔之談, 不能都歸刊落." 이 해의 삼절연공사는 10월 27일에 서울을 출발하였다.

11 상게서, 113면하. "前告會友錄三本, 每乘閒披考, 悅然若乾淨對討之時, 足慰萬里懷想之苦. 但伊時談草, 多爲吾兄所藏, 無由追記, 此中編次者, 只憑見在之紙, 是以可記者既多漏落, 語脈亦或沒頭沒尾, 臆料追補, 頓失本色, 殊可歎也. 尊藏原草如或見留, 幸就其中擇其可記者, 竝錄其彼此酬酢以示之. 此中三本書, 吾兄亦有意見之, 當即附便示之也.

12 『燕杭詩牘』, 湛軒養虛僉尊兄案下, 庭筠再拜白湛軒先生足下. "前者, 客萬筆談, 一時酬諧談

내용은 다음과 같다.

> 옛날 북경의 우사(寓舍)에서 필담하며 문답과 농담을 많이 나누었습니다만, 그대는 옛 종이[古紙;談草]를 바탕으로 이것을 집록(集錄)하셨습니다. 이는 옛 일을 잊고 싶지 않기 때문이겠지만, 말에 순서가 없어서 대아(大雅)의 군자(君子)에게 흠을 남기게 될 것입니다. 지리멸렬하고 아무렇게 뱉은 말을 빼주시면 다행이겠습니다.

반정균은 담초의 복사본이 필요하다는 홍대용의 요구를 위와 같은 말로 거절했다. 홍대용은 편지를 보낼 때마다『간정동회우록』에 대해 언급했는데, 세 번째 편지에는 이를 펼쳐볼 때마다 북경에서 필담을 나누었을 때의 일이 황홀하게 떠올라서, 멀리 떨어져 만날 수 없는 당신을 생각하며 위안으로 삼는다고 하며, 더 완전한 것으로 만들기 위해서 당신이 가지고 있는 담초를 복사해서 보내줄 수 없느냐며 요청했다. 이에 대한 반정균의 회답은 담초를 옛 종이로 바꾸어 부르며, 다른 사람이 읽으면 맥락이 없어서 기롱거리가 된다, 오히려 삭제해달라는 내용이었다.

이렇게 해서 홍대용이『간정동회우록』을 개정하는 데 걸린 두 가지 문제 중 하나는 반정균이 담초의 복사본을 보내지 않겠다고 답장함으로써 더 이상 해결할 수 없게 되었다. 따라서 우리는 홍대용이 본격적으로『간정동회우록』의 개정판을 편찬하기 시작한 것은 반정균이 담초의 복사본을 보내주지 않을 것을 확실히 알게 된 시점, 즉 이 편지를 받은 1768년 4월 이후라고 생각하는 것이 맞을 것이다.

그렇다면『간정동회우록』의 개정은 언제 끝났고, 또 언제『간정필담』이라는 서명으로 다시 세상에 나오게 된 것일까. 필자가 아는 한『간정필담』에는 전부 1772년(임진) 5월에 원중거가 쓴 발문이 붙어 있다. 이 발문

雜出, 足下乃從古紙輯錄之, 雖是不忘舊踪,然語無倫次, 恐遺誚大雅,幸芟去其支蔓誕放者."

에 따르면 원중거는 『간정필담』 2책을 홍대용에게 빌려 읽고 돌려줄 때 발문을 썼다고 한다.[13] 그렇다면 『간정동회우록』이 편찬된 지 6년 이내, 즉 1772년 5월까지 홍대용이 직접 개정판을 만들었으며 이때 이미 책 제목을 『간정필담』으로 바꾸었음이 확실하다. 그리고 『간정필담』으로 세상에 나왔을 때에는 3책이 아니라 이미 현행본과 같은 2책이었다는 것도 확실하다. 나중에 중국인에게 보낸 2통의 편지 모두 홍대용이 『간정필담』을 세 명의 중국인에게 보냈다고 적혀 있는데 여기에서도 이미 『간정동회우록』이라는 서명을 사용하지 않았다.[14] 이 편지 2통은 모두 1779년(건륭 44, 정조 3)에 쓰인 것으로 추측된다. 1통에는 『간정필담(乾浄筆談)』을 보냈다고 씌어 있는데, '譚'과 '談'은 동음(同音)으로 통용되며, 실제 원중거가 쓴 발문에서도 『간정필담(乾浄筆譚)』으로도, 『간정필담(乾浄筆談)』으로도 쓰여 있다. 그렇다면 늦어도 원중거가 발문을 쓴 1772년에는 개정 작업이 끝나 『간정필담』이 출현했다고 생각할 수 있다.

이상에서 알 수 있듯이 『간정동회우록』의 개변은 주로 1768년 4월 이후에 시작되어, 늦어도 1772년 5월에는 끝났다고 생각해도 좋을 것이다. 그리고 『간정필담』이라는 개정판은 『간정동회우록』에 비하여 새로운 내용이 추가된 경우는 적고, 삭제가 더 많이 되었다고 보여진다.

3. 『간정동필담』의 텍스트로서의 문제

그럼 삭제 작업은 어떻게 이루어졌을까. 이에 대해 서술하기 전에 『간

13 『乾淨筆譚』(『燕行錄選集』 상책, 서울, 성균관대학교 대동문화연구원편, 1960, 429면하.) "此乾淨筆談兩册者, 湛軒洪公德保氏記之燕京者." 또 『燕行錄選集』 수록본은 서울대학교 규장각 한국학연구원 소장본이나, 규장각 소장의 별본에서는 乾淨筆談 두 책을 乾淨筆譚 두 책으로 했다.

14 앞의 주 4, 123면상(朱朗齋文藻書), 124면상(答孫蓉洲書). 다만 전자에서는 『乾淨筆談』 三册, 후자에서는 『乾淨筆譚』 三本으로 기록하였다.

정동필담』이라는 텍스트에 대하여 간단하게 설명할 필요가 있다.

『간정동필담』은 1939년에 홍대용의 5대손인 홍영선에 의해 편찬되어 출판된 것이다. 이 편찬이 엉망이라는 점은 이미 서술하였는데, 그 잘못된 점은 다음과 같다.

『간정동필담』을 『간정필담』과 대조해서 읽어보면, 후자에 있는 2월 21일의 기사가 전자에는 빠져 있는 것을 알 수 있다. 조금 더 자세히 살펴보면, 후자의 2월 21일에 수록되어 있는 편지가 전자에는 2월 19일에 수록되어 있다. 어느 쪽이 잘못되었는가라고 하면 분명히 『간정동필담』 쪽이다. 왜냐하면 『간정동필담』의 2월 19일에는 엄성이 홍대용에게 보낸 편지글이 수록되어 있는데, 편지를 보면 홍대용을 만나 담소하지 못해서 더 우울해졌을 뿐 아니라 '요 이틀간 그쪽에서 사자(使者)도 오지 않았다(兩日以來, 僕人亦復絶跡)'고 하는데, 이는 전후 상황과 크게 모순된다. 그들이 앞서 담소한 날은 17일이었다. 그리고 이 엄성의 편지는 이날 심부름꾼이 가지고 온 홍대용의 편지에 대한 답장이었으며 사자에게 답장을 들려보내기 위해 쓴 것이었다. 그런데 심부름꾼이 눈앞에 와 있음에도 불구하고 19일이라고 한다면 17일부터 이틀밖에 지나지 않았는데도 '이틀간 심부름꾼이 오지 않았다'고 말하는 것이 이상하기 때문이다. 홍대용이 왜 이틀 동안 외출도 못하고 심부름꾼도 보낼 수 없었는지에 대해서 『간정필담』에는 설명이 있지만, 『간정동필담』에는 설명이 없기 때문에 앞뒤 문맥이 연결되지 않는다.

『간정필담』에 의하면 2월 19일의 기사에 이어 '이날부터 20일까지 숙사에서 외출이 엄격하게 금지되었으며 하인조차 문밖에 나갈 수 없었다(自是日至二十日, 門禁至嚴, 下輩亦不得出門)'고 한다. 그리고 2월 21일, 이날 겨우 심부름꾼을 통해 편지를 보냈다고 썼으며, 그 다음 엄성에게 보낸 편지를 인용하여 '며칠 동안 숙사가 마치 감옥처럼 느껴졌다. 내가 찾아가고 싶어도 나갈 수 없었을 뿐 아니라 편지조차 보낼 수 없었다'는 기록이다. 이로써 엄성의 답장 내용과 모순 없이 연결된다. 왜 이와 같은 오류가 발생하게 되었는가 하면 아마 홍영선이 『간정동필담』을 편찬할 당시 19일 기록 다음에 21일자로 기록해야 할 내용의 기사를 그대로 연결해 써버렸기 때문으로 추측된다.

『간정동필담』 편찬에서 발생한 오류는 이뿐만 아니다. 예를 들면 2월 3일에 반정균이 엄성과 함께 존경하는 오영방(吳穎芳; 西林)이 고결해서 지방관과도 가까이 지내지 않는다고 소개하는 구절이 있다. 『간정필담』에는 다음과 같이 말한다.

> 속세를 떠나 도를 닦으며 특별히 필요한 것이 없으면 항주(杭州) 성안이나 관청에 드나들지 않습니다. 신분이 높은 관료가 만나기를 청해도 항상 거절하십니다. 시랑(侍郎) 장존여(莊存與), 통정사(通政司) 관료 뇌현(雷鉉), 시랑인 전유성(錢維城)이 함께 오서림(吳西林) 집 문앞까지 와서 저서를 보여달라고 요청했지만 결국 보여주지 않았습니다(蘭公曰, 隱居修道, 無事不入城府, 有達官來見者必竣拒之. 莊存與侍郎·雷鉉通政官·錢維城侍郎皆先造門求觀著書, 而終不得).

그런데 이 구절이 『간정동필담』에는 '항상 거절하십니다' 다음에 '한 사람은 시랑인 뇌현, 통정사 관료인 전유성과 함께 모두 운운(一人與侍郎雷鉉, 通政官錢維城皆云云)'이라고 쓰여 있다. 『한국문집총간』본에도, 2010년 상해에서 출판된 책에도 이와 같은 표점이 있는데 이것만으로는 무슨 뜻인지 확실하지 않다. 현재 우리는 『청사고(淸史稿)』나 지방지(地方志)와 같은 중국 사료를 통하여 『간정필담』에 나오는 장존여(莊存與)가 예부시랑이 된 적이 있으며,[15] 뇌현(雷鉉)은 뇌횡(雷鋐)의 오자(誤字)이며 통정사 관료가 된 적이 있다는 점, 1750년(건륭 15)에는 절강성 독학(督學)이 되어 항

15 장존여(莊存與), 자(字)는 방경(方耕), 강소성(江蘇省) 무진(武進) 사람. 건륭 10년에 제2위로 진사가 되었다. 예부시랑 즉 예부의 차관이 되었다. 『淸史稿』 권305에 전(傳)이 있다.

주에 부임했다는 점,[16] 전유성이 형부시랑이었다는 것을 확인할 수 있다.[17] 『간정동필담』에서 '一人與侍郞'으로 기록되어 있지만, 정확히 '莊存與侍郞'임이 분명하다. 『간정동필담』의 편찬자 또는 교정자들이 개정판 『간정필담』을 입수하기는 쉬웠을 것이다. 그러나 두 자료를 대조해보는 간단한 교감조차 하지 않은 것 같다.

지금 우리가 보는 『간정동필담』과 『간정필담』을 분량만으로 비교해보면 전자가 약 64,000자인데 비하여 후자는 55,000자이다. 즉 후자는 전자를 기준으로 계산하면 12% 감소했다. 그러면 『간정필담』은 『간정동필담』을 바탕으로 삭제해서 완성한 것일까. 아니면 반대로 『간정동필담』이 『간정필담』에 누락된 내용을 보완해서 완성되었을까? 이에 대해서는 두 자료를 비교하는 것만으로는 올바른 답을 얻을 수 없다. 두 자료가 각각 『간정동회우록』을 어떻게 계승했는지 살펴볼 필요가 있다.

다행히 『천애지기서』에는 겨우 한 군데뿐이기는 하나, 이 세 자료의 문장을 비교할 수 있는 부분이 있다. 그것은 2월 4일, 앞장에서 언급한 적이 있는 반정균이 조선 쪽 숙소를 나오려다 눈물을 보이는 장면이다. 먼저 『천애지기서』에 의하면 『간정동회우록』에 다음과 같은 문장이 있다.

> 반정균은 '후의에 감복하여 눈물이 나옵니다'라며 금방 양쪽 눈에서 눈물을 뚝뚝 흘리더니 붓을 던지고 인사한 다음 황급히 문을 나갔다. 옆에서 보는 사람이 모두 애처로운 마음이 들고 놀라워했다. 담헌(湛軒; 홍대용)은 반정균의 옷깃을 잡아끌며 다시 앉으라고 했다. 엄성은 '저희들은 가식이 없는 성품을 지닌 사람인데 지금까지 진정한 지기와 만난 적이 없습니다, 운운(蘭公曰, 感

16 뇌횡(雷鋐), 자는 관일(貫一), 복건성(福建省) 영화(寧化) 사람. 옹정 11년 진사. 건륭 13년에 통정사가 되었다고 하며, 15년에 절강 독학이 되었다. 『淸史稿』 권290에 전(傳)이 있다. 『乾淨筆譚』 『乾淨衕筆談』 모두 雷鉉이라고 쓴 것은 틀린 것이다.

17 전유성(錢維城), 자는 종반(宗盤), 강소성 무진(武進) 사람. 건륭 10년에 장원, 즉 수석으로 진사가 되었다. 형부시랑이 되었다. 『淸史稿』 권305에 전(傳)이 있다.

服高誼, 令人涕泗, 即盪下双淚, 擲筆作揖, 蒼黃出門. 傍観皆黯然嗟異. 湛軒挽衣請復坐. 力闇曰, 鄙等至性之人, 未遇真正知己, 云云).'[18]

이 문장은 이덕무의『청비록』에도 거의 동일하다.[19]

그런데 이 부분이『간정필담』에는 '感服高誼'와 '傍観皆黯然嗟異'라는 문장 사이에 '눈물이 나옵니다라고 하고 흐르는 눈물을 참으면서 급히 나갔다(令人涕泗, 即忍涙辞出)'는 표현으로 바뀌었다. 한편『간정동필담』에는 '感服高誼'와 '傍観皆黯然嗟異' 사이에 '令人涕泗'라는 표현은 없고 대신 '인사를 하고 역암(力闇; 엄성)과 함께 황급히 문을 나갔다(作揖, 與力闇蒼黄出門)'라고 쓰여 있다. 그리고 그 다음은『천애지기서』에서 '湛軒挽衣請復坐'라고 기록된 부분이『간정필담』에는 '내가 재차 제 방으로 오시라고 권하여 좌정하게 되자(余復請到余炕, 坐定)'라고 기록되어 있고 이에 반해『乾浄衕筆談』에서는 '余即趨出挽衣, 復請到余炕, 坐定'이라고 되어 있다.

이 세 자료의 문장을 비교해서 명확해진 것은『간정필담』이 먼저이고, 이를 바탕으로『간정동필담』이 쓰인 것도 아니며, 반대로 후자가 전자를 바탕으로 표현을 바꾼 것도 아니다. 왜냐하면『간정동회우록』에 나오는 '令人涕泗'는『간정필담』에만 계승된 한편, 원래 있었던 '作揖' '蒼黄出門'은『간정동필담』에만 계승되었기 때문이다. 이는 비록 일례에 지나지 않지만『간정필담』과『간정동필담』은『간정동회우록』을 아버지로 한 형제관계에 있음을 나타내고 있다. 또 한쪽이 다른 한쪽을 기초로 해서 삭제한 것도 아니며, 반대로 한쪽이 다른 한쪽을 기초로 보완한 것도 아님을 보여준다. 그리고 이 사례는 또한 아버지의 원래 모습을 찾기 위해서는 형제 모두에게 계승된 것을 함께 고찰함으로써 비로소 가능하다는 것을 보여준다. 즉, 한편에만 계승된 '令人涕泗'라는 표현과 또 다른 한편에만

18 앞의 주 1, 131면상.

19 앞의 주 5, 247면.

계승된 '作揖' '蒼黃出門'이라는 양쪽을 가져야 비로소 『간정동회우록』의 원래 모습에 가까이 갈 수 있다.

어떤 연구자는 『간정필담』과 『간정동필담』의 관계에 대해서 『간정동회우록』을 개재하지 않은 채 논하여 『간정동필담』은 『간정필담』을 기초로 해서 『간정필담』에서 누락된 부분을 추가 보완해서 완성했다는 결론을 내렸지만, 이 추론은 위의 고찰을 통해 볼 때 동의할 수 없다.[20] 동의할 수 없는 것은 『간정동회우록』을 개재해서 고찰했다면 그 같은 결론은 나올 수 없기 때문이다.

숭실대학교 한국기독교박물관에서 『간정동회우록』의 1책을 발견하기 전에 필자가 『간정동필담』의 오류를 발견하고 그 오류를 가지고 행한 추리와 결론이 대체로 이상과 같다. 이 추리는 다음에서 보듯이, 홍대용이 『간정동회우록』을 개변하여 그 내용을 삭제하는 과정을 명백하게 밝힘으로써 완전하게 증명되었다고 할 수 있다.

4. 『간정동회우록』 원본과 『간정필담』 『간정동필담』

숭실대학교 한국기독교박물관 『한국자료해제』(2010년 12월 30일 발행, 258면)에 의하면 『간정록(乾浄錄)』이라는 제목의 사료가 있는데, 그 내용은 2월 17일, 19일, 23일의 3일간의 필담 기록이라고 한다.[21] 17일, 19일, 23일의 기사밖에 실려 있지 않은 것은 앞에서 서술한 『간정동필담』과 같다. 그렇다면 『간정필담』에 존재하는 2월 21일 기사는 『간정록』에는 어떻게 되어 있는지, 위에서 서술한 추리는 올바른지, 이를 확실히 하고 이

20 정훈식, 『홍대용 연행록의 글쓰기와 중국 인식』(부산, 세종출판사, 2007), 62~69면.

21 또 숭실대학교 한국기독교박물관 학예과 편, 『한국기독교박물관 소장 고문헌 목록』(서울, 숭실대학교 한국기독교박물관, 2005), 119면.

추론을 보강하는 자료를 찾아 『간정록』 복사본을 열람했다.

이 『간정록』이라고 이름 붙은 책은 1책으로, 표지에는 외제(外題)로 '乾浄錄 二'라는 4글자가 쓰여 있다. 선장(線裝)이 네 군데로 있는 중국식이다. 문제는 내제(內題), 즉 한적목록(漢籍目錄)으로 채용될 경우 원칙적으로 제일 먼저 채용하는 것은 첫 장의 제1행에 기록된 서명이다. 거기에는 『乾浄●●●錄』이라고 쓰여 있다. 원래 『乾浄ㅁㅁㅁ錄』이라는 6글자였는데, 가운데 3글자만 검게 칠해서 보이지 않아 결과적으로 해제에서 『乾浄錄』을 서명으로 한 것이다.

그렇다면 묵필(墨筆)로 지워져버린 3글자는 무엇인가, 즉 이 책의 본래 이름이 무엇인가? 필자는 한번 보고 이 세 글자는 틀림없이 '衕會友'로, 본래의 서명이 『乾浄衕會友錄』이 틀림없을 것이라고 생각했다. 그렇지만 복사본으로는 이 3글자가 무슨 글자인지 확정할 수 없고, 이것을 확정하기 위해서는 아무래도 원본을 볼 필요가 있었다. 그런데 필자는 뜻밖에 박물관 관장으로부터 원본을 볼 수 있는 특별허가를 받았다. 다만 결과적으로 필자를 포함한 3명이 함께 눈을 부릅뜨고 살펴보았지만, 세 글자를 확정할 수는 없었다. 3글자 중에 첫 글자의 가운데가 작은 글씨로 '衕'자의 口와 같이 보인다는 점, 두 번째 글자의 윗부분이 '會' 자의 '八' 같다는 점, 세 번째 글자는 '友'자의 오른쪽 아래 부분일 것이다, 즉 ●밖으로 획이 비스듬하게 조금 삐쳐 나온 점 등으로 미루어보면 이 책은『乾浄衕會友錄』이라고 거의 90퍼센트 이상 추측할 수는 있지만, 그 이상 확정할 수는 없었다.

한편 『간정록』이라는 제목의 책 내용을 『간정필담』, 『간정동필담』의 내용과 비교해본 결과 다음과 같은 점을 거의 확실하게 말할 수 있다. 첫째, 『간정록』 제2책 즉 『간정동회우록』에는 원래 있었던 글자 위에 ●나 ■로 칠해서 지워버린 부분이 몇 군데 있는데, 이 부분은 복사본으로는 몰론이고 원본을 가지고도 전혀 판독 불가능하며, 『간정필담』, 『간정동필담』 모두 이 부분은 채록하고 있지 않다. 이 부분은 『간정필담』이 성립할 때까지 지워져 있었음에 틀림없다. 둘째, 『간정록』에서 청필(靑筆)로 원래의 문자 위에 ﹅﹅﹅로 타점(打點)한 부분, 또는 청필로 원래의 문자 위에 가로나 세로로 선을 그은 부분, 혹은 청필로 감싼 부분이 『간정필담』에서 삭제되었다. 이러한 표시가 광범위하게 되어 있다. 반대로 원래의 문자를 지우고 오른쪽 옆에 청필로 내용을 추가한 부분은 『간정필담』에 채록되어 있다. 셋째, ●로 칠해서 지워버린 것과 별도로 묵필로 ○○○라고 동그라미를 그린 부분이 많았는데 이 부분은 『간정동필담』 에서 모두 삭제되었다. 가장 간단하게 말하면 『간정록』에서 청필로 표시된 부분은 『간정필담』에서 모두 삭제되었고, ○○○표시가 붙어 삭제된 일부가 덧붙여져 『간정필담』이라는 제목의 개정본이 된 것이다. 또 ○○○로 동그라미 표시를 한 부분을 모두 삭제함과 동시에 청필로 삭제된 부분을 부활시킨 것이 『간정동필담』이다. 따라서 청필이나 ○표시도 되어 있지 않은 부분은 『간정필담』, 『간정동필담』에 모두 채록되어 문장이 일치하는 부분이고, 반대로 청필과 동그라미 표시가 중복되어 있는 문장은 두 자료에서 모두 삭제되었다. 즉 『간정필담』과 『간정동필담』은 어느 쪽이 다른 한쪽을 바탕으로 일부를 삭제 또는 추가해서 만든 것이 아니라, 앞서 추리한 대로 두 자료 모두 『간정동회우록』을 같은 아버지로 하여 태어난 형제라는 것이 명백하다.

또 여기에서 숭실대학교 한국기독교박물관 소장본 『간정록』 제2책과 『간정동회우록』 2월 17일부터 2월 23일의 부분이라는 것이 내용면에서 거의 100퍼센트 확실해졌다. 그렇다고 하면 『간정동회우록』은 홍대용이 반정균에게 보낸 편지에서 말한 대로 틀림없이 전3책으로 이루어졌다고 할 수 있다. 제1책은 시작인 2월 1일부터 2월 16일까지, 제2책은 2월 17일부터 2월 23일까지, 제3책이 2월 24일부터 마지막인 2월 29일까지였다고 추측할 수 있다. 현존하는 『간정필담』을 토대로 각 기일(期日)의 페이지 수를 계산해보면 이상의 세 날짜에 따라서 삼분 책으로 하면 세 책 모두 페이지수가 거의 동일하기 때문이다. 또한 이 『간정록』이야말로 홍대용이 직접 『간정동회우록』의 개정판으로 『간정필담』을 편찬할 때 이용한 원본이며, 1939년 홍영선에 의해 『간정동필담』이 편찬될 때도 주로 원본으로 이용되었음이 명백해졌다.[22]

다음은 실례로 문제의 2월 21일자 기사를 들어 소개하고 설명하고자 한다. 『간정록』 즉 『간정동회우록』에는 2월 19일 기사에 이어 2월 21일 기사가 존재한다. 19일 끝부분부터 21일 앞부분에 걸쳐 다음과 같이 기록되었다.

> 吾未敢言矣.
>
> 德裕(仵)回言又有客撓, 草々裁答云. 力闇書曰, 別後起居何如, 念々. ……⊖⊖⊖. 自是日至二十日, ~~以鄧哥買賣事大生葛藤~~, 門禁至嚴, 下輩亦不得出門.
>
> 二十一日, 作書, 送德裕, 書曰,
>
> ~~日間僉履万相~~, 数日間一館殆同牢狴, 既不得躬候, 尺紙亦無由寄去, 這間悶鬱, 一筆難盡. 弟等行期姑未完決, 而事機如右, 不得抽身, 豈不爾思, 室是遠而, 古人已先獲之矣. 茲探近候. 不宣.
>
> 德裕(仵)回, 力闇有両度書. 其一前此書置者. 書曰,

위 문장 중에 ○는 묵필로 동그라미 표시를 한 삭제 부호이고, ——와 /는 청필로 표시된 삭제 부호이다. ⊖로 표시된 곳의 첫째 행의 세 글자는 묵필과 청필이 중복되어 판독할 수 없다.

그런데 『간정동필담』에는 이 부분이 '吾未敢言矣. 仵回, 力闇書曰'이라고 되어 있다. 이것은 위에 인용한 제1행(吾未敢言矣)과 마지막 행[(仵)

---

22 『乾淨錄』 마지막 페이지의 몇 행은 『乾淨筆譚』과 완전히 일치하지만 『乾淨衕筆談』에서는 약간의 차이가 있다. 이는 극히 일부분으로, 『乾淨衕筆談』이 편찬될 때 별본(別本)도 의거했을 가능성이 있다는 것을 시사한다.

回] 사이에 원래 존재했던 긴 문장, 즉 『간정동회우록』(『간정록』)에는 16행이나 되는 긴 문장의 모든 글자에 ○표시가 되어 있기 때문에 편찬 원칙에 따라 이 부분이 모두 삭제되고 제1행과 마지막 행이 기계적으로 연결된 것이 분명하다. 『간정동필담』을 1939년에 편찬할 때 편찬자는 내용을 전혀 고려하지 않고 삭제 부호인 ○가 그려져 있는 부분을 모두 삭제하는 방침을 취했다. 그래서 21일이 시작되는 문장도 삭제되어 날짜가 없어져버렸고 결과적으로 19일의 '吾未敢言矣'와 21일의 '伻回, 力闇書曰'이 부자연스럽게 이어져버린 것이다. 따라서 결과적으로 본래 21일자 기사도 19일자 기사도 아니게 되었다. 필자는 『간정동필담』이 오류가 있는 편찬물이라고 앞서 언급했는데, 이것은 편찬자가 우직스럽게 ○표시 부분을 모두 삭제하는 방침을 취했기 때문에 초래된 것이다.

한편, 『간정필담』에는 청필로 삭제 부호 ——와 ㇏ 등이 표시된 부분만 삭제한 결과 청필로 표시되지 않고 ○표시만 있는 부분은 당연히 남아 있다. 위 문장에 보이는 덕유(德裕)는 홍대용의 하인으로 『간정동회우록』에는 원래 고유명사로 기록되었다. 그런데 여기에 청필로 ㇏점을 찍어 지우고 오른쪽에 '하인'을 의미하는 '伻'이라는 한 글자를 추가하여 『간정필담』에는 이 한 글자가 채용되었다.

이상을 통해 1939년판 『간정동필담』은 『간정동회우록』에서 검은 동그란 표시를 붙인 부분을 기계적으로 삭제해서 만들어진 것이 명백해졌다. 그리고 조선시대에 읽혀진 『간정필담』은 대체로 『간정동회우록』을 대폭 삭제해서 만든 것으로, 삭제된 부분은 청필로 표시한 부분이었다는 것도 확실해졌다. 청필이든 ○표시이든 삭제 부호를 한 사람이 홍대용 자신이었다는 점도 거의 의심의 여지가 없다.

가장 큰 문제는 홍대용이 개정판 『간정필담』을 편찬할 때 『간정동회우록』에 삭제 부호로 ○표시를 먼저 했는지 아니면 청필로 ㇏와 ——표시를 먼저 했는지의 문제이다. 이 문제가 중요한 이유는 만약에 ○표시를 먼저 하고 나중에 청필로 ㇏와 ——표시를 추가했다면 홍대용은 개정판을 편찬하는 과정에서 2단계 개고(改稿)작업을 했음을 나타내기 때문이다. 2단계나 되는 과정을 거쳤다는 것은 그 후 『간정필담』이라는 책을 편찬하면서 홍대용이 얼마나 신중을 기했는지를 보여주며, 이는 또 홍대용이 이 책을 공개를 전제로 다시 편찬한 점, 그의 의식에는 정본을 만들기 위해 개정 작업을 한 점도 시사하고 있다. 이 경우 홍대용은 1단계에서 ◯표시한 부분을 삭제해야 할 첫 번째 대상으로, 2단계에서 이미 ◯표시한 부분 중에서 삭제하기로 확정한 부분에는 중복해서 청필로 ＼와 —— 표시를 추가했고, 청필로 중복 표시하지 않은 부분은 부활시킬 방침이었음에 틀림없다. 반대로 청필로 먼저 표시하고 나중에 ◯표시를 추가했다고 한다면, 그는 『간정필담』이라는 제목의 개정판을 공개한 후에 다시 대폭 개정한 것이 되는데, 이 경우 홍대용이 『간정필담』을 정본으로 하려고 편찬했다고 보는 것은 매우 부적절하다.

필자는 위 두 가지 중에 전자, 즉 먼저 ◯표시를 하고 나중에 청필을 추가한 것이 틀림없다고 생각한다. 이렇게 판단하는 것은 다음의 몇 가지 이유 때문이다.

가장 큰 이유는 현존하는 『간정동회우록』, 즉 『간정록』 제2책을 고문서로 보았을 경우, 청필 표시 방법이 이미 ◯표시로 삭제를 지정한 부분을 피하는 것 같은 것이 2월 17일자 기사에 몇 군데 보이기 때문이다. 이와 같은 청필 표시 방법으로 ◯표시를 먼저 한 후에 청필이 추가되었다고밖에 생각할 수 없다.

두 번째 이유는 마찬가지로 『간정록』 제2책을 고문서로 보았을 경우 장문에 걸쳐 청필로 지운 부분과 ◯로 지운 부분이 완전히 일치하는 곳이 있다. 만약 먼저 ◯표시를 해서 삭제할 예정인 부분을 청필로 확정했다고 한다면 이치에 맞지만, 이미 『간정필담』에서 삭제한 부분을 왜 재차 삭제해야 하는지 합리적인 설명을 할 수 없기 때문이다.

세 번째 이유는 만약에 우리가 추측한 것처럼 홍대용이 공개를 전제로 『간정필담』을 편찬했다면 일단 2월 21일자 기사를 제대로 기록해놓고 나

중에 다시 이 부분을 삭제하여 일부러 오류를 만들었다는 것이 전혀 이치에 맞지 않기 때문이다. 『간정동회우록』의 편찬 또는 그 개정판을 편찬하기 위해서 그가 얼마나 정열을 쏟았는지는 새로 발견한 『간정록』이 가장 잘 말해준다. 홍대용은 『간정동회우록』을 대폭 삭제하여 개정판을 만들려고 했을 때 처음에 실수로 21일 부분에도 ○표시를 해서 삭제했다가 다시 점검하면서 청필로 추가할 때, 여기는 지우면 안 되겠다 싶어 다시 부활시켰다고 추측하는 것이 보다 자연스럽다. 『간정동회우록』(『간정록』), 『간정필담』, 『간정동필담』 세 가지 책을 비교해보면 홍대용이 몇 차례나 개정작업을 한 것이 눈에 보인다. 큰 것은 그 중 두 단계에 걸친 작업이라고 생각된다.

네 번째 이유는 『간정동회우록』 2월 19일에 홍대용이 엄성에게 보낸 편지에 다음과 같은 문장이 있다. 고문서학의 관점과 문장의 문맥을 보았을 때 그렇게 판단하지 않을 수 없기 때문이다.

> 德行本也, 文藝末也. 知所先後, 乃不倍於道. 尊德性 · 道問學, 如車之輪如鳥之翼, 廢其一, 不成學也(도덕 품성이 근본이고 문예는 그 다음이다. 어느 쪽이 먼저이고 어느 쪽이 나중인가를 알아야 도에 벗어나지 않는다. '존덕성(尊德性)'과 '도문학(道問學)'은 수레의 바퀴, 새의 양 날개와 같아서 한쪽이 없으면 학문을 완성할 수 없다).

이 부분은 모든 글자에 ○표시가 붙어 있기 때문에 당연히 『간정동필담』에는 실리지 않았다. 반대로 이 부분은 청필 표시로 삭제하라고 지정되지 않았기 때문에 그대로 모두 『간정필담』에 채록되었다. 본장에서 ○표시를 하지 않은 것은 읽기 편하게 하려는 것에 지나지 않는다. 그런데 『간정필담』에는 이 부분이 '乃不倍於道'에서 1행이 끝나고 '尊德性' 이하는 행이 바뀌었다. 그래서 『간정동회우록』(『간정록』)의 이 부분을 다시 살펴보면 '道'와 '尊' 글자 사이에 붉은 색으로 선이 그어져 있고 '尊德' 글자

옆에 초서체로 '別行' 즉 '행을 바꿔라'라고 쓰여 있다. 즉『간정필담』에서는 이 말대로 개정되었다. 만약 이 부분이 ○가 청필보다 나중에 표시되었다면 당연히 '別行' 두 글자에도 ○로 삭제 부호가 되어 있어야 하는데 표시가 없다.

그리고『간정필담』,『간정동필담』모두 이 부분 바로 뒤에 엄성이 홍대용에게 보낸 편지를 수록하였는데, 홍대용에게 받은 편지에 있는 '德行과 文藝, 德性과 問學이라는 말은 重病의 病根을 적절하게 표현한 것'이라고 서술하고 있다. 이 문장은 '德行本也(도덕 품행이 근본이고), 云云'이 먼저 나와야 비로소 호응된다. 만약에 ○표시를 나중에 추가해서 삭제를 지정했다면 이 또한 전후문맥이 호응하지 않게 된다. 홍대용은 아마 여기에서도『간정필담』으로 공개하기 위한 개정작업을 하는 과정에서 1단계에서 먼저 ○로 삭제 표시를 했지만, 삭제하라는 지정이 잘못되었음을 깨달아 최종적으로 '德行本也, 云云' 부분을 부활시켰음이 틀림없다.

이상을 통해 ○가 먼저 표시되었고 나중에 2단계에서 청필을 추가해서 확정한 것이 거의 확실하기 때문에 홍대용이『간정필담』을 정본으로 만들기 위해 개정한 것이 거의 틀림없을 것이다.

5. 개변 사례 1-삭제 부분

위에서 서술한 것에 대강 잘못이 없다면 홍대용은 후에『간정필담』이라는 제목을 붙인 책, 즉 개정판을 편찬할 때 매우 신중한 태도를 취하였다는 것이 된다. 그는 지울 부분, 또는 지워야만 한다고 생각한 부분을 대폭 삭제했다. 현존하는『간정록』제2책, 즉『간정동회우록』의 2월 17일부터 2월 23일 부분과 여기에 대응하는『간정필담』의 부분을 비교해보면, 전자는 약 23,000자인 데 비하여 후자는 약 15,000자이다. 이를 보면 홍대용은 개정을 하면서 약 35퍼센트나 삭제한 것이다. 그렇다면 필담의 어떤 부분 내지는 어떤 편지를 삭제했던 것인가. ●로 표시한 부분, 또는 ■로 칠한 부분은 읽을 수 없기 때문에 문제의 대상에서 제외한다. 이하에 ○로 표시하고 그 위에 청필로 삭제 부호를 한 것, 즉 1단계와 2단계에 모두 삭제되어 결국 『간정필담』에도, 『간정동필담』 에도 실리지 않은 것을 한 군데만 소개하겠다.

그것은 다음과 같다. ○표시, 즉 1단계에 표시한 삭제 부호가 있음에도 불구하고 대략 다음과 같이 읽을 수 있다. 따라서 여기에서는 ○표시를 생략하기로 한다.

> 二月十七日…….蘭公曰, 承示東國大略甚善. 聞東方官宦到任, 不携妻妾, 到任後卽有所轄之地之女充御, 離任後亦不携去. 如有子亦必贖歸. 其信然耶. 余曰, 外官皆携妻妾, 惟邊遠只許率妾. 充御云々是官妓也, 有子皆贖歸. 但貧者以其費銀, 故或不能為之耳. 蘭公曰, 士人則不得近官妓, 何寬于貴官而嚴于士人耶. 力闇曰, 好色之人, 語不離宗. 皆笑. 余曰, 於士亦非不許, 特自好者不為之(반정균은 '제가 듣기로 조선은 대체로 굉장히 좋은 것 같습니다. 들은 바로는 조선의 관료가 지방으로 부임할 때 처나 첩을 데리고 가지 않고 부임한 뒤에 관할지역의 여자에게 잠자리 시중을 들게 하고 부임지를 떠난 뒤에는 현지의 여자를 데리고 돌아가지 않는다고 들었습니다. 아이가 생기면 반드시 돈을 주고 아이를 데리고 돌아간다고 하는데 정말입니까?'라고 물었다. 나는 '지방관은 모두 처나 첩을 데리고 갑니다. 단 부임지가 너무 먼 곳에는 첩을 데리고 가는 것이 허락됩니다. 그대가 말한 잠자리 시중 운운하신 것은 관기(官妓)입니다. 만약 아이가 생기면 모두 돈을 치르고 데리고 돌아갑니다. 다만 가난한 사람은 비용이 들기 때문에 때로는 불가능할 때도 있습니다.'라고 대답했다. 반정균은 '사인(士人)이라면 관기를 가까이 할 수 없다는 것은 이 또한 고급 관료에게는 관대하고 사인에게는 엄한 것이 아니겠습니까'라고 말했다. 나는 '사인이라도 안 될 것은 없지만, 자신의 품행에 신경 쓰는 사람은 하지 않습니다'라고 했다).

위 인용문장은 애초에 필자가 본 것이 복사본이었던 탓에 유감스럽게도 몇 군데의 글자가 판독할 수 없었지만 원본으로 읽었다면 이처럼 백퍼센트 판독 가능한 것이다. 하물며 홍대용 본인, 즉 저자 자신이라면 예전에 자신이 쓴 것이므로 모든 글자를 알았을 것이다. 필자가 이 책이 홍대용의 사가본이라고 생각한 이유는 홍대용은 묵필로 ○표시한 부분을 청필로 ──표시한 부분과 마찬가지로, 무엇이 쓰여 있는지 쉽게 알았을 것으로 생각되기 때문이다.

그럼 홍대용이 이상의 필담 내용을 공개 예정인『간정필담』에서 삭제한 이유는 무엇 때문일까. 조선의 사정이라면 이 책의 독자는 물론 잘 알고 있을 것이고, 그렇기 때문에 필요없다고 생각했을지도 모른다. 또 단순하게 잡다한 문제라고 생각했을지도 모르겠다. 그러나 나는 아마 이런 종류의 조선 국내의 사정을 외국에 가서 발설하는 것이 당시에는 일반적으로 금기되었기 때문이라고 생각한다. 이와 같은 국내 사정을 외국에서 발설한 것이 그를 비난하는 구실이 될 것을 우려해서, 의도적으로 이 부분을 삭제한 것이 아닐까? 이와 비슷한 국내 사정과 관련된 내용으로 1단계와 2단계에서 모두 삭제된 예는 이 밖에도 몇 군데 더 있다.

이미 서술한 대로 홍대용은 개정할 때 삭제할 수 있는 곳은 가능한 삭제할 방침이었던 것 같다. 내용이 잡다해서 삭제했다고밖에 생각할 수 없는 부분도 많다. 김재행과 관련된 부분도 의식적으로 가능한 삭제하려고 했던 것 같다. 그러나 조선 사정을 발설했다고 생각되는 부분, 여기서는 자세하게 소개할 여유가 없지만 조금 경박한 구석이 있는 반정균이 만주족에 대해서 말한 부분, 문자옥(文字獄)에 걸릴 것 같은 부분은 의식적으로 삭제한 것 같다. 예를 들면 반정균은 전겸익(錢謙益; 錢牧斎)을 높이 평가했는데,『간정동회우록』에는 반정균이 전겸익을 '목옹(牧翁)' 즉 전겸익 선생이라는 경칭으로 불렀던 부분도 두 단계에서 모두 삭제했다. 전겸익은 건륭제부터 '이신(貳臣)' 즉 명나라와 청나라 양쪽에 출사한 부도덕한 인물로 낙인이 찍혔으므로 그를 높이 평가한 것이 공공연하게 알려지면 극형을 피할 수 없었다. 홍대용이 이 부분을 삭제한 것은 당시 청조에 불어닥친 '문자옥'에서 반정균을 지키려고 했던 것이 아닐까. 그렇다면 홍대용이 그 후 실제로 그랬던 것처럼 『간정필담』을 중국에 보내는 것까지 염두에 두고 이 책을 개정했다는 것을 시사하는 것이 된다.

6. 개변 사례 2－허난설헌에 대한 수정

이상에서 홍대용이 『간정동회우록』을 개정할 때 원래 있던 문장의 어느 부분을 삭제했는지 그 일부를 소개했다. 이처럼 『간정필담』과 『간정동필담』 모두에서 삭제된 부분이 원래 어떤 내용이었는지는 어느 정도 복원 가능하지만, 이에 반해 삭제가 아니라 개정한 부분이 원래 어떤 내용이었는지를 밝히기는 쉽지 않다. 왜냐하면 원래의 문자에 검은 동그라미 내지는 네모의 묵필(墨筆)이 칠해져 있고, 복사본을 가지고 판독하는 것은 정말 불가능하기 때문이다. 부연하면 내용을 개변한 것이 아닐까 의심이 가는 부분은 대부분 『간정동회우록』의 제1책과 제3책에 있던 것은 아닌가라고 생각되지만, 안타깝게도 이 두 책이 현존하는 것은 확인할 수 없다. 따라서 어떻게 고쳤는지 확인할 수 없기 때문이다.

그런데 다행히도 이덕무의 『천애지기서』가 있어서 극히 일부이기는 하나 『간정동회우록』의 원래 문장이 어떠했는지 알 수 있고, 이를 『간정필담』, 『간정동필담』과 비교해봄으로써 홍대용이 무엇을 어떻게 개변했는지 밝힐 수 있다. 여기에서는 개변한 내용 중 가장 흥미로운 것 하나를 소개하고자 한다.

2월 8일의 일이다. 『간정필담』, 『간정동필담』에 의하면 이날 반정균이 조선 여성 중에 시를 잘하는 사람이 있는가 하고 물은 것을 계기로, 여성이 시문(時文)을 하는 것에 대한 시비를 논하였다. 이때 반정균은 조선의 유명한 여성시인 허난설헌(許蘭雪軒)을 화제로 꺼내고 '당신 나라에 경번당(景樊堂)이라고 하는 허봉(許篈)의 누이(許蘭雪軒)는 시를 잘 짓는다고 해서 그 이름이 중국의 시선(詩選)에 들어 있습니다. 좋은 일이 아닙니까' 라고 물었다. 이때 홍대용의 대답은 다음과 같다.

> 바느질하는 틈틈이 책이나 역사에도 능통하고, 예부터 내려오는 교훈을 익혀 자기 방에서 자신을 수양하는 것이야말로 부인의 고상한 덕입니다. 문장을 화려하게 치장하고 시에 능한 것으로 유명해지는 것은 결국 올바른 모습이 아니지요.[23]

이상은 『간정필담』에 나오는데, 『간정동필담』에도 문장에는 약간의 차이는 있지만 취지는 대체로 같다. 그런데 바로 이 부분이 『천애지기서』에 의하면 홍대용은 원래 다음과 같이 대답한 것으로 되어 있다.

> 이 부인(許蘭雪軒)은 시는 잘 하지만 그 덕행은 시에 훨씬 미치지 못합니다. 그녀는 남편 김성립(金誠立)이 재능과 용모 모두 출중하지 못해서 '이 생에서 남편과 이별하고 저 세상에 가면 두목(杜牧)과 영원히 함께 하고 싶다'는 시를 지었습니다. 여기서 그 사람의 인물됨이 어떠한지 알 수 있습니다.[24]

홍대용은 난설헌이 남편과 헤어져 만당(晩唐)의 시인인 두목(杜牧)과 함께 하고 싶다는, 당시로서는 '부덕'한 시를 지은 여자라고 그녀를 비난한 것이다. 이에 대해 잘생긴 반정균은 '미인의 배우자의 얼굴이 못생겼다는

---

23 앞의 주 13, 『乾淨筆譚』 381면상. 앞의 주 4, 권2, 136면상. 앞의 주 5, 24면. "蘭公曰, 貴國景樊堂許篈之妹, 以能詩名入於中國選詩中, 豈非幸歟. 余(洪大容)曰, 女紅之餘, 傍通書史, 服習前訓, 行修閨閤, 實是婦人之高處. 若修飾文藻, 以詩律著名, 恐終非正法."『乾淨衕筆談』에서는 몇 글자 다르나, 내용은 거의 같다.

24 앞의 주 1, 132면하. "蘭公(潘庭筠)曰, 貴國景樊堂許篈之妹, 以能詩名入中國選詩中, 豈非幸歟. 湛軒(洪大容)曰, 此婦人, 詩則高矣. 其德行遠不及其詩. 其夫金誠立才貌不揚, 乃有詩曰, 人間願別金誠立, 地下長從杜牧之. 即此可見其人. 蘭公曰, 佳人伴拙夫, 安得無怨."

것은 원망스러운 것이 당연한 게 아닙니까'라며 말을 받아쳤다고 한다.

허난설헌은 조선 제일의 여성시인으로 명성이 높고 그녀의 시집 『난설헌시집(蘭雪軒詩集)』은 현재 『한국문집총간』 제67집에도 수록되어 있다.[25] 그녀의 시집은 명나라 주지번(朱之蕃)이 1606년(만력 34, 선조 39)에 칙사 자격으로 조선에 왔을 때 오빠 허봉(許篈), 허균(許筠)이 선물로 주어서 중국으로 건너갔다.[26] 전겸익(錢謙益) 편찬의 『열조시집(列朝詩集)』 윤육(閏六)에 그녀의 시 17수가 채록되어 있다. 이는 채록된 다른 조선 시인의 시중에서도 가장 많은 양이다. 전겸익이 그녀의 시를 소개하면서 애첩 류여시(柳如是)의 말을 일부러 인용하면서 허난설헌이 중국 시인의 시를 많이 표절했다고 비난했는데 아마 반정균도 이 내용을 알고 있었을 것이다.

문제는 홍대용이 『간정동회우록』에서 그녀가 지었다는 시를 들어 그녀를 비난했다가 나중에 이것을 다시 고친 것이다. 허난설헌이 지었다고 하는 시 '저 세상에 가면 두목(杜牧)과 영원히 함께 하고 싶다'에서 두목은 유명한 만당 시인 두목(杜牧)으로, 자는 목지(牧之), 호는 번천(樊川)이다. 그는 감상적이고 탐미적인 시를 많이 지었으며, 그중에서도 유녀(遊女)와의 사랑을 노래한 시를 많이 남겼다. 이 점 때문에 중국의 전통적인 사대부, 정통파 지식인들 사이에 평판이 좋지 않았다. 홍대용 자신이 이러한 정통파 지식인의 한 사람으로, 『간정필담』 『간정동필담』 모두 반정균에게 호색을 경계하며 한 말 중에 두목이 예전에 유곽의 여자와 놀았다고 하는 시를 넌지시 인용하며 경박자재(輕薄才子)가 되지 말라고 주의를 주기도 하였다.[27]

---

25 또 張伯偉 主編, 『朝鮮時代女性詩文集全編』(南京, 鳳凰出版社, 2011) 상책 수록, 『蘭雪軒集』.

26 본서 제16장, 740면.

27 앞의 주 13, 『乾淨筆譚』 409면상. 앞의 주 4, 157면상. 앞의 주 5, 82면. 여기에서 '或贏得薄倖名, 或陷爲輕薄子. 若是乎, 才不可恃, 而德不可緩也.'라고 쓴 것은 杜牧, 『樊川外集』遣懷에 '十年一覺揚州夢, 贏得青樓薄倖名'라고 말한 것에 근거한다.

한편 난설헌의 당호(堂號)인 경번당(景樊堂)도 당시 조선에서는 두목의 호인 번천(樊川)을 사모하여 붙였다는 풍문이 있었다. 그녀의 남편 김성립의 풍채가 출중하지 않다는 점, 그리고 난설헌과 사이가 좋지 않다는 것도 유명했다. 홍대용은 이와 같은 소문을 근거로 2월 8일 필담 자리에서 그녀가 지었다는 시를 들어 비난한 내용이 그대로 『간정동회우록』에 수록되었음이 거의 확실하다. 물론 이 시는 『난설헌시집』에 수록되어 있지 않으며 그녀와 같은 재주 많은 여성을, 게다가 중국에까지 이름이 알려진 여자를 질투하는 누군가가 지어낸 소문임에 틀림없다.

이덕무는 『천애지기서』에서 『간정동회우록』에 기록된 것보다 더 많이 발췌 인용하며 다음과 같은 의견을 추가했다.

> 옛날 경번(景樊)이라는 호는 난설헌 스스로가 붙인 호가 아니라 나부랭이들이 그녀를 공격하고 끌어내리려고 붙였다고 들은 적이 있다. 홍대용도 이것을 몰랐던 것일까. 중국에서는 허경번(許景樊)과 난설헌을 다른 사람으로 구별하여 적고 있다. 또 그 남편은 일본이 조선에 침략했을 때 충절을 지키며 죽었고 이후 난설헌은 수도생활을 하며 생애를 마쳤다고 한다. 이 또한 터무니없는 트집이다. 반정균이 장차 시화를 지어 홍대용이 한 말을 싣는다면 이 또한 허난설헌에게 너무나 가혹한 짐이 아닌가.[28]

사람들이 은밀히 『간정동회우록』을 돌려 읽게 되면서 홍대용이 난설헌이 지었다고 한 시의 시는 그녀의 작품이 아니라고 지적하는 사람이 있었을 것이다. 아니면 이덕무 본인이 지적했을지도 모른다. 『간정동회우록』의 개정판이라고 할 수 있는 『간정필담』이 편찬된 것은 앞에서 언급한

---

28 앞의 주 1, 132면하. "炯庵(李德懋)曰, 嘗聞景樊非自號, 迺浮薄人侵譏語也. 湛軒亦未之辨耶. 中國書分許景樊 · 蘭雪軒爲二人, 且曰, 其夫死節於倭亂, 許氏爲女道士以終身. 其誣亦已甚矣. 蘭公若編詩話, 載湛軒此語, 豈非不幸之甚者乎."

대로 연행으로부터 2년에서 6년 사이이기 때문에, 냉정하게 상식적으로 생각해봐도 '부덕'한 여자라고 해도 이와 같은 시를 지었을 리 없다고 홍대용도 생각했을 것이다.

이상에서 본 것처럼『간정동회우록』에는 이후 자료에 비해 생생하게 다듬어지지 않은 기록이 있었던 것이 틀림없다. 조금 더 보면, 이날 허난설헌이 화제가 되었을 때는 개변된 자료에 나타난 것과 다르게 말하고 있기 때문에,『간정동회우록』에는 처음에는 이와 관련된 내용이 더 많이 기록되었을 가능성이 있다. 왜냐하면 한글본『을병연행록』에 의하면 반정균이 '미인의 배우자의 얼굴이 못 생겼다는 것은 원망스러운 일이 아니냐'며 받아친 것에 대해 홍대용이 다음과 같이 대답했다고 기록되어 있기 때문이다.

> 형의 말이 크게 잘못되었습니다. 사람이 만나고 만나지 못함에 각각 운명이 있습니다. 가난한 선비의 아내와 약한 나라의 신하는 몸에 괴로움을 끼치고 세상에 뜻을 펴지 못하니, 자신의 운명을 생각하지 않고 다른 뜻을 품어 삼강(三綱; 군신, 부모, 부부의 마땅한 도리)의 중함을 잊으면 어찌 천하의 큰 죄악이 되지 않겠습니까?[29]

이 부분은 홍대용의 여성관, 사회관, 국가관, 즉 사회사상이 솔직하게 표명되어 있기 때문에 홍대용의 사상을 논하는 데 중요하다. 적어도 중국에서 귀국할 때까지 그의 사상을 논할 때 중요하다. 한국에서 홍대용에 대한 평가가 매우 높고, 그의 여성관에 대해서도 그가 근대인과 같은 개념이 있는 것처럼 논하기도 하지만 여기서는 언급하지 않는다. 문제는

29 앞의 주 6, 518면. 김태준 박성순 역『산해관 잠긴 문을 한 손으로 밀치도다–홍대용의 북경 여행기<을병연행록>』(서울, 돌베개, 2001), 265면. 정훈식 역『을병연행록』(제2책, 서울, 도서출판 경진, 2012) 109면.

그의 사상을 알기 위해 이처럼 중요한 발언이, 현재 우리가 보는 『간정필담』과 『간정동필담』에는 기재되어 있지 않다는 것이다. 반면에 『간정동회우록』에는 원래 이 발언이 기재되어 있을 가능성이 높다. 왜냐하면 그의 이 발언은 당시 조선 사회나 중국 사회에서도 특별히 금기에 해당하는 것이 아니기 때문이다. 실제로 이 말을 들은 반정균조차도 '형의 의론이 매우 정대하니 실언함을 사과합니다'라고 말했다. 담초에는 허난설헌이 지었다는 시를 인용한 후에 이 의논이 쓰인 것이 틀림없기 때문에, 이 부분만 『간정동회우록』에서 처음부터 누락했다거나 삭제했다고는 도저히 생각할 수 없다. 아마 나중에 『간정필담』으로 개정판을 편집할 때 허난설헌의 시라는 것을 삭제하여 내용을 바꾸다 보니 반정균이 말한 '미인의 배우자 얼굴이 못생겼다는 것은 원망스러운 일이 아니냐'에 대응할 수 없게 되어버려 반정균이 한 말과 함께 그 다음에 홍대용이 한 발언까지 1, 2 단계에서 모두 삭제했을 것이다.

7. 서명의 개변–'간정(乾淨)'이 의미하는 것

『간정동회우록』의 개변이라는 문제 중에 마지막으로 남는 가장 큰 문제는 왜 서명까지 고치지 않으면 안 되었는가, 그럼에도 불구하고 '간정(乾淨)'이라는 두 글자만은 유지한 것은 무엇 때문일까라는 것이다. 이번에 새로 발견된 『간정동회우록』이 『간정록』으로 서명이 변경되었는데, 왜 『간정필담』이라는 서명으로 쓰지 않았는지는 현재로서는 잘 이해할 수 없는 문제이다. 아마 『간정필담』이라는 이름으로 공개할 때 홍대용은 자신의 사가본은 이름을 바꾸지 않고, 공개한 후에도 사가본의 서명은 바꾸지 않았기 때문일 텐데, 여기에서도 '간정(乾淨)' 두 글자를 그대로 유지한 것은 주목된다.

간정(乾淨)이란 원래 깨끗한 것, 티끌이 없는 것을 의미하고 동(衕)은 호동(衚衕)의 약자로 골목길 혹은 좁은 거리를 의미한다. 홍대용은 『간정필담』에서 간정호동(乾浄衚衕) 혹은 간정동(乾浄衕)이라는 이름의 골목길이 북경에 실제로 있다는 전제로 이야기를 전개했으며, 나중에 중국인에게 준 편지에도 간정호동에 엄성 일행이 숙박한 여관이 있어서 거기에서 필담을 나누었기 때문에 책 제목을 『간정필담』이라고 했다고 분명하게 말하고 있다.[30] 이에 대해서는 근래까지 아무도 의심하지 않았고, 한국의 연구자들도 지금껏 고서점이나 문방구점이 즐비한 북경의 유리창(琉璃廠) 일각에 간정호동이 있어서 거기에서 필담이 이루어졌다고 생각해왔다.

그런데 간정호동이라는 이름의 거리는 지도나 지방지(地方志) 등 북경의 어디를 찾아보아도 보이지 않는다. 『간정필담』에서 간정호동이 있었을 것으로 추측되는 곳으로 생각되는 것은 감정호동(甘井衚衕 ;胡同)뿐이다. 현대 중국에서는 호동(衚衕)을 호동(胡同)이라고 표기한다. 이것에 대해 처음으로 주의를 기울인 것은 2000년 당시 북경에 유학을 온 한국인 학생이었다. 그녀는 간정(乾浄: gānjìng)과 거의 동음인 감정(甘井: gānjǐng) 호동(胡同)이야말로 필담 장소가 아니었을까 추정했다.[31] 과연 감정호동(甘井胡同)은 『간정필담』에 쓰여 있는 정황과 딱 일치한다. 홍대용이 기록한 간정호동(乾浄衚衕)이 실제로는 감정호동(甘井衚衕)이라는 것은 틀림없다. 게다가 유리창은 감정호동(甘井胡同)에서 1킬로 정도 떨어진 다른 구역에 있다. 북경을 직접 방문했던 박지원조차 홍대용의 묘지명을 쓸 때 '엄성 등과 유리창에서 만났다(遇陸飛 · 嚴誠 · 潘庭筠於琉璃廠)'고 적었다.[32] 홍대용의 손자인 홍양후도 북경을 방문한 적이 있는데, 그도 홍대용이 엄성, 육비, 반정균과 '유리창의 간정호동에서 만났다'고 기록하고 있

30 앞의 주 4, 外集 권1, 123면상.

31 權純姬, 「乾浄衕與甘井胡同」(『當代韓國』 2000년, 春期號).

32 앞의 주 4, 『湛軒書』付錄, 321면상, 朴趾源, 「洪德保墓誌銘」.

다.[33] 그러나 그들이 유리창에서 만난 적은 한 번도 없었으며, 간정호동(乾浄衚衕)이라는 장소도 없다. 조금 과장하면 200년에 걸친 오해가 여기에서 겨우 풀렸다고 할 수 있다.

홍대용은 『간정동회우록』을 완성하자 곧 반정균에게 알렸다. 이것을 들은 반정균은 또다시 육비에게 알렸다. 이 소식을 듣고 육비가 홍대용에게 편지를 쓴 것은 다음해인 1767년(건륭 32, 영조 43) 정월 7일의 일이었다. 그런데 그는 편지에 다음과 같이 적었다. '간정동(乾浄衕)이라는 이름이 좋아 보이지 않으니(不雅) 제목을 『경화필담(京華筆譚)』으로 바꾸는 것이 어떻습니까.'[34] 즉, 홍대용이 기세 좋게 '청정한 골목길에서 이루어진 교유 기록'이라고 이름 붙인 것에 대해, 서명으로 적합하지 않다는 불만을 제기한 것이다.

홍대용 등이 필담을 나누었던 18세기 후반에도 감정호동(甘井衚衕)은 감정호동(甘井衚衕)으로 표기되었고, 간정호동(乾浄衚衕)으로 표기되지 않았다는 것은 당시 북경에 살고 있던 전대흔(錢大昕)이 감정호동(甘井衚衕)으로 표기하였고, 그곳에는 감정(甘井), 즉 수질이 좋은 물이 솟는 우물이 있었던 사실로 미루어 틀림없다.[35] 그렇다면 홍대용이 간정호동(乾浄衚衕)이라고 쓴 것은 착각해서 그렇게 믿어버렸든지, 아니면 알면서 일부러 동음인 간정(乾浄) 두 글자로 대신하려고 했던지이다. 그 중 뭐라고 하더라도 육비는 간정동(乾浄衕) 세 글자를 서명으로 쓰는 것은 부적합하다고 충고한 것이다. 아마도 간정(乾浄) 두 글자가 원래는 속어라서, 기록 등에서 구어를 사용하는 일이 있기는 하지만 전아한 문장에서 사용되는 일은

---

33 洪良厚, 『寬居文』, 送杭州書. "邂逅鐵橋嚴先生與陸篠飮 · 潘秋庫兩先生于琉璃廠之乾淨衚衕."홍양후와 『寬居文』에 대해서는 신로사, 「담헌(湛軒)의 손자, 홍량후(洪良厚)의 생애(生涯)와 그의 연행(燕行)에 관한 고찰」(『大東文化研究』 제81집, 2013).

34 『燕杭詩牘』, 湛軒賢弟启 陸篠飮. "從蘭公處, 已得見致渠手札, 所云, 古杭文獻及會友錄, 具見不忘故人. 第文獻則不敢當, 飛意竟從老實, 題曰杭友尺牘. 乾淨衕名不雅, 擬易之曰京華筆譚, 何如."

35 錢大昕, 『潛研堂詩集』 권10, 柬習庵.

거의 없는 말이라는 점, 동(衕)의 원래 명칭인 호동(衚衕)도 원래 몽골족이 지배하던 원나라 때부터 사용되기 시작한 표현이라는 점에서 이 세 글자가 '전아하지 않다', 즉 멋지지 않다고 했을 것이다.

확실히 홍대용은 육비의 충고를 일부 수용해서 새로 필담이라는 두 글자를 사용했다. 그러나 한편으로는 전아한 제목이 아니라는 말을 듣고도 간정이라는 두 글자는 계속 썼다. 나이로 치면 열 살이나 선배이며, 절강성의 향시에 일등으로 합격한 수재 중의 수재인 육비의 충고를 모두 받아들이지는 않았다. 이는 홍대용이 '간정' 두 글자에 매우 강하게 집착했기 때문일 것이다. 그는 거짓으로 가득 찬 조선 국내에서는 누구 한 사람 솔직하게 말할 수 있는 상대를 찾지 못하고, 대신 이를 중국에서 찾으려고 북경까지 갔다.[36] 따라서 그에게는 필담하는 장소도 필담 내용에 적합한 청정한 곳이어야 할 필요가 있었다. 청정한 장소를 의미하는 '간정(乾淨)한 거처'라는 표현은 엄성 일행과 처음 필담을 했을 때도, 그보다 먼저 한림원 관료였던 오상(吳湘), 팽관(彭冠)과 필담을 나누었을 때도 필담이 이루어져야 하는 장소로 나타난다.[37] 그는 서명을 바꿀 때도 이 책에 담은 자신의 생각을 소중히 여겼을 것이다.

8. 맺음말

홍대용은 명리(名利)를 얻는 것에 욕심이 없었던 것 같다. 그에게는 저작물을 세상에 내어 명성을 얻으려는 마음이 없었던 것 같다. 홍대용은 자신이 살아 있는 동안 개인문집을 출판하지 않았으며, 사본(寫本)으로도

36 본서 제12장, 462면.

37 앞의 주 4, 131면하. 앞의 주 5, 10면. 『湛軒燕記』(『燕行錄選集』 상책, 서울, 成均館大學校大東文化硏究院, 1960 수록)권1, 236면상, 吳彭問答. 앞의 주석 4, 244면하.

세상에 내놓지 않았다. 조선 시대에 홍대용 저작으로 알려져 전사(轉寫)된 것으로는 고작 『간정필담』이 수록된 연행록뿐이었다.

이러한 홍대용이 북경에서 나눈 필담 기록을 바탕으로 하여, 비본(秘本)으로 부를 책 말고도 정본(定本)이라고 칭할 만한 것을 만든 사실, 더욱이 둘 다 각기 다른 사가본을 만든 점, 서명에 집착하여 두 번이나 고친 사실은 주목할 필요가 있다. 현재는 한글본으로 남아 있는 『을병연행록』이라는 제목의 일기를 포함하면 4종류의 텍스트를 만든 것이다. 이것은 홍대용이 북경에서의 체험을 얼마나 소중하게 여겼는지를 보여주는 것일 뿐아니라, 북경에서 그가 나눈 필담 기록은 없던 일로 치더라도, 공표하기에 충분하다는 강한 자신감을 갖고 있었음을 보여준다.

홍대용은 『간정필담』을 엄성의 형 등 세 사람의 중국인에게 보냈다고 한다. 그러나 현재 이 세 사람이든 또 다른 사람이든 중국에서 『간정필담』을 보았다든지 읽었다는 증언, 또는 이를 명료하게 보여주는 사료를 나는 아직 발견하지 못했다. 현존하는 『간정필담』은 『간정동필담』에 비해 만주족에 의한 중국 지배 문제에 관해서는 대폭 줄이거나 많은 부분이 삭제되었다. 그러나 만약 홍대용이 원래 그대로 중국인에게 보냈다고 한다면 이는 너무도 배려심이 결여된 행동이라고 말할 수밖에 없으며, 이것을 받은 사람도 너무나 곤혹스러웠을 것임이 틀림없다. 이 책을 간직하고 있는 것도 읽었다고 명언(明言)하는 것도 모두 위험스러웠을 것이다. 적어도 건륭 30년대 이후에 금서(禁書)나 문자옥이 얼마나 무서운 것인지 알고 있는 우리들이 본다면 그렇게 판단할 수밖에 없다. 『담헌서』와 『연항시독(燕杭詩牘)』, 나아가 다음 장에서 주로 사용할 『간정후편(乾淨後編)』, 『간정부편(乾淨附編)』에 포함된 왕복서간문에 의하면 1780년(건륭 45, 정조 4) 이후가 되면 중국인이 홍대용에게 보내던 편지는 끊어져버린다. 이는 그 전년에 홍대용이 『간정필담』을 보낸 것이 원인이 있던 것은 아닐까. 이 문제는 앞으로 우리들이 연구해 밝혀야 할 중요한 과제이다.

『간정동회우록』과 『간정필담』의 출현은 고려시대 이후 약 400년에 걸쳐 단절되었던 한국과 중국 지식인이 얼굴과 얼굴을 마주하고 행한 교류의 부활을 알리는 것이다. 이런 의미에서 이는 물론 한국사에서 기서(奇書)이다. 동아시아에서 보더라도 이미 서술한 것처럼 이들은 18세기가 낳은 기서이다. 더 나아가 이 기서가 중국에서 2010년에 출판되기까지 필담이 행해진 나라에서는 거의 읽혀진 형적이 없었던 일도, 수세기에 걸친 동아시아의 국제관계가 얼마나 복잡한 것이었나를 보여준다. 이는 또한 이 책들을 기서라고 하기에 충분한 하나의 요인이다.

(번역: 신로사)

제14장

홍대용의 『의산문답』의 탄생
-귀국 후 중국 지식인과의 서신 왕래와 탈주자학 과정을 중심으로

1. 머리말

홍대용은 실학사상가, 자연과학자로서 한국에서는 매우 유명하다. 그리고 그의 사상을 논할 때 그것을 높게 평가하든, 반대로 높게 평가하는 것을 의문시하든 반드시 거론되는 것이 『의산문답(醫山問答)』이다.[1]

1 한국에서 홍대용이 높게 평가되고 있음을 알 수 있는 것으로는 2011년도판 『고등학교국사』(서울, 국사편찬위원회, 국정도서편찬위원회)303 · 306면. 홍대용에 관한 기술은 『韓國の高校歴史教科書－高等學校國定國史』(世界の教科書シリーズ15, 東京, 明石書店, 2006)324, 327면과 같다. 일본에서 자연과학자로서의 그를 높게 평가하고 있는 연구를 들면, 小川晴久 「洪大容の宇宙無限論」(『東京女子大學附屬比較文化研究所紀要』 제38권, 1977), 金泰俊 『虛學から實學へ－十八世紀朝鮮知識人洪大容の北京旅行』(東京, 東京大學出版會, 1988)제8장 「虛子と實翁との出會い及び宇宙論—學者 · 學問論(二)」, 全相運 『韓國科學史－技術的傳統の再照明』(許東粲譯, 東京, 日本評論社, 2005, 한국어판은 2000년 발행)162면 「洪大容の地轉說」, 任正爀 『朝鮮科學史における近世－洪大容 · カント · 志筑忠雄の自然哲學的宇宙論』(京都, 思文閣出版, 2011)제3장 「湛軒 · 洪大容の地轉說と『醫山問答』」, 제4장 「“天圓地方”說から無限宇宙論へ－朝鮮における獨自的な宇宙論の發展とその終焉」 등이 있다. 홍대용의 자연과학사상에 대한 과대평가를 의문시하는 것으로는, 藪内清 「李朝學者の地轉說」(『朝鮮學報』 제49호, 1968, 후에 같은 글을 『中國の科學と日本』東京, 朝日新聞社, 1978에 수록), 山内弘一 「洪大容の華夷觀について」(『朝鮮學報』 제159집, 1996), 川原秀城 『朝鮮數學史—朱子學的な展開とその終焉』(東京, 東京大學出版會, 2010)제4장 「西算の傳入－崔錫鼎と洪大容」

필자가 『의산문답』에 관심을 가지는 것은 이제까지 그의 사상을 평가할 때 중심과제였던 지전설, 즉 지구자전설의 주장이나 화이관(華夷觀)의 부정, 인간과 동물은 동등하다는 주장이 거기에 보여서가 아니다. 거기에는 예를 들면 다음과 같은 말이 보이기 때문이다.

> 고대의 주왕조(周王朝) 이후 왕도(王道)는 점차 사라지고 인의(仁義)를 구실로 삼는 자가 황제가 되고 병력이 강한 자가 왕이 되며, 꾀를 부리는 자가 높은 지위에 오르고 아첨을 잘하는 자가 영화를 누린다. 군주와 신하는 한편으로는 서로 의심하고 한편으로는 함께 사욕(私欲)을 꾀한다.
>
> 군주가 지출을 검약하고 세금을 면제하는 것은 백성을 위해서가 아니다. 어진 자를 높이고 능력 있는 자를 등용하는 것은 국가를 생각해서가 아니다. 반란자나 죄 있는 자를 토벌하는 것은 폭력을 금하기 위해서가 아니다. 중국이 외국에 약소한 물건을 조공(朝貢)하게 하고 답례로 후한 선물을 주는 것은 여러 나라를 돌보아서가 아니다. 단지 이미 획득한 지위를 보전하고 싶어서이다. 자신이 죽을 때까지 존경받고 영화를 누리며 이것을 대대로 자손들에게 전할 수 있도록 하기 위한 것이다. 이거야말로 현명한 군주라고 하는 자가 잘 성취하는 것이며 충신의 훌륭한 계략이다.[2]

이는 대담한 발언이다. 원래 『맹자(孟子)』에서 "인(仁)을 구실로 하는 자는 패자(覇者)이고…… 덕(德)으로써 인을 행하는 자는 왕자(王者)"(公孫丑

등이 있다. 任正爀 저서, 제3장 「湛軒・洪大容の地轉説と『醫山問答』」에서는 자연과학자로서의 홍대용과 『의산문답』을 한국, 북한, 그리고 일본에서 어떻게 평가해 왔는가에 대해서 서술하고 있으며, 또한 부록으로 『의산문답』의 일본어 번역을 싣고 있다.

2 『湛軒書』(『韓國文集叢刊』 제248집, 서울, 景仁文化社, 2000), 99면하. "自周以來, 王道日喪, 覇術横行, 假仁者帝, 兵彊者王, 用智者貴, 善媚者榮. 君之御臣, 啗以寵祿, 臣之事君, 餂以權謀, 半面合契, 隻眼防患, 上下掎角, 共成其私. 嗟呼咄哉. 天下穰穰, 懷利以相接. 儉用蠲租, 非以爲民也. 尊賢使能, 非以爲國也. 討叛伐罪, 非以禁暴也. 厚往薄來, 不寶遠物, 非以柔遠也. 惟守成保位, 沒身尊榮, 二世三世傳之無窮. 此所謂賢主之能事, 忠臣之嘉猷也."

上)라고 말하고 있는 것처럼, 인의를 구실로 하는 자는 패자로 왕자와는 확실히 구분되는 것이었다. 그런데 홍대용은 왕자로 칭하는 자도 패자와 같아 군사력이 강한 자에 지나지 않는다고 한 것이다. 이는 『맹자』를 부정한 것과 마찬가지다.

게다가 여기에는 현실의 중국이 완전히 부정되어 있다. 청조(淸朝)뿐만 아니라 명조(明朝)도 부정되고 있다. 여기에는 청나라 초기 황종희(黃宗羲)가 『명이대방록(明夷待訪錄)』에서 주장한 것과 같은 민본주의적인 군주론을 훨씬 뛰어넘는 과격한 국가론(國家論)과 군신론(君臣論)이 전개되어 있다고 말해도 좋을 것이다.

그러나 "인의를 구실로 삼는 자가 황제가 되고 병력이 강한 자가 왕이 된다."고 하여 황제와 국왕 그 자체를 부정하는 것이라면 이는 중국의 황제뿐만 아니라 이성계(李成桂)가 세운 조선 자체를 부정하는 것이 되는 것은 아닐까? 무욕(無欲)으로 백성을 생각하는 군주는 있을 수 없다고 그는 말하고 있다. "군주가 지출을 절약하고 세금을 면제하는 것은 백성을 위해서가 아니다."라고 말한다. 그렇다면 그가 섬긴 '현명한 군주'인 정조(正祖)도 부정하는 것이 되는 것은 아닐까? 『의산문답』은 이처럼 중대한 문제를 내포하고 있다.

그렇다면 도대체 『의산문답』은 홍대용의 어떤 사상편력의 과정에서 생겨난 것일까? 어떤 생각 속에서 작성된 것일까? 도대체 『의산문답』이라는 것은 무엇일까? 사실 이 문제는 지금까지 『의산문답』이 자주 언급되면서도, 그리고 그것이 지금 서술한 것처럼 중대한 문제를 내포하고 있음에도 불구하고 거의 밝혀지지 않았다. 『의산문답』은 허자(虛子)와 실옹(實翁)이라는 두 사람 간의 문답으로 이야기가 전개된다. 이 허자에 대해서는 "은거하며 독서하기를 삼십 년", 그 후 "서쪽으로 북경(北京)에 들어가 중국의 선비들과 교유하며 대화했다."라고 서술한 것으로부터, 1765년(영조 41, 건륭 30) 35살의 나이에 연행(燕行)하고 이듬해 귀국한 직후까지의 젊은 날의 홍대용 본인이 희화된 것이라고 일컬어진다. 한편 실옹은 큰 변화를 겪고 난 후반기의 그 자신, 즉 이 책을 저술했을 무렵의 본인이라고 한다. 그런데 홍대용의 사상을 논할 때 지금까지도 이 변모조차 무시되고, 생애 전반기와 후반기의 그를 혼동하여 논하는 것이 현재도 계속되고 있다. 때로는 그의 작품들이 각각 언제 작성된 것인지를 논하지도 않고, 논자의 상황에 맞추어 자유자재로 임의대로 재단하여 논의되고 있다.

이것은 홍대용이 귀국한 후, 즉 생애 후반기에 그가 어떠한 사상적인 편력을 거쳤는지에 대해서는 지금까지 전혀 논의되지 않았기 때문이다. 더구나 그의 사상적인 편력에서 보았을 때 『의산문답』이 언제쯤 작성된 것인지 추정하려는 시도조차 하지 않았기 때문이다.

『의산문답』이 어떻게 탄생했는가라는 문제가 지금까지 문제시되지 않았던 것은 그 답을 찾으려 해도 거의 자료가 없어서였다. 역사자료를 바탕으로 답을 내는 것이 거의 불가능하기 때문이다. 이 말은 곧 홍대용 혹은 그의 사상을 논할 경우, 지금까지는 그의 저작집인 『담헌서』를 거의 유일한 사료로 삼았기 때문이다. 이 『담헌서』는 홍대용의 5대손 홍영선이 편찬하여 1939년에 출판한 것이다. 거기에 수집된 홍대용의 저작 혹은 서간문에는 몇 년 몇 월의 것인지 기록되어 있지 않다. 게다가 수록된 서간문은 극히 적기 때문에 그가 사상적으로 어떻게 변화했는지에 대해서는 거의 파악할 수 없었다.

그러나 숭실대학교 한국기독교박물관에는 『간정후편(乾淨後編)』 2권과 『간정부편(乾淨附編)』 2권이 소장되어 있다. 전자에는 홍대용이 귀국한 후 북경에서 필담을 나누었던 엄성, 반정균, 육비에게 보낸 편지와 그 회신을 주로 수록했다. 『간정부편』에는 그가 귀국 도중에 알게 된 손유의(孫有義), 등사민(鄧師閔), 조욱종(趙煜宗) 3인과의 왕복서간을 주로 수록했다. 이들 서간에는 발송한 연월, 또 회답을 받은 연월이 대개 기록되어 있다. 더구나 『간정후편』·『간정부편』에는 『담헌서』에는 수록되어 있지 않은 다수의 서간을 수록하고 있다. 『담헌서』에 수록된 중국인과의 왕복서간은 두 책에 수록된 것의 약 3분의 1정도밖에 되지 않는다. 『담헌서』가 두 책을 저본으로 편찬된 것은 틀림없지만 중요한 서간을 수록하지 않았을 뿐만 아니라 일부러 그랬다고 생각할 수밖에 없는 개작(改作)과 삭제 외에 커다란 착간(錯簡)도 있다. 필자는 이미 『담헌서』 외집(外集)의 항전척독(杭傳尺牘)에 권2, 권3으로 수록되어 있는 『간정동필담(乾淨衕筆談)』이 얼마나 오류가 많은 편찬물인지에 대해 앞장에서 서술했다. 『담헌서』 외집의 항전척독 권1은 중국 지식인과의 왕복서간으로 이루어져 있지만 뒤에서 서술하는 것처럼 이것도 오류투성이의 편찬물이다. 『담헌서』에만 의존해서는 그의 사상적 변천과정을 제대로 밝혀낼 수가 없다.

홍대용의 사상편력을 동아시아 사상사 속에서 평가한다면, 다음에 보는 것처럼 그 하나는 역시 탈주자학 과정으로서 평가할 수 있을 것이다. 홍대용의 사상에 대해서 이제까지 다양하게 논의되어져 왔는데, 주자학으로부터 벗어나는 과정으로서의 그의 사상적 편력을 파악은 했지만, 실제 문헌에 근거해서 그 과정을 고찰한 적은 없었던 것 같다. 주지하는 바와 같이 조선후기에는 주자학이 정통학문으로 추대되었을 뿐만 아니라 이를 비판하는 자는 이단시되어 심한 공격을 받았다. 그렇기 때문에 중국에서의 왕양명이나 일본에서의 이토 진사이, 오규 소라이처럼 각자 개인의 사상편력에 입각해서 주자학으로부터 벗어나는 과정을 볼 수 있는 사상가는 거의 없다. 이러한 상황 속에서 홍대용은 문헌에 입각해서 이것을 고찰할 수 있는 드문 예이다. 그것은 국내의 지인(知人)에 대해서는 쓰지 못한 것도 외국인에게 보내는 편지에서는 쓸 수 있기 때문이다. 그리고 동아시아적 시야에서 보더라도 홍대용은 당시 외국에도 많은 지인을 가진 드문 존재였기 때문이다.

그렇다면 홍대용이 어떻게 해서 주자학에서 탈각해 가는지, 『의산문답』에 무엇이 적혀 있는지를 검토할 경우 주의해야 할 사항이 두 가지가 있다. 하나는 그의 글 속에서 주자(朱子)의 언설(言說)이나 주자학의 전제가 되는 정호(程顥) · 정이(程頤) 등의 언설에 대한 직접적인 비판을 찾으려고 해서는 안 된다는 것이다. 홍대용이 살았던 18세기 조선에서는 주자에 대한 비판이 조금도 허락되지 않았다. 한 예로, 1764년에 일본에 갔던 이단아 이언진은 양명학도였던지 적어도 이에 격하게 공감한 인물이었는데, 그가 일본에 가서 소라이 학파 인물로부터 "주자학에 대해서 당신은 진실로 어떻게 생각하고 있습니까?"라는 질문을 받았다. 하지만 그는 "조선의 국법에는 송유(宋儒)에 의거하지 않고 경전을 해석하는 자는 엄중하게 처벌받습니다."라고 대답할 수밖에 없었다. 그 자신이 주자학을 실제로 어떻게 생각하는지를 조선이 아닌 일본에서조차도 일절 말하지 않았던 것이다.[3] 조선에서는 주자가 공자와 동등한 사람으로 함께 일컬어지는 세상이어서 일본의 이토 진사이나 오규 소라이 등이, 또는 중국의 대진 등이 그러했듯이 주자의 언설을 직접 들어 철저하게 비판을 가하는 일은 존재할 수 없었다. 당시 조선에서 주자학을 비판하는 것은 중국에서 만주족을 비판한다든지, 일본에서 크리스트교의 지지나 천황을 받들고 막부를 친다는 존황토막(尊皇討幕)을 표명하는 것과 마찬가지로 '엄중한 처벌을 받았던' 것이다. 이 같은 상황에서는 주자를 드러내 비판하고 그의 설을 부정하는 말은 언급할 수도 기록할 수도 없었다. 예를 들면, 홍대용의 『계방일기(桂坊日記)』는 나중에 국왕이 되는 정조가 세자였을 때 그의 교육을 담당했던 때의 일기로 여기에는 그의 생애 후반기에 해당하는 1774년(영조 50, 건륭 39)부터 이듬해에 걸쳐 그가 동궁(東宮)에서 보고 들었던 것이나 세자와의 문답을 기록하고 있다. 그런데 그곳에서 그가 주자학에 기초하여 세자에게 경서를 강하고 『시경』을 해석했다고 하더라도, 이 시기의 홍대용이 주자학자였다고 판단해서는 절대로 안 된다. 그는 봉급을 받아 생활하기 위해서 동궁에 관리로 나갔기 때문이다.

주의해야 할 두 번째는, 『담헌서』에 수록된 홍대용의 논설이나 서간 가

---

3 이언진이 양명학에 강한 친근감을 가지고 있었던 것은 본서 제10장, 394면, 소라이 학파였던 宮維翰과의 필담은 같은 장, 421면 참조.

운데 그것이 언제쯤 작성된 것인지 분명하지 않은 것은 우선 고찰 대상에서 제외하지 않으면 안 된다는 것이다. 『간정후편』과 『간정부편』을 주된 자료로 하여 먼저 그의 사상적인 변천 과정을 확정한 다음, 각 연대별로 유사한 사상 경향을 갖는 논설이나 서간을 뽑고, 다시 이것을 바탕으로 연대가 확실하지 않은 것들이 언제쯤 작성된 것인지를 유추할 필요가 있다. 이와 같은 방법을 취함으로써 비로소 『의산문답』이 언제쯤 작성된 것인지에 대한 추정도 가능해진다.

2. 탈주자학의 계기 - 엄성의 유언서

홍대용이 연행을 했던 1765년 시점에 그가 전형적인 주자학자이며, 주자 신봉자였다는 것은 북경에서의 필담교유 기록인 『간정필담』을 보면 의심의 여지가 없다. 이에 대해서는 그가 '정(情)'이라는 문제에 대해서 어떻게 대처하려 했는가라고 하는 문제에 입각해서 이미 밝혀놓았다.[4]

홍대용이 전형적인 주자학자였다는 것은 귀국해서도 변하지 않았다. 이것을 보여주는 것은 첫째 1766년(영조 42, 건륭 31) 10월에 육비에게 보낸 편지이다. 그는 여기서 주자의 격물궁리설(格物窮理說)을 따르고 왕양명의 심즉리(心卽理)나 치양지(致良知)를 비판하고, 나아가 그것이 불교에 가까운 성격을 가지고 있음을 공격한다. "왕양명은 시속을 싫어하여 치양지를 주창하는 데에 이르렀다"고 한편으로는 높이 평가하면서도, 결론적으로는 "양명은 장자(莊子)와 마찬가지로 이단(異端)이다."라고 비판하고 있다.[5]

---

4 본서 제12장, 479~490면.

5 『乾淨後編』 권1, 「與篠飮書(十月冬至使行入去)」. 거의 같은 글이 『湛軒書』, 104면하에도 수록. "嗚呼, 七十子喪而大義乖, 迂儒曲士, 博而寡要, 莊周憤世, 養生齊物. 朱門末學, 徒尚口耳, 記誦訓詁, 汨其師說, 陽明嫉俗, 仍致良知. 此其憫時憂道之意, 不免於矯枉過直, 而

홍대용은 엄성에게도 이와 똑같은 논조의 편지를 보냈다. 이는 4천 자에 가까운 장편의 글이다. 북경에서 헤어지고 나서 엄성이 너무 그리워서 시간이 지날수록 괴롭다고 호소하면서, 자신은 여름 이후 근심과 병이 겹쳐 애타며 분주할 뿐 책 한 글자도 읽지 못하게 되었다며 한탄하였다. 그러나 실천적인 주자학자가 되려고 하는 것은 북경에서 그가 보여준 언동과 완전히 일치한다.[6]

이 편지에는 매우 긴 논설이 더해져 있다. 그것은 양명학을 완고하게 물리치지 않고 불교에 친근감을 표명한 엄성에 대한 하나의 논쟁이기도 했다. 그는 우선 고학(古學)이야말로 실학(實學)이며 정학(正學)이라고 하면서 "정학을 도와서 사설(邪說)을 물리치는" 것이야말로 중요하고, 이것이야말로 엄성이나 자신들의 임무라고 말하고 있다. 여기에서 말하는 정학은 주자학이며 사설은 양명학이나 이에 가까운 불교라는 것은 분명하다. 엄성과 반정균이 고향 항주의 은사(隱士) 오서림(吳西林)[吳穎芳] 선생을 존경하여 말한 것에 대해 홍대용은 그가 불교신자인 점을 강하게 비판한다.[7]

橫議之弊, 無以異於迂儒曲士, 正道之害, 殆有甚於記誦訓詁, 則竊以爲陽明之高, 可比莊周, 而學術之差, 同歸於異端矣."

6 『乾淨後編』 권1, 「與鐵橋書」. 『湛軒書』, 105면상-106면하에도 수록. 또한 『鐵橋全集』 제5책, 「九月十日與鐵橋」, 31면. 거의 같은 글이 인용문은 『鐵橋全集』에 의한 것이다. "不審入秋來, 上奉下率, 啓居適宜, 看書講學之外, 體驗踐履之功, 益有日新之樂否.……嗚呼, 人非木石, 安得不思之, 思之又重思之, 終身想望, 愈久而愈苦耶. 容夏秋以來,憂病相仍, 焦遑奔走, 不能偷片隙讀一字書, 以此心界煩亂, 少恬靜怡養之趣, 志慮衰颯, 少彊探勇赴之氣, 別來功課濩落, 無可道者, 奈何.……伏願力闇鑑我無, 益加努力, 憫我不進, 痛賜警責, 得以鞭策跛躃, 追躡後塵也."

7 『鐵橋全集』 제5책, 「九月十日與鐵橋」, 34면, 「書後別紙」. "功利以褫其術, 老佛以淫其心, 陸王以亂其眞, 由是而能卓然壁立于正學者尤鮮矣.……(今力闇)平日好觀近思, 以僭論陽明爲極是, 知楞嚴 · 黃庭不若儒書之切實, 則亦可以壁立于正學矣.……扶正學息邪說, 承先聖牖後學, 匹夫之任其亦重且遠, 力闇勉之哉.
竊聞西林先生以宿德重望, 崇信佛氏, 精貫內典, 好談因果, 諒其志豈如愚民之蠢然于福田利益哉.……如力闇之初年病裏, 誦呪愛看楞嚴, 吾知其有所受之也. 其知幾明決, 不遠而復, 亦何望人人如力闇乎. 嗚呼, 壽夭命也, 窮達時也."

그런데 홍대용은 주자학자의 입장에서 엄성의 자세를 비판하는 한편, 그 같은 비판에 스스로 의문을 느낀 것 같다. 왜냐하면 홍대용은 편지에 더하여 「발난이조(發難二條)」라고 제목을 단 크나큰 문제이자 의문점을 제기하며 엄성의 답장을 바라고 있기 때문이다. 그 중 한 가지는, 유교, 도교, 불교는 서로 가까운 것은 아닌가라는 커다란 의문이다. 또 다른 하나는 엄격하게 불교를 배척했던 유명한 유학자들이 노자(老子)사상이나 불교사상을 가진 자도 높이 평가했던 것은 무슨 이유에서인가라는 커다란 의문이다.[8] 이것은 주자학 일변도에 대한 의문이라기보다는 유학 이외에 불교나 도교에도 진리가 있는 것은 아닐까라는 의문으로, 그가 이후 장자 등에 경도되어가는 싹을 자신의 내면에 지니고 있었다는 것을 보여준다는 점에서 흥미롭다.

엄성은 북경에서 홍대용과 헤어진 뒤 회시(會試)에 실패하고 고향 항주에 돌아갔다. 그리고 부친의 명으로 생활비를 벌기 위해서 복건제독학정(福建提督學政)의 초청을 받고 서당의 선생이 되어 복주(福州)로 갔다. 그런데 엄성은 복주에 부임하자마자 병에 걸려버린다. 홍대용이 쓴 4천 자에 가까운 편지를 받은 것은 이때였다. 엄성은 홍대용에게 보낸 편지에서 "학질을 앓은 지 2개월이 지났지만 좋아지지 않고, 매일 한기와 고열이 번갈아 일어나 붓을 잡아도 손이 떨려 글자를 제대로 쓰지도 못합니다."라고 한 것처럼 병상에 있었다. 그가 사망한 것은 이 해 11월 5일, 겨우 36살의 젊은 나이였다.

한편 홍대용은 거의 비슷한 시기에 아버지를 잃었다. 11월 12일의 일이다. 엄성이 병상에서 쓴 편지를 받은 것은 그 이듬해인 1768년(영조 44, 건륭 33) 5월이었다. 홍대용은 이 편지를 엄성의 죽음을 전하는 반정균 등의 편지와 동시에 받았다. 홍대용은 이 해 봄부터 자택에서 20리 떨어진 묘소 근처에 초막을 짓고 생활하고 있었으므로 바로 그 사이에 있었던

8 상게서, 「又發難二條」.

일이다.

엄성이 보낸 편지도 3천 자에 가까운 장문이었다. 그것은 홍대용을 따뜻하게 격려해주면서 또한 그가 북경에서 한 발언이나 이번 편지에 비추어 그의 사상의 일면적인 부분이나 지나친 부분을 엄격히 비판한 것이었다. "담헌(湛軒)이 갖고 태어난 성질(性質)은 전혀 문제가 없습니다."라고 하면서도 "그 견해는 얽매여 있습니다."라고 말했다. 즉 일면적 사고방식이 지나쳐서 단단하게 굳어졌다는 것이다.

반론은 대략 네 가지다. 첫 번째는 홍대용이 사장(詞章)·훈고(訓詁)·기송(記誦) 전부가 해가 된다고 한 것에 대한 반론이다. 그 중에서도 "한유(漢儒) 훈고의 공은 매우 위대합니다. 심하게 비난하는 것은 아마 틀린 것입니다. 훈고에 빠지는 것이 좋지 않을 뿐입니다."라고 한 것은 당시 중국 강남지방에서 발흥하기 시작한 한학(漢學), 즉 고증학(考證學)의 영향을 전하는 말로 주목을 요한다.[9]

두 번째는 송유(宋儒)·도학(道學)·양명학에 대한 평가이다. "다만 우리들의 마음속에서 처음부터 도학 두 글자에 무턱대고 매달리는 것은 결코 옳지 않습니다."라고 했다. 또 "도학선생(道學先生)이라는 것은 대체 무엇입니까? 왕양명이 새로운 설을 주창한 것은 실로 한탄할 만한 것이지만, 지금은 양명학의 잔불이 꺼진 지 이미 오래되었습니다."라고 했다. 이것은 주자학으로 똘똘 뭉친 홍대용에게 주의를 줌과 동시에 양명학은 지금 중국에서는 거의 문제가 되지 않는다며 중국 학계의 현상을 전한 것이다. 청조정권이 중국에서 탄생한 이후부터 홍대용이 연행할 때까지 조선 지식인과 중국 지식인 사이의 학술 교류는 거의 없었다. 이 때문에 홍대용 또한 양명학이라는 '사설(邪說)'이 중국에서 명말 이후 계속 유행

---

9 상게서, 43면, 「附鐵橋丁亥秋答書」. 또한 『乾淨後編』 권2, 「鐵橋書(戊子=乾隆三十三年五月使行還, 浙書附來)」. "湛軒性情無可議者, 其所見以稍涉拘泥.……湛軒擧詞章·訓詁·記誦之事, 皆以爲害道, 弟不能無疑.……而訓詁二字, 則經學之復明, 漢儒訓詁之功尤偉. 恐不可以厚非, 牽于訓詁則不可耳."

하고 있을 것으로 생각하였다. 북경에서 필담했을 때도 서울에서 보낸 편지에서도 그는 양명학을 과도하게 문제시했다. 그것을 본 엄성은 양명학을 심각하게 여기는 것은 이제 시대착오라며 찬물을 끼얹은 것이다.[10]

세 번째는 불교에 대한 평가이다. 엄성에 따르면 지금까지 위대한 인물은 종종 불교신자였다. "도학을 강하는 선생께서는 하늘에도 땅에도 분명한 그들의 위대한 업적을 변별할 수 없으니, 바로 이것이 걱정입니다." 그러면서 "우리 홍대용 선생이 사람을 판단하고 세상을 논할 때 이젠 좀 집착하는 견해에서 벗어날 수는 없을까, 간절히 바랍니다."라고 했다.

엄성의 불교 평가는 홍대용이 영불(佞佛)이라고 비판했던 항주의 은사 오서림에까지 미친다. 엄성에 따르면 오서림은 "학식이 넓고 성품이 단아하고 옛것을 좋아하며 은거하여 자기 혼자서 기뻐하는 군자에 지나지 않고, 일상생활에서도 크게 볼 만한 것이 없는 인물"이었다. 세상에 어떤 영향력도 없기 때문에 그가 불교신자이든 아니든 문제가 되지 않는다고 말한다. 북경에서 필담했을 때 엄성은 반정균과 함께 오서림의 고아하며 세속을 벗어난 점, 특히 항주에 부임해 온 고관이 방문하는 것조차 거절한 점, 음운학(音韻學)이나 문자학(文字學)에도 몰두하는 자세를 절찬했었다. 그렇지만 사실은 좀 더 복잡하여, 엄성은 오히려 이처럼 고증학에 빠진 인물을 바보로 보았던 것이다.[11]

네 번째는 노자(老子)와 장자(莊子)에 대한 평가이다. 엄성은 두 사람을

---

10 상게서. "今湛軒有得于宋儒緖言, 知安身立命之有在, 則甚善矣. 但吾輩胸中斷不可先橫着道學二字.……而此外別有所謂道學先生何爲者也. 王文成倡其新說, 貽悞後人, 誠爲可恨. 然其事功自卓絶千古, 今則道德一, 風俗同之世, 姚江(王陽明)之餘焔已熄久, 無異言橫決之患. 吾輩爲賢者諱, 正不必時借此以爲彈射之資."

11 상게서. "如宋之富彦國(富弼) · 李伯紀(李綱)諸公, 晩年皆篤信佛氏, 安得以此而遂掩其爲一代偉人. 正恐講道學先生不能辨此軒天揭地事業也. 弟此時已不爲異學所惑, 豈故爲此兩岐之論. 良欲吾湛軒于知人論世之際, 少破其拘泥之見耳. 若西林先生之佞佛, 則其人不過博雅好古隱居自得之君子, 其生平亦無大可觀者, 弟豈必爲之迴護哉. 然亦無倡率鼓動之權, 知交之中, 強半皆非笑之者, 可無慮其從風而靡也."

높이 평가하고 "노자 · 장자 두 사람 모두 하늘에서 부여받은 자질이 뛰어납니다. ……(그들이 한 말의)태반은 시대에 분노하고 세속을 미워했기 때문에 참지 못하고 그렇게 말한 것에 불과합니다. '눈이 퀭하고 상심함이 심하여' 사람을 놀라게 하는 과격한 발언을 한 것에 지나지 않습니다."라고 말했다.[12] 또 "정학(正學)을 지키고 사설(邪說)을 물리치고, 인심을 바르게 하는 책임이 우리들에게 있다 하더라도, 근본적인 것을 생각하지 않고 이와 같은 말을 자부하는 것이라면, 대언(大言)으로 세상을 속이는 것에 가까운 것이 아니겠습니까? 이것이 걱정입니다."라고 말한다.[13] 요컨대 주자학이 아닌 것에 좀 더 너그러워져 편협하게 다른 사상을 이단이라고 일방적으로 단정하는 것은 오히려 세상을 속이는 것에 가깝다고 말하는 것이다.

홍대용은 이처럼 조목조목 반론하는 편지를 읽고, 이것은 엄성이 자신에게 써 보낸 유언장이라는 것을 바로 이해했을 것이다. 이 편지에 "붓을 잡아도 손이 떨려 글자를 제대로 쓰지도 못합니다."라고 기록하고 있는 것을 보면 아마도 편지가 난필(亂筆)이었을 것으로 생각된다. 그것 또한 홍대용에게는 충격이었음이 틀림없다.

그로부터 정확히 1년 후, 홍대용은 육비로부터 답신을 받았다. 그것은 엄성의 죽음을 애도함과 동시에, 이전에 홍대용이 장자와 왕양명을 이단이라고 논했던 것에 대해서 다음과 같이 쓴 것이다.

---

12 상게서. "老莊皆天資超絶, 度其人, 非無意于世者, 不幸生衰季而發爲汗漫無稽之言, 大半憤時嫉俗, 有激而云然耳. 彼豈不知治天下之需仁義禮樂哉. 蒿目傷心之至, 或則慨然有慕于結繩之治, 或則一死生而齊物我. ……然二千餘年來, 排之者亦不一人, 而其書終存, 其書存而頗亦無關于天下之治亂. 蓋自有天地以來, 怪怪奇奇何所不有, 而人心之靈又何所不至, ……吾輩直視爲姑妄言之之書, 存而不論, 可耳. 必取其憤激駭聽之言, 如絶聖棄智剖斗折衡之類, 嘵嘵焉逞其擊斷, 究竟何補于治, 而老莊有知, 轉暗笑于地下矣. 此是講學人習氣人云, 亦云落此窠臼, 最爲無謂."

13 상게서. "此刻偶有所見, 遂書以質諸湛軒, 不審以爲何如. 吾輩且須照管自己身心, 使不走作. 若扶正學息邪説正人心, 雖有其責任, 恐尚無其本領, 遽以此自負, 近于大言欺世, 弟不敢也."

> 왕양명 선생에 대해 논한 별어(別語)에 대해서는 흑백을 가를 시간이 없습니다. 제가 생각하기에 양지(良知)든 치지(致知)든 충실하게 행하고 근본에 입각할 수 있는 것이라면 천하의 이치를 전부 궁구하지 못하더라도 바른 사람이 되는 것에 문제가 없다고 생각합니다. 그렇지 않으면 그 폐해는 부박한 문장 놀이보다 심합니다. 만일 번뇌를 제거하고 생사를 공(空)과 같이 보려고 한다면 장자의 제물(齊物)이 첩경일 것입니다. 저는 유(儒)에서 벗어나 묵(墨)에 들어가려고 하고 있습니다. 형께서는 어떻게 생각하십니까?[14]

여기에서 말하는 "유(儒)에서 벗어나 묵(墨)에 들어간다."의 묵(墨)은 그 앞에서 번뇌, 일공생사(一空生死), 혹은 장자의 제물을 언급하고 있는 것을 보면 확실히 묵자(墨子)나 그의 사상과는 전혀 관계가 없다. 요컨대 유교를 떠나서 불교 혹은 장자사상과 같은 '이단'으로 나아간다는 것이다. 이것은 또한 관용을 말하는 것이다.

중국 사상계의 움직임을 전하는 두 편의 편지는 조선의 분위기와는 너무나도 달랐다. 엄성이 구도자 같고 육비는 좀 더 고답적이라는 차이는 있지만, 두 사람 모두 홍대용의 자세와 사고방식이 너무 완고하여 주자에 대해서든 양명에 대해서든 심하게 얽매어 있다고 말한 점에서는 완전히 일치한다. 홍대용은 두 편지, 그 중에서도 엄성의 편지에 큰 충격을 받았다. 이들 편지는 그 후 홍대용이 사상적인 변화를 하게 되는 커다란 계기가 되었다. 이상 소개한 엄성과 육비의 말은 그 뒤 홍대용이 쓴 문장 중에서 몇 번이고 반복되어 등장할 것이므로 기억해두기를 바란다.

---

14 『乾淨後編』 권2, 「篠飮書(己酉=乾隆三十四年五月使行還, 浙信附來)」. 또한 『燕杭詩牘』에 수록된 같은 글에서는 육비가 이 편지를 1767년(건륭 32) 12월 1일에 쓴 것으로 되어 있다.
"陽明先生別語, 不暇辨也. 愚意無論良知致知, 只是老實頭做去, 從根本上立得住脚, 雖未能窮盡天下之理, 無害其爲正人. 否則其弊更有甚於文士之浮華者. 若欲剗除煩惱, 一空生死, 則莊生齊物庶幾近道. 愚將逃儒而入墨, 老弟以爲何如."

중국으로부터 두 통의 편지를 받은 전후에 홍대용이 쓴 편지가 남아 있는데 여기에는 두 통의 편지로부터 큰 영향을 받았음을 분명히 알 수 있는 내용이 보인다. 이는 『담헌서』 내집(內集) 권에 수록된 「여인서 2수(與人書二首)」로, 김종후(金鍾厚)에게 보낸 편지 두 편을 함께 수록한 것이다.

김종후의 『본암집(本庵集)』에는 이때 홍대용에게 쓴 편지가 수록되어 있는데 기축(己丑)년(1769, 영조 45, 건륭 34)에 쓴 것으로 되어 있다. 이것을 「여인서 2수」와 대조해보면, 먼저 김종후가 홍대용에게 예서(禮書)를 연구해야 하며, 특히 예서의 연구에서 그것과 관련된 고훈(古訓)을 연구해야 함을 훈계하는 편지를 보냈으며, 이에 대해 홍대용이 첫 번째 편지로 반론한 것이 분명하다. 이에 김종후는 『본암집』에 수록하고 있는 편지로 반론하였다. 이에 대해 홍대용이 다시 비판을 하는데, 이것이 두 번째 편지이다. 첫 번째 편지는 그 내용으로 보면 1768년 여름 이후에 쓴 것이다. 즉 엄성의 편지를 받은 것이 1768년 5월이므로 바로 이 무렵이다. 첫 번째 편지가 엄성의 편지를 받기 전인지 아니면 뒤인지는 알 수 없다. 다만 여기에는 엄성의 편지로부터 영향을 받았다고 생각되는 점이 아직 하나도 없다.

그런데 두 번째 편지에서는 분명하게 그 영향을 읽어낼 수 있다. 내용으로 미루어보면 이것은 1769년 봄에 김종후가 쓴 편지, 즉 홍대용의 반론에 대해 다시 논박을 가한 편지를 받고 그 해 여름 이후에 쓴 것이다. 김종후의 주장에 의하면, 사람이 소나 말이 아닌 이상 예(禮)가 없이는 살 수 없다. "예(禮)에 따라서 행해져야만 하는, 곧 계단에서 올라가고 내려가는 하나하나, 상대에 대한 인사 하나하나가 모두 천리(天理)이다."라는 점에서 예의 연구는 필요하다. 자신은 실제 생활에서 예 하나하나를 어떻게 하는 것이 옳은지 모르기 때문에 『주자가례(朱子家禮)』를 보는데 『주자가례』는 또 『의례(儀禮)』가 없이는 읽지 못한다. 그런데 『의례』에서 말하는 각각의 예에 대해서는 여러 가지 설이 분분하기 때문에 그 주소(注疏)

를 읽지 않으면 안 된다. 그리고 이 주소를 읽기 위해서는 그에 대한 철저한 연구가 필요하다는 것이다.[15] 조선에서는 주자학을 그대로 했다는 점에서 중국과 전혀 다르기는 하지만, 여기에서 다양한 텍스트를 바탕으로 해서 주소까지 철저하게 연구해야 한다는 점에서 이 무렵부터 중국에서 전성기를 맞이하는 고증학과 매우 비슷한 움직임이 있었음을 알 수 있다. 홍대용의 두 번째 편지는 이에 대해 전면적인 반론을 가한 것이다. 3천 자 이상이나 되는 이 반론은 예의 연구가 오히려 유해하다고 보고, 또 그렇게 할 필요도 없는 일을 하는 것은 결국 이름을 팔기 위한 행위가 아니냐며 격렬히 비난하는 것이다. 거기에 다음과 같은 구절이 있어 주목된다.

> 아아! 공자의 70제자가 죽은 뒤로 대의(大義)가 무엇인지 모르게 되자 장자(莊子)는 세상을 분개하여 양생(養生)과 제물(齊物)편을 지었습니다. 주자 문하의 말학들이 스승의 설에 얽매어 벗어나지 못하게 되자 왕양명은 시속을 미워하여 치양지(致良知)를 주장하였습니다. 다만 두 현자(賢者)를 보건대, 어찌 그들 스스로가 문호(門戶)를 나누고 기꺼이 이단이 되고자 하였겠습니까? 세상을 분개하고 시속을 싫어함이 지극해서 잘못을 바로잡으려다 너무 지나치게 솔직했을 뿐입니다. 저처럼 용렬한 사람은 비록 옳은 말을 할 수는 없지만, 천성이 미친 듯이 완고해서 세상에 아첨할 수가 없습니다. 옛일을 가지고 지금을 대비해보자면, 때때로 세상을 분개하고 시속을 싫어하는 것이 있기에 망령되이 장자와 왕양명이 제멋대로 의론한 것이 실로 제 생각과 일치한다는 생각이 듭니다. 서글픈 마음으로 주변을 되돌아보며 거의 유(儒)에서 벗어나 묵(墨)으로 들어가고 싶어졌습니다.[16]

---

15 『本庵集』 권4, 「與洪德保(己丑)」(『韓國文集叢刊』 제237집, 388면상).

16 『湛軒書』 內集권3, 「與人書二首」, 69면상. "嗚呼, 七十子喪而大義乖, 莊周憤世, 養生齊物. 朱門末學, 汨其師說, 陽明嫉俗, 乃致良知. 顧二子之賢, 豈故爲分門甘歸於異端哉. 亦其憤嫉之極, 矯枉而過直耳. 如某庸陋, 雖無是言, 賦性狂戇, 不堪媚世, 將古況今, 時有憤嫉, 妄

위 문장이 1766년 10월에 육비에게 쓴 편지와 거의 같다는 것은 쉽게 알 수 있다. 그런데 결정적으로 다른 점이 있다. 그것은 1766년 10월의 단계에서는 장자와 왕양명은 결국 '우유곡사(迂儒曲士)'와 같고, '마찬가지로 이단(異端)이다'라고 단죄하던 것이 1768년 여름 이후에 쓴 편지에서는 장자와 왕양명의 말이 자신의 생각과 일치한다고 생각하기에 이르렀다. 더구나 "거의 유(儒)에서 벗어나 묵(墨)으로 들어가고 싶어졌습니다."라고 말한 것처럼, 오히려 긍정적으로 서술한다. '유(儒)에서 벗어나 묵(墨)으로 들어가다[逃儒而入墨]'가 육비의 말을 그대로 사용했다는 점은 거의 의심의 여지가 없다.[17] 홍대용이 이 육비의 편지를 받은 것이 이해 5월이었는데, 곧바로 이 말을 전용하고 있는 것이다. 『의례』에 보이는 예의 하나하나가 어떤 것인가라는 작은 문제에 얽매인 김종후에 대해서 '전요구니(纏繞拘泥)'라고 비판하는 '구니(拘泥)'라는 말도 어쩌면 엄성이 자신을 평하며 비판할 때 사용한 말을 여기에 다시 쓴 것인지도 모른다.

홍대용은 북경에서의 필담을 통해 중국인 친구, 그 중에서도 엄성의 영향을 크게 받았을 뿐만 아니라 귀국 이후에도 그로부터 받은 서신을 통해 생애 후반을 결정할 만큼의 커다란 영향을 받았던 것이다.

以爲二子橫議, 實獲我心, 恍然環顧, 幾欲逃儒而入墨."

17 박희병, 『범애와 평등－홍대용의 사회사상』(서울, 돌베개, 2013) 69~74면에서는 이 '逃儒而入墨'을 바탕으로, "주목되는 것은 湛軒(洪大容)이 몇 번이나 '墨'으로 들어가고 싶었다는 점을 밝히고 있다는 사실이다."라고 서술하고, 홍대용이 묵자를 중시하고 있던 논거로 삼았다. 그러나 『韓國文集叢刊』, 『中國基本古籍庫』, 『四庫全書』의 데이터베이스로 검색을 해보면 '逃儒入墨', '逃儒歸墨' 등의 말은 맹자의 시대를 직접 서술하는 것이 아닌 한 거의 예외 없이 '儒教를 버리고 異端으로 간다'는 것을 의미하며, 보다 구체적으로는 많은 경우에서 '불교의 길로 들어선다'는 것이 '입묵(入墨)'으로 표현되고 있다. 여기서 실제로 문제로 삼는 것은 장자 혹은 왕양명의 학문으로, 묵자 그 자체는 전혀 아니다. 이 밖에 논거로 삼은 '老墨'이라는 말도 노자와 병칭되어 유교 이외의 것을 의미하는 것에 그칠 뿐이며 "楊氏爲我, ……墨氏兼愛"도 楊子와 병칭된다. 홍대용이 특히 묵자에 관심을 가지고 있었다는 것은 전혀 아니다.

3. '중국인을 설복시켰다'라는 전설

그런데 이 엄성의 유언장이라고 할 수 있는 중요한 편지가 『담헌서』에는 수록되어 있지 않다. 홍대용은 1768년(영조 44, 건륭 33) 10월 연행사 출발에 맞추어 육비에게 보낸 편지를 썼다. 여기에는 "엄성이 복주에서 편지를 부쳐왔는데 이것은 그가 죽기 몇 달 전의 일이었습니다. 병으로 몸이 떨려서 버티기 힘든 상황에서도 편지는 수천 자에 달했으며 아주 사소한 것도 빠뜨리지 않는 등 마음 씀씀이가 뛰어나고 일을 처리하는 진실함이 보여서 더더욱 사람을 비통하게 하고 마음 아프게 했습니다."라고 썼다. 홍대용이 어떤 마음으로 엄성의 편지를 읽었는지는 누구라도 이해할 것이다.[18] 그리고 이것은 『담헌서』에도 수록되어 있다.

그렇지만 『담헌서』에는 엄성이 홍대용에게 보낸 중요한 편지가 수록되어 있지 않다. 아마도 그것은 홍영선(洪榮善) 등 20세기 편찬자들이 고의로 그렇게 한 것으로 보인다. 홍대용과 엄성은 둘도 없는 친구로 국경을 넘어 서로에게 영향을 끼쳤다. 이는 『간정필담』에 보이는 북경 체재 때부터 홍대용이 죽기 직전에 쓴 것까지를 읽어보면 누구라도 이해할 수 있다. 그렇지만 20세기의 편찬자들에게는 두 사람 중 누가 보다 큰 영향을 받았는가라고 한다면 홍대용이 아니라 엄성 쪽이었다. 웬일인지 그들에게는 조금 더 영향을 끼친 것이 홍대용이 아니면 안 되었던 것 같다. 그런 이유가 아니라면 무엇 때문에 두 사람의 관계를 보여주는 이처럼 중요한 편지를 수록하지 않을 수 있겠는가? 그들을 그렇게 만든 것은 아마도 그들이 가지고 있던 내셔널리즘이었다고 생각된다.

그런데 이 내셔널리즘은 좀 더 뿌리가 깊은 것 같다. 이렇게 말하는 것

---

18 『乾淨後編』 권2, 「與篠飲書(戊子=乾隆三十三年十月作書, 附節行)」. 『湛軒書』, 115면상. "鐵橋南閩寄書, 距死前只數月, 病瘧困頓之中, 猶一札數千言, 纖悉不漏, 可見心力絶人, 處事眞實, 益令人痛恨而心折也."

은 『담헌서』에는 홍대용의 종부제(從父弟) 즉 종형제인 홍대응(洪大應)의 회상록이 수록되어 있다. 그 중 한 조목을 보면, 홍대용은 조선인 저작 중에서 율곡 이이(李珥)의 『성학집요(聖學輯要)』와 유형원(柳馨遠)의 『반계수록(磻溪隨錄)』이 경세치용의 학이라고 말하고 있다. 중국 항주의 학자 엄성이 조선 유학자의 성리학에 관한 책을 구하자 홍대용은 『성학집요』를 보내고, 이어 엄성에게 그가 존숭하는 육상산(陸象山) · 왕양명의 학을 버리게 하고 정학(正學)으로 돌아오게 했다고 말한다.[19]

그런데 이 이야기에는 몇 개의 잘못, 혹은 결코 있을 수 없는 부분이 포함되어 있다. 우선 엄성은 특별히 육왕(陸王)의 학문, 즉 양명학을 존숭한 것은 아니었다. 이 점에 대해서는 이미 소개한 홍대용에게 보낸 마지막 편지에 명확하게 쓰여 있기 때문에 더 이상 말할 필요가 없다. 엄성이 양명학을 존숭했다는 것은 홍대용이 엄성의 유언장을 받기 전까지 생각하고 있었던 오해였다. 그런데 이것이 그대로 『간정필담』에 쓰여 있었기 때문에, 중국의 학자는 주자학이 아니면 양명학을 신봉하고 있다고 여겼던 당시 조선 지식인의 일반적인 인식도 더해져 이런 오해가 홍대응에게도 그대로 공유되었던 것 같다. 엄성이 양명학을 존숭했다는 이야기는 『담헌서』의 『간정동필담』 마지막에 수록된 「간정록후어(乾淨錄後語)」에도 기록되어 있으므로 이것을 읽은 사람들은 마침내 그것을 믿어 의심치 않게 되었을 것이다. 이는 그 문면만을 보면 홍대용이 쓴 것이 틀림없기 때문이다. 하지만 사실 이 「후어」는 1766년(영조 42, 건륭 31) 9월 이전에 작성된 것이다.[20] 즉, 「후어」는 그가 『간정동회우록』을 편찬한 직후에 붙인

19 『湛軒書』 附錄, 「從兄湛軒先生遺事」, 323면하. "東人著書中, 以聖學輯要 · 磻溪隨録爲經世有用之學. 杭州學者嚴誠求東儒性理書. 先生贈以聖學輯要, 終使嚴誠棄其所崇陸王之學而歸之正."

20 『乾淨後編』 권1, 「與秋庫書(丙戌[乾隆三十一年]冬至使入去, 作書附譯官邊翰基)」, 「別紙」. 이 편지는 『湛軒書』, 107면상에 「與秋庫書」로 수록되어 있는데, 이 중에 「別紙」는 삭제되었다. 그 대부분은 『乾淨衕筆談』의 최후에 독립된 문장으로 「乾淨録後語」라고 이름을 붙인 것과 일치한다. 홍대용은 이 이전에 썼던 「乾淨録後語」를 옮겨 써서 반정균에게 보냈던 것으로 생각

것으로, 당연히 이 단계에서는 홍대용 자신이 엄성은 양명학 신봉자라고 생각했다. 엄성의 유언서를 받은 1768년 이후라면 홍대용은 이런 말을 할 리가 없다.

가장 큰 오류는 홍대용이 양명학 신봉자인 엄성을 설득해서 주자학으로 돌아오게 했다라고 하는 점이다. 이것이 오류라는 것은 엄성의 마지막 편지를 읽은 우리들에게는 명명백백하다. 엄성은 주자학으로 돌아가지 않았을 뿐만 아니라, 역으로 주자학 일변도의 홍대용을 '얽매어 있다'며 마지막의 마지막까지 비판하며 죽었다. 덧붙이자면 홍대용은 『성학집요』를 엄성에게 보냈지만, 엄성은 이것을 받기 전에 죽었다. 그래서 어쩔 수 없이 이 책을 엄성의 형 엄과(嚴果)가 대신 받아달라고 홍대용이 편지를 쓰고 있다. 따라서 그런 이야기를 홍대응에게 말했다는 것은 결코 있을 수 없는 일이다.[21] 중국 지식인이 조선 주자학에 패배했다는 이야기는 홍영선 등 근대 조선 지식인 사이에 전해지고 있었을 뿐만 아니라, 아마도 홍대용이 살았던 시대 혹은 그가 사망한 뒤 얼마 후에 이미 전설로서 생겨났을 것이다.

이제까지 살펴본 바에 의하면 홍대용에게는 중국인과의 논쟁에서 이겼는지 어땠는지 등은 아무래도 상관없는 문제였음에 틀림없다. 그런데 조선 지식인의 세계에서는 이것은 중요한 문제였다. 그것은 홍대용이라고 하는 개인을 초월한 문제였다. 왜냐하면 이 이야기는 주자학이 양명학보다 뛰어나다는 것을 증명해주기 때문이다. 홍대용이 연행한 전후, 조선에서는 '소중화(小中華)' 사상이 최고조에 있었으므로 이것은 크게 환영받을 만한 이야기로 전설이 되기 쉬웠다고 생각된다.

이상과 같이 1768년과 그 다음해, 엄성과 육비로부터 편지를 받은 것

된다.

21 『鐵橋全集』 제5책, 57면, 「與九峰書」. 『湛軒書』, 116면하, 「與九峰書」. 이에 따르면 엄성이 사거했기 때문에 嚴果에게 그가 보낸 『성학집요』 4권을 대신 받아달라고 말하고 있다. 엄성은 『성학집요』를 받지 못했다.

이 그가 주자학으로부터 벗어나게 되는 결정적인 계기가 된 것은 분명하다. 이후 적어도 그가 비교적 솔직하게 그의 사상이나 심리 상태를 말할 수 있었던 중국인에게 보낸 편지에는 그가 1766년에 북경에서 말한 것과 같은, 혹은 귀국 후에 엄성이나 육비에게 보낸 편지에서와 같은 경직된 주자학 찬미나 옹호의 말은 보이지 않게 되며, 주자학적인 수양에 관한 말도 보이지 않게 된다. 『의산문답』에도 주자학적인 사고방식은 전혀 보이지 않는다. 이와 함께 홍대용의 변화와 고민이 시작된 것이다.

4. 장자사상에의 경도

홍대용이 부친의 상을 마친 것은 1770년(영조 46, 건륭 35) 봄의 일이다. 그는 이때 천안군 수촌(壽村, 長命里)의 자택에서 나와 묘소 부근에 초막을 짓고 생활했다. 그는 국내외의 지인에 보낸 편지에서 부친의 사망, 이로 인한 피로와 곤궁함이 그의 인생을 바꾼 것처럼 말했다. 물론 부친의 사망도 커다란 원인이었겠지만, 상을 당하고 얼마 지나지 않아 받은 엄성의 편지야말로 홍대용이 변화하는 크나큰 계기였다고 생각해야 할 것이다. 앞서 거론한 김종후에게 보낸 두 번째 편지는 1769년 가을부터 겨울에 걸쳐 쓴 것으로 생각되는데, 여기에서는 "이미 다른 사람이 되었다."라고 하고 있다.[22] 어쩌면 묘소 부근의 이 초막에서의 생활이 그가 새롭게 사상을 형성할 수 있는 절호의 시간과 장소를 제공했는지도 모른다. 1768년 가을에 중국 지인 손유의(孫有義)에게 보낸 편지에서도 부친의 사망에도 불구하고 자신은 죽지 않고 있으며 초막에서의 생활이 괴롭다고 호소하면서도 "자신은 최근 초막에서 거처하고 궁벽진 고향은 번화한 도회지와는 멀어 아침저녁 『논어』·『맹자』 등 여러 책을 송독하고 있습니

22 『湛軒書』, 69면상.

다."라고 적고 있다.[23] 아마도 처음부터 다시 공부하지 않으면 안 된다고 생각했을 것이다.

그가 상중에 있을 때 과거를 보지 않은 것은 말할 필요도 없지만, 상을 마치고 나서는 과거를 포기하기로 결심했다. 1770년(영조 46, 건륭 35) 가을에 또 중국의 지인 조욱종(趙煜宗; 梅軒)에게 보낸 편지에서는 "다행히 선조가 남겨주신 얼마간의 전토가 있어 이것으로 먹고 삽니다."라고 하였다. 그러면서 "한가로울 때는 고훈(古訓)에 힘쓰고 대장부라면 본래 가지고 있어야 할 강인함에도 마음을 쓰고 있습니다."라고 적고 있다. 상을 마치고 나서도 맹렬하게 공부를 계속한 것이다.[24]

이와 같은 편지만을 읽는다면 홍대용은 외부세계와 차단된 환경 속에서 새롭게 자신을 찾아 활달하고 활기차게 매진한 것처럼 보이지만 사실은 그렇지 않았다.

후년인 1774년(영조 50, 건륭 39) 12월에 역시 중국의 지인 등사민(鄧師閔; 汶軒)에게 보낸 편지에는 그 무렵의 자신을 회상하면서 다음과 같이 쓰고 있다.

> 자신이 유명하게 되려는 야망을 버리고 과거시험을 위한 공부를 그만두고 문을 닫고 거문고를 켜고 책을 읽으며 정치 문제는 입에 올리지도 보지도 듣지도 않습니다. 다른 사람이 이것을 본다면 담연(淡然)하며 정숙하다고 생각할 것이 틀림없습니다. 그러나 마음속을 들여다보면 혹 슬픔과 분노로 애가 타는 것을 억누를 수 없기 때문에 이를 시구(詩句)로 발산하면서 억지로 한가

---

23 『乾淨附編』 권1, 「與蓉洲書」. "某近居廬, 窮鄕跡遠紛華, 早晩取論孟諸書, 隨力誦讀, 反躬密省, 驗之日用, 無味之味, 劇於芻豢."

24 『乾淨附編』 권1, 「與梅軒書」. "弟苫塊餘生, 衰象已見, 功名一途, 揣分甚明. 且幸籍先蔭有數頃薄田, 可以代食. 將欲絶意榮顯, 隨力進修, 康濟身家, 以其暇日, 努力古訓, 玩心於大丈夫豪雄本領, 此其樂, 或不在祿食之下."

로운 이야기를 하고 있는 것입니다.[25]

그렇다면 이와 같은 새로운 상황에서 그는 어디에 다다른 것일까? 그 중 하나는 장자사상이었다고 생각된다.

『장자』 추수(秋水)편에 보이는 하백(河伯)과 북해군(北海君) 간의 문답이 『의산문답』의 허자(虛子)와 실옹(實翁) 간의 문답의 바탕이 되었다는 설이 있다.[26] 이는 탁견이라고 생각한다. 왜냐하면 홍대용은 연행하기 이전부터 줄곧 『장자』를 애독했기 때문이다. 허자는 보통 진실을 깨달은 실옹과 달리 허망한 세계를 사는 인물로 간주되고 있다. 그러나 사실 허자는 이미 『간정필담』 속에서 홍대용 자신이 '구허자(拘墟子, 또는 拘虛子)'로 부르는 인물로 등장하고 있다. 이 '구허자'는 『장자』 추수편에 나오는 "허(虛, 墟)에 집착한다"는 말에서 유래한 것이다.

'구허자'라는 말은 『간정필담』(『간정동필담』)의 2월 17일에 등장한다. 이보다 앞서 홍대용은 고향에서 별장과 정원의 볼 만한 여덟 곳의 경치에 대해 「팔경소지(八景小識)」라는 글을 지어 엄성에게 보냈다. 팔경에 각각 관련된 시를 지어주기를 바라는 것이었다. 팔경 중 하나는 '옥형규천(玉衡窺天)'이라고 제한 것으로, 소지에는 용수각(籠水閣)에 혼천의(渾天儀), 즉 천문기기를 두고 거기에서 천체 관측을 하고 있다고 설명했다. 엄성이 이 '옥형규천'에 지은 시의 한 구절은 다음과 같다.

> 밖의 세상을 모르는 협소한 그대[拘墟子], 종신토록 우물 안 개구리 신세로

---

25 상게서 권2, 「與汶軒書(甲午=乾隆三十九年十月)」. 같은 글은 『湛軒書』, 127면상. "三十七歲, 奄罹荼毒, 三年之後, 精神消落, 志慮摧剝, 望絶名途, 廢棄擧業, 將欲洗心守靜, 不復遊心世網. 惟其半生, 期會卒未融釋, 雖杜門琴書, 時政不騰口, 不除目, 不剽耳, 自他人觀之, 非不澹且寂也. 夷考其中, 或不禁愁憤薰心, 以此其發之詩句, 強作關談之套語, 未掩勃谿之眞情."

26 宋榮培, 「홍대용의 상대주의적 思惟와 변혁의 논리-특히 『莊子』의 상대주의적 문제의식과의 비교를 중심으로」(『韓國學報』 제20권 제1호, 1994).

다[陋彼拘墟子, 終身乃座井].[27]

홍대용은 이 시구의 '구허자'가 『장자』 추수편과 연관된 것을 바로 알았을 것이다. 그것은 그가 『장자』 추수편을 꼼꼼히 읽었기 때문이다. 마찬가지로 『간정필담』(『간정동필담』) 2월 26일에 반정균이 별장 애오려(愛吾廬)를 방문하고 싶다고 말한 것에 대해 홍대용은 "와서 보고 싶다고 하셨는데, 자라의 무릎[鼈膝]이 걸리고 말겠지요."라고 말해 반정균을 웃게 만들었기 때문이다. 이 '동해(東海)의 자라[鼈]' 이야기도 『장자』 추수편에 나온다. 우물 바닥의 개구리가 동해에 사는 자라에게 우물에서 노는 쾌감을 말하며 한번 들어와보라고 말한다. 자라는 우물 속으로 들어가려고 했지만 너무 좁아 왼발이 다 들어가기도 전에 오른쪽 무릎이 걸리고 말았다. 이에 자라가 큰 바다인 동해의 즐거움을 들려준다는 이야기이다. 동해는 조선에 걸쳐 있다. 필담 자리에서 즉석으로 '별슬(鼈膝)'의 이야기를 한 것은 『장자』 추수편에 상당히 친숙해 있지 않으면 안 되는 것이다. 그렇다고 한다면 『의산문답』에 나오는 허자는 또 다른 이름인 구허자로 젊을 적 자신이고, 실옹은 그를 놀린 엄성이라고 보는 것도 가능하다. 이 밖에 『간정필담』에서는 '천기(天機)'(2월 12일, 대종사편), '월인무용장보(越人無用章甫)'(2월 12일, 소요유편), '추구(芻狗)'(2월 23일, 천운편), '어상망어강호(魚相忘於江湖)'(2월 24일, 대종사편) 등 모두 『장자』와 관련된 말을 홍대용이 사용하고 있다. 그는 연행 이전부터 『장자』에 상당한 친근감을 갖고 있었던 것 같다.

그러나 그가 장자에 경도되었다고 할 만큼 동경했다는 점을 보여주는 것은 1773년(영조 49, 건륭 38) 7월에 손유의에게 보낸 편지에 보이는 「건곤

---

27 『乾淨衕筆談』 二月十七日(『湛軒書』, 148면하, 上海古籍出版社本, 59면). 또 『장자』는 텍스트에 따라 '拘於墟', '拘於虛' 두 가지로 쓰인다. '拘墟子' 또한 韓國銀行 소장본 『乾淨筆譚』과 서울대학교 규장각에 소장된 한 판본이 『乾淨筆譚』에는 '拘虛子'로 쓰여 있다.

일초정소인(乾坤一草亭小引)」이다. 이 문장은 『의산문답』과의 관계에서 중요하다.

홍대용은 한 해 전에 서울 죽동(竹衕)으로 거처를 옮기고 그 서쪽 정원의 한쪽에 초옥을 만들고는 건곤일초정(乾坤一草亭)이라고 하였다. 「소인(小引)」은 이때 쓴 것이다. 이는 다음과 같은 문장으로 시작한다.

> 이 세상에 가을 짐승의 털끝보다 큰 것은 없고 태산(泰山)만큼 작은 것은 없다(『장자』 제물론편)라고 한 것은 장자가 격분해서 한 말이다. 지금 나는 천지[乾坤]를 풀 한 포기와 같은 것이라고 여긴다. 내가 장자의 학문을 배우려고 하는 것일까? 30년 동안 성인의 글을 읽어왔는데 내가 유(儒)에서 벗어나 묵(墨)에 들어가기라도 하겠는가? 풍속이 쇠퇴한 세상에서 부친을 잃고, 눈이 퀭하고 마음이 너무 아픈 나머지[蒿目傷心之極] 이런 말을 하는 것이다. 아아, 물(物)에도 나에게도 생성[成]과 소멸[虧]이 있는 것도 모르고서 무엇 때문에 귀천이나 영욕을 논하겠는가? 태어났다고 생각하자마자 죽어가는 것이므로 하루살이가 아침에 나서 저녁에 죽는 것보다 심한 것이 아니겠는가? 이 초정(草亭)에 드러누워서 유유자적하며 이 몸을 조물주에게 돌려주련다.[28]

---

28 『乾淨附編』 권1, 「與蓉洲書(癸巳=乾隆三十八年七月)」. "第昨年移宅, 近坊曰竹衕, 宅西有園, 倚園而有一閒草屋, 層砌雕欄, 結構頗精, 乃命以乾坤一草亭.……偶成小引, 仍賦十韻, 一二同人從而和之. 并以徑寸小紙書揭楣閒, 此中何可少蓉洲一語耶. 引與詩在下. 其粗漏處, 祈敎之, 即賜和詩爲祷.
大秋毫而小泰山, 莊周氏之激也. 今余視乾坤爲一草, 余將爲莊周氏之學乎. 三十年讀聖人書, 余豈逃儒而入墨哉. 處衰俗而閱喪威, 蒿目傷心之極也. 嗚呼, 不識物我有成虧, 何論貴賤與榮辱, 忽生忽死, 不啻若蜉蝣之起滅已焉哉. 逍遙乎寢卧斯亭, 逝將還此身於造物."
또한 이 「小引」은 『湛軒書』内集, 권3(34면하)에 「乾坤一草亭主人」으로 수록되어 있는데 연월이 기록되어 있지 않다. 또한 이 「與蓉洲書」는 『湛軒書』 120면하에 수록되어 있지만 대폭 삭제되었으며 여기에서 인용한 문장도 삭제되어 있다.
「소인」이 1773년(건륭 38)에 작성되었다는 것은 이 「與蓉洲書」에 의해 대개 추정할 수 있는데, 또한 『乾淨後編』 권2에는 우연히 책의 페이지가 뒤섞여서 몇 개의 시문목록이 섞여 들어가 있는 것으로부터도 알 수 있다. 거기에서는 「題乾坤一草亭并小引」은 癸巳, 즉 1773년 작품으로 되어 있다.
『乾淨附編』에서는 「소인」에 이어서 홍대용이 지은 「賦十韻」이 있다. 또한 「次蓉洲秋庫詩韻」이

「건곤일초정소인」이라는 것은 원래 「건곤일초정(乾坤一草亭)」이라는 두보(杜甫)의 시와 관련이 있다. 그러나 홍대용은 이 시제를 쓰면서 만물제동(萬物齊同)을 말한 장자를 따라 "건곤 즉 천하는 풀 한 뿌리에 지나지 않는다."라는 의미를 포함시켜 이 초옥의 이름을 지었다. 이 「소인」에는 『장자』에 보이는 말이 많이 사용되었다. 그는 여기에서 "30년 동안 성인의 글을 읽어왔는데 내가 유(儒)에서 벗어나 묵(墨)에 들어가기라도 하겠는가?"라고 말한다. 여기서의 '묵(墨)' 또한 묵자(墨子)가 아니라 단적으로 장자를 나타내고 있다는 사실은 말할 필요도 없다.

홍대용이 '건곤일초정'이라고 이름을 단 것은 장자가 이 세상에 격분하여 제물론을 쓴 것과 마찬가지로, 자신도 격분하고 상심한 나머지 이같이 이름을 지었다는 것이다. '호목상심지극(蒿目傷心之極)'이라는 것은 앞서 엄성이 유언장에서 노장(老莊)의 말을 '호목상심지지(蒿目傷心之至)'라고 쓴 그대로이다. 그로부터 이미 5년 정도가 지났지만 이 말은 홍대용의 마음에 깊게 새겨져 있었다. 확실히 홍대용은 자신이 장자의 무리는 아니며, 어디까지나 유자라고 말하고는 있다. 하지만 이 「소인」에서는 그가 1773년 무렵 얼마나 장자에 경도되어 있었는가를 읽어낼 수 있다. 그리고 동시에 『의산문답』을 자세히 읽어보면 거기에는 격분한 그의 마음을 여기저기서 읽어낼 수 있다. 앞에서 필자는 『장자』 추수편에 보이는 하백과 북해군과의 문답이 『의산문답』에서 허자와 실옹 간의 문답의 바탕이 되었다는 설이 탁견이라고 말했다. 그것은 『의산문답』이 『장자』와 매우 비슷한 상대주의로 일관되었기 때문만은 아니다. 또 허자가 『장자』의 '구허(拘墟[虛])'에서 유래해서만도 아니다. 『의산문답』이 『장자』와 마찬가지

이어지고, 북경에서 나눈 필담이 즐거웠던 일, 엄성과 자신은 자신과 타인이라는 구별 없이 교유했던 일 등을 기록하고 있다. 또 그 추억은 "一心結不解, 多情真屬余"라고 기록하고 있다. 「소인」은 『湛軒書』附錄(326면하)에 「乾坤一草亭題詠小引」이란 이름으로 중복 수록되었다. 『湛軒書』 327면상에 「亭主(洪大容)題詩原韻」 뒤에 李鼎祜, 李德懋, 朴齊家, 柳得恭, 孫有義, 李淞, 金在行의 차운시가 이어진다. 손유의의 것은 홍대용의 요구에 응해서 보내온 것으로 생각된다.

로 격분의 책이라고 생각되기 때문이다. 홍대용 자신이 한 말을 빌려서 말하자면 "『의산문답』은 홍대용이 격분해서 쓴" 것이라고 생각된다.

5. 격분한 글 『의산문답』

『의산문답』이 『장자』와 마찬가지로 격분의 책이 아니겠는가라고 생각하는 것은, 거기에는 너무나도 상식적인 견해에 대한 반발과 부정이 있기 때문이다. 처음에 언급했던 것처럼, "인(仁)인 척하는 것은 왕(王)"이라는 것은 원래 『맹자』에 보이는 "인(仁)인 척하는 것은 패자(霸者)"라는 말을 대담하게 차용하면서 이것과는 전혀 다른 가치를 담아낸 것이다. 이는 당시의 상식을 거스르는 것과 같다. 청조뿐 아니라 명조도 부정하는 논리를 가져온 것은 상식적인 사고에 젖은 사람을 비웃는 것과 같은 것이다. 덧붙이자면 조선을 부정하는 논리를 담은 것은 정상적인 것이 아니다. 그러나 그러면서도 모든 도리가 통한다. 거기에는 『장자』에 보이는 것과 똑같은 큰 비웃음이 들린다. 『의산문답』에는 단순한 상대주의를 넘어서 『장자』와의 유사성이 보인다. 이는 홍대용 스스로가 말한 시대에 대한 격분이다.

「건곤일초정소인」이 작성된 1773년 무렵부터 중국의 지인에게 보낸 편지에는 자신이 화가 나 있다는 말이 몇 번이고 보인다. 이는 『의산문답』의 탄생과 관계가 깊다. 물론 홍대용이 1769년에 김종후에게 보낸 편지에서 보이는 것처럼, 그는 이때에도 화가 나 있었다. 아니, 엄성의 유언서를 받은 무렵부터 끊임없이 화가 나 있었다고 말해도 좋을 것 같다. 그러나 『간정후편』과 『간정부편』에 의거하는 한, 그의 분개는 1773년 무렵부터 현저해졌으며 1776년(영조 52, 건륭 41)에 절정이었던었 것 같다. 그 뒤에는 진정된 것으로 보인다. 예를 들면 1774년 10월에 손유의에게 보낸 편지에서는 자신은 원래 광견(狂狷)한 부분이 있는데, "더더욱 궁핍한 생활로 울적하고 움츠려지고 때로는 격분함이 지나쳐서 병이 있는데도 분수에 만족하며 몸조리할 수 없다"고 말한다.[29] 그는 왠지 체질적으로 몸이 약하고 종종 병에 걸렸다. 이처럼 몸 상태가 좋지 않은 것에서 오는 불쾌감도 있었을 것이다. 1773년 10월에 등사민에게 보낸 편지에서는 최근 심한 감기에 걸려 "앓느라고 충분히 잠을 못 잔다."고 말하였다. 더구나 가족과 단란하게 있을 때에도 우울함이나 화가 치밀어 올라 주변에 화풀이하고 있다고 말한다.[30] 여기에는 이미 정(情)에 넘치거나 부족함이 생겨나지 않도록 존심거경(存心居敬)에 힘쓰던 연행 이전의 주자학자로서의 면모는 전혀 볼 수 없다.

홍대용이 초조해하며 노여움을 드러냈던 것은 그가 컨디션이 좋지 않았던 것 외에도 사상적인 문제가 크게 작용하였다. 중국의 지인 등사민은 다음과 같은 편지를 홍대용에게 보냈다. 즉 "당신과 교제를 시작한 이래 받은 편지를 유심히 보면 항상 불평 속의 우울함이 숨겨져 있는 것이 보입니다. 태평성대에 원민(冤民)이 없다고 말하니 부디 살피십시오."[31]

그렇다면 홍대용은 무엇에 울적하고 움츠려졌으며 무엇에 화가 나 있었던 것일까? 이미 1770년(영조 46, 건륭 35)에 쓴 「잡영10수(雜詠十首)」의 하나에서 그는 다음과 같이 읊고 있다.

> 참된 문장을 얻고자 한다면 모름지기 참된 생각이 있어야 하고,
> 성현(聖賢)이 되고자 한다면 모름지기 성현의 일을 실천해야 할 것이네.
> 연편(聯編)으로 화려함을 자랑하니 찬연하구나 반 · 마(班 · 馬)의 문자,
> 위언(危言)으로 우러러봄을 자랑하니 엄연하구나 정 · 주(程 · 朱)의 위치.

---

29 『乾淨附編』 권2, 「與孫蓉洲書」. 『湛軒書』, 124면하.

30 『乾淨附編』 권1, 「與汶軒書」. "弟近患重感, 杜門調治, 苦無佳況, 病中少睡. 每念此一時感冒, 既非大症. 骨肉圍聚食物, 足以自養, 猶不免憂厲薰心, 嗔喝暴發."

31 『乾淨附編』 권1, 「汶軒答書(甲午=乾隆三十九年五月)」. "然自訂交以來, 統觀前後所言, 每於不平之中稍露牢騷之言. 盛世無冤民, 萬祈吾兄愼之."

> 괴뢰(傀儡)로 진실의 모습을 가장해도 채화(綵花)에는 생기가 없는 법,
> 남을 속이고 나를 속이니 우러르고 굽어봄에 부끄러울 것 없으랴.
> 모름지기 알아야 할 것은, 명외(名外)의 명(名)이 곧 이외(利外)의 이(利),
> 동동(憧憧)하며 은미(隱微)한 사이에, 자연의 섭리 족히 음비(陰祕)하네.
> 편협한 마음 실로 받아들일 수 없어 한밤중에도 심장이 두근거리니,
> 어찌하면 진실한 사람을 얻어 함께 진실의 땅에서 노닐 수 있을까?[32]

이 한 수 전체가 노여움이 응어리진 것이다. 그가 무엇에 화를 냈는지는 여기에서 분명하다. 진실을 숨기는 것, 가짜를 진짜처럼 보이는 것, 남을 속이고 자신도 속이는 것, 바로 이것이다. "성현이 되고자 한다면 모름지기 성현의 일을 실천해야 할 것이네."라는 것은 입으로는 성현의 것을 말하면서 내실이 따르지 않는 껍데기뿐인 당시 조선의 유교를 말할 것이고, "위언(危言)으로 우러러봄을 자랑한다."는 것은 정치의 모든 문제에 대해 자신의 위험은 돌아보지 않고 정정당당하게 정론(正論)을 외치는 것처럼 보이면서, 실은 허영을 따르던 당시의 정치가를 비판한 글일 것이다. "엄연하구나 정·주(程·朱)의 위치"라는 것은 미사여구로 문장을 짓는 자가 늘 전거로 삼는 것이 정자(程子)와 주자(朱子)의 말이라는 것, 혹은 고상한 말을 내뱉는 정치가가 상대를 쓰러뜨리기 위해 논거로 가져오는 것이 또한 언제나 정자와 주자의 이름이었던 것을 말함이 틀림없다. "엄연하구나 정·주(程·朱)의 위치"라는 표현에서 우리들은 정자와 주자의 이름이 늘 허위를 숨기기 위한 위장 장치로 사용되고 있는 것에

---

32 『乾淨附編』 권1, 「雜詠十首」. "欲得眞文章, 須有眞意思. 欲爲聖賢人, 須作聖賢事. 聯編誇富麗, 燦然班馬字. 危言矜瞻視, 儼然程朱位. 傀儡假眞態, 綵花無生意. 欺人以自欺, 俯仰能無愧. 須知名外名, 乃是利外利. 憧々隱微間, 安排足陰祕. 褊心實不忍, 中夜發驚悸. 安得眞實人, 共遊眞實地."
주28에서 말한 시문목록에서는 「雜詠十首」가 庚寅, 즉 1770년의 작품으로 되어 있다. 또한 『湛軒書』 77면상, 「雜詠四首」로 수록된 것은 10수 중 4수이다. 여기에서 인용한 시는 거기에도 삭제되어 있다.

대한 분노, 더 나아가 정자와 주자에 대한 반발과 혐오감도 읽어내야 한다. 정자와 주자의 지위는 흔들림 없이 누구도 비판할 수 없었다. 홍대용은 이것에 화가 나 있었다. 이 때문에 한밤중에도 심장이 심하게 두근거리는 일이 있었다. "진실한 사람을 얻어 진실의 땅에서 노닐고자" 해도 그것이 불가능한 사실에 그의 우울함의 근본 원인이 있었던 것이다.

또한 「증원현천귀전사 2수(贈元玄川歸田舍二首)」는 1764년 통신사 서기로 수행했던 원중거에게 쓴 것인데, 아마도 1773년(영조 49, 건륭 38)의 작품으로 생각된다.[33] 여기에서는 이토 진사이를 봉거(鳳擧), 즉 봉조(鳳鳥)로 오규 소라이를 홍유(鴻儒), 즉 대유(大儒)로 칭찬할 뿐만 아니라, 반대로 "조선 사람들은 좁은 마음을 자랑하며 무턱대고 이단으로 비난한다." 고 하여 당시 조선 학술계를 비판한다.

이단에 대해 너그러워지라는 주장은 1776년(영조 50, 건륭 41)에 중국의 손유의에게 보낸 편지에 가장 상세하게 보인다. 그것은 '이단옹호론'이라고도 말할 수 있는 수준이다. 여기에서는 그 중 『의산문답』과의 관련성을 암시하는 부분 하나만을 소개하기로 한다. 이는 방벌(放伐)과 관련된 문제이다.

『의산문답』에서는 처음 문제시했던 "인의(仁義)를 구실로 삼는 자가 황제가 되고 병력이 강한 자가 왕이 된다."고 서술하기에 앞서 은(殷)의 탕왕(湯王), 주(周)의 무왕(武王)에 의한 걸(桀) · 주(紂)의 방벌을 논하고 있다. 그리하여 "여기에서 처음으로 백성이 하극상으로 위를 범하기에 이르렀다"라고 서술한다. 홍대용은 은의 탕왕, 주의 무왕에 의한 방벌은 시살(弑殺)이었다고 하면서 옹호도 정당화도 하지 않는다. 그 중에서도 무왕이 은의 주왕을 죽임으로써 성립한 주왕조에 대해, "천하를 이롭게 했다고

---

33 『湛軒書』, 77면하. "伊藤既鳳擧, 徂徠亦鴻儒.……韓人矜褊心, 深文多譖誣."
『湛軒書』에는 그 제작 연대가 기록되어 있지 않다. 주28에서 말한 시문목록에서는 「題乾坤一草亭小引」 이하 「贈元玄川歸田舍二首」까지의 3수를 癸巳년 작품이라고 하였다. 癸巳는 1773년(건륭38)이다.

하는데 자기 것으로 하려는 마음이 없었다고 할 수 있을까?"라고 갈파하고 있다. 홍대용에게는 유교의 전통적인 성인으로 여겨지는 주의 무왕도 "병력이 강한 자가 왕이 된다"는 일례에 지나지 않았다. 주(紂)가 흉악한 국왕이었는지 어땠는지 등은 여기서 전혀 문제로 삼지 않고, 역시 자신의 이익을 위해 시살(弑殺)한 것이 아니겠는가라고 하는 것이다.

그런데 손유의에게 보낸 이 「이단옹호론」에서도 이단에는 유폐가 나타난다는 전통의 입장에 선 사람이 하는 비난에 대해, 유폐는 어떻게든 생겨나는 것이라고 하고는 "방벌(放伐)의 유폐는 시(弑), 즉 하극상이다."라고 분명히 말한다. 그렇다면 이 명명백백한 시살에 지나지 않는 사실을 교활한 이들은 어떻게 하는가 하면, 성인의 불편부당(不偏不黨)한 정의(正義)를 구실로 정당화해버린다고 말한다. 방살(放殺), 즉 방벌이라는 것은 악을 토벌하는 정의의 행위여야 하지만, 사실상 그것은 하극상인 시살을 감추기 위한 구실이 되었다고 말한다.[34] 이는 바로 "인의를 구실로 하는 자가 황제가 된다"는 것이다. 『의산문답』에 보이는 논리와 같은 것이 1776년에 쓴 이 편지에 보인다.

더구나 이 편지와 『의산문답』과의 관련성을 시사하는 것은 「이단옹호론」의 마지막에 붙여진 다음과 같은 말이다.

> 세상의 유자(儒者)들 중 학문에 뜻을 둔 자는 반드시 이단을 배척하는 것을 진리의 길에 들어가기 위해서 우선적으로 하지 않으면 안 되는 것으로 생각하

---

34 『乾淨附編』 권2, 「與孫蓉洲書(丙申＝乾隆四十一年十月)」. 『湛軒書』, 128면상. "孟子距楊墨, 韓子排佛老, 朱子闢陳陸, 儒者之於異端, 如此其嚴也. 乃孔子師老氏友原壤與狂簡, 只云攻乎異端斯害也已. 又曰, 後世有述焉吾不爲之矣. 此其語比諸子不啻緩矣. 此將何說. 今之闢異端, 未嘗不以流弊爲説. 然天下事曷嘗無流弊. 禪讓之流其弊也簒, 放殺之流其弊也弑, 制作之流其弊也侈, 歴聘之流其弊也遊説. 以聖人大中至正, 小人之假冒猶如此. 異學之流弊, 亦何足説哉. 是以異學雖多端, 其澄心救世, 要歸於修己治人則一也. 在我則從吾所好, 在彼則與其爲善, 顧何傷乎. 世儒有志於學者, 必以闢異端爲入道之權輿. 某於此積蘊悱憤, 玆以奉質于大方, 乞賜條破." 한편, 위에 제시한 마지막 줄, 곧 홍대용의 결론 "世儒有志於學者" 이하가 『담헌서』에서는 또한 삭제되어 있다.

고 있다. 나는 이에 대해 말로는 제대로 표현하기 어려울 만큼 화가 쌓이고 쌓였다.

이 또한 『의산문답』의 처음 부분에 보여주는 실옹이 허자에게 드러내는 노여움과 같다고 할 수 있겠다. 자신이 허식의 세계에 있음에도 불구하고 이를 깨닫지 못하고 스스로가 바르다고 믿고는 자랑스럽게 여기며, 이단을 공격하는 것을 당연한 것으로 여기는 허자들에게 드러내는 노여움과 같다고 할 수 있겠다. 실옹은 이것을 '도술(道術)의 혹(惑)'이라고 말한다. '도술의 혹'이라는 것은 "주공(周孔)의 업(業)을 존숭하고 정주(程朱)의 말을 배우며, 정학(正學)을 지탱하고 사설(邪說)을 배척하며 인(仁)으로써 세상을 구하고 총명함(哲)으로 몸을 지키는 것"을 유자가 해야 할 것으로 생각하여 어떤 의심도 하지 않는 것이다.[35] 1776년 무렵 이 같은 '도술의 혹'에 대한 노여움은 절정에 달했던 것 같다.

이 편지를 쓴 같은 해 1776년에 등사민에게 다음과 같은 편지를 보냈다. 이때는 홍대용이 마침 사헌부감찰(司憲府監察)이 되어 이듬해 태인(泰仁) 현감이라는 지방관이 되어 전출할 무렵이다.

곧 현의 지방관이 됩니다. 군민(軍民)의 일에 힘쓰고 국왕 정조의 은혜에 보답하며 아울러 지방관으로서의 봉급을 받아 생활하고자 합니다. 또 종이 값과 먹 값을 얻어 지금까지 보고 들은 것을 기록하여 후세 사람의 평가를 기다리려고 합니다. 앞으로 20년이 주어진다면 마침내 사업이 완성되고 소원을 이룰 수 있을 것입니다.[36]

---

35 『湛軒書』, 90면상. "崇周孔之業, 習程朱之言, 扶正學斥邪說, 仁以救世, 哲以保身. 此儒門所謂賢者也."

36 『乾淨附編』 권2, 「與鄧汶軒書(丙申=乾隆四十一年十月)」. "惟早晩一縣, 庶可努力軍民, 酬報恩遇, 兼籍邑俸以供瀡瀡. 且得其紙墨之資, 亦將記述見聞以俟後人. 假我二十年, 卒成此事, 志願畢矣."

홍대용은 '앞으로 20년이 필요하다, 앞으로 20년 동안 저술을 완성시키고 싶다'고 서술하고 있다. 이때 홍대용은 46세, 그의 죽음까지는 7년을 남겨두었을 뿐이다.

『의산문답』은 단편으로 20년이나 걸려서 완성할 만한 것은 아니다. 홍대용 정도의 뛰어난 능력을 가지고 있으면 수일간에 완성할 것이다. 적어도 우리들이 보자면 그렇다. 우리가 볼 수 있는 『의산문답』에는 논문으로서의 결론이 없고, 갑자기 끝나고 마는 인상을 지울 수가 없다. 이러한 면에서 보면, 그것은 미완성의 원고이든가 아니면 완성 원고의 일부였을 가능성도 있다. 다만 이 편지를 통해 그가 이 무렵 가슴에 울분이 끓어올라 앞으로 20년 걸려 저작을 완성시키려고 했으며, 그것은 당시 공개되기를 목적으로 한 것이 아니라 후대 사람들에게 전하려 한 것이었다는 사실을 확인할 수 있다. 『의산문답』도 처음 서술한 것처럼, 예를 들면 그 국가론이나 군신론을 취해서 보면 상당히 과격하다. 그것이 『장자』와 같이 현세를 비판하기 위한 우화(寓話)였다고 하더라도 공개하기에는 너무나 위험했다. 그렇다고 한다면, 『의산문답』은 20년 걸쳐 완성시키려고 했던 저작의 일부든가 혹은 그 습작이었을 가능성이 높다고 할 수 있겠다. 습작이라고 한다면 1776년보다 이전의 저작이었을지도 모른다. 하지만 이것은 홍대용이 격분하여 저술한 책이다. 그렇다면 그의 분노가 두드러지게 되는 1773년, 즉 「건곤일초정소인」을 썼을 무렵부터 시작하여 그 분노가 최고조에 도달해 '이제부터 위대한 저작을 시작해보자'라고 했던 1776년까지, 이 시기를 전후하여 『의산문답』이 탄생했다고 생각하는 것이 가장 합리적일 것이다.

6. 맺음말

홍대용이 그의 종형제 홍대응에게 다음과 같은 이야기를 했다고 하는 일화가 전한다.

> 중국에서는 주자에 등을 돌리고 누구나가 육왕(陸王)의 학문, 즉 양명학을 존숭하고 있다. 그런데 이것 때문에 정통 학문에 반하는 것이라고 처벌되었던 자가 있다는 말은 들어본 적이 없다. 생각해보면 이는 중국이 광대해서 공명하게 지켜보며 무엇이든 포용할 수 있기 때문이다. 좁은 장소에 구애된[拘墟] 사람이 협소한 생각을 할 수밖에 없는 것과는 다르다.[37]

여기에서도 또한 '구허(拘墟)' 두 글자가 등장한다.

그런데 중국에서는 누구나가 양명학의 무리라고 홍대용이 말했을 리가 없다. 적어도 그가 인생 후반에 그처럼 말했을 리가 없다. 당시 조선 학술계의 편협함, 이단에 대한 강한 배척에 분노했던 홍대용은 어쩌면 홍대응 등에게는 알기 쉽게 이와 같이 말해서 중국에서는 이단에 대해 관용적이라는 것을 설명했을지도 모른다.

홍대용이 양명학파의 인물이었다고 보는 설이 있다.[38] 그가 왕양명 개인을 높게 평가했다는 것은 분명하지만, 그가 쓴 저작에서는 그가 양명학에 심취했다는 것을 엿볼 수 있을 만한 한두 마디도 없다. 우리들은 그가 어떠한 과정으로 주자학을 탈피했는지를 살펴보았지만 그 과정에서 양명학이 그의 변모를 크게 촉진시킨 것 같은 것은 전혀 없었다. 1768년에 받은 엄성의 유언서에서도 중국에서는 지금 양명학은 중대한 문제가 되고 있지 않다고 찬물을 끼얹으면서 어떤 것에도 얽매이지 말라고 주의를 주었다. 그가 가장 근접했던 사상이라고 한다면 『장자』에서 가져온 것이라고 생각된다. 양명학은 생애 후반기의 그에게 학술에서 자유로운 중

37 『湛軒書』, 323면하, 附録, 「從兄湛軒先生遺事(從父弟 大應)」. "中原則背馳朱子, 尊崇陸王之學者滔滔皆是, 而未嘗聞得罪於斯文. 蓋其範圍博大, 能有以公觀竝受, 不若拘墟之偏見也."

38 鄭寅普, 『陽明學演論』(서울, 三星文化財團, 1972), 183면.

국의 상징적인 존재밖에 되지 않았을 것이다.

또한『의산문답』에 보이는 사람과 동물이 같다고 하는 견해의 연원을 조선에서 논쟁이 되었던 호락(湖洛)논쟁 중의 낙론(洛論)에서 찾으려는 견해도 있다.[39] 그 중요한 논거가 되는 것은『담헌서』에 수록된「심성문(心性問)」이다. 그런데 홍대용이 생애 후반기에 주자학적 개념인 심(心), 성(性), 이(理), 기(氣) 등의 여러 개념을 가지고 사물을 논한 문장이 있는지 나는 알지 못하겠다. 이「심성문」혹은 이와 유사한「답서성지론심설(答徐成之論心說)」등은 그의 연행 이후 사상편력에서 본다면 이 시기에 작성했다고는 생각되지 않으며 반드시 연행 이전이든지, 늦어도 연행 직후의 작품이다.[40]『의산문답』에서 낙론의 영향을 찾으려고 해서는 안 된다.

홍대용의 화이론에 대해서도 이제까지 그의 연행 이전과 연행 이후가 혼동되어 논의되어 왔다.[41] 이 문제에 대해서도 그의 사상편력에 입각해서 새롭게 파악할 필요가 있다.

홍대용은 아마도 강직한 마음을 가지면서도 한편으로 꽤 부드러운 마음도 함께 가지고 있었던 사람이다. 조선 국내에서는 진실을 논할 만한 친구를 찾을 수 없기 때문이라고 하여 소개장도 없이 조선을 출발하여 북경에 가서 그곳의 수많은 사람들 속에 들어가서라도 친구를 찾으려고 하는 용맹과 과감함, 혹은 연행을 말리려고 필사적으로 설득하는 선배 김종후를 거스르면서 나아가고자 하는 기의 강인함, 귀국 후에도 만주족 통치하에서 한족과 교류하는 것이 옳은가 그른가에 대해서, 혹은 주자학을 전제로 하는 고증학은 필요한가 어떤가에 대해서 그와 주고받은 격렬한 논쟁은 이 강직한 마음에서 생긴 것이라고 해도 좋다. 다른 한편으로,

---

39 유봉학,『燕巖一派北學思想研究』(서울, 一志社, 1995), 88면 이하.

40『湛軒書』, 5면상,「心性問」, 5면하,「答徐成之論心說」.

41 예를 들면, 앞의 주 1 山内弘一 논문,『朝鮮からみた華夷思想』(東京, 山川出版社, 2003) 74면 등.

북경에서 엄성이나 반정균과 교류함에 따라 날마다 가슴속에 고조되는 '정'을 억누를 수 없어 어떻게 하면 좋을까라고 엄성에게 질문하고, 마침내 귀국 전날에는 몸소 눈물을 흘리는 사람으로 변모해버리고 마는 것은 그가 부드러운 마음을 함께 지닌 사람이었음을 드러낸다. 이미 북경에서 눈물을 흘렸던 것이 귀국 후에 그가 변모하는 제1단계이며, 주자학에서 벗어나게 되는 조짐이었을지도 모른다.

그가 가진 이 양면성은, 그의 만년의 사상 경향을 파악하는 데 매우 중요한 편지의 하나인 「답주랑재서(答朱朗齋[文藻]書)」에도 드러난다. 그것은 그의 죽음에 앞선 5년 전, 1779년에 작성된 것으로 거기에는 일찍이 엄성의 유언서에 얼마나 깊은 충격을 받았던가, 그 부고 소식을 어떻게 받아들였던가를 기록하면서, "아아, 문조(文藻)씨! 나의 마음이 돌멩이가 아니어든(『시경』백주(柏舟)), 어찌 완고하고 무정하게 지낼 수만 있겠습니까? 집에 들어가면 그저 벽을 돌고 밖에 나오면 하늘을 향해 울부짖을 뿐입니다."라고 하여 한편으로 마치 정이 있는 사람이라는 것을 나타내고 있다. 다른 한편으로는 "오직 그 실심(實心)·실사(實事)로써 날로 실지(實地)를 밟아가면", "모든 주경(主敬)·치지(致知)·수기(修己)·치인(治人)의 방법이 바야흐로 실지에 손쓸 곳이 있습니다."라고 말하고 있는 것처럼, 연행 전과 같이 진정한 유학자로 계속 남아 있고자 하였다. 또한 계속해서, "(엄성을) 슬퍼하고 사모하는 정에 이르러서는 오히려 아녀자의 사사로움 같은 것이라고 할지라도 반드시 과언만은 아닙니다."라고 서술하고 있다.[42] 여기서도 '주경(主敬)·치지(致知)'라고 주자학적인 단어가 또 사용되고 있다. 그러나 이 문장이 엄성에 대한 서글픔을 자연적인 것으로 받아

42 『湛軒書』, 123면상, 「答朱朗齋文藻書」. "嗟呼朗齋, 我心非石, 其可頑然而已耶. 入則繞壁, 出則呼天, 觸目悲酸, 死而後已. 慘慘我懷, 尙忍多言.……若必開門授徒, 排闢異己, 陰逞勝心, 傲然有惟我獨存之意者, 近世道學矩度, 誠甚可厭. 惟其實心實事, 日踏實地, 先有此眞實本領, 然後凡主敬致知修己治人之術, 方有所措置而不歸於虛影.……至其悲戀之情, 猶近兒女之私, 不必過爾."

들이고 있을 뿐만 아니라, 이단을 공격하는 것에 있어서는 갑자기 '근세의 도학(道學)', 바꿔 말하며 조선 특유의 주자학을 "정말 몹시 싫어한다." 라고 비판하고 있다. 따라서 이 단어에는 그가 연행하기 이전 혹은 귀국 직후까지 가지고 있었던 것과 같은 경직된 주자학과는 전혀 다른 의미가 포함되어 있다고 생각하지 않으면 안 될 것이다. 거기에서는 오히려 조선 특유의 주자학에서 탈각한 모습, 주체적으로 그것을 다시 한번 새롭게 파악한 모습을 보아야 한다.

이런 의미에서 보면, 그가 연행이라는 여행을 떠났던 것은 중국과 일본이 동아시아 사상사에 있어서 도달해 있던 위상을 발견함과 동시에 스스로를 변화시키는 데 결정적인 계기가 되었다고 말할 수 있다.

(번역: 정선모)

제5부

제15장

일본 현존 조선 연행록 해제

1. 머리말

조선시대에 수도 서울(한양)을 출발하여 명청(明淸)시대 중국의 수도였던 북경까지 왕복했던 사람이 써서 남긴 여행기는 일반적으로 연행록(燕行錄)이라는 이름으로 알려져 있다. 중국에서는 명조(明朝)가 통치하고 있던 시대, 그 중에서도 조선이 병자호란(丙子胡亂)으로 인하여 청조(淸朝)의 지배를 받기 이전까지 이러한 여행기를 일반적으로 조천록(朝天錄) 혹은 조천일기(朝天日記) 등의 이름으로 불렀다. 그러나 청조가 지배하게 되면서 조선에서는 '천조(天朝)'라고 부르는 것을 싫어하여 그 여행기도 '연행록(燕行錄)' 혹은 '연행일기(燕行日記)'로 지칭하는 것이 일반화되었다. 현재는 조천록과 조천일기 등도 포함해서 이러한 종류의 여행기를 모두 '연행록'으로 지칭하는 것이 이미 정착되고 있다고 말해도 좋다.

연행록 혹은 조천록 등으로 불리는 여행기의 자료적 가치는 학계 일각에 일찍이 알려져 있었다. 자료집으로는 『연행록선집(燕行錄選集)』(상 · 하 2책), 『국역연행록선집(國譯燕行錄選集)』(12책), 『조천록(朝天錄)』(4책)이 일찍부터 간행되어 한국사를 연구하는 사람들뿐만 아니라 중국사를 연구하는 사람들에게도 크게 공헌한 바 있었다. 그러나 2001년에 『연행록전집(燕行錄全集)』(100책)과 『연행록전집일본소장편(燕行錄全集日本所藏編)』(3책)이 함께 간행되면서 연행록 자체에 대한 연구 및 연행사(燕行使)에 대한 연구는 완전히 새로운 단계를 맞이하였다. 또한 근년에 『연행록선집보유(燕行錄選集補遺)』(3책)가 간행되어 중국에서도 이와 유사한 자료집이 간행되었다.[1]

조선 연행록은 세계의 여행기 중에서 특이한 위치를 점한다. 그것은 연행사 그 자체가 세계의 외교사절사에서 특이한 위치를 점하기 때문이다. 약 5백 년간, 더 거슬러 올라가면 그 이상의 오랜 세월에 걸쳐서 비슷한 목적을 위해 서울-북경이라는 동일한 경로를 사절(使節)이 왕래하였다. 지금까지 세계사에서 외국으로 가는 사절이 이토록 빈번하게 동일한 경로를 왕복하고, 이토록 유사한 여행기를 다수 남긴 경우가 있었을까? 5백 년 이상에 걸쳐 무수히 많은 유사한 외국 여행기가 지어지고 하나의 장르를 형성하고 있는 것은 세계사에서도 지극히 특이하다.

수많은 연행록 중에서도 이미 잘 알려진 허봉(許篈)의 『하곡선생조천기(荷谷先生朝天記)』, 김창업(金昌業)의 『노가재연행일기(老稼齋燕行日記)』, 홍대용(洪大容)의 『담헌연기(湛軒燕記)』 혹은 박지원(朴趾源)의 『열하일기(熱河日記)』 등을 읽은 사람이라면, 거기에 나타난 작자의 신선한 감성을 느낌과 동시에 그들이 가졌던 당시 현실에 대한 분노, 미래에 대한 희망도 쉽게 이해할 수 있을 것이다. 북경이나 열하를 처음 방문했던 사람의 기쁨도 공유할 수 있고, 거기에 기록된 명조 혹은 청조 통치의 생생한 실태를 알고서 놀랄 것이다. 또한 새로운 것에 눈을 돌리면서 그것들을 비판적으로 섭취하려고 하는 그들의 태도도 흥미롭고, 홍대용의 여행기에서 보

1 중국에서 간행된 자료집으로는 『燕行錄全編』 제1집 전12책(桂林, 廣西師範大學出版社, 2010), 제2집 전10책(2012), 제3집 전10책(2013), 『韓國漢文燕行文獻選編』 30책(上海, 復旦大學出版社, 2011)이 있다.

듯이 전근대 동아시아에서 국경을 초월한 친밀한 교류가 있었다는 것도 알 수 있다. 우리는 이것만으로도 이들 기록이 의미 있다고 생각한다.

그러나 한편으로 같은 종류의 자료를 정리해서 모아놓은 많은 양의 연행록을 읽은 사람은 거기에 보이는 고정화된 내용이나 천편일률적인 관념에 지루함을 느낀다. 거의 동일한 경로를 1년 중 거의 동일한 시기에 통과하여, 동일한 북경의 숙소에서 생활하며, 동일한 의식에 참가하고, 거의 동일한 북경 관광을 하기 때문에 그렇게 느끼는 것도 당연하다. 연도(沿途)의 각지에서 읊은 시가(詩歌)도 주제가 거의 정해져 있다. 강녀묘(姜女廟)나 산해관(山海關)은 연행록에 수록된 대부분의 시가의 주제로 등장한다. 연행록에 수록된 북경 관광 안내기와 같은 것도 옥상옥(屋上屋)을 거듭하듯 비슷한 내용이 계속 쓰이고 있다. 외국인이 쓴 외국 여행기로서 이토록 유사한 내용이 계속 쓰인 것도 세계사에서 지극히 특이한 경우가 아닐까? 이토록 상세하게, 이토록 동일한 기록을 붙이는 것에 무한한 정력을 쏟은 것을 생각하면 가련할 뿐더러 기실 많은 '조선 연행록'은 외국여행기 중에서 기형이 아닐까하는 생각도 든다. 이러한 경향은 중국 연호로 말하자면 가경(嘉慶)·도광(道光) 연간 이후에 쓰인 연행록에서 특히 심한 것 같다.

앞서 기술한 "1년 중 거의 동일한 시기에"라는 것은 현존하는 연행록 가운데 가장 많은 작품들이 10월 하순경에 서울을 출발하여 12월 하순에 북경에 도착하고 이듬해 정월 초하루에 자금성에서 거행되는 정조(正朝) 의식에 참가한 사람들이 쓴 것이기 때문이다. 이는 후술하는 해제의 [여정] 항목을 보면 일목요연하다. 청대의 경우, 북경 체류는 40일로 정해져 있었다. 따라서 귀국길도 거의 동일한 시기가 된다. 북경 관광 안내도 겸하고 있다고 여겨지는 연행록에서는 먼저 갔던 선배가 쓴 것을 전용(轉用)하거나 일부 수정 후 채록(採錄)하는 것이 당연하게 이루어진다. 선배가 쓴 연행록을 다시 이용하는 경향이 좀 더 심해지면, 자신에게 일어난 일을 매일 기록하는 일기조차 날짜 등을 고쳐서 타인의 것을 자신이 쓴 것처럼 마음대로 전용하는 경우까지 나타난다.

한 가지 예를 들어본다. 정덕화(鄭德和) 찬 『연사일록(燕槎日錄)』은 해제 31에 자세히 소개하고 있는 것처럼, 1854년(함풍 4, 철종 5)의 여행기이다. 그리고 여기에 '도용(盜用)'되어 있는 것은 찬자미상[2]의 『수사일록(隨槎日錄)』(해제 22)으로, 이보다 25년 전에 쓰인 1829년(도광 9, 순조 29)의 여행기이다. 예를 들어 북경으로 가는 길에 압록강을 건너는 날의 일을 정덕화의 『연사일록』에는 다음과 같이 기록하였다.

> 二十五日(庚寅), 雪, 辰時渡江.
>
> 昨日副房行具, 輸入本府東軒. 本倅與幕裨搜檢後, 踏印着標, 入置運餉庫. 渡江日出給, 以爲禁物防奸之地云.

『수사일록』에는 강을 건너기 전날의 일을 다음과 같이 기록하였다.

> 二十五日, 晴, 留灣.
>
> 三使臣行具, 竝輸入本府東軒. 府尹與書狀搜檢後, 踏印着標, 入置運餉庫. 渡江日出給, 以爲禁物防奸之地云.

강을 건너는 날짜는 하루 어긋나지만, 동일한 11월 25일의 일기이다. 한쪽은 날씨가 '눈[雪]'이고 한쪽은 '맑음[晴]'으로 되어 있는 등 약간의 차이는 있지만, 지극히 유사한 서술임은 누구에게나 분명하다. 물론 강을 건너는 날에는 비슷한 작업을 하므로 유사하게 서술되는 것이 당연하다고 생각한다. 그러나 과연 그렇게 단순한 것일까? 다음과 같은 서술도

---

2 역자주: 찬자는 권식(權寔)이라고 생각된다. 원서에는 '찬자미상'으로 되어 있으나 최근 저자가 권식임이 밝혀졌다(황만기, 「권식의 수사일록 고찰」, 『대동한문학』 44, 대동한문학회, 2015 참조). 권식과 정덕화는 남인으로 당파가 같다. 본장 651면 22. 『隨槎日錄』 참조.

있다.

정덕화의 『연사일록』에는 압록강을 건넌 같은 25일에 야숙(野宿)하는 모습을 다음과 같이 기록하였다.

至温水坪. …… 坪之一名湯池子云. 此爲宿所. 自灣府預送軍校, 掘地窩深, 爇榾柮, 上覆横板, 外遮蘆簟, 仍設幕取煖, 而三使臣入處, 卽三幕也. 余則布幕, 每一幕僅容二人, 譯員分排入處. 其外驛卒露處, 爭附棚火. 又自初更, 號令軍卒, 終夜吹角, 以防虎患. 彼人賣酒者, 自柵門逆至行中, 爭相買飮. 試嘗其味, 甚不合胃.

한편, 『수사일록』에는 다음날인 26일조에 다음과 같이 기록하였다.

温水坪, 此爲宿所. 自灣府預送軍校, 掘地窩深, 爇榾柮, 上覆横板, 外遮蘆簟, 仍設幕次取煖. 而三使臣略爲加意, 余則布幕, 每一幕僅容二人, 其外驛卒露處, 爭附棚火. 又自初更, 號令軍卒, 終夜吹角, 以防獸患. 彼人賣酒者, 自柵門逆至行中, 爭相買飮. 試嘗其味, 甚不合胃.

'수환(獸患)'을 '호환(虎患)'으로 고쳐 쓰고는 있지만, 책문(柵門)에서부터 중국인이 술을 팔러온 것을 동일하게 기록했으며, 더욱이 "試嘗其味, 甚不合胃" 전후의 서술은 '도작(盜作)'이라고 말하기에 충분한 것으로, 자신의 경험인지 타인의 경험인지 매우 의심스럽다.

또한 중국의 국경마을인 책문에서의 일을 정덕화는 다음과 같이 기록하였다.

二十八日(癸巳), 晴, 留柵.

北有關帝廟, 使伴倘諸人往觀, 路傍有小車十餘兩. 制度堅緻, 蓋弓半規, 緊裹黑色洋布, 裡面則用錦緞圍帳, 其中華侈者左右貼琉璃. 每一兩臥駕二騾, 騾亦健肥. 每趁使行入柵時, 等待以售貰直, 而千里外至者且多云.

한편, 『수사일록』에서는 다음과 같이 기록하였다.

二十八日, 晴, 留柵.

北有關帝廟, 與諸同行往觀, …… 路傍有小車十餘兩. 制度堅緻, 蓋弓半規, 緊裹黑色洋布, 裡面用錦緞圍帳, 其中華侈者左右貼琉璃. 每一兩駕二騾, 騾亦健肥. 每趁我國使行入柵時, 等待以售貰直, 而千里外至者亦多.

『수사일록』은 동행한 사람과 함께 직접 관제묘에 가서 자신이 견문한 것을 기록하고 있는 데 비해 정덕화는 "반당 제인(伴倘諸人)에게 가게 하여" 그가 견문한 것을 대신 쓰고 있지만, 이는 25년 전의 어떤 인물을 '보내' 구경시킨 것이다.

정덕화 『연사일록』의 많은 부분은 이처럼 '25년 전' 다른 사람의 체험과 견문이다. 북경에 입성한 정황 등도 거의 유사한 문장이지만, 맨 마지막에 12월 24일 북경에 입성하여 숙소인 옥하관에 도착하고, 조금 휴식을 취한 후 조선국왕의 문서, 즉 황제에게 올리는 표문(表文)과 예부에 보내는 자문(咨文)을 예부에 제출하러 가는 장면을 다음과 같이 기록하였다.

少憩. 通官來告, 三使着黑團領, 又以表咨文先導, 乘馬詣禮部. 漢侍郎文清率郎官出, 受表咨文. 三使臣行三跪九叩頭之禮, 分捧表咨黃紅樻子, 轉傳侍郎郎官等, 各敍禮而罷. 還館所.

이 일을 25년 전의 기록에는 12월 26일의 일로 기록하였다.

少歇. 通官來告, 三使着黑團領, 又以表咨文先導, 乘馬詣禮部. 漢侍郎楊繹曾率郎官出, 受表咨文. 三使臣行三跪九叩頭之禮, 分捧表咨黃紅樻子,轉傳侍郎郎官等, 各敍禮而罷. 還館所.

순조 29년(도광 9)에는 한시랑(漢侍郎) 양역증(楊繹曾) 등에게 표문과 자문을 제출한 것에 비해 철종 5년(함풍 4) 예부에 간 정덕화는 같은 한시랑이지만 문청(文淸) 등에게 제출하고 있다. 그러나 완전히 동일한 문장이다. 즉 다른 서술은 완전히 앞사람의 것을 이용하면서 날짜와 고유명사만 바꿔치기하고 있는 것이다. 단 충분히 주의를 기울이지 않았던 탓인지, 문청은 본래 만시랑(滿侍郎)이었음에도 불구하고 한시랑이라는 표현이 그대로 남아 있다.[3]

2. 해제 작성 목적

연행록을 역사 자료로 이용할 때, 얼마나 주의가 필요한지, 얼마나 사료 비판이 필요한지는 이상의 사례를 통해서 이해할 수 있을 것이다. 그러나 아무리 사료 비판이 필요하다고 해도, 만일 권식의 『수사일록』이라는 책이 현존하지 않았다면 우리는 감쪽같이 정덕화에게 속았을 것이다. 그의 연행록을 읽으면서 뭔가 이상하다고 느껴도 그냥 읽어나갈 수밖에 없다. 현재 우리는 정덕화 『연사일록』을 역사 자료로서 그대로 이용할 수 없다. 그가 연행했던 1854년(함풍 4, 철종 5)의 역사 자료로 이것을 그대로 이용할 수 없다는 것은 단언할 수 있는 바이다. 그렇지만 한국문학사에서 자리매김한다면, 이는 더없이 중요하고 흥미로운 사례일 것이다. 필자가 과문하여 한국문학사 연구에서 이러한 사실에 대한 지적이 있는지

3 錢實甫, 『淸代職官年表』 제1책(北京, 中華書局, 1980)에 근거하여 이 해의 예부시랑을 확인하면, 도광 9년의 예부 한시랑은 양역증(楊懌曾)이다. 懌을 繹으로 잘못 기록하고 있는데, 이는 흔히 있는 부주의로 의한 실수이다. 한편, '漢侍郎文淸'은 실제로 함풍 4년에는 한시랑이 아닌 '만시랑(滿侍郎)'이었다.

알지 못한다. 연행록이라는 일군의 자료에 대한 기초적 연구가 필요한 이유가 바로 여기에 있다.

이처럼 충분히 주의해야 할 점이 있긴 하지만 연행록이 한국문학사 연구뿐만 아니라 한국사를 포함한 동아시아사 전체에 대한 연구에서 중요한 역사 자료임은 말할 필요도 없다. 일부 연행록은 지금까지 조선 실학(實學)을 연구하는 데 중요한 자료로 이용되어 왔다. 또 연행사들은 북경에서 그곳을 방문한 동아시아 각국의 사절과 만나서 각국 사절의 정황과 그들을 파견한 각국의 정황을 듣고는 그것을 기록으로 남기고 있다. 유럽 각국이 북경에 공사관(公使館)을 설치한 후로는 그들에 관한 사실도 기록하고 있다. 중국사를 연구하는 데 더욱 중요하다는 것 또한 두말할 나위 없다. 거기에 담긴 정보는 한우충동(汗牛充棟)이라고 할 만한, 중국 국내에서 쓰인 사료에도 전혀 나오지 않는 것이 많다. 특히 일반 서민이나 하급 지식인들이 어떠한 생활을 하고 있었는지, 무엇을 생각하고 어느 정도의 정치 정보를 가지고 있었는지와 같은 문제를 분명하게 밝히는 데 연행록은 둘도 없는 정보를 우리에게 제공해준다.[4] 예를 들면 본 해제 1에서 소개하는 유사원(柳思瑗)의 『문흥군공우록(文興君控于錄)』 등은 도요토미 히데요시가 일으킨 정유재란에 관한 귀중한 자료일 뿐만 아니라, 오히려 당시 중국의 정치 정황을 전하는 것으로 더욱 중요한 자료라고 말해도 좋다. 또 예를 들어 해제 36 이유원(李裕元)의 『계사일록』은 강화도사건(운양호사건) 발발 직후의 조선 외교를 기록한 자료로서 더없이 중요하다. 이러한 점들은 본 해제를 읽으면 바로 이해할 수 있을 것이다.

그런데 연행록에 대한 기초 연구라고 할 만한 것이 현재로서는 전혀 없다. 오히려 잘못된 서지정보가 가득하고, 연구자는 그러한 환경에서

4 예컨대 본서 제5장 「1574년 조선연행사의 '중화'국비판」은 일반 서민의 지방관에 대한 비판을, 또 제7장 「조선연행사에 의한 반청정보의 수집과 보고」는 하급 지식인의 '상식'에 관해 기록한 것이다.

연구를 진행할 수밖에 없는 형편이다. 근년에 임기중 편 『연행록전집』(본 해제의 범례 1-(4)), 임기중 · 후마 스스무 편 『연행록전집일본소장편』(본 해제의 범례 1-(5))이 간행되어 연행사 연구 및 연행록 연구가 완전히 새로운 단계에 접어들었다는 것은 이미 기술한 대로다. 이것들은 실로 방대한 자료집이다. 『연행록전집』은 100책으로 이루어져 있고, 『연행록전집일본소장편』도 『연행록전집』과 동일한 장정(裝幀)으로 출판되었다면 전15책으로 되었을 것이다. 이것들이 학계에 기여하는 바는 더없이 크다. 그런데 유감스럽게도 양자 모두 거기에 수록된 여러 자료에 대한 해제가 첨부되어 있지 않다. 뒤의 본 해제에서 보겠지만 『연행록전집일본소장편』에 수록한 여러 자료는 모두 필사본(筆寫本)이고 대부분 찬자명(撰者名)조차 명기되어 있지 않다. 연행록을 역사 자료로 이용하는 경우, 그것들이 몇 년도 연행사의 자료인지, 그리고 찬자가 누구이며 어떠한 인물인지 등 최소한의 서지정보가 필요하다.

『연행록전집일본소장편』에 대해서는 공동 편자인 필자(후마)가 내용에 입각해서 찬자를 확정하고, 아무래도 찬자를 확정할 수 없는 것은 찬자미상이라고 하였다. 이 자료집에는 역사 연구자의 편의를 고려하여 북경에 갔던 연행사의 기록인 연행록만이 아니라, 심양(瀋陽)에 갔던 심행사(瀋行使)의 기록인 심행록(瀋行錄)도 포함되어 있다. 이들 여러 자료의 찬자를 확정했을 뿐만 아니라, 그것이 몇 년의 연행 혹은 심행 때의 기록인지도 확정하였다. 확정할 수 없었던 것에 대해서는 미상이라고 하였고, 어느 정도까지 확정할 수 있는 것에 대해서는 ( )를 붙여 추정연도를 적었다. 그러나 이 자료집은 수록한 자료들에 찬자명도 쓰여 있지 않은데 무엇을 근거로 찬자명을 확정했는지, 연행 혹은 심행연도도 쓰여 있지 않은데 무엇을 근거로 확정 혹은 추정했는지가 전혀 보이지 않는다. 본 장의 첫 번째 목적은 그 근거들을 밝히는 것이다. 그리고 두 번째 목적은 여러 자료의 내용도 다시 소개하여 이용자에게 편의를 제공하는 것이다. 또한 『연행록전집일본소장편』을 편찬할 당시에 찬자미상 혹은 추정연도라고 할 수밖에 없었던 것들 중 일부는 본 장에서 확정을 시도할 것이다.

임기중 편 『연행록전집』에도 해제가 첨부되어 있지 않다. 이 편찬물은 확실히 방대한 자료집이고, 이미 기술한 대로 학계에 기여하는 바가 크다는 점은 의심의 여지가 없지만, 어떠한 편찬 방침을 취했는지조차 명확하지 않다. 게다가 연행록이나 심행록의 찬자, 그리고 연행과 심행연도에 대한 오류가 너무 많아 이용자를 매우 곤혹스럽게 한다.[5] 많은 이용

---

5 『연행록전집』에는 명백한 오류 혹은 의문이라고 할 만한 점이 너무나 많다. 우선 첫째로 편찬 방침이 분명하지 않다. 예컨대 권근(權近) 『점마행록(點馬行錄)』(제1책 수록)은 권근이 조공물(朝貢物)인 말을 조선 국내의 의주(義州), 더욱이 불과 압록강 대안(對岸)인 파사부(婆娑府)까지 운반했을 때의 기록으로, 나카무라 히데타카(中村榮孝)처럼 이를 '事大紀行'錄의 하나로 파악하는 것은 옳지만 연행록은 아니다. 이정귀(李廷龜) 『동사록(東槎錄)』(제11책 수록), 정태화(鄭太和) 『서행기(西行記)』(제19책 수록) 등은 중국에서 오는 조사(詔使)를 맞이하기 위한 단순한 조선 국내 여행의 기록으로, 중국에는 한 걸음도 발을 디디지 않았다. 또 홍경해(洪景海) 『수사일록(隨槎日錄)』(제59책 수록)은 일본 에도(江戶) 시대에 조선에서 통신사로 파견된 사람이 쓴 일본 여행기다. 이는 통신사록이지 결코 연행록은 아니다. 통신사록도 연행록의 변형으로 여겨 수록했는가 하면 그렇지도 않다. 왜냐하면 홍경해 『수사일록』 외의 통신사록은 여기에 수록되어 있지 않기 때문이다. 반대로 한국 국내에 현존함에도 불구하고 『연행록전집』에 수록되지 않은 것이 너무나 많다. 그는 여기에 수록하지 않은 37종의 연행록 이름을 '범례'에 제시했지만 여기에도 그것들은 빠져 있다.

유사원(柳思瑗) 『문흥군공우록(文興君控于錄)』, 조현명(趙顯命) 『귀록집(歸鹿集)』, 홍석모(洪錫謨) 『유연고(游燕藁)』는 모두 한국에도 현존한다는 것을 필자가 『연행록전집일본소장편』을 편찬하는 단계에서 임기중 씨에게 알렸으나, 간행 예정인 『연행록전집』에 빠져 있었기 때문에 『연행록전집일본소장편』에 수록하기로 한 것에 불과하다. 연행사의 기록에는 없는, 예를 들어 최부(崔溥) 『표해록(漂海錄)』까지 수록하고 있는 편찬 방침으로 보면, 당연히 수록해야 할 현존하는 단행권의 중국 여행기가 다수 빠져 있을 뿐더러, 각 개인문집에 수록된 연행록에 이르기까지 일일이 지적할 수 없을 정도로 누락되어 있다. 『전집』이라고 이름 붙인 의미가 불분명하다. 이 책에는 동일한 자료라도 몇몇 '이본(異本)'을 중복 수록했지만, 어느 자료에 대해서는 거의 같은 것을 중복 수록하고, 어느 자료에 대해서는 중복 수록하지 않았는지 그 기준을 전혀 밝히지 않았다.

둘째로 찬자명과 연행연대의 확정이 너무나 엉터리다. 우연히 발견한 서너 가지를 들면, 찬자 및 연행연대 모두 미상인 『연계기정(燕薊紀程)(燕紀程)』(제98책 수록)은 찬자가 박사호(朴思浩)인 것이 내용을 읽으면 바로 밝혀진다. 실제로 동일본이 제85책에 박사호 『연계기정(燕薊紀程)(心田稿)』으로 수록되어 있으므로 이해할 수 없다고 말할 수밖에 없다. 마찬가지로 찬자와 연행연도 모두 미상이라고 한 『연계기략(燕薊紀略)』(제100책)은 연행사와 연행록을 연구하는 사람이라면 누구나 먼저 대하는 『동문휘고보편(同文彙考補編)』「사행록(使行錄)」 등을 조금이라도 접했다면, 찬자가 이용학(李容學)이고, 연행연도는 1876년(광서 2, 고종 13)이라는 것은 누구의 눈에도 분명하다. 게다가 김재로(金在魯)라는 인명(人名)으로 해야 할 것을 자료에

자들은 한국사 · 중국사에 관련된 공구서도 없는 상태에서 스스로 찬자와 연행 · 심행연도를 확정할 수밖에 없다. 그는 또한 『연행록연구』(본 해제의 범례 1-(10))를 공표하고[6] 거기에 『연행록전집』과 『연행록전집일본소장편』에 담긴 연구 성과, 즉 서명, 찬자명, 연행 혹은 심행연도의 추정을 기초로 일람표를 게재하고 통계마저 덧붙이고 있다. 그러나 하나하나의 자료를 직접 살펴보지 않았거나 혹은 간단하게 조사할 수 있는 작업도 게을리 하여, 자신의 오인(誤認)이나 앞사람의 오류를 그대로 답습한 '확인된 한국과 일본 소장본 연행록의 연행 연대순 배열'이나 거기에 첨부된 '통계표' 등은 전혀 신뢰할 수가 없다.[7] 임기중 씨는 편찬자로서 이용자를 위

나오는 김상국(金相國)이라는 관명(官名)으로 잘못 취한 것도 있다(『연행신행첩(燕行贐行帖)』 제69책). 그런데 이것은 김재로를 송별하기 위해서 보낸 시집이므로 '金相國'을 찬자라고 할 수 없다. 이준(李準) 『연사신시(燕槎贐詩)』(제5책 수록)는 1592년(만력 25, 선조 25) 연행 때의 것이라고 했는데, 이는 연행가는 송성명(宋成明)을 위한 『연사신시』이며, 1729년(옹정 7, 영조 5) 연행 때의 것이다. 이상 열거한 것은 대부분 어떠한 고증도 필요로 하지 않는 것이기 때문에 하나하나 점검하면 단순히 부주의로 인한 실수라고 할 수 없는 이러한 오류가 얼마나 더 나오겠는가? 본 해제에서는 해제와 직접 관련된 오류만을 언급하는 데서 그친다. 이상에서 지적한 것 외에 『연행록전집』에 대한 기타 오류에 대해서는 左江, 「『燕行錄全集』考訂」(『域外漢籍研究集刊』 제4집, 北京:中華書局, 2008) 참조.

6 역자주: 최근 『연행록연구』의 증보판인 『연행록 연구층위』(학고방, 2014)가 출간되었는데, '[부록-1] 전승 연행록의 현황'(699~721면)에 연행록의 소장처를 밝혀두었다.

7 『연행록연구』에 대해서 『연행록전집일본소장편』의 공동 편자인 필자에게 있어 참을 수 없는 의문은 우선 『일본소장편』 각 책의 권두에 제시한 '일본소장 연행록 목차'와 이 책 42면 이하에 기재된 것이 다르다는 것이다. 전자인 '일본소장 연행록 목차'는 필자가 작성한 것으로, 본서의 '범례'에 적은대로 연행 혹은 심행연대를 특정할 수는 없지만 추정할 수 있는 것에 대해서는 [ ]를 붙였다. 필자가 임기중 씨에게 보낸 원고에 [ ]로 표시한 것이 '범례'와 통일되지 않고 ( )로 바뀌어 있다. 그러나 이것이 추정연대를 나타낸다는 것은 본서를 이용하는 사람이라면 누구나 알 수 있을 것이다.
그런데 후자인 '일본 소장본 연행록의 연행 연대순 배열'에서는 모두 필자가 확정한 연행연대를 따르면서도 추정연대를 표시한 [ ] 혹은 ( )를 마음대로 없애거나 고쳐서 모두 확정연대로 하고 있다. 자료집을 이용하는 사람에게 잘못된 학술정보를 주는 것만큼 연구를 혼란스럽게 하는 것은 없다. 실제로 2001년 12월 7일 서울 동국대학교에서 개최된 국제학술회의에서도 필자는 특별히 발언을 요구해 회의장에 배포된 『燕行錄과 東亞細亞 연구』(서울:동국대학교 한국문학연구소, 2001) 18면에 기재된 '목록2: 일본 소장본 연행 연대순'의 오류를 지적하고, 공동 편자 및 이 책 이용자의 주의를 촉구하였다.
그 후 한국에서 일본의 필자에게 보내온 『연행록전집일본소장편』의 목차를 보았는데, [ ] 혹은

하여 왜 해당 자료를 수록했는지, 수록한 여러 자료의 찬자를 어떻게 확정했는지, 또 연행 혹은 심행연도를 어떻게 확정했는지 그 근거를 보여주는 것이 연구자로서 당연한 의무일 것이다. 본 해제와 같은 것을 공표하여 이용자에게 편의를 제공하길 간절히 바란다.

여기서 해제를 붙인 것은 다음 자료들이다.

번호	書名	撰者	燕行 · 瀋行年次	所藏機關
1	『文興君控于錄』	柳思瑗	1596년(만력 24, 선조 29)	駒澤大學圖書館藏
2	『松溪紀稿(瀋陽日錄)』	未詳	1636~1645년(숭덕 원년~순치 2, 인조 14~22)	天理圖書館藏
3	『瀋陽質館同行錄(瀋中日記)』	未詳	1637~1639년(숭덕 2~4, 인조 15~17)	東洋文庫藏
4	『瀋行錄』	未詳	1682~1805년(강희 21~가경 10, 숙종 8~순조 5)	京都大學附屬圖書館藏
5	『燕行日記』	李澤	1714년(강희 53, 숙종 40)	天理圖書館藏
6	『歸鹿集(瀋行日記)』	趙顯命	1743년(건륭 8, 영조 19)	京都大學附屬圖書館藏
7	『悔軒燕行詩附月谷燕行詩』	趙觀彬 · 吳瑗	1745년(건륭 10, 영조 21)	東洋文庫藏
8	『燕行日記』	尹汲	1746년(건륭 11, 영조 22)	駒澤大學圖書館藏
9	『丁亥燕槎錄』	李心源	[1767년(건륭 32, 영조 43)]	東洋文庫藏
10	『燕行記著』	未詳	1782년(건륭 47, 정조 6)	天理圖書館藏
11	『入瀋記』	李田秀	1783년(건륭 48, 정조 7)	石川武美記念圖書館藏

( )가 마음대로 삭제되어 확정연대로 되어 있을 뿐더러, 본 자료집에 수록된 원본을 소장한 도서관의 이름도 마음대로 삭제하였다. 필자가 강하게 항의했기 때문에 전3책 모두 목차 및 '범례' 부분 4장만을 교체하였다. 왜 추정연대가 아닌 확정연대라고 했는지 그 근거를 문의했지만 전혀 대답을 들을 수 없었다. 그런데 『연행록연구』는 2002년 6월의 서문을 붙였음에도 불구하고, 모두 기본적으로 필자가 작성한 목차에 의거하면서도 또다시 [ ] 혹은 ( )를 없애버렸다. 또한 예를 들어 『심행록(瀋行錄)』에 대해서는 심행연도를 1682년(강희 21, 숙종 8)~1805년(가경 10, 순조 5)의 백수십 년에 걸친 것으로 해야 할 것을 마음대로 1682년 한 연도만을 기재하였다. 이용자가 오해하리라는 점은 전혀 고려하지 않았다. 또한 『연행록연구』에는 본 해제 14. 『연행시(燕行詩)(薊程詩稿)』의 연행연도를 마음대로 '순조 원년(가경 6)'이라는 잘못된 확정연대로 고쳤지만, 이번에 처음 '순조 3년(가경 8)'으로 확정할 수 있었다는 것은 본 해제 14를 참조하면 알 수 있다.

번호	書名	撰者	燕行 · 瀋行年次	所藏機關
12	『燕行日記』(缺卷一)	金箕性	1790년(건륭 55, 정조 14)	天理圖書館藏
13	『燕行日記』	吳載紹	1801년(가경 6, 순조 원년)	天理圖書館藏
14	『燕行詩(薊程詩稿)』	李海應	1803년(가경 8, 순조 3)	靜嘉堂文庫藏
15	『日記(燕行日記)』(缺册一)	南公轍	1807년(가경 12, 순조 7)	石川武美記念圖書館藏
16	『中州偶錄(入燕記)』	未詳	1807년(가경 12, 순조 7)	關西大學圖書館藏
17	『燕行錄』	李敬卨	1809년(가경 14, 순조 9)	天理圖書館藏
18	『薊程錄』	未詳	[1803~1819년간] (가경 8~24, 순조 3~19)	東京都立中央圖書館藏
19	『薊程散考』	金學民	1822년(도광 2, 순조 22)	天理圖書館藏
20	『隨槎日錄』	未詳	1825년(도광 5, 순조 25)	東北大學附屬圖書館藏
21	『游燕藁』	洪錫謨	1826년(도광 6, 순조 26)	京都大學文學部圖書館藏
22	『隨槎日錄』	未詳	1829년(도광 9, 순조 29)	天理圖書館藏
23	『燕雲遊史』	洪敬謨	1830년(도광 10, 순조 30)	石川武美記念圖書館藏
24	『燕槎酬帖』	曹鳳振 等	1833년(도광 13, 순조 33)	天理圖書館藏
25	『燕槎續韻』	洪敬謨	1834년(도광 14, 순조 34)	石川武美記念圖書館藏
26	『玉河日記』	金賢根	1837년(도광 17, 헌종 3)	京都大學文學部圖書館藏
27	『燕薊紀略』(缺卷二)	趙鳳夏	1842년(도광 22, 헌종 8)	京都大學附屬圖書館藏
28	『燕行錄』	朴永元	1846년(도광 26, 헌종 12)	天理圖書館藏
29	『燕行日記』	黃道淵	1849년(도광 29, 헌종 15)	東洋文庫藏
30	『燕行日記』	李啓朝	1849년(도광 29, 헌종 15)	天理圖書館藏
31	『燕槎日錄』	鄭德和	1854년(함풍 4, 철종 5)	天理圖書館藏
32	『燕槎日錄』	金直淵	1858년(함풍 8, 철종 9)	東京都立中央圖書館藏
33	『遊燕錄(燕行日記)』	成仁鎬	1869년(동치 8, 고종 6)	東洋文庫藏
34	『北游日記』	姜瑋	1873년(동치 12, 고종 10)	靜嘉堂文庫藏
35	『燕行錄』	沈履澤	1874년(동치 13, 고종 11)	天理圖書館藏
36	『薊槎日錄』	李裕元	1875년(광서 원년, 고종 12)	天理圖書館藏
37	『乙亥燕行錄』	李秉文	1875년(광서 원년, 고종 12)	京都大學附屬圖書館藏
38	『燕記』	南一祐	1879년(광서 5, 고종 16)	東洋文庫藏
39	『觀華誌』(缺卷三 · 四)	李承五	1887년(광서 13, 고종 24)	京都大學附屬圖書館藏

다음으로 범례를 제시한다.

범례(凡例)

1. 본 해제에서 서지 정보를 위해 주로 참고한 것은 아래 도서다. 본문에서는 약칭을 쓴 경우도 있다.

(1)『燕行錄選集』, 서울, 성균관대학교 대동문화연구원, 1960~1962.

(2)『國譯燕行錄選集』(고전국역총서 95~106), 서울, 민족문화추진회, 1976~1979.

(3)『朝天錄』(中韓關係史料輯要 2), 臺北, 珪庭出版社, 1978.

(4) 林基中 編,『燕行錄全集』, 서울, 동국대학교출판부, 2001.

(5) 林基中 · 夫馬進 編,『燕行錄全集日本所藏編』, 서울, 동국대학교 한국문학연구소, 2001.

(6)『燕行錄選集補遺』, 서울, 성균관대학교 대동문화연구원, 2008.

(7) 中村榮孝,「事大紀行目錄」(『青丘學叢』1號), 1930.

(8) 崔康賢,『韓國紀行文學研究』, 서울, 一志社, 1982.

(9) 金榮鎭,「夫馬進『燕行使と通信使』書評」(『東洋史研究』67卷 4號), 2009.

(10) 임기중,『연행록연구』, 서울, 일지사, 2002.

(11)『同文彙考補編』권7,「使行錄」(『同文彙考』, 한국사료총서 24), 서울, 국사편찬위원회, 1978.

(12)『朝鮮人名辭書』, 서울(京城), 朝鮮總督府中樞院, 1939.

(13)『淸選考』(장서각귀중본총서 2), 서울, 문화재관리국 장서각, 1972.

(14)『今西博士蒐集朝鮮關係文獻目錄』, 東京, 書籍文物流通會, 1961.

(15)『增補東洋文庫朝鮮本分類目錄』, 東京, 國立國會圖書館, 1979.

(16)『韓國古書綜合目錄』, 서울, 大韓民國國會圖書館, 1968.

(17) 李相殷 編,『古書目錄』, 서울, 保景文化社, 1987.

(18)『奎章閣韓國本圖書解題 續集 史部 1』, 서울, 서울대학교 규장각, 1994.

(19) 李顥鍊 編,『韓國本別集目錄』, 서울, 法仁文化社, 1996.

(20) 李靈年 · 楊忠主 編,『淸人別集目錄』, 合肥, 安徽敎育出版社, 2000.

(21) 藤本幸夫,『日本現存朝鮮本硏究 集部』, 京都, 京都大學學術出版會, 2006.

2. 서명은 내제(內題, 권두 첫 면에 적힌 것)를 우선하고 외제(外題, 봉면에 적힌 것)를 참고하였다. 이 점에서『연행록전집일본소장편』에 수록된 자료의 서명과 다른 것이 있다. 이 자료집에서는『연행록전집』과의 통일성을 고려하여 외제를 우선하고 내제를 부제로 채택하는 방침을 임시로 따랐지만, 본 해제에서는 한적(漢籍) 목록 작성 원칙을 따른다.

3. 연행연도 혹은 심행연도는 찬자가 서울을 출발한 연도를 원칙으로 한다.

4. 배열은 연행 혹은 심행연도 순으로 한다. 여러 해에 걸친 것에 대해서는 연행 혹은 심행에 관한 기사가 더 이른 것을 우선으로 한다.

5. 연행 혹은 심행연도를 확정할 수 없는 것은 [ ]를 붙여 추정연도를 표시한다.『연행록전집 일본소장편』에서 ( )를 붙인 것이다.

6. 본 해제에서 대상으로 삼은 것은『연행록전집일본소장편』에 수록한 자료만을 원칙으로 한다. 예외로 6.趙顯命 撰『歸鹿集(瀋行日記)』, 11.李田秀 撰『入瀋記』, 15.南公轍 撰『日記(燕行日記)』, 23.洪敬謨 撰『燕雲遊史』, 25.洪敬謨 撰『燕槎續韻』, 37.李秉文 撰『乙亥燕行錄』, 39.李承五 撰『觀華誌』를 추가하였다. 이것들을 추가한 것은 다음 이유에서다.

6.趙顯命 撰『歸鹿集(瀋行日記)』:『연행록전집일본소장편』을 편집하기 시작했을 때, 공동 편자가 필자에게 보내온『연행록전집』수록 예정 연행록 목록에는 조현명 찬『연행록(燕行錄)』이 없었다. 조현명 찬『귀록집(심행일기)』은 본 해제에 기록한 것처럼 교토대학 부속도서관(京都大學附屬圖書

館) 소장본 자체에 『歸鹿集(燕行日記)』이라고 쓰여 있었기 때문에 나는 이것을 연행록으로 착각했다. 한국에 소장된 문집에 수록된 『연행록』은 모두 『연행록전집』에 수록할 예정이었기에 필자는 임기중 씨에게 『귀록집』이 한국에도 소장되어 있음을 알렸지만, 그의 희망에 따라 『귀록집(심행일기)』도 『연행록전집일본소장편』에 수록한 것이다. 원 「해제」에서는 개인 문집에 수록된 연행록에 해제를 붙이지 않는 것을 원칙으로 했으므로 해제를 추가하지 않았었다. 그런데 그 후에 『귀록집(연행일기)』은 잘못이며, 정확히는 『귀록집(심행일기)』이라는 것을 알았다. 또한 출판된 『연행록전집』 8책에 조현명 『연행록』이 수록되어 있는데, 이를 『귀록집(심행일기)』과 비교해보니 둘은 전혀 다른 작품임을 알 수 있었다. 게다가 그 내용은 매우 중요한 사실을 포함하고 있다. 또 현재로서는 다른 현존하는 본을 확인할 수 없기 때문에 중요하다고 생각하여 해제를 추가하였다.

11.李田秀 撰『入瀋記』, 15.南公轍 撰『日記(燕行日記)』, 23.洪敬謨 撰『燕雲遊史』, 25.洪敬謨 撰『燕槎續韻』: 필자가 『연행록전집일본소장편』을 편집할 당시 이 4종의 책을 소장한 이시카와 타케요시 기념도서관(石川武美記念圖書館)(구 오차노미즈도서관(御茶の水圖書館))이 때마침 이전하여 열람하지 못했기 때문에 이들 자료를 수록하고 해제를 붙이는 일을 단념할 수밖에 없었다. 그 후로 열람이 가능하게 되었으므로 이들 4종에 대해서도 해제를 추가하였다.

37.李秉文 撰『乙亥燕行錄』, 39.李承五 撰『觀華誌』: 이 2종의 책에 대해서는 『연행록전집일본소장편』이 편찬된 후, 또 원 해제가 출판된 후에 그 현존을 확인했기 때문이다. 이병문 찬 『을해연행록』은 경북대학교 교수 장동익(張東翼) 씨가 교토대학 부속도서관에 소장된 것을 가르쳐주고 복사해주셨다. 장동익 교수께 진심으로 감사드린다.

7. 『연행록전집일본소장편』에 수록한 것이라도 다음 책에 대해서는 해제를 붙이지 않는다.

洪淳學 撰『연행록(燕行錄)』은 한국에도 현존하고 『연행록전집』 87~89

책에도 수록되었다. 마찬가지로 임기중 씨의 희망에 따라 여기에도 수록한 것이다. 또한 홍순학 및 이 책에 대해서는 본 해제의 범례1-(10) 285면 이하에 이미 소개되어 있다.

8. 일본에 현존하는 것이라도 개인문집의 일부에 포함되어 있는 연행록은 원칙적으로 본 해제에서는 다루지 않는다. 아울러 단행권의 연행록이라도 조사결과 본 해제의 범례1-(1) · (2) · (3) · (4) · (6) 5종 자료집에 이미 수록된 것은 해제를 붙이지 않는다. 더욱이 (2) · (6)에는 간단하지만 거기에 수록한 여러 자료에 대한 해제가 첨부되어 있어 이용자에게는 편리하다.

또한 『大阪府立圖書館藏韓本目錄』(大阪:大阪府立圖書館, 1968) 13면에 "『燕行記』 寫本, 4卷 1冊, 李百亨等記(乾隆五十五年……의 紀行)"라고 한 것이 있는데, 이를 조사한 결과, 서호수(徐浩修) 『연행기(燕行記)』 4권으로 판명되었다. 이미 본 해제의 범례1-(1) · (2) · (4)에 모두 수록되어 있기 때문에 원칙에 따라 해제를 붙이지 않는다.

또한 『東京大學總合圖書館藏阿川文庫朝鮮本目錄』(『日本所在韓國古文獻目錄』 2책, 서울, 驪江出版社, 1990) 10면에 "撰者未詳 『燕行日記』 卷2~6, 寫本, 5冊"이라고 한 것이 있으며, 마찬가지로 원본에 대해 조사한 결과, 이는 김창업 『노가재연행일기』의 일부임이 판명되었다. 이것도 본 해제의 범례1-(2) · (4)에 수록되어 있으므로 해제를 붙이지 않는다.

9. 해제 항목은 [텍스트], [찬자약력], [여정], [내용]의 4항목으로 구성한다. 이것은 후마 스스무 편 『增訂使琉球錄解題及び研究』(宜野灣:榕樹書林, 1999)의 해제 항목에 거의 준한 것이다. 다만 [여정]은 서울-북경(심양)을 출발한 때와 압록강을 건너 왕복한 날짜만 기록한다. 일행의 인원수에 대해 아는 것은 여기에 표시한다. 또 『增訂使琉球錄解題及び研究』에서 한 항목으로 설정했던 [목차], [시대배경]은 필요에 따라 [내용]에 수록한다.

10. 연호는 연행사 등 조선과 직접 관련된 연도에 대해서는 예컨대

1854년(함풍 4, 철종 5) 등으로 표기한다. 중국 국내의 사건에 대해서는 1854년(함풍 4), 조선 국내의 사건에 대해서는 1854년(철종 5) 등으로 표기한다. 음력에서 양력(서양력)으로의 환산은 특별한 사건을 추적하는 경우를 제외하고는 원칙적으로 기계적인 환산에 따른다.

3. 해제

1.『文興君控于錄』一卷 柳思瑗 撰 駒澤大學圖書館藏(濯足文庫)

[텍스트]

필사본 1책. 내제에 '文興君控于錄'이라는 제목으로 되어 있고, 외제에 '控于錄'이라고 되어 있다. 봉면(封面)의 면지(面紙)에는 '寄贈 金澤庄三郎殿', '大本山永平寺藏書章', '永平寺寄託 濯足文庫 駒澤大學圖書館 昭四九 · 十一 · 十二' 등의 인장이 있다. 본서 첫 면에 '金澤藏書'라는 인장이 있다. 원래 가나자와 쇼자부로(金澤庄三郎) 구장(舊藏). 찬자명을 명기하지 않았지만 유사원(柳思瑗) 찬이라고 해도 틀리지 않는다.

『문흥군공우록(文興君控于錄)』은 고마자와대학도서관(駒澤大學圖書館) 소장본 외에 규장각에서 그 소재를 확인할 수 있다. 또 이 책에 대해서는 『규장각한국본도서해제 속집 사부 1』 79면에 정확한 해제가 있다. 다만 찬자를 유사원(柳思援)이라고 한 것은 유사원(柳思瑗)의 오기(誤記)다. 고마자와대학도서관본과 규장각본을 비교하면, 내용은 거의 동일하지만 고마자와대학도서관본에는 오자(誤字)가 눈에 띈다. 예를 들어 규장각본에는 권두에 '書狀官臣柳 謹啓'라고 하여 두 글자를 비워두었는데, 고마자와대학도서관본에는 '書狀官臣柳思遠謹啓'로 잘못 채워져 있다. 또한 명나라 사람의 인명이 규장각본에는 '佟起鳳'으로 바르게 쓰여 있지만, 고마자와대학도서관본에는 '終起鳳'으로 잘못되어 있다. 규장각본이 더 좋은 텍스트임은 분명하지만, 고마자와대학도서관본이 단지 이를 바탕으로 베껴 쓴 것으로는 보이지 않는다.

[찬자약력]

유사원(柳思瑗). 1541년(가정 20, 중종 36)~1608년(만력 36, 선조 41). 자는 경오(景晤), 문화(文化) 사람. 『국조인물고(國朝人物考)』에 이항복(李恒福)이 찬한 「묘지(墓誌)」가 수록되어 있다. 그의 인생에서 가장 큰 사건은 바로 『문흥군공우록』을 써서 남기게 된 사건, 즉 일본의 도요토미 히데요시 군대가 재차 조선을 침략한다는 소식을 신속하게 파악한 조선 조정이 중국에 원군을 요청하는 사절을 파견할 때 그가 동행한 것이었다. 귀국 후 이때의 공적으로 문흥군(文興君)에 봉해졌다.

[여정]

도강(渡江)한 날부터 쓰기 시작하여 의주(義州)로 귀환할 때까지를 기록하였다.

1598년(만력 24, 선조 29)

12월 6일 도강

12월 13일 요동(遼東, 遼陽) 도착

1599년(만력 25, 선조 30)

정월 14일 북경 도착

2월 15일 북경 출발

3월 13일 의주 도착

[내용]

본서는 도요토미 히데요시의 두 번째 출병 준비를 신속하게 파악한 조선 조정이 명조(明朝)에 원군을 요청했을 때의 기록이다. 주문사(奏聞使)는 정기원(鄭期遠)이고, 서장관은 본서의 찬자인 유사원이었다. 서장관은 연행, 즉 부경(赴京)했다가 귀국한 후 '문견사건(聞見事件)'이라는 제목으로 보고서를 작성하여 승정원에 제출하는 것이 의무였다. 아마도 본서 첫 면 둘째 행에 있는 「丙申使行聞見事件」 혹은 「聞見事件」이 원래 제목이고, 첫째 행에 있는 '문흥군공우록'은 후세 사람이 붙인 서명일 것이다. 공우(控于)란 본 자료에 보이는 "控于天朝", "控于仁覆之天"이라는 표현처럼 천조(天朝)로 우러르는 명조에 원군이 필요함을 호소한다는 의미다.

본서는 이른바 '정유재란'에 관한 1급 자료임에도 불구하고, 지금까지 일본 · 한국 · 중국 학계에서 모두 충분히 이용되지 않은 것 같다. 특히 유사원 자신이 북경에서 목격한 병부상서 석성(石星) 등의 움직임, 석성의 화평론(和平論)에 반대하여 주전론(主戰論)을 주장한 급사중(給事中) 등 이른바 언관(言官)의 동향 등 한우충동이라고도 할 만큼 많은 관련 자료가 있음에도 불구하고 현실감을 전하고 있다는 점에서는 이보다 더한 자료가 아마 없을 것이다. 또한 여기에 인용된 명조 관료의 상주문(上奏文)은 대부분 명나라 측 자료에서도 찾아볼 수 없는 것이다. 이것은 원래 유사원 자신이 "中朝九卿科道官上本中, 事涉於發兵征倭者, 日下書錄爲白乎矣, 皆因通報傳謄."이라고 기록한 대로 『통보(通報)』, 즉 관보(官報, 邸鈔)에 게재되었던 것이지만 현재 그 『통보』는 전하지 않으며, 이 책에 보이는 상주문의 대부분이 『명실록(明實錄)』이나 『만력소초(萬曆疏鈔)』 혹은 『만력저초(萬曆邸鈔)』 등에 보이지 않는 것이다.

여기에 보이는 몇몇 상주문의 제목과 상주한 사람은 다음과 같다.

우선 「병부복본(兵部覆本)」이 있다. 조선국왕이 만력제(萬曆帝)에게 원병을 청하는 상주를 올린 데 대해 만력제가 "兵部知道", 즉 "병부에서 검토하라."고 명하였다. 이것은 명을 받은 병부가 황제에게 올린 복주(覆奏)다. 이때 병부상서 석성은 양방형(楊方亨)과 심유경(沈惟敬) 등을 일본에 파견하여 히데요시를 일본 국왕에 책봉하려는 공작을 하고 있었고, 이것이 성공할 것 같다는 정보를 가지고 있었다. 즉 그는 주전론이 아닌 화평론을 주장하던 중심인물로, 조선에 대해서는 중국에 의지하지 말고 어디까지나 자력으로 방위할 것을 요구하였다. 여기에는 자력으로 방위하려 하지 않는 조선에 대한 강렬한 비판과 비난이 보이므로 다음에 인용한다.

一則曰從前未有費兵餉而代外戍者. 凜凜天語, 中外聞知. 屢經臣等申飭, 又不啻至再至三. 今彼此講封, 已越五載, 罷兵省費, 又復三年. 曾不聞該國君臣痛加振勵, 積餉練兵, 以爲預備之計. 乃一經虛喝, 便自張皇馳報.

今如該國所請, 不知練兵, 長[아마도 常 또는 專]以中國之兵爲兵, 不自積餉, 長[常?專?]以中國之餉爲餉, 己享其逸而令人居其勞, 己享其安而令人蹈其危. 卽小邦不能得之于大國, 況屬藩可得之于天朝乎.

여기에는 조선 측의 태도에 대한 초조함과 분노가 명백히 표현되어 있다. 이는 자신의 화평 공작을 방해하는 것에 대한 분노이기도 하다. 그 밖에 「서성초상본(徐成楚上本)」, 「유도형일본(劉道亨一本)」, 「병부인유도형참론복제일본(兵部因劉道亨參論覆題一本)」, 「주공자교일본(周孔子敎一本)」, 「대소구경육과십삼도상서양준민일본(大小九卿六科十三道尙書楊俊民一本)」, 「황기현일본(黃紀賢一本)」, 「병부일본동봉사, 석성발명표문(兵部一本東封事, 石星發明表文)」, 「장정학일본(張正學一本)」, 「문화전중서조사정일본(文華殿中書趙士楨一本)」 등 아마도 관보에서 주로 베꼈을 것이라고 여겨지는 귀중한 상주문이 있다. 또한 조선 측이 제출한 「정병부문(呈兵部文)」과 병부의 회답인 「병부발병회자(兵部發兵回咨)」 등도 중요하다.

유사원 자신이 목격한 기록은 더욱 귀중하다. 아래는 2월 3일의 기록이다.

臣等進往六科衙門, 衙門皆在闕內, 六科給事各坐本衙. 吏科門外書揭劉道亨參論石尙書文, 兵科門外書揭徐成楚參論石尙書文, 若榜示者然. 人多聚讀, 亦有謄書者.

당시 육과급사중(六科給事中)은 주전론으로 굳어져 화평론을 주장하는 병부상서 석성과 대립하고 있었다.[8] 이과(吏科)와 병과(兵科)에서는 비판하는 글을 자랑스럽게 문 앞에 내걸고 있었던 것이다. 육과급사중 등 주전론을 주장하는 사람들이 있다는 사실에 힘입어 유사원 등은 육과급사중에게는 「정육과문(呈六科文)」을 제출하여 석성의 의론에 반론하는 한편, 석성 본인에 대해서도 공작을 하고 있다. 다음 인용문은 2월 5일 석성의 사저(私邸)에 조선 통역관을 보냈을 때의 기록이다. 석성은 다음과 같이 답했다고 한다.

尙書曰, 爾等不知天朝文體. 我當初題覆之意, 亦非全棄爾國而不救. 文體自不得不如是也. 今則已行文與督撫作速議定具奏矣. 前主封是我, 今主戰是孫老爺. 我之主封者, 是保全爾國, 羈縻日本. 三年中使爾國便於修守練兵積餉, 以待不虞.

석성은 상황이 변화하고 있음을 민감하게 느끼고, 앞서 「병부복본」에 보이듯이 조선에 대한 분노는 상주문이라는 문체상 부득이한 것이었다고 변명하였다. 또한 자신이 화평론을 주장한 것은 결코 조선을 버린 것이 아니라 오히려 이 3년이라는 기간 동안 조선에 군비를 증강시키기 위해서였다고 해명하고 있다.

다음에 인용한 것은 2월 9일 상황을 걱정한 유사원이 궁성 안 오문(午門)에 정찰 갔다가 도찰원에 문서를 제출하려고 했을 때의 기록이다.

初九日庚午, 晴. 留玉河館. 臣等早往午門外, 俟都察院入朝房. 臣等立于戶外, 使下人入送呈文, 則披見還給, 曰呈于諸會處. 尋已科道諸官一時來

8 小野和子, 「明・日和平交渉をめぐる政争」『山根幸夫教授退休記念明代史論叢』, 東京, 汲古書院, 1990).

到. 臣等進前跪伏泣訴, 科道等官曰起來. 臣等不起, 愈叩頭, 使李海龍畢陳情理. 科道等官曰, 今日會議正爲此事云. 臣等起立, 科道等官過, 向兵部朝房而去. 有頃, 石尙書自其朝房變服出, 向闕外去. 問其故, 則人皆曰, 科道對面切責. 且曰, 今日所議事也, 尙書何敢得與云, 故去也. 九卿以下齊會于五鳳樓下, 左右序立將入門. 臣等進前, 手持呈文, 叩頭號泣, 令李海龍畢陳憫迫之狀. 九卿以下互相論議, 使下吏受呈文. 答曰, 今日會議政爲此事, 爾等伺候于兵部.

여기에 보이는 이해룡(李海龍)은 석성의 사저에도 갔던 조선 통역관이다. 유사원 등은 육과급사중과 도찰원 관료, 즉 과도관(科道官)에게 읍소한 후 뜻밖의 사태를 목격하였다. 그것은 이제 대회의를 열어 대논의가 시작되려 하기 직전, 주역이어야 할 병부상서 석성이 과도관들에게 면전에서 욕을 당하고, "오늘 회의에 너 따위가 참석할 수 있느냐!"라는 꾸지람을 듣고는 변장하고 병부 조방(朝房)에서 도망가는 모습이었다.

이처럼 이 자료는 중국 정치사 자료로서도 더없이 귀중하다.

2. 『松溪紀稿(瀋陽日錄)』 一卷 撰者未詳 天理圖書館藏(今西文庫)

[텍스트]

필사본 1책. 권두 첫째 행에 '松溪遺稿卷之'라고 묵서(墨書)된 '遺'자 위에 '紀'를 덧써서 '松溪紀稿卷之'라고 쓰고, 둘째 행에 '瀋陽日錄'이라고 썼다. 한적 서목 작성 원칙에 따라 『松溪紀稿』를 제목으로 해야 한다.

『今西博士蒐集朝鮮關係文獻目錄』(52면)에도 『송계기고』를 책 제목으로 하여 찬자명을 쓰지 않고, "手記云 '(松溪集ノ内)瀋陽日記 稿本'"이라고 기록하였다. 다만 현재 이 수기(手記)는 보이지 않는다. '今西龍'이라는 도장이 있을 뿐이다. 이 수기가 이마니시(今西)의 것이라면, '『松漢集』의'라고 한 것은 뭔가 착각일 것이다. 왜냐하면 만약 이것이 인평대군(麟

坪大君) 이요(李㴭) 찬 『송계집(松溪集)』의 일부라고 한다면, 『송계집』에 수록된 것은 『연도기행(燕途紀行)』 3권이며, 『송계기고(심양일록)』와는 완전히 별개이기 때문이다. 『增補東洋文庫朝鮮本分類目錄』(33면)에는 이 사진본(寫眞本)에 대해 『松溪瀋陽日錄』을 책 제목으로 하고 찬자를 '麟坪大君李㴭'라고 확정하고 있다. '수기'를 참조한 것이겠지만 이는 잘못이다. 본문에 몇 번이나 인평대군이 나오기 때문에 본인의 일기일 수가 없고, 그는 소현세자(昭顯世子)와 다른 곳에 있었는데 소현세자의 행동을 자세히 기록하고 있는 것으로 보아 찬자가 인평대군 이요일 수는 없다.

본서에는 난외(欄外)에 종종 주(注)가 달려 있다. 예를 들면 첫 면 바깥쪽의 '江都陷沒'이 있는 곳에는 "陷沒二字, 家乘云失守" 등이라고 하여 『가승(家乘)』을 바탕으로 교정이 이루어지고 있다. 또한 종종 종이가 붙어 있는데, 예를 들어 서두 "丙子十二月十四日, 賊兵到畿甸"의 '丙子' 아래에는 "詳公瀋陽事蹟云"이라고 쓰여 있다. 이것들은 찬자를 확정하기 위한 재료가 될지도 모르지만 현재로서는 미상이라고 할 수밖에 없다.

[찬자약력]

찬자미상

[여정]

1637년(숭덕 2, 인조 15)

2월 8일　　서울 출발

4월 10일　　심양 도착

[내용]

소현세자를 호종(扈從)한 인물이 소현세자가 심양에 억류되었을 때의 행동을 중심으로 기록한 일기 내지는 후술하는 『심양일기(瀋陽日記)』 등을 바탕으로 한 편찬물이다. 이 점은 많은 『심양일기』 중에서 세자를 중심으로 기록하고 있는 찬자미상 『심양일기』(東京:滿蒙叢書刊行會, 『滿蒙叢書』 9권, 1921; 『연행록전집』 24 · 25책)와 가깝다. 이 책에 대해서는 만몽총서본에 나이토 토라지로(內藤虎次郎)의 「瀋陽日記解題」가 있다. 본서는 이 『심양일기』에 근거했다고 생각할 수밖에 없는 부분이 많고, 같은 문장이 많다. 그러나 『심양일기』에 비하면 생략이 심하여 자료적 가치는 떨어진다. 『심관록(瀋館錄)』(『遼海叢書』 8집 수록)과도 가깝다.

내용은 1636년(숭덕 원년, 인조 14) 12월 14일의 '병자호란', 즉 청조 군대에 의한 서울 함락에서 시작하여 1645년(순치 2, 인조 23) 2월 청나라가 북경을 얻어 소현세자를 귀국시키고, 다시 같은 해 3월 인평대군이 진하 정사(進賀正使)로 서울을 출발하여 그 후 심양에 머무른 시기까지 기록하고 있다.

3. 『瀋陽質館同行錄(瀋中日記)』 一卷 撰者未詳 東洋文庫藏

[텍스트]

필사본 1책. 봉면 오른쪽에 '瀋陽質館', 왼쪽에 '同行錄'이라고 외제를 썼다. 인장은 '樂浪書齋', '東洋文庫' 2개뿐이다. 총 12장으로, 여기에 '상언초(上言草)'라는 제목의 가로로 긴 계문(啓文) 1장이 첨가되어 있다.

『增補東洋文庫朝鮮本分類目錄』(33면)에는 본서를 『심중일기(瀋中日記)』(『瀋陽質館同行錄』)라는 이름으로 실어놓았다. 본서의 첫 면에는 서명에 해당하는 것이 없고, 네 번째 장 바깥쪽에 '瀋中日記'라고 적힌 것에 의거했다고 생각된다. 그러나 본서의 내용으로 보아 『심양질관동행록(瀋陽質館同行錄)』으로 하는 편이 더 좋다고 생각한다.

[찬자약력]

찬자는 분명하지 않다.

[여정]

1637년(숭덕 2, 인조 15)

2월 8일 서울 출발

(3월 30일 도강 『심관록』에 의거하여 보충)

4월 10일 심양 도착

1639년(숭덕 4, 인조 17)

5월 22일 심양에 머물다

[내용]

병자호란의 결과 인조의 둘째아들, 즉 후에 효종으로 즉위하는 봉림대군(鳳林大君)과 인평대군(호 松溪)은 심양에 인질로 잡혀간다. 본서는 그때의 기록이다.

우선 「동행록좌목(同行錄座目)」에는 봉림대군 이하 합계 15인의 동행자 이름이 관직 · 생년 · 적관(籍貫) · 자호(字號) · 과거 급제년 등과 함께 기록되어 있다.

다음으로 숭정갑신후재계축(崇禎甲申後再癸丑), 즉 1733년(옹정 11, 영조 9) 초가을 날짜에 윤봉구(尹鳳九)가 쓴 동행자 명부에 대한 감상이 보인다. 이것은 생략된 듯한데 "此乃尹屛溪(병계는 윤봉구의 호)之書, 而初書欲多. 未謄"이라는 주가 달려 있다. 「동행록좌목」과 동일한 서체이므로 이는 윤봉구의 자필이 아닐 뿐만 아니라, 「동행록좌목」도 상당히 후세에 베껴 쓴 것이다.

윤봉구가 쓴 부분과 같은 면에 '瀋中日記'라는 제목 하에, 정축년(인조 15) 2월 8일 세자 일행이 서울을 떠난 것을 기록하였다. 이하 인조 17년 5월 22일까지 썼지만, 매일 빠짐없이 쓴 일기는 아니고 생략이 많다. 앞서 보인 2. 『송계기고(심양일록)』와 거의 동일한 문장도 볼 수 있고, 『심관록』(『요해총서』 수록본)과 거의 동일한 경우도 있다. 그러나 두 작품에 보이지 않는 문장도 있다.

맨 마지막에 '상언초'라는 제목으로 경기도 포천의 유학(幼學) 모(某)가 자신의 6세조, 아마도 동행한 이시해(李時楷)를 위하여 포증(褒贈)을 청한 계문이 부록으로 실려 있다.

4.『瀋行錄』 不分卷 編者未詳 京都大學附屬圖書館藏(河合文庫)

[텍스트]

필사본 1책. 권두 첫째 행에는 '瀋使啓錄'이라고 되어 있고, 62번째 장에는 '瀋行別單'이라고 되어 있는데, 둘은 동격이다. 따라서 봉면에 적힌 '瀋行錄'을 서명으로 해야 할 것이다. 봉면의 '심행록' 오른쪽에 '癸亥, 甲戌, 戊戌, 癸卯, 乙丑, 丁亥'라고 가로로 병기하고, '丁亥' 아래에 '行瀋 甲'이라고 썼다. 혹 본래 2책, 3책으로 되어 있던 것의 첫 책인지도 모른다.

[편자약력]

편자는 전혀 알 수 없다.

[여정]

보통의 연행록 혹은 심행록과 달리 편찬물이라는 점은 다음의 [내용]에 기록한 대로다.

[내용]

「심사계록(瀋使啓錄)」과 「심행별단(瀋行別單)」으로 구성되어 있다. 「심사계록」은 모두 심행사가 보낸 장계(狀啓)다. 따라서 모두 이른바 이두체(吏讀體) 문장이다. 심행사든 연행사든, 사자(使者)는 도중에 각지로부터의 현재 상황과 이후 예정을 서울 궁정에 보고할 의무가 있었다. 이 심행록에 수록된 것은 모두 문안사(問安使)가 보낸 것이다. 문안사란 청조 황제가 선조(先祖)의 능을 참배하는 등의 목적으로 심양에 행행(行幸)했을 때 안부를 묻기 위한 사절이다. 「심사계록」은 〈계해문안사조(癸亥問安使趙)〉, 〈갑술문안사유(甲戌問安使兪)〉, 〈무술문안사이(戊戌問安使李)〉, 〈계묘문안사이(癸卯問安使李)〉, 〈을축문안사이(乙丑問安使李)〉로 구성되어 있다. 각 연도와 정사(正使)의 이름 및 장계를 쓰고 보낸 장소는 다음과 같다. ( )는 추정을 나타낸다.

계해(1743, 건륭 8, 영조 19)	정사 조현명(趙顯命)
7월 8일	평양
7월 18일	평양
7월 22일	(평양)
8월 6일	곽산(郭山) 운흥참(雲興站)
8월 8일	의주
8월 11일	의주
8월 16일	의주
8월 17일	(의주 對岸) 도강 후
8월 19일	(책문)
9월 30일	심양
10월 11일	의주
갑술(1754, 건륭 19, 영조 30)	정사 유척기(兪拓基)
7월 25일	황주(黃州)
7월 29일	평양
8월 5일	안주(安州)
8월 9일	의주
8월 13일	(의주 대안) 도강 후
8월 15일	책문
8월 28일	심양

9월 17일	심양
9월 27일	의주
무술(1778, 건륭 43, 정조 2)	정사 이은(李溵)
7월 5일	황주
7월 8일	평양
7월 15일	안주
7월 24일	의주
7월 27일	(의주 대안) 도강 후
7월 29일	책문
8월 14일	심양
8월 29일	심양
9월 17일	의주
계묘(1783, 건륭 48, 정조 7)	정사 이복원(李福源)

다른 부분과 달리 6월 13일 서울을 출발하여 9월 4일 심양에서 건륭제(乾隆帝)와 회견하고 10월 15일 복명(復命)하기까지의 간단한 일기다. 조선국왕에게 제출한 것이라고 생각된다.

을축(1805, 가경 10, 순조 5)	정사 이병모(李秉模)
윤6월 22일	황주
윤6월 25일	평양
7월 1일	안주
7월 9일	의주
7월 17일	(의주 대안) 도강 후
7월 19일	책문
(8월 11일	심양) ※ 9월 1일 장계에서 언급
9월 1일	심양

또한 7월 21일부터 9월 27일 복명까지의 간단한 일기, 성경예부회자(盛京禮部回咨), 행재예부원주(行在禮部原奏)가 첨가되어 있다.

앞부분에 1743년(건륭 8, 영조 19) 심행 때의 여행기로 조현명(趙顯命)『심행일기(瀋行日記)』(『귀록집(歸塵集)』 수록본) 1권이 있는데, 『연행록전집일본소장편』에 수록하고 뒤의 해제 6에서도 소개하였다. 또한 1783년(건륭 48, 정조 7) 심행 때의 여행기로 이전수(李田秀)『입심기(入瀋記)』 2권이 있는데, 해제 11에서 소개하였다.

「심행별단」은 아래의 연도에 아래의 인물들이 제출한 보고다. 모두 심양에서 입수한 정보와 문견을 기록하였다.

임술(강희 21, 숙종 8) 정사 민정중(閔鼎重)
무인(강희 37, 숙종 24) 서장관 윤홍리(尹弘離)
무술(건륭 43, 정조 2) 서장관 남학문(南鶴聞)
계묘(건륭 48, 정조 7) 서장관 윤확(尹矱)
계묘(건륭 48, 정조 7) 수역(首譯) 장렴(張濂)
을축(가경 10, 순조 5) 서장관 홍수호(洪受浩)
을축(가경 10, 순조 5) 수역 윤득운(尹得運)

더욱이 임기중의 『연행록연구』 43면에서 본서의 '연행연대'를 숙종 8년=강희 21년=임술이라고 한 것은 잘못되었거나 부정확한 정보다.

5.『燕行日記』一卷 李澤 撰 天理圖書館藏(今西文庫)

[텍스트]

필사본. 『양세소초(兩世疏草)』 권1, 「진평부군소초(晉平府君疏草)」에 수록된 '燕行日記附 從行軍官生員李柱泰所錄'이라는 것이 이것이다. 『양세소초』는 권1 「진평부군소초」, 권2 「함릉부군소초(咸陵府君疏草)」로 구성된

1책본이다. 한국의 각종 도서목록에는 보이지 않는다.

본서는 찬자명을 명기하지 않았다. 봉면 이면에는 "信城君, 子ナシ. 福城君嵋ヲ立テテ後嗣トス. 福城君ノ子ヲ晉平君翊トス. 晉平君子ナシ. 光遠ヲ以テ後トセントス"라고 되어 있는데, 아마도 이마니시 류 자신이 써놓았을 것이다. 이마니시는 잠정적으로 진평부군(晉平府君)=이익(李翊)이라고 여겼던 것이다. 그러나 권2, 「함릉부군소초」의 〈걸추은본생소(乞推恩本生疏)〉에 '先臣晉平君澤'이라고 했으므로 진평부군은 이택(李澤)이다. 또한 이 『연행일기』의 서두에

> 余素以多病之人, 曾於丁亥年往來燕京.

이라고 하여, 정해=1707년(강희 46, 숙종 33) 연행사의 일원이었다. 숙종 33년 사은 겸 삼절연공사(謝恩兼三節年貢使)의 정사는 진평군 이택이었다(『동문휘고보편(同文彙考補編)』 권7, 「사행록(使行錄)」). 또한 본 『연행일기』는 갑오=1714년(강희 53, 숙종 40)의 연행록이며, 이때 정사는 진평군 이택, 부사는 예조판서 권성(權惺), 서장관은 겸장령 유숭(兪崇)이었다. 따라서 여기에서 말하는 진평군은 이택이며, 그를 찬자라고 해도 틀리지 않는다.

내용은 정사 이택이 쓴 일기 스타일을 취한다. 그렇다면 이미 기술한 바와 같이 '從行軍官生員李柱泰所錄'이라는 것은 무엇을 의미하는가. 일기에서는 이주태(李柱泰) 본인이 종종 등장한다. 예를 들어 12월 14일조에는 "이주태 · 조완(趙玩)과 함께 가서 그 집에 묵었다."라고 기록했고, 12월 19일에는 "이주태에게 명하여 (망해정(望海亭)에) 가서 보게 하였다." 라고 기록했기 때문에 이주태의 일기라고는 할 수 없다. 이택이 그에게 청조의 기밀서류를 베끼게 하고(2월 19일), 석비(石碑)를 모사(模寫)하게 하고(3월 2일), 물을 길러 가게 하는(12월 29일) 등 이주태는 종실(宗室)인 이택의 개인 종자(從者)였다고 생각된다. 이 일기는 원래 이택 개인의 비망록이라는 성격이 강하다. 이주태가 11월 24일조에서 정보수집 활동을 담당

하고 있던 조선 통역관이 가져온 영고탑(寧古搭, 닝구타) 장군에 관한 정보, 즉 상주문과 이에 대한 강희제(康熙帝)의 유지(諭旨)에 대해서,

> 故謄之日記, 且兼錄瀋陽將軍康熙三十五年題請, 以備參考.

라고 말하고 있다. 이주태는 아마도 이택의 일기나 기록 정리도 담당하거나, 또는 이택을 대신해서 이 일기를 썼기 때문에 '이주태소록'이라고 쓴 것이다.

[찬자약력]

진평부군이라고 칭하는 종실의 일원이었다.

[여정]

1714년(강희 53, 숙종 40)

11월 2일 서울 출발
11월 26일 도강
12월 27일 북경 도착

1715년(강희 54, 숙종 41)

2월 25일 북경 출발
3월 23일 도강
4월 4일 서울 도착

[내용]

일행이 조선에서 청나라로 향하여 국경에 설치된 책문에 들어갔을 때 입책(入柵)한 인원수를 825인, 말 721필이라고 기록하였다. 입책 인수가 825인이라는 것은 적어도 남아 있는 기록에 한해서 말하면, 조선연행사 일행으로는 가장 많은 수에 속할 것이다.

본 연행록은 또한 역관들의 왕성한 상업 활동을 전하고 있다. 또 책문에서 가까운 청조 측 국경도시인 봉성(鳳城)에서 예단(禮單, 뇌물 리스트)이 적다고 말하는 성장(城將) · 갑군(甲軍)들과 다툼이 일어났고, 결국 귀국할 때 수출을 금지한 궁각(弓角)이 짐수레에서 발견되었다. 이를 발견한 갑군은 손뼉을 치며 환호성을 질렀다고 한다.

6.『歸鹿集(瀋行日記)』一卷 趙顯命 撰 京都大學附屬圖書館藏(河合文庫)

[텍스트]

필사본 1책. 봉면에는 왼편에 '歸鹿集二十'이라고 쓰고, 오른편에 '燕行日記'라고 썼다. 첫 면 첫째 행에 '歸鹿集'이라고 썼으므로 이것을 제목으로 한다. '燕行日記'라고 되어 있으므로 북경에 갔던 기록이라고 오해하기 쉽지만 내용은 심양에 갔을 때의 기록이다. 외제(봉면)는 조현명 본인이 아닌 후대 사람이 내용을 확인하지 않고 무책임하게 써 붙인 것이 틀림없다. 따라서 본 해제에서는 '심행일기(瀋行日記)'를 부제로 한다.

인장은 '京都帝國大學圖書之印'과 다이쇼(大正) 7년(1918) 12월 16일에 입수했다는 도장이 있을 뿐이다. 본서는 서울대학교 규장각한국학연구원 소장『귀록집(歸鹿集)』20권 20책(『한국문집총간』212 · 213집)에는 수록되어 있지 않아 귀중하다.『한국본별집목록』에 따르면,『귀록집』은 한국에는 규장각 외에 국사편찬위원회가 소장하고 있으나 여기에 기록된 것처럼 이것도 20권 20책본이라고 한다면 여기에도 수록되지 않은 것이 아닐까.

교토대학 부속도서관 가와이문고(河合文庫) 소장『귀록집』21책에 대해서는 후지모토 유키오(藤本幸夫)가 이미 해설을 붙이고 있다.[9] 다만 이『귀록집(심행일기)』을 외제대로 '연행일기'라고 오해한 것과 같이 해설에 혼란

9 藤本幸夫,『日本現存朝鮮本硏究 集部』(京都, 京都大學學術出版會, 2006), 352면.

이 보인다.

[찬자약력]

조현명(趙顯命)의 자는 치회(稚晦), 호는 귀록(歸鹿), 풍양(豊壤) 사람이다. 1691년(강희 30, 숙종 17)~1752년(건륭 17, 영조 28). 1719년(강희 58, 숙종 45) 문과 급제하였고, 관직은 영의정, 즉 정승에 이르렀다. 앞서 언급한 규장각본 『귀록집』 권20, 「자저기년(自著紀年)」은 상세한 자찬연보(自撰年譜)다.

[여정]

1743년(건륭 8, 영조 19)

7월 6일	서울 출발
8월 17일	도강
8월 24일	심양 도착
10월 3일	심양 출발
10월 10일	도강
10월 27일	서울 도착

[내용]

이때 건륭제가 심양에 행행했기 때문에 조현명은 문안사로서 안부를 물으러 갔다. 청조 황제가 심양에 왔을 때 문안사를 파견하는 것은 이미 1671년(강희 10, 현종 12)부터 시행되어 관례화되어 있었다. 본 해제 4를 참조하기 바란다.

이미 [텍스트]에서 기술한 대로 이 책은 '심행일기'이다. 『귀록집』(『한국문집총간』 212집) 권4에는 『연행록(燕行錄)』을 수록하고 있으며, 임기중 편 『연행록전집』 38책에도 이것이 수록되어 있다. 다만 『연행록』은 시로만 구성되어 있어 '심행일기'의 내용과 완전히 다르다. 임기중은 이 연행록이 지어진 것이 1743년(건륭 8, 영조 19)이라고 했지만, 정확히는 1749년(건륭 14, 영조 25) 연행 때다.

9월 24일 건륭제가 심양에 행차할 때의 모습을 기록하여 "皇帝面長鼻端直, 色黃, 微有痘痕, 無鬚髯, 要似秀拔有骨氣, 而遠望不可詳也."라고 황제를 묘사하였다. 그 자신은 9월 24일 건륭제와 면회하여 통역을 통해서 대화하고 있다.

이 『귀록집(심행일기)』이 다른 연행록과 결정적으로 다르면서 다른 연행록과 비교해도 귀중한 점은 거기에 그의 자유로운 관찰, 즉 반만(反滿) 의식에 구애되지 않는 관찰이 보이는 점과 심양이라는 지방도시이긴 하지만 이 지역의 생원, 곧 하급 지식인과 몇 번이나 필담을 나눈 것이 기록되어 있는 점 때문이다. 조현명이 심양에 체류한 것은 8월 24일부터 10월 3일까지인데 이곳에 도착한 당일에 공육귀(孔育貴)라는 생원(生員)과 우연히 알게 되었다. 그는 산동성 사람으로 공자(孔子)의 자손이라 칭하고 심양에 온 지 2대째라고 하였다. 그들이 심양에 와 있는 것은 산동성에서 과거에 합격하기가 어렵기 때문임이 뒤에 제시한 필담에 보인다. 그는 8월 26일 · 27일 · 9월 4일 · 6일 등에 조현명의 숙소를 방문하여 필담하였다. 8월 27일에는 공육귀가 다른 생원과 동학(同學)을 데리고 숙소를 방문해서 조현명과 필담하고 있는데 갑자기 갑군(甲軍, 경비병) 한 명이 들어와서 그들을 체포하여 숙소를 관리하는 제독(提督)이 있는 곳으로 연행한 사실을 전하고 있다. "被拿時, 箇箇面色如土, 戰慄失魂, 積威所壓可知, 良足憐也."라고 기록하고, 생원들이 "가련하다"고 하면서 건륭 초년인 이 시대의 통치가 확실히 이루어지고 있다는 사실도 읽어내고 있다.

조현명과 생원들은 완전히 선생과 학생의 관계와 같이 학력차가 확연하였다. 조현명이 필담 자리에서 종종 화제로 삼았던 것은 주자학과 양명학이 중심인 청조 당시의 학술 정세였다. 예를 들어 9월 11일에는 위정희(魏廷熙)라는 생원과 다음과 같이 필담하고 있다.

余問, 今天下任程朱嫡傳者誰. 答曰, 北直人陸龍猉[陸隴其]是也. 所著困得錄行於世. 余問, 聖祖皇帝表章朱子, 又聞浙江李霈霖發明朱注. 意謂, 今天下無復爲王陸之學者, 昨見臨川李紱所葺朱子晩年全論, 其意欲援朱子入王氏, 必朱王之鬩, 方生而未已也. 答曰, 李霈霖家巨富, 招延博學能文之士, 刊書以要利. 非有學問發明朱子之學. 仍斥王陸爲虛寂. 余曰, 王陸之學誠有弊病, 而謂之虛寂卽過矣.

명말(明末)에 연행사가 북경에 가 있던 시대, 즉 지식인 교류가 다소 있어서 중국의 학술 정황이 실시간으로 조선에 전해져 있던 시대로부터 1743년이라고 하면 딱 100년이 지나 있었다. 육롱기(陸隴其)는 강희 연간을 대표하는 유명한 주자학자였지만, '육룡기(陸龍猉)'라고 잘못 기록한 것으로 보아 조선의 최고급 지식인조차 그에 대해 알지 못했던 것 같다. 반대로 절강(浙江) 이패림(李霈霖) 등은 『명사(明史)』·『청사고(淸史稿)』에 한 번도 등장하지 않는 인물이지만 『사서이동조변(四書異同條辨)』이라는 글을 지어 주자의 주(注)에 관한 책을 저술했다는 것만으로도 조선 문헌에 종종 나오는 인물이다. 조현명도 그를 유명한 학자로 생각하고 있었던 것 같다. 또한 강희제가 주자학을 추천하여 장려했기 때문에 중국에서는 왕륙학(王陸學), 즉 양명학을 하는 사람이 없어졌다고 생각했다고 하였다. 조선 지식인 입장에서 보면 중국에서는 강희 연간에야 겨우 주자학이 장려되어 이에 따라 재빨리 일관되게 양명학을 비판해온 조선 학술의 우수함이 증명된 것이었다. 양명학은 이곳에서도 근절되어 조선이 문화적으로 중국보다 바르고 한발 앞서 있음은 이미 증명된 것이었다. 그러나 이불(李紱)의 『주자만년전론(朱子晩年全論)』을 읽고 나서 조현명은 여전히 주자학과 양명학의 논쟁이 계속되고 있다고 보았다. 이는 다음날 문묘(文廟)를 방문하여 그곳에서 부학 교수(府學敎授)를 지내고 있던 고훤(高晅)과 나눈 필담에서 보다 상세히 보인다. 조현명에게 있어서도, 명말부터 100년이 지난 건륭 초년에 있어서도 주자학과 양명학 중 어느 것이 바른지가 문제였으며, 중국에서도 여전히 논쟁이 계속되고 있는 듯이 보였다.

다만 조현명의 경우 흥미로운 것은 그가 오히려 양명학에 친근감을 가졌던 것 같다는 점이다. 이는 그가 서술한 대로 "왕양명 · 육상산의 학문에 진실로 병폐가 있다고는 해도 그것을 허적(虛寂)하다고 해서 배척하는 것은 잘못이다."라는 말에서도 알 수 있지만, 이에 앞서 8월 26일 생원 공육귀와 나눴던 필담에서 그가 다음과 같이 말한 것에 보다 주목해야 한다. 그가 공육귀에게 과거 학문 외에 공자의 연원에 대한 학문이 무엇인지 알고 있는지 물었던 데 대하여 공육귀는 문장을 읽어 팔고문(八股文)을 짓는 수험공부를 하고 있을 뿐이다. 참된 학문을 할 겨를이 없다고 답한 데 대해 그는 다음과 같이 서술하였다.

> 問, 儞肚子裡有一箇夫子心, 能做便做, 何云未暇. 答曰, 終日在學, 先生叫念何書卽念何書, 叫寫何文卽寫何文, 所以未暇也. 問, 儞一箇聖人心在儞肚裏, 試一喚醒, 卽此而在, 不必問先生, 只求之儞肚裏足矣. 答曰, 逐日功課, 若辦的不好, 先生尙要責治, 豈得任己意. 問, 儞先生似是老學究, 試以吾言喚起這一箇聖人心, 能做得聖人, 雖不服周乘殷, 便是聖人.

"너의 뱃속에는 성인의 마음이 있다. 마음에서 할 수 있다고 여긴다면 해라. 겨를이 있는지는 관계없다."라고 하고, "너의 선생은 아무래도 노선생 같다. '자신이라는 한 성인이 마음속에서 성인이 될 수 있다고 생각한다면 주(周)나라의 의복과 은(殷)나라의 수레 등이 없어도 성인인 것이다.'라는 내 말을 전하고 그의 마음을 불러 일깨워주지 않겠는가."라고 한 말은 양명학 그 자체가 아닌가.

조현명이 심양을 떠나 귀국길에 오른 것은 10월 3일이다. 그 전날 공육귀는 숙소까지 작별인사를 하러 왔다. 조현명은 그와 작별인사를 나누면서 "流涕汍瀾", 즉 눈물이 멈추지 않았다고 한다. 자신의 마음의 움직임을 관찰하여 "내 쪽에서도 마음이 움직여 안색이 변했다는 것 역시 인정(人情)이다."라고 기록하였다. 연행록 중에서도 17세기 중반 이후에 쓰여진 것은 아주 많은데 이러한 기술은 거의 보이지 않는다. 조현명이 당시 조선에서 아주 일반적인 주자학자가 아니었던 것은 앞으로도 엿볼 수 있을 것이다. 눈물의 의미에 대해서는 본서 제12장에서 다룬 홍대용의 경우를 참조하기 바란다.

조현명『귀록집(심행일기)』에는 이상과 같은 생원급의 사람과 몇 번이나 나눈 필담, 조선 지식인과 양명학과의 관계 등 지극히 흥미로운 기사가 있지만, 그의 중국 관찰도 당시 일반적인 그것보다 훨씬 자유롭고 흥미롭다. 예를 들어 그가 본 건륭 초년의 중국 사회를 다음과 같이 기록하고 있다.

> 遼野無一片閑土, 秋穀蔽之, 人民之盛, 可知也. 皇帝今行, 用賞銀四百萬兩, 錦段稱之, 財用之足, 可知也. 諸王大臣, 平日居養必厚, 而萬餘里驅馳, 風餐露宿而略無疲困色. 馬雖瘦敗, 一見鞭影, 騰突如矢, 士馬之精强, 可知也. 自柵門至瀋陽, 八九百里之間, 挾大道植柳, 其直如弦. 蓋聞通天下皆然云, 法令之齊一可知也. 宴時殿上下肅然無聲, 諸王自外入班, 時刻差晩, 遑遑疾走如不及, 朝綱之嚴肅可知也. 人民盛, 財用足, 士馬精强, 法令齊一, 朝綱嚴肅, 自外面見之, 可謂昇平磐石之固也. …… 一日宮車晏出, 天下事有不可勝憂者, 而遠不過數十年耳. 中原有事, 海西之黃唐舡 · 江邊之偸山賊, 有朝暮爛出之憂, 而蒙古諸部中, 烏珠穆伈最倔强, 而去瀋陽爲四百里, 乘時竊據如反掌之易. 若然則天啓後, 水路之行將復有之. 東人不可復安枕矣.

건륭 초년의 중국을 '승평반석(昇平盤石)의 단단함'이라고 하여 이 나라가 편안하고 태평함을 높이 평가하고 건륭제의 통치 능력을 높이 평가하면서도 그가 사망한다면 대체 어떻게 될 것인지 걱정하였다. 또 이번 심행에서 자신이 얻은, 몽고의 여러 부족 중에서도 조주목심(烏珠穆伈)이 가장 강력하다는 정보를 바탕으로 이들이 반기를 들고 만주(심양)를 점거하는 것은 지극히 간단하다고 하면서, 그렇게 된다면 과거 명말 만주족에 의해 이 지역을 점거당하여 해로(海路)로 연행한 것처럼 될지도 모른다고 걱정하였다. 그리고 만주족의 힘이 쇠하면 "동인(東人, 조선인)은 다시 베개를 높이 하고 잘 수 없다."고 결론 내렸다. 만주족이 통치하는 중국이 약체화되면 좋겠다는 바람이 아니라 오히려 약체화되는 것을 걱정하는 데 이르고 있다. 『조선왕조실록』 영조 19년 10월 병자에 따르면, 국왕 영조는 조현명의 이 말을 듣고 "중국에 반란이 있는 것은 우리 조선의 걱정거리다[中原之有亂, 我國之憂也]."라고 보다 단적으로 말했다고 한다.

7. 『悔軒燕行詩』 一卷 趙觀彬 撰 附 『月谷燕行詩』 一卷 吳瑗 撰 東洋文庫藏

[텍스트]

필사본 1책. 마에마 교사쿠(前間恭作) 구장. 마에마 교사쿠 편 『古鮮冊譜』(東京, 東洋文庫, 1944; 후에 부산, 民族文化, 1995 영인) 1책 125면에 간단한 해제가 있다. 건륭 시기의 사본이다. 동일한 필적으로 오원(吳瑗)의 『월곡연행시(月谷燕行詩)』를 부록으로 실어놓았다. 『회헌연행시(悔軒燕行詩)』는 조관빈(趙觀彬)의 『회헌집(悔軒集)』(『한국문집총간』 211집) 권7에 동일한 것이 보인다. 오원에게는 『월곡집』 목활자본이 있는데(『한국본별집목록』 463면), 아직 보지 못하여 차이점을 확인하지 못했다. 『增補東洋文庫朝鮮本分類目錄』에서 오원(吳煖) 찬이라고 한 것은 오기다.

[찬자약력]

조관빈(趙觀彬). 1691년(강희 30, 숙종 17)~1757년(건륭 22, 영조 33). 자는 국보(國甫), 호는 회헌(悔軒), 양주(楊州) 사람. 1714년(강희 53, 숙종 40) 문과 급제하여 예조판서를 거쳐 판중추부사에 이르렀다. 이우당(二憂堂), 즉 조태채(趙泰采)의 아들이다.

오원(吳瑗). 1700년(강희 39, 숙종 26)~1740년(건륭 5, 영조 16). 자는 백옥(伯玉), 호는 월곡(月谷), 해주(海州) 사람. 오두인(吳斗寅)의 손자. 1728년(영조 4) 정시(庭試)에 장원을 하여 문명(文名)이 높았다. 관직은 이조참판 · 대제학에 이르렀다.

[여정]

『회헌연행시』·『월곡연행시』는 모두 시집이며 여정은 모른다. 다만 『동문휘고』에 따르면, 조관빈이 정사였던 동지사(冬至使)는 1745년(건륭 10, 영조 21) 11월 1일 사폐(辭陛)하고, 이듬해 3월 28일 복명하고 있다. 또한 오원이 서장관이었던 1722년(옹정 10, 영조 8) 동지사는 10월 29일 사폐하고, 이듬해 4월 2일 복명하고 있다.

[내용]

특별히 언급할 시가(詩歌)는 보이지 않는다.

8. 『燕行日記』 二卷 尹汲 撰 駒澤大學圖書館藏(濯足文庫)

[텍스트]

필사본 2책. 인장으로는 '海平', '近菴', '尹汲', '景孺', '一丘一壑', '進士初會壯元庭試重試乙科親臨文臣庭試入格', '金澤藏書'가 있다. 이 중 경유(景孺)는 윤급(尹汲)의 자, 근암(近菴)은 그의 호, 해평(海平)은 그의 본관이다. 본서는 윤급의 자장본(自藏本)으로 생각된다. 제1책 봉면에 '燕行日記 乾', 제2책 봉면에 '燕行日記 坤'이라고 썼다. 가나자와 쇼자부로 구장. 이미 쓰여 있던 먹이 지워지고 또 몇몇 글자 혹은 한 글자가 잘려 나가서 개수한 후 바꿔 붙였다.

[찬자약력]

1697년(강희 36, 숙종 23)~1770년(건륭 35, 영조 46). 남공철(南公轍)의 『귀은당집(歸恩堂集)』 권9에 「이조판서겸홍문관제학시문정윤공묘지명(吏曹判書兼弘文館提學諡文貞尹公墓誌銘)」이 있다. 이에 따르면, 윤급은 자가 경유(景孺), 호가 근암(近菴), 해평(海平) 사람이다. 1725년(옹정 3, 영조 원년) 진사가 되었을 때 양장(兩場) 모두에서 장원이었다. 같은 해 정시 문과에 급제하여 시강원설서(侍講院說書)가 되었다. 1737년(건륭 2, 영조 13) 중시(重試)에 급제하였다. 이러한 사실들은 앞서 언급한 인장에도 보인다. 윤씨는 서인 노론파에 속하며, 그 자신은 영조의 탕평책에 비판적이고 소론파를 공격하였다. 관직은 이조판서가 되었다. "필법(筆法)이 정려(精麗)하여" 사람들이 그의 척독을 얻고는 다투어 모방했다고 한다. 그의 서체는 윤상서체(尹尙書體)라고 불렸다.

[여정]

1746년(건륭 11, 영조 22)

11월 6일 서울 출발

11월 28일 도강

12월 28일 북경 도착

1747년(건륭 12, 영조 23)

2월 15일 북경 출발

3월 27일 도강

4월 16일 서울 도착

중국 측 국경의 책문에서 일행의 종자는 335인, 말은 225필이었다고 한다(11월 30일).

[내용]

1746년(건륭 11, 영조 22) 윤급이 동지사 부사로 연행했을 때의 기록이다. 당시 호조참판이었으나 이조판서의 직함을 더하였다. 일기 외에도 「도강장계(渡江狀啓)」 외 총 6편의 장계 · 봉계(封啓), 수집한 정보의 보고서인 「별단(別單)」, 또 청조에 제출한 표자문(表咨文) 리스트인 「표자장수(表咨狀數)」, 공물 리스트인 「방물수(方物數)」로 구성되어 있다. 더욱이 장계는 부사가 쓰도록 되어 있었던 것 같다.[10]

반만 감정은 여전히 강하다. 중국인에게 여유량(呂留良)의 『여만촌문집(呂晩村文集)』을 가지고 있는지를 2차례 묻고 있다(12월 21일 · 25일). 여유량은 1728년(옹정 6) 경부터 1732년(옹정 10)에 걸쳐 일어난 증정사건(曾靜事件) 때 큰 문제가 된 반만 민족주의자다. 이때는 이미 사망했으나 그의 반만 민족주의를 용서하기 어렵다고 한 옹정제(雍正帝)에 의해 부관참시 당한 인물이다.[11]

9.『丁亥燕槎錄』一卷 李心源 撰 東洋文庫藏

[텍스트]

필사본 1책. 권두에 서명을 쓰지 않고 봉면에 '丁亥燕槎錄'이라고 썼다. 주로 초서체로 기록되어 있다. 다른 본이 현존하는지는 확인할 수 없다. 마에마 쿄사쿠 구장.

[찬자약력]

1722년(강희 61, 경종 2)~1770년(건륭 35, 영조 46). 본명이 원래 이인원(李

---

10 찬자미상, 『隨槎日錄』(본 해제 20), "道光五年十一月二十七日, 自副房修入柵狀啓付撥. 上价體重, 不親署也."

11 宮崎市定, 『雍正帝』(『宮崎市定全集』 제14권, 1991에 수록).

仁源)이었는데 이심원(李心源)으로 개명하였다. 『국조방목(國朝榜目)』에 따르면, 이인원은 자가 택지(宅之), 연안(延安) 사람으로 1750년(건륭 15, 영조 26) 문과 급제하였다. 아버지는 이덕보(李德輔). 연행 출발 즈음 영조와의 문답에서 할아버지가 도승지, 아버지가 참봉이었다고 서술하였다. 『조선왕조실록』에 따르면, 이심원은 대사간 등을 역임하고 있다.

[여정]

1767년(건륭 32, 영조 43)
10월 22일　서울 출발
11월 25일　도강
12월 27일　북경 도착
1768년(건륭 33, 영조 44)
2월 12일　북경 출발
3월 26일　도강
4월 11일　서울 도착

[내용]

1767년(건륭 32, 영조 43) 동지사 부사로 연행한 이심원의 일기다. 일기가 상세하고 생동감이 있다. 중국의 물가에도 주목하고 있는데, 2월 1일조에는 30여 종의 서적 가격을 기록하고 있다. 몇 냥에서부터 몇 전인 것이 대부분이지만, 이 중에서 10냥 이상의 것으로 다음과 같은 서명을 거론하였다.

『皇明全史』一二兩 『一統志』四五兩 『十三經注疏』二〇兩

북경에서 심양으로 돌아가는 도중에 청인(淸人) 일가가 경작할 수 있는 전토(田土) 면적과 소유 면적, 그리고 납세와 관련한 만인(滿人)과 청인의 구별에 대해 몇 번이나 묻고 있다. 조금 앞서 연행했던 윤급에 비하면 반만 감정은 적어도 겉으로 드러나지 않고 오히려 2년 전인 1765년(건륭 30, 영조 41) 연행했던 홍대용 등의 실학에 가깝다고 느껴진다. 다만 홍대용 등과는 달리 북경 지식인과의 친밀한 교제는 볼 수 없다. 귀국 도중 영평부(永平府) 무령현(撫寧縣)에서 진사였던 고(故) 서학년(徐鶴年)의 아들인 생원 서소분(徐紹芬)과 친밀한 필담을 나누고 있다.

10.『燕行記著』一卷 撰者未詳 天理圖書館藏(今西文庫)

[텍스트]

필사본 1책. 인장으로 '今西龍', '今西春秋', '今西春秋圖書', '春秋文庫', '天理圖書館藏', '今西文庫'와 쇼와(昭和) 46년 8월에 입수했다는 '寄贈天理大學'이 있을 뿐이다.

오언이나 칠언시 중에 몇몇 글자가 공백으로 되어 있다. 본서의 저본이었던 원본을 베껴 쓸 때 판독하지 못한 것으로 여겨진다. 맨 마지막 10장 정도는 연행 때의 작품이 아니고, 누군가의 개인문집의 일부가 아닌가 생각된다.

[찬자약력]

찬자미상. 연행연도도 찬자도 명기하고 있지 않다. 그러나 본서는 1782년(건륭 47, 정조 6) 동지사행 때의 것이고, 찬자는 정사 · 부사 · 서장관 중 누구도 아닌 단지 수행원이었을 것으로 추측한다. 이유는 아래와 같다.

우선 「황도잡영(皇都雜詠)」이라는 제목의 시에서,

> 喇嘛僧滿雍和宮, 錦帽貂裘抗貴公. 乾隆蓋是英雄主, 賺得蒙蕃盡彀中.

이라고 읊고 있다. 건륭이라는 연호는 본서에서 총 3번 등장하는 데 비해, 다른 연호는 한 번도 등장하지 않으므로 이번 연행이 건륭 시대였음을 엿볼 수 있다.

그럼 언제인가 하면, 권두에 "壬寅十月"이라고 기록한 것에서 이것이 임인년 10월에 서울을 출발한 동지사행임을 알 수 있다. 건륭 연간 이후로 임인에 해당하는 해는 1782년(건륭 47, 정조 6)과 1842년(도광 22, 헌종 8) 둘뿐이지만, 앞서 말한 이유로 이는 1782년 연행 때의 것일 개연성이 강하다.

정조 6년 사행의 삼사는 정사 정존겸(鄭存謙), 부사 홍양호(洪良浩), 서장관 홍문영(洪文泳)이었다. 이 중 홍양호는 문집으로 『이계집(耳溪集)』이 있고, 권6에 『연운기행(燕雲紀行)』도 수록하고 있지만, 두 작품을 대조하면 완전히 별개의 것이다. 즉 찬자는 홍양호일 수 없다. 그러나 통상적인 경우와 달리 귀국할 때 책문에 10일간이나 머물고 있는 것과 『연행기저(燕行記著)』의 「유책십일(留柵十日)」 및 홍양호 『연운기행』의 "後車不至, 淹滯一旬遣悶."은 모두 공통된다. 또한 모두 후속 수레가 책문에 모이지 않았기 때문이라고 서술하였다. 따라서 두 사람이 같은 여행단에 참여하고 있었을 가능성이 높다. 즉 이 연행록이 정조 6년 때의 것일 개연성은 더 강해지며, 『연행록전집일본소장편』에서 이 책을 [정조 6년(건륭 47=1782)]이라고 [ ]를 붙여 추정연대로 한 것은 이 때문이었다.

그러나 북경 체류 중에 읊은 「매산지감(煤山志感)」이라는 시의 한 구절에서,

> 琉球人氣弱, 稍欲尙文風. 捲髮如東俗, 冠裳制頗同.

이라고 하여, 이 해에 류큐(琉球) 사절도 조공을 위해 북경에 왔고, 찬자가 목격했음을 알 수 있다. 여기서 류큐 사절이 언제 왔는지를 확인해 보면, 1783년(건륭 48) 류큐 사절은 원조(元朝), 즉 원단 의식에 참가하지 않

았고, 오히려 1843년(도광 23)의 원조에는 참가하고 있다.[12] 따라서 본서가 1842년(도광 22, 헌종 8)의 것일 가능성도 크다. 그러나 시에 담긴 분위기에서 과연 아편전쟁 후 연행했을 때의 것인지 역시 의문이 들기 때문에 우선은 [ ]를 붙여 여기에 수록한다. 이용자는 주의하기 바란다.

그렇다면 찬자는 누구일까? 정사 혹은 서장관일까? 이에 대해서는 「유관잡절(留關雜絶)」이라는 제목의 다음 한 구절이 참고가 된다.

書生一夜忽高官, 金帶橫腰鶴頂丹. 端重太和門外路, 北人皆以貴人看.

「유관잡절」의 '관(關)'이란 옥하관이고, 북경 체류 중에 일어난 여러 가지 일을 읊은 절구를 여기에 모아놓고 있다. "書生一夜忽高官"이라는 것은, 원조가 행해지는 태화전(太和殿)에는 자칭 서생(書生)이라는 일반 수행원의 참하입정(參賀入庭)이 제한되었기 때문에 그들은 조선 인원 중에서 입정할 자격을 가진 사람의 의관을 일시적으로 빌려, 즉 '하룻밤만 고관'이 되어 '금대(金帶)'를 허리에 차고서 섞여 들어간 것을 읊었다고 생각된다. "北人皆以貴人看"도 마찬가지로 중국인이 '고관(高官)'의 의관을 빌려 입은 찬자를 보고 '귀인(貴人)'으로 봐주었음을 서술한 것이다. 따라서 찬자는 수행원의 일원이지 삼사신일 수 없다.

혹 찬자의 성이 '이(李)'였을까? 「유관잡절」에 다음의 한 구절이 있다.

雜貨東西價極些, 百般要賣向人誇. 不知我是空空的, 欵洽爭呼李老爺.

다만 중국 상인은 조선인으로 보이면 누구라도 '이노야(李老爺)'라고 불렀을 가능성이 있기 때문에 더 이상은 분명하지 않다. 김영진은 정사 정존겸의 『연행일기(燕行日記)』(한국, 개인소장)가 있고, 거기에 수행원 명단이

12 野口鐵郎, 『中國と琉球』(東京, 開明書院, 1977, 354 · 357면).

기재되어 있다고 하였다. 김영진은 이 책의 저자를 정사의 수행원인 이희경(李喜經) 또는 부사의 수행원인 홍낙문(洪樂汶)이라고 추정하였다.

[여정]

전혀 기록되어 있지 않다.

[내용]

전편 모두 시로 이루어져 있다. 이미 언급한 「유관잡절」 일부는 연행사 일행의 생태를 보여주는 것으로 흥미롭다.

11. 『入瀋記』 不分卷 李田秀 撰 石川武美記念圖書館藏(成簣堂文庫)

[텍스트]

필사본 3책. 표지(봉면)에 외제로 '入瀋記'라고 썼고, 그 아래에 작은 글씨로 '天'이라고 썼다. 제2책은 '地', 제3책은 '人'이다. 내제도 '入瀋記'. 인장으로는 '蘇峰'이 있을 뿐이다. 도쿠토미 소호(德富蘇峰) 구장.

첫 면의 「행중좌목(行中座目)」에 "聖節兼問安正使 李ㅁㅁ"라고 이름이 빠진 채 쓰여 있으며, 그 아래에 "副使 吳載純, 書狀 尹𪻺"이라고 썼다. 그리고 그 뒤에 "進士 李ㅁㅁ"라고 썼고 그보다 두 행 뒤에 "伴倘閑良 李田秀"라고 쓰여 있으며 이전수(李田秀) 위에는 종이를 풀로 붙여놓아 이름이 가려져 있다. 이 종이를 들추면 그 아래에 이전수라는 세 글자가 나타난다.

고본(稿本)이며, 곳곳에 말소된 묵서의 흔적이 있다. 제1책과 제2책은 일기가 위주이고 편지와 창화시도 포함되어 있다. 제3책은 궁실(宮室)·의복(衣服) 등 테마별로 견문한 것을 기록하였다. 계묘년(1783) 심행한 그 해에 쓰기 시작하여 병오년(1786)에 탈고했다고 기록하였다.

제1책의 범례(凡例)에서 "是書草稿元有西遊記·萬泉錄二種. 西遊記

乃吾所草也. 自渡江後, 記日用凡事者. 萬泉錄即仲兄所草也. 自逢張裕昆後, 記往來酬酢者. 今此所錄, 合以一之."라고 기록하였다.

[찬자약력]

[텍스트]에서 기술한 대로 이전수의 성명 위에 종이가 붙어 있고 그것을 벗겨내면 그 이름을 알 수 있게 되므로 그가 찬자임에 틀림없다. 일기 8월 23일 장유곤(張裕昆)과의 필담에서 중형(仲兄)의 대답으로 "僕是進士, 那兄弟是秀才."라고 기록하고, 갑진년(1784) 장유곤이 조선에 돌아온 찬자들에게 보낸 편지에서 "長爲進士李君成仲, 次爲從弟秀才君稷."이라고 기록하였다. 따라서 찬자는 반당(伴倘, 수행원) 한량(閑良, 閑良軍官)이라는 직함으로 심행한 이전수다.

이전수에 대해서는『입심기』에 정사 이복원(李福源)이 그의 백부, 즉 아버지의 형이라고 기록한 것 외에는 알 수 없다. 이복원은 연안(延安) 사람이다. 앞서 말한 군직(君稷)은 그의 자일 것이다.

[여정]

1783년(건륭 48, 정조 7)

6월 13일	서울 출발
7월 18일	도강
7월 30일	심양 도착
9월 23일	심양 출발
10월 1일	도강
10월 9일	서울 도착

[내용]

1783년(건륭 48, 정조 7) 8월 건륭제가 열하의 피서산장(避暑山莊)에서 성경(盛京, 심양)으로 선조(先祖)의 묘에 참배하러 왔기 때문에 안부를 묻기 위함과 성절(聖節, 탄생을 축하함)의 축하를 겸하여 정사 이복원 등이 심행하였다. 이전수가 일기에 "上之八年云云"이라고 쓴 것은 七年(정조 7)의 잘못이다. 공식적인 기록은 본 해제 4. 『심행록』에 보인다.

찬자인 이전수와 그의 종형 두 사람은 정사와의 인연으로 인해 수행원으로 참여하여 전적으로 관광 목적에서 심행하였다. 필담 교유가 큰 목적이었던 것 같다. 일기에는 즐거움이 묻어나고 있다.

도강 이후로는 화어(華語)를 많이 사용하였다고 스스로 기록하고 있듯이 화어, 즉 중국어 속어를 많이 사용하고 있다. 이 점은 많은 연행록과 심행록에 드물다. 심양 각지를 돌면서 곳곳에서 필담을 나누고 있다. 상대방은 거의 하급 지식인이다. 8월 18일 봉천부(奉天府) 효자묘(孝子廟)에 가서 필담하고 있던 때 갑자기 술에 취한 남자가 난입해서 붓을 빼앗아 들고는 "問曰, 柳·朴·李(柳得恭·朴齊家·李德懋)諸人安否, 及戊戌年往三義廟與使臣筆談之事."라고 썼다고 한다. 무술년은 1778년(건륭 43, 정조 2)으로 틀림없이 박제가와 이덕무가 연행한 해다.

이전수 등이 필담을 나눈 하급지식인 중 한 사람은 장유곤(張裕昆)이다. 8월 23일 처음 필담하고 교유한 뒤로 몇 차례 만났다. 원적(原籍)은 산동성 등주(登州) 사람이며 57세다. 당시 학술 정세에 대한 문답에서도 간단하지만 건륭 연간 후반에 일어난 문자옥(文字獄, 禁書)에 대해서 언급하고 있다. 장유곤은 『오처경(吾妻鏡)』을 읽은 적이 있는지 물어보았고, 이에 대해 "這是日本國史書. 只知其名, 未見其書."라고 답했다고 한다. 그들이 귀국한 다음해에도 장유곤에게서 편지를 받았다.

12. 『燕行日記』 二卷(缺卷一) 金箕性 撰 天理圖書館藏(今西文庫)

[텍스트]

필사본 1책. 원래 권1·권2 두 책으로 되어 있었지만, 현재는 권1이 빠져 있다. 본고를 2003년에 발표한 이후 교토대학에 유학 중인 노경희

씨를 통해 김영진 교수로부터 김기성(金箕性) 『연행일기(燕行日記)』 권상(上)의 복사본을 받았다. 원본은 서울대학교 중앙도서관 소장이라고 한다. 권1 · 권2 두 본의 서체는 동일하다고 생각되며 이로써 완본(完本)이 되었다. 김영진에 따르면, 이 책에 찍힌 장서인 '頤軒'은 김기성의 호(이길헌(頤吉軒))라고 한다. 그렇다면 이 책은 그의 자장본이다.

본서는 '신해(辛亥) 정월 17일'에 원명원(圓明園)으로 가라는 예부주객사(禮部主客司)의 문서를 받은 때부터 3월 7일 서울 궁정에 복명한 때까지 기록하였다. 찬자명도 기록되어 있지 않지만, 내용으로 보아 1790년(건륭 55, 정조 14) 동지 겸 사은사의 기록이며 찬자는 정사인 김기성임이 분명하다. 권1을 제외한 내용은 1791년(건륭 56, 정조 15)의 것이므로 『연행록전집일본소장편』의 목차에서는 이 연대로 표기했지만, 범례를 존중하면 정조 14년 연행사의 기록이라고 하는 편이 더 적절하다. 본 해제는 이 생각에 따랐다.

[찬자약력]

김영진에 따르면, 김기성(金箕性)은 1752년(건륭 17, 영조 28)~1811년(가경 16, 순조 11). 그는 이 연행 때 광은부위(光恩副尉)였다. 종실 관계자다.

[여정]

결권(缺卷)인 권1 부분은 『동문휘고』에 의거해 보충한다.

(1790년(건륭 55, 정조 14))

(10월 21일　　서울 출발)

1791년(건륭 56, 정조 15)

정월 26일　　북경 출발

2월 27일　　도강

3월 8일　　서울 도착

[내용]

내용은 일기가 중심이지만, 북경 체류 마지막 날인 정월 25일조 뒤에 "明當回還起程, 而略有所見聞, 恐或日久而失. 玆錄之下方."이라고 하고, 「연경형편성궐제치(燕京形便城闕制置)」, 「문견잡록(聞見雜錄)」, 「습속법제(習俗法制)」, 「청주원류(淸主源流)」, 「도리산천지(道里山川識)」를 수록하였다. 「연경형편성궐제치」는 분명히 여러 선행 자료를 참고해서 쓰고 있지만, 자신의 체험도 종종 섞여 있다. 「문견잡록」도 마찬가지다. 관찰 및 서술이 상세하고 구체적인 것은 이른바 실학의 기풍이 있었기 때문일지도 모른다. 반청(反淸) 감정이 드러나는 경우는 희박하다. 원명원에서의 연회에 참여했을 때도 "今番則皇帝恩遇尤鄭重."이라고 기록하였다. 만인(滿人)과의 대화에서도 물론 통역을 통하고 있지만 특별한 편견은 보이지 않는다. 철보(鐵保) · 화신(和坤) · 아계(阿桂) · 왕걸복(王傑福)에다가 부마인 풍신(豐紳) 등이 등장한다.

「문견잡록」에서도 『일하구문(日下舊聞)』을 인용하며 풍속의 어지러움을 기록하면서,

然則其自來遺風, 而非以陸沈薰染之故耶.

라고 하여, 풍속이 나빠진 것을 만주족의 중국 통치와 무관한 것으로 보고 있다.

조 · 청(朝淸) 조공무역에 관한 자료도 풍부하다. 또한 박제가가 이 여행단의 일원으로 참여하고 있고 종종 등장하는 점에서도 중요하다. 건륭황제가 조선 사신이 지은 원소시(元宵詩)를 보고 싶다고 말해왔을 때,

余本詩思鈍拙, 非但難於應卒, 朴君以能詩擅名, 故使之製出.

이라고 했듯이, 박제가에게 대작(代作)을 부탁하고 있다(정월 18일).

13.『燕行日記』一卷 吳載紹 撰 天理圖書館藏(今西文庫)

[텍스트]

필사본 1책. 봉면에는 '燕行日錄'이라고 썼지만, 본문 첫 면 첫째 행에 '燕行日記'라고 쓴 것으로 보아 '연행일기'라고 해야 한다.

찬자에 대해서는 본문 앞 첫 면에 '純祖王元年辛酉 吳載純燕行日記 龍'이라고 했기 때문에 덴리도서관(天理圖書館)의 카드, 『今西博士蒐集朝鮮關係文獻目錄』 123면 및 영인본을 소장하고 있는 도요문고(東洋文庫)의 『增補東洋文庫朝鮮本分類目錄』 34면 모두 오재순(吳載純) 찬이라고 했으나 잘못이다.

본문 첫 면 첫째 행과 둘째 행에 원래 인장이 있었다고 생각되는 부분이 잘려나가 있다. 셋째 행에 한 인장의 왼쪽 절반이 남아 있는데 '載紹'라고 판독할 수 있다. 다른 한 인장의 왼쪽 절반은 판독할 수 없다. 오재소(吳載紹)의 자장본으로 생각된다.

[찬자약력]

오재소(吳載紹)는 1739년(건륭 4, 영조 15)~1811년(가경 16, 순조 11). 자는 극경(克卿), 호는 석천(石泉), 해주(海州) 사람. 오재순은 그의 형이다. 그의 아들 오희상(吳熙常)이 지은 「선고판돈녕부군행장(先考判敦寧府君行狀)」(『노주집(老洲集)』 권19)에 따르면, 1768년(건륭 33, 영조 44) 진사, 1771년(영조 47) 문과 급제하였다. 관직은 판돈녕부사에 이르고 있다. 문집류는 현존하지 않는 것 같다.

본서의 순조 원년 8월 23일조에 따르면, 오재소의 고조부 오숙(吳䎘)은 인조 2년, 즉 1624년(명 천계 4) 부사로 바다를 건너 연행하였다. 이때 연행록으로 홍익한(洪翼漢)의 『화포선생조천항해록(花浦先生朝天航海錄)』이 있으며, 오숙의 이름도 등장한다. 또한 증조부인 오두인(吳斗寅)도 1661년(순치 18, 현종 201) 서장관으로, 또 1679년(강희 18, 숙종 5) 부사로 부연(赴

燕)하였고, 아버지 오원(吳瑗)도 서장관으로 1732년(옹정 10, 영조 8)에 부연하였다. 더욱이 앞서 해제한 도요문고 소장 조관빈의 『회헌연행시』에 부록으로 실린 『월곡연행시』(본 해제 7)의 찬자가 바로 오원이다. 형 오재순도 1783년(건륭 48, 정조 7)에 심행하고 있다.

[여정]

1801년(가경 6, 순조 원년)

8월 2일	서울 출발
8월 24일	도강
9월 24일	북경 도착
10월 29일	북경 출발
11월 27일	도강
12월 8일	서울도착

[내용]

1801년(가경 6, 순조 원년) 가경제(嘉慶帝)의 황후가 책봉되었다는 조서(詔書)를 반포하기 위해 청조에서 칙사가 파견되었다. 이 연행의 목적은 황후 책봉에 대한 진하와 칙사 파견에 대한 사은이었다. 오재소는 당시 호조참판이었지만 예조판서의 직함을 더하여 부사로 부연하였다.

오재소가 부연한 해는 간지(干支)로는 신유(辛酉)이고, 천주교 대탄압으로 알려진 해다. 이른바 '신유사옥(辛酉邪獄)'이다. 이때의 천주교 탄압은 주지하는 바와 같이 연행사와 밀접한 관계를 가지고 있었다. 또한 이승훈(李承薰) · 정약종(丁若鍾) 등 그리스도교도가 처형된 것은 오재소 등이 서울을 출발하기 수개월 전인 이 해 정월이었다. 그리고 이른바 황사영백서사건(黃嗣永帛書事件)이라는 조선 통치자를 뒤흔든 모반계획이 발각되어 대수사가 이루어진 것은 대략 오재소 등이 북경에 도착하여 체류하고 있을 무렵의 일이다.[13] 그런데 여행 도중에도, 북경 체류 중에도 천주교에 관한 내용은 전혀 나오지 않는다. 황사영백서의 진본이 아닌 거짓 백서를 가지고 북경으로 향한 1801년(가경 6, 순조 원년)의 삼절연공사(동지사) 일행에 대해서는, 오재소가 귀국 도중 조선과 청의 국경에 해당하는 요녕성 책문 밖에 도착한 11월 26일조에 "我國冬至使一行人馬織路塡咽, 停轎就幕, 與上使曹允大·副使徐美修·書狀李基憲相見, 略聞京中新報而別."이라고 기록했을 뿐이다. '경중(京中)의 신보(新報)'의 중심이 황사영백서사건이었음은 거의 의심의 여지가 없다.

오재소의 『연행일기』에서 가장 두드러지는 것은 반만 감정과 조선 자존(自尊)에 대한 언사다. 연행, 즉 조공이란 본래 종주국인 청나라에 대해서 복종한다는 사실을 보여주는 의례와 다름없지만, 오재소의 언급에 따르면, 그의 선조 및 자신의 연행은 "顧以大東衣冠, 從事於皮幣之間, 原隰皇華, 雖不敢告勞, 而亦奚以遊覽爲哉."(8월 23일)였다. 피폐(皮幣)란 고대의 증답품(贈答品)이었던 모피와 증백(繒帛), 즉 조공물품으로 『맹자』 「양혜왕 하(梁惠王下)」에 "대국(大國)을 피폐로써 섬겨도 (화를) 면하지 못한다."라고 하였다. '대동(大東)의 의관'이란 이적(夷狄) 민족이 통치한 청나라에서는 이미 볼 수 없고 대동, 즉 조선에만 남아 있는 중화의 예제(禮制)를 갖춘 의복과 관이다. 명나라 시대에 조선에 전해진 중화의 예복을 조선에서는 대단히 자랑스러워했음은 이미 주지하는 바이다. '원습황화(原隰皇華)'란 『시경』 「소아(小雅)·황황자화(皇皇者華)」의 "皇皇者華, 于彼原隰."에 근거한 것이다. 높은 곳[原]이든 낮은 곳[隰]이든 군주의 명을 받아 출사(出使)하면 이처럼 어느 곳에서도 휘황한 중화의 빛을 빛내지 않으면 안 된다. "皇皇者華, 于彼原隰"이란 본래 주대(周代)에 주왕(周王)이

13 신유사옥 및 황사영백서사건에 대해서는 山口正之, 『ローマ法王廳古文書館所藏黃嗣永帛書の硏究』(東京, 全國書房, 1946) 및 同, 『朝鮮キリスト敎の文化史的硏究』(東京, 御茶の水書房, 1985) 참조.

제후에게 사자(使者)를 파견할 때 또는 후대에 중화인 중국에서 외국으로 출사할 때 사용되는 말이지만, 이 경우에는 조선에서 청에 출사하여 청에 중화의 빛을 빛나게 할 것이라는 말이다. "皇皇者華, 于彼原隰"을 근거로 한 이 표현은 청나라의 속국이었던 조선시대 연행사를 표현하는 말로, 다른 곳에서도 종종 사용된다. 그러나 오재소의 이 문장에 단적으로 표현되고 있는 것처럼, 조선에서 '조공'을 핑계 삼아 조선이 가진 '중화'의 빛을 야만스러운 청에 널리 빛내려는 것으로써 정신적으로 매우 굴절되어 있다고 말하지 않을 수 없다. 이러한 대업을 이루고자 한 출사이므로 "고생이 없다고는 말하지 않지만, 유람을 목적이라고 할까?"라고 한 것이다. 실제로 이 연행록에 유람을 기록한 부분은 적으며, 통상적인 연행사라면 반드시 구경하러 가는 북경 서북쪽 교외의 명소인 서산(西山)이나 원명원에도 가지 않았다. 반만 감정이 고조되면서 반한(反漢) 감정도 종종 나타난다. 현실에 있는 중국, 한민족(漢民族)을 포함하는 실제의 중국에 대한 멸시다. 그는 한인 지식인들조차 스스로 방문하면서까지 만나려 하지 않고, 오로지 옥하관으로 방문해온 사람과 만날 뿐이다. 북경 각지의 모습에 대해서도 그곳을 구경한 그의 족질들에게서 전해들을 뿐이었다.

그들이 입는 조선 의복, 그들이 자랑하는 '중화 의관'에 대해 중국인이 어떻게 평가하고 있는지를 기록한 부분도 당연히 신랄하고도 굴절되어 있다. "漢人見東國衣冠, 莫不稱羨, 自傷其變夏. 獨遼人相隨譏笑, 夷狄視之. 甚矣哉, 俗之淪陷於異類也."라고 한 것은 요녕성 요양에 들어가기 직전의 말이다(9월 1일). 청이 입관(入關)한 지 벌써 한 세기 반이 지난 당시로서는 조선인이 입은 명조의 의복은 연극배우가 무대에서 입는 기묘한 것에 지나지 않고, 청조인의 입장에서 보면 멸시와 조롱의 대상일 수밖에 없는 경우가 있었다. 요동 지방에서는 이러한 경향이 두드러졌던 듯하며, 조선 의관을 '이적시(夷狄視)'하고 있었다. 오재소는 반대로 그러한 요인(遼人)에 대해서 맨 먼저 만주인에게 투항한 사람이라며 "胡

騎一至, 不戰而降. 其樂爲犬羊之民, 而不知有先王文物, 久矣."라고 비난한다.

9월 27일의 아침, 조선 삼사는 은모사(恩慕寺) · 은우사(恩佑寺)에서 북경 궁성으로 귀환한 가경제를 서안문(西安門) 안 길가에서 줄지어 꿇어앉아 맞이하지 않으면 안 되었다. 가경제는 그들로부터 5, 6보 떨어진 곳을 말을 타고 통과했는데, 가경제에 대해 "특별히 영채(英彩)가 없다"고 평하였다. 이때 가경제는 지나가면서 조선 사신을 되돌아보며 곁눈질하였다.

> 緩驅而行, 旣過猶回首流眄, 想必怪我輩衣冠也.

오재소에 따르면, 되돌아본 것은 자신들이 입고 있는 의관을 기괴하게 여겼기 때문이 틀림없었다.

가장 흥미로운 것은 그가 문천상(文天祥)의 사당인 문산묘(文山廟)를 복구하려고 계획하여 청인에게 제안한 일이다. 문천상은 말할 필요도 없이 원나라에 잡혀가서 굴하지 않고 사형당한 한족의 영웅이다. 10월 1일 국자감(國子監)을 참관한 후 시시(柴市)에 있는 문산묘를 배알하였다. 당사(堂寺)는 황폐했지만 "가경 경신(5년=1800)에 형부낭중(刑部郎中)인 강서(江西)의 유각(劉珏), 여릉(廬陵)의 구양신(歐陽愼) 등과 남중(南中) 인사 34인이 봉록을 내놓고 은을 갹출하여 함께 중수하였다."라고 쓰인 석판을 보았다. 가경 5년이라면 그가 방문하기 불과 1년 전의 일이다. 그는 황폐한 모습을 보고서 이것으로는 중수된 것이 아니라고 말하였다. 4일 후인 10월 5일 문산묘를 제대로 복구하기로 한 그는 서장관 정만석(鄭晩錫)과 의논하여 조선인 말잡이 정관(鄭觀)에게 은 20냥과 편지를 가지고 석판에 이름이 보이는 유각의 저택으로 가게 하였다. 말잡이는 몇 번이나 서울-북경 간을 왕복했으며, 중국어 회화가 가능했기 때문이다. 유각은 공교롭게도 출장 중이었기 때문에 다시 구양신의 저택으로 가게 하여 그 의도를 전함과 동시에 그들의 창의(倡義)를 칭찬하였다. 그런데 구양신은

“聞之驚恐, 初不敢拆書. 瞠然却之曰, 元無是事, 非我所知. 往傳于鄉賢祠教官, 可也.”라고 답할 뿐이었다. 이 말을 들은 구양신은 경악하고 두려워하여 편지를 열어보지도 못하고서 눈을 동그랗게 뜨고 물리치며, “그런 일은 전혀 없었던 일이다! 나와는 관계없는 일이다! 향현사(鄕賢祠)를 감리(監理)하는 교관(敎官)이 있는 곳에 가서 전하면 좋을 것이다!”라고 하고, 정관에게는 “빨리 일어나서 가라.”고 명했던 것이다.

우리는 지금 청조 통치하의 한인이 ‘소중화(小中華)’ 의식을 지닌 조선 사신의 부하의 방문을 받고 문천상이라는 한족의 민족적 영웅의 사당을 복구하지 않겠냐는 갑작스러운 제안에 얼마나 경악했을지 쉽게 상상할 수 있다. 그러나 이때 오재소가 내린 평어(評語)는 “구양신 같은 놈은 단지 밥 먹고 보신(保身)을 꾀하는 노예 하재(下才)이니 구멍 속 쥐와 무엇이 다른가![若愼者, 偸祿保軀奴隸下. 其與穴中鼠, 奚以異也]”라는 것이었다.

당시 북경에 있던 최고의 문화인(文化人) 기윤(紀昀)에 대한 평가도 당연히 엄격하다. 당시 연행한 조선 지식인의 대부분은 기윤과 안면을 트는 것을 최고의 영예로 여겼다. 그런데 오재소는 10월 2일 궁정 서안문 안에서 가경제를 맞이할 때 기윤을 보고 그 모습을 다음과 같이 기록하였다.

昀年老矣. 道遇一滿宰尊貴者, 趨而捧其手, 甚慇懃焉. 滿宰唯唯而已.

또한 10월 14일 옥하관에서의 생활에 지루함을 느낀 그는 “聞紀昀所著灤陽消夏錄爲近世說部之冠.”이라고 하며 서점에 사람을 보내 빌려오게 했지만 “皆搜神記之類也, 不經之甚.”이라고 말해버렸다.

14.『燕行詩(薊程詩稿)』一卷 李海應 撰 靜嘉堂文庫藏

[텍스트]

필사본 1책, 총 73장으로 이루어져 있다. 봉면에는 '薊程詩稿'라는 제목으로 되어 있지만, 권두 첫째 행에는 '燕行詩'라는 제목으로 되어 있다. 뒤에 기술한 대로 이 책은 1803년(가경 8, 순조 3)의 연행록인 이해응(李海應)[14]의 『계산기정(薊山紀程)』(『연행록선집』 상권; 『국역연행록선집』 권8; 『연행록전집』 66책 수록) 중에서 시 부분만을 편찬한 것이다.

[찬자약력]

찬자를 이해응(李海應)이라고 한 것은 김영진에 의한 것이다. 이해응은 1775년(건륭 40, 영조 51)~1825년(도광 5, 순조 25), 자는 성서(聖瑞), 호는 동화(東華), 한산(韓山) 사람. 51세 때 생원시에 합격하였다. 저서로는 『동화유고(東華遺稿)』 3권(한국 국립중앙도서관 소장)이 있다고 한다.

[여정]

서울을 출발하여 귀환할 때까지 여정은 전혀 기록하지 않았다.

[내용]

모두 시인데다 몇 년에 부연했는지 기록되어 있지 않다. 그러나 [텍스트]에서 기술한 이해응의 『계산기정』과 대비하면, 본서는 『계산기정』의 일부임이 판명되기 때문에 1803년(가경 8, 순조 3) 연행 때의 것임은 분명하다. 『연행록전집일본소장편』에서는 연행연도를 1801~1803년(가경 6~8, 순조 원~3) 사이로 추정했지만, 이는 두 책의 관계를 몰랐던 단계에

---

14 역자주: 원서에는 '찬자미상'으로 되어 있으나 김미경에 의해 저자가 이해응임이 밝혀진 바 있다(김미경, 「동화 이해응의 『계산기정』 연구」, 고려대 석사학위논문, 2003).

서 썼기 때문이다. 이 추정에 잘못이 없었던 것을 지금은 다행으로 여긴다. 참고로 먼저 이렇게 추정했던 근거를 서술한다.

우선 시 중 하나에 「차운가경어제시(次韻嘉慶御製詩)」라는 제목이 있기 때문에 가경 이후 부연이다. 또한 「방효람불견(訪曉嵐不見)」이라는 제목의 시에서는 "城南病臥老尙書"라고 하였다. 즉 조선에서 북경을 방문한 사람에게 동경의 대상이었던 기윤과 면회하려는 생각에 선무문(宣武門) 밖에 사는 그를 방문했지만, 병 때문에 만날 수 없었다고 말한 것이다. 기윤은 가경 10년 2월 14일 82세로 사망하였다.[15] 즉 이번 연행사가 기윤 생전의 사람임은 의심의 여지가 없다. 「원조염운(元朝拈韻)」이라는 제목의 시에 의하면, 그가 정월 원단에 태화전에서 행해진 원조 의식에 참석하고 있음을 알 수 있다. 즉 찬자는 동지사 일행 중 한 사람으로 부연했음에 틀림없다. 동지사로 갔던 조선연행사가 북경을 떠난 것은 2월 상순에서 중순 사이이다. 이 시의 찬자가 바로 임종에 가까워진 이 해에 기윤을 방문하려 했을 가능성도 있지만, 그렇다면 산해관에 도착할 무렵까지는 반드시 그가 사망했다는 소식을 듣고 무언가 감개어린 시를 짓고 있는 것이 자연스러울 것이다. 그렇다면 그가 부연을 위해 서울을 출발한 것은 기윤이 사망하기 한 해 전인 가경 9년이었다고도 생각할 수 있지만, 그 전년인 가경 8년까지로 좁혀두는 편이 보다 자연스럽다.

이것으로 찬자의 부연은 가경 원년부터 가경 8년 사이로 좁힐 수 있지만, 또한 「서루우도한림이공(書樓遇佟翰林貽恭)」이라는 제목의 시에 의하면, 가경 6년 이후 부연임을 확정할 수 있다. 이 시는 서루(書樓)에서 한림관(翰林官)과 만난 일을 기록했는데, 그 한 구절에 "少年人做翰林官"이라고 한 것으로 보아 동이공(佟貽恭)이라는 인물이 젊어서 진사가 되어 한림관이 되었음을 알 수 있다. 여기서 『명청진사제명비록색인(明淸進士題名碑錄索引)』에서 건륭 말년부터 가경 10년까지 동성(佟姓)인 진사를 찾아보

15 王蘭蔭, 「紀曉嵐先生年譜」『師大月刊』 제6기, 1933).

면, 가경 6년의 진사로 동경문(佟景文)이 있을 뿐이다. 동경문에 대해서는 「동경당선생묘표(佟敬堂先生墓表)」(『續碑傳集』 권71)가 있고, 1776년(건륭 41)생으로 확실히 1801년(가경 6) 진사에 합격하고 나서 한림원 편수(翰林院編修)가 되고 있다. 동경문의 자는 경당(敬堂) 또는 애생(艾生)이라 하고, 이공(貽恭)이라는 자호는 나오지 않지만, 동이공은 동경문에 다름 아니라고 생각한다. 1801년(가경 6)에 26세로 너무 젊은 것은 아니지만 '소년'의 부류에 들어갈 것이다. 이상이 연행연대를 추정한 근거다.

더욱이 『연행록선집』·『연행록전집』 모두 『계산기정』의 찬자를 서장보(徐長輔)로 한 것은 잘못이다. 이렇게 여긴 것은 본서에 「화추양수야절구(和秋陽守夜絶句)」 등이 있는데 추양(秋陽)은 서장보의 호이기 때문이다. 『국역연행록선집』 수록본에는 찬자미상으로 되어 있으며, 해제가 있어 유익하다.

시 가운데 특별히 개성적이라고 느껴지는 것은 없다. 예를 들어 「황도(皇都)」라는 제목의 시에서 다음과 같이 읊고 있다.

> 居民雜滿漢, 服人徒威力. 胡命亦能久, 一理難推識. 脅令東方人, 歲逑侯甸職.

15. 『日記(燕行日記)』 不分卷(缺册一) 南公轍 撰 石川武美記念圖書館藏(成簣堂文庫)

[텍스트]

필사본 2책. 도쿠토미 소호 구장본이며, 첫 면에 '蘇峰學人'이라는 도장이 있다. 인장은 이것뿐이다.

표지(봉면)에는 좌측 상단에 '日記'라고만 썼다. 세로 2.5㎝×가로 11.5㎝. 조선본답게 오침안정법(五針眼訂法)이다. 「성궤당조장조선본목록(成簣堂所藏朝鮮本目錄)」(德富猪一郎, 『修史餘課』, 東京:民友社, 1931)에서 '燕行日記'

라고 제목을 붙인 것은, 아마도 제2책 맨 끝 장에 있는 아래의 서후(書後)를 참고한 것일 것이다.

余家有舊藏燕行日錄二卷, 蓋三卷而逸其首卷矣. 未知誰人所述. 其於攷古義, 敍風土, 寫景狀, 頗贍悉可觀, 尤於詩文一道, 自詡甚夸. 今歲仲春, 余在家少事, 偶取而閱之, 始知南太史金陵氏之錄也. 書貴細繹者, 其信矣乎. 旣是金陵之錄, 宜乎其贍悉也. 夸詡于詩文, 亦無怪矣. 然其全稿, 余嘗覽之, 誠有志乎古人體裁, 實未窮古作者堂奧矣. 唯玆錄亦浮誇而少精要, 然而以其贍悉, 故中州景狀亦可以得其槪矣. 首卷之見逸, 殊可惜也已. 戊寅仲春晦日, 薌園題.

이 서후에 따르면, '연행일록(燕行日錄)'이 남공철(南公轍)의 것임을 알게 된 것은 무인(1818년 또는 1878년)의 일이었다고 한다. 이 단계에서 이미 3책 중 제1책이 빠져 있었다. 남공철의 것이므로 상세한 서술이 있는 것도 당연하지만, 내용으로 보면 이것이 남공철의 것임은 의심의 여지가 없다. 판심에는 '延暉堂藏版' 다섯 글자가 인쇄되어 있다. 위에 보이는 향원(薌園)이 지은 서후도 '연휘당장판'이라고 인쇄된 원고지에 기록되었다.

[찬자약력]

남공철(南公轍)은 1760년(건륭 25, 영조 36)~1840년(도광 20, 헌종 6). 자는 원평(元平), 호는 사영(思穎)이나 금릉(金陵), 의령(宜寧) 사람이다. 1792년(건륭 57, 정조 16) 문과 급제하여 관직으로는 영의정, 즉 재상에까지 올랐다. 저서로는 『금릉집(金陵集)』·『영옹속고(穎翁續藁)』·『귀은당집(歸恩堂集)』 등이 있다. 『금릉집』(『한국문집총간』 272집)에 따르면, 북학파 박지원·이덕무와 친하고 성대중과도 교제가 있었다. 같은 책 권4에는 연행시를 수록하고 있어, 『일기(연행일기)』를 읽을 때 참조할 필요가 있다. 정조의 문교(文敎) 정책에 크게 관여한 것 같다.

[여정]

[텍스트]에서 기술한 대로 제1책이 빠져 있으므로 완전한 여정은 알지 못한다. 그는 연행에 있어서 정사였기 때문에, 서울을 출발할 때와 복명할 때는『동문휘고』에 기록한 대로일 것이다. 또한 다음의 16.『중주우록(中州偶錄)』은 남공철의 수행원이었기 때문에, 이들을 좀 더 보충하면 다음과 같다. 보충한 부분은 ( )로 기재한다.

1807년(가경 12, 순조 7)
(10월 29일　　서울 출발)
(11월 25일　　도강)
(12월 24일　　북경 도착)
1808년(가경 13, 순조 8)
2월 2일　　북경 출발
3월 3일　　도강
3월 20일　　서울 도착

[내용]

남공철은 1807년 판서라는 현직에 있으면서 판중추부사의 직함을 더하여 사은사 겸 삼절연공사 정사로 연행하였다.

제2책은 북경 체류 2일째인 12월 26일부터 시작한다. 기술은 앞서 소개한 서후에서 말했듯이 지극히 상세하다. 문장가로서 조선 국내에서 유명하다는 자부가 있었기 때문인지,『금릉집』을 공간(公刊)하는 데 있어 중국 문인 조강(曹江)·이임송(李林松)·진희조(陳希祖)에게 서인(序引)을 써줄 것을 요구하면서 그 교섭에는 '남생(南生)'이라는 인물을 시키고 있다. 그들의 서인은『금릉집』권두를 장식하고 있다.

'남생'이 『금릉집』 재속고(再續藁) 권2, 「연경필담서(燕京筆談序)」에서 말한 이 글의 작자 남양사(南良師)[16]인 것은 의심의 여지가 없다. 이 서문은 1825년(도광 5, 순조 25) 이후에 쓰인 것이지만, 문면으로 보면 남양사의 『연경필담(燕京筆談)』은 이 1807년 연행 때의 것인 듯하다.

그는 자기의 시문에 자신이 있었던 듯한데, 조강이 자신의 글을 읽고는 남양사를 통해서 "金陵公詩文, 均造大家境地, 爲鄙土人所罕見."이라고 말했다거나(정월 7일), 마찬가지로 "以余之文爲今世歐陽子之文矣."라고 했다는(정월 13일) 등의 자만하는 말을 기록하였다. 서후에서는 이를 비판한 것이다.

한편, 그는 중국에서 주자학이 열세가 되고 있는 것도 마음에 걸려 한학(漢學)에 대한 생각을 기록하고, 중국인 공생(貢生) 저유인(褚裕仁)을 '저생(褚生)'이라 기록하고, 그에게 한학과 송학을 절충하는 것[漢宋兼採]이 옳다고 주장하고 있다(정월 6일, 또 본서 제8장, 235면 참조).

만주족에 대한 평가는 낮으며, 황제가 조정에 돌아온 신하와 껴안는 풍습에 놀라고 있다(12월 29일, …… 皇帝之近臣或有出外而還者, 入覲時亦前抱而搖之, 謂之抱現禮云. 君臣之間, 豈容如是, 尤爲可駭). 몽고족에 대한 평가는 더욱 낮다. 12월 30일 자금성의 보화전(保和殿)에서, "近之, 覺有腥膻之臭."라고 기록하고, 또 "與禽獸不遠. 清人視蒙古亦不以人數. 戟手相辱者, 必曰忘八羔子蒙古一樣, 蓋鄙之也. 而皇帝待之如彼, 以其畏之也."라고 기록하였다. 그는 당시 많은 조선 지식인이 중국에 사는 사람 전부를 멸시하는 것에는 반대하고, 만주족과는 교제하지 않고 한인과만 교제하자고 주장하여(『금릉집』 권10, 「여이원리(與李元履)」), "來諭以滿漢同稱夷虜, 恐甚固陋. 滿人固匪類, 漢人是明人遺裔. …… 我人入中國, 與漢人交可, 與滿人交不可."라고 서술하였다. 그는 그들이 자랑하는 조선

---

16 역자주: 남양사는 남석로(南石老)다. 『금릉집』 권3, 「篆經齋, 與松孫宗人良師(石老) · 丁生志學小集, 賦得甘紅露」 참조.

의 의관은 명의 의관이라는 생각을 가지고 있다. 배우가 무대에서 보여준 의관에 대해서, "若有王者起, 必取法於此."라고 하여 배우의 의장(衣裝)이 사용될 것이라고 서술하였다(12월 29일).

다음의 16. 『중주우록』은 남공철의 수행원으로 연행한 인물이 지은 것으로, 『일기』와 중복되는 기사가 있지만, 두 일기를 대조해보아도 결국 그 찬자가 누구인지 확정할 수 없었음은 유감이다. 기묘한 것은 『중주우록』 12월 27일에 기록한 유구 사절을 소개한 기사가, 거의 그대로 『금릉집』 권14, 「기유구인어(記琉球人語)」(『한국문집총간』 263上면)에 기록되어 있다는 점이다.

『중주우록』에는 다음과 같이 기록하였다.

> 琉球使臣姓名梁邦弼, 官三品, 年五十八, 鬚長盡白, 風度偉碩. 黃錦爲冠, 如我國金冠而無梁圓. …… 其從人一人淸通官之子, 甚習漢語. …… 三年一次科擧, 試經義策論. 官制有國相一人, 亦有金紫大夫正義大夫之名. …… 國中有孔子廟, 冠婚喪祭, 一遵朱文公家禮. …… 余見其衣冠, 頗好聞其言, 可謂海外禮義之邦, 特殊可嘉也. 故記之特詳焉.

장문이므로 이 이상 인용하지 않지만, 이 문장이 『금릉집』에 수록된 「기유구인어」와 거의 동일하다는 점은 일목요연하다. 남공철의 『일기』에도 12월 26일과 27일에 유구인에 대해서 기록했으나 이 내용과는 별개다. 둘 중 어느 것이 어느 것을 '표절'한 것이 틀림없지만, 『중주우록』의 찬자가 남공철로부터 요청을 받아 수행한 점으로 보면, 주인인 그가 「기유구인어」를 쓰는 데 있어 이를 이용한 것으로 생각하는 편이 좀 더 도리에 가까울 것이다.

16.『中州偶錄(入燕記)』一卷 撰者未詳 關西大學圖書館藏(內藤文庫)

[텍스트]

필사본 1책. 봉면(외제)에 '中州偶錄', 권두 첫 면 첫째 행에 '磬山雜著', 첫 면 둘째 행에 '入燕記', 같은 행 아래에 '未定初本'이라고 썼다. 일단『중주우록(中州偶錄)』을 책 제목으로 하고 '입연기(入燕記)'를 부제로 한다.

나이토 코난(內藤湖南) 구장이므로 그가 사망한 1934년(쇼와 9)까지는 입수된 것이라고 생각된다. 이 책의 존재 및 복사본은 도야마대학(富山大學) 인문학부 교수 후지모토 유키오 씨가 가르쳐주었다. 여기에 기록하여 감사를 표한다.

본서에는 내용적으로 본서와 무관한 2매의 글이 삽입되어 있지만, 유감스럽게도 찬자를 확정하는 데 도움이 되지 않는다.

[찬자약력]

찬자미상. 뒤에 보이는 대로 본서는 1807년(가경12, 순조 7) 동지사행의 기록이다. 정사는 남공철, 부사는 임한호(林漢浩), 서장관은 김노응(金魯應)이었다.

서울을 출발하는 날에 다음과 같이 기록하였다.

> 余平生欲一見中原, 而齎志未果. 至是禮部尙書金陵南公(南公轍)充冬至正使, 謂余當偕往, 萬里附驥, 庶不負男兒四方之志也.

즉 찬자는 정사 남공철의 권유에 따라 수행원으로 연행한 것이다. 다만 남공철의『귀은당집』,『금릉집』, 이때 남공철의 일기인 15.『일기(연행일기)』를 조사했지만 찬자를 확정할 수 있는 기사는 없는 듯하고, 본서에 등장하는 몇 명의 조선인 이름에서도 찬자를 유추할 단서는 찾을 수 없다.

11월 24일조에,

今日卽生朝也. 憶余自五六年來, 館食東南, 每歲逢此, 愴想交中, 今又天涯, 旅館蕭瑟.

이라고 하였다. 찬자는 아마도 벼슬하지 않은 불우한 인물이었을 것이다.

[여정]

1807년(가경 12, 순조 7)

10월 29일　　서울 출발

11월 25일　　도강

12월 24일　　북경 도착

1808년(가경 13, 순조 8)

2월 2일　　북경 도착

3월 3일　　도강

(3월 20일　　서울 도착 『동문휘고』)

[내용]

본서의 찬자도 중국에서 많은 지식인과 사귀었다. 진용광(陳用光)·등정정(鄧廷楨)·진희조(陳希祖)·오숭량(吳嵩梁)·저유인(褚裕仁)·이임송(李林松, 李林崧)·정위원(程偉元)·만철(萬徹)·채형(蔡炯)·오사권(吳思權)·고양청(高揚淸)·장청운(張靑雲, 청운은 호인가?) 등이 등장한다. 박제가의 『정유고략(貞蕤藁略)』이 서점에 진열되어 있는 것도 목격하고 있다(정월 18일).

찬자는 약간의 중국어 회화가 가능했던 것 같다. 중국 국경에 들어가서 바로 "乾酒", "淸心丸有啊", "煙有啊"라는 말을 알아듣고 있다(11월 26일·28일). 더욱 흥미로운 것은 북경 체류 중 백윤청(白允靑)이라는 마두, 즉 말잡이와 함께 양모(楊某)가 경영하는 자기포(磁器舖)에 가서 마두와 양모의 흥정을 백화문(白話文)으로 기록하고 있는 것이다(정월 24일). 몇 번이나 북경-의주 사이를 왕복하고 있는 마두는 수행하는 통역관과 함께 조·중(朝中) 간 커뮤니케이션에 없어서는 안 되는 존재였다. 찬자 본인이 자기포 주인과 대화하고 있는 것은 아니지만, 나중에 마두로부터 대화 내용을 확인했는지 백화문으로 그 장면을 재현하고 있는 것이다.

17.『燕行錄』一卷 李敬卨 撰 天理圖書館藏(今西文庫)

[텍스트]

필사본 1책. 외제에는 '燕行日記'라고 되어 있지만, 내제에는 권두에 '燕行錄'이라고 되어 있다. 모두 시로 되어 있다. 이어서 '燕行日記'라고 쓰고 부연한 일기를 기록하였다. 1책이 전부 동일한 필적이고 12행으로 이루어졌음에도 불구하고 권두 첫 면만 13행이다. 즉 첫째 행에 "燕行錄 月城李敬卨玄之, 周衣翁著輯"이라고 쓴 것은 이 책이 완성된 후에 한 행을 추가한 것이라고 생각된다.

[찬자약력]

권두 첫 행째에 "燕行錄 月城李敬卨玄之, 周衣翁著輯"이라고 쓰여 있는 것을 보면 찬자는 이경설(李敬卨)이다. 이경설은 여기에 기록되어 있듯이 월성(月城) 사람으로 자가 현지(玄之)이며, 주의옹(周衣翁)은 호라고 생각된다. 김영진에 따르면, 이경설은 1756년(건륭 21, 영조 32)~1833년(도광 13, 순조 33), 이항복(李恒福)의 서자인 이기남(李箕男)의 5대손이라고 한다. 그의 제자 김평묵(金平默)의「주의이선생전(周衣李先生傳)」(『중암선생집(重庵先生集)』 한국 국립중앙도서관 소장)이 있다. 또한 주의옹의 주의(周衣)란 한국어로 주방의(周防衣)라고도 한다. 가정에서 입는 외투로 평민계급이 입는 것이다.

1809년(가경 14, 순조 9) 동지사는 정사 박종래(朴宗來), 부사 김노경(金魯

敬), 서장관 이영순(李永純)이었기 때문에 이경설은 삼사 가운데 어느 쪽도 아니다. 또한 「연행일기」에 기록된 그의 행동에서 역관 등 어떤 임무를 띠고 부연한 것으로는 생각할 수 없다. 수행원으로 참여했다고 생각하는 것이 타당하다. 시 가운데 삼사 중 누구와도 창화(唱和)하고 있는 것이 없고, 「연행일기」에도 삼사 중 누군가에 대한 구체적인 기술은 없다. 아마도 상당히 신분이 낮은 사람이었다고 생각된다. 시 중 하나인 「노상만영(路上漫咏)」에서,

非文非武職無名, 進壯稱號愧實情.

이라고 자조하고 있다. 다른 시 「이가(離家)」에서,

五十窮儒萬里行, 家人親戚以爲榮, 靑衫白鬢能馳馬, 何似放翁夢北征.

이라고 하여 여기에서도 자조하며 읊고 있듯이 그는 50세 전후의 궁유(窮儒)였다. 아마도 진사 합격은 했으나 문과 급제는 하지 못했던 것 같다.

이경설이 무엇을 목적으로 부연했는가는 "家人親戚以爲榮"이라고 쓰여 있음에도 불구하고 잘 모르겠다.

[여정]

1809년(가경 14, 순조 9)

10월 28일 서울 출발

11월 24일 도강

12월 24일 북경 도착

1810년(가경 15, 순조 10)

2월 3일 북경 출발

3월 4일 도강

3월 19일　　서울 도착

[내용]

이때 부사가 김노경이었던 것은 이미 기술한 대로이고, 그의 아들 김정희(金正喜)도 이 일행에 참여하였다.[17] 김노경은 44세, 김정희는 24세였지만 그들에 관한 것은 유감스럽게도 전혀 나오지 않는다. 청인과의 교류에 대해서도 일기 정월 1일조에서 "한인 장청운(張靑雲)이라는 자와 걸어서 정양문(正陽門) 밖으로 나가" 희장(戲場)에 갔던 일을 기록하고 있을 뿐이다. 장청운의 이름은 2년 전 기록인『중주우록』에 몇 번 나온다. 산동성 무강현(武强縣) 사람으로 종종 옥하관에 출입하며 조선 사절과 교제하고 있었다.『중주우록』의 찬자는 장청운에게서 안경을 받았다고 기록하고 있다.

'皇明' 위에 한 글자를 비워두고 쓴 것을 보면 반만 의식이 강한 인물이었음은 분명한데, 특히 이는 시 부분에 나타나고 있다. 조선 측 국경도시인 의주를 출발하여 막 도강하려 할 때 지은「기가서(寄家書)」, 즉 가족에게 보내는 편지에서,

> 自此無由復寄信, 渡江騎馬下燕京.

이라고 하여 "연경에서 내린다"는 표현을 사용하고 있다.

또한「우음(偶吟)」에서는

> 黃衣遍道路, 靼韃半皇都. 天意終難測, 如何任一胡.

17 藤塚鄰,『清朝文化東傳の研究－嘉慶 · 道光學壇と李朝の金阮堂－』(東京, 國書刊行會, 1975).

라고 한탄하면서 "단달(韃靼)이란 몽고의 별호인데 모두 황색 옷을 입는다."라고 스스로 주를 달고 있다.

「연행일기」에는 일반적인 기술이 많지만, 종종 기록하고 있는 중국 특히 북경의 풍습에 대해서는 흥미로운 것이 있다.

18. 『薊程錄』一卷 撰者未詳 東京都立中央圖書館藏(市村文庫)

[텍스트]

필사본 1책. 이치무라 산지로(市村瓚次郎) 구장. 인장으로는 이치무라(市村)에게서 기증받았다는 '東京都立圖書館藏書', '東京都立日比谷圖書館', '市村文庫'가 있을 뿐이다.

[찬자약력]

찬자는 전혀 모른다.

[여정]

전혀 기록하지 않았다.

[내용]

통상적인 연행록과 달리 일기나 시는 전혀 없다. 내용은 아래의 항목이다.

> 道里, 山川, 城闕, 宮室, 衣服, 飮食, 器用, 舟車, 風俗, 科制, 畜物, 言語, 胡藩, 貢稅, 行總, 報單, 官衙, 歲幣, 賞賜, 食例, 公役

몇몇 연행록은 일기와 항목별 기술의 두 부분을 합쳐놓았다. 본서는 이 항목별 기술 부분을 독립시킨 것이다. 따라서 일기 부분이 존재할 가능성도 있지만, 그것은 알 수 없다.

그렇다면 본서는 몇 년도 연행 때 쓰인 것일까? 결론부터 말하면 1803년(가경 8, 순조 3)부터 1819년(가경 24, 순조 19) 사이의 동지사행 때 기록으로 추정된다.

동지사행으로 추정되는 것은 「도리(道里)」에서 난니보(爛泥堡)에 대해 기록한 부분에,

當春氷解之時, 泥濘如海. 余亦經此患焉.

이라고 하여 자신의 체험을 기록하고 있다. 이런 종류의 기사는 동지사가 귀국할 때 보인다는 점, 또 「세폐(歲幣)」 조에 만수성절진하어전예물(萬壽聖節進賀御前禮物)·동지영절진하어전예물(冬至令節進賀御前禮物)·정조영절진하어전예물(正朝令節進賀御前禮物)을 쓴 것에서 이 사행이 이른바 삼절연공사, 일명 동지사임은 분명하다.

정확하게 몇 년의 동지사인지는 명확하지 않다. 다만 1803년(가경 8, 순조 3) 이후의 것임은 「호번(胡藩)」 조에서,

農耐國, 安南之附庸也. 其君長阮福暎攻滅安南, 上表請錫封, 願以南越名國. 部臣議駁, 以越字冠于上, 封爲越南王. 是癸亥(嘉慶八年)皇曆賫咨官手本中所錄也.

라고 했기 때문이다. 그렇다면 늦어도 몇 년까지의 동지사인가 하면, 가경제가 사망한 가경 25년(순조 20) 7월 이전, 즉 전년인 1819년(가경 24, 순조 19) 이전의 것이라고 생각하는 편이 타당할 것이다. 이는 도광제가 전혀 나오지 않을뿐더러 「성궐(城闕)」에서,

乾淸之東有奉先殿, 而其兩間有育慶宮, 卽嘉慶帝潛邸也.

靈壽宮在奉先之後. 乾隆傳位後, 時々所御.

라고 기록하여 이러한 기사가 가경 연간에 쓰였음을 추측할 수 있기 때문이다

중국인의 이름으로는 「풍속(風俗)」에 진희증(陳希曾)이 등장한다. 그러나 문제의 『계정록(薊程錄)』 연대를 확정하는 데 결정적인 단서는 되지 않는다.

내용은 다른 연행록에서 거의 볼 수 없는 기사가 산견된다. 예를 들어 청대에는 부(府)의 경계나 현(縣)의 경계에 그곳이 경계임을 나타내는 '교계패(交界牌)', 즉 도로표지가 세워져 있었다는 사실이 「도리」에 기록되어 있는데 해제자는 처음 알았다.

自寧遠始有交界牌, 架木爲牌門, 以木板加簷, 而或二門或三門焉. 書其扁曰某縣某站.

또한 「언어(言語)」에서는 만주어를 한글로 다음과 같이 표기하고 있다.

嘗於鴻臚演儀及元正朝見聞, 臚唱之聲亦能淸遠, 響振殿庭, 而蓋唱進曰이바라, 跪曰냐쿠라, 叩頭曰허귀러, 退曰버드러, 淸譯輩粗解矣.

먼저 갔던 연행록을 참고한 부분도 많지만, 찬자 자신의 견문에 의거한 보기 드문 기사도 많다.

19.『薊程散考』一卷 金學民 撰 天理圖書館藏(今西文庫)

[텍스트]

필사본 1책. 인장으로는 '今西龍', '今西春秋圖書', '天理圖書館藏',

'今西文庫' 도장 외에 '稚敍', '金學民章' 도장이 있다. 치서(稚敍)는 뒤에 보이는 대로 김학민(金學民)의 자이며, 이것은 자장본으로 생각된다. 인장의 판독은 후지모토 유키오 씨의 협력을 얻었다. 권두 첫 면 첫째 행에 『薊程散考』라는 제목으로 되어 있으며, 이런 종류의 연행록에서는 드물게 "江陵金學民著"라고 찬자명을 명기하였다.

[찬자약력]

권두에 "江陵金學民著"라고 하였으며 강릉 사람이다. 본서에서 김학민이 어떤 인물이었지는 파악하기 어렵다. 다만 같은 연행 때의 기록인 찬자미상 『연행잡록(燕行雜錄)』 내편(內篇) 제1편의 삼사이하도강인원(三使以下渡江人員)에,

> 金學民(字稚瑞, 副使從姪)

이 보인다.[18] 이때 부사는 김계온(金啓溫)으로, 자는 옥여(玉如), 호는 오헌(寤軒). 1773년(건륭 38, 영조 49)에 태어나 정조 무오과(戊午科), 즉 1798년(가경 3, 정조 22)에 급제하였다. 김학민은 부사 군관(軍官)이라는 직함으로 연행하였다. 마찬가지로 김계온의 종질 김학증(金學曾)도 같은 부사 군관

---

18 『한국고서종합목록』 1160면에 "金魯敬 編 『燕行雜錄』 寫本(自筆) 16冊, 國立中央圖書館藏"이라고 되어 있으나 내용을 보면 김노경 편 혹은 김노경 찬일 수 없다. 임기중, 『연행록연구』 45면에서 역시 김노경 『연행록』 16책이라고 한 것도 만일 이 국립중앙도서관 소장본이라면 잘못이다. 그런데 『연행록전집』 79~83책에 서유소(徐有素) 『연행록(燕行錄)』 16책이라는 것을 수록하였다. 이를 국립중앙도서관 소장본 『연행잡록』과 대비하면 둘은 동일한 필사본임이 판명된다. 동일한 서적을 다른 찬자라고 하고 있는 것이며, 게다가 『전집』에서는 김노경 『연행록』을 미수집본 37종 중 하나로 제시하고 있어 도무지 이해할 수 없다고 할 수밖에 없다. 최강현, 『한국기행문학연구』 352면에 서유소 찬, 16책이라고 하였고, 張伯偉는 「명칭 · 문헌 · 방법–연행록연구에 관한 몇 가지 문제」(정광 등 편, 『연행사와 통신사–연행 · 통신사행에 관한 한중일 삼국의 국제워크숍』, 서울, 박문사, 2014, 297면)에서 이영득(李永得) 찬이라고 추정했으나 본 해제에서는 찬자미상으로 하였다.

이라는 직함을 가지고 연행하였다.

김학민의 일은 역시 『연행잡록』 내편, 일기 순조 22년 11월 20일조에,

> 副房軍官金學曾字稚三, 金學民字稚敍, 皆爲副使堂姪, 李泰緒字汝林, 爲副使戚從姪. 人品皆佳而且詩.

라고 나온다. 김영진에 따르면, 김학민은 1792년(건륭 57, 정조 16)~1869년(동치 8, 고종 6)이며, 이조판서였던 김상성(金尙星)의 증손인데 아마도 서자의 자손일 것이라고 한다.

[여정]

1822년(도광 2, 순조 22)

10월 20일	서울 출발
11월 25일	도강
12월 24일	북경도착

1823년(도광 3 순조 23)

2월 4일	북경 출발
3월 3일	도강
3월 17일	서울도착

[내용]

이번 연행사는 동지사이며, 정사는 김노경이었다. 이 여행단에는 그의 아들 김명희(金命喜)와 지인인 김선신(金善臣) 등이 참여하였고, 김학민과 시를 주고받은 것도 볼 수 있다.

일기를 위주로 하고 있고 종종 시가 섞여 있다. 다만 일기에 대해 말하면 평범한 관찰이 많고, 상세한 면에서 『연행잡록』 일기에 훨씬 못 미친다. 시에 대해서도 특별히 인상에 남는 것은 없다. 『연행잡록』을 보충하

는 자료로서는 사용할 수 있다. 또한 여행 때 숙박한 민간인의 성명 혹은 성만을 꼼꼼하게 기록하였다. 두 작품을 비교하면 조선 국내의 여정에서 며칠 차이가 난다. 아마도 부사 일행이 먼저 가고 서장관 일행이 뒤따라 갔기 때문일 것이다.

권말에 「치군요결(治郡要訣)」 9장이 실려 있다. 이는 조선에서 지방관으로서 지녀야 할 마음가짐, 즉 관잠서(官箴書)다. 이러한 것을 부록으로 실은 점도 희귀한 경우이다.

20. 『隨槎日錄』 一卷 撰者未詳 東北大學附屬圖書館藏

[텍스트]

필사본 1책. 갑자년(1864, 동지 3, 고종 원년) 3월 날짜에 찬자의 아들이 쓴 발문에 따르면, 찬자는 을미년(1835, 도광 15, 헌종 원년)에 사망했다. 유고(遺稿)로 시문 수백 편과 이 수사록(隨槎錄)을 얻었으며, 동치 3년에 정서(浄書)했다고 한다. 즉 본서는 찬자의 아들이 베껴 쓴 것이며, 바탕이 된 원본이 있었지만 그 존재를 확인할 수 없다. 본문의 맨 마지막에,

> 燕行雜絶百首及與諸中朝士往復詩札, 以偏重故別載於詩文集中焉.

이라는 것은 찬자의 아들이 쓴 것임에 틀림없고, 분명히 본서에는 연행 때 지은 시문류를 수록하고 있지 않다.

이만포(李晩圃, 만포는 호)가 병술 1826년(도광 6, 순조 26) 9월에 쓴 「수사록서(隨槎錄序)」가 첨부되어 있다. 이때 연행사는 순조 26년 3월에 귀국했기 때문에 찬자는 귀국의 열기가 아직 식지 않았을 때 일기를 정리한 것으로 생각된다.

[찬자약력]

찬자는 미상이다. 다만 [텍스트] 항목에 기술한 찬자의 아들이 쓴 발문에 따르면, 1835년(도광 15, 헌종 원년) 45세로 사망했다고 했으므로 찬자는 1791년(건륭 56, 정조 15)생이다. 김영진은 여항인(閭巷人, 중인계급) 김석손(金祏孫)일 가능성이 있다고 지적하였다.

발문에 따르면, 찬자의 집은 은진(恩津)에 있고 가난했다. 평양의 거유(巨儒) 김정중(金正中, 호 一翁 · 自在庵)을 서울의 과거시험장에서 만났던 인연으로 평양에 있는 김정중의 가숙(家塾)에서 가르치고 있었던 것 같다. 이곳에서 관찰사로 부임해 온 이상서(李尙書)[19]의 지우(知遇)를 입었다. 이상서는 임종 즈음에 동생인 이만포에게 찬자를 부탁했다고 한다. 찬자는 이만포의 비서와 같은 일을 하고 있었던 것 같다. 이만포가 연행할 즈음에도 역시 수행하였다. 이만포의 「수사록서」에서도 찬자가 동행한 일을 서술하였다. 또한 이 「수사록서」에 의해 찬자의 호가 기천(杞泉)이었음을 알 수 있다.

그렇다면 이만포는 누구일까? 1825년(도광 5, 순조 25) 동지사의 정사는 이면승(李勉昇), 부사는 이석호(李錫祜), 서장관은 박종학(朴宗學)이었기 때문에 이면승 아니면 이석호임이 틀림없다. 본서에서 종종 '사야(使爺)'라고 나오는 것이 찬자가 수행한 주인임은 틀림없고, 또한 종종 "使爺與副三房云云"이라고 표현하고 있기 때문에 '사야'란 정사인 이면승이 틀림없다. 이만포는 이면승이다. 다만 이면승에게는 문집이 없으므로 찬자를 특정할 수 없다.

찬자는 과거에 합격하지 못하였고, 본문 가운데 중국인과의 필담에서도 "以布衣從事, 原無官職"이라고 한 것처럼 수행할 당시에는 관직에 있지 않았다. 그의 아들이 쓴 발문으로 보아도 죽을 때까지 과거에 합격하지 않고 관직에 오른 적이 없었다.

---

19 역자주: 이상서는 이면긍(李勉兢, 1753~1812)이다.

[여정]

일기는 북경으로 가는 길에 도강한 날부터 시작하여 돌아오는 길에 도강한 날에서 끝나고 있다. 『동문휘고』를 참고하여 서울을 출발한 날짜와 도착한 날짜를 보충하면 다음과 같다.

1825년(도광 5, 순조 25)
(10월 26일 서울 출발)
11월 26일 도강
12월 24일 북경 도착
1826년(도광 6, 순조 26)
2월 2일 북경 출발
3월 3일 도강
(3월 23일 서울 도착)

일행의 인원은 "數百餘人"으로밖에 기록하지 않았다(3월 3일).

[내용]

본서는 찬자명을 기록하지 않았을 뿐만 아니라 연행 연도도 명기하지 않았다. "乙酉十一月二十六日己酉, 晴. 自義州渡江, 云々"이라고 쓰기 시작할 뿐이다. 그러나 이 을유가 1825년(도광 5, 순조 23)임은 내용으로 보아 의심의 여지가 없다. 본서는 이 해의 동지사 정사 이면승의 종자가 쓴 연행록이다.

찬자와 함께 수창한 인물로 현대(玄對)와 우촌(雨村)이라는 두 이름이 종종 등장한다. 김영진은 현대는 이경천(李敬天)이고, 우촌은 남상교(南尙敎, 1783~1866)이며, 이 중 남상교는 저명한 시인이었다고 하였다. 찬자는 중국어 회화를 할 수 없어서 중국인과의 교류는 오로지 필담에 의지했지만, 현대와 우촌은 출발 전부터 중국 여행에 대비해 중국어 회화 연습을

하고 있었던 것 같다. 첫 연행이었음에도 불구하고,

> 入柵數日, 雨邨·玄對頗學漢語. 招來主人, 故作答問茶飯數句語, 酬酢如流. 主人怪問, 公子此行凡幾塘, 云々(番曰塘).

이라고 하여 입책 직후의 정황에 대해 기록하였고(11월 29일), 또 3개월 후에는,

> 玄對·雨村舌根柔輭, 聞輒傳誦, 誦輒不訛. 舌譯家皆服其聰敏.

이라고 하여 통역관도 놀랄 정도의 능력을 지니고 있었다(3월 3일).

이 일기에는 이국(異國)인 북경에서 중국인과 교제하고 각지를 관광하는 기쁨이 넘치고 있다. 찬자의 숨결이 들리는 듯하다. 불우한 만큼 해방감이 있었던 것일까. 그와 일행이 교류한 중국인으로 조강(曹江)·오사권(吳思權)·주달(周達)·설잉(薛仍)·이덕우(李德隅)·방모(方某, 擧人) 등이 등장한다. 여기서는 옥하관, 즉 북경을 출발하기 전전날인 1월 30일 찬자가 화포(畫舖)에서 만났던 거인(擧人) 이덕우에게 보낸 시의 일부를 옮겨 싣는다.

> 我生東海表, 藐然若礧空. 心眼不自廣, 文字詎能工. 猶有遠遊志, 足迹徧西東.
>
> 譬如處井蛙, 跳甃樂在中. 一渡鴨綠水, 弊貂臨北風. 壯觀亦有因, 從我晩圃公.
>
> 愧乏書記才, 翩々若赴戎. 秦城萬里遠, 遼野一望空. 上觀天子都, 包海以爲雄.

정사·부사·서장관을 수행한 자가 이와 같이 서기의 임무를 띠고 있

었음을 이것으로써 알 수 있다.

21. 『游燕藁』 三卷 洪錫謨 撰 京都大學文學部圖書館藏

[텍스트]

필사본 3책. 표제에 대해서는 제1책 권두에 '游藁上'이라고 했지만, 제2책 권두에 '游燕藁中', 제3책에 '游燕藁下'라고 하였다. 봉면에는 제목이 없다.

『한국고서종합목록』 1204면에 따르면, 한국 국립중앙도서관에도 홍석모(洪錫謨) 찬 『유연고(游燕藁)』 3책이 소장되어 있음을 알 수 있지만 아직 보지 못하였다. 따라서 교토대학 문학부도서관본과의 우열과 차이는 판단할 수 없다. 교토대학 문학부도서관본은 메이지 42년(1909) 12월 20일에 입수했다는 도장이 있으며, 벌레 먹은 정도가 심하다.

[찬자약력]

홍석모(洪錫謨)는 1781년(건륭 46, 정조 5)~1857년(함풍 7, 철종 8). 본서 권2, 「봉증조옥수중서강(奉贈曹玉水中書江)」의 자주(自注)에서 홍석모 스스로 신축년(1781)생이라고 하였다(정월 24일).

홍석모의 조부는 유명한 홍양호이며, 그도 1782년(건륭 47, 정조 6)과 1794년(건륭 59, 정조 8)에 동지사로 입연하였고, 연행록도 문집인 『이계집』 권6에 『연운기행(燕雲紀行)』, 권7에 『연운속영(燕雲續詠)』으로 수록되었다. 기윤은 『이계집』에 서문을 써줄 정도로 교제가 깊고, 홍양호는 귀국 후에도 계속해서 기윤과 서신을 주고받았다. 그는 기윤과 주고받은 서간을 편찬하여 『두남신교집(斗南神交集)』이라는 이름을 붙였다고 한다(정월 13일). 홍양호의 아들 홍희준(洪羲俊)은 아버지를 따라 연행하였다. 그리고 홍희준이 1826년(도광 6, 순조 26)에 동지사 정사가 되어 연행할 때는 그의 아들 홍석모가 수행했다. 이 사실을 서울을 출발하는 날에 기록하고 있다.

김영진에 따르면, 홍석모는 1804년 생원시에 합격하고 있다. 그러나 『국조방목』에서 그의 이름을 찾을 수 없는 것으로 보아 문과에는 급제하지 않은 것 같다. 본서는 그가 46세부터 47세 때 연행한 기록이지만 그는 어떠한 관직에도 있지 않았던 것 같다.

그의 문집으로 『도애집(陶厓集)』 불분권(不分卷) 8책이 있고, 그 원고본(原稿本)은 장서각에 소장되어 있다. 그 밖에 『황간군읍지(黃澗郡邑誌)』 등의 저술이 있다는 사실이 각종 서목에 보인다.

[여정]

1826년(도광 6, 순조 26)

10월 27일 서울 출발

11월 27일 도강

12월 26일 북경 도착

1827년(도광 7, 순조 27)

2월 4일 북경 출발

3월 4일 도강

(3월 21일 서울 도착 『동문휘고』)

[내용]

홍석모가 동지사 정사인 아버지를 따라 1826년(도광 6, 순조 26)에 연행했을 때의 기록이다. 덧붙이면 부사는 신재식(申在植), 서장관은 정예용(鄭禮容)이었다. 신재식의 경우 이때의 필담 기록으로 『필담』이 있다는 사실이 본서 제8장에 나온다.

체재는 매일 써 둔 시를 중심으로 시제(詩題)와 시 자체에 상세한 자주를 달았다. 역사 자료로서는 이 자주가 중요하다.

연로(沿路)에서의 관찰, 북경에서의 관광 모두 특색 있는 것이 보이지 않는다. 다만 많은 청조 문인과 수많은 교제를 하고 있는 것이 홍석모 및 이 연행록의 특징이다. 조부 홍양호와 기윤의 교제가 있었던 것은 이미 기술한 바이지만, 그 인연으로 인해 기윤의 손자인 기수유(紀樹蕤)의 집을 방문했다(정월 13일). 기수유는 기윤의 5번째 손자로 생원이며, 선무문 밖 호방교(虎坊橋) 동쪽의 고택(故宅)에 살았다고 한다. 이 밖에 그가 사귄 청인으로 조강(曹江)·대가회(戴嘉會)·장상하(張祥河)·서송(徐松)·육계로(陸繼輅)·웅앙벽(熊昂碧)·장추음(蔣秋吟)[20]·진연은(陳延恩)·진부은(陳孚恩)·장월(蔣鉞)·유민(劉玟)·가한(賈漢)·장심(張深) 등의 이름이 나온다.

22.『隨槎日錄』不分卷 撰者未詳 天理圖書館藏(今西文庫)

[텍스트]

필사본 1책만 잔존. 인장은 '今西龍', '天理圖書館藏'이 있을 뿐이다.

내용은 서울을 출발한 1829년(도광 9, 순조 29) 10월 27일부터 북경 체류 중인 같은 해 12월 27일까지이고, 정작 북경 체류의 중심과 귀국 부분이 빠져 있다. 이는 본서가 본래 2책 혹은 3책으로 되어 있음을 말해 준다.

더욱이 임기중 편 『연행록전집』 59책에는 홍경해(洪景海) 찬 『수사일록(隨槎日錄)』을 수록하였다. 혹시 본서의 찬자를 추정할 단서가 되지 않을까 생각하여 살펴보았는데 이 책의 '연행연대'를 편자는 1747년(건륭 12, 영조 23)이라고 하였지만 이는 연행사가 아니라 일본에 갔던 통신사의 기록이다. 물론 본서와는 내용이 전혀 다르다,

[찬자약력]

찬자는 지금으로서는 전혀 모른다.[21] 북경으로 가는 길에 도강할 때 읊

---

20 역자주: 원서에는 '본명은 모른다'고 되어 있으나 장추음의 본명은 蔣詩다.

21 역자주: 찬자는 권식(權寔)이다. 본장 574면의 주2를 참조할 것.

은 시에서,

誰知碌碌老書生, 遽作戎裝出塞行.

이라고 하였다(11월 25일). 따라서 상당히 나이가 많고 관직이 없는 인물이 찬자였다고 생각된다. 정사 유상조(柳相祚)의 수행원으로 연행하였다.

시 가운데 유하(游荷)라는 인물에게 주거나 혹은 창화한 것이 많다. '游荷行臺'라고 기록한 부분으로 보면, 유하는 서장관이었던 조병귀(趙秉龜)의 호라고 생각된다.

더욱이 같이 동행한 조수삼(趙秀三)이라는 인물에 대해서

趙芝園秀三隨書狀行, 今年爲六十八, 而七赴燕京, 文詞氣力, 老健可喜.

라고 기록하고, 또

陽齋姜子鍾在應亦隨書狀行, 文士也.

라고 기록하였다(11월 18일). 조수삼(호 芝園)의 이름은 본 해제 14. 『연행시(계정시고)』에도 등장하고, 그의 7번의 연행 중 한 번이 순조 3년(가경 8년=1803) 때였음은 의심의 여지가 없다. 조수삼과 강재응(姜在應)은 함께 서장관의 수행원이었다. 다만 찬자는 "一見中原猶宿願"이라고 그의 시에서 말하고 있듯이(10월 28일) 이번 연행이 처음이었던 것 같다. 김영진에 따르면, 조수삼(1762~1849)은 유명한 여항시인(중인)이라고 한다. 문집으로 『추재집(秋齋集)』(『한국문집총간』 271집 수록)이 있다. 이 문집에는 청인과의 교류를 보여주는 많은 시문이 수록된 것 외에 권5, 「명실록가(明實錄歌)」에서는 이때 동행한 이석여(李錫汝)라는 인물이 『명실록(明實錄)』을 구입해 돌아와서 조정에 바친 일을 전하고 있다.

[여정]

이미 기술한 대로 본서는 북경 도착까지만 남아 있다.

1829년(도광 9, 순조 29)

10월 27일　　서울 출발

11월 26일　　도강

12월 26일　　북경 도착

[내용]

동지사 일행의 기록으로, 매일의 일기가 중심이고 때때로 시가 섞여 있다. 다른 연행록에서는 볼 수 없는 기술이 종종 보인다. 더욱이 강시영(姜時永)『유헌속록(輶軒續錄)』(『연행록전집』 73책 수록)은 순조 29년의 동지사보다 3일 늦은 11월 1일에 곧 서울을 출발한 진하 겸 사은사의 서장관 강시영이 쓴 것이다. 두 연행사는 북경에서 함께 옥하남관(玉河南館)에 머물렀다.

23.『燕雲遊史』八卷 洪敬謨 撰 石川武美記念圖書館藏(成簣堂文庫)

[텍스트]

필사본 8책. 제1책 봉면(표지) 왼쪽 위에 '燕雲遊史'라고 크게 쓰여 있고, 오른쪽 위에 '遼野記程一'이라고 묵서되어 있으며, 그 오른쪽에 붉은 글씨로 '珍藉可愛惜 蘇峰祕笈'이라고 쓰여 있다. 도쿠토미 소호 구장. 봉면(표지)의 뒷면에는 "明治四十四年十月念二, 於京城韓人古董肆樓上群籍亂堆之裡獲焉. 蘇峰學人"이라고 기록하고, 또 행을 바꾸어 "予未詳是書著者也. 今讀書中文筆峰記. 始知爲耳溪洪良浩之孫洪敬謨之著也. 予昨日獲敬謨自筆燕槎續韻十七册, 併存于成簣堂中. 聊爰誌奇遇云爾. 四十四年十月念六夕. 蘇峰又記"라고 기록하였다.

이상에 따르면 도쿠토미 소호가 이 책을 입수한 유래는 명확하다.

1911년(메이지 44) 10월 22일 서울(경성)의 골동품 가게에 산적되어 있는 고적(古籍) 가운데 『연운유사(燕雲遊史)』 8책이 있어 구입하였다. 다만 그 때는 누구의 찬인지 알지 못했지만, 읽어보고 나서 홍양호의 손자 홍경모의 것임을 알았다. 그런데 그 다음날 홍경모 자필(自筆)의 『연사속운(燕槎續韻)』 17책을 입수하여 세이키도(成簣堂)에 보관하고 여기에 '기우(奇遇)'를 기록한 것이라고 하였다. 이러한 내용을 적은 것이 메이지 44년 10월 26일로, 다음의 25. 『연사속운』을 입수한 것이 10월 25일이라고 기록한 것과 일치한다. 이에 따르면, 소호(蘇峰)가 『연운유사』의 찬자를 홍경모로 알게 된 것은 『연사속운』을 구입한 이후다. 내용으로 보면 홍경모 찬임은 틀림없이 적확한 지적이다.

제8책의 마지막 면에는 소호의 글씨로 "明治四十四年十月念六日於愛吾廬, 蘇峰學人一讀了"라고 기록되어 있다.

[찬자약력]

홍경모(洪敬謨)는 1774년(건륭 39, 영조 50)~1851년(함풍 원년, 철종 2). 자는 경수(敬修), 호는 관암(冠巖), 풍산(豐山) 사람. 소호가 기록한 대로 홍양호의 손자다. 1809년 문과 급제하여 이조판서 등을 역임하였다. 『관암전서(冠巖全書)』(『한국문집총간』 속123집) 등이 있다.

[여정]

이 책의 제1책은 '遼野記程'이라는 제목으로 되어 있는데 11월 21일 도강했다고밖에 기록하지 않았다. 『동문휘고』에 의거해 여정을 보충하면 다음과 같다.

1830년(도광 10, 순조 30)

(10월 30일　　서울 출발 『동문휘고』)

11월 27일　　도강

1831년(도광 11, 순조 31)

(4월 10일　　　서울 도착『동문휘고』)

[내용]

홍경모는 이때 호조참판으로, 삼절연공사의 부사로 예조판서의 직함을 더하여 연행하였다.

이 책은 일기를 중심으로 하는 보통의 연행록과는 완전히 다른, 여행 연로와 북경을 중심으로 한 지방지(地方志)라고 하는 편이 이해하기 쉬울 것이다. 8책의 구성은 제1책 · 제2책이 '요야기정(遼野記程)', 제3책부터 제8책까지 '옥하섭필(玉河涉筆)'이라는 제목으로 되어 있다. 옥하(玉河)란 북경의 조선 숙소를 옥하관이라고 하듯이 이 경우는 북경의 아명(雅名)이다. 제1책 첫 면은 '燕雲遊史前編(弓)'이라는 제목 하에「도압강기(渡鴨江記)」부터「노룡새기(盧龍塞記)」까지 테마별 목록이 기록되어 있다. 전8책이며, '燕雲遊史前編(弓)'이라는 제목의 목록이 있다. 제2책은「광녕현기(廣寧縣記)」부터「고려보기(高麗堡記)」까지, 제3책은「연경형승기(燕京形勝記)」와「경성기 상 · 하(京城記上 · 下)」등, 제4책은「궁실기(宮室記)」부터「옥하(玉河)」까지, 제5책은「서산원유기(西山苑囿記)」중 하나인〈낙선원(樂善園)〉부터「선잠단 이(先蠶壇二)」까지, 제6책은「사묘기(祀廟記)」부터「백운관(白雲觀)」까지, 제7책은「빈관지(賓館志)」의〈옥하관(玉河館)〉부터「내부서적기(內府書籍記)」의〈사고전서(四庫全書)〉까지, 제8책은「태학기(太學記)」부터「외성(外省)」까지다.

연행록 중에는 북경에 관한 상세한 기술이 종종 있으나 이 책이 그 대표적인 경우이다. 제7책에「보제당기(普濟堂記)」가 있고「북경육영당(北京育嬰堂)」과 함께 기록하였는데 이는 연행록에서는 보기 드문 기술이다. 그 다음에 있는「천주당기(天主堂記)」도 상세하다.

제7책의「유구관 일(琉球館一)」에서는 홍경모 자신이 태화전 왼쪽 문인 정도문(貞度門) 밖에서 유구인을 만난 일을 기록하였다. 또한 본서 제3장 등에서 여러 번 기술한 바와 같이 양국에는 국교가 없었기 때문에 양국의 정사나 부사는 정식으로 필담을 나누지 않았다. 홍경모가 손가락으로 땅에 글씨를 써서 상대방의 성명을 묻자, 역시 손가락으로 글씨를 써서 "나는 부사 왕비열(王丕烈)이고 정사는 향국벽(向國壁, 『歷代寶案』에 따르면 向國壁), 도통사(都通事)는 홍태희(紅泰熙)다."라고 답했다고 한다. 그 상세한 내용은 「경개총화(傾蓋叢話)」에 있다고 한다. 「경개총화」는 해제 25. 『연사속운』에서 소개하는 홍경모의 『연사휘원(燕槎彙苑)』 중 하나인 『경개총화』일 것이지만, 안타깝게도 현존 여부를 확인할 수 없다.

그의 청조관을 전함에 있어 흥미로운 것은 제3책에 수록된 「청개국기(淸開國記)」다. 이것은 당시 조선에서 더욱 우세했던 배만양이(排滿攘夷)의 청조관이 전혀 아니고 청조를 최대한 칭찬하며 찬미하고 있다. 아래에 약간을 인용한다.

> [淸]大公至正, 扶綱植常, 自古今以來, 亦未知或聞也. 且其政謨法制專尙于簡, 文治武略各得其要. 至於薙天下之髮, 左天下之衽, 不變我家制度者, 亦是宏謀遠略, 殆不可以外夷論之, 而苟非上天所置之命吏, 豈能若是之盛矣. 是知天之生是人也不偶, 而不偶則必有以相之者, 其所以相之者, 卽天之所命也. 天之所命, 不在於華夏夷狄, 而監于有德也, 明矣.

여기에 보이는 것처럼 만주족이 중국의 지배자가 된 것은 천명을 받았기 때문이라고 하고, "하늘이 명한 것은 중화인지 이적인지와 관계없고 덕이 있는지 없는지이다."라고 서술하였다.

24. 『燕槎酬帖』 不分卷 曹鳳振 等撰 天理圖書館藏(今西文庫)

[텍스트]

필사본 2책. 만오(晩悟) · 신암(愼菴) · 헌수(憲秀) 세 명이 연행했을 때 서로 응수하며 주고받은 시를 아마도 귀국 후에 정리한 것이다. 예를 들어 권두에는 '鴨江餞席共賦'라는 제목이 있고, 다음으로 위에 기록한 세 명이 지은, 동일하게 '千'자로 끝나는 칠언절구가 나열되어 있다. 글자 위에 종종 직접 고쳐 쓴, 즉 개수해놓고 있다. 누가 이 정리를 담당했는지 결정적인 근거는 없지만 만오, 즉 박내겸(朴來謙)일 가능성이 가장 높다고 생각된다. 인장으로는 '今西龍', '天理圖書館藏'이라는 도장이 있을 뿐이다.

[찬자약력]

이『연사수첩(燕槎酬帖)』에는 이것이 몇 년도 연행 때의 것인지, 그리고 만오 · 신암 · 헌수의 본명이 무엇인지 전혀 기록하지 않았다. 내용으로 보아 이 연행이 통상적으로 동일한 동지사의 것임은 분명하다. 정월 원단에 태화전에서 거행되는 원조에 대해 기록한 것도 이 때문이다.

결론을 먼저 말하면『연사수첩』이 만들어진 연행은 1833년(도광 13, 순조 33), 사은 겸 동지사로 갔을 때의 것이며, 정사는 조봉진(曹鳳振), 부사는 박내겸(朴來謙), 서장관은 이재학(李在鶴)이었다.

결정적인 근거는 다음의 여러 점이 있다. 우선 중국인 섭지선(葉志詵)의 자택을 방문하고 지은 시가 있다(「葉東卿(志詵)宅後子午泉, 烹茶味香, 要余一詩」). 섭지선은 건륭 말년부터 도광 연간에 조선 지식인과 폭넓게 교제했던 인물이다.

두 번째로 「회도만상, 정사은삼개(사)(回到灣上, 呈謝恩三价(使))」라는 제목의 시가 있다. 이 시는 귀국길에 의주에 도착했을 때, 이제 사은사로 북경에 가려고 하는 연행 삼사에게 준 것인데, 상사(上使) 홍경수(洪景修), 부사(副使) 이경복(李景服), 행대(行臺, 書狀官) 김구여(金九汝)라는 이름이 기록되어 있다. 이 중 김구여의 본명은 김정집(金鼎集)이고, 구여는 그의 자임을『조선인명사서(朝鮮人名辭書)』를 통해 알 수 있다. 김정집이 서장관으로 연행한 연도를『동문휘고』에서 조사해보면, 1834년(도광 14, 순조 34) 진하 겸 사은사임이 틀림없다. 정사는 홍경모, 부사는 이광정(李光正)이며, 이광정의 자는 경복(景服)이므로 이것도 확증된다. 이번 연행은 그 전년의 것임에 틀림없다.

또 「연례홍려시, 견면전국사(演禮鴻臚寺, 見緬甸國使)」라는 제목의 시가 있는데, 이때 연행사가 홍려시(鴻臚寺)에서 면전국(緬甸國)으로부터 온 사절과 만났다. 『청실록(清實錄)』 도광 13년 12월 을축조에는 조선 사신 조봉진 등 세 명과 면전국 사신 네 명이 오문 밖에서 도광제(道光帝)를 알현했다는 기사가 있어 확실히 면전에서 온 사신이 입조했음을 알 수 있다. 『연사수첩』이 이 해의 것이라는 점은 의심의 여지가 없다.

그럼 만오 · 신암 · 헌수는 도대체 누구인가? 이때의 연행사 정사는 조봉진, 부사는 박내겸, 서장관은 이재학이었다. 이 중 조봉진의 자는 의경(儀卿), 호는 신암(愼菴)이었으므로 우선 신암이 조봉진임은 틀림없다. 또 만오라는 인물은 「입심양(入瀋陽)」이라는 제목의 시에서 "再到瀋陽界", "萬泉(瀋使時寓萬泉寺)如有待"라고 노래하고, 다시 "五載又天涯"라고 읊으며 끝낸다. 만오는 이 해로부터 4년 전에 심행사로 심양에 왔던 인물이다. 『동문휘고』에 따르면 순조 33년(도광 13)의 4년 전인 순조 29년(도광 9) 문안심행사(問安瀋行使)만이 있다. 이 심행사는 정사가 이상황(李相璜), 서장관이 박내겸이었다. 그렇다면 만오는 도광 9년 심행사의 서장관이며, 또 도광 13년 연행사의 부사였던 박내겸일 개연성이 극히 높다. 박내겸에게는 도광 9년 심행기록인 『심사일기(瀋槎日記)』가 있다(본 해제, 범례 1-(1) · (4)에 수록).

또한 김영진에 따르면, 헌수는 여항시인으로 유명한 최헌수(崔憲秀)라고 한다.[22]

---

22 역자주: 최헌수의 자는 원도(元度), 호는 우산(愚山) · 산가(山佳), 본관은 수원. 최헌수는 이후 1836년 동지사행에도 정사 신재식(申在植)의 수행원으로 연행하였다. 이때 연행한 8인의 공동 수창시집인 『상간편(相看編)』 내에 최헌수의 시가 수록되었고, 별도로 시집인 『우산고(愚山稿)』가 전한다.

[여정]

본서는 수창시첩[酬帖]이므로 여정은 기록하지 않았다. 『동문휘고』에 따르면,

1833년(도광 13, 순조 33)

10월 17일 서울 출발

1834년(도광 14, 순조 34)

3월 18일 서울 도착

[내용]

내용은 이미 [텍스트] 등에서 기술하였다. 도강, 즉 북경으로 가는 길에 압록강을 건너 야숙한 때부터 수창하기 시작하여, 돌아오는 길에 의주에 도착했을 때 끝난다.

25.『燕槎續韻』不分卷 洪敬謨 撰 石川武美記念圖書館(成簣堂文庫)

[텍스트]

필사본 17책. 첩장본(帖裝本). 세로 25.5㎝×가로 18.5㎝. 도쿠토미 소호 구장. 그가 이『연사속운(燕槎續韻)』을 입수한 유래에 대해서는 23.『연운유사』참조. 그는『연사속운』을 1911년(메이지 44) 10월 25일에 얻었다. 봉면에는 "朝鮮名士耳溪洪良浩先生使燕記行自筆之詩, 間以寫生畫, 眞觀風之好資料也. 又臥遊之好伴侶也. 明治四十四年十月念五夕. 蘇峰主人"이라고 기록하였다. 아무래도 이 책을 입수했던 단계에서는 이것을 홍양호 찬이라고 오해한 것 같다. 그리고 다음날『연운유사』를 다시 보고 나서야 잘못을 알아차려『연운유사』의 봉면에 올바른 서지정보를 추가로 쓴 것 같다. '蘇峰學人德富氏愛藏圖書記'라는 인장이 있다.

뒤에 기술한 대로 홍경모 자신의 인장이 있기 때문에 자장본임에 틀림없다.

17책 모두 첩장되어 있으며, 간혹 서화(書畫)가 섞여 있다. 첩장본인 점, 서화가 섞여 있는 점에서는 필자가 아는 한 일본 현존 조선연행록 가운데 이것이 유일하고 한국에 현존하는 것 중에서도 극히 드문 것 같다. 당시 연행의 모습을 보여주는 자료로서는 『연행도(燕行圖)』(숭실대학교 한국기독교박물관 소장, 2009년에 동 박물관에서 출판)가 가장 잘 알려져 있지만, 『연사속운』은 그 작성연대가 분명한 것으로써 귀중하다.

[찬자약력]

23. 『연운유사』 참조.

[여정]

기록되어 있지 않지만 『동문휘고』에 의거해 서울을 출발하고 귀국한 때만 다음에 기록한다.

1834년(도광 14, 순조 34)

(2월 12일　　　서울 출발)

(7월 7일　　　서울 도착)

[내용]

홍경모는 이 해 정사로 판중추부사의 직함을 더하여 출발했다. 이미 기술한 대로 1830년에 이어서 두 번째 연행이다.

그의 문집 『관암전서』 책12, 「연사휘원총서(燕槎彙苑總敍)」에는 대략 다음과 같이 기록하였다.

> 1834년 연행에 대해서는 이하의 기록을 지었다. 상편(上篇)은 『사상운어(槎上韻語)』·『일하속영(日下續詠)』·『귀초잉언(歸軺剩言)』·『사상속운(槎上續韻)』·『옥하섭필(玉河涉筆)』·『다묵여향(茶墨餘香)』·『경개총화(傾蓋叢話)』. 중편(中篇)은 『주경구제(周京舊制)』·『연도총고(燕都總攷)』. 하편(下篇)은 『일신

일승(馹汎日乘)』·『행주신작(行厨新嚼)』·『유헌쇄철(輶軒瑣綴)』. 이상의 3편을 총칭해서 『연사휘원(燕槎彙苑)』이라고 한다.

본서인 『연사속운』은 여기서 말하는 『사상속운』일 것이다. 만일 『연사휘원』이 현존하고 있다면 이는 장관임에 틀림없고 적어도 수많은 연행록 중에서도 최대급의 하나였음에 틀림없다. 그것은 중국이나 북경에 대한 조선 지식인의 동경을 가장 잘 나타내는 것이었다.

본서 제1책에는 1면부터 4면에 걸쳐 '燕'·'槎'·'續'·'韻', 제2책에는 '燕雲萬里', 제3책에는 1면부터 8면에 걸쳐 '清'·'麗'·'江'·'南'·'管'·'轄'·'關'·'西' 등이 크게 쓰여 있다. 『연사속운』은 여정 각처에 따라서 첩책이 나뉘어져 있다. 큰 글씨는 홍경모의 자필일 것이다. 제1책 일곱째 면부터 홍경모 자신의 글씨로 이 책의 유래가 기록되어 있다. 1830년 연행했을 때는 『연사운어(燕槎韻語)』라는 기행시집(紀行詩集)을 지었는데 이것은 그 속편이다. 조부 홍양호도 연행 후에 『연운속영(燕雲續詠)』이라고 이름 붙였다고 한다. 실제로 홍양호도 두 번 연행하여 첫 번째 때는 『연운기행(燕雲紀行)』을, 두 번째 때는 『연운속영』을 저술하고 있다. 맨 마지막에 "後甲午粤三年丙申初夏, 槎上舊行人續書"라고 기록하고 홍경모 자신의 인장을 찍었다. 자장본임에 틀림없다. 갑오(甲午)는 연행에서부터 귀국한 해, 병신(丙申)은 1836년(도광 16, 헌종 2)이므로 귀국 후 3년 정도 지나서부터 이 책을 편찬했을 것이다.

『연사속운』에서 가장 귀중한 점은 이미 기술한 대로 서화가 있다는 것이다. 그러나 이들 그림 대부분은 아마도 홍경모 혹은 중국의 벗이 그린 것을 문재(文齋)라는 인물이 모사(模寫)한 것일 것이다. 또한 여기에 수록되어 있는 중국의 벗에게 받은 시문도 진필(眞筆)이 아니라 모사다. 이러한 것은 중국인의 인장 자체가 모사이기 때문이다.

그에게 시문을 준 인물로는 기수유(紀樹蕤, 기윤의 손자), 육경이(陸慶頤, 자 菊人), 진연은(陳延恩, 호 登之), 솔방위(帥方蔚, 『좌해교유록(左海交游錄)』의 찬자), 섭지선(葉志詵, 본서 제8장 참조), 반세은(潘世恩) 등이 있다.

26.『玉河日記』不分卷 金賢根 撰 京都大學文學部圖書館藏

[텍스트]

필사본 3책. 인장은 '京都帝國大學圖書之印'이라는 메이지 43년(1910)에 입수했다는 도장이 있을 뿐이다. 다른 본이 현존하는지는 확인할 수 없다. 곳곳에 써넣거나 삭제한 흔적이 있어 찬자 자신의 고본임은 의심의 여지가 없다. 벌레 먹은 정도가 심하여 판독할 수 없는 부분이 있다.

[찬자약력]

김현근(金賢根)은 1810년(가경 15, 순조 5)~1868년(동치 7, 고종 5). 명온공주(明溫公主)의 부마이며 동녕위(東寧尉)였다. 아버지는 김한순(金漢淳), 조부는 김이양(金履陽). 이때 연행의 주 목적은 순조가 사망하고 헌종이 즉위하여 3년상이 끝나 왕비의 책봉을 주청하는 것이었다. 이러한 특별한 연행 때는 종실관계자가 정사가 된다. 김현근이 정사가 된 것은 그가 국왕의 부마였기 때문이다. 또한 부사는 호조참판으로 이때 예조판서의 직함이 더해진 조병현(趙秉鉉)이었다. 또 김현근 스스로 김상헌(金尙憲)의 자손이라고 서술하고 있어(5월 21일), 명족(名族) 안동김씨의 일원임을 알 수 있다.

[여정]

1837년(도광 17, 헌종 3)

4월 20일　　서울 출발
5월 13일　　도강
6월 13일　　북경 도착
7월 6일　　북경 출발

7월 27일　　책문 도착
(8월 15일　　서울 도착)

일행의 인원수는 분명하지 않지만, 7월 2일 하사한 금품을 받으러 오문 밖에 갔을 때의 기록에서, 주객사(主客司)의 이문(移文)에 하사품이 상여(賞與)된 자는 삼사 이하 대통관(大通官)·압물관(押物官)·득상종인(得賞從人)·무상종인(無償從人) 등 총 208인이었다고 한다.

[내용]

1837년(도광 17, 헌종 3) 연행 때의 기록이다. 서울을 출발해서부터 귀국길에 중국 측 국경마을인 책문에 도착했을 때까지를 기록하였다. 통상적인 연행록과 달리 하절기의 연행기록이므로 요녕성 심양의 남쪽, 혼하(渾河) 하류의 난니보(爛泥堡) 부근에서 "泥濘如海"의 상황을 만나 곤란을 겪는 모습을 기록하였다. 공물(貢物)과 건량(乾糧)을 운반한 수레가 지연되어 북경에 늦게 도착했던 것도 요양·심양 서쪽에서 연일의 큰비를 만났기 때문이며, 짐수레가 도착한 날은 6월 27일이었다. 단 김현근의 관찰에 따르면,

> 蓋大車之行, 本自重遲, 而馬頭輩陰締幹車的, 添載私貨, 故發最後, 而行亦滯. 其奸弊已久, 阻雨者托辭也.

라고 하였다. 마두(馬頭)란 조선에서부터 수행한 말잡이, 간차적(幹車的)이란 간차적(干車的)이라고도 쓰는데, 중국 측의 수레꾼이다. 북경에서의 더위도 견디기 어려워,

> 及到京, 瘴熱尤劇, 單衫露坐, 汗不禁流.

라고 기록하였다(6월 29일).

공물을 실은 마차가 지연된 부분에서 언급했듯이 그의 관찰과 서술은 모두 상세하다. 일행에 부방(副房) 비장(裨將)인 박사호(朴思浩)가 참여하고 있었던 것에 대해 쓴 부분이 있어 중요하다(7월 5일). 박사호에게는 이미 유명한 연행기인 『심전고(心田稿)』(『燕薊紀程』 『留館雜錄』 『應求漫錄』)가 있다[본 해제, 범례 1-(1) · (2) · (4) 수록].[23] 단 『심전고』는 도광 8년의 여행기다. 박사호는 비장이고 신분은 낮았지만, 그와 교우를 가진 중국인 홍영손(洪齡孫)이 박사호를 대한 태도를,

> 甚慇懃屬情如是. 中原人之愛好人倫, 殊可欽也.

라고 하였다. 부사가 주렴계(周濂溪)의 후손이라는 23세의 주순(周循)과 면회했을 때도,

> 大抵中國人士之待我者, 其所禮貌之愛好之形於辭色, 而我人乃反驕傲粗疎, 自露其醜, 不獨文辭而已.

라고 기록하였다. 여기에 보이는 것처럼 김현근의 관찰과 비판은 중화의 예(禮)가 동국(東國) 조선에만 남았다고 하는 공허한 관념론에 근거한 것이 아니다. 오히려 중국인이 조선인보다 예의가 바르다고 칭찬하였다(6월 22일). 반만 감정이 원래부터 전혀 없는 것은 아니지만 눈에 띄지 않는다.

또한 중국에서는 법령이 엄격하고 명확하며, 상하 모두 잘 지키고 있다고 말하였다. 그러나 한편으로 다음과 같이 말하였다. 조선인과 중국

---

23 역자주: 박사호의 연행록은 『심전고』라는 이름으로 알려져 있으나, 『심전고』(필사본 9권 9책, 영남대학교 동빈문고 소장)는 기실 그의 문집이며, 4~8책에 걸쳐 연행록인 『연계기정(燕薊紀程)』이 수록된 것이다(임영길, 「심전 박사호의 연행과 한중문학교류」, 성균관대 석사학위논문, 2008 참조).

인과의 교역은 회동관(會同館) 내부에서 해야 하고 밖에서 행하는 것은 금지되어 있다. 또 조선인이 옥하관에 숙박하지 않고 성 밖이나 관외에서 숙박하는 것은 전부 법령에 의해 금지되어 있다. 그런데 당시 실상은 다음과 같았다.

而從人之出館交易, 略無顧忌, 詞人之交遊寄宿, 視同鄕里. 非獨東人有冒犯之失, 彼人亦恬不爲惧, 至有折簡相招, 遣車以邀. 豈中國之設禁, 亦不免爲文具而已耶.(6월 19일)

즉 중 · 조(中朝) 문인들의 교제가 활발해져서 조선인은 중국 친구의 집에서 외박하고 중국인도 전혀 두려워하지 않게 되었다고 한다.

27.『燕薊紀略』四卷(缺卷二) 趙鳳夏 撰 京都大學附屬圖書館藏(河合文庫)

[텍스트]

필사본 3책. 한 질에 3책이 들어 있고 교토대학에 들어온 시점(다이쇼 8년=1919년에 입수했다는 도장이 있음)에 이미 1책이 빠져 있었다고 생각된다. 더욱이 임기중 편『연행록전집』(98책)에『연계기략(燕薊紀略)』을 수록하고, 연대 · 찬자 모두 미상으로 하고 있어 혹시 조봉하(趙鳳夏)의 이 연행록의 결권 부분일까 하여 조사한 결과, 이것은 1876년(광서 2, 고종 13) 사은 겸 세폐사행(歲幣使行) 때의 기록이며, 찬자는 부사 이용학(李容學)임이 분명하다. 조봉하와는 무관하다. 현재로서는 다른 본이 현존하는지는 확인할 수 없다.

[찬자]

조봉하(趙鳳夏)는 인명사전류에는 나오지 않는다. 장서목록에 의거하는 한, 다른 저작의 현존 여부를 확인할 수 없다. 그러나 본문 가운데 그의 아버지가 "정유(1837년, 도광 17, 헌종 3) 가을에 주청 부사로 부연했다." 라고 기록하고 있어(10월 28일), 아버지가 조병현(趙秉鉉)임은 의심의 여지가 없다. 조병현은 풍양 사람으로 이조판서 조득영(趙得永)의 아들이다. 1847년(도광 27, 헌종 13) 거제(巨濟)에 유배되었고 이듬해 사사되었다(『국조인물지(國朝人物志)』). 조부를 '문충공(文忠公)'이라 부르고 있는데 조병현의 아버지 조득영의 시호가 문충공이므로 조득영의 손자임은 더욱 의심의 여지가 없다. 『조선왕조실록』 헌종 6년 10월 신사(辛巳)에 따르면, 조봉하는 규장각대교(奎章閣待敎)였다.

[여정]

1842년(도광 22, 헌종 8)
10월 19일 서울 출발
11월 22일 도강
12월 20일 북경 도착
1843년(도광 23, 헌종 9)
2월 6일 북경 출발
3월 11일 도강
3월 29일 서울 도착

「입책보단(入柵報單)」(권4)에 사람 267인, 말 161필, 짐 125포라고 하고, 「사행도경자(使行到京咨)」에도 합계 267인이라고 하였다.

[내용]

보통의 동지사이며 여정 등에 특별한 부분은 볼 수 없다. 다만 이 일행이 부연한 1842년(도광 22)은 아편전쟁이 발발하고 2년 후인 남경조약이 체결된 해다. 아편전쟁이 간신히 종식되었다는 것은 북경으로 가는 길인 이 해 11월 28일 북경에서 귀국 중이던 황력재자관(皇曆賫咨官)에게서 "嘆

咭哩近幸講和"라는 말을 듣고, "意外得此信"이라고 기록하고 있다. 또한 권4, 「문견별단(聞見別單)」에 다음과 같이 기록하였다.

> 大抵近來滿漢文武大官益不相能, 而漢人之投入於暎夷者無數. 戰鬪之時, 陰護漢人. 故皇帝轉生疑慮. 東南大官, 專任滿人, 則乘時貪賂, 見賊逃避, 猶或逭罪. 漢人雖殫誠效力, 爲滿人所節制, 不能盡意防禦, 輒未免於禍敗. 且漢人之老成有聲望者, 居多黜免. …… 漢大臣王鼎治河而歸, 引見時, 條陳暎難守禦之得失, 因請用漢人, 語多不諱. 退搆遺疏, 極言時事, 卽夜呑金而歿. 其子沆遂畏約, 不敢呈其疏, 至今年皇帝仍不補缺, 是白齊.

반드시 청조 측의 패배로 파악되고 있는 것은 아니라는 사실과 함께 만한(滿漢)의 대비가 새삼스럽게 강조되고 있는 점이 흥미롭다. 서술은 상세하고 생동감이 넘친다. 명나라의 칙사를 천사(天使)라고 칭하고 한 글자 위를 비워두었다. 김창업의 『노가재연행일기』와 박지원의 『열하일기』, 『시강원일기(侍講院日記)』, 『심관일기(瀋館日記)』, 『유헌일기(輶軒日記)』, 『일하구문』 등을 아무렇지도 않게 인용하였다. 권4에 관련 문서를 기록했을 뿐 아니라 권3에 기록한 잡록(雜錄)은 중국(북경)의 풍속을 아는 데 매우 유용하다.

조봉하는 조금이나마 중국어 회화를 할 수 있었던 것 같고 한음(漢音)을 알아들을 수 있었던 것 같다. "余問做甚麼業, 則答以父子兄弟皆做商業."(12월 6일) 등이라고 하였으며, 또한 종종 한음을 한글로 표기하였다. 예를 들어 "石山站시싼잔與十三山시싼산同音" 등이 그것이다(12월 7일). 권3의 잡록에 특히 한글표기가 많이 보이는데, 예를 들어 「언어(言語)」 조에서 "東人之不曉漢語者, 輒以不懂(漢音부둥, 蓋謂不通)答之, 則彼必相看笑曰, 爾們的話頭, 吾們的不懂, 吾們的話頭, 爾們的不懂云矣."라고 하였다. 단 그가 한음을 한글로 표기한 것에 대해서는 혹 방언[口音]에 의한 것인지, 시대에 따라 변화한 것인지 현재의 '보통화(普通話)'

와 일치하지 않는 것이 있다.

28. 『燕行錄』 不分卷 朴永元 撰 天理圖書館藏(今西文庫)

[텍스트]

필사본 3책. 내제에 '燕行錄'으로 되어 있고, 외제에는 '燕行日錄'으로 되어 있다. 현재로서는 텐리도서관본 외에 현존 여부를 확인할 수 없다.

구주력(具注曆) 및 『주례(周禮)』 간본(刊本)의 폐지(이면지)에 해서 · 행서 · 초서 세 가지 체를 섞어서 베껴 쓰고 있다. 전권이 3백 장을 훨씬 넘어 연행록 중에는 비교적 분량이 많다.

[찬자약력]

찬자명은 명기되어 있지 않지만, 이 부연이 1846년(도광 26, 헌종 12) 진하 겸 사은사로 간 것이고, 게다가 정사가 찬자이므로 박영원(朴永元)의 것임은 분명하다. 덧붙이면 부사는 조형복(趙亨復), 서장관은 심희순(沈熙淳)이었다.

박영원은 1791년(건륭 56, 정조 15)~1854년(함풍 4, 철종 5). 자는 성기(聖氣)이며, 오서(梧墅)는 호다. 고령(高靈) 사람. 순조 13년 사마시에 합격하고, 1816년(가경 21, 순조 16) 전시 병과에 합격하였다.

예조판서였을 때 판중추부사의 직함을 띠고서 부연하고 있다. 당시 56세였다. 우의정 · 좌의정도 역임하고 64세에 사망하였다. 시호는 문익(文益). 문집으로 『오서유고(梧墅遺稿)』 26책[24] 필사본이 있으며, 이화여자대학교에 소장되어 있다.

---

24 역자주: 원서에는 26책으로 되어 있으나 전16책이다. 다만 이화여대본은 제1책, 제6책, 제7책, 제16책이 빠진 영본(零本) 12책만이 소장되어 있다. 『한국문집총간』 302집에 수록되었다.

[여정]

1846년(도광 26, 헌종 12)

3월 12일	서울 출발
4월 3일	도강
5월 2일	북경 도착
5월 28일	북경 출발
6월 8일	도강
6월 26일	서울 도착

입책할 때 사람 206인, 말 115필이라고 기록하였다(4월 4일).

[내용]

적어도 해제자에게는 재미있다고 생각되는 부분이 적은 일기다. 특별한 긴장감은 느껴지지 않는다. 삼궤구고두(三跪九叩頭)에 대해서도 사실만을 기록할 뿐 어떠한 감상도 기록하지 않았다(5월 29일). 중국인과의 필담이 적으며, 있더라도 간략한 점 또한 이 일기를 재미없는 것으로 만든 요인이다. 눈으로 본 사실이나 각처의 내력을 자세히 기록했을 뿐이다. 예를 들어 국자감에 있는 석고문(石鼓文)에 대해서 각가(各家)의 고증을 포함하여 상세히 기록하였다.

각처의 내력을 기록할 즈음에는 『대명일통지(大明一統志)』·『대청일통지(大淸一統志)』·『통문관지(通文館志)』·『동국여지승람(東國輿地勝覽)』·『춘명몽여록(春明夢餘錄)』 등 외에 『연운유사(燕雲遊史)』를 가장 많이 인용하였다. 『연운유사』에 대해서는 본 해제 23을 참조. 이 밖에 『북원록(北轅錄)』도 종종 인용되었다. 이것은 이상봉(李商鳳)이 쓴 1760년(건륭 25, 영조 36)의 연행록이며, 『연행록선집보유』에 수록되어 있다. 이러한 책들에서 인용이 많은 것도 서술에 지루함을 느끼게 하는 하나의 요인이 되고 있다.

29.『燕行日記』一卷 黃道淵 撰 東洋文庫藏

[텍스트]

필사본 1책. 첫 면에 네모난 인장이 있지만 그다지 선명하지 않기 때문에 필자로서는 판독할 수 없다.『增補東洋文庫朝鮮本分類目錄』에는 황혜옹(黃惠翁) 찬으로 되어 있다. 이는『연행일기(燕行日記)』권두에 실린 최일규(崔日奎)가 찬한 서문(序文) 가운데 "是時, 同僚黃司果惠翁亦以太醫特蒙天恩, 驛馬華蓋, 原隰駪駪."이라고 기록한 부분에 근거했다고 생각되지만, 통상 이런 종류의 서문에서 본명을 쓰는 경우는 없고, 혜옹(惠翁)은 자나 호라고 생각된다. 더욱이 나카무라 히데타가(中村榮孝)의「事大紀行目錄」에는,

> 燕行日記 黃惠菴 寫 一册 憲宗十五 · 道光二十九 · 一八四九 藤塚 城大敎授

라는 것이 있어, 아마도 이『연행일기』와 동일한 것이라고 생각된다. 원래 경성제국대학 교수였던 후지쓰카 치카시의 구장서 혹은 그가 베껴 쓴 본(사본)일 것이다. 찬자가 의관(醫官)이었음은 분명하므로『의과방목(醫科榜目)』(텐리도서관 소장)을 조사했지만 황혜옹 · 황혜암(黃惠菴)에 해당하는 사람은 찾을 수 없었다. 또한『조선왕조실록』을 검색했지만 황혜옹 · 황혜암 모두 찾을 수 없었다. 찬자를 황도연(黃道淵)이라고 한 것은 김영진의 판단에 의한 것이다.

[찬자약력]

황도연(黃道淵)은 1807년(가경 12, 순조 7)~1884년(광서 10, 고종 20). 혜옹(惠翁) · 혜암(惠菴)은 그의 호이며, 창원(昌原) 사람. 김영진에 따르면, 그는 유명한 개업의(開業醫)이며,『의방활투(醫方活套)』등을 저술했다고 한다.

[여정]

권말에 「기유칠월십칠일연행왕환노정기(己酉七月十七日燕行往還路程記)」라는 제목으로 상세한 노정이 기록되어 있다.

1849년(도광 29, 헌종 15)

7월 17일	서울 출발
8월 7일	도강
9월 9일	북경 도착
10월 17일	북경 출발
11월 16일	도강
12월 1일	서울 도착

[내용]

1849년(도광 29, 헌종 15)의 연행록이다. 정사는 박회수(朴晦壽), 부사는 이근우(李根友), 서장관은 심돈영(沈敦永)이었다. 연행 목적은 헌종의 사망을 보고하고 승습(承襲)을 청하는 것이었다. 찬자인 황도연은 '태의(太醫)'로서 수행하였다. 이 『연행일기』는 8월 7일 도강한 날부터 쓰기 시작하여 일기 자체는 10월 2일 공물을 들여보내기 위해서 궁성에 나아가 태화전에 대해 기록한 부분에서 끝나고 있다. 그 다음에 태학(太學), 노구교(蘆溝橋), 풍속(風俗), 소산(所産), 연대팔경(燕臺八景)의 항목을 설정하여 기록하였다. 「풍속」 조는 특히 생동감 있다. 다음으로 정사 박판부사회수(正使朴判府事晦壽) 이하 합계 22인의 일행 명부를 기록하였다. 다만 자신에 대해서는 기록하지 않았다. 의관으로는 '醫員金僉正相羲'만 기록하였다. 또한 옥하관 내에서 저자는 김상희(金相羲)와 룸메이트였다. 맨 마지막에 앞서 서술한 「기유칠월십칠일연행왕환노정기」를 부록으로 실어놓았다.

이 연행록은 수행원인 의관이 썼다는 점에서 희귀한 경우다. 중국 영내인 책문에서 산동 사람 왕회천(王匯川)이라는 인물이 찬자가 의술을 안다는 것을 듣고 "아이가 아직 없으니 아이가 생기는 처방전을 가르쳐달라[無子. 請教求嗣之方]."고 요구하니, "君試加味八味元, 内内則(彼人稱妻曰内内)試附益地黃元. 必有庶幾之望."이라고 답하고, "遂錄授而歸, 彼合掌而謝矣."(8월 8일)라고 기록하고 있다. 또한 북경 유리창(琉璃廠)의 서점을 방문했을 때도,

余入於街北第三家, 求本草, 景嶽, 保元, 以銀三兩交貿.

라는 보기 드문 기술을 남기고 있다(9월 14일).

이 찬자에게 연행은 권두에서,

以太醫特蒙天恩, 是隨行大臣之禮, 而余之所平生願一大觀者也.

라고 한 대로 일생의 소원이자 그 실현이었다. 산해관에 도착했을 때는,

兒時讀史記, 至秦皇築萬里長城, 西至臨洮, 東至遼東之篇, 以爲絶遠難見之地. 今匹馬來見, 男兒事固不可知也.

라고 감개를 기록하였다(8월 29일). 서술이 생동감 넘쳐 다른 연행록에서는 볼 수 없는 기사가 많다. 북경 여행을 즐겼기 때문일 것이다.

한편 도광 29년(헌종 15)의 연행록으로 임기중 편 『연행록전집』 90책에는 찬자미상 『연행일록(燕行日錄)』이 수록되어 있다. 단 이것은 청조의 상주문(上奏文)이나 상유(上諭)를 편집한 것으로 이른바 연행록은 아니다. 따라서 본서의 고증에는 도움이 되지 않는다. 혹 이 자료의 출처는 저보(邸報)가 아닐까. 또한 이 『연행일록』은 1849년(도광 29, 헌종 15) 동지사행으로 갔던 사람이 얻은 정보라고 생각된다.

30. 『燕行日記』 一卷 李啓朝 撰 天理圖書館藏(今西文庫)

[텍스트]

필사본 1책. 『今西博士蒐集朝鮮關係文獻目錄』에 따르면, "燕行日記(道光二十九年十月) 李啓朝 昭和六年七月上旬李聖儀ヨリ購求"라는 이마니시 류의 수기가 있다고 하나 지금은 없어졌다. 인감은 '今西龍', '今西春秋' 관련의 것이 있을 뿐이다.

[찬자약력]

이계조(李啓朝)는 1793년(건륭 58, 정조 17)~1856년(함풍 6, 철종 7), 자는 덕수(德叟), 동천(桐泉)은 호다. 경주(慶州) 사람. 1831년(도광 11, 순조 31) 문과 급제하였다. 대사성 · 이조판서 등을 역임하였다(『조선인명사서』). 그의 문집은 현존하지 않는다고 한다. 『한국고서종합목록』에는 이마니시 류가 소장한 이 『연행일기(燕行日記)』를 기록했을 뿐이다.

그가 이항복의 자손임은 이항복의 1598년(만력 26, 선조 31)의 연행록인 『조천일승(朝天日乘)』을 인용하고 있는 것에서 판명된다. 또한 뒤에 소개한 『계사일록(薊槎日錄)』의 찬자인 이유원(李裕元)의 아버지다.

[여정]

1849년(도광 29, 헌종 15)

10월 20일　서울 출발

11월 22일　도강

12월 22일　북경 도착

1850년(도광 30, 헌종 16)

2월 12일　북경 출발

3월 13일　도강

(3월 27일　서울 도착 『동문휘고』)

북경에 입성할 때의 인원은 예부에 보고한 것에 따르면 합계 305인의 여행단이었다.

[내용]

이계조는 이 해 동지사 정사로 부연하였다. 산해관을 넘기까지는 아무런 색다른 점도 없는 여행일기다. 오히려 선조인 이항복의 『조천일승』에서 산해관에 도착한 부분을 인용하면서, 지금까지 『조천일승』의 이 부분을 읽을 때마다 자신도 한번 보고 싶다고 생각했는데 지금 이 땅을 밟고 있으니 행복하다고 말해야 하지 않겠는가라고 하면서 여유를 보이고 있다. 그런데 북경에 입성하기 직전에 뜻밖의 사건을 만난다. 도광제의 황태후 사망 소식을 접한 것이다. 북경에 입성한 12월 22일 그는 "正朝朝賀, 諸處觀光, 無由得見, 鎖在館中. 甚是鬱悒."이라고 하여, 모처럼 북경까지 왔으면서 관광도 못하고 귀국해야 하는 우울함을 정직하게 기록하였다. 새해가 되어 도광 30년 정월 초하루에도, 귀국이 다가오고 있음에도 불구하고 옥하관 안에 갇혀 신춘 북경의 정경을 볼 수 없음을 부사·서장관과 함께 한탄하였다. 정월 5일에는 격담(膈痰)에다 치통까지 크게 생겨 "終日不省人事."라고 하였다. 바로 엎친 데 덮친 격이었다.

그런데 정월 14일이 되자 더욱 놀랄 만한 소식이 들어온다. 도광제 본인이 이날 정오에 사망했다는 소식이었다. 이어서 26일에는 함풍제(咸豊帝)가 자금성 태화전에서 즉위해 뜻밖에도 축하의 자리에 입회한다. 더욱이 다른 연행사는 좀처럼 본 적이 없는 천안문 위에서 금봉(金鳳)을 내리는 의식도 목격한다.

> 出天安門外, 觀頒詔節次, 而門樓上讀詔書後, 千官於金水橋前行三拜九叩禮, 自樓上金鳳啣下彩繩, 詔書隨下.

그리고 이정귀(李廷龜)가 명조 태창제(泰昌帝)의 즉위 의식에 참가했던

일을 자신의 체험과 거듭 맞춰보면서,

衣冠物彩, 非舊日樣子. 然盛擧則非尋常朝賀之比也.

라고 하여 뜻밖의 우연에 기뻐하고 있다. 예상치 못한 사태로 급전된 덕분에 원명원에도 갈 수 있게 되고, 간단하게나마 노구교(蘆溝橋), 오룡정(五龍亭)(中南海), 옹화궁(雍和宮), 국자감(國子監) 등으로의 관광도 마치고 귀국했다.

글 중에서 한 군데뿐이지만 김창업의『노가재연행일기』가 인용되었다.

31.『燕槎日錄』不分卷 鄭德和 撰 天理圖書館藏(今西文庫)

[텍스트]

필사본 3책. 인장은 '今西龍', '今西春秋', '春秋文庫', '天理圖書館藏'에다 쇼와 40년(1965) 10월 8일 덴리대학도서관에서 입수했다는 도장이 있을 뿐이다.『今西博士蒐集朝鮮關係文獻目錄』등에 찬자미상으로 되어 있다.

난외에 몇몇 써넣은 내용이 있다. 예를 들어 심양의 '孝廟所處館舍'에 권점이 달려 있고, 난외에 "孝宗所在館, 孝宗丙子在館所, 下ニ記事アリ"라는 가타카나를 섞어 써넣은 부분이 있다.

[찬자약력]

찬자명은 명기하지 않았지만, 성상(聖上) 즉조(卽祚) 5년 겨울의 동지사로, 정사는 판중추부사 김위(金鍏), 부사는 호조참판 정덕화(鄭德和), 서장관은 사복정(司僕正) 박홍양(朴弘陽)이라고 한다. 1854년(함풍 4, 철종 5)의 연행사임은 명확하다.

다만 앞서 '머리말'에서 언급한 바와 같이, 본서에는 찬자미상의『수사일록(隨槎日錄)』(1829, 도광 9, 순조 29년 연행, 본 해제 22)을 표절한 부분이 많아 찬자 확정에 주의가 필요하다. 결정적 단서는 『수사일록』에는 없고 본서에만 있는 기사다. 예를 들어 11월 10일 기사에서 "선천(宣川)에 머물다"라고 한 다음,

> 飯後上倚劍亭. 與上使 · 書狀同觀鴻門宴項莊舞. 蓋此舞邑府之遺俗, 而妓工之長技云云.

이라고 서술하였다. 『수사일록』에서는 11월 15일 선천에 도착해서,

> 是日, 倚劍亭詩曰, 云云.

이라고만 할 뿐, 정사 · 서장관과 춤을 관람한[觀舞] 일은 전혀 기록하지 않았다. 이 밖에도 정사 혹은 서장관과 무언가를 했다고 기록한 대목에서 『수사일록』에는 보이지 않는 부분이 몇 군데 있는 것으로 보아 본서의 찬자는 부사인 정덕화임이 틀림없다. 그렇지만 정덕화를 대신한 사람이 썼을 가능성이 크다. 본 해제 5처럼 『연행일기』는 이택 찬이라고 할 수밖에 없지만 그의 종자가 대신해서 일기를 썼다고 생각되며, 이 『연사일록』도 그러한 가능성이 크기 때문이다. 어쨌든 목록상으로는 정덕화 찬이라고 할 수밖에 없다.

『조선인명사서』의 부록인 『국조방목』에 따르면, 정덕화(鄭德和)는 자가 순일(醇一), 1789년(건륭 54, 정조 13)생, 초계(草溪) 사람이다. 순조 17년(가경 22) 정시 급제하였다. 연행 때는 호조참판으로 66세였다. 본서 가운데 자작시에서 "白髮元非求富貴"라고 기록한 것은 이 때문이다. 이렇게 고급 관료인데다가 고령인 사람이 표절 비슷한 일을 한다는 것은 부자연스럽다. 혹 그를 대신해서 일기를 쓴 사람이 안이하게 끝내려고 주인의 눈을 속인 것일지도 모른다. 문집 등 다른 저작의 현존 여부를 확인할 수

없다.

[여정]

1854년(함풍 4, 철종 5)

10월 14일　　서울에서 호조참판으로서 세폐 · 방물을 점검.

10월 21일　　서울 출발

11월 25일　　도강

12월 24일　　북경 도착

1855년(함풍 5, 철종 6)

2월 2일　　북경 출발

2월 29일　　도강

3월 18일　　서울 도착

[내용]

맨 처음에 「양계도설(兩界圖說)」 3장이 있고 '尹鍈之此圖, 曾在備局'이라는 자주가 있다. 동삼성(東三省, 만주)과 조선의 역사지리를 개관한 것이다.

일기는 우선 당일 일어난 일을 두 행 정도로 간단하게 기록한 다음, 그 날의 행동이나 견문, 해당 지역의 역사 · 문물 등에 대해서 주(注)와 같은 형태로 상세히 기록하였다. 또 맨 마지막에 그날 지은 시를 싣고 있다. 주와 같은 부분에서 『수사일록』을 표절하고 있다는 것은 이미 기술한 대로다. 또한 자신이 행한 것이 아닌, 예를 들어 정월 25일에 조카가 갔던 백운관(白雲觀) 및 그곳에서 일어난 일에 대해 상세히 기술하고 있지만, 자신은 이날 정사 · 서장관과 함께 서산(西山)에 유람하러 나갔다.

북경 관광 안내라고도 말할 만한 부분은 그가 북경에 입성한 12월 24일조의 주 부분에 상세히 기록되어 있다. 물론 이 부분도 대부분 다른 책에서 볼 수 있는 것이다. 철종 5년 마지막 날인 12월 30일의 뒤에 '연로습

유(沿路拾遺)'라고 하여 그때까지 빠뜨린 내용을 써넣었다.

제3책 첫머리, 즉 일기 가운데 돌아오는 길에 도강한 뒤에, 「행중범례(行中凡例)」, 「총록십팔성지방도리부세지정조운은곡수(總錄十八省地方道里賦稅地丁漕運銀穀數)」, 「문직관계품급정복봉록(文職官階品級頂服俸祿)」 등을 기재하였다. 이후 또 3월 1일 의주에서 일어난 일을 기록하고, 서울에서 복명할 때까지 일기체가 이어진다.

맨 마지막에 「노정기(路程記)」라고 하여 서울에서 옥하관까지의 도리(道里)를 기록하였다.

이처럼 본서의 구성은 복잡하다는 점에서 보기 드물고, 서술은 상세하지만 새롭다고 생각되는 기사나 특이한 관찰은 극히 드물다. 오히려 왜 이런 표절 비슷한 일을 했는지 흥미롭다. 다만 정월 4일부터 거의 하루걸러 『경보(京報)』의 일부를 발췌하고, 일행이 북경을 떠나기 전날인 2월 1일까지 계속하고 있는 것은 희귀한 경우다. 이를 통해 당시 대사건이었던 태평천국(太平天國)의 동향에 대해 정덕화 혹은 그를 대신했던 사람도 큰 관심을 가지고 있었음을 알 수 있다.

32. 『燕槎日錄』 三卷 金直淵 撰 東京都立中央圖書館藏(中山文庫)

[텍스트]

필사본 3책. 봉면에는 3책을 각각 '燕槎日錄 天·地·人'이라고 썼지만, 권두에는 각각 '燕槎日錄 上·中·下'라고 썼다. 전시하(戰時下)에서 특별히 사들인 문고(文庫) 중의 하나이고, 나카야마 큐시로(中山久四郞) 구장이다. 김영진에 따르면, 김직연(金直淵)의 후손가에서 그의 문집 『품산만록(品山漫錄)』(전20책)과 『연힝녹』(한글본 3책)이 2007년 발굴 공개되었고 『품산만록』에도 한문본 『연사록(燕槎錄)』 2책이 수록되어 있다고 한다.

[찬자약력]

김직연(金直淵)은 1811년(가경 16, 순조 11)~1884년(광서 10, 고종 21). 북경에서 자신의 연령을 묻자 49세라고 답했다(정월 22일 · 24일). 『국조방목』에서 1811년생이라고 한 것과 일치한다. 자는 경직(景直), 청풍(淸風) 사람, 아버지는 김종악(金鍾嶽), 1849년(도광 26, 헌종 12) 정시 급제라고 기록하고 있다. 또한 본서에 청인 섭명풍(葉名灃, 호 潤臣)에게 받은 편지를 전재하」고 '品山先生閣下'라고 기록한 것으로 보아 그의 호는 품산(品山)이었다고 생각된다.

[여정]

1858년(함풍 8, 철종 9)

10월 26일　　서울 출발

11월 26일　　도강

12월 25일　　북경 도착

1859년(함풍 9, 철종 10)

2월 4일　　북경 출발

3월 3일　　도강

3월 20일　　서울 도착

「별단(別單)」에서는 일행의 인원을 사람 310인, 말 105필이라고 한다.

[내용]

1858년(함풍 8, 철종 9) 사은 겸 동지사 서장관으로 김직연이 연행했을 때의 기록이다.

김직연에게는 이 연행록을 공표하기에 충분한 기행문으로 만들 의도가 있었던 것으로 보인다. 김창업의 『노가재연행일기』 및 박지원의 『열하일기』를 각각 여러 차례 언급하고 있다. 아마도 이들 선행한 뛰어난 연행록을 의식한 것이겠지만, 결과적으로 솜씨는 현격히 차이난다. 김창업처럼 때로는 한어(漢語)의 속어(俗語)로 회화를 기록하기도 하고 또 한인이 조선인이 탄 수레를 가리켜 하는 말을,

> 曰'是加吾里也. 勿犯也' 相戒而謹避之. 華音高gao曰加吾ka-o, 麗li曰里ri. 故稱高麗曰加吾里也.

등이라고 기록하였다(12월 7일). 다만 한어를 거의 알아들을 수 없었던 것 같다. 김창업·박지원을 목표로 하면서도 김직연은 생각이 조금 경직되었던 것 같다. 중국인과의 필담에서 흥미로운 것은 김창업이나 박지원의 경우만큼 많지는 않다. 기껏해야 귀국길인 2월 7일 옥전현(玉田縣)에 도착했을 때 생원(生員, 優貢生)으로 유학훈도(儒學訓導)가 될 자격을 가진 34세의 오패분(吳佩芬, 호 稱紉)과 나눈 필담 정도가 아닐까.

오패분은 김직연이 가진 청심환을 받고 싶어서 접근했던 것 같다. 두 사람 사이에는 태평천국(장발적(長髮賊))·염비(捻匪)·청피적(青皮賊) 등에 대한 필담이 진행되었는데, 다음과 같은 부분이 보인다.

> 問, "青皮賊如所謂赤眉黃巾之類, 而此賊亦擾河南耶." 曰, "是江南福建土人跟隨糧船拉縴者. 近日糧船阻塞, 該土人用度不足, 故從而變賊." 問, "所謂長髮賊, 似聞賊魁已死, 余黨自可指期勦滅耶." 曰, "如果如此, 天佑其命. 究不知天竟若何, 命竟若何奈. 老大人歸路經關外奉省一帶, 亦遍地是賊. 云云." …… 問, "如有此患, 自官府亦難追捕耶." 曰, "我淸官府多是尸位素餐, 不肯認眞辦理. 語雖傷時, 勢且如此. 我淸皇帝皆是好皇帝. 眞能匹美於有商賢聖之君六七作. 但臣下無面目見皇帝耳."

태평천국이 아직 완전히는 소멸되지 않았으며, 청조의 위기를 곳곳에 기록하고 있다.

서양에 대해서는 단호한 배외(排外)의 자세를 보인다(정월 26일·2월 5

일). 그러나 배만(排滿) 감정도 여전히 심하다. '명(明)'이나 '황명(皇明)'이라는 글자 위의 한 글자는 비워두었다. 서울을 출발할 즈음 그는 말하였다(10월 26일).

惟余生于偏邦, 常有大觀天下之願, 今行庶可少償. 然猶不覺黯然自傷. 夫所謂天下者, 普天之下也. 中國者九州之中也. 中國之於天下, 已不足以盡之. 而一州之於中國, 又不足以當之也. 燕乃天下之北鄙也. …… 是謂之觀中國則未也. 況可謂大觀天下乎哉.

이는 19세기 중엽 조선 지식인의 연행이나 '세계'에 대한 하나의 식견을 나타내는 것이라고 말해도 좋다. 그런데 더욱이 현실에서 본 중국 그리고 북경은 '이적(夷狄)'이 지배하는 곳이었다.

今淸因舊而都之, 薙天下之髮, 左天下之衽. 衣冠文物非復舊時, 則吾何足以觀乎哉. 默然良久.

원명원이 소실(燒失)된 것은 1860년(함풍 10)이고, 김직연은 그 2년 전의 모습을 목격하고 서술하였다. 부록으로 실린 「견문별단(見聞別單)」, 「견문잡지(見聞雜識)」 모두 중국 함풍연간의 모습이 기록되어 있다.

33. 『遊燕錄(燕行日記)』 一卷 成仁鎬 撰 東洋文庫藏

필사본 1책. 봉면에 '遊燕錄'이라고 썼다. 권두 첫째 행에 '燕行日記'라고 쓴 것으로 보아 원칙에 따라 '燕行日記'로 제목을 취해야 할지도 모르지만, 후술하듯이 이 책을 편찬한 (성)낙순((成)樂淳)은 「유연록서(遊燕錄序)」를 쓰고 있다. 따라서 『유연록(遊燕錄)』을 정식 제목으로 한다. 마에마쿄사쿠 구장. 마에마(前間)의 장서인이 있다.

『연행록전집』 78책에는 성인호(成仁浩, 1815~1887) 찬 『유연록(遊燕錄)』을 수록하였다. 도요문고 소장본과 이를 대조하면, 전자가 일기를 앞에 기록하고(「연행일기(燕行日記)」), 시를 뒤에 나누어 기록한(「行中雜詠」) 것에 비해 후자는 시를 일기 중간에 넣고 있다. 서술은 후자가 비교적 상세하다.

『연행록전집』 수록본이 무엇을 근거로 성인호 찬이라고 했는지 미상이다. 소장자 혹은 소장기관을 일체 기록하지 않았고, 무엇을 근거로 했는지를 알 수 있는 단서를 가지고 있지 않다. 『연행록전집일본소장편』은 필자와 더불어 임기중 씨가 편찬자이지만, 도요문고 소장 『유연록(연행일기)』을 필자의 목록 작성에 따라 1869년(동치 8, 고종 6) 연행 때의 것으로 기록하면서도, 웬일인지 찬자를 '미상'으로 하였다. 이것도 후마가 작성한 '찬자미상'이라고 한 목차를 그대로 사용했기 때문이다. 자신이 편찬한 『연행록전집』 수록본과 대비해 보는 지극히 간단하고도 공동편찬자로서 당연히 취해야 할 절차도 취하지 않았던 것 같다. 김영진은 찬자를 성인호(成仁鎬)로 삼았다. 이제 이것에 따른다.

『연행록전집』 수록본은 권두에 「遊燕錄序」가 있고, "光武九年乙巳(1905)九月下澣, 不肖孫樂淳謹書"라고 기록되어 있다. 이 서문에 따르면, 이 해 가을에 우연히 책 상자에서 『유연록』이라는 제목으로 된, 죽간공(竹澗公)이 기사년(동치 8) 이승보(李承輔, 호 石山)와 조영하(趙寧夏, 호 惠人)를 따라 연행한 기록을 찾아 스스로 정리한 것이라고 한다. 본문 가운데 분명히 (성)낙순의 문장이 섞여 있다.

도요문고본이 어떤 경위로 이렇게 구성되었는지 분명하지 않다.

[찬자약력]

김영진에 따르면, 성인호는 창녕(昌寧) 사람으로, 유명한 성대중의 자손이다. 전게 「유연록서」에 찬자 55세 때의 여행기라는 기록으로 보아 찬자는 1815년(가경 20, 순조 15)생이라고 생각된다.

[여정]

1869년(동치 8, 고종 6)

10월 22일 서울 출발

11월 29일 도강

12월 26일 북경 도착

1870년(동치 9, 고종 7)

2월 15일 북경 출발

3월 15일 도강

4월 2일 서울 도착

[내용]

이 연행록이 이른바 동지사행 때의 것임은 분명하지만, 권두 둘째 행에 "己巳十月二十二日, 發行"이라고 썼을 뿐 기사(己巳)가 정확히 몇 년인지는 쓰지 않았다. 그러나 부록으로 실린 「행중잡영(行中雜咏)」의 〈서산(西山)〉이라는 제목의 시 한 구절에,

> 洋人焚其殿閣, 餘存者無幾.

라고 자주를 달고 있는 것으로 보아 이 연행이 1860년(함풍 10) 유럽 침략군이 원명원을 불태워 없앤 후의 일임은 분명하다. 그러므로 『동문휘고 보편』「사행록」과 대조해보면, 기사란 1869년(동치 8)임을 확인할 수 있다. 사폐가 10월 22일이고 복명이 이듬해 동치 9년 4월 2일로 이 「연행일기」의 기재와 일치한다. 이 점은 『연행록전집』 수록본 「유연록서」에서 확인할 수 있다. 『연행록전집』 수록본에는 종종 부사인 조영하와 행동을 같이 하고 있는 것으로 기록되어 있다. 아마도 찬자는 조영하의 수행원으로 입연했을 것이다.

이 연행록에 특별히 흥미로운 기사는 보이지 않는다. 반청(反淸) 감정

도, 또 북경에서는 이미 원명원이 소실되고 양무운동(洋務運動)이 한창이었지만 특별히 반양인(反洋人) 감정도 보이지 않는다. 적어도 글로는 표현되지 않았다. 도요문고 소장본에는 청인과의 교유를 일기에 기록하지 않았지만, 『연행록전집』 수록본에는 예를 들어 정월 20일 기사에 부사 조영하와 함께 왕전(호 鶴蓀)의 집을 방문하고 시를 증답(贈答)하는 등의 기사가 있다. 교제 상대인 청인으로 이문전(李文田, 翰林), 탁병염(卓丙炎, 秉炎, 호 友蓮), 마번강(馬蕃康, 호 篠谷 · 小谷), 단수재(段秀才), 법운대사(法雲大師) 등의 이름이 보인다.

34. 『北游日記』 一卷 姜瑋 撰 靜嘉堂文庫藏

[텍스트]

필사본 1책. 세이카도문고(靜嘉堂文庫) 외에 그 소장처는 알려지지 않았다. 이 책이 한국학문헌연구소 편 『강위전집(姜瑋全集)』(한국근대사상총서 수록, 서울:아세아문화사, 1978)에도 수록되어 있는 것을 『연행록전집일본소장편』 간행 후에 알았다. 이광린(李光麟)의 「『강위전집』 해제」에 따르면, 세이카도문고본은 강위의 자필본일 것이라고 한다. 또한 『강위전집』은 그 해제에서 세이카도문고본이라는 것을 명기하고서도 권두에 찍힌 '靜嘉堂藏書'라는 도장이 삭제되어 있어 흥미롭다. '秋琴'이라는 도장이 있다. 추금(秋琴)은 강위의 호이므로 이것은 자장본으로 생각된다. 곳곳에 글자가 정정되어 있다.

『연행록전집일본소장편』의 목차에서 강위 찬 『북유일기(北遊日記)』라고 한 것은 나의 교정 실수다. 삼가 정정한다.

[찬자약력]

강위(姜瑋)는 1820년(가경 25, 순조 20)~1884년(광서 10, 고종 21). 강위의 전기(傳記)에 대해서는 그의 문집 『고환당수초(古歡堂收草)』(『강위전집』 수록본 371면)에 수록된 이중하(李重夏)가 찬한 「본전(本傳)」 및 전게 이광린 「강위전집 해제」에 상세하다. 19세기 후반기 한국의 대표적인 개화사상가 중 한 사람이다.

이 자료들에 따르면, 그의 자는 중무(仲武) · 요장(堯章) · 위옥(韋玉), 호는 추금(秋琴) · 청추각(聽秋閣) · 고환(古歡) 등, 진양(晉陽, 진주) 사람이다. 1519년 기묘사화(己卯士禍) 이후로 그의 선조는 문과에 응시하지 못하고 그의 아버지 대까지 무과를 거쳐 무관(武官)이 되는 사람이 많았다. 그 자신도 사회적으로 혜택받지 못하였다. 민노행(閔魯行) 및 김정희에게 배워 젊은 시절부터 실학 연구에 몰두하였다. 프랑스 군함이 강화도를 침범한 이른바 병인양요(丙寅洋擾)가 일어나자 크게 관심을 가지고, 신헌(申櫶)을 따라 연행하여 국제 정세에 대해 견문을 넓힌 뒤 1867년 조 · 일(朝日) 간에 강화도조약이 체결되었을 때는 전권대신(全權大臣)이었던 신헌을 보좌하였다. 더욱이 1880년 김홍집(金弘集)이 수신사(修信使)로 일본을 방문했을 때도 그가 서기로 수행하였다. 이때 조선에서는 임오군란(壬午軍亂)이 일어났기 때문에 나가사키를 경유하여 상해(上海)로 건너갔다고 한다.

이미 기술한 대로 그는 개화사상가의 대표적인 인물 중 한 사람이다. 『고환당수초』 · 『동문자모분해(東文子母分解)』 등 그의 저작은 전게 『강위전집』에 수록되어 있다.

[여정]

1873년(동치 12, 고종 10)

10월 24일 서울 출발

11월 28일 도강

12월 26일 북경 도착

1874년(동치 13, 고종 11)

2월 12일 북경 출발

3월 12일 도강

3월 30일　　서울 도착

[내용]

1873년(동치 12, 고종 10) 동지사 정사 정건조(鄭健朝, 자는 致中, 호는 蓉山)를 따라 연행했을 때의 기록이다.

강위는 [약력]에서 이미 기술한 대로 실학파의 계보에 속하는 인물이며 당시 개화사상가 중 한 사람으로 유명하지만, 이 연행록에는 긴장감 같은 것이 그다지 두드러지지는 않는다. 청조를 '중국(中國)'이나 '중주(中州)'로 부르고, 북경을 '상도(上都)' · '신경(神京)'으로 부르며, 동치제(同治帝)의 얼굴을 '용안(龍顔)'이라고 표현했다. 황제에 대한 삼궤구고두에 대해서도 특별한 감정을 기록하지 않고 중화=청에 친화감을 가지고 있다. 북경에서의 자유로운 관광을 즐겼다. 이 시대가 이른바 양무운동의 시대이고, 또한 이후의 그의 활약으로 보면, 오히려 불가사의하다는 생각조차 든다.

당시 북경에는 열강인 각국의 공사관이 세워졌으며 강위도 유럽인을 보고 있다. 정월 1일 내성(內城)에 올랐을 때 유럽인 남자 2명과 여자 2명도 올라와 있었다. 이때 본 모습을 "眞如畫中曾所見者, 而顔髮被服不似人類, 自然愕眙."라고 묘사하였다. 그리고 그들을 '광만(狂蠻)' · '광적(狂賊)'으로 불렀다. 1860년(함풍 10) 유럽열강에 의해 소실된 원명원 유적을 방문한 것은 정월 23일의 일이며, "咸豐辛酉(11년)洋夷焚燒, 瓦礫荊榛, 蕭然滿目."이라고 기록하였다. 자주는 ( )를 붙인다.

> 滿目榛荒閱刼灰, 臨風不覺罵奴才, …… 狂蠻何與風流事, 山翠湖光領不來(天上仙區燼於辛酉洋擾. 余立瓦礫中, 大罵狂賊沒韵事. 聞者大笑).

이 일기에서 오히려 특징적인 부분은 몽골왕족 · 몽골인과의 교제가 종종 보이는 것이다. 몽골인 보경박(普景璞)은 1869년(동치 8, 고종 6) 동지사 정사 이승보 및 부사 조영하와 이미 아는 사이고, 정월 3일에는 옥하관을 찾아왔다. 정월 14일에는 다시 옥하관에 내방하였고, 같은 날 이번에는 강위 등이 몽고관(蒙古館)을 방문하여 사례를 표했다. 몽골인과의 교유를 기록한 부분이 지극히 많으며 그들은 함께 중화 문화 속에서 한문을 사용하여 교제했다.

청인과의 교유도 물론 빈번하게 보인다. 그 중에서도 종종 등장하는 것은 형부원외랑(刑部員外郎, 주사라고도 함) 장세준(張世準)이다. 장세준의 자는 숙평(叔平), 호는 매사(梅史) 혹은 오계(五溪), 당시 49세였다. 덧붙이면 강위는 이때 55세였다. 장세준은 유리창 항내(巷內)에 살고 있었다. 강위는 정건조와 함께 이곳을 종종 방문하고 있다. 그때의 필담 기록이 바로 『북유담초(北游談草)』(『강위전집』 수록)다. 이 필담은 정건조와 장세준과의 문답이지만, 강위가 담초를 바탕으로 정리한 것이라고 생각된다. 뒤에 이유원의 『계사일록』(본 해제 36)에서도 언급한 어사(御史) 오홍은(吳鴻恩)과도 만났다(정월 26일~정월 28일). 또한 『고환당수초』 권12, 「북유초(北游草)」 및 권13, 「북유속초(北游續草)」는 연행 때 지은 시이고 당연히 연행록이다. 본래대로라면 이것도 『연행록전집』에 수록되어야 마땅하다. 거기에는 장세준이나 오홍무(吳鴻懋) 등과의 창화시가 많아 『북유일기』를 읽을 때 당연히 참고해야 한다.

35. 『燕行錄』 二卷 沈履澤 撰 天理圖書館藏(今西文庫)

[텍스트]

필사본 2책. 봉면에 각각 '건(乾)' · '곤(坤)'이라고 썼다. 제2책 권두에도 '燕行錄'이라고 제목을 썼다. 인장은 '今西春秋圖書', '春秋文庫', '天理圖書館藏', '今西文庫', 그리고 쇼와 40년 6월 8일의 '寄贈天理大學' 도장이 있을 뿐이다.

본서에는 몇 군데 글자가 채워져 있지 않은 부분이 있다. 이는 원본을 베껴 쓸 때 원본 자체의 글자가 판명되지 못한 부분이라고 생각된다. 따라서 본서가 근거했던 원본이 있지만 현존 여부를 확인할 수 없다.

찬자명은 명기되지 않았지만, 갑술년에 부사로 연행했다고 하고 정사는 이회정(李會正), 서장관은 이건창(李建昌)이었다고 말한 것으로 보아 이것은 1874년(동치 13, 고종 11) 연행 때의 것으로, 찬자가 심이택(沈履澤)임은 의심의 여지가 없다.

[찬자약력]

1832년(도광 12, 순조 32)~1892년(광서 18, 고종 29). 『국조방목』에 따르면, 심이택(沈履澤)은 자가 치은(稚殷), 청송(青松) 사람. 철종 8년에 정시 급제하였다. 본서 12월 12일조 중국인과의 필담에서 "43세로 관직은 예조판서"라고 자기소개를 하고 있어 순조 32년(도광 12)생임은 틀림없다. 다만 예조판서라고 한 것은 연행할 즈음에 직함을 더했음을 말한 것으로, 본래는 호조참판이었다.

본서 11월 17일조 의주에서 "余於壬戌秋八月, 尹茲西土"라고 서술하고 있다. 철종 13년 의주부윤에 임명된 적이 있었던 것 같다.

[여정]

1874년(동치 13, 고종 11)

10월 28일 서울 출발

11월 29일 도강

12월 25일 북경 도착

1875년(광서 원년, 고종 12)

2월 15일 북경 출발

3월 18일 도강

4월 2일 서울 도착

[내용]

동지사의 기록이라는 점은 다른 많은 연행록과 차이가 없지만, 본서는 청말(淸末)의 세태를 기록한 점에서 다르다.

첫째, 청조의 재정악화를 연행사에 대한 접대 그 자체에 의거하여 기록하였다. 통상 동지사의 북경 체류는 40일간으로 정해져 있다. 그런데 이번 동지사는 50일간 체류하는 이례적인 경우였는데, 그 원인은 조공사절 일행에 하사되어야 할 상은(賞銀)을 기간 내에 준비할 수 없었기 때문이었다. 심이택은 이렇게 기록하였다.

蓋使行之留關(玉河館)是四十日, 卽傳例也. 而今則以賞銀未辦之故, 使之加留十日, 始乃貸銀於廛人, 以頒送之. 中國之財竭何至此極. 令人可慨.(二月十五日)

청조는 하사해야 할 상은을 우선 상인에게서 빌려 썼다는 것이다. 연행의 연도(沿途)도 소란스러웠다. 당시 요녕성 일대를 휩쓸고 있던 것은 향마적(响馬賊)이다. 향마적에 대해서는 이 전년에 연행한 강위의 『북유일기』(본 해제 34), 그 다음해에 연행한 이유원의 『계사일록』(본 해제 36)에도 나오지만 본서가 훨씬 더 상세하다.

북경으로 가는 길인 12월 13일 심양 서쪽, 여양역(閭陽驛) 부근의 석산참(石山站)에서 숙박한 심이택은 그곳의 주인인 이은륜(李恩綸)과 필담을 나누었다. 민인(民人)이라고는 하지만 생원이 된 적 있는 35세의 인물이고, 일찍이 순천부사옥사(順天府司獄司)라는 정8품 관직에 종사한 적이 있다고 한다. 필담의 일부를 기록한다.

恩綸曰, 貴邦年景若何. 地面要必安淨. 敝地屢受賊擾, 亦有所聞乎. 余答曰, 弊邦年形稍康, 民生安業. 山川險固, 國內寧靜. 而貴境賊撓, 未知何賊乎. 無或是响馬賊之出沒村閭掠人銀錢者乎. 恩綸答曰, 賊任意擾民, 官不知戢, 兵不敢捕. 時世若此, 良可慨也. 余曰, 上國之威, 何故至此也. 弊邦則元無賊擾, 設有踰墻鑽穴之潑皮, 各其官卽地捕捉, 斷不容貸. 故行路無滯留之歎. 恩綸答曰, 化行俗美, 良宜. 若近來奉天賊匪, 猖狂之極, 而民無安枕矣.

“나라의 세정(世情)은 어떻습니까?”라는 질문에 심이택이 “조선에서는 치안이 유지되어 도적의 출몰이 없다.”라고 답하고 있는 것은 상대가 조선의 실정을 모른다는 것을 알고서 한 거짓말이다. 당시 조선 국내에서 반란이 빈번하게 일어나 정세가 극히 불안했던 것은 주지하는 바이다.

돌아오는 길인 3월 10일 이미 심양을 지나 첨수하(甛水河)에 도착한 일행은 향마적이 점리(店里)의 소전(小錢) 일만여 조(吊)(소전 1조는 조선의 상평전 1냥 6전에 해당한다는 것이 본서 12월 11일에 보임)를 약탈하고, 일행이 이제 가려는 연산관(連山關)으로 향했다는 소식을 듣고 있다. 물정이 소란한 속을 여행했던 것이다.

동치 13년 12월 5일 동치제는 사망하였다(『청사고』「목종본기」). 심이택이 이를 전해들은 것은 12월 15일 앞서 기술한 석산참보다 더 북경에 가까운 연산역(連山驛)에서였다. 그는 이 정보를 언문(諺文)으로 서울에 알렸다.

동치제가 사망함에 따라 태화전에서의 원조 의식에는 출석할 수 없었지만, 대신 광서제(光緖帝)의 즉위 의식에 참가했다. 이미 해제 30에서 기술한 이계조의 경우와 마찬가지로 천안문 위에서 금봉이 등극 조서를 입에 물고 내려오는 의식도 목격했다. 이날의 견문을 심이택은,

今日所經眞是天上, 非若人間, 始覺皇帝之尊耳.

라고 기록하고 감탄의 마음을 숨기지 않는다(정월 20일).

반만 민족주의와 만주족의 풍속에 대해 조소하는 말이 여전히 보이지

만 더욱 분개하는 감정을 드러내는 것은 '양추(洋酋)', 즉 서양인에 대해서다. 한편으로 그는 『중서문견록(中西聞見錄)』을 숙소인 옥하관에서 읽고 있었지만(정월 4일 · 7일), 서양인이 북경에 주거지를 짓는 것을 청조가 허락한 정황을,

> 噫, 以天下之大皇帝之尊, 斷一酋魁之頭, 驅其脅從於闥外, 放之荒服之外, 此特數百騎之事, 而反容此至重之地, 豈非慨歎乎.

라고 기록하였다(정월 5일).

이상과 같이 본서는 정세가 이미 소란스럽기 시작한 중국을 여행했을 때의 기록이지만, 전체적으로 말하면 심이택은 북경의 웅장함과 화려함에 놀라움을 숨기지 않는다. 진복수(陳福綏), 장풍정(張楓廷), 가황(賈璜), 오홍은(吳鴻恩), 서부(徐郙), 장가양(張家驤), 이유분(李有棻), 장세준(張世準) 등과도 교유하고 있다. 서술은 상세하다.

36. 『薊槎日錄』一卷 李裕元 撰 天理圖書館藏

[텍스트]

필사본 1책. 서명에 대해서는 덴리도서관 카드, 『今西博士蒐集朝鮮關係文獻目錄』 및 이를 따른 『增補東洋文庫朝鮮本分類目錄』, 『한국고서종합목록』에 모두 이유원(李裕元) 『연사일록(燕槎日錄)』이라고 하였다. 본서는 기본적으로 모두 초서체로 쓰여 있어 첫째 행 첫 면의 표제도 초서체로 쓰여 있기 때문에, '계(薊)'의 초서체를 '연(燕)'으로 잘못 읽은 것이라고 생각된다. 본서 원본에 의거하여 조사해 보아도 아무래도 '연'으로는 읽을 수 없고 '계'라고 읽어야 한다고 생각한다.

이 필사본이 이유원 자신이 베껴 쓴 것인지, 다른 사람이 베껴 쓴 것인지 지금으로서는 판단할 수 없다. 필사본에는 몇몇 덧붙여 쓴 부분, 고쳐

쓴 부분이 있어 이유원 본인이 아니면 할 수 없다고 생각되는 한편, 난외에는 이유원의 시에 대한 비평이 종종 보이므로 이는 이유원 본인의 것이라고 생각할 수 없다. 예를 들어 「북진묘(北鎭廟)」라는 제목의 시에는 '寫得如畫, 兼以雄渾'이라는 비(批)가 붙어 있고, 「주시랑수창제시, 어편면증지이치은근, 고의운화지(周侍郎壽昌題詩, 於便面贈之以致慇懃. 故依韵和之)」라는 제목의 시에는 '中國人亦應傳誦'이라는 비가 붙어 있다. 비와 본문은 동일 인물이 베껴 썼다고 생각된다. 조선국왕에 관련된 말 앞에는 약간의 공간을 두고 어제(御製)라는 말에는 행을 바꾸어 올려 써서 난외부터 쓰기 시작하고 있다.

[찬자약력]

이유원(李裕元)은 1814년(가경 19, 순조 14)~1888년(광서 14, 고종 25). 자는 경춘(景春), 호는 귤산(橘山)·묵농(墨農), 시호는 충문(忠文), 경주 사람. 이미 소개한 『연행일기』(본 해제 30)의 찬자인 이계조의 아들이며, 더 거슬러 올라가면 중국은 명대에 해당하는 시기에 살았던 이항복, 즉 이백사(李白沙, 1556~1618)의 9세손이다. 이항복에게도 연행록으로 『조천기문(朝天記聞)』·『조천일승』이 있으며 문집인 『백사집(白沙集)』에 함께 수록되었다. 1841년(도광 21, 헌종 7) 장원으로 문과 급제하고 관직은 영의정에 이르렀다. 이유원은 정치가로서 역사상 유명한 인물이며, 명성황후(明成皇后) 민씨(閔氏)의 손을 잡고 대원군(大院君)을 실각시켰다. 후술하듯이 1875년(광서 원년, 고종 12)의 연행을 계기로 중국 청조의 이홍장(李鴻章)과 관계를 맺었다. 이는 조선 근대 외교사에서 더없이 중요한 일일뿐더러 이후 그가 정계에서 한때 실각하고 유배되는 일로도 이어졌다. 더욱이 1882년(광서 8, 고종 19)에는 전권대신으로서 일본과의 사이에 제물포조약(濟物浦條約)과 수호조규속약(修好條規續約)에 조인(調印)했다.

학자로도 유명하며 그의 저서 『임하필기(林下筆記)』(서울:성균관대학교 대동문화연구원, 1961, 영인본)를 통해 그의 박식함을 알 수 있다. 문인으로 이름이 높았고 중국에까지 알려졌던 것은 이 『계사일록』 자체가 가장 잘 웅변해주고 있다. 문집으로는 『가오고략(嘉梧藁略)』(『한국문집총간』 315 · 316집)이 있다. 이 밖에 『귤산문고(橘山文稿)』 16책이 규장각에 소장되어 있다.

[여정]

1875년(광서 원년, 고종 12)

7월 30일	서울 출발
8월 27일	도강
10월 1일	북경 도착
11월 2일	북경 출발
11월 26일	도강
12월 16일	서울 도착

[내용]

1874년(동치 13, 고종 11) 2월 명성황후는 고종의 장남을 낳았다. 후의 순종으로, 최후의 조선국왕이 되고 또 대한제국 황제가 된 인물이다. 이듬해 고종 12년 그를 세자(황태자)로 책봉할 것을 주청하기 위해 당시 영중추부사였던 이유원이 정사가 되어 부연하였다. 통상의 동지사라면 정사는 종실관계자가 아닌 이상 판서급의 사람이 해당되었으나 이유원은 영의정, 즉 총리대신(總理大臣)이자 영중추부사를 겸하고 있었다. 이러한 정계의 우두머리가 스스로 출사한 것은 세자책봉을 청하는 중요한 안건을 위한 출사였을 뿐만 아니라, 특히 이 시기는 대구미제국(對歐米諸國) 및 대일외교(對日外交)를 어떻게 진행시킬지가 초미의 과제였고 중국 정세를 상세히 탐문할 필요가 있었기 때문이었다. 서울 출발에 즈음하여 고종과 이유원 등 삼사는 문답을 나누었고 그 모습이 상세히 기록되어 있다. 고종은 "可聞之事, 詳探以來也."라고 명하면서 북경에서 중국인을 고용해서라도 빨리 전달하라고 주의를 주고 서장관에게는 '첨국(覘

國)', 즉 국정 탐색이 그 책무라고 특히 주의를 주고 있다. 이른바 강화도 사건, 즉 일본 군함에 의한 강화도 앞바다에서의 측량과 이에 따른 조선 측의 포격 및 일본 측의 응전(應戰)은 음력 8월 21일(양력 9월 20일) 이유원이 서울을 출발하여 국경도시인 의주에 체류하던 중에 일어났다. 이에 대한 상세한 소식은 그가 중국 심양에서 북경을 향해 출발하려고 하던 9월 7일 아침에 받은 것이 아닌가 생각된다. 이날 일기에 의주에서 전송된 경찰(京札), 즉 서울 궁정으로부터 8월 22일 · 23일 · 24일 · 25일자로 발송된 편지를 집중적으로 받고 있기 때문이다.

하지만 이 사건에 대해서 일기는 완전히 입을 닫고 있다. 12월 16일 귀조(歸朝) 보고에 따른 국왕과의 대화도 지극히 상세하다. 동일한 기사는 『일성록(日省錄)』에도 보인다. 아마도 궁정 서기관이 쓴 기록을 그대로 베껴 써서 자신의 일기에 추가한 것이라고 생각된다.

이유원은 이로부터 31년 전인 1845년(도광 25, 헌종 11) 서장관으로 부연한 적이 있고, 부사로 출발한 김시연(金始淵)도 41년 전인 1835년(도광 15, 헌종 원년) 아버지를 따라 부연했다고 한다. 헌종 원년에 부연한 삼사 가운데 김씨 성인 사람은 8월 6일에 사은사행 정사로 출발한 김로(金鑢)뿐이므로 그의 아버지는 김로일 것이다.

그런데 이 『계사일록』은 주로 매일의 간단한 행동 기록과 당일에 지은 시가 번갈아 기록되어 있다. 이 중 시 부분은 『가오고략』과 중복되는 것이 많지만 문집에 없는 것도 많고 또 양자 간에 글자가 다른 것도 있다.

이 연행록에서 귀중한 것은 이유원이 중국 청조인과 시문을 매개로 교류하고 있는 점이다. 등장한 중국인으로는 아래의 몇 사람을 들 수 있다.

유지개(游智開): 자는 자대(子代), 호는 천우(天愚) · 장원(藏園), 호남성(湖南省) 신화현(新化縣) 사람. 당시에는 직예성(直隸省) 영평부지부(永平府知府). 『청사고』 권451 및 『청사열전(淸史列傳)』 권63에 전(傳)이 있고, 또 이내태(李來泰)의 『연암집(蓮龕集)』 권15에 묘지명이 있다. 원래 증국번(曾

國藩)의 인맥에 속한다. 함풍 원년 거인(擧人). 유지개 쪽에서 이유원에게 다가온 일의 외교사적 의미는 후술한다. 그의 시집인 『장원시초(藏園詩鈔)』 1권은 맨 먼저 1883년(광서 9) 조선 활자 배인본(排印本)으로 출판된 후 몇 번인가 각본(刻本)으로 출판되었다고 한다(『淸人別集總目』 2288면).

오홍은(吳鴻恩): 당시에는 어사(御史). 호는 춘해(春海), 사천성 동량현(銅梁縣) 사람. 동치 원년 진사. 오홍은 쪽에서 옥하관에 체류 중인 이유원을 찾아와 이유원이 자택에 내방해주기를 요청하고 있다. 그의 동생 오홍무(吳鴻懋)가 형의 연줄로 면회하러 오고 있다. 오홍무의 호는 춘림(春林), 이때 22세였다. 1873년(동치 12, 고종 10) 연행사 일행 중 한 사람이었던 강위의 『북유일기』에는 오홍은의 이름이 종종 보일 뿐만 아니라 조선 지식인과 자주 교유하였다.

주수창(周壽昌): 당시에는 호부시랑(戶部侍郎). 호남성 장사현(長沙縣) 사람. 도광 25년 진사. 『청사고』 권486, 「문원전(文苑傳)」, 『청사열전』 권73에 전이 있고, 『속비전집(續碑傳集)』 권80에 행장(行狀)이 있다. 저서로 『후한서주보정(後漢書注補正)』·『삼국지주증유(三國志注證遺)』 외에 문집으로 『사익당시초(思益堂詩鈔)』가 있다. 그도 조선 지식인과 자주 교유한 인물이다. 이유원이 옥하관에 체류할 때 주수창 쪽에서 명함을 보내 면회를 요구하였다. 그 후 두 사람 사이에는 시를 증답하는 일이 계속되었다.

주당(周棠): 1806년(가경 11)~1876년(광서 2), 자는 소백(少伯), 호는 난서(蘭西), 절강성 산음현(山陰縣) 사람. 『청화가시사(淸畫家詩史)』·『국조서화가필록(國朝書畫家筆錄)』에 전(傳)이 있는 예술가다. 『주소백서시고(周少伯書詩稿)』가 중국국가도서관(中國國家圖書館)(北京圖書館)에 있고 다른 문집으로 『소백공유고(少伯公遺稿)』 불분권, 광서 27년 연인본(鉛印本)이 있다(『淸人別集總目』 1442면). 이유원과 주당의 관계는 이유원이 1845년(도광 15) 서장관으로 입연한 이래로 계속되었다. 도광 25년 때 이유원은 32세, 주당은 40세였으며, 이번 입연 때는 이유원이 62세, 주당이 70세였다. 주당은 이유원이 이번에 입연하는 것을 몰랐기 때문에 이유원 쪽에서 시 3

수를 부쳐 알렸지만 주당은 이미 늙어서 만날 수 없었다. 이것을 이유원은 "한탄스럽다"고 하고 있다.

그 밖에 숭실(崇實), 명안(銘安), 이상석(李湘石), 이숭신(李嵩申), 서부(徐郙) 등의 이름이 보인다.

이와 같이 이유원은 국제적인 유명인이었다. 유지개, 오홍은, 주수창 모두 그들 쪽에서 이유원에게 접근하고 시 증답을 요구한 것은 주목해야 할 부분이다. 남일우(南一祐) 『연기(燕記)』(본 해제 38)에도 남일우가 송가장(宋家庄)을 방문했을 때 그곳의 주인에게서 "이유원(이귤산상국(李橘山相國))과 면식이 있는가?"라는 질문을 받았다(12월 24일). 그런데 이들 중국 지식인과의 교제 가운데 외교사적으로 가장 중요한 것은 영평부지부 유지개와의 그것이다. 이유원은 이 부연 때 유지개와 관계를 맺고서 이홍장과 서간 왕복을 시작하여 조선 외교에 큰 전환기가 찾아왔음은 이미 주지하는 바이다.[25] 그런데 내가 본 바에 한해서 종래의 연구에서는 이유원의 『계사일록』이 인용된 적은 없으며, 따라서 이유원과 유지개의 교제가 어떻게 시작되었는지는 불분명한 채로 남아 있었다.

이유원과 유지개의 관계가 처음으로 일기에 나타나는 것은 북경으로 가는 길에 일행이 영평부성(永平府城)에 도착한 9월 18일의 일이다. 일행이 이 지역의 명원루(明遠樓)에 올랐을 때의 일에 대해 다음과 같이 기록하였다.

> 知府四品, 姓游名智開, 號天愚, 湖南人. 家居洞庭南五十三灘上, 爲人豪放慷慨. 聞余登樓, 送茶果, 鋪陳屏床. 與副使書狀玩賞, 有逢見之意. 余以

25 田保橋潔, 『近代日鮮關係の硏究』(京城(서울), 朝鮮總督府中樞院, 1940) 상권, 545면, 31 「淸韓關係の新段階 李鴻章と李裕元」, 송병기, 「李裕元 · 李鴻章의 交遊와 李鴻章의 西洋 各國과의 修交 勸告」(『近代韓中關係史硏究-19世紀末의 聯美論과 朝淸交涉』, 서울, 단대출판부, 1985). 권석봉, 「洋務官僚의 對朝鮮列國立約勸導策」(『淸末對朝鮮政策史硏究』, 서울, 일조각, 1986). 原田環, 「朝 · 中 『兩截體制』成立前史」(『朝鮮の開國と近代化』, 廣島, 溪水社, 1997).

官府無公幹不得入, 書狀往見致謝. 回至店舍, 知府躬來, 見之, 筆談而去.

즉 지부인 유지개 쪽에서 이유원에게 접근하려 하였고 또 그쪽에서 일부러 여관에 면회하러 찾아왔다고 한다. 이때 귀환할 때 재회할 것을 약속했다고 하고, 다음날 19일에는 이유원이 시를 보낸 것에 대해 유지개 쪽에서 '愚小弟游智開頓首'라는 답서를 보냈다. 유지개가 누구로부터 이유원에 대해서 들었는지는 기록되어 있지 않다.

다음으로 북경 입성 3일 전인 9월 27일 이유원 일행은 준화주(遵化州) 옥전현에 체류하고 있었다. 21일에 이미 옥전현에 도착했으면서도 더 체류할 수밖에 없었던 것은 이때 마침 광서제와 황태후가 동릉(東陵)을 참배하여 황제 일행의 행동이 우선되었기 때문이다. 이 정황을 알았기 때문인지 유지개가 이유원에게 귤나무를 보냈다. 귤을 보낸 것은 이유원의 호가 귤산이라는 것과 관련되는 것이지만 유지개의 집이 있는 동정호(洞庭湖)가 귤로 유명하기 때문인 것도 있다. 또한 이에 따른 시 증답이 있었다.

이어서 북경에 체류 중이던 10월 13일 이유원의 편지에 대한 유지개의 답서가 도달하여 이에 대해 이유원이 답서를 썼다.

그 다음 11월 7일 북경에서 돌아오는 길이던 이유원은 영평부성에 숙소를 잡았다. 유지개는 시와 함께 그의 저서 4책을 보냈다. 이유원의 차운시 「차송유지부운(次送游知府韵)」 3수와 유지개의 "藏園游智開拜呈請教正"으로 마무리되는 원운(原韻) 3수가 실려 있다.

아래는 이때 이유원이 기록한 일기다.

太守欲出來, 徒御已滿云. 故約以踏月相會. 是夜與副使書狀會于觀音院. 供帳甚豐, 劇談劇飮, 酒名一品紅, 聞是家釀. 乘隙托願交李中堂鴻章, 太守最親於中堂故也. 太守問其故, 余滿道日本相關事, 如或有國事之可議, 非此中堂, 莫可爲之. 屢々言之. 太守首肯曰, 非久, 有保定之行矣. 作書送之,我當袖傳云. 翌日使金寅浩袖送此札之意約束. 太守贈私稿一册, 別贈一詩.

본서 권말에는 귀국 후 고종과의 담화와 부연에 대한 상전(賞典) 및 사상전차(辭賞典箚)뿐만 아니라 아래의 문헌을 부록으로 싣고 있다.

(一) 丙子(광서 2)初二日進香使回便出來札

李大人橘山叔啓 永平付游寄

이것은 광서 원년 11월 7일 영평부에서 유지개가 이유원과 만나 이홍장과의 연락을 부탁받고서, 그 보고를 위해 이유원에게 보낸 편지다. 아래의 문장이 보인다.

貴從事金寅浩來署, 具述雅意欲納交於我中堂伯爺. 旋於翌晨, 送到一緘. 弟臘月有保定之役, 當卽面呈, 我中堂隨具復書, 囑弟轉寄. 我中堂勳業夙著, 偉略遠猷不分畛域, 常拳々然以東國爲念. …… 玆謹將我中堂復書托李君秉文寄上. 伏乞鑒收.

즉 이유원이 이홍장에게 보낸 서간은 유지개가 보정(保定)에 갔을 때 그로부터 이홍장에게 직접 건네졌다.[26]이홍장은 당시 직예총독(直隸總督)

---

26 다보하시(田保橋)의 전게서 551면에 따르면, "이유원의 서간은 전혀 국사(國事)를 다루고 있지 않다. 그렇지만 지부(知府) 유지개의 소개장에는 당연히 그것을 언급했을 것이다."라고 기술하였다. 다보하시의 혜안에 경복(敬服)하지 않을 수 없다. 다만 여기에 보이는 바와 같이 유지개는 이때 이홍장과 대면하면서 서간을 손수 전했던 것이다. 단순한 소개장은 아니었다. 게다가 다음 편지에 보이는 대로 이유원과 유지개가 처음으로 회견한 다음날 이유원의 부하인 김인호(金寅浩)는 두 번에 걸쳐서 영평부청을 방문하여 이유원이 의도하는 바를 전달했다. 그렇다면 이홍장과 유지개의 회견에서는 조선에 관계되는 여러 가지 정보와 함께 이유원이 부탁하려고 한 이홍장 앞으로 보낸 편지의 의도하는 바가 상세하게 전해졌다고 생각해야 할 것이다. 편지의 문면과 실제로 이홍장에게 전해진 것은 완전히 다른 것이었다. 이를 바탕으로 12월 23일자 총리아문에 대한 이홍장의 지시가 작성되었고, 이를 바탕으로 12월 28일 모리 아리노리

으로 하북성(河北省, 직예성) 보정에 머무르고 있었다. 이홍장이 이유원에게 보낸 답서로 잘 알려진 '覆朝鮮使臣李裕元(광서 원년 12월 14일)'은 실제로는 진향사(進香使)가 귀국할 즈음에 맡겨졌고 이듬해인 광서 2년 3월 2일 이유원의 수중에 도달한 것이다(본 해제 37). '조일수호조규(朝日修好條規)', 즉 강화도조약은 이로부터 정확히 1개월 전인 2월 2일에 이미 체결되었고, 이유원과 이홍장의 교섭은 언뜻 보기에 무의미했던 것으로 보인다. 게다가 이유원이 이홍장에게 보낸 편지, 이에 대한 이홍장의 답장 모두 전혀 국사(國事)를 직접 다루고 있지 않다. 다만 이유원이 이홍장 앞으로 보낸 서간과 이에 대한 이홍장의 답서는 그들의 개인적 교제를 훨씬 벗어난 것이고, 광서 원년 12월 23일에 「논일본파사입조선(論日本派使入朝鮮)」이라는 총리아문 앞으로 작성된 공독(公牘)을 통해 일찍이 이홍장으로부터 북경의 총리아문에 통지되어 있었던 것이다. 이홍장은 이 공독에서, 총리아문을 통해서 조선에 대해 "由鈞署迅速設法密致朝鮮政府一書.", 일본에는 "勸其忍耐小忿, 以禮接待." 해야 한다고 권유하고 싶다고 서술하였다(『이문충공전서(李文忠公全書) · 역서함고(譯署函稿)』 권4). 그리고 실제로 이것은 총리아문으로부터 예부를 통해서 조선에 전해졌다(『동문휘고』 원편 속(原編續), 「왜정(倭情)」, 여섯째 장 이하).

(二) 金石霞叔啓 愚弟游智開拜手

앞의 이유원에 대한 편지와 함께 유지개가 김석하(金石霞)라는 인물에게 보낸 서간이다. 김석하는 김인호(金寅浩)라고 생각될 수밖에 없다. 아래의 문장이 있다.

石霞仁兄大人閣下. 乙亥至月初七日, 貴國丞相李公奉使東歸, 道出永平,

(森有禮)와의 대담에 임했다고 생각해야 할 것이다.

相會於蕭寺, 始識兄面, 旋承兩次來署, 具述貴丞相雅意. …… 貴丞相致我李中堂書, 已於臘月, 在保定府面達, 竝取有復書.

(三) 李大人(官印)裕元臺啓(朝鮮使臣) 合肥李鴻章 拜. 乙亥十二月十四日文華殿大學士肅毅伯

즉 종래부터 알려져 있는 이홍장이 이유원에게 보낸 답서이고, 『이문충공전서 · 역서함고』 권4에 「복조선사신이유원(覆朝鮮使臣李裕元)(光緖元年十二月十四日, 附)」라는 제목으로 되어 있다. 답서 원본에는 이홍장의 관인이 찍혀 있었다.

(四) 同月二十三日, 冬至使回便出來札
李大人臺啓 瀋陽署部書椷 丙子二月二十五日, 崇實拜. 學士將軍

심양장군(瀋陽將軍) 숭실(崇實)은 광서 원년 10월 19일에 이유원과 만났다. 이것은 광서 2년 책봉을 위해 서울로 출사한 청조 사절이 귀국할 때 이유원의 편지를 숭실에게 전달한 데 대한 숭실의 답서다. 이른바 '조일수호조규'가 체결된 것을 숭실은 이미 알고 있었다.

(五) 都京禮部咨文, 馬上飛遞
天津保定府李中堂與倭使森有禮問答記

광서 원년 12월 28일 이홍장과 모리 아리노리 사이에 나눈 문답이고, 이미 『이문충공전서 · 역서함고』 권4에 수록되었을 뿐만 아니라 『동문휘고』 원편 속, 「왜정」에도 〈光緖元年十二月二十八日, 日本使臣森有禮署使鄭永寧來直隷總督署內, 晤談節略〉으로 수록되어 있다. 광서 2년 2월 3일자로 북경 예부가 조선국왕에게 비자(飛咨)한 문서에 첨부된 수많은 관련 문서 중 하나임을 알 수 있다. 조선 궁정에는 2월 21일에 도착한 것 같다. 당시 청조에서 보낸 자문을 즉각 입수할 수 있었던 이유원은 이것을 특히 중요한 자료로 생각했기 때문에 그의 연행록의 일부로 추가했을 것이다.

맨 마지막에 (六) 「북정편(北征篇)」이라는 제목의 이번 연행을 읊은 장편 오언시로 마무리하고 있다.

37. 『乙亥燕行錄』 一卷 李秉文撰 京都大學附屬圖書館藏

[텍스트]

필사본 1책. 봉면에 '乙亥燕行錄(單)'이라고 썼다. 인장은 교토제국대학 소장인과 다이쇼 6년(1917)에 입수했다는 도장이 있을 뿐이다.

[찬자약력]

『조선인명사서』의 『국조방목』에 따르면 이병문(李秉文)의 자는 덕여(德汝), 1826년(도광 6, 순조 26)생으로 완산(完山) 사람이며, 1848년(도광 28, 헌종 14) 문과 급제하였다. 아버지는 이헌구(李憲球). 본서 10월 7일에 1845년 아버지인 충간공(忠簡公, 이헌구)이 삼절연공사로 연행했다고 한다. 이헌구는 이때 정사였다. 1884년 사망.

[여정]

1875년(광서 원년, 고종 12)

10월 7일　　서울 출발

11월 3일　　도강

11월 30일　　북경 도착

1876년(광서 2, 고종 13)

정월 23일　　북경 출발

2월 16일	도강
3월 2일	서울 도착

[내용]

1875년(광서 원년) 2월 동치제의 황후가 전년 12월에 사망한 황제를 뒤따라 죽었다. 이병문은 진위진향사(陳慰進香使)로 연행하였다.

특별히 흥미로운 기사는 적다. 몇몇 관심 가는 점은 아래와 같다.

북경 도착 다음날인 12월 1일 자문을 올리러 예부에 갔다. 그곳에서 삼배구고두례를 행하지 않으면 안 되었기에 "以我堂々禮義之國, 拜稽於穹廬之下, 豈不忿嘆哉."라고 기록하고 있다. 청의 침략을 받고부터 240년 정도가 지났지만 여전히 이것은 굴욕이었다.

한편, 유럽 열강이 북경에 들어와 점거하고 있는 것을 "噫, 以天下莫强之國, 不能掃滅洋酋, 藉其所欲居, 接於城內, 勅建天主堂於闕內. 行貨於中國, 稀貴之物盡是洋夷之所造, 遍滿長安, 豈不痛惜哉."(12월 11일)라고 기록하며 탄식하였다.

귀국길인 정월 27일 본 해제 36. 이유원『계사일록』에서 언급한 영평부 지부 유지개의 희망으로 그와 면회하여 필담하고 있다.『계사일록』「(一) 丙子(光緖二年)初二日進香使回便出來札」에 이병문의 이름이 보이기 때문에 이홍장으로부터의 편지는 이때 여기에서 전해받은 것이 틀림없다.

38.『燕記』五卷 南一祐 撰 東洋文庫藏

[텍스트]

필사본 5책. 도요문고 소장본으로 쇼와 9년(1934)에 입수했다는 도장이 있다.

제1책 봉면에 "燕記 金 出疆錄 渡江錄 盛京隨筆 自己卯十一月初七日至己卯十二月十九日", 제2책 봉면에 "燕記 木 關內隨筆 玉河隨筆

自己卯十二月二十日至庚辰正月二十日", 제3책 봉면에 "燕記 水 玉河隨筆 自庚辰正月二十一日至庚辰二月十四日", 제4책 봉면에 "燕記 火 回轅走草 專對錄 自庚辰二月十五日至庚辰四月初二日", 제5책 봉면에 "燕記 土 聞見雜議"라는 제목이 쓰여 있다. 인장은 '東洋文庫', '宜寧潛窩' 2개의 도장이 있을 뿐이다.

본서에는 찬자명을 명기하지 않았지만, 이 연행이 1879년(광서 5, 고종 16) 동지사행의 것이고, 게다가 그가 부사로 나오기 때문에 남일우(南一祐)임은 틀림없다. 일기에서 청인과 필담할 때의 자기 소개를 보아도 찬자가 남일우임은 의심의 여지가 없다.

본서는 그의 인장인 '宜寧潛窩'로 보아 남일우 본인의 고본이면서 자장본이었다고 보는데, 거의 틀림없는 것 같다. 남일우는 의령 사람이고 또 잠와(潛窩)는 그의 호였다고 생각되기 때문이다. 이 점에 대해서는 다음의 [찬자약력]을 참조하기 바란다. 본서를 남일우 자신의 고본이라고 생각하는 이유 중의 하나는 본서가 기본적으로 정확한 해서로 쓰였지만, 10군데 정도 붉은 글씨로 추가 기입한 부분이 보이기 때문이다.

[찬자약력]

남일우(南一祐)는 『조선인명사서』 등에 기록되지 않았다. 기실 지금으로서는 본서인 『연기(燕記)』에 청인 몇 사람과 필담할 때의 자기 소개가 가장 유력한 자료다. 그는 스스로를 "의령 사람, 기미(함풍 9, 철종 10) 출신"이라고 하였고(정월 12일), 또한 "원래 남일우라는 이름이었지만 조령(朝令)에 따라 우(愚)를 고쳐서 남일우(南一祐)라고 하였다."고 하였으며, 자는 우당(愚堂)이라고 하였다(12월 24일 · 정월 18일). 그리고 『국조방목』을 보면, 확실히 "남일우(南一愚), 자는 백경(伯卿), 의령 사람, 정유년(1837, 도광 17, 헌종 3) 생, 철종 기미(己未) 증광(增廣) 을과(乙科)"라고 되어 있다. 정유생이라고 한 것은 광서 6년 단계에서 현재 44세라고 스스로 말한 것과 꼭 들어맞는다(정월 18일). 몰년은 김영진에 따르면 1886년(광서 12, 고종

23)이다. 스스로 남용익(南龍翼)의 자손이라고 말하였다(12월 24일). 남용익은 을미년(1655, 순치 12, 효종 6, 명력 원년) 통신사의 종사관(從事官)이 되었고, 또 1666년(강희 5, 현종 7) 연행사의 부사가 되었다.

그도 12월 24일 연행사가 종종 방문했던 옥전현의 송가장을 방문했다. 송가장은 청 왕조가 입관했을 때, 농성하며 조금 늦게 투항했기 때문에 무거운 벌금이 부과된 것으로 유명하다. 그 자손인 송서순(宋舒恂, 자 小坡)은 나누었던 필담을 통해「壺谷先祖奉使時, 過此一絶詩」라는 글을 써서 보여주었고 "나와 그대는 몇 세대에 걸친 세교(世交)다."라고 하였다.

남일우는 또한 중국인과의 필담에서 "以戶部侍郎, 猥叨使啣, 今權禮部尙書."라고 하고(정월 27일), 또 "以戶部侍郎, 今權禮部尙書."라고도 하였다(정월 30일). 이것들은 그가 호조참판이라는 관직에 있고, 연행 당시에 예조판서의 직함을 더했다는 것을 보여준다.

[텍스트] 항목에서 인장으로 '宜寧潛窩'가 있고, 잠와란 그의 호였다고 생각된다고 하였다. 이렇게 생각하는 것은 본서 중에 왕유진(王維珍, 호 蓮西)이라는 청인(전 통정사부사)과 교유를 맺고, 귀국할 즈음에 그에게서 '潛窩'라는 두 글자와 '春者亭'이라는 세 글자, '忍堂'이라는 두 글자의 휘호를 선물로 받고 있기 때문이다.

[여정]

1879년(광서 5, 고종 16)

11월 7일　서울 출발

12월 1일　도강

12월 26일　북경 도착

1880년(광서 6, 고종 17)

2월 15일　북경 출발

3월 13일　도강

4월 2일　서울 도착

[내용]

「출강록(出疆錄)」은 사행 명령이 내려진 때부터 의주 체류까지, 「성경수필(盛京隨筆)」은 심양 출발부터 산해관 도착까지, 「관내수필(關內隨筆)」은 산해관 출발부터 북경 옥하관에 도착한 때까지, 「옥하수필(玉河隨筆)」은 북경 체류 기간, 「회원주초(回轅走草)」는 귀국을 위해 옥하관을 떠난 때부터 4월 2일 복명까지를 기록하였다. 「전대록(專對錄)」은 이때 연행사가 황제에게 바친 사은표(謝恩表)나 예부에 제출한 자문, 또 예부로부터의 회자(回咨)나 예부의 고시(告示) 등 관련 문서를 수록하였다. 「문견잡지(聞見雜識)」는 〈황성(皇城)〉, 〈궁정(宮庭)〉 등의 항목별로 중국의 여러 가지 제도나 풍속, 또 관제(官制)나 중국 각지의 부(府) · 현(縣) 이름, 지정은(地丁銀) 냥 수 등을 기록하였다.

본서가 5책으로 된 데서 볼 수 있듯이 서술은 매우 상세하다. 다만 「문견잡지」에는 독창적인 관찰이 그다지도 많이 보이지 않는다. 관제를 기록한 부분 등은 필시 무언가를 베껴 쓴 것이다.

본서에는 김창업의 『노가재연행일기』, 박지원의 『연암일기(燕巖日記)』(『열하일기』), 『통문관지』, 『대청일통지』, 『동국여지승람』(여람(輿覽)), 『일하구문』 등 본서가 근거했다고 생각되는 책이 열거되어 있다.

39. 『觀華誌』 一 · 二卷(缺卷三 · 四) 李承五 撰 京都大學附屬圖書館(河合文庫藏)

[텍스트]

원래 12권 6책이었는데, 제2책(缺卷3 · 4)이 빠져 있어 현재는 10권 5책으로 이루어져 있다. 필사본.

한국의 소장서목에서는 다른 본의 현존 여부를 확인할 수 없지만, 『연행록선집』 하권 및 『연행록전집』 86책에 이승오(李承五)의 『연사일기(燕槎日記)』를 수록하고 있다. 모두 소장기관을 명기하지 않았으나 아마도 김상기(金庠基) 소장본과 동일한 계통의 책일 것이다. 『연행록전집』 219면에 '金庠基氏考證'이라는 1장이 삽입되어 있는 것이 이를 뒷받침한다. 『연행록선집』·『연행록전집』 수록본은 4권으로 되어 있고, 권1에서 권2는 『관화지(觀華誌)』 권1 · 권2와 동일한 내용이다. 따라서 이를 통해 『관화지』의 결권 부분, 권3 · 4(제2책)를 메워 완전한 본으로 만들 수 있다. 또한 임기중의 『연행록연구』 45면에 한국 소장 미수집본 연행록의 하나로 "『燕槎隨錄』 李三隱(?~?) 1冊(卷3~4) 연행연대 미상"이라는 것이 있다. 삼은(三隱)은 뒤에 보이는 대로 이승오의 호라고 생각된다. 또 뒤에 보이는 바와 같이 『관화지』 권5에서 권8까지가 「수록(隨錄)」이라는 제목으로 되어 있으므로 아마도 이 「수록」 부분이 『연사수록(燕槎隨錄)』이 아닐까 생각한다. 어쨌든 임기중의 저서에는 각 본의 소장도서관이 전혀 명기되지 않았고, 또 서적 그 자체의 내용을 직접 읽고서 목록을 만들었다고 생각되지 않기 때문에 이 이상 고증할 수 없다. 더욱이 한국서지학회 편 『해외전적문화재조사목록-河合文庫 소장 한국본-』(서울:한국서지학회, 1993) 70면에서 "觀華日誌 李三隱著"라고 기록한 것도 부적절하다. 자서(自序)는 고종 24년, 즉 그가 연행한 해의 것이지만 다수의 서문 가운데 '崇禎紀元後五癸巳', 즉 1893년(광서 19, 고종 30)의 것이 있다.

교토제국대학의 소장인과 다이쇼 8년(1919)에 입수했다는 도장 외에 인장은 없다.

[찬자약력]

이승오(李承五)는 1837년(도광 17, 헌종 3)~1900년(광서 26, 광무 4). 자는 규서(奎瑞), 본서에 종종 나오는 삼은은 그의 호일 것이다. 한산 사람. 1858년(함풍 8, 철종 9) 문과 급제하였다. 이곡(李穀, 호 稼亭) · 이색(李穡, 호 牧隱)의 자손이다. 선조인 이태중(李台重, 호 三山, 시호 文敬)은 1746년(건륭 11, 영조 22) 서장관으로 연행하였고, 아버지 이경재(李景在, 시호 文簡)도 1850년(도광 30, 철종 원년) 함풍제 등극의 진하사 정사로 연행하고 있다.

연행 때는 판중추부사의 직함을 띠고 연행하였다. 당시에 아버지가 띤 직함과 같고, 연행 때의 연령도 같은 51세였다고 자서에서 말하였다. 그의 문집 등은 현존하지 않는 것 같다.

[여정]

1887년(광서 13, 고종 24)

4월 22일　서울 출발
윤4월 27일　도강
5월 26일　북경 도착
8월 8일　북경 출발
9월 5일　도강
9월 29일　서울 도착

[내용]

광서 13년 정월 15일 광서제는 태화전에 행차하여 친정조하(親政朝賀)의 예를 받고 조칙을 반포하였다. 이때 연행의 주목적은 광서제 친정에 대한 진하이며, 일기 5월 27일조에서 북경의 예부에 이르러 삼궤구고두례를 행함과 동시에 이때 올린 「친정진하표(親政進賀表)」 외에 「친정진하예부자(親政進賀禮部咨)」 등도 싣고 있다. 때마침 영국이 조선의 거문도 점령을 해제한 직후에 이를 청조의 압력에 의한 것이라고 감사하는 「거문도영완선통칭사(巨文島永完先通稱事)」라는 제목의 예부에 보내는 자문도 싣고 있다.

내용은 권1에서 권4가 「일기(日記)」, 권5에서 권8이 「수록(隨錄)」, 권9에서 권10이 「시초(詩鈔)」(「觀華誌詩鈔」)로 구성되어 있다.

「일기」는 일반적으로 관찰이 평범하고 재미가 빠져 있다. 의주에 설치된 전보국(電報局, 電線局)에 놀라고 있다(윤4월 12일 · 20일 · 24일). 전선국의 주임과 필담하고 있었는데, 중국의 봉성(鳳城)에서 전보가 들어와 "遞來

之頃, 不過一瞬, 機巧之制, 終不可究."라고 기록하고 있다.

「수록」은 도리(道里), 산천(山川), 궁궐(宮闕), 사묘(祠廟), 새보(璽寶), 관제(官制), 무직(武職), 정복봉록(頂服俸祿), 각성(各省), 부세(賦稅), 과제(科制), 선격(選格), 병제(兵制), 전제(田制), 의복지제(衣服之制), 옥우지제(屋宇之制), 캉(炕), 음식지제(飮食之制), 성곽지제(城郭之制), 연대(煙臺), 정후(亭堠), 역발(驛撥), 풍속(風俗)으로 구성되어 있다. 중국 안내기 · 북경 안내기이지만 대부분 먼저 갔던 무언가를 바탕으로 삼고 있는 것 같다. 다만 풍속에는 이승오 자신의 관찰이 보인다.

「시초」는 연행 도중에 지은 시 혹은 청인과의 창화시로 이루어져 있다. 권4에 청조 문인과의 교유가 기록되어 있다.

이상으로 해제를 마친다. 모두 필사본인 같은 종류의 서적에 해제를 붙인 것은 필자에게는 첫 체험이다. 일본 현존 조선연행록에서 해제를 붙인 39종 가운데 8. 尹汲『燕行日記』, 11. 李田秀『入瀋記』, 12. 金箕性『燕行日記』, 13. 吳載紹『燕行日記』, 19. 金學民『薊程散考』, 25. 洪敬謨『燕槎續韻』, 34. 姜瑋『北游日記』, 38. 南一祐『燕記』 8종은 찬자의 자장본임이 분명해졌다. 그 밖에 다른 몇 종은 분명히 찬자 자신의 고본이다. 이는 연행록이라는 자료 자체의 한 가지 성격을 말해주는 것일지도 모른다.

자료 조사에 미비한 점이 있는 것은 아닐지 몹시 두렵다. 할 수 있는 만큼은 노력했다고 생각하지만, 본 해제에는 여전히 오류나 불충분한 부분이 있을 것이다. 연행사 및 연행록에 관심을 가진 여러 사람의 비판을 간절히 바란다.

(번역: 김영진)

제16장

사유구록(使琉球錄)과 사조선록(使朝鮮錄)

1. 머리말

사유구록(使琉球錄)이라는 일군의 사료는 지금까지 책봉사록(冊封使錄)으로 불려왔다. 이는 류큐(琉球)의 대외관계 사료로, 또는 메이지(明治) 정부에 의해 류큐가 일본에 완전히 편입되기 이전의 풍속(風俗)·민정(民情) 등을 기록한 사료로서, 『역대보안(歷代寶案)』과 함께 중시되어 왔다. 개개의 사유구록에 대해서는 언제 누가 이것을 썼는지를 중심으로 연구되어 왔고, 『증정 사유구록해제 및 연구(增訂使琉球録解題及び研究)』에서도 합계 12종에 걸쳐 그것이 나오게 된 시대 배경 등이 상세하게 논의되었다.[1]

그러나 지금까지 류큐사(琉球史)나 중류관계사(中琉關係史) 연구자들에게 이 사료들은 아마도 처음부터 눈앞에 있는 것, '소여(所與)'의 것으로 여겨져 왔던 것은 아닐까? 즉 이것들이 일군의 사료로서 남겨진 의미나, 그것들이 전체로서 갖는 특질 등에 대해서는 전혀 문제시조차 된 적이 없었던 것은 아닐까? 류큐사를 동아시아사 전체 속에서 파악해야 한다는

1 夫馬進 編, 『增訂使琉球録解題及び研究』(宜野灣, 榕樹書林, 1999).

주장이 일찍부터 나오기는 했지만, 이들 연구의 바탕을 이루어야 할 가장 중요한 사료군(史料群)을 전근대 동아시아 사료 전체 속에서 자리매김하는 일은 아마 없었던 것으로 생각된다. 여기서 드러나는 것은 사료에 대한 비교사적 작업의 결여이며, 류큐사를 동아시아 세계 전체 속에서 보다 구조적으로 파악하려고 하는 자세가 약하다는 점이다. 사유구록이 이제까지 주로 '책봉사록'으로 불려온 점, 또 이 책봉사록이란 여행자의 복명서(復命書)라거나 이를 바탕으로 쓴 것이라고 하는 점 등이 지금까지 정설처럼 여겨져온 것도 유사한 한문문헌 전체 속에서 그것들이 어떤 위치를 차지하는지 전혀 고려된 적이 없었다는 점이 아마도 커다란 원인일 것이다.

여기서 사유구록을 보다 객체화하기 위해 비교 대상으로 삼은 것이 사조선록(使朝鮮錄)이다. 명 · 청 시대에 중국에서 사절이 가장 많이 파견된 외국은 조선이다. 그 횟수는 다른 나라를 압도적으로 능가하고 있다. 황제의 사자가 여러 차례 류큐에 파견되었던 것처럼, 아니 횟수에 있어서는 류큐와 비할 수 없을 정도로 수많은 사신이 중국에서 조선으로 파견되었다. 그들 가운데서 일부는 이 또한 당연하게 여행기를 남겼다. 이 장에서는 그들이 기록으로 남긴 사료를 '사조선록'으로 총칭하고, 여기에 간단한 해설을 덧붙임으로써 '사유구록'과 대비하는 것을 목적으로 한다.

지금까지 사유구록에 대해서는 수많은 연구가 있는 데 비하여, 사조선록에 대한 연구는 중국사 연구와 한국사 연구의 두 분야에서 동월(董越)의 『조선부(朝鮮賦)』에 대한 것을 제외하면 전혀 없다고 해도 좋을 정도이다. 사조선록에 대하여 정리한 연구가 있다거나 이에 대한 해제가 이루어진 것을 필자는 과문이라 알지 못한다. 사조선록이라고 불러야 할 사료 전체에 대한 연구가 없다고 한다면, 이를 한문문헌 전체 속에서 자리매김하는 작업이 이루어지지 않았음은 말할 것도 없다. 따라서 이 장에서는 사유구록을 다른 것과 비교함으로써 객체화함과 동시에 사조선록도 객체화하고, 그 특질을 지적하는 것을 목적으로 한다.

2. '책봉사록'과 '사유구록'

이미 서술한 것처럼 사유구록은 지금까지 보통 '책봉사록(冊封使錄)'이라고 불려왔다. 그리고 이는 사절의 복명서나, 이 복명서에 손을 본 것이라고 하는 것이 일종의 정설이었다. 예를 들면 『나하시사(那覇市史) · 사료편(史料篇) 제1권3 · 책봉사록관련자료(冊封使錄關聯資料[원문편(原文編) · 훈독편(訓讀編)]』(那覇:那覇市役所, 1977)의 해설, 시마지리 카쓰타로(島尻勝太郎)의 「책봉사록에 대하여(冊封使錄について)」에서는 다음과 같이 기술하고 있다. "책봉사는 그 사명을 완수하고 귀국하면 복명을 해야 하는데 그 보고서를 간행한 것이 책봉사록이다. 하지만 그 원래 보고와 간행한 사록이 완전히 동일한 내용인가 아닌가에 대해서는 다소 의문도 있다." 즉 시마지리는 '책봉사록'을 복명서라고 전제하고 나서, 이 복명서=원래의 보고와 출판되어 우리가 읽는 '책봉사록'의 내용이 완전히 동일한 것인지 아닌지가 의문이라고 하였다. 이와 같은 관점은 『책봉사—중국 황제의 사자(冊封使—中國皇帝の使者)』(那覇:沖繩縣立博物館友の會, 1989)의 해설에서도 거의 그대로 답습되고 있으며 '책봉사록'을 황제에게 제출한 복명보고서라 하고 있다. 이러한 종류의 견해는 『오키나와대백과사전(沖繩大百科事典)』(沖繩タイムス社, 1983)과 같은 사전에도 보이는 것으로, 류큐사 연구자 사이에서는 오랫동안 정설로 받아들여진 것 같다.

이에 대하여 근자에 손미(孫薇)가 다른 설을 내세웠다. 그녀는 책봉사록=사유구록은 종래 생각해왔던 것처럼 황제에게 보고하는 복명문서가 아니며, 명대의 그것은 완전히 책봉사 개인의 책임감에서 집필된 것이고, 청대의 것도 류큐에 관한 책봉사들의 기록에 지나지 않는다고 하였다.[2] 책봉사록=사유구록이 복명서인가 그렇지 않은가라고 하는 문제에

2 孫薇, 「「使琉球録」の文書的な性格」(中國福建省 · 琉球列島交涉史研究調査委員會編, 『中國福建省 · 琉球列島交涉史の研究』, 東京, 第一書房, 1995).

한정하여 말한다면 필자는 그녀의 견해에 전면적으로 동의한다.

손미의 논고는 이처럼 종래의 관점을 수정하도록 요구하고 있지만, 그러나 이 논고에 있어서도 종래 책봉사록이라고 불려온 사료를 동아시아 세계에 관련되는 한문문헌의 하나로 넓게 보고 자리매김하는 방향성은 볼 수 없다. 이는 책봉사라는 것이 꼭 류큐에만 파견된 것이 아니라, 국내의 제왕(諸王) · 제왕비(諸王妃) 등을 책봉하기 위해 파견되었으며, 류큐 이외의 여러 외국의 국왕이나 세자를 봉하기 위해서도 파견되었기 때문이다. 따라서 그들이 써서 남긴 여행기는 모두 책봉사록이다. 사실, 예를 들어 명대 도목(都穆)의 『사서일기(使西日記)』 2권(『北京圖書館古籍珍本叢刊』 20, 書目文獻出版社 수록)은 책봉사록이다. 도목은 1513년(정덕 8년), 예부낭중(禮部郎中)이었을 때 책봉부사가 되어 영하(寧夏)에 있는 경왕부(慶王府) 수양왕(壽陽王)의 왕비를 책봉하기 위해 여행했다. 그때의 여행기가 『사서일기』이다. 말하자면 이것도 틀림없는 책봉사록이다.

이상은 중국 국내에서 책봉사가 파견된 경우이지만, 당연히 외국의 모든 왕을 책봉하기 위해 파견된 자의 여행기도 있다. 이를테면 황우직(黃虞稷)의 『천경당서목(千頃堂書目)』에는 전부(錢溥)의 『사교록(使交錄)』 1권과 반희증(潘希曾)의 『남봉록(南封錄)』 1권이 수록되어 있는데 모두 명대에 안남국왕(安南國王)을 책봉하러 나갔을 때의 여행기이다.[3] 먼저 전부의 『사교록』은 1462년(천순 6, 여조광순 3), 한림원 시독학사(翰林院侍讀學士) 전부가 여호(黎灝)를 안남국왕으로 봉하기 위해 정사가 되어 1품급을 하사받고 부사인 예과 급사중 왕예(王豫)와 함께 안남으로 여행했을 때의 기록이다.[4] 이는 성화(成化) 원년(1475)의 서문이 있었다 하며, 『절강채진유서총

---

3 黃虞稷, 『千頃堂書目』 권8, 地理類下(上海, 上海古籍出版社, 1990, 215~216면). 또한 一本에서는 '錢溥, 『使交録』十八卷'이라고 하였다. 『浙江採進遺書總録』(乾隆39年刊本)戊集에도 '『使交録』十八卷, 刊本'이라고 하였다.

4 전부의 안남행에 대해서는, 『明實録』 天順 6년 2월 庚寅, 天順 7년 6월 己巳 참조. 趙令揚等編, 『明實録中之東南亞史料』(香港, 學津出版社, 1976), 402 · 404면; 『欽定越史通鑑綱目』

록(浙江採進遺書總錄)』이 편찬된 1774년(건륭 39) 무렵까지는 간행본으로 전해졌다고 생각되는데, 이것이 현존하는지에 대해서는 아직 확인되지 않는다.

반희증의 『남봉록』도 역시 책봉사록이라고 해야 할 것이다. 반희증은 1512년(정덕 7, 여조홍순 4)부터 다음해에 걸쳐 형과 우급사중(右給事中)으로 책봉사가 되었고, 한림원 편수(編修)로 정사인 담약수(湛若水)와 함께 안남국왕을 책봉할 목적으로 사행했다.[5] 『남봉록』은 그때의 여행기다. 그러나 이 책 또한 초본(鈔本)만 있었는지 간행본이 있었는지는 분명하지 않으며, 현존 여부도 확인할 수 없다. 다만 반희증에게는 『죽간집(竹澗集)』이라는 문집이 있고 거기에 그 자신이 썼던 「남봉록서(南封錄序)」가 실려 있어서 대략 그 내용을 알 수 있다.[6] 이에 따르면, 그 내용은 안남에서 지은 시가 22수, 북경에 돌아와서 올린 주소(奏疏, 回京奏疏) 1통을 실었고, 안남국왕의 시 2수, 서신 2통, 배신(陪臣) 즉 안남국 신하의 시 5수를 권말에 묶은 것이라고 한다. 22수의 시와 상주문이 포함되었다는 사실을 가지고 추측하자면, 후술하는 사조선록 가운데서, 예를 들어 장녕(張寧)의 『봉사록(奉使錄)』과 닮지 않았을까 한다. 또 여기서 말하는 회경주소라 하는 것은 같은 반희증의 『죽간주의(竹澗奏議)』에 수록된 「구봉소(求封疏)」와 동일할 것으로 여겨진다.[7] 「구봉소」라고 제목을 달았지만, 이 상주문의 끝에 "원래 받았던 조서를 넣는 통과 사절의 징표인 깃발[節]을 관례에 따라 반환합니다."라고 적은 것을 보면, 이것은 귀국하고 나서 올린 회경주소(回京奏疏)가 틀림없으며 바로 복명서이다.

이상 전부의 『사교록』과 반희증의 『남봉록』은 총칭하여 사안남록(使安

권19, 光順 3년(天順 6) 12월.

5 『欽定越史通鑑綱目』 권26, 洪順 5년(正德 8) 정월.

6 潘希曾, 『竹澗集』(『四庫全書』 수록) 권6, 「南封録序」.

7 潘希曾, 『竹澗奏議』(『四庫全書』 수록) 권1, 「求封疏」.

南錄)이라고 해야 하겠지만, 동시에 책봉사록이라는 장르에도 들어간다. 그런데 『천경당서목』에 또 하나 수록되어 있는 황간(黃諫)의 『사교록(使交錄)』은 책봉사록이 아니다. 1457년(천순 원년) 명나라에서는 토목의 변(土木之變)으로 퇴위했던 정통제(正統帝, 英宗)가 복위하고 동시에 그 아들 주견심(朱見深)을 황태자로 세웠다. 이때 황간은 상보경(尙寶卿)이었는데 한림원 시강을 겸임하고 있어서 영종의 복위를 알리기 위하여 조서를 가지고 안남국에 갔다.[8] 『사교록』은 이때의 기록이므로 사안남록이기는 하지만 책봉사록일 수는 없다.

또 이선근(李仙根)의 『안남사사기요(安南使事紀要)』 4권(『四庫全書存目叢書』史部제56책 수록)도 황제의 사자의 기록이지만 책봉사록은 아니다. 1668년(강희 7), 강희제는 정사로 내비서원 시독(內秘書院侍讀) 이선근, 부사로 병부 직방사주사(兵部職方司主事) 양조걸(楊兆傑) 등을 안남국에 파견했다. 그 무렵 베트남에서는 청조가 안남국왕으로 책봉한 여유희(黎維禧)와 똑같이 청조가 안남도통사(安南都統使)에 임명하였던 막원청(莫元淸)이 모두 정통왕조를 주장하면서 항쟁했는데, 막원청은 국내의 근거지인 고평부(高平府)를 빼앗기고 멀리 달아나서 중국 광서성 남녕부(南寧府)에 숨어 있었다. 강희제는 막원청의 구원 요청을 받아들여, 이선근 등을 파견하고 고평부를 할양하여 반환하도록 여유희와 교섭을 하게 했다. 『안남사사기요』는 이때의 기록이다. 이선근이 국경인 진남관(鎭南關)을 넘은 것이 1669년(강희 8, 여조경치 7) 정월 8일이고, 다시 진남관을 넘어 귀국한 것이 3월 19일인데, 수도인 하노이에 체재한 것은 정월 17일부터 3월 11일 사이였다. 이 기록은 책봉—조공 관계에 있던 두 나라 사이에도 국토 · 인민의 할양과 같은 큰 문제에서는 그 교섭이 얼마나 험난했던가, 쌍방에서 어떤 교섭 과정이 있었는지를 알려준다. 하노이 체재가 보통의 책봉사와는 달리 두 달 가까이 끈 것도 이 때문이었다. 그것은 현장감 넘치는

---

8 『國朝獻徵録』 권20, 「黃諫傳」, 『欽定越史通鑑綱目』 권18, 延寧 4년(天順元) 9월.

외교교섭 기록이며 조칙(詔勅)을 펼쳐 읽는 일의 의미, 외교에서 『대청회전(大淸會典)』이 갖는 의미 등도 알려주는 것이어서 베트남사 연구뿐만 아니라 전근대의 동아시아 국제관계사 · 외교사 연구에서도 필독문헌이라고 해야 할 것이다. 즉 이 『안남사사기요』도 사안남록이기는 하지만 책봉사록일 수는 없다.

이렇게 볼 때 사유구록을 앞으로도 계속 '책봉사록'으로 부르려면, 아무래도 두 가지에 대한 이해가 전제되어야 한다. 첫째는 그것이 말할 것도 없이 '류큐' 책봉사록에 지나지 않는다는 것이다. 그리고 둘째는 명대 중기 이후에 중국에서 류큐로 파견된 것은 아주 적은 예외 말고는 나머지가 모두 책봉사이거나 유제(諭祭)를 겸한 책봉사뿐이라는 것이다. 이는 명 · 청시대 중국과 제외국의 교섭왕래 가운데서 극히 특이한 일이다. 즉 '사유구록'이 모두 '책봉사록'이었던 것은 그 자체가 명 · 청시대 중국과 류큐와의 관계의 특수성을 나타내는 것으로, 동아시아의 한문사료 전체 속에 놓고 볼 때는 그야말로 우연이었을 뿐이다.

3. 사조선록 해제

위에서 기술한 내용은 사조선록과의 대비를 통하여 더욱 명확해진다. 명 · 청 양대를 통하여 중국이 가장 많은 사절을 보낸 곳은 조선이다. 우선 여기서 노구치 테츠로(野口鐵郎)의 『중국과 류큐(中國と琉球)』에 의거하여 남명(南明)정권을 포함한 명 일대 동안에 어떤 형태로든 류큐에 사절을 보낸 것을 헤아려보면 34회인데, 이 가운데 국왕책봉사로서 보낸 것이 16회이다.[9] 한편 명 일대 동안 중국 쪽에서 조선에 보낸 사절의 수는

9 野口鐵郎, 『中國と琉球』(東京, 開明書院, 1977), 186~206면. 또 책봉사의 류큐 왕래에 대해서는 金城正篤, 「頒封論 · 領封論－册封をめぐる議論－」(『第三回琉球 · 中國交涉史に關する

여기서 우선 이현종(李鉉淙)이 작성한 통계에 따르면 합계 186회에 이른다.[10] 그런데 이 통계는 조선사편수회(朝鮮史編修會)의 『조선사(朝鮮史)』(京城[서울]:朝鮮總督府, 1932~38)에 의거하여 헤아린 것으로 『조선왕조실록』, 『명실록』, 『승정원일기』 등에 직접 의거한 것은 아니며, 조선이 성립한 1393년(홍무 26, 태조 2)부터 헤아린 통계이다. 즉 명대 초기에 고려에 보낸 사절은 포함시키지 않았다. 가령 고려시대에 명에서 보낸 사절 등을 추가한다면 200회를 훨씬 넘을 것이다.

청대의 경우에도 마찬가지로 노구치 테츠로의 『중국과 류큐』에 의하면, 청 일대 동안에 합계 10회의 사절을 보냈는데, 이 가운데 국왕책봉을 목적으로 한 것이 8회이다. 한편 청대에 중국에서 조선에 보낸 사절의 수는, 우선 전해종(全海宗)의 통계에 따른다면 청 1636년(숭덕 원년, 명숭정 9, 인조 14) 즉 태종(太宗) 홍타이지가 국호를 청(淸)으로 정한 때부터 시작하여 1880년(광서 6, 고종 17)까지 169회이다.[11] 더욱이 이 통계는 『동문휘고』의 「조칙록(詔勅錄)」을 바탕으로 한 것이어서 조칙을 가져온 사절 즉 이른바 칙사만을 셈한 것이므로, 앞서 이현종의 통계에 칙사가 아닌 자도 포함되어 있는 것과는 성질을 달리한다. 즉 『조선왕조실록』, 『승정원일기』 등의 기초 사료에서 칙사가 아닌 사절까지 찾아서 포함시키고, 나아가서 청일전쟁(1894, 광서 20, 고종 31) 무렵까지 범위를 넓힌다면 그 숫자는 이보

シンポジウム論文集』, 那覇, 沖縄縣教育委員會, 1996), 52~55면에 자세하다.

10 李鉉淙, 「明使接待考」(『鄕土서울』 제12호, 1961), 74~89면. 한편 이 논문의 부분 역으로 李鉉淙, 「明使接待考(一)」(『韓』 제4권 제7호, 1975, 渡邊學 譯)가 있는데, 使節一覽表도 전재하였다.

11 全海宗, 『韓中關係史硏究』(서울, 一潮閣, 1970, 75면; 중국어 번역본은 全善姬 譯, 『中韓關係史論集』, 北京, 中國社會科學出版社, 1997, 198면). 한편 張存武, 『淸韓宗藩貿易:1637~1894』(中央硏究院近代史硏究所專刊三九, 臺北, 1978), 40면에는 청조에서 조선에 보낸 사신의 각 시기 빈도는 전해종의 통계를 그대로 따르고 있는데, 칙사의 수가 167로 되어 있는 것은 169의 착오이다. 또 『淸代中韓關係論文集』(臺北, 臺灣商務印書館, 1987), 306면에서 순치 2년(1645)부터 광서 6년(1880)까지 합계 151회의 청조사절이 파견되었다고 하는데, 아마도 이 통계는 전해종의 통계에서 단순하게 1636~1644년의 18회를 제하고서 셈한 결과이다.

다 크게 늘어날 것이다. 어쨌거나 청대에 중국에서 조선으로 보낸 사절의 수는 같은 시기 청대에 류큐에 보낸 사절의 수에 비하여 현격한 차이가 있었다.

그렇다면 청조에서 조선에 파견된 이처럼 많은 사절 가운데 여행기나 조선에 관련된 기록을 남긴 사람이 몇인가 하면 놀라울 정도로 조금밖에 없다. 각종 한적목록을 조사해본 범위 내에서 명대의 것으로 현존하는 것은 예겸(倪謙)·장녕(張寧)·동월(董越)·공용경(龔用卿)·황홍헌(黃洪憲)·주지번(朱之蕃)·강왈광(姜曰廣)의 것밖에 없다. 청대에 황제가 파견한 사절의 것으로 현존하는 것도 지금 단계에서는 백준(柏葰)·화사납(花沙納)·괴령(魁齡)·숭례(崇禮) 등 몇 사람의 것밖에 확인되지 않는다. 설사 검색에서 빠진 것이 있다고 쳐도, 사조선록은 사유구록에 비해 사절의 횟수와의 비율을 가지고 말한다면 압도적으로 적다고 할 수 있다. 종래처럼 류큐 '책봉사록'이 귀국 보고를 바탕으로 한 것이라고 한다면, 사절 횟수로 볼 때 사조선록은 아주 많이 남아 있어야 할 텐데도 이처럼 사조선록이 압도적으로 적은 것은 어떻게 설명할 수 있을까?

출사(出使) 횟수와의 비율에서만 사조선록이 사유구록과 크게 다른 것이 아니다. 거기에 적혀 있는 내용에서도, 그리고 출판 사정에서도 각각 크게 다르다. 그래서 아래에서는 먼저 각각의 사조선록에 해제를 붙이고, 그런 다음에 전체의 사유구록과 어떻게 다른가를 고찰하고자 한다. 서명(書名) 뒤에 붙이는 ( )는 필자가 이용한 판본을 가리킨다.

예겸(倪謙), 『조선기사(朝鮮紀事)』 1권

(『遼海編』 수록본, 『紀錄彙編』 수록본, 『玉簡齋叢書』所收本, 『國朝典故』 수록본)

『봉사조선창화집(奉使朝鮮倡和集)』 1권

(『玉簡齋叢書』 수록본)

이는 1450년(경태 원년, 세종 32), 전년에 경태제(景泰帝, 景帝)가 즉위한 것을 알릴 목적으로 조칙을 가지고 사행했을 때의 기록이다. 정사는 한림원 시강인 예겸(倪謙), 부사는 형과 급사중 사마순(司馬恂)이었다.[12] 그전까지 명나라 황제 즉위의 조칙을 조선에 반포하는 사절은 부보랑(符寶郎)·도찰도첨 도어사(都察都僉都御史)·좌통정(左通政)·예부 낭중 등 여러 관직에서 뽑아 정사로 삼았다. 이번처럼 한림원이라고 하는 문원부(文苑府)의, 그것도 시강이라는 상당히 고위관을 파견한 것은 예겸이 처음이다. 예겸은 1439년(정통 4)에 제1갑(第一甲) 제3명(第三名), 즉 탐화(探花)라는 높은 성적으로 진사가 된 인물이며, 당시부터 이미 문명이 높았다. 나중에 예부상서까지 올라간다.[13] 조선에 파견된 중국 사신과 접대 담당자인 조선 관료 사이에 주고받았던 시문집인 『황화집(皇華集)』이 조선에서 출판된 것은 예겸부터 시작되는데, 이후 명말까지 역대로 계속되었다.[14] 예겸의 『조선기사(朝鮮紀事)』가 나오기 이전에 중국 사신이 조선기행문을 썼을 가능성은 물론 존재한다. 그러나 이 책이 명대에 생겨난 조선 여행기 가운데 가장 오래된 것으로서 현존하는 것은, 다름이 아니라 예겸이 유명한 문인이었기 때문이다.

『조선기사』는 간결한 일기체로 쓰여 있다. 예를 들면 『기록휘편(紀錄彙編)』에는 겨우 12장 분량으로 수록되어 있다. 똑같이 『기록휘편』에 수록된 진간(陳侃)의 『사유구록(使琉球錄)』은 49장으로 되어 있어 이의 약 1/4이다. 이는 1450년(경태 원년) 정월 10일의 요양(遼陽) 출발부터 쓰기 시작하여 2월 3일 귀국 도중에 압록강을 건넌 시점에서 끝난다. 정월 15일에 압록강을 건너 입국하고 있으므로 조선 체재 일수는 모두 47일간이다. 더

---

12 『明實錄』 正德 14년 11월 甲辰. 이하 王其榘 編, 『明實錄·隣國朝鮮篇』(北京, 中國社會科學院中國邊疆史地硏究中心, 1983)의 면수를 표시한다. 예를 들어 正德 14년 11월 甲辰(『明實錄·隣國朝鮮篇』, 142면)처럼 표시한다.

13 『國朝獻徵錄』 권36, 「倪謙傳」.

14 『皇華集』(中韓關係史料輯要 3, 臺北, 珪庭出版社, 1978), 제1책 3면. 杜慧月, 『明代文臣出使朝鮮與皇華集』(北京, 人民出版社, 2010), 280면에서 倪謙의 출사와 『庚午皇華集』에 대해서 해설하고 있다.

욱이 그 사이에 서울에 체재한 것은 20일간이다.

『요해편(遼海編)』 4권은 예겸의 아들 예악(倪嶽)이 편찬한 것이다. 『조선기사』는 이 책의 권3에 수록되었다. 『요해편』은 현재 『사조선록』 상(上)책에 수록되었다.[15]

『봉사조선창화집(奉使朝鮮倡和集)』은 예겸과 그를 환대했던 조선 고관 신숙주(申叔舟) · 정인지(鄭麟趾) · 성삼문(成三問) 사이에 오간 창화시문집이다. 『조선기사』, 『봉사조선창화집』은 모두 예겸이 귀국했던 당시에 단독으로 출판되지는 않았던 것 같다. 적어도 각종 한적목록을 통해서는 단독 간본이 있음을 확인할 수 없다.

장녕(張寧), 『봉사록(奉使錄)』 2권

(『鹽邑志林』 수록본, 『四庫全書』 수록 『方洲集』 수록본, 靜嘉堂所藏 『方洲先生集』 수록본)

이는 예과 급사중 장녕(張寧)이 정사, 금의위 대봉도지휘(錦衣衛帶俸都指揮) 무충(武忠)이 부사로 황제의 칙을 띠고 조선국왕을 문책하러 왔을 때의 여행기다.

당시 조선 북방의 두만강 상류 또는 중류에 사는 모련위(毛憐衛)의 여진족[滿洲族]과 조선 사이에 다툼이 생겼다. 조선은 모련위 도독첨사(都督僉事)인 낭패아한(浪孛兒罕, 郎卜兒哈)과 그 자녀 16인을 꾀어내 살해했다. 낭패아한 일족은 조선 영내의 회녕(會寧)에 침입하여 보복을 꾀하는 한편, 같은 여진족의 건주위 도지휘(建州衛都指揮), 모련위 지휘(指揮) 등이 명조에 사자를 보내 이 정황을 통보했다.[16] 명조는 살해당한 낭패아한이 모련위 도독첨사라는 조정의 관직을 받고 있는데도 불구하고 조선이 아

15 殷夢霞 · 于浩選編, 『使朝鮮錄』(中朝關係史料叢刊, 北京, 北京圖書館出版社, 2003).

16 河內良弘, 『明代女眞史の研究』(京都, 同朋舍出版, 1992), 395~406면.

무런 상의도 없이 그를 붙잡아 살해한 점, 그 결과 여진족과 조선족 사이에 살육이 계속되리라는 점을 문제 삼아 곧바로 문책하는 조칙을 가진 사절을 파견했던 것이다. 금의위 도지휘라는 무관이 부사였던 것은 아마도 이와 같은 무력 문제가 있었기 때문이다. 장녕의 기록에 의하면 일행은 1460년(천순 4) 2월 3일 북경의 조정을 출발하여 2월 18일 심양의 요동도사를 떠나 3월 2일에 한성(漢城, 서울)에서 칙서를 읽어 문책하고, 10일 서둘러 한성을 떠나 귀국길에 올랐다. 귀국길에 평양 도착은 3월 15일, 3월 22일에는 중국의 봉황산(鳳凰山)에 당도했으므로 압록강을 건넌 것은 3월 20일 전후였을 것이다. 여정으로 추측하건대, 오는 길에 압록강을 건넌 것은 2월 24일 무렵으로 보인다. 따라서 조선 체재는 1개월이 채 못되고 서울 체재는 겨우 10일 정도였다.

『봉사록(奉使錄)』 상권에는 제본(題本) 3통과 조선에 주는 문서 한 통, 그리고 중국 국내의 북경 근방 풍윤현(豊潤縣)에서부터 요양에 이르는 사이의 시 수십 수와 「유봉황산기(遊鳳凰山記)」를 수록했다. 봉황산은 요양과 압록강 사이에 있는 산이다. 제본 3통은 모두 중국 국내에서 작성된 것으로 그 중 1통은 「조선국회환복명제본(朝鮮國回還復命題本)」으로 칭하고 있는 그대로 그야말로 복명서이다. 이에 비해 하권에 수록된 시문은 모두가 『황화집』 즉 장녕과 그를 접대했던 조선 관료의 증답시문집을 수록한 것이다. 맨 처음에 '皇華集(朝鮮刻本)'이라고 적은 것처럼, 조선에서 편집하여 간행한 『경진(庚辰, 천순 4년)황화집』을 바탕으로 하여, 거기서 조선 관료들의 시문을 제하고 장녕의 시문만을 빼내 적은 것이다.[17] 상권 · 하권을 합하면 제본(題本)과 시문으로 되어 있다고 할 수 있다. 앞에서 반희증의 『남봉록』을 장녕의 『봉사록』에 비견된다고 한 것은 이 때문이다. 다만 이 책에는 서문이나 발문이 전혀 없다. 현재 우리가 장녕의 『봉사록』에 접할 수 있는 것은 명대의 『염읍지림(鹽邑志林)』 등의 총서나 『사고전

17 張寧의 출사와 『庚辰皇華集』에 대해서는 앞의 주 14, 杜慧月 저서 304면 참조.

서』에 수록된 장녕의 문집인 『방주집(方洲集)』에 이를 상 · 하 2권으로 실어놓았기 때문이다. 일본 세이카도문고 소장의 초본인 『방주선생집』에서도 『봉사록』을 상 · 하 2권으로 실었지만, 역시 서문이나 발문 모두 없다. 즉 이는 본래 단행본으로 출판된 것이 아니었다고 추측된다.

동월(董越), 『조선부(朝鮮賦)』 1권

(朝鮮總督府據朝鮮嘉靖10年刊本 影印本, 『國朝典故』 수록본, 『四庫全書』 수록본, 『豫章叢書』 수록본, 日本正德元年刊本, 日本享保2年刊本)

『조선잡지(朝鮮雜志)』 1권

(『玄覽堂叢書』 수록본, 『四庫全書存目叢書』 수록본)

『사동일록(使東日錄)』 1권

(正德9年刊本)

우춘방우서자 겸 한림원 시강(右春坊右庶子兼翰林院侍講) 동월은 1488년(홍치 원년, 성종 19), 홍치제(弘治帝)가 즉위한 조서를 전하려고 조선에 사신으로 왔다. 『조선왕조실록』 성종 19년 2월 계해(癸亥)조에 따르면, 접대의 총책임자인 원접사(遠接使) 허종(許琮)은 2월 25일에 동월을 만나 압록강을 건넜다고 하므로, 동월은 이날 조선에 입국한 것으로 생각된다. 또 『무신(戊申)황화집』의 「제신범옹문집후(題申汎翁文集後)」는 동월이 귀국 도중, 4월 4일에 조선의 국경도시 의주의 의순관(義順館)에서 쓴 것이다. 그렇다면 40일 전후 조선에 체재한 것이 된다. 그 사이 서울에 체재했던 것은 3월 13일부터 3월 18일까지 겨우 6일간이었다.

『조선부(朝鮮賦)』에서 부(賦)라는 것은 운문의 한 형식이다. 다만 이 책은 운문의 구절마다 스스로 주(註)를 붙이고 있는데, 이 주야말로 조선의 가지각색의 사물을 설명하는 중심 부분을 이루고 있다. 거기에는 조선의 자연, 풍속, 인정, 의식주, 제도 등이 매우 요령 있게 기술되어 있다. 또 간단하기는 하나 일행의 행동까지 기록하고 있다. 다만 날짜별로 적은 일기가 아니므로 이를 통해 그들의 일정을 알 수는 없다.

동월은 그 서문에서, 조선에서 매일 견문한 것을 그날밤에 간단히 적어두었다가 요동으로 돌아와서 부사인 공과 우급사중 왕창(王敞)이 기록한 것을 참고하여 이 부를 지었다고 한다. 또 제도 등에 대해서는 그들을 접대했던 조선 이조판서 허종이 가져다준 『풍속첩(風俗帖)』을 참고했다고 서술하고 있다.

『조선부』는 사조선록 전체 가운데서 예외적으로 수많은 해제와 연구가 있다.[18] 더욱 거슬러 올라가면 그것은 『흠정(欽定)사고전서』에도 수록되었고, 『사고전서총목제요』에 적확한 해제가 되어 있다. 거기에서는 동월 스스로의 견문과 『풍속첩』만으로 이처럼 주도면밀한 조선 소개가 가능할 것인지의 여부는 의문이라고 하면서, 출발 전에 미리 『도경(圖經)』을 참고하고 귀국 후에 전적에 의거하여 더욱 명확히 했을 것이라고 추측하고 있다. 『도경』이란 지방지를 가리키는 것이어서 해제를 붙인 이는 특정한 서명을 명시하지 않았다. 그러나 여기서 『도경』이라고 하는 것은 아마도 송(宋) 서긍(徐兢)의 『선화봉사고려도경(宣和奉使高麗圖經)』을 지칭했을 것으로 보이며, 근대의 연구자도 『사고전서총목제요』를 인용하면서 『고려도경』까지 참고하여 『조선부』를 완성했다고 추측하고 있다. 실제로 이 추측이 잘못이라고 명확하게 부정할 수는 없다. 그러나 지금까지 기술해 온 예겸의 『조선기사』, 장녕의 『봉사록』, 그리고 이 동월의 『조선부』, 나아가 앞으로 서술할 공용경(龔用卿)의 『사조선록(使朝鮮錄)』(1537=가정 16년 출사), 황홍헌(黃洪憲)의 『조선국기(朝鮮國紀)』(1582=만력 10년 출사), 강왈광(姜曰廣)의 『유헌기사(輶軒紀事)』(1626=천계 6년 출사)의 어느 것에서도 이 책 이름이 나오지 않는다. 따라서 현재로서는 이러한 추측을 의문시할 수밖에

18 『朝鮮賦』(朝鮮史編修會編, 朝鮮史料叢刊 제15, 1937) 朝鮮賦 解說. 植野武雄, 「董越朝鮮賦考」(『稻葉博士還曆記念滿鮮史論叢』, 京城[서울], 稻葉博士還曆記念會, 1938), 植野武雄, 「董越と朝鮮賦」(『斯文』 제25편 제5호, 1943). 曺永祿, 「董越의 『朝鮮賦』에 대하여」(『全海宗博士華甲記念史學論叢』, 서울, 一潮閣, 1979).

없다. 적어도 명대 중기의 홍치 연간에 『선화봉사고려도경』이 중국 지식인들 사이에 널리 읽혀지고 있었다고는 생각할 수 없다.

한편 『풍속첩』을 선물한 허종은 이때 병조판서로서 조선 원접사로 임명되어 정사 동월과 부사 왕창을 접대하는 책임자의 지위에 있었다. 『(무신)황화집』은 성현(成俔)의 시가 한두 편 수록된 것을 제외하면 모두가 동월 · 왕창 · 허종 3인의 시로 구성되어 있으며, 사절 두 사람이 조선 국내에 체류했던 1개월 이상의 시간은 허종이 밀착 동행하여 가장 친밀했다.[19] 그렇다면 『조선부』에 보이는 상세한 조선 소개는 동월 자신의 견문과 왕창의 메모 이외에 허종 『풍속첩』이나 혹은 이에 비견할 만한 것, 그리고 허종에게 직접 물어서 알아낸 것에 의거하였다고 생각하는 것이 타당하지, 『선화봉사고려도경』을 거론할 필요는 전혀 없지 않을까? 그리고 무엇보다도 『조선부』 가운데 보이는 구체적인 내용을 『선화봉사고려도경』의 그것과 대비해 보더라도 명확히 일치하는 것을 찾아내기는 곤란하다.

이와 같이 자잘한 의문을 거론하는 것은, 명대에 조선을 소개한 사료로서는 가장 상세한 『조선부』가 어떻게 편찬되었는가라는 문제와 관련이 있기 때문이며, 진간의 『사유구록』 등 명대에 류큐를 소개한 사료군(史料群)과의 대비에도 관련되는 문제이기 때문이다. 『조선부』가 편찬된 경위는 『조선왕조실록』과 『조선부』의 서문에 따르면 대개 다음과 같다.

우선 『조선왕조실록』에는 성종 19년(홍치 원년) 3월 기사(己巳, 5일)조에 허종이 동월 등의 동정을 국왕에게 보고한 기사가 실려 있다. 거기서 허종은 "『대명일통지(大明一統志)』를 보니 우리나라의 풍속을 실었는데 '부자가 냇가에서 함께 목욕한다[父子同川而浴]'라든가 '남녀가 서로 상대를 좋아해서 혼인한다[男女相悅爲婚]'라고 기술되어 있는데, 이는 모두 옛 역사서의 말이지 현재 우리나라에 이 같은 풍속은 없습니다."라고 하면서,

---

19 董越의 출사와 『戊申皇華集』에 대해서는 앞의 주 14, 杜慧月 저서 325면 참조.

“『대명일통지』에 이런 종류의 잘못된 기사를 어찌하면 좋겠습니까?”라고 했더니, 부사 왕창이 “동월이 지금 마침 선제(先帝)의 실록 편찬을 담당하고 있으므로 이를 고쳐 쓰는 것은 어렵지 않습니다.”라고 답했고, 동월 자신도 “조선의 지금 풍속을 기록해야지 옛 역사의 말을 답습해서는 안 됩니다. 여러분들이 나에게 조선의 아름다운 풍속을 모두 써서 준다면 내가 『실록』을 편찬할 때 실어드리겠습니다.”라고 했다는 것이다. 이는 의주에서 평양에 이르는 사이에 박천(博川)에서 있었던 일인데, 이에 대응하는 기사가 서울에서 행사를 끝내고 일행이 귀국 길에 오르려는 3월 임오(壬午, 18일)에 등장한다. 동월 일행과 동행하여 서울을 나서는 허종은 국왕께 다음과 같은 요지로 진언을 했다. 동월 자신이 실록을 편찬하고 있다고 해서 조선의 풍속을 그대로 써줄 것이라고는 믿지 않는다. 그러나 이것을 계기로 조선의 미풍양속이 중국에 전파된다면 다행이다. 상제(喪制), 직전(職田), 재혼한 부인의 자손은 과거에서 배제한다는 등의 사항을 관계 관청이 모두 써서 내게 보내주기를 바라는데, 그리하면 나는 동월 등과 한담할 때 이것을 전할 생각이다. 국왕은 그리하도록 명했다. 이미 서울을 떠난 허종은 다음날에도 국왕 앞으로 다음과 같은 문서를 써서 보냈다. 동월이 서울에서 성균관을 방문했을 때 ‘학령(學令)’을 가져다달라고 하기에 그렇게 했더니, 부사와 같이 이것을 읽고 크게 찬탄했습니다. 또 부사인 왕창은 “조선의 풍속을 모두 적어서 동월 선생께 주어야 합니다. 이미 그렇게 말했는데도 무슨 까닭으로 아직 써다주지 않습니까? 동월 선생이 귀국하여 실록을 편찬할 때는 반드시 황제께 상주하고 역사서에 써주실 것입니다. 선생은 정직한 분이므로 허튼소리를 하지 않습니다. 이 일을 당신이 서울로 돌아가거든 국왕께 전해주었으면 합니다.”라고 했습니다. 그 이튿날 국왕이 허종에게 “우리 조정의 좋은 법과 아름다운 풍속을 여기에 적어서 보낸다. 그대가 말한 대로 이것을 사신 동월 등에게 전달하라.”고 하는 명령을 내렸다.

이에 따르면 이때의 상세한 조선 정보가 국가 차원에서 준비되었던 것임에 틀림없다. 이는 분명히 창졸간에 준비된 것이었지만 조선의 제도, 풍속에 대한 상세한 기사가 조선국왕 쪽에서 준비되고, 이것이 허종을 통해 동월에 전해진 것은 확실하다. 조선에서 준비한 조선 정보가 『풍속첩』 그대로였는지 어떤지는 알 길이 없다. 그러나 동월이 상세한 조선 정보를 손에 쥐고 있었던 것은 틀림없는 바이다. 『사고전서총목제요』의 찬자는 『조선왕조실록』을 읽지 않은 채 『조선부』의 제요(提要)를 썼기 때문에 동월이 보았을 가능성이 적은 『도경』을 끄집어낼 수밖에 없었던 것이다.

이를 진간의 『사유구록』과 비교해보면, 양자의 시각과 저술 태도의 차이가 명료해진다.[20] 진간이 얼마나 격하게 『통전』이나 『대명일통지』의 잘못을 지탄하고 있는가는 여기서 다시 기술하지 않는다. 동월의 『조선부』에서도 『문헌통고』나 『대명일통지』에 기술되어 있는 것과 실제로 지금 조선에 있는 것과의 차이가 지적되어 있다. 그런데 그것은 아무래도 허종을 비롯한 조선 쪽 사람들이 중국인에게 조선의 재인식을 요구하며 그에게 제출한 정보를 바탕으로 하였던 것으로 보인다. 『대명일통지』의 조선 기사에 잘못된 기록이 있다는 것, 더 나아가 말하자면 조선이 옛날의 조선과는 달라져 있다는 것, 한화(漢化) 곧 중국화, 더 단적으로 말하면 문명화를 이룩했다는 것은 원접사인 허종 쪽에서 지적하고 꺼낸 말이었다. 이번 사절로 문명이 높은 동월이 선발되었다는 점은 그가 북경을 출발하기 전부터 조선에 뉴스로 전해져 있었다. 어쩌면 이 뉴스가 전해졌을 때부터 허종에게는 이 기회를 포착하여 새로운 조선 정보를 중국에 흘려보내자고 하는 생각이 생겼을지도 모른다. 동월 등이 중국 국경을 넘어와서 일주일 정도 지났을 무렵에 서서히 이 문제를 화제로 삼은 것은, 그들에게 먼저 일주일 정도 실제의 모습을 보도록 해놓고, 그런 뒤에 『대명일통지』의 오류를 끄집어내 그들에게 틀림없는 사실이라는 것을 확인하도

20 陳侃의 『使琉球録』에 대해서는 藤本幸夫, 「陳侃撰 『使琉球録』解題」(앞의 주 1, 1면)

록 만들겠다는 의도를 미리 갖고 있었던 것은 아닐까?

허종이 겨냥한 노림수는 정확하게 적중했다. 『조선부』에서는 "이른바 '부자가 냇가에서 같이 목욕한다[川浴同男]'라든가 '역전에서 노역은 모두 과부가 맡는다[郵役皆孀]' 등과 같은 일을 처음 들었을 때는 놀랐지만, 이런 것들이 모두 고쳐진 것을 이제 알았다."라고 동월 스스로 기술하기에 이르렀다. 그리하여 『조선부』는 중국에서 널리 읽힌 듯하다. 그 홍치 3년(1490) 간본은 서목(書目)에 따르는 한에서는 적어도 상해사서출판사(上海辭書出版社) 도서관에 현존하며, 정덕(正德) 16년(1521) 간본도 천일각(天一閣)에 현존한다.[21] 또 명 만력간 간본의 총서 『국조전고(國朝典故)』에도 수록되어 있다. 이 책이 보급됨에 따라서 당시 중국 지식인의 조선 인식에 커다란 영향을 끼쳤다고 생각된다. 이로부터 300년 이상이 지난 1828년(도광 8, 순조 28)에 연행한 박사호(朴思浩)는 북경의 청조 지식인으로부터 조선의 관직과 복제와의 관계에 대해서 질문을 받았을 때 동월의 『조선부』에 보이는 기사를 화제로서 답하고 있다.[22] 이 점에서는 유구 인식에 큰 영향을 미친 진간 『사유구록』과 비견할 수 있다. 더욱이 이 책은 『신증동국여지승람』본을 포함한다면 조선에서 3차례에 걸쳐 인쇄되었고, 일본에서도 조선판을 바탕으로 적어도 2차례에 걸쳐 출판되었다.[23]

그러나 이와 같이 판을 거듭했던 『조선부』가 원래 동월 본인의 의지에 의해 출판된 것이 아니라는 점은 각종 사유구록과 대비할 때 주의해야 한다. 이는 1490년(홍치 3) 구양붕(歐陽鵬)의 「조선부인(朝鮮賦引)」, 같은 해 왕정(王政)의 「조선부후서(朝鮮賦後序)」에서 엿볼 수 있다. 이들에 따르면 동월이 1488년(홍치 원년) 5월에 귀경한 후, 곧바로 그 자신에 의해 『조선

---

21 『中國古籍善本書目(史部)』(上海, 上海古籍出版社, 1993), 1079면.

22 『心田稿』, 「春樹淸譚」(『燕行録選集』 권상, 서울, 成均館大學校大東文化研究院, 1960년, 80면상).

23 靜嘉堂文庫藏, 日本正德원년(1711)刊本, 京都大學附屬圖書館藏, 享保2년(1717) 京都臨泉堂刊本.

부』가 출판된 것은 아니다. 1489년(홍치 2) 가을에 동월이 향시총재(鄕試總裁)를 하러 남경(南京)에 출장 갔을 때, 때마침 채점을 돕기 위해 와 있던 태화현훈도(泰和縣訓導)이자 거인(擧人)이었던 왕정이 이 원고를 보고 출판을 허락해줄 것을 원했고, 그리하여 1490년(홍치 3)에 왕정에 의해 출판되었다. 따라서 동월 자신의 서문은 없다. 즉 동월이 마침 유명한 문인이었기 때문에 출판된 것으로, 이 점에서는 예겸, 장녕의 경우와 같다. 이에 비해 진간은 유구에서 복주로 돌아오자 곧바로 스스로 서문을 써서 『사유구록』을 출판함과 동시에, 사관(史館)에도 비치해줄 것을 원했다. 곽여림(郭汝霖)도 『중편사유구록(重編使琉球錄)』을 스스로 출판하고, 나중에 류큐에 사자로 가는 이들이 이것을 참조해주기를 진심으로 원했다.[24] 이들의 저작 태도와 동월의 그것은 매우 달랐다.

『조선잡지(朝鮮雜志)』는 『조선부』의 자주(自註) 부분을 중심으로 뽑아서, 이를 정리한 것에 지나지 않는다. 『사고전서총목제요』 지리류존목(地理類存目)에는, 호사가가 뽑아서 별도로 간행하여 제멋대로 이름을 붙인 것이지 동월 자신에게 따로 이 책이 있는 것은 아니라고 기술되어 있다. 필자도 이 해석에 찬성한다. 『사동일록(使東日錄)』은 1514년(정덕 9) 간본이 국가도서관[臺北]과 상해박물관에 현존한다. 본서는 모두 47장으로 되어 있고, 일록(日錄)이라고는 하지만 일기는 아니며, 「유총수산기(遊葱秀山記)」 등 다섯 문장을 제외하면 거의 전편이 시인데, 그 가운데 15장은 중국 국내에서 읊은 것이다. 따라서 당시 사람들의 조선에 대한 인식을 심화시키는 데는 별로 큰 역할을 하지 못했을 것으로 생각된다.

공용경(龔用卿), 『사조선록(使朝鮮錄)』 2권

(民國26年 江蘇省立國學圖書館陶風樓 用嘉靖16年序刊本影印本, 靜嘉堂文庫

---

24 郭汝霖의 『重編使琉球録』에 대해서는, 夫馬進, 「郭汝霖撰 『重編使琉球録』解題」(앞의 주 1, 19면).

藏朝鮮活字本)

공용경은 1537년(가정 16, 중종 32), 한림원 수찬으로 정사가 되어 조선에 사신을 왔다. 『사조선록』은 그때의 여행기이다. 목적은 가정제(嘉靖帝)에게 황태자가 탄생했음을 알리는 일이었다. 이때 대상으로 뽑힌 외국은 조선과 안남(베트남) 두 나라뿐이었는데, 결국 안남에는 사절이 파견되지 않았던 듯하다. 중국 쪽의 『명실록』, 안남 쪽의 『흠정월사통감강목(欽定越史通鑑綱目)』에 모두 보이지 않기 때문이다.[25] 정사는 공용경, 부사는 호과급사중 오희맹(吳希孟)이었다. 다만 조선에서의 구체적인 여정이 이 여행기에는 적혀 있지 않다.

공용경의 이 여행기가 『사조선록』이라는 제목으로 1537년(가정 16)에 출판된 것은, 그보다 3년 전인 1534년(가정 13)에 진간 『사유구록』의 출판이 어떤 영향을 끼치지는 않았을까 하는 것이 필자의 생각이다. 그리 말하는 것은 공용경이 3년 후에 아주 닮은 이름의 책을 출판했다는 것 말고도, 그가 복건성 회안현(懷安縣) 사람이기 때문이다.[26] 회안현은 만력 초년까지 후관현(侯官縣)의 북서쪽에 있던 현으로 만력 8년에 후관현에 합병된 현이다. 후관현은 민현(閩縣)과 함께 복주성(福州城)을 구성한다. 간단히 말하면 공용경은 복주 사람이었다. 공용경의 시문집 『운강선고(雲岡選稿)』 20권(『四庫全書存目叢書』集部 第87冊所收)에는 고산(鼓山)이나 오석산(烏石山) 등 복주성 내외의 명승지에 가서 지은 시나 문장 외에 복주에 부임한 관료들에게 주었던 수많은 시와 문장을 볼 수 있다. 그는 복주의 동향에 민감했던 것 같다. 복주와 밀접한 관계에 있는 진간 『사유구록』이

25 『明實録』 嘉靖 15년 10월 壬子(『明實録 · 隣國朝鮮篇』 259면)에, 조선 · 안남 두 나라에 사절을 파견한다는 계획이 보인다. 또 龔用卿, 『使朝鮮録』 권상, 92면에 안남에 파견하는 것은 안남 국내의 내란 때문에 중지되었다고 하였다. 이때 안남에 사절을 보낼 수 없었던 일이 가정제에 의한 '問罪의 師' 파견으로 발전했던 것은 본서 「보론」 1, 801면 참조.

26 공용경의 전기는 『國朝獻徵録』 권74, 『閩書』 권76(福建人民出版社, 1995, 2271면).

그가 조선에 가기 3년 전에 나왔다는 점, 나아가 진간의『사유구록』이 황제의 명에 의해 사관(史館)에 보존되기에 이르렀다는 점, 그리고 이는『명실록』에도 기록될 정도였으므로 당시의 관료들, 적어도 한림원이나 국사관과 같은 문원사적(文苑史籍)의 기구에 있는 관료들에게는 잘 알려져 있었을 것으로 생각된다. 조선에 사자로 왔을 때 공용경은 한림원 수찬, 경연 국사관(經筵國史官)으로 그야말로 진간『사유구록』이 수장된 관청에 있었다.

더 나아가 이 추측을 확실하게 해주는 점으로, 그의 문집『운강선고』권12에「송대행동옥고군봉사환조서(送大行東玉高君奉使還朝序)」가 수록되어 있는 것을 들 수 있다. 문장을 살펴보건대 이 글은 가정 13년에 책봉부사로서 진간과 동행했던 고징(高澄)이 귀국하여 북경으로 돌아가려고 할 때, 즉 바야흐로 환조(還朝)하려고 할 때 지은 송별문이다. 어디에서 지었는지는 명확하지 않지만, 그가 때마침 귀향해 있던 때라서 복주 땅에서 지었다고 생각하는 것이 가장 자연스럽다. 그렇다면 진간이『사유구록』서문을 쓰고, 고징이 후서(後序)를 썼을 무렵이다. 고징이나 진간이『사유구록』에 대해 무엇인가 공용경에게 이야기했으리라고 생각하는 것은 아주 자연스럽다. 덧붙이자면 공용경과 진간은 1526년(가정 5) 동년진사(同年進士)의 관계이기도 했다. 전자가 장원 즉 수석합격이었고, 후자는 제3갑18명이란 성적이었지만, 서로 아는 사이였다.『사조선록』에는 진간의『사유구록』에 대한 언급이 전혀 없지만, 정황증거는 지나치게 잘 갖추어져 있다.[27]

본서는 2권으로 이루어졌고, 첫머리에 공용경의「사조선록서(使朝鮮錄序)」(嘉靖16年 4月望日)와 오희맹의「사조선록후어(使朝鮮錄後語)」가 실려 있

---

27 陳侃『使琉球録』의 조선활자본이 있다는 것은 앞의 주 20, 1면에서 藤本幸夫가 기술하고 있는 대로인데, 龔用卿의『使朝鮮録』도 또한 조선활자본이 있는 점이 주목된다. 靜嘉堂文庫(日本)과 韓國學中央研究院(韓國)에 소장되었다. 10行×20字로 排印되었고, 내용은 明嘉靖刊本과 완전히 일치한다. 靜嘉堂文庫本에는 '養安院藏書'의 인장이 찍혀 있다.

다. 이를 통해 이 책의 저술 목적과 저술 과정을 거의 이해할 수 있다. 이에 따르면 그들이 북경에서 명을 받고 조선으로 출발하기 전에 조선의 고사(故事)를 여러 선배에게 물어보았으나 관계 서적이 없다는 대답이었다. 오희맹은 1521년(정덕 16, 중종 16)에 부사로서 등극 조칙을 가지고 조선에 갔던 사도(史道)에게 물어보았지만, 양국 사이에 의례 순서를 협의할 때 작성한 「의주(儀注)」를 겨우 얻었을 뿐이고, 저술은 산실하였다고 했다. 더욱이 요동에 이르러서 전례를 찾아보았지만, 관계 관청에서는 그러한 것이 없다는 대답이었다. 그리하여 나중에 조선에 사자로 가는 이를 위한 참고자료로서 기록하여 남긴다고 하였다. 즉 1537년(가정 16)에 조선에 사자로 갈 때 그들에게는 참고할 만한 어떤 문헌도 남아 있지 않았다. 실제로 이 『사조선록』에는 선인들이 남긴 기록은 일체 나타나지 않는다. 선인의 문장으로 등장하는 것이 겨우 「유취병산기(遊翠屛山記)」에서 언급되는 동월의 「유총수산기(遊葱秀山記)」와 예겸의 시 한두 수뿐이다.

이처럼 1537년에 사절로서 조선으로 여행을 하게 된 그들 두 사람에게 하등의 참고가 될 만한 선인의 문헌이 없었다고 하는 점은, 그 수년 전에 진간과 고징이 류큐에 여행하게 되었을 때 아무런 참고할 만한 문헌이 없었고, 이 때문에 무엇보다도 후인들의 편의를 첫번째의 목적으로 『사유구록』을 저술했던 일을 상기시킨다. 오희맹 「사조선록후어」에서는 선례를 기록한 문서나 선배가 써놓은 기록이 없어서 “이것이 태사(太史) 운강(雲岡) 선생[龔用卿]이 저작했던 까닭이다.”라고 명확히 써놓고 있다. 공용경 「사조선록서」에는 이 책의 편찬은 우선 공용경 본인에 의해서 이루어졌고, 이것을 오희맹이 교정하였다고 했다. 또 이 책이 완성되자 오희맹은 “이 책이 완성되었으니 후인이 참고할 만한 것이 생겨난 것이다. 전해져야만 한다.”라고 기술했다고 한다. 이 점도 또한 진간이 자신의 책이 후인들에게 도움이 되도록 하기 위해서 사관에 보존되기를 원했던 일을 방불하게 한다. 다만 오희맹은 이 책을 후세에 전하고 싶다고 한 데 비해, 공용경은 “반드시 전해야만 할 필요가 있을까?”라고 코멘트를 붙이고 있는데, 이는 오히려 겸사인 것 같다. 그 까닭은 이에 이어서 "후인에게 참고가 되는 바를 남겨주어 천자를 대신하는 사자의 책무에 실패하는 일이 없어질 것이리라. 그렇다면 다소간의 도움은 된다."라고 기술하고 있기 때문이다. 이 대목에서 진간이 실용성을 노리고 『사유구록』을 저술한 동기와 지극히 가까운 동기가 있었음을 우리는 알 수 있다.

다만 결과로서는 공용경 『사조선록』과 진간 『사유구록』은 내용이 매우 달라졌다. 우선 크게 보자면 『사조선록』의 전반은 (1) 조선 국내에서의 행사별 기록과 의주–서울 간의 숙소 · 명승고적 · 거리, (2) 연회에서 국왕과 나눈 문답과 공용경 · 오희맹이 이때 썼던 문서 등으로 되어 있고, 후반은 북경과 서울 사이에서 공용경이 지은 시와 문으로 되어 있다. 더욱이 전반 (1)은 출사지례(出使之禮), 방교지의(邦交之儀), 사직지무(使職之務)의 3항목으로 나뉘어져 있다. 「출사지례」는 영조지의(迎詔之儀), 연도영조지의(沿途迎詔之儀), 개독지의(開讀之儀), 알묘지의(謁廟之儀)로 이루어졌고, 사절이 행하는 중요한 의식의 절차를 적었다. 이는 곽여림(郭汝霖)의 『중편사유구록(重編使琉球錄)』 권하의 「예의(禮儀)」나 하자양(夏子陽)의 『사유구록(使琉球錄)』 권상의 「예의(禮儀)」에 상응한다고 생각해도 좋다.[28] 다만 일련의 사유구록에 비해 공용경의 그것은 서술이 더없이 상세하여, 이것을 작성하는 데 있어서 조선 쪽의 접대 담당자와 주고받았던 의주(儀注), 즉 행사 식순을 바탕으로 그대로 적은 것이 아닐까 생각될 정도이다. 확실히 이 다음에 조선 사절이 되는 자는 북경을 출발할 때 이를 읽고 식순을 알아둔다면 "임금의 명령을 부끄럽게 하는 일 없이" 무사히 행사를 끝낼 수 있겠다고 안심할 수 있었을 것이다. 「방교지의」는 국왕다례지절(國王茶禮之節) 등 모두 8항목으로 되어 있고, 각각의 접대 순서를 차례로 기술한 것이어서 「출사지례」와 극히 유사하다. 제3의 「사직지무」는 도리지거(道里之距) 등 전부 5항목으로 되어 있다. 거기서는 의주로 입국한 이후의 숙

28 夏子陽의 『使琉球録』에 대해서는, 夫馬進, 「夏子陽撰 『使琉球録』解題」(앞의 주 1) 참조.

사의 이름과 숙사 간의 거리, 각지에서 마중을 하는 조선 관료의 관직명, 거기에 조선 군사가 어느 역에서 순번을 교대하여 호위를 하고 있는지를 적었다. 맨 마지막의 조선국왕과의 문답도 다음번에 조선에 사자로 오는 자에게 있어서는 귀중한 참고자료가 되었을 것임에 틀림없다.

공용경 · 오희맹이 보낸 문서 가운데 하나는 그들이 국경인 압록강 북쪽 기슭 즉 중국 쪽의 최종 지점에 도달했을 때 요동도사(遼東都司) 앞으로 써서 보낸 것이다. 그 문서는 조선 국내에서 여인들의 접대를 받고 싶지 않으니 이를 순안(巡按)에게 문서를 보내 조선에 그 뜻을 분명히 통지하여주기 바란다고 요구한 것이다. 여인의 접대란 것은 조선에서는 습속에 따라 부녀가 추는 춤[舞踊], 즉 '여악(女樂)'으로써 중국 사신을 접대했기 때문이다. 제2의 문서는 성화(成化) · 홍치(弘治) · 정덕(正德) · 가정(嘉靖) 연간에 지금까지 한림원 · 육과 급사중의 관원이 조선에 사자로 왔을 때의 문서를 우송하라는 것이었다. 제3의 문서는 조선 입국에 즈음하여 가인(家人) · 서리(書吏) · 유사(儒士) 등 합계 10인을 종자(從者)로 데리고 가므로, 그것도 미리 조선 측에 전하여주기를 바란다는 내용이다.

오희맹(吳希孟), 『사조선집(使朝鮮集)』 10권

위에서 공용경의 『사조선록』을 소개하였는데, 이와 함께 반드시 소개할 필요가 있는 것이 이때 부사로서 동행한 오희맹이 저술한 『사조선집』 10권이다. 이미 기술한 것처럼 오희맹은 이때 호과 급사중이었다. 설응기(薛應旂)의 「사조선집서(使朝鮮集序)」에 따르면, 이 책은 내외로 나누어 10책으로 되었고, 제조(制詔), 장소(章疏), 증언치사((贈言致詞), 산천(山川), 건치(建置), 영후(迎候), 예의(禮儀), 풍토(風土), 습상(習尙)을 기술한 것이라고 한다.[29] 10권이라고 하는 분량과 설응기가 기술하고 있는 서술 항목

29 薛應旂, 『方山薛先生全集』 권10, 「使朝鮮集序」. 같은 글이 『皇明經世文編』 권288, 「使朝鮮集

으로 보자면 공용경의 것보다 훨씬 상세한 것이었음에 틀림없다. 그는 "체례(體例)는 삼엄(森嚴)한데다 의의(意義)는 주실(周悉)하다."라고도 평하고 있다. 만약 이 책이 현존한다면 분명히 서긍의 『선화봉사고려도경』에 비견되든가 이를 상회하는 내용이 되었을 것임에 틀림없으며, 또한 사유구록과의 대비에도 더욱 유용하였을 텐데 유감스럽게도 아직 찾아내지를 못하고 있다. 더구나 이것이 출판되었는지 어떤지도 알 수 없다.

『조선왕조실록』에는 공용경과 오희맹이 귀국한 다음해 성절사(聖節使)로서 북경에 갔던 허관(許寬)의 보고로 다음과 같은 이야기를 실었다. 허관은 오희맹으로부터 조선에서의 시말을 자세히 기록한 법첩(法帖)을 받았다. 거기에는 의주에서 서울에 이르는 숙사와 역의 이름, 재상과 3품 당상관의 성명, 『급제방목(及第榜目)』 즉 조선 과거의 합격자 명부, 선위사 · 원접사 · 종사관의 성명, 통역관의 성명부터 화초의 이름에 이르기까지 기재되지 않은 것이 없었다고 한다.[30] 다만 이것이 『사조선집』과 어떤 관계에 있는지는 여전히 잘 알 수 없다.

허국(許國), 『조선일기(朝鮮日記)』 3권

이 책은 『천경당서목(千頃堂書目)』에 '허국찬3권(許國撰三卷)'(판본에 따라서는 2권)으로 기록되어 있는데, 현존하는지를 확인할 수 없다.

허국은 1567년(융경 원년, 명종 22), 융경제(隆慶帝) 즉위의 조칙을 전하려고 조선에 사자로 왔다. 정사는 한림원 검토(檢討) 허국이고 부사는 병과 좌급사중 위시량(魏時亮)이었다. 허국은 조선에 왔던 사절 가운데서 청렴

序』. 吳希孟의 약력에 대해서는 『掖垣人鑑』 권13 참조.

30 『朝鮮王朝實錄』 中宗 33년 11월 乙未(吳晗輯, 『朝鮮李朝實錄中的中國史料』, 北京, 中華書局, 1980, 1260면. 이하 『中國史料』라고 약기함).

한 인물로 장녕과 함께 후세까지 전해오고 있다.[31] 허국에게는 문집으로 『허문목공전집(許文穆公全集)』 20권(天啓 5년 간본)이 있는데, 국가도서관[臺北] 등에 현존하고 있다. 거기에는 조선왕만사(朝鮮王挽詞) 4수(이하 모두 「使朝鮮詩」에 나온다)로서 약 30수의 시가 실려 있는데 『조선일기』는 포함되지 않았다. 『국조헌징록(國朝獻徵錄)』 권17에 왕가병(王家屛)이 찬한 그의 묘지명이 있는데, 여기에도 『조선일기』의 존재는 언급이 없다. 적어도 당시에는 출판되지 않았던 것 같다.

황홍헌(黃洪憲), 『조선국기(朝鮮國紀)』 1권

(『學海類編』 수록본, 『碧山學士集』 수록본)

황홍헌은 1582년(만력 10, 선조 15), 황태자의 탄생을 알리는 반조(頒詔)를 위하여 한림원 편수로 정사가 되어 조선에 여행했다. 부사는 공과 우급사중 왕경민(王敬民)이었다.[32]

『조선국기』는 주대(周代)에 기자(箕子)를 국왕에 봉한 데서부터 만력 3년에 종계변무(宗系辨誣)를 위한 청원을 하기까지의 조선간사(朝鮮簡史)이다.[33] 사조선록이라기보다는 조선행을 계기로 저술된 역사서이다. 1831년(도광 11) 서문의 총서 『학해류편(學海類編)』에 수록되어 있다.

황홍헌에게는 문집 『벽산학사집(碧山學士集)』이 있는데, 그 권19의 제목이 사조선고(使朝鮮稿)로 되어 있다.[34] 조선에 사자로 왔을 때 지은 시가 대부분을 차지하지만, 그 밖에 서기자실기후(書箕子實紀後), 공제고황제어제시장후(恭題高皇帝御製詩章後), 여원접사첩(與遠接使帖), 조선국기(朝鮮國

---

31 『朝鮮王朝實録』, 광해군 13년 5월 壬寅(『中國史料』, 3123면).

32 『明實録』, 萬曆 10년 9월 乙亥(『明實録 · 隣國朝鮮篇』, 306면).

33 宗系辨誣에 대해서는 본서 제5장, 207면, 주4 참조.

34 『朝鮮王朝實録』, 광해군 7년 閏8월 壬子(『中國史料』, 2914면)에 의하면 宗系辨誣 문제에 관계되는 것을 기록한 명나라 사람 저작의 하나로서 黃洪憲, 『碧山集』을 들었다.

紀)가 수록되어 있다. 이 조선국기와 『학해류편』본의 그것을 대비해보면 둘 사이에 약간의 문자의 이동(異同)이 보이지만, 『학해류편』본에 청조의 휘자(諱字)가 있는 것을 제외하면 완전히 똑같다. 『벽산학사집』이 명대 판본이므로 『학해류편』본은 『벽산학사집』에 수록된 것, 혹은 이에 비견할 만한 것을 저본으로 한 것이 아니었을까라고 추찰할 수 있다. 아무래도 『조선국기』 역시 명대에 단행본으로 출판되었던 것 같지는 않다. 거기에 서문도 발문도 없는 것이 이 추측을 강하게 한다.

황홍헌은 처음부터 다분히 조선의 역사에 관심이 있었던 듯하다. 허균(許筠)의 『학산초담(鶴山樵談)』에 다음과 같은 에피소드가 실려 있다.

그의 부친 허엽(許曄)이 허성(許筬) · 허봉(許篈) · 허균 삼형제에게 언제나 조선의 역사를 알아야 한다고 깨우쳐주었으므로 모두가 『동국통감(東國通鑑)』을 읽었다. 그러나 젊었을 무렵에는 "읽어야만 할 책이 많았으므로 이런 것을 읽고 있을 수는 없다"고 생각했었다. 그런데 황홍헌이 서울의 숙소인 태평관(太平館)에 왔을 때, 숙소의 접대 담당관인 정유길(鄭惟吉)에게 고려와 신우(辛禑)에 대해 질문했지만 정유길이 대답하지 못하여 형 허봉이 대신 들어가서 이에 대답했다. 그래서 비로소 부친의 식견이 얼마나 높았던가를 알았다는 것이다.[35]

허봉은 황홍헌이 조선을 방문했을 때 접대 담당관의 한 사람이었다. 황홍헌은 허봉의 문장에 감복했고, 이별에 즈음해서는 시를 청하자 즉석에서 이에 응했으므로 "중국에 태어났더라면 한림원의 톱이 되어 있었을 것"이라고 찬탄했다는 이야기도 남아 있다. 그의 동생 허균이 전하는 에피소드이므로, 이는 필시 사실일 것이다. 황홍헌이 조선 역사에 관심을 가지고 있었다고 보아도 좋을 것이다. 『조선국기』가 우연히 나온 것이라고는 생각하기 힘들다.

여기에 『조선국지(朝鮮國誌)』 1권(南京圖書館藏明刊本)에 대하여 부기한

35 『許筠全書』(서울, 亞細亞文化社, 1980), 480면. 許篈에 대해서는 본서 제5장 참조.

다. 『중국고적선본서목 · 사부(中國古籍善本書目 · 史部)』(上海: 上海古籍出版社, 1993) 1,080면 지리류(地理類)에 "조선국지(朝鮮國誌)1권[明黃洪憲撰], 기자실기(箕子紀實)1권[朝鮮李珥撰], 명만력각 유헌록본(明萬曆刻輶軒錄本), 청 관정분발(淸管庭芬跋), 남경도서관장(南京圖書館藏)"이라 하였다. 이 때문에 남경도서관에 가서 조사한 결과 『조선국지』는 황홍헌의 저작이 아니라 찬자미상의 『조선지(朝鮮志)』와 같은 것임을 확인했다. 『조선국지』는 정유길(鄭惟吉) 찬 「황화집서(皇華集序)」(만력 11년 정월 25일, 4장)와 이이(李珥) 찬 「기자실기(箕子實紀)」(5장)와 함께 한 책으로 된 42장이다. 표지에 "이 책은 명의 취리(槜李, 浙江省嘉興府) 사람 황홍헌이 조선에 사자로 갔다 와서 편집한 『유헌록(輶軒錄)』의 제1종(第一種)이다. 뒤에다 『황화집』 3권을 붙였는데 일실되었다."[36]라고 했으며, 1838년(도광 18)에 주죽천(周竹泉)이란 인물로부터 받았다는 관정분(管庭芬)의 일러두기가 있다. 분명히 『조선국지』에는 제1장 첫 행에다 유헌록이라 새겼고, 제2행에는 조선국지라고 새겼으며, 제3행 이하에서 "檀君肇國, 箕子受封, 皆都平壤"으로 시작하여 "右平安道"로 끝맺고 있다. 이 가운데 "檀君肇國 ……右平安道"의 전문은 『조선지』와 완전히 같은 문장이다. 『사고전서총목제요』에서도 이를 찬자는 모르지만 조선인의 저작이라고 한 것처럼 황홍헌의 찬일 수가 없다. 「기자실기」는 조선간본의 이이 『율곡전서』 권14에 수록된 것과 대조해보면 때로 문자의 이동이 보이는 것 말고는 완전히 같은 문장이다. 다만 명각본(明刻本)에는 제5장 뒤쪽부터 사라지고 없다.

앞에서 살펴본 바와 같이 황홍헌의 『벽산학사집』 권19 사조선고(使朝鮮稿)에는 그가 찬한 「서기자실기후(書箕子實紀後)」가 수록되어 있어서, 명각본 「기자실기」와의 관련이 엿보인다. 황홍헌이 조선에 사자로 왔을 때 이

36 "此書明槜李黃太史楙忠使朝鮮歸, 所輯輶軒録之第一種也. 後附皇華集三卷, 已佚去矣". 한편 『(壬午=萬曆10년)皇華集』에는 鄭惟吉의 서문 외에 이때 원접사였던 李珥의 시, 黃洪憲의 「恭題高皇帝御製詩章後」·「與遠接使帖」 등을 실었다.

이(李珥)가 그를 접대하였고, 『임오(壬午=만력 10년)황화집』에도 시를 주고 받은 사실이 있다.[37] 정유길 찬 「황화집서」도 『임오황화집』에 수록되었는데, 1582년(만력 10, 선조 15)에 황홍헌을 접대했을 때의 것이다. 또 황홍헌에게 『유헌록』이라는 편찬물이 있었음은 조선 허균의 『성소복부고(惺所覆瓿藁)』 권13 「사동방록발(使東方錄跋)」에서 "예겸에게 『요해편』이 있고, 공용경에게 『조선록』이 있으며, 황홍헌에게 『유헌록』이 있다."라고 기술하고 있는 것을 보더라도 거의 확실하지만,[38] 지금 단계에서는 『벽산학사집』 등을 통해 확인할 수 없다. 『벽산학사집』에 수록된 「사조선고」가 곧 『유헌록』의 일부인지, 또 관정분이 무엇을 근거로 『황화집』 3권이 원래는 붙어 있었다고 했는지 알 수 없다.

『조선국지』 즉 『조선지』는 중국의 지방지와 닮았으되, 꼭 지방지 그 자체라고도 단정할 수 없다. 이는 예를 들어 국도(國都, 京都)를 소개한 부분에서는 각 관청에 대해 자주 정치제도에 관한 설명이 간략하게 되어 있기 때문이다. 또 이 책은 조선 전토의 일을 기록하고 있지만, 이를테면 『팔역지(八域誌)』처럼 상세하게는 기록하지 않았으며 인물 소개도 없다. 그것은 마치 조선을 간단히 소개하기 위한 책인 것처럼 되어 있다. 책속에 1488년(홍치 원년, 성종 19)의 중국의 사자 동월이 나오는 점, 나아가 1521년(정덕 16, 중종 16)의 사자 한림원 수찬 당고(唐皐) 및 병과 급사중 사도(史道)의 이름이 나오는 점으로 보아 이 책이 1521년 이후의 편찬물임에 틀림없다. 더욱이 이 책은 1582년(만력 10) 이전의 것임도 의심할 여지가 없다. 이는 왕국유(王國維)의 『전서당장선본서지(傳書堂藏善本書志)』에 『조선지』 2권(明鈔本)이 저록되어 있는데, "서발(序跋) 및 찬인(撰人)의 성명

37 『(壬午=萬曆10년)皇華集』에 대해서는 앞의 주 14, 杜慧月 저서, 392면 참조.

38 앞의 주 35, 141면, 「使東方録跋」. 또 明의 朱國禎, 『皇明大事記』 권11, 조선에는 "及讀黃少詹洪憲輶軒録, 乃得" 운운하며 『輶軒録』을 인용하고 있어 朱國禎이 조선 연구를 위해 확실히 이 책을 이용하고 있었다. 曹寅, 『楝亭書目』 권3에는 "使東方録, 明南海樑有年著, 1권1책"이라 한다.

은 없다. 천일각(天一閣) 장서이다. 앞에 제기(題記)가 있는데 '만력 10년 5월, 소주(蘇州)의 유봉(劉鳳[子威])에게 빌렸다'라고 한다. 이는 시랑(侍郞)이며 천일각 주인이었던 범흠(范欽)의 수필(手筆)이다."라고 기술하고 있기 때문이다.[39] 이 책이 만력 10년 이전에 존재했던 것이 틀림없다.

그렇다면 이 책은 누가 어떤 사정으로 편찬했던 것일까? 이미 기술한 대로 『사고전서총목제요』에서는 찬인 미상인데 조선인이 지었다고 하였지만, 『교토대학인문과학연구소한적목록(京都大學人文科學研究所漢籍目錄)』 등에는 명궐명찬(明闕名撰)이라 했다. 여기서 명나라 사람의 작이라 한 것은 조공하는 나라 사람도 종주국의 이름으로 부른다는 체례가 아니라면 그 내용으로 보건대 명백한 오류이지만, 조선인의 작이라고 한 『사고전서총목제요』에서도 찬자는 불명이라 했고, 그 편찬 경위도 기술하지 않았다.

이 문제에 대하여 말하자면, 지금으로서는 1539년(가정 18, 중종 34)에 한림원 시독 화찰(華察)이 조선에 사자로 왔을 때, 조선인 소세양(蘇世讓)이 그에게 선물로 건네주기 위해 국가의 명령을 받아 편찬한 것으로 추정된다. 이와 같이 추정하는 것은 『절강채진유서총록(浙江採進遺書總錄)』 즉 사고전서 편찬 시에 절강성에서 모은 서적을 해설한 목록에 그와 같이 기술하고 있기 때문이다.[40] 『조선지』 2권이 위에서 서술한 것처럼

39 王國維, 『傳書堂藏善本書志』 史部5, 朝鮮志.
朝鮮志 2권, 明鈔本; "無序跋及撰人姓名. 天一閣藏書, 前有題記, 云, 萬曆十年五月, 借自蘇州劉御史鳳字子威號羅陽 有文名. 乃范侍郞手筆也."

40 『浙江採進遺書總録』 戊集.
朝鮮志 二卷. 寫本; "右明朝鮮蘇贊成撰. 嘉靖間侍讀華察奉使時, 其國令贊成爲此册以獻. 備載國中山川古蹟風俗. 末有姚咨跋."
나아가 이를 알게 된 것은 19세기 조선 고종시대 인물인 李裕元의 『林下筆記』 권17, 朝鮮志(서울:成均館大學校大東文化硏究院, 1961, 419면)에 "淸兵部尚書鍾音所纂浙江書目 云"이라 하며 위와 같은 문장을 인용하고 있기 때문이다. 그는 최후에 "按 嘉靖己亥華察之來 蘇世讓爲遠接使"라고 적었을 뿐, 그 이상의 고증은 하지 않았다. 李裕元도 대체로 『朝鮮志』 2권을 蘇世讓의 찬으로 생각하고 있었던 듯하다.

1521년(정덕 16, 중종 16) 이후 1582년(만력 10, 선조 15) 사이에 편찬되었다는 점, 내용이 지방지와 닮았으면서도 꼭 그렇지는 않고 조선이라는 나라를 간단히 소개한 것이라는 점도 이런 추정을 보강해준다. 다만 소세양의 문집인 『양곡선생문집(陽谷先生文集)』 등에서는 이를 확인할 수 없으므로 지금으로서는 정확도 높은 추정에 그칠 수밖에 없다. 이 책과 황홍헌의 관계 또한 여전히 분명하지 않다.

어쨌거나 『조선지』 2권이 편찬된 점, 그리고 그것이 『조선국지』라는 이름으로 명대 중국에서 출판된 점은 중국 — 조선 사이의 책봉사행을 둘러싼 문화 교류의 귀중한 자료임에는 틀림없다. 조선이 중국 사절의 조선 방문을 기회로 삼아 조선의 정보를 의도적으로 흘리려 했던 것은 이미 동월 『조선부』의 성립 과정을 기술하면서 소개하였는데, 『조선지』 또한 『조선국지』로 이름을 바꾸어서 마침내 중국에서 출판되었던 것이다.

주지번(朱之蕃), 『봉사조선고(奉使朝鮮稿)』 1권
(『四庫全書存目叢書』 수록본)

주지번은 1606년(만력 34, 선조 39), 그 전년에 만력황제의 황태자에게 처음으로 사내아이가 태어난 것을 알리기 위하여 조칙을 지니고 조선에 사자로 왔다.[41] 2월 16일에 북경을 출발하여 3월 24일에 압록강을 건너 의주에 도착, 4월 11일에 서울에 들어와서 그날 중으로 반조의례(頒詔儀禮)를 치렀다. 한 시구에서 10일 동안 서울에 머물렀다고 하였다. 『명실록』에 의하면 7월 7일에 복명하고 있다. 정사는 주지번으로 당시 한림원 수찬이었으며, 부사는 양유년(梁有年)으로 당시 예부 좌급사중이었다. 덧붙이자면 주지번은 1595년(만력 23)의 장원이다.

『봉사조선고』는 그가 북경을 출발하여 서울에 왔다가, 서울에서 북경

41 『明實録』, 萬暦 33년 12월 乙卯(『明實録 · 隣國朝鮮篇』 504면).

으로 돌아가기까지 지었던 시문을 수록하였다. 원래 상해도서관 소장으로 명 만력각본(萬曆刻本)이다. 그 가운데 「조선중수명륜당기(朝鮮重修明倫堂記)」는 도요토미 히데요시의 침략 때에 소실되었다가 재건된 명륜당에 갔을 때 당액(堂額)과 함께 쓴 것이다. 「제양천세고(題陽川世稿)」는 접대 관원으로 주지번과 시를 주고받았던 허성과 허균 형제의 부탁을 받아 양천 허씨 즉 부친 허엽, 중형 허봉, 누이 난설헌[許楚姬]의 유고를 보고 나서 쓴 것이다. 「난설재시집소인(蘭雪齋詩集小引)」은 허씨 난설헌의 시집을 보고 나서 허씨 형제에게 선사한 것이다.[42] 또 「요동신수로하기(遼東新修路河記)」는 서울로부터 귀환하던 만력 34년 5월, 요동의 광녕(廣寧)에서 삼차하(三岔河)에 이르기까지 새롭게 수리한 도로와 하천을 기술한 것이다. 이와 같이 중요한 문장도 있기는 하지만 대부분이 시이고 일기가 아닌데다 또 당시의 조선을 소개하려고 한 것도 아니다.

부록으로는 이때의 원접사 즉 의주에서 서울까지의 왕복 접대관원이었던 의정부 좌찬성 유근(柳根)이 편찬한 『동방화음(東方和音)』을 수록했다. 이는 주지번의 시에 화답한 조선인들의 증답시이다. 따라서 『봉사조선고』·『동방화음』에 수록한 시는 『병오(만력34년)황화집』에 실린 것과 겹치는 것이 많다.[43]

더욱이 양유년에게 『사동방록(使東方錄)』이 있었음은 앞서 든 허균의 「사동방록발(使東方錄跋)」에 의해 알 수 있다. 허균이 발문을 썼던 서책이 바로 양유년의 『사동방록』이다. 단 이것이 각본(刻本)으로 있었던 것인지 그냥 초본(鈔本)이었는지 분명하지 않고, 현존하는지 어떤지도 확인할 수가 없다. 「사동방록발」에서는 "사절로서 왔을 때 지은 것을 편집하고 조선인이 창화한 것을 덧붙인 것"이라고 하므로 주지번 『봉사조선고』와 아

42 여기에 대응하는 허균의 기록이 「丙午紀行」(『許筠全書』, 176면)이다. 丙午(만력 34년, 선조 39년)에 주지번 일행을 접대한 일을 상세하게 적고, 또 『陽川世稿』·『蘭雪齋詩集』을 선사한 것도 기술했다.

43 『(丙午=萬曆 34년)皇華集』에 대해서는 앞의 주 14, 杜慧月 저서, 403면 참조.

주 닮은 것이었다고 생각된다. 즉 조선에서 썼던 일기나 조선을 소개한 책이 아니고 주로 시를 정리하여 실은 것으로 추정된다.

강왈광(姜曰廣), 『유헌기사(輶軒紀事)』 1권

(『豫章叢書』 수록본)

찬자 강왈광에 대해서는 『명사』 권274에 열전이 있다. 강서성 신건현(新建縣) 사람으로 1619년(만력 47) 진사이다. 거기에는 1626년(천계 6)에 조선에 사자로 왔을 때 중국의 물건은 하나도 가져오지 않았고, 조선에서는 1전도 받아가지 않았기 때문에 조선인이 '회결지비(懷潔之碑)'를 세웠다고 특기하고 있다. 다음해에는 환관으로 당시의 최고 권력자였던 위충현(魏忠賢) 일파에 의해 동림당인(東林黨人)으로 지목되어 관료 신분을 박탈당했다. 그 후 숭정 초에 다시 관위에 올랐는데, 특히 명조 멸망 후에는 남경에 있던 남명(南明)정권에서 활약했다. 그의 이름이 『동림열전(東林列傳)』·『동림당인방(東林黨人榜)』 등의 동림당인 리스트에는 등장하지 않으나, 그가 동림당과 아주 가까운 인물이었음은 그가 죽을 때까지의 행동으로 볼 때 의심의 여지가 없다.[44] 이는 『유헌기사』를 읽을 때 주의하여야 할 점이다.

『유헌기사』는 강왈광이 한림원 편수였을 때, 황태자 탄생을 알리는 조칙을 가지고 정사로 조선에 왔을 때의 기록이다. 부사는 공과 급사중 왕몽윤(王夢尹)이었다. 이 『유헌기사』가 명대의 다른 사조선록과 크게 다른 점은, 다른 사조선록이 모두 육로로 조선에 여행한 기록인데 비하여 이것은 해로로 여행한 기록이라는 점이다. 이에 대해서는 당시의 시대 배경을 설명할 필요가 있다. 1619년(만력 47, 천명 4), 만주 후금국(後金國)의

44 小野和子, 『明季黨社考－東林黨と復社－』(京都, 同朋舍出版, 1996)에 자주 그가 등장한다. 특히 569면 참조.

누르하치는 숙적 명군과 사르허에서 싸워 승리하고, 나아가 1621년(천계 원년, 천명 6) 3월에는 심양(瀋陽), 요양(遼陽)을 연이어 함락시켰다. 이 해안으로 요하(遼河) 동쪽의 땅, 즉 요동반도를 비롯하여 요양으로부터 조선과 국경을 이루는 압록강까지의 교통 행로[東八站이라 한다]는 후금국의 손에 들어갔다. 이로써 조선—명의 조공행로가 차단된 것이다. 이 때문에 때마침 북경에 와 있던 조공사절은 해로로 귀국할 것을 청했고, 명나라 측에서도 그들을 호송하기 위해 선박을 준비했다. 이 호송선은 이때마침 천계제(天啓帝) 즉위를 알리는 조칙을 가지고 조선에 가 있었던 중국 사신을 귀국시키기 위한 것이기도 하였다.[45]

해로로 북경—서울을 왕복하게 되자 사절의 여행은 지극히 위험해졌다. 우선 천계 원년 4월, 급거 해로를 잡아 북경으로부터 귀국길에 올랐던 조선 사신이 철산취(鐵山嘴, 旅順 부근)에서 해난(海難)을 만나 사신과 서장관 등이 연이어 익사하였다. 이로부터 사람들이 북경에 사자로 가는 것을 기피하게 되었고, 많은 뇌물을 써서 가는 것을 면하려고 하였다 한다.[46] 한편 천계제 즉위 조칙을 가져왔던 명의 사신도 때마침 조선 조공사절과 함께 귀국길에 올랐지만, 그들도 해난을 당하여 여순 입구에 표착하였다. 이때 정사인 유홍훈(劉鴻訓) 혼자 살아남았지만 무수한 중국인이 익사하였다 한다. 이 같은 정황 때문에 명의 사신도 조선행을 꺼렸다.[47] 여기서 명나라 사신의 조선행이 류큐행과 마찬가지로 아주 닮은 상황이 되었다고 말할 수 있겠다.

한림원 편수인 강왈광이 정사로 선발되고 공과 급사중 왕몽윤이 부사로 뽑힌 것도, 아무도 가고 싶어 하는 자가 없는 가운데서 이루어진 인선이었다. 전년의 1625년(천계 5, 인조 5)에는 인조 이종(李倧)을 조선국왕으

45 『明實録』, 天啓 원년 5월 癸亥(『明實録 · 隣國朝鮮篇』 548면).

46 『朝鮮王朝實録』, 광해군 13년 4월 甲申(『中國史料』, 3,123면).

47 『朝鮮王朝實録』, 인조 2년 4월 甲辰(『中國史料』, 3,222면).

로 책봉하는 사절이 파견되었는데, 이는 관례에 따라 환관이었다. 해로가 위험한 줄 알면서도 조선으로 온 것은 조선에서 은과 인삼을 쥐어짜내기 위해서라고 조선인은 생각했다. 사실 환관 일행은 한없이 탐욕스러워서 이들을 접대하기 위해 은 10만 7천여 냥과 인삼 2,100근이 필요했다고 전한다.[48] 강왈광이 이런 위험한 해로의 조선행에 정사로 선발된 것은 이미 기술한 것처럼 그가 동림당계의 인물이고 당시의 최고 권력자이자 환관이기도 한 위충현 일파에게 밉보였던 것이 필시 결정적인 원인일 것이다. 이는 사료에 명기된 것은 없지만, 류큐에 보낼 사신을 선발하는 태도로부터 유추하자면 가능성이 지극히 높다. 왕몽윤이 부사로 선발된 것도 아마 같은 이유에서였을 것으로 생각된다. 당시는 후금국과 전쟁 중이었으므로 북경 궁정에서는 요녕지방에 대하여 격한 논쟁이 전개되고 있었다. 그때 왕몽윤은 급사중의 직책에 있었기 때문에 그곳에 대신을 파견하여 시찰해야 한다고 상주했다.[49] 조선행의 부사는 급사중에서 선발하는 것이 관례였으므로, 필시 이 말이 씨가 되어 "말 꺼낸 사람이 먼저 하라"는 식으로 그가 딱 걸려든 것이다.

이때 강왈광 등의 조선행은 다만 황태자 탄생의 조칙을 전하는 것만이 아니고 긴박감이 고조되고 있는 요동 정세와 조선 정세, 그 중에서도 모문룡(毛文龍)이라는 한 군인의 동향을 아울러서 시찰하는 것이 목적이었다. 『유헌기사』가 여타의 사조선록과 달리 상당히 읽을 맛이 나는 것도 이 때문이다.

모문룡은 요양 전투에서 패한 후 요동반도를 따라 달아나 조선의 평양 서쪽 앞바다 서한만(西韓灣)에 떠 있는 작은 섬 가도(椵島[皮島])를 근거지로 삼고 후금에 대항하여 게릴라전을 벌인 무장이다. 당시 가도는 조선

48 『朝鮮王朝實録』, 인조 3년 2월 辛卯, 인조 4년(天啓 6년) 2월 丁酉(『中國史料』, 3,232 · 3,249면).

49 『輶軒紀事』, 1면.

—중국의 교역행로가 차단되었기 때문에 이를 대신하여 교역의 거점이 되어 "남동의 상선의 내왕이 베를 짜는 것 같다"로 표현될 정도로 성황을 이뤘다. 또 모문룡 자신은 수십만이나 되는 요동지방의 난민을 수하에 거느리고 수많은 군인을 길러 게릴라전을 전개하고 있었으므로, 패전을 거듭하던 명 조정의 처지에서는 희미한 희망의 등불이었다. 그러나 한편으로는 그가 어느 정도 실력자인지 확실하지 않은데다 언제 배반하고 누르하치 쪽으로 붙을지가 걱정이었다. 강왈광의 시찰의 핵심은 그의 동정을 탐색하는 일이었다.

『유헌기사』에 따르면 강왈광과 왕몽윤은 북경에서 우선 산동성 등주(登州)로 갔다. 거기서 조선에서 장사하는 일을 금할 것, 집 사람 이외에는 의사와 문인만 데리고 갈 뿐 가마꾼을 데려가지 않을 것, 속지 않도록 하기 위하여 노련한 서리는 채용하지 않을 것 등을 정하였다. 일행은 1626년(천계 6) 4월 22일에 등주에서 승선했고, 28일에 돛을 올린다. 그 후 요동반도로 이어지는 섬을 따라 북상한 후, 요동반도 남쪽 앞바다를 항해하여 5월 20일 단도에 도착하였다. 21일에 모문룡과 함께 조선 평안도 철산(鐵山)에 설치한 그의 관청에 들어갔다. 모문룡이 북경 관료에 대한 불만을 있는 대로 터뜨리자, 강왈광이 위로하는 장면은 인상적이다. 그 후 6월 13일 서울에 입성하여 그날로 조칙을 전했다. 23일 귀국길에 올라 윤6월 16일 다시 모문룡과 만난다. 윤6월 23일 배로 철산을 출발하여 7월 14일 등주에 도착했고, 북경에 돌아온 것은 8월 23일이며 조정에 나가 복명 상소를 올린 것은 26일이었다.

『유헌기사』는 여태까지 소개한 사조선록 가운데서 가장 상세한 여행기록이며, 또 제일 드라마틱하다. 모문룡과의 대화도 인상적이지만 더욱 인상적인 것은 6월 23일 모문룡과 헤어져 철산에서 배를 타고 나오자 부사 왕몽윤이 강왈광을 향하여 높이 손을 모아들고 "호랑이굴을 빠져 나왔습니다그려! 제가 아직 살아 있습니다요!"라고 외치는 장면이다. 모문룡이 언제 강왈광 등을 인질로 잡고 누르하치 군으로 붙을지 걱정이었기 때문이다. 모문룡에 대한 걱정만이 아니었다. 조선이 언제 배반하고 돌아설지도 걱정이었다. 오는 길에 철산을 출발하여 조선으로 들어올 때는 조선이 누르하치 군과 내통하여 명나라 사신인 강왈광 등을 인질로 삼지는 않을까 하는 염려도 있었다.

이 강왈광 등의 조선행에 대해서는 그의 『유헌기사』 외에도 조선 쪽의 사료로서 『영접도감도청의궤(迎接都監都廳儀軌)』不分卷(國家圖書館[臺北]藏鈔本)이 있어서 접대 모습을 상세히 전해준다. 이 사료를 소개할 여유는 없지만, 강왈광과 왕몽윤이 조선 사절로 결정되었다는 뉴스를 접한 중국에 있던 조선 사신이 강왈광을 "체구는 왜소하고 성격은 급하고 괴팍하다"라고 평하고, 왕몽윤을 "체구는 장대하며 성격은 유화하고 술을 즐긴다"고 평하고 있는 점, 조선국왕이 상중에 상복을 입고 황태자 탄생을 알리는 사절을 회견하자 강왈광이 이를 힐문한 것을 『유헌기사』에서는 상세히 기술하고 있는데, 여기서는 전혀 기록하지 않은 점 등은 주목된다.

그런데 이 『유헌기사』가 현재 남아 있는 것은 그것이 『예장총서(豫章叢書)』에 수록되어 있기 때문이다. 『예장총서』는 청말 광서(光緖) 연간에 강서성 신건현(新建縣) 사람 도복리(陶福履)가 간행한 총서이다. 이 책에는 서왈경(舒曰敬)이라는 인물이 숭정(崇禎) 원년에 쓴 서문이 있다. 이에 따르면 강왈광은 천계 7년 즉 귀국 다음해에 위충현 일파에 의해 관직을 빼앗기고 향리 신건현에 돌아와 있었다. 서왈경이 그를 위로하면서 조선에 다녀온 일을 물었더니 이 문장을 보여주고 서문을 청했다고 한다. 그러나 거기에는 이 책을 출판하려 했다는 기술은 일체 보이지 않는다. 또 강왈광 자신의 서(序)나 발(跋)도 실려 있지 않다. 이런 것으로 추찰하자면 『유헌기사』는 당시에 단행본으로 출판되지는 않았다. 마침 신건 사람 도복리가 청말에 『예장총서』를 편수하게 되면서 일찍이 '정의지사(正義之士)'였던 동향인의 여행기가 있으므로 이를 드러내려고 수록한 것이라고 생각된다.

세계 주요 도서관의 각종 한적목록만으로 한정하여 조사해도, 청대의 사조선록이 얼마나 현존하는가를 단언하기는 상당히 곤란하다. 이는 사부(史部), 지리류(地理類), 유기(游記)의 종류에 포함되는 서책은 지극히 많으며, 그 서명만으로 그것이 조선 여행기인가를 결정하는 것은 곤란하기 때문이다. 또한 같은 한적목록에서 사부, 지리류, 외기(外紀) 종류에 포함되는 서책은 그것들이 조선 관계 책이라는 것을 알았다 하더라도, 작자가 과연 황제의 명을 받은 사절이거나 그 수행원인지 어떤지를 단정하는 데는 또다시 시간이 걸리기 때문이다. 따라서 여기서는 청대의 사조선록으로서 지금까지 소개한 것과 같은 성격의 것임이 분명한 네 가지를 소개하는 데 그친다. 화사납(花沙納)의 『동사기정(東使紀程)』, 백준(柏葰)의 『봉사조선역정일기(奉使朝鮮驛程日記)』·『벽림음관초존(薜箖吟館鈔存)』, 괴령(魁齡)의 『동사기행사시략(東使紀行事詩略)』과 숭례(崇禮)의 『봉사조선일기(奉使朝鮮日記)』가 그것이다.

청대에 황제의 대리인으로서 조선에 사행한 자는 기본적으로 팔기(八旗) 관계자였기 때문에, 그들이 저술한 것을 찾아보는 데는 은화(恩華)가 편찬한『팔기예문편목(八旗藝文編目)』(民國30年排印本)이 유용하다. 그 사류(史類), 유기(游記)에 열거된 것 가운데 그 책제목으로 판단하여 사조선록일 가능성이 있는 것은 백준과 숭례의 것을 제외하면 화사납의『한절록(韓節錄)』(鈔本), 찬자미상의『조선일기(朝鮮日記)』뿐이다. 여기서『한절록』은『동사기정』의 일부, 혹은 다른 이름이다. 이 밖에 왜십눌(倭什訥)의『조선기정(朝鮮紀程)』(稿本一冊)이 중국 국가도서관에 현존하지만 아직 열람하지 못했다. 오종사(吳鍾史)의『동유기(東遊記)』, 허오(許午)의『조선잡술(朝鮮雜述)』, 마건충(馬建忠)의『동행초록·속록·삼록(東行初錄·續錄·三錄)』(모두『소방호재여지총초(小方壺齋輿地叢鈔)』에 수록), 허인휘(許寅輝)의『객한필기(客韓筆記)』(『近代史料筆記叢刊』, 北京:中華書局, 2007에 수록) 등에 대해서는 그들의 조선 여행 목적이 조칙의 반포, 책봉, 유제 등 지금까지 소개해온 저자의 여행 목적과 다르기 때문에 여기서는 생략한다.

백준(柏葰), 『봉사조선역정일기(奉使朝鮮驛程日記)』 1권 · 『벽림음관초존(薜箖吟館鈔存)』 1권

(道光24年 柏氏刊本)

백준은 1843년(도광 23, 헌종 9), 조선국왕의 모친이 병사하였기 때문에 이를 유제(諭祭)할 목적으로 그 다음해 조선에 사자로 왔다. 백준의 전기는 『청사고(淸史稿)』 권389에 있다. 이에 의하면 그는 몽골 정람기인(正藍旗人)으로 도광 6년의 진사이다. 한림원 서길사(庶吉士), 한림원 편수, 형부 시랑 등을 역임한 후에 호부 우시랑이었을 때 정사로서 출사하였다.[50]

그는 나중에 호부상서, 군기대신, 문연각 학사 등의 요직에 오르는데, 1859년(함풍 9)에 과거 시험관으로서 부정을 저질렀다 하여 처형된다. 또 조선행 때의 부사는 양홍기 한군부도통(鑲紅旗 漢軍副都統) 항흥(恒興)이었다.

그들은 도광 24년 1월 12일 북경을 출발하여 2월 21일 서울에 도착하고 그날 중으로 유제를 행한 다음 2월 24일 서울을 출발, 4월 1일 일찌감치 북경에 돌아왔다. 그 사이에 조선 영내에 있었던 것은 꼭 1개월이고, 서울 체재는 4일간이다. 『봉사조선역정일기』는 그간의 여행 일정을 담담하게 적었을 뿐이다. 『벽림음관초존』은 북경—서울 사이에서 지은 시를 실었다.

화사납(花沙納), 『동사기정(東使紀程)』 1권, 附 『동사음초(東使吟草)』

(淸刊本, 『近代筆記史料叢書』 排印本[北京, 中華書局, 2007])

50 張存武, 『清代中韓關係論文集』(臺北, 臺灣商務印書館, 1987), 306면에 청대에 조선에 출사했던 중국 사절에 대하여 기술하기를 "出使人員均以滿洲人爲之"라 했다. 그러나 여기 보이는 것처럼 柏葰은 蒙古八旗人이어서, 반드시 모두가 엄밀한 의미의 만주인이었던 것은 아니다. 恩華 撰 『八旗藝文編目』에서도 蒙古柏葰이라고 했다.

화사납은 1845년(도광 25, 헌종 11) 조선국왕의 계비(繼妃)를 책봉하기 위해서 서울로 향했다. 이 사실은 『청실록(淸實錄)』 도광 25년 정월 계미(癸未)에 보인다. 책봉이라고 하면 통상 국왕의 책봉이 문제가 되는 것이지만 조선의 경우는 특별해서 화사납처럼 왕비를 책봉하기 위해서 사신이 파견되었다. 이 밖에도 세자나 세손을 책봉할 때에도 특별하게 파견되었다.

화사납의 전기는 『청사열전(淸史列傳)』 권41에 있다. 이에 의하면 그는 몽고 정황기(正黃旗)의 사람으로 1832년(도광 12)의 진사이다. 청대에는 조선에 황제의 사자를 파견할 때, 팔기인(八旗人)을 파견하는 것이 관례였기 때문에 그가 선발되었다. 팔기인이기 때문에 양황기 몽고도통(鑲黃旗蒙古都統), 정백기 만주도통(正白旗滿洲都統) 등을 역임했는데, 그는 무인보다는 문인이었던 것 같다. 과거 최종시험의 채점관인 전시 독권관(殿試讀卷官) 등 과거에 관련된 직에 종종 발탁되었으며, 문관으로서는 호부상서까지 올랐다. 그가 중국사의 무대에 등장하는 것은, 1858년(함풍 8)에 계량(桂良)과 함께 천진(天津)에 파견되어 영국, 프랑스, 미국, 러시아와의 사이에 이른바 『천진조약(天津條約)』을 체결했을 때이다. 자는 육중(育仲), 호는 송잠(松岑)이다.

도광 25년에 조선으로 향할 때 파견에 앞서 호부시랑 겸 관전법당사무(戶部侍郞兼管錢法堂事務)에 조보(調補)되어 있었다. 공부 우시랑(工部右侍郞) 화사납이 정사, 양황기 몽고부도통(鑲黃旗蒙古副都統) 덕순(德順)이 부사였다.

『동사기정』은 아편전쟁으로부터 5년 후의 기록이지만 중조관계의 입장에서만 볼 때 안정적인 외교의 모습으로 볼 수 있다. 조선 국내의 어디에서 누가 마중 나왔는가, 책봉의 의식은 어떻게 진행되었는가 등을 알기에 편리하다. 왕비 책봉을 목적으로 조선에 간 사람의 기록으로서는 후에 괴령의 것을 소개하겠지만, 이것은 주로 시로 되어 있다. 이 점에서 『동사기정』은 보통의 일기 체재를 취하고 있으며, 조선책봉사록으로서 드물고 귀중하다. 북경 출발에 앞서, 그때까지 칙사를 조선에 파견하는 경우는 5-6명의 통역관을 동행했는데 이후는 한 명으로 삭감하라는 조칙이 내려졌다. 이것은 당시 청조의 재정난을 나타내는 것이지만, 표면적인 이유로는 한 명이라도 파견인원을 줄이면 조선에서 뇌물 등을 갈취하는 폐해가 적어진다는 것으로, 조선국왕도 화사납을 만났을 때 이것을 "황제폐하께서 친히 보살펴주신 은혜"라고 감사하고 있다.

여정은 3월 3일에 북경을 출발, 4월 1일에 압록강을 건너, 4월 17일에 서울에 입성하고 당일 책봉의 의식을 행한다. 4월 20일에는 이미 서울을 출발하여 5월 3일에 압록강을 건너고 5월 26일에는 북경에 돌아와 다음날 도광제를 만나서 복명하고 있다. 서울에 체재한 것은 겨우 3박 4일이었다.

다음은 몇몇 흥미로운 기술을 보자. 4월 1일, 의주의 숙사에 대해서 "사절단의 숙사는 매우 높고 크다. 여성이나 잡견을 접근하지 못하게 하는 것은 우리가 체재하고 있으므로 정숙하라고 하는 명령을 보여주는 것이다."라고 했으며, 또 4월 9일 평양에서 조선 음악을 듣고 "악기에는 제금(提琴)·장적(長笛)·요고(腰鼓)·소관(小管)의 종류가 있고, 음절은 슬픔이 넘쳐나 마음을 녹인다. 하국(下國)의 음악이다."라고 기술했다.[51]

4월 17일, 서울에 들어서기 전에 국왕이 영은문(迎恩門)에 나와 맞이하고, 입성 다음에 인정전(仁政殿)에서 영칙(迎勅) 의식이 행해졌다.[52]

조선사료에도 거의 없을 것으로 생각되는 화사납의 목격으로, 이날 그가 기보포정사(畿輔布政司)라고 표시된 관청 앞을 지나갈 때 그 문에는 "이미 춘분(春分)이 되었다. 전토에 관한 소송은 절대로 가지고 오지 마

51 "使館非常高大, 凡婦人雜犬俱不令見以昭肅靜". "樂器有提琴·長笛·腰鼓·小管之類, 聲悲而靡, 下國之音".

52 "過山則迎恩門, 牌樓設布棚迎勅, 國王行禮先行, 兩使稍候.……門內仁政殿即此次迎勅殿也. 使者至門停輿, 勅誥亭升至殿階上, 兩使捧入, 國王升殿, 詣受勅位, 跪接行禮, 兩使捧勅, 授宣勅官, 出殿立讀訖, 國王率百官, 行山呼萬歲者三, 樂止禮成".

라!"라는 고시, 즉 방(榜)이 붙어 있었다고 한다.[53] 『경국대전』의 형전(刑典) 정송(停訟)의 규정에 의하면, 분명 춘분(春分) 날이 '무정(務停)' 곧 관청에서 재판을 정지하는 날이라고 정해져 있다.

권두에는 1850년(도광 30, 철종 원년) 5월 16일에 붙인 전경(全慶)의 서문이 있다. 이에 의하면, 전경은 이 해 막 사거한 도광제의 유조(遺詔)를 알리기 위해서 조선에 파견되었는데, 화사납이 전에 조선에 파견되었을 때 작성한 기정(紀程) 1책을 이때 받았다고 한다. 서명은 『동사기정(東使紀程)』, 저자는 「고개평화사납송잠기(古開平花沙納松岑記)」라고 기록했다. 권말에는 화사납이 여정에서 지은 시를 『동사음초(東使吟草)』라는 제목을 붙여 부록에 첨가했다.

그런데, 대만 중앙연구원 역사어언연구소 부사년도서관(中央研究院歷史語言研究所傅斯年圖書館[臺北])에는 송잠(松岑) 『한절록(韓節錄)』 초본 1권이 선본으로 수장되어 있다. 이미 기술한 바와 같이, 송잠은 화사납의 호이므로 찬자명으로서는 화사납이라고 해야 한다. 또 중국 국가도서관(北京)에는 화사납의 『동사음초』 고본(稿本) 1책을 역시 선본으로 수장하고 있다. 간본(刊本) 『동사기정』은 아마도 이 두 선본, 곧 『한절록』과 『동사음초』를 합해서 간행한 것이다. 또 필자가 읽은 간본 『동사기정』은 본래 이마니시 순주(今西春秋) 소장본으로, 현재는 기증을 받아서 교토대학 문학부 도서관에 수장되어 있다.

괴령(魁齡), 『동사기행사시략(東使紀行事詩略)』 1권

(韓國國立中央圖書館藏 中國刊本)

53 "未入城時, 路西有官署額曰畿輔布政司, 門上貼告示, 甚古雅而簡妙. 此告示回時即已揭去. 書云, 春分已屆, 田沓相訟, 切勿捧入者. 前面書一榜字. 想見政簡民淳, 古致歷落, 光景中華不及也. 其餘經過各處, 皆不見條敎告示, 即有時, 亦伊國書, 不能讀也"(四월十七일).

괴령은 1866년(동치 5, 고종 3) 조선 왕비를 책봉하기 위해 사자로 조선에 왔다. 괴령의 전기로는 「괴단각공유사(魁端恪公遺事)」(『續碑傳集』 권11), 『청사열전(淸史列傳)』 권52, 「괴령전(魁齡傳)」이 있다. 이들 사료에 따르면 그는 만주 정홍기인으로 1852년(함풍 2)의 진사이다. 출사했을 때의 직위는 이번원(理藩院) 우시랑이었다. 부사는 위산질대부(委散秩大夫) 희원(希元)이었다.[54]

이 책은 1866년(동치 5) 7월 4일에 조선 왕비 책봉 정사를 명받은 것으로부터 쓰기 시작하여 조선에서의 여정을 간단히 기록하면서 가는 곳곳에서 그가 읊은 시를 싣고 있다. 문장도 시가도 담박하여 당시 조선의 상황이나 중국 · 조선 관계의 구체적 실상을 알 수 있는 자료는 아니다. 필자가 이용한 한국 국립중앙도서관 소장본은 8월 12일 북경을 출발하여 9월 10일에 조선의 의주에 들어와서 9월 19일 황주(黃州)를 지나 동선령(洞仙嶺)에 이르렀다는 곳에서 중단되고 있다. 『일성록』에는 고종 3년 9월 24일 선조의(宣詔儀) 즉 책봉의식을 행한 것이 보인다. 아마도 완본(完本)은 서울에서 책봉의식을 행하고 북경에 도착하기까지 이어졌을 것으로 생각된다.

숭례(崇禮), 『봉사조선일기(奉使朝鮮日記)』 1권

(光緒間排印本, 『小方壺齋輿地叢鈔』 第10 帙 수록본)

이 여행기는 1890년(광서 16, 고종 27), 조선국왕의 모친 사거에 따라 숭례가 유제를 위한 부사로서 출사했을 때의 기록이다. 그는 한군(漢軍) 정백기인(正白旗人)으로 그때 호부 우시랑이었다.[55] 정사는 몽고 정백기인으

---

54 『淸實録』, 同治 5년 7월 庚申(『淸實録 · 隣國朝鮮篇』, 412면에 7월 己未라 한 것은 잘못이다).

55 『淸史稿』 권446, 『淸史列傳』 권61. 『朝鮮王朝實録』 고종 27년 9월 26일조에서는 鑲紅旗滿州副都統이라 한다.

로 그때 호부 좌시랑인 속창(續昌)이었다.[56] 당시 조선에서는 반란과 기근이 계속되고, 여기에 거듭되는 장제(葬祭)로 재정이 궁핍했다. 이 때문에 조선에서는 관례를 깨고 중국에 유제 사절의 파견을 중단해주기 바란다고 요구했으나, 청조 쪽에서는 체제에 관계되는 바이므로 인정하기 어렵다고 물리쳤다. 하지만 그때까지 북경에서 서울에 이르는 사행로는 육로를 잡는 것이 통례였으나, 만약 육로를 취하게 되면 조선 국내에서의 접대와 역전(驛傳) 때문에 더욱 큰 부담을 주게 된다는 점을 배려하여, 천진에서 북양해군의 기선을 타고 해로로 서울 근처의 인천에 상륙하는 행로를 잡았다. 일행은 9월 17일 북경을 출발하여 22일에 천진에서 기선에 올라 해양으로 나와서 24일 인천에 도착, 26일 서울에 입성하여 그날로 유제의 예를 행했다. 29일 서울을 떠나 10월 3일 인천에서 승선, 5일 천진에 도착하고 13일 북경으로 돌아와서 16일에 복명하고 있다. 이 기간 조선에 체재한 것은 8일간, 서울에 체재한 것은 4일간이었다. 『조선왕조실록』에도 고종 27년 9월 26일에 국왕이 칙서를 맞아 유제 의식을 행하고, 29일에 칙사를 배웅했다고 하였다.

이 여행기는 관련된 상주문이나 관련 문서까지도 실어서 상세하기 그지없지만, 『소방호재여지총초(小方壺齋輿地叢鈔)』본에는 9월 23일에 배가 위해위(威海衛)를 지나는 언저리에서 끊겨 가장 중요한 조선 국내의 활동을 알 수 없다. 출발 전의 일만 해도, 예를 들어 배인본(排印本)에는 정사의 후보에 오른 사람 22인의 이름과 직함, 부사 후보에 오른 사람 17인의 이름과 직함이 열거되어 있지만, 이런 것들을 모두 삭제했다. 연구하는 데 있어서는 반드시 배인본을 이용해야만 한다. 배인본에는 광서 18년의 숭례의 자서(自序)와 함께 광서 19년 이홍장의 서문이 붙어 있다. 내용의 대부분이 여정과 각종 관련 문서이다. 하지만 조금이라고는 해도 숭례의 조선관이 적혀 있어서 아주 흥미롭다. 중국 · 조선 관계사뿐만 아니라,

56 『朝鮮王朝實録』, 고종 27년 9월 26일조에는 正白旗滿州副都統이라 한다.

중국을 둘러싼 전근대 동아시아의 국제관계사 연구자에게는 필독문헌 중 하나이다.

4. 사유구록과 사조선록의 특질

이상에서 사조선록이라고 해야 할 장르에 속하는 각 책에 대하여 간단히 소개하였다. 물론 지금까지 '사조선록 연구'라고 하는 연구는 본격적으로 이루어진 것이 전혀 없는 듯하며, 향후 연구의 진전에 따라 여기서 소개하지 못했던 것도 발굴될 것이다. 그러나 여기서 소개했던 것만으로도 충분히 대체적인 경향을 파악할 수 있다. 이상을 바탕으로 하여 사유구록을 사조선록과 비교하고, 각각 양자의 특질을 밝히고자 한다.

우선 사유구록에 대하여 말하자면, 류큐를 방문한 명 · 청 중국의 사절이 류큐 방문을 계기로 하여 여행기나 혹은 그 나라의 역사 · 풍속 등을 기록한 빈도는 매우 높다. 사조선록은 그와 반대이다. 또 사유구록은 사조선록에 비해 저자 스스로 출판하거나 또는 저자가 원고를 바쳐 이를 곧바로 궁중에서 출판한 빈도가 지극히 높다. 12종의 사유구록 가운데 진간(陳侃), 곽여림(郭汝霖), 소숭업(蕭崇業), 호정(胡靖), 왕즙(汪楫), 서보광(徐葆光), 주황(周煌), 이정원(李鼎元), 제곤(齊鯤)의 것이 그러하다. 더욱이 왕즙의 『사유구잡록(使琉球雜錄)』의 서문에 의하면 장학례(張學禮)는 원래 스스로의 여행기를 이미 판목에 새겼는데, 그의 지인이 이를 신용할 수 없다고 하자 판목을 부수었다고 한다.[57] 그렇다면 그도 출판하기 위해 쓴 것이어서, 이를 포함하면 실로 80%가 출판을 목적으로 쓴 것이다. 이에 비해 사조선록 가운데 명백히 저자 스스로가 출판했음을 알 수 있는 것

57 夫馬進, 「張學禮撰『使琉球記』·『中山記略』解題」(앞의 주 1, 72면). 『汪楫 冊封琉球使録三篇』(原田禹雄 譯注, 宜野灣, 榕樹書林, 1997), 15면.

은 겨우 공용경(龔用卿), 백준(柏葰), 숭례(崇禮)의 그것뿐이다. 주지번의 『봉사조선고』와 괴령(魁齡)의 『동사기행사시략』은 그들 스스로 출판했는지 어떤지 잘 알 수 없다. 현재 현존하는 것 가운데 사조선록의 장르에 들어갈 수 있는 책의 저자는 합계 11명이므로 겨우 30%이고, 더욱이 오희맹(吳希孟)이나 허국(許國), 양유년(梁有年) 등, 또는 향후 발굴될 것으로 사조선록의 장르에 들어갈 수 있는 책을 지은 인물을 더한다면 이 빈도는 더욱 낮아질 것이다. 이는 명 · 청 시대에 류큐에 사자로 갔던 인물이 스스로의 여행기나 이와 비슷한 책을 지어 많은 사람들에게 읽혀지기를 바라는 의욕이 강했던 데 비해, 조선에 사자로 갔던 인물은 거의 그런 의욕을 갖고 있지 않았음을 보여준다.

왜 이와 같이 두드러진 대조가 나타났을까는 각각의 저작의 내용 및 작자들이 처한 조건을 보면 분명해진다. 우선 사유구록 작자의 대부분은 명확한 저작 목적을 가지고 있다. 진간은 그 저작 목적을 첫째 책봉사로서 류큐로 가는데 즈음하여 지침이 될 만한 참고서적이 없어서 곤란했던 점, 나중에 사자로 갈 사람의 참고서로 써놓을 필요가 있다는 점을 들고 있다. 둘째로 당시의 지식인이 지닌 류큐 지식이 너무나 오류에 가득 차 있는 것이어서 실제로 견문한 것을 바탕으로 『대명일통지』 등의 오류를 바로잡을 것을 들고 있다(서문 및 「제위주자방이비채택사(題爲周咨訪以備採擇事)」). 거기에서는 "무릇 류큐의 일을 기재한 서책은 (류큐에서) 그것을 물어보면 백 가운데 하나의 진실도 없다."라고 거리낌 없이 말할 정도로 스스로 새롭게 발견한 '사실'에 대한 열렬한 자신감과, 말은 겸손하지만 "나중에 사자로 가는 자에게 전혀 쓸모없는 것은 아니리라."(「高澄後序」)라고 하는 실용성을 찾아낼 수 있다. 곽여림도 완전히 똑같다. 곽여림이 양명학자인 점은 이미 『중편사유구록(重編使琉球錄)』 해제에서 서술한 대로인데, 그도 『통전』이나 『성사승람(星槎勝覽)』의 황당무계함을 비판할 때는 스스로의 견문을 중시했다. 류큐에 가서 알게 된 것을 '지행합일(知行合一)'이라고 표현했다. 또 그의 저작 목적 중의 하나가 나중의 사자에게 조언을 해주는 것, 즉 실용에 있었음도 "이후 사자는 주의해서 배를 높고 크게만 만들려고 힘써서는 안 된다. 얼핏 보아 좋지 않아도 실팍하고 튼튼한 것이 좋다. 승무원을 늘리려고 힘써서는 안 된다. 중요한 것은 그들의 경험과 인내력이다."「造舟」 등의 표현이 이 책의 여러 곳에서 보이는 점에서도 명백하다.

명대의 사유구록이 실용을 중히 여기고 스스로 발견한 새로운 사실을 지체 없이 바로 전하고자 편찬된 데 비해 청대의 그것은 어느 쪽이냐 하면 실용성이 줄고 대신 연구색이 강해졌다. 그것은 명대의 양명학으로부터 청대의 고증학으로의 움직임까지도 드러내고 있다. 왕즙, 서보광, 주황, 이정원의 것에서는 특히 정밀한 '사실'에 집착하려는 고증학적 학풍을 읽어낼 수 있다. 그 중에서도 서보광의 『중산전신록(中山傳信錄)』 서문, 주황의 『유구국지략(琉球國志略)』 서문 등에서 가장 단적으로 그들의 저술태도를 엿볼 수 있다. 더욱이 이정원의 것에서는 현재 우리들이 말하는 문화인류학적 관심마저 읽어낼 수 있을 정도이다. 결국 거기에 있는 것은 명확한 저작의 목적이다.

우리들은 이미 공용경의 『사조선록』을 검토하여, 그것도 나중에 같은 사자가 되어 이 땅에 오게 되는 자들을 위한 실용서로서 작성되었음을 보았다. 그러나 공용경의 그것과 진간 『사유구록』을 비교하면 그들 '실용'의 질에는 큰 간극이 있음이 분명하다. 가장 근본적인 차이는 진간의 것이 복주에서 배를 만드는 노고를 피력하고, 해상에서 폭풍을 만나 생사의 갈림길에서 살아날 수 있었던 것은 어째서이며, 무엇이 유용하고 무엇을 조심해야만 하는지를 생사의 심연에서 그 체험을 이야기하고 있다. 이에 비해 공용경의 것은 의례(儀禮)는 어떠한 순서로 진행되는가, 의주에서 서울에 이르기까지 어디에 무엇이 있고 어떠한 접대를 받게 되는가를 나중에 오는 자에게 냉정하게 전하려 하고 있을 뿐이다. 긴장감이 있다거나 열띤 곳은 하나도 없다. 한쪽이 생사를 건 '실용'인데 비해 다른 한쪽은 대국의 사절로서 현장에 임하여 당황함이 없도록, 수치를 당하지 않도록 한다는 '실용'이다.

이 '실용'성의 차이는 명 · 청 시대의 관료에게 있어 조선이란 무엇이며, 류큐란 무엇이었던가 하는 차이이기도 하다. 그들에게 있어 조선이란 '사이(四夷)' 가운데 제일 가까운 존재였다. 거리상으로만 가까운 것이 아니다. 정신적으로도 가까웠던 것이다. 여행기 가운데서 강조되는 것은 그곳의 제도가 얼마나 중국의 것에 가까운가, 접대하러 나온 사람들이 시를 짓는 데 얼마나 중국인의 수준에 가까운가라고 하는 것이다. 과거 제도에 차이가 있는 것에 주의를 기울이면서도 그것을 중화 제도의 하나의 변형으로밖에는 의식하지 않는다. 중국 사절은 거의 모두가 서울의 대학인 성균관에 들르는데 거기서는 "학생[生員]은 모두 유건(儒巾)을 쓰고 남삼(藍衫)을 입어 중화와 같다." "성현은 소상(塑像)으로 만들어져 모두 중화와 같다."(예겸)고 평한다. 명륜당에서 생원이 행하는 진퇴의 의례를 보고 "풍풍호(渢渢乎)하여 중화의 풍(風)이 있다."(공용경의 「謁孔子廟記」) 등으로 표현한다. 서책에 대해서도 "경서(經書) 선본(善本)을 가져다 열람해보았는데 전혀 이동(異同)이 없다"(강왈광)라고 한다. 조선인의 시작에 대해서도 일상의 언어가 다른데도 "그 시에 이르면 음률의 조화됨이 예[古]와 다르지 않고, 중국과 다름이 없다."고 높이 평가하면서, 그것은 왜 그럴까라고 다시 자문하고는 "그 이(理)가 같기 때문이다."(공용경의 「題鄭判書朝天日錄」)라고 자답한다. 조선에서도 중국인에게 지지 않는 시작 능력을 지닌 자가 많은 것을 강조했다. 『황화집』의 '황화(皇華)'란 말할 것도 없이 『시경』 소아(小雅)의 편명에서 유래하는 것으로 황제가 사신을 파견하는 것을 의미하고, 또 먼 지방이라도 광화(光華)가 미치는 것을 의미한다. 중국 사절을 접대하게 되면 시를 짓는 능력이 뛰어난 자를 임시로 끌어모았는데, 천계 6년 강왈광을 접대할 때는 당쟁에서 패하여 귀양 가 있는 자까지도 '문장의 대가'라는 이유로 명예회복을 시켜 접대에 나서도록 하고 있다(『迎接都監都廳儀軌』 4월 16일). 또 중국 사신이 조선인이 쓴 전서(篆書)를 보고 싶다고 할 때를 대비하여 서울에서 멀리 떨어진 전라도 강진에 말을 보내 서법의 명인을 급히 서울로 불러내고 있다(『영접도감도청의궤』 3월 12일). 이문화(異文化)에 접해도 이문화라고 의식하지 못하고, 오히려 본래 있어야 할 문화의 결여된 형태로서 먼저 의식하게 되는 곳에서는 좀처럼 뛰어난 여행기가 나오기 힘들다. 적어도 사람들에게 꼭 읽히고 싶다는 여행기는 나오기 힘들다. 거기에서는 사유구록에 보이는 것처럼 '실용'이라는 목적도 '연구'라는 목적도 대체로 희박하다.

중국 사절을 접대할 때 조선 · 중국에서 때때로 논쟁거리가 된 것은 '여악문제(女樂問題)'인데, 이것도 중국인이 지니고 있는 조선에 대한 거리감, 즉 중국 그 자체는 아니지만 지극히 가깝다고 보고, 더욱 가까워질 수 있으며 가까워져야 한다고 하는 거리감으로부터 생겨난 것은 아닐까. 조선에서는 귀인을 접대하는 데 여성의 무악(舞樂)을 보여주는 것이 당연한 일이었지만, 중국의 사신은 이것이 중화의 땅에는 없으므로 예에 벗어나는 것이라 하여 받아들이지 않았던 것이다(예겸, 동월, 공용경). 중국인의 처지에서 보자면 시의 음률이 중국과 다르지 않다고 한다면 당연히 그들 중국인을 대접하는 악(樂)과 예(禮)도 같아야만 했다. 시도 악도 예도 전부가 '그 이(理)가 같기' 때문이다. 조선에서는 중국이 조선의 전통적인 풍속을 무시해서 접대 방법까지 중국식을 강요하는 것은 지나치게 거만하다고 생각하여, 이를 강요한 공용경에게 강한 불쾌감을 가졌다.[58]

그러나 그것은 중국 연호로 말하면 가정(嘉靖)연간까지의 일이다. 1572년(융경 6, 선조 5)이 되면, 만력제 즉위를 알리는 반조(頒詔)를 위해서 오는 한세능(韓世能) 등을 맞이하기 위해 조선정부는 오히려 "본국의 예절바른 바탕을 드러내고 중국 사절에게 아름다운 풍속을 시찰하도록(使職觀風)의

58 『朝鮮王朝實録』, 중종 32년 2월 丁巳(『中國史料』, 1250면). 한편 龔用卿, 『雲岡選稿』 권8, 「奉使復命題知疏」는 조선에서 돌아왔을 때 쓴 복명서이다. 여기서 그는 조선 쪽이 사전에 제출한 迎詔儀注 가운데 迎詔에 즈음하여 五拜三叩頭의 禮가 없었으므로 중국 식으로 五拜三叩頭하도록 한 것을 자찬하여 보고한다.

아(雅)를 이루기 위해" 여악(女樂)을 설치하는 것을 금하고 있다.[59] 사직관풍(使職觀風)이란 중국 사절이 고대 주(周)나라처럼 지방의 풍속을 시찰하는 역할을 띠고 있음을 말한다. 요컨대 조선 고래의 풍속을 버리고 중화의 예를 따르고 있음을 봐주기를 바란다고 말하고 있는 것이다. 이것은 공용경의 조선행으로부터 40년이 안 된 사이에 조선에서는 현저한 중국화[華化], 곧 예화(禮化)가 진행되었음을 나타내고 있다.

이처럼 중국 관료에게 조선은 정신적으로도 '사이(四夷)' 가운데 가장 가까운 나라였지만, 실제 여행의 거리감에 있어서도 유구와는 완전히 달랐다. 류큐에 사자로 가는 것은 이미 각종 사유구록의 해제에서 보았던 것처럼 적어도 명대에는 죽음으로의 여행이라고 생각되고 있었으며, 거기에 선발되는 것은 관료제도 안에서는 거의 징벌에 가까운 경우였다. 관료들은 유구행 사절로 선발되는 것을 두려워하여 이를 기피했지만, 조선행에 대해서는 이와 같은 기피가 전혀 보이지 않는다. 오히려 명대의 책봉이나 유제에는 환관을 파견하는 것이 관례였으므로 환관들은 뇌물을 써서라도 이 사절에 지명되기를 원하였고, 조선에서 한없이 수탈해 왔다. 문인 고급 관료의 경우에도 특별히 조선행을 기피한 경우는 보이지 않는다. 오히려 일부 관료에게 조선은 안전하게 다녀올 수 있는 데다 큰 벌이도 가능한 출장이었던 듯하다. 이를테면 1572년(융경 6)의 진삼모(陳三謨, 당시 이과 좌급사중)나 1621년(천계 원년)의 유홍훈(劉鴻訓, 당시 한림원 편수) 등은 조선에서 고혈을 쥐어짜낸 인물로 악평이 자자하다.[60] 중국 관료가 조선행을 기피하게 된 은 이미 기술한 것처럼 만주족의 흥기로 산해관—요양—의주의 경로가 끊기고 위험한 해로를 택하게 되면서부터이다.

조선 여행은 해로가 아니면 안전했지만 류큐 여행은 파란만장하고 위

59 『朝鮮王朝實録』, 선조 5년 10월 己未(『中國史料』, 1503면). 또한 선조 5년 11월 癸未.

60 『朝鮮王朝實録』, 선조 5년 12월 辛未, 또 광해군 13년 5월 壬寅(『中國史料』, 1504 · 3123면).

험하기 짝이 없다. 류큐 여행을 마치고 복주에 귀착한 사신에게는 무언가 큰일을 완수했다는 성취감이 틀림없이 있었을 것이고, 이것이 그들의 커다란 저작 동기가 되었을 것이다. 진간의 경우, 북경을 출발하고부터 복주에 귀착하기까지 2년 2개월이 걸렸다. 곽여림의 경우, 북경 출발로부터 복주에 돌아오기까지 3년 6개월이 걸렸다. 청대의 왕즙 이후는 복주에서 배를 만드는 기간이 없어져서 명대의 사신에 비하면 훨씬 짧지만, 그래도 그의 경우 같은 경로에 1년 3개월이 걸렸다. 이에 비하여 북경—서울—북경은 아주 짧은 기간에 다녀올 수 있었다. 더욱이 수행원의 수에 있어서도 양자는 전혀 달랐다. 공용경이 조선으로 갈 때 10명의 수행원을 요청하고 있음은 『사조선록』 해제에서 이미 본 대로이다. 그렇다면 여기에 정사와 부사를 더하면 12인이다. 이현종(李鉉淙)에 따르면 조선에 파견된 명조 사절 일행의 수는 24인으로 한다는 규정이 있었지만, 실제로는 10여 명으로부터 80여 명이었다고 한다.[61] 한편 류큐행 사절 일행은 500명이 되는 일도 있었다. 조선까지의 거리가 가까운 것을 생각하면 이는 오히려 의외이지만, 이는 한쪽이 해로였던 데 비해 이쪽은 육로로 가능했기 때문이다. 똑같은 외국 여행이었지만 그 의미하는 바는 완전히 달랐다. 중국의 관료들에게 있어 조선 여행은 다소 원거리의 국내 출장이거나, 혹은 국내의 비한민족(非漢民族) 거주지로 가는 국내 출장과 별반 다를 것이 없었던 것은 아니었을까?

명대의 사유구록이 '실용'에 주안을 두었던 데 비해, 청대의 그것은 '연구'에 주안을 둔 것으로 바뀌었음은 이미 지적했다. 그 배경에 양명학으로부터 고증학으로라는 시대 사조의 변화가 있었음도 이미 기술했다. 하지만 이와 같은 변화를 초래한 데에는 다시 두 가지 요인을 들 필요가 있다. 그 하나는 왕즙 이후에는 배를 건조할 필요가 없어져서, 명의 사신에

61 앞의 주 10. 특히 앞의 주 35, 許筠, 「己酉西行記」(『許筠全書』, 182면하)에 따르면 1608년(萬曆 36, 선조 41)에 광해군을 책봉하려 방문한 사절은 모두 120여 명이었다고 한다.

게 있어서 커다란 걱정거리였던 것을 덜었기 때문에 나중의 사신에게 체험담을 써서 남겨야 하는 실용성이 그만큼 없어진 것이다. 하자양이 여행했을 무렵 이후에는, 이미 류큐에 사신으로 간 자는 무엇인가 기록을 남겨야 한다는 의무감, 더 나아가 강박관념 비슷한 것이 있었음에 틀림없다. 청대에 들어오면 여행기를 쓰는 것은 이미 전통처럼 되어 있었고, 더욱이 과거 사람과 같은 고생은 없기 때문에 무언가 새로운 기틀을 세울 필요가 있었다. 그것이 고증학이라는 풍조에 뒷받침된 보다 풍부하고 보다 정밀한 류큐정보의 제공이었다.

또 하나는 류큐가 놓여 있는 지리적 조건이다. 당시 중국 사절은 갈 때는 하지 이후에 서남풍이 부는 것을 기다려 복주를 출발했으며, 올 때는 동지 이후에 동북풍이 부는 것을 기다려 나하(那覇)를 출발할 수밖에 없었다(『中山傳信錄』 권1, 「歷次封舟渡海日期」). 그들은 동북풍이 불기 시작할 때까지의 기간 동안 유구에서 돌아오고 싶어도 돌아오지 못하고 그저 하는 일 없이 체재할 수밖에 없었다. 대부분의 사절은 5월 초순부터 6월 하순 사이에 복주를 출발하고, 9월 하순부터 11월 하순에 나하를 떠난다. 그 사이가 4개월에서 5개월이다. 한편 조선 사신의 경우는 조선 영내의 의주—서울을 왕복하는 데 20여 일부터 40여 일이 걸릴 뿐이다. 서울 체재기간은 10일 정도가 가장 많으며, 화사납의 경우에는 4월 17일에 서울에 도착, 그날로 유제의 예를 행하고 4월 20일에는 이미 귀로에 올랐으므로 겨우 3박 4일이었다. 백준의 경우에도 2월 21일에 서울에 도착, 그날로 유제의 예를 행하고 24일에는 이미 귀로에 올랐으므로 역시 3박 4일이었다. 숭례도 3박 4일이었다. 하지만 일단 류큐에 건너간 자는 그렇게는 안 된다. 유제와 책봉의 예는 일수를 필요로 하지 않으며, 류큐 쪽에서 이것저것 무료함을 달래는 행사를 베풀어주기도 하지만, 3개월이나 4개월 동안 해야 할 일이 전혀 없다. 빨리 중국에 돌아가고 싶고 고향에 돌아가고 싶다는 생각은 천 갈래 만 갈래여서, 설사 곽여림이 아니더라도 「식사정설(息思亭說)」을 쓰지 않을 수 없다. 또는 이정원처럼 "동풍이 불어오지 않아 돌아가려고 해도 돌아갈 수 없다고 자주 탄식했다."(『사유구기』 8월 2일)라고 할 수밖에 없었던 것이다.[62]

그러나 이런 환경이야말로 거꾸로 청조 고증학적 학풍 속에서 살아온 지식인에게는 눈앞의 실용을 위해서가 아니라 지식을 늘리기 위한 '연구'의 깊이를 더할 수 있는 절호의 조건이었다. 청조의 고증학자들이 역사문헌학을 중시한 것처럼 그들도 역사문헌을 바탕으로 한 연구를 지향했다(서보광 등). 또 류큐인의 저작을 발굴하여 이를 이용하기도 하였다(왕즙 등). 그러나 주요한 사료는 역대로 써내려온 사유구록밖에 없었으므로 이 방향은 당연히 벽에 부딪치게 된다. 중국의 체례를 본받은 우수한 유구 지방지(琉球地方志)가 출현하기에 이른 것도 당연하였다(주황, 제곤).[63] 더 나아가 남아 있는 극소수의 역사문헌을 거의 완전히 무시해버리고 류큐 사람들이 쓰는 언어나 생활을 옮겨적는 데에 모든 정열을 쏟는 자도 나타났다. 이정원의 『사유구기』가 그것이다. 여기에서는 중국 문화가 결여된 형태로서의 류큐를 파악한다는 의식은 극히 희박하다. 앞서 이정원의 것에서는 문화인류학적 관심을 읽어낼 수 있다고 했는데, 이는 역사문헌에 명백한 한계가 존재하는 상황 속에서 더욱더 사실에 집착하려는 자가 당연히 취해야 할 방향의 하나였던 것이다.

---

62 『郭汝霖 重編使琉球録』(原田禹雄譯注, 宜野灣, 榕樹書林, 2000), 194면, 李鼎元, 『使琉球記』(原田禹雄譯注, 宜野灣, 榕樹書林, 2007), 358면. 村尾進, 「李鼎元撰『使琉球記』解題」(前注1).

63 徐葆光, 汪楫, 周煌, 齊鯤 각각의 使琉球録의 해제로는 앞의 주 1 수록, 岩井茂樹 「徐葆光撰『中山傳信録』解題」, 松浦章 「汪楫撰『使琉球雜録』『中山沿革志』解題」, 村尾進 「周煌撰『琉球國志略』解題」, 井上裕正 「齊鯤·費錫章撰『續琉球國志略』解題」 참조.

5. 맺음말

사유구록이라는 사료군은 한문문헌 전체 가운데서 매우 특이한 위치를 점하는 것이다. 명 · 청 중국은 주위의 각국에 조공을 촉구하거나 또는 책봉을 행했다. 1609년에 '일본[倭]이 유구를 합병'하기까지로 한정한다면, 중국을 중심으로 틀이 만들어진 국제질서를 '조공체제(조공시스템)'라고 부르는 것도 '책봉체제(책봉 시스템)'라 부르는 것도 물론 가능하다. 그러나 이들 개념은 당시의 국제질서를 큰 틀에서 설명하기 위한 것이지 그 이상의 것일 수는 없다. 사유구록과 사조선록이라고 하는 너무나 다른 성격의 기록이 출현한 이유와 그것의 의미조차 이들 개념으로는 설명할 수 없기 때문이다.

명대 가정연간부터 청대 동치연간에 이르는 300년 이상에 걸쳐 류큐에 다녀왔던 역대 책봉사 혹은 그 관계자 중 1837년(도광 17)의 사자였던 임홍년(林鴻年) 등을 제외하고는 모두 후세에 전할 기록을 써서 남겼다는 것부터가 특이하다. 나아가 명 · 청 양대에 걸쳐 류큐 책봉사의 파견을 중지하자는 논의가 다양하게 이루어지면서도 결국 그것을 계속하여 파견했다는 것이 특이하며, 명 · 청 교체기를 제외하면 책봉사밖에 파견하지 않았던 것도 특이하다.

명 · 청 시대의 지식인이 가장 많이 방문한 외국인 조선에 대해서는 류큐와 견주어 아주 적은 여행기나 외국 연구밖에 남기지 않았다는 것은 얼핏 보면 실로 불가사의하다. 공용경의 『사조선록』은 진간 『사유구록』의 영향을 거의 확실하게 받았으면서도 결과적으로 매우 달랐다. 또한 그 후로 『사유구록』처럼 계속해서 『사조선록』을 쓰는 자는 없었다. 이는 그들의 조선에 대한 거리감, 그 가운데서도 정신적인 거리감이 너무 근접해 있었기 때문이다.

한국사를 연구하는 자, 혹은 보다 한정하여 한 · 중 관계사를 연구하는 자에게 있어서 명 · 청 시대의 중국 지식인이 써서 남긴 조선 여행기나 조선 연구가 너무나 적은 것은, 이 또한 '소여(所與)'의 일로서, 이제까지 이상하고 말고 할 것도 없지 않았을까? 이는 류큐사 연구자에게 있어서 수많은 사유구록이 이미 '소여'의 것이어서, 이상하고 말고 할 것도 없었음과 완전히 똑같다. 조선에는 조선 사람들이 써서 남긴 방대한 자료가 있었다. 청조의 고증학자들이 만약 조선이라고 하는 '사실'에 좀 더 강한 문제와 관심이 향해 있었다고 한다면 청대에도 방대한 조선 연구가 나왔을 것으로 생각된다. 하기는 후지모토 유키오(藤本幸夫)가 지적하는 것처럼 조선 세조조(15세기 중엽)에는 중국에서 온 사신에게 조선인의 저작을 보여서는 안 된다는 금령이 나온 적이 있다.[64] 그러나 이와 같은 금령이 언제까지 또 어느 정도로 지켜졌는지는 의문이다. 조선 지식인은 자신의 시문집에 대하여 자주 중국인에게 청하여 그 서발(序跋)을 받았기 때문이다. 앞에서 이미 소개한 것처럼 17세기 초두에 조선에 왔던 주지번은 허균 등이 보여준 『양천세고』와 『난설헌시집』에 제발을 썼다. 어쩌면 이는 시문집의 경우였고 조선의 역사서나 지리서가 아니었음을 고려해야만 할지도 모르겠다. 조선인이 기울인 '사실'을 감추는 '노력'에 대해서는 앞으로 연구가 더욱 진전되어야 할 것이다. 그러나 중국 지식인이 조선이라고 하는 '사실'의 탐구에 의욕적이었다면, 어느 정도까지의 자료는 상당히 간단하게 입수할 수 있었을 것으로 생각된다. 거기에는 사유구록의 작자들처럼 '자질구레한 일까지 들쑤시는 것 같은' 오리지널리티를 다툴 필요는 없었던 것이다. 한편 왕즙은 유구를 여행하고 거기서 『유구세찬도(琉球世纘圖)』라는 서적 하나를 입수하여 재빨리 자신의 연구 『중산연혁지(中山沿革志)』에서 이용하고 있다. 이것이 그에게 있어서 얼마나 자랑스러운 일이었던가는 그의 서문을 읽으면 명확해진다.

사유구록의 연구는 이와 같이 사조선록과의 비교를 거침으로써 문제가 명·청 지식인의 '연구' 자세에까지 미친다. 한 발 더 나아가 현대중국

---

64 藤本幸夫, 「書籍を通じてみた朝鮮と琉球の交流」(앞의 주 1, 181면).

에 있어서의 조선사(한국사) '연구'의 존재 형식에까지 문제가 미치는 것은 아니겠는가? 사조선록의 작자들이 추구했던 '사실'이나 그들의 '지(知)'의 성격에 대해서는 『증정 사유구록해제 및 연구』의 「증정판에 붙여」에서도 조금 고찰을 덧붙였으니 참조 바란다.

(번역: 정선모)

종장

본서를 마침에 있어서 이상에서 서술할 수 없었던 몇 가지 사항을 중심으로 조선연행사와 조선통신사란 무엇인가, 양자가 마주치는 서울에서는 중국과 일본의 학술을 어떻게 보고 있었는가, 이것을 그 변천과 함께 다시 한번 보기로 한다. 모두 홍대용이 연행(燕行)했던 1765년(乾隆 30, 영조 41, 명화 2)부터 그가 사거(死去)한 1783년(乾隆 48, 정조 7, 천명 3)을 포함하는 18세기 후반을 기준으로 한다.

1

홍대용 이전과 이후로 조선연행사는 그 본질, 특히 학술 교류에 큰 변화가 있었다. 홍대용 이전에도 1712년(강희 51, 숙종 38)에 김창업(金昌業)이 북경을 방문했던 것처럼 조선 지식인 중에는 중국 지식인의 사저를 방문하는 자도 있기는 있었지만, 그것은 그 후의 큰 조류는 아니었다. 그러나 큰 시야에서 보면 홍대용 이후에 사저를 찾아 교류할 수가 있게 된 것은 강희(康熙) 중엽부터 건륭(乾隆)연간에 걸쳐 '성세'가 지속되어 숙사

(宿舍)의 문금(門禁)이 점점 완화되었기 때문이다.

홍대용 자신의 기록에 의하면 김창업이 연행했던 강희 말년에는 문금이 다소 완화됐다고는 하더라도, 시내를 관광하려고 하면 아직 숙사에서 쓰는 물을 길러 간다는 구실을 만들 수밖에 없고, "결코 공연히 출입하는 자는 없었다." 그런데 "수십 년 동안 태평시대가 오래 계속되자 법령은 점점 이완되고 숙사에서 출입하는 자가 끊이지 않았다."[1] 이미 말한 것처럼 홍대용이 연행하기 전부터 삼사(三使)의 자제들이 관광을 위해 종종 북경을 방문한 것은 이 문금이 완화되었기 때문이다.

그러나 조선 지식인이 중국 지식인의 사저를 공공연히 방문하고 이것이 예삿일처럼 된 것은 홍대용 이후의 일이다. 『간정동회우록』을 읽고 감격한 이덕무와 박제가가 연행한 것은, 1778년(乾隆 43, 정조 2)의 일인데, 그 아들 박장암(朴長馣)이 편찬한 『호저집(縞紵集)』에 의하면 이때 박제가도 북경에서 이정원(李鼎元)의 사저를 방문하였다.[2] 이정원은 그 후에 류큐(琉球)를 찾아 『사유구기(使琉球記)』를 씀과 동시에 『구아(球雅)』를 편찬하면서 그 서명을 『유구역(琉球譯)』으로 고쳤고, 1801년(가경 6, 순조 1)에는 역시 그 사저를 방문한 유득공(柳得恭)에 대해 여기에 대해서 어떻게 생각하느냐고 물었던 그 사람이다.[3] 유득공의 『연대재유록(燕臺再游錄)』에 의하면 그는 이정원 외에도 수많은 중국 지식인의 사저를 아주 자연스럽게 방문하여 필담하고 있고, 같은 해 그와 함께 북경을 방문한 박제가도 마찬가지로 사저를 찾아 왕성하게 학술을 교류하였다.[4] 김정희가 연행의 길에 나선 것은 1809년(가경 14, 순조 9)의 일이다. 그도 고증학자이자 한학자(漢學者)인 옹방

1 『湛軒燕記』 권1, 衙門諸官(『湛軒書』 권7, 燕記, 『韓國文集叢刊』 제248집, 250면상). "自皇明時已有門禁, 不得擅出游觀. ……至康熙末年, 天下已安, 謂東方不足憂, 禁防少解, 然遊觀猶托汲水行, 無敢公然出入也. 數十年以來, 昇平已久, 法令漸疎, 出入者幾無閒也."

2 『縞紵集』 권1(栖碧外史海外蒐佚本32 『楚亭全書』, 서울, 亞細亞文化社, 1992, 24면).

3 본서 제3장, 164면.

4 앞의 주 2, 辛酉(121면 이하).

강이나 완원(阮元) 등 중국 지식인의 사저를 방문해 학술을 교류했다.

그런데 이처럼 양국 지식인이 사저를 중심으로 친밀한 교류를 하게 되자, 곧 중국인의 자택을 방문한 조선인이 그대로 하룻밤을 새는 것이 지극히 당연한 일이 되었다. 1837년에 연행한 김현근(金賢根)에 의하면, 당시는 "종자(從者)가 숙사를 출입하는 데 거의 거리낌 없고 조선의 문인이 (중국의 문인과) 교류하고 숙박하는 것은 참으로 우리 동네에 있는 것 같다"라고 기록할 정도였다.[5] 실은 김정희가 그 한 사람인데, 그는 옹방강의 사저에서 열린 연석에서 술을 마신 뒤, 동석하고 있던 이임송(李林松)의 사저에서 잠을 잤다. 1810년(가경 15, 순조 10) 정월 8일의 일이다.[6]

김정희에 의한 청조(淸朝) 한학(漢學)의 도입도 이러한 사저에서의 교류가 토대가 되어 이루어진 것은 말할 필요도 없고, 1826년 연행사 부사(副使)였던 신재식(申在植)이 옹방강의 제자 섭지선(葉志詵)이나 이장욱(李璋煜)의 사저를 방문해 나누었던 '한학시비(漢學是非)'의 논의도 이러한 풍조 속에서 행해졌다. 이전 명대에서는 삼사들이 중국 관료의 사저를 방문하는 것은 상상할 수도 없었다. 1538년(가정 17, 중종 33)의 일인데 조선의 조정에서 검토된 문제가 하나 있었다. 그것은 그 전 해에 조선을 방문하고 귀국한 공용경(龔用卿)과 오희맹(吳希孟)이 국왕에게 『천하도(天下圖)』와 부채 등을 선물하고, 또 조선에 대해 좋은 평판을 북경 조정에 흘렸기 때문에 국왕 및 신하와 두 사람 사이에는 좋은 관계가 계속되었다. 공용경이 조선에서 출판된 『황화집(皇華集)』을 갖고 싶어 했기 때문에 조정에서는 이것을 선물할 준비를 했는데, 두 사람이 요구한 것 외의 것도 보내면 어떻겠는가라는 의견이 나왔다. 중종의 생각도 일단은 이 의견에 기울었다. 그러나 당시의 영의정 즉 재상들이 "본래 '인신(人臣)에게는 외교란

---

5 본서 제15장, 665면.

6 李林松, 『易園集』 권5, 庚午正月八日海東金秋史正喜來宿. "禁城魚鑰解留賓, 添得春明一夜春, 佳客已先人口到, 辛盤又被告別家輪(是夕飮覃溪翁先生方綱齋)……."

없다'. 지금 공용경과 오희맹이 요구한 물건 외에는 따로 선물할 필요는 없다"라고 주장했기 때문에, 중종도 이에 따랐다고 한다.[7] '인신에게는 외교란 없다'라는 것은『예기』교특생(郊特牲)에 나오는 말이고, 신하가 주군의 명령에 의하지 않고 사적으로 다른 제후, 뒤의 시대로 말하면 외국의 관료와 만나서는 안 된다, 사적으로 교제해서는 안 된다는 것을 의미한다. 조선국왕이 그들 우호인사에게 답례로 선물하는 것은 당시로서는 '인신에게는 외교란 없다'라는 외교의 룰을 어기는 것으로 생각했다. 또 오희맹의 자택은 옥하관 근처에 있었는데 정사, 부사, 서장관이 이곳을 방문한 적은 한 번도 없었다. 무언가 전달할 필요가 있으면 급사나 통역을 보내 전달할 뿐이었다. 신재식이 연행했던 19세기 전반에는 명대 16세기 전반에는 거의 상상도 할 수 없는 일이 일어난 것이다. 이러한 의미에서 1766년에 홍대용이 한 일은 연행사의 역사에서 보아도 조선중국 교류사에서 보아도 획기적인 사건이었다. 그 일은 상대가 만주족 통치 하의 한인(漢人)이라는 편견을 깨고, 이것이 기선이 되어 양국 지식인의 교류가 본격화했다는 것뿐만이 아니다. 조선연행사 역사상 새로운 조류가 시작되었던 것이다.

2

여기서 본서에서 처음 제기하였던 문제로 돌아가보자. 18세기 후반의 동아시아 삼국 또는 여기에 류큐를 더한 동아시아 사국은 매우 일그러진

---

7 『朝鮮王朝實録』, 중종 33년 11월 무술(戊戌). "政院啓曰, 中原所送雜物, 臣等親監封裹矣. ……傳曰, ……而龔用卿 · 吳希孟等則入歸後, "存問相繼, 非徒於予, 下逮朝臣, 其意繾綣. ……天使等至臨玉河館問之, 則朝禁亦不如舊矣. ……領議政尹殷輔等議, 大抵人臣無外交, 今龔吳等所求之外, 不必別致贈送. 傳曰, 可." 龔用卿 등과 조선과의 양호한 관계, 오희맹의 자택이 옥하관 근처에 있었던 것, 그곳에는 三使가 가지 않고 종자가 갔던 것은 11월 을미[乙未].

국제구조를 그리면서도 안정된 질서 속에 있었다. 그것이 매우 일그러진 국제구조였다는 것은 중국에 대해서는 같은 조공국이고 책봉국이었던 조선과 류큐라는 두 나라 사이에, 2백 수십 년간 일관해서 국교가 없었던 것, 국교를 재개하고 싶어도 할 수 없었던 사실에 가장 단적으로 드러난다. 이러한 국제구조는 당시 일본과 중국 사이에 국교가 끊어져 있던 것을 전제로 하고, 게다가 류큐가 일본의 실질적인 지배하에 있는 것을 조선을 포함한 4개국 사이에서 숨겨야 할 상대국에 대해서는 계속 숨김으로써 성립되었다. 이러한 국제구조는 조공시스템론에 의해서도 책봉체제론에 의해서도 설명할 수 없다. 페어뱅크는 '중국적 세계질서'를 논함에 있어 몇 번이나 원리(theory)와 사실(fact) 혹은 실태(practice)는 다르다고 말한다. 그리고 '중국적 세계질서'는 겨우 중국이 목적으로 한 것에 불과하고 또 겨우 규범 레벨의 것에 불과하고, 하나의 이념형에 불과하다고 강조하고 있다.[8] 조공시스템이란 것이 이러한 중국의 이념에 불과하다고 한다면, 그의 말은 옳다. 그러나 역으로 이러한 '원리'에서는 이상 서술한 바와 같은 적대해야 할 원인을 아무것도 갖지 않은 두 조공국, 책봉국이 국교를 2백 수십 년간 재개할 수 없었다는 '사실', 그런데도 당시 동아시아는 안정된 국제질서에 있었다는 '실태'를 설명할 수 없다.

나는 본서에서 연행사와 통신사를 지탱한 조선의 외교 원리로 '사대(事大)'와 '교린(交隣)'을 논했다. 이 두 원리를 근거로 조선을 중심으로 묘사한 것이 '조선적 세계질서'였다. 그것은 『맹자』의 화이사상(華夷思想)에 근거하는 것이었기 때문에 '중국적 세계질서'의 서브 시스템이라고 해도 좋을지 모른다. 그러나 '중국적 세계질서'가 그 원리, 이념과 사실, 실태를 달리 하는 것과 마찬가지로 '조선적 세계질서'도 원리, 이념을 그대로 사실, 실태로 만들 수 없었던 것은 당연했다. '대(大)로써 소(小)를 섬기

8 John King Fairbank, ed., *The Chinese World Order: Traditional China's Foreign Relations*, Harvard University Press, Cambridge, 1968, 2,4,12면.

는(以大事小)' 대상이었을 터인 일본이, 통신사 그 자체의 문제만으로도 종종 위약(違約)이나 반항을 반복했던 사실, 역시 '교린'의 대상이었을 터인 만주족(여진족)이 '사대'의 대상으로 치환되어버린 사실에 가장 잘 드러난다.

1766년이라는 북경 체재의 시점에서 홍대용이 조선과 류큐의 사이에 왜 국교가 없는가라는 문제를 설명할 수 없었던 사실, 그리고 그것을 설명할 수 없었던 것은 그도 또한 중국을 중심으로 그려지는 세계질서로 생각했기 때문이라고 이미 말했다. 귀국 후에 그는 이런 종류의 사고에서 탈각할 수 있었는가? '조선적 세계질서'를 극복하고 일본도 포함한 동아시아 세계질서를 새로 그려낼 수 있었는가? 유감이지만 그것을 알 수 있는 사료는 없다. 『의산문답』에는 이미 주지하듯이 "중화(中華)와 이적(夷狄)은 같다"라는 주장이 보이고, "하늘에서 보면 세계에는 內(中國)와 外(夷狄)의 구별은 없다"라는 주장이 명확히 보인다.[9] 그가 『의산문답』을 내놓은 시점에서 화이사상을 탈각한 것은 분명하지만, 그러나 이를 바탕으로 새로운 세계질서를 구상할 수 있었는지는 지금으로서는 명확히 할 수 없다.

3

그렇다면 홍대용은 일본에 대해서 어느 정도 알고 있었을까? 그는 북경에서 귀국한 후 1764년 통신사의 일행으로 일본에 간 원중거, 성대중과 친하게 교제했다. 『간정필담(乾淨筆譚)』에 원중거가 발문을 부치고 있는 것은 이미 말한 대로이다. 『담헌서(湛軒書)』에는 일본의 학술에 대해서 논평한 문장이 두 개 수록되어 있다. 하나는 이미 소개한 바 이토 진사이

9 『湛軒書』 내집 권4, 醫山問答(『韓國文集叢刊』 제248집, 99면하). "是以各親其人, 各尊其君, 各守其國, 各安其俗, 華夷一也. 自天視之, 豈有內外之分哉."

를 봉황새로, 오규 소라이를 대유(大儒)라고 칭찬하면서 반대로 이단 토벌에 열심인 조선 지식인을 비판한 것이다.[10] 또 하나는 「일동조아발(日東藻雅跋)」이다. 『일동조아(日東藻雅)』란 원중거가 통신사의 여정에서 얻은 일본인의 묵적(墨跡)이나 서화(書畫)를 첩책(帖册)으로 만든 것 같다. 여기에서 호소아이 도난(細合斗南)[斗南], 다키 카쿠다이(瀧鶴臺)[鶴臺], 지쿠죠 다이텐(顯常大典)[蕉中], 오카다 신센(岡田新川)[新川], 키무라 켄카도(木村蒹葭堂)[蒹葭], 슈케이(周奎)[羽山], 아사히나 문엔(朝比奈文淵)[文淵], 쿠사 다이로쿠(草安世)[大麓], 후쿠하라 에이잔(福原映山)[承明], 난구 가구(南宮岳)[南宮], 시부이 다이시츠(澁井太室)[太室], 이노우에 시메이(井上四明)[四明], 시마무라 슈코(島村秋江)[秋江], 나바 로도(那波魯堂)[魯堂] 등을 언급하면서 그들의 학재(學才), 시문(詩文), 서화(詩文), 풍아(風雅)는 우리나라는 물론이지만, 이것을 중국 문화의 중심지(齊魯와 江左)에서 찾아도 쉽게는 얻을 수 없으리라고 평하고 있다. 더 나아가 "저 이토 진사이와 오규 소라이의 학(學)에 대해서는 그 설(說)에 대해 상세히는 모른다."고 하면서도, 그들의 학을 조선의 학 즉 "함부로 성(性)이 무언가 명(命)이 무언가만 논하고, 까닭도 없이 불로(佛老)를 이단이라고 공격하고, 진(眞)으로 가장하여 거짓을 파는" 학풍과 대비하여 높이 평가하고 있다.[11] 또 『일동조아』의 주인인 원중거가 일본 체재 중에 주자학을 갖고 일본인의 잘못을 바로잡으려고 했다는 말을 들었는지, "원중거 형이 정학(朱子學)을 밝히고 사설(邪說)을 멈추게 하려고 한 것은 급무(急務)라고는 할 수 없다."라고 단언하면서

10 본서 제14장, 561면.

11 『湛軒書』 내집 권3, 日東藻雅跋(『韓國文集叢刊』 제248집, 74면하). "斗南之才, 鶴臺之學, 蕉中之文, 新川之詩, 蒹葭 · 羽山之畫, 文淵 · 大麓 · 承明之筆, 南宮 · 太室 · 四明 · 秋江 · 魯堂之種種風致, 即無論我邦, 求之齊魯江左間, 亦未易得也. ……雖然文風競而武力不振, 技巧日盪, 鐵劍日鈍, 則西隣之并受其福, 厥利博哉. 伊物二氏, 宜以尸祝於吾韓矣. ……然彼伊物之學, 雖未詳其說, 要以修身而濟民, 則是亦聖人之徒也. 因其學而治之, 不亦可乎. 況妄談性命, 漫闢佛老, 假眞售僞, 莫利於吾學, 豈若彼稊稗之熟, 猶足以救荒歟. 玄翁之明正學息邪說, 不可謂急先務也."

비판하고 있다. 이들 일본 학술에 대한 홍대용의 높은 평가는 그 자신, 조선을 무겁게 짓누르고 있던 주자학으로부터 어떻게 탈각했는지를 아는 우리들이 본다면 시극히 당연한 평가였다고 할 수 있다.

그는 당시 마침 일본에서도 화제가 된 비문(碑文) 즉 현재의 군마현(群馬縣) 다노군(多野郡)에서 발견된 '다호비(多胡碑)'의 탁본까지 손에 넣었다. 1777년(건륭 42, 정조 1, 安永 6)에 중국의 손유의(孫有義)에게 준 편지에는 다음과 같은 서술이 있다.

> 상자 중에 마침 일본의 자적(字蹟)과 비판(碑版) 1매가 있었습니다. 우선 보시기 바랍니다. 비판은 천년의 고석(古石)이고 그 기괴하고 졸(拙)한 형용은 말하기에 부족하지만, 절역(絶域)의 머나먼 곳에서 온 문물이라서 한 번 볼 만할 것입니다.[12]

작년에 손유의가 자신과 중국의 지인 사이에서 편지 전달자 역할을 해준 데 감사해서 자신이 얻은 일본인이 쓴 묵필과 비각탁본(碑刻拓本)을 선물한 것이다. 여기서 비판이란 다호비가 틀림없다. '천년의 고석'이라고 하고 여기에 새겨진 문자를 '기괴하고 졸'하다고 평했기 때문이다.

다호비란 에도 시대에 당시의 고즈케국(上野國), 현재의 군마현에서 재발견된 것으로 와도(和銅) 4년(711) 연호가 보인다. 그 탁본은 고즈케국의 다카하시 도우사이(高橋道齋)에 의해 모각(摹刻)되고 그 모각본이 에도의 사와다 토고(澤田東江)로부터 1764년 통신사 제술관(製述官)인 남옥(南玉)에게 증정되었다.[13] 사와다로부터 서기인 성대중에게 증정된 것도 아마

---

12 『乾淨附編』 권2, 丁酉(乾隆42)년 10월, 與蓉洲書. "筐中偶有日本字蹟及碑版一頁, 先此奉覽. 而碑版千年古石, 雖其怪拙不足道, 惟屬絶域遠物, 可博一粲也."

13 南玉, 『日觀記』 3월 2일 · 3월 11일. "(三月二日)平鱗(澤田東江)送致多胡郡碑, 乃日東千年古筆也. 略似瘞鶴銘, 而無骨氣如蚯蚓, 猶有古意. 鱗得於窮山廢址中云. …… 疊和平鱗, 且題多胡碑以與之." "(三月十一日)平鱗贈印章, 韓天壽以大筆及嶧山碑……." 또 澤田東江 『傾

같은 모각본일 것이다. 이것과는 별개로 나카가와 텐쥬(中川天壽, 韓天壽, 韓大年)로부터도 남옥, 성대중, 원중거, 김인겸에게 나카가와 자신이 모각한 것이 증정되었다.[14] 나카가와는 쌍구(雙鉤)에 능했기 때문에 이 모각본이란 쌍구본이었을지도 모른다.

다호비 탁본은 성대중에게서 아들 성해응에게 전해졌다. 그리고 그 1매는 그것이 모각본인지 쌍구본인지는 불명하지만 아마도 성해응으로부터 연행사를 통해 중국 북경의 옹방강에게 보내졌다. 그리고 옹방강에게서 쌍구본의 형태로 그 애제자인 섭지선에게 보내지고 그의 손으로 간단한 고증이 가해진 다음, 1839년(道光 19)에 『일본잔비쌍구본(日本殘碑雙鉤本)』이라 제(題)하여 출판되었다.[15] 이처럼 복수의 다호비 탁본이 조선에 전해진 것으로 알려져 있는데, 아마 홍대용도 성대중이나 원중거로부터 선물받은 것을 갖고 있었을 것이다. 이것이 북경의 옹방강과 같은 유명인뿐만 아니라 하북성 삼하현(三河縣)이라는 시골 도시에 사는 손유의에게까지 간 것이다. 홍대용이 다호비에까지 마음이 움직인 것은 그가 귀국한 후에는 1764년의 통신사에 참가한 사람들과 극히 가까운 곳에 있었던 사실, 그가 탐욕이라고도 할 정도로 지식욕과 수집벽이 있고, 그리고 그가 연행사와 통신사를 연결하는 중요한 접점에 있었던 사실을 보여주는 것이고 또한 일본의 학술에 관심이 컸다는 것을 보여준다.

蓋集』 3월 3일 · 3월 11일. "(三月三日)秋月(南玉)云, 所惠古碑奇崛可賞, 珍荷萬萬. (東郊=東江)云, 上野國九峰山人, 名克明(高橋道齋)頗好古之士. 此碑本即翻刻其家也. 秋月云, 多胡碑得之甚奇. 非足下尚奇之癖, 何以得此. ……龍淵(成大中)云, 多胡碑字法甚奇崛, 可謂貴族邦金石之寶云. ……" "東郊云, 韓大年(中川天壽=韓天壽)善雙鉤, 所藏古帖甚多矣. 足下見之耶. 龍淵(成大中)云, 纔見二三帖耳. (三月十一日)東郊云, 韓大年家刻碑帖 · 法帖目携來, 希四君付題跋, 永與金石不朽矣."

14 元重擧, 『乘槎録』 3월 11일. "韓天壽質樸少文, 而善書, 且善模刻. 遺吾四人以嶧山碑 · 華山碑及倭國多胡碑印本各一軸, 皆其手模也."

15 杉仁, 「在村文化の情報發信と朝鮮 · 中國－多胡碑文字と在村學者の活動」(同 『近世の地域と在村文化－技術と商品と風雅の交流』, 東京, 吉川弘文館, 2001). 杉村邦彦, 「多胡碑の朝鮮, 中國への流傳について」(東野治之 · 佐藤信編 『古代多胡碑と東アジア』, 東京, 山川出版社, 2005). 그러나 이상의 서술은 두 사람의 견해와 약간 다르다.

4

홍대용이 일본의 학술에 관심이 컸었다고 하면 그가 「일동조아발」에서 “이토 진사이와 오규 소라이의 학에 대해서는 그 설에 대해 상세히는 모른다.”고 말한 것에 대해서도, 재고할 필요가 있다. 왜냐하면 이렇게 지식욕이 왕성하고 수집벽이 남달랐다고 하면, 이토 진사이와 오규 소라이의 저작도 수집했다고 생각하는 것이 오히려 당연하지 않을까 생각되기 때문이다. 적어도 그 제자인 이덕무는 확실히 이토 진사이의 『동자문』을 읽었고, 오규 소라이의 글도 읽었다. 이덕무는 「일본문헌(日本文獻)」이라는 논문에서 1748년 통신사의 일원이었던 박경행(朴敬行)에게 오사카의 루스 토모노부가 준 편지, 즉 일본에서 주자학이 어떻게 진전해 왔는가에 대해서 개관한 편지와 미가와(三河)의 월집(越緝)이 하야시 라잔(林羅山)에서 시작하는 주자학부터 이토 진사이 · 오규 소라이에 이르는 반주자학(反朱子學)까지를 소개한 문장 등을 상세히 옮겨 쓰면서 오규 소라이의 학이 무엇인지를 고찰하고 다음과 같이 말한다.

> 다만 오규 소라이가 왕세정(王世貞)과 이반룡(李攀龍)을 학문의 종주(宗主)라고 한다고 하니, 전혀 정신이 이상한 사람이다. 왕세정과 이반룡의 문장(文章)조차 사람을 심복시킬 수 없는데도, 이것을 이른바 학문이라고 볼 수 있을까? 이전에 오규 소라이의 글을 읽은 적이 있지만, 진정으로 왕세정과 이반룡에 귀의해서 학문이라 칭하고 있다.
>
> 원래 요 2백 년 사이 일본에서 오랑캐 습속이 변화해서 성학(聖學)을 이루게 된 것은 본래 그들이 좋다고 해야 할 바와 숭상해야 할 바를 알았기 때문이지만, 무력(武力)이 떨치지 않게 되고 허약하고 문약하게 된 것은 일본에 행복한 일이 아니다.[16]

16 『靑莊館全書』 권58, 日本文獻(『韓國文集叢刊』 제259집, 39면하). “蓋日本之學有二歧. 山崎

이미 말했듯이 1764년 통신사의 구성원인 남옥, 성대중, 원중거 등이 소개한 소라이학의 중요한 포인트의 하나는, 그것이 중국 명대의 왕세정과 이반룡에게 배운 것이라는 점이었다. 이덕무는 스스로 그 글을 읽고 이것을 확인한 것이다. 그리고 일본에서는 "2백 년 사이 오랑캐 풍속이 변화해서 성학을 이루게 되었다." 고 평가하고 역대 통신사가 가져온 정보를 근거로 일본 학술의 변화를 적확히 파악했다.

그러나 이덕무에 의한 소라이 학설의 평가에서 보다 흥미로운 것은, 이 조선에서는 최상급의 지식인으로서 박학무비한 인물도 역시 초점을 빗나간 소라이 비판밖에 하지 못하고 있다는 사실이다. 그는 여기에 보인 소라이론 이외에 일본 연구서인 『청령국지(蜻蛉國志)』에서도 소라이를 논하고 있다. 그런데 이들은 모두 소라이학의 신수(神髓)라고 해야 할 부분을 빗겨간 비평이다. 본서 중에서 서술한 바와 같이 남옥, 성대중, 원중거는 소라이학의 무엇인가를 확실히 조선에 전한 것이지만, 그 소개는 어느 것이나 격화소양(隔靴搔癢)이라고 해야 할 것이고, 포인트를 빗나간 것이었다. 그들은 누구도 소라이가 제창한 "고언(古言)으로 고경(古經)을 이해한다"라는 유교 연구의 방법이 왜 잘못인가라는 가장 중요한 문제를 일절 건드리는 일이 없었고, '금언(今言)' '고언' 이라는 키워드조차 소개하지 않았다. 이덕무도 이와 전적으로 마찬가지다. 3인의 통신사신과 똑같이 그는 '금언' '근언(近言)'에 대해서는 일절 논평하지 않았고, 또한 소라이학의 근간의 하나인 정치와 도덕의 분리에 대해서도 논평하지 않았고,

---

嘉之流, 學朱子者也. 伊藤氏之屬, 背朱子者也. 惟物徂徠之以王鳳洲 · 李滄溟爲學之宗主, 眞病風之人也. 王李之文章, 猶不服人, 烏覩所謂學問也哉. (以下衍字. 嘗見徂徠之以王鳳洲李滄溟爲學之宗主, ……). 嘗見徂徠之書, 果以王李爲依歸而稱學者耳. 大抵二百年來, 蠻俗化爲聖學, 固知其嘉尚, 而武力不競, 委靡文弱, 在日本未爲福也." 한편 미가와(三河)의 월집(越緝)이란 아마 미가와 요시다(三河吉田)의 유자이고, 1748년 통신사신 홍경해(洪景海)와의 상세한 필담이, 홍경해 『수사일록(隨槎日録)』 5월 26일부터 29일에 걸쳐 보인다. 또 이덕무가 이 논문을 쓰는 데 인용한 루스 토모노부의 문장은, 루스 토모노부 『화한문회(和韓文會)』 권上, 「與製述官朴學士書」라는 글이다.

소라이학에서는 양명학도 진사이학도 주자학이 비판되는 것과 같은 레벨에서 비판되는 점에 대해서도 논평하지 않았다. 이덕무도 또한 오규 소라이가 명의 왕세정과 이반룡을 종주로 삼고 있다는 점만을 문제 삼아 비판했던 것이다. 이것은 그 또한 통신사의 삼사와 같이 소라이학에 대해서 상세히 논할 수는 없었던 것을 보여주는 것이 아닐까?

이덕무에 의한 일본 학술에 대한 평가를 하나 더 소개해보자. 그것은 일본의 이토 진사이가 『동자문』에서 보인 견해와, 중국의 고염무(顧炎武)가 『일지록(日知錄)』에서 보인 견해가 '뜻하지 않게 같은' 것을 발견하고, 이 둘을 본래의 주자학의 입장에서 동시에 비판한 것이다. 그것은 조선 주자학을 특징짓는 하나인 '사단칠정논쟁(四端七情論爭)'에 관련된 것이다. 「고이론성(顧伊論性)」 즉 「고염무와 이토 진사이가 성(性)이란 무엇인가를 어떻게 논했는가?」라는 논문에서, 그는 우선 고염무가 주(紂)나 도척(盜跖) 등 중국에서는 극악인(極惡人)으로 간주되는 인물을 들어, "이들 사례는 그들이 태어나면서부터 그 본성에서 남과 다르다는 것을 보이고 있다. 이것은 사람이 모두 귀 입 등의 오관(五官)과 하나의 신체가 있지만, 태어나면서부터 불구인 자, 신체에 장애를 짊어진 자가 있는 것과 같다."라고 하고, 그러나 "그것은 예외 중의 예외"라고 하고, "이 만분의 일의 예외로써 성(性)을 논할 수는 없다"고 논한 바를 들어 소개한다. 또 이어서 이토 진사이의 설을 소개한다. 진사이가 "사람에게 사단(측은, 수오, 사양, 시비의 마음)이 있는 것은 바로 몸에 손발이 네 개 달려 있는 것과 같다. 사단의 마음은 누구에게나 태어나면서 갖추어져 있다…… 그러나 천하의 헤아릴 수 없을 정도로 수많은 사람 중에는, 태어나면서부터 눈이 없는 사람, 귀가 있어도 들리지 않는 사람, 손발 네 개에 장애가 있는 사람이 있다."라고 하고, 이렇게 태어나면서부터 눈이나 귀나 손발이 없는 사람이 때로 있는 것과 마찬가지로, 사람에게 사단의 마음이 없는 자도 있기는 있지만, 그것은 "억만 중에 한두 사람에 불과하다"라고 논한 바를 든다. 그리고 다음과 같이 말한다.

고염무는 명말(明末)의 박아대유(博雅大儒)이다. 진사이는 일본의 도학고사(道學高士)이다. 나는 그 글을 읽고 그 사람을 존경하고 있지만, 그들이 성이란 무엇인지 모르는 것, 뜻하지 않게 같은 것이 이와 같다.[17]

여기서 이덕무가 인용하는 것은 이토 진사이 『동자문』의 일체이다. 이는 거의 원문 그대로이기 때문에 그가 이것을 보면서 옮겨쓴 것이라는 것은 의심할 수 없다. 틀림없이 그는 『동자문』을 읽었다. 우리들은 여기에 연행사를 통해 가져온 중국 문헌과 통신사를 통해 가져온 일본 문헌을 동시에 읽은 사람이 양국에서 극히 비슷한 생각, 즉 자신의 상식과는 매우 떨어진 생각이 서쪽 나라에도 동쪽 나라에도 동시에 생겨난 것을 알고 난 놀라지 않을 을수 없고, 또 그가 이토 진사이의 『동자문』을 읽었던 것을 확인할 수 있다.

그런데 한편, 우리는 다음과 같은 점에도 주의해야 한다. 이덕무는 고염무와 함께 이토 진사이에 대해서 "그 글을 읽고, 그 사람을 존경한다."고 말했다. 그럼에도 불구하고 그의 팽대한 저작 『청장관전서(靑莊館全書)』 중에는 이토 진사이가 실제 무엇을 논하고 있는지, 이상 소개한 것 외에는 거의 발견할 수가 없다. 진사이 학설에 대해서 논평한 것은 이상에서 본 『동자문』에 대한 '박정(駁正)' 외에는 『청령국지』에서 진사이에 대해서, "생각건대 왕양명을 종주로 하면서 너무 고원하다."라고 평한 것 정도일 것이다.[18] 이것도 또 남옥이나 성대중이 오규 소라이를 칭찬하는 것인지 비방하는 것인지 알 수 없는 비평을 한 것과 마찬가지로, 이토 진

17 상게서, 권54, 顧伊論性(『韓國文集叢刊』 제258집, 488면상). "顧亭林, 明末之博雅鴻儒, 伊藤氏, 日東之道學高士. 余嘗讀其書, 敬其人, 其不知性, 不謀而同如此." 한편 이덕무가 장문(長文)으로 인용한 원문은 顧炎武, 『日知録』 권7 「性相近也」에, 또 伊藤仁齋, 『童子問』 권下(家永三郎等編 『近世思想家文集』日本古典文學大系97, 東京, 岩波書店, 1966, 150면)에 보인다.

18 상게서, 권64, 『蜻蛉國志』, 人物(『韓國文集叢刊』제259집, 161면하).

사이를 칭찬하는 것인지 비방하는 것인지 알 수가 없다. 앞서 말한 대로 그가 오규 소라이의 저작을 읽은 것은 거의 확실하지만, 그 학술을 논한 것으로서는 왕세정 · 이반룡을 종주로 삼은 것을 배척한 것 외에는 그 방대한 저작 가운데 찾을 수가 없다.

이들 사례는 1764년 통신사가 소라이학의 신수라고 해야 할 바를 빗겨가 소개할 수밖에 없었던 사정이 이덕무의 경우에도 있었던 것이 아닌가 하는 추측을 하게 한다. 이언진(李彦瑱)이 일본에서 말했던 바와 같은 학술 상황, 즉 "송유(宋儒; 주자학)에 의하지 않고 경전을 말하는 자는 엄중하게 처벌당한다."라는 당시 조선의 학술 상황이 여기에서도 이덕무의 입을 봉쇄시켰던 것이 아닐까? 적어도 『청장관전서』의 편찬을 담당한 자는 이상 소개한 소라이 비판, 진사이 비판을 초월한 논평을 이덕무가 가령 했다고 해도, 그것을 수록할 수 없었다고 생각하지 않으면 안 된다. 어쨌든 모처럼 통신사를 통해 일본의 학술 정보가 전래되면서, 이것을 충분히 살릴 수가 없었던 것 같고, 더 나아가 말한다면 홍대용 이후 중국의 학술 정보도 풍부하게 전래되면서 이것도 충분히 살릴 수 없는 상황에 있었던 것이 아닌가라는 예측도 성립될 것이다. 그래서 이상 말한 것이 인정된다면 홍대용이 "진사이와 소라이의 학술에 대해서는 자세히는 알지 못한다."라고 말한 점에 대해서도 혹은 이것도 자신을 감춘 것이 아닌가라고 의심하는 것도 충분히 가능할 것이다. 왜냐하면 이상 서술한 이유 외에, 진실을 은폐하고 자신도 기만하려고 하는 당시의 조선을 뒤덮은 학풍에 화를 내고 이단을 옹호하는 그의 입장에서라면, 또 다호비 같은 것까지도 수집한 그의 지식욕과 호기심에서라면, 그가 진사이와 소라이의 저작을 손에 넣었다고 추측하는 것은 오히려 상식적이고, 이덕무가 읽을 수 있었던 것을 그가 읽을 수 없었다고 생각하는 것은 오히려 이상하기 때문이다.

5

마지막으로 홍대용의 또 한 사람의 고제(高弟)인 박제가에 대해서 말해 두자. 그가 홍대용과 엄성(嚴誠) 등과의 친교를 선망하여 스스로 이덕무와 함께 연행의 길에 오른 것은 1778년(건륭 43, 정조 2)이었다. 그가 귀국 후 곧 『북학의』를 저술하여 '북쪽 중국에 배운다'를 슬로건으로 삼고 조선의 제도개혁과 기술혁신의 필요를 주장한 것은 널리 알려진 바이다. 여기서는 그의 주장에 대해서 논할 여유가 전혀 없지만, 연행사란 무엇인가를 논하는 본서에서 한 가지 기술해 두어야 할 점이 있다. 그것은 박제가가 '중국에 배운다'라고 논할 때, 그가 생각한 중국의 학술이란 어떤 것이었는가라는 문제이다.

박제가는 1778년 후에도 몇 번이나 연행하게 되는데 1801년(가경 6, 순조 1)에 청조 한학자 즉 청조 고증학자의 한 사람인 진전(陳鱣)과 회견했을 때의 일로 다음과 같은 필담이 전해지고 있다. 진전은 이미 말했던 것처럼 같은 해에 연행한 유득공에 대해서, "조선에서는 학관(學官)으로서 송유(宋儒)를 쓰고 있는가 아니면 한유(漢儒)를 쓰고 있는가?"라는 송유와 한유를 대조시킨 질문을 하고, "문자학을 통해서야말로 비로소 경서를 읽을 수 있다."고 한학의 신수(神髓)에 육박하는 지적을 했던 인물이다. 그는 박제가의 문재(文才)를 아껴서 그의 저작 『정유고략(貞蕤藁略)』을 중국에서 출판해준 인물이고, 또 서문을 써준 인물이기도 하다. 이 서문 중에서 진전은 박제가를 평하기를, "천성이 중국을 좋아하고 사모하였으며, '경제(經濟)' 즉 어떠한 시책(施策)으로 사람을 행복하게 할 수 있을까라는 문제를 즐겨 말하여, 일찍이 『북학의』 두 권을 저술했다."라고 말하고 있다.[19] 그런데 박제가는 진전에 대해 반드시 호의적이지는 않았다.

---

19 『貞蕤閣集』 貞蕤閣文集 「序」(『韓國文集叢刊』 제261집, 596면상). "其天性樂慕中朝, 好譚經濟, 曾著北學議二卷."

그 필담에서 박제가는 다음과 같이 말했다고 한다.

> 원래 학문이란 진실에 무관한 외관뿐인 것을 가장 싫어합니다. 소도말기(小道末技)라고는 해도 반드시 진심으로 자기 홀로 도달하지 않으면 안 됩니다. 최근 외관만의 학문도 많아지고 있습니다. 의(義)나 이(理)를 논하지 않고, 다만 훈고(訓詁)만 운운하는 것이라면 속인(俗人)이 그것을 불필요한 것이라고 배척하는 것도 참으로 당연한 것입니다.

필담은 계속해서 진전이 좋아하는 것은 무엇인가에 미쳤다. 진전은 "매일 다만 힘써 경작하고, 저작하며 스스로 즐기고, 관료로서의 출세 따위는 생각하지 않는다."라고 말하고, 또 이것을 구체적으로 설명하여, "명산대천(名山大川)을 유람하는 것이 첫 번째의 낙이요, 사방의 현자와 사귀는 것이 두 번째의 낙이요, 아직 읽지 못한 서물을 읽는 것이 세 번째의 낙이다."라고 말했다. 이에 대해 박제가는 이렇게 말했다고 한다.

> 얼마나 한가한 사람이길래, 이런 짓을 하며 시간을 낭비하는 것일까?[20]

박제가는 진전과 같은 고증학자를 한인(閑人)이라고 하고, 속인이 그들을 무의미한 일을 하는 사람들이라고 배척하는 것에 동의하면서, 그들 한학파(漢學派)의 사람들을 급하지 않은 일에 세월을 낭비하는 자라고 평해버렸다. 당시의 청조 한학의 본질, 적어도 인간과 사회에 무엇이 귀중한 것인가를 고려하지 않고, 훈고 등 오직 '외관의 것'만을 밝히려고 하는 일파에 그는 불만이 컸다. 이른바 청조고증학, 바꿔 말하면 당시 최고의

---

20 앞의 주 2, 123면. "(朴齊家)凡學最忌皮毛, 雖小道末技, 必須眞心孤詣. 近日皮毛之學亦多矣. 不講義理, 只講訓詁, 俗人之排斥, 良有以也. ……[陳鱣]覽名山大川, 一樂也. 交四方賢士, 二樂也. 閱未見之書, 三樂也. (朴齊家)何等閒人作此消磨日月."

융성기에 있던 건가(乾嘉)의 학(學)이란 무엇이었던가, 그 본질, 적어도 본질의 핵심 부분을 잘 간파하고 있었다고 평가해도 좋을 것이다.

6

본서에서 문제로 삼은 중국, 조선, 일본의 삼국, 여기에 류큐를 더하면 동아시아 4국은 이제 곧 공통으로 구미 열강이 갖고 온 '근대'에 마주 서지 않을 수 없게 된다. 중국에서 아편전쟁이 일어난 것은 1840년, 일본에 페리가 이끄는 흑선(黑船)이 나타난 것은 1853년, 조선에 미국 상선 셔먼호가 나타난 것은 1866년의 일이다. 홍대용이 사거한 것은 1783년이기 때문에 아편전쟁까지 60년이 부족하고, 셔먼호 사건까지 헤아려도 백 년도 되지 않는 시간이었다.

1801년에 고증학자 진전을 '얼마나 한가한 사람이길래……'라고 평가한 데 대해서는, 일본의 풍요함이나 중국의 풍요함을 새로 알게 되면서, 이에 비교해본 조선의 현상을 인식한 지식인의 무언가 절박한 생각이 느껴진다. 이와 매우 비슷한 예로 1815년에 성해응이 말한 것을 상기할 수 있다. 즉 "청조인이 하고 있는 한학은 근거가 선명하고, 불확실한 말은 없다. 본디 조선 사람이 미칠 수 있는 바가 아니다."라고 높이 평가하면서, 그러나 이를 '급하지 않은 일(不急之務)이다'라고 평가해버렸다.[21] 그도 부친이 성대중이어서 중국 한학의 현상을 충분히 알고, 중국 경유로 일본에서 탄생한 『고문효경(古文孝經)』이나 황간(皇侃) 『논어의소(論語義疏)』 등을 읽은 국제파 인사였다.

나는, 성해응이 이 말을 소개했을 때 확실히 '골동품과 같은' 고증학은 당시에 있어서는 '급하지 않은 일'이었을 것이다. 그러나 텍스트와 언어

21 본서 제8장, 347면.

를 중시하고 사실을 하나하나 다져가는 한학=고증학의 수법 그 자체를 받아들이는 것, 즉 실사구시(實事求是)라는 정신적 지주 위에 구축된 학술을 하는 것이, 과연 '급하지 않은 일'이었을까?"라고 의문을 품었다. 더욱이 "'완물상지(玩物喪志)', '업적주의(業績主義)'라는 폐풍(弊風)을 한편으로 수반하지 않고 실사구시의 정신과 텍스트 · 언어를 중시한다고 하는 수법만을 도입한다는 '좋은 점 취하기'가 가능했을까?"라고도 말했다. 이것은 오규 소라이나 다자이 슌다이 등이 사라진 이후의 일본고학의 혼미에서 난학(蘭學) 즉 양학(洋學)의 개화까지를 염두에 두고 말한 것이다. 일본고학은 청조한학이 텍스트와 언어를 중시하는 학문이었던 것처럼, 이 또한 텍스트와 언어를 중시하는 것이었다. 물론 그들이 중시한 것은 한문 텍스트이고 한문 언어였다. 그러나 그 연구방법은 그대로 네덜란드어 텍스트를 중시하고 유럽 언어를 중시하는 것으로 전용(轉用)하는 일이 용이했던 것이다. 마에노 료타쿠(前野良澤)와 스기타 겐파쿠(杉田玄白) 등이 센슈 고즈캇파라(千住骨原; 일본 역사상 최초로 해부학적 의미의 해부가 행해졌던 장소로 당시의 형장인데, 지금은 도쿄도 아라카와구 고즈캇파라로 되어 있고 여기에 해부 기념비가 있다.—옮긴이)에서 해부를 직접 보고부터, 네덜란드어 문헌 『타헬 아나토 미아(Tafel · Anatomia)』를 겨우 3년 만에 번역하고 이를 1774년(건륭 39, 영조 50, 安永3)에 『해체신서(解體新書)』라는 이름의 한문문헌으로 출판할 수 있었던 데는, 이러한 연구 수법이 전제된 때문일것이다. 풍요한 사회라면 그 즐거움이나 배출구가 향하는 방향은 다양했다고 해도, 한인(閑人)은 언제 어디서나 생겨나기 마련이다. 또 그들에게도 각각 자기 주장이 있을 것이다. 에도 후기의 일본에서도 청조 후기의 중국과 마찬가지로 절충학(折衷學)이 제창되어 청조고증학의 영향을 받으면서 일본 고증학이 탄생했다.[22] 이러한 의미에서 '골동품상과 같은' 고증학은 일본에

---

22 佐藤文四郎, 「折衷學概括」(德川公繼宗七十年祝賀記念會編, 『近世日本の儒學』, 東京, 岩波書店, 1939), 金谷治, 「日本考證學派の成立－大田錦城を中心として」(源了園編 『江戸後期

서는 난학(양학)의 옆에 있었던 것이고, 그러한 폐풍을 수반하지 않고 일방적으로 '좋은 점 취하기'가 가능했던 것은 결코 아니었다.

이러한 의미에서는 이덕무뿐만 아니라 홍대용조차 틀렸다고 말할 수 있다. 앞서 말한 대로 이덕무는 이토 진사이와 오규 소라이의 학을 배척하면서도, 일본에서 유학 연구가 앞서서 진사이와 소라이가 나타난 것을 갖고 "무력이 떨치지 않게 되어, 허약하게 문약해졌다."라고 하고 이를 "일본에 행복한 일이 아니다."라고 했다. 홍대용은 진사이와 소라이를 높이 평가하기는 하지만, 역시 일본에서 "문풍(文風)이 융성하여 무력이 떨치지 않게 되고 기교가 나날이 진보하면서 철검(鐵劍)이 나날이 쓸모없게 된 것은, 즉 서쪽 옆에 있는 조선에게도 복이 되는 것이다."라고 하고, 따라서 두 사람을 "韓(朝鮮)에서는 사당에 모셔 제사지내야 할 것이다."라고 논했다.[23] 그들은 모두 실사구시의 정신과 텍스트 · 언어를 중시하는 연구 방법을 수반했을 때, 문(文)이 의(醫)로 전화(轉化)하고, 또 의(醫)를 무(武)로 전용(轉用)할 수 있다는 것을 이해할 수 없었던 것이고, 두 사람 모두 잘못 판단했던 것이다.

역사적인 사실로서 1764년 통신사는 일본에서 난학이라는 새로운 학술이 출발하기 10년 못 미쳐 일본에 왔다. 이 때문에 『해체신서』를 보지 못했다. 이 책의 출판은 홍대용 생전의 일이기는 했지만, 그가 이 소식을 알 길은 없었다. 자연과학을 잘하던 그가 이 책을 수중에 넣었더라면 얼마나 놀랐을지 상상이 간다. 그런데 최후의 1811년 통신사는 쓰시마에 머물렀기 때문에 일본에서의 이 새로운 학술 동향에 대해서는 결국 거의 전하지 못하고 끝났던 것이다.

(번역: 박영철)

の比較文化研究』, 東京, ぺりかん社, 1990).

23 앞의 주 11.

보론 1

중국의 대조선 외교의 거울, 대베트남 외교
–책봉문제와 '문죄(問罪)의 사(師)'를 중심으로

1. 머리말

'문죄(問罪)'는 현재의 외교 용어로 말하자면 초강대국이 가하는 제재(sanctions)에 해당될 것이다. '문죄' 가운데 가장 무거운 제재가 '문죄(問罪)의 사(師)'를 파견하는 것이다. 이에 대해서는 제2장에서 명청 중국의 대 조선 외교에 근거하여 '예(禮)'와 관련시켜 검토한 바 있다. 본 보론은 같은 문제가 대베트남 외교에서 어떻게 표출되었는지 분명히 밝히고자 한다.

중국은 상대국이 '예'로부터 크게 일탈했다고 간주할 때 토벌군을 파견했다. 명청 중국은 베트남에 세 차례 '문죄의 사'를 파견했다. 명대 영락연간(永樂年間), 가정연간(嘉靖年間), 그리고 청대 건륭연간(乾隆年間)의 때였다. 그 가운데 가정연간의 '문죄의 사'의 경우 대군이 국경에 접근했을 때 베트남 측에서 투항했기 때문에 전쟁은 일어나지 않았다. 그러나 '문죄의 사'를 파견한 것은 사실이며, 중국 측이 이를 파견한 논리의 고찰은 다른 두 차례의 파견 논리와 비교 검토하는 데 필요하므로 여기서 거론하고자 한다.

베트남에 대한 세 차례 '문죄의 사' 파견에는 '책봉'과 찬탈의 문제가 얽혀 있기 때문에 먼저 이에 대해 설명해두고자 한다.

여기서 말하는 책봉은 중국의 상대국에서 국왕이 새로 즉위할 때 혹은 이미 국왕으로 취임한 자가 중국과 새로운 군신관계를 맺으려 할 때, 중국 측이 상대국의 요청에 부응하여 고대의 제후의 예(例)를 따라 봉건(封建)하고 그 나라의 국왕으로 승인하는 것을 말한다. 즉, 책봉관계를 맺는다는 것은 명청 황제와 각국 국왕이 군신관계를 맺는 것을 의미한다. 명청 국내의 군신관계라면 신하가 황제로부터 봉록(俸祿)을 받고 관직 취임에 따른 다양한 권익을 누리는 대신, 방대한 관료조직의 일원으로서 황제에게 충성을 맹세하고 봉사하게 된다. 신하로서 복종하는 것이다. 책봉관계하의 군신관계도 이처럼 양자 간에 권익을 주고받는 관계를 매개로 성립된다. 어느 국가의 국왕은 책봉관계로 중국이라는 대국의 직접통치를 피할 수 있는 보증을 받았으며, 또 어느 시대의 어느 국가는 조공무역을 계속하여 큰 이익을 획득하는 보증을 받았다.

책봉은 예의 정신에 근거하여 이뤄진다. 예는 명분위계(名分位階)라는 계층질서를 유지하기 위한 규범이라는 점, 한대(漢代) 이후 '예'는 '형'(刑)과 함께 사용되든지 예를 주로 하고 형으로 예를 보완하는 것으로 여겨져왔다는 점, 외교에서 '문죄'가 이 '형'에 해당된다는 점은 제2장에서 살펴봤다. 책봉관계하의 국왕은 원칙적으로 중국 측으로부터 국내 행정의 간섭을 받지 않고 통치할 수 있었다. 그러나 문제는 보다 복잡했다. 예(禮)로 통제하려는 명청 측의 의도는 그와 상당히 달랐으며, 각국의 국내는 각각 독자의 논리로 정치가 작동했다. 가장 큰 문제는 왕위 찬탈이었다. 황제가 적임자로 인정하여 책봉한 국왕이 찬탈로 살해 혹은 폐위되는 것은 '예'에 매우 어긋나는 일이었다. 이런 때 중국 측은 예를 유지한다는 명분으로 상대국에 여러 간섭을 한 적이 있다. 찬탈이 아닌 예에 의거한 양위(讓位) 혹은 승계가 이뤄졌다 하더라도 새로 즉위한 국왕이 계속 책봉을 받으려면 황제의 인가가 반드시 필요했다.

중국과 책봉관계를 유지하려는 국가는 중국으로부터 여러 간섭을 받게 되어 있었다. 이 책봉문제가 조선의 역사에서 얼마나 큰 의미를 가지는지에 대해서는 제2장에서 살펴봤다.

베트남은 조선과 함께 명청 중국에 가장 중요한 책봉국이었다. 『명사(明史)』 권320 이하의 외국열전(外國列傳)은 먼저 '조선'에 대해 기술하고 그 다음으로 '안남'(安南) 즉 베트남에 대해 기술했다. 최근 연구는 중국을 중심으로 하는 동아시아의 질서를 종종 조공 시스템으로서 혹은 책봉체제로서 논의한다. 이와 같은 이념형(理念型)을 기반으로 명청 중국의 대조선외교와 대베트남 외교를 본다면 양자는 거의 똑같아야 한다. 그런데 실제의 역사는 완전히 달랐다. 일본의 학계는 특히 이러한 이념, 원리와 사실, 실태를 종종 혼동한다. 우리들은 명청 중국의 대베트남 외교를 파악하고 이를 거울삼아 중국의 대조선 외교를 보다 선명히 파악할 수 있게 된다. 시점을 뒤집어 보면, 대베트남 외교의 특색도 더 명확해질 것이다. 더 나아가 이를 통해 현재 학계에서 활발히 논의되고 있는 조공 시스템론과 책봉체제론이 명청 중국의 근린 제국(諸國)에 대한 외교 자세 자체를 파악하는 데 오히려 장애요인이 되고 있다는 점을 지적하고 싶다.

2. 영락제의 '문죄의 사': '천지귀신이 용서하지 않는 것'

먼저 영락제의 '문죄의 사'를 보도록 하자. 1370년(홍무 3, 베트남 紹慶 1), 명 태조 홍무제는 사절을 베트남에 파견, 진일견(陳日熞=楊日禮)을 안남국왕에 책봉했다.[1] 이로써 명과 안남국은 책봉관계에 돌입했다.

이때 문제된 것은 베트남이 오랜 동안 자국을 안남(安南)이 아니라 대

1 山本達郎, 「陳朝と元との關係(1225－1400年)」(山本達郎編, 『ベトナム中國關係史—曲氏の擡頭から淸佛戰爭まで—』(東京, 山川出版社, 1975, 144면).

월(大越), 그리고 통치자는 황제로 칭하고 황제의 연호(年號)를 사용한 것이었다. 예를 들면, 진일견은 대정(大定)이라는 베트남의 연호, 즉 명에서 보자면 '가짜 연호'를 독자적으로 사용했다. 당시 명조는 베트남에 별도의 '황제'라 칭하는 인물이 있고 다른 연호가 사용되고 있다는 것을 알면서도 '안남국왕'으로 책봉했던 것 같다. 왜냐하면 『원사(元史)』 권209의 안남전(安南傳)에 원 1258년(헌종 8) 베트남은 소륭(紹隆)으로 연호를 바꾼 것으로 나와 있고, 또한 1285년(至元 22, 重興元) 진일훤(陳日烜)이라는 인물이 대월국주헌천체도대명광효황제(大越國主憲天體道大明光孝皇帝)로 참칭하고 황태자에게 왕위를 물려주고 태자비를 황후로 삼고 '호천성명지보'(昊天成命之寶)로 칭하는 옥새까지 사용하고 있었다고 기록되어 있기 때문이다. 베트남을 침략한 원군은 진일훤에 패배하여 퇴각했는데도 불구하고 원조가 그에게 조공하도록 촉구하자 이를 받아들여 사신을 파견하고 조공했다. 『원사』는 명이 안남국과 책봉관계에 들어간 그해, 즉 1370년에 편찬되었기 때문에 안남국왕을 책봉한다는 외교상의 중요 사항을 결정할 때 명조의 중추부(中樞部)는 이 사실, 즉 '안남국왕'이라 그들이 부르려 했던 인물은 현지에선 '대월황제'(大越皇帝)라 칭하고, 명조에 제출된 문서에 '홍무'(洪武) 연호가 사용되고 있었지만 현지에선 다른 연호가 사용되고 있다는 사실을 알고 있었다. 이를 숙지한 상태에서 조공을 받아들이고 책봉했다고 봐야 할 것이다.

더욱 문제되는 사실은 홍무 황제가 '안남국왕'에 종종 속아서 조공을 받아들인 것이다. 당시 베트남은 찬탈이 이어지고 있었고 명조가 책봉한 국왕이 살해당하고 조공사절을 파견한 인물도 죽임을 당하거나 퇴위를 당했다. 진일견은 1370년 8월 책봉되었지만 11월 쿠데타 발생으로 살해당했다. 그 대신 황제에 즉위한 인물은 진숙명(陳叔明)이었다. 진숙명은 1372년(홍무 5) 남경에 조공사절을 파견했다. 외교를 담당하는 예부의 주사(主事)가 사절단의 공물(貢物)에 첨부된 상소문을 점검한 결과, 진일견(陳日熞, 日禮)의 명의가 아니라 진숙명의 명의로 보낸 것을 발견했다. 쿠데타 사실을 감추고 태연히 신'황제'가 조공한 것이다. 주원장(朱元璋)은 이 사실을 보고받고 공물의 수납을 거부하는 한편, '문죄의 사' 즉 10만 대군을 이끌고 토벌한다는 위협까지 했다.

잇따른 찬탈과 황제 교체의 배후에는 여계리(黎季犛)가 있었다. 그는 1377년(홍무 10) 진숙명을 진위(陳煒)로 이름을 바꿔 황제 자리에 앉혔다. 1388년(홍무 21, 光泰 1)에는 진위를 폐위시켜 죽이고 진일곤(陳日焜)을 황제 자리에 즉위시켰다. 여계리는 1389년 명에 찬탈 사실을 숨기고 진위의 명의로 조공했으며 명조는 이 사실을 모른 체 공물을 받았다. 베트남 측은 또다시 태연히 명조를 속인 것이다. 명조는 4년 후인 1393년 정월에도 안남왕의 조공을 받았다. 이런 거짓이 발각된 것은 4월이었으며 당시 주원장은 안남국의 조공을 거부하라고 명령했다. 하지만 명조는 3년 후인 1396년 안남국의 조공을 다시 받았다.[2]

책봉은 이미 살펴본 대로 예에 의거하여 행해지는 것이며, 예는 명분위계를 유지하기 위한 것이다. 하지만 명이 처음으로 책봉한 진일견은 백부인 진숙명에게 살해당하고 그 후도 찬탈사건이 이어졌다. 『명실록』에 의거하는 한 그 후 명조가 홍무연간에 안남국왕으로 책봉한 사례는 보이지 않지만, '국왕'으로 인정하지 않는 베트남의 조공을 앞에서 본대로 받고 있었다. 『명실록』의 기록에 원래는 '안남국왕진○견사입공'(安南國王陳○遣使入貢)으로 적혀 있어야 할 것이 '안남진○견사입공'(安南陳○遣使入貢)으로 국왕의 두 글자가 삭제된 체 적혀 있었다. 명조가 명조 황제를 계속 기만하는 '대월황제'에게 취한 제재는 몇 번이나 조공을 거절한 것, 진숙명이 죽었을 때 그를 왕을 죽이고 왕위를 찬탈한 '불의'(不義)한 자라 하여 조위사(弔慰使)를 파견하지 않은 정도였다. 『명사』 편찬자 즉 청조의 사관(史官)은 거듭되는 찬탈과 비례(非禮)에도 불구하고 조공을 수용

---

2 『明實録』 洪武 29년 3월 戊戌(趙令揚等編, 『明實録中之東南亞史料』 상하책(香港:學津出版社, 1968 · 1976, 59면, 이하 趙令揚編書).

하지 않을 수 없는 홍무제를 평하여, 안남전(安南傳)에서 “그 시역(弑逆)을 미워한다 해도 군대를 고생시키면서까지 원정하고 싶지 않았다. 그런 마음으로 조공을 받아들였다.”고 적었다.[3]

그런 홍무제의 고려에 대한 대응은 달랐다. 고려가 조공물로서 남경에 운반해 온 50필의 말 가운데 도중에 2필이 죽었기 때문에 그 대신 개인 소유 말 2필을 더해 50필의 공마(貢馬)를 헌납한 것을 두고, 그는 “성실하지 못하다.”고 견책하고 받지 않았다. 또한 그는 고려에서 찬탈이 발생했을 때 책봉을 원하는 찬탈자에게 과중한 압력을 가하기도 했다. 같은 조공국, 책봉국이라 해도 각각에 대한 외교 자세는 강온 완전히 달랐던 것이다.

한편, 명조가 베트남에 군대를 파견한 것은 영락제 때의 한 차례뿐이었다. 영락제가 직접 2년 전에 책봉한 안남왕 여한창(黎漢蒼, 胡漢蒼)을 이번에는 토벌한다고 하는 명백한 ‘문죄의 사’였다. ‘문죄’에 이른 경위는 다음과 같다.[4]

여계리는 1400년(건문 2) 진조(陳朝) 최후의 황제를 폐위시키고 자신을 황제로 칭하고 성원(聖元)으로 연호를 바꾸었으며 국호를 대우(大虞)로 개칭했다. 그 해 여계리는 제위를 여한창에게 물려줬다. 『명실록』은 당시의 상황을 다음과 같이 적고 있다. 1403년(영락 1, 開大 1) 안남권리국사(安南權理國事)인 여한창이 영락제 황제 등극을 축하하고 봉작(封爵)을 간구했다. 명조는 진조가 찬탈에 의해 멸망한 것은 아닌지 의심하고 바로 관료를 파견하여 실정을 조사시켰다. 조사단은 여한창의 신하와 원로가 제출한 “진씨는 후사가 없었다”는 보증서에 근거하여 “찬탈은 아니었다”는 결론을 내렸으며 여한창의 점성(占城) 침략도 영락제 즉위에 따른 대사면 이전에 발생한 것으로 해석했다. 명조는 재빨리 그 해 여한창을 안남국

---

3 『明史』 권321, 安南傳. “帝雖惡其弑逆, 不欲勞師遠征, 乃納之”.

4 山本達郎, 「明のベトナム支配とその崩壞(1400－1428년)」(앞의 주 1, 山本達郎編書).

왕에 책봉하는 사신을 파견했다.

그런데 다음해 1404년 사태는 역전되어 '찬탈이었다'는 결론으로 바뀌었다. 이 역전극은 안남국 진씨의 신하였다고 자칭하는 남자가 남경에 나타나, "진씨는 여씨의 찬탈로 멸망했다"고 상소한 것에서 시작되었다. 또한 명조는 같은 해 12월 우연히 남경에 온 안남국의 조공사(朝貢使)에게 진씨의 후예라는 진천평(陳天平)을 보여줬다. 조공사는 그가 진씨의 왕손(王孫)이라는 사실을 알고 경악하면서 절을 올리고 눈물을 흘리기까지 했다고 한다. 이 사실을 보고받은 영락제는 "군주를 죽여 찬탈하고 황제를 참칭하여 개원(改元)했다. 안남국 사람에게 포악했고 이웃나라의 영토를 공격하여 빼앗았다. 이는 천지귀신이 용서하지 않는 것이다. 또한 그 신민도 공모하여 기만했으며 사실을 은폐했기 때문에 일국 모두 죄인"이라고 단정했다.[5] 책봉한 지 불과 1년 뒤 자신을 국왕이라 한 인물을 찬탈자라 했을 뿐 아니라 갑자기 "황제를 참칭했다"는 것도 죄상에 올린 것이다.

진천평이 정말로 진씨의 후예였는지는 알 수 없다. 위에서 언급한 진천평과 조공사절의 극적인 만남이 너무나 각본에 짜인 것처럼 보인다. 진천평이 대역이든 아니든 영락제의 의도적인 음모였다는 것은 의심할 여지가 없다. 왜냐하면 영락제가 여한창을 계속 지지할 작정이라면 가령 진씨의 후예라는 인물이 출현했다 하더라도 이를 간단히 묵살할 것이기 때문이다. 또한 현지 조사도 하지 않은 채 진씨의 후예라 자칭하는 인물이 나타났다 해서 바로 찬탈이라고 단정해버리는 것은 많은 속국을 복종시키고 있던 중국 황제로서 경솔하기 짝이 없는 일이다.

---

5 『明實録』, 永樂 2년 12월 壬辰(趙令揚編書, 84면), "安南賀正旦使者既至, 上命禮部出陳天平示之. 使者識其故王孫也, 皆錯愕下拜有感泣者, 而裴伯耆亦責使者以大義, 皆惶恐不能對. 上聞之, 謂侍臣曰, 安南胡奃初云陳氏已絶, 彼爲其甥, 權理國事, 請襲王封. 朕固疑之, 及下詢其陪臣 · 父老皆曰然. 朕謂陳氏以婿得國. 今奃以甥繼之, 於理亦可, 乃下詔封之. 孰知其弑主簒位僭號改元, 暴虐國人, 攻奪隣境, 此天地鬼神所不容也. 而其臣民共爲欺蔽, 是一國皆罪人也".

영락제는 다음해 1405년 정월 재빠르게 감찰어사(監察御使)를 안남에 파견하여 "찬탈한 이유를 적어 보고하라"고 문죄했다. 아무리 조공국이고 책봉국이라 해도 안남국의 조공사와 진천평이 면회한 후 바로 '찬탈'로 단정하고 즉시 "찬탈한 이유를 적어 보고하라"고 문죄한 것은 역으로 명조가 '비례'를 범한 것이 아닐까. 여한창은 이러한 영락제의 조치에 대항하여 전쟁을 각오하고 싸움에 쓸 배를 만들어 준비했다. 또 다른 한편으로 명의 감찰어사의 귀국을 수행하는 형식으로 사절을 파견하여 '사죄'하고, 진씨의 후예인 진천평을 맞이하고 싶다고 간청까지 했다. 명조는 5천 명의 병사를 붙여 진천평을 되돌려 보냈다. 이것은 명조가 의도적으로 진천평을 베트남에서 죽게 하고 이를 빌미로 여한창과 전쟁을 벌일 음모를 꾸몄다고 생각할 수밖에 없다.

예상대로 진천평은 살해되었다. 양측의 군대가 교전에 돌입하자 영락제는 1406년(영락 4) 대군 파견을 결심했다. 영락제는 7월 초1일 조상을 제사지내는 태묘(太廟) 의식에서 악진해독(嶽鎭海瀆)의 신에게 다음과 같이 고했다. "안남의 적신(賊臣) 여계리와 그의 아들 한창은 몇 번이나 국왕을 살해하고 그 일족을 근절시켰으며 나라를 찬탈하여 국왕의 성명을 바꾸었으며 황제의 호를 참칭했다. ……7월 16일에 출병하므로 특별히 보고하는 바이다. 신들이여, 도와주기를."[6]

악진해독의 '악진'은 진국(鎭國)의 산이므로 나라를 평정(平靜)하는 산악을 의미한다. 여기서 신은 산과 바다, 강의 신들이다. 영락제가 왜 악진해독의 신에게 출병의 이유를 알리고 가호(加護)를 기원했는가 하면, 다음과 같은 선행 사례가 있었기 때문이다.

이보다 앞선 1369년(홍무 2) 홍무제는 남경의 성남(城南)에 악독단(嶽瀆壇)을 쌓고 악진해독 및 천하의 산천성황(山川城隍)의 신들을 합사(合祀)했다. 홍무제는 같은 해 "안남과 고려는 모두 중국의 신하로서 부속되어 있

6 『明實録』, 洪武 4년 7월 戊子(趙令揚編書, 69면).

기 때문에 두 나라의 국내의 산천은 중국처럼 제사지내야 한다."고 방침을 정하고, 다음해 안남, 고려, 점성에 사신을 파견, 산천을 제사 지내게 했다. 이를 위해 조선에는 남경 조천궁(朝天宮)의 도사(道士)를 파견했다.[7] 중서성(中書省)과 예관(禮官)의 조사 결과, 안남국의 제사 대상은 21개의 산, 6개의 강, 6개의 물이 선택되었다. 그 후 이 방침은 이들 나라 이외에 류큐, 일본, 진랍(眞臘), 감숙(甘肅), 오사장(烏斯藏) 등의 모든 지역으로 확대되었다. 황제 스스로 외국 산천의 신을 제사지내는 것은 1375년에 중지되었다. 대신 광서성이 안남의 신들을 제사지냈으며 요동도지휘사사가 고려의 신들을 제사지내는 것으로 바뀌었다. 다만 황제가 이들 제사의 총괄자인 것은 말할 필요도 없다.[8]

이미 몇 사람의 연구자가 외국 산천의 신들에게 제사 지낸다고 하는 이 기묘한 행위에 대해 관심을 보였지만 도대체 왜 이 같은 행위를 했는지 제사의 실질적인 기능은 무엇인지에 대해서는 별로 주의하지 않았다.[9] 그러나 외국 산천의 신들을 제사 지내는 것은 극히 현실적인 기능이 감춰져 있었다. 그것은 이하의 사례에서 보면 분명하다(제2장 참조).

홍무제는 1396년(홍무 29, 조선 태조 5) 2월 조선외교문서 비례(非禮)사건이 한창이던 때 예부를 통해 국왕 태조(이성계)에게 조칙(詔勅)을 보내, "지금까지 조선국왕이 때때로 싸움의 발단을 만들었기 때문에 악진해독산천(嶽鎭海瀆山川)의 신들에 고하고 상제에 전달했다."[10]고 말했다. 『조선왕조실록』에 의하면 이보다 앞선 1393년에도 홍무제는 다음과 같이 말한 적

---

7 『高麗史』 恭愍王世家庚戌 19년 4월 庚辰(呉晗輯, 『朝鮮李朝實録中的中國史料』(北京, 中華書局, 1980, 15면, 이하 呉晗輯書).

8 『明史』 권49, 禮志, 嶽鎭海瀆山川之祀.

9 Wang Gungwu, "Early Ming Relations with Southeast Asia: A Background Essay," in Fairbank, John King (ed.), *The Chinese World Order: Traditional China's Foreign Relations*, Harvard University Press, Cambridge,1968, 55면. 岩井茂樹, 「明代中國の禮制覇權主義と東アジアの秩序」(『東洋文化』 제85호, 2005), 135면.

10 본서 제2장, 87면, 주 20.

이 있다.

> 고려의 산천 귀신은 당신(이성계)이 화근을 만들어 인민에게 재앙을 초래하고 있는 것을 왜 모르겠는가. ……짐은 상제에 분명히 고해 장군들에게 동방토벌을 명하려 한다."[11]

이듬해인 1394년에도 '해악산천(海嶽山川) 등의 신'을 제사 지내는 축사(祝辭)를 조선국왕에 보냈다. 그 내용은 다음과 같다.

> 나는 상제에게 알리고 싶다. 하지만 한편으로는 가볍게 알려 상제를 귀찮게 하고 싶지도 않다. 지금 사람을 파견하여 먼저 신에게 알리려 한다. 신이여, 내가 무엇 때문에 이런 일을 하는지 헤아려주시고 상제에 전달해주시기 바란다. 그(이성계)가 변함없이 중국을 마음대로 모욕하는 것을 그만두지 않는다면 반드시 문죄의 사를 파견하려 한다."[12]

그는 산천의 귀신을 제사 지내는 총괄자인 제주(祭主)로서 남경에 있으면서 외국의 신들을 동원하여 천제(天帝)에게 그 '죄과'(罪過)를 보고한 것이다.

홍무제의 이 같은 신들의 동원은 집요하면서도 강경하게 지속되었다. 1397년(홍무 30)에도 "산천상하(山川上下)의 신들이 알고 있기 때문에 벌을 받을 것이며 결코 피할 수 없다."고 조선국왕을 협박했다.[13] 더 나아가

---

11 『朝鮮王朝實録』, 태조 2년 5월 丁卯(吳晗輯書, 114면). "其高麗山川鬼神, 豈不知爾造禍, 殃及於民".

12 상게서, 태조 3년 6월 甲申(吳晗輯書, 127면). "予欲昭告上帝, 又恐輕易有煩帝聽. 今遣人先告于神, 惟神察其所以, 達于上帝. 彼若肆侮不已, 問罪之師在所必擧".

13 상게서, 태조 6년 3월 辛酉(吳晗輯書, 142면). "山川上下神祇有所知覺, 禍將有日, 必不可逃".

『명실록』에는 1398년 예부를 통해 조선국왕에 통달하여 문죄의 사를 언급하면서, “지금 조선국왕은 종종 국경에서 다툼의 발단을 일으키고 있으니 우리 해악산천의 신은 당신을 세밀하게 관찰하고 있다.”[14]고 말했다고 전해진다.

이와 같이 홍무연간에는 외국의 국왕을 문죄하려 할 때 중국 황제가 우선 현지 산천의 귀신에게 일러바치고 이를 통해 상제에 전달하여 해당 국가에 천벌을 가하는 시스템이 구축되어 있었다. 중국 황제가 현실적으로 발동하는 문죄의 사는 이러한 천벌의 일환이었다. 영락제가 베트남 출병 시 악진해독의 신들에게 국왕의 죄과를 고한 것도 그 연장선상에서 이해하면 된다. 이 시기에도 홍무연간의 ‘시스템’이 작동하고 있었다. 영락제는 여한창을 찬탈자로 단정했을 때, “천지귀신이 용서하지 않는 것”이라고 말했다. 2년 후 그가 출병의 조칙을 내렸을 때도 이와 완전히 똑같은 말을 했다. 이 말은 매우 과장된 상투구처럼 보이지만 명초 현실적으로 작동하고 있던 ‘천치(天治)의 시스템’ 혹은 ‘신치(神治)의 시스템’에 근거하여 생각해보면 지극히 당연한 표현이다.

그런데 『황명조훈(皇明祖訓)』의 조훈수장(祖訓首章)에 보이듯이 안남국은 홍무제에게 ‘정복되지 않은 나라’, 원정군을 파견해서는 안 된다고 정한 15개국의 하나였다. 15개국 가운데 전투할 것을 미리 결정하고 실제로 출정한 것은 안남뿐이었다. 영락제가 왜 베트남에 원정군을 파견했는지는 분명하지 않다.[15] 원조(元朝)시대의 넓은 판도의 부활을 꿈꾼 영락제가 원조차 이뤄내지 못한 베트남 원정을 성공시키려 한 것이라는 의견도 있지만, 그렇다면 원도 불가능했던 일본에 대한 군사제압을 왜 실시하지 않았는지 금방 의문이 들 것이다. 악진해독의 신들에 대한 고발과 출병

14 『明實録』, 洪武 31년 4월 庚辰(王其榘編, 『明實録—隣國朝鮮篇』(北京, 中國社會科學院中國邊疆史地研究中心, 1983, 47면), “今王數生邊衅于我, 海嶽山川之神, 必昭鑑于爾”.

15 檀上寛, 『永樂帝－中華「世界システム」への夢－』(東京, 講談社, 1997), 222면.

의 조칙으로 안남 원정의 총지휘관이 된 장보(張輔)는 여계리, 여한창의 '죄상'으로 다음과 같은 것을 들었다. 즉, 그들에 의한 왕위찬탈과 황제의 호(號)의 참칭, 명의 책봉국인 점성 침략 혹은 명조의 영토 침략이었다. 그러나 그 어느 것도 80만 명의 대군을 파견한 이유로서는 너무나 빈약하다. 왜냐하면 이들 '죄상'의 대부분은 홍무연간부터 이미 있었던 것이고, 다음의 선덕제(宣德帝) 때 베트남의 점령을 중지한 이후에도 거의 변하지 않았기 때문이다.

뒤에서 보게 될 명의 가정제(嘉靖帝)가 파견한 '문죄의 사', 또 청조의 건륭제(乾隆帝)가 파견한 '문죄의 사' 어느 것도 전제 황제의 자의에 의한 것이라고 말하지 않을 수 없는 것을 감안하면, 영락제의 '문제의 사'도 우리들의 논리에 합치된 이유를 찾아내는 것은 불가능하다. 다만 명초 이래 계속 안남국왕으로 책봉하고 혹은 안남의 조공을 받아온 인물들이 '문죄의 사'가 아래의 문제를 해결해줄 것이라고 믿고 있었다는 것은 분명하다. 즉, 현지에선 황제로 칭하고 '가짜 연호'를 사용하고 있는 문제, 현지에선 국왕이 계속해서 명조의 의향과 완전히 무관한 왕위 찬탈이 일어나고 있는 문제, 그럼에도 불구하고 명조는 일부 모른 척하고 일부 견책하는 이외의 수단은 없다고 하는 장기간 지속된 초조함의 문제였다.

영락제 자신이 찬탈자였다. 사실은 안남의 여한창이야말로 『명실록』에 의하면 영락제가 제위에 오르자마자 외국 가운데 제일 먼저 책봉을 요청한 인물이었다. 영락제는 찬탈자의 입장에서 중국 황제로서의 대의명분이 필요했다. 이 때문에 영락제는 여한창도 찬탈자라는 사실을 의심하면서 그의 신하와 부로(父老)들이 제출한 "진씨에게 후계자는 없었다"는 보증서를 거의 유일한 근거로 졸속하게 조칙을 내려버렸다. 영락제는 곧 이것이 잘못됐다는 것을 알아차렸을 테지만 황제에게 물론 '잘못'이란 있을 수 없었다. 그래서 영락제는 죄를 일방적으로 여한창에게 묻기 위해 '문죄의 사'를 발동한 것이 아닐까. 만약 그것이 사실이라면 황제의 자의에 의한 발동이라 하지 않을 수 없다.

또한 찬탈자가 찬탈을 "천지귀신이 용서하지 않는 것"이라고 말했기 때문에 자의라 말하지 않을 수 없다. 19세기 베트남 완조(阮朝)가 편찬한 역사서 『흠정월사통감강목(欽定越史通鑑綱目)』에 영락제가 여한창을 토벌하는 군을 파견했다는 대목에 다음과 같은 베트남 황제의 대답이 게재되어 있다.

> 명의 연왕주태(燕王朱棣, 영락제)도 호계리(胡季犛)와 같이 바르지 않다. 그의 명령이[베트남에서] 시행되지 않았다고 할 뿐 자신은 무엇을 잘못했는지 왜 반성하지 않는 것일까. 쌍방 모두 욕심이 많고 잔인할 뿐이다."[16]

명군은 파죽지세로 진군하여 베트남을 제압했다. 다음해 1407년 명나라 식의 모든 관청을 두고 중국 영토로 했다. 그러나 얼마 지나지 않아 게릴라전이 펼쳐졌다. 명조는 80만의 군대를 보냈지만 8만 6천 명밖에 귀환하지 못할 정도로 참담한 패배를 맛보았다. 명군의 철수는 1427년(선덕 2)에 이뤄졌다.

명초 홍무제와 영락제의 대조선 외교와 대베트남 외교는 분명히 책봉 시스템에 맞게 중국 황제가 현지의 신들에게 제사 지내고, 그때 각국 국왕의 '죄상'을 일러바치는 똑같은 외교시책을 펼쳤다. 그러나 이미 기술한 대로 홍무제의 양국에 대한 외교 자세는 강경과 온건의 정반대였다. 찬탈자 영락제의 '문제의 사'는 전제 황제의 자의에 근거한 것이 틀림없지만, 홍무 초년부터 현지에서 황제로 칭하는 인물을 국왕으로 책봉하지 않을 수 없었고 명조에 어떠한 상담도 없이 찬탈을 반복한 것에 대한 쌓이고 쌓인 울분, 초조함이 근저에 있었다고 봐야 한다. 영락제의 대베트남 강경책은 이러한 의미에서 홍무제의 온건 대책을 뒤집는 것이었다.

---

16 『欽定越史通鑑綱目』 권12, 開大 4년 9월. "御批, 明燕棣與胡季犛亦無以異, 其身不正. 雖令不行, 盍反觀何如. 均之貪殘而已".

역으로 영락제는 조선에 강경책을 거의 취하지 않았다. 이 경우도 홍무제의 대조선 강경책이 이미 시행되었기 때문에 결과적으로 강경책을 취할 필요가 없었기 때문이다. 명초 시기 명조의 대조선 외교와 대베트남 외교는 현저한 대조를 이루고 있다는 것을 여기서도 확인할 수 있다.

3. 가정제의 '문죄의 사'

다음은 가정제(嘉靖帝)의 '문죄의 사'이다. '문죄의 사'가 논의된 것은 1536년(가정 15, 元和 4, 大正 7)이었다. 이 사건은 선덕제(宣德帝)가 베트남 철병을 한 지 100여 년 후에 일어났다. 먼저 약 1세기 사이에 벌어진 명조의 대베트남 외교를 간단히 보도록 하자.

명군을 물리친 중심인물은 여리(黎利)였다. 선덕제는 명군이 게릴라전에서 고전하고 있었기 때문에 철병을 위한 논리를 찾기 시작했다. 영락제의 출병은 후계가 끊긴 진씨(陳氏)를 부활시키기 위해서였고 후계자를 찾아낸 후 국토를 반환한다는 논리를 폈다. 여리는 1430년 진씨의 자손을 찾았지만 발견되지 않았기 때문에 안남국 사람의 추대를 받는 자신이 명의 번신(藩臣)에 적합한 인물이라고 주장했다. 그는 안남국왕으로 책봉되기를 바랐던 것이다. 그러나 선덕제는 그를 안남국왕에 책봉하지 않고 대신 '권서안남국사(權署安南國事)', 즉 안남국왕 대리로 임명했다. 여리는 현지 베트남에서 대월황제(大越皇帝)라 칭하고 순천(順天)이라는 연호를 별도로 사용하고 있는 데도 불구하고 명으로부터 선덕(宣德)의 연호를 사용하면서 권서안남국사로 임명된 것이다. 대월황제가 권서안남국사에서 '승격'하여 정식으로 안남국왕에 봉해진 것은 1436년(정통 1, 紹平 3)의 일로 그의 아들 여린(黎麟)의 대(代)가 되어서였다. 명분과 실리를 모두 얻은 훌륭한 외교라 해도 좋을 것이다.

그런데 그 후 베트남에선 명조의 의도와 무관하게 계속해서 찬탈이 이어졌다. 여린의 아들 여준(黎濬)이 안남국왕에 책봉되었지만 1459년 그의 신하인 여종(黎琮; 宜民)에게 시해당했다. 여종은 여준의 사인을 호수에서 유람하던 중 익사했다고 명에 거짓 보고하고 국왕으로 책봉되었다. 하지만 여종도 그 다음해 폐위되어 자살했으며 여호(黎灝; 思誠)가 제위에 올랐다. 여준이 유람 중 익사했다는 것은 거짓말이며 더욱이 여종이 자살한 것을 명조가 안 것은 여종을 안남국왕에 책봉하기 위해 사절을 파견한 뒤였다.

명조는 안남에서 잇달아 찬탈이 일어나고 있는 것을 알면서도 조공을 받아들이고 충분한 조사도 하지 않은 채 책봉을 계속했던 것이다. 또한 명조는 이때쯤 매년 점성(占城)으로부터 안남의 침략을 받고 있으니 구원해달라는 요청을 받았다. 이때 명조는 북경에 안남의 사절이 왔을 때 훈계하든지 사절을 안남에 파견하여 침략을 그만두도록 설득했으며, 점령지를 점성에 되돌려주도록 명령할 뿐이었다. 그러나 명조의 문책과 명령은 어떤 효과도 없었다.

당시 명조-베트남 관계를 여실히 보여주는 사건이 있었다. 1480년(성화 16, 洪德 11) 발생한 안남위칙(安南僞勅), 즉 가짜연호사건이었다. 당시 안남은 라오스를 침략하고 있었기 때문에 명 운남성의 한 군관이 스파이를 보내 실정을 염탐하게 했다. 이 과정에서 안남이 발행한 위칙(僞勅)이 발견되었다. 그곳에는 홍덕(洪德) 10년이라는 '가짜연호'가 기재되어 있었다. 대월국의 홍덕 10년은 명의 성화(成化) 15년에 해당된다. 이 사실은 북경에 통보되었다. 이때 명조는 만약 가짜 연호를 사용하고 있다는 것을 문책한다면 안남이 스스로 뉘우칠 길을 닫아버리게 할 것이라는 소극적인 자세를 취했다.[17] 문죄를 위한 사절과 군대를 일절 파견하지 않았을 뿐 아니라 그 후 몇 번이나 안남국왕에 내린 조칙에도 일절 이 문제를 언급하지 않았다. 명조는 베트남에 황제가 있다는 것도 '위칙' · '가짜 연호'

17 『明實録』, 成化 16년 8월 甲寅(趙令揚編書, 429면).

가 사용되고 있는 것도 모두 모르는 척했다. 명조의 대베트남 외교는 상대가 조공국이며 책봉국이라는 논리를 적용할 수 없고 오히려 베트남에서 발생하고 있는 현실을 무시 혹은 호도하든지 일시모면의 대응을 할 뿐이었다.

같은 해 안남의 '위칙'·'가짜 연호' 사건은 또다시 일어났다. 이번은 대월황제가 점성인에게 부여한 권장국사(權掌國事), 즉 점성국왕 대리에 임명한 '위칙'이 발견되었기 때문이다. '위칙'을 발견한 것은 행인사(行人司)라는 외국 파견 사절을 담당하는 관청의 관료 장근(張瑾)이었다. 그는 점성에 국왕 책봉 사절로 파견되었다. 그곳에서 책봉하려는 인물이 이미 찬탈을 당해 다른 인물이 안남국, 실은 대월국으로부터 '위칙'을 받아 점성권장국사(占城權掌國事)로 임명되어 통치하고 있는 것을 알았다. 그는 이 인물을 책봉하고 '위칙'을 가지고 귀국, 이를 조정에 제출했다.[18] 조정은 장근이 마음대로 다른 인물을 책봉했다는 죄로 감옥에 가두었다.

다음해 다른 행인사의 관료인 왕면(王勉)이 안남의 실정을 조사한 후 상소했다. 안남국왕 여호가 '가짜 연호'를 사용하고 있다는 것을 보고하면서 오랜 동안 신하로서 충성스럽지 못한 마음을 가지고 있었기 때문에 '문죄의 사'를 파견해달라고 말했다. 병부(兵部)는 "왕면은 승진을 바라고 변경에서 분쟁을 일으키려 한다"는 '죄상'을 들어 단죄할 것을 황제에게 간청했다. 실제로 왕면은 처벌을 받았다.[19]

명조의 입장에서 '문죄'의 대상은 당연히 안남국왕 여호였다. 그런데 역으로 '문죄'를 요구한 왕면이 '문죄'를 당한 것이다. 여기서 우리는 책봉은 이념의 산물이라는 것, 적어도 명조의 대베트남 외교에 대해 말하자면 책봉은 허구에 불과하다는 것을 발견하게 된다. 명조는 이처럼 '위칙'·'가짜 연호'가 사용되고 있는 것을 분명히 알고 있으면서도 모르는

---

18 상게서, 成化 17년 10월 丙辰(趙令揚編書, 436면).

19 상게서, 成化 18년 4월 辛酉(趙令揚編書, 437면).

척하며 조공을 계속 받아들인 것이다. 1484년에도 1487년에도 안남국왕 여호가 보낸 조공물을 수납했다. 여호는 문제의 홍덕 연호를 사용한 인물이었다. 예전 홍무제가 조선에서 취한 강경한 외교 자세, 즉 찬탈이 비례라 하여 몇 번이나 조공물의 수납을 거부한 자세는 여기서는 그림자조차 찾아볼 수 없다.

베트남 파병의 논의는 안남으로부터 지속적으로 침략을 받고 있던 점성의 요청으로 약 1489년(홍치 2, 洪德 20)에 시작되었다. 가정제 시대에 접어들어 갑자기 파병 적극론이 등장하기 이전, 파병 논의는 대체로 소극론으로 기울어 있었다. 예를 들면, 1489년의 일이다. 병부는 "여호는 삼가 조공하러 왔다", "안남은 원래 예를 중시하는 나라로 일컬어져왔기" 때문에 파병해서는 안 된다고 하고, 나쁜 측은 오히려 자강(自强)하지 않고 명조에 의지하려는 점성 쪽이라고 비난했다.[20] 대학사인 서부(徐溥) 등은 1495년 역시 파병에 반대했다. 그들은 그 논거로 『춘추공양전(春秋公羊傳)』의 은공(隱公) 2년 주(注)에 등장하는 "왕은 이적(夷狄)을 다스리지 못하고(王者不治夷狄)"를 들었다. 게다가 1515년(정덕 10, 洪順 7) 점성에서 일어난 찬탈을 문제 삼았을 때도 급사중(給事中) 벼슬의 이관(李貫)은 "춘추의 법으로 다스린다면 문죄의 사를 파견하지 않고 조공의 길을 끊으면 된다"고 했다. 순안 광동어사(巡按廣東御史)인 정해(丁楷)도 같은 의견을 말했다. 이들의 의견을 근거로 한 회의에서도 "중국이 이적을 대할 때는 오면 잘 길들이고 오지 않으면 그냥 둔다"는 것이 좋다는 의견이어서 어느 쪽도 외국=이적의 국내 정치에 불간섭주의를 취해야 한다고 주장했다.[21] 이처럼 명조에서 베트남 파병론이 산발적으로 일어나긴 해도 결국

20 상게서, 弘治 2년 10월 丁酉(趙令揚編書, 451면). "黎灝修貢惟謹. ……安南素稱秉禮".

21 상게서, 弘治 8년 10월 丁丑(趙令揚編書, 458면). "臣等竊以事理揆之, 春秋傳有曰, 王者不治夷狄. 蓋馭夷之法, 與治内不同 云云". 앞의 책, 正德 10년 7월 辛丑(趙令揚編書, 481면). (給事中李貫又言), "律以春秋之法, 雖不興問罪之師, 亦必絶朝貢之路. ……會巡按廣東御史丁楷奏如貫言, 下府部科道集議, 以爲中國之於夷狄, 來則懷之, 不來則, 云云".

다양한 핑계로 적극 추진되지 않았던 것이다. 그 이유는 베트남과 정말로 충돌하는 것이 얼마나 위험한 것인지 지금까지의 경험으로 중국 측이 잘 알고 있었기 때문이다. 명조의 외교정책은 황제의 자의에 크게 휘둘리지 않는 한 이처럼 관료의 이성적인 판단으로 인해 균형이 잘 맞춰져 강경책만이 돌출하지는 않았다.

그런데 1536년(가정 15, 원화 4, 대정 7) 갑자기 베트남 파병이 적극 논의되기 시작했다. 이보다 앞선 1522년 베트남에서 또다시 찬탈이 발생했다. 막등용(莫登庸)이 황제인 여혜(黎譓)를 축출하고 그의 동생 여춘(黎椿)을 제위에 앉혔다. 막등용은 1526년 여혜를 시해하고 다음해 1527년 스스로 제위에 즉위하고 여춘을 시해했다. 여기서 여조(黎朝)의 대가 끊어져버렸다.

『명실록』에 의하면, 1536년(가정 15) 11월 3일 북경의 예부는 안남이 20년 가까이 조공하지 않았을 뿐 아니라 막등용이 왕위를 찬탈한 것을 들어 사찰(査察)하여 수모자를 찾아내 '하늘의 응징'을 해야 한다고 상소했다. 가정제도 "안남은 칙사가 통하지 않고 또한 오랜 동안 입공하지 않고 있기 때문에 반역한 것임에 분명하다. 바로 사절을 보내 죄를 묻고 정벌은 병부와 협의하여 상소하라"고 파병을 검토하도록 했다.[22] 더 나아가 10일 후인 11월 13일 예부와 병부는 협의하여 "문죄의 사를 파견해야 한다"고 상소했다.[23] 지금까지 보아온 대로 당시 베트남은 찬탈이 항시적으로 일어나고 있는 상태였으며, 명조는 이 사실을 모르는 척하며 불간섭정책을 취해왔다. 그런데 1427년 베트남 철병 이후 100년 이상 계속된 불간섭정책이 대전환을 하게 된다.

이러한 외교적 대전환의 배경에는 가정제가 안남국에 칙사를 보낼 필

22 상게서, 嘉靖 15년 11월 乙卯(趙令揚編書, 495면). "安南詔使不通, 又久不入貢, 叛逆照然. 其趣遣使勘問, 征討之事, 會同兵部, 速議以聞".

23 大澤一雄, 「黎朝中期の明 · 淸との關係(1527~1682년)」(앞의 주 1), 山本達郎編書, 342면).

요가 생겼기 때문이다. 그 해 10월 6일 가정제가 손꼽아 기다리던 황자가 탄생한 것이다. 예부와 병부가 합동으로 '문죄의 사'를 파견해야 한다고 상소한 지 불과 1개월 후였다. 『명실록』, 주국정(朱國禎)의 『황명대사기(皇明大事記)』 권15, '안남반복'(安南叛服) 등 많은 사서는 예부상서인 하언(夏言) 등이 먼저 베트남 파병론을 주장했으며, 가정제가 그들의 파병론으로 기울어진 것처럼 서술되어 있다. 하지만 순서는 그 반대였다. 가정제가 파병을 주도하고 예부와 병부가 그 뜻을 참작하여 '문죄의 사'를 파견하라고 상소한 것이 틀림없다. 다음과 같은 경위를 보면 알 수 있다.

하언이 쓴 『계주소의(桂洲奏議)』(가정 20년 간행본 · 일본내각문고소장)라는 책이 있다. 이 책 권12에 '황사탄생, 청초유안남조선이국소'(皇嗣誕生, 請詔諭安南朝鮮二國疏)' 및 '회병부의정안남국소'(會兵部議征安南國疏)가 게재되어 있다. 전자는 앞에서 기술한 11월 3일 북경의 예부가 '하늘의 응징을 시행하라'는 상소와 이에 대한 상유(上諭)와 같은 내용이다. 하지만 상소 날짜는 11월 1일이며 후자도 또한 앞에서 기술한 11월 13일 예부와 병부가 협의하여 상소하고 상유를 받은 것 같지만 상소 날짜는 10월 8일로 되어 있다.[24]

문제는 『계주소의』에 의하면 11월 1일 상소한 전자의 글이다. 이 상소를 올린 것은 이보다 수일 전 가정제가 황자가 태어나자 예부상서인 하언에게 곧바로 이 사실을 외국에 통지하여 "화이(華夷) 모두 알게" 해야 한다고 구두로 명령했기 때문이었다.[25] 하언은 명령을 받고 화답한 상소

---

24 이 가운데 후자를 10월 초 8일의 상소라 한 것은 이 상소문에 11월 1일 날짜의 상소문, 즉 전자의 일부가 인용되었다는 점, 같은 『계주소의』에 후자가 전자의 뒤에 왔기 때문에 날짜가 정확하다고 한다면 순서가 바뀌어 게재된다는 점, 더욱이 후자는 『명실록』에 11월 13일 기사로 게재된 점에 근거하여 명백한 잘못이라고 생각된다. 또한 『계주소의』는 수많은 간행본이 있다. 이 상소문에 대해 상당수가 10월 초 8일의 상소로 되어 있다. 다만, 건륭 29년(1764) 序충에서 원간본(忠禮書院刊本) 및 광서 17년(1891) 강서서국간본(江西書局刊本)에는 11월 초 8일의 상소로 되어 있다.

25 『계주소의』는 이 구두에 의한 가정제의 명령을 10월 26일로 되어 있지만 『명실록』은 10월 30일로 게재하고 있다.

문에서, “안남국은 이십수 년간 조공을 하지 않았기 때문에 반역한 죄는 피하기 어렵다. 법대로 ‘문죄의 사’를 파견해야 한다”고 주장하면서도 한편으로는 “그러나 안남에는 일정한 국왕이 없다”는 등의 이유로 “이번은 조선국왕에만[황자 탄생의] 조칙을 내리고 안남국에는 당분간 사절 파견을 하지 말자”고 주장하고, 안남의 실정을 더욱 조사시킬 것을 제안했다. 즉, 이 상소문 전체에서 읽을 수 있는 것은 예부상서 하언은 오히려 파병에 소극적이었다는 사실이다. 그는 가정제의 심정을 헤아려 ‘문죄의 사’를 파견해야 한다고 겉으로는 말하면서 황자 탄생을 알리는 칙사를 보내는 것조차 그만두어야 한다고 주장했던 것이다. 가정제는 그의 주장을 “옳다”고 말하고 수용하는 것처럼 보였다. 그러나 가정제는 “칙사를 파견하는 것은 당분간 안남국의 사정을 기다려라. 예부는 병부와 더욱 대책을 협의하여 오도록 하라. 쓸데없는 문제라고 생각하지 말라.”고 대답했다.[26] 이에 따라 하언은 이 안건을 특별히 중시하여 병부와 상의할 안건으로 삼았다. 『명실록』은 이때의 가정제의 상유에 대해 “안남에는 칙사가 통하지 않고 또한 오랜 동안 입공하지 않고 있으므로 반역한 것은 분명하다. ……정벌의 안건은 병부와 곧바로 협의하여 상소하라.”고 기록하고 있는 것은 이미 말했다.

예부와 병부가 협의하여 “문죄의 사를 파견해야 한다”고 상소한 것은 이와 같은 가정제의 분부의 결과였다. 황자의 탄생에서 베트남 출병의 결정에 이르기까지 시종일관 가정제가 예부상서 하언을 주도하고 있었던 것이다.

안남 파견 결정은 황자의 탄생을 조선과 안남 양국에 알릴 필요가 생

26 『桂洲奏議』(嘉靖二十年刊本 · 日本内閣文庫藏) 권12. “皇嗣誕生, 請詔諭安南朝鮮二國疏. 皇上面諭(禮部尚書夏言), 皇子初生, 既詔告天下, 何獨外國至册封日, 始遣使詔諭. ……便當使華夷一體知悉, 他日册立, 再行詔告. 卿宜議擬擧行. ……(夏言曰) 安南國職貢不修, 歷二十餘年. 背叛之罪, 已無所逃, 在法當興問罪之師. 但節據奏稱, 諸國賊臣作逆, 國無定主, ……合無今次止行詔諭朝鮮國王,其安南國王暫免遣使, 云云. ……奉聖旨, 是. 詔使且待彼國事情. 爾部裏還會同兵部, 計議來説. 勿視爲非要”.

졌다는 가정제의 개인적인 사정 때문이었다. 양국 가운데 조선은 관계가 안정되어 있었기 때문에 11월 5일 공용경의 파견이 무난히 결정되었다.[27] 베트남에 사절을 보낼 수 없었지만 새로 탄생한 황자를 황태자로 책봉하는 것은 아직 앞날의 일이었기 때문에 그때까지 안남을 평정하여 '안남국왕'에 통지하면 그만이었다.

가정제는 대군을 파견한다는 협박에 굴복하여 베트남 쪽에서 먼저 조공해올 것이라고 기대했을 것이다. 그는 베트남 측이 굴복하지 않으면 파병할 것을 결정하고 있었기 때문에 예부와 병부의 상서 이하 거의 모두는 이 방침을 따랐다. 그러나 반대자가 있었다. 반대자의 한 사람인 호부좌시랑(戶部左侍郞) 당주(唐冑)는 "제왕은 중국을 통치하는 방식으로[이적을]다스릴 수 없다"며, 역시 『춘추공양전』의 주(注)의 논법을 사용함과 동시에 "이적이 분란을 일으키는 것은 중국의 복이다"고까지 말했다.[28] 모든 외국에서 찬탈 등 내부 분쟁이 이어지는 것은 중국에 오히려 강적이 사라지기 때문에 다행스러운 일이라는 솔직한 의견이었다. 제독양광군무(提督兩廣軍務) 즉 베트남과 국경을 접하는 땅의 사령관이자 병부좌시랑이기도 한 번단(潘旦)도 "이적금수(夷狄禽獸)는 본래 인륜도 없다.", "고대의 제왕은 [이적을]다스리기 위해 '다스리지 않는' 방법을 사용했다."[29]고 말하며 역시 베트남에 대한 불간섭을 주장했다. 수개월 후 번단은 해직되었다. 순무광동(巡撫廣東) 여광(餘光)의 논의는 더욱 흥미롭다. 그에 의하면 여씨(黎氏)는 원래 찬탈자였다. 하늘은 막등용의 손을 빌려 여씨에 보복한 것이다. 막씨를 멸하고 여씨를 부활시킨다면 포역(暴逆)을 부활시키게 된다. 안남이 조공하지 않는 것만을 책하여 파병하지 말라고 말한

27 본서 제16장, 729면.

28 『明實錄』, 嘉靖 15년 윤 12월 壬子(趙令揚編書, 496면). 또한 『御製明臣奏議』 권23, 唐冑, 「諫討安南疏」. "帝王不以中國之治治之, ……是夷狄分亂, 中國之福".

29 상게서, 嘉靖 16년 4월 丁卯(趙令揚編書, 501면). "夫夷狄禽獸, 本無人倫. ……此古帝王治以不治之法也".

것이다.[30] 이 상소문을 불쾌하게 여긴 가정제는 여광에게 감봉 1년의 처분을 내렸다.

이들 논의와 별개로 예부와 병부는 1537년 4월 막등용의 10대 죄상을 정리했다. 10대 죄상에 막등용이 태상황제라 '참칭'하고 있다는 것, 명덕(明德) · 대정(大正)이라는 '가짜 연호'를 사용하고 있는 것이 처음으로 포함되었다. 가정제도 "안남은 오랜 동안 조공하지 않고 있기 때문에 법대로 문죄해야 한다."[31]고 말하고, 착착 파병 준비를 진행시켰다.

우리는 여기서도 명조의 파병 논리가 매우 빈약하다는 점과 황제의 자의가 많이 개입되어 있다는 것을 알 수 있다. 100년 이상 이전이라고는 해도 베트남에 출병하여 참담한 경험을 한 것을 가정제도 잘 알고 있었을 것이다. 그런데도 가정제는 왜 베트남 파병을 고집한 것일까.

이에 대한 답은 그가 예제개혁(禮制改革)을 고집하여 조선과 균형을 맞추려 했기 때문이다. 그는 이른바 '대례(大禮)의 의(議)'에서 승리한 이래 예제개혁에 사로잡혀 몰두한 사실은 잘 알려져 있다.[32] 예제는 다양한 형식의 정합성이 요구된다. 예를 들면, 그는 천지를 합사(合祀)하는 것을 그만두고 천단(天壇)을 설치하여 오로지 하늘을 제사 지내게 했기 때문에 천단과 별도로 지단(地壇)을 설치하여 땅을 제사 지내지 않으면 안 되었다. 조선에 황태자 책립(冊立)을 알리는 칙사를 파견하고 조선에서 축하의 뜻을 표하는 사절을 북경에 파견하게 하려면, 명조는 조선 같은 '조공국=책봉국'에 대하여 같은 것을 요구할 필요가 있었다. 황태자 책봉의 의식도 똑같이 예제의 문제였기 때문이다.

---

30 상게서, 嘉靖 16년 10월 壬子(趙令揚編書, 507면). "且黎氏魚肉國主, 在陳氏爲賊子, 屢取屢叛, 在我朝爲亂魁, 今其失國播逃, 或者天假手於莫登庸以報之也. 夫夷狄簒奪實其常事, 운운".

31 상게서, 嘉靖 16년 4월 庚申(趙令揚編書, 499면). "安南久不來庭, 法當問罪".

32 小島毅, 「嘉靖の禮制改革について」(『東京大學東洋文化研究所紀要』 제117책, 1992). 鄭台燮, 『中國近世の禮學』(2001년 京都大學 大學院文學研究科 提出의 박사학위논문) 제2부 제1장 「'대례(大禮)의 議(의)'의 경전론 분석」.

가정제가 예제에서 조선이라고 하면 그 상대 개념으로 베트남을 연상한 것은 다음의 사례에서도 분명하다. 그는 1538년 11월 천단(圜丘)에서 하늘에 제사 지내고 황천상제(皇天上帝)라는 칭호를 헌상했다. 그와 동시에 종묘를 참배하고 홍무제와 그의 부인에게 시호를 더했다. 예부는 곧바로 이러한 의식이 시행된 것을 조선에 통보할 것을 상소했다. 가정제는 다음과 같이 대답했다.

> 안남도 하늘 아래에 있다. 최근 반란하고 있다 해서 통지하지 않는 것은 좋지 않다.

그는 누구를 안남 파견 사신으로 선택할지 고심한 끝에 예부좌시랑 황관(黃綰)을 예부상서의 직함을 더해 파견했다.[33] 하늘을 제사 지내는 의식과 관련된 문제였기 때문에 그로서는 천하의 제국(諸國) 가운데 조선에만 통지하는 것은 균형이 맞지 않고 부족하다고 느꼈기 때문일 것이다. 그러나 당시 베트남에 칙사를 파견하려 해도 아직 막등용이 투항하지 않은 단계였다는 것을 생각하면, 가정제가 얼마나 균형 잡는 것에 집착하면서 베트남을 예의 세계로 끌어들이려 했는지 알 수 있다.

결과적으로 황태자 책봉을 알리는 사절을 안남에 파견할 수 없었다. 따라서 안남에서 책봉을 축하하는 사절이 파견될 리도 없었다. 황태자 책봉 의식은 1539년 2월에 거행되었다. 막등용을 투항시키는 데 시간을 맞출 수 없었기 때문이다. 명조는 조선에 바로 책봉 의식을 통보, 조선은 사절을 보내 축하했다. 한편 칙사의 정사로 결정된 황관은 하늘을 제사 지내고 황천상제라는 칭호를 헌상했다는 사실을 이것저것 핑계를 대어 베트남에 통지하지 않았다.

막등용이 명군과 전투 개시하는 것을 두려워하여 스스로 머리에 '죄인'

---

33 『明實録』, 嘉靖 18년 정월 丁酉. "安南亦在天覆之下, 不可以邇年叛服之故, 不使與聞".

임을 나타내는 오랏줄을 걸고 국경의 관문인 진남관(鎭南關)에 투항하여 나타난 것은 1540년(가정 19, 대정 11) 11월이었다. 황태자 책봉의 의례로부터 이미 2년 가까이 지난 때였다.

명조는 막등용을 '문죄'한 증거로 안남국왕의 칭호를 사용하지 못하도록 했다. 안남국은 안남도통사사(安南都統使司)와 명조 국내 관청의 명칭으로 바꾸지 않을 수 없었다. 명조는 국왕의 칭호 대신에 도통사관(都統使官)이라는 종2품의 관직을 막등용에게 부여했다. 명조의 이러한 조치는 역으로 막등용의 찬탈을 승인한 것이 된다. 따라서 막씨가 찬탈당할 경우 명조는 이를 그냥 내버려둘 수 없게 되었다. 막등용과 그의 후계자는 '가짜 연호'를 계속 사용했다. 예를 들면, 베트남이 후계자는 명의 가정 20년의 해를 광화(廣和) 원년으로 개원했다.

명은 막씨에게 안남도통사의 관직을 계속해서 부여했다. 막씨에게 왕위를 찬탈당한 여씨는 서서히 부흥하고 있었다. 베트남 측의 사료에 의하면, 막씨가 명에 항복하기 전인 1533년(가정 12) 여령(黎寧)이 즉위하고 원화(元和)로 개칭했다. 명조는 멸망할 때까지 막씨를 안남도통사로 임명하고 여씨를 안남국왕에 임명하는 고육책을 유지했다.

4. 건륭제의 '문죄의 사'

베트남의 막씨가 청조의 중국 지배를 수용한 것은 1659년(순치 16, 永壽 2)이었다. 2년 후인 1661년 청은 막경휘(莫敬耀)를 안남도통사에 다시 임명했다. 여씨가 청조에 복종의 뜻을 표명한 것은 1660년(순치 17, 영수 3)이었다. 1666년(강희 5) 청은 여유희(黎維禧)를 안남국왕에 책봉했다. 막경휘는 청조 국경과 인접한 고평(高平)을 통치하는 일개 지방정권에 지나지 않았다. 막씨를 도통사로 여씨를 안남국왕으로 책봉하는 정책은 명조 때를 답습했다.

청조의 강희연간 막씨는 여씨의 압박을 받아 청조의 광서성으로 도망갔다. 강희제는 광서성 남령(南寧)에 안남도통사 막원청(莫元淸)을 배치했다. 그리고 여유희와 외교 교섭을 벌여 막씨를 고평에 되돌려 보냈다. 그러나 오삼계(吳三桂)의 반란이 발생하자 여유희는 청조의 혼란을 틈타 고평을 점거했다. 안남이 여유희에 의해 안정을 찾은 것은 청조가 막씨의 잔당을 여씨에게 인도한 1683(강희 22, 正和 4)년이었다.

이후 청조와 베트남 즉 안남과의 관계는 예를 들면 국경지역의 영토문제 등 사소한 분쟁은 있었지만 조공과 책봉은 계속되었고 전반적으로 안정되어 있었다. 건륭연간 들어 베트남은 계속 동란에 휩싸였다. 그 가운데 이른바 서산당(西山黨)이 반란을 일으켰지만 청조와 여조(黎朝) 사이에 큰 문제는 없었다. 이러한 안정된 정세를 급변시킨 사건이 1786년(건륭 51, 泰德 9=景興 47)에 발생했다. 서산당의 완혜(阮惠; 阮文惠)가 하노이를 함락시킨 2년 후 국왕 여유기(黎維祁)가 하노이에서 축출되었다. 이를 계기로 건륭제가 1788년 '문죄의 사'를 파견했다.

청조는 안남국왕이 1787년 5월 서산의 토호인 완혜에게 수도를 침략당해 청조가 부여한 국새를 잃어버렸다는 보고를 접했다. 건륭제는 청조의 책봉을 받으면서 중요한 국새를 잃어버린 것을 견책했다.[34] 건륭제가 베트남에 출병을 결단한 것은 이로부터 약 1년 뒤였다. 그의 상유는 다음과 같다.

> 안남은 본조(本朝)에 복종하고 가장 공순한데도 불구하고 신하로부터 찬탈당해 도와달라는 요청을 해왔다. 이를 방치하는 것은 "소국을 육성시켜놓고 소국의 존망에 신경 쓰지 않는 것"이다. 당연히 큰 병력을 파병하여 공개적으

34 『淸實録』, 乾隆 52년 5월 己丑(雲南省歷史硏究所編, 『《淸實録》越南緬甸泰國老撾史料摘抄』(昆明, 雲南人民出版社, 1986, 111면, 이하 雲南所編書). 中國第一歷史檔案館編, 『乾隆朝上諭檔』(北京, 档案出版社, 1991)제13책, 839면, 5월 23일.

로 죄를 묻고 토벌하지 않으면 안 된다.[35]

또한 청조의 국경과 가까운 부족의 수장들이 완씨 측에 가담하지 못하도록 다음과 같은 훈유(訓諭)를 내렸다. “지금 안남국의 신하들은 대담하게도 제멋대로 점거하고 있다. 천조(天朝)는 이미 대군을 파견하여 문죄의 사를 일으킬 준비를 하고 있다.”[36] 여기서 ‘문죄’의 대상은 물론 여씨에 반역한 완혜였다. 건륭제는 ‘국왕’ 여유기를 도와 완혜를 토벌하고, 그에게 왕위를 확보해줄 계획이었다.

건륭제는 ‘문죄의 사’가 베트남에 곧 파견될 것이란 소식을 들은 완혜가 그의 위협에 굴복하여 투항할 것이라 기대했지만 실제로는 그렇지 않았다. 건륭제는 그 해 10월 진공을 결심했으며, 이와 동시에 안남국왕 여유기 본인을 북경까지 조공하러 오게 하려는 의도를 가지고 있었다.[37]

작전의 총지휘관인 양광총독 손사의(孫士毅)가 국경의 관문인 진남관을 출발한 것은 그 해 10월 28일이었다. 그는 11월 20일 하노이에 입성하자마자 여유기에게 칙서와 옥새를 주고 안남국왕에 책봉했다. 손사의 군대는 다음해 1789년(건륭 54 光中 2) 정월 3일부터 5일까지 완혜의 군대와 하노이에서 전투를 벌였으나 섬멸당해 베트남 철수를 하지 않을 수 없었다. 건륭제가 파병을 결단한 지 불과 수개월 사이의 일이었다.

건륭제의 ‘문죄의 사’는 정말로 무모하고 무의미한 원정이었다.[38] 그는

---

35 『淸實録』, 乾隆 53년 6월 庚戌(雲南所編書, 116면), 『乾隆朝軍機處隨手登記檔』(桂林, 廣西師範大學出版社, 2000) 제40책, 384면, 6월 19일. 또한 앞의 주 (34)에 게재한 『乾隆朝上諭档』에는 그 후의 건륭제의 베트남 출병과 관련된 중요한 상유는 게재되어 있지 않다. “安南臣服本朝, 最爲恭順, 玆被強臣簒奪, 款關籲投. 若竟置之不理, 殊非字小存亡之道. 自當厚集兵力, 聲罪致討矣”.

36 『淸實録』, 乾隆 53년 7월 庚午(雲南所編書, 119면), 『乾隆朝軍機處隨手登記檔』 제40책, 442면, 7월 10일.

37 『淸實録』 乾隆 53년 10월 己亥(雲南所編書, 127면), 『乾隆朝軍機處隨手登記檔』 제40책, 674면, 10월 11일.

38 鈴木中正, 「黎朝後期の淸との關係(1682~1804年)」(앞의 주 1 山本達郎編書, 444면).

무엇 때문에 이처럼 무모하고 무의미한 원정을 명령했을까. 그의 출병의 대의명분은 자신이 책봉한 여씨를 다시 권좌에 복귀시키는 데 있었다. 그러나 이 명분은 파병 이유로 너무나 빈약했다. 왜냐하면 지금까지 보아온 대로 베트남에서 찬탈은 일상적으로 일어나고 있었기 때문이다. 또한 건륭제가 파병을 명확히 결단한 것은 베트남에서 찬탈이 발생한 소식을 접한 지 불과 1년 수개월 뒤의 일이었다. 이 또한 모든 외국을 복종시킨 대청황제의 결단치고는 무모할 뿐 아니라 너무나 졸속했다.

그렇다면 왜 출병을 그렇게 서둘렀던 것일까. 명의 가정제처럼 그에게도 개인적인 사정이 있었다. 그는 1790년(건륭 55) 8월에 계획하고 있던 80세 탄생 축하를 위해 안남국왕을 참석시키려 했다. 건륭제는 그 2년 전 베트남 출병의 결심과 축하연에 '안남국왕'을 참석시키려는 의지를 분명히 표명했다. 그러나 그의 이러한 의도를 실현시키기 위한 한정된 시간은 원정의 준비에서 실행에 옮기는 데 필요한 시간, 실제로 사절을 북경까지 오게 하는 시간 등을 감안하면 매우 부족했다. 『청실록(淸實録)』 건륭53(1788)년 12월 9일(병신)에 의하면 손사의가 하노이에 입성한 당일 곧바로 여유기를 안남국왕에 책봉했다는 보고를 받은 건륭제는 재빨리 다음과 같은 상유를 내렸다.

> 여유기가 안남국왕에 책봉된 뒤 곧바로 북경 가서 사은(謝恩)하고 싶다고 말했다 한다. 완혜(阮惠, 문혜(文惠))가 이미 체포된 뒤라면 그에게 국내의 근심은 없을 것이다. 그에게 국내를 거의 안정시키도록 하고, [2년 후인] 55년에 직접 자금성에 와서 사은하도록 하고 만수(萬壽)의 축하를 하게 하라.[39]

39 『淸實録』, 乾隆 53년 12월 丙申(雲南所編書, 144면). "黎維祁襲封後, 請即赴京師謝恩等語. 如阮惠等業已擒獲, 該國王無内顧之憂. 即令其將國事略爲安頓, 俟五十五年親自赴闕謝恩, 恭祝萬壽."

건륭제의 입장에서 여유기가 만수성절(萬壽聖節)보다 빨리 북경에 오는 것은 그의 계획을 망쳐버리게 한다. 똑같은 기사는 『청실록』 및 『건륭조군기처수수등기당(乾隆朝軍機處隨手登記檔)』에 다음해 정월 4일에도 정월 16일에도 보인다. 청조의 군대가 하노이를 탈환하자마자 전장에서 바로 여유기를 안남국왕에 책봉한 것도 너무 서두른 감이 있다. 손사의가 건륭제의 뜻에 따라 여유기에게 곧바로 북경 가서 사은하고 싶다는 말을 먼저 하게 했을 것이다. 당시 건륭제가 안남 정세를 걱정한 이유는 여유기를 만수성절에 참가시킬 수 있는지의 여부, 도망한 완혜로부터 반격받기 전에 청군을 철수해야 한다는 것, 이 두 가지였다.

생각한 대로 완혜(문혜)는 반격으로 전환, 1789년 정월 청군을 섬멸했다. 건륭제는 '죄인'인 완혜에게 어떤 조치를 취했을까. 『흠정월사통감강목(欽定越史通鑑綱目)』에 의하면, 완혜가 제위에 오른 것은 1788년 11월이었다. 건륭제가 여유기를 버리고 완혜를 안남국왕으로 책봉하려고 결단한 것은 하노이 패전의 보고를 접한 지 2개월 뒤인 3월 24일이었다.[40] 다수의 병사를 숨지게 한 것을 생각하면 이 또한 너무 졸속한 조치가 아닐까. 완광평(阮光平)의 이름으로 상소문을 올린 완혜에게 칙유를 내린 것은 5월 3일이었다. 건륭제는 칙유에서 다음과 같이 말했다.

> 만약 그대가 성의를 다해 친분을 통하려 한다면, 건륭 55년 8월은 짐의 80세 만수에 해당하므로……[대리를 보내는 것이 아니라]직접 북경 와서 잘 부탁드립니다라고 큰 소리로 말하고 짐을 우러러 보도록 하라.[41]

건륭제는 완혜의 답변과 책봉의 실현을 마냥 기다릴 수만은 없었다.

---

40 周遠廉, 『乾隆皇帝大傳』(鄭州, 河南人民出版社, 1990), 599면.

41 『淸實録』, 乾隆 54년 5월 己未(雲南所編書, 183면). "如爾必欲輸誠納款, 乾隆 五十五年 八月, 届朕八旬萬壽, ……親自赴京籲懇, 以遂瞻雲就日之私."

그는 그해 6월 22일 완광평 실제로는 완혜를 안남국왕에 책봉하는 칙유를 내렸다. 건륭제는 청조 군대가 크게 패배하고 완혜를 안남국왕에 책봉할 때까지 완혜로부터 한 번도 책봉 요청을 받은 적이 없었기 때문에 이것도 책봉의 강요라 해도 좋을 것이다.

다음해인 1790(건륭 55, 光中 3)년 8월 13일 북경 자금성의 태화전에서 건륭제 80세의 축하식전이 화려하게 거행되었다. 이 식전에 참석한 몽골의 수장과 조선, 면전(緬甸, 미얀마), 남장(南掌, 라오스) 등에서 온 사절들 가운데 가장 돋보인 것은 안남국왕 '완광평', 즉 완혜였다. 왜냐하면 베트남 국왕이 직접 북경서 거행된 의식에 참석한 것은 이번이 중국 역사상 처음일 뿐만 아니라 청조의 대군을 물리친 인물이 눈앞에 와 있었기 때문이다. 그런데 이 '완광평'은 베트남 사료에 의하면 완혜가 직접 보낸 범공치(范公治)라는 인물이었다.[42] 그는 대월황제로서 대청황제의 명령을 순순히 따르지 않았던 것이다.

건륭제는 베트남에서 큰 패배를 당하고 다수의 전사자를 낸 데도 불구하고 불과 반년 사이에 완혜를 완광평이란 이름으로 안남국왕에 책봉했다. 상기의 논의에 근거해서 판단해보면, 80세 만수절에 참석시킬 수만 있다면 '가장 공순(恭順)한' 여유기일지라도 '찬탈자였던' 완혜일지라도 어느 쪽도 괜찮다는 이야기가 된다.

5. 맺음말

명청 중국의 대조선 외교와 대베트남 외교는 다양한 점에서 매우 대조적이다. 명청의 대조선 외교에서 조선에 '황제'라 칭하는 자가 통치하면서 '가짜 연호'를 사용하고 있는 것을 알면서도 이를 모르는 척 계속 책봉

42 앞의 주 38의 鈴木中正의 논문, 453면.

하는 것은 있을 수 없는 일이었다. 실제로 대조선 외교에서 스스로 '황제'라 칭하는 자, '가짜 연호'를 사용하는 인물에 대한 책봉이 문제된 적이 없었다. 책봉은 원래 예에 근거한 것이기 때문에 조선에서 찬탈이 이뤄졌을 경우 찬탈자의 책봉이 옳은지 그른지를 두고 때때로 뜨겁게 논의된 적이 있었다.[43] 반면 대베트남 외교에서는 그런 열띤 논의가 끊이지 않았다.

명청 중국의 대베트남 책봉은 극히 허구성이 강했다. 건륭제 입장에서 그의 80세 탄생 축하연에 참석하기만 하면 그가 책봉을 받은 여유기이든 찬탈자인 완혜(완광평)이든 어느 쪽도 괜찮았다. 그는 청조의 군대가 하노이를 함락한 시점에서 이미 여유기의 연약함과 무능함을 책하고, "하늘은 여씨에 질려버려 포기하고 있다", "하늘은 [여씨의]덕에 싫증나 있다"는 논리로 찬탈자를 용인하는 것 같은 자세를 보였다.[44]

그러나 이 논리는 얼마 지나지 않아 더욱 비약한다. 즉 가경제(嘉慶帝) 시대가 되면 완혜(광평)의 아들 완광찬(阮光纘)이 얼마 지나지 않아 완복영(阮福映)에 의해 황제 자리 즉 왕위를 찬탈당했다. 이때 가경제가 내린 칙유는 "천조(天朝)인 청이 부여한 임명칙서와 인장을 버리고 도망갔다. 이 죄는 막중하여 피할 길이 없다"는 것이었다.[45] 즉, 청조가 책봉할 때 부여한 임명칙서와 인장을 지켜내지 못한 것은 역으로 신하로서 황제를 섬길 능력이 없다는 것을 드러낸 것이다. 한마디로 국왕의 자격이 없다는 것이다. 완광찬은 청조 황제에게 범한 불충(不忠)의 죄뿐 아니라 부친 완혜

43 본서 제2장, 94면.

44 『清實録』, 乾隆, 53년 12월 甲寅(雲南所編書, 152면), 『乾隆朝軍機處隨手登記檔』, 제41책, 28면. 乾隆 54년 정월 16일. 看來天心已有厭棄黎氏之象. 又『清實録』, 乾隆 53년 12월 乙卯에 "看此情形, 或天心已有厭棄黎氏之意"라고 말하고, 乾隆 54년 정월 癸酉의 조(條)에는 "天厭其德"라고 말했다.

45 상게서, 嘉慶 7년 12월丙辰(282면), 中國第一歴史档案館編, 『嘉慶道光兩朝上諭档』(桂林: 廣西師範大學出版社, 제7책, 2000), 465면, 12월 19일. "阮光纘輒將天朝所領勅印, 遺棄潛逃, 其罪更無可逭".

가 건륭제로부터 받은 은혜에 보답할 수 없는 불효의 큰 죄를 함께 져야 했다. 가경제는 완광찬 대신 청조가 부여하는 인장을 지켜낼 실력자, 간단히 말하면 찬탈자를 정당화하기에 이른다. 완복영은 완광찬에게 빼앗은 청조의 칙서와 인장을 지체 없이 반납했으며 청조를 소란스럽게 했던 도적을 체포했다. 완복영의 이런 행위가 '지성'(至誠)으로 평가받아 1804년 책봉되었다. 사정이 이러하다면 찬탈이 계속되어도 '문죄'할 필요가 없어진다. 책봉은 원래 명분위계라는 질서를 유지하기 위한 예의 문제이기에 상태가 이러하다면 예의 문제와 완전히 분리되어버린다. 이러한 책봉은 심판이 보지 않는 한 격투기에서 어떠한 시합 운영으로 어떤 수단을 사용하든 승리한 자가 승자이며 이를 챔피언으로 인정하는 것과 매우 유사하다.

책봉은 명청 중국의 외교 카드였기 때문에 이에 대한 사고방식도 실로 유연했다. 베트남에 대한 책봉문제는 황제인 것을 모른 척하며 책봉을 계속 하지 않을 수 없었기 때문에 대조선 외교의 경우와 비교할 때 외교 카드의 힘은 미약했다. 필자는 제I부에서 청조는 류큐가 실질적으로 일본에 복종하고 있다는 것을 알면서도 모른 척하고, 진실을 알려 하지 않으려고 노력을 하면서 책봉을 계속했을 것이라고 기술했다.[46] 본 보론에 의해 이 사실은 더욱 그 가능성이 높아졌다고 할 수 있다.

머리말에서 기술한 대로 요즘 조공 시스템론과 책봉체제론이 매우 성행하고 있다. 그러나 이들 이론에서 주요한 책봉국에 대해서조차 책봉은 경우에 따라 이렇게 허구에 가득 찬 것이라는 것을 전제로 논의한 것을 필자는 들어본 적이 없다. 조공 시스템론과 책봉체제론에 근거하여 이념화, 모델화를 시도하면 할수록 명청 중국의 동아시아 각국에 대한 외교의 실상은 더욱더 보이지 않게 되는 것은 아닐까. 예를 들면, 어느 논자

46 夫馬進編, 『增訂 使琉球録解題及び研究』(宜野灣, 榕樹書林, 1999) 「增訂版によせて」ix면. 또 본서 제3장, 163면.

는 조공 시스템론의 강한 영향을 받아 '예치(禮治) 시스템'론을 제기했지만 그곳에서 제시된 것은 예치의 이념뿐이며 현실적으로 가해진 '문죄', 혹은 실제의 '문제의 사'가 어떠한 논리와 계기로 일어났는지에 대해서는 거의 문제시 하지 않았다.[47] 또 어느 논자는 명초의 외교정책을 논하면서 첫째로 성실함을 기본으로, 둘째로 관용의 정신을 근거로, 셋째로 화평을 존중했다고, 명조의 기본정책을 분석했다.[48] 이 또한 사료에 나타난 외교이념을 겉만 보고 취한 것에 지나지 않는다. 명초 홍무제가 조선에 대해 어떠한 외교정책을 실제로 폈는지, 영락제가 베트남에 어떤 경위로 '문죄의 사'를 파견했는지, 예의 이념과 사실 사이의 모순에 대해서는 전혀 고려하지 않았다. 또 어느 논자는 중국이 모든 외국과 맺은 조공관계와 책봉관계를 논하면서 이 관계는 기본적으로 중국 측의 논리이자 이념이며 상대국이 이를 어떻게 받아들였는지는 별개의 문제로 유연하게 고찰했다. 또한 이들 논자는 유교문화를 수용하면 이들 국가들도 조공관계와 책봉관계의 논리와 이념을 받아들인 것처럼 여기고 그 전형적인 국가로 조선, 류큐, 베트남을 들었다.[49] 그러나 본 보론에서 살펴본 것과 같이 베트남에 대해 말하자면 건륭제 말기에 이르러도 종래와 같이 조금도 중국 측의 논리와 이념을 수용하지 않았고, 그 이후에도 베트남 현지서 황제라 칭하고 '가짜 연호'를 계속해서 사용했던 것이다. 다른 한편 중국에서는 가경연간이 되면 책봉 그 자체가 격투기 승자의 인증서로 전락해버렸다.

(번역: 이정희)

47 黃枝連, 『東亞的禮義世界—中國封建王朝與朝鮮半島關係形態論』(『天朝禮治體系硏究』 중권, 北京, 中國人民大學出版社, 1994).

48 萬明, 『中國融入世界的步履—明與淸前期海外政策比較硏究』(北京, 社會科學出版社, 2000), 66면.

49 坂野正高, 『近代中國政治外交史』(東京, 東京大學出版會, 1973), 77면.

보론 2

베트남 여청사와 중국의 왕희손
-범지향의 『미천사정시집』을 중심으로

1. 머리말

중국 청대의 건륭연간(乾隆年間)에서 도광연간(道光年間)에 걸쳐 살았던 왕희손(汪喜孫)은 고증학자로서 알려져 있을 뿐 아니라 그가 동 시대의 조선 지식인과 주로 서간을 통해 친밀한 교제를 한 것은 후지쓰카 치카시에 의해 명백히 밝혀졌다.[1] 후지쓰카는 왕희손이 조선의 김정희 등 6명에게 보낸 서간 총 28통을 소개했는데 이는 후지쓰카가 언급한 바 조선 문인들과 교류가 있던 옹방강 이하 청조의 고증학자들 중 가장 많다. 게다가 이들 서간은 후지쓰카가 운 좋게 입수한 것이기 때문에 수집에서 빠진 것을 포함하면 왕희손이 실제로 조선의 지식인들에게 보낸 서간은 얼마나 될까. 앞으로의 연구의 진전에 따라서는 왕희손보다 더 많은 서간을 조선의 지인들에게 보낸 중국인이 발견될 가능성은 아직 남아 있지만, 그럴 경우에도 왕희손이 서간을 통해 친밀하게 교제했던 청조 지식

1 藤塚鄰, 『清朝文化東傳の研究－嘉慶・道光學壇と李朝の金阮堂－』(東京, 國書刊行會, 1975), 403~433면.

인의 한 사람이었다는 평가는 변함없을 것이다.

왕희손의 저작은 최근 『왕희손저작집』(汪喜孫著作集) 총 3권으로 출판되어 그가 쓴 시문뿐 아니라 그와 관련된 문헌에 대해서도 쉽게 접할 수 있게 되었다.[2] 이 저작집에는 후지쓰카 치카시가 이미 소개한 『해외묵연(海外墨緣)』이 있고 여기에 조선의 김정희와 중국의 왕희손 사이에 교환된 학술 관련 문답이 재록되어 있다. 또한 이 책의 도입부와 편집후기에도 왕희손이 조선 학자와 교류한 사실이 특별히 기록되어 있다.

왕희손과 조선 지식인 사이의 교류 관련 사료로 지금까지 소개된 것은 주로 그의 서간 및 『해외묵연』뿐이었다. 나는 조선의 신재식이 연행사로 북경에 체재할 때 왕희손 등 수명의 청인과 회합을 가졌으며 그 자리에서 교환한 필담기록인 『필담』을 소개하면서 왕희손 42세 때의 언행의 일단을 제시한 적이 있다.[3] 신재식은 1827년(도광 7, 순조 27) 정월에 총 4회, 청조 지식인과 회합을 가졌다. 왕희손은 이 가운데 3회 출석하여 그의 인물됨을 보여주는 많은 발언을 했다. 회합에서 다양한 학술적 문제를 둘러싼 필담이 교환되었다. 회합에 참가한 청조 지식인의 발언 가운데 가장 이채를 띠는 것은 왕희손이었다. 그는 신재식에게 다양한 학술 정보를 제공했으며 한학(漢學)과 송학(宋學) 양쪽 모두 버려서는 안 된다는 입장에 서서 한학 무용론을 주장하는 신재식을 설득하려 했다. 또한 그는 관료로서 스스로 근신할 것을 권면하는 말까지 했다. 즉 그는 만약 관료로서 있을 수 없는 부정을 스스로 저질렀을 경우, "번개여, 나의 몸을 쳐라, 불이여 우리 집을 태워버려라"고 관제묘와 성황묘에서 기도한 적이 있다고 고백했다. 왕희손은 고증학자로서 유명했던 부친 왕중(汪中)을 이상할 정도로 현창하는 등 약간 기이한 느낌이 드는 인물이지만, 한편으로 전근대 중국에서 지극히 보기 드문 유형의 '국제인'의 한

2 楊晉龍主編, 『汪喜孫著作集』(臺北, 中央研究院中國文哲研究所, 2003).

3 본서 제8장.

사람이었다.

이처럼 왕희손이 조선 지식인과 친밀하게 교제했다는 사실은 예전에 비해 훨씬 분명히 밝혀졌다고 봐도 될 것이다. 그런데 그가 베트남 사절과 교제했다는 사실은 지금까지 거의 알려지지 않았다. 『왕희손저작집』에 수록된 사료를 비롯하여 지금까지 소개된 그와 관련된 문헌에서 그가 베트남 사절과 교류한 흔적은 일절 발견할 수 없었다. 그런데 왕희손이 베트남 사절과 교류한 사실을 보여주는 사료가 발견됐다. 베트남인 범지향(范芝香)의 『미천사정시집(郿川使程詩集)』이 바로 그것이다. 이 시집은 베트남 완조(阮朝)가 북경에 파견한 사절의 한 사람인 범지향이 중국을 여행할 때 써서 남긴 것이다. 필자는 2003년 12월 베트남 하노이 자료조사 도중 동행한 연구자와 함께 하노이국가대학(Vietnam National University, Hanoi)을 방문했고, 하노이국가대학의 호의로 아직 정리되지 않은 사료군(史料群)을 조사할 수 있었다. 조사하던 중 우연히 왕희손의 아호인 '왕맹자'(汪孟慈) 세 글자를 발견하고 크게 놀랐다. 본 보론은 범지향의 『미천사정시집』을 소개하면서 범지향과 왕희손 사이에 교환된 수편의 시를 제시하면서 지금까지 알려지지 않은 왕희손의 일면을 고찰하려 한다.

2. 『미천사정시집』과 범지향의 여청행

하노이국가대학의 미정리자료실에 소장된 범지향의 『미천사정시집』은 세로 18.5㎝, 가로 13㎝의 초본(抄本)으로 46장으로 이뤄져 있다. 권두 제1행에 '郿川使程詩集'이라고 묵필로 쓰여 있고 그 아래에 자필(紫筆)로 '范芝香先生'이라 쓰여 있다. 범지향 선생이라는 자필은 본문 중의 주점(朱點)과 함께 본인이 아닌 후세의 사람이 가필한 것으로 생각된다. 다만 이것만으로 이 책의 저자가 범지향이라고 단정할 수는 없지만, 후술하는 근거에 의해 이 책의 저자가 범지향이라는 것은 의심할 여지가 없기 때문에 여기서는 그를 저자로 하여 서술하고자 한다. 다행히 『미천사정시집』은 월남한남연구원도서관(越南漢喃研究院圖書館)에도 소장되어 있다. 이 소장본이 보다 좋은 텍스트이기 때문에 본 보론에서는 이를 저본(底本)으로 한다.[4]

『대남정편열전이집(大南正編列傳二集)』에 범지향의 전기가 기록되어 있다.[5] 이에 따르면 범지향의 아호는 사남(士南)이며, 해양당안(海陽唐安) 사람이다. 1828년(도광 8, 阮朝明命 9) 향시에 합격하여 관계에 입문했다. 소치(紹治, 1841–1847) 연초에 한림원시독학사(翰林院侍讀學士)가 되어 사관편수(史館編修)를 담당했다. 1845년(도광 25, 소치 5) 홍려사경(鴻臚寺卿)이 되었으며 그해 여연부사(如燕副使)에 임명되었다. 『미천사정시집』을 쓴 것은 바로 이때였다.

베트남 완조는 청조 북경에 가는 사절단을 '여청사부'(如淸使部)라 하였고 4년에 한 번 파견하는 것이 통례였다. 사절단 파견 목적은 경하(慶賀, 축하), 청책(請冊, 책봉의 청구), 사은(謝恩), 진향(進香, 조문) 등이었다. 사절단의 정사를 여청정사(如淸正使), 부사를 여청부사(如淸副使)라 불렀다.[6] 여청부사는 2명이 임명되었다. 한 사람은 여연갑부사(如燕甲副使), 다른 한 사람은 여청을부사(如淸乙副使)라 불렀다. 여청(如淸)의 여(如)는 '간다'는 뜻으로, 즉 여청은 청조에 간다는 의미이다. 여청사부를 아명(雅名)으로 여연사부(如燕使部)로 부르기도 했다. 연(燕)이 북경의 아명이라는 것은 말할 필요도 없으며, 이는 바로 중조관계사에서 말하는 연행사이다. 『대남정편열전이집』의 범지향전에 "여연부사에 임명되었다"(充如燕副使)

---

4 復旦大學文史研究院 · 漢喃研究院編, 『越南漢文燕行文獻集成』(上海, 復旦大學出版社, 2010, 제15책). 『越南漢喃文獻目錄提要』(臺北, 中央研究院中國文哲研究所, 2002), 758면.

5 『大南正編列傳二集』 권29(『大南寔錄』 20, 東京, 慶應義塾大學言語文化研究所, 1981, 7925면).

6 『欽定大南會典事例』 권128, 禮部60, 邦交, 遣使事宜. "凡如淸, 例四年遣使一次, 如遇有慶賀 · 請封 · 謝恩 · 進香諸禮, 奉有遣使. ……其請封使部正使用二品官, 甲乙副使用三四品官". 여청사부, 여청정사, 여청부사의 명칭은 이 사료에 많이 등장한다.

고 기록된 것은 바로 이러한 이유 때문이었다.

그런데 범지향은 청조에서 귀국한 후 예부좌시랑 등의 관직을 역임했으며 1852년(함풍 2, 嗣德 5) 여청정사(여연정사)로 다시 북경에 파견되었다. 뒷날 여연사의 기록에 의하면, 그가 다시 중국에 파견되었을 때는 태평천국의 난이 발발했을 때였다. 그는 광서성 오주부성(梧州府城)에서 태평천국의 군대에 포위되었다.[7] 그가 세상을 떠난 것은 1871년(동치 10, 嗣德 24)으로 당시 그의 나이는 67세였다. 그의 저서로는 『성요초집(星軺初集)』과 『성요이집(星軺二集)』이 있다. 바로 이 『미천사정시집』이 『성요초집』에 해당되는 것은 아닐까 한다.

『미천사정시집』에는 여청 즉 연행의 연대가 어디에도 명확히 기록되어 있지 않다. 그러나 이때의 북경 여행은 1845년(도광 25, 소치 5)의 다음해 설날 아침 북경 자금성의 태화전에서 행해진 정조(正朝)의 의식에 참석하기 위해서였다. 그것은 그가 북경에서 조선연행사인 이유원(李裕元)과 만나 '증조선서장이학사유원제선(贈朝鮮書狀李學士裕元題扇)'이라는 제목의 시를 지어 선물한 사실에서 분명하다. 이유원은 두 번에 걸쳐 연행했지만 서장관으로 간 것은 1845년(도광 25, 헌종 11)이었다.[8] 『흠정대남회전사례(欽定大南會典事例)』 권128, 방교(邦交)에 기록된 파견 기록과 대조해 보면, 소치 5년의 기록에 "예부우시랑 장호합(張好合), 홍려사경 범지향, 시강학사(侍講學士) 왕유광(王有光)을 사은사부(謝恩使部)의 정·부사에 임명했다."고 되어 있다. 또한 『미천사정시집』에 정사(大陪臣禮部侍郎張亮軒) 및 을부사(三陪臣侍講學士王濟齋)와 증답창화(贈答唱和)한 시가 있기 때문에 이 시집의 작자는 3명의 정·부사에서 이 두 사람을 제외한 여청갑부사라는

---

7 阮思僩, 『燕軺筆録』, 戊辰(1868, 同治 7, 嗣德 21년) 8월 5일. "梧州被圍之年, 在圍城中, 與我使部鄙川范公·阮唐川及劉武諸人, 周旋者久".

8 『同文彙考補編』 권7, 使行録(『同文彙考』[韓國史料叢書제24, 서울, 국사편찬위원회, 1978]), 1737면. 이유원의 두 번의 연행에 대해서는 본서 제15장, 694면. 또 李裕元, 『嘉梧藁略』(『韓國文集叢刊』 제315·316집)은 범지향과 해후한 기록을 일체 싣지 않았다.

사실이 알려져 있다. 이러한 세 가지 점에서 시집의 작자가 범지향이라는 것을 확정지을 수 있다.

이 여청사는 『미천사정시집』에 의하면 1845년(도광 25, 소치 5) 초가을인 7월 베트남과 청 사이의 국경에 위치한 진남관으로 입국했다. 그리고 광서성 태평부(太平府), 오주부(梧州府), 계림부(桂林府), 호남성 장사부(長沙府), 호북성 한양현(漢陽縣), 하남성 언사현(偃師縣), 하북성 한단현(邯鄲縣)의 경로를 경유하여 연말에 보화전(保和殿)의 연회에 참석하고 다음해 설날 아침 태화전에서 거행된 정조(正朝)에 참석했다. 그리고 원소절 1월 15일 다음날 원명원(圓明園)에서 거행된 연회에 참석했다.[9] 북경을 떠난 것이 언제쯤인지 분명하지 않다. 단, 귀로의 하북성 보정부(保定府)를 지날 때 "춘풍 막 불으려 할 때 비로소 풀의 싹 돋는구나(春風垂半草初萌)."라고 읊은 사실, 하북성 한단현을 지날 때 "녹색의 버드나무 가지 낮게 드리워져(綠柳枝低紫陌平)."라고 읊은 사실로 볼 때 이들 지역을 지나간 것은 2월 혹은 3월일 것으로 추정된다.

문제의 왕희손과 시의 증답이 이뤄진 것은 하남성에 들어가서였다. 앞에서 보게 될 범지향이 왕희손에 선물한 시에 "영천삼월우(潁川三月雨), 춘색만지두(春色滿枝頭)"라는 구절로 볼 때 하남성의 중앙을 북서에서 남동으로 향하여 흐르는 영하(潁河)를 건넌 것은 늦은 봄 3월이었다. 장강 동안의 무창(武昌)에 우뚝 서있는 황학루(黃鶴樓)를 다시 우러러 보았을 때도 '삼월모'(三月暮)라 읊었다. 그 후 갔던 길을 되돌아와 국경의 진남관에

9 『清代起居注册 道光朝』(國立故宮博物院藏, 臺北, 國學文獻館, 1985, 제80책, 047004면) 道光 25년 12월 26일의 조(條)에는 조선연행사에 대해 조선국 정사 이헌구(李憲球), 부사 이국순(李國淳), 서장관 이유원(李裕元)의 이름이 각각 기록되어 있다. 그러나 베트남의 여청사에 대해서는 "越南國陪臣張好合等三人, 入覲於神武門外, 跪迎聖駕"고 기록되어 있을 뿐으로 범지향의 이름은 보이지 않는다. 12월 29일 보화전에서 거행된 연회, 도광 26년 정월 원단에 태화전에서 거행된 의식, 정월 2일 자광각(紫光閣)에서 거행된 연회, 정월 16일 원명원정대광명전(圓明園正大光明殿)에서 거행된 연회의 기사에도 각각 월남국 배신陪臣 장호합(張好合)만이 보이고 범지향의 이름은 보이지 않는다. 그러나 태화전의 의식과 보화전, 자광각, 정대광명전의 연회에 모두 범지향이 출석한 것은 그의 시집으로 볼 때 확실하다.

도착할 때까지는 그의 행적을 확인할 수 있다. 하노이국가대학 소장본의 시집은 청조 국내서 쓴 시로 끝나지만 한남연구원 소장본은 '저관희성'(抵關喜成)을 제목으로 한 시로 끝난다. 그는 이 시에 "秋風偕我去年程, 來得秋成莫和嬴"이라 읊었기 때문에 진남관에 되돌아간 것은 정확히 1년 후의 가을이었다. 왕희손이 베트남에서 사신으로 온 범지향과 교류한 것은 청조의 연호로 말하면 도광 26(1846)년 3월, 혹은 더 넓게 잡아도 그해의 2월에서 3월에 걸쳐 있었다고 생각된다.

3. 범지향과 왕희손의 증답창화시(贈答唱和詩)

『미천사정시집』은 범지향이 왕희손에 선물한 시 및 왕희손이 범지향에 선물한 시를 수록하고 있다. 글 배치의 사정 상 범지향이 지은 시는 A · B · C의 기호를 붙였다. 이 가운데 C에서 G까지는 전부 왕희손이 먼저 범지향에게 지어준 시에 답한 차운시(次韻詩)이다. C' · D' · E'로 한 것은 왕희손이 먼저 지어준 시이기 때문에 본래 C'－C, D'－D의 순서이지만 사료에 기재된 순서에 따라 적어둔다. [ ]를 붙인 부분은 사료 원전에 2행으로 되어 있는 부분이다. 아래의 시 가운데 '청명(淸明)'시 한 수(首)는 왕희손과 직접 관계가 없지만 범지향이 그와 동행하여 가는 도중 지은 시가 틀림없기 때문에 참고를 위해 적어둔다.

題懷慶太守汪孟慈淸明栽藕圖

[太守江都人, 姓汪, 名喜荀, 河南省派委送使. 途閒相與款洽, 因出手卷圖軸請題. 圖中繪畫先君子塋域, 左右湖山, 松柏蒼翠, 前有蓮池, 乃祭墓時所栽植, 名曰淸明栽藕圖.]

A 江城君子宅, 春雨蓮花塘, 君子有潛德, 蓮花宜遠香, 孺懷新隴表, 手澤舊楹藏, 雲天宦遊侶, 對此同悲傷.

B 襟帶湖山共宛然, 分明佳兆卜牛眠, 地靈已長千尋栢, 新雨宜栽十丈蓮, 世德遺芳青簡裡, 子心揮淚白雲邊, 維桑與梓同瞻仰, 孝若碑銘信可傳.

次韻酬答汪太守孟慈四首

C 矯矯懷州守, 英標自夙成, 江山此跋履, 膂力方經營, 星斗樽前落, 風雲筆下生, 不才天外客, 詩社感同盟.

C' [孟慈原柬. 虛名匪實學, 文行兩無成, 細數當年事, 徒勞百歲營, 此心合千古, 何事慰平生, 行路非恆久, 常悏車笠盟.]

D 潁川三月雨, 春色滿枝頭, 鳥語花林暮, 人還桂嶺秋, 雲路懷聯轡, 詩城愧礪矛, 經綸本忠孝, 持此慰康侯.

D' [原柬. 忠孝平生志, 詩書慰白頭, 客何來萬里, 我亦自千秋, 晨起思題柱, 夜眠莫枕矛, 立功今廿載, 命蹇不封侯.]

E 卓然聲績讓誰尤, 五馬門高雨露稠, 東壁圖書相與暇, 春垣鴻雁不知愁, 禮文自信通重譯, 聲氣何嘗限九州, 冠蓋明朝各岐路, 綠波江浦幾回頭.

E' [原柬. 不是歸程阻石尤, 回車猶戀主恩稠, 九霄雨露由天降, 十道煙花滿地愁, 何日從征膺上賞, 即看奉使出中州, 皇華四牡留嘉什, 我亦題詩最上頭.]

F 近從偃邑聞佳唱, 共識江都富綺辭, 蘭室有香偏耐久, 陽春難和莫嗔遲, 天空雁字題雲錦, 日煖鶯梭織柳絲, 獨有關河未歸客, 曉鍾斜月倚欄時.

F' [原柬. 聞道使車題驛壁, 傳來王建有新辭, 五言詩壘長城在, 萬里關山歸訊遲, 紅杏花殘春寂寂, 綠楊鞭影雨絲絲, 宦遊獨有懷州守, 臨水登山送客時.]

次韻答謝汪太守贈別

G 綠樹青山遠送人, 輕風紫陌惹香塵, 陽春一唱離亭曉, 散入梅花別樣新.

G' [原贈. 風風雨雨送行人, 客舍青青雨浥塵, 不是陽關三弄笛, 確山城

外柳初新.]

清明

隔歲征軺三月天, 申陽道上策吟鞭, 曉鶯啼破千山霧, 新柳飛斜萬井煙, 中酒客閒催蹴䠞, 折花人倦倚鞦韆, 近來詩瘦知多少, 鄉國韶華又一年.

留別汪太守孟慈

H 周原冠蓋遠相將, 海内論交識大方, 詩伯樽前散珠玉, 鄴侯架上出縑緗[臨別, 太守以汪氏家書一部見贈, 故云], 百人鴻爪人南北, 一曲驪駒柳短長, 日暮征車回首望, 春山無數樹蒼蒼.

그런데 이들 시는 우리에게 과연 무엇을 알려주는 것일까. 우선 베트남 완조의 범지향이 중국 여행 가운데 왕희손과 만난 것, 그와 나눈 증답시는 어떤 의미를 가지는지에 대해 검토하고, 그 다음으로 왕희손과 범지향의 증답시는 어떤 정황 속에서 지어진 것이며 어떠한 내용인지 검토하고자 한다.

우선 범지향에게 왕희손은 어떤 존재였을까. 『미천사정시집』에 의하면, 범지향은 이번의 중국 여행 중 총 5명의 청인에게 시를 지어 선물했다. 이 가운데 왕로의 호북성 한양에서 우연히 알게 된 거인(擧人) 장련벽(張聯壁, 자호는 次微)에게 왕로에 1수, 귀로에 8수를 지어 선물했다.[10] 민간인이라 해야 할 거인 장련벽을 제외한 나머지 4명은 모두 베트남 여청사를 여행길에서 접대한 지방관이었다. 첫 번째 인물은 광서성 태평부(太平府)의 지부(知府)인 오덕징(吳德徵, 宣三)이다. 태평부의 지부는 진남관을

10 복로(復路)에서 지은 시에 붙인 자주(自注)에 의하면 장련벽은 북경에서 돌아올 예정의 범지향을 오랫동안 한양 근처에서 기다리고 있었지만 만날 수 없었기 때문에 먼저 황주(黃州)로 돌아갔다. 이때 범지향을 위한 송별시 8수를 지어 남겨두었기 때문에 범지향은 차운시 8수로 이에 화답했다.

넘어온 베트남 여청사가 가장 먼저 들어가는 부성(府城)을 주재하는 관료였으며, 베트남이 중국 각 성 가운데 가장 관계가 깊은 광서성에 문서를 송부할 경우 이를 조정에 전달하는 지방관이기도 했다.[11] 베트남에서 온 사절이 태평부 지부와 시의 증답을 하는 것은 지극히 당연한 것이었다.

두 번째 인물은 가석당(賈石堂)이라는 인물이다. 그는 호남성 장사부성(長沙府城)에서 상강(湘江)을 내려가 굴원(屈原)이 물에 빠져죽었다고 전해지는 멱라(汨羅)를 지난 곳에서 읊은 '次韻答謝江州賈石堂'과 '江州賈石堂以詩集見貺, 再成一律寄謝'의 두 수를 남겼다. 그의 이름은 귀로에 광서성 남령부(南寧府)에 돌아온 뒤 읊은 '贈別江州賈石堂[石堂至南寧告別. 且以試闈硃卷見贈]'에 다시 등장한다.[12] 가석당이라는 인물이 어떤 직위에 있는 인물인지 알려면 이 시의 한 단 앞에 놓인 '長送泗城知府劉銘之[大烈]惠贈對聯詩扇, 走筆答謝二律'에 등장하는 유대열(劉大烈)이 어떤 인물인지, 그리고 청조의 베트남 사절 영송(迎送) 방식을 설명할 필요가 있다.

『흠정대청회전사례(欽定大淸會典事例)』의 규정에 의하면 각국에서 조공으로 북경에 오는 사절에게 '영송관(迎送官)'이라 부르는 반송(伴送)의 관리가 배치되었다. 영송관은 사절을 경호함과 동시에 여정에서 불편함이 없도록 다양한 배려를 했다. 청조는 베트남 사절에게 국경인 광서성에서 반송을 시작하여 반환점인 북경에서 광서성으로 되돌아올 때까지 모든 일정의 '장송(長送, 長行伴送)'을 배치했다. 그리고 사절 일행이 경유하는 각 성은 성별로 릴레이식으로 영송관을 배치했다. 일행의 전 여정을 영송하는 장송에 대해 성 단위로 영송하는 관리를 '단송(短送)'이라 불렀

11 『欽定大南會典事例』 권128, 禮部, 邦交, 投遞文書. "凡投遞淸國廣西省公文, 均由諒省具文, 交淸國太平府認辦". 또 광동성에 보낸 공문은 광동성 흠주부(欽州府)가 전달했다.

12 본문에서 '시위(試闈)'로 기록한 것은 원전에는 '시위(試圍)'로 되어 있다. 잘못 옮겼거나 음역한 것으로 간주하여 이와 같이 적었다.

다.[13]

'장송'인 사성부(泗城府) 지부 유대열은 모든 여정을 함께하는 수행원으로 반송 임무를 담당한 인물이었다. 본래의 직위는 광서성 사성부 지부였다. 이 장송은 광서성의 관료가 맡는 것이 통례였지만 그렇게 결정되어 있는 것은 아니었으며 지부로 정해져 있는 것도 아니었다. 예를 들면, 1803년(가경 8)의 장송은 광동성 뇌경도(雷瓊道)의 도원(道員)이었다.[14] 참고로 같은 베트남 여청사인 배문사(裴文禩)가 1876년(광서 2, 사덕 29)부터 이듬해에 걸친 여정에서 지은 시를 수록한 『만리행음(萬里行吟)』에 의하면, 이때 장송을 담당한 관리는 예무례(倪懋禮)라는 인물이며 거인(擧人)으로 관료에 등용되어 당시는 광서보용도(廣西補用道)였다.[15] 가석당은 지방관의 직함이 전혀 보이지 않는다. 강주(江州)가 광서성 태평부 토강주(土江州)라는 것은 의심의 여지가 없다. '次韻答謝江州賈石堂'에서 붙은 가석당의 시에 "聯舟萬里悟前因, ……長安同詠太平春"이라 읊은 부분이 있다. 이 시는 그가 범지향 일행과 만리를 함께 하고 같이 북경에 도착할 예정이라는 것을 나타내준다. 이 시는 그가 호남성 멱라를 지난 곳에서 지은 것이기 때문에 그도 또한 장송의 일원이며 게다가 관직이 적혀 있지 않은 것으로 볼 때 꽤 직위가 낮은 장송 수행원이었을 것으로 추정된다. 그렇다면 범지향이 그의 시집에 수록한 증답시로 교류한 4명의 영송관 가운데 2명은 장송이었던 것이다. 범지향이 광서성에서 긴 여행을 출발하여 다시 광서성에 돌아오는 수천 킬로를 함께 고생한 사람들에게 시를 증답한 것은 지극히 당연하다고 할 수 있다.

---

13 『欽定光緒大淸會典事例』 권510, 禮部, 朝貢, 迎送(臺北, 新文豐出版社公司, 1976, 11848면). "乾隆三十六年議准. ……又諭, ……嗣後各省貢使到境, 該撫即於同知通判中遴委一員, 應用武辨者竝酌派守備一員, 長行伴送至京, 俾沿途照料彈壓, 竝一面知照經過各省, 豫行添派妥員, 護送遄行, 按省更替, 庶不致委員逾省, 呼應不靈. 其回國時, 仍令原派員長送, 經過各省, 亦仍委妥員, 護送出境". 단송의 명칭은 배문사의 『萬里行吟』에 등장한다.

14 상게서, 11849면.

15 裴文禩, 『萬里行吟』(東洋文庫藏) 권1, "小泊畫眉塘和倪心畊(懋禮)觀察元韻".

왕희손은 4명의 청조 지방관 가운데 이상의 3명을 제외한 인물임에 틀림없다. 그는 위에 게재한 인용문의 2행째의 [ ]에 보이는 것처럼 "하남성이 파견하여 사절을 접대한" 관료, 즉 단송이었던 것이다. 단송은 각 성별로 파견되어 릴레이방식으로 베트남 사절을 접대하는 임무를 담당했기 때문에 일행의 통로에 해당되는 광서성, 호남성, 호북성, 하남성, 하북성의 각 성에서 파견된 인물이었다. 왕로와 귀로 모두 각 성별로 단송을 파견했다고 한다면 총 10명이 된다. 왕로, 귀로 모두 동일 인물을 파견한다고 가정해도 최소 5명이다. 덧붙여 말하면『만리행음』의 배문사는 적어도 왕로의 호남성, 호북성, 하남성에서 파견된 단송과 시를 증답한 것이었다.

범지향에게 왕희손은 각 성에서 수없이 반송한 단송 가운데 유일하게 시로 교류한 인물, 적어도 주고받은 시를 자신의 시집에 유일하게 게재할 만큼 가치 있는 인물이었다. 또한 위에서 언급한 것처럼 왕희손에게 지어준 시는 모두 8수에 달했다. 이에 필적하는 것은 민간인 거인(擧人)의 장련벽에게 지어준 9수가 있을 뿐이다. 이 가운데 8수는 장련벽이 한양(漢陽) 부근에서 범지향이 돌아오는 것을 손꼽아 기다리다 못해 8수의 시를 지어두고 송별하려 한 시에 차운한 것이기 때문에 비교의 대상이 되지 않는다. 즉, 범지향에게 왕희손은 그가 시를 주고받은 중국 지식인 가운데 특별히 중요한 인물이었던 것이다.

왕희손은 상기 '제회경태수왕맹자청명재적도(題懷慶太守汪孟慈淸明栽藕圖)' 및 자신이 붙인 주(注)에 보이는 것처럼 그는 당시 하남성 회경부(懷慶府)의 지부로서 하남성 파견의 단송의 자격으로 범지향을 수행했다. 그가 하남성의 어디에서 어디까지 영송한 것인지는 분명하지 않지만 H의 유별(留別)의 다음 시가 하남성 남부의 확산현(確山縣)에 이르기 전에 지은 시이기 때문에 하남성의 단송을 담당하기는 했어도 북쪽의 성의 경계에서 맞이하여 남쪽의 성의 경계에서 송별하는 것과 같이 전 여정을 밀착 수행한 것이 아니라는 것은 분명하다.

왕희손이 정식으로 하남성 회경부의 지부가 된 것은 1845년(도광 25) 2월이었다. 사실은 취임 6년 전인 1839년(도광 19)부터 이미 하남성에서 황하의 보수 공사를 담당하고 있었다. 그가 하남성에서 행한 최고의 치적은 이 하천공사였다. 특히 그는 1844년(도광 24)부터 담당한 제방공사에서 이 해의 가을부터 다음해 봄까지 현장에서 오두막집 생활을 했다. 때때로 땅 위에서 잠자리를 했기 때문에 그 후 그는 매년 여름 각기병을 앓았다. 1847년(도광 27) 여름 감기에 걸려 입에서 침이 흘러나오고 왼손은 마비되기에 이르렀다. 그해 여름 각기병을 앓으면서도 수해와 한해(旱害)로 고통받는 백성을 버려둘 수 없다며 자식들이 제지하는 것도 뿌리치고 사직(社稷)에 제사 지내려 간 것은 그해 8월 2일이었다. 이러한 무리한 행동으로 인해 그가 세상을 떠난 것은 다음날 8월 3일이었다. 당시 그의 나이는 62세였다.[16]

왕희손이 범지향 등의 베트남 여청사 사절을 송영한 것은 이미 말한 대로 1846년(도광 26) 3월경이었다. 당시 황하는 지극히 위험한 상태였다. 그는 1845년(도광 25) 2월 회경부 지부로 임명되고 나서 황하의 정황을 시찰하고, 다음해 4월부터 대규모 하천공사에 들어가 현장감독을 담당했다. 범지향과 교류한 1846년(도광 26) 3월은 바로 그 직전이었다. 또한 매년 여름 그를 괴롭혔던 각기병은 아직 발병하지 않은 화창한 봄 3월이었다. 당시는 지방관으로서 제방공사에 몰두하던 그에게 보기 드문 비교적 평온한 때였다. 이때 왕희손의 나이는 61세, 상대방 범지향은 42세였다. 이 정황을 염두에 두고 다시 두 사람의 시를 검토해보자.

왕희손은 범지향 일행의 수행을 하면서 적당한 때에 '청명재적도(淸明栽藕圖)'를 꺼내 그에게 시를 지어달라고 요청했다. 청명(淸明)은 말할 것도 없이 봄의 성묘, 묘지 청소하는 절기이다. 묘지는 바로 그의 부친 왕중(汪中)의 것이었다. 범지향에게 자신의 부친의 묘지 관련 그림에 시를

16 앞의 주 2, 저작집, 1282~1291면.

지어달라고 요청한 것에서 '효자' 왕희손의 면목이 생생하게 드러난다. 그가 지은 부친 관련 그림으로서 지금까지 알려진 것의 하나는 '예당수경도(禮堂授經圖)'이다. 왕희손은 어릴 적 부친에게서 경문독해의 초보를 배웠고 이를 그의 자찬연보(自撰年譜)에도 적었다. 그리고 부친 사후에 온 정성을 담아 '예당수경도'를 그리고 많은 지인에게 그곳에 제문(題文)과 제시(題詩)를 부탁했다.[17] 유봉록(劉逢祿)의 '예당수경도기(禮堂授經圖記)'에 의하면 왕중이 죽은(1794년, 건륭 59년) 지 18년 뒤에 왕희손으로부터 도기(圖記)를 받았다는 것으로 볼 때 늦어도 1812년(가경 17)에 '예당수경도'가 이미 제작되어 있었던 것으로 보인다. 또한 자찬연보에 의하면 1813년(가경 18) 오자학(吳慈鶴)이 수경도보(授經圖譜)를 만들어주었다고 한다. 만약 이것이 같은 것이라면 그때 이미 제작되어 있었다는 것이 된다. 이와 별도로 '전경도(傳經圖)'라는 것이 있는데 이 또한 부친 왕중의 유덕을 현창하는 그림이었다. 완원(阮元)의 전경도기(傳經圖記)는 1828년(도광 8)에 쓰인 것이기 때문에 전경도는 늦어도 그해 이전에 제작된 것으로 보인다.[18] '예당수경도기', '전경도'와 다른 수경도(授經圖)라는 것이 있었던 것 같지만 제작연대는 분명하지 않다.[19] '청명재적도'는 지금까지 알려지지 않았던 그림이다. 북경대학도서관에 왕희손 자필 원고의 시집 '포박재시집(抱璞齋詩集)'이 소장되어 있다. 이 시집은 그가 1842년(도광 22)까지 지은 시를 수록하고 있기 때문에 범지향과 해후하는 4년 전의 시기가 된다. 따라서 이 시집 가운데 '청명재적도' 관련 시와 기사는 포함되어 있지 않다.[20] 왕희손은 60세 전후의 나이에도 부친을 그리워하는 그림을 직접 그렸던 것 같다. 그리고 오히려 외국의 문인에게 자신이 그린 그림에 시를 써달

---

17 상게서, 1016~1022면, 劉逢祿撰, 「禮堂授經圖記」 등. 또 1178면 이하, '汪荀叔自撰年譜'.

18 상게서, 1325면.

19 상게서, 1326면.

20 상게서, 246~370면.

라고 요청했던 것이다. 그가 죽기 전년의 일이었다.

다음으로 주목해야 할 것은 C－C' 시의 증답(贈答)이다. 두 수의 시에서 왕희손이 하천공사로 이리저리 쫓아다니며 악전고투하던 자신의 모습을 범지향에게 말한 것을 엿볼 수 있다. "江山此跋履, 膂力方經營", 즉 "산하를 발섭하며 혼신의 힘으로 일에 힘을 쏟다"고 한 것은 그러한 사실을 보여준다. 그가 하천공사에 혼신의 힘을 다하고 있었던 것은 당시 유명했다. 그래서 왕희손은 자신을 "허명(虛名)이지 실학(實學)이 아니다. 글도 행동도 둘 다 이룬 게 없다"고 겸손하게 말했던 것이다. 우리는 그의 말에서 지방관으로서 업무에 정진하는 왕희손의 자부심을 간파해야 한다. 그렇다고 해도 "변변치 못한 당년(當年)의 일, 헛된 백세(百歲)의 영위"는 너무나 어둡고 또한 과장된 표현이다. "가령 나의 마음이 천년 이상 변치 않는 올바름과 일치한다 해도 무엇이 내 평생을 위로해줄 것인가(此心合千古, 何事慰平生)."라는 표현은 더욱 과장되어 보인다. 이런 말은 다음해에 죽음을 앞둔 왕희손 자신의 솔직한 심정이었을 것이고, 늙어 앞이 짧은 일개 지방관이 현장에서 토로한 심정이었을 것이다. 바꿔 말하면, 자신의 영위를 천고의 역사 가운데서 하찮은 영위의 하나로 자리매김하면서 황하의 제방공사에 임하고 있던 인물이 당시 있었다는 간증으로서 매우 흥미롭다. 이 시가 한 사람의 외국인에게 지어준 노래라는 점에서도 흥미롭다. 외국인은 '실학', '문(文)·행(行)', '차심합천고' 등 실로 올곧은 말을 한 왕희손을 회상하게 될 것이다. 그 가운데서도 '차심합천고'는 왕희손이 42세 때 조선의 신재식에게 자신은 관제묘와 성황묘에서 "부정이 있다면, 벼락이여 나의 몸을 쳐라, 불이여 우리 집을 태워버려라"고 기도했던 적이 있다고 고백한 것을 상기시킨다.

D－D'의 증답시도 매우 진솔하면서도 어둡다. C'－C에서 왕희손은 고통스러운 지방관의 업무를 시를 통해 친구에게 위로받으려 했다. 그러나 그는 D'에서 "충과 효는 평생의 뜻"이라고 솔직하게 성실한 표현을 사용했다. 제주(題柱)는 한(漢)의 사마상여(司馬相如)가 고향의 승선교(昇仙橋)

의 교각에 드디어 영달하여 귀환할 때는 사두마차로 이 다리를 건너겠다는 의지를 나타낸 것이다. 그리고 “공을 세운 지 올해로 어언 20년이 되었어도 운명 순탄치 못해 제후로 봉해지지 않고”라고 자조적으로 말했다. 왕희손과 범지향이 여행을 함께 한 하남성은 마치 “중원에서 노루를 쫓는” 땅이어서 경유지 곳곳에 수많은 옛 전쟁터가 있었기 때문에 전쟁으로 “왕후에 봉해진다”고 하는 시대적인 표현을 사용했을 것이다. 또한 농담의 감각도 섞여 있을 것이다. 그러나 결과적으로 그는 범지향으로 하여금 “천하를 다스리는 데는 충효를 근본으로 한다. 이 충효의 마음을 가지고 있으면 나라를 평안하게 하는 제후와 같다.”고 말하게 했다. 왕희손은 진사(進士) 출신이 아닌 거인(擧人) 출신자였다. 이상에서 왕희손은 억누를 수 없는 자신의 처우에 대한 불만, 현재의 지위에 대한 불평, 간단히 말하면 “자신은 혜택받지 못하고 있다”는 불만을 가지고 있었다는 것을 간파할 수 있다.

마지막으로 왕희손은 범지향에게 ‘왕씨가서(汪氏家書)’ 일부를 선사했다. 여기서 말하는 ‘왕씨가서’가 구체적으로 어떠한 책이었는지는 분명하지 않다. 그러나 『고아편(孤兒編)』, 『왕씨학행기(汪氏學行記)』, 혹은 『왕씨총서(汪氏叢書)』 등 왕씨와 관련된 것이었을 가능성이 크다. 왕중의 『술학(述學)』일 가능성도 있다. 후지쓰카 치카시는 왕희손이 『술학』, 『선유림연보(왕중연보)(先儒林年譜(汪中年譜))』, 『수모소기(壽母小記)』, 『맹자자정연보(孟慈自訂年譜)』, 『상유기(尙友記)』를 조선의 김정희에게 선물한 것을 분명히 밝혔다.[21] 또한 신재식의 『필담』에 의하면 왕희손은 왕중의 『술학』을 선물하고 싶다는 희망을 밝히고 더욱이 왕중의 필적과 자가의 문집 수권을 보여주고 여기에 글을 써달라고 요청했다.[22] 그가 선물한 ‘왕씨가서’가 부친

21 앞의 주 1, 藤塚鄰 저서, 410~416면.

22 申在植, 『筆譚』 丁亥(道光 7년) 정월 9일. 甘泉(汪喜孫)曰, 先君述學一册, 又此奉贈. 같은 책, 정월 21일. “甘泉出示其先君墨跡及自家文集數册, 曰, 願求先生題數語耳”.

왕중의 저서 혹은 왕씨 가문과 관련된 책이라고 한다면 그가 부친 왕중 및 왕씨 가문 관련 저작을 조선뿐 아니라 월남에까지 기회를 포착하여 선전하려한 것을 보여주는 사례라 할 수 있다.

4. 맺음말

이상에서 1846년(도광 26, 소치 6) 베트남의 범지향과 중국 청의 왕희손 사이에 짧은 기간이었지만 교류가 있었던 것을 소개하고 그들이 기록으로 남긴 시문에 근거하여 왕희손의 언동을 추적했다. 마지막으로 하나 남아 있는 문제가 있다. 즉, 하남성에서 베트남 사절을 영송하는 임무, 즉 단송의 임무가 왜 왕희손에게 맡겨졌는가라는 문제다.

이미 본 것처럼 『흠정대청회전사례』의 규정에 성(省) 수준의 영송관을 누구로 할 것인지의 선택은 담당 성의 순무(巡撫)에 일임되어 있었다. 그러나 규정상 영송관은 동지(同知)·통판(通判) 가운데서 선택하도록 되어 있었지만 왕희손의 경우는 이들보다 한 단계 혹은 두 단계 높은 지부(知府)였다. 또한 청조 도광 20년대는 지방관의 한정된 정원에 비해 실제로 관리가 될 수 있는 자격을 가진 자는 넘쳐났으며 각 성의 순무는 자신의 휘하에 정해진 임무를 부여받지 못해 임명을 기다리는 관료를 다수 보유하고 있었다. 이들을 후보인원이라 불렀다. 그들의 상당수는 연납출신자(捐納出身者) 즉 금전으로 관직을 산 인원이었다.[23] 현지의 하남성의 성도인 개봉부에도 정식의 관직 자리가 생길 것을 기다리던 관료가 다수 있었을 것이다. 시대는 약간 지나 배문사의 『만리행음』에 등장하는 호남성 단송으로 임명된 성경불(盛慶紱)은 "진사로 합격한 지 18년이 지났지만

23 청대의 후보제도 및 연납(捐納)에 대해서는 伍躍, 『中國の捐納制度と社會』(京都, 京都大學學術出版會, 2011) 제4장 「捐納出身者の登用と候補制度」.

아직도 보용도함즉보지부(補用道銜卽補知府)였다. 실제로 관직을 얻지 못한" 인물이었다.[24] 호북성 단송에 임명된 양은수(楊恩壽)도 거인 출신으로 염운사함(鹽運使銜)의 직함을 가진 인물에 지나지 않았다.[25] 하남성에도 실제 관직에 취임하지 못한 이른바 후보인원은 넘쳐났을 것이다. 순무는 그들에게 임시의 업무를 부여하는 것으로 충분한데, 60세를 넘어 종종 건강 이상을 호소하는 왕희손을 일부러 선택하여 회경부성에서 먼 곳까지 출장을 명령할 이유는 없었다.

또한 당시 그보다 한 단계 혹은 두 단계 낮은 지위에 있는 인물이 임명되는 것이 보통인 것을 생각하면, 순무가 관계(官界)에서 매우 성실한 왕희손을 왕따한 것으로 추측할 수도 있다.

왕희손이 왜 선발되었는지에 대한 확실한 증거를 제시할 수는 없지만 다음과 같은 추측은 할 수 있다. 첫째 왕희손은 지부 관직의 지방관으로서는 전례가 없을 정도로 문명(文名)이 널리 알려져 있었다는 점이다. 둘째 그가 조선연행사들과 친밀하게 교제한 것이 알려져 있었다는 점이다. 『해외묵연』은 왕희손과 조선 지식인 사이에 교환된 학술 관련 문답집이었다. 이조망(李祖望)은 자신의 저서인 『계불사재문집(鍥不舍齋文集)』에 『해외묵연』을 수록하면서 그에 대해 1845년(도광 25) 5월 서문을 썼다.[26] 그때는 왕희손이 단송 영송관에 임명되기 1년 전이었다. 이조망이 서문을 쓴 것은 당시 『해외묵연』이 많이 읽혀지고 있었다는 것을 의미한다. 또한 왕희손이 외국인과 친밀하게 교제하고 있다는 것이 일부라고는 하지만 당시 알려져 있었다는 것을 나타낸다. 왕희손이 당시로서는 보기 드물게 '국제인'으로 알려진 것이, 60세를 넘긴 병든 노인을 특별히 베트남사절

24 앞의 주 15, 권2, 留別盛錫吾觀察의 自注. "錫吾擧進士, 至今十八年, 補用道銜即補知府, 尚未得實缺".

25 상게서, 권1, '次韻楊蓬海(思壽)都轉相見之作'의 자주. "蓬海 長沙人 擧人 歷陞鹽運使銜 充湖北短送."

26 앞의 주 2, 저작집, 1224면.

영송관의 '적임'자로 뽑게한 원인이었다고 생각된다.

(번역: 이정희)

보론 3

조선통신사가 찰지(察知)한 존황토막(尊皇討幕)의 언설(言說)

에도 시대에 일본을 방문한 조선 사절은 많은 견문기를 남겼다. 통신사록(通信使錄)이라고 해야 할 이 기록들에는 천황에 대해서 쓴 것들이 있다. 그들에 있어서는 천황이 정치적으로는 실권을 갖지 못한 것, '허위(虛位)' '시위(尸位)'에 있는 것은 상식적인 사실이었다. 천황이 국정이나 외교에 참여하지 못하는 것은 1443년에 내일한 신숙주(申叔舟)가 『해동제국기(海東諸國紀)』에 기록한 이래 역대의 통신사록에 계속 기술되었다. 1764년의 통신사 일행이 남긴 기록에 의하면 천황이 정치적 실권을 갖지 않는 것은 조선 국내에서도 유명했던 것 같다. 조선 속담에 "멍청하고 오만한 자를 비난하여 '왜황(倭皇)'이라 부르고", 또 "아무 일도 하지 않는데 높은 봉록만 받는 자를 '왜황제(倭皇帝)'라고 부른다"라는 일이 있었다고 한다.[1]

수많은 통신사록은 이 천황이 허위에 있는 모습을 답습해서 쓰고 있고 이것은 신유한(申維翰)의 『해유록(海游錄)』 즉 1719년의 일본에 갔던 기록

---

1 趙曮, 『海槎日記』(『海行摠載』 제4책, 朝鮮古書刊行會, 237면), 정월 28일. "中葉以後, 委政關白, 只稱帝位, 憑藉天神, 一朔內一望則修齋誦經, 一望則荒飮酒色, 諺所謂無所事而食厚俸者, 謂之倭皇帝." 또 뒤의 주석 4.

까지 기본적으로 변함이 없다. 그런데 1748년에 내일한 조명채(曹命采)의 『봉사일본시문견록(奉使日本時聞見錄)』에 의하면 그때까지 보지 못한 기술이 등장한다. '존황(尊皇)' '토막(討幕)'이라는 언설이 행해지고 있는 것을 살펴서 알아냈기 때문이다. 이러한 언설을 들은 것은 '왜경(倭京)' 즉 교토에서였다.

조명채는 자신의 통신사록의 '왜경'에서 "왜경에 와서 일하고 싶다고 생각하는 자는 있지만, 국금(國禁)에 묶여 조금도 움직이지 못한다. 그러나 스스로는 대개 '군신(君臣)의 분(分)'을 안다고 생각하고 있고, 늘 관백(幕府將軍)이 국정을 제멋대로 움직이는 것에 대해서 깊이 통심하며 분연히 한번 반정하려는 뜻을 갖고 있다."고 전한다. '반정(反正)'이란 『춘추공양전』에서 유래하는 말로서 정도(正道)로 돌아가는 것 즉 천황에 의한 친정을 부활하는 것이다. 조명채는 다시 "정의를 외쳐 군을 일으키려고 해도 현재의 정세에서는 할 수 없다"고 하면서도 "다이묘(大名)들은 모두 분노하고 전국(全國)이 같이 분개하고 있기 때문에, 때가 와서 정권을 엿볼 수 있는 폭동이 일어난다면 조만간 국내에 변란이 일어날지도 모른다"라고까지 말하고 있다.[2] 이러한 언설을 누구에게서 들었는지는 기술하지 않지만, 1748년의 단계에서 후의 토막(討幕)으로 연결되는 언설이 수군대고 있었던 것을 확실히 캐치하고 있다. 다케우치 시키부(竹內式部)가 천황(天皇)이나 공가(公家)에 존황론(尊皇論)을 강(講)하여 처벌된 '보력사건(寶曆事件)'이 일어난 것은 1758년의 일이다. 조명채가 파악한 것은 그보다 10년이나 앞선 일이다.

다음의 통신사 일행이 되면 이러한 종류의 언설은 보다 명확한 형태로

---

2 曹命采, 『奉使日本時聞見録』, 倭京. "自關白執國命擅威福之後, 倭皇便一尸位, 而只以年號歲曆頒行國中, ……有欲來仕倭京者, 而爲邦禁所拘, 不敢小動. 然自以爲粗識君臣之分, 而常於關白之擅國自恣, 深懷隱痛之志, 奮然有一反正之意. ……故諸太守敢怒, 而亦不敢動, 閭巷之閒則非無豪傑之士, 而因倭職之世襲, 不能見用於世, 身既無職則無手下所帶, 故雖欲倡義興師, 其勢亦不可得矣. 太守皆怒, 擧國同憤, 俟時闖發, 早晚國内之變則難保其必無矣."

기록되게 된다. 그것은 교토에 거주하는 나바 로도(那波魯堂)라는 유자(儒者)의 언동과 함께 보고되고 있기 때문이다. 1764년 통신사의 서기였던 성대중은 "나바 로도는 서경(西京, 京都) 사람이고 늘 왜황이 세력을 잃고 있는 것을 분개하여 이 이 문제에 이야기가 미치면 소매를 걷고 분언(奮言)하며 조금도 꺼리는 바가 없었다."라고 전한다.[3] 제술관으로 동행한 남옥은 왜황이 정치권력을 잃고 있는 것에 대해 '민사(民士)'는 팔을 걷어붙이고 마음을 평정히 할 수가 없다고 하면서 다음과 같이 말한다. 즉 "그런데 '이른바 천황'은 나라를 보는 것을 구름같이, 질투한다거나 노한다거나 하는 마음을 전혀 갖지 않고, 허호(虛號)를 쥐는 것을 즐거워하고 있다"고 말한다. '이른바 천황'이란, 천황이라고 그대로 말하는 것을 꺼려해서인지 조선사절 일행이 때때로 쓰는 표현이다. 또 남옥은 나바 로도 등에 대해서 "당신의 '황(皇)'이 정권을 총람하는 것은, 매가 사냥감을 잡는 것처럼 쉬운 일임에 틀림없다. 이것은 귀하게 여겨야 할 일이고 슬퍼해야 할 일이 아니다."라고 말하자, 나바는 "창론(創論)이다"라고 답했다고 한다.[4] 남옥은 나바에 좀 더 명확한 말, 명확한 토막을 의미하는 말을 토해내게 하고 싶어서 도발했을 텐데, 나바는 역시 꺼림칙한 것을 느껴 '창론' 즉 창견(創見)이라고 대답하는 데 멈추었을 것이다.

『선철총담후편(先哲叢談後編)』 권8에 수록된 나바 로도의 전기에 의하면 그는 본래 고학(古學)을 공부하여 오카 하츠쿠(岡白駒)를 사사(師事)했는데 후에 송학 즉 주자학으로 돌아섰다는 인물이다. 통신사 일행과 만난 것

3 成大中, 『槎上記』, 書日本二才子事. "師曾(魯堂)……獨愛慕我人, 托身於護行長老, 從吾輩於東武, 往返數千里. 日常一再見, 論古今人長短文章得失, 感慨跌宕, 意氣張甚. 最重南時韞(南玉)之才, 許以知己. 師曾西京人, 常憤倭皇之失勢, 閒或及之, 輒攘袂奮言, 不少顧忌."

4 南玉, 『日觀記』 권10, 皇系. "余曰, ……自安德以來, 權歸強臣, 尸居尊位. 我國之諺, 數慢輒曰倭皇. 今幾千年矣. 西京人士輩與之深語, 皆有憤惋慷慨之心, 以關白爲覇, 以天皇爲王, 或以關白謂莽操. ……民士之搤腕者, 或以失柄倒權, 心不能平, 而乃所謂天皇則視國如雲, 了不生歆羨忿疾之心, 樂擁虛號. ……余語師曾輩曰, 使爾皇總攬權綱, 當易幾爽鳩乎. 此可貴而不可悲者. 師曾以爲創論. 以今關白之威勢, 廢去虛位, 直一擧手事, 而猶不敢生心. 一生心則六十州鶻起而蜂集之矣".

은 이미 주자학으로 돌아선 후였다. 그는 교토 쇼고인손(聖護院村)에서 학숙(學塾)을 열어 학생을 가르치고 또 쇼고인왕부(聖護院王府)에서 시독(侍讀)을 하고 있었다고 한다. 그는 통신사가 오사카까지 오자 스스로 지원해서 에도와의 왕복에 동행했다. 즉 그는 통신사 일행과 가장 가까이에 있었던 한 사람이고 그들이 일본의 학술이나 정치의 정황을 파악하는 데 가장 영향을 준 인물이었다. 이번의 통신사 일행이 일본에서 '존황' 나아가 '토막'의 언설이 은밀히 들리고 있는 것을 찰지하는 데 있어서 그가 가장 중요한 정보원이었던 것은 틀림없다. 원중거는 나바가 "친왕(親王)의 교부(教傳, 교육 담당)이었다"라고 전하고 있고, 그가 천황가(天皇家)에 가장 동정을 품기 쉬운 환경에 놓여 있었던 것도 알고 있었다.[5]

『선철총담후편』에서는 나바가 이런저런 기행(奇行)의 당사자였던 것, 외계(外界)의 평판을 그다지 신경 쓰지 않는 인물이었던 것을 흥미롭게 전하고 있다. 이것은 남옥, 성대중, 원중거가 기록한 나바 로도 상과 거의 일치한다. 그에게는 『학문원류(學問源流)』라는 저작이 있고 주로 18세기 중엽 일본 유학의 동향을 전하는 것으로서 유명하다. 그런데 이 책에서는 그가 천황의 실권을 분개하여 절치액완(切齒扼腕)하고 이를 흥분해서 말하려는 인물이었던 것을 전혀 엿볼 수가 없다. 그에게는 또 『노당선생학칙(魯堂先生學則)』이 있고, 여기에서 학숙에 찾아온 학생들에 대해서 학문을 하는 마음가짐을 세세하게 설명하고 있다. 그러나 여기에서도 그가 통신사 일행에게 보인 것 같은 천황관(天皇觀), 또는 천황이 놓인 현상에 대한 분개를 엿볼 수는 전혀 없다. 아무리 외계의 것을 신경 쓰지 않는 기교(奇矯)한 인물이었다고는 하나, 토막으로 연계될지도 모르는 존황을 공언하는 것은, 그곳이 교토라도 너무 위험했다. 에도의 야마가타 다이니(山縣大貳) 등이 토막모반의 죄로 처형당한 것은 그 3년 후의 일이다.

남옥은 또 "서경의 인사와 깊이 마음속에서 서로 말한다면 그들에게는

---

5 元重擧, 『乘槎録』 정월 25일. "那波師曾字孝卿號魯堂, 居西京, 爲親王教傳."

모두 비분강개한 마음이 있고, 관백(關白, 將軍)을 패자(覇者)로 보고, 천황을 왕자로 보고, 관백을 왕망(王莽)이나 조조(曹操) 같은 찬탈자라고 생각하고 있다"라고도 전하고 있다.[6] '모두'라고 하는 것은 과장이었다고 해도 교토의 사람들은 통신사 일행이 외국인이어서인지, 은밀하지만 꽤 솔직히 그들의 심정을 털어놓았던 것이다.

원중거는 그의 일본 관찰에서 "에도의 정치가 문란해져, 찬탈자인 조조나 사마의(司馬懿) 같은 인물이 만약 각지에 태어났다면 왜황을 끼고 국권을 쟁탈하려고 꾀하는 자가 이 나라에 나타날지도 모른다"고 감상을 쓰고 있다.[7] 그로부터 약 백년 후 일본은 그가 예측한 대로 되었다. 그는 또 일본이 이런 사태가 되면 조선 본국에도 피해가 미칠지도 모른다고 걱정한다. 조선 남쪽 변방의 백성은 일본인과 친하게 지내 "풍속은 날마다 서로 배우는"현상이기 때문에 "유식자(有識者)는 우선 대비해두어야 할 것이다"라고 기록하는 것도 잊지 않는다.

조선은 당시 일본 에도로 통신사를 보냄과 함께 중국 북경으로는 연행사를 보내 조공과 아울러 그 국정(國情)을 정찰하고 있었다. 이전에는 경멸하고 있었던 만주족이 조선에 침략해서 대살육을 일으켰을 뿐 아니라 명조를 무너뜨리고 정권을 찬탈한 것을 원망하는 사절들은, 청조가 일찍이 내부에서 와해해 줄 것을 바라고 때때로 그들이 중국에서 간파한 반청(反淸)의 움직임을 전했다. 그것은 때때로 실정에서 멀리 떨어진 과대한 희망적 관측인 것도 있었지만, 중국이 안정됨에 따라 오히려 청조가 와해된다면 오히려 그 여파로 조선이 피해를 받게 된다는 논조도 나타났다.[8] 조선 통신사가 간파한 일본에서 존황과 토막의 언설은 이 연행사가

6 앞의 주 4.

7 『和國志』 권1, 倭皇本末. "江戸之政或亂, 而操懿之徒若生於諸州, 則挾倭皇而圖爭奪者, 安知其不復生於國中耶. 彼國既亂, 則其邊裔奸猾之徒必有乘機搶掠於我疆者. 南邊之民與彼狎處, 風俗日與相習. 有識者宜知所以備豫矣."

8 만주족이 중국을 지배하기 시작하자, 조선연행사는 중국 사회가 반란 등에 의해 불안정하다고

전한 중국에서의 반청의 언동(言動)과 깊숙하게 연계되어 있다고 할 수 있다.

일본 측에서 보면 교토의 사람들은 상대가 외국인인 데다가 명분론(名分論)을 중시하는 주자학자라고 알고 있었기 때문에, 그러한 심정을 토로했을 것이다. 그러나 통신사 쪽에서 본다면 '점국(佔國)' 즉 국정 정찰이야말로 그들의 중요한 임무의 하나였다. 이 의욕이 있었기 때문에 그것이 아무리 그들의 원망(願望)이나 우려와 섞인 것이었다고 해도, 극히 이른 시기에 존황의 언설뿐 아니라 토막의 동향도 찰지할 수 있었던 것이었다.

(번역: 박영철)

짐짓 전하고, 또 강희제가 성품이 나쁜 악한 인물이라고 종종 전했다. 이에 대해서는 본서 제7장, 285면. 그러나 청조가 안정되자 역으로 그것이 약체화하는 것을 두려워하기 시작한 사례에 대해서는, 본서 제15장, 603면, 1743년(乾隆 8, 英祖 19)의 기록인 趙顯命『歸鹿集(瀋行日記)』4解題 참조.

| 저자 후기 |

본서의 원형인 한국어판 『연행사와 통신사』(서울, 신서원, 2008)가 출판된 것은 7년 전이었다. 중국어판 『朝鮮燕行使與朝鮮通信使-使節視野中的中國 · 日本』(上海, 上海古籍出版社, 2010)이 출판된 것은 5년 전이었다. 본서가 문제로 한 것은 주로 중국, 한국(조선), 일본이지만 나의 모국어인 일본어판이 마지막으로 출판되었다.

나는 원래 중국사, 그 가운데서도 중국 명청사회사를 연구하는 학자이다. 중국사를 연구하는 학자가 중국을 중심으로 하는 동아시아의 국제관계사로 손을 뻗친 것은 결코 흔한 일이 아니다. 그러나 나의 경우 조선을 중심에 둔 학술교류사이며 국제관계사이다. 사실을 말하면, 나는 학생 시절 한국사(조선사) 관련 수업을 한 번도 들어본 적이 없었다. 아니 보다 정확하게 말하면, 내가 공부한 교토대학(京都大學)의 문학부와 대학원문학연구과에는 한국사 관련 강의가 한 과목도 개설되어 있지 않았다. 그런 내가 왜 조선연행사에 관심을 가지게 되었고 나아가 조선통신사에까지 관심을 확대했는지 그리고 본서가 왜 이 같은 내용과 구성이 되었는지 이에 대해 적어두는 것은 본서를 이해하는 데 도움이 될 것이다.

연행사에 관심을 가진 것은 1979년부터 1987년까지 도야마대학(富山大學)에 봉직할 때 조선서지학의 전문가이자 동료였던 후지모토 유키오(藤本幸夫) 씨가 『연행록선집(燕行錄選集)』(성균관대학교대동문화연구원편, 서울, 1960 · 1962)이라는 사료에 중국 관련 내용이 상세히 기록되어 있다고 가르쳐준 것이 계기였다. 이때 처음으로 학생들과 함께 그의 한국어초급 수업을 들으며 공부했다. 다만 당시 나는 중국선회선당사(中國善會善堂史)와 명청 지방사회사 연구에 몰두하고 있었기 때문에 애써 가르쳐준 연행록을 느긋하게 읽을 여유가 전혀 없었다.

연행록을 읽을 수 있게 된 것은 교토대학에 전근한 1987년경부터였다. 처음으로 읽은 연행록은 허봉(許篈)의 『하곡선생조천기(荷谷先生朝天記)』와 조헌(趙憲)의 『조천일기(朝天日記)』였다. 그때쯤 고(故) 야마네 유키오(山根幸夫) 선생의 퇴임기념논문집을 출판할 계획이 수립되어 선생의 전문 분야가 중국 명대사(中國明代史)였기 때문에 당연히 『명대사논총(明代史論叢)』으로 논집의 명칭을 지었다. 나는 이를 좋은 기회로 생각하여 그때까지 읽으려 했지만 읽지 못했던 연행록을 주요한 사료로 활용하여 명대사 관련 논문을 집필할 수 없을까라고 생각했다. 다만 많은 연행록 가운데서 도대체 어느 것을 맨 처음으로 읽으면 좋을지, 아니 원래 조선연행록을 소재로 중국 명대사의 논문을 집필할 수는 없을지 고민했다. 당시 나의 주위에는 이와 같은 문제에 대해 상담할 수 있는 인물은 한 사람도 없었으며 일본의 명대사 연구자 가운데 연행록에 관심을 가진 학자는 한 사람도 없었다. 요즘 한국과 중국의 학계에서도 연행록에 큰 관심을 가지게 되었지만 당시만 해도 내가 연행록이라는 말을 꺼내도 이에 흥미를 보인 연구자는 중국과 한국에도 없었다. 이와 같은 상황에서 연구를 시작한 나였기에 무모한 인간이라 할 수밖에 없다.

다만 당시 구입했던 『국역연행론선집』 제1권에 고(故) 황원구(黃元九) 연세대학교 교수가 쓴 '연행록선집해제'의 간단한 글이 실려 있었으며 그곳에 참고문헌으로 나카무라 히데다카(中村榮孝)의 「사대기행목록(事大紀行目錄)」(『청구학총(靑丘學叢)』 제1호, 1930)이 게재되어 있었다. 내가 어느 연행록을 먼저 읽어야 할지 결정하기 위해 선택한 방법은 실로 간단했다. 이 목록에 의존하여 '명대'의 자료에 한정하고 어느 동일한 연행에서 가장 상세한 정보를 얻을 수 있는 것을 선택했다. 간단히 말하면, 가장 권수가 많은 연행록을 선택한 것이다. 허봉의 『하곡선생조천기』 3권, 조헌(趙憲)의 『조천일기(朝天日記)』 3권에 더하여 조헌의 『동환봉사(東還封事)』 1권을 맨 처음 읽은 것은 이 때문이었다. 『하곡선생조천기』와 『동환봉사』는 『국역연행록선집』에 수록되어 있었으며 『조천일기』를 수록한 조헌의 『중봉집(重峰集)』은 벌레 먹어 참혹한 상태였지만 교토대학문학부도서관의 매우 적은 조선본(朝鮮本, 韓國本) 가운데 하나로 보관되어 있었다.

호운, 불운을 어떻게 받아들여야 할까. 권수가 많고 중국 관련 기사가 상세한 것이라면 18세기 이후 작성된 연행록에 수없이 많다. 만약 내가 그때 많은 연행록 가운데 먼저 권수가 많은 연행록을 읽기로 결정하고, 예를 들면 1887년의 여행기인 이승오(李承五)의 『관화지(觀華誌)』 12권(본서 제15장 「해제」 39) 등을 선택했다면 나는 연행사 연구의 길로 나아가지 못했을 것이다. 본서의 탄생도 없었을 것이다. 왜냐하면 이런 종류의 연행록은 상세할 뿐이지 그곳에 저자가 이국의 문물을 접했을 때의 기쁨과 경이, 혹은 이국의 제도와 문화에 대한 분노와 한탄은 전혀 보이지 않기 때문이다. 1574년(만력 2, 선조 7) 연행의 여행을 떠난 허봉은 24세, 조헌은 이보다 연장자이기는 했지만 아직 31살이었다. 나는 이 두 젊은 지식인이 즐긴 외국을 여행하는 즐거움을 함께 맛볼 수 있었을 뿐만이 아니다. 거기에 나타난 중화의 가치에 대한 뜨거운 동경과 함께 현실의 '중화'국 즉 명조에 대한 그들의 분노, 지식인으로서의 우려와 책임감을 읽어낼 수 있었다. 무엇보다도 호감을 느낀 것은 그들의 예민한 감각의 깊숙한 곳에 드러나는 '명랑함'과 '희망'이었다. 그 후 연행사 연구를 계속할 수 있었던 것은 완전히 그 덕택이었다. 처음 조선연행사에 대해 쓴 것은 본서 제5장과 제6장의 기초가 된 「만력 2년 조선사절의 '중화'국 비판」과 「조헌 "동환봉사"에 보이는 중국 보고」였다.

제7장의 기초가 된 「민정중 "연행일기"에 보이는 왕수재 문답에 대해서」는 1998년부터 약 1년간 하버드대학에 갔을 때 옌칭도서관에 수많은 조선판 자료가 소장되어 있는 것을 보고 놀랐으며 소장본 가운데 하나를 사용하여 쓴 것이다. 이 논문을 작성하기 위해 나는 옌칭도서관에서 오함(吳晗) 편집의 『조선이조실록중의 중국사료』 가운데 현종실록 및 숙종실록의 부분, 즉 청조로 말하면 거의 강희연간에 해당되는 부분을 대출

하여 읽었다. 당시 나는 중국-조선관계사에 대해 거의 개설 정도만 알고 있었지만 거기에 기록된 사건과 논의 하나하나에 계속해서 놀라움을 금치 못했다. 세상에 '사실은 소설보다도 재미있다'는 말이 있다. 그때 내가 느낀 감격은 바로 그런 것이었다. 이 또한 나의 연행사에 대한 관심을 심화시켜주었다.

다음으로 1994년부터 4년에 걸쳐 나는 문부과학성과학연구비의 대형 프로젝트인 '오키나와의 역사정보 연구'의 연구회 대표로 참가했다. 나는 6명의 뛰어난 연구자의 협력을 얻어 하나의 연구회를 조직할 수 있었고 정말 즐거우면서도 의미 있는 시간을 보낼 수 있었다. 우리들은 연구 성과 보고서로서 『사유구록(使琉球錄) 해제 및 연구』를 간행했다. 이 보고서가 호평을 받았기 때문에 우리들은 보고서를 증보하여 『증보 사유구록해제 및 연구』를 간행했다. 「사유구록과 사조선록(使朝鮮錄)」은 명청 중국에서 류큐와 조선에 황제의 명의로 파견한 사절이 기록한 여행기를 비교한 것이다. 이로써 양자를 보다 객관화 할 수 있었으며 동시에 특히 조선에 파견된 중국 사절의 여행기를 조사수집하고 이들의 해제를 달았다. 본서 제I부는 동아시아 국제관계와 국제구조를 논하는 데 중국, 조선, 일본에 류큐를 더한 4개국을 대상으로 했다. 4개국 가운데 류큐의 국제적 지위를 문제로 검토한 것은 이 때문이었다.

조선연행사를 진지하게 연구해보려고 생각한 것은 1996년경부터였다. 그래서 연행록을 집중적으로 읽었다. 하지만 5년간은 아무리 많은 연행록을 읽어봐도 나 자신의 문제에 꼭 맞는 논문을 집필할 수 없었다. 많은 장서에 달하는 명청시대 책에 등장하지 않는 기사가 연행록에는 가득했다. 또 김창업(金昌業)의 『노가재연행일기(老稼齋燕行日記)』, 홍대용의 『간정동필담(乾淨衕筆談)』, 박지원의 『열하일기』 등은 읽어 재미는 있었다. 그러나 중국 사료에 보이지 않고 이들 연행록에 기록된 세세한 내용을 하나하나 소개하는 것이 어떤 의미가 있을까라고 생각했다. 많은 연행록은 앞에서 『관화지』에 대해 말한 것처럼 저자의 신선하고 생기발랄함을 찾아낼 수 없어 아무리 읽어도 모래를 씹는 것 같았다. 또 김창업 등의 중국 여행기가 우리에게 재미있다 하지만 이들 여행기를 어떻게 요리해야 독자들이 재미있어 할까 하고 생각했다. 독자들이 다만 재미있어 하는 것이라면 번역하는 것이 제일일 것이다. 당시 나는 이런 저런 고민을 하면서 출구를 찾지 못한 채 있었다. 한편 나는 본업인 중국 명청사회사 연구를 순조롭게 진행하면서 명청 사회와 소송 연구를 연계시키려 하던 때였기 때문에 절박함은 없었다. 그러나 연행사 연구가 정체 상태에 있었던 것은 분명하다.

그런 나에게 하나의 전기가 찾아왔다. 신재식의 『필담』이란 문헌이 내 손에 입수되었기 때문이었다. 이 문헌은 방금 말한 중국 소송사회사 연구와 밀접한 관계가 있다.

1990년 경 중국 명청시대의 소송과 사회에 관한 연구를 시작한 나는, 이런 연구를 더욱 진전시키려면 반드시 '중국지방당안'이라 불러야 할 사료가 필요하다는 것을 깨달았다. 중앙의 당안이 아닌 각 지방의 문서를 말한다. 현재로선 믿을 수 없는 이야기지만 당시 일본의 명청사연구는 북경의 당안관에 있는 중앙당안에 관심이 집중되어 있었고 지방당안에 대해서는 거의 관심을 가지지 않았다. 이 점에선 미국의 연구 상황과 비교해서 훨씬 뒤떨어져 있었다. 이것을 깨달은 나는 몇 명의 훌륭한 연구자의 찬동을 얻어 과학연구비의 교부를 신청, 1997년부터 3년 계획으로 '국제학술연구 중국명청지방당안의 연구'를 시작했다. 연구의 중심은 중국에 가서 지방당안을 조사, 수집하는 것이었다. 기묘한 이야기지만 방금 말한 신재식의 『필담』이라는 연행록은 이 연구 도중 오사카경제법과대학(大阪經濟法科大學)의 오약(伍躍) 씨가 산동성도서관에 갔을 때 '하는 김에' 복사를 해준 것이었다. 오약 씨는 산동성도서관의 도서 카드를 점검하다 우연히 조선조(朝鮮朝)의 사람인 신재식이 쓴 문서가 있다는 것이 눈에 들어와 혹시 후마(夫馬)의 연구에 도움이 되지 않을까 싶어 복사를 해준 것이었다. 이 또한 나 자신이 중국사를 동시에 연구하고 있었던 우연이 요행히도 들어맞은 것이었다. 이 문헌을 읽어보고 청조 지식인과 조선 지식인의 학술 논의, 바꿔 말하면 당시 양국의 학술의 차이에 흥미를 느낀 나는 신재식의 『필담』을 중심 사료로 활용하여 본서 8장의 기본이 된 「한학 · 송학 논의와 그 주변」의 논문을 집필했다. 『필담』은 겨우 37장의 연행록에 불과하다. 또한 국제적인 학술 교류에 관심을 가지게 된 것은 앞에서 말한 「'중화'국 비판」을 집필할 때부터였다. 그러나 나는 이 관심을 출발점으로 조선통신사와 홍대용으로 관심을 확대했기 때문에 이 37장의 사료를 얻은 것은 본서가 탄생하게 된 큰 계기가 되었음에 틀림없다.

신재식의 『필담』에 김선신(金善臣)이라는 인물이 등장한다. 신재식이 북경에서 중국 지식인을 상대로 한학(漢學) 시비논쟁의 도화선이 된 남자였다. 그는 연행에 앞서 1811년 통신사의 일원으로 일본에 온 적이 있었다. 나는 「한학 · 송학 논의와 그 주변」을 집필하면서 김선신이 왜 그렇게 격렬한 한학 비판, 고증학 비판을 하게 되었는지 그 가능성의 하나로 그가 일본에 간 것을 계기로 일본에서도 고학(古學)이 유행하고 있다는 것, 주자학이 비판받고 있다는 것을 알았기 때문이 아닐까 생각했다. 더욱이 연행을 거듭한 결과 중국에도 한학이 성행함과 동시에 주자학이 쇠퇴하고 있는 것을 깨달았으며 [조선이]국제적으로 심하게 고립되어 있다는 것을 느낀 것은 아닌지 상상해보았다. 물론 이것은 김선신 개인의 심정적인 문제이며 사료로 명백히 입증할 증거는 없다. 그러나 나는 김선신 개인을 넘어 조선 지식인들이 중국에서 한학의 유행을 알게 된 것같이 과연 일본에서도 주자학이 비판받기에 이른 것을 얼마나 알고 있었던 것일까. 나는 이 문제에 관심을 가지게 되었다. 일본에서 주자학 비판이 큰 조류를 형성한 것은 이토 진사이(伊藤仁齋)와 오규 소라이(荻生徂徠)가 고학을 제창한 이후이다. 그래서 나는 일본에 온 조선통신사 일행이 이토 진사이와 오규 소라이가 제창한 이 '고학'에 대해 얼마나 알고 있었는지 꼭 확인하고 싶었다. 그런 의미에서 나를 여기까지 끌고 온 것은 김선신이라는 약간 기묘한 한 지식인의 존재가 있었던 것이다.

나는 그것을 알기 위해 지금까지의 통신사 관련 연구와 일본사상사 관계의 저서와 논문을 몇 권 읽었다. 그러나 놀랍게도 나의 의문에 답해줄 선행연구는 하나도 없었다. 어쩔 수 없지, 그러면 나 스스로 한번 해보자고 생각했다. 나는 가능한 한 조선 측의 사료를 많이 수집함과 동시에 에도 시대 일본인이 써서 남긴 조선통신사와의 필담 기록을 읽는 방법을 선택했다. 나는 2003년과 2004년 집중적으로 읽었다. 이를 통해 알게 된 것은 일본과 한국에서 상식처럼 말해져 온 것과 완전히 다른 사실이었다. 그리고 연행사와 통신사는 단순히 서로를 상대화하고 객관화하기 위한 소재일 뿐 아니라 보다 적극적으로 이 두 가지를 통합함으로써 중국 · 조선 · 일본의 학술과 문화가 동아시아 전체 속에서 어떠한 위치에 있었는지 이를 측정할 수 있는 귀중한 소재가 될 수 있다고 생각했다. 본서 제9장 「조선통신사의 일본고학 인식」 이하, 제14장의 「홍대용 "의산문답"의 탄생」까지는 이 같은 사고의 진전 가운데 집필한 것이다.

본서 제I부를 구성한 모든 논문, 즉 조선을 둘러싼 국제관계, 국제구조와 관련된 논문은 연행사 연구를 진행하면서 오함 편집의 『조선이조실록 중의 중국사료』를 읽은 것이 출발점이었다. 물론 '오키나와의 역사정보연구'에 류큐 책봉사 관련 프로젝트를 수행한 것도 큰 요인이었다. 그러나 이것이 논문 형식이 된 것은 2002년부터 5년간 교토대학 대학원문학연구과에서 COE프로그램을 수행했는데, 내가 '동아시아의 국제질서와 교류의 역사적 연구' 팀을 이끈 이후의 일이었다. 이 의미에서 이후 조선연행사 · 조선통신사의 연구와 동아시아 국제관계 · 국제구조사(國際構造史)의 연구는 동시에 진행됐다고 볼 수 있다. 본서 제I부를 이루는 모든 논문을 본서에 포함시켜야 할지 빼야 할지 나는 마지막의 마지막 순간까지 갈피를 잡지 못했다. 왜냐하면 이것을 포함시킨다면 하나의 저서로서 너무 복잡하고 독자가 이해하기 어렵게 될지도 모른다고 생각했기 때문이다. 한국어판을 출판했을 때, 이 방면의 논문은 거의 집필하지 않은 상태였기 때문에 그것을 포함시키지 않은 것은 당연했지만 중국어판에 이들 논문을 포함시키지 않은 것은 이와 같은 판단을 했기 때문이었다. 다만 본서 제4장의 기초가 된「북학파를 중심으로 한 조선 지식인의 류큐에 대한 국제적 지위 인식」을 생각해보니 오히려 본서에 넣지 않는 것이 역으로 이상하다고 생각했다. 이 판단이 올바른 것이었는지 어떤지는 독자의 판단에 맡길 수밖에 없다.

다음으로 지금까지 개별 논문으로 집필한 것과 본서와의 대응관계를 나타내면 이하와 같다. 처음 게재 시의 논문 제목 및 출처만 밝히고 번역은 생략한다.

서 장 새로 씀

제1장 새로 씀

제2장 明淸中國の對朝鮮外交における'禮'と '問罪'(夫馬進編, 『中國東アジア外交交流史の硏究』(京都: 京都大學學術出版會, 2007)

제3장 1609年, 日本の琉球合併以降における中國・朝鮮の對琉球外交–東アジア四國における冊封, 通信そして杜絶(『朝鮮史硏究會論文集』 第46集, 2008)

제4장 北學派を中心とした朝鮮知識人による琉球の國際的地位認識(『歷史學硏究』 第907號, 2013)

제5장 萬曆二年朝鮮使節の'中華'國批判(『山根幸夫敎授退休記念明代史論叢』(東京: 汲古書院, 1990)

제6장 趙憲 『東還封事』にみえる中國報告(昭和63年度科學硏究費補助金總合硏究, 硏究成果報告書. 谷川道雄編, 『中國邊境社會の歷史的硏究』(京都: 京都大學文學部, 1989)

제7장 閔鼎重 『燕行日記』に見える王秀才問答について(平成2年度科學硏究費補助金總合硏究, 硏究成果報告書. 河內良弘編, 『淸朝治下の民族問題と國際關係』(京都: 京都大學文學部東洋史硏究室, 1991)

제8장 朝鮮燕行使申在植の『筆談』に見える漢學・宋學論議とその周邊(岩井茂樹編, 『中國近世社會の秩序形成』(京都: 京都大學人文科學研究所, 2004)

제9장 朝鮮通信使による日本古學の認識-朝鮮燕行使による淸朝漢學の把握を視野に入れ(『思想』 第981號, 2006)

제10장 1764年朝鮮通信使と日本の徂徠學(『史林』 第89卷第5號, 2006)

제11장 조선통신사와 일본의 서적-古學派校勘學의 저작과 古典籍을 중심으로(『규장각』 제29집, 2006)

제12장 1765年洪大容の燕行と1764年朝鮮通信使-兩者が體驗した中國・日本の'情'を中心に(『東洋史硏究』 第67卷第3號, 2008)

제13장 홍대용의 『乾淨衕會友錄』과 그 改變-숭실대학교 기독교박물관 소장본 소개를 겸해서(『동아시아 삼국, 새로운 미래의 가능성』(서울: 문예원, 2012. 또 『漢文學報』 第26輯, 2012)

제14장 朝鮮歸國後, 洪大容の中國知識人との文通と『醫山問答』の誕生-朱子學からの脫却過程を中心に(정광등편, 『燕行使와 通信使-燕行・通信使行에 관한 韓中日 三國의 國際워크숍』(서울: 박문사, 2014)

제15장 日本現存朝鮮燕行錄解題(『京都大學文學部硏究紀要』 第42號, 2003)

제16장 使琉球錄と使朝鮮錄(夫馬進編, 『增訂使琉球錄解題及び硏究』(宜野灣: 榕樹書林, 1999)

종장 새로 씀

보론 1 明淸中國による對朝鮮外交の鏡としての對ベトナム外交-冊封問題と'問罪の師'を中心に(紀平英作編, 『グローバル化時代の人文學-對話と寬容の知を求めて』下(京都: 京都大學文學部創立百周年記念論文集, 京都大學學術出版會, 2007)

보론 2 ベトナム如淸使范芝香の『郿川使程詩集』に見える淸代中國の汪喜孫(『21世紀COEプログラム・グローバル化時代の多元的人文學の據點形成 人文知の新たな總合に向けて 第二回報告書 I [歷史篇]』(京都: 京都大

學大學院文學研究科, 2004)

보론 3 朝鮮通信使が察知した尊皇討幕の言說『天皇の歷史』第6卷月報第6號(東京: 講談社, 2011)

본서는 이전의 모든 원고를 보완 · 수정했다. 특히 비교적 빠른 시기에 집필한 제5장에서 제7장은 대폭적인 첨가와 수정을 했으며 중복된 부분은 가능한 한 삭제했다. 이전 원고에 단순한 실수가 있었을 경우는 특히 주석을 달지 않았으며 보다 적절한 표현이 달리 있을 경우는 그와 같이 고쳐썼지만 명백히 잘못 생각한 것은 주를 달아 정정했다. 제15장 '해제'에 대해서는 김영진(金榮鎭) 씨의 지적을 최대한 살림과 동시에 이전 원고에 담지 못했던 6개의 일본 현존 연행록에 대해서도 이번에 새롭게 해제를 추가했다. 제16장 '사조선록(使朝鮮錄)'에 대해서도 하나의 문헌에 대해 새롭게 해제를 추가했다. 본서는 한국어판과 중국어판에 비해 양적으로 대략 2배 혹은 3배에 달한다. 따라서 한국어판과 중국어판을 활용해온 분들은 주의하기 바란다.

이상과 같이 본서에 수록된 것 가운데 가장 빨리 세상에 나온 논문은 1989년이다. 이 연구를 시작한 지 25년이라는 세월이 흐른 것이다. 자신의 서투른 솜씨에 기가 막힐 뿐이다. 이처럼 시간이 오래 걸린 것은 한편으로 중국사 연구, 특히 중국 명청사회사를 동시에 진행했기 때문이다. 그사이 명청사회사 연구를 진행하는 한편, 조선연행사와 조선통신사 연구를 진행한 것은 똑같이 14세기부터 19세기에 걸친 것이지만 솔직히 말해 나에게는 과중한 일이었다. 나는 이것을 "두 켤레의 짚신을 신고 있다[겸할 수 없는 일을 겸하고 있다는 뜻의 일본 속담]"고 말하며 자조했다. 또한 연행록을 소개해준 후지모토 유키오 씨에게 "후지모토 씨가 도야마에 없었다면 더 편안히 중국사 연구를 할 수 있었을 텐데"라고 원망하는 말을 한 적이 있다. 그러나 생각해보면, 조선연행사와 조선통신사를 연구하는 과정에서 번번찮은 것이기는 해도 몇 가지 새로운 발견을 한 것은 다른 곳에서는 얻기 힘든 큰 기쁨이었다. 무엇보다도 홍대용과 같은 일류의 지식인과 오랜 기간에 걸쳐 교제할 수 있었던 것이야말로 중국사만을 해서는 결코 얻을 수 없었던 것이기에 행운이라고 말할 수밖에 없다.

지난 약 25년 사이 학계는 완전히 바뀌었다. 특히 지난 약 10년의 격변은 놀라울 정도다. 2014년 5월 한국 서울에서 '연행사와 통신사'를 주제로 하는 국제심포지엄이 개최되기에 이르렀다. 또 같은 2014년 11월 중국 상해에서 '주변에서 중국을 본다-조선통신사 문헌을 중심으로'를 주제로 한 국제심포지엄이 개최되었고, 올해 곧 조선통신사 문헌에 표지를 입힌 사료집이 복단대학문사연구원(復旦大學文史研究院)에서 출판된다고 한다. 나는 2010년 중국어판을 출판하면서 그 서문에 "대부분의 중국의 독자에게 아마 조선연행사도 조선통신사도 본서를 접하고 처음으로 알게 된 말일 것이다."라고 적었다. 그러나 지금 생각해보면 중국에서 조선통신사에 관한 국제심포지엄이 이처럼 빨리 개최될 것이라고는 당시 나는 예상할 수 없었다. 상해 심포지엄이 개최된 것은 중국어판을 낸 지 불과 4년 후의 일이기 때문에 연구의 급진전, 특히 동아시아 국제교류사의 분야에서 일어나고 있는 연구의 진전에 놀라움을 금할 수 없다.

일본의 연구자로는 '오키나와의 역사정보연구'와 '동아시아의 국제질서와 교류의 역사적 연구'에 참가한 선생님들, 그 가운데서도 김문경(金文京) 씨, 오약 씨, 후지모토 유키오 씨에게 많은 신세를 졌다. 나카노 미츠토시(中野三敏) 씨는 귀중한 사료를 빌려주었다. 또한 니시자토 기코(西里喜行) 씨는 류큐사에 대해 많이 가르쳐주었다. 그러나 본서를 이처럼 출판할 수 있게 된 것은 한국의 선생님들과 친구의 존재를 빼놓을 수 없다. 권인용(權仁溶) 씨, 김문식(金文植) 씨, 김영진(金榮鎭) 씨, 김태준(金泰俊) 씨, 노경희(盧京姬) 씨, 박영철(朴永哲) 씨, 심경호(沈慶昊) 씨, 신로사 씨, 이성규(李成珪) 씨, 장동익(張東翼) 씨, 정광(鄭光) 씨, 정병준(鄭炳俊) 씨, 정선모(鄭墡謨) 씨, 정대섭(鄭台燮) 씨, 차혜원(車惠媛) 씨, 하정식(河政植) 씨, 홍성구(洪性鳩) 씨는 사료 수집 때 여러모로 신세를 졌다. 중국의 하령수

(何齡修) 씨, 진조무(陳祖武) 씨, 갈조광(葛兆光) 씨, 중국(대만)의 임월혜(林月惠) 씨로부터 받은 호의는 잊을 수 없다. 미국의 Joshua A. Fogel 씨, David Robinson 씨도 많은 도움을 주었다. 이상의 여러분들에게 진심으로 감사를 드린다.

본서는 2014년도 일본학술진흥회과학연구비보조금 · 연구성과공개촉진비(학술도서)의 교부금을 받아 간행되었다. 관계자 여러분에게 감사드린다.

마지막으로 나고야대학출판회(名古屋大學出版會)의 미키 신고(三木信吾) 씨에게 감사드린다. 우수한 편집자와 함께 일할 수 있었던 것을 감사하게 생각한다. 또 나가타 유코(中田裕子) 씨는 컴맹으로 입력 작업 능력이 부족한 나를 대신하여 정말로 많이 수고해주었다. 두 분에게 진심으로 감사드린다.

라쿠호쿠 다카라가 이게 산장(寶ヶ池山莊)에서 2015년 1월 9일 씀
후마 스스무

(번역: 이정희)

| 찾아보기 |

ㄱ

ㅅ

ㅈ

| 옮긴이 소개 |

김영진(金榮鎭)

고려대 한문학과를 졸업하고 동대학원 국문과에서 『조선후기 明淸小品 수용과 小品文의 전개 양상』으로 박사학위를 받았다. 漢文散文, 文獻學, 韓中交流史를 주로 연구하고 있다. 계명대 한문교육과를 거쳐 현재 성균관대 한문학과 교수로 재직 중이다. 주요 논문으로 「朝鮮後期 中國 使行과 書册 文化」, 「燕行錄의 체계적 정리 및 연구 방법에 대한 試論」, 「金照의 연행록 『觀海錄』 연구」, 「沈應之의 연행록 『雲煙過眼錄』 연구」 등이 있으며, 역서로 『귀암 이원정의 연행록』(공역), 『국역 수사한필 · 초자속편』(공역) 등이 있다.

김우진

단국대학교 대학원 사학과에서 『月沙 李廷龜의 외교활동 연구』로 석사학위를 받았으며, 현재는 동대학원에서 박사를 수료한 후 단국대학교 일본연구소 HK+ 연구소에서 선임연구원으로 활동하고 있다.

노경희(盧京姬)

울산대학교 국어국문학부 부교수로 재직 중이다.

서울대 국어국문학과 학부 및 대학원 석사를 졸업하고 한중 문학교류를 주제로 일본 교토대 중어중문학과에서 박사학위를 받았으며, 현재 울산대학교 국어국문학부 부교수로 있다. 전통시대 동아시아의 비교문학과 문학교류, 출판문화에 관심이 있고 『17세기 전반기 한중 문학교류』를 비롯한 다수의 논저가 있다.

박영철

1981년 서울대학교 역사교육과를 졸업하고, 동양사학과 석사과정을 수료한 후, 일본 교토대학 동양사학과에 유학하여 박사학위를 취득하였다. 전공은 중국사회사. 현재 군산대학교 사학과 교수이다.

신로사

성균관대학교 동아시아학술원에서 통신사를 통한 한일문화 교류에 관한 주제로 박사학위를 받았으며 황재의 『갑인연행록』을 비롯한 연행록의 번역 활동과 아울러 성균관대학교 한문학과 강사로 있다.

이정희

교토대에서 동양사학 전공으로 박사학위를 받고 현재 인천대 중국학술원 교수로 재직중이다. 동아시아 화교사를 연구하고 있으며 대표저서로는『한반도 화교사』가 있다.

정병준

동국대학교 사학과를 졸업하고 동국대학교 대학원에서 석사학위, 京都大學 대학원에서 박사학위 취득하였다. 중국 중세사를 전공하고 있으며 현재 동국대학교 사학과 교수이다.

정선모(鄭墡謨)

성균관대학교 한문교육과 졸업, 일본 교토대학 대학원에서 석 · 박사 과정을 수료, '중국고전문학의 東傳연구'로 문학박사를 취득, 현재 중국 남경대학 한국어문학과 부교수로 재직하고 있다. 연구 방향은 중국 당송문학, 고려시대 한문학, 한중 문학교류사이며, 고려와 북송과의 문학교류에 관한 다수의 연구 논저가 있다.

차혜원

교토대학에서 문학박사(동양사학)를 취득하고, 현재 연세대 사학과 교수로 재직중이다. 동아시아 근세사를 전공으로 하고 있고 주요 저술로는『저울위의 목민관』이 있으며「중국 복건지역의 임진전쟁(1592~1598) 대응」,「16세기, 명조의 南倭대책과 封 · 貢 · 市」등 다수의 논문이 있다.

| **번역협력자** |

기무라 카나코(木村加奈子) 日本學術振興會特別研究員PD

설말자(薛末子)

시미즈 료우(清水亮) 鳥取縣立八頭高等學校司書

조선연행사와 조선통신사

초판 1쇄 인쇄 2019년 5월 17일
초판 1쇄 발행 2019년 5월 24일

지은이 후마 스스무
옮긴이 신로사 외
펴낸이 신동렬
펴낸곳 성균관대학교 출판부
책임편집 신철호
편집 현상철 구남희
마케팅 박정수 김지현

등록 1975년 5월 21일 제1975-9호
주소 03063 서울특별시 종로구 성균관로 25-2
전화 760-1253~4
팩스 762-7452
홈페이지 press.skku.edu

ISBN 979-11-5550-326-3 93910

* 잘못된 책은 구입한 곳에서 교환해드립니다.

* 값은 뒤표지에 있습니다.